해법문학
현대 소설

구성과 특징

- **2015 교육과정 10종 문학, 11종 국어 및 기타 교과서 수록 문학 작품 완전 분석**

  10종 문학 교과서, 11종 국어 교과서 및 독서, 화법과 작문, 언어와 매체 교과서에 수록된 문학 작품들을 망라하여 수록하였습니다.

- **교과서 수록 작품의 핵심을 모아 공부할 수 있는 자율 학습의 기본서**

  교과서에서 중요하게 다루는 학습 활동 내용을 중심으로 각 작품의 상세한 분석과 함께 핵심 내용을 한눈에 볼 수 있도록 구조화하여 쉽고 재미있게 학습할 수 있도록 하였습니다.

- **출제 가능성이 높은 문제로 내신과 수능에 철저한 대비**

  각 작품의 핵심 내용을 문제화하고, 교과서의 학습 활동을 응용한 문제와 수능 및 평가원, 교육청 기출문제, 비중이 높아지고 있는 서술형 문제 등을 제시하여 내신과 수능에 효율적으로 대비하도록 하였습니다.

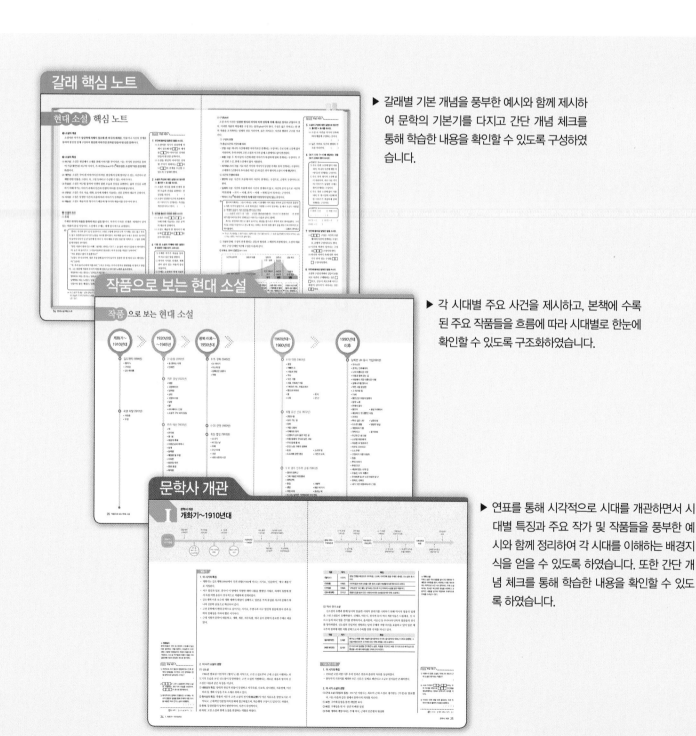

갈래 핵심 노트

▶ 갈래별 기본 개념을 풍부한 예시와 함께 제시하여 문학의 기본기를 다지고 간단 개념 체크를 통해 학습한 내용을 확인할 수 있도록 구성하였습니다.

작품으로 보는 현대 소설

▶ 각 시대별 주요 사건을 제시하고, 본책에 수록된 주요 작품들을 흐름에 따라 시대별로 한눈에 확인할 수 있도록 구조화하였습니다.

문학사 개관

▶ 연표를 통해 시각적으로 시대를 개관하면서 시대별 특징과 주요 작가 및 작품들을 풍부한 예시와 함께 정리하여 각 시대를 이해하는 배경지식을 얻을 수 있도록 하였습니다. 또한 간단 개념 체크를 통해 학습한 내용을 확인할 수 있도록 하였습니다.

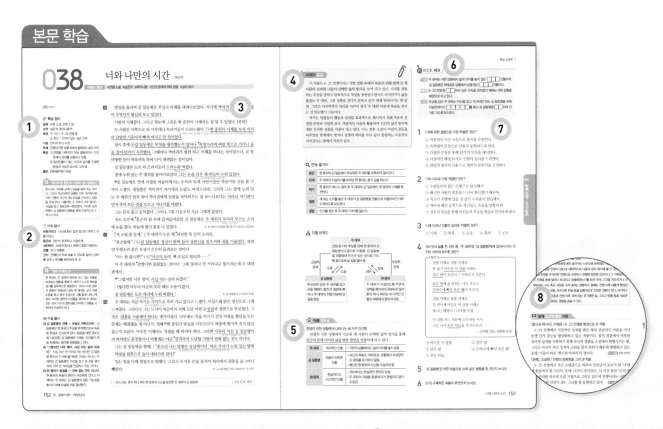

① **핵심 정리** 작품의 갈래, 성격, 주제, 특징 등 작품과 관련된 핵심적인 내용을 한눈에 살펴볼 수 있도록 정리하였습니다.

② **어휘·구절 풀이** 작품의 내용을 이해하기 쉽도록 어려운 어휘나 주요 구절을 상세하게 풀이하여 제시하였습니다.

③ **본문 분석** 교과서 수록 작품 중 문학사적으로 중요하고 출제 가능성이 높은 작품을 선정하였습니다. 또한 행간주 등의 주석을 활용하여 작품에 대한 이해의 폭을 넓힐 수 있도록 하였습니다.

④ **이해와 감상** 작품에 대한 체계적인 분석과 해설을 통해 작품의 내용을 바르게 이해하고 감상할 수 있도록 하였습니다.

⑤ **작품 연구소** 시험에 자주 출제되고 중요한 작품의 핵심 내용을 이해하기 쉬운 도식과 알기 쉬운 해설로 제시하였습니다.

⑥ **키포인트 체크** 작품의 주요 구성 요소를 파악하고, 빈칸에 알맞은 답을 넣어 봄으로써 작품을 한눈에 정리할 수 있도록 하였습니다.

⑦ **확인 문제** 학습 활동에서 다루는 내용을 문제화하고 수능 및 평가원, 교육청 기출문제를 제시하였습니다.

⑧ **함께 읽으면 좋은 작품** 본문에 수록된 작품과 함께 읽으면 좋은 작품을 소개하여 감상의 폭을 넓힐 수 있도록 하였습니다.

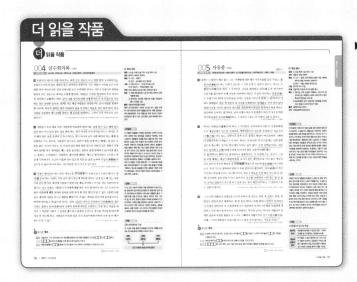

▶ 본문에서 다루지 않은 작품들을 핵심 정리, 이해와 감상, 작품 연구소 등의 충실한 자료와 키포인트 체크를 통해 학습할 수 있도록 구성하였습니다.

V. 1990년대 이후

차례

| | 문학 | | | | | | | | | | 고등국어 | 독서 | 화법과작문 | 언어와매체 |
	천재(김)	천재(정)	금성	동아	미래엔	비상	신사고	지학사	창비	해냄				
124									●		비상(박안) 외 1			
126														천재
127	●			●										
128								●						

작품 찾아보기

작가 찾아보기

현대 소설 핵심 노트

❶ 소설의 개념

소설이란 작가가 **상상력에** 의해서 **창조해 낸 허구의 세계를**, 인물이나 사건의 전개를 통하여 통일성 있게 구성하여 **현실의 이야기인 것처럼 만들어 낸 산문 문학이다.**

❷ 소설의 특성

(1) 허구성: 소설은 현실에서 소재를 취해 이야기를 꾸미지만, 이는 작가의 상상력을 통하여 가공(架空)된 허구의 이야기, 즉 픽션(fiction)이다. **허구성은 소설의 가장 본질적인 특성이다.**

(2) 개연성: 소설은 꾸며 낸 이야기이긴 하지만, 현실에서 실제 일어날 수 있는 사건이나 존재할 만한 인물을 그린다. 즉, 그럴 듯하다고 수긍할 수 있는 이야기이다.

(3) 진실성: 소설은 허구를 통하여 인생의 참된 모습과 진실을 표현한다. 삶의 진실을 표현하기 위해 작가는 이야기 속에서 인간과 인생의 의미를 진지하게 탐구한다.

(4) 산문성: 소설은 주로 서술, 대화, 묘사에 의해서 기술되는 산문 문학의 대표적 갈래이다.

(5) 서사성: 소설은 일정한 시간의 흐름에 따라 이야기가 전개된다.

(6) 예술성: 소설도 예술의 한 형식이기 때문에 형식미와 예술미를 갖추어야 한다.

❸ 소설의 요소

(1) 주제

주제란 작가가 작품을 통하여 하고 싶은 말이다. 작가의 가치관, 인생관, 세계관이 담겨 있는 작품의 중심 사상이다. 소설에서 주제는 대개 암시적으로 표현된다.

> **예** 굴녀도 자기와 같이 십 년 동안이나 그리던 고향에 찾아오니까 거기에는 집도 없고 부모도 없고 쓸쓸한 돌무더기만 눈물을 자아낼 뿐이었다. 하루해를 울어 보내고 읍내로 들어와서 돌아다니다가 십 년 동안에 한 마디 두 마디 배워 두었던 일본 말 덕택으로 그 일본 집에 있게 되었던 것이었다.
> "암만 사람이 변하기로 어쩌 그렇게도 변하는기오? 그 숱 많던 머리가 훌렁 다 벗어졌더마. 눈은 푹 들어가고 그 이들이들던 얼굴빛도 마치 유산을 끼얹은 듯하더마."
> "서로 붙잡고 많이 우셨겠지요?"
> "눈물도 안 나오더마. 일본 우동집에 들어가서 둘이서 정종만 열 병 따라 뉘고 헤어졌구마." [중략]
> "자, 우리 술이나 마저 먹읍시다." / 하고 우리는 주거니 받거니 한됫병을 다 말리고 말았다. 그는 취흥에 겨워서 우리가 어릴 때 멋모르고 부르던 노래를 읊조리었다.
> 볏섬이나 나는 전토는 / 신작로가 되고요—.
> 말마디나 하는 친구는 / 감옥소로 가고요—.
> 담뱃대나 떠는 노인은 / 공동묘지 가고요—.
> 인물이나 좋은 계집은 / 유곽으로 가고요—.
> — 현진건, 〈고향〉 **Link** 본책 48쪽

▶ 이 소설의 주제는 '일제 강점기 우리 농민(민중)의 참혹한 생활상의 폭로'이다. 비참하게 변한 두 남녀의 모습과 마지막 부분의 노래를 통해 당대의 사회상을 집약적으로 제시하여 주제를 암시적으로 드러내고 있다.

간단 개념 체크

1 빈칸에 들어갈 알맞은 말을 쓰시오.

(1) 소설이란 작가가 상상력에 의해서 창조해 낸 ☐☐의 세계를 ☐☐의 이야기인 것처럼 만들어 낸 산문 문학이다.

(2) 소설을 현실의 이야기인 것처럼 꾸미기 위해서는 ☐☐이나 ☐☐의 전개를 수긍할 수 있도록 구성해야 한다.

2 소설의 특성에 대한 설명으로 맞으면 ○, 틀리면 × 표시를 하시오.

(1) 소설은 허구를 통해 인생의 참된 모습과 진실을 표현하는 진실성을 지닌다. ( )

(2) 소설이 일정한 시간의 흐름에 따라 이야기가 전개되는 특성을 개연성이라고 한다. ( )

3 빈칸에 들어갈 알맞은 말을 쓰시오.

(1) 소설은 주로 ☐☐, ☐☐, 묘사에 의해 기술되는 산문 문학의 대표적 갈래이다.

(2) 소설도 예술의 한 형식이기 때문에 ☐☐☐와 ☐☐☐를 갖추어야 한다.

4 다음 중 소설의 주제에 대한 설명으로 알맞은 것을 모두 고르시오.

> ㉠ 주제란 작가가 작품을 통하여 하고 싶은 말을 말한다.
> ㉡ 작가의 가치관, 인생관, 세계관이 담겨 있는 작품의 중심 사상이다.
> ㉢ 주제는 소설에서 대개 직접적으로 표현된다.
> ㉣ 작가는 주제를 명확히 전달하기 위해 다양한 방법을 활용한다.

답 1 (1) 허구, 현실 (2) 인물, 사건 **2** (1) ○ (2) × **3** (1) 서술, 대화 (2) 형식미, 예술미 **4** ㉠, ㉡, ㉣

(2) 구성(plot)

　소설 속의 사건은 일정한 형식과 작가의 미적 안목에 의해 새로운 질서로 구성되어 있다. 이러한 작품의 짜임새를 구성 또는 플롯(plot)이라 한다. 구성은 넓은 의미로는 한 편의 작품을 조직화하는 일체의 것을 가리키며, 좁은 의미로는 사건과 행위의 구조를 가리킨다.

① 구성의 유형

㉠ 중심 사건의 가짓수에 따라

- **단일 구성**: 하나의 사건에 대한 이야기로만 전개되는 구성이다. 주로 단편 소설에 많이 사용되며, 우리나라의 고전 소설과 서구의 중세 소설에서도 많이 발견된다.
- **복합 구성**: 두 개 이상의 사건에 대한 이야기가 복잡하게 얽혀 전개되는 구성이다. 주로 장편 소설, 현대 소설에서 많이 사용된다.
- **피카레스크식 구성**: 서로 다른 각각의 이야기가 동일한 주제로 묶여 전개되는 구성이다. 조세희의 〈난쟁이가 쏘아 올린 작은 공〉과 같은 연작 형식의 소설이 이에 해당한다.

㉡ 사건의 진행에 따라

- **평면적 구성**: 시간의 흐름에 따라 사건이 전개되는 구성으로, 순행적 구성이라고도 한다.
- **입체적 구성**: 시간의 흐름에 따라 사건이 전개되지 않고, 사건의 분석 등으로 시간의 역전(현재 → 과거 → 미래, 과거 → 미래 → 현재 등)이 일어나는 구성이다.
- **액자식 구성**: 하나의 이야기 속에 내부 이야기가 담겨 있는 구성이다.

> 예
> 　할아버지께서는 그들이 떠나는 날에, 이 불행한 아비 딸을 위하여 값진 비단과 충분한 노자를 아끼지 않았으나, 나귀 위에 앉은 가련한 소녀의 얼굴에는 올 때나 조금도 다름없는 처절한 슬픔이 서려 있었을 뿐이라고 한다.
> 　……소녀가 남기고 간 그림 ― 이것을 할아버지께서는 '무녀도'라 불렀지만 ― 과 함께 내가 할아버지로부터 전해 들은 이야기는 다음과 같다. [중략]
> 　욱이는 봉창에서 방으로 붙어 들어가는 불길을 잡으려고 부뚜막 위로 뛰어올랐다. 그러자 물그릇을 뒤집어쓰고 분노에 타는 모화는 욱이의 뒤를 쫓아 칼을 휘두르며 부뚜막으로 뛰어올랐다.
> ― 김동리, 〈무녀도〉

　▶ 무녀도의 내력을 소개한 부분이 외화(바깥 이야기)를 이루고, 그 속에 중심인물인 모화와 욱이의 갈등이라는 내화(안 이야기)가 들어 있다.

② 구성의 단계: 구성의 전개 원리는 갈등의 형성과 그 해결의 과정에 있다. 소설의 대표적인 구성 단계인 5단계 구성은 다음과 같다.

예 윤흥길, 〈장마〉 Link 본책 200쪽

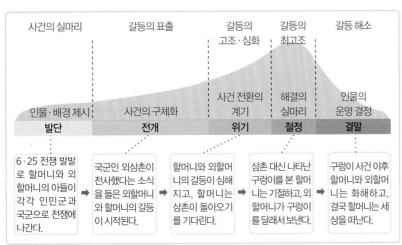

	사건의 실마리	갈등의 표출	갈등의 고조·심화	갈등의 최고조	갈등 해소
	인물·배경 제시	사건의 구체화	사건 전환의 계기	해결의 실마리	인물의 운명 결정
	발단	**전개**	**위기**	**절정**	**결말**
	6·25 전쟁 발발로 할머니와 외할머니의 아들이 각각 인민군과 국군으로 전쟁에 나간다.	국군인 외삼촌이 전사했다는 소식을 들은 외할머니와 할머니의 갈등이 시작된다.	할머니와 외할머니의 갈등이 심해지고, 할머니는 삼촌이 돌아오기를 기다린다.	삼촌 대신 나타난 구렁이를 본 할머니는 기절하고, 외할머니가 구렁이를 달래서 보낸다.	구렁이 사건 이후 할머니와 외할머니는 화해하고, 결국 할머니는 세상을 떠난다.

간단 개념 체크

5 소설의 구성에 대한 설명으로 맞으면 ○, 틀리면 × 표시를 하시오.

　(1) 소설 속 사건을 작가의 안목에 따라 새롭게 구성하는 것이다.
　　　　　　　　　　　　(　　)

　(2) 넓은 의미로 사건의 행위와 구조를 가리킨다. 　(　　)

6 〈보기 1〉의 ㉠~㉢에 해당하는 것을 〈보기 2〉에서 찾아 쓰시오.

　┤ 보기 1 ├
　㉠ 주로 단편 소설에 많이 사용되며, 하나의 사건에 대한 이야기로만 전개되는 구성이다.
　㉡ 주로 연작 형식의 소설에 많이 사용되며, 서로 다른 각각의 이야기가 동일한 주제로 묶여 전개되는 구성이다.
　㉢ 주로 장편 소설에 많이 사용되며, 두 개 이상의 사건에 대한 이야기가 복잡하게 얽혀 전개되는 구성이다.

　┤ 보기 2 ├
　ⓐ 단일 구성　　ⓑ 복합 구성
　ⓒ 피카레스크식 구성

　(1) ㉠ ― (　　)　(2) ㉡ ― (　　)
　(3) ㉢ ― (　　)

7 빈칸에 들어갈 알맞은 말을 쓰시오.

　(1) □□□ 구성은 시간의 흐름에 따라 사건이 전개되는 구성으로, 순행적 구성이라고도 한다.

　(2) 시간의 역전이 일어나는 구성을 □□□ 구성이라 한다.

　(3) 하나의 이야기 속에 내부 이야기가 담겨 있는 구성을 □□□ 구성이라 한다.

8 빈칸에 들어갈 알맞은 말을 쓰시오.

　소설의 구성 단계에서 갈등이 표출되고 사건이 구체화되는 것은 □□이고, 갈등이 최고조에 이르고 해결의 실마리가 나타나는 것은 □□이다.

답 **5** (1) ○ (2) × **6** (1) ⓐ (2) ⓒ (3) ⓑ **7** (1) 평면적 (2) 입체적 (3) 액자식 **8** 전개, 절정

현대 소설 핵심 노트

(3) 문체(style)

작가가 소설 속에서 언어를 사용하는 독특한 방식으로, 문장의 개성적인 특성을 가리킨다. 작가마다 단어의 선택, 문장의 길이, 언어를 사용하는 방식이 다르고, 표현 기법을 쓰는 취향이 다름에 따라 문체의 차이가 생긴다.

① 문체의 구성 요소

• 서술: 서술자가 독자에게 인물, 사건, 배경 등을 직접 설명하는 방법이다. 해설적, 추상적, 요약적인 표현으로 사건을 진행시킨다.

• 묘사: 서술자가 인물, 사건, 배경 등을 그림을 그리듯이 구체적으로 전달, 표현하는 방법이다. 독자에게 생생한 이미지를 전달한다.

• 대화: 등장인물이 주고받는 말이다. 사건을 전개시키고 인물의 심리를 표출한다.

② 어조(tone): 인물에 대한 작가(서술자)의 태도가 곧 어조이다.

㉠ 해학적 어조: 익살과 해학이 중심을 이루는 어조이다.

> **예**
> 이래서 나는 애최 계약이 잘못된 걸 알았다. 이태면 이태, 삼 년이면 삼 년, 기한을 딱 작정하고 일을 해야 원, 할 것이다. 덮어놓고 딸이 자라는 대로 성례를 시켜 주마 했으니, 누가 늘 지키고 섰는 것도 아니고, 그 키가 언제 자라는지 알 수 있는가. 그리고 난 사람의 키가 무럭무럭 자라는 줄만 알았지 붙배기 키에 모로만 벌어지는 몸도 있는 것을 누가 알았으랴.   – 김유정, 〈봄·봄〉 **Link** 본책 80쪽

▶ 장인의 속셈을 모르는 어수룩한 '나'의 서술에서 해학적 어조를 느낄 수 있다.

㉡ 반어적 어조: 표현하려는 내용과 반대되게 표현하여 의미를 강조하는 어조이다.

> **예**
> 이날이야말로 동소문 안에서 인력거꾼 노릇을 하는 김 첨지에게는 오래간만에도 닥친 운수 좋은 날이었다. [중략]
> 문득 김 첨지는 미친 듯이 제 얼굴을 죽은 이의 얼굴에 한데 부벼 대며 중얼거렸다.
> "설렁탕을 사다 놓았는데 왜 먹지를 못하니, 왜 먹지를 못하니…… 괴상하게도 오늘은 운수가 좋더니만……."   – 현진건, 〈운수 좋은 날〉

▶ 운수 좋은 날로 여겨졌던 김 첨지의 하루에 아내가 죽는 반어적 상황이 벌어진다.

㉢ 풍자적 어조: 부정적 인물을 희화화하고 비웃는 어조이다.

> **예**
> 사람들이 나라 망한 것을 원통히 여길 때 한 생원은,
> "그깐 놈의 나라, 시원히 잘 망했지."
> 하였다. 한 생원 같은 사람으로는 나라란 백성에게 고통이지 하나도 고마운 것이 아니었다. 또 꼭 있어야 할 요긴한 것도 아니었다.   – 채만식, 〈논 이야기〉 **Link** 본책 132쪽

▶ 역사의식이 없는 한 생원을 희화화하고 있다.

㉣ 냉소적 어조: 쌀쌀맞은 태도로 업신여겨 비웃는 어조이다.

> **예**
> 중요한 옷가지랑은 꾸려 가지고 간 모양이니 자살을 할 의사는 없었음이 분명하고, 한편 병신이긴 하지만 얼굴이 고만큼 밴밴하고서야, 어디 가 몸을 판들 굶어 죽기야 하겠느냐고 주인 사나이는 지껄이는 것이었다.   – 손창섭, 〈비 오는 날〉 **Link** 본책 158쪽

▶ 동옥에 대한 막말을 하는 주인 사나이가 하는 말을 '지껄이는'이라고 표현하고 있다.

간단 개념 체크

9 빈칸에 들어갈 알맞은 말을 쓰시오.

(1) 서술자가 독자에게 인물, 사건, 배경 등을 직접 설명하는 방법을 □□이라고 한다.

(2) 독자에게 생생한 이미지를 전달하기 위해 서술자가 인물, 사건, 배경 등을 그림을 그리듯이 구체적으로 전달, 표현하는 방법을 □□라고 한다.

10 〈보기 1〉의 ㉠~㉣에 해당하는 것을 〈보기 2〉에서 찾아 쓰시오.

> **보기 1**
> ㉠ 표현하려는 내용과 반대되게 표현함으로써 의미를 강조하는 어조이다.
> ㉡ 쌀쌀맞은 태도로 업신여겨 비웃는 어조이다.
> ㉢ 익살과 해학이 중심을 이루는 어조이다.
> ㉣ 부정적 인물을 희화화하고 비웃는 어조이다.

> **보기 2**
> ⓐ 해학적 어조 ⓑ 반어적 어조
> ⓒ 풍자적 어조 ⓓ 냉소적 어조

(1) ㉠ – (　　　)   (2) ㉡ – (　　　)
(3) ㉢ – (　　　)   (4) ㉣ – (　　　)

11 다음 글에 나타난 어조를 쓰시오.

> 법과 유력자의 배짱과 선량한 다수의 목숨…… 나는 이방인(異邦人)처럼 윤춘삼 씨의 캉캉한 얼굴을 건너다보았다.
> 폭풍우는 끝났다. 60년래 처음이니 뭐니 하고 수다를 떨던 라디오와 신문들도 이젠 거기에 대해선 감쪽같이 말이 없었다. 그저 몇몇 일간 신문의 수해 구제 의연란에 다소의 금액과 옷가지들이 늘어갈 뿐이었다.   – 김정한, 〈모래톱 이야기〉

답 9 (1) 서술 (2) 묘사 10 (1) ⓑ (2) ⓓ (3) ⓐ (4) ⓒ 11 냉소적 어조

❹ 소설의 구성 요소

(1) 인물

인물은 소설에 등장하는 사람으로 사건과 행동의 주체이자, 성격이라는 내면적 속성까지도 포함한다.

① 인물의 유형

역할에 따라	주동 인물	소설의 주인공으로, 사건과 행동의 주체가 되는 인물이다.
	반동 인물	소설 속에서 주인공의 의지와 행동에 맞서 갈등하는 인물이다.
중요도에 따라	주요 인물	주인공이나 그에 버금가는 비중을 지닌 인물로, 입체적으로 그려진다.
	주변 인물	주인공을 돋보이게 하는 인물로, 주로 평면적으로 그려진다.
특성에 따라	전형적 인물	어떤 사회 계층이나 직업, 세대를 대표하는 성격을 지닌 인물이다.
	개성적 인물	자기만의 뚜렷한 개성을 지닌 인물이다.
성격의 변화 양상에 따라	평면적 인물	작품 속에서 처음부터 끝까지 성격적 변화를 보이지 않는 인물이다.
	입체적 인물	환경이나 상황의 변화에 따라 성격이 변화하는 인물이다.

② 인물의 성격 제시 방법

㉠ 직접적 제시(분석적, 해설적, 설명적, 논평적 제시) → 말하기(telling): 서술자가 인물의 특성을 직접적으로 설명하는 방법이다. 서술이 간단하지만 구체성을 잃기 쉽다.

㉡ 간접적 제시(극적, 장면적 제시) → 보여 주기(showing): 인물의 말과 행동을 통해 인물의 성격을 간접적으로 드러내는 방법이다. 극적인 효과를 지니지만 표현상의 제약이 있다.

예
> 딸은 며칠 뒤에 또 오십 전을 주었다. 그러면서 어떻게 들으라고 하는 소리인지,
> "아버지 보험료만 해두 한 달에 삼 원 팔십 전씩 나가요."
> 하였다. 보험료나 타 먹게 어서 죽어 달라는 소리로도 들리었다.
> "그게 내게 상관있니?"
> "아버지 위해 들었지, 누구 위해 들었게요 그럼?"
> 초시는 '정말 날 위해 하는 거문 살어서 한 푼이라두 다우. 죽은 뒤에 내가 알게 뭐냐.' 소리가 나오는 것을 억지로 참았다.　　　　　－ 이태준, 〈복덕방〉　**Link** 본책 104쪽

▶ 안 초시의 딸과 안 초시의 대화를 통해 안 초시의 딸은 아버지를 위하는 마음보다 경제적인 가치를 우선시하는 인물임을 드러내고 있다.

(2) 사건

사건은 인물들 간에 전개되는 이야기로, 인물들의 갈등을 중심으로 이루어진다.

① 갈등의 개념: 소설이나 희극 등에서 한 인물 내부의 혼란이나 인물과 그를 둘러싼 외적 요소의 대립을 말한다. 갈등은 글의 전개에 긴장감을 주고, 사건에 필연성을 부여한다.

② 갈등의 양상

㉠ **외적 갈등**: 인물과 인물, 인물과 환경 사이에서 생기는 갈등과 대립을 가리킨다.

　• 개인과 개인의 갈등: 주동 인물과 반동 인물 사이의 갈등

　• 개인과 사회의 갈등: 개인이 살아가면서 겪는 사회 윤리나 제도와의 갈등

　• 개인과 운명의 갈등: 개인의 삶이 운명에 의해 결정되거나 파괴되는 데서 겪는 갈등

㉡ **내적 갈등**: 한 개인의 내면에서 갈등이 일어나는 경우로, 주로 개인 내부의 심리적 대립에 의한 갈등이다. '양심 ↔ 비양심, 사랑 ↔ 증오, 선의 ↔ 악의' 등의 갈등이 있다.

간단 개념 체크

12 소설의 인물에 대한 설명으로 맞으면 ○, 틀리면 × 표시를 하시오.

(1) 소설의 주인공으로, 사건의 행동의 주체가 되는 인물은 주동 인물이다.　　　　　(　　)

(2) 중요도에 따라 평면적 인물과 입체적 인물로 나눈다.　　(　　)

(3) 주로 평면적으로 그려지며, 주인공을 돋보이게 하는 인물은 주변 인물이다.　　　　(　　)

(4) 개성적 인물은 어떤 사회 계층이나 직업, 세대를 대표하는 성격을 지닌 인물이다.　(　　)

(5) 입체적 인물은 환경이나 상황의 변화에 따라 성격이 변화하는 인물이다.　　　　　(　　)

13 다음 중 '직접적 제시'에 대한 설명을 골라 바르게 묶은 것은?

> ㉠ 서술이 간단하지만 구체성을 잃기 쉽다.
> ㉡ 극적인 효과를 지니지만 표현상의 제약이 있다.
> ㉢ 서술자가 인물의 특성을 직접 설명하는 방법이다.
> ㉣ 인물의 말과 행동을 통해 성격을 간접적으로 드러낸다.

① ㉠, ㉡　　② ㉠, ㉢　　③ ㉡, ㉢
④ ㉡, ㉣　　⑤ ㉡, ㉢, ㉣

14 빈칸에 들어갈 알맞은 말을 쓰시오.

(1) □□은 인물들 간에 전개되는 이야기로, 인물들의 □□을 중심으로 이루어진다.

(2) □□은 글의 전개에 긴장감을 주고, 사건에 □□□을 부여한다.

(3) 갈등은 개인 내부의 심리적 대립에 의한 □□ 갈등과 개인과 개인, 개인과 사회 간에 생기는 □□ 갈등이 있다.

답 12 (1) ○ (2) × (3) ○ (4) × (5) ○　**13** ②
14 (1) 사건, 갈등 (2) 갈등, 필연성 (3) 내적, 외적

현대 소설 핵심 노트

(3) 배경

배경은 행위와 사건들이 일어나는 시간과 공간 등의 구체적 정황을 말한다.

① 배경의 종류

자연적 배경	인물들의 행동이 발생하는 구체적인 시간과 공간(자연 환경, 인공 환경)이다.
사회적 배경	인물을 둘러싼 사회 현실과 역사적 상황을 의미한다.
심리적 배경	논리를 초월하여 확대된 시간과 공간으로, 인물의 독특한 내면세계를 의미한다.
상황적 배경	실존적인 상황을 암시하고 상징하는 배경으로, 주로 실존주의 소설에서 나타난다.

② 배경의 기능

- 작품의 전반적인 분위기를 조성한다.
- 인물의 행동, 사건을 생생하고 사실적으로 보이도록 한다.
- 배경 자체가 상징적인 의미를 나타내기도 하고, 주제를 드러내는 역할을 한다.

❺ 시점과 거리

(1) 시점의 개념

시점이란 소설 속의 인물 및 사건을 바라보는 서술자의 위치와 각도를 말한다. 주제, 인물의 성격, 그리고 미적 효과 등에 깊이 관련되어 있다.

(2) 시점의 종류

심리 관여 여부 서술자의 위치	인물·사건의 내면적 분석	인물·사건의 외면적 분석
소설 속('나')	1인칭 주인공 시점	1인칭 관찰자 시점
소설 밖(작가)	전지적 작가 시점	3인칭 관찰자 시점

① 1인칭 주인공 시점: 주인공 '나'가 자신의 이야기를 하는 시점

- 독자에게 신뢰감과 친근감을 준다.
- 주인공의 내면세계를 그리는 데 효과적이다.
- 독자는 주인공이 본 것, 느낀 것만을 알게 된다.

예) 나는 한동안 두 눈을 지릅뜨고 빗발무늬가 잦아 가던 창가에 서서, 뒷동산 부엉재를 감싸며 돌아가는 갈머리부락을 지켜보고 있었다. 마음이 들뜬 것과는 별도로 정말 썰렁하고 울적한 기분이었다. – 이문구, 〈관촌수필〉 **Link** 본책 192쪽

▶ 주인공 '나'가 예전 모습을 찾을 수 없는 고향 풍경을 보고 울적한 심정을 토로하고 있다.

② 1인칭 관찰자 시점: '나'가 관찰자의 입장에서 주인공에 대해 이야기하는 시점

- 인물의 초점은 '나'가 아니라 주인공에게 있다.
- 독자는 '나'가 전해 주는 내용을 통해 주인공의 심리나 성격을 추측하여 판단하게 된다.

예) 전짓불은 — 그의 작품 속에서 암시되고 있었던, 작가로서의 그의 진술의 권리를 간섭 방해하고, 마침내는 박준 자신의 의식에까지 어떤 장애를 초래케 한 갈등 요인의 구체적인 내용이었다. 나에게는 그렇게 생각되고 있었다. 박준의 전짓불과 소설이 전혀 무관하게 보여질 수가 없었다. – 이청준, 〈소문의 벽〉

▶ 관찰자인 '나'가 박준이라는 인물(주인공)에게 호기심을 갖고, 그가 지닌 '전짓불'에 대한 공포를 밝히고 있다.

간단 개념 체크

15 빈칸에 들어갈 알맞은 말을 쓰시오.

(1) ☐☐은 행위와 사건들이 일어나는 시간과 공간 등의 구체적 정황을 말한다.

(2) ☐☐☐ ☐☐이란 인물을 둘러싼 사회 현실과 역사적 상황을 의미한다.

16 배경에 대한 설명으로 적절하지 **않은** 것은?

① 주제를 드러내는 역할을 한다.
② 작품의 전반적인 분위기를 조성한다.
③ 사건을 비현실적으로 인식하도록 한다.
④ 인물의 행동을 생생하게 보이도록 한다.
⑤ 배경 자체로 상징적인 의미를 드러낼 수 있다.

17 빈칸에 들어갈 알맞은 말을 쓰시오.

(1) 시점이란 소설 속의 인물 및 사건을 바라보는 서술자의 ☐☐와 각도를 말한다.

(2) 1인칭 관찰자 시점에서 인물의 초점은 '나'가 아니라 ☐☐☐에게 있다.

18 다음 중 1인칭 주인공 시점에 대한 설명으로 알맞은 것을 모두 고르시오.

㉠ 독자에게 신뢰감과 친근감을 준다.
㉡ 주인공의 내면세계를 그리는 데 효과적이다.
㉢ 인물의 초점은 '나'가 아니라 주인공에게 있다.
㉣ 독자는 주인공이 본 것, 느낀 것만을 알게 된다.
㉤ 독자는 '나'가 전해 주는 내용을 통해 주인공의 심리나 성격을 알게 된다.

답 15 (1) 배경 (2) 사회적 배경 16 ③
17 (1) 위치 (2) 주인공 18 ㉠, ㉡, ㉣

③ 전지적 작가 시점: ☆서술자가 인물의 심리나 행동을 분석하여 서술하는 시점

• 서술자가 작품 속에 직접 개입하여 사건을 진행시키고 인물을 논평한다.

• 작가가 자신의 사상과 인생관을 직접 드러낼 수 있다.

• 독자의 상상력을 제한할 가능성이 있다.

> (예) 참으로 오마니는 이 누이의 얼굴과 같았을까. 그러자 제법 어른처럼 갓난 이복동생을 업고 있던 열한 살 잡이 누이는 전에 없이 별나게 자기를 자세히 들여다보는 동복 남동생에게 마치 어머니다운 애정이 끊어오르거나 한 듯이 미소를 지어 보였을 때, 아이는 누이의 지나치게 큰 입새로 드러난 검은 잇몸을 바라보며 누이에게서 돌아간 어머니의 그림자를 찾던 마음은 온전히 사라지고, 어머니가 누이처럼 미워서는 안 된다고 머리를 옆으로 저었다. 우리 오마니는 지금 눈앞에 있는 누이로서는 흉내도 못 내게스레 무척 이뻤으리라.   — 황순원, 〈별〉

▶ 자신의 죽은 어머니를 닮았다는 누이의 얼굴을 바라보며 느낀 '아이'의 심리가 작가의 눈을 통해 서술되고 있다.

④ 3인칭 관찰자 시점: 작가가 외부 관찰자의 입장에서 객관적으로 서술하는 시점

• 극적이고 객관적인 특성을 지닌다.(현대 사실주의 문학에 많이 쓰임.)

• 서술자의 태도가 객관적이므로 독자의 상상력이 개입할 부분이 많다.

> (예) 왕 서방은 복녀의 손을 뿌리쳤다. / 복녀는 쓰러졌다. 그러나 곧 다시 일어섰다. 그가 다시 일어설 때는, 그의 손에는 얼른얼른하는 낫이 한 자루 들려 있었다.
> "이 되놈, 죽어라, 죽어라, 이놈, 나 때렸디! 이놈아, 아이고, 사람 죽이누나."
> 그는 목을 놓고 처울면서 낫을 휘둘렀다. 칠성문 밖 외딴 밭 가운데 홀로 서 있는 왕 서방의 집에서는 일장의 활극이 일어났다. 그러나 그 활극도 곧 잠잠하게 되었다. 복녀의 손에 들려 있던 낫은 어느덧 왕 서방의 손으로 넘어가고, 복녀는 목으로 피를 쏟으면서 그 자리에 고꾸라져 있었다.   — 김동인, 〈감자〉

▶ 작가가 복녀와 왕 서방의 다툼과 복녀의 죽음을 객관적인 태도로 묘사하고 있다.

(3) 거리

서술자와 인물, 독자 사이의 심적(心的) 거리를 의미한다. 거리는 서술자가 누구이며 어떤 각도에서 서술하고 있는지 즉, 시점에 따라 달라지게 된다.

시점 및 서술 방법 관계에 따른 거리	1인칭 주인공 / 전지적 작가 시점	1인칭 관찰자 / 3인칭 관찰자 시점
서술자 – 인물 사이	가깝다	멀다
서술자 – 독자 사이	가깝다	멀다
독자 – 인물 사이	멀다	가깝다

① 서술자와 인물 사이 거리: 1인칭 주인공 시점은 서술자와 인물(주인공) 사이의 거리가 거의 없다. 따라서 1인칭 주인공 시점에서 서술자와 인물 사이의 거리가 가장 가깝다. 3인칭 관찰자 시점에서는 서술자가 인물의 외면만을 관찰하므로 서술자와 인물 사이 거리가 가장 멀다.

② 서술자와 독자 사이 거리: 1인칭 주인공 시점과 전지적 작가 시점의 경우 서술자와 독자 사이 거리가 비교적 가깝다.

③ 독자와 인물 사이 거리: 서술자가 등장인물에 대해서 모든 것을 알려 줄 때, 서술자와 등장인물의 거리는 가깝게 되지만, 독자와 인물 사이 거리는 멀다. 그리고 서술자가 등장인물의 외면만을 관찰하면 서술자와 등장인물 사이 거리는 멀지만, 독자와 인물 사이 거리는 가깝다.

간단 **개념 체크**

19 빈칸에 들어갈 알맞은 말을 쓰시오.

(1) ☐☐☐ ☐☐ 시점은 서술자가 인물의 심리나 행동을 분석하여 서술하는 시점이다.

(2) 3인칭 관찰자 시점은 작가가 외부 관찰자의 입장에서 ☐☐☐으로 서술하는 시점이다.

20 다음 중 전지적 작가 시점에 대한 설명으로 알맞은 것을 모두 고르시오.

> ㉠ 독자의 상상력을 제한할 가능성이 있다.
> ㉡ 작가가 자신의 사상과 인생관을 직접 드러낼 수 있다.
> ㉢ 서술자의 태도가 객관적이므로 독자의 상상력이 개입할 부분이 많다.
> ㉣ 현대 사실주의 문학에 많이 쓰이며, 극적이고 객관적인 특성을 지닌다.
> ㉤ 서술자가 작품 속에 직접 개입하여 사건을 진행시키고 인물을 논평한다.

21 소설의 거리에 대한 설명으로 맞으면 ○, 틀리면 × 표시를 하시오.

(1) 서술자와 인물, 독자의 심적 거리를 의미하는 것으로 배경에 따라 달라진다. ( )

(2) 서술자와 인물 사이의 거리가 가장 가까운 시점은 1인칭 주인공 시점이다. ( )

(3) 1인칭 관찰자 시점과 3인칭 관찰자 시점의 경우 서술자와 독자 사이의 거리가 비교적 가깝다. ( )

(4) 서술자가 등장인물에 대해서 모든 것을 알려줄 때, 서술자와 등장인물의 거리는 멀게 되지만, 독자와 인물 사이의 거리는 가깝다. ( )

답 **19** (1) 전지적 작가 (2) 객관적 **20** ㉠, ㉡, ㉤
21 (1) × (2) ○ (3) × (4) ×

작품으로 보는 현대 소설

개화기~1910년대

갑오개혁 (1894년)
- 혈의 누
- 구마검
- 금수회의록

국권 피탈 (1910년)
- 자유종
- 무정

1920년대 ~1945년

3·1운동 (1919년)
- 술 권하는 사회
- 만세전

카프 결성 (1925년)
- 태형
- 고향(현진건)
- 임꺽정
- 삼대
- 고향(이기영)
- 달밤
- 물!
- 레디메이드 인생
- 소설가 구보 씨의 일일

카프 해산 (1935년)
- 떡
- 만무방
- 봄·봄
- 화랑의 후예
- 사랑손님과 어머니
- 날개
- 동백꽃
- 메밀꽃 필 무렵
- 사하촌
- 방란장 주인
- 천변 풍경
- 복덕방

일제의 조선어 교육 폐지 (1938년)
- 치숙
- 태평천하
- 패강랭
- 돌다리

광복 이후~1950년대

8·15 광복 (1945년)
- 논 이야기
- 미스터 방
- 압록강은 흐른다
- 역마

6·25 전쟁 (1950년)

휴전 협정 (1953년)
- 소나기
- 비 오는 날
- 유예
- 수난 이대
- 나상
- 너와 나만의 시간

1960년대~ 1980년대

4·19 혁명 (1960년)
- 광장
- 꺼삐딴 리
- 시장과 전장
- 역사
- 무진 기행
- 서울, 1964년 겨울
- 1965년, 어느 이발소에서
- 병신과 머저리
- 줄
- 나목
- 토지
- 큰 산

10월 유신 선포 (1972년)
- 관촌수필
- 삼포 가는 길
- 장마
- 겨울 나들이
- 카메라와 워커
- 난쟁이가 쏘아 올린 작은 공
- 아홉 켤레의 구두로 남은 사내
- 우리 동네 황 씨
- 은강 노동 가족의 생계비
- 눈길
- 도요새에 관한 명상
- 소리의 빛
- 자전거 도둑

5·18 광주 민주화 운동 (1980년)
- 엄마의 말뚝 2
- 그해 겨울은 따뜻했네
- 태백산맥
- 완장
- 생명
- 격정 시대
- 비 오는 날이면 가리봉동에 가야 한다
- 마지막 땅
- 허생의 처
- 사평역
- 해산 바가지
- 흐르는 북
- 빼떼기

1990년대 이후

남북한 UN 동시 가입(1991년)
- 유자소전
- 꿈꾸는 인큐베이터
- 나의 아름다운 이웃
- 아들과 함께 걷는 길
- 세상에서 가장 아름다운 이별
- 갈매나무를 찾아서
- 착한 사람 문성현
- 그 여자네 집
- 19세
- 황만근은 이렇게 말했다
- 칼의 노래
- 한데서 울다
- 황진이
- 종탑 아래에서
- 세상에 단 한 권뿐인 시집
- 코끼리
- 뿌리 깊은 나무
- 남한산성
- 도도한 생활
- 명랑한 밤길
- 개밥바라기 별
- 엇박자 D
- 꽃가마배
- 두근두근 내 인생
- 소년을 위로해 줘
- 처삼촌 묘 벌초하기
- 아무도 모르라고
- 스노우맨
- 고양이가 기른 다람쥐
- 입동
- 뿌리 이야기
- 투명 인간
- 세상에 없는 나의 집
- 오늘은, 너무 외롭지
- 우리에겐 일 년 누군가에겐 칠 년
- 씬짜오, 씬짜오
- 내가 그린 히말라야시다 그림

혈의 누   구마검   무정   금수회의록   자유종

I

개화기
~1910년대

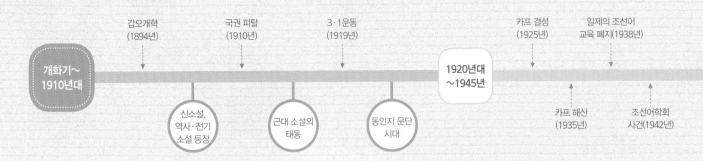

개화기~
1910년대

갑오개혁
(1894년)

국권 피탈
(1910년)

3·1운동
(1919년)

카프 결성
(1925년)

일제의 조선어
교육 폐지(1938년)

1920년대
~1945년

신소설,
역사·전기
소설 등장

근대 소설의
태동

동인지 문단
시대

카프 해산
(1935년)

조선어학회
사건(1942년)

개화기

1. 이 시기의 특징

• 개화기는 갑오개혁(1894)에서 국권 피탈(1910)에 이르는 시기로, '신문학기', '애국 계몽기'로 지칭된다.

• 서구 열강과 일본, 중국이 이 땅에서 치열한 세력 다툼을 벌였던 시대로, 외세의 침탈에 맞서 독립 의병 운동이 전국적으로 격렬하게 전개되었다.

• 갑오개혁 이후 보수와 개화 세력의 대립이 심해지고, 일본을 거쳐 유입된 서구의 문화가 하나의 신문학 운동으로 확산되어 갔다.

• 고전 문학에서 현대 문학으로 넘어가는 시기로, 주변국과 서구 열강의 침입에 맞서 민속 문학의 정체성을 지켜야 했던 시기이다.

• 근대 지향적 문학이 태동하고, 개화, 계몽, 자주독립, 애국 등이 문학의 중요한 주제로 떠올랐다.

◆ 언문일치
문어(文語)가 단어 및 문장의 구조에서 일상어와 일치하는 것을 말한다. 유길준의 〈서유견문〉 서문에 언문일치의 주장이 처음으로 제기되었고, 신소설 작가들과 이광수 등을 거쳐 김동인에 이르러 완성된 것으로 평가된다.

간단 개념 체크

1 주변국과 서구 열강의 침입에 맞서 민족 문학의 정체성을 지키면서 고전 문학에서 현대 문학으로 넘어갔던 시기는?
( )

2 ☐☐☐은 고전 소설로부터 현대 소설로 이행하는 과도기의 모습을 보였으며, 〈☐☐☐〉가 효시로 평가받는다.

3 제국주의의 침략이 진행되던 시기에는 역사적 영웅의 일생을 통해 주체적 저항 의식을 표출한 역사 전기 소설이 유행했다.
(○ / X)

답 1 개화기 **2** 신소설, 혈의 누 **3** ○

2. 이 시기 소설의 경향

(1) 신소설

1906년 발표된 이인직의 〈혈의 누〉를 시작으로, 고전 소설로부터 근대 소설로 이행하는 과도기의 모습을 보인 신소설이 등장하였다. 고전 소설과 차별화되는 새로운 내용과 형식의 신소설은 다음과 같은 특징을 지닌다.

① 내용상의 특징: 당대의 현실적 인물이 등장하고 자주독립, 신교육, 남녀평등, 자유연애, 미신타파 등 개화 사상을 주요 소재로 취하고 있다.

② 형식상의 특징: 작품의 서두가 고전 소설의 전기체(傳記體)가 아닌 자유로운 장면 묘사로 시작되고, 근대적인 언문일치의 문체에 접근하였으며, 역순행적 구성이 도입되기도 하였다.

③ 한계: 등장인물의 성격이 평면적이며, 사건이 우연적이다.

④ 의의: 고전 소설과 현대 소설을 연결하는 역할을 하였다.

8·15 광복
(1945년)

휴전 협정
(1953년)

4·19 혁명
(1960년)

10월 유신
선포(1972년)

인터넷의
보급

광복 이후~
1950년대

1960년대~
1980년대

1990년대
이후

6·25 전쟁
(1950년)

5·16 군사
정변(1961년)

5·18 광주 민주화
운동(1980년)

남북한 UN 동시
가입(1991년)

작품	작가	특징
〈혈의 누〉	이인직	청일 전쟁을 배경으로 자주독립, 신교육, 자유연애 등을 주제로 내세운, 신소설의 효시이다.
〈자유종〉	이해조	자주독립과 여권 신장을 다룬 정치 소설로 여성들의 토론 형식으로 쓰였다.
〈구마검〉	이해조	'구마검'은 '귀신 쫓는 칼'이라는 뜻으로 미신 타파의 사상을 담은 작품이다.
〈금수회의록〉	안국선	동물의 입을 빌려 인간 사회의 비리와 모순을 풍자한 우화 소설이다.

◆ 우화 소설
우화 소설은 주로 동물을 빌어 인간 행위의 우매함과 타락함을 풍자, 비판하고 이를 계도하려는 목적으로 쓰인 서사 문학이다. 우화 소설이라는 양식은 부조리한 현실을 비판하고 교훈적인 내용을 담기에 적절하며 우회적으로 주제를 드러낼 수 있다.

(2) 역사·전기 소설

신소설의 유행과 함께 당시의 암울한 시대적 분위기를 극복하기 위해 역사적 영웅의 일생을 그린 소설들이 유행하였다. 신채호, 박은식, 장지연 등의 애국 계몽가들은 나폴레옹, 잔 다르크 등의 외국 영웅 전기를 번역하거나, 을지문덕, 이순신 등 우리나라 민족적 영웅들의 전기를 창작하였다. 신소설의 친일적인 경향과는 달리 주체적 저항 의식을 표출하고 있어 일본 제국주의 침략에 대한 저항 문학으로서 주목할 만한 가치를 지니고 있다.

작품	작가	특징
〈을지문덕전〉	신채호	애국심 고취를 위해 저술한 을지문덕의 전기로, 을지문덕의 뛰어난 지략과 용맹함, 그것을 바탕으로 한 고구려의 국난 극복 과정을 그린 소설이다.
〈애국 부인전〉	장지연	잔 다르크의 일생을 전기화한 소설로, 죽음을 각오하고 싸운 잔 다르크의 애국심과 용맹성을 나타내어 애국심을 고취하고자 하였다.

1917년 이후

1. 이 시기의 특징

• 1910년 국권 피탈 이후 우리 민족은 언론과 출판의 자유를 상실하였다.
• 총독부의 기관지를 제외한 모든 신문은 강제로 폐간되고 소규모 잡지들만 존재하였다.

2. 이 시기 소설의 경향

(1) 근대 소설 〈무정〉의 등장: 1917년 이광수는 최초의 근대 소설로 평가받는 〈무정〉을 발표했다. 이는 다음과 같은 점에서 문학사적 의의를 지닌다.

① 표현: 구어체 문장을 통한 세밀한 묘사
② 배경: 구체성을 띤 시·공간적 배경 설정
③ 주제: 개화와 계몽이라는 주제 의식, 근대적 인간형의 형상화

간단 개념 체크

1 이광수의 장편 소설로, 우리나라 최초의 근대 소설로 평가되는 작품은?
(   )

2 소설 〈무정〉은 ☐☐와 ☐☐이라는 주제 의식을 바탕으로 ☐☐☐ 인간형을 형상화했다는 점에서 문학사적 의의를 지닌다.

3 1910년 국권 피탈 이후 총독부는 우리 민족의 언론과 출판의 자유를 보장했다.
(○ / X)

답 **1** 〈무정〉 **2** 개화, 계몽, 근대적 **3** X

혈의 누 | 이인직

[문학] 천재(김)

핵심 정리

갈래 신소설, 계몽 소설
성격 계몽적, 교훈적
배경 ① 시간 – 청일 전쟁(1894)~광무 6년(1902)
　　　　② 공간 – 평양, 일본(오사카), 미국(워싱턴)
시점 전지적 작가 시점
주제 신교육 사상과 개화 의식의 고취
특징 ① 문어체의 서술이 드러남.
　　　② 개화기의 시대적 모습과 당시 지식인들의 계몽 의지를 보여 줌.
출전 《만세보》(1906)

Q '일청 전쟁'을 작품의 배경으로 삼은 이유는?

작가가 청일 전쟁이 끝난 직후를 배경으로 삼은 이유는 청나라와 일본의 싸움이 조선의 영토 안에서 벌어져 엄청난 인명 피해와 재산상의 피해를 입었음을 보여 주려는 것이다. 조선이 외세에 휘둘리고 있는 상황임을 드러내어 조선도 하루빨리 서양의 문물을 받아들이고 강대국이 되어야 함을 강조하고 있다.

어휘 풀이

동경 '도쿄'를 우리 한자음으로 읽은 이름.
대판 '오사카'를 우리 한자음으로 읽은 이름.
봉공하다 나라나 사회를 위하여 힘써 일하다. 여기서는 '열심히 일하다.'라는 뜻임.
자목 '오사카'에 있는 이바라키 시.
만판 마음껏 넉넉하고 흐뭇하게.
화성돈 '워싱턴'의 음역어.
다심하다 조그만 일에도 마음이 안 놓여 여러 가지로 생각하거나 걱정하는 게 많다.
일청 전쟁 1894~1895년에 청나라와 일본 사이에 벌어진 전쟁. 이 전쟁에서 일본이 승리하여 조선에 대한 발언권이 강해짐.
질언하다 사실을 있는 대로 딱 잘라서 말하다.

구절 풀이

❶ 우리나라 계집아이 같으면 저러한 것들이 판판이 놀겠지. 19세기 말에서 20세기 초까지의 조선 사회는 여성들이 교육을 받을 만큼 문명개화한 근대 국가가 아니었음을 드러낸다.
❷ 그 손은 옥련이와 일본 대판서 동행하던 서생인데 그 이름은 구완서라. 옥련이 일본의 기차간에서 만났던 조선인 서생이 바로 구완서이며, 그의 도움으로 미국에서 공부할 수 있게 되었음을 알 수 있다.

가 　정한 마음 없이 정거장으로 나가니, 그때 일번(一番) 기차에 떠나려 하는 행인들이 정거장으로 모여드는지라. 옥련의 마음에 **동경이나 가고 싶으나 동경까지 갈 기차표 살 돈은 없고** 다만 이십 전이 있는지라. 옥련이가 **대판만 떠나서 어디든지 가면 남의 집에 *봉공(奉公)**하고 있을 터이라 결심하고 *자목 정거장까지 가는 기차표를 사서 일번 기차를 타니, 삼등차에 사람이 너무 많이 들어서 옥련이가 앉을 곳을 얻지 못하고 섰는데 등 뒤에서 웬 서생이 혼자 중얼중얼하는 말이, / "웬 계집아이가 남의 앞에 와 섰다."

하는 소리에 옥련이가 돌아다보니 나이 열 칠팔 세 되고 『얼굴은 볕에 그을려 익은 복숭아 같고 코는 우뚝 서고 눈은 *만판 정신기 있는데, 입기는 양복을 입었으나 양복은 처음 입은 사람같이 서툴러 보이는지라.』 옥련이가 돌아다보는 것을 보더니 또 조선말로 혼자 하는 말이,

"그 계집아이 똑똑하다. 재주 있겠다. ❶우리나라 계집아이 같으면 저러한 것들이 판판이 놀겠지. 여기서는 저런 것들도 모두 공부를 한다 하니 저것은 무엇 하는 계집아이인지."

　그러한 소리를 곁의 사람이 아무도 못 알아들으나 옥련의 귀에는 알아들을 뿐이 아니라, 대판 온 지 몇 해 만에 고국 말소리를 처음 듣는지라. 반갑기가 측량없으나, 계집아이 마음이라 먼저 말하기도 부끄러운 생각이 있어서 말을 못 하고, 옥련이도 혼잣말로 서생의 귀에 들리도록 하는 말이, / "어디 가 좀 있을 곳이 있어야지, 시시 갈 수가 있나."

▶ 기차에서 우연히 만난 옥련과 구완서

[중간 부분의 줄거리] 옥련은 구완서를 따라 미국으로 유학을 가게 되고, 옥련의 기구한 과거 이력과 우수한 학업 성적으로 인해 옥련의 이야기가 신문에 실린다.

나 　옥련이가 미국 *화성돈에 다섯 해를 있어서 하루도 학교에 아니 가는 날이 없이 다니며 공부를 하는데, 재주 있고 부지런한 사람으로, 그 학교 여학생 중에는 제일 칭찬을 듣는지라.

　그때 옥련이가 고등 소학교에서 졸업 우등생으로 옥련의 이름과 옥련의 사적이 화성돈 ⓐ신문에 났는데, 그 신문을 보고 이상히 기뻐하는 사람 하나가 있는데, 어찌 그렇게 기쁘던지 부지중 눈물이 쏟아진다. 기쁜 마음을 이기지 못하여 도리어 의심을 낸다. 의심 중에 혼잣말로 중얼중얼한다.

　"조선 사람의 일을 영서로 번역한 것이라 혹 번역이 잘못되었나. 내가 미국에 온 지가 십 년이나 되었으나 영문에 서툴러서 보기를 잘못 보았나."

　그렇게 *다심하게 생각하는 사람의 성명은 김관일인데, 그 딸의 이름이 옥련이라. ⓑ일청 전쟁 났을 때에 그 딸의 사생을 모르고 미국에 왔는데, 그때 화성돈 신문에는, 말은 옥련의 학교 성적과, 평양 사람으로 일곱 살에 일본 대판 가서 심상소학교를 졸업하고 그 길로 미국 화성돈에 와서 고등 소학교에서 졸업하였다 한 간단한 말이라. 김 씨가 분명히 자기의 딸이라고는 *질언할 수 없으나, 옥련이라 하는 이름과 평양 사람이라는 말과 일곱 살에 집 떠났다 하는 말은 김관일의 마음에 정녕 내 딸이라고 생각 아니 할 수도 없는지라. [중략]

　그때 마침 밖에 손이 와서 찾는다 하는데, 명함을 받아 보더니 옥련이가 얼굴빛을 천연히 고치고 손을 들어오라 하니, 그 손이 보이를 따라 들어오거늘 옥련이가 선뜻 일어나며 그 사람의 손을 잡아 인사하고 테이블 앞에서 마주 향하여 의자에 걸터앉으니, ❷그 손은 옥련이와 일본 대판서 동행하던 서생인데 그 이름은 구완서라.

▶ 미국에서 딸 옥련의 소식을 알게 된 김관일

• 중심 내용 기차에서 구완서를 만난 옥련은 이후 함께 미국으로 유학을 감.　　• 구성 단계 절정

이해와 감상

　이 작품은 구한말을 배경으로 변화하는 시대에 필요한 문명개화와 신교육, 자유 결혼이라는 근대적 계몽 이념을 담고 있는 우리나라 최초의 신소설로, 고전 소설과 현대 소설의 과도기적 성격을 지닌다. 또한 소재를 일상생활에서 취하고, 고전 소설의 설화체에서 벗어나 서사와 묘사 중심의 서술 방식을 보인다는 점에서 고전 소설과는 차이점을 보인다. 이 작품에서는 청일 전쟁 중 가족이 뿔뿔이 흩어져 혼자 남게 된 여주인공 옥련과 가족의 처지를 묘사하고 있다. 내용상으로는 계몽적 성격을 띠고 있으나, 당시 국권을 위협하던 일본을 구원자로 미화하고 외세에 의존하는 작가의 사상이 드러난다는 점에서 비판을 받기도 하였다.

Q 전체 줄거리

발단	옥련은 청일 전쟁 중에 가족과 헤어진다. 어머니는 가족을 찾아 헤매다가 자살을 기도하지만 목숨을 건지고, 아버지 김관일은 미국으로 유학을 떠난다.
전개	총탄을 맞은 옥련은 일본 군의관 이노우에에게 구출되고 그 군의관의 양녀가 되어 일본에서 소학교를 다닌다.
위기	군의관이 죽은 뒤 양어머니에게 구박을 받은 옥련은 자살을 시도하지만 실패한다.
절정	가출한 옥련은 우연히 기차에서 만난 구완서를 따라 미국으로 유학을 간다. 우수한 성적으로 졸업한 옥련의 이야기가 신문에 실리고, 이를 계기로 옥련은 아버지 김관일과 상봉하게 된다.
결말	옥련은 구완서와 약혼한 뒤 귀국하여 어머니와 재회하고 조국의 계몽을 위해 힘쓸 것을 다짐한다.

인물 관계도

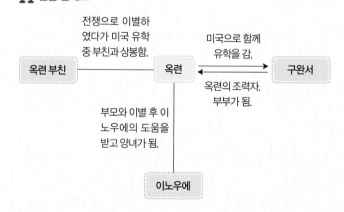

작품 연구소

'기차'의 상징적 의미

　문학 작품에서 대개 '기차'는 문명 혹은 근대화를 상징하는 소재로 등장한다. 이 작품에서도 '기차'는 일본이 서양 문물을 우리보다 일찍 받아들여 근대화의 길을 걷고 있음을 보여 준다. 또한 '기차'는 양어머니의 구박 때문에 가출한 옥련이 오사카를 떠나기 위해 이용한 교통수단이며, 그 기차 안에서 조선인 청년 구완서를 우연히 만나 그를 따라 미국으로 유학을 가게 되면서 신여성으로 발전하는 계기가 되는 매개체로도 기능한다.

키 포인트 체크

- **인물** 옥련은 일본과 미국을 거쳐 신학문의 세례를 받는 □□ 여성이며, 구완서는 옥련과 약혼 후 미국 유학을 하며 □□□□의 뜻을 품고 있는 유학생이다.
- **배경** 옥련은 □□□□□으로 부모와 헤어진 뒤 고향을 떠나 일본에서 생활하다가 미국으로 가게 된다.
- **사건** 어릴 때 부모와 이별한 옥련은 미국 유학 도중 우수한 성적으로 □□에 소개되어 □□□와 만나게 된다.

1 이 글의 서술상 특징으로 가장 적절한 것은?

① 인물 간의 대립을 고조시켜 갈등을 부각하고 있다.
② 과거 회상을 통해 현재 사건의 원인을 추적하고 있다.
③ 시간의 흐름에 따른 인물의 심리 변화를 묘사하고 있다.
④ 구체적 공간을 제시하여 사건에 사실성을 부여하고 있다.
⑤ 인물의 과장된 행동을 통해 비극적 분위기의 반전을 꾀하고 있다.

내신 적중 多빈출

2 이 글의 내용을 바르게 이해한 것은?

① 옥련과 서생은 일본의 소학교에서 함께 공부를 했다.
② 옥련은 서생의 중얼거리는 소리를 듣고 관심을 보였다.
③ 서생은 옥련이 자신보다 불행한 처지에 있다고 생각했다.
④ 옥련은 헤어진 아버지를 만나기 위해 일본을 거쳐 미국으로 갔다.
⑤ 김관일은 자신에게 무관심한 태도를 보인 옥련을 못마땅하게 여겼다.

3 ⓐ의 서사적 기능으로 가장 적절한 것은?

① 옥련과 김관일을 화해시키는 기능을 한다.
② 옥련의 행동 변화를 유도하는 역할을 한다.
③ 옥련의 피할 수 없는 비극적 운명을 암시한다.
④ 김관일이 옥련과 만나게 되는 매개체 역할을 한다.
⑤ 김관일이 옥련을 용서하게 되는 계기를 제공해 준다.

4 〈보기〉를 참고하여 ⓑ와 같은 배경을 설정함으로써 얻을 수 있는 효과를 쓰시오.

ㅣ 보기 ㅣ
　이 작품은 청일 전쟁을 배경으로 가족과 헤어져 혼자 남게 된 주인공 옥련을 통해 변화하는 시대에 필요한 문명개화와 신교육, 자유 결혼이라는 근대적 계몽 이념을 담고 있다.

5 이 글에 등장하는 '기차'의 상징적 의미를 쓰시오.

어휘 풀이

필경 끝장에 가서는.
류(留) 러시아의 화폐 단위 '루블'의 음역어.
양정할사 드리겠습니다.
배행(陪行)하다 윗사람을 모시고 따라가다.
환형 늙거나 병이 들거나 하여 얼굴 모양이 변함.
소청 남에게 청하거나 바라는 일.
비사맥 독일 정치가인 '비스마르크'의 음역어.
자기하다 마음속에 스스로 기약하다.
용렬하다 사람이 변변하지 못하고 졸렬하다.

Q '옥련'과 '구완서'가 혼인을 미룬 이유는?

두 사람은 서양 학문을 충분히 익힌 후, 고국에 돌아가 조선 사람들을 개화시켜 문명 강국을 만들고, 남녀가 평등한 세상을 이루기 위해 결혼을 미루었다.

Q 이 작품의 문체에 남아 있는 고전 소설의 자취는?

이 글은 구어체 문장을 사용하여 현실감과 사실성을 더하는 효과를 거둠으로써 문체 면에서 고전 소설의 한계를 벗어났다는 평가를 받고 있다. 하지만 고전 소설에서 자주 나오는 '~라' 등의 문어체를 완전히 벗어나지는 못하였으며, 설명조의 편집자적 논평이 자주 등장한다는 점은 이 작품이 지닌 한계라고 볼 수 있다.

구절 풀이

❶ **옥련이가 구 씨의 ~ 혼인 언약을 맺으니,** 부모의 의사에 따르던 전통적인 결혼관을 버리고 당사자들의 의지에 따라 결혼하려는 모습에 자유연애 사상과 계몽 사상이 잘 드러나 있다.
❷ **구 씨의 목적은 ~ 비사맥 같은 마음이요,** 조선, 일본, 만주를 합하여 문명 강국을 만들고자 하는 구완서의 포부가 잘 드러난 부분이다.
❸ **조선 사람이 이렇게 야만되고 ~ 소년 학생 의기에서 나오는 마음이라.** 조선의 현실을 잘 모르는 옥련과 구완서에 대한 작가의 개입이 드러난 부분이다. 이러한 작가 개입은 고전 소설의 특징 중 하나이다. 이 글에 이러한 특징이 나타나는 것은 신소설이 아직 고전 소설의 형식을 완전히 벗어나지 못했음을 의미한다.

작가 소개

이인직(李人稙, 1862~1916)
소설가. 호는 국초(菊初). 1908년 원각사를 중심으로 신극 운동을 전개하면서 〈설중매〉를 각색하고 〈은세계〉를 집필하여 무대에 올렸다. 사실적 산문 문장을 최초로 구사하여 신소설 문단을 확립하였다. 주요 작품인 〈혈의 누〉, 〈은세계〉 등에서 친일 의식과 반민족 의식을 드러냈다. 그 외에도 〈귀의 성〉, 〈치악산〉, 〈모란봉〉 등의 작품이 있다.

가 옥련이가 좋은 마음에 띄어서 광고를 끝까지 다 보지 못하고 우두커니 앉았다가 또 광고를 본다. 옥련의 마음에 다시 의심이 난다. 일전 꿈에 모란봉에 가서 우리 부모 산소에 갔던 일이 그것이 꿈인가. 오늘 신문지의 광고를 보는 것이 꿈인가. 한 번은 영어로 보고 한 번은 조선말로 보다가 *필경은 한문과 조선 언문을 섞어 번역하여 놓고 보더라.

> **광고**
> 옥련을 만나기 위해 김관일이 신문에 낸 광고. 부녀 상봉의 매개체 역할을 함.
> 지나간 열사흗날 황색 신문 잡보에 한국 여학생 김옥련이가 아무 학교 졸업 우등생이라는 기사가 있기로 그 유하는 호텔을 알고자 하여 이에 광고하오니, 누구시든지 옥련의 유하는 호텔을 이 고백인에게 알려 주시면 상당한 금으로 십 *류(留)를 *양정할사.
>
> 조선 평안도 평양인 김관일 고백 헌수……

의심 없는 옥련의 부친이 한 광고다.

"여보 보이, 이 신문을 가지고 날 따라가면 우리 부친이 십 류의 상금을 줄 것이니 지금으로 갑시다."

"내가 상금 탈 공은 없으니 상금은 원치 아니하나 귀양(貴孃)을 *배행하여 가서 부녀 서로 만나 기뻐하시는 모양 보았으면 나도 이 호텔에서 몇 해 간 귀양을 모시고 있던 정분에 귀양을 따라 기뻐하고자 합니다."

옥련이가 그 말을 듣고 더욱 기뻐하여 보이를 데리고 그 부친 있는 처소를 찾아가니 십 년 풍상에서 서로 *환형(換形)이 된지라, 서로 보고 서로 알아보지 못할 지경이라. 옥련이가 신문 광고와 명함 한 장을 가지고 그 부친 앞으로 가서 남에게 처음 인사하듯 대단히 서먹한 인사를 하다가 서로 분명한 말을 듣더니, 옥련이가 일곱 살에 응석하던 마음이 새로이 나서 부친의 무릎 위에 얼굴을 폭 숙이고 소리 없이 우는데, 김관일의 눈물은 옥련의 머리 뒤에 떨어지고, 옥련의 눈물은 그 부친의 무릎을 적신다.

▶ 옥련과 아버지 김관일의 상봉

나 옥련이는 아무리 조선 계집아이이나 학문도 있고 개명한 생각도 있고, 동서양으로 다니면서 문견(聞見)이 높은지라. 서슴지 아니하고 혼인 언론 대답을 하는데, 구 씨의 *소청이 있으니, 그 소청인즉 옥련이가 구 씨와 같이 몇 해든지 공부를 더 힘써 하여 학문이 유여한 후에 고국에 돌아가서 결혼하고, 옥련이는 조선 부인 교육을 맡아 하기를 청하는 유지(有志)한 말이라. ❶옥련이가 구 씨의 권하는 말을 듣고 조선 부인 교육할 마음이 간절하여 구 씨와 혼인 언약을 맺으니, ❷구 씨의 목적은 공부를 힘써 하여 귀국한 뒤에 우리나라를 독일국(獨逸國)같이 연방도를 삼되, 일본과 만주를 한데 합하여 문명한 강국을 만들고자 하는 *비사맥 같은 마음이요, 옥련이는 공부를 힘써 하여 귀국한 뒤에 우리나라 부인의 지식을 넓혀서 남자에게 압제받지 말고 남자와 동등 권리를 찾게 하며, 또 부인도 나라에 유익한 백성이 되고 사회상에 명예 있는 사람이 되도록 교육할 마음이라.

「세상에 제 목적을 제가 *자기하는 것같이 즐거운 일은 다시없는지라. 구완서와 옥련이가 나이 어려서 외국에 간 사람들이라. ❸조선 사람이 이렇게 야만되고 이렇게 *용렬할 줄을 모르고, 구 씨든지 옥련이든지 조선에 돌아오는 날은 조선도 유지한 사람이 많이 있어서 학문 있고 지식 있는 사람의 말을 듣고 이를 찬성하여 구 씨도 목적대로 되고 옥련이도 제 목적대로 조선 부인이 일제히 내 교육을 받아서 낱낱이 나와 같은 학문 있는 사람들이 많이 생기려니 생각하고, 일변으로 기쁜 마음을 이기지 못하는 것은 제 나라 형편 모르고 외국에 유학한 소년 학생 의기에서 나오는 마음이라.」

▶ 옥련과 구완서의 혼인 언약

• **중심 내용** 광고를 통해 아버지 김관일과 상봉한 옥련은 구완서와 혼인하기로 언약을 함. • **구성 단계** 절정

🏠 **작품 연구소**

신여성다운 면모를 갖춘 옥련

옥련은 여성도 학문을 배워 남성에게 압제받지 말고 남성과 동등해야 한다거나, 여성도 국익에 보탬이 되어야 한다는 생각을 가지고 있다. 이러한 생각은 당시로서는 매우 파격적이었으며 그만큼 당시 조선 사회는 개화되지 않은 전근대적 사회였다. 이러한 옥련의 가치관은 신여성다운 면모를 잘 보여 주는 대목이라 할 수 있다.

제목 '혈의 누'의 의미

'혈의 누'라는 제목은 '피눈물'이라는 의미를 담고 있다. 이 작품은 개화기를 배경으로 옥련 일가의 기구한 이별과 만남을 주요 사건으로 다루고 있는 만큼 '피눈물 나는' 이야기가 아닐 수 없다. 작가는 주인공들의 이런 운명이 변화하는 세계의 정세를 따르지 못하는 조선의 현실과 관련 있으며, 이를 극복하기 위해 신교육을 통한 개화사상의 고취가 필수적임을 당시의 독자들에게 역설하고 있는 것이다.

신소설로서의 〈혈의 누〉의 특징과 한계

신소설인 〈혈의 누〉는 형식 면에서 서사와 묘사 중심의 서술 방식을 구사하였으며, 내용 면에서는 신문명에 대한 동경과 새로운 윤리관을 제시하기 위해 청일 전쟁과 일본, 미국 등의 국제적 배경을 설정하여 새로운 세계 구조를 부각시켰다는 성과를 거두었다. 그러나 당대의 민족적 고난과 좌절을 간과함으로써, 진정한 개화 의지를 담아내지 못한 점은 이 작품의 한계라 할 수 있다.

형식	내용	의의
• 구어체 시도 • 국문·신문 위주	• 신문명 동경 • 자유연애 사상	개화기의 시대상과 시대 의식 반영

📋 **자료실**

신소설

신소설이란 20세기 초 개화기에 등장했던 과도기적 형태의 소설을 말한다. 고전 소설과 다르고 '새로운 소설'이라는 뜻에서 신소설이라 불렸으며, 역사적 의미를 강조하여 '개화기 소설'이라고도 한다. 우리나라에서 신소설이란 용어가 언제 처음 사용되었는지에 대해 여러 설이 있으나 1907년 출간된 〈혈의 누〉 초간본 표지에 '신소설'이라 씌어진 것을 시초로 본다. 문학사적으로는 이인직의 〈혈의 누〉(1906)를 시작으로 이광수의 〈무정〉이 나온 1917년 이전까지의 작품을 가리킨다.

📖 **함께 읽으면 좋은 작품**

〈무정〉, 이광수 / 신교육과 자유연애를 통한 계몽 의식을 형상화한 소설

이 작품은 《매일신보》에 연재되어 선풍적인 인기를 누렸으며, 계몽적인 주제를 담고 있으면서도 삼각관계라는 흥미 있고 대중적인 인물 구조를 선택함으로써 대중성과 계몽성을 조화시킨 소설이다. 1910년대 개화기 조선에서 청춘 남녀들의 사랑을 통해 신교육과 자유연애로 대표되는 근대화의 의지나 계몽 의식을 형상화한 소설로, 한국 소설사에서 최초의 근대적 장편 소설로 평가받고 있다. 🔗 Link 본책 34쪽

---

6 〈보기〉를 참고하여 (가)를 이해한 내용으로 가장 적절한 것은?

┤ 보기 ├

ㄱ. 옥련이 신문에 난 광고를 본다.
ㄴ. 옥련이 보이에게 자신을 따라 가자고 말한다.
ㄷ. 옥련이 부친이 있는 처소를 찾아간다.
ㄹ. 옥련이 부친 김관일을 만나 눈물을 흘린다.
ㅁ. 옥련과 구완서는 학문을 익힌 후 혼인하기로 한다.

① ㄱ을 통해 김관일이 옥련과 만나기를 희망하고 있음을 알 수 있어.
② ㄴ을 통해 옥련이 보이에 대한 불신을 해소하고 있음을 알 수 있어.
③ ㄷ을 통해 옥련이 조급한 성격을 지니고 있는 인물임을 알 수 있어.
④ ㄹ을 통해 옥련은 가족을 위해 자신을 희생하는 인물임을 알 수 있어.
⑤ ㅁ을 통해 구완서 혼자서 옥련을 흠모하고 있음을 알 수 있어.

7 (나)에 대한 독자의 반응으로 적절하지 않은 것은?

① 옥련은 귀국하여 여권 신장을 위해 노력하려고 하는군.
② 옥련과 구완서는 학문을 마친 후에 결혼하려고 하는군.
③ 옥련은 혼인과 관련하여 구완서의 요구를 수용하고 있군.
④ 구완서는 우리나라를 문명 강국으로 만들고 싶어 하는군.
⑤ 옥련은 혼인 언론을 마음대로 하려는 구완서를 원망하는군.

8 ⓐ~ⓔ를 바탕으로 이 글을 감상한 내용으로 적절하지 않은 것은?

┤ 보기 ├

고전 소설은 주인공의 ⓐ일대기 형식이 대부분이고, 작품의 ⓑ공간적 배경도 중국이나 우리나라가 많다. 또한 ⓒ봉건적인 도덕률을 긍정하는 내용을 주제로 삼고 있으며, ⓓ고사를 인용하는 상투적인 문체와 문어체를 사용하고 있다. 뿐만 아니라 ⓔ전기적 요소가 많으며, 작가가 직접 작품에 개입하기도 한다.

① ⓐ: 옥련의 생애 일부만 다루고 있어서 고전 소설의 일대기 형식과 차이가 있다.
② ⓑ: 우리나라뿐만 아니라 일본과 미국 등을 공간적 배경으로 삼고 있어서 고전 소설보다 공간이 확장되고 있다.
③ ⓒ: 남녀평등과 자유연애 사상이 나타나고 있어서 고전 소설의 봉건적인 도덕률을 탈피한 주제를 다루고 있다.
④ ⓓ: 고사를 인용하지 않고 구어체를 통해 장면을 묘사하는 등 고전 소설의 문체적 한계를 어느 정도 벗어나고 있다.
⑤ ⓔ: 전기적 요소가 없으며, 서술자가 작품에 직접 개입하지 않는 등 고전 소설의 영향에서 벗어나고 있다.

9 〈보기〉는 〈숙향전〉의 줄거리이다. 이를 참고하여 이 글에서 ㉠과 ㉡에 해당하는 내용을 쓰시오.

┤ 보기 ├

전쟁 중 부모와 이별한 숙향은 여러 번의 위기 상황을 만나지만 ㉠조력자의 도움으로 위기를 극복하고, ㉡행복한 결말을 맞이한다.

문학 미래엔

핵심 정리

갈래 신소설, 계몽 소설
성격 계몽적, 비판적
배경 ① 시간 – 1900년대
　　　　② 공간 – 서울의 부촌인 중부 다방골
시점 전지적 작가 시점
주제 미신이 만연한 세태에 대한 풍자와 비판
특징 ① 대립적 가치관을 지닌 인물 구성을 통해 주제 의식을 형상화함.
　　　　② 인물과 사건에 대한 서술자의 주관적인 판단을 통해 서사가 전개됨.
출전 《제국신문》(1908)

Q '최씨'의 행동에 대한 서술자의 평가는?

서술자는 무당의 말을 신봉해 재산을 갖다 바치는 최씨 부인의 행동에 대해 정신을 못 차리는 행동이라고 부정적으로 평가하고 있다. 또한 아이에게 귀신이 붙어 있다는 무당의 말도 요사스럽다며 부정적으로 평가한다는 점에서 미신(迷信)에 대해 비판적 인식을 드러냄을 알 수 있다.

어휘 풀이

딸깍샌님 '딸깍발이'의 방언. 신이 없어 맑은 날에도 나막신을 신는 가난한 선비를 이르는 말.
분벽사창 하얗게 꾸민 벽과 비단으로 바른 창이라는 뜻으로, 아름답게 꾸민 방을 이르는 말.
조요하다 밝게 비쳐서 빛나는 데가 있다.
죽젓개질 죽을 쑬 때 죽젓광이로 죽을 젓는 일. 여기서는 남의 일을 훼방하는 것을 뜻함.
해토 땅풀림. 얼었던 땅이 녹음.
일동일정 하나하나의 동정. 모든 동작.
안잠자다 남의 집에서 먹고 자며 그 집안일을 도와주다.
삼신(三神) 출산 및 육아에 관련된 집안 신.
행담(行擔) 길 가는 데 가지고 다니는 작은 상자.

구절 풀이

❶ **집집마다 바깥 ~ 흥부리는 계교러라.** 다방골에 사는 부자들은 북촌의 세력 있는 토호재상들에게 재물을 빼앗길까 두려워 일부러 집의 외관을 허름하게 꾸몄다.
❷ **천행으로 최씨 ~ 열 길이나 나서,** 아이를 가진 최씨 부인을 속여 재물을 뜯어낼 생각에 신나 하는 노파의 모습을 보여 준다.
❸ **그런데 그 아이에게 ~ 둘이 있으니,** 노파는 아이에게 귀신이 많이 붙어 있다고 최씨 부인을 속여 재물을 뜯어내려 하고 있다.
❹ **사람이 죽어 ~ 지어낸 말이라.** 미신을 좋아하는 최씨 부인을 더욱 미혹하게 만들기 위해 무녀가 아이에게 귀신이 붙었다는 요사스러운 말을 지어내었다는 것으로 무속 행위에 대한 서술자의 반감을 잘 보여 주고 있다.

가 　중부 다방골은 장안 한복판에 있어, 자래로 부자 많이 살기로 유명한 곳이라. ❶집집마다 바깥 대문은 개구멍만하여 남산골 °딸깍샌님의 집 같아도 중대문 안을 썩 들어서면 고루거각(高樓巨閣)에 °분벽사창(粉壁紗窓)이 °조요하니, 이는 북촌 세력 있는 토호재상(土豪宰相)에게 재물을 빼앗길까 엄살 겸 흥부리는 계교러라.

　그중에 함진해라 하는 집은 형세가 남의 밑에 아니 들어, 남노비에 기구 있게 지내는 터인데, 한갓 자손복이 없어 낳기는 펄쩍해도 기르기는 하나도 못 하다가, 그 부인 최씨가 삼취(三娶)로 들어와 아들 하나를 낳아 놓고 몸이 큰 체하여 집안에 °죽젓개질을 할 대로 하며, 그 남편까지도 손톱 반머리만치 두려워하지 아니하고, 마음에 있는 일이면 옳고 그르고 눈을 기어가면서도, 직성이 °해토(解土) 머리에 얼음 풀어지듯하게 하여 보고야 말더라.

▶ 다방골에서 부자로 사는 함진해의 아들을 낳아 기고만장하는 최씨 부인

나 최씨의 친정은 노돌이라. 그 동리 풍속이 재래로 제일 숭상하는 것은, 존대하여 말하자면 만신이요, 마구 말하자면 무당(巫堂)이라 하는, 남의 집 망해 주며, 날 불한당(不汗黨)질하는 것들을 남자들은 누이님·아주머니, 여인들은 형님·어머니 하여 가며 개화(開化) 전 시대에 칙사(勅使) 대접하듯 하여 봄·가을이면 으레 찰떡 치고 메떡 치고 쇠머리·북어 쾌를 월수·일수 얻어서라도 기어이 장만하여 철무리 큰 ㉠굿을 하여야 세상일이 다 잘될 줄 아는 동리니, 최씨가 어려서부터 보고 듣고 자란 것이 그뿐이러니, 시집을 와서도 그 버릇을 버리지 못하고 [중략] 무당의 입이나 점쟁이 입에서 뚝 떨어지기가 무섭게 거행을 하니, 이는 최씨 부인이 무당이나 점쟁이를 위하여 그리하는 바가 아니라, 자기 생각에는 사람의 °일동일정(一動一靜)으로 죽고 사는 일까지라도 귀신의 농락으로만, 물 부어 샐 틈 없이 꼭 믿고 정신을 못 차려 그러는 것이러라.

▶ 미신을 신봉하는 최씨 부인

다 　㉡장사(壯士) 나자 용마(龍馬)가 난다고 함진해 집에 능청스럽게 거짓말 잘하고 염치없이 도둑질 잘하는 °안잠자는 노파 하나가 있어, 저의 마님의 눈치를 보아 비위를 슬슬 맞춰 가며 전후 심부름은 도맡아하는데 ❷천행으로 최씨 부인이 태기가 있어 아들 하나를 낳으니 노파가 신이 열 길이나 나서,

　"마님, 마님의 정성이 지극하시더니 칠성님이 돌보셔 °삼신(三神) 행차가 계시게 하셨습니다. 에그, 아기가 범연한가, 떡두꺼비 같은 귀동자지. 오냐, 무쇠 목숨에 돌끈 달아 수명 장수 하여라." [중략]

　❸그런데 그 아이에게 펄쩍 잘 덤비는 여귀(女鬼) 둘이 있으니, 최씨 마음에 죽지 아니하였고 살아 있어 그 지경이면 다갱이에서부터 발목까지 아드등 깨물어 먹고라도 싶지마는, 죽어 귀신이 된 까닭으로 미운 마음은 어디로 가고 무서운 생각이 더럭 나며, 무서운 생각이 너무 나서 위하고 달래는 일이 생겨 °행담(行擔)과 고리짝에다 치마저고리를 담아서 둔 방축 머리에 줄남생이같이 위해 앉혔으니 그 귀신은 도깨비도 아니요, 두억시니도 아니요, 못다 먹고 못다 쓰고, 함씨 집에 인연이 미진(未盡)하여 원통히 세상 버린 초취(初娶) 부인 이씨와 재취(再娶) 부인 박씨라. ❹사람이 죽어 귀신이 되어 산 사람에게 침노한다는 말이 본래 요사스러운 무녀(巫女)의 입에서 지어낸 말이라.

▶ 미신을 신봉하는 최씨 부인을 속여 재물을 뜯어내려는 노파

・**중심 내용** 미신을 신봉해 재산을 탕진하고 아이에게 귀신이 붙었다는 무당의 요사스러운 말을 믿는 최씨 부인
・**구성 단계** (가) 발단 / (나), (다) 전개

이해와 감상

이 작품은 미신 숭배로 인해 패가망신하는 과정을 사실적으로 보여 줌으로써 당대 무속 신앙에 몰두해 허무맹랑한 가치관으로 살아가는 세태를 비판적으로 그려 낸 신소설이다.

황당하고 허황된 무속 숭배가 가져오는 참담한 결과를 제시하여 미신 타파와 계몽의 필요성을 역설하고 있다. 다방골 부자인 함진해는 최씨 부인의 잘못된 미신 숭배에 경도되어 합리적인 판단을 내리지 못하고 많은 재물을 탕진하는 한편 친척들과의 사이도 극도로 멀어지게 된다. 함진해는 안잠자는 노파, 금방울과 임지관이라는 사악한 인물들에게 속아 몰락의 길을 걷게 되는데, 이에 대해 작가는 함일청이라는 합리적 가치관을 지닌 인물의 입을 통해 신랄한 비판을 가하여 잘못된 미신 숭배의 폐해를 드러내고 있다.

전체 줄거리

발단	서울의 다방골에 사는 부자 함진해는 미신을 숭배하는 최씨와 결혼하여 아들을 얻게 된다.
전개	최씨 부인은 아들이 천연두에 걸려 죽을 처지에 놓여도 의원을 부르기는커녕 금방울이라는 무당을 불러 굿을 벌이다가 끝내 아들을 잃는다. 함진해는 금방울의 계교를 알지 못하고 무속에 깊이 빠지게 되고, 아버지의 부고를 알리기 위해 찾아온 함일청도 문전박대한다.
위기	금방울은 한량인 임지관을 거짓 지관으로 내세워 자식을 얻을 명당을 구해 준다고 함진해를 속여 많은 돈을 갈취한다. 함진해는 선조의 묘를 옮기고 장사를 다시 지내다가 자신이 속았음을 알게 된다.
절정	함진해는 결국 많은 가산을 탕진해 쇠락하고 최씨 부인은 아들도 낳지 못하고 반신불수가 된다.
결말	문중에서는 함일청의 아들 종표를 함진해의 양자로 들이고, 종표는 신학문을 공부한 뒤 판사가 되어 사악한 무리들의 잘못을 밝히고 이들을 징벌하여 집안의 평화를 이룩한다.

인물 관계도

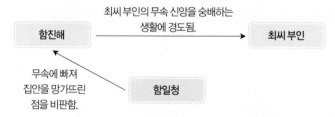

작품 연구소

제목 '구마검'의 상징적 의미

이 작품의 제목인 '구마검'은 '귀신을 쫓아내는 검'이라는 뜻으로, '귀신'은 비판의 대상이며, '검'은 이러한 귀신을 물리쳐 잘못을 바로잡을 수 있는 방법을 의미한다.

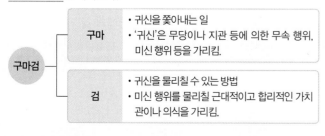

인물 최씨 부인은 □□을 신봉하고 숭상하는 태도를 가진 인물로, 아들을 낳고 보호하는 일 등을 모두 무당이나 만신에게 의지한다.

배경 함진해는 부자들이 많이 모여 사는 □□□에 살고 있으며, 일부러 대문을 작게 만들어 토호재상들에게 재산을 빼앗기는 일을 경계하고 있다.

사건 최씨 부인은 아이에게 □□□들의 귀신이 덤벼든다는 노파의 말에 속아 많은 □□을 탕진한다.

1 이 글의 서술상 특징으로 가장 적절한 것은?

① 액자식 구성을 통해 사건의 전모를 드러내고 있다.
② 배경과 사건을 빈번히 교체해 주제를 전달하고 있다.
③ 회상 형식으로 갈등의 원인이 되는 사건을 드러내고 있다.
④ 작품 안의 등장인물을 통해 사건의 전모를 전달하고 있다.
⑤ 서술자가 인물이나 사건에 대해 주관적인 평가를 드러내고 있다.

내신 적중 多빈출

2 이 글의 내용으로 적절하지 않은 것은?

① 최씨 부인은 함진해의 전 부인들에 대한 깊은 원망을 해소하기 위해 무속을 숭상하기 시작했다.
② 최씨 부인은 죽은 전 부인들의 귀신이 아이에게 덤빈다는 말에 속아 많은 돈을 무당에게 들였다.
③ 함진해는 토호재상들에게 재물을 빼앗기지 않기 위해 일부러 대문을 작게 만든 집에 살고 있다.
④ 노파는 최씨 부인에게 그녀가 아들을 낳을 수 있었던 것은 칠성님의 은혜로 삼신이 들었기 때문이라고 꼬드겼다.
⑤ 최씨 부인은 함진해의 세 번째 부인으로 아들을 낳은 뒤 남편도 두려워하지 않는 기고만장한 태도를 보이고 있다.

3 ㉠에 대한 설명으로 가장 적절한 것은?

① 함진해와 최씨 부인이 갈등하는 계기가 된다.
② 최씨 부인의 잘못된 가치관을 드러내는 계기가 된다.
③ 함진해에 대한 노파의 원망을 해소하는 계기가 된다.
④ 함진해가 전 부인들과의 추억을 상기하는 계기가 된다.
⑤ 최씨 부인이 전 부인들에게 저질렀던 잘못을 알게 되는 계기가 된다.

4 이 글에서 ㉡과 같은 속담을 인용한 이유를 쓰시오.

5 (다)를 참고하여 '최씨 부인'이 아들을 낳은 것이 '노파'에게 어떤 의미인지 쓰시오.

☀ 어휘 풀이

상말 점잖지 못하고 속된 말.

삼순구식(三旬九食) 서른 날에 아홉 끼니를 먹는다는 뜻으로, 집안이 몹시 가난함을 이르는 말.

누대 여러 대(代).

궐향 제사를 지내지 않거나 빠뜨림.

계련 사람이나 일에 마음이 끌려 잊지 못함.

철천지한(徹天之恨) 하늘에 사무치는 크나큰 원한.

소이연 그러하게 된 까닭.

☆ 구절 풀이

❶ 상말로, 파리한 개 ~ 빼앗기고 나니, 함진해가 무속에 대한 잘못된 믿음으로 인해 이리저리 재산을 탕진하게 되어 아무것도 남아 있지 않은 상황을 보여 준다.

❷ '아무리 사촌이라도 ~ 가 볼 수 없다.' 평소 자신의 충고를 듣지 않고 무당의 말에 속아 패가망신한 함진해가 미워 만나고 싶지 않지만 일가가 모여 회의를 하는 지경까지 이른 상태이므로 가서 도움이라도 주고 싶은 심정을 나타내고 있다.

❸ 그 편지는 별사람의 ~ 간곡히 한 편지라. 함일청은 무속에 빠져 친척과의 교류도 끊은 함진해를 깨우쳐 주기 위해 편지를 보낸 바 있다. 이 편지는 함진해를 위하는 간곡한 마음과 충고가 담긴 편지로 미신 타파의 주제가 담겨 있다.

❹ 적게 한 집만 ~ 당한 소이연이니다. 많은 사람들이 무녀와 판수의 요사스러운 말에 속아 재앙을 사라지게 하고 죽고 사는 권리를 조종할 수 있다고 믿는 등 현재의 잘못된 풍속이 만들어지게 된 원인임을 밝히고 있다.

Q 작가가 자신의 생각을 전달하는 방법은?

(다)에서 함일청이 함진해를 깨우쳐 주기 위해 쓴 편지의 내용을 소개하고 있다. 이 편지는 미신 타파의 강한 의지를 제시하고 있다는 점에서 작가의 가치관을 직접적으로 드러낸다고 볼 수 있다. 즉, 편지 형식을 빌려 작가가 지닌 생각을 마음껏 토로하고 있는 것이다.

Q '오행설'에 대한 작가의 인식은?

'오행설'은 요괴한 선비들이 만들어 낸 이론으로 길흉화복을 부른다는 내용을 바탕으로 하고 있다. 여기 작가는 오행설이 허탄한 말로 거짓이며, 요악한 말로 꾸며 낸 것이라 평가하고 있다. 즉 오행설을 통해 죽고 사는 권리를 조종할 수 있다고 꾸며 자신의 말에 따르도록 하는 것으로, 사람들을 미혹하게 만드는 이론이라 여기며 부정적으로 인식하고 있다.

⚐ 작가 소개

이해조(李海朝, 1869~1927)
소설가. 호는 열재(悅齋). 소설의 사회 계몽적 역할을 중시한 신소설 작가이다. 사회성 짙은 현실주의적 문학관에 따라 〈화의 혈〉, 〈구마검〉 등 많은 소설을 발표하였고, 〈춘향전〉과 〈심청전〉을 〈옥중화〉와 〈강상련〉으로 개작했다.

가 ❶상말로, 파리한 개 무엇 베고 무엇 베니 남는 것이 아무것도 없는 일체로 패해 가는 세간을 이리 빼앗기고 저리 빼앗기고 나니, 남는 것이라고는 ㉠새앙쥐 볼가심할 것도 없게 되어, 그렇지 아니하게 먹고 입고 지내던 함진해가 ＊삼순구식(三旬九食)을 못 면하고 ＊누대 제사에 ＊궐향(闕享)을 번번이 하니, 타성들이 듣고 보아도 그 집안 그 지경 된 것을 가여우니, 그래 싸니, 다만 한마디씩이라도 흉볼 겸, 걱정할 겸 하거든, 하물며 원근족(遠近族) 함씨의 종중에서야 수십 대 종가가 결딴이 났으니 어찌 남의 일 보듯 하고 있으리오. 팔도 함씨 대종회(大宗會)를 열고 관자 수대로 모여드는데, 이때 함일청이는 그 사촌의 집을 일절 발을 끊어 다시 현영을 아니하고 다만 치산을 알뜰히 하여 형세도 점점 나아지고, 아들 삼형제를 열심히 가르쳐 남부러워 아니하고 지내는 터이나, 다만 마음에 ＊계련되어 잊히지 못하는 바는 경성 큰집 일이라. [중략]

❷'아무리 사촌이라도 타인보다도 더 미워 다시 대면을 말자 작정을 하였지마는, 팔도 일가가 모두 총회를 하는데 내 도리에 아니 가 볼 수 없다.' / 하고 그 길로 떠나, 성중을 들어서서 다방골 모퉁이를 돌아드니 해포 그리던 사촌을 만날 터인즉 얼마쯤 반가운 마음이 날 터인데, 반갑기는 고사하고 눈물만 절로 나니, 그 사정을 모르는 사람 보기에는 심상히 여기겠으나 이 사람의 중심에는 여러 가지 ＊철천지한(徹天之恨)이 가득하더라.

나 '저기 보이는 집이 우리 사촌의 집이 아닌가? [중략] 집안에 가까이 단기던 정직한 사람은 모두 거절을 하고, 천하의 교악망측한 연놈들만 집에다 붙이어 억지로 결딴이 나도록 심장을 두었으니 무슨 별수로 저 모양이 아니 될꾸? 안잠 하인 년이 그저 있는지, 제일 그년 보기 싫어 어찌 들어가노? 에라, 이탓저탓해 무엇하리? 대관절 우리 형님이 글러 그렇게 되었지.'

▶ 별반한 함씨네의 삶을 보고 한탄하는 함일청

다 ❸그 편지는 별사람의 편지가 아니라, 함일청이 그 종씨의 하는 일마다 소문을 듣고 깨닫도록 인편 곧 있으면 변명을 하여 간곡히 한 편지라. 그 어리석고 미련한 함진해는 그럴수록 자기 사촌을 돈목(敦睦)히 여기지 아니하고 그 편지 올 적마다 큰집이 아니 되도록 훼방을 하니 여겨 원수치부를 한층 더하던 것이라. 그 편지의 연월을 맞춰 차례차례 보아 내려가는데 자자(字字)마다 간절하고 구구(句句)마다 곡진(曲盡)하여 목석이라도 감동할 만하니 최초에 한 편지 사연에 하였으되, '무릇 나라의 진보가 되지 못함은 풍속이 미혹함에 생기나니, 슬프다! 우리 황인종의 지혜도 백인종만 못지 아니하거늘, 어쩌다 오늘날 이같이 조잔 멸망 지경에 이르렀나뇨? 반드시 연고가 있을 지니다. 우리 동양으로 말하면 당우 이래로 하늘을 공경하며 귀신에게 제 지냄은 불과 일시에 백성의 뜻을 단속하기 위함이러니, 요괴한 선비들이 오행의 의론을 창설하여 길흉화복을 스스로 부른다 하므로, 재앙과 상서의 허탄한 말이 대치하여 점점 심할수록 요악한 말을 주작한지라, 일로조차 천지 귀신이 주고 빼앗으며, 죽고 사는 권리를 실상으로 조종하여 순히 하면 길하고, 거스르면 흉한 줄로 미혹하여 이에 밝음을 버리고 어두움을 구하며, 사람을 내어 놓고 귀신을 위하여 무녀(巫女)와 판수가 능히 재앙을 사라지게 하고 복을 맞아 오는 줄 여겨 한 사람, 두 사람으로부터 거세가 본받아, ❹적게 한 집만 멸망할 뿐 아니라, 크게 나라까지 쇠약게 하나니, 이는 곧 억만 명 황인종의 금일 참혹한 형상을 당한 ＊소이연이니다. 엎드려 바라건대, 형장은 무식한 자의 미혹하는 상태를 거울하사, 간악요괴한 무리를 일절 물리치시고, 서양 사람의 실지를 밟아 일절 귀신 등의 요괴한 말을 한 비에 쓸어 버려, 하늘도 가히 측량하며, 바다도 가히 건너며, 산도 가히 뚫으며, 만물도 가히 알며, 백사도 가히 지을 마음을 두시면, 비단 형장의 한 댁만 부지하실 뿐 아니라, 나라도 가히 강케 하며, 동포도 가히 보존하리이다.'

▶ 함진해를 깨우쳐 주기 위해 간곡한 편지를 보냈던 함일청

• **중심 내용** 함진해를 깨우치고자 편지를 보냈던 함일청이 함진해를 찾아감. • **구성 단계** (가), (나) 절정 / (다) 결말

🏠 작품 연구소

〈구마검〉의 구성상 특징 – 순행적 구성

이 작품은 알토란처럼 많은 재산을 가지고 있던 함진해가 노파, 무당, 사기꾼 등을 만나면서 재산을 탕진하고 패가망신하는 흐름에 따라 시간 순서대로 사건이 전개되고 있다.

최씨 부인	어릴 때부터 미신을 숭상하는 분위기 속에서 성장함.
↓	
노파	미신을 숭상하는 최씨 부인을 꾀어 무녀에게 소개함.
↓	
무녀	아이에게 전 부인의 귀신이 달려든다며 굿을 하도록 함.
↓	
임지관	죽은 아이를 위하고 새로운 아이를 태어나게 할 명당을 잡는다며 함진해를 속임.
↓	
함진해, 최씨 부인	노파, 무녀, 임지관 등을 믿고 미신을 숭배한 결과 패가망신함.

작품 속 '편지'의 기능

이 작품에서 함일청이 함진해에게 보낸 편지는 작가의 근대적 세계관을 직접적으로 드러내는 매체로 활용되고 있다. 특히 이해조는 많은 작품에서 편지 형식을 빌려 자신의 내면세계나 현실 인식을 드러내곤 하는데, 이 작품에서도 편지는 미신 타파와 계몽이라는 주제를 드러내는 도구로 활용되고 있다. 이러한 형식을 활용함으로써 미신이나 무속 숭상의 시작부터 전개, 폐해, 미신을 타파함으로써 누리는 효과 등 작가가 소설에서 다루고자 하는 주제를 일목요연하게 독자들에게 알리고 있다.

함진해와 함일청의 대립적 가치관

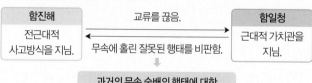

함진해	교류를 끊음.	**함일청**
전근대적 사고방식을 지님.	무속에 홀린 잘못된 행태를 비판함.	근대적 가치관을 지님.

**과거의 무속 숭배의 행태에 대한
신랄한 비판을 주제 의식으로 나타냄.**

📋 자료실

계몽 소설로서의 〈구마검〉

계몽 소설이란 민중을 계도하기 위하여 창작된 일련의 소설이다. 우리나라의 계몽 소설은 개항 이후 일제가 강점하였던 초기에 상실된 민족 주체성을 회복하기 위해 쓰였는데, 국민들의 생활과 풍속, 계도를 주요 내용으로 하는 소설들을 말한다. 〈구마검〉은 개화기에 등장한 신소설로, 비이성적인 무속 숭배가 가져온 폐해를 제시하고 그 극복 방법으로써 미신 타파와 계몽의 필요성을 역설하고 있다. 특히, 근대적 가치관을 지닌 인물을 내세워 무속 숭배 등 과거의 잘못된 습속에 매몰된 인물들의 행동을 비판하는 동시에 미신을 타파함으로써 얻을 수 있는 긍정적 효과 등을 직접적으로 언급하여 민중 교화와 계몽에 대한 의지를 드러내고 있다.

📖 함께 읽으면 좋은 작품

〈자유종〉, 이해조 / 지식인들의 애국 정신과 여권 신장을 다룬 계몽 소설

지식인 여성들의 입을 빌려 여권 문제, 자녀 교육과 자주독립, 계급 및 지방색 타파와 미신 타파, 한문 폐지 등 여러 시대적 문제를 다룬 소설로, 계몽성과 근대 의식을 표방한다는 점에서 〈구마검〉과 비교해 볼 만하다.

🔗 **Link** 본책 39쪽

---

6 이 글의 내용으로 적절하지 **않은** 것은?

① 함진해는 가산을 탕진한 후 제사도 번번이 지내지 못했다.

② 함진해는 장가를 든 이후로 가까운 일가친척과의 교류도 단절한 채 지냈다.

③ 함일청은 함씨 일가가 참석하는 총회에서 함진해의 잘못을 비판하기로 마음먹었다.

④ 함일청은 함진해가 추종하는 미신을 쫓아내면 나라도 부강해지고 동포도 보존될 것이라고 주장했다.

⑤ 함진해는 자신을 설득하려는 함일청의 편지가 자신의 집안이 잘 되지 않도록 훼방 놓기 위한 것이라고 생각했다.

내신 적중

7 〈보기〉를 참고하여 이 글을 감상한 내용으로 적절하지 **않은** 것은?

⊣ 보기 ⊢

이 작품은 우리나라의 대표적인 신소설이자 계몽 소설이다. 이 작품은 신소설 특유의 어투를 사용하고, 착실한 생활의 도모 등 당대의 근대적 가치관을 바탕으로 미신에 침혹되는 과정을 비판하고 있다. 미신 타파라는 계몽성과 근대적 주제 의식이 잘 형상화된 작품으로 평가된다.

① '하더라', '하였으되'와 같은 고어투가 신소설에서도 사용되었음을 알 수 있다.

② '일절 귀신 등의 요괴한 말을 한 비에 쓸어 버려'에서 작가의 미신 타파 의지를 드러내고 있어.

③ '천하의 교악망측한 연놈들만 집에다 붙이'었다는 것은 함진해가 미신에 침혹되는 과정을 보여 주고 있어.

④ '죽고 사는 권리를 실상으로 조종'하자는 데에서 무지몽매한 당대 백성들에 대한 계몽적 태도를 확인할 수 있군.

⑤ 함일청이 '치산을 알뜰히 하여 형세도 점점 나아지'게 되었다는 것은 착실한 생활의 도모를 꾀하는 인물의 모습을 드러내는 것이군.

---

8 ㉠의 의미 및 유사한 속담을 적절하게 연결한 것은?

	㉠의 의미	유사한 속담
①	매우 가난한 처지임.	서 발 막대 거칠 것 없다.
②	평소 언행에 신중해야 함.	낮말은 새가 듣고 밤말은 쥐가 듣는다.
③	사물의 한 측면만 보고 두루 보지 못함.	하나만 알고 둘은 모른다.
④	제때 안 하다가 뒤늦게 대책을 세우며 서두름.	사또 떠난 뒤에 나팔 분다.
⑤	몹시 고생을 하는 삶도 좋은 운수가 터질 날이 있음.	쥐구멍에도 볕 들 날 있다.

내신 적중

9 (다)에서 작가가 비판하는 내용과 이에 대한 해결 방법을 쓰시오.

003 무정 | 이광수

문학 미래엔

핵심 정리

갈래 장편 소설, 계몽 소설, 연재소설
성격 민족적, 계몽적, 설교적
배경 ① 시간 – 1910년대 개화기
② 공간 – 경성, 평양, 삼랑진
시점 전지적 작가 시점
주제 민족 현실의 자각과 새로운 사회에 대한 열망
특징 ① 우리나라 최초의 근대 장편 소설임.
② 민족의식 고취와 자유연애 사상이라는 계몽성과 대중성을 고루 갖춤.
출전 《매일신보》(1917)

어휘 풀이

그네 그들.
북해도 홋카이도. 일본의 제일 북에 있는 섬.
아이누(Ainu) 일본의 북해도 및 러시아의 사할린에 사는 한 종족. 유럽 인종의 한 뷰파에 황색 인종의 피가 섞인 종족이었으나, 일본인과의 혼혈로 본래의 인종적 특성과 고유의 문화를 점차 잃어 가고 있음.
종자 씨. 여기서는 사람의 유전자란 의미로, 민족적 특질이나 형질을 낮추어 이르는 것임.

Q '형식'이 생각한 '과학'과 '지식'의 의미는?

① 강력한 힘을 갖춘 서양 문명의 대유
② 조선 민족이 추구해야 할 것
③ 부정적 현실을 극복할 수 있는 수단

구절 풀이

❶ **그네는 과연 ~ 너무도 힘이 없다.** 수재민들이 힘이 없다는 사실을 점층적으로 반복하여 표현함으로써 어려움에 처한 조선 민족의 무기력함을 강조하고 있다.

❷ **이리하여서 몇 해 ~ 씻겨 보내고 만다.** 현재 수재민들이 처한 상황을 요약적으로 제시하며 민족 전체의 빈곤한 삶을 드러내고 있다. 민중을 계몽의 수동적 대상으로 파악하는 작가의 시선이 드러난다.

❸ **영채와 선형은 형식과 병욱의 얼굴을 번갈아 본다.** 영채와 선형은 상대적으로 계몽 의식이나 지식 면에서 우월한 형식과 병욱의 가르침을 기대하고 있다. 지식의 수준에 따라 계몽의 지도자적 지위가 결정되고 있음을 보여 준다.

가 ❶그네는 과연 아무 힘이 없다. 자연(自然)의 폭력(暴力)에 대하여서야 누구라서 능히 저항(抵抗)하리요마는 그네는 너무도 힘이 없다. 일생에 뼈가 휘도록 애써서 쌓아 놓은 생활의 근거를 하룻밤 비에 다 씻겨 내려 보내고 만 그네는 힘이 없다. 그네의 생활의 근거는 마치 모래로 쌓아 놓은 것과 같다. 이제 비가 그치고 물이 나가면 그네는 흩어진 모래를 긁어 모아서 새 생활의 근거를 쌓는다. 마치 개미가 그 가늘고 연약한 발로 땅을 파서 둥지를 만드는 것과 같다. 하룻밤 비에 모든 것을 잃어버리고 발발 떠는 그네들이 어찌 보면 가련하기도 하지마는, 또 어찌 보면 너무 약하고 어리석어 보인다.

그네의 얼굴을 보건대 무슨 지혜가 있을 것 같지 아니하다. 모두 다 미련해 보이고 무감각(無感覺)해 보인다. 그네는 몇 푼어치 아니 되는 농사한 지식을 가지고 그저 땅을 팔 뿐이다. ❷이리하여서 몇 해 동안 하느님이 가만히 두면 썩은 볏섬이나 모아 두었다가는 한번 물이 나면 다 씻겨 보내고 만다. 그래서 그네는 영원히 더 부(富)하여짐이 없이 점점 더 가난하여진다. 그래서 몸은 점점 더 약하여지고 머리는 점점 더 미련하여진다. 저대로 내버려 두면 마침내 북해도의 '아이누'나 다름없는 종자가 되고 말 것 같다. ▶ 무기력한 민족의 현실

나 ⊙저들에게 힘을 주어야 하겠다. 지식을 주어야 하겠다. 그리하여 생활의 근거를 안전하게 하여 주어야 하겠다.

"과학(科學)! 과학!"

하고 형식은 여관에 돌아와 앉아서 혼자 부르짖었다. 세 처녀는 형식을 본다.

"조선 사람에게 무엇보다 먼저 과학을 주어야겠어요. 지식을 주어야겠어요."

하고 주먹을 불끈 쥐며 자리에서 일어나 방 안으로 거닌다. ▶ 민족에 대한 계몽 의지를 다지는 형식

다 "여러분은 오늘 그 광경을 보고 어떻게 생각하십니까?"

이 말에 세 사람은 어떻게 대답할 줄을 몰랐다. 한참 있다가 병욱이가

"불쌍하게 생각했지요." / 하고 웃으며

"그렇지 않아요?" / 한다. 오늘 같이 활동하는 동안에 훨씬 친하여졌다.

"그렇지요, 불쌍하지요! 그러면 그 원인이 어디 있을까요?"

"물론 문명이 없는 데 있겠지요. 생활하여 갈 힘이 없는 데 있겠지요."

"그러면 어떻게 해야 저들을— ⓐ저들이 아니라 우리들이외다.— 구제할까요?"

하고 형식은 병욱을 본다. ❸영채와 선형은 형식과 병욱의 얼굴을 번갈아 본다. 병욱은 자신 있는 듯이 / "힘을 주어야지요. 문명을 주어야지요."

"그리하려면?"

"가르쳐야지요. 인도해야지요."

"어떻게요?"

"교육으로, 실행으로."

영채와 선형은 이 문답의 뜻을 자세히는 모른다. 물론 자기네가 아는 줄 믿지마는 형식이와 병욱이가 아는 이만큼 절실(切實)하게, 단단하게 알지는 못한다. 그러나 방금 눈에 보는 사실이 그네에게 산 교육을 주었다. 그것은 학교에서도 배우지 못할 것이요, 대 웅변에서도 배우지 못할 것이었다. ▶ 문명 개화의 필요성을 자각하는 병욱과 민족의식을 깨닫기 시작한 영채와 선형

• **중심 내용** 무기력한 수재민의 모습을 보고 민족 계몽에 대한 의지를 드러내는 형식과 세 처녀 • **구성 단계** 절정

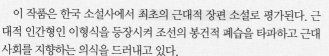

이해와 감상

이 작품은 한국 소설사에서 최초의 근대적 장편 소설로 평가된다. 근대적 인간형인 이형식을 등장시켜 조선의 봉건적 폐습을 타파하고 근대 사회를 지향하는 의식을 드러내고 있다.

이 소설의 주제 의식은 신교육과 자유연애로 집약되는데, 자유연애에서 비롯된 갈등을 겪던 인물들은 수재민들의 현실 앞에서 민족의 계몽이라는 과제를 깨달으며 집단적, 이상적 국면에서 해결하고 있다. 즉, 이형식을 놓고 벌였던 애정의 갈등이 도탄에 빠진 조선 민족을 구하고 교육해야 한다는 계몽의 필요성 아래에서 화해된 것이다.

이 작품은 《매일신보》에 연재되어 선풍적인 인기를 누렸으며 민족주의 사상의 고취, 신교육의 필요성 역설, 자유연애의 강조, 근대화의 과제 제시 등 계몽적인 주제를 담고 있음에도 불구하고 삼각관계라는 흥미있고 대중적인 인물 구조를 선택함으로써 대중성과 계몽성을 조화시키고 있다.

🔍 전체 줄거리

발단	영어 교사인 이형식이 김선형에게 사랑의 감정을 느낄 무렵, 옛 은사의 딸 박영채가 나타나 사랑을 고백한다.
전개	형식은 기생이 된 영채를 아내로 맞이하지 못하는 죄책감과 선형에 대한 사랑 사이에서 심리적 갈등을 느낀다.
위기	영채는 배 학감에게 순결을 잃은 후 유서를 남기고 자취를 감추고, 형식은 영채를 찾기 위해 평양까지 가지만 그녀를 찾지 못한다.
절정	병욱의 권고로 자살을 단념하고 동경 유학길에 오른 영채와, 선형과 약혼하고 미국 유학길에 오른 형식이 같은 기차 안에서 만난다. 이들은 수재민 구호 활동을 계기로 민족을 위해 살 것을 결심한다.
결말	토론을 통해 민족의식을 자각하게 된 그들은 장차 조국에 이바지할 것을 다짐하여 유학의 길을 떠난다.

👥 인물 관계도

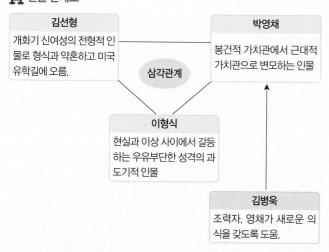

🏠 작품 연구소

주인공들의 의식 변화

주인공 이형식은 어린 시절 정혼한 박영채, 현재 약혼한 김선형과의 삼각관계로 괴로워하지만 곤경에 처한 수재민을 보고 민족의 현실에 눈뜨면서 갈등을 해결한다. 즉, 개인적인 갈등에 머무르던 주인공들이 민족을 개화하고 계몽해야 한다는 각성을 통해 갈등을 해소하는 것이다.

$$개인적 갈등 \longrightarrow 민족에 대한 각성$$

🔑 포인트 체크

[인물] ☐☐☐☐에 있는 형식, 영채, 선형은 서로 간의 개인적 갈등을 해소하고 민족을 ☐☐해야 한다는 데에 뜻을 모은다.

[배경] 1910년대 ☐☐☐를 맞은 조선을 배경으로 하고 있다.

[사건] 형식, 영채, 선형, 병욱은 수재민의 모습을 보고 ☐☐☐☐의 중요성을 깨달으며 조국을 위해 이바지할 것을 결심한다.

1 이 글에 대한 설명으로 적절하지 <u>않은</u> 것은?

① 주인공들을 개화기의 전형적인 인물로 설정하고 있다.
② 구습이 타파되어 가던 당시의 사회상을 드러내고 있다.
③ 작가의 계몽주의적 사고가 작품 전반에 반영되어 있다.
④ 남녀의 사랑 이야기를 통해 독자의 흥미를 유발하고 있다.
⑤ 실제 언어생활에서 사용되지 않는 문어체를 사용하고 있다.

2 이 글을 통해 알 수 있는 사실이 <u>아닌</u> 것은?

① 김선형은 이형식의 생각에 동조하고 있다.
② 이형식은 민족 계몽의 의지를 지니고 있다.
③ 이형식은 수재를 계기로 깨달음을 얻고 있다.
④ 이형식과 김병욱은 투철한 계몽 의식을 갖추고 있다.
⑤ 김병욱은 이형식에게 깨달음을 주는 역할을 하고 있다.

3 ㉠의 서술상 특징으로 가장 적절한 것은?

① 서술자가 인물에 대해 논평하고 있다.
② 새로운 갈등이 나타날 것임을 암시한다.
③ 시대적 상황을 직접적으로 드러내고 있다.
④ 인물의 심리를 직접적으로 드러내고 있다.
⑤ 인물이 내적으로 갈등하는 원인을 밝히고 있다.

(내신 적중)

4 ⓐ에 나타난 인물의 심리를 쓰시오.

5 〈보기〉는 당시 이 글을 읽은 독자가 쓴 평론 중 일부분이다. 이를 토대로 이 글을 창작한 작가의 의도가 무엇인지 쓰시오.

┤ 보기 ├

나는 어찌한 셈인지 무슨 이상한 감동이 들며 소름이 전신에 쭉 끼친다. 나의 읽던 목소리는 점점 가늘어지기를 시작한다. 어음(語音)이 차츰 분명치 못하여진다. 그러나 보기는 여전히 계속하였다. 이제는 •심상한 말구절도 내게 무슨 감회를 줄 능력이 있는 듯하다. [중략] 두 눈에서 오직 눈물만 떨어질 뿐이었다. 가슴에는 무엇이 시근거리는 것 같고 마음은 어떻다 형용할 수가 없다.

– 《매일신보》

심상한 대수롭지 않고 예사로운.

☀ 어휘 풀이

두자미 중국 당나라 때의 시인 두보.
소동파 중국 송나라 때의 문장가인 소식.
대성 학교 1908년에 안창호가 평양에 세운 신식 중등 교육 기관. 초기 항일 민족 해방 운동에 크게 기여함.
원(怨)하다 원통히 여기다.

Q '대성 학교장'의 연설 내용은?

영채가 이전에 들었던 대성 학교장의 연설은 안창호의 '준비론'이다. '준비론'은 교육 등을 통해 민족의 실력을 키우자는 입장으로, 물산 장려 운동, 문자 보급 운동 등의 계몽 운동이 여기에 속한다. 〈무정〉은 안창호의 준비론의 영향을 받아 창작된 것으로 알려져 있다.

Q 작가가 생각하는 '신학문'의 의미는?

이 글에서 신학문과 교육은 절박한 조선의 현실을 극복하기 위한 수단으로써의 가치를 지니고 있다. 이는 학문 자체를 추구하기보다는 이를 이용해 현실을 개선하려는 실용적 태도라 할 수 있다.

🔖 구절 풀이

❶ **영채는 아직도 ~ 듣지 못하였다.** 영채의 내면 심리를 드러내고 있으며 영채의 민속 계몽과 관련된 각성의 수준이 상대적으로 높지 않음을 보여 준다.
❷ **"우리가 하지요!" ~ 온 땅이 떨리는 듯하였다.** 선형, 영채, 병욱에게 민족 계몽에 대한 실천 의지가 일어나는 모습이다. 인물들이 깨달음의 과정에서 겪게 되는 정신적인 충격을 과장되게 표현하고 있다.
❸ **우리가 게으르고 ~ 듣게 합시다.** 조선적이고 전통적인 것을 부정하며 우리 민족을 개조의 대상으로 보는 이형식의 시각이 드러나는 표현이다. 이러한 가치관에서는 오직 근대적인 것만이 지고지선(至高至善)한 가치로 부각된다.

Q 등장인물의 관계 변모 양상은?

영채, 선형, 형식의 삼각관계는 작품의 종반부에 이르러 '학생–교사'의 관계로 치환된다. 두 처녀의 의식이 민족의 운명에 대한 것으로 발전하게 되면서 개인적 차원의 삼각관계 구조가 사제 관계의 구조로 변화하는 것이다. 이는 개인적인 차원의 애정 문제가 해소되는 계기로 작용한다.

👤 작가 소개

이광수(李光洙, 1892~1950)
소설가. 언론인. 호는 춘원(春園). 최남선과 함께 1910년대 2인 문단 시대를 열었다. 신문학 운동의 선구자로, 한국 근대 문학을 개척하였다. 삼각관계나 남녀 간의 애정 문제를 다루는 등 대중적 면모를 보이면서도 계몽주의 세계관을 잘 담아냈다. 주요 작품으로 소설 〈소년의 비애〉, 〈어린 벗에게〉, 〈흙〉, 〈유정〉 등과 논설 〈민족 개조론〉이 있다.

가 일동의 정신은 긴장하였다. 더구나 ❶영채는 아직도 이러한 큰 문제를 논란하는 것을 듣지 못하였다. '어떻게 하면 저들을 구제하나?' 함은 참 큰 문제였다. 이러한 큰 문제를 논란하는 형식과 병욱은 매우 큰 사람같이 보였다. 영채는 *두자미(杜子美)며, *소동파(蘇東坡)의 세상을 근심하는 시구를 생각하고, 또 오 년 전 월화와 함께 *대성 학교장의 연설을 듣던 것을 생각하였다. 그때에는 아직 나이 어려서 분명히 알아듣지는 못하였거니와, '여러분의 조상은 결코 여러분과 같이 못생기지는 아니하였습니다.' 할 때에 과연 지금 날마다 만나는 사람은 못생긴 사람들이다 하던 생각이 난다. 영채는 그 말과 형식의 말에 공통한 점이 있는 듯이 생각하였다. 그리고 한 번 더 형식을 보았다. 형식은

"옳습니다. 교육으로, 실행으로 저들을 가르쳐야지요, 인도해야지요! 그러나 그것은 누가 하나요?" / 하고 형식은 입을 꼭 다문다. 세 처녀는 몸에 소름이 끼친다. 형식은 한 번 더 힘 있게, / "그것을 누가 하나요?"

하고 세 처녀를 골고루 본다. 세 처녀는 아직도 경험하여 보지 못한 듯한 말할 수 없는 정신의 감동을 깨달았다. 그리고 일시에 소름이 쭉 끼쳤다. 형식은 한 번 더

"그것을 누가 하나요?" / 하였다. / ❷"우리가 하지요!" / 하는 기약지 아니한 대답이 세 처녀의 입에서 떨어진다. 네 사람의 눈앞에는 불길이 번쩍하는 듯하였다. 마치 큰 지진이 있어서 온 땅이 떨리는 듯하였다. 형식은 한참 고개를 숙이고 앉았더니

"옳습니다. 우리가 해야지요! 우리가 공부하러 가는 뜻이 여기 있습니다. 우리가 지금 차를 타고 가는 돈이며, 가서 공부할 학비를 누가 주나요? 조선이 주는 것입니다. 왜? 가서 힘을 얻어 오라고, 지식을 얻어 오라고, 문명을 얻어 오라고…… 그리해서 새로운 문명 위에 든든한 생활의 기초를 세워 달라고…… 이러한 뜻이 아닙니까."

하고 조끼 호주머니에서 돈지갑을 내어 푸른 차표를 내어 들면서,

"이 차표 속에는 저기서 들들 떠는 저 사람들……. 아까 그 젊은 사람의 땀도 몇 방울 들었어요! 부디 다시는 이러한 불쌍한 경우를 당하지 말게 하여 달라고요."

하고 형식은 새로 결심하는 듯이 한 번 몸과 고개를 흔든다. 세 처녀도 그와 같이 몸을 흔들었다.
▶ 민족 계몽의 소명을 깨닫게 되는 세 처녀

나 이때에 네 사람의 가슴속에는 꼭 같은 '나 할 일'이 번개같이 지나간다. 너와 나라는 차별이 없이 온통 한 몸, 한마음이 된 듯하였다.

[A] ⎡ 선형도 아까 영채가 '제 물 끓여 올게요.' 하고 자기의 손목을 잡아 앉힐 때부터 차차 영채가 정다운 생각이 나고, 또 영채가 지은 노래를 셋이 합창할 때에는 영채의 손을 잡아 주도록 정다운 생각이 나고, 또 지금 세 사람이 일제히 '우리지요!' 할 때에 더욱 영채가 정답게 되었다. 그리고 형식이가 지금 병욱과 문답할 때에는 그 얼굴에 일종 거룩하고 엄숙한 기운이 보여 지금껏 자기가 그에게 대하여 하여 오던 생각이 죄송한 듯하다. 자기는 언제까지 형식과 영채를 같이 사랑하고 싶었다. 그래서 새로이 형식과 영채의 ⎣ 얼굴을 보았다.

형식은 숙였던 고개를 들어 / "우리가 늙어 죽게 될 때에는 기어이 이보다 훨씬 좋은 조선을 보도록 합시다. ❸우리가 게으르고 힘없던 우리 조상을 *원(怨)하는 것을 생각하여 우리는 우리 자손에게 고마운 조상이라는 말을 듣게 합시다." / 하고 웃으며

"그런데 이 자리에서 우리가 장래 나갈 길이나 서로 말합시다."

하고 세 사람을 본다. 세 사람도 그제야 엄숙하던 얼굴이 풀리고 방그레 웃는다.
▶ 민족 계몽의 소명을 완수하기 위해 미래의 일을 계획하는 네 사람

• 중심 내용 민족 계몽의 소명을 깨닫는 형식과 세 처녀의 계획 • 구성 단계 (가) 절정 / (나) 결말

🏠 작품 연구소

'문제적 인물'로서의 이형식

문제적 인물이란 지식인이거나 폭넓은 견문을 지닌 인물로서 그 인식의 폭이 넓어 당대 사회의 핵심적 문제를 파악하고 세계와 인간의 삶의 관계를 전체성의 차원에서 조망할 수 있는 인물이다. 즉 자신이 처한 세계의 핵심적인 문제를 파악하는 인식 능력을 갖춘 인물이며, 이를 통해 현실의 모순을 극복하고자 하는 실천 의지를 지닌 인물이다.

이형식	• 개화기에 영어를 구사하는 등 당대 최고 수준의 지식인임. • 당대 조선 사회의 모순이 발달된 문명을 받아들이지 못한 전근대성에 있다는 것을 간파함. • 조선의 전근대성을 개선하기 위한 방법으로 신교육 운동 등을 실천함.

〈무정〉의 문학사적 의의

이 작품은 국문학사상 최초의 근대적 장편 소설이라는 점에서 문학사적 의의를 지닌다. 내용과 형식의 측면 모두에서 전대의 소설이 거둔 바가 없는 탁월한 성과를 보이고 있다.

형식 면	• 전대 신소설의 문체적 한계를 극복(언문일치체) • 서술자의 편집자적 서술보다는 산문적 서술을 중시 • 사건을 역순행적으로 배열한 구성 • 인물들의 내면 심리 묘사를 강조
내용 면	• 자유연애, 신교육의 계몽적 사상 강조 • 과학과 기술 문명에 대한 긍정적 가치관 • 민족 공동체를 중시(개인보다는 민족을 우선시)

〈무정〉의 문체가 지닌 발전적 면모

이 작품은 한글 문체를 처음으로 완성시켰다는 점에서 문학사에서 중요한 의의를 지니고 있다. 구체적인 면모는 다음과 같다.

• 산문적 묘사체를 확립하고 실제 언어생활에서 사용되는 구어를 문학적으로 활용함.
• 처음에는 진행형 시제만 사용하다가 경우에 따라 진행과 완료 시제를 엄밀히 구분하여 활용함.
• 현장성을 드러내고자 할 때에는 의식적으로 과거형의 서술 대신 현재형 서술을 활용함.
• 인칭 대명사 '그'를 사용하기 시작하여 서술 시점에 있어서 근대적 진보를 이룸.

📋 자료실

계몽주의(啓蒙主義)와 계몽 소설

계몽주의는 16~18세기 유럽에서 발생한 사상으로 정치, 사회, 철학, 과학, 예술 등 광범위한 분야에 영향을 미쳤다. 인간 중심의 합리적인 사고를 긍정하고 인간의 이성을 통해 어리석음을 깨우치도록 하는 것을 목표로 한다. 우리나라에서도 이 사상의 영향을 받아 개화기에 민중들에게 새로운 지식과 문물을 소개하려는 움직임이 있었다. 대표적인 계몽 소설로 이광수의 〈무정〉 외에 〈흙〉, 심훈의 〈상록수〉 등이 있다.

📖 함께 읽으면 좋은 작품

〈흙〉, 이광수 / 자유연애와 계몽주의가 잘 드러난 작품

농촌 계몽 소설의 전형적인 작품으로, 피폐한 농촌의 계몽과 귀농 의식을 다루고 있다. 〈무정〉과 마찬가지로 작가의 계몽주의적 세계관과 삼각관계의 연애 구도가 잘 드러나 있다.

---

6 이 글에 대한 설명으로 적절하지 <u>않은</u> 것은?

① 근대 문명에 대한 지향 의식이 나타나 있다.
② 개인보다는 공동체적 가치를 중시하고 있다.
③ 인물의 내면 심리를 섬세하게 묘사하고 있다.
④ 개화와 계몽 위주의 사회 현실을 경계하고 있다.
⑤ 현장성을 드러내고자 할 때에는 현재형으로 서술하고 있다.

🔖 내신 적중

7 '이형식'의 질문하기의 효과로 가장 적절한 것은?

① 자신의 지식을 은근히 자랑한다.
② 상대방과 친밀한 관계를 형성한다.
③ 상대방이 스스로 깨닫도록 유도한다.
④ 상대방이 지닌 논리적 허점을 공격한다.
⑤ 상대방에게 자신이 알고 싶은 정보를 요청한다.

🔖 내신 적중

8 이 글과 〈보기〉의 주인공이 현실을 대하는 태도를 바르게 설명한 것은?

┤ 보기 ├

'공동묘지 속에서 사니까 죽어서나 시원스런 데 가서 파묻히겠다는 것인가? 그러나 하여간에 구더기가 득시글득시글하는 무덤 속이다. 모두가 구더기다. 너두 구더기, 나두 구더기다. [중략] 에잇! 뒈져라! 움도 싹도 없이 스러져 버려라! 망할 대로 망해 버려라! 사태가 나든지 망해 버리든지 양단간에 끝장이 나고 보면 그중에서 혹은 조금이라도 쓸모 있는 나은 놈이 생길지도 모를 것이다……'

– 염상섭, 〈만세전〉 중에서

① 〈보기〉의 주인공은 강한 인내심을 가진 사람인 것 같아.
② 〈보기〉의 주인공은 긍정적인 가치관을 가진 사람이군.
③ 이 글의 주인공은 행동보다 말이 앞서는 사람이야.
④ 이 글의 주인공은 적극적이고 실천 의지가 강한 사람이지.
⑤ 이 글의 주인공은 자신의 책임을 회피하는 능력이 뛰어난 사람이야.

9 이 글의 갈등 전개 구조상 [A]가 의미하는 것은?

① 김선형의 내적 갈등이 커진다.
② 박영채와 이형식의 갈등이 고조된다.
③ 박영채와 김선형의 갈등이 해소된다.
④ 박영채가 김선형에게 갈등 해소를 제안한다.
⑤ 이형식과 김선형의 갈등이 새로운 국면으로 접어든다.

10 이 글에서 작가는 지식인과 민중의 관계를 지도자와 수동적 존재로 설정하고 있다. 이와 같은 설정의 한계점을 쓰시오.

더 읽을 작품

004 금수회의록 | 안국선

키워드 체크 #신소설 #우화 소설 #액자 소설 #현실 비판적 #인간의 악행 풍자

가 호랑이가 여우의 뒤를 따라가니, 과연 모든 짐승이 보고 벌벌 떨며 두려워하거늘,
호가호위(狐假虎威) – 여우가 호랑이의 권세에 의지하여 권세를 부림.
호랑이가 여우의 말을 정말로 알고 잡아먹지 못한지라. 이는 저들이 여우를 보고 두려
워한 것이 아니라 여우 뒤의 호랑이를 보고 두려워한 것이니, 여우가 호랑이의 위엄을
빌려서 모든 짐승으로 하여금 두렵게 함인데, 사람들은 이것을 빙자하여 우리 여우더
러 간사하니 교활하니 하되, 남이 나를 죽이려 하면 어떻게 하든지 죽지 않도록 주선
목숨이 왔다 갔다 하는 위급한 상황에서 자신을 위협하는 대상을 속이는 것은 정당한 행위라는 주장
하는 것은 당연한 일이라. [중략] 지금 세상 사람들은 당당한 하느님의 위엄을 빌려야
할 터인데, 외국의 세력을 빌려 의뢰하여 몸을 보전하고 벼슬을 얻어 하려 하며, 타국
여우는 자기 목숨을 지키고자 호랑이의 힘을 빌린 것이지만, 인간은 자신의 안위를 위해 위세에 의존함.
사람을 부동하여 제 나라를 망하고 제 동포를 압박하니, 그것이 우리 여우보다 나은
일이오? ▶ 외세에 의존하여 제 나라를 망치고 동포를 압박하는 인간의 세태를 비판하는 여우

나 사람들이 우리 벌을 독한 사람에게 비유하여 말하기를, 입에 꿀이 있고 배에 칼이
구밀복검(口蜜腹劍) – 겉으로는 친한 척하나 속으로는 해칠 마음이 있음.
있다 하나 『우리 입의 꿀은 남을 꾀려 하는 것이 아니라 우리 양식을 만드는 것이요, 우
『 』: 대조를 통해 자신의 행위를 정당화하고 인간의 악행을 비판함.
리 배의 칼은 남을 공연히 쏘거나 찌르는 것이 아니라 남이 나를 해치려 하는 때에 정
당방위로 쓰는 칼이요, 사람같이 입으로는 꿀같이 말을 달게 하고 배에는 칼 같은 마
음을 품은 우리가 아니오.』 또 우리의 입은 항상 꿀만 있으되 사람의 입은 변화가 무쌍
하여 [중략] 마주 대하였을 때는 꿀을 들어붓는 것같이 달게 말하다가 돌아서면 흉보
고, 욕하고, 노여워하고, 악담하며, 좋아지낼 때에는 깨소금 항아리같이 고소하고 맛
있게 수작하다가, 조금만 미흡한 일이 있으면 죽일 놈 살릴 놈하며 무성포(無聲砲)가
소리가 나지 않는 대포나 총
있으면 곧 놓아 죽이려 하니 그런 악독한 것이 어디 또 있으리오.
▶ 인간의 부정직함과 비열함을 비판하는 벌

다 가정이 맹어호라 하는 뜻은 까다로운 정사(政事)가 호랑이보다 무섭다 함이니, 양
정치에 관한 일. 행정에 관한 일
《예기(禮記)》에 나오는 '가정맹어호(苛政猛於虎)' – '혹독한 정치의 폐가 큼.'을 비유하여 이르는 말
자(楊子)라 하는 사람도 이와 같은 말이 있는데 혹독한 관리는 날개 있고 뿔 있는 호랑
양주의 존칭으로, 양주는 중국 전국 시대의 학자
이와 같다 한지라, 세상에 사람들이 말하기를 제일 포악하고 무서운 것은 호랑이라 하
였으니, 자고이래로 사람들이 우리에게 해를 받은 자가 몇 명이나 되느뇨? 도리어 사
예부터 지금까지의 동안
람이 사람에게 해를 당하며 살육을 당한 자가 몇 억만 명인지 알 수 없소. [중략] 사람
들은 대낮에 사람을 죽이고 재물을 빼앗으며, 죄 없는 백성을 감옥서에 몰아넣어서 돈
바치면 내어놓고 세 없으면 죽이는 것과, 임금은 아무리 인자하여 사전(赦典)을 내리
임금이 죄인의 죄를 용서하였지만, 법관이 죄인을 공평하지 않게 조정함.
더라도 법관이 용사(用事)하여 공평치 못하게 죄인을 조종하고, 돈을 받고 벼슬을 내
어서 그 벼슬한 사람이 그 밑천을 뽑으려고 음흉한 수단으로 정사를 까다롭게 하여 백
성을 못 견디게 하니, 사람들의 악독한 일을 우리 호랑이에게 비하여 보면 몇 만 배가
될는지 알 수 없소. ▶ 인간의 포악함을 비판하는 호랑이

포인트 체크

인물 서술자인 '나'는 꿈속에서 금수회의를 방청하는데 여덟 동물들은 인간을 ☐☐하고 ☐☐한다.

배경 ☐☐☐의 여러 문제점을 우화 형식으로 비판하고 있다.

사건 여덟 동물들은 ☐☐를 통해 인간이 얼마나 이기적이고 타락했는지 폭로하고 있다.

답 풍자, 비판, 개화기, 회의

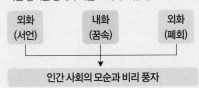

핵심 정리

갈래 신소설, 우화 소설, 액자 소설, 정치 소설
성격 풍자적, 비판적, 우화적
배경 ① 시간 – 개화기
　　　② 공간 – 금수들이 모인 회의장
시점 ① 바깥 이야기 – 1인칭 주인공 시점
　　　② 안 이야기 – 1인칭 관찰자 시점
주제 인간 세계의 모순과 비리, 타락성의 풍자
특징 ① 개화기에 발표된 소설 중 현실 비판이 강한
　　　작품에 속함.
　　　② 꿈이라는 공간을 바탕으로 동물 우화담의
　　　풍자 구조를 가짐.
출전 《황성서적조합》(1908)
작가 안국선(1854~1926) 신소설 작가. 일본 유학
후 사회 비판적인 문학 작품을 썼으며, 계몽 운동에도
적극 참여하였다. 주요 작품으로 한국 최초의 근대적
단편집이라 할 수 있는 《공진회》, 《금수회의록》 등이
있다.

이해와 감상

이 작품은 동물들이 차례로 등장하여 타락한 인간과
인간 사회의 여러 문제점을 고발하고 비판하는 우화
소설이다. 동물들의 연설을 중심 내용으로 하는 연설
형식의 소설로, 이는 연설이 의사 표현의 유력한 방식
이었던 개화기의 사회상을 반영한 것이다. 동물들의
연설 내용은 개화기의 가장 시급한 문제인 국권 수호
와 자주 의식의 고취, 정치적 자립 등에 대한 것으로
작가의 계몽주의적 태도가 드러난다. 하지만 현실 개
혁 방안이 구체적이지 않고 반성과 회개라는 추상적인
방안만 제시했다는 점에서 그 한계를 노출하고 있다.
또한 이 작품은 1인칭 관찰자인 '나'가 꿈속에서 동물
들의 회의장에 들어가 보고 들은 여덟 동물의 연설을
기록하고 있는데, 동물들의 연설 내용을 기록한 부분
인 내화(內話), '서언'과 '폐회' 부분을 외화(外話)로 구
성된 액자 소설이다.

전체 줄거리

'나'는 인간 사회가 타락한 것을 한탄하다가 잠이 드는
데, 꿈속에서 금수회의소에 들어가 방청석에 앉게 된
다. 금수회의소의 회장이 나와 세상 사람들의 옳고 그
름을 밝힐 것을 안건으로 내놓자, 까마귀, 여우, 개구
리, 벌, 게, 파리, 호랑이, 원앙이 차례로 등장하여 인간
의 악하고 그릇된 점을 비판한다. 끝으로 사회자가 나
와서 인간이 가장 어리석고 사악한 존재라는 결론을
내리고, 이를 지켜본 '나'도 인간이 가장 불쌍한 존재라
고 말하며 인간의 반성과 회개를 촉구한다.

작품 연구소

〈금수회의록〉의 구성

이 소설은 여덟 종류의 동물들이 인간의 악행을 비판
하는 방식을 통해 주제를 드러내고 있다.

외화 (서언)	내화 (꿈속)	외화 (폐회)

인간 사회의 모순과 비리 풍자

005 자유종 |이해조

문학 동아

키워드 체크 #토론 형식의 전개 #현실 비판적 #지식인들의 애국 정신 #자주독립 의식 #개화 #계몽

가 (설헌) "그 말씀이 매우 좋소. 나는 어젯밤에 대한 제국 자주독립할 꿈을 꾸었소. 활
멸사(活滅社)라 하는 사회가 있는데 그 사회 중에 두 당파가 있으니, 하나는 자
　　　자활당과 자멸당으로 이루어진 사회의 편의적 명칭
활당(自活黨)이라 하여 그 주의인즉, 교육을 확장하고 상공(商工)을 연구하여
신공기를 흡수하며 부패 사상을 타파하여 대포도 무섭지 아니하고 장창(長槍)
　　　　　　　　　　　　　　　　　　　　　　긴 자루에 날을 붙여 군사들이 무기로 쓰던 칼
도 두렵지 아니하여 국가에 몸을 바치는 사업을 이루고자 할새, 그 말에 외국 의
뢰도 쓸데없고, 한두 개 영웅이 혹 국권을 만회하여도 쓸데없고, 오직 전국 남녀
　　　　　　　　　　　국권을 되찾아야 할 지경에 이른 당시의 상황 반영
청년이 보통 지식이 있어서 자주권을 회복하여야 확실히 완전하다 하여 학교도
설시하며 신서적도 발간하여, 남이 미쳤다 하든지 못생겼다 하든지 자주권 회복
하기에 골몰무가(汨沒無暇)하나, 그 당파의 수효는 전 사회의 십분지 삼이오.
　　　몹시 골몰하여 쉴 겨를이 없음.　　　　　　　　　　　　　　▶ 자주권 회복에 애를 쓰는 자활당

나 하나는 자멸당(自滅黨)이라 하니, 그 주의인즉, 우리나라가 이왕 이 지경에 빠졌
　　　　　　　　　　　윌리엄 글래드스턴. 영국의 정치가
으니 제갈공명이 있으면 어찌하며, 격란사돈이가 있으면 무엇하나? 십승지지
　　　　　　　　　아무리 위대한 사람이라도 현재의 상황을 해결할 수 없음.
(十勝之地) 어디 있노. 피란이나 갈까 보다. 필경은 세상이 바로잡히면 그때에
　　　난리가 났을 때 피하기 좋다는 열 군데의 땅
야 한림직각을 나 내놓고 누가 하나. 학교는 무엇이야? 우리 마음에는 십대 생원
님으로 죽는대도 자식을 학교에야 보내고 싶지 않다. 소위 신학문이라는 것은
　　　　　　　　　　　　　　　　　　　서양 학문의 본령이 천주교라는 당시의 인식
모두 천주학(天主學)인데 우리네 자식이야 설마 그것이야 배우겠나.
또 물리학이니 화학이니 정치학이니 법률학이니, 다 무엇에 쓰는 것인가. 그것
　　　　　　　　　　　　　모르는 것이 약이라는 속담과 통함.
을 모를 때에는 세상이 태평하였네. 요사이 같은 세상일수록 어디 좋은 명당자
　　　　　　　　　　　　　　　　　　　무덤을 옮겨 다시 장사 지내던 일
리나 얻어서 부모의 백골을 잘 면례(緬禮)하였으면 자손에 발음(發蔭)이나 내릴
　　　　　　　　　　　　　　　　　조상의 묏자리를 잘 써서 그 음덕으로 운수가 열리고 복을 받는 일
는지. 우선 기도나 잘하여야 망하기 전에 집안이나 평안하지. 전곡(錢穀)이 썩어
지더라도 학교에 보조는 아니할 터이야. 바로 도적놈을 주면 매나 아니 맞지. [중
　　　　　　　　　　　　　　　　　당장의 안위만을 중시하는 근시안적 태도
략] 유식하면 검정콩알이 아니 들어가나. 운수를 어찌하여. 아무것도 할 일 없지.
　　　총알을 속되게 이르는 말　　　　　　　　현실의 문제를 운명의 탓으로 돌림.
요대로 앉았다가 죽으면 죽고 살면 사는 것이 제일이라 하니, 그 당파의 수효는
십분지 칠이오.　　　　　　　　　▶ 자주독립에 대한 노력을 소홀히 하며 사적인 이익만을 도모하는 자멸당

다 그 소수한 자활당이 자멸당을 이기지 못하여 혹 권고도 하며, 혹 질욕도 하며, 혹
　　　　　　　　　　　　　　　　　　　　　　　질책하며 비난함.
통곡도 하면서 분주 왕래하되, 몇 번 통상 회의니 특별 회의니 번번이 동의하다
　　　　　　　　　　　　　　　　　　　의견을 내놓았다가, 발의하다가
가 부결을 당한지라. 또 국회장에게 무수 애걸하여 마지막 가부회를 독립관에 개
설하고 수만 명이 몰려가더니 소위 자멸당도 목석과 금수는 아니라. 자활당의 정
대한 언론과 비창한 형용을 보고 서로 기뻐하며 자활주의로 전수가결(全數可決)
　　　　　　　　　　　　　　　　　　　　　　　　　모두가 찬성하여 가결함.
되매, 그 여러 회원들이 독립가를 부르고 춤을 추며 돌아오는 거동을 보았소."
　　　　　　　　　　　　▶ 자활당의 열의에 이끌려 자활주의에 동참하게 된 자멸당

키 포인트 체크

인물 신설헌, 이매경, 홍국란, 강금운 등의 부인들이 □□을 이끌고, 나머지 부인들은 □□의 역할을
수행하고 있다.

배경 이매경 부인의 □□을 맞아 부인의 집에서 모임을 가지고 있다.

사건 □□□□□과 사회 개혁, 교육, 여성 권익 등에 대해 부인이 활발한 토론을 벌이고 있다.

답 토론, 청중, 생일, 자주독립

핵심 정리

갈래 신소설, 토론 소설, 정치 소설
성격 계몽적, 현실 비판적
배경 ① 시간 – 융희 2년(1908년) 음력 1월, 이매경
　　　　부인의 생일 저녁부터 새벽까지
　　　② 공간 – 서울, 이매경 부인의 집
시점 전지적 작가 시점
주제 바람직한 민족과 국가의 방향 제시
특징 ① 형식상 근대 소설로 이행하는 과도기적 현
　　　상으로 당시 토론체 소설과 이어지면서 몽유
　　　록과의 연관성도 보여 줌.
　　　② 등장인물이 모두 여성이며 여권론을 주장한
　　　다는 점에서 선구적 의미가 있음.
출전 《광학서포》(1910)
작가 이해조(본책 32쪽 참고)

이해와 감상

〈자유종〉은 개화기의 개화사상을 담은 토론체 형식의
신소설이다. 소설로서의 예술성은 약하지만 토론의
방법을 통해 사회 현상을 풍자하거나, 작가의 국가 지
상주의, 자주독립, 민주주의와 평등사상 등의 주제 의
식을 형상화하는, 계몽성이 강한 소설이다. 이 작품은
여러 부인들이 여성들의 권익과 교육, 국가의 자주독
립과 사회 개혁 등 당면 문제에 대하여 방대한 내용의
지식들을 동원하여 설명하고 토론하는 것을 주 내용
으로 한다. 이는 당대 개화 지식인들의 보편적인 사상
을 반영한 것이며 독립 국가의 의젓한 국민으로서, 자
유를 찾고 권리를 행사할 수 있는 새날에 대한 염원을
나타내는 것이다.

전체 줄거리

이매경 부인의 생일에 초대받은 신설헌 등 몇몇 부인
들이 한자리에 모인다. 사회자 역할을 하는 신설헌 부
인은 토론회를 제의하면서, 먼저 여성의 인종과 예속
이 타파되어야 한다고 전제한다. 또한 여성 역시 새
시대의 의미와 국가, 민족의 앞날에 대해 생각하고 이
야기해야 함을 주장한다. 이로써 토론은 여권 문제,
개화 계몽, 국가의 부강, 자주책, 미신 타파, 신분과 지
방색의 타파, 한문 폐지 등으로 이어진다. 이후 사람들
이 꿈 이야기를 빌려서 이상 사회에 대한 이야기를 나
눈다. 꿈 이야기 속에서 국가의 자주독립을 논하다가
새벽에야 해산하는 장면으로 끝난다.

작품 연구소

〈자유종〉의 형식상 특징

풍자적 성격	여성들이 참여할 수 없었던 정치·사회적 문제를 놓고 토론하는 과정을 보여 줌.
개성과 갈등의 결여	이 작품은 소설이 일반적으로 가지고 있는 인물의 성격이나 갈등을 드러내는 행동이 결여되어 있음. 등장인물이 제한된 공간 안에서 토론을 통해 주제를 구현함.

II

1920년대 ~1945년

1920년대~1945년

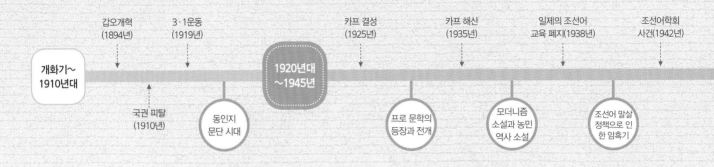

개화기~
1910년대

갑오개혁
(1894년)

3·1운동
(1919년)

카프 결성
(1925년)

카프 해산
(1935년)

일제의 조선어
교육 폐지(1938년)

조선어학회
사건(1942년)

1920년대
~1945년

국권 피탈
(1910년)

동인지
문단 시대

프로 문학의
등장과 전개

모더니즘
소설과 농민
역사 소설

조선어 말살
정책으로 인
한 암흑기

◆ **카프(KAPF)**
일제 강점기에 활동했던 문학 예술가 조직으로, KAPF란 명칭은 'Korea Artista Proleta Federatio'의 앞 글자를 딴 것이다. 염군사와 파스큘라가 연합하여 1925년 결성하였으며 이어서 이기영, 한설야 등이 참여하였다. 카프는 프로 문학의 전위 단체로서 계급 의식에 입각한 조직적인 프로 문학과 정치적인 계급 운동을 목적으로 하였다. 1932년 6월 1차 검거와 함께 일제의 탄압이 시작되었으며, 1934년의 2차 검거에 이어 1935년 6월 해체되었다. 이후 박영희를 비롯하여 많은 카프 문인들이 전향하였다.

1920년대

1. 이 시기의 특징
• 3·1 운동 이후 일제는 회유적인 문화 정책을 펴게 되고, 이로 인해 문학의 창작과 소통이 활발해져 각종 문예 동인지들이 생겨나면서 한국 문학사는 커다란 전환점을 마련하게 된다.
• 1920년대의 소설은 일제 강점기 현실에서 민족의 나아갈 길을 모색하였으며, 개성의 자각과 시대 현실의 어두운 면을 포착하는 사실적인 단편 소설이 주류를 이룬다.
• 후반기에는 러시아 혁명 이후 계급 사상이 도입되면서 카프가 결성되어 계급주의 문학이 주류를 이룬다.

2. 이 시기 소설의 경향
(1) **낭만주의와 사실주의 소설의 유행:** 각종 문예지, 동인지들이 나타나 소설 창작의 밑거름이 되었다. 1920년대 초반에는 감상적이고 퇴폐적인 경향의 낭만주의 소설이 등장했다. 한편, 인간의 생태를 자연 현상으로 파악하여 묘사하는 자연주의와, 사회를 비판적으로 바라보는 사실주의 경향의 소설도 많이 창작되었다.

작품	작가	특징
〈배따라기〉	김동인	운명 앞에 선 인간의 무력감과 회한을 낭만적이고 유미주의적으로 형상화한 소설이다.
〈운수 좋은 날〉	현진건	일제 강점기 하층민들의 궁핍한 생활상을 사실적이고 반어적으로 형상화한 소설이다.
〈만세전〉	염상섭	일제 강점기 우리 민족의 암담한 현실을 바라보는 지식인의 고뇌를 그린 소설이다.

📖 **간단 개념 체크**

1 1920년대 궁핍한 농민과 도시 노동자들을 소재로 현실에 대한 부정적인 인식을 드러냈던 소설 형태는?
( )

2 1920년대에는 감상적이고 퇴폐적인 경향의 □□□□ 소설과 사회를 비판적으로 바라보는 □□□□ 소설이 많이 창작되었다.

3 프로 문학은 사회주의 사상을 바탕으로 계급 의식을 일깨우려는 정치적 목적을 가지고 창작되었다. (○ / X)

답 **1** 계급주의 소설 **2** 낭만주의, 사실주의 **3** ○

(2) **계급주의 소설:** 계급주의 문학은 궁핍한 농민과 도시 노동자들을 소재로 삼아 살인, 방화 등의 결말을 통해 궁핍을 초래한 현실을 부정하는 양상을 취했다. 최서해의 소설에서 시작된 신경향파 문학은 1920년대 중반 전파된 사회주의 사상과 결합하면서 본격적인 프롤레타리아(프로) 문학으로 발전했다.
① **신경향파:** 빈궁을 소재로 한 소설로 사회주의적 성격이 짙으나 사회주의적 이론에 기반을 두기보다는 현실을 조망하는 데에 주력하고 있으므로 '신경향파 문학'으로 지칭된다.
　예 최서해의 〈탈출기〉·〈홍염〉, 주요섭의 〈인력거꾼〉 등
② **프로 문학:** 계급 의식을 일깨우고 정치적인 목적을 달성하려는 경향 문학이다.
　예 조명희의 〈낙동강〉, 이기영의 〈고향〉, 한설야의 〈황혼〉 등

8·15 광복
(1945년)

휴전 협정
(1953년)

4·19 혁명
(1960년)

10월 유신
선포(1972년)

인터넷의
보급

광복 이후~
1950년대

1960년대~
1980년대

1990년대
이후

6·25 전쟁
(1950년)

5·16 군사
정변(1961년)

5·18 광주 민주화
운동(1980년)

남북한 UN 동시
가입(1991년)

1. 이 시기의 특징

- 1930년대는 일제의 병참 기지화 정책으로 인해 억압과 수탈이 더욱 심해진 시기이다.
- 1931년 일제는 반체제적 성격의 조선 문학가 동맹을 해체하고 여기에 관계된 작가들을 대대적으로 검거함으로써 현실 비판적인 소설 창작을 탄압했다.
- 소설가들은 이념 지향성을 떠난 다른 활로를 모색하게 되는데, 이 과정에서 순수 소설, 농촌 소설, 역사 소설 등이 등장하게 된다.

2. 이 시기 소설의 경향

(1) 도시적 삶에 대한 관심: 도시 속 현대 문명에 대한 소설적 접근이 이루어졌으며, 도시적 삶의 병리를 섬세하게 묘사한 세태 소설, 풍속 소설이 창작되었다.

　　예 이상의 〈날개〉, 박태원의 〈천변 풍경〉, 〈소설가 구보 씨의 일일〉, 채만식의 〈레디메이드 인생〉 등

(2) 농촌에 대한 주목: 러시아에서 유행했던 '브나로드 운동'의 영향을 받아 농촌을 소재로 하거나 농촌을 변화시키려는 노력을 다룬 소설이 등장했다.

　　예 심훈의 〈상록수〉, 김정한의 〈사하촌〉, 이효석의 〈메밀꽃 필 무렵〉, 김유정의 〈동백꽃〉 등

(3) 역사 소설의 재조명: 역사에서 제재를 취하여 허구성과 통속성을 부여한 소설로, 일제의 검열을 피하면서도 민족의식을 고취하려는 의도에서 쓰였다.

　　예 김동인의 〈운현궁의 봄〉, 박종화의 〈금삼의 피〉, 현진건의 〈무영탑〉 등

(4) 한국적인 것의 추구: 전통적인 의식 세계와 토착화된 현실을 소설화한 작품들이 등장했다.

　　예 김동리의 〈바위〉·〈무녀도〉, 정비석의 〈성황당〉 등

(5) 장편 소설의 창작: 장편 소설에 대한 관심이 높아지면서, 깊이 있는 현실 탐구에 기반을 둔 장편 소설들이 창작되었다.

　　예 염상섭의 〈삼대〉, 심훈의 〈상록수〉, 채만식의 〈탁류〉·〈태평천하〉, 이기영의 〈고향〉 등

(6) 여성 작가의 등장: 박화성, 최정희, 장덕조 등 여성 작가들이 활발하게 활동했다.

1. 이 시기의 특징

　　조선 문학가 동맹을 통해 다양하게 시도된 한국 소설계의 실험은 일제의 군국주의 강화와 태평양 전쟁의 발발로 인해 강한 탄압을 받게 되면서 암흑기로 접어들게 된다. 아예 우리말을 사용하지 못하게 했기 때문에 우리말로 된 소설은 거의 발표되지 못하였다. 따라서 주제 의식이 모호한 복고풍의 몇몇 단편만이 명맥을 유지하였다.

◆ 브나로드 운동

1870년대 러시아에서 '브나로드(민중 속으로)'라는 표어를 내세우고 귀족 및 지주 계급의 청년학도들이 중심이 되어 농민의 해방과 자각을 촉구함으로써 농민을 위한 사회 개혁을 도모하였다. 한국에서는 1930년대 초 농촌 사회를 계몽하기 위한 브나로드 운동이 시작되었다. 《동아일보》를 중심으로 1931년부터 1934년까지 4회에 걸쳐 전국 규모의 문맹 퇴치 운동을 전개하였는데, 제3회까지 이 운동을 '브나로드'로 부르다가 민중이 이해하기 어려운 이름이라 하여 제4회에 '계몽 운동'으로 명칭이 바뀌었다.

간단 개념 체크

1 1930년대 우리나라 농촌 소설 창작에 영향을 준 러시아의 농촌 계몽 운동은?
（　　　　　）

2 □□ 소설과 □□ 소설은 현대 문명과 도시적 삶의 병리를 섬세하게 묘사한 소설 형태이다.

3 1930년대까지도 전통적인 의식 세계에서 벗어나지 못했기 때문에 여성 작가들의 활동은 거의 없었다. （ ○ / X ）

답 1 브나로드 운동　2 세태, 풍속　3 X

006 만세전 | 염상섭

문학 천재(정), 금성, 동아, 미래엔

🎯 핵심 정리

갈래 중편 소설, 사실주의 소설, 여로형 소설
성격 사실적, 현실 비판적
배경 ① 시간 – 1918년 겨울(3·1 운동 직전)
② 공간 – 동경과 서울
시점 1인칭 주인공 시점
주제 지식인의 눈으로 바라본 식민지 조선의 암담한 현실
특징 ① 여로형 구조를 사용하여 '나'의 현실 인식 변화와 자아 각성 과정을 보여 줌.
② '나'를 통해 당시 지식인들의 나약하고 무기력한 모습을 나타냄.
출전 《신생활》(1922)

Q 일본인의 대화에서 알 수 있는 조선의 현실은?

조선 노동자들을 속여 싼값으로 일본의 공장이나 광산에 팔아넘긴다는 일본인의 대화를 통해 일제에 착취를 당하는 우리 민족의 비참한 현실을 드러내는 한편, 조선인을 멸시하고 하찮게 여기는 일본인의 모습을 엿볼 수 있다.

💡 어휘 풀이

내지 외국이나 식민지에서 본국을 이르는 말.
요보 일제 강점기 때 일본인이 조선인을 낮추어 부르던 호칭.
쿨리 육체 노동에 종사하는 노동자.
술중 남의 꾀 속. 계략.
상판대기 '얼굴'을 속되게 이르는 말.
심심파적 심심풀이.
로맨티시즘(romanticism) 낭만주의.
고등유민 고등실업자.
연경 알의 빛깔이 검거나 누런색으로 된 색안경.

Q 주인공의 의식 변화 과정은?

개인주의적 성향을 가진 '나'는 일본 유학생으로, 식민지 현실에 대해 전혀 관심이 없었던 인물이다. 그러나 조선으로 귀국하는 배 안에서 일본인들의 대화를 통해 비참한 조선의 현실을 알게 되면서 민족의 현실을 각성하고 그러한 현실과 동떨어진 삶을 살았던 자기 자신을 반성하게 된다.

🔖 구절 풀이

❶ 그 불쌍한 조선 노동자들이 ~ 치어다보지 않을 수 없었다. '나'가 교활한 일본인들에게 속아서 값싼 노동자로 팔려 가는 조선인의 현실을 처음으로 알게 된 대목이다. 일본이 조선 사람들의 노동력을 착취하는 민족 수탈의 현실을 인식한 것이다.

❷ 스물두셋쯤 된 ~ 불과한 것은 물론이다. '나'의 의식 세계가 관념에 사로잡혀 있었음을 보여 주며, 이후 비참한 조선의 현실에 대한 각성이 이루어질 것임을 짐작할 수 있다.

가 "실상은 누워 떡 먹기지, 나두 이번에 가서 해 오면 세 번째나 되우마는, 내지(內地)의 각 회사와 연락해 가지고 요보들을 붙들어 오는 것인데……, 즉 조선 쿨리[苦力] 말씀요. 농촌 노동자를 빼내 오는 것이죠. 그런데 그것은 대개 경상남북도나, 그렇지 않으면 함경, 강원, 그다음에는 평안도에서 모집을 해 오는 것인데, 그중에도 경상남도가 제일 쉽습넨다, 하하하."

그자는 여기 와서 말을 끊고 교활한 웃음을 웃어 버렸다.

나는 여기까지 듣고 깜짝 놀랐다. ❶그 불쌍한 조선 노동자들이 속아서 지상의 지옥 같은 일본 각지의 공장과 광산으로 몸이 팔리어 가는 것이, 모두 이런 도적놈 같은 협잡 부랑배의 술중(術中)에 빠져서 속아 넘어가는구나 하는 생각을 하며, 나는 다시 한번 그자의 상판대기를 치어다보지 않을 수 없었다. ▶ 조선 농민의 비참한 현실을 알게 된 '나'

나 ❷스물두셋쯤 된 책상 도련님인 나로서는 이러한 이야기를 듣고 놀라지 않을 수 없었다. 인생이 어떠하니, 인간성이 어떠하니, 사회가 어떠하니 하여야 다만 심심파적으로 하는 탁상의 공론에 불과한 것은 물론이다. 아버지나 조상의 덕택으로 글자나 얻어 배웠거나 소설 권이나 들춰 보았다고, 인생이니 자연이니 시니 소설이니 한대야 결국은 배가 불러서 투정질하는 수작이요, 실인생, 실사회의 이면의 이면, 진상의 진상과는 얼마만 한 관련이 있다는 것인가? 하고 보면 내가 지금 하는 것, 이로부터 하려는 일이 결국 무엇인가 하는 의문과 불안을 느끼지 않을 수가 없었다. 일 년 열두 달 죽도록 농사를 지어야 반년 짝은 시래기로 목숨을 이어 나가지 않으면 안 되겠으니까…… 하는 말을 들을 제, 그것이 과연 사실일까 하는 의심이 날 만치 나의 귀가 번쩍하리만치 조선의 현실을 몰랐다. 나도 열 살 전까지는 부모의 고향인 충청도 촌 속에서 자라났고, 그 후에도 일 년에 한두 번씩은 촌락에 발을 들여놓아 보았지만, 설마 그렇게까지 소작인의 생활이 참혹하리라고는 꿈에도 생각해 본 일이 없었다. ▶ 식민지 현실을 몰랐던 자신에 대한 반성

다 '시를 짓는 것보다는 밭을 갈라고 한다. 그러나 밭을 가[耕]는 그것이 벌써 시(詩)가 아니냐. 사람은 흙에서 나와서 흙에 돌아간다. 흙의 향기로운 냄새에 취할 수 있는 자의 행복이여! 흙의 북돋아 오르는 생기야말로 너 인간의 끊임없는 새 생명이니라.'

언젠가 이따위의 산문시 줄이나 쓰던, 자기의 공상과 값싼 로맨티시즘이 도리어 부끄러웠다. 흙의 냄새가 향기롭지 않다는 것도 아니다. 그 향기에 취할 수 있는 자가 행복스럽지 않다는 것도 아니다. 조반 후의 낮잠은 위약(胃弱)이라는 고등유민의 유행병에나 걸릴까 보아서 대팻밥모자에 연경이나 쓰고, 아침저녁으로 호미 자루를 잡는 것이 행복스럽지 않고 시적(詩的)이 아니라는 것이 아니다. 그러나저러나 일 년 열두 달 소나 말보다도 죽을 고역을 다하고도, 시래기죽에 얼굴이 붓는 것도 시일까? 그들이 삼복의 끓는 햇볕에 손등을 데면서 호미 자루를 놀릴 때, 그들은 행복을 느끼는가? 그들은 흙의 노예다. 자기 자신의 생명의 노예다. 그들에게 있는 것은 다만 땀과 피뿐이다. 그리고 주림뿐이다. ▶ 식민지 농촌에 대해 낭만적으로만 생각한 것에 대한 '나'의 부끄러움

• **중심 내용** 개인주의적 성향을 가진 '나'가 조선인의 비참한 현실을 깨닫고 분노함. • **구성 단계** 위기

이해와 감상

이 작품은 사실주의 작가 정신이 투철하게 반영된 소설로, 식민지 조선의 총체적 실상을 사실적으로 형상화하고 있다. 즉, '나'가 동경과 서울을 오가는 과정에서 보고 들은 일제의 수탈, 무지한 민중의 모습 등 당시 우리 민족이 처했던 암담한 상황을 적나라하게 표현하고 있다.

또한 '나'의 모습을 통해 당시의 민족적 현실을 바라보는 지식인들의 나약하고 무기력한 의식 구조를 나타냈다. 암담한 현실에 울분을 느끼지만, 현실 개선을 위한 노력을 보이지 않는다는 점은 당대 지식인의 한계를 보여 주는 것이다.

또한 이 작품에서 주목할 점은 전형적인 여로(旅路)형 구조로 이루어져 있다는 점이다. 이러한 구조는 사회의 현실을 깨닫는 주인공의 인식과 그 변화 과정을 효과적으로 보여 주고 있다.

🔍 전체 줄거리

발단	동경 유학 중인 '나'(이인화)는 아내가 위독하다는 전보를 받고 급히 귀국한다.
전개	답답한 심정에 '나'는 여러 술집을 전전하다가 연락선을 타게 된다.
위기	'나'는 배 안에서 일본인이 조선인을 멸시하는 것을 보고 분개한다.
절정	조선이 처한 현실을 관찰하고 체험하면서 분노가 치솟지만 '나'는 답답한 마음에 사로잡혀 무덤 같은 조선에서 탈출하고자 한다.
결말	'나'는 아내가 죽자 눈물조차 흘리지 않고 동경으로 떠난다.

👥 인물 관계도

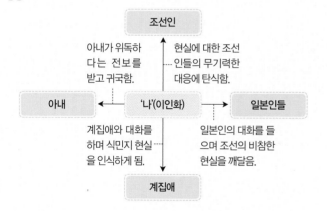

🏠 작품 연구소

〈만세전〉의 여로형 구조

이 작품은 주인공의 여정이 '동경-서울-동경'으로 이어진다는 점에서 '원점 회귀형 여로 구조'라고 할 수 있다. 이러한 구조는 주인공이 현실을 새롭게 인식하고, 자아를 각성해 가는 과정과 연관되어 있다.

동경에서 출발한 주인공은 식민지 조선의 현실에 무관심한 태도를 보이지만, 배를 타고 부산으로 가는 과정에서 수탈당하고 억압받는 조선인의 현실을 인식하게 된다. 이후 김천을 경유하여 서울로 향하는 과정에서 전근대적 인식에 젖은 조선인의 모습에 분노를 느끼며 조선의 현실을 무덤으로 인식한다. 서울에 도착한 주인공은 세상의 변화와 동떨어진 조선의 현실에 절망감을 느끼고, 세상에 대한 답답함으로부터 벗어나고자 다시 동경으로 떠난다.

🔑 포인트 체크

[인물] '나'는 일본에서 유학 중인 지식인으로, 조선의 현실에 ☐☐적이면서도 ☐☐적인 태도를 보인다.

[배경] '동경 → 서울 → 동경'이라는 ☐☐형 구조를 바탕으로, 지식인의 눈에 비친 3·1 운동 직전의 암담한 시대 현실을 형상화하고 있다.

[사건] '나'는 목욕탕에서 ☐☐☐의 대화를 엿듣고, 부산에서 술집 계집애와 대화를 나누면서 이전에 알지 못했던 식민지 현실을 ☐☐하게 된다.

1 이 글의 서술상 특징으로 가장 적절한 것은?

① 서술자를 교체하면서 인과 관계를 밝히고 있다.
② 주변을 관찰하며 내면의 심리를 드러내고 있다.
③ 자연적 배경을 통해 사건 전개 방향을 암시하고 있다.
④ 잦은 장면 전환으로 사건을 속도감 있게 전개하고 있다.
⑤ 독백적 발화를 통해 인물의 객관적인 태도를 드러내고 있다.

`내신 적중` `多빈출`

2 이 글을 통해 추론한 당대의 현실로 적절하지 않은 것은?

① 조선의 농민들은 극심한 생활고에 시달렸다.
② 일본의 광산과 공장의 노동 환경은 매우 열악했다.
③ 일본인들은 조선 사람들을 멸시하고 하찮게 여겼다.
④ 지식인들은 농촌의 여유 있고 행복한 삶을 부러워했다.
⑤ 농민들을 속여서 일본으로 팔아넘기는 일을 하는 자가 있었다.

3 이 글을 읽은 학생들의 감상으로 적절하지 않은 것은?

① 이 글의 인물들은 여행 중인 것 같아. 이 작품에서 여행이 어떤 의미가 있는지 알아봐야겠어.
② 지식인인 '나'를 통해 이야기를 전개하는 것으로 보아 작가의 세계관이 '나'에 투영되었을 수 있겠군. 작가의 생애를 조사해 보아야겠어.
③ 조선인 노동자를 일본으로 팔아넘긴다는 사실에 충격을 받았어. 인간을 돈벌이의 수단으로만 여기는 비인간적 행태를 납득할 수 없었어.
④ 농민들의 어려움을 서술한 부분들을 통해 식민지 조선의 궁핍한 현실을 짐작할 수 있었어. 당시의 신문을 통해 실상을 확인해 보아야겠어.
⑤ 작가는 풍자적인 묘사를 통해 등장인물들의 허위의식을 드러내고 있어. 이를 통해 당시 조선 청년들의 윤리 의식의 부재를 고발하는 것 같아.

4 〈보기〉는 조선에 대한 '나'의 인식 변화 과정을 정리한 것이다. ⓐ, ⓑ에 들어갈 적절한 내용을 쓰시오.

┤ 보기 ├

조선의 현실에 대해 _____ⓐ_____.
➡ 일본인의 대화를 통해 조선 노동자들의 상황을 알게 됨.
➡ 소작인들의 비참한 현실에 무지했음을 깨달음.
➡ 우리 민족의 비참한 현실을 새롭게 인식하고 분노하는 한편, 현실과 동떨어진 삶을 살았던 자신을 ____ⓑ____.

어휘 풀이

장고 장구.

상밥 반찬과 함께 상을 차려서 파는 밥.

화방 땅에서부터 중방 밑까지 돌을 섞은 흙으로 쌓아 올린 벽.

수효 낱낱의 수.

까불리다 재물 따위를 함부로 써 버리다.

변리 남에게 돈을 빌려 쓴 대가로 치르는 일정한 비율의 돈.

안가하다 값이 싸다.

깝살리다 재물이나 기회를 흐지부지 다 없애다.

추세 어떤 현상이 일정한 방향으로 나아가는 경향.

타산 자신에게 도움이 되는지를 따져 헤아림.

신물 지긋지긋하고 진절머리 나는 생각이나 느낌. 또는 그런 반응.

Q '나'가 부산의 골목을 돌아다니다가 의문을 품은 이유는?

부산의 거리에서 조선 가옥의 모습은 찾아보기 어려운 것에 비해 거리를 다니는 사람들은 조선인이 많았기 때문이다.

구절 풀이

❶ **함부로 세운 ~ 조선 사람이다.** 주거 공간의 형태는 일본식이지만, 거주하는 사람은 조선인이 많았던 도시 주변부의 이중적인 모습을 묘사한 부분이다. 이를 통해 당시의 문화 혼종 양상을 짐작할 수 있다.

❷ **이것이 어떠한 세력에 ~ 꿈에도 없다.** 현실의 부조리를 비판하지도 못하고 자신의 삶을 되돌아볼 줄도 모르는 조선인의 무기력한 태도에 안타까움을 드러내고 있다.

❸ **부모에 대한 ~ 앞을 서기 때문에** 계집애가 일본으로 가려는 이유가 드러난 부분으로, 조선인으로 사는 것보다는 일본인으로 사는 편이 낫다는 것이 계집애와 동일한 처지(혼혈인)의 인물들이 갖는 일반적인 인식이었음이 드러나 있다.

❹ **조선 사람은 ~ 금을 주어도 싫여요."** 어머니가 조선인이라는 이유로 같은 술집(국숫집)의 일본인 여성들에게 차별을 받으면서 점점 위축되어 마음고생이 심했던 계집애의 속마음이 드러난 부분이다.

Q '계집애'가 일본인 아버지를 만나러 가려는 이유는?

조선인보다는 일본인으로서 사는 것이 더 낫다고 생각하기 때문이다.

작가 소개

염상섭(廉想涉, 1897~1963)
소설가. 호는 횡보(橫步), 1920년 《폐허》 동인으로 문학 활동을 시작했으며, 1921년 《개벽》에 〈표본실의 청개구리〉를 발표하였다. 초기에는 자연주의 계열의 작품을 썼으나, 이후 당대 현실을 사실적으로 그리는 작품을 많이 남겼다. 주요 작품으로 〈임종〉, 〈삼대〉, 〈두 파산〉 등이 있다.

가 바닷가로 빠지는 지저분하고 좁다란 골목이 나타났다. ❶함부로 세운 허술한 일본식 이층집이 좌우편에 오륙 채씩 늘어섰는 것이 조선 사람의 집 같지는 않으나 이 문 저 문에서 들락날락하는 사람은 조선 사람이다. 이 집 저 집 기웃기웃하며 빠져나가려니까, 어떤 이층에는 *장고를 세워 놓은 것이 유리창으로 비쳐 보였다. [중략] 다시 큰길로 빠져나와서 정거장으로 향하다가, 그래도 *상밥 파는 데라도 있으려니 하고 이 골목 저 골목 닥치는 대로 들어가 보았다. 서울 음식같이 간도 맞지 않을 것이요 먹음직할 것도 없겠지만, 무엇보다도 김치가 먹고 싶고 숟가락질이 해 보고 싶었다. 그러나 조선 사람 집 같은 것은 그림자도 보이지 않았다. 간혹 납작한 조선 가옥이 눈에 띄기에 가까이 가서 보면 *화방을 헐고 일본식 창틀을 박지 않은 것이 없다. 그러나 우스운 것은 얼마 되지도 않는 좁다란 시가이지만 큰 길이고 좁은 길이고 거리에 나다니는 사람의 *수효로 보면 확실히 조선 사람이 반수 이상인 것이다.

'대체 이 사람들이 밤이 되면 어디로 기어들어가누?' 하는 생각을 할 제, 큰 의문이 생기는 동시에 그 불쌍한 ㉠흰옷 입은 백성의 운명을 생각해 보지 않을 수 없었다.

몇천 몇백 년 동안 그들의 조상이 근기 있는 노력으로 조금씩 조금씩 다져 놓은 이 땅을 다른 사람의 손에 내던지고 시외로 쫓겨 나가거나 촌으로 기어들어갈 제, 자기 혼자만 떠나가는 것 같고, 자기 혼자만 촌으로 기어가는 것 같았을 것이다. 땅마지기나 있던 것을 *까불려 버리고, 집 한 채 지녔던 것이나마 문서가 이 사람 저 사람의 손으로 넘어 다니다가 *변리에 변리가 늘어서 내놓고 나가게 될 때라도 사람이 살려면 이런 꼴도 보고 저런 꼴도 보는 것이지 하며, 이것도 내 팔자소관이라는 *안가(安價)한 낙천이나 단념으로 대대로 지켜 내려오던 고향을 등지고, 문밖으로 나가고 산으로 기어들 뿐이요, ❷이것이 어떠한 세력에 밀리기 때문이거나 혹은 자기가 견실치 못하거나 자제력과 인내력이 없어서 *깝살리고만 것이라는 생각은 꿈에도 없다.

▶ 일제 강점기의 민족적 고난과 시대 현실에 대한 민중의 인식 부족

나 조선 사람 어머니에게 길리어 자라면서도 조선말보다는 일본말을 하고, 조선 옷보다는 일본 옷을 입고, 딸자식으로 태어났으면서도 조선 사람인 어머니보다는 일본 사람인 아버지를 찾아가겠다는 것은, ❸부모에 대한 자식의 정리를 초월한 어떠한 이해관계나 일종의 *추세라는 *타산이 앞을 서기 때문에 이별한 지가 벌써 칠팔 년이나 된다는 애비를 정처도 없이 찾아 나서려는 것이라고 생각할 제, ㉡이 계집애의 팔자가 가여운 것보다도 그 어미가 한층 더 가엾다고 생각지 않을 수 없었다.

"어머니도 불쌍하지만, 아버지두 나쁜 사람은 아니니까 찾아가면 설마 내쫓기야 할까요?"

하며 아범을 찾아가면 어떻게 맞아 줄까 하는 그 광경이나 그려 보듯이 멀거니 앉았다.

[A] "그래두 어머니가 조선 사람이니까 싫구, 조선이니까 떠나겠다구 하는 게지, 조선이 일본만큼 좋았다면 조선 사람 뱃속에서 나왔다기로서니 불명예 될 것도 없고 아버지를 찾아가려는 생각도 아니 났을 테지?"

나는 물어 보지 않아도 좋을 것까지 짓궂이 물었다. ㉢계집애는 잠자코 웃을 뿐이었다. 나는 이야기가 더 하고 싶은 생각이 없지 않았지만 어느 때까지 늑장을 부리고 앉았을 수도 없어서 새로 들여온 밥을 먹기 시작하였다. [중략]

"글쎄요, 하지만 ❹조선 사람은 난 싫여요. 돈 아니라 금을 주어도 싫여요."

계집애는 진담으로 이런 소리를 한다. 조선이라는 두 글자는 자기의 운명에 검은 그림자를 던져 준 무슨 주문이나 듣는 것같이 이에서 *신물이 나는 모양이다.

▶ 아버지를 찾아 일본으로 가겠다는 계집애와의 대화

• **중심 내용** 일제 강점기 부산의 모습과 일본인 아버지를 찾아가려는 계집애와의 대화   • **구성 단계** 절정

작품 연구소

〈만세전〉에 담긴 현실 비판

서울로 향하는 여정의 초반		부산 도착 이후 서울에 이르는 과정
일제의 억압과 수탈이 만연한 현실에 대한 비판	→	현실에 대한 조선인들의 무기력한 대응에 대한 비판

염상섭의 소설에 등장하는 혼혈인

염상섭의 소설에 등장하는 인물 중 조선인과 일본인 사이에서 출생한 자녀는 〈남충서〉의 남충서와 그의 여동생 효자, 〈만세전〉의 술집 계집아이, 〈사랑과 죄〉의 류진, 〈목단꽃 필 때〉의 김문자 등이다. 이들 중, 계집아이와 김문자의 경우 자신에게 조선인의 피가 흐른다는 사실을 부끄럽게 생각하며 일본으로 돌아가기를 희망한다는 공통점이 있다. 이러한 태도를 민족과 가족에 대한 자각의 부족함에서 기인했다고 판단할 수도 있지만, 일본인도 아니고 조선인도 아닌, 그 어디에도 속하지 못한 현실적 상황에 의한 것으로 볼 수도 있다. 일제 강점의 시기가 진행될수록 민족 개조를 앞세운 민족 말살 정책이 표면화되었던 점을 고려할 때, 이들이 느꼈던 정체성의 혼란이나 의지할 곳이 없는 막막함은 일제 말기 우리 민족이 처했던 상황과도 관련성이 있다고 할 수 있다.

일제 강점기의 부산

작가는 '나'(이인화)를 내세워 부산을 구체적으로 탐문하는 과정을 보인다. 이 작품에서 '나'의 눈에 비친 부산은, 불균형한 발전 양상과 문화적 혼종 양상을 모두 보여 준다.

'거룩한 부산! 조선을 짊어질 부산! 부산의 팔자가 조선의 팔자요, 조선의 팔자가 곧 부산의 팔자이었다.'와 같은 '나'의 생각은, 부산이라는 공간의 이중적 정체성이 식민지 조선의 현실을 의미하기에 예찬이나 칭송이라기보다는 탄식에 가깝다고 할 수 있다. 이처럼 〈만세전〉은 '나'의 눈에 비친 조선의 실상을 독자에게 보여 주며, 동시에 이와 같은 현실에 괴로워하는 당대 지식인의 고뇌도 함께 제시하고 있다.

자료실

일제 강점하에서 부산의 팽창과 혼종화 양상

개항(1876) 이후 형성된 도시 부산은 이주 일본인 문화와 토착 문화가 교차하는 공간이다. 일본은 부산을 일본인 거주지이자 대륙 침략의 기지로 활용하기 위해 근대 도시로 발전시킨다. 이 과정에서 부산은 주거 공간, 음식, 의복의 혼종화, 조선인과 일본인 사이의 자녀 출생 등으로 인한 인종적 혼종화 등 다양한 측면에서의 문화 혼종화 양상이 나타난다. 또한, 지배자로서의 일본인 거주지와 피지배자로서의 조선인 거주지는 '문명과 야만', '건강과 질병', '깨끗함과 더러움'이라는 이중적인 양상도 동시에 나타나게 된다.

함께 읽으면 좋은 작품

〈술 권하는 사회〉, 현진건 / 무기력한 지식인과 우매한 민중을 형상화한 작품

일제 강점기 조선의 지식인이 사회를 바꾸고자 노력하지만 좌절하게 되고, 이러한 절망을 술로 해소하면서 아내와 갈등을 겪는 내용이다. 1920년대의 식민지 조선의 현실을 지식인의 시각에서 비판하고, 비참한 식민지 현실을 이해하지 못하는 민중들의 모습이 형상화되어 있다는 점에서 〈만세전〉과 유사하다.

Link 본책 120쪽

---

5 이 글의 내용에 대한 설명으로 적절하지 <u>않은</u> 것은?

① 계집애는 일본인 아버지가 어디에 있는지 정확히 알지 못한다.

② '나'는 조선의 음식이 먹고 싶어서 부산의 골목을 돌아다니고 있다.

③ 계집애는 조선인 어머니에 대한 동정심보다 일본인 아버지에 대한 동경이 더 크다.

④ '나'는 지저분하고 좁다란 골목과 일본식 이층집의 대비를 통해 민족의 처지를 떠올리고 있다.

⑤ '나'는 집의 형태와는 달리 거리를 오가는 사람들 대부분이 조선인이라는 사실에 의아함을 느끼고 있다.

6 ㉠과 ㉡에 대한 '나'의 공통된 인식으로 가장 적절한 것은?

① 나름대로 노력하지만, 물질에 집착한다고 생각한다.

② 안타깝기도 하지만, 지나치게 낙관적이라고 생각한다.

③ 현실에 잘 적응하지만, 민족적 자부심은 부족하다고 생각한다.

④ 불쌍하기도 하지만, 권력을 지향하는 태도를 보인다고 생각한다.

⑤ 인내심은 부족하지만, 조상의 재산을 지키며 살고 있다고 생각한다.

7 〈보기〉를 참고하여 이 글을 감상한 내용으로 적절하지 <u>않은</u> 것은?

┤ 보기 ├

〈만세전〉의 원제목은 '묘지'이다. '묘지'는 당시 조선인의 억압된 현실을 형상화한 것이자, 삶의 터전과 생기를 잃어버린 우리 민족의 무기력하거나 무능한 삶, 자기 성찰이 부족한 태도 등을 상징적으로 표현한 것이다.

① '어떠한 세력에 밀리는 것'을 통해 우리 민족에게 가해진 억압을 짐작할 수 있군.

② '내 팔자소관이라고 생각하는 것'을 통해 당시 사람들의 무기력한 모습을 추론할 수 있군.

③ '산으로 기어들어 가는 것'을 통해 삶의 터전을 상실한 우리 민족의 상황을 짐작할 수 있군.

④ '자기가 견실치 못한 것'을 통해 개개인의 무능함도 부정적 현실의 원인이 됨을 알 수 있군.

⑤ '자기 혼자만 떠나가는 것' 같이 느끼는 것을 통해 자기 성찰이 지나친 모습을 엿볼 수 있군.

8 〈보기〉를 근거로 [A]와 같이 말하는 '나'를 비판하는 글을 쓰시오.

┤ 보기 ├

〈만세전〉의 '나'는 시종일관 지식인의 시선을 유지한 채 조선의 현실과 일정한 거리를 둠으로써 식민지 조선인으로서의 자기 한계를 벗어나고자 한다. 하지만 관부 연락선(배)에서 경찰에 의해 자신이 조선인임이 공개되는데, 이를 통해 은연중에 회피하고 있던 조선인으로서 자신의 처지를 발견하게 된다.

9 ㉢에 담긴 '계집애'의 심리를 쓰시오.

007 고향 | 현진건

키워드 체크 #액자 소설 #현실 고발 #사실주의 문학 #일제 강점기 #농촌 공동체 파괴

[문학] 창비
[국어] 비상(박안)

🎯 핵심 정리

갈래 단편 소설, 액자 소설
성격 사실적, 현실 고발적
배경 ① 시간 - 일제 강점기
　　　　② 공간 - 대구발 서울행 열차 안
시점 1인칭 관찰자 시점
주제 일제 강점기 우리 농민(민중)의 참혹한 생활상 폭로
특징 ① 1920년대 민족 항일기의 시대상을 조명함.
　　　② 농토를 빼앗긴 농민의 참상을 사실적으로 그림.
출전 《조선일보》(1926)에 〈그의 얼굴〉로 발표했으나 단편집 《조선의 얼굴》에서 〈고향〉으로 제목을 고침.

Q 당시 '그의 고향'의 실상은?

일제에 신음하던 당시의 조선 현실과 다를 바 없이 '그의 고향'에서도 동양 척식 주식회사에 땅을 빼앗기고 소작인으로 전락하여 고생을 하다 결국 유랑하거나 해외로 이주하는 사람이 늘어 갔다.

☀️ 어휘 풀이

옥양목 생목보다 발이 고운 무명. 빛이 썩 희고 얇음.
뉘엿거리다 속이 메스꺼워 자꾸 토할 듯하다.
주적대다 주책없이 잘난 체하며 자꾸 떠들다.
어쭙잖다 비웃음을 살 만큼 언행이 분수에 넘치는 데가 있다.
역둔토 '역토(역에 딸린 땅)'와 '둔토(지방에 주둔한 군대 경비를 충당하기 위한 땅)'를 아울러 이르는 말.
동양 척식 주식회사 1908년 일제가 조선의 토지와 자원을 수탈할 목적으로 설치한 착취 기관.
남부여대(男負女戴) 남자는 지고 여자는 인다는 뜻으로, 가난한 사람들이 살 곳을 찾아 떠돌아다님을 비유적으로 이르는 말.
신신(新新)하다 새롭고 생기가 돌다.

✍️ 구절 풀이

❶ **나는 나와 마주 앉은 ~ 바지를 입었다.** 인물의 외양 묘사를 통해 인물이 살아온 내력을 보여 주고 있다. 묘사된 '그'는 조선, 일본, 중국 등 동아시아 삼국의 복색이 고루 섞여 있는 남루한 차림인 것으로 보아 고달픈 유랑 생활을 했음을 짐작할 수 있다.

가 　대구에서 서울로 올라오는 차중에서 생긴 일이다. ❶나는 나와 마주 앉은 그를 매우 흥미 있게 바라보고 또 바라보았다. 두루마기 격으로 기모노를 둘렀고 그 안에선 °옥양목 저고리가 내어 보이며, 아랫도리엔 중국식 바지를 입었다. [중략] / "도코마데 오이데 데스카?"　*(일본인의 전통 의상 / 어디까지 가십니까?)* 하고 첫마디를 걸더니만 동경이 어떠니 대판이 어떠니, 조선 사람은 고추를 끔찍이 많이 먹는다는 둥, *('오사카'를 우리 한자음으로 읽은 이름)* 일본 음식은 너무 싱거워서 처음에는 속이 °뉘엿거린다는 둥, 횡설수설 지껄이다가 일본 사람이 엄지와 검지 손가락으로 짧게 끊은 꼿꼿한 윗수염을 비비면서 마지못해 까땍까땍하는 고개와 함께 "소우데스카?"란 한 마디로 코대답을 할 따름이요, 잘 받아 *(마땅치 않다는 비언어적 표현 / 그렇습니까?)* 주지 않으매 그는 또 중국인을 붙들고서 실랑이를 하였다.

　"네쌍 나을취?"　*(어디까지 가십니까?)*
　"을 씽 섬마?"　*(성함은 무엇입니까?)*
하고 덤벼 보았으나 중국인 또한 그 기름 끼인 뚜한 얼굴에 수수께끼 같은 웃음을 띨 뿐이요 별로 대꾸를 하지 않았건만 그래도 무어라도 연해 웅얼거리면서 나를 보고 웃어 보였다.

　그것은 마치 짐승을 놀리는 요술쟁이가 구경꾼을 바라볼 때처럼 훌륭한 제 재주를 갈채해 달라는 웃음이었다. 나는 쌀쌀하게 그의 시선을 피해 버렸다. 그 °주적대는 꼴이 °어쭙잖고 밉살스러웠음이다.　*('그'의 행동이 못마땅함을 드러냄.)*　▶ 동양 삼국의 복장을 입고 천박한 행동을 하는 '그'

나 　그러자 그의 신세타령의 실마리는 풀려 나왔다. 그의 고향은 대구에서 멀지 않은 K군 H *(내화(內話)로 들어감.)* 란 외딴 동리였다. 한 백 호 남짓한 그곳 주민은 전부가 °역둔토(驛屯土)를 파먹고 살았는데, 역둔토로 말하면 사삿집 땅을 부치는 것보다 떨어지는 것이 후하였다. 그러므로 넉넉 *(개인 소유의 집)* 지는 못할망정 평화로운 농촌으로 남부럽지 않게 지낼 수 있었다. 그러나 세상이 뒤바뀌자 *(일제의 식민지 지배가 시작되자)* 그 땅은 전부가 °동양 척식 주식회사의 소유에 들어가고 말았다. 직접으로 회사에 소작료를 바치게나 되었으면 그래도 나으련만 소위 중간 소작인이란 것이 생겨나서 저는 손에 흙 한 번 만져 보지도 않고 동척엔 소작인 노릇을 하며, 실작인에게는 지주 행세를 하게 되었 *('동양 척식 주식회사'의 줄임말 / 실제로 농사짓는 소작민)* 다. 동척에 소작료를 물고 나서 또 중간 소작인에게 긁히고 보니 실작인의 손에는 소출의 *(빼앗기고 / 극심한 수탈의 현실)* 삼 할도 떨어지지 않았다. 그 후로 ㉠'죽겠다', '못 살겠다' 하는 소리는 중이 염불하듯 그들의 입길에서 오르내리게 되었다. °남부여대하고 타처로 유리하는 사람만 늘고 동리는 점점 *(다른 지역으로 떠돌아다니는)* 쇠진해 갔다.　▶ 일제에게 땅을 빼앗기고 고향을 떠난 '그'

다 　지금으로부터 구 년 전 그가 열일곱 살 되던 해 봄에(그의 나이는 실상 스물여섯이었다. 가난과 고생이 얼마나 사람을 늙히는가.) 그의 집안은 살기 좋다는 바람에 서간도로 이사를 갔다. 쫓겨 가는 운명이거든 어디를 간들 °신신하랴. 그곳의 비옥한 전야도 그들을 위 *(백두산 부근의 만주 지방)* 하여 열릴 리 없었다. 조금 좋은 땅은 먼저 간 이가 모조리 차지를 하였고 황무지는 비록 많다 하나 그곳 당도하던 날부터 아침거리 저녁거리 걱정이라, 무슨 행세로 적어도 일 년이 *(서간도에서의 힘든 삶을 구체적으로 보여 줌.)* 란 장구한 세월을 먹고 입어 가며 거친 땅을 풀 수가 있으랴. 남의 밑천을 얻어서 농사를 짓고 보니 가을이 되어 얻는 것은 빈주먹뿐이었다. 이태 동안을 사는 것이 아니라 억지로 버티어 갈 제 그의 아버지는 우연히 병을 얻어 타국의 외로운 혼이 되고 말았다. 열아홉 살밖 *(두해)* 에 안 된 그가 홀어머니를 모시고 악으로 악으로 모진 목숨을 이어 가던 중 사 년이 못 되어 영양 부족한 몸이 심한 노동에 지친 탓으로 그의 어머니 또한 죽고 말았다.
　　　　　　　　　　　　　　　　　　　　　　　　　　　　　　　　▶ 서간도에서 비참한 생활을 한 '그'

• **중심 내용** '나'는 기차에서 만난 '그'의 기구한 이야기를 듣게 됨.　　• **구성 단계** (가) 발단 / (나), (다) 전개

이해와 감상

이 작품은 일제 강점기인 1920년대 중반, 일제의 수탈로 황폐해진 농촌을 배경으로 하고 있다. 기차 안에서 우연히 알게 된 한 인물의 인생 역정을 통해 당대 조선의 농촌 공동체가 어떻게 파괴되었는지, 식민지 현실이 개인의 삶을 얼마나 짓밟았는지를 사실적으로 그리고 있다.

이 작품은 극적인 사건의 전개나 인물 관계 등은 찾아보기 어렵지만, 액자식 구성의 이야기 전개를 통해 강렬한 현실 고발의 정신을 드러내며, 사실주의 문학의 전형을 보여 준다.

기차 안에서 '그'와 대화를 나누게 된 '나'는 첫인상만으로는 '그'를 탐탁지 않게 여기지만, '그'의 이야기를 들으면서 짙은 동정과 연민의 정을 느끼게 된다. 두 인물이 서로에게 정서적으로 다가가는 과정을 통해 민족 동질성을 확인할 수 있다.

Q 전체 줄거리

발단	'나'는 서울행 기차에서 동양 삼국의 복장을 입고 천박한 행동을 하는 '그'를 만난다.
전개	'그'와 대화를 나누다 '그'가 고향을 떠난 사정을 듣게 된다.
위기	'나'는 과거에 대구 근교의 평화로운 농민이었던 '그'가 농토를 잃고 어려움을 겪으며 유랑 생활을 했음을 알게 된다.
절정	'그'가 오랜만에 돌아간 고향은 폐허가 되었고, 자신과 혼담이 있었던 여인을 우연히 만나 기구한 인생사를 듣게 된다.
결말	'나'는 '그'의 이야기에 공감하여 함께 술을 마시고, '그'는 어릴 때 부르던 노래를 부른다.

👥 인물 관계도

'나'
'그'의 이야기를 전달하는 서술자. '그'의 이야기를 듣고 조선의 현실을 재인식하면서 '그'와 공감대를 형성함.

사연을 이야기함.
← →
연민과 슬픔의 감정을 느낌.

'그'
당대 우리 민족의 비참한 현실을 집약적으로 드러내는 인물. 작가의 현실 비판 의식을 드러냄.

🏠 작품 연구소

〈고향〉의 서사 구조

이 작품은 액자 구성의 소설로, '그'로부터 들은 이야기가 주된 내용이다. 이야기를 듣는 사람은 지식인('나')이고 이야기를 하는 사람은 민중('그')이다. 둘은 이야기를 매개로 정서적 공감대를 형성하고 민족 동질성을 재인식한다. 또한 이 작품은 구성상 세 부분으로 나눌 수 있다. 처음 부분은 서울 행 기차에서 '그'로부터 신세 타령을 듣게 된 내력을 서술한 부분이고, 중간 부분은 고향을 떠난 '그'가 9년간이나 각지로 유랑하며 겪은 비참한 삶의 역정을 서술한 부분이며, 끝부분은 술에 취한 '그'가 읊조린 노래를 제시한 부분이다.

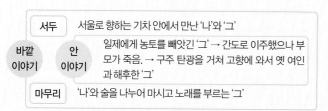

서두		서울로 향하는 기차 안에서 만난 '나'와 '그'
바깥 이야기	안 이야기	일제에게 농토를 빼앗긴 '그' → 간도로 이주했으나 부모가 죽음. → 구주 탄광을 거쳐 고향에 와서 옛 여인과 해후한 '그'
마무리		'나'와 술을 나누어 마시고 노래를 부르는 '그'

🔑 포인트 체크

인물 '나'는 동양 삼국의 복장을 입고 천박한 행동을 하는 '그'를 못마땅하게 생각했지만, '그'의 이야기를 들은 후 깊은 □□과 슬픔을 느낀다.

배경 '나'와 '그'가 만난 □□는 일제 강점기 근대화의 표상이다.

사건 '그'의 이야기를 통해 일제의 □□로 파괴된 □□의 현실을 보여 준다.

1 (가)~(다)에 대한 설명으로 가장 적절한 것은?

① (가): 외양 묘사를 통해 인물의 과거를 암시하고 있다.

② (가): 직접 제시 방법을 활용하여 사건 전개에 속도감을 더하고 있다.

③ (나): 사투리를 활용하여 인물의 개성을 드러내고 있다.

④ (다): 서술자가 본인을 대상화하여 사건을 중립적으로 다루고 있다.

⑤ (나), (다): 해학과 풍자의 기법을 사용하여 식민지 현실을 비판하고 있다.

2 이 글을 제재로 수행 평가를 위한 발표 계획을 세울 때, 가장 적절한 것은?

① 전쟁으로 인한 인간의 고통을 보여 주는 인물로 '나'를 연구한다.

② '그'를 통해 사회적 부조리에 저항하는 민중의 모습을 연구한다.

③ 식민지 상황에서 힘든 삶을 살아가는 전형적인 인물로 '그'를 연구한다.

④ '나'와 '그'를 통해 식민지 상황이 만들어 내는 동포 사이의 불신을 연구한다.

⑤ '나'와 '그'의 행동 차이를 통해 위기에 직면한 인간이 그에 대처하는 방식을 연구한다.

내신 적중

3 ㉠의 원인이 되는 당시의 시대 상황으로 적절한 것은?

① 일제에 의해 자행된 민족 말살 정책

② 동양 척식 주식회사와 중간 소작인의 가혹한 수탈

③ 일제에 의해 추진된 산업화에 따른 인간 소외 문제

④ 일제가 조선을 효율적으로 점령하기 위해 시행한 교육 제도

⑤ 일제가 인적 수탈을 위해 실시한 국민 징용령, 학도 지원병 제도 등 군사 제도

4 (나)에 나타나는 주된 갈등 구조를 쓰시오.

서까래 마룻대에서 도리 또는 보에 걸친 통나무.

주추 기둥 밑에 괴는 돌 등의 물건.

탐탁하다 마음에 들어 만족하다.

유곽 창녀들이 모여서 몸을 팔던 집이나 그 구역.

궐녀 그녀. 그 여자. 말하는 이와 듣는 이가 아닌 제3의 여자를 가리키는 삼인칭 대명사.

탕감하다 빚이나 요금, 세금 따위의 물어야 할 것을 없애 주다.

유산 무기산의 하나로, 빛도 맛도 없는 끈끈한 액체. 황산.

취흥 술에 취해 일어나는 흥취.

전토(田土) 논과 밭.

Q '그 여자'의 인생이 의미하는 바는?

그 여자의 삶 또한 '그'의 삶만큼이나 기구하고 비참했다. 아버지에 의해 유곽에 팔려 가 몹쓸 병에 걸려서야 겨우 풀려난 그 여자는 당시 조선 여성의 얼굴인 것이다.

🔖 **구절 풀이**

❶ "썩어 넘어진 서까래, ~ 없어지는 수도 있는 기오? 후!" 오랜 유랑 끝에 '그'가 다시 찾은 고향은 완전히 폐허로 변했으며, 이는 일제의 수탈로 인해 더 이상 살지 못할 곳으로 변한 조선의 농촌 현실을 드러낸다.

❷ 나는 그 눈물 가운데 ~ 똑똑히 본 듯싶었다. 고향을 잃고 눈물을 흘리는 그의 애달픈 모습에서 주권을 상실한 조선의 모습과, 고향을 잃고 떠도는 조선인의 비참하고 침울한 모습을 분명히 볼 수 있었음을 의미한다.

❸ 볏섬이나 나는 ~ 유곽으로 가고요-. 결말에 제시된 신민요(동요)는 일제의 가혹한 식민 통치에 의해 남녀노소 가릴 것 없이 당대 조선의 모든 민중들이 비극적인 삶의 나락으로 떨어지게 되었음을 풍자하고 있다.

Q '나'의 심경 변화는 어떠한가?

'그'의 기이한 행동을 못마땅해하던 '나'는 '그'의 표정을 관찰한 후 동정을 느끼다가 '그'의 이야기를 듣고 난 후에는 깊은 연민과 슬픔을 느끼고 있다.

👤 **작가 소개**

현진건(玄鎭健, 1900~1943) 소설가. 호는 빙허(憑虛). 1920년 《개벽》에 단편 소설 〈희생화〉를 발표함으로써 등단하였다. 1921년 발표한 〈빈처〉로 인정을 받기 시작했으며 한국 근대 단편 소설의 선구자로 평가된다. 《백조》 동인으로 활동하였으며, 주요 작품으로 〈타락자〉, 〈술 권하는 사회〉, 〈불〉 등이 있다.

가 ❶"썩어 넘어진 서까래, 뚤뚤 구르는 주추는! 꼭 무덤을 파서 해골을 헐어 젖혀 놓은 것 같더마. 세상에 이런 일도 있는 기오? 백여 호 살던 동리가 십 년이 못 되어 통 없어지는 수도 있는 기오? 후!" / 하고 그는 한숨을 쉬며, 그때의 광경을 눈앞에 그리는 듯이 멀거니 먼 산을 보다가 내가 따라 준 술을 꿀꺽 들이켜고,

[완전히 폐허가 된 고향에 대한 '그'의 한탄]

"참! 가슴이 터지더마, 가슴이 터져."

하자마자 굵직한 눈물 두어 방울이 뚝뚝 떨어진다.

❷나는 그 눈물 가운데 음산하고 비참한 조선의 얼굴을 똑똑히 본 듯싶었다.

[우리 민족의 피폐한 현실]

이윽고 나는 이런 말을 물었다. / "그래, 이번 길에 고향 사람은 하나도 못 만났습니까?"

"하나 만났구마, 단지 하나." / "친척 되시는 분이던가요."

"아니구마, 한 이웃에 살던 사람이구마." / 하고 그의 얼굴은 더욱 침울해진다.

"여간 반갑지 않으셨겠지요."

"반갑다마다, 죽은 사람을 만난 것 같더마. 더구나 그 사람은 나와 까닭도 좀 있던 사람인데……." / "까닭이라니?" / "나와 혼인 말이 있던 여자구마."

"하―." / 나는 놀란 듯이 벌린 입이 닫혀지지 않았다.

"그 신세도 내 신세만이나 하구마." / 하고 그는 또 이야기를 계속하였다.

['그녀'의 삶도 자신의 삶처럼 비참했음을 뜻함.]　　　　　▶ 폐허가 된 '그'의 고향 마을

나 그 여자는 자기보다 나이 두 살 위였는데 한 이웃에 사는 탓으로 같이 놀기도 하고 싸우기도 하며 자라났다. 그가 열네댓 살 적부터 그들 부모 사이에 혼인 말이 있었고 그도 어린 마음에 매우 탐탁하게 생각하였었다. 그런데 그 처녀가 열일곱 살 된 겨울에 별안간 간 곳을 모르게 되었다. 알고 보니 그 아비 되는 자가 이십 원을 받고 대구 유곽에 팔아먹은

[본인도 혼인하기를 원함.]

것이었다. 그 소문이 퍼지자 그 처녀 가족은 그 동리에서 못 살고 멀리 이사를 갔는데 그 후로는 물론 피차에 한 번 만나 보지도 못하였다. 이번에야 빈터만 남은 고향을 구경하고 돌아오는 길에 읍내에서 그 아내 될 뻔한 댁과 마주치게 되었다. 처녀는 어떤 일본 사람 집에서 아이를 보고 있었다. 궐녀는 이십 원 몸값을 십 년을 두고 갚았건만 그래도 주인에게 빚이 육십 원이나 남았었는데 몸에 몹쓸 병이 들고 나이 늙어져서 산송장이 되니까 주인 되

[더 이상 이용 가치가 없어진 상태]

는 자가 특별히 빚을 탕감해 주고 작년 가을에야 놓아준 것이었다.

▶ '그'와 혼삿말이 있었던 여자의 기구한 인생

다 "암만 사람이 변하기로 어째 그렇게도 변하는 기오? 그 숱 많던 머리가 훌렁 다 벗어졌더

[외모를 통해 그간의 힘들던 삶을 보여 줌. '그녀'가 겪은 인생 또한 '그'와 다를 바 없이 비참함의 연속이었음이 드러남.]

마. 눈은 푹 들어가고 그 이들이들하던 얼굴빛도 마치 유산을 끼얹은 듯하더마."

"서로 붙잡고 많이 우셨겠지요?"

"눈물도 안 나오더마. 일본 우동집에 들어가서 둘이서 정종만 열 병 따라 뉘고 헤어졌구마."

하고 가슴을 짜는 듯이 괴로운 한숨을 쉬더니만 그는 지난 슬픔을 새록새록이 자아내어 마음을 새기기에 지쳤음이러라. / "이야기를 다 하면 무얼 하는 기오?"

[말하면 더욱 가슴이 아프기만 할 뿐. 어떤 것도 해결되지 않음.]

하고 쓸쓸하게 입을 다문다. ┊내 또한 너무도 참혹한 사람살이를 듣기에 쓴 물이 났다.┊

"자, 우리 술이나 마저 먹읍시다."

하고 우리는 주거니 받거니 한 됫병을 다 말리고 말았다. 그는 취흥에 겨워서 우리가 어릴 때 멋모르고 부르던 노래를 읊조리었다.

┌ ❸볏섬이나 나는 전토는 / 신작로가 되고요 ─.

│　　　　　　[수탈한 곡식을 효과적으로 실어 나르기 위한 길]

│ 말마디나 하는 친구는 / 감옥소로 가고요 ─.

[A]│　　　[일제의 정책을 비판하는 지식인]

│ 담뱃대나 떠는 노인은 / 공동묘지 가고요 ─.

│　　[망국의 비운을 체험한 노인들]

└ 인물이나 좋은 계집은 / 유곽으로 가고요 ─.

　　　[조선 여성이 겪게 된 비참한 운명]　　　　　　▶ '그'와 '나'가 술을 나누어 마심.

• **중심 내용** 폐허가 된 고향의 모습과 옛 여인의 안타까운 모습을 털어놓는 '그'　• **구성 단계** (가), (나) 절정 / (다) 결말

🏠 작품 연구소

1920년대 조선 현실과 〈고향〉

이 작품은 식민 통치와 더불어 시작된 일제의 농촌 수탈 정책과 밀접한 연관을 갖는다. '나'와 '그'가 만난 공간은 '기차'인데 일제가 철도를 건설하고 자원과 산물을 수탈했다는 점에서 시대적 배경과의 연관성을 생각해 볼 수 있다. 기차 안에서 '그'를 깔보고 냉담하게 구는 중국인과 일본인의 모습에서 일제의 식민지였던 조선의 수난을 떠올려 볼 수도 있다. 일제는 농업 생산력 증대 및 농업 근대화를 명분으로 내세워 토지 조사 사업을 벌이고, 이 과정에서 빼앗은 토지를 동양 척식 주식회사를 통해 관리했다. 이처럼 일제의 교묘한 행정 동원으로 인해 토지를 수탈당한 조선의 농민들은 '그'와 같이 하루아침에 삶의 터전을 잃게 되었다. 이러한 농촌 수탈 정책은 당시 민중의 생존권을 짓밟았는데, 이것이 1920년대 조선 농촌의 현실이었다.

'그'를 대하는 '나'의 심리 변화

'나'는 기차에서 만난 '그'를 못마땅하게 생각했지만, '그'가 살아온 이야기를 들으며 차츰 '그'와 가까워지고, 민족적 동질감을 느낀다.

> 주적대는 꼴이 어쭙잖고 밉살스러워 나는 쌀쌀하게 대했다.

↓

> 무어라고 대답할 말도 없고 또 굳이 대답하기도 싫기에 덤덤히 입을 닫쳐 버렸다.

↓

> 나는 내 대답이 너무 냉랭하고 불친절한 것이 죄송스러웠다.

↓

> 나는 무엇이라고 위로할 말을 몰랐다. 한동안 머뭇머뭇이 있다가 나는 차를 탈 때에 친구들이 사 준 정종병 마개를 빼었다.

↓

> 나는 그 눈물 가운데 음산하고 비참한 조선의 얼굴을 똑똑히 본 듯싶었다.

↓

> 우리는 서로 주거니 받거니 한뒷병을 다 말리고 말았다.

작품 마지막 부분의 '민요'가 지니는 의미

이 작품의 끝에는 신민요가 덧붙어 있다. 신민요란 새로 만들어진 민요라는 뜻으로, 예전의 민요 가락을 빌려 오되 당시의 사회적 참상을 풍자하는 내용으로 채워진 노래를 말한다. '말마디나 하는 친구', 즉 바른말로 일제의 정책을 비판하는 지식인은 감옥에 가고, '인물이나 좋은 계집'은 생계의 한 방편으로 결국 몸을 파는 기생이 될 수밖에 없다는 표현 등은 당대의 암울한 시대 상황에서 우리 민족이 겪은 수난과 고통을 압축적으로 보여 준다. 결국 작품 마지막 부분에 실린 신민요는 당시의 사회상을 집약적으로 제시하여 주제를 압축하여 드러내며, 작품의 현실감을 더하는 기능과 역할을 하고 있다.

📖 함께 읽으면 좋은 작품

〈홍염〉, 최서해 / 일제 강점기 농민의 울분과 저항을 그린 작품

1920년대 겨울, 백두산 서북편 서간도에 있는 바이허[白河]라는 곳을 중심 배경으로, 중국인 지주 '인가'에게 착취당하는 조선인 소작농의 울분과 저항을 그린 신경향파 소설이다. 〈고향〉과 마찬가지로 일제 강점기를 살아가는 사람들, 특히 간도에서의 비참한 생활상을 보여 주고 있다.

〈민촌〉, 이기영 / 일제 강점기 소작농의 피폐한 삶을 그린 작품

'상민의 마을'이란 뜻을 담고 있는 이 작품은 상민의 마을 속에 내재한 계급의 모순, 혹은 그것이 가져오는 삶의 애환을 여주인공 점순을 통해 잘 나타내고 있다. 1925년 작품으로 일제 강점하에서 고통받는 소작농의 궁핍한 삶을 보여 주고 있다는 점에서 〈고향〉과 유사성이 있다.

5 이 글의 구성에 대한 설명으로 가장 적절한 것은?

① 하나의 이야기 속에 다른 이야기를 넣은 액자식 구성

② 이야기를 시간의 반대 순서로 구성하는 역순행적 구성

③ 각 인물과 관련된 사건들이 교차하며 제시되는 복합 구성

④ 공통된 주제를 지닌 여러 개의 이야기로 짜여 있는 옴니버스식 구성

⑤ 각각 독립된 여러 가지의 사건들을 개별적으로 나열하는 피카레스크식 구성

6 이 글을 드라마로 제작할 때 감독이 요구할 사항으로 적절하지 않은 것은?

① '그'와 궐녀의 어린 시절 모습을 삽입합시다.

② '그'의 고향은 폐허가 된 마을을 찾아서 섭외합시다.

③ 궐녀를 보며 '그'가 눈물을 흘리는 모습을 보여 주지요.

④ 궐녀는 고생에 찌들어 실제보다 훨씬 나이 들어 보이도록 분장하세요.

⑤ '그'와 궐녀는 읍내에서 서로를 알아보고 깜짝 놀라는 연기를 보여 주세요.

7 (나)에 대한 설명으로 적절하지 않은 것은?

① '나'가 '그'에게 연민과 슬픔을 느끼는 계기가 된다.

② '나'에서 '그'로 서술자가 전환되어 전체 이야기를 새로운 시각에서 보게 한다.

③ '그'와 관련 있는 그 여자의 이야기를 통해 '그'의 삶의 비극성을 조선으로 확대하고 있다.

④ 뒷부분의 민요 가사와 연결되어 기구하고 비참한 삶을 살아가는 조선 여인의 삶의 모습을 드러낸다.

⑤ 그 여자의 삶을 요약적으로 제시하여 '그'의 삶을 중심으로 전개되는 안 이야기의 흐름을 방해하지 않고 있다.

중요 기출

8 [A]에 대한 설명으로 옳은 것은?

① 새로운 사건의 발생을 암시하고 있다.

② 비참한 현실을 해학적으로 그려 내고 있다.

③ 민족의 비극적 상황을 압축적으로 표현하고 있다.

④ 일제에 대한 저항 의지를 직접적으로 나타내고 있다.

⑤ 사건을 주관적으로 해석하여 다양한 의미를 끌어내고 있다.

내신 적중

9 '그'에 대한 '나'의 태도가 크게 바뀌었음을 가장 잘 보여 주는 행동을 쓰시오.

핵심 정리

갈래 장편 소설, 세태 소설, 가족사 소설
성격 사실주의적, 현실 비판적
배경 ① 시간 – 일제 강점기(1920~1930년대)
　　　　② 공간 – 서울 중산층의 집안
시점 전지적 작가 시점
주제 일제 강점기 중산층 가문을 둘러싼 재산 상속 문제와 세대 갈등을 통해 본 식민지 조선의 사회상
특징 ① 당시의 풍속과 세대 간의 갈등을 사실적으로 세밀하게 묘사함.
　　　　② 사건의 전개보다 인물들 간의 관계나 사고방식, 행동 양식을 보여 주는 데 초점을 맞춤.
출전 《조선일보》(1931)

어휘 풀이

말눈치 말하는 가운데 은근히 드러나는 어떤 태도.
선노(顚倒)시키나 차례, 위치, 이치, 가치관 따위가 뒤바뀌어 원래와 달리 거꾸로 되다.
되되이 한 되 한 되씩. 또는 되마다.
진순하다 순진하다.
설궁(設窮) 살림의 구차한 형편을 남에게 말함.
점적하다 부끄럽고 미안해하다.

Q '덕기'의 성격은?

병화의 비판 대상이 되는 점에서 알 수 있듯이 덕기는 할아버지 조 의관이 일군 재산 덕에 중산층 가정에서 남부러울 것 없이 자란 인물이다. 덕기는 착한 심성을 가지고 있으나 조부와 부친의 대립 과정에서 자신의 역할을 찾지 못하고 소극적으로 대처하는 우유부단한 인물이기도 하다.

구절 풀이

❶ **머리가 덥수룩하고 ~ 온 것이 짐작되었다.** 병화에 대한 조부(조 의관)의 멸시가 드러나는데 이는 병화가 가난한 데에서 기인한다. 인간관계의 모든 측면을 '돈'을 기준으로 판단하는 조부의 속물 근성이 드러난다.

❷ **"자네가 작별하러 다닐 데는 적어도 조선은행 총재나……."** 병화는 계급적 관점에서 덕기를 비꼬고 있다. 그러나 병화의 말에는 덕기에 대한 친근감이 담겨 있다.

가 ❶머리가 덥수룩하고 꼴이 말이 아니라는 조부의 °말눈치로 보아서 김병화가 온 것이 짐작되었다. / "야아, 그러지 않아도 저녁 먹고 내가 가려 했네."

덕기는 이틀 만에 만나는 이 친구를 더욱이 내일이면 작별하고 말 터이니만치 반갑게 맞았다.

"자네 같은 부르주아가 내게까지! ⓐ❷자네가 작별하러 다닐 데는 적어도 조선은행 총재 <u>근대 사회의 자본이 계급에 속하는 사람</u> 나……." / 병화는 부영게 먼지가 앉은 외투 주머니에 두 손을 찌른 채 딱 버티고 서서 이렇게 비꼬는 수작을 하고서는 껄껄 웃어 버린다.

"만나는 족족 그렇게도 짓궂게 한마디씩 비꼬아 보아야만 직성이 풀리겠나? 그 성미를 <u>제 성미대로 해야 마음이 흡족하겠나?</u> 좀 버리게."

덕기는 병화의 '부르주아 부르주아' 하는 소리가 듣기 싫었다. ⓑ먹을 게 있는 것은 다행하다고 속으로 생각지 않는 게 아니나, 시대가 시대이니만치 그런 소리가 — 더구나 비꼬는 소리는 듣고 싶지 않았다. [중략]

"여보게 담배부터 하나 내게. 내 턱은 그저 무어나 들어오라는 턱일세." <u>언어유희</u> 하며 병화는 방 안을 들여다보고 손을 내밀었다.

"나 없을 땐 온통 담배를 굶데그려."

덕기는 책상 위에 놓인 피전 갑을 들어 내던지며 웃다가, <u>일제 강점기 때의 담배 상표</u>

"그저 담배 한 개라도 착취를 해야 시원하겠나? 자네와 나와는 착취 피착취의 계급적 의식을 °전도시키세." / 하며 조선 옷을 훌훌 벗는다. <u>사회적 이념의 대립상이 드러남.</u>

ⓒ"담배 하나에 치를 떠는 — 천생 그 할아버지의 그 손자다!"　▶ 덕기를 방문한 병화

나 공장에 다니는 주인 딸, 한 되에 이십여 전씩 한다는(덕기는 확실한 쌀값은 모른다. 남들이 하는 말을 귓결에 들었을 뿐이다.) 쌀을 °되되이 팔아먹는 집, 게다가 밥값을 석 달 넉 달씩 지고 얹혀 있는 병화…….　<u>병화의 어려운 생활 사정을 짐작할 수 있음.</u>

덕기는 병화의 하숙에 한번 찾아가마고 집을 배워만 두고 못 가 보았지만 그들의 생활을 분명히 머리에 그려 볼 수는 없었다. ⓓ그러나 병화에게 그 말을 들을 땐 어쩐지 그들이 측은한 생각도 들고 까닭 없는 일종의 감격 비슷한 충동을 받았다. 끼니때 밥 먹으러 들어가기를 겸연쩍어하는 친구의 심사에도 물론 동정이 가지만, 공장에 다닌다는 딸의 모양을 상상해 보고는 얇은 호기심과 함께 몹시 가엾게 생각되었다. 덕기는 밥격정 없는 집안에 자라나서 구차살이란 어떠한 것인지 딴 세상 일 같지만, 그래도 워낙 판이 곱고 다감한 성질인만큼 °진순한 청년다운 감격성과 정열을 가지고 있는 것이었다.

"딸이 벌어 오는 외상 밥 먹다가 딸까지 함께 집어자시지는 않으려나? 하하하."

오륙 분 동안의 침묵도 깨뜨리려니와 °설궁을 한 뒤끝에 좀 °점적해하는 친구를 도리어 위로시키려고 덕기가 이런 농담을 꺼냈다.

ⓔ"흥, 몹시 걱정이 되나 뵈마는 나 같은 빈털털이에게 눈이 멀었다고 딸 내주겠나."

병화는 ㉠자기의 청구가 반 이상 성공한 것을 속으로 안심하면서 이렇게 대꾸했다.

"공장에 다니겠다, 똑 알맞은 배필이 아닌가. 그는 고사하고 우선 자네 그룹에 끌어넣어도 좋지 않은가." / "그 걱정은 말고 자네나 좀 생각을 해 보게."　▶ 덕기와 대비되는 병화의 빈궁한 생활

• **중심 내용** 덕기를 방문한 병화와 덕기의 대화에서 각 인물의 특징과 당시 사회 모습이 드러남.　• **구성 단계** 발단

이해와 감상

이 작품은 1920년대 각기 다른 가치관을 지닌 조 의관, 조상훈, 조덕기의 삶과 갈등을 통해 당대의 현실을 사실적으로 그려 낸 장편 소설이다. 조 의관은 봉건적인 가치를 고수하며 돈을 중시하는 인물로, 조상훈은 외국 유학을 통해 개화 의식을 지녔지만 주체성을 잃고 타락한 인물로, 조덕기는 할아버지나 아버지와는 다른 신세대이지만 어떤 확고한 의식 없이 그저 자신의 삶에 대한 걱정만 하는 인물로 그려진다.

이 작품에서 주목할 것은 무엇보다 세 인물의 가치관 대립과 그에 따른 갈등이다. 세 인물이 어떤 가치관을 지니고 있는지, 어떤 이유로 대립하고 갈등하는지를 파악하면 당대의 현실을 이해할 수 있다. 작가는 조 의관 주변의 타락한 인물들을 통해 시대착오적이고 위선적인 삶에 날카로운 비판을 던지면서, 덕기와 병화로 대표되는 새로운 세대에 대한 희망을 드러내고 있다.

전체 줄거리

발단	유학생 덕기가 방학을 맞아 귀향했다가 친구 병화 등과 만난다.
전개	덕기는 조부(조 의관)와 그의 후처인 수원집을 비롯한 집안의 뒤엉킨 인간관계와 갈등을 목격한다.
위기	수원댁과 그녀를 조 의관에게 소개해 준 최 참봉 등은 재산을 빼돌릴 생각으로 유서를 변조하고 모략을 꾸민다.
절정	조 의관이 독살되자 재산 문제를 둘러싸고 집안의 갈등이 심화되지만 덕기가 집안의 재산을 관리하면서 수원집 일행의 계획은 물거품이 된다. 여기에 사회주의 사건과 관련하여 덕기와 주변 사람들이 체포된다.
결말	덕기는 무혐의로 풀려나지만, 향후 어떻게 살아야 할 것인가를 놓고 망연해한다.

인물 관계도

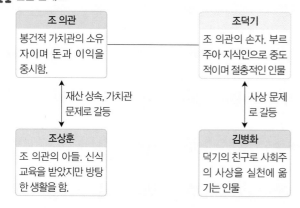

작품 연구소

〈삼대〉의 세대별 의식 성향

1대: 구한말 세대	• 보수적이며 가문과 제사를 중시하는 유교 중심적 사고 • 조 의관으로 대표됨.
2대: 개화기 세대	• 기독교와 신학문을 접하였고 3·1 운동의 좌절을 맛봄. • 조상훈으로 대표됨.
3대: 식민지 세대	• 보수주의·마르크스 사상 등 다양한 이념 지향을 보임. • 조덕기, 김병화, 홍경애로 대표됨.

키 포인트 체크

인물 조덕기는 일본 유학을 다녀온 부르주아 지식인으로 어떠한 의식 없이 □□□□인 입장을 보인다.

배경 □□□□ 사상이 확산되던 1920년대의 세대와 이념 갈등을 보여 준다.

사건 삼대에 걸친 인물들이 □□□과 □□□ 문제로 갈등을 겪는다.

1 이 글의 인물에 대한 설명으로 적절하지 <u>않은</u> 것은?

① 병화는 덕기를 은근히 비꼬아서 말하고 있다.
② 병화는 경제적으로 매우 곤궁한 처지에 놓여 있다.
③ 덕기와 병화 사이에는 계층적 갈등이 내재되어 있다.
④ 덕기는 자신이 속한 계층에 대한 자부심을 갖고 있다.
⑤ 덕기의 조부는 병화에 대하여 부정적인 생각을 갖고 있다.

2 문맥상 ㉠을 추리한 내용으로 적절한 것은?

① 친구의 사치스런 생활을 비판함.
② 하숙집 딸에 대한 관심을 표현함.
③ 멀어진 우정을 복원하자고 제안함.
④ 세상 물정에 대하여 간략히 설명함.
⑤ 빈궁한 처지를 타개할 도움을 요청함.

3 〈보기〉는 이 글의 시대적 배경에 관한 설명이다. ⓐ~ⓔ 중 〈보기〉와 관련이 깊은 것은?

| 보기 |
이 작품은 3·1 운동이 있은 지 몇 년 지나지 않은 1920년대를 배경으로 하고 있다. 그 시절 지식인을 중심으로 조선 사회에는 사회주의 및 무정부주의 사상이 급속히 확산되고 있었다. 특히 사회주의나 무정부주의는 식민지 현실을 타개할 수 있는 유력한 수단의 하나로 받아들여지고 있었다.

① ⓐ　　② ⓑ　　③ ⓒ　　④ ⓓ　　⑤ ⓔ

4 '덕기'와 '병화'의 상반된 처지를 명료하게 보여 주는 단어 두 가지를 (가)에서 찾아 쓰시오.

수봉하다 ① 세금을 징수하다. ② 남에게 빌려 준 돈이나 외상값 따위를 거두어 들이다.

가외(加外) 일정한 기준이나 정도의 밖.

무후하다 대(代)를 이어 갈 자손이 없다.

재하자 유구무언 아랫사람은 윗사람에 대해 할 말을 제대로 하지 못함을 이르는 말.

간정되다 소란스럽던 일이나 병 따위가 가라앉아 진정되다.

북미창정 서울 북창동의 일제 강점기 명칭.

조인광좌 많은 사람들이 빽빽하게 모인 자리.

치산 산소를 매만져서 다듬음.

당하다 사리에 마땅하거나 가능하다.

어기 말하는 기세.

총찰 모든 일을 맡아 총괄하여 살핌.

Q '족보'가 지니는 가치는?

작품의 시대적 배경인 1920년대는 갑오개혁 (1894년)으로 인해 신분제가 사라졌음에도 사람들 사이에서는 족보 제작이 유행하였다. 이를 통해 사회 제도의 변화와 사람들의 의식 변화에는 속도의 차이가 존재함을 알 수 있다. 또한 '족보'는 조 의관과 조상훈이 지니고 있는 가치관의 차이를 명확히 확인할 수 있는 소재이다.

구절 풀이

❶ ○○ 조씨로 무후한 ~ 씻기기 위하여 쓴 것이다. 가짜로 다른 집의 후손이 되려는 조 의관이 그 집 사람들에게 돈을 쓴 것을 말한다. 그 집 사람들은 조 의관 같은 사람들을 '군식구'로 보아 사람 수가 많아지면 양반의 정통성에 문제가 생길 것을 걱정한 것이다.

❷ 이 영감으로서는 성한 돈 가지고 이런 병신구실해 보기는 처음이다. 조 의관이 다른 집의 족보에 끼어드는 것을 반대하는 사람들에게 일종의 뇌물로 돈을 쓴 일을 표현한 것이다.

❸ 내 재산이라야 ~ 나누어 주고 갈 테다. 조 의관이 한 말로, 조상훈에게는 재산을 물려주지 않을 것임이 간접적으로 드러나 있다.

Q '조상훈'의 이중적 면모는?

조상훈은 신문물을 받아들인 기독교인이면서 사회 문제에도 관심이 많은 인물이다. 하지만 3·1 운동이 실패로 돌아가면서 허무주의에 물들어 첩을 두고 노름을 하며 술로 얼룩진 퇴폐적인 생활에 빠지게 된다. 이처럼 조상훈은 목적의식을 잃고 타락해 버린 당시 지식인의 일면을 보여 주고 있다.

작가 소개

염상섭(본책 46쪽 참고)

가 "대동보소만 하더라도 족보 한 길에 오십 원씩으로 매었다 하니, 그 오십 원씩을 꼭꼭 °수봉하면 무엇 하자고 삼사천 원이 °가외로 들겠습니까?"

"삼사천 원은 누가 삼사천 원 썼다던?"

[A] 영감은 아들의 말이 옳다고는 생각하였으나, 실상 그 삼사천 원이란 돈이 족보 박는 데 에 직접으로 들어간 것이 아니라, ❶○○ 조씨로 °무후한 집의 계통을 이어서 일문일족에 끼려 한즉, 군식구가 늘면 양반의 진국이 묽어질까 보아 반대를 하는 축들이 많으니까 그 입들을 씻기기 위하여 쓴 것이다. 하기 때문에 난봉자식이 난봉 피운 돈 액수를 줄이듯이, 이 영감도 실상은 한 천 원 썼다고 하는 것이다. 중간의 협잡배는 이런 약점을 노리고 우려 쓰는 것이지만, ❷이 영감으로서는 성한 돈 가지고 이런 병신구실해 보기는 처음이다.

나 "그야 얼마를 쓰셨든지요, 그런 돈은 좀 유리하게 쓰셨으면 좋겠다는 말씀입니다."

°'재하자 유구무언'의 시대는 지났다 하더라도 노친 앞이라 말은 공손했으나 속은 달았다.

"어떻게 유리하게 쓰란 말이냐? 너같이 오륙천 원씩 학교에 디밀고 제 손으로 가르친 남의 딸자식 유인하는 것이 유리하게 쓰는 방법이냐?"

아까부터 상훈이의 말이 화롯가에 앉아서 폭발탄을 만지작거리는 것 같아서 위태위태하더라니 겨우 °간정되려던 영감의 감정에 또 불을 붙여 놓고 말았다. 상훈이는 어이가 없어서 얼굴이 벌게진다.

부친의 소실 수원집과 경애 모녀와는 공교히도 한 고향이다. 처음에는 감쪽같이 속여 왔으나, 수원집만은 연줄연줄이 닿아서 경애 모녀의 코빼기라도 못 보았건마는 소문을 뻔히 알고, 따라서 아이를 낳은 뒤에는 집안에서 다 알게 되었던 것이다. 덕기 자신부터 수원집의 입에서 내강 들어 한 것이다. 그러나 상훈이 내외끼리 몇 번 씨름질이 있은 외에는 노 영감님도 이때껏 눈감아 버린 것이요, 경애가 들어 있는 °북미창정 그 집에 대하여도 부친이 채근한 일은 없는 것이라서 지금 °조인광좌 중에서 아들에게 대하여 학교에 돈 쓰고 제 손으로 가르친 남의 딸 유인하였다는 말을 터놓고 하는 것을 들으니 아무리 부친이 홧김에 한 말이라 하여도 듣기에 괴란쩍고 부자간이라도 너무 야속하였다.

다 "아버님께서는 너무 심한 말씀을 하십니다마는, 어쨌든 세상에 좀 할 일이 많지 않습니까? 교육 사업, 도서관 사업, 그 외 지금 조선어 자전 편찬하는 데……."

상훈이는 조심도 하려니와 기를 눅이어서 차근차근히 이왕지사 말이 나왔으니 할 말은 다 하겠다는 듯이 말을 이어 나가려니까 또 벼락이 내린다.

"듣기 싫다! 누가 네게 그따위 설교를 듣자든? 어서 가거라."

"하여간에 말씀입니다. 지난 일은 어쨌든, 지금 이 판에 별안간 °치산이란 °당한 일입니까? 치산만 한대도 모르겠습니다마는, 서원을 짓고 유생들을 몰아다 놓으시렵니까? 돈도 돈이거니와 지금 시대에 당한 일입니까?"

상훈이는 아까보다 좀 °어기를 높여서 반대를 하였다.

"잔소리 마라! 그놈, 나가라니까 점점 더하고 섰고나. 내가 무얼 하든 네가 °총찰이란 말이냐? 내가 죽으면 동전 한 닢이라도 너를 남겨 줄 테니 걱정이란 말이냐? 너는 이후로는 아무리 굶어 죽는다 하여도 한 푼 막무가내다. 너는 없는 셈만 칠 것이니까……, 너희들도 다 아여 들어 두어라." / 하고 좌중을 돌려다 보며 말을 잇는다.

❸"내 재산이라야 얼마 있는 게 아니다마는, 반은 덕기에게 물려줄 것이요, 그 나머지로는 내가 쓰고 싶은 데 쓰다 남으면 공평히 나누어 주고 갈 테다. 공중인을 세우든 변호사를 불러 대든 하여 뒤를 깡그르뜨려 놀 것이니까 너는 이제는 남 된 셈만 쳐라."

▶ 조 의관과 조상훈의 계속된 다툼과 재산 상속에 대한 조 의관의 속마음

• 중심 내용 조 의관과 조상훈이 족보 만드는 일을 둘러싸고 다툼.　　• 구성 단계 전개

작품 연구소

〈삼대〉의 갈등 양상

가치관	조 의관(봉건적 가치관) ↔ 조상훈(개화적 가치관)
재산 상속	조 의관(아들이 아니라 손자에게 재산을 상속하려 함.) ↔ 조상훈
사상	조덕기(부르주아 혹은 별 사상 없음.) ↔ 김병화(마르크스주의자)

조덕기의 삶과 의식 세계

조덕기는 할아버지나 아버지와는 다른 신세대이다. 그러나 그는 친구 김병화처럼 사회주의자는 아니다. 병화가 하는 일에 심정적으로 동조를 하기는 해도 그 자신은 법과를 마쳐 판사나 변호사가 되려는 꿈을 품고 있다. 이러한 면에서 조덕기의 삶과 의식은 중도적이라고 할 수 있다. 식민지 현실에서 지식인이 취할 수 있는 삶의 방식은 현실에 순응하거나 저항하는 것 외에는 마땅히 다른 방식을 찾기 힘들기 때문이다. 결국 그의 의식과 삶은 일정한 타협과 굴종을 전제로 하되, 당시로서는 대부분의 사람들이 택한 삶의 방식이기도 하다.

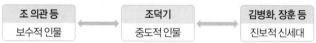

조 의관 등	↔	조덕기	↔	김병화, 장훈 등
보수적 인물		중도적 인물		진보적 신세대

〈삼대〉에 등장하는 신세대 인물들

김병화, 장훈, 홍경애 등	→	현실에서 고통받고 있지만 당대의 민족적 현실에서 희망을 간직한 인물들로 그려짐.
• 당대 사회의 부조리에 저항하며 새로운 세상을 꿈꾸는 인물 • 사회주의 사상에 기움.→ 당시 사회주의 열풍을 반영함.		

〈삼대〉의 주요 문제 – '돈'

이 작품의 사건 전개 과정에서 중심축을 담당하고 있는 것은 조 의관이 지닌 재산의 상속 문제이다. 이처럼 '돈' 문제를 삶의 핵심적인 문제로 다룬 것은 작가가 새로운 시대의 핵심을 '돈'의 문제로 인식했음을 의미하며 이는 작가의 문제의식이 매우 근대적인 것이었음을 증명한다. 왜냐하면 근대 사회를 움직이는 원동력은 결국 '돈'(자본 혹은 경제)이기 때문이다.

함께 읽으면 좋은 작품

〈고향〉, 이기영 / 〈삼대〉와 유사한 사실주의 소설

철저한 사실주의를 표방한 농민 소설의 대표작이다. 삼각연애라는 소재로 농민과 노동자의 문제 그리고 가진 자의 횡포를 드러내고 있다. 특히 동경 유학생 출신 농민인 김희준과 마름 안승학의 딸인 안갑숙(공장 노동자)의 연대는 노동자와 농민의 연대를 통해서 현실 문제를 타개해 나가려는 노력으로 볼 수 있다. **▶ Link** 본책 56쪽

〈태평천하〉, 채만식 / 식민지 시대를 배경으로 한 가족사 소설

5대에 걸친 가족의 이야기로 1930년대 말, 놀부형 인물인 윤 직원을 내세워 일제가 주도한 자본주의에 기생하여 자신의 부를 늘리는 사회의 부정적 인물에 대해 풍자하고 있다. **▶ Link** 본책 112쪽

---

5 이 글의 내용으로 알맞지 않은 것은?

① 수원집을 통해 경애 모녀의 일이 알려졌다.
② 상훈은 부친의 재물 사용 방법에 불만이 있다.
③ 상훈은 조선어 자전 편찬에 관심을 가지고 있다.
④ 경애는 상훈의 아이를 낳고 북미창정 집에 살고 있다.
⑤ 조 의관은 상훈에게 재산을 물려줄 생각을 하고 있다.

내신 적중

6 〈보기〉는 '조상훈'에 대한 평가이다. 빈칸에 들어갈 말로 적절한 것은?

┤ 보기 ├
교육 사업, 도서관 사업과 같은 의미 있는 일을 하는 인물이지만, 실상은 가르치던 제자와 정을 통하는 (   )한 인물이군.

① 수주대토(守株待兎)　　② 표리부동(表裏不同)
③ 각주구검(刻舟求劍)　　④ 호가호위(狐假虎威)
⑤ 견문발검(見蚊拔劍)

7 〈보기〉를 바탕으로 [A]를 설명한 내용으로 가장 적절한 것은?

┤ 보기 ├
〈삼대〉의 서술자는 대체로 특정 인물의 시각에 의존하여 다른 인물을 서술 대상으로 포착한다. 이때 그 특정 인물은 장면에 따라 선택되며, 서술자는 특정 인물의 시각을 통해 서술 대상이 되는 인물들의 심리를 보여 준다. 이러한 서술 방식으로 서술자는 특정 인물이 지닌 의식과 행동 사이의 인과 관계, 다른 인물과의 관계에서 겪는 심리적 갈등을 통해 인물의 성격과 그에 대한 평가를 복합적으로 드러낸다.

① 서술 대상인 상훈에 대한 영감의 평가가 달라진다.
② 서술자가 선택한 특정 인물인 영감의 성격이 드러난다.
③ 서술자가 선택한 특정 인물이 영감에서 아들로 달라진다.
④ 서술 대상인 상훈의 의식과 행동 사이의 인과 관계가 드러난다.
⑤ 영감의 시각에서 서술 대상인 상훈을 낮게 평가하며 그와의 심리적인 갈등을 드러낸다.

8 이 글은 사실주의 소설로 분류된다. 이와 같이 말할 수 있는 이유를 사실주의 소설의 특징을 바탕으로 쓰시오.

9 〈보기〉를 참고하여 당시의 경제 상황이 '조 의관'과 '조상훈'의 가치관에 미친 영향을 쓰시오.

┤ 보기 ├
1930년대 초반은 일제 강점기 중 경제 환경이 매우 급격하게 변동한 시기이다. 세계 대공황의 여파와 일제의 경제 정책으로 물가의 하락과 폭등이 반복되었다. 쌀값이 두 배 가까이 폭락하면서 농민들은 자녀 교육을 포기하거나 외지로 이주하였고, 노동자들은 자본가의 경영 합리화 조치에 의해 해고당하거나 임금이 삭감되어 생계가 흔들리는 상황에 내몰리곤 했다. 이렇게 당시의 경제적 혼란은 서민들의 일상과 신념에 깊은 영향을 주었다.

고향 | 이기영

문학 천재(김)

🎯 핵심 정리

갈래 장편 소설, 농촌 소설
성격 사실적, 계몽적, 사회주의적
배경 ① 시간 – 일제 강점기(1920년대)
　　　　② 공간 – 농촌 마을 '원터'
시점 전지적 작가 시점
주제 고난을 극복해 나가는 농민들의 의식 성장
특징 ① 계층을 대표하는 전형적인 인물들이 형
　　　　상화되어 있음.
　　　　② 사실적 서술을 통해 당대 현실을 적나라
　　　　하게 묘사함.
출전 《조선일보》(1933~1934)

Q '두레'의 기능은?

두레는 농민들이 농번기에 농사일을 공동으로 하기 위하여 부락이나 마을 단위로 만든 조직이다. 이 글에서 희준이 마을 사람들과 함께 조직한 두레는 갈등을 겪던 사람들을 화해시키는 기능을 한다.

💡 어휘 풀이

발론(發論) 제안이나 의논거리를 말하여 드러냄.
좌상 여러 사람이 모인 자리에서 가장 나이가 많거나 으뜸인 사람.
공원 조합의 실무를 맡아보는 사람.
자진가락 빠르고 잦게 넘어가는 가락.
버꾸재비 농악에서 버꾸를 맡아 치는 사람. '버꾸'는 농악기의 하나로, 자루가 달린 작은북.
곤댓짓 뽐내며 우쭐거리는 고갯짓.
장삼 길이가 길고, 품과 소매가 넓은 승려의 옷을.
부쇠 두레패에서 상쇠 다음으로 놀이를 이끌어 가는 사람. 중쇠.
구레논 바닥이 깊고 물길이 좋아 기름진 논.
함함하다 소담하고 탐스럽다.
장잎 볏과에 딸린 곡식의 가장 나중에 나오는 잎.
분지도 분김. 분한 마음이 왈칵 일어난 바람.
어성버성하다 분위기가 어색하거나 사람을 대하는 것이 부자연스럽고 사이가 서먹서먹하다.

😊 구절 풀이

❶ **깽무갱깽, ～ 깽무갱깽……."** 두레꾼들이 김매기를 할 때 흥을 돋우기 위해 농악대가 신나게 악기를 연주하는 장면이다. 농악기의 하나인 꽹과리 소리를 음성 상징어로 표현한 것으로, 농악을 통해 농민들의 사기를 돋우고 노동의 능률을 높이고 있다.

❷ **아침 해가 뿌주름히 ～ 푸른 물결이 굼실거린다.** 현재형 시제를 통해 아침을 맞은 여름 농촌의 들판을 사실적이고 생동감 있게 묘사하고 있다.

❸ **두레가 난 뒤로 마을 사람들의 기분은 통일되었다.** 두레가 조직되기 전에는 마을 사람들 사이에 불화나 갈등이 있었음을 짐작할 수 있다. 이후 마을 사람들은 상부상조하며 서로를 위하고 있다.

가 저녁때―마을 사람은 집집이 저녁을 치르고 나왔다. 여자들도 싸리문 밖으로 바람을 쐬러 하나둘씩 나온다. 한낮에 쩔쩔 끓던 불볕은 저녁이 되어도 땅이 식지 않았다.
　　　　　　　　　　　　　　　　저녁이 되어도 무더위가 식지 않았음. ― 계절적 배경
　북소리가 둥둥 울리자 그들은 신이 나서 모두들 정자나무 밑으로 몰키었다. 풍물이 제각
　　　농악의 시작을 알리며 사람들을 모으는 소리
기 소리를 내니 마을에는 별안간 명절 기분이 떠돌았다. 어린애들은 함성을 올리며 돌아다
　　　　　　　농악으로 인해 흥거운 분위기로 바뀌는 마을
닌다.
　내일부터 두레를 나서게 되었는데, 안승학이도 저녁을 먹고 나와서 구경을 하다가 무슨
　　마을 사람들이 하나로 뭉치게 되는 계기　　　마름 – 김희준과 대립 관계에 있음.
생각이 들었는지 자기 논부터 매달라는 부탁을 자청해서 말하였다. 그래 희준이의 **발론**으
로 그를 **'좌상'**으로 추켜올리고 희준이는 **'공원'**이 되었다.
　농악을 **자진가락**으로 볶아치자 구경꾼들은 쇠잡이들을 몇 겹으로 둘러쌌다. 막동이, 인
　　　　　　　　　흥이 점점 고조되어 가는 모습
동이 등 소동 축들은 **버꾸재비** 놀음을 하고 뛰놀았다.
　덕칠이, 박 서방, 월성이, 백룡이 들은 패랭이 위로 상모를 돌리며 소고를 들고 **곤댓짓**을
하면서 개구리뜀을 하며 뒷걸음질을 쳤다. 그 가운데로 쇠득이는 검은 **장삼**을 입고 너울
거리며 춤을 추었다.
　"좋다! 버꾸야!……"
　희준이는 잡이손 속에서 징을 치며 돌아다녔다. 이 바람에 김 선달도 신명이 나서 **'부쇠'**
앞에 마주 돌아서서 발을 굴러가며 자진가락을 넘겼다.　　　▶ 흥겹게 풍물놀이를 하는 마을 사람들

나 이튿날 아침에 집집마다 한 명씩 나선 두레꾼들은 농기를 앞세우고 안승학의 **구레논**부
터 김을 맸다.
　❶"깽무갱깽, 깽무갱깽, 깽무갱, 깽무갱, 깽무갱깽……."
　　　　　　　농악기 소리를 음성 상징어로 실감 나게 표현함.
　❷아침 해가 뿌주름히 솟을 무렵에 이슬은 **함함**하게 풀 끝에 맺히고 시원한 바람이 산들
「　현재형 시제를 활용하여 농촌의 여름 아침 풍경을 생동하게 묘사함.
산들 내 건너 저편으로 불어온다. 깃발이 펄펄 날린다. **장잎**을 내뽑은 벼 포기 위로는 일면
으로 퍼렇게 푸른 물결이 굼실거린다.」　　　　　　　　　▶ 김매기를 하는 두레꾼들

다 ❸두레가 난 뒤로 마을 사람들의 기분은 통일되었다. 백룡이 모친과 쇠득이 모친도 두레
　　　두레가 결성된 이후 마을의 화합이 이루어짐. ― 두레의 긍정적 기능　　　화합의 사례 ①
바람에 화해를 하게 되었다. 인동이와 막동이 사이도 옹매듭이 풀어졌다.
　　　　　　　　　　　　　화합의 사례 ②
　백룡이 모친은 밤저녁으로 두레 노는 것을 보고 오는 길에 쇠득이 집으로 들어가서
　"형님, 쇠득이가 어쩌면 춤을 그렇게 잘 춘다우?"
하고 다정한 목소리를 꺼내었다.
　"들어와. 담배 한 대 자시고 가."
　백룡이 모친은 쇠득이 모친이 권하는 대로 뜰 위로 올라앉으며 다정스러이
　"형님, 그전 일로 조금도 어찌 알지 마소! 나도 그때 **분지도**에 그랬으니."
　　　　　　　　　　　쇠득이 모친에게 과거의 일을 사과하는 백룡이 모친
　"서로 그렇지. 우리가 무슨 원수질 것 있는가베."
　"그러기에 말이지우. 자네도 조금도 **어성버성**하게 생각하지 말게. 싸움 끝에 정이 붙는
　　　　　　　　　　　　　　　　　　　　　싸움을 통하여 서로 가지고 있던 오해나 나쁜 감정을 풀어 버리면 오히려 더 가까워지게 된다는 말
다고 그럴수록 잘 지내세." / "그다 이를 말씀이여유."
　쇠득이 처도 상냥한 표정을 보였다. 참으로 그들은 언제 싸웠더냐 싶게 오곤도곤 이야기
　　　　　　　　　　　　　　　　　　　　　　　　　　　　　오손도손
를 하였다.　　　　　　　　　　　　　▶ 두레 결성 후 마을 사람들 사이에 화해의 분위기가 조성됨.

• **중심 내용** 희준이 두레 결성을 통해 마을 사람들의 불화를 해소함.　　　• **구성 단계** 전개

이해와 감상

이 작품은 1920년대 말 농촌을 배경으로 일제 강점기의 부조리한 농촌 현실과 이를 타개하기 위한 농민과 지식인의 투쟁을 그리고 있다. 일제 강점기의 착취와 그로 인한 농촌의 황폐화, 몰락한 농민들의 각성, 빈농과 노동자들의 투쟁 모습 등을 구체적으로 그려 내고 있다.

안승학으로 대표되는 지배 계층의 부당한 억압과 착취, 이에 맞서는 소작인들 간의 대립과 갈등 구조가 잘 드러나 있으며, 현실적이고 실질적인 인물형을 제시함으로써 당대 최고의 사실주의 소설로 평가받고 있다. 특히 이 작품은 사회주의 이념에 근거하여 창작된 '프로 문학'에 속하는데, 프로 문학의 한계로 지적되는 관념성을 극복하고 있다.

전체 줄거리

발단	궁핍한 농민들과 이들을 착취하려는 마름 안승학이 갈등을 겪는다.
전개	유학에서 돌아온 희준은 농촌 일에 뛰어들고, 갑숙은 가출하여 공장에 취직을 한다.
위기	마을에 홍수가 나서 농사를 망친 소작인들은 안승학에게 소작료 감면을 요구하지만 거절당한다.
절정	공장에서 갑숙을 중심으로 노동 쟁의가 벌어지자 희준이 이를 도와준다.
결말	갑숙은 희준과 힘을 합쳐 소작인을 괴롭히던 아버지에 맞서고, 결국 아버지의 양보를 얻어 낸다.

인물 관계도

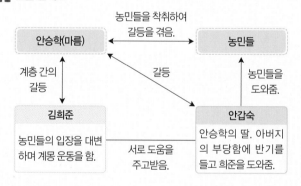

작품 연구소

현실적 지식인의 전형 희준

이 작품의 핵심 인물인 희준은 일본 유학생 출신으로 농민을 교화하는 지식인의 모습으로 형상화된다. 계몽 소설의 지식인들은 농민들을 교화하며 자신의 이상을 한 치의 흔들림도 없이 펼치는 완벽한 인물인 데 반하여 김희준은 귀향 동기부터 농촌 계몽의 사명보다는 '유학 장학금 마련 불가'라는 현실적 문제에 직면해 있으며, 농민들과 함께하는 과정에서도 개인적인 문제로 갈등하고 번민하는 현실적인 인물로 그려진다. 이를 통해 작가는 현실적인 지식인의 모습을 보여 줌으로써 작품의 사실성을 확보하고 있다.

〈고향〉에 반영된 1920년대의 사회상

작품의 배경이 되는 1920년대 중반은 일제에 의해 실시된 토지 조사 사업과 산미 증산 계획의 여파로 소지주와 자작농이 몰락하고 소작농이 급증하는 등 급격한 계층 분화 양상을 보이던 시기이다. 농민들은 곡물 가격의 폭락, 고리대금업의 창궐, 가혹한 소작료 등으로 인해 극심한 가난에 시달려야 했고, 이로 인해 몰락한 농민들은 고향을 떠나 유랑민이 되거나 노동자로 전락하는 등 농촌은 황폐화될 수밖에 없었다.

키 포인트 체크

인물 동경에서 유학하던 희준은 고향으로 돌아와 농민들의 입장을 대변하며 ☐☐ 활동을 한다.

배경 급격한 계급 분화 양상을 보이던 1920년대 ☐☐☐☐의 모습을 보여 준다.

사건 ☐☐가 결성된 이후 마을 사람들 사이에도 화해의 분위기가 조성된다.

1 이 글의 서술상 특징으로 적절하지 **않은** 것은?

① 시·공간적 배경이 구체적으로 드러나 있다.
② 등장인물의 삶의 모습을 사실적으로 그리고 있다.
③ 계층을 대표하는 인물들에 의해 사건이 전개되고 있다.
④ 자연 배경을 묘사하여 인물의 심리 변화를 제시하고 있다.
⑤ 대화를 통해 인물 간의 갈등이 해소되고 있음을 보여 주고 있다.

2 이 글을 통해 알 수 있는 내용으로 적절한 것은?

① 희준은 마을의 풍물놀이에 참여할 수 없었다.
② 백룡이 모친은 마을 사람들과 전혀 교류하지 않았다.
③ 김 선달은 두레패 전체를 지휘하며 분위기를 주도하였다.
④ 안승학은 농민들이 어울려 노는 모습을 못마땅하게 여겼다.
⑤ 두레꾼들은 제일 먼저 안승학의 논부터 김매기를 시작하였다.

내신 적중 多빈출

3 이 글을 참고하여 '두레'를 통해 마을 사람들에게 어떠한 변화가 일어났는지 쓰시오.

4 이 글을 읽고 〈보기〉와 같은 반응을 보였다고 할 때, ⓐ에 들어갈 말로 가장 적절한 것은?

┤ 보기 ├

정희: 두레가 조직되기 전까지 마을 사람들 간에는 불화가 끊이지 않았어. 마치 (ⓐ)인 것처럼 말이야.

① 견원지간(犬猿之間)
② 금란지교(金蘭之交)
③ 당랑거철(螳螂拒轍)
④ 청천벽력(靑天霹靂)
⑤ 토사구팽(兔死狗烹)

어휘 풀이

추렴을 들다 남들이 말하는 데 한몫 끼어 말하다.
여북하다 정도가 매우 심하거나 상황이 좋지 않다.
참참이 일정한 동안을 두고 이따금.
지심 '김'의 방언. 논밭에 난 잡풀.

Q 농민들에 대한 '희준'의 평가는?

희준은 농민들의 대화를 들으며 농민들이 우매한 생각에 사로잡혀 있을 뿐만 아니라 무기력하고 숙명적인 인생관을 갖고 있다고 생각한다. 또한 이들에게 노동의 가치를 설명해도 알아듣지 못할 것이라고 여긴다. 이를 통해 희준은 농민들을 부정적으로 평가하고 있음을 알 수 있다.

구절 풀이

❶ **"자네 같은 사람이야 ~ 왜 월급 생활은 않는다나?"** 동경 유학생인 희준이 고향에 돌아와 농군이 되겠다는 말에 의아해하는 마을 사람들의 반응을 엿볼 수 있다. 편한 월급 생활을 하지 않고 힘든 농사를 지으려는 희준의 의도를 마을 사람들이 모르기 때문에 나온 반응이다.

❷ **내 살을 꼬집어서 ~ 허물이 뉘우쳐진다.** 육체적인 노동을 하기 전에는 농민들의 고통을 전혀 몰랐던 희준이 고된 노동을 통해 농민의 고통을 인식하게 된다.

❸ **이들의 피땀의 결정인 곡식을 거저 앉아 먹은 것이 황송하다.** 농민들이 피땀으로 일군 곡식을 편히 앉아서 얻어먹었던 지난날을 부끄러워하는 희준이 모습이 드러나 있다. 몸소 노동을 하며 농민들의 실상을 깨닫게 된 것이다.

Q 이 글에서 '술'의 기능은?

두레꾼들이 해질 무렵까지 힘들게 김매기를 끝내고 마을로 돌아왔을 때, 백룡이 모친은 술 한 동이를 사다가 일꾼들을 먹인다. 이 술 덕분에 노동의 피로를 풀고, 흥겨운 분위기가 조성된다. 특히 서로 원수처럼 지냈던 백룡이 모친과 쇠득이가 함께 춤을 추는 모습에서 알 수 있듯이 '술'은 인물 간의 갈등을 해소시켜 주는 기능도 하고 있다.

작가 소개

이기영(李箕永, 1895~1984) 소설가. 1924년 《개벽》에 단편 〈오빠의 비밀 편지〉가 당선되어 등단하였다. 20세기에 활동한 우리나라 최고의 사실주의 작가로 평가받고 있으며 대표작으로 〈대지의 아들〉, 〈봄〉, 〈땅〉, 〈두만강〉 등이 있다.

가 지금 그들은 담배 연기에 싸여서 이야기의 꽃이 피었을 때, 희준이도 그들의 틈에 끼여 앉아서 한 추렴을 들었다.
〈고향에 돌아온 희준이 농민들과 동화하기 위해 노력하는 모습〉

"아니 희준이는 그러다가 농군이 되기 쉽겠네. ㉠풍물 치는 것은 어디서 그렇게 배웠나."

김 선달은 앞니 빠진 말상 같은 얼굴을 흔들며 허허 웃는다.

"글쎄 말이지. 논두 매면 곧잘 매겠는데." / ㉡"왜 농군이 되면 못쓰나요?"

희준이는 그들을 쳐다보며 따라 웃는다.

㉢❶"자네 같은 사람이야 농군이 안 되더래도 잘살 수가 있을 터인데. 참 저 사람은 별일이여!…… 왜 월급 생활은 않는다나?"

하고 조 첨지는 참으로 의심스러운 듯이 희준이를 노려본다.
〈고향에서 농사도 짓고 농민들을 교화하고 각성시키는 일〉

㉣"월급 생활보다도, 이런 일 하는 것이 제일 좋아요."

"그래도 무슨 주의가 다르기에 그렇지 않은가. ㉤우리 같은 무지한 백성이야 여북해서
〈희준이 농촌 생활을 하겠다는 것을 이해할 수 없다는 반응을 보이는 조 첨지〉
땅을 파먹느냐 싶은데? 원 참."

조 첨지는 다시 의심스러운 눈을 희준에게로 돌리는데 그러나 희준이는 잠자코 그들의 대화를 듣고 있었다.

[A] 『—그들은 오히려 원시적인 우매한 생각에 사로잡혀 있었다. 인간의 생산력이 유치하
『 』: 농민들은 우매한 존재이며 숙명적 인생관을 지니고 살아가는 존재라고 생각하는 희준 – 등장인물을 통해 작가의 생각을 간접적으로 전달함.
였을 때 자연에게 압박을 당하고 사회 환경의 지배를 받을 때 그들은 이것을 불가항력으로 돌리는 동시에 인간을 무력하게 보고 따라서 '숙명적' 인생관을 갖게 되지 않았던가? 지금 이들에게 노동은 신성하다. 사람은 누구나 노동을 해서 먹고사는 것이 가장 옳은 일이라고, 농사짓는 것과 석탄 캐는 것과 고기 잡는 것과 길쌈하는 것 같은 생산적 노동은 그것들이 우리 생활에 직접으로 필요한 것인 만큼 더욱 귀중한 일이라고 설명을 한댔자, 잘 알아듣지 못한다. 그들은 놀고서도 잘사는 사람을 부러워한다. 놀면서 잘사는 까닭이 웬일인지는 몰라도 사실이 그런 것만은 거짓말이 아니다.』
▶ 노동에 대한 희준의 생각

나 한참을 다시 논을 맬 무렵에 희준이도 호미를 들고 논 안으로 들어섰다. 그는 제일 거머리에 뜯기는 것이 징그럽고 둘째로는 허리가 아픈 것이 견디기 어려웠다. 다른 사람들은
〈농촌 생활에 익숙하지 않은 희준〉
그가 그저 따라다니는 것을 미안하게 여겨서 그러는 줄만 알고 공원은 논을 매지 않아도 좋다고 만류한다. 그러나 희준이는 그런 생각이 아닌 만큼 논매는 것을 배워 본다고 참참
〈농사일을 직접 배우겠다는 의지를 보이는 희준〉
이 대들어서 매 보았다.

처음에는 호미가 잘 돌아가지 않았다. 떡 덩이 같은 — 지심이 잔뜩 낀 흙덩이를 잡아 파내서 엎지르며 벼 포기 사이로 기어 나가기란 여간 힘이 들지 않는다. 장잎은 좌우로 얼굴을 스쳐서 까딱하면 눈을 찌르기 쉬운데 등허리에서는 불볕이 내리쪼인다. 발밑에는 뜨거
〈농사 초보자인 희준이 논에서 김을 매기가 무척 힘든 상황(자연적 환경)임을 보여 줌.〉
운 물이 부글부글 끓는다. / 그러는 대로 숨이 콱콱 막히며 얼굴에서는 땀방울이 철철 흐른다. ❷내 살을 꼬집어서 남의 아픈 사정을 알랬다고 자기가 직접으로 육체적 노동의 고통을
〈실천적 행위를 하면서 과거 자신의 삶을 반성함.〉
당하고 보니 그전에 놀고먹던 허물이 뉘우쳐진다.

❸이들의 피땀의 결정인 곡식을 거저 앉아 먹은 것이 황송하다.

해 질 무렵까지 백룡이네 논을 다 매고 나서 깃대를 들고 그들은 마을로 들어왔다.
〈아침 일찍부터 해질 무렵까지 노동을 해야 하는 농민들의 모습이 잘 드러남.〉
그 집 마당에서 또 한바탕을 뛰며 놀았다. 백룡이 모친은 술을 한 동이를 사다가 일꾼들을 먹였다. 그도 술이 취해서 얼근한 바람에 달려들더니만 치맛자락을 걷어들고 쇠득이와 마주 서서 엉덩춤을 덩실덩실 춘다. 그리고 지화자를 불렀다. 구경꾼들은 그들이 똥을 끼얹고 싸우던 엊그제 일이 생각나서 속으로 웃었다.

그날 밤에 희준이는 밤새도록 허리를 끙끙 앓았다. ▶ 직접 농사를 지어 보며 깨달음을 얻는 희준

· **중심 내용** 고향에 돌아온 희준이 농사를 지으며 농민들과 동화하려고 애를 씀.   · **구성 단계** 전개

🏠 작품 연구소

〈고향〉의 갈등 구조

이 작품의 사건 전개는 대립된 두 계층 간의 갈등을 통해 이루어진다. 지배 계층인 마름 안승학은 자신의 이익을 위해 농민들을 억압하고 착취하는 존재로 형상화된다. 다른 한 축은 농민들과 그들을 각성시키는 존재로서, 희준과 안승학의 딸 갑숙 등으로 표상되는 피지배 계층이다. 이들은 지배 계층의 부당한 폭압으로 궁핍한 생활을 영위하는 계층이다. 작가는 이와 같은 대립적인 계층 구조를 통해 당대 사회의 모순을 비판하고 있으며, 이에 대한 해결 방식으로 지배 계층에 대한 피지배 계층의 저항과 투쟁을 보여 주고 있다.

〈고향〉의 문제 해결 과정의 한계성

이 작품은 부당한 지배 계층에 대항하는 농민들의 투쟁과 승리 과정을 보여 주고 있다는 점에서 농민 소설의 성과를 갖는다. 하지만 농민들의 승리가 그들의 단결과 투쟁의 결과로 얻은 것이 아니라 투쟁 상대인 안승학의 딸 갑숙과 권경호의 관계를 통해 얻어졌다는 점에서 문제 해결 과정의 한계를 드러낸다. 즉 그들의 '승리'는 정당한 방법이 아닌 통속적이고 비정상적인 방법을 통해서 얻어진 것으로, 농민 운동의 방향성을 명확하게 밝혀 주지 못하는 한계를 보이고 있다.

📋 자료실

농민 소설

일제 강점기에 창작된 농민 소설은 크게 세 가지 유형으로 구분된다. 하나는 이광수의 〈흙〉, 심훈의 〈상록수〉와 같은 '계몽 소설류'이다. 두 번째는 당대 농촌의 피폐한 현실을 사실적으로 보여 주기만 하는 '비관적 사실주의 계열'의 작품들로, 대표적인 작품으로는 이무영의 〈제1과 제1장〉, 김유정의 〈금 따는 콩밭〉 등이 있다. 세 번째는 농촌의 현실을 계급적 관점에서 비판적으로 보여 주고 농민의 투쟁을 통해 그 구조를 혁파하고자 하는 '사회주의적 사실주의 계열'의 작품들로, 이기영의 〈고향〉이 대표작이다.

📖 함께 읽으면 좋은 작품

〈고향〉, 현진건 / 일제 강점기 농촌의 현실을 사실적으로 고발한 작품

일제 강점기인 1920년대 중반의 조선 사회, 특히 일제의 수탈로 황폐화된 농촌을 배경으로 하여 당시 농민들의 참혹한 생활상을 폭로한 소설이다. 기차 안에서 우연히 알게 된 한 인물의 인생 역정을 통해 당대 조선의 농촌 공동체가 어떻게 파괴되었는지, 식민지 현실이 개인의 삶을 얼마나 짓밟았는지를 액자식 구성의 이야기 전개를 통해 보여 준다. 강렬한 현실 고발의 정신을 엿볼 수 있는 사실주의 문학의 전형으로 평가받고 있다. Link 본책 48쪽

〈만무방〉, 김유정 / 식민지 농촌의 구조적 모순을 폭로한 작품

1935년 발표된 이 작품은 응칠과 응오 형제의 삶을 통해 일제 강점기 농촌 사회의 참상을 고발한다. 지주의 가혹한 착취에 맞서 추수를 거부하고 급기야 자기 논의 벼를 몰래 도둑질하는 웃지 못할 상황에 이르게 된다. 작가는 이러한 비극적 상황을 통해 식민지 농촌 사회의 구조적 모순을 폭로하고 당시 소작인의 고충과 빈곤을 드러내고 있다. Link 본책 76쪽

---

5 ⑦~⑩에 대한 이해로 가장 적절한 것은?

① ⑦: 희준의 풍물 실력을 칭찬하려는 의도가 반영되어 있다.

② ⓒ: 농군을 비하하려는 희준의 의도가 반영되어 있다.

③ ⓒ: 희준의 처지를 부러워하는 조 첨지의 심정이 드러나 있다.

④ ⓒ: 월급 생활이 농사보다 낫다는 희준의 인식을 엿볼 수 있다.

⑤ ⑩: 무지한 백성을 무시하려는 조 첨지의 심리가 드러나 있다.

6 이 글을 농촌 드라마로 제작하고자 할 때, 적절하지 <u>않은</u> 것은?

① 희준이 농민들과 이야기 나누는 모습을 보여 준다.

② 김 선달이 웃을 때 앞니가 빠진 모습이 잘 드러나도록 한다.

③ 해질 무렵 농기를 들고 마을로 들어가는 농민들의 모습을 보여 준다.

④ 호미를 들고 혼자서 외롭게 김을 매고 있는 희준의 모습을 보여 준다.

⑤ 밤이 깊도록 방에서 끙끙 앓는 소리를 내는 희준의 모습을 보여 준다.

내신 적중

7 〈보기〉를 참고하여 [A]를 이해한 내용으로 가장 적절한 것은?

┤ 보기 ├

이 작품에는 지배 계층의 부당한 폭압으로 인해 궁핍한 생활을 영위하는 피지배 계층이 등장한다. 작가는 이들의 삶의 방식과 태도를 보여 줌으로써 당대 농촌 사회의 문제를 독자들에게 보여 주고자 했다.

① 지배 계층인 희준과 피지배 계층인 농민들은 갈등을 겪고 있군.

② 피지배 계층인 희준은 농민들의 현재 처지를 무척 부러워하고 있군.

③ 희준은 지배 계층의 폭압에 저항하지 못하는 농민들을 어리석은 존재라고 생각하는군.

④ 피지배 계층인 희준은 농민들의 의식을 개혁하여 당대 사회의 문제를 해결하려 하는군.

⑤ 희준은 지배 계층의 억압을 받으며 살아가는 농민들의 삶을 개선하기 위해 자신을 희생하려 하는군.

8 이 글을 창작하기 위해 작가가 구상한 내용으로 적절하지 <u>않은</u> 것은?

a. 시간의 흐름에 따라 사건을 배열해야겠어.

b. 장면 전환을 통해 긴장된 분위기를 조성해야겠어.

c. 서술 과정에서 시제의 변화가 드러나도록 해야겠어.

d. 계절적 배경을 제시하여 인물의 상황을 보여 주어야겠어.

e. 인물들의 말과 행동을 통해 성격을 간접적으로 제시해야겠어.

① a ② b ③ c ④ d ⑤ e

문학 해냄
국어 미래엔

🎯 핵심 정리

갈래 단편 소설
성격 애상적, 서정적
배경 ① 시간 – 일제 강점기(1930년대)
　　　② 공간 – 서울 성북동
시점 1인칭 관찰자 시점
주제 세상에 적응하지 못하는 못난이 황수건의 삶에 대한 연민
특징 ① 작가의 서정성과 인정미가 잘 드러남.
　　　② 섬세하고 감각적인 묘사를 통해 인물과 사건을 형상화함.
출전 《중앙》(1933)

Q '황수건'의 특징은?

• 외모: 보통 이상으로 큰 짱구 머리
• 직업: 신문 보조 배달원
• 성격: 우둔하고 순박함.

💡 어휘 풀이

대처(大處) 사람이 많이 살고 상공업이 발달한 번잡한 지역. 도회지.
합비 일본말로 '상호가 찍힌 옷'을 이르는 말.
들여뜨리다 집어서 속에 넣다.
장구대가리 짱구 머리. 이마나 뒤통수가 크게 튀어나온 머리통. 또는 그런 머리통을 가진 사람.
쭐럭거리다 쭐렁거리다. 매우 가볍고 경망스럽게 자꾸 행동하다.
반편 지능이 보통 사람보다 모자라는 사람을 낮잡아 이르는 말.

Q 황수건에 대한 '나'의 태도는?

'나'는 황수건에게서 시골의 정취를 느끼며 각박한 도시 사람들과는 다른 순박함에 황수건과 대화하는 것을 즐긴다. 또한 황수건이 야박한 현실에 적응하지 못하고 상처를 입자 이를 안타깝게 생각하며 연민의 시선을 보낸다.

📖 구절 풀이

❶ 무어 바깥이 컴컴한 ～ 느낌을 풍겨 주었다. '나'에게 성북동에서 시골의 정취를 느끼게 한 것이 황수건임을 밝히고 있다. '나'는 우둔하고 천진한 황수건을 통해 시골에서만 느낄 수 있는 여유와 편안함을 느끼고 있다.

❷ 그는 어두운 마당에서 ～ 많은 걸입쇼……."한다. 황수건과 '나'의 첫 만남으로 황수건의 말과 행동을 통해 그의 어딘가 모자라고 엉뚱한 인물됨을 드러내고 있다.

❸ 그리고 '사람이란 게 ～ 신이 나서 돌아갔다. 황수건의 순박하고 우스꽝스러운 일면이 드러난 부분이다. 황수건은 어리석은 인물이면서도 '나'에게 뭔가를 일깨워 주고 싶어 한다.

가 성북동으로 이사 나와서 한 대엿새 되었을까, 그날 밤 나는 보던 신문을 머리맡에 밀어 던지고 누워 새삼스럽게,

"여기도 정말 시골이로군!" / 하였다.

㉠❶무어 바깥이 컴컴한 걸 처음 보고 시냇물 소리와 쏴 ― 하는 솔바람 소리를 처음 들어서가 아니라 황수건이라는 사람을 이날 저녁에 처음 보았기 때문이다.

그는 말 몇 마디 사귀지 않아서 곧 못난이란 것이 드러났다. 이 못난이는 성북동의 산들보다 물들보다, 조그만 지름길들보다, 더 나에게 성북동이 시골이란 느낌을 풍겨 주었다.

㉡서울이라고 못난이가 없을 리야 없겠지만 *대처에서는 못난이들이 거리에 나와 행세를 하지 못하고, 시골에선 아무리 못난이라도 마음 놓고 나와 다니는 때문인지, 못난이는 시골에만 있는 것처럼 흔히 시골에서 잘 눈에 뜨인다.

㉢그리고 또 흔히 그는 태고 때 사람처럼 그 우둔하면서도 천진스런 눈을 가지고, 자기 동리에 처음 들어서는 손에게 가장 순박한 시골의 정취를 돋워 주는 것이다. / 그런데 그날 밤 황수건이는 열 시나 되어서 우리 집을 찾아왔다. / ❷그는 어두운 마당에서 꽥 지르는 소리로, / "아, 이 댁이 문안서……."

하면서 들어섰다. [중략] 보니 *'합비'는 안 입었으되 신문을 들고 온 것이 신문 배달부다.

"그렇소. 신문이오?" / "아, 그런 걸 사흘이나 저, 저 건너쪽에만 가 찾었습죠, 제기……."

하더니 신문을 방에 *들여뜨리며, / "그런뎁쇼, 왜 이렇게 죄꼬만 집을 사구 옙쇼, 아, 내가 알었더면 이 아래 큰 개와집도 많은 걸입쇼……." / 한다. 하 말이 황당스러워 유심히 그의 생김을 내다보니 눈에 얼른 두드러지는 것이 빡빡 깎은 머리로되, 보통 크다는 정도 이상으로 골이 크다. 그런데다 옆으로 보니 *장구대가리다.

▶ 황수건과 '나'의 첫 만남

나 ┌ "이 선생님? 이 선생님 곕쇼? 아, 저도 내일부턴 원배달이올시다. 오늘 밤만 자면입쇼……." / 한다. 자세히 물어 보니 성북동이 따로 한 구역이 되었는데, 자기가 맡게 되었으니까 내일은 배달복을 입고 방울을 막 떨렁거리면서 올 테니 보라고 한다. ❸그리고 '사람이란 게 그러게 무어든지 끝을 바라고 붙들어야 한다.'고 나에게 일러 주면서 신이 나서 돌아갔다. ㉢우리도 그가 원배달이 된 것이 좋은 친구가 큰 출세나 하는 것처럼 마음 속으로 진실로 즐거웠다. 어서 내일 저녁에 그가 배달복을 입고 방울을 차고 와서 *쭐럭 └ 거리는 것을 보리라 하였다.

[A]

그러나 이튿날 그는 오지 않았다. 밤이 늦도록 신문도 그도 오지 않았다. 그 다음 날도 신문도 그도 오지 않다가 사흘째 되는 날에야, 이날은 해도 지기 전인데 방울 소리가 요란스럽게 우리 집으로 뛰어들었다. / '어디 보자!' / 하고 나는 방에서 뛰어나갔다.

㉤그러나 웬일일까, 정말 배달복에 방울을 차고 신문을 들고 들어서는 사람은 황수건이가 아니라 처음 보는 사람이다.

"왜 전엣사람은 어디 가고 당신이오?" / 물으니 그는, / "제가 성북동을 맡았습니다." 한다. / "그럼, 전엣사람은 어디를 맡았소?" / 하니 그는 픽 웃으며,

"그까짓 *반편을 어딜 맡깁니까? 배달부로 쓸랴다가 똑똑지가 못하니까 안 쓰고 말었나 봅니다." / 한다.

▶ 신문 배달부 자리에서 쫓겨난 황수건

• 중심 내용 신문 배달부 황수건이 원배달부가 되는 것에 실패했음을 알게 된 '나'　• 구성 단계 (가) 발단 / (나) 전개

이해와 감상

　이 작품은 모자라고 우둔하지만 천진한 황수건이라는 인물이 각박한 세상에 부딪히면서 실패를 거듭하며 아픔을 겪는 모습을 담고 있다.
　서술자이자 관찰자인 '나'가 학교 급사, 신문 보조 배달원, 참외 장사 등의 일을 하지만 계속 좌절하고 상처를 입는 황수건의 일화를 나열하여, 순박한 인물인 황수건이 사회와 일상에서 소외되는 상황을 그리고 있다.
　하지만 이 작품은 비극적이거나 절망적인 분위기로 흐르지 않는데, 이는 어수룩한 황수건의 우스꽝스러운 행동들을 통해 웃음을 자아내는 한편, 서술자인 '나'가 황수건에 대해 애정 어린 시선을 보냄으로써 황수건의 천진하고 순박한 성격을 두드러지게 하고 있기 때문이다.
　특히 작품의 마지막 부분인 달밤 장면은 애상적이고 서정적인 분위기를 연출하여 소설의 비극적 결말을 막아 주고 있다.

키 포인트 체크

인물　우둔하고 ▢▢한 성격의 황수건은 ▢▢한 현실에 부딪히면서 아픔을 겪는 인물이다.

배경　사대문 안과 대비되는 공간인 ▢▢▢은 시골로 여겨지던 곳이다.

사건　황수건은 바라던 ▢▢▢이 되지 못하고 '나'가 도와준 참외 장사도 실패하는 등 ▢▢ 앞에서 좌절하고 상처를 입는다.

1 이 글에 대한 설명으로 적절하지 않은 것은?

① 외양 묘사를 통해 인물을 형상화하고 있다.
② 작중 인물이 주인공을 관찰하여 이야기를 전달하고 있다.
③ 황수건과 '나'의 갈등을 중심으로 이야기가 전개되고 있다.
④ 사회적 약자가 살아가기 힘든 각박한 현실에 대한 비판이 담겨 있다.
⑤ 황수건과 '나'가 사용하는 어휘와 말투를 통해 계층의 차이를 드러내고 있다.

전체 줄거리

발단	사대문 안에서 성북동으로 이사 온 '나'는 황수건이라는 인물을 만나 이곳이 시골임을 실감하게 된다.
전개	정식 배달부가 소원인 신문 보조 배달원 황수건이 급사에서 쫓겨나 형님 집에 얹혀살게 되는 행적을 듣게 된다.
위기	황수건은 보조 배달원 자리마저 빼앗기고 급사로 다시 들어가려 하지만 실패한다. '나'는 그에게 삼 원을 주며 참외 장사를 시작할 수 있게 도와준다.
절정	황수건은 참외 장사마저 실패하고 설상가상으로 아내가 가출을 한다.
결말	'나'는 달밤에 담배를 피우며 서툴게 노래를 부르는 황수건을 목격하고 연민을 느낀다.

내신 적중

2 ㉠~㉤ 중, 〈보기〉의 관점을 뒷받침하는 근거로 제시할 수 있는 것은?

보기
　이태준은 사회에서 소외된 인물들을 주인공으로 하여 이들을 따뜻한 시선으로 바라보며, 부족하지만 순진한 삶을 살아가는 소외된 인물들 또한 소중한 삶을 살아가는 인간이라는 점을 강조한 작품을 많이 썼다. 이러한 작가의 태도에 대해 지식인의 동정심이나 감상적 허위의식이라는 비판이 있기도 하지만 단순히 그렇게만 보기는 어렵다. 왜냐하면 이태준의 작품 속에서 작가는 이들을 내려다보며 동정하기보다는 그들과 정서적 일체감을 느끼고 있기 때문이다.

① ㉠　② ㉡　③ ㉢　④ ㉣　⑤ ㉤

인물 관계도

'나'		황수건
황수건에게서 따스한 인간미를 느끼며 그를 동정과 연민의 시선으로 바라봄.	인간적으로 대하며 연민을 느낌. ←→ '나'의 도움에 보답하고 싶어 함.	단순하고 우둔하지만 천진하고 낙천적인 인물임. 하는 일마다 각박한 현실에 부딪혀 실패함.

3 [A]를 희곡으로 각색했을 때, ⓐ~ⓔ 중 적절하지 않은 것은?

보기
　황수건: (ⓐ기쁜 목소리로 신이 나서) 이 선생님? 이 선생님 곕쇼? 아, 저도 내일부턴 원배달올시다. 오늘 밤만 자면 입쇼……
　나: (ⓑ반가운 표정으로) 그게 정말인가? 어떻게 된 일인가?
　황수건: (ⓒ신이 나서 목소리를 높이며) 성북동이 따로 한 구역이 되었는데, 제가 맡게 되었다 이 말입죠. 내일부터는 제가 방울을 떨렁거리며 올 테니 이 선생님도 꼭 보십쇼.
　나: (ⓓ미심쩍은 표정으로) 거 잘된 일이니 열심히 해 보게.
　황수건: (ⓔ사뭇 당당하고 의기양양한 표정으로) 그러니 사람이란 게 그러게 무어든지 끝을 바라고 붙들어야 한다 이 말입니다.

① ⓐ　② ⓑ　③ ⓒ　④ ⓓ　⑤ ⓔ

작품 연구소

'달밤' 장면에 담긴 의미

　'달밤'은 황수건의 서글프고 울적한 상황을 강조하지만 평화롭고 서정적인 느낌을 통해 그 비극성을 심화시키지는 않는다. 또한 황수건에 대한 '나'의 연민의 정서를 효과적으로 나타내는 역할을 한다.

달밤	⇒	• 서정적·애상적 분위기를 형성함. • 거듭된 실패를 경험한 황수건의 서글픔을 강조함. • 독자들에게 깊은 여운을 줌.

4 '황수건'이 '원배달'이 되지 못한 이유가 드러난 부분을 (나)에서 찾아 쓰시오.

급사 관청이나 회사, 가게 따위에서 잔심부름을 시키기 위하여 부리는 사람.

고쓰카이 '소사(小使)'의 일본어. 잔심부름꾼. 사환.

왜떡 밀가루나 쌀가루를 반죽하여 얇게 늘여서 구운 과자.

달포 한 달이 조금 넘는 기간.

직각하다 보거나 듣는 즉시 곧바로 깨닫다.

깁 명주실로 바탕을 조금 거칠게 짠 비단.

Q 이 부분에 드러난 서술상 특징은?

황수건에게 닥친 불행에 대해 소문으로 전해 들은 내용을 간략하게 전달함으로써 독자가 황수건의 불행에 몰입하는 것을 막아 작품이 비극적인 분위기로 흘러가는 것을 방지한다.

☙ 구절 풀이

❶ **엊저녁엔 큰 돌멩이 하나를 ~ 못 봤거든입쇼.** 새 급사의 근력을 시험하기 위해 기껏 돌멩이를 갖다 놓고 어떻게 치웠는지 보지 못했다는 말을 통해 독자들의 웃음을 자아내고 있다.

❷ **나는 그날 그에게 ~ 않아도 좋다 하였다.** 황수건에 대한 '나'의 태도를 드러내는 부분이다. '나'는 황수건의 말을 잘 들어 주고, 삼 원 정도의 돈을 쉽게 건네줄 정도로 황수건에게 인간적인 정을 느끼고 있다.

❸ **들으니 참외 장사를 ~ 달아난 것이라 한다.** 황수건에게 닥친 연속된 불행을 요약하여 제시한 부분이다. 황수건에게 닥친 불행은 그 자신의 문제라기보다는 장마, 아내와 동서의 관계와 같이 외부적인 원인에 의한 것이다.

❹ **달밤은 그에게도 유감한 듯하였다.** 애상적인 달밤의 분위기를 통해 황수건이 세상에 대해 느끼는 감정과 황수건을 바라보는 '나'의 연민의 시선을 담아내고 있는 부분이다.

Q '달밤'의 역할은?

'달밤'은 황수건이 처한 불우한 시대의 정황과 그의 천진한 성격이 묘한 대비를 이루는 배경이다. 거듭된 좌절과 실패를 경험한 황수건이 평화롭고 아름다운 달밤에 노래를 부르며 가는 장면은 애상적 정조를 진하게 느끼게 하는 동시에 황수건에 대한 '나'의 따뜻한 시선과 연민의 정서를 돋보이게 하는 역할을 한다.

☙ 작가 소개

이태준(李泰俊, 1904~?)

소설가. 호는 상허(尙虛). 《시대일보》에 〈오몽녀〉를 발표하면서 등단했으며, 〈가마귀〉, 〈달밤〉, 〈복덕방〉 등의 단편 소설에서 허무와 서정을 추구하며 완결성 높은 구성을 보여 주었다. 《문장》지를 주관하다가 광복 후 월북하였다.

가 "삼산 학교에 말씀예요, 그 제 대신 들어온 **급사**가 저보다 근력이 세게 생겼습죠?"

"나는 그 사람을 보지 못해서 모르겠소." / 하니 그는 은근한 말소리로 히죽거리며,

"제가 거길 또 들어가 볼랴굽쇼, 운동을 합죠." / 한다. / "어떻게 운동을 하오?"

"그까짓 거 날마다 사무실로 갑죠. 다시 써 달라고 졸라 댑죠. 아, 그랬더니 새 급사란 녀석이 저보다 크기도 무척 큰뎁쇼, 이 녀석이 막 불근댑니다그려. 그래 한번 쌈을 해야 할 턴뎁쇼, 그 녀석이 근력이 얼마나 센지 알아야 뎀벼들 턴뎁쇼…… 허."

"그렇지, 멋모르고 대들었다 매만 맞지." [중략]

"그래섭쇼, **엊저녁엔 큰 돌멩이 하나를 굴려다 삼산 학교 대문에다 났습죠. 그리구 오늘 아침에 가 보니깐 없어졌는뎁쇼. 이 녀석이 나처럼 억지루 굴려다 버렸는지, 뺀쩍 들어다 버렸는지 그만 못 봤거든입쇼, 제 — 길……"** / 하고 머리를 긁는다.

나 "돈만 있으면 그까짓 거 누가 **고쓰카이** 노릇을 합쇼? 밑천만 있으면 삼산 학교 앞에 가서 버젓이 장사를 할 턴뎁쇼." / 한다. / "무슨 장사?" / "아, 방학 될 때까지 차미 장사도 하굽쇼, 가을부턴 군밤 장사, **왜떡** 장사, 습자지, 도화지 장사 막 합죠. 삼산 학교 학생들이 저를 어떻게 좋아하겠쇼. 저를 선생들보다 낫게 치는뎁쇼." / 한다.

나는 그날 그에게 돈 삼 원을 주었다. 그의 말대로 삼산 학교 앞에 가서 버젓이 참외 장사라도 해 보라고. 그리고 돈은 남지 못하면 돌려주지 않아도 좋다 하였다.

그는 삼 원 돈에 덩실덩실 춤을 추다시피 뛰어나갔다. 그리고 그 이튿날,

"선생님 잡수시라굽쇼." / 하고 나 없는 때 참외 세 개를 갖다 두고 갔다.

그러고는 온 여름 동안 그는 우리 집에 얼씬하지 않았다. / **들으니 참외 장사를 해 보긴 했는데 이내 장마가 들어 밑천만 까먹었고, 또 그까짓 깃보다 한 가지 놀라운 소식은 그의 아내가 달아났단 것이다. 저희끼리 금슬은 괜찮았건만 동서가 못 견디게 굴어 달아난 것이라 한다. 남편만 ㉠남 같으면 따로 살림 나는 날이나 기다리고 살 것이나 평생 동서 밑에 살아야 할 신세를 생각하고 달아난 것이라 한다.**

그런데 요 며칠 전이었다. 밤인데 **달포** 만에 수건이가 우리 집을 찾아왔다. 웬 포도를 큰 것으로 대여섯 송이를 종이에 싸지도 않고 맨손에 들고 들어왔다. 그는 벙긋거리며,

"선생님 잡수라고 사 왔습죠." / 하는 때였다. 웬 사람 하나가 날쌔게 그의 뒤를 따라 들어오더니 다짜고짜로 수건이의 멱살을 움켜쥐고 끌고 나갔다. 수건이는 그 우둔한 얼굴이 새하얗게 질리며 꼼짝 못 하고 끌려 나갔다.

나는 수건이가 포도원에서 포도를 훔쳐 온 것을 **직각**하였다. 쫓아 나가 매를 말리고 포돗값을 물어 주었다. 포돗값을 물어 주고 보니 수건이는 어느 틈에 사라지고 보이지 않았다.

㉡나는 그 다섯 송이의 포도를 탁자 위에 얹어 놓고 오래 바라보며 아껴 먹었다. 그의 은근한 순정의 열매를 먹듯 한 알을 가지고도 오래 입안에 굴려 보며 먹었다.

다 어제다. 문안에 들어갔다 늦어서 나오는데 불빛 없는 성북동 길 위에는 밝은 달빛이 **깁**을 깐 듯하였다. 그런데 포도원께를 올라오노라니까 누가 맑지도 못한 목청으로,

"사……케……와 나……미다카 다메이……키……카……." / 를 부르며 큰길이 좁다는 듯이 휘적거리며 내려왔다. 보니까 수건이 같았다. 나는, / "수건인가?" / 하고 알은 체하려다 그가 나를 보면 무안해할 일이 있는 것을 생각하고, 휙 길 아래로 내려서 나무 그늘에 몸을 감추었다. / 그는 길은 보지 않고 달만 쳐다보며, 노래는 그 이상은 외우지도 못하는 듯 첫 줄 한 줄만 되풀이하면서 전에는 본 적이 없었는데 담배를 다 퍽퍽 빨면서 지나갔다.

㉢**달밤은 그에게도 유감한 듯하였다.**

· **중심 내용** 여러 일에 도전하지만 모두 실패하고 쓸쓸함을 느끼는 황수건 · **구성 단계** (가) 위기 / (나) 절정 / (다) 결말

작품 연구소

일화를 통해 드러난 황수건의 특성

| 거리낌 없이 '나'에게 자신의 생각을 드러냄. |
| 원배달이 된다는 것에 무척이나 기뻐함. |
| 새 급사를 시험하기 위해 돌을 가져다 놓음. |
| '나'에게 고마움을 표현하기 위해 포도를 훔쳐 옴. |

→ 어리석고 모자라지만 순진하고 착한 본성을 지니고 있음.

황수건에 대한 '나'의 태도

'나'는 한밤중에 찾아와 엉뚱한 이야기를 하는 황수건에게 황당함을 느끼지만 곧 그를 통해 시골의 정취를 느끼고 황수건의 순수함을 좋아하게 된다. 황수건의 거듭된 실패를 안타까워하며 그를 받아들이지 않는 세상의 각박함을 원망하기도 하고, 그를 위해 장사 밑천을 내놓기도 한다. 이런 모습을 통해 '나'는 지식인으로서 당대 사회에서 소외된 인물에 대한 따뜻한 연민과 동정을 드러내고 있는 것이다.

이태준의 작품 세계

이태준은 가난한 사람, 못 배운 사람, 농투성이, 늙은이, 퇴기 등 사회의 중심부에서 밀려난 사람들을 작품의 주인공으로 많이 등장시켰다. 이들은 현실 사회가 요구하는 능력은 지니지 못했지만 순진하며 순박한데, 작가는 이런 인물들을 따뜻한 시선으로 그려 낸다. 이를 통해 이러한 인물들이 실패하고 좌절할 수밖에 없는 각박하고 인간적인 정이 사라진 세태에 대한 문제 제기를 하는 것이다.

이러한 작품 경향은 작가의 회고적 취향과도 일맥상통한다. 이태준은 사라져 가는 옛것에 대한 향수를 지니고 있는데, 순수한 인간성 역시 그중 하나라 할 수 있다.

자료실

이태준과 성북동

▲ 성북동의 이태준 가옥(수연산방)

이태준은 1933년에서 1946년까지 당시 서울의 변두리였던 성북동에 거주하면서 많은 작품을 썼다. 특히 〈달밤〉, 〈손거부〉, 〈색시〉 등의 작품은 성북동을 공간적 배경으로 하여 작가의 성북동 집에 신문 보조 배달원을 하는 반면, 그 집에서 식모살이를 하다 떠난 불행한 여인, 일정한 직업도 없이 자식들을 거느리고 살아가는 사람 등을 그리고 있다. 현재 이태준이 살았던 성북동 집은 전통 찻집으로 운영되고 있다.

함께 읽으면 좋은 작품

〈후조〉, 오영수 / 등장인물의 관계가 유사한 작품

전쟁 전후 혼란한 상황을 배경으로 구두닦이 소년 구철과 교사인 민우의 관계를 통해 따뜻한 인정을 그려 내고 있는 작품이다. 힘들게 살면서도 인간미를 지니고 있는 구철과 연민과 애정을 가지고 구철을 대하는 민우의 모습은 〈달밤〉의 황수건과 '나'의 모습과 유사하다.

〈복덕방〉, 이태준 / 소외된 세대의 좌절을 그린 작품

〈복덕방〉은 〈달밤〉과 마찬가지로 근대화 과정에서 소외된 인물에 대한 작가의 연민이 드러난다. 이 작품은 경쟁을 강요하는 식민지 근대 사회에 융화할 수 없는 노인을 연민의 대상으로 삼아 전근대적인 인물들이 몰락할 수밖에 없던 현실을 그리고 있다. ▣ Link 본책 104쪽

---

5 (가)에 나타난 '황수건'과 '나'의 대화에 대한 설명으로 적절한 것은?

㉠ '나'는 황수건의 말을 전적으로 믿고 있다.
㉡ 황수건은 '나'와의 대화를 마지못해 이어 가고 있다.
㉢ '나'는 황수건의 엉뚱한 말을 그대로 받아 주고 있다.
㉣ 황수건은 '나'에게 자신이 겪은 일들을 늘어놓고 있다.
㉤ 황수건은 '나'가 자신의 말을 믿지 않을까 걱정하고 있다.

① ㉠, ㉡ ② ㉠, ㉤ ③ ㉡, ㉢
④ ㉢, ㉣ ⑤ ㉢, ㉤

6 이 글에서 '황수건'이 겪은 일을 나타낸 관용구로 적절하지 않은 것은?

① 첩첩산중(疊疊山中) ② 내우외환(內憂外患)
③ 설상가상(雪上加霜) ④ 빛 좋은 개살구
⑤ 엎친 데 덮친 격

7 ㉠과 바꾸어 쓸 말로 가장 적절한 것은?

① 자신과 같지 않다면
② 자신의 편을 들어준다면
③ 아무 관계가 없는 사람이라면
④ 자신을 귀찮게 하지 않는다면
⑤ 모자라지 않은 보통 사람이라면

내신 적중

8 ㉡에 나타난 '나'의 심리로 가장 알맞은 것은?

① 대신 갚은 포도값을 아까워하며 귀한 포도를 아끼고 있다.
② 황수건을 다시 볼 수 없게 된 사실에 서운함을 느끼고 있다.
③ 자신에게 선물을 한 황수건의 순박한 정을 소중히 생각하고 있다.
④ 도둑질한 사실을 들켜 나타나지 않는 황수건을 안타까워하고 있다.
⑤ 자신에게 선물을 하기 위해 도둑질을 한 황수건의 처지를 딱하게 생각하고 있다.

내신 적중 多빈출

9 이 소설의 마지막 문장인 ㉢의 효과를 쓰시오.

II. 1920년대~1945년

011 레디메이드 인생 | 채만식

키워드 체크 #풍자 소설 #냉소적 #무직 인텔리 #무기력한 지식인 #기성품 #실업

핵심 정리

갈래 단편 소설, 풍자 소설
성격 자조적, 풍자적, 냉소적
배경 ① 시간 – 1930년대
　　　　② 공간 – 경성(서울)
시점 전지적 작가 시점
주제 식민지 시대를 살아가는 지식인의 고통
특징 ① 당대 지식인의 현실을 상징하는 제목을 통해 주제 의식을 직접적으로 드러냄.
　　　② 인물을 주로 익명으로 처리하여 당대 현실을 암시하는 효과를 나타냄.
출전 《신동아》(1934)

Q 제목과 관련해 주인공의 이름을 'P'라고 설정한 의도는?

'레디메이드'는 기성품이란 뜻으로 고등 실업자들을 양산할 수밖에 없었던 식민지 현실을 상징한다. 주인공의 이름인 P는 기성품으로 만들어진 제품처럼 당대 사회에서 양산된 지식인임을 나타내는 알파벳 기호라 할 수 있다.

어휘 풀이

구걸하다 돈이나 곡식, 물건 따위를 거저 달라고 빌다.
변통되다 돈이나 물건 따위가 융통되다.
풍로 화로의 하나. 흙이나 쇠붙이로 만드는데, 아래에 바람구멍을 내어 불이 잘 붙게 하였다.
문선 활판(活版) 인쇄에서 원고 내용대로 활자를 골라 뽑는 일.
칭탈 무엇 때문이라고 핑계를 댐.
천거하다 어떤 일을 맡아 할 수 있는 사람을 그 자리에 쓰도록 소개하거나 추천하다.

구절 풀이

❶ **일천구백삼십사년의 이 세상에도 기적이 있다.** 인텔리로서 변변한 직업도 없이 빈곤한 처지인 P는 구걸이나 도둑질을 하지 않고도 한 해를 굶어 죽지 않고 살아낸다. 이를 기적이라고 표현함으로써 가난으로 인한 P의 절망적인 처지를 부각하고 있다.

❷ **오정 때 ~ 마련을 하였다.** 시골에 맡긴 아들 창선이 자신에게로 올라오게 되자 급히 돈을 마련하는 P의 모습을 나타낸다. 아들을 떠맡아야 하는 P의 간절한 처지가 드러난다.

❸ **"인쇄소 일 배우는 것도 공부지."** P는 어린 아들을 인쇄소 일을 배우게 하려고 한다. 인텔리로서 무직으로 살아가는 자신의 삶보다는 기술을 배워 인생의 앞길을 헤쳐 나갈 수 있다면 그것이 공부와 같은 것이라는 인식을 드러낸다.

❹ **"애처로운 거야 ~ 제게는 약이니까……."** 인쇄소에서 일하게 된 어린 아들에게 애처로움을 느끼면서도 기술을 배워서 먹고사는 문제를 해결하게 된다면 아들에게 큰 도움이 될 것이라는 생각을 나타낸다.

[가] ⓐ❶일천구백삼십사년의 이 세상에도 기적이 있다. ◁ P가 굶어 죽지 않은 일

그것은 P가 굶어 죽지 아니한 것이다. 그는 최근 일주일 동안 돈이 생긴 데가 없다. 잡힐 것도 없었고 어디서 벌이를 한 적도 없다. 그렇다고 남의 집 문 앞에 가서 "밥 한술 주시오." 하고 *구걸한 일도 없고 남의 것을 훔치지도 아니하였다. ◁ 지식인의 체면과 양심

그러나 그동안 굶어 죽지 아니하였다. 야위기는 하였지만 그래도 멀쩡하게 살아 있다.

『P와 같은 인생을 이 세상에 하나도 없이 싹 치운다면 근로하는 사람이 조금은 편해질는지도 모른다.』 ◁ 고등 교육을 받았지만 실업자로 살아가는 인생 『　』: P에 대한 서술자의 냉소적 태도

P가 소부르주아지 축에 끼이는 인텔리가 아니요 노동자였더라면 그동안 거지가 되었거나 비상수단을 썼을 것이다. 그러나 그에게는 그러한 용기도 없다. 그러면서도 죽지 아니하고 살아 있다. 그렇지만 죽기보다도 더 귀찮은 일은 그를 잠시도 해방시켜 주지 아니한다.

그의 아들 창선이를 올려 보낸다고 어제 편지가 왔고 오늘은 내일 아침에 경성역에 당도한다는 ㉠전보까지 왔다. ◁ 가난하고 빈한한 처지에서 더욱 부담되는 상황 ▶ 취업난으로 극도의 경제적 궁핍에 시달리는 P

[나] ❷오정 때 전보를 받은 P는 갑자기 정신이 난 듯이 쩔쩔매고 돌아다니며 돈 마련을 하였다. 최소한도 이십 원은…… 하고 돌아다닌 것이 석양 때 겨우 십오 원이 *변통되었다. ◁ 아들을 떠맡게 된 상황에 살림살이를 구하기 위해 급히 돈을 빌림.

종로에서 *풍로니 냄비니 양재기니 숟갈이니 무어니 해서 살림 나부랭이를 간단하게 장만하여 가지고 올라오는 길에 전에 잡지사에 있을 때 안 ○○ 인쇄소의 *문선 과장을 찾아갔다. ◁ 아들과 함께 살기 위해 마련한 살림살이 / 아들 창선을 취직시켜 기술을 배우게 하기 위함.

월급도 일없고, 다만 일만 가르쳐 주면 그만이니 어린아이 하나를 써 달라고 졸라 대었다. ◁ 아들 창선을 지식인으로 키우기보다는 노동자로 살게 하려 함.

A라는 그 문선 과장은 요리조리 *칭탈을 하던 끝에 ─ 그는 P가 누구 친한 사람의 집 어린애를 *천거하는 줄 알았던 것이다. ─ ◁ P의 부탁을 쉽게 들어주지 않는 상황 / 문선 과장이 P의 부탁을 쉽게 들어주지 않은 이유 ▶ 인쇄 공장에 아들 창선의 취직을 부탁하는 P

[다] "왜? 내 자식이라고 공장에 못 보내란 법 있답디까?" ◁ 놀라워하는 문선 과장의 표정에 대한 P의 대답

"아니, 정말 그래요?" / "정말 아니고?"

"괜히 실없는 소리!…… 자제라고 해야 들어 줄 테니까 그러시지?" ◁ 지식인인 P가 공장에 아들을 취직시키려는 사실을 믿지 않음.

"아니, 그건 그렇잖아요. 내 자식 놈이오."

"그럼 왜 공부를 시키잖구?" / ❸"인쇄소 일 배우는 것도 공부지." ◁ P가 지식인이므로 당연히 아들도 공부시켜야 한다고 생각함. 공부를 시키는 것보다 기술을 배우는 것이 낫다고 생각함.

"그건 그렇지만 학교에 보내야지."

"학교에 보낼 처지도 못 되고 또 보내 봤자 사람 구실도 못할 테니까……." ◁ 창선을 학교에 보낼 경제적 상황이 안 됨. / 창선을 졸업해도 취직하기 어려움.

"거참 모를 일이오. 우리 같은 놈은 이 짓을 해 가면서도 자식을 공부시키느라고 애를 쓰는데 되려 공부시킬 줄 아는 양반이 보통학교도 아니 마친 자제를 공장엘 보내요?" ◁ 학력이 짧은 기술자, 노동자 / 자식들이 노동을 하지 말도록 열심히 공부시키느라 애를 씀. / P의 생각이나 의도를 전혀 이해하지 못함.

㉡"내가 학교 공부를 해 본 나머지 그게 못쓰겠으니까 자식은 딴 공부를 시키겠다는 것이지요." ◁ 생활에 아무런 도움이 되지 않음. / 기술을 배우는 것

"글쎄 정 그러시다면 내가 내 자식 진배없이 잘 데리고 있으면서 일이나 착실히 가르쳐 드린다마는…… 원 너무 어린데 애처롭잖아요?" ◁ 그보다 못하거나 다를 것 없이 / P의 요청을 할 수 없이 수용함. / P의 생각이나 의도를 여전히 이해하지 못함.

❹"애처로운 거야 아비 된 내가 더하지요만 ㉢그것이 제게는 약이니까……." ◁ 인생을 살아가는 훌륭한 방편이 됨. – 자식을 위한 것이라는 명분을 내세움. ▶ 문선 과장에게 아들 창선의 취업을 부탁하는 P

• 중심 내용 아들 창선이 경성에 올라오게 되자 인쇄 공장에 취직시키려는 P 　　　• 구성 단계 절정

이해와 감상

이 작품은 사회주의의 실천적 삶을 사는 참된 지식인이 되고자 했으나, 무직 상태로 생계에 어려움을 겪고 있는 P를 통해 일제 강점기 지식인의 무기력한 현실을 풍자하고 있다. 작가는 P와 같은 당대의 인텔리들을 대량으로 공급되는 기성품으로 인식해 '레디메이드(ready-made) 인생'이라는 제목을 붙이고 이를 통해 식민지 지식인의 좌절된 삶을 그려 내고 있다. 특히, P가 어린 아들을 취직시키는 결말은 무직 인텔리의 절망적인 현실보다는 기술을 배워 사람 구실을 하게 하려는 지식인의 비감 어린 결단을 잘 보여 주고 있으며 무기력한 지식인의 삶을 풍자적이고 냉소적인 태도로 나타내고 있다.

🔍 전체 줄거리

발단	일자리를 얻지 못한 채 가난에 시달리는 인텔리 P는 신문사 사장 K를 찾아가 채용을 부탁하지만 거절당하고, 오히려 농촌 운동이나 하라는 충고를 받는다.
전개	P는 자신이 농민이나 노동자였다면 실직을 하지 않았을 것이라고 생각하며 자신이 인텔리라는 것과 실업자를 양산하는 사회를 원망한다.
위기	자신을 찾아온 친구 H와 M을 따라 거리로 나온 P는 H의 책을 전당포에 잡힌 돈으로 술을 마신다.
절정	P는 아들 창선이 경성으로 올라온다는 전보를 받고 친분이 있는 인쇄소 문선 과장에게 아들을 채용해 줄 것을 부탁한다.
결말	P는 창선을 인쇄소에 맡기고 나오며 레디메이드 인생이 임자를 만나 팔리게 되었다고 자조한다.

👥 인물 관계도

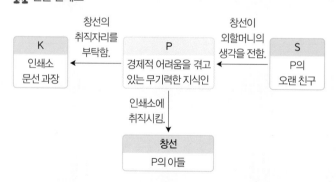

🏠 작품 연구소

지식인과 노동자의 삶에 대한 인식

이 작품에서 P는 아들 창선에게 '딴 공부'를 시키겠다며 인쇄소에 취직시키는데, 이를 통해 지식인의 삶과 노동자의 삶에 대한 인물의 인식을 살펴볼 수 있다.

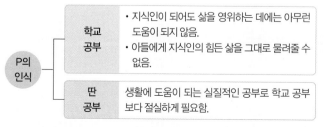

🔑 포인트 체크

인물 P는 신식 공부를 한 ☐☐☐이지만 취직을 하지 못해 극심한 경제적 궁핍에 시달린다.

배경 극심한 ☐☐☐으로 지식인들도 생계를 유지하기조차 힘들었던 ☐☐☐☐☐를 배경으로 한다.

사건 고등 교육을 받고도 ☐☐에 시달리던 P는 창선이가 ☐☐을 배울 수 있도록 문선 과장에게 취직자리를 부탁한다.

1 이 글의 서술상 특징으로 가장 적절한 것은?

① 인물 간의 갈등을 통해 사건을 전개하고 있다.
② 역순행적 구성을 통해 사건의 전모를 밝히고 있다.
③ 작품 밖의 서술자가 인물과 사건을 직접 서술하고 있다.
④ 서술자를 빈번히 교체하여 사건의 입체성을 높이고 있다.
⑤ 시점의 변화를 통해 다양한 각도에서 사건을 조명하고 있다.

2 ㉠에 대한 설명으로 가장 적절한 것은?

① P에게 창선과의 추억을 떠올리게 한다.
② P와 창선의 가치관 차이가 드러나게 한다.
③ P와 창선 사이의 갈등을 해소하는 계기가 된다.
④ 가난한 처지인 P에게 경제적 부담이 가중되는 계기가 된다.
⑤ 창선을 부담스러워하던 P의 마음이 표면적으로 드러나게 된다.

내신 적중

3 ㉡와 같이 말한 의도로 가장 적절한 것은?

① 인텔리가 되어 봤자 앞으로 직업을 얻기 어려우니 차라리 기술이나 배워서 먹고 살도록 해야겠어.
② 제대로 된 학교 공부를 하려면 밑바닥 생활부터 해 봐야 하니 인쇄소 일이라도 경험해 보도록 해야겠어.
③ 인쇄소에서 급히 일할 사람이 필요하다고 하니 일단 시골에서 올라오는 창선을 보내서 도움이 되도록 해야겠어.
④ 요즘은 공부를 잘 하면 출세하는 사회적 분위기이니 기술을 함께 배우면 더욱 쓸모 있는 사람으로 성장할 수 있을 거야.
⑤ 아들과 함께 살게 되면 여러 가지로 충돌하는 일이 많을 테니 기술을 배울 수 있는 곳으로 보내 그곳에서 살도록 해야지.

내신 적중 多빈출

4 〈조건〉을 고려하여, ⓐ와 같이 서술한 이유를 쓰시오.

┤ 조건 ├
• P가 처한 현재 상황을 고려할 것
• 글의 내용을 참고하여 '기적'의 의미를 구체적으로 쓸 것

5 'P'가 '창선'을 인쇄소에 취직시키며 ㉢과 같이 말한 이유를 쓰시오.

☀️ 어휘 풀이

화로 숯불을 담아 놓는 그릇.
고구라 양복, 이화표 모자 당시 학생들이 입었던 무명 양복과 모자.
경례 경의를 나타내는 예.
치하 남이 한 일에 대하여 고마움이나 칭찬의 뜻을 표시함.
신신당부 거듭하여 간곡히 하는 당부.
반감 반대하거나 반항하는 감정.
임자 물건을 소유한 사람.

Q 작가가 지식인의 생활을 다룬 이유는?

작가는 인텔리이면서도 직업이 없는 인물을 통해 식민지 고등 교육 정책의 본질적 문제를 비판하면서 당대 조선의 지식인들이 지니고 있었던 허위 의식과 속물 근성 또한 비판하기 위해 지식인의 생활을 다룬 것이다.

😊 구절 풀이

❶ **저게 내 자식이라 ~ 가엾기도 하였다.** P는 아들을 키울 여력이 되지 않아 시골에 있는 형에게 창선을 맡긴 후 다시 자신이 맡게 된다. 이러한 상황에서 아들을 불쌍하게 생각하고 있는 것이다

❷ **S는 P가 그다지 ~ 뒤따라오며 늘어놓는다.** P는 이혼한 뒤에도 아들 창선에게 관심을 갖고 있는 외가를 못마땅해한다. 특히 형의 집까지 찾아가 창선이를 돌봤다는 이야기를 듣자 듣고 싶지도 않은 이야기라며 처가에 대한 반감을 드러낸다.

❸ **레디메이드 인생이 ~ 팔리었구나.** P는 자신의 인생을 팔리지 않는 기성품으로 인식하고 아들 창선을 인쇄소에 취직시킨다. 그러면서 임자를 만나 팔렸다며 자신에 대한 자조적인 비판을 한다.

Q '양복'과 '떡'의 의미는?

'양복'과 '떡'은 창선에 대한 외할머니의 각별한 사랑과 보살핌을 나타낸다. 창선은 P의 형에게 맡겨져 시골에서 지냈는데, 그곳까지 찾아가 학생 옷과 떡을 가져다준 것이다. 특히 양복은 학생복으로, 창선이 계속 학업을 이어 나가기를 바라는 아내의 뜻이 담겨 있다고 할 수 있다.

👤 작가 소개

채만식(蔡萬植, 1902~1950) 소설가. 1924년 단편 소설 〈세 길로〉로 문단에 데뷔한 이후 300편에 가까운 소설과 희곡, 수필을 썼다. 대상에 대한 통렬한 풍자와 비판 정신을 바탕으로 한 작품을 창작하였다. 주요 작품으로 〈탁류〉, 〈치숙〉, 〈태평천하〉, 〈논 이야기〉 등이 있다.

가 이튿날 전에 없이 첫새벽에 일어난 P는 서투른 솜씨로 *화로 밥을 지어 놓고 정거장으로 나갔다.
　　　　　　　　　　　　　　　　　　　창선을 맞이하기 위한 준비

그의 형에게서 온 편지에 S라는 고향 사람이 서울 올라오는 길에 따라 보낸다고 했으니
창선을 맡고 있던 사람
까 P는 창선이보다도 더 낯이 익은 S를 찾았다.
　　　P와 창선이의 관계가 소원했음.

과연 차가 식식거리고 들어서매 인간을 뱉어 내놓는 찻간에서 S가 창선이를 데리고 두리번거리며 내려왔다.

어디서 생겼는지 새까만 *고구라 양복을 입고 *이화표 붙은 학생 모자를 쓰고 거기다가
　　　　　　　　　　　　　　학생복을 입고 모자를 쓴 창선이의 외양 묘사
보따리를 하나 지고 무엇 꾸린 것을 손에 들고 차에서 내리는 어린아이……. ❶저게 내 자식이라 생각하니 P는 어쩐지 속으로 ⓐ얼굴이 붉어지며 한편 가엾기도 하였다.

S가 두 손에 짐을 가득 들고 두리번거리다가 가까이 온 P를 보고 반겨 소리를 지른다. 창선이가 모자를 벗고 학교 식으로 *경례를 한다. 얼굴을 자세히 보니 네댓 살 적에 보던 것보
　　　　　　　아들 창선이 오랜만에 만난 아버지 P에게 예의를 표함.
다 더 한층 저희 외가를 닮았다. P는 그것이 몹시 불만이었다.
　　　　　　　　　　　　P가 아내와 처가 식구들과 사이가 좋지 못함을 암시함.

"그새 재미나 좋았나?"
S와 P는 친구 사이로, 오랜만에 만났음을 나타냄.
S의 첫인사다.

"뭘 그저 그렇지……. 괜한 산 짐을 지고 오느라고 애썼네."
　　　　　　　　　아들 창선을 가리킴.
P는 이렇게 인사 겸 *치하를 하였다.

"원, 천만에!…… 그 애가 나이는 어려도 어떻게 속이 찼는지……. 너, 늬 아버지 알아보
　　　　　　　　　　　　　창선이 나이는 어려도 성숙하다며 칭찬함.
겠니?"

S는 창선이를 돌아보며 웃는다. 창선이는 고개를 숙이고 수줍은지 아무 대답도 아니한다.
　　　　　　　　　　　　　　　　　　　　▶ 시골에서 올라온 아들 창선과 만나게 된 P

나 P는 S와 창선이를 데리고 구름다리로 올라왔다.

"저희 외할머니가 저 ㉠양복이야 떡이야 모두 해가지고 자네 댁에까지 오셨더라네…….
　　　　　　　　　아들 창선에 대한 애정과 연민
오셔서 어제 떠나는데 정거장까지 나오셨는데 여러 가지 *신신당부를 하시네……. 자네
　　　　　　　　　　　　　　　　　　아들 창선을 걱정하며 잘 키우라고 당부하는 말
한테 전하라고."

❷S는 P가 그다지 듣고 싶지도 아니한 이야기를 뒤따라오며 늘어놓는다. 그의 가슴에는 옛날의 *반감이 솟구쳐 올랐다.

"별걱정 다 하는 게로군……. 내 자식 내가 어련히 할까 봐 쫓아다니며 그래!"
　　　　　　　　　　　　　　　　장모님의 행동을 못마땅해하는 태도가 드러남.
"그래도 노인들이야 어데 그런가……. 객지에서 혼자 있는데 데리고 있기 정 불편하거든 당신에게로 도루 보내게 하라고 그러시데……."

"그 집에 내 자식이 무슨 상관이 있어서 보내라는 거야? …… 보낼 테면 그때 데려왔을라
　　　　　　　아내와 갈라선 처지임을 암시함.　　　　　　　　　　　　　　아내와 이혼했을 때
구……."

P는 그것이 모두 그와 갈린 아내의 조종인 줄 알기 때문에 더구나 심정이 났다. 화가 나
　　　　　　　　　　　　　　이혼한
는 대로 하면 어린아이가 입고 온 양복도 벗겨 내던지고 싶었으나 꿀꺽 참았다.
　　　　　　　　　　　　　　　처가와 아내에 대한 반감　　　　　▶ 아들 창선을 걱정하는 처가가 못마땅한 P

다 일찍 맛보지 못한 새살림을 P는 시작하였다.
　　아들 창선과 더불어 지내는 생활
창선이가 도착한 날 밤.

창선이는 아랫목에서 색색 잠을 자고 있다. ⓑ외롭게 꿈을 꾸고 있으려니 생각하매 전에
　　　　　　　　　　　　　　　　　　　아버지로서 제대로 돌봐주지 못한 것에 대한 미안함과 창선에 대한 애정
없던 애정이 솟아오르는 듯하였다.

이튿날 아침 일찍 창선이를 데리고 ○○ 인쇄소에 가서 A에게 맡기고 내키지 않는 발길을 돌이켜 나오는 P는 혼자 중얼거렸다.
　　　　　　　　　　　　　　　　　　　　인쇄소에서 일을 배우게 된 일
「㉡❸레디메이드 인생이 비로소 겨우 *임자를 만나 팔리었구나.」
　　　팔리지 않는 기성품 인생
「 」: 식민지 사회에서의 교육에 대한 비판과 인텔리인 자신에 대한 자조적 비판　　　▶ 아들 창선을 인쇄소에 맡기고 돌아오는 P

• 중심 내용 창선을 인쇄소에 보내고 '레디메이드 인생'이 팔리었다고 탄식하는 P　　　• 구성 단계 결말

🏠 작품 연구소

P와 S의 대화 양상

- 창선을 데리고 온 일에 고마워함.
- S가 전하는 창선 외할머니의 말에 거부감을 드러냄.

P ←——————————————→ S

창선 외할머니의 생각을 전함.

대화를 통해 오랜 친구 간임을 드러내며 P가 아내, 장모와 사이가 좋지 않음을 암시함.

제목 '레디메이드 인생'의 의미와 구성상의 특징

이 작품에서 '레디메이드'라는 말은 '이미 만들어진 제품', 즉 기성품이라는 뜻으로 '레디메이드 인생'은 누구에게 팔릴 것을 기대하고 있는 기성품 인생을 의미한다. '레디메이드 인생'은 좁게는 식민지 시대 양산된 무직 인텔리 계층을 의미하며, 넓게는 궁핍한 삶을 살고 있는 우리 민족 전체를 상징한다고 할 수 있다.

이 작품은 P가 자신의 이야기를 중심으로 유사한 처지의 여러 인물들을 제시하는 구성 방식으로 1930년대 인텔리 실업자가 넘쳐 나는 현실을 형상화하고 있다. 동경 유학파이지만 구직에 실패하는 P를 중심으로, M, H, 술집 여자 등을 만나면서 당대의 세태를 여실히 그려 내고 있다. M은 동경에서 좌익 운동을 하다가 구직에 실패하는 인물이며, H는 변호사 시험 준비를 하지만 취직도 못하는 인물이다. 이 작품은 이렇게 P, M, H 등 무직 인텔리 등이 일제 강점하에서 가난하고 비참한 인생을 살아가는 모습을 생생하게 그려 내고 있다.

인텔리 지식인의 양산

이 작품에서는 P와 같은 무직 인텔리들이 양산되는 원인을 총독부의 문화 정책에 따라 각종 교육이 확대되었던 현실에서 찾고 있다. 학교가 증설되고, 보통학교 교장들은 입학을 권유하러 다니며, 청년회에서 야학을 설립하는 등 많은 젊은이들에게 교육의 기회가 확대된 것이다. 이에 따라 P처럼 대학이나 전문학교의 졸업증을 가진 인텔리들이 양산되었으나 이러한 지식인들을 제대로 활용할 수 있는 일자리가 충족되지 못하면서 P와 같은 고학력 실업자들이 증가하게 된 것이다.

자료실

풍자 소설로서의 〈레디메이드 인생〉

풍자 소설은 시대나 사회의 부조리와 악습, 폐단 등 시대나 사회의 부정적인 면을 폭로, 고발하는 소설이다. 그렇지만 풍자 소설은 현실을 직접적으로 비판하는 것이 아니라 익살맞은 조소나 해학적인 웃음을 통해 우회적으로 고발하는 방법을 사용한다. 채만식은 우리 민족의 현실에 관심을 두고 각 계급, 계층, 집단, 개인의 생활 방식을 소재로 당대의 부조리한 현실에 대한 풍자와 비판을 소설적으로 형상화한 대표 작가이다. 특히 〈레디메이드 인생〉은 당대 우리 사회의 현실에 대한 다양한 풍자의 태도를 보여 주고 있다. 예를 들어 P가 구직을 위해 찾아간 신문사 사장과의 대화에서는 1930년대 농촌 계몽 운동의 본질이 드러나며, 술집 여자와의 만남에서는 돈을 위해서라면 정조도 쉽게 생각하는 현실 등이 여지없이 풍자되고 있다. 이처럼 〈레디메이드 인생〉은 당대 현실에 대한 부정적이고 냉소적인 태도를 잘 나타낸 소설로 평가되고 있다.

📖 함께 읽으면 좋은 작품

〈광장〉, 최인훈 / 지식인의 의식과 심리를 다룬 작품

한국 전쟁 전후 남북한의 이데올로기에 실망하여 중립국인 제3국으로 자유를 찾아 떠나는 지식인의 현실을 다룬 소설이다. 지식인의 현실 인식을 중심으로 이데올로기의 문제를 다루고 있다는 점에서 지식인의 의식과 심리를 본격적으로 다룬 〈레디메이드 인생〉과 비교해 볼 만하다.

🔗 Link 본책 164쪽

6 ㉠의 의미로 가장 적절한 것은?

① 창선에 대한 외할머니의 애정과 연민을 나타낸다.

② P와 화해하고 싶은 창선 외할머니의 마음을 암시한다.

③ 외할머니가 창선에게 저지른 잘못에 대한 반성의 태도를 드러낸다.

④ 창선의 마음을 돌려 시골에 머물게 하려는 외할머니의 의도를 나타낸다.

⑤ 창선과 함께 경성으로 가지 못하는 외할머니의 미안한 마음이 드러난다.

내신 적중 多빈출

7 ㉡에 대한 이해로 가장 적절한 것은?

① 기술을 배우는 일조차 어려운 당대의 현실에 대한 반감을 직접적으로 드러낸다.

② 고등 교육을 받고도 경제적 궁핍에 시달리는 상황에 대한 자조적 인식을 드러낸다.

③ 지식인보다 기술을 배우는 사람이 우대받는 역설적인 현실에 대한 비판적 인식을 나타낸다.

④ 지식인으로서의 책무를 다하지 못한 괴로운 마음을 한탄하며 현실에 대한 극복 의지를 나타낸다.

⑤ 지식인으로서 현실에 소극적으로 대응하다가 비로소 학문하는 일에 나아가게 된 자부심을 나타낸다.

8 〈보기〉를 참고하여 이 글을 감상한 내용으로 적절하지 <u>않은</u> 것은?

| 보기 |

이 글은 무직 인텔리인 P의 일상을 통해 1930년대 일제 강점기에 경제적으로 어려움에 처한 지식인의 현실을 다루고 있다. 근대 교육의 확대로 지식인이 양산되는 현실에서 직업을 구하지 못하고 가난하게 살아가는 P가 지식인의 삶을 포기하는 내용을 보여 주고 있다.

① '고구라 양복'과 '이화표 붙은 학생 모자'는 소설의 배경이 일제 강점기임을 나타내는군.

② P가 창선을 학교 대신에 '인쇄소에 가서 맡기'는 것은 지식인의 삶을 포기하는 태도를 나타내는군.

③ P가 '레디메이드 인생'이라고 언급한 것은 취직도 제대로 못하는 지식인이 양산되는 현실을 나타내는군.

④ P가 첫새벽부터 '서투른 솜씨로 화로 밥'을 짓는 것은 직업을 구하지 못해 가난하게 살아가는 처지를 나타내는군.

⑤ 창선의 외할머니가 '데리고 있기 정 불편하거든'이라고 하는 것은 P의 경제적 상황이 좋지 않다는 점을 암시하는군.

9 ⓐ, ⓑ에서 'P'가 '창선'에게 느끼고 있는 감정을 쓰시오.

문학 금성, 미래엔, 지학사

🎯 핵심 정리

갈래 중편 소설, 심리 소설, 모더니즘 소설, 세태 소설

성격 관찰적, 심리적, 묘사적

배경 ① 시간 – 1930년대의 어느 날
② 공간 – 서울 시내

시점 전지적 작가 시점

주제 1930년대 무기력한 소설가의 눈에 비친 도시의 일상과 그의 내면 의식

특징 ① 당대 서울의 모습과 세태를 구체적으로 보여 줌.
② 하루에 걸쳐 원점으로 회귀하는 여로 구조를 보임.
③ 한 인물의 의식의 흐름에 따라 서사가 진행됨.

출전 《조선중앙일보》(1934)

Q '구보'가 경성역에서 고독을 느끼는 이유는?

구보는 혼자라는 표면적 고독을 피해 보고자 인간적 삶이 남아 있을 거라 예상되는 경성역을 찾는다. 구보는 경성역에서 사람들 사이에 둘러싸여 있지만 내면적으로 고독을 겪는데, 이러한 상황에는 1930년대에 도시화가 진행되면서 전통 사회의 따뜻한 인간미가 상실되어 가는 모습이 드러나 있다. 도시인들은 타인과의 관계가 단절됨으로써 소외감을 느끼며, 고독 속에 놓이게 되는 것이다.

💡 어휘 풀이

단장(短杖) 짧은 지팡이.

드난 임시로 남의 집 행랑에 붙어 지내며 그 집의 일을 도와줌. 또는 그런 사람.

효양 어버이를 효성으로 봉양함.

전경부 목의 앞쪽 부분.

팽륭 크게 부어오름.

바세도우씨병(Basedow 病) 갑상선의 기능 항진으로 인해 갑상선이 붓고 눈알이 튀어나오는 병.

린네르 리넨(linen). 아마(亞麻)의 실로 짠 얇은 직물을 통틀어 이르는 말.

쓰메에리 깃의 높이가 4cm쯤 되게 하여, 목을 둘러 바싹 여미게 지은 양복. 학생복으로 많이 지었다.

📖 구절 풀이

❶ 구보는 고독을 느끼고, ~ 가고 싶다 생각한다. 고독을 극복하고 사람들 사이에서 따뜻한 인간적 유대감을 맛보기를 원하는 구보의 심정이 드러난다.

❷ 문득 구보는 ~ 단념하기조차 하였다. 구보는 다양한 사람들의 모습에서 병자적 특징을 발견하며 자신의 병을 생각한다. 병자들의 모습을 멀리하는 사람들의 태도를 통해 비인간적이고 차가운 도시인들의 정신적 질환을 드러낸다.

가 　구보는 다시 밖으로 나오며, 자기는 어디 가 행복을 찾을까 생각한다. 발 가는 대로, 그는 어느 틈엔가 안전지대에 가 서서, 자기의 두 손을 내려다보았다. 한 손의 ˙단장과 또 한 손의 공책과 ─ 물론 구보는 거기에서 행복을 찾을 수는 없다.

　안전지대 위에, 사람들은 서서 전차를 기다린다. 그들에게, 행복은 알 수 없다. 그러나 그들은 분명히, 갈 곳만은 가지고 있었다. / 전차가 왔다. 사람들은 내리고 또 탔다. 구보는 ⓐ잠깐 멍하니 그곳에 서 있었다. 그러나 자기와 더불어 그곳에 있던 온갖 사람들이 모두 저 차에 오른다 보았을 때, 그는 저 혼자 그곳에 남아 있는 것에, 외로움과 애달픔을 맛본다.

▶ 목적지를 찾지 못해 외로움과 애달픔을 느끼는 구보

나 　❶구보는 고독을 느끼고, 사람들 있는 곳으로, 약동하는 무리들이 있는 곳으로, 가고 싶다 생각한다. 그는 눈앞에 경성역을 본다. 그곳에는 마땅히 인생이 있을 게다. 이 낡은 서울의 호흡과 또 감정이 있을 게다. 도회의 소설가는 모름지기 이 도회의 항구(港 口)와 친해야 한다. 그러나 물론 그러한 직업의식은 어떻든 좋았다. 다만 구보는 고독을 삼등 대합실 군중 속에 피할 수 있으면 그만이다. / 그러나 오히려 고독은 그곳에 있었다. 구보가 한옆에 끼여 앉을 수도 없게시리 사람들은 그곳에 빽빽하게 모여 있어도, 그들의 누구에게서도 인간 본래의 온정을 찾을 수는 없었다. 그네들은 거의 옆의 사람에게 한마디 말을 건네는 일도 없이, 오직 자기네들 사무에 바빴고, 그리고 간혹 말을 건네도, 그것은 자기네가 타고 갈 열차의 시각이나 그러한 것에 지나지 않았다.

▶ 고독을 피하려고 경성역을 찾지만 대합실의 사람들 속에서 고독을 느끼는 구보

다 　구보는 한구석에 가 서서, 그의 앞에 앉아 있는 노파를 본다. 그는 뉘 집에 ˙드난을 살다가 이제 늙고 또 쇠잔한 몸을 이끌어, 결코 넉넉지 못한 어느 시골, 딸네 집이라도 찾아가는지 모른다. 이미 굳어 버린 그의 안면 근육은 어떠한 다행한 일에도 펴질 턱 없고, 그리고 그의 몽롱한 두 눈은 비록 그의 딸의 그지없는 ˙효양(孝養)을 가지고도 감동시킬 수 없을지 모른다. 노파 옆에 앉은 중년의 시골 신사는 그의 시골서 조그만 백화점을 경영하고 있을 게다. [중략] 구보는 그 시골 신사가 노파와 사이에 되도록 간격을 가지려고 노력하는 것을 발견하고, 그리고 그를 업신여겼다.

▶ 사람들의 모습을 관찰하는 구보

라 　❷문득 구보는 그의 얼굴에서 부종(浮腫)을 발견하고 그의 앞을 떠났다. 신장염. 그뿐 아니라, 구보는 자기 자신의 만성 위 확장(胃擴張)을 새삼스러이 생각해 내지 않으면 안 되었다. 그러나 구보가 매점 옆에까지 갔었을 때, 그는 그곳에서도 역시 병자를 보지 않으면 안 되었다. 사십여 세의 노동자. ˙전경부(前頸部)의 광범한 ˙팽륭(澎隆). 돌출한 안구(眼球). 또 손의 경미한 진동. 분명한 ˙바세도우씨병. 그것은 누구에게든 결코 깨끗한 느낌을 주지는 못한다. 그의 좌우에는 좌석이 비어 있어도 사람들은 그곳에 앉으려 들지 않는다. 그뿐만 아니라, 그에게서 두 칸통 떨어진 곳에 있던 아이 업은 젊은 아낙네가 그의 바스켓 속에서 꺼내다 잘못하여 시멘트 바닥에 떨어뜨린 한 개의 복숭아가 굴러 병자의 발 앞에까지 왔을 때, 여인은 그것을 쫓아와 집기를 단념하기조차 하였다. / 구보는 이 조그만 사건에 문득, 흥미를 느끼고, 그리고 그의 '대학 노트'를 펴 들었다. 그러나 그가 문 옆에 기대어 섰는 캡 쓰고 ˙린네르 ˙쓰메에리 양복 입은 사내의, 그 온갖 사람에게 의혹을 갖는 두 눈을 발견하였을 때, 구보는 또다시 우울 속에 그곳을 떠나지 않으면 안 된다.

▶ 비인간적인 현대인의 모습에 우울함을 느끼며 대합실을 떠나는 구보

• 중심 내용 경성역 대합실에서 사람들의 비인간적인 모습을 관찰하며 고독을 느끼는 구보

이해와 감상

이 작품은 작가의 자전적 소설로, 소설가 구보가 하루 동안 서울 거리를 배회하며 느끼는 내면 의식의 변화를 보여 주고 있다. 당시 서울 거리의 풍물이나 사람들의 모습이 잘 드러나 있으며, 이를 바라보는 구보의 시선을 통해 1930년대 조선의 다양한 현실을 표현하고 있다.

근대화가 이루어지면서 당대 사회에는 여러 가지 병폐가 생겨났고, 황금 열풍이 불기 시작했다. 이러한 상황을 바라보는 구보의 시선은 매우 비판적이고 냉소적이다. 구보는 물질 만능주의에 허덕거리는 천박한 인물들의 모습을 냉소적이고 자조적으로 표현하지만 구보도 이러한 상황에서 크게 벗어나지 못하는 무기력한 지식인일 뿐이다. 따라서 이 작품에서는 당시의 세태를 비판적으로는 인식하지만, 이에 대해 뚜렷한 해결책을 제시하거나 어떠한 행동도 하지 못하는 소심한 식민지 지식인의 모습을 형상화하고 있다.

전체 줄거리

일정한 직업 없이 글을 쓰며 살아가는 구보는 정오에 집을 나와 서울 거리를 배회하다가 건강에 문제가 있다고 생각하며 불안해한다. 동대문행 전차 속에서 과거에 선을 본 여자를 발견하고 외면한 것을 후회한다. 고독을 피하기 위해 경성역을 찾아간 구보는 온정을 느낄 수 없는 사람들만 발견한다. 우연히 중학 시절 열등생이었던 동창이 예쁜 여자와 동행한 것을 보고 물질에 약한 여자의 허영심에 대해 생각한다. 다방에서 사회부 기자인 친구를 만나, 그가 돈 때문에 기사를 써야한다는 사실에 연민을 느낀다. 친구와 술을 마시며 세상 사람을 정신병자로 취급하고 싶은 충동에 사로잡힌다. 새벽 두 시경, 구보는 이제는 어머니를 위해 결혼도 하고 창작에 전념할 것을 다짐하며 집으로 향한다.

* 이 작품은 소설의 일반적인 구성 방식을 따르지 않고 외출에서 귀가까지 인물의 행적을 서술자의 관찰과 심리 위주로 인과적 연관성 없이 서술하고 있다.

인물 관계도

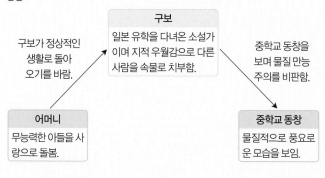

구보가 정상적인 생활로 돌아오기를 바람.

구보
일본 유학을 다녀온 소설가이며 지적 우월감으로 다른 사람을 속물로 치부함.

중학교 동창을 보며 물질 만능주의를 비판함.

어머니
무능력한 아들을 사랑으로 돌봄.

중학교 동창
물질적으로 풍요로운 모습을 보임.

작품 연구소

구보가 병(病)을 바라보는 시선

이 작품에서 구보는 만성 위 확장 병에 걸려 있고 경성역에서 마주친 대부분의 인물들도 육체적으로 질환을 가지고 있다. 병자들로부터 떨어지려는 사람들의 행위는 사람들 간의 단절과 비인간적 모습을 더욱 부각시킨다. 따라서 이러한 구보의 시선은 당대 사람들이 육체적, 정신적으로 비정상적 상황에 처해 있음을 보여 주는 도구가 된다.

```
          비정상적인 사람들의 모습
           │
   ┌───────┴───────┐
 육체적 질환  ─── 확산 ───▶  정신적 질환
```

포인트 체크

인물 구보는 서울 거리를 배회하면서 자신의 □□을 확인하며 □□에 대해 끊임없이 생각한다.

배경 1930년대 서울 거리를 배경으로 당시를 □□□□□라고 비판하며 이를 통해 자본주의적 속성을 드러낸다.

사건 구보는 중학교 동창과 그의 애인을 보며 □□□□□□가 만연한 세태를 비판한다.

내신 적중

1 이 글의 서술상 특징으로 적절하지 않은 것은?

① 주인공의 관찰과 단편적인 장면의 나열이 나타난다.
② 공간의 이동에 따라 인물의 '의식의 흐름'이 나타난다.
③ 현재형 어미를 사용하여 이야기를 생동감 있게 전달한다.
④ 작품 밖의 서술자가 다양한 인물의 시각을 통해 세태를 전달한다.
⑤ 의도적으로 쉼표를 사용하여 읽기 속도에 변화를 줌으로써 그 부분에 주목하게 한다.

2 '구보'의 성격을 설명한 것으로 적절한 것은?

① 겉과 속이 다른 위선적 인물
② 생각과 고민이 많은 소심한 인물
③ 고독을 즐길 줄 아는 낭만적 인물
④ 약자의 편에서 생각하는 이타적 인물
⑤ 도덕과 유교 사상을 중시하는 보수적 인물

3 〈보기〉를 참고하여 이 글을 이해한 내용으로 적절하지 않은 것은?

> **보기**
> 1930년대의 경성은 식민지 사회가 근대화되는 과정에서 파생되는 모순을 잘 보여 준다. 도시 문명이 자리 잡으면서 근대 도시의 면모를 갖추어가고 있지만, 실상 사람들은 궁핍과 좌절의 상태에 있었고 지식인들은 심한 무력감에 빠져 있었다.

① 종로 거리의 전차나 철도 등은 근대 도시로서의 면모와 관련지어 볼 수 있겠구나.
② 구보의 거리 방황과 고독감은 당대 지식인의 정신적 무력감과 관련지어 이해할 수 있겠군.
③ 근대적 모습의 경성역과 그곳 사람들의 모습은 이러한 시대적 모순을 잘 보여 주는 것이로군.
④ 전차를 기다리는 사람들의 행복한 모습을 통해 식민지 사회의 변화 조짐을 보여 주고 있구나.
⑤ 구보의 눈에 띈 많은 사람들이 피로에 젖은 사람들로 묘사된 것은 이러한 시대적 맥락과도 연결되는구나.

4 '구보'가 ㉠과 같은 행동을 한 이유를 쓰시오.

Q '황금광 시대'에 대한 작가의 시선은?

구보는 당시를 '황금광 시대'로 보고 있다. 도시의 일상적 삶 속에 숨겨져 있는 자본주의 문화의 속성을 파악한 것이다. 1930년대 일제 강점기 사회에서도 도시화는 급속히 진행되었고, 이로 인해 우리의 전통적 생활 방식은 붕괴되어 갔다. 서서히 도시를 지배하기 시작한 자본주의적 속성을 드러낼 수 있는 가장 좋은 소재로 작가는 황금 열기를 택한 것이다. 순수 학문을 하는 문인들까지 달려든 황금광 시대는 이제 물질이 모든 것을 지배하는 사회로의 변모를 단적으로 보여 준다. 이러한 시대에 대해 작가는 씁쓸하고 안타까운 시선으로 자조적 문체를 사용하여 서술할 수밖에 없었던 것이다.

💡 **어휘 풀이**

광무소 광업에 관한 일체의 서류를 대서(代書)하는 사무소.

인지대 인지(印紙)의 대금. '인지'는 국가가 세금이나 수수료를 거두어 들일 때 그 증서에 붙이게 하는, 일정한 금액을 나타낸 표.

사행심 요행을 바라는 마음.

가루삐스 칼피스(calpis). 우유를 가열·살균하여 냉각·발효한 뒤 당액 칼슘을 넣어 만든 음료의 하나.

끽다점 담배를 피우고 차를 마시며 담소를 할 수 있는 곳.

Q '단장'과 '공책'이 의미는?

'단장'과 '공책'은 구보가 세상 구경을 하는 동안 양손에 들려 있는 물건으로, 소설가 구보의 소설 창작 방법이 고현학적이라는 것을 보여 준다. 고현학은 현대의 풍속과 세태를 조사하고 기록하여 이를 연구하는 학문을 말하는데, 이는 작가의 창작 방식을 직접적으로 드러내는 효과가 있다.

🔖 **구절 풀이**

❶ **시내에 산재한 ~ 문인들조차 끼여 있었다.** 당시 황금 열풍이 얼마나 심각한지를 보여 주는 부분이다. 황금 만능주의에 빠져 있는 당시의 세태, 지식 계층인 문인들도 참여한 현실에 대한 비판적 시각이 엿보인다.

❷ **어느 틈엔가 ~ 시대가 왔나.** 속물적인 중학교 동창이 예쁜 여자를 애인으로 두고 있는 상황을 냉소적으로 바라보며, 중학교 동창생에 대한 경멸적 태도를 드러낸다.

❸ **문득, 구보는, ~ 까닭일 게다.** 현명한 여자가 천박한 남자를 좋아하는 이유를 황금에서 찾는 구보는 당대 황금 만능주의의 문제점을 고발하고 있다.

👤 **작가 소개**

박태원(朴泰遠, 1909~1986) 소설가. 호는 구보(仇甫, 丘甫). 시를 쓰기도 하였으나 1930년 《동아일보》에 〈적멸〉을 발표하면서 소설 창작에 주력하였다. '구인회(九人會)'의 일원으로 활동하였으며 실험성이 강한 작품을 발표하여 모더니즘 소설 분야를 개척하였다. 또한 세태 풍속을 묘사한 작품을 창작하기도 하였다. 주요 작품으로 〈천변 풍경〉, 〈성탄제〉 등이 있다.

가 황금광 시대(黃金狂時代).
황금에 미쳐 있는 시대

저도 모를 사이에 구보의 입술에서는 ㉠무거운 한숨이 새어 나왔다. 황금을 찾아, 황금을 찾아, 그것도 역시 숨김없는 인생의, 분명히, 일면이다. 그것은 적어도, 한 손에 단장(短杖)과 또 한 손에 공책을 들고, 목적 없이 거리로 나온 자기보다는 좀 더 진실한 인생이었을지도 모른다. ❶시내에 산재한 무수한 *광무소(鑛務所). *인지대 백 원, 열람비 오 원, 수수료 십 원. 지도대 십팔 전…… 출원 등록된 광구(鑛區), 조선 전토의 칠 할. 시시각각으로 사람들은 졸부(猝富)가 되고, 또 몰락해 갔다. 황금광 시대. 그들 중에는 평론가와 시인, 이러한 문인들조차 끼여 있었다. 구보는 일찍이 창작을 위해 그의 벗의 광산에 가 보고 싶다 생각하였다. 사람들의 *사행심(射倖心), 황금의 매력, 그러한 것들을 구보는 보고, 느끼고, 하고 싶었다. 그러나 고도의 금광열은, 오히려, 총독부 청사, 동측 최고층, 광무과(鑛務課) 열람실에서 볼 수 있었다……

문득, 한 사내가 둥글넓적한, 그리고 또 비속(卑俗)한 얼굴에 웃음을 띠고, 구보 앞에 그의 모양 없는 손을 내민다. 그도 벗이라면 벗이었다. 중학 시대의 열등생. 구보는 그래도 약간 웃음에 가까운 표정을 지어 보이고, 그리고 단장 든 손을 그대로 내밀어 그의 손을 가장 엉성하게 잡았다. 이거 얼마 만이야. 어디, 가나. 응, 자네……

구보는 친하지 않은 사람에게 '자네' 소리를 들으면 언제든 불쾌하였다. '해라'는, 해라는 오히려 나았다. 그 사내는 주머니에서 금시계를 꺼내 보고, 다음에 구보의 얼굴을 쳐다보며, 저기 가서 차라도 안 먹으려나. 전당포 집의 둘째 아들. 구보는 그러한 사내와 자리를 같이해 차를 마실 생각은 없었다. 그러나 그러한 경우에 한 개의 구실을 지어, 그 호의를 사질할 수 있도록 구보는 용감하지 못하다.

나 구보는 자기 뒤를 따라오는 한 여성을 보았다. 그는 한번 흘낏 보기에도, 한 사내의 애인 된 티가 있었다. ❷어느 틈엔가 이런 자도 연애를 하는 시대가 왔나. 새삼스러이 그 천한 얼굴이 쳐다보였으나, 그러나 서정 시인조차 황금광으로 나서는 때다. / 의자에 가 가장 자신 있이 앉아, 그는 주문 들으러 온 소녀에게, 나는 *가루삐스, 그리고 구보를 향하여, 자네두 그걸루 하지. 그러나 구보는 거의 황급하게 고개를 흔들고, 나는 홍차나 커피로 하지.

음료 칼피스를, 구보는, 좋아하지 않는다. 그것은 외설(猥褻)한 색채를 갖는다. 또 그 맛은 결코 그의 미각에 맞지 않았다. 구보는 차를 마시며, 문득, *끽다점(喫茶店)에서 사람들이 취하는 음료를 가져, 그들의 성격, 교양, 취미를 어느 정도까지 알 수 있을 것이 아닌가, 하고 생각하여 본다. 그리고 그것은 동시에, 그네들의 그때, 그때의 기분조차 표현하고 있을 게다. / 구보는 맞은편에 앉은 사내의, 그 교양 없는 이야기에 건성 맞장구를 치며, 언제든 그러한 것을 연구해 보리라 생각한다.

월미도로 놀러 가는 듯싶은 그들과 헤어져, 구보는 혼자 역 밖으로 나온다. [중략] 여자는, 여자는 확실히 어여뻤다. 그는, 혹은, 구보가 이제까지 어여쁘다고 생각하여 온 온갖 여인들보다도 좀 더 어여뻤을지도 모른다. 그뿐 아니다. 남자가 같이 가루삐스를 먹자고 권하는 것도 물리치고, 한 접시의 아이스크림을 지망할 수 있도록 여자는 총명하였다. ❸문득, 구보는, 그러한 여자가 왜 그 자를 사랑하려 드나 또는 그 자의 사랑을 용납하는 것인가 하고, 그런 것을 괴이하게 여겨 본다. 그것은, 그것은 역시 황금인 까닭일 게다. 여자들은 그렇게도 쉽사리 황금에서 행복을 찾는다. 구보는 그러한 여자를 가엾이, 또 안타깝게 생각하다가, 갑자기 그 사내의 재력을 탐내 본다. 사실, 같은 돈이라도 그 사내에게 있어서는 헛되이, 그리고 또 아깝게 소비되어 버릴 게다.

• 중심 내용 물질 만능주의가 만연한 세태를 비판하는 구보

🏠 작품 연구소

〈소설가 구보 씨의 일일〉의 서술상 특징

이 작품은 소설가 구보의 하루 동안의 여정을 중심으로 내용이 전개되고 있다. 이동 경로에 따라 구보의 다양한 사고가 전개되는데, 장소와 사고의 필연적 연관성은 발견하기 어렵다. 즉 <u>구보가 떠올리는 생각들은 인물의 의식의 흐름을 따라 기술되고 있는데</u>, 이는 모더니즘 소설의 특징 중 하나이다. 또한 이 작품에서는 몽타주 기법도 함께 드러나 있기 때문에 인물의 내면 의식이 단편적 사실들에 의해 두서없이 나타나 사건이나 행위, 갈등은 중요한 의미를 갖지 못한다.

또한 이 작품은 눈앞에 벌어진 장면을 노트에 적고 그것을 그대로 소설화하는 작가 특유의 창작 방법을 보여 주고 있다. 작가는 이를 고현학이라 불렀는데, 이를 통해 소설을 쓴 과정 자체를 소설의 주요 내용으로 삼고 있다.

작품의 형식과 기법의 조화

이 작품에서 구보의 '산책'이라는 배회의 형식은 '고현학적 기법'과 '의식의 흐름'을 효과적으로 드러내는 장치이다.

배회의 형식	
고현학적 기법	**의식의 흐름**
일상생활의 풍속을 면밀히 관찰하고 조사하는 고현학적 기법을 활용하여 시정의 풍속을 파노라마식으로 묘사함.	여러 풍경에서 보이는 구보의 의식의 흐름은 구보 자신에게는 결여된 일상적인 행복과 지식인의 고독에 초점이 맞춰져 있음.

소심한 식민지 지식인 구보

작가는 허무주의와 냉소주의에 빠져 살아가는 <u>1930년대 지식인의 모습을 구보 씨를 통해 드러내는데</u>, 이를 작가 자신의 분신으로도 볼 수 있다.

당시 세태	구보의 시선	구보의 이중적 태도
근대화로 인해 병들어 가는 사람들	냉소적으로 주변 인물들을 관찰함.	자신도 병자를 피해 자리에서 일어남.
황금광 시대, 물질 만능주의에 빠져 있는 사람들	속물적인 사람이라 여기며 경멸적으로 바라봄.	자신과 다르게 목적이 있다고 생각함. 동창의 호의를 거절하지 못함.

📋 자료실

'의식의 흐름' 기법

'의식의 흐름'은 소설 속 인물의 의식이 끊어지지 않은 상태로 외부로부터의 자극을 계속 받아들이고 반응하며 연속되는 것이다. '의식의 흐름'을 소재로 삼는 작가들은 인간의 실존이 외부로 나타난 것보다는, 정신과 정서의 연속적인 전개 과정에서 더 잘 나타날 수 있다고 본다. 인간을 심리주의적 기준에서 바라보기 때문에 자연히 인상, 회상, 기억, 반성, 사색과 같은 심적 경험이 소설의 주요 제재가 된다.

📖 함께 읽으면 좋은 작품

〈날개〉, 이상 / 무기력한 지식인의 고뇌가 드러난 작품

일제 강점기를 살아가는 지식인의 고뇌와 자의식의 세계를 다룬 소설로, '의식의 흐름' 기법을 사용하고 있다는 점에서 이 작품과 공통점이 있다. 🔗 Link 본책 88쪽

〈천변 풍경〉, 박태원 / 당대 세태를 묘사한 작품

청계천 변에서 사는 가난한 사람들의 모습을 그리고 있는 세태 소설로, 사람들의 외면 풍경을 마치 카메라로 찍듯이 묘사해 나간 작품이다. 세태를 그리고 있다는 측면에서 이 작품과 유사하다. 🔗 Link 본책 100쪽

---

5 (가)에 나타난 '구보'에 대한 설명으로 적절하지 <u>않은</u> 것은?

① 황금광 시대에 대해 비판적으로 인식하고 있다.
② 광산에 가서 황금광의 실태를 보고 싶어 한 적이 있다.
③ 공적 서류의 수수료가 지나치게 비싸다고 판단하고 있다.
④ 황금 열풍이 전국적으로 확산되어 있다고 생각하고 있다.
⑤ 비속한 친구를 친구로 인정하기 싫으면서도 그의 요청을 거절하지 못하고 있다.

6 이 글의 '구보'를 작가 자신으로 설정하여 얻을 수 있는 효과로 적절하지 <u>않은</u> 것은?

① 허구적 세계에 진실성을 부여할 수 있다.
② 소설과 현실의 구분을 어렵게 만들 수 있다.
③ 작가의 삶에 대한 진지한 반성을 담을 수 있다.
④ 시간적·공간적 배경의 제약을 극복할 수 있다.
⑤ 작가의 일상적 체험을 자유롭게 표현할 수 있다.

7 다음 글은 '구보'가 아침에 읽은 신문 기사의 일부분이다. 이를 참고할 때 ㉠의 의미로 가장 적절한 것은?

> 골드러시……. 황금광 시대는 글자 그대로 거대한 발자취로 진전하고 있다. 지난 20일까지 총독부 광산과 처분계에서 수리한 광업 출원 건수는 실로 5천 25건으로 그중에 금은광(金銀鑛) 관계의 것만 3천 2백 22건에 달하였다. 광무과원에 의하면 조선 사람의 출원도 비상히 격증하고 있으나 대개 충실한 자금도 없이 허욕에 들떠서 일시 호기심으로 경륜을 세웠으나 굴착비 문제 등으로 중도에 매도해 버리는 것이 7, 8할 이상에 달한다 한다. 그 반면 일본의 유수한 대재벌의 맹렬한 진출은 위대한 세력을 보이며 비약적 진전을 하고 있음에 놀라지 않을 수 없다.

① 목적 없이 배회하는 자신의 처지가 처량함.
② 좀 더 진실한 인생을 살지 못했다는 부끄러움.
③ 창작을 위해 벗의 광산에 가고 싶지만, 갈 수 없는 상황임.
④ 평론가나 시인과 같은 문인들은 황금을 손에 넣을 수 없음.
⑤ 당시 황금에 대한 사람들의 열기가 실현 불가능한 허황된 꿈이라고 생각함.

8 이 글에 사용된 의식의 흐름 기법이 작품의 주제 전달에 어떤 도움을 주는지 쓰시오.

9 물질적 가치가 우선시되던 당시 사회를 표현한 말을 (나)에서 찾아 5어절로 쓰시오.

문학 창비

◎ 핵심 정리

갈래 단편 소설, 세태 소설, 풍자 소설
성격 풍자적, 사실적, 비판적
배경 ① 시간 – 1930년대 겨울
　　　 ② 공간 – 시골 마을
시점 1인칭 관찰자 시점
주제 민중의 비참한 삶과 몰인정한 세태
특징 ① 민중의 비참한 삶을 사실적으로 드러냄.
　　　 ② 1인칭 관찰자 시점과 전지적 시점의 혼
　　　　 선을 보임.
　　　 ③ 판소리 사설의 서술 기법이 나타남.
출전 《중앙》(1935)

☼ 어휘 풀이

재랄 법석을 떨며 함부로 분별없이 하는 행동을
낮잡아 이르는 말.
대구 '자꾸'라는 뜻의 강원도 방언.
마뜩찮다 별로 마음에 달갑지 않다.
깡좁쌀죽 좁쌀만으로 지은 죽.
작인 소작인. 일정한 사용료를 내고 남의 땅을
빌려서 농사를 짓는 사람.
이밥 입쌀로 지은 밥.

Q '작은아씨'의 인물됨은?

이 글에서 작은아씨는 굶주린 옥이에게 갖가지
음식을 내어 주며 따뜻한 인정을 베풀고 있다. 이
는 몰인정한 동네 계집들과 대비되는 모습으로 각
박한 세태 속에서 본보기로 삼을 만한 긍정적인
인간상을 보여 준다.

✿ 구절 풀이

❶ **덕희의 말을 빌리면 ~ 일어나 재랄이었다.**
　1인칭 관찰자 시점의 서술 범위를 넓히기 위
해 제삼자의 말을 빌려 서술자가 직접 체험하
지 않은 사실을 서술하고 있음을 드러낸다.
❷ **왼쪽 소맷자락으로 ~ 가끔 쳐다보고 하였다.**
　옥이가 극도로 굶주림에 시달리고 있음을 보
여 주는 부분으로, 나중에 옥이가 잔칫집에 가
서 무리하게 음식을 먹을 수밖에 없었던 것에
대한 이해를 돕는다.
❸ **저런 여우 년. ~ 까닭 없이 깔깔대인다.** 동네
여자들이 부엌에서 음식을 먹다가 부엌에 들
어온 옥이에 대해 비난하며 재미있어 하는
장면으로 뒤에 등장하는 인정이 많은 작은아
씨의 모습과 대비하여 몰인정한 세태를 보여
준다.
❹ **엇다 태워 먹었는지 ~ 어깨를 덮고** 옥이의
남루한 옷차림과 전혀 손질되지 않은 머리 모
양을 묘사한 부분으로 제대로 보살핌을 받지
못하는 옥이의 비참한 생활을 암시한다.

가 　이러던 것이 그날은 유별나게 어느 때보다 일찍 일어났다. ❶덕희의 말을 빌리면 고 배라
먹을 년이 그예 일을 저지르려고 새벽부터 일어나 *재랄이었다. 하긴 재랄이 아니라 배가
몹시 고팠던 까닭이지만, 아버지의 숟가락질 소리를 들어 가며 침을 삼키고 삼키고 몇 번
을 그래 봤으나 나중에는 더 참을 수가 없었다. [중략] 이때 그만 정신이 번쩍 났다. 용기를
내었다. 바른팔을 뒤로 돌리어 가장 뭐에나 물린 듯이 ㉠*대구 급작스리 응아 하고 소리를
내지른다. 그리고 비슬비슬 일어나 앉아서는 두 손등으로 눈을 비벼 가며 우는 것이다. 아
버지는 이 꼴에 화를 벌컥 내었다. 손바닥으로 뒤통수를 딱 때리더니 이건 죽지도 않고 말
썽이야 하고 썩 *마뜩잖게 투덜거린다. 어머니를 향하여 저년 아무것도 먹이지 말고 오늘
종일 굶기라고 부탁이다. [중략] 암만 울어도 소용은 없지만, 나뭇짐이 읍으로 들어간 다음
에서야 비로소 겨우 운 보람이 있었다. 어머니는 힝하게 죽 한 그릇을 떠 들고 들어온다. 옥
이는 대뜸 달려들었다. ❷왼쪽 소맷자락으로 눈의 눈물을 훔쳐 가며 연상 퍼 넣는다. *깡좁
쌀죽은 묽직한 국물이라 숟갈에 뜨이는 게 얼마 안 된다. 떡 넣으니 이것은 차라리 들고 마
시는 것이 편하리라. 쉴 새 없이 숟가락은 열심껏 퍼 들인다. 어머니가 한 숟갈 뜰 동안이면
옥이는 두 숟갈 혹은 세 숟갈이 올라간다. 그래도 행여 밑질까 봐서 숟가락 빠는 어머니의
입을 가끔 쳐다보고 하였다. 반쯤 먹다 어머니는 슬며시 숟가락을 내려놓았다. 두 손을 다
리 밑에 파묻고는 땅을 내려다보며 묵묵히 앉아 있다. 한 그릇 죽은 다 치웠건만 그래도 배
가 고팠다.
　　▶ 굶주린 옥이가 아버지의 눈을 피해 죽 한 그릇을 먹음.

나 　부엌에는 어중이떠중이 ⓐ동네 계집은 얼추 모인 셈이다. 고깃국에 밥 마는 사람에 찰떡
을 씹는 사람! 이쪽에서 북어를 뜯으면 저기는 투정하는 자식을 주먹으로 때려 가며 누룽
지를 혼자만 쩍쩍거린다. 부엌문으로 불쑥 디미는 옥이의 대가리를 보더니 ❸저런 여우 년.
밥주머니 왔니. 냄새는 잘도 맡는다. 이렇게들 제각기 욕 한 마디씩, 그리고는 까닭 없이 깔
깔대인다. 옥이네는 이 댁의 종도 아니요 *작인도 아니다. 물론 여기에 들어와 맛좋은 음식
벌어진 이 판에 한 다리 뻗을 자격이 없다마는 남이야 욕을 하건 말건 옥이는 한구석에 잠
자코 시름없이 서 있다. 이놈을 바라보고 침 한 번 삼키고 저놈을 바라보고 침 한 번 삼키
고, 마침 이때 ⓑ작은아씨가 내려왔다. 옥이 왔니, 하고 반기더니 왜 어멈들만 먹느냐고 계
집들을 나무란다. 그리고 옆에 섰는 개똥어멈에게 얘가 얼마든지 먹는단 애유 하고 옥이를
가리키매 그 대답은 다만 싱글싱글 웃을 뿐이다. 작은아씨도 따라 웃었다. 노랑 저고리 남
치마 열 서넛밖에 안 된 어여쁜 작은아씨, 손수 솥뚜껑을 열더니 큰 대접에 국을 뜨고 거기
에다 하얀 *이밥을 말아 수저까지 꽂아 준다. 옥이는 황급히 얼른 잡아채었다. [중략] ❹엇다
태워 먹었는지 군데군데 뚫어진 검정 두렁치마. 그나마도 폭이 좁아서 볼기짝은 통째 나왔
다. 머리칼은 가시덤불같이 흩어져 어깨를 덮고 이 꼴로 배가 불러서 식식거리며 떠는 것
이다. 그래도 속은 고픈지 대접 밑바닥을 닥닥 긁고 있으니 작은아씨는 생긋이 웃더니 그
손을 이끌고 마루로 올라간다. 날이 몹시 추워서 마루에는 아무도 없었다. 찬장 앞으로 가
더니 손뼉만한 시루팥떡이 나온다. 받아들고는 또 널름 집어치웠다. 곧 뒤이어 다시 팥떡
이 나왔다. 그러나 이번에는 옥이는 손도 아니 내밀고 무언으로 거절하였다. 왜냐하면 이
때 옥이의 배는 최대한도로 늘어났고 거반 바람 넣은 풋볼만치나 가죽이 탱탱하였다.
　　▶ 잔칫집에 간 옥이가 과식을 함.

• 중심 내용 굶주림에 허덕이던 옥이가 잔칫집에 가서 과식을 함.　　　• 구성 단계 (가) 전개 / (나) 위기

이해와 감상

이 작품은 어느 시골 마을, 굶주림에 허덕이던 옥이라는 어린아이가 부잣집 잔치에서 너무 많은 음식을 먹고 탈이 나 죽을 지경에 처했다가 다시 살아난다는 이야기를 담은 소설이다.

죽 한 그릇도 배불리 먹을 수 없을 정도의 가난한 생활, 굶주려 우는 옥이에게 폭력을 행사하는 아버지와 이를 지켜만 보는 병약한 어머니의 모습은 당시 민중들의 비참하고 피폐한 삶을 생생하게 드러내고 있다. 또한 자신들은 맛있는 음식으로 배를 채우면서도 굶주림에 지쳐 잔칫집 부엌을 기웃거리는 옥이에게 비난을 퍼붓고 음식으로 인해 봉변을 당한 사건을 재밋거리로 삼아 농담의 소재로 활용하는 마을 사람들의 태도는 몰인정한 세태의 한 단면을 보여 준다.

이 작품의 서술자인 '나'는 음식으로 인해 봉변을 당한 옥이를 안타까워하면서 옥이의 처지를 이해하지 못하고 나무라기만 하는 아버지와 동네 여자들의 비정한 행태를 고발하고 있다.

🔍 전체 줄거리

발단	옥이의 아버지 덕희는 동네에서 제일 가난하고 게으른 사내로, 배가 고프다고 칭얼대는 자신의 어린 딸 옥이를 미워하고 구박한다.
전개	눈이 쌓인 겨울날 나뭇값이 부쩍 오르자 덕희는 나뭇짐을 지고 읍내로 간다. 옥이는 아버지가 읍내로 간 다음에야 죽 한 그릇을 얻어먹지만 그것만으로는 부족해한다.
위기	옥이는 동네의 부잣집 잔치에 따라가 동네 여자들에게 비난과 놀림의 대상이 된다. 그러나 그 집 작은아씨로부터 갖가지 음식을 대접받는다.
절정	옥이는 너무 많은 음식을 먹은 나머지 탈이 나 고통스러워하지만, 부모는 치료를 하지 않고 봉구라는 점쟁이를 불러 경을 읽게 한다.
결말	옥이는 얼굴이 노랗게 질리고 핏기가 멎었다가 침을 맞고 나서야 포대기 속으로 똥을 갈기고 겨우 생기를 되찾는다.

👥 인물 관계도

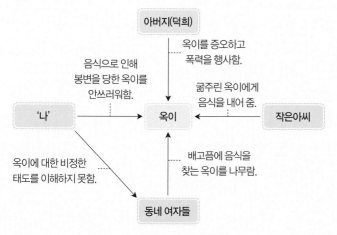

🏠 작품 연구소

옥이를 대하는 아버지 덕희의 태도

이 작품에서 옥이의 아버지 덕희는 폭력을 행사하거나 딸을 증오하는 비정상적인 모습을 보인다. 덕희는 굶주린 옥이에게 화를 내면서, 과식으로 죽을 지경에 처했다가 겨우 살아난 옥이를 걱정하는 것이 아니라 귀한 음식을 혼자 먹은 것에 대해 시기하고 증오하는 모습을 보이는 것이다. 이러한 덕희의 비인간적인 행태는 서술자인 '나'의 관점에서 '놈'이라는 부정적인 명칭을 통해 독자에게 전달되고 있다.

🔑 포인트 체크

인물 옥이가 부잣집 잔치에 가서 너무 많은 음식으로 □□를 채우는 모습을 통해 옥이는 먹을 것을 몹시 탐내는 인물임을 보여 준다.

배경 눈 내린 겨울날의 □□ 날씨는 옥이의 굶주림의 고통을 가중시키는 역할을 한다.

사건 굶주림에 지친 옥이는 동네 여자들의 □□을 받으면서도 작은아씨가 건네주는 많은 □□을 먹고 탈이 나서 죽을 지경에 처했다가 겨우 생기를 되찾는다.

1 이 글에 대한 설명으로 적절하지 않은 것은?

① 현재와 과거 시제를 혼용하고 있다.
② 과거에 일어난 사건을 다루고 있다.
③ 시대적 배경을 세밀하게 묘사하고 있다.
④ 서술의 초점을 한 인물에게 맞추고 있다.
⑤ 다른 인물을 통해 전해 들은 이야기를 서술하고 있다.

2 사건의 전개 양상을 고려할 때 ㉠의 의미로 가장 적절한 것은?

① 부모의 관심을 받고 싶음.
② 배고파서 빨리 밥을 먹고 싶음.
③ 죽보다 더 배부른 음식을 주길 바람.
④ 아버지의 식사 소리에 깨서 짜증이 남.
⑤ 평소 자신을 구박하는 아버지를 원망함.

3 ⓐ와 ⓑ에 대한 설명으로 적절하지 않은 것은?

① ⓐ는 부엌에서 아무 간섭 없이 맛좋은 음식을 즐기고 있다.
② ⓑ는 개똥어멈을 통해 옥이의 식탐을 이미 들어 알고 있다.
③ ⓐ는 ⓑ와 달리 옥이에게 비난을 받고 있다.
④ ⓑ는 ⓐ와 달리 옥이에게 호의를 베풀고 있다.
⑤ ⓐ는 옥이에게 부정적으로, ⓑ는 긍정적으로 작용한다.

내신 적중

4 '옥이'를 대하는 '아버지'의 태도로 가장 적절한 것은?

① 굶주림에 지친 옥이를 안쓰러워하고 있다.
② 옥이를 보살피지 못하는 아내를 나무라고 있다.
③ 옥이에게 화를 내며 뒤통수를 때린 것을 미안해하고 있다.
④ 옥이의 배고픔을 해결해 주지 못하는 자신을 자책하고 있다.
⑤ 새벽부터 일어나 시끄럽게 우는 옥이를 달가워하지 않고 있다.

5 이 글과 〈보기〉의 작품이 공통적으로 추구하는 삶의 가치를 쓰시오.

┤ 보기 ├

내가 어둠 속에서 너를 부를 때
단 한 번도 평등하게 웃어 주질 않은
가마니에 덮인 동사자가 다시 얼어 죽을 때
가마니 한 장조차 덮어 주지 않은
무관심한 너의 사랑을 위해
흘릴 줄 모르는 너의 눈물을 위해
나는 이제 너에게도 기다림을 주겠다

– 정호승, 〈슬픔이 기쁨에게〉 중에서

☀ **어휘 풀이**

걸쌈스럽다 걸쌈스럽다. 남에게 지기 싫어하며 모질고 억척스러운 데가 있다.

주왁 주악. 웃기떡의 하나.

되우 아주 몹시.

탄하다 남의 일을 아랑곳하여 시비하다.

사날 사흘이나 나흘 정도의 시간.

짜장 과연 정말로.

노냥 '노상'의 방언. 언제나 변함이 없이 한 모양으로 줄곧.

불콰하다 얼굴빛이 술기운을 띠거나 혈기가 좋아서 불그레하다.

돌르다 '도르다'의 방언. 먹은 것을 게우다.

Q 제목 '떡'의 의미는?

옥이는 굶주림에 허덕이다가 잔칫집에 가서 떡을 먹고 탈이 나서 죽을 지경에 처하고, 아버지 덕희는 옥이가 혼자 떡을 먹은 것에 대해 서운해 하는 모습을 보인다. 이 글에서 '떡'은 굶주림을 채워 주는 음식이면서 가난한 민중들이 추구하는 풍요로운 삶을 상징한다.

🐚 **구절 풀이**

❶ **너는 보도 못하고 ~ 설명하여 받기로 하자.**
'너'는 서술자를 가리키는 말로 서술자 자신을 직접 드러내어 이 작품이 1인칭 관찰자 시점에서 서술되고 있음을 드러낸다. 중간중간에 서술자 사신의 목소리를 느러내는 판소리 사설과 유사한 서술 방식을 보여 준다.

❷ **요건 빨간 거짓말이다. ~ 틀림없을 게다.** '나'가 개똥어멈의 말을 평가하는 부분으로 '나'는 개똥어멈의 말을 신뢰하지 않고 있음을 보여 준다.

❸ **계집들은 몰려 앉아서 ~ 이상한 모양 같다.**
동네 여자들이 모여 앉아서 옥이가 당한 봉변을 이야기하는 장면을 묘사한 부분으로, 자칫 어린아이가 목숨을 잃을 수도 있었던 심각한 사건을 한갓 재밋거리로만 여기는 비정한 세태를 드러낸다.

❹ **이 배라먹을 년, ~ 오랄지게 퍼붓는다.** 죽을 지경에 처했던 어린 딸이 겨우 생기를 되찾는 순간에 걱정하고 위로하는 태도를 보이지 않고 욕을 퍼부으며 질책함으로써 비정한 아버지의 모습을 보여 준다.

👤 **작가 소개**

김유정(金裕貞, 1908~1937)
소설가. 1935년 《조선일보》 신춘문예에 〈소낙비〉로, 《중외일보》에 〈노다지〉로 등단하였다. 1930년대 농촌을 배경으로 하여 해학적이면서 현실 비판 의식을 드러내는 농촌 소설들을 발표하였다. 주요 작품으로 〈동백꽃〉, 〈만무방〉, 〈봄·봄〉 등이 있다.

오른쪽 단 (본문)

[가] 배가 불렀는지 혹은 곯았는지 하는 건 이때의 문제가 아니다. ⓐ한갓 자꾸 먹어야 된다는 걸쌈스러운 탐욕이 옥이 자신도 모르게 활동하였고 또는 옥이는 제가 먹고 싶은 걸 무엇무엇 알았을 그뿐이었다. 거기다 맛깔스러운 그 떡 맛. 생전 맛 못 보던 그 미각을 한번 즐겨 보고자 기를 쓴 노력이다. 만약 이 ㉠떡의 순서가 주왁이 먼저 나오고 백설기, 팥떡, 이렇게 나왔다면 옥이는 주왁만으로 만족했을지 모른다. 그리고 백설기, 팥떡은 단연 아니 먹었을 것이다. ❶너는 보도 못하고 어떻게 그리 남의 일을 잘 아느냐 그러면 그 장면을 목도한 ㉡개똥어머니에게 좀 설명하여 받기로 하자. 아참, 그년 되우는 먹읍디다. 그 밥 한 그릇을 다 먹고 그래 떡을 또 먹어유. 그게 배때기지유. 주왁 먹을 제 나는 인제 죽나 부다 그랬슈. 물 한 모금 안 처먹고 꼬기꼬기 씹어서 꼴딱 삼키는데 아 눈을 요렇게 됩쓰고 꼴딱 삼킵디다. [중략] 이걸 가만히 듣다가 그럼 왜 말리진 못했느냐고 탄하니까 제가 일부러 먹이기도 할 텐데 그렇게는 못하나마 배고파 먹는 걸 무슨 혐의로 못 먹게 하겠느냐고 되레 성을 발끈 내인다. 그러나 ⓑ요건 빨간 거짓말이다. 저도 다른 계집 마찬가지로 마루 끝에 서서 잘 먹는다 잘 먹는다 이렇게 여러 번 칭찬하고 깔깔대고 했었음에 틀림없을 게다.

<small>1인칭 관찰자 시점에서 서술하고 있음. 중간에 서술자 자신의 목소리를 드러내는 판소리 사설과 유사함.</small>
<small>㉡: 개똥어멈의 말을 직접 인용함.</small>
<small>개똥어멈의 말에 대한 서술자의 부정적 평가가 드러남.</small>
<small>개똥어멈의 말을 간접적으로 인용함.</small>
<small>개똥어멈의 말을 신뢰하지 못함.- 개똥어멈의 비열한 인간성을 드러냄.</small>
▶ '나'는 옥이가 과식하게 된 과정을 개똥어멈에게 들음.

[나] 옥이의 ㉢이 봉변은 여지껏 동리의 한 이야깃거리가 되어 있다. 할 일이 없으면 ❸계집들은 몰려 앉아서 그때의 일을 찧고 까불고 서로 떠들어대인다. 그리고 옥이가 마땅히 죽어야 할 걸 그대로 살아난 것이 퍽이나 이상한 모양 같다. 딴은 사날이나 먹지를 못하고 몸이 끓어서 펄펄 뛰며 앓을 만치 옥이는 그렇게 혼이 났던 것이다. 하지만 처음부터 짜장 가슴을 죄인 것은 그래도 옥이 어머니 하나뿐이었다. ㉣아파서 드러누웠다 방으로 들어오는 옥이를 보고 그만 벌떡 일어났다. 마침 왜 배가 이 모양이냐 물으니 대답은 없고 옥이는 가만히 방바닥에 가 눕더란다.

<small>옥이가 잔칫집에서 너무 많은 음식을 먹어 죽을 지경에 처했다가 겨우 살아난 사건</small>
<small>어린아이가 목숨을 잃을 수도 있었던 사건을 한갓 재미거리로 여기는 비정한 세태가 드러남.</small>
▶ 집으로 돌아온 옥이가 과식으로 탈이 나 고통스러워함.

[다] 내가 옥이네 집엘 찾아간 것은 이때 썩 지나서다. 해넘이의 바람은 차고 몹시 떨렸으나 옥이에 대한 소문이 흉히므로 퍽 궁금히였다. 히둥거리며 방문을 펄떡 열어 보니 어머니는 딸 머리맡에서 무르팍에 눈을 비벼 가며 여지껏 훌쩍거리고 앉았다. 냉병은 아주 가셨는지 노냥 노랗게 고민하던 그 상이 지금은 불콰하니 눈물이 흐른다. [중략] 얼마 후 놈은 옆으로 고개를 돌리더니 여보게 참말 죽지는 않겠나 하고 물으니까 봉구는 눈을 끔벅끔벅하더니 죽기는 왜 죽어, 한나절토록 경을 읽었는데 하고 자신이 있는 듯 없는 듯 얼치기 대답이다. 제 딴은 경을 읽기는 했건만 조금도 효험이 없으매 저로도 의아한 모양이다.

<small>덕희. 옥이의 아버지</small>
<small>잡것인 봉구가 경을 읽어 치료를 했지만 효과가 없음. 의학적인 방법으로 치료를 받지 못함.</small>
▶ '나'가 옥이네 집을 찾아감.

[라] 내가 서두는 바람에 봉구는 주머니 속에서 조그만 대통을 꺼냈다. 또 ⓓ그 속에서 녹슨 침 하나를 꺼내더니 입에다 한 번 쭉 빨고는 쥐가 뜯어먹은 듯한 칼라 머리에다 쓱쓱 문지른다. 바른손을 논 다음 왼손 엄지손가락으로 침이 또 들어갈 때에서야 비로소 옥이는 정신이 나나 보다. 으악 소리를 지르며 잠깐 놀란다. 그와 동시에 푸드득 하고 포대기 속으로 똥을 갈겼다. ㉢덕희는 이걸 빤히 바라보고 있더니 골피를 접으며 ❹이 배라먹을 년, 웬걸 그렇게 처먹고 이 지랄이야, 하고는 욕을 오랄지게 퍼붓는다. 그러나 나는 그 속을 빤히 보았다. 저와 같이 먹다가 이렇게 되었다면 아마 이토록은 노엽지 않았으리라. 그 귀한 음식을 돌르도록 처먹고도 애비 한쪽 갖다 줄 생각을 못 한 딸이 지극히 미웠다. 고년 고래 싸, 웬 떡을 배가 터지도록 처먹었담, 하고 입을 삐죽대는 그 낯짝에 시기와 증오가 역력히 나타난다. 사실로 말하자면 이런 경우에는 저도 반드시 옥이와 같이 했으려만. 아니 놈은 꿀 바른 주왁을 다 먹고도 또 막걸리를 준다면 물다 뱉는 한이 있더라도 어쨌든 덥석 물었으리라 생각하고는 ㉣나는 그 얼굴을 다시 한번 쳐다보았다.

<small>눈살을 찌푸리며</small>
<small>귀한 음식을 혼자 먹은 데 대한 시기와 증오</small>
<small>『 』: 겨우 나아진 딸에게 욕을 퍼부으며 질책하는 비정한 아버지의 모습을 보여 줌.</small>
<small>가증스러운 태도로 덕희를 바라봄.</small>
▶ 덕희는 침을 맞고 살아난 옥이에게 질책을 함.

• **중심 내용** 과식으로 탈이 난 옥이가 고통스러워하다가 침을 맞고 나아짐. • **구성 단계** (가)~(다) 절정 / (라) 결말

작품 연구소

시점의 혼란과 판소리 사설의 문체

이 작품은 전체적으로는 '나'가 등장하여 자신이 경험한 사건을 독자에게 전달하는 1인칭 관찰자 시점을 취하고 있지만, 부분적으로는 자신의 관찰 범위를 벗어나 자신이 경험하지 못한 부분까지 전달하는 전지적 작가 시점으로 서술하는 시점의 혼란을 보이고 있다. 간혹 '덕희의 말을 빌리면', '개똥어머니에게 좀 설명하여 받기로 하자.' 등의 장치를 마련하고 있지만 이때에도 서술자의 서술 범위는 말을 전하는 이들의 설명의 범위를 초월하여 서술하는 모순을 보이고 있다. 이러한 시점의 혼란은 전지적 시점에 있는 창자가 수시로 작중에 개입하여 자신의 주관적인 생각을 드러내는 판소리 사설의 서술 방식과 유사하다고 볼 수 있다.

1인칭 관찰자 시점	옥이가 음식으로 인해 당한 봉변에 대해 '나'가 보고 들은 내용을 서술함.
↕ 시점의 혼란	
전지적 작가 시점	'나'의 관찰 범위를 벗어나 옥이와 관련된 사건의 구체적이고 세부적인 내용까지 전지적 시점에서 서술함.

'나'가 개똥어머니의 말을 받아들이는 태도

이 작품에서 '나'는 개똥어머니에게 옥이가 잔칫집에서 음식을 너무 많이 먹은 일에 대한 설명을 듣고 그렇게 많이 먹는 것을 왜 말리지 않았는지 지적을 한다. 이에 대해 개똥어머니는 일부러라도 먹이고 싶었는데 배고파 먹는 것은 더더욱 말리지 못했다며 어쩔 수 없었다는 변명을 하고 '나'는 이를 '빨간 거짓말'이라고 생각한다. 이는 개똥어머니에 대해 부정적인 관점을 지니고 있는 '나'가 그녀의 말을 신뢰하지 않고 있음을 드러낸다.

자료실

김유정 소설에 나타난 가족의 모습

김유정 소설에서 '가족'은 중요한 문학적 표제 중의 하나이다. 그의 소설은 가족의 형성과 존속, 붕괴와 해체의 과정을 재현하고 있는데, 이때 가족은 극도의 가난으로 인해 폭력 등 윤리성을 상실한 모습을 보여 준다. 그의 소설에서 가족은 전통적 대가족의 모습이 아니라 대개 남편과 아내, 자식으로 구성된 단출한 가족의 형태를 띠며, 내적, 외적 상황에 의해 끊임없이 존속을 위협받는 모습으로 제시된다. 이는 가족을 국가의 소규모적 형태로 인식한 결과로 정상적인 가족이란 온전한 국가 체제와 사회 구조 안에서만 가능하다는 것을 보여 줌으로써 1930년대 식민지 시대의 국가적 위기가 가족의 위기를 불러오고 있음을 보여 주는 것이라 할 수 있다.
– 홍순애, 〈김유정 소설의 반가족주의와 '가(家)' 형성·존속의 이데올로기〉

함께 읽으면 좋은 작품

〈국수〉, 백석 / 음식을 소재로 한 작품

백석의 〈국수〉는 유년 시절 국수에 대한 아련한 기억을 개성적이면서도 토속적인 언어로 그려 냄으로써 우리 민족의 일상적인 삶과 소박한 정서, 민족 공동체에 대한 애정을 드러내고 있는 시이다. 인물들의 음식에 대한 인식과 태도가 〈떡〉과 어떻게 다른지 비교해 볼 만하다.

Link 〈현대 시〉 90쪽

6 이 글을 통해 알 수 있는 내용으로 적절하지 <u>않은</u> 것은?

① 옥이는 백설기와 팥떡보다 주왁을 늦게 먹었다.
② 옥이는 봉구의 침을 맞고 난 후 생기를 되찾는다.
③ '나'는 옥이에 대한 개똥어멈의 말을 신뢰하지 않는다.
④ 덕희는 자신의 집을 찾아온 '나'에게 별 관심을 보이지 않는다.
⑤ 동네 사람들은 옥이가 음식 때문에 봉변을 당한 일을 안타까워한다.

7 ⓐ~ⓔ 중 〈보기〉의 밑줄 친 부분과 가장 관련이 깊은 것은?

┤ 보기 ├

이 작품은 전체적으로 1인칭 관찰자 시점이지만 부분적으로 전지적 작가 시점을 취하고 있다. 이러한 시점의 혼란은 전지적 시점에 있는 창자가 수시로 작중에 개입하여 <u>자신의 주관적인 생각을 드러내는</u> 판소리 사설의 서술 방식과 유사하다고 볼 수 있다.

① ⓐ   ② ⓑ   ③ ⓒ   ④ ⓓ   ⑤ ⓔ

8 ㉠에 대한 설명으로 적절하지 <u>않은</u> 것은?

① 옥이의 식탐을 자극하는 대상이다.
② 덕희의 부성애가 드러나는 음식이다.
③ 옥이가 평소에 맛보기 어려운 음식이다.
④ 옥이가 죽을 위기에 처하게 된 계기이다.
⑤ 옥이에 대한 덕희의 시기심을 유발한 대상이다.

9 ㉡에 대한 서술자의 평가로 가장 적절한 것은?

① 자신에게 불리하게 작용할 만한 사실은 숨기는 인물이다.
② 능력이 떨어지는 사람에게 칭찬과 격려를 잘하는 인물이다.
③ 굶주린 사람을 보면 지나치지 않고 음식을 대접하는 인물이다.
④ 아무 이유 없이 화를 잘 내어 정상적인 대화가 어려운 인물이다.
⑤ 침체된 분위기를 화기애애한 분위기로 전환시킬 줄 아는 인물이다.

10 ㉢이 지시하는 내용을 구체적으로 쓰시오.

내신 적중

11 ㉣에 드러나는 '덕희'에 대한 '나'의 심리로 가장 적절한 것은?

① 질투   ② 슬픔   ③ 가엾음
④ 실망감   ⑤ 가증스러움

🎯 핵심 정리

갈래 단편 소설, 농촌 소설
성격 반어적, 비판적, 토속적
배경 ① 시간 – 일제 강점기의 어느 가을날
　　　② 공간 – 강원도 산골 마을
시점 전지적 작가 시점
주제 식민지 농촌 사회의 가혹한 현실
특징 ① 간결하고 사실적인 문체와 토속적인 어휘를 사용하여 생동감 있게 묘사함.
　　　② 일제 강점기의 농민의 궁핍함을 반어적인 기법을 통해 표현함.
출전 《조선일보》(1935)

Q '응오'가 벼를 수확하지 않는 이유는?

벼를 수확해 봤자 소작료와 세금을 내고, 그동안 진 빚을 갚고 나면 남는 것이 하나도 없는 현실에 절망감을 느끼고 있기 때문이다.

💡 어휘 풀이

만무방 염치가 없이 막된 사람.
장리 봄에 꾸어 준 곡식에 대하여 가을에 그 절반 이상을 이자로 쳐서 받는 변리(邊利).
기지사경 죽을 지경에 이름.
진시 진작.
도지 소작료.
색초 잡초를 없애는 데 들어간 비용.
열없다 좀 겸연쩍고 부끄럽다.
깨깨 매우 여윈 모양.
가을하다 벼나 보리 따위의 농작물을 거두어들이다.
국으로 제 생긴 그대로. 또는 자기 주제에 맞게.
사품 상황. 일이 되어 가는 상태.
반실 절반가량 잃거나 축나서 손해 봄.
알짬 여럿 가운데에 가장 중요한 내용.

Q '응칠'이 지주를 때린 이유는?

응칠은 좋은 말로 지주를 설득하려 했으나, 지주의 비정하고 탐욕스러운 태도에 분노를 참지 못하고 지주를 때리게 된다. 이러한 응칠의 행동은 동생 응오에 대한 애정을 바탕으로 한다.

📖 구절 풀이

❶ **하기는 응오의 아내가 ~ 털어야 할 것이다.** 아내가 병에 걸려 죽을 만큼의 긴박한 사정인데 수중에 돈이 없으니 진작 벼를 수확해서 돈을 마련했어야 한다는 의미이다.

❷ **그러나 캄캄하도록 털고 나서 ~ 끝없이 부끄러웠다.** 고생해서 수확을 해도 소작료를 내고, 그간 진 빚을 갚고, 세금을 내고 나면 남는 것이 없는 소작농의 처지가 슬픔을 넘어 자괴감으로 이어지고 있다. 이는 식민지 농촌 사회의 구조적 모순을 드러낸다.

❸ **지주로 보면 ~ 없어도 고만.** 지주는 응오 논에 대한 도지를 받지 않아도 그만이고, 직접 응오 논의 벼를 수확할 수도 있지만, 그렇게 하면 다른 소작인들도 같은 요구를 할 것이기 때문에 응오에게 수확을 독촉하는 것이다.

가 「응오는 진실한 농군이었다. 나이 서른하나로 무던히 철났다 하고 동리에서 쳐주는 모범 청년이었다.」 그런데 벼를 베지 않는다. 남은 다들 걷어들이고 털기까지 하련만 그는 벨 생각조차 않는 것이다.
　　　　　　↑ 응칠과 대비되는 응오의 평판을 요약적으로 제시　　↑ 평판에 어울리지 않는 응오의 행동

지주든 혹은 그에게 °장리를 놓은 김 참판이든 뻔질 찾아와 벼를 베라 독촉하였다.

"얼른 털어서 낼 건 내야지." / 하면 그 대답은,

㉠"계집이 죽게 됐는데 벼는 다 뭐지유." / 하고 한결같이 내뱉는 소리뿐이었다.
　↑ 벼를 베지 않는 것에 대한 변명. 아내의 병을 핑계로 벼를 베지 않는 이유를 합리화함.

❶하기는 응오의 아내가 지금 °기지사경(幾至死境)이매 틈은 없었다 하더라도 돈이 놀아서 약을 못 쓰는 이 판이니 °진시(趁時) 벼라도 털어야 할 것이다.

┌─ 그러면 왜 안 털었던가…… ┐

그것은 작년 응오와 같이 지주 문전에서 타작을 하던 친구라면 묻지는 않으리라. 한 해
　　　　　　　　　　　　↑ 응오의 속사정을 알면 벼를 털지 않는 이유를 이해할 수 있음.
동안 애를 졸이며 홑자식 모양으로 알뜰히 가꾸던 그 벼를 거둬들임은 기쁨에 틀림없었다.
　　　　　　　↑ 자식을 사랑하는 것처럼 정성껏 가꾸던
꼭두새벽부터 엣, 엣 하며 괴로움을 모른다. ❷그러나 캄캄하도록 털고 나서 지주에게 °도지(賭地)를 제하고, 장리쌀을 제하고, °색초를 제하고 보니, 남는 것은 등줄기를 흐르는 식은 땀이 있을 따름. 그것은 슬프다 하기보다 끝없이 부끄러웠다. 같이 털어 주던 동무들이 뻔히 보고 섰는데 빈 지게로 덜렁거리며 집으로 돌아오는 건 진정 °열없기 짝이 없는 노릇이었다. 참다 참다 못해 응오는 눈에 눈물이 흘렀던 것이다.
　↑ 열심히 농사를 지어도 정작 소작농에게는 돌아오는 것이 없는 현실에 대한 서글픔.

가뜩한데 엎치고 덮치더라고 올해는 그나마 흉작이었다. 샛바람과 비에 벼는 °깨깨 비틀렸다. 이놈을 °가을하다간 먹을 게 남지 않음은 물론이요 빚도 다 못 가릴 모양. 에라, 배라
　　　　　　　　　　↑ 흉작으로 인해 식량은커녕 빚도 갚지 못할 정도로 수확량이 적음.
먹을 거. 너들끼리 캐다 믹든 밀든 맛대로 하여라, 하고 내던져 두지 않을 수 없었다. 벼를
　　　　　　　↑ 인물의 내면 심리를 간접 인용의 형식으로 제시
걷었다고 말만 나면 빚쟁이들은 우우 몰려들 거니깐…….　　　　　▶ 응오가 벼를 수확하지 않는 이유

나 응칠이의 죄목은 여기에서도 또렷이 드러난다. °국으로 가만만 있었더면 좋은 걸, 이 °사품에 뛰어들어 지주의 뺨을 제법 갈긴 것이 응칠이었다.
　↑ 실제 죄를 지었다기보다 응오의 처지를 더욱 어렵게 만들었다는 의미임.

처음에야 그럴 작정이 아니었다. 그는 여러 곳 물을 마시니만치 어지간히 속이 튼 건달
　　　　　　　　　　　　　　↑ 응칠이 이런저런 경험이 많아 세상 물정을 잘 알고 있음을 표현함.
이었다. 지주를 만나 까놓고 썩 좋은 소리로 의논하였다. 올 농사는 °반실이니 도지도 좀 감
　　　　　　　　　　　↑ 지주의 기분이 상하지 않게 좋은 말로　　　　↑ 응칠이 지주에게 부탁함.
해 주는 게 어떠냐고. 그러나 지주는 암말 없이 고개를 모로 흔들었다. 정 이러면 하여튼 일
년 품은 빼야 할 테니 나는 그 논에다 불을 지르겠수 하여도 잠자코 응하지 않는다. ❸지주
　　　　　　　　　　　↑ 응칠이 지주에게 협박을 함.
로 보면 자기로도 그 벼는 넉넉히 거둬들일 수는 있다. 마는 한번 버릇을 잘못해 놓으면 여느 작인(作人)까지 행실을 버릴까 염려하여 겉으로 독촉만 하고 있는 터이었다. 실상이야 고까짓 벼쯤 있어도 고만, 없어도 고만. 그 심보를 눈치채고 응칠이는 화를 벌컥 낸 것만은 좋으나 「저도 모르게 대뜸 주먹뺨이 들어갔던 것이다.」

이렇게 문제 중에 있는 벼인데 귀신의 놀음 같은 변괴가 생겼다. 다시 말하면 벼가 없어
졌다. 그것도 병들어 쓰러진 쭉정이는 제쳐 놓고 무얼로 그랬는지 °알짬 이삭만 따 갔다. 그
　　　　　　　　　　　　　　　　　　　　　　　　　　　　↑ 벼를 도둑맞음.
면적으로 어림하면 아마 못 돼도 한 댓 말가량은 되는지!

응칠이가 아침 일찍이 그 논께로 노닐자 이걸 발견하고 기가 막혔다. 누굴 성가시게 굴려고 그러는지, 산속에 파묻힌 논이라 아직은 본 사람이 없는 모양 같다. 허나 동리에 이 소문이 퍼지기만 하면 저는 어느 모로든 혐의를 받아 폐는 족히 입어야 될 것이다.
↑ 전과자이며, 지주를 때린 전이 있기 때문에 응칠 자신이 용의자로 지목될 것이라고 생각함.　　▶ 지주에게 거칠게 항의한 응칠과 벼를 도둑맞은 응오

• 중심 내용 수확을 미루던 벼를 도둑맞는 응오　　　　　　　　　　• 구성 단계 전개

이해와 감상

이 작품은 응칠과 응오 형제의 삶을 통해 일제 강점기 농촌 사회의 참상을 고발하고 있다. 성실한 농군 응오는 농사를 지어 봤자 오히려 빚만 늘게 될 것을 알고 추수를 하지 않는다. 그러고는 밤에 몰래 자기 논의 벼를 도둑질한다. 이러한 비극적 상황은 식민지 농촌 사회의 구조적 모순을 폭로하고 있으며 당시 소작인의 고충과 빈곤을 드러낸다.

이 작품에서는 성실한 농민이었던 응칠, 응오 형제가 변해 가는 모습을 주목해야 한다. 응칠은 원래 성실한 농민이었지만, 늘어나는 빚을 감당하지 못하고 도박과 절도를 일삼는 만무방이 되고 만다. 응오 역시 순박하고 성실한 농민으로 살아가려 하지만, 가혹한 지주의 착취에 맞서 추수를 거부하고, 급기야 자기 논의 벼를 몰래 도둑질하는 웃지 못할 상황에까지 이르게 된다. 이처럼 아이러니한 상황을 통해 작가는 식민지 농촌 사회의 구조적 모순을 해학적으로 그려 내고 있다.

🔍 전체 줄거리

발단	전과자요, 만무방인 응칠은 송이를 캐고 닭을 잡아먹으며 살아간다.
전개	성실한 농군인 응오는 추수를 하면 빚만 늘어날 것이라고 생각하여 벼 베기를 미루는데, 결국 벼를 도둑맞게 된다.
위기	응칠은 응오네 논의 도둑을 잡기로 결심한다.
절정	벼 도둑을 잡은 응칠은 도둑이 응오였음을 알고 망연자실한다.
결말	응칠은 소를 잡아 돈을 벌자는 제안을 거절한 응오에게 몽둥이질을 하고, 땅에 쓰러진 응오를 업고 산을 내려온다.

👥 인물 관계도

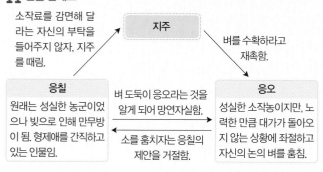

🏠 작품 연구소

〈만무방〉의 반어적 상황

이 작품의 묘미는 마지막 장면에서 '응오'의 벼를 훔친 사람이 다름 아닌 '응오' 자신이라는 사실을 독자가 알게 되는 데 있다. 동생을 도적으로 알고 몽둥이로 치는 형, 그리고 그런 형에게 억울하다는 듯이 대드는 동생의 순박함에 독자들은 웃음을 짓게 되지만, 이 웃음 속에는 가혹한 농촌의 비극적 현실이 숨어 있는 것이다.

🔑 포인트 체크

인물 응오는 성실한 ☐☐☐이지만, 농사를 지어도 빚만 남는 현실에 좌절하고 ☐☐☐이 된다.

배경 농사를 지어도 궁핍한 생활을 할 수밖에 없었던 일제 강점기의 ☐☐ 사회를 배경으로 한다.

사건 응오네 벼를 훔친 도둑이 ☐☐라는 것을 알게 된 응칠은 ☐☐☐☐한다.

1 이 글에 대한 설명으로 가장 적절한 것은?

① 장황한 해설을 통해 작가 의식을 표출하고 있다.
② 인물의 외양 묘사를 통해 성격을 부각하고 있다.
③ 배경 묘사를 통해 서정적 분위기를 자아내고 있다.
④ 다양한 인물들의 경험을 삽화 형식으로 나열하고 있다.
⑤ 인물의 심리와 행동을 따라가며 이야기를 전개하고 있다.

2 '응오'에 대한 설명으로 가장 알맞은 것은?

① 항상 원리 원칙대로 행동한다.
② 하루빨리 농촌을 떠나기 위해 노력한다.
③ 자신이 해야 할 일을 미루고 게으르게 행동한다.
④ 현실에 절망감을 느끼고 무기력한 모습을 보인다.
⑤ 현실 문제에 아무런 신경을 쓰지 않고 대범하게 행동한다.

3 ㉠을 '응오'가 '김 참판'에게 둘러대는 말이라고 한다면, 실제 속마음으로 가장 적절한 것은?

① 아내가 다 죽게 생겼는데 그냥 두는 게 차라리 낫지.
② 흉작이라 벨 벼도 없으니 그냥 두는 게 차라리 낫지.
③ 벼를 베도 알아주는 이 없으니 그냥 두는 게 차라리 낫지.
④ 내 땅도 아니고 내 벼도 아닌데 그냥 두는 게 차라리 낫지.
⑤ 도지 내고 빚 갚고 나면 남는 것도 없을 텐데 그냥 두는 게 차라리 낫지.

4 다음은 '응칠'의 현실과 그 대응 방식을 정리한 것이다. ㉮~㉰에 대한 설명으로 적절하지 않은 것은?

	5년 전	가족과 헤어진 후	아우를 찾아온 후
현실	열심히 일했으나, 빚만 늘어남.	정착하지 못하고 떠돌아다님.	아우의 힘겨운 삶을 알게 됨.
대응 방식	㉮ 가족을 데리고 고향을 떠남.	㉯ 도박과 절도를 일삼음.	㉰ 주먹뺨을 때리며 지주에게 항거함.

① ㉮는 감당할 수 없는 상황에서 어쩔 수 없는 대응 방식이라 할 수 있다.
② ㉯를 통해 응칠이 '만무방'이라 불린 까닭을 알 수 있다.
③ ㉰를 통해 응칠이 응오에 대해 따뜻한 형제애를 지니고 있음을 알 수 있다.
④ ㉰에는 '아우를 위해 지주를 설득하려 했으나, 뜻대로 되지 않아'라는 내용을 보충할 수 있다.
⑤ ㉮, ㉯, ㉰ 모두 같은 지주에 대한 반감에서 비롯되었음을 알 수 있다.

Q 응칠이 제안한 '좋은 수'의 의미는?

'좋은 수'란 남의 집 황소를 훔치는 일이다. 동생의 절망적 현실을 해결할 수 있는 방법으로 떠올린 것이 결국 도둑질인데, 이를 '좋은 수'라고 표현함으로써 반사회적인 행위만이 가난에서 벗어나는 길임을 제시하여 당대 농촌 사회의 구조적 모순을 드러낸다.

✊ 구절 풀이

❶ "성님까지 이렇게 ~ 누가 뭐래?" 자신의 벼를 훔칠 수밖에 없는 절망적 현실과 그것을 방해하는 형에 대한 야속하고 답답한 심정, 자신의 처지에 대한 서러움, 그리고 그러한 현실에 대한 원망과 분노가 복합적으로 드러나 있다.

❷ 내 걸 내가 먹는다. ~ 적시는 것은 눈물이다. 응칠은 자신은 만무방처럼 살지라도 동생은 성실하게 사는 것에 대한 자부심이 있었는데, 그런 동생이 도둑질을 할 수밖에 없는 절망적 현실에 처해 있음을 알게 되고, 동생에 대한 연민과 안타까움에 눈물을 흘린다.

❸ 언제나 철이 날는지 ~ 고개를 묵묵히 내려온다. 만무방인 응칠이 오히려 동생이 언제 철들지를 걱정하면서 집으로 데리고 오는 장면으로, 동생에 대한 응칠의 형제애가 잘 드러난다.

Q '응칠'이 '응오'를 때린 이유는?

표면적으로는 자신의 제안을 거부한 아우를 홧김에 때린 것이지만, 본질적으로는 아우에 대한 연민과 세상에 대한 원망으로 때린 것이다.

👤 작가 소개

김유정(본책 74쪽 참고)

가 응칠이는 논께로 *바특이 내려서서 소나무에 몸을 착 붙였다. ⓐ*섣불리 서둘다간 낮의 *횡액(橫厄)을 입을지도 모른다. 다 훔쳐 가지고 나올 때만 기다린다. 몽둥이는 잔뜩 힘을 올린다.

> 섣불리 도둑을 잡으려 했다가 오히려 자신이 다칠지도 모른다는 뜻
> 도둑을 잡으려는 응칠. 긴장감 고조

한 *식경쯤 지났을까, 도적은 다시 나타난다. 논둑에 머리만 내놓고 사면을 두리번거리더니 그제야 기어 나온다. 얼굴에는 눈만 내놓고 수건인지 뭔지 형겊이 가리었다. 봇짐을 등에 짊어 메고는 허리를 *구붓이 빼소니를 놓는다. ⓑ그러자 응칠이가 날쌔게 달려들며

"이 자식, 남우 벼를 훔쳐 가니!"

하고 대포처럼 고함을 지르니 논둑으로 고대로 데굴데굴 굴러서 떨어진다. 얼결에 호되게 놀란 모양이다.

> 응칠의 고함 소리에 놀라 넘어지는 어리숙한 도둑의 모습. 해학적인 장면

응칠이는 덤벼들어 우선 허리께를 *내려조졌다. 어이쿠쿠, 쿠 하고 처참한 비명이다. 이 소리에 귀가 번쩍 띄어 그 고개를 들고 팔(㠠)부터 벗겨 보았다. 그러나 너무나 어이가 없었음인지 시선을 치걷으며 그 자리에 *우두망찰한다.

> 비명 소리를 듣고 깜짝 놀람.   얼굴을 가린 형겊   도둑의 정체를 확인하고 충격을 받음.

ⓒ그것은 무서운 침묵이었다. *살뚱맞은 바람만 공중에서 *북새를 논다.

[A]
  한참을 신음하다 도적은 일어나더니 / **❶**"성님까지 이렇게 못살게 굴기유?"
  제법 눈을 부라리며 몸을 홱 돌린다. 그리고 느끼며 울음이 복받친다. 봇짐도 내버린 채
  "내 것 내가 먹는데 누가 뭐래?"
  하고 *데퉁스러이 내뱉고는 비틀비틀 논 저쪽으로 없어진다.   ▶ 도둑의 정체를 알게 된 응칠

나 형은 너무 꿈속 같아서 멍하니 섰을 뿐이다.

> 도둑이 응오임을 알고 망연자실함.

그러다 얼마 지나서 한 손으로 그 봇짐을 들어 본다. 가뿐하니 끽 *말가웃이나 될는지. 이까짓 걸 요렇게까지 해 가려는 그 심정은 실로 알 수 없다. 벼를 논에다 도로 털어 버렸다.

> 훔친 벼   서부
> 얼마 안 되는 벼를 훔치려는 아우에 대한 안타까움

그리고 아내의 치마이겠지, 검은 보자기를 척척 개서 들었다. **❷**내 걸 내가 먹는다. 그야 이를 말이랴. 허나 내 걸 내가 훔쳐야 할 그 운명도 얄궂거니와 형을 배반하고 이 짓을 벌인 아우도 아우이렷다. 에이 고얀 놈, 할 제 볼을 적시는 것은 눈물이다. 그는 주먹으로 눈을

> 동생에 대한 연민을 반어적으로 표현함.

쓱 비비고 머리에 번쩍 떠오르는 것이 있으니 두리두리한 황소의 눈깔. 시오 리를 남쪽 산 속으로 들어가면 어느 집 바깥뜰에 밤마다 늘 매여 있는 투실투실한 그 황소. 아무렇게 따지든 칠십 원은 갈데없으리라. ⓓ그는 부리나케 아우의 뒤를 밟았다.

> 70원 정도는 거뜬하게 받을 수 있으리라.   ▶ 동생의 행동에 눈물을 흘리는 응칠

다 공동묘지까지 거반 왔을 때에야 가까스로 만났다. 아우의 등을 탁 치며

> 거의 다

"애, *좋은 수 있다*. 네 원대로 돈을 해 줄게 나하구 잠깐 다녀오자."

씩씩한 어조로 기쁘도록 달랬다. 그러나 아우는 입 하나 열려 하지 않고 그대로 *실쭉하였다. 뿐만 아니라 어깨 위에 올려놓은 형의 손을 부질없단 듯이 몸으로 털어 버린다. 그리고 삑 달아난다. 이걸 보니 하 엄청이 나고 기가 콱 막히었다.

> 아우를 때린 것에 대한 미안함.   형의 제안에 대한 거부의 행동. 응오는 형에 대한 화가 풀리지 않음.

"이눔아!" / 하고 악에 받치어 / "명색이 성이라며?"

> 아우에 대한 답답함을 드러냄.   성(형)이라고 부른 후 매몰차게 거절하는 동생에게 화가 남.

대뜸 몽둥이는 들어가 그 볼기짝을 후려갈겼다. 아우는 모로 몸을 꺾더니 *시나브로 찌그러진다. 뒤미처 앞정강이를 때렸다, 등을 팼다. 일어나지 못할 만치 매는 내리었다. 체면을 *불고하고 땅에 엎드려 엉엉 울도록 매는 내렸다.

홧김에 하긴 했으되 그 꼴을 보니 또한 마음이 편할 수 없다. 침을 탁 뱉어 던지곤 팔자 드센 놈이 그저 그렇지 별수 있냐. 쓰러진 아우를 일으켜 등에 업고 일어섰다. **❸**언제나 철이 날는지 딱한 일이었다. 속 썩는 한숨을 후 하고 내뿜는다. ⓔ그리고 *어청어청 고개를 묵묵히 내려온다.   ▶ 속상한 마음에 아우를 때리고 팔자 탓을 하는 응칠

• **중심 내용** 자기 벼를 훔칠 수밖에 없는 응오에 대한 응칠의 연민   • **구성 단계** (가), (나) 절정 / (다) 결말

작품 연구소

제목 '만무방'의 의미

'만무방'이란 원래 '염치없이 막되어 먹은 인간'이라는 뜻으로, 이 작품에서는 빚 때문에 고향을 떠나 도박과 도둑질을 일삼는 응칠이의 부랑(浮浪)하는 삶을 빗대어 표현하고 있다. 그러나 성실한 농부로 알려진 응오 역시 자신의 벼를 훔친다는 점에서 만무방에 해당한다고 볼 수 있다. 응오의 일탈적 행동은 다소 우스꽝스럽고 소극적인 저항이지만 그 역시 현실의 절망에서 비롯되었다는 점에서 응칠의 행동과 유사하다.

이와 같은 맥락에서 볼 때, 1930년대는 농촌 사회의 구성원 모두가 '만무방'이 될 수밖에 없는 현실에 처했다고 할 수 있다. 결국 '만무방'은 <u>모순된 구조의 사회가 빚어낸 인간형이라는 의미를 함축하는 반어적, 냉소적인 표현</u>인 것이다.

작품에 드러난 작가의 현실 대응 방식

이 작품을 통해 작가는 일제 강점기 궁핍한 농촌 현실에 대한 저항 의식을 드러내고 있다. 당시의 농민들은 지주와 일제, 고리대금업자의 가혹한 수탈로 빚만 늘어나는 사회 구조적 모순에 처해 있었다. 이 작품에서 '모범 농군(응오) = 도둑', '만무방 = 응칠 = 응오'라는 장치는 개인의 성격이나 도덕성 차원의 문제가 아니라, <u>농촌 사회의 구조적 모순이 개인의 행동을 결정지을 수밖에 없음</u>을 드러낸다. 작가의 이러한 현실 인식은 〈금 따는 콩밭〉, 〈떡〉과 같은 다른 작품에서도 공통적으로 나타난다.

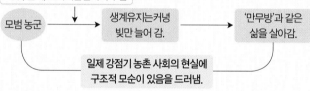

지주, 일제, 고리대금업자의 수탈

모범 농군 → 생계유지는커녕 빚만 늘어 감. → '만무방'과 같은 삶을 살아감.

일제 강점기 농촌 사회의 현실에 구조적 모순이 있음을 드러냄.

자료실

반어(反語, irony)

반어는 표현하고자 하는 의도와 반대되는 표현을 하여 날카로운 멋과 예리한 감각을 발휘하는 기법이다.

① 언어적 반어: 겉으로 드러난 말과 실질적 의미 사이에 상반된 관계가 있는 말로, 예를 들어 '잘못했다'는 의미를 '잘했다'라고 표현하는 것이다. 이러한 표현은 자신이 의도한 바를 우회적으로 상대방에게 표현하는 것으로 빈정거림, 욕설, 비난의 경우에 쓰인다.

② 상황적 반어(구조적 반어): 독자가 미리 예상했던 상황과는 정반대의 상황을 만들어 내는 경우를 가리킨다. 채만식의 〈태평천하〉, 현진건의 〈운수 좋은 날〉의 경우가 이에 해당한다. 특히 〈운수 좋은 날〉에서 독자들은 김 첨지가 돈을 많이 벌어 운수가 좋은 날이라고 생각하지만 아내의 죽음이라는 비극적 결말에 당황하게 된다. 이는 현재 상황과 반대되는 결말이 드러난 것으로 상황적 반어이자 구조적 반어이다.

📖 함께 읽으면 좋은 작품

〈금 따는 콩밭〉, 김유정 / 비참한 농촌 현실을 해학적으로 표현한 작품

〈금 따는 콩밭〉의 주인공은 일확천금의 꿈으로 현실을 타개하려 한다는 점에서, 도박으로 일확천금을 꿈꾸는 〈만무방〉의 응칠과 상통한다고 볼 수 있다. 그러나 〈금 따는 콩밭〉에서는 성실했던 한 인간이 어리석게 금의 유혹에 빠지는 과정을 중심으로 묘사했다면, 〈만무방〉은 성실하게 살던 인간이 반사회적 행위를 저지르게 되는 과정에 초점을 두고 있다는 점에서 차이가 있다.

내신 적중 고난도

5 '응칠'의 행동을 〈보기〉와 같이 정리하였다. 〈보기〉를 토대로 이 글을 감상한 내용으로 적절하지 <u>않은</u> 것은?

┤ 보기 ├

ㄱ. 응칠은 담판을 지으려고 지주를 만난다.

ㄴ. 응칠은 지주의 뺨을 때린다.

ㄷ. 응칠은 논에 가서 도적을 기다린다.

ㄹ. 응칠은 도적을 잡기 위해 다짜고짜 달려든다.

① ㄱ을 통해 동생을 생각하는 응칠의 마음을 읽을 수 있어.

② ㄱ, ㄷ을 통해 문제를 적극적으로 해결하고자 하는 응칠의 의지를 볼 수 있어.

③ ㄱ, ㄹ에서 응칠이 지주를 찾아간 일이 도적과 관계됨을 알 수 있어.

④ ㄴ, ㄹ을 통해 행동이 앞서는 응칠의 성격을 알 수 있어.

⑤ ㄷ, ㄹ은 응칠이 자신에게 미칠지 모를 혐의를 벗기 위해 한 행위일 수 있어.

6 [A]에 대한 설명으로 적절한 것을 〈보기〉에서 골라 묶은 것은?

┤ 보기 ├

ㄱ. [A]에서 갈등이 해소되어 극적 긴장감이 약해진다.

ㄴ. [A]는 형에 대한 기대가 사라지게 되는 계기가 된다.

ㄷ. 인물이 처한 궁핍한 처지가 [A]의 상황적 배경이 된다.

ㄹ. 상황에 대응하는 인물의 절박한 심정이 [A]에 나타난다.

① ㄱ, ㄴ   ② ㄱ, ㄷ

③ ㄴ, ㄷ   ④ ㄴ, ㄹ

⑤ ㄷ, ㄹ

7 〈보기〉를 참고할 때 ㉠~㉤ 중, 성격이 <u>다른</u> 것은?

┤ 보기 ├

서술자는 자신의 시각에서 이야기를 직접 서술하거나, 인물의 시각에서 인물의 경험과 인식을 반영하여 서술한다. 즉 '서술'은 서술자가 담당하지만 '시각'은 서술자의 것일 수도, 인물의 것일 수도 있는 것이다.

① ㉠   ② ㉡   ③ ㉢

④ ㉣   ⑤ ㉤

내신 적중 多빈출

8 '응칠', '응오' 형제의 삶과 당시 일제 강점기 농촌의 현실과 관련지어 이 작품의 제목인 '만무방'의 의미를 쓰시오.

문학 비상
국어 천재(박), 금성, 동아, 비상(박영), 지학사, 해냄

핵심 정리

갈래 단편 소설, 농촌 소설, 순수 소설
성격 향토적, 해학적
배경 ① 시간 – 1930년대 봄
② 공간 – 강원도 산골의 농촌 마을
시점 1인칭 주인공 시점
주제 우직하고 순박한 데릴사위와 그를 이용하는 교활한 장인 간의 갈등
특징 ① 시간과 사건의 서술을 역순행적으로 구성함.
② 토속어, 방언, 비속어 등을 사용하여 향토성과 현장감을 느낄 수 있음.
출전 《조광》(1935)

Q 허세를 부리는 장인의 모습이 주는 효과는?

장인은 돈 많은 마름으로, 체면을 중시하며 양반처럼 행동한다. 이렇게 허세가 많은 장인의 성품은 순진하고 우직한 '나'의 성격과 대조되어 '나'의 순수한 성품을 더욱 부각시키고 있다.

어휘 풀이

빙장 다른 사람의 장인(丈人)을 이르는 말.
말조짐 입단속을 하는 일.
멀쑤룩하다 어색하고 열없다.
사경(私耕) 머슴이 주인에게 한 해 동안 일한 대가로 받는 돈이나 물건.
쟁그럽다 하는 행동이 괴상하여 얄밉다.
귀정(歸正) 그릇된 일이 바른 길로 돌아옴.
들쓰다 책임이나 허물 따위를 억지로 넘겨 맡다.

Q 구장이 '나'를 설득하는 방식은?

구장은 처음에 '나'의 말에 수긍하는 척하다가 '손해죄', '징역', '성년'이라는 근거들을 제시하여 '나'를 협박하며 겁을 준다. 그런 다음 장인이 올 가을에 성례를 시켜 준다고 '나'를 회유한다. 이러한 구장의 설득 방식은 구장이 장인과는 다르게 지식이 있는 사람임을 보여 준다. 하지만 결국 장인의 편에서 '나'를 설득하는 것으로 보아 그는 지식인이지만 소작농이라는 신분적 제약에 얽매여 있는 존재임을 알 수 있다.

구절 풀이

❶ **구장님도 내 이야기를 ~ 다 그럴 게다.** 객관적 사실이 아닌 '나'의 주관적 판단으로 1인칭 주인공 시점의 특징을 잘 보여 주는 부분이다. 이러한 어수룩한 화자를 통한 상황 제시는 이 작품에 해학성을 부여한다.

❷ **코를 푸는 척하고 ~ 몹시 쏘았다.** 장인이 코를 푸는 척하고 내 옆구리를 치자 '나'도 이에 앙갚음을 하기 위해 파리를 쫓는 척하다가 장인의 궁둥이를 떠민 것이다. 두 사람의 행동이 매우 우스꽝스럽게 묘사되어 있어 해학성이 두드러지는 대목이다.

가 장인님은 *빙장님 해야 좋아하고 밖에 나와서 장인님 하면 괜스리 골을 낼라구 든다. 뱀 두 뱀이래야 좋냐구, 창피스러우니 남 듣는 데는 제발 빙장님, 빙모님 하라구 일상 *말조짐을 받아 오면서 난 그것두 자꾸 잊는다. 당장도 장인님 하다 옆에서 내 발등을 꾹 밟고 곁눈질을 흘기는 바람에야 겨우 알았지만······.

❶구장님도 내 이야기를 자세히 듣더니 퍽 딱한 모양이었다. 하기야 구장님뿐만 아니라 누구든지 다 그럴 게다. 길게 길러 둔 새끼손톱으로 코를 후벼서 저리 탁 튀기며

"그럼 봉필 씨! 얼른 성례 시켜 주구려, 그렇게까지 제가 하구 싶다는 걸······."

하고 내 짐작대로 말했다. 그러나 이 말에 장인님이 삿대질로 눈을 부라리고

"아, 성례구 뭐구 기집애년이 미처 자라야 할 게 아닌가?"

하니까 고만 *멀쑤룩해서 입맛만 쩍쩍 다실 뿐이 아닌가······.

"그것두 그래!"

"그래, 거진 사 년 동안에도 안 자랐다니 그 킨 은제 자라지유? 다 그만두구 *사경 내슈······."

"글쎄, 이 자식아! 내가 크질 말라구 그랬니, 왜 날 보구 떼냐?"

"빙모님은 참새만 한 것이 그럼 어떻게 앨 낳지유?(사실 장모님은 점순이보다도 귓배기 하나가 적다.)"

㉠장인님은 이 말을 듣고 껄껄 웃드니 (그러나 암만해두 돌 씹은 상이다.) ❷코를 푸는 척하고 날 은근히 골릴랴구 팔꿈치로 옆 갈비께를 퍽 치는 것이다. 더럽다. 나두 종아리의 파리를 쫓는 척하고 허리를 구부리며 어깨로 그 궁둥이를 콱 떼밀었다. 장인님은 앞으로 우찔근하고 싸리문께로 씨러질 듯하다 몸을 바루 고치드니 눈총을 몹시 쏘았다. 이런 쌍년의 자식 하곤 싶으나, 남의 앞이라서 차마 못 하고 섰는 그 꼴이 보기에 퍽 *쟁그러웠다.

나 그러나 이 말에는 별반 신통한 *귀정을 얻지 못하고 도루 논으로 돌아와서 모를 부었다. 왜냐면, 장인님이 뭐라구 귓속말로 수군수군하고 간 뒤다. 구장님이 날 위해서 조용히 데리구 아래와 같이 일러 주었기 때문이다. (뭉태의 말은 구장님이 장인님에게 땅 두 마지기 얻어 부치니까 그래 꾀었다고 하지만 난 그렇게 생각하지 않는다.)

"자네 말두 하기야 옳지. 암, 나이 찼으니까 아들이 급하다는 게 잘못된 말은 아니야. 하지만 농사가 한창 바쁜 때 일을 안 한다든가 집으로 달아난다든가 하면 손해죄루 그것두 징역을 가거든! (여기에 그만 정신이 번쩍 났다.) 왜 요전에 삼포 말서 산에 불 좀 놓았다구 징역 간 거 못 봤나. 제 산에 불을 놓아도 징역을 가는 이땐데 남의 농사를 버려 주니 죄가 얼마나 더 중한가. 그리고 자넨 정장을 (사경 받으러 정장 가겠다 했다.) 간대지만, 그러면 괜시리 죌 *들쓰고 들어가는 걸세. 또, 결혼두 그렇지. 법률에 성년이란 게 있는데 스물하나가 돼야지 비로소 결혼을 할 수가 있는 걸세. 자넨 물론 아들이 늦을 걸 염려하지만, 점순이로 말하면 이제 겨우 열여섯이 아닌가. 그렇지만 아까 빙장님의 말씀이 올 갈에는 열 일을 제치고라두 성례를 시켜 주겠다 하시니 좀 고마울 겐가. 빨리 가서 모 붓든 거나 마저 붓게. 군소리 말구 어서 가."

그래서 오늘 아침까지 끽소리 없이 왔다.

▶ 장인의 부탁을 받고 '나'를 회유하는 구장

• **중심 내용** 혼례를 처러 줄 것을 요구하는 '나'에게 핑계를 대는 장인과 '나'를 회유하는 구장 • **구성 단계** 전개

이해와 감상

이 작품은 김유정의 작품 중에서 가장 해학성이 넘치는 소설이다. 우직하고 순진한 '나'와 장인의 행동은 웃음을 짓게 하지만 이 웃음 속에는 날카로운 현실 비판이 숨어 있다.

1930년대는 '지주-마름-소작인'의 지배 구조가 형성되었던 시기이다. 이 작품에서는 마름인 장인이 강자로 등장하여 '나'와 점순의 결혼을 빌미로 임금을 주지 않고 고된 일을 시킨다. 작가는 마름이라는 강자가 약자를 착취하고 있는 심각한 수탈의 상황을 해학적인 문체와 어수룩한 '나'의 모습을 통해 드러내고 있다.

이 작품은 주인공의 회상에 따라 내용이 전개되는 역순행적 구성 방식을 취하고 있으며, 작품의 제목이자 계절적 배경인 '봄'은 애정에 눈 뜨기 시작한 청춘을 상징한다.

전체 줄거리

발단	장인은 점순이의 키가 자라면 혼인시켜 주기로 '나'와 계약했지만, 점순이의 키를 핑계로 약속을 지키지 않는다.
전개	'나'는 점순이의 충동질로 장인에게 반항하고, 구장에게 중재를 요청하지만 구장은 장인의 편을 든다.
절정	'나'는 결국 장인과 대판 몸싸움을 벌이는데, 점순이가 장인의 편을 들자 망연자실한다.
결말	가을에 혼례를 올려 주겠다는 장인의 말을 믿고 '나'가 다시 일을 나감으로써 갈등이 일시적으로 해소된다.

인물 관계도

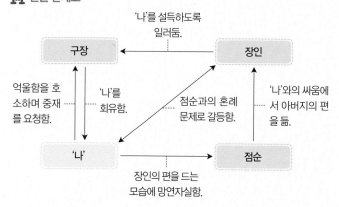

작품 연구소

1인칭 주인공 시점의 기능

이 작품은 머슴인 '나'의 입장에서 사건을 관찰하고 서술하게 함으로써 강한 해학성을 띤다. 무지하고 어수룩한 '나'가 독자에게 사건을 보고하게 함으로써 독자는 '나'의 어수룩함과 우스꽝스러움을 생생하게 느낄 수 있는 것이다. 이를 통해 독자는 '나'의 인물됨과 성격을 가장 직접적으로 전달받을 수 있으며 사건을 간접 경험하게 된다.

현실	각박함, 불합리함	
+		독자
'나'의 주관적 시선	왜곡된 현실 인식(어수룩함)	웃음 유발(해학성)

키 포인트 체크

인물 장인은 체면치레를 좋아하고, ☐☐을/를 미끼로 '나'를 부려 먹는 교활한 인물이다.

배경 빈곤과 ☐☐의 수탈에 시달리고, 마름과 소작인의 지배 구조가 형성되었던 ☐☐의 모습을 보여 준다.

사건 '나'는 성례를 치러 줄 것을 요구하며 장인과 ☐☐☐을 벌이지만, 점순이가 ☐☐의 편을 드는 모습을 보며 망연자실한다.

1 이 글에 대한 설명으로 가장 적절한 것은?

① 과거에서 현재로 사건이 전환되고 있다.

② '나'가 관찰자의 입장에서 작중 세계를 객관적으로 묘사하고 있다.

③ 현학적 표현을 사용하여 등장인물의 긍정적 성격을 강조하고 있다.

④ 동시에 일어나는 두 개의 사건을 병치하여 긴장감을 조성하고 있다.

⑤ 다른 사람의 체험을 듣고 독자에게 전해 주는 액자식 구성을 취하고 있다.

(중요 기출)

2 〈보기〉를 바탕으로 이 글을 감상한 내용으로 적절하지 않은 것은?

┤ 보기 ├

해학적 상황이 발생할 때, 독자는 우월한 정보 능력 때문에 해학적 상황을 투시하고 판단할 수 있다. 반면, 정보 결핍 상태에 있는 인물은 해학적 상황을 알아채지 못하고 그 상황을 사실로 받아들이게 된다. 해학적 상황에 빠진 인물이 해학적 상황을 불러일으킨 오해·음모·우연을 인식할 때까지 해학적 상황은 지속되고, 해학적 상황이 지속되는 한 그의 말과 행동은 웃음을 위한 재료가 된다.

① 장인과 구장은 '나'를 해학적 상황에 빠뜨리는 공모자로군.

② 구장이 '나'를 편들어 이야기를 한다고 '나'는 오해하고 있군.

③ '뭉태'는 우월한 정보를 가진 독자와 같은 처지에 있는 것이로군.

④ '나'는 음모의 진실을 알게 됨으로써 해학적 상황에서 벗어나는군.

⑤ '나'는 자신이 처한 해학적 상황을 알지 못하고 사실로 인식하고 있군.

3 ㉠의 괄호 안과 밖의 서술 내용의 차이로 적절한 것은?

	괄호 안	괄호 밖
①	'나'의 속마음	장인의 속마음
②	'나'의 성격 묘사	장인의 성격 묘사
③	'나'의 행동 묘사	장인의 행동 묘사
④	'나'의 객관적 평가	장인에 대한 부정적 평가
⑤	'나'의 주관적 평가	장인의 행동에 대한 객관적 묘사

4 이 글에서 어수룩한 서술자를 내세워 얻을 수 있는 효과를 쓰시오.

어휘 풀이

짜정 짜장. 과연 정말로.

까셀라 부다 세차게 칠까 보다.

넝 알로 넝 아래로. '넝'은 둔덕을 뜻하는 말로, 논밭들이 두둑하게 언덕진 곳.

불솜 상처를 소독하기 위해 불에 그을린 솜.

히연 희연. 일제 강점기 때의 담배 이름.

뚜덕이다 두드리다.

불랴살야 부랴사랴. 매우 부산하고 급하게 서두르는 모양.

역성 옳고 그름에 관계없이 무조건 한쪽 편을 들어 주는 일.

나려조기다 호되게 때리다.

Q '나'와 장인의 갈등의 원인은?

장인은 점순이의 키가 아직 크지 않았다는 이유로 혼례를 자꾸 미루며 '나'를 머슴으로 부려 먹는다. 그럼에도 '나'는 혼례를 시켜 주기만 바라고 있다. 결국 '나'와 장인의 갈등의 궁극적 원인은 바로 '성례'의 성사에 있는 것이다. 이 작품은 우직하고 어리석은 '나'가 장인에게 불만을 품고 갈등을 겪으면서도 장인의 회유에 넘어가는 상황을 해학적으로 그리고 있다.

구절 풀이

❶ 가뜩이나 말 한마디 ~ 하고 소리를 쳤다. 장인의 수염을 잡아당기라는 점순이의 당돌한 말을 그대로 실천하는 '나'의 우직함이 드러난다.

❷ 장인님이 선뜻 ~ 얼마든지 해도 좋다. 어른에 대한 자신의 부적절한 행동을 계속 합리화하고 있는 '나'의 모습을 통해 '나'의 성격이 모질지 못함을 알 수 있다.

❸ "에그머니! 이 망할 게 아버지 죽이네!" 자신의 편을 들어 줄 거라 믿었던 점순이에게 심리적 배신을 당하는 대목이다. 이러한 점순이의 이중적 모습에서 희극적 상황이 연출된다.

Q 절정과 결말의 순서를 바꾸어 배치한 이유는?

이 글의 사건을 시간에 따라 배열하면 장인이 '나'의 상처를 치료해 주고 두 사람이 화해하는 장면이 결말에 해당한다. 그런데 이 글은 '나'와 장인의 희극적이고 과장된 대결을 부각하여 긴장감과 해학성을 극대화하고 여운의 효과를 살리기 위해 절정과 결말의 순서를 바꾸어 배치하였다.

작가 소개

김유정(본책 74쪽 참고)

[가] ❶가뜩이나 말 한마디 톡톡히 못 한다고 바보라는데 매까지 잠자코 맞는 걸 보면 ˚짜정 바보로 알 게 아닌가. 또 점순이도 미워하는 이까진 놈의 장인님 나곤 아무것도 안 되니까 막 때려도 좋지만, 사정 보아서 수염만 채고(제 원대로 했으니까 이때 점순이는 퍽 기뻤겠지.) 저기까지 잘 들리도록 / "이걸 ˚까셀라 부다!" / 하고 소리를 쳤다.

장인님은 더 약이 바짝 올라서 잡은 참 지게막대기로 내 어깨를 그냥 내려갈겼다. 정신이 다 아찔하다. 다시 고개를 들었을 때 그때엔 나도 온몸에 약이 올랐다. 이 녀석의 장인님을, 하고 눈에서 불이 퍽 나서 그 아래 밭 있는 ˚넝 알로 그대로 떼밀어 굴려 버렸다.

기어오르면 굴리고 굴리면 기어오르고 이러길 한 너덧 번을 하며 그럴 적마다 "부려만 먹구 왜 성례 안 하지유!" / 나는 이렇게 호령했다. 하지만, ❷장인님이 선뜻 오냐 낼이라두 성례시켜 주마 했으면 나도 성가신 걸 그만두었을지 모른다. 나야 이러면 때린 건 아니니까 나중에 장인 쳤다는 누명도 안 들을 터이고 얼마든지 해도 좋다.

한번은 장인님이 헐떡헐떡 기어서 올라오더니 내 바짓가랑이를 요렇게 노리고서 단박 움켜잡고 매달렸다. 악, 소리를 치고 나는 그만 세상이 다 팽그르 도는 것이 "빙장님! 빙장님! 빙장님!" / "이 자식! 잡아먹어라, 잡아먹어!"

"아! 아! 할아버지! 살려 줍쇼, 할아버지!" / 하고 두 팔을 허둥지둥 내저을 적에는 이마에 진땀이 쭉 내솟고 인젠 참으로 죽나 부다 했다. 그래두 장인님은 놓질 않더니 내가 기어이 땅바닥에 쓰러져서 거진 까무러치게 되니까 놓는다. 더럽다, 더럽다. 이게 장인님인가?

나는 한참을 못 일어나고 쩔쩔맸다. 그러다 얼굴을 드니(눈에 참 아무것도 보이지 않았다.) 사지가 부르르 떨리면서 나도 엉금엉금 기어가 장인님의 바짓가랑이를 꽉 움키고 잡아낚았다.

[나] 내가 머리가 터지도록 매를 얻어맞은 것이 이 때문이다. 그러나 여기가 또한 우리 장인님이 유달리 착한 곳이다. 여느 사람이면 사경을 주어서라도 당장 내쫓았지, 터진 머리를 ˚불솜으로 손수 지져 주고, 호주머니에 ˚히연 한 봉을 넣어 주고, 그리고

"올 갈엔 꼭 성례를 시켜 주마. 암말 말구 가서 뒷골의 콩밭이나 얼른 갈아라."

하고 등을 ˚뚜덕여 줄 사람이 누구냐. / 나는 장인님이 너무나 고마워서 어느덧 눈물까지 났다. 점순이를 남기고 인젠 내쫓기려니 하다 뜻밖의 말을 듣고, / "빙장님! 인제 다시는 안 그러겠어유……." / 이렇게 맹서를 하며 ˚불랴살야 지게를 지고 일터로 갔다.

[다] 그러나 이때는 그걸 모르고 장인님을 원수로만 여겨서 잔뜩 잡아당겼다.

"아! 아! 이놈아! 놔라, 놔……." / 장인님은 헛손질을 하며 솔개미에 챈 닭의 소리를 연해 질렀다. 놓긴 왜, 이왕이면 호되게 혼을 내 주리라 생각하고 짓궂이 더 당겼다마는, 장인님이 땅에 쓰러져서 눈에 눈물이 피잉 도는 것을 알고 좀 겁도 났다.

"할아버지! 놔라, 놔, 놔, 놔놔." / 그래도 안 되니까, / "얘, 점순아! 점순아!"

이 악장에 안에 있었든 장모님과 점순이가 헐레벌떡하고 단숨에 뛰어나왔다. / 나의 생각에 장모님은 제 남편이니까 ˚역성을 할는지도 모른다. 그러나 점순이는 내 편을 들어서 속으로 고수해서 하겠지…… 대체 이게 웬 속인지(지금까지도 난 영문을 모른다.) 아버질 혼내 주기는 제가 내래 놓고 이제 와서는 달려들며 / ❸"에그머니! 이 망할 게 아버지 죽이네!"

하고 귀를 뒤로 잡아당기며 마냥 우는 것이 아니냐. 그만 여기에 기운이 탁 꺾이어 나는 얼빠진 등신이 되고 말았다. 장모님도 덤벼들어 한쪽 귀마저 뒤로 잡아채면서 또 우는 것이다.

이렇게 꼼짝도 못 하게 해 놓고 장인님은 지게막대기를 들어서 사뭇 ˚나려조겼다. 그러나 나는 구태여 피하려 하지도 않고 암만해도 그 속 알 수 없는 점순이의 얼굴만 멀거니 들여다보았다.

• 중심 내용 장인과 '나'의 몸싸움과 이에 대한 점순이의 태도   • 구성 단계 (가), (다) 절정 / (나) 결말

작품 연구소

제목 '봄·봄'의 상징성

이 작품의 제목인 '봄·봄'은 소설의 계절적 배경이지만 이 작품의 전체 내용과 연결시켜 보았을 때 더 큰 상징성을 갖는다. 봄이 되면 '나'는 장인에게 성례를 요구한다. 하지만 결국 장인의 회유책에 넘어 간다. 이는 이 작품의 결말과도 동일한데, 이러한 결말은 제목에서 보여 주듯이, 또다시 동일한 갈등을 유발하게 될 것임을 암시한다고 할 수 있다. 따라서 이 작품의 제목은 단순히 계절적 배경으로서의 장치가 아니라, 헤어날 수 없는 주인공의 암담한 현실의 순환을 상징하고 있는 것이다.

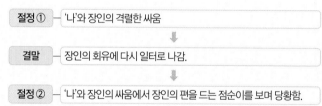

작년 봄	올해 봄	내년 봄
• '나'의 성례 요구 • 장인 때문에 발목을 삔 '나' • 장인의 회유 • 다시 일하러 나간 '나'	• '나'의 성례 요구 • '나'와 장인의 격투 • 장인의 회유 • 다시 일하러 나가는 '나'	갈등의 원인이 완전히 해소되지 않아 내년에도 유사한 갈등 상황이 발생할 것으로 예상됨.

순환적 구조(암담한 현실의 순환)

〈봄·봄〉의 역순행적 구성

이 작품은 주인공의 회상에 따라 사건이 전개되는 역순행적 구성 방식을 사용하여 입체적인 느낌을 주고 있다. 특히 절정 속에 결말을 삽입하여 '나'와 장인의 대결을 강조한 것은 결말에 드러난 갈등의 해소가 일시적인 것임을 암시하고, 긴장감과 해학성을 극대화하는 효과를 준다.

절정①	'나'와 장인의 격렬한 싸움

↓

결말	장인의 회유에 다시 일터로 나감.

↓

절정②	'나'와 장인의 싸움에서 장인의 편을 드는 점순이를 보며 당황함.

〈봄·봄〉의 해학적 요소

인물과 시점	장인의 속셈을 알아차리지 못하는 어수룩한 성격과 우직한 모습에서 해학성을 유발함.
과장된 희극적 상황	일반적인 장인과 사위 관계와 다른 격렬한 싸움 장면에서 웃음을 유발함.
방언과 비속어의 사용	강원도 산골 농민의 생활 사투리와 비속어 사용을 통해 웃음을 유발함.
익살스러운 표현	상황에 맞지 않는 익살스러운 표현이 해학성을 유발함.

함께 읽으면 좋은 작품

〈동백꽃〉, 김유정 / 향토적이고 순수한 분위기의 작품

사춘기 시골 남녀의 사랑을 해학적으로 그린 작품이다. 어수룩하고 우직한 시골 청년을 주인공으로 하여 향토적 분위기와 토속적인 어휘를 사용하고 있다는 점에서 〈봄·봄〉과 유사하다. Link 본책 92쪽

〈땡볕〉, 김유정 / 비극적 현실을 해학적으로 그린 작품

살길을 찾아 도시로 유랑해 온 이농민 부부의 가난과 절망적인 삶의 모습을 그린 작품이다. 어리숙한 인물을 통해 비극적 현실을 해학적으로 표현하고 있다는 점에서 〈봄·봄〉과 유사하다.

내신 적중

5 〈보기〉를 참고했을 때, 이 글을 읽은 독자의 반응으로 적절한 것은?

┤ 보기 ├

이 글의 제목인 '봄·봄'은 사건이 전개되는 계절적 배경이면서 주인공이 이성에 눈을 뜨게 되는 장치로 작용한다. 하지만 내용적인 측면을 봤을 때 매년 봄마다 반복되는 '나'와 장인의 '갈등과 화해'라는 구조의 순환을 상징하기도 한다.

① 내년 봄에는 점순이의 키가 많이 자라겠군.
② '나'가 요구하는 성례가 다음에는 이루어지겠군.
③ '나'는 드디어 점순이를 이성으로 대하게 되겠군.
④ 갈등의 궁극적인 원인이 해소되지 않았으므로 앞으로 또 다시 갈등이 발생하겠군.
⑤ 계속 같은 상황이 반복되지만 '나'는 그 사실을 인식하고, 매번 다른 방법으로 대처하겠군.

6 〈보기〉와 이 글의 구성상의 공통점으로 가장 적절한 것은?

┤ 보기 ├

여승은 합장하고 절을 했다. / 가지취의 내음새가 났다.
쓸쓸한 낯이 옛날같이 늙었다.
나는 불경(佛經)처럼 서러워졌다. //
평안도의 어느 산 깊은 금점판
나는 파리한 여인에게서 옥수수를 샀다.
여인은 나 어린 딸아이를 때리며 가을밤같이 차게 울었다. //
섶벌같이 나아간 지아비 기다려 십 년이 갔다.
지아비는 돌아오지 않고
어린 딸은 도라지꽃이 좋아 돌무덤으로 갔다. //
산꿩도 섧게 울은 슬픈 날이 있었다.
산 절의 마당귀에 여인의 머리오리가 눈물방울과 같이 떨어진 날이 있었다. － 백석, 〈여승〉

① 평면적 구성을 통해 이야기를 전개하고 있다.
② 역순행적 구성을 취하여 회상의 장면이 제시된다.
③ 독립된 여러 이야기에 동일한 주인공이 등장한다.
④ 다양한 사건을 통해 하나의 주제를 전달하고 있다.
⑤ 액자식 구성을 통해 이야기 속에 이야기가 나타난다.

7 (가)의 내용으로 보아, '나'가 '장인'을 공격한 이유로 가장 적절한 것은?

① 점순이가 자신에게 장인과의 싸움을 부추겨서
② 그동안 억눌렸던 분노가 쌓여서 참을 수가 없기 때문에
③ 점순이와 장모님이 평소 자신을 무시했던 것에 화가 나서
④ 장인이 점순이와 성례를 시켜 줄 맘이 없다는 것을 깨달아서
⑤ 점순이와 결혼하기 어려운 상황에서 봉필이는 더 이상 장인이 아니기 때문에

내신 적중

8 이 글에 나타난 '점순이'의 이중적 태도를 쓰시오.

9 이 작품에 해학성을 부여하는 요소를 두 가지 이상 쓰시오.

016

화랑의 후예 | 김동리

핵심 정리

갈래 단편 소설, 풍자 소설
성격 풍자적, 현실 비판적
배경 ① 시간 – 일제 강점기(1930년대 중반)
　　　　② 공간 – 서울(관상소, 집, 거리)
시점 1인칭 관찰자 시점
주제 과거의 권위에 집착하는 몰락한 양반에 대한 풍자와 연민
특징 ① 유사한 일화의 반복으로 인물의 성격을 드러냄.
　　　　② 희극적인 소재와 행동으로 대상을 희화화함.
출전 《조선중앙일보》(1935)

Q '황 진사'의 태도는?

결혼 이야기에 적극적인 모습을 보이던 황 진사는 상대가 과부라는 이야기를 듣고 노여움에 어쩔 줄 몰라 한다. 자신은 유서 깊은 양반 가문의 자손이기 때문에 과부와의 혼인은 당치도 않다고 말하는 모습에서 현재 자신의 처지는 염두에 두지 않고 보수시 분별과 가분 의식에만 사로잡혀 있는 시대착오적인 황 진사의 특징을 발견할 수 있다.

어휘 풀이

천량 개인 살림살이의 재물, 재산. 즉 돈과 식량.
노기(怒氣) 성난 얼굴빛. 또는 그런 기색이나 기세.
직손 한 계통이나 혈연이 직접 이어져 내려온 자손.
굴곡 이리저리 굽어 꺾여 있음. 또는 그런 굽이.
오뇌 뉘우쳐 한탄하고 번뇌함.
타문(他門) 자신이 속하지 않은 문중(門中)이나 집안.

구절 풀이

❶ 그의 얼굴에 희색이 ~ 일러 주신즉, 숙모님은 황 진사의 적극적인 반응을 보시고 그의 가난한 처지를 고려하였을 때 당신이 소개하려는 여자가 좋은 조건을 가졌다는 것을 강조하고 있다.
❷ 그는 연방 ~ 대어 드는 판이었다. 숙모님이 말하는 여자가 과부라는 것을 모르는 상황에서, 그 여자의 조건이 황 진사의 마음에 들었음을 보여 준다.
❸ 그는 분함을 누르노라고 ~ 경련이 일어나 있었다. 황 진사의 심리 상태를 보여 주는 부분이다. 숙모님의 제안을 거절해 놓고도 화가 풀리지 않았다는 것이 목소리와 표정에 드러나고 있다.

[가] 그날 저녁 때 황 진사가 온 것을 보고, 숙부님이,

"일재, 여기 젊고 돈 있는 색시가 있는데 장가 안 들라우?"
　　　　〈황 진사의 본명〉
하고 물어보았다.

"아, 들면야 좋지만 선생도 아시다시피 *천량이 있어야지"
　　　　　　　　　　　　　　　〈결혼을 하고 싶지만 돈이 없어 못함.〉
하는 그의 얼굴에는 완연히 희색이 넘쳤다.
　　　　　　　　　　〈기뻐하는 얼굴빛〉
❶그의 얼굴에 희색이 넘침을 보신 숙모님은 돈이 없어도 장가를 들 수 있다는 것과, 장가
　　　　　　　　　　　　　　　　　　　〈황 진사에게 소개하려는 규수의 장점 ①〉
만 들게 되면 깨끗한 의복에 좋은 음식도 먹을 수 있으리라 하는 것을 일러 주신즉,
　　　　　　　　　　　　　〈규수의 장점 ②〉
"아, 그럼야 여북 좋갔수, 규수 나인 몇 살이구…… 집안도 이름 있구……."
　　　　　　　　　　　　　　　〈황 진사가 결혼에 관심이 있음을 보여 줌.〉
❷그는 연방 입이 벌어져 침을 흘리며 두 눈에 난데없는 광채를 띠고 숙모님께로 대어 드
는 판이었다.

"과부래야 이름 아깝지 뭐, 이제 나이 삼십밖에 안 된걸……."
　　　　　　　　　　　　〈규수의 장점 ③〉
숙모님도 신명이 나는 모양으로 이렇게 자랑삼아 말한즉, 황 진사는 갑자기 낯빛이 홱
변해지며,

"아 규, 규수가, 시방 말씀한 그 규수가, 과, 과부란 말씀유?"
　　　　　　　　　　　〈소개해 주겠다는 규수가 과부라는 것을 알고 크게 놀람.〉
이렇게 물었다.

"왜 그류."
　　　　　　　　　　　　　　　　　▶ 황 진사에게 중매하려는 숙부와 숙모

[나] 한순간 침묵이 흘렀다. 황 진사의 닫힌 입 가장자리에 미미한 경련이 일어나며, 힘없이
　　　　　　　　　　　　　　　　　　　　　　　〈분이 나서 어쩔 줄 모르는 황 진사의 모습〉
두 무르팍 위에 놓인 그의 두 손은 불불불 떨리고 있었다. 벽에 걸린 시계 소리가 똑딱똑딱
하고 들리었다. 그는 조용히 고갯짓부터 좌우로 돌렸다.
　　　　　　　　　　　　　〈인물 사이의 긴장감을 간접적으로 제시함.〉
"당찮은 말씀유…… 흥, 과, 과부라니 당하지 않은 말씀을……."

그는 곧 호령이라도 내릴 듯이 누렇게 부은 두 볼이 꿈적꿈적하며 *노기 띤 눈을 부라리
곤 하더니, 엄숙한 목소리로,

"황후암(黃厚庵) 육대 *직손이유."
〈황 진사가 과부와 결혼을 할 수 없다고 하는 이유 – 자신은 유서 깊은 양반 가문의 자손이기 때문에〉
하고 다시,

"황후암 육대 직손이 그래 남의 가문에 출가했던 여자한테 장가들다니 당하기나 한 소리
요…… 선생도 너무나 과도한 말씀이유."
〈경제적으로 완전히 몰락했으면서도 가문과 문벌, 명예만을 중시하는 황 진사〉
❸그는 분함을 누르노라고 목소리에 강한 *굴곡이 울리었고 낯에는 비통한 *오뇌의 경련
이 일어나 있었다.

"내일이래두 그럼 어린 숫처녀 골라 혼인하시지요, 뭐……."
　　　　　　　〈예상하지 못했던 황 진사의 반응에 무안하고 못마땅한 심정이 드러남.〉
하고 숙모님도 무안해서 일어났다. 숙부님도 딱했던지,

『"일재, 일재 염려 말우, 농담했수. 그럼 일재 되구야 한 번 *타문에 출가했던 사람과 혼인
『」: 황 진사의 편을 들어주면서 기분을 풀어 주려는 숙부
을 하다니 될 말이유? 내가 어디 황후암을 모루, 황익당을 모루?"』

한즉, 그때야 그도,

"아아무렴 그랴, 그렇지 거 어디라구 함부루 어림없이들…… 황후암이 누구며 황익당이
〈숙부님의 말을 듣고 기분이 나아지며 자신의 가문이 대단하다는 것을 스스로 다시 한번 강조함.〉
누군데 그라?"

얼굴을 펴고 이렇게 높은 소리로 외쳤다.
　　　　　　　　　　　　　　　　　▶ 과부를 소개하려는 숙모에게 분노하는 황 진사

• **중심 내용** 양반의 자손인 자신에게 과부를 중매하려는 숙모에게 분노하는 황 진사　　　• **구성 단계** 위기

이해와 감상

이 작품은 1930년대 봉건적 의식을 고수하고 신라 화랑의 후손임을 자처하며 살아가는 황 진사라는 인물의 삶을 제재로 삼고 있다. 작가는 주역과 시경을 읊조리고 문벌과 족보를 들먹이는 전근대적인 황 진사에 대한 관찰과 묘사를 통해서 경제적으로 완전히 몰락해 버린 양반 계층의 후예가 지닌 정신적인 자만의 허구성을 풍자적으로 그리고 있다. 동시에 변화된 시대에 적응하지 못하고 낡은 관념에 사로잡힌 채 방황하는 일제 강점기 몰락 양반 계층의 현실을 연민 어린 시선에서 바라보고 있다.

🔍 전체 줄거리

발단	어느 해 가을, 관상소에서 '나'는 숙부에게 황 진사를 소개받는다.
전개	황 진사는 '나'를 만날 때마다 이상한 약이나 가치없는 물건을 가져와 식사 대접을 은근히 요구하면서 주역의 지략과 조화를 강조한다.
위기	과부댁을 중매하려고 하자 황 진사가 자신은 양반의 자손이므로 출가했던 여자에게 장가를 들 수 없다며 분노한다.
절정	숙부가 피검된 후 '나'는 광화문통을 지나다가 황 진사를 만난다. 황 진사는 자신의 조상이 신라 때의 화랑이었음을 발견하고 나에게 자랑한다.
결말	두 달 후, '나'는 황 진사가 약장사와 함께 두꺼비 기름을 만병통치약이라고 속여 팔다가 순사에게 끌려가는 것을 보게 된다.

👥 인물 관계도

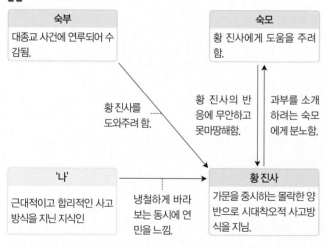

🏠 작품 연구소

〈화랑의 후예〉에 나타난 서술상의 특징

이 작품은 작품 속 서술자 '나'가 주인공 황 진사를 객관적으로 관찰하는 1인칭 관찰자 시점의 소설이다. 1인칭 관찰자 시점은 관찰자가 누구인지가 중요한 의미를 갖는데, 이 작품에서 <u>관찰자 '나'는 지식인으로서 황 진사의 시대착오적인 말과 행동을 있는 그대로 보여 준다.</u> '나'는 황 진사에 대해 평가를 내리지 않고 자신의 의견을 피력하지도 않는다. 다만 '황 진사'의 행동을 예리한 눈으로 추적하여 그 허세와 오만을 서술한다. '나'의 추적에 의한 황 진사의 사람됨은 몇 개의 삽화 형식으로 열거되며 이러한 점은 <u>서술자이자 관찰자인 '나'와 서술 내용 사이의 거리를 유지하게 한다.</u>

🗝 포인트 체크

인물 황 진사는 □□을 직시하지 못하고 낡은 □□에 사로잡힌 몰락한 양반이다.

배경 전통적인 생활 양식과 개화 문물이 뒤섞여 있던 □□□□로의 전환기를 배경으로 한다.

사건 황 진사는 □□의 자손인 자신에게 □□를 중매하려는 숙모에게 분노한다.

1 이 글에 대한 설명으로 가장 적절한 것은?

① 대화를 통해 인물 간의 갈등이 드러나고 있다.
② 서술자가 인물에 대한 직접적 평가를 내리고 있다.
③ 장황한 해설을 통해 작가의 주제 의식을 표출하고 있다.
④ 간결한 문체를 사용하여 사건 전개를 빠르게 하고 있다.
⑤ 빈번한 장면 전환을 통해 인물 간의 긴장감을 고조시키고 있다.

2 '황 진사'에 대한 평가로 가장 적절한 것은?

① 현실보다는 이상을 추구하는 강직한 인물이다.
② 감정이 겉으로 드러나지 않는 과묵한 인물이다.
③ 훌륭한 인품으로 주변 사람들에게 인정받는 인물이다.
④ 생각과 판단의 기준이 보통 사람들과는 다른 인물이다.
⑤ 가난한 생활에 전혀 불편함을 느끼지 않는 청렴한 인물이다.

중요 기출

3 구술 면접시험에서 이 글에 대해 설명하라는 요구를 받았을 때, 그 대답으로 가장 적절한 것은?

① 사투리를 활용하여 우리말의 아름다움과 전통적 가치를 환기했다고 생각합니다.
② 유교 경전의 해석과 수용을 통해서 전통의 현대적 의미를 부각시켰다고 생각합니다.
③ 인물과 인물의 갈등을 통해서 인간의 이타적 속성을 상징적으로 그려 냈다고 생각합니다.
④ 전통에 집착하는 인물의 일그러진 삶을 통해서 우리 자신을 되돌아보게 했다고 생각합니다.
⑤ 인물의 고통스러운 삶을 통해서 일제 식민 통치의 만행을 사실적으로 폭로했다고 생각합니다.

내신 적중

4 '황 진사'에 대한 '숙모님'의 심리를 바르게 추측한 것은?

① 황 진사의 집안을 몰라보다니 내가 실수했네.
② 자기처럼 가문이 좋은 여자를 만날 수 있다니 다행이군.
③ 가난한 주제에 어리고 돈 많은 여자를 원하다니 뻔뻔하군.
④ 저 나이에도 처자의 인물을 중시하다니 철이 없는 사람이구만.
⑤ 자기 처지는 생각하지 않고 과부라고 저렇게 화를 내다니 어이가 없네.

☀️ 어휘 풀이

피검 수사 기관에 잡혀감.

해후(邂逅) 오랫동안 헤어졌다가 뜻밖에 다시 만남.

인조견 사람이 만든 명주실로 짠 비단.

맥고모 밀짚이나 보릿짚으로 만든 모자. '밀짚모자'로 순화.

잦히다 물건의 안쪽이나 아래쪽이 겉으로 드러나게 하다.

완장 남의 삼촌을 높여 이르는 말.

근일 과거의 매우 가까운 날. 또는 과거로부터 오늘날까지의 여러 날 동안.

상고(詳考)하다 꼼꼼하게 따져서 참고하거나 검토하다.

모르핀 아편의 주성분이 되는 알칼로이드. 냄새가 없으며 맛이 쓰고 물에 잘 녹지 않는 무색의 결정체. 마취제나 진통제로 쓰는데, 많이 사용하면 중독 증상이 일어남.

하게아다마 '대머리'의 일본말.

Q '황 진사'의 옷차림이 보여 주는 것은?

황 진사의 옷차림은 초라하고 지저분한데, 전통적인 것과 근대적인 것이 혼재되어 우스꽝스러워 보인다. 이는 전통을 고수하고자 하지만 어쩔 수 없이 변화의 흐름 속에서 살 수밖에 없는 황 진사의 위치를 보여 주는 것으로 이해할 수 있다.

🔖 구절 풀이

❶ 물론 숙부님의 사건이란 건 ~ 당하게 되었던 것이었다. 대종교 사건은 일제 강점기에 대종교 교도들이 일으킨 애국 의거로, 숙부님이 독립운동을 돕고 있던 애국지사였음을 추측할 수 있다.

❷ "아, 이런 수가…… ~ 된 것이라 하였다. 당시 조선의 현실을 걱정하며 그것을 행동으로 보여 주는 숙부님과 달리 황 진사는 가문이라는 과거의 권위에만 연연하는 시대착오적 모습을 보이는 인물임이 드러난다.

❸ 머리가 더부룩한 ~ 설명하는 위인이 있다. 화랑의 후예임을 알고 가문에 대한 자부심이 더욱 높아진 황 진사였지만 현실적으로는 가짜 약이나 파는 무능한 인물임을 보여 준다.

👤 작가 소개

김동리(金東里, 1913~1995)
소설가. 시인. 1930년대 중반 시 〈백로〉와 소설 〈화랑의 후예〉로 등단하였다. 광복 전에는 토속적인 것에 바탕을 두고 신비적·허무적인 경향을 띠는 작품을 썼으며, 광복 후에는 인간성을 옹호하는 작품을 주로 창작하였다. 주요 작품으로 〈황토기〉, 〈사반의 십자가〉, 〈을화〉 등이 있다.

가 그때 돌연히 숙부님이 어떤 사건으로 *피검(被檢)이 되자, 나는 시골 어느 절간에 가 지내려던 피서 계획을 포기하고 괴로운 여름 한철을 서울서 나게 되었다. ❶물론 숙부님의 사건이란 건 당시 나도 잘 몰랐는데, 세상에서 들리는 말로는 만주에서 발단된 '대종교 사건'의 연루라는 것으로 숙부님 검거, 금광 채굴 중지, 가택 수색, 이 세 가지를 한꺼번에 당하게 되었던 것이었다.

어느 날은 서대문 밖의 숙부님을 면회하고 돌아오는 길 광화문통을 지나 오려니까,

"아, 이건 노상 *해후로구랴!"

하는 소리가 났다. 고개를 들어 보니, 연록색 *인조견 조끼에 검은 유리 안경을 쓴 황 진사가 빨아 말린 두루마기를 왼쪽 팔에 걸고, 해묵은 누렁 *맥고모는 뒤통수에 *잦혀 쓰고, 그 벗겨진 앞이마를 햇살에 번쩍거리며 총독부 쪽에서 걸어오고 있는 것이다.

"네, 일재 선생 오래간만이올시다." / 하고 내가 인사를 한즉,

"댁에서들 모두 태평하시구, *완장 선생께도 소식 자주 듣고…… 아 이건 참 노상 해후로구랴!"

또 한번 감탄하고 나더니,

"이리 잠깐 오, 날 좀 보."

하고, 그는 나를 한쪽 구석에 불러 놓고 지극히 중대한 사실을 발견했노라고 한다. 나는 사정이 전과 다른 형편에 있던 터라 혹시나 이런 데서 무슨 숙부에 대한 자세한 내용이나 알게 되나 하여 두근거리는 가슴을 누르며 긴장한 낯으로 그를 쳐다보고 있는 것인데, 그는,

"아, 내 조상께서도 모르고 지낸 윗대 조상을 *근일에 와서 *상고했구랴."

이런 엉뚱한 소리를 하였다. 나는 너무 어이가 없어 어리눙설해 있노라니,

"왜 그루, 어디 편찮우?"

한다. 괜찮으니 얼른 마저 이야기하라고 하니,

㉠❷"아, 이런 수가…… 온, 내 조상이 대체 신라 적 화랑이구랴!" / 하고 혼자 감개해서 못 견디는 모양이었다. 그건 또 어떻게 알아냈냐고 한즉, 근일에 여러 가지 서적을 상고하던 중 우연히 발견하게 된 것이라 하였다.

▶ 화랑의 후예임을 알고 감개한 황 진사

나 황 진사를 광화문통에서 만난 뒤, 두 달이 지난 어느 날 나는 숙모님을 모시고 병원에 갔다가 총독부 앞에서 전차를 내려 필운동으로 들어가노라니 *모르핀 중독 환자 치료소 옆에서 자칫하면 모르고 지나칠 뻔하다가 그를 보게 되었다.

❸머리가 더부룩한 거지 아이 몇 놈과 아편 중독자 몇과 그 밖에 중풍쟁이, 앉은뱅이, 수족 병신 들이 몇 둘러싼 가운데에 한 두어 뼘 길이쯤 되는 무슨 과자 상자 같은 것을 거꾸로 엎어 놓고 그 위에 삐쩍 마른 두꺼비 한 마리와 그 옆의 똥그란 양철통에 흙빛 연고 약을 넣어 두고 약 쓰는 법을 설명하는 위인이 있다.

「두꺼비 기름, 두꺼비 기름, 에헴, 두꺼비 기름이올시다. 옻 오른 데도 쓰고, 옴 오른 데도 쓰고, 등창, 둔창, 화상, 동상, 충치, 풍치, 이 앓는 데도 쓰고, 어린이 귓젖 앓는 데, 머리가 자꾸 헐어 들어가 *하게아다마 되려는 데, 남녀노소, 어른, 애, 계집, 사내 할 것 없이, 서울내기 시골뜨기, 물을 것 없이, 그저 누구든지 헌 데는 독물을 빼고, 살이 썩는 데는 거구생신을 하고, 자, 깊이깊이 감춰 두면 반드시 한 번씩은 찾게 되는 약! 첩첩이 싸서 깊이깊이 넣어 두면 언제든지 한 번은 보배가 되는 약! 자아, 두꺼비 기름이올시다. 두꺼비 코에서 짠 두꺼비 기름, 자아, 그러면 이 두꺼비가 얼마나 무서운 신효가 있는가를 여러분의 두 눈에 보여드릴 터이니까 단단히 보시오.」

▶ 두꺼비 기름을 만병통치약으로 팔고 있던 황 진사

• 중심 내용 화랑의 후예임을 자랑하지만 더욱 쇠락한 삶을 살게 된 황 진사 • 구성 단계 (가) 절정 / (나) 결말

🏠 작품 연구소

'화랑의 후예'의 상징적 의미

이 작품에서 '화랑의 후예'인 황 진사는 현실을 제대로 파악하지 못하고 시대착오적인 삶을 살고 있다. 이는 훌륭한 '조상'의 과거에서 위안을 찾는 것으로, 전통에 대한 잘못된 의식을 가지고 시대 변화에 적응하지 못했던 당시 사람들의 모습을 반영한 것이라 할 수 있다.

황 진사를 바라보는 작가의 시선

작가 김동리는 전통을 지향하는 작품을 썼지만, 자신의 등단 작품인 〈화랑의 후예〉에서 황 진사와 같은 인물을 부각시켰다. 황 진사는 시대의 변화를 직시하지 못하는 '조선의 심벌'로 표현되는데, 마땅히 살아갈 방도 없이 자존심만 내세우는 몰락한 양반을 상징한다. 그런데 황 진사에 대한 작중 화자인 '나'의 시선은 이중적이다. 이는 작가가 정도를 벗어난 보수적 인물을 등장시켜 풍자와 연민의 대상으로 삼음으로써 궁극적으로는 전통의 가치 있는 계승을 희구하는 자신의 심리를 간접적으로 드러낸 것으로 볼 수 있다.

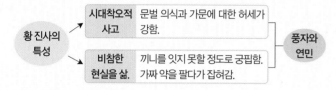

황 진사의 특성			풍자와 연민
	시대착오적 사고	문벌 의식과 가문에 대한 허세가 강함.	
	비참한 현실을 삶.	끼니를 잇지 못할 정도로 궁핍함. 가짜 약을 팔다가 잡혀감.	

〈화랑의 후예〉의 표현상 특징

이 작품은 등장인물인 '나'가 과거의 사건을 회상하며 서술하는 형식으로 구성되어 있다. '나'가 관찰하는 인물인 황 진사와 관련된 유사한 사건을 중첩적으로 제시하는 장면 전개식 구조로 그의 인물됨을 형상화하고 있다. 또한 등장인물 간의 대화와 행동의 묘사를 통한 간접 제시의 방법으로 독자 스스로 판단을 하도록 하고 있다. 그리고 희극적인 소재와 행동으로 대상을 희화화하면서 풍자와 연민의 대상이 되도록 한다.

〈화랑의 후예〉를 통해 본 당시의 사회상

근대 사회로 이행하는 전환기	황 진사의 독특한 옷차림 → 전통적인 생활 양식과 함께 맥고모자(밀짚모자), 인조견 등의 개화 문물이 뒤섞여 있음.
독립운동의 활성화	대종교 사건으로 피검된 숙부 → 금광 일을 하는 숙부는 일제 강점기 대종교 교도들이 일으킨 애국 의거에 연루되어 피검됨. 민족의식을 고취하는 독립운동이 은연중 이루어짐.

📖 함께 읽으면 좋은 작품

〈독 짓는 늙은이〉, 황순원 / 세태 변화 속의 갈등이 형상화된 작품

평생을 독 짓는 일에 바쳐 온 한 노인의 집념이 전통적 가치가 붕괴되어 가는 세태의 변화 속에서 좌절되어 가는 과정을 그리고 있는 작품이다. 거부할 수 없는 시대적 흐름과 전통에의 집념이라는 측면에서 〈화랑의 후예〉와 유사하다.

〈미스터 방〉, 채만식 / 인물에 대한 풍자와 현실 비판적 시각이 드러난 작품

'방삼복'이라는 인물이 '미스터 방'으로 인정받는 과정을 통해 광복 직후의 혼란스러운 세태에 발 빠르게 적응해 가는 인물의 삶을 희화화, 풍자하고 있는 작품이다.

📲Link 본책 136쪽

---

5 이 글의 등장인물에 대한 설명으로 알맞지 않은 것은?

① 숙부님은 만주에서 시작된 독립운동과 관련하여 수감되었다.

② '나'는 황 진사가 숙부님의 안부를 묻지 않는 데 대하여 서운함을 느꼈다.

③ '나'는 혹시나 황 진사가 도움이 되는 얘기를 해 줄지도 모른다고 기대했다.

④ 황 진사는 '나'에게 숙부님의 수감과는 관련 없는 가문 이야기만 늘어놓았다.

⑤ 황 진사가 가짜 약을 속여 파는 현장에 있는 것은 그의 현실적 처지를 보여 준다.

내신 적중

6 이 글과 〈보기〉를 비교한 내용으로 가장 적절한 것은?

┤ 보기 ├

나는 북관(北關)에 혼자 앓아누워서
어느 아침 의원(醫員)을 뵈이었다.
의원은 여래(如來) 같은 상을 하고 관공(關公)의 수염을 드리워서
먼 옛적 어느 나라 신선 같은데
새끼손톱 길게 돋은 손을 내어
묵묵하니 한참 맥을 짚더니
문득 물어 고향이 어데냐 한다. [중략]
나는 아버지로 섬기는 이라 한즉
의원은 또다시 넌지시 웃고
말없이 팔을 잡아 맥을 보는데
손길은 따스하고 부드러워
고향도 아버지도 아버지의 친구도 다 있었다.

– 백석, 〈고향〉

① 이 글과 달리 〈보기〉는 환상적인 요소가 강조되어 있다.

② 이 글과 달리 〈보기〉는 긍정적인 인물을 형상화하고 있다.

③ 〈보기〉와 달리 이 글은 '나'를 중심으로 서술되고 있다.

④ 〈보기〉와 달리 이 글은 인물의 내면을 중점적으로 다루고 있다.

⑤ 이 글과 〈보기〉는 모두 인물과 현실의 갈등이 부각되어 있다.

---

7 ㉠에서 작가가 비판하려는 것이 무엇인지 쓰시오.

---

8 '황 진사'의 현실적 처지를 단적으로 보여 주는 사건을 쓰시오.

017

날개 | 이상

문학 지학사

🎯 핵심 정리

갈래 단편 소설, 심리 소설, 모더니즘 소설
성격 고백적, 상징적
배경 ① 시간 – 1930년대 어느 날
　　　　② 공간 – 경성(서울)
시점 1인칭 주인공 시점
주제 무기력한 삶과 자아 분열에서 벗어나 본래의 자아를 찾고자 하는 의지
특징 ① 내적 독백을 중심으로 주인공의 의식의 흐름에 따라 서술됨.
　　　　② 상징적 장치를 통해 식민지 지식인의 어두운 내면을 드러냄.
출전 《조광》(1936)

Q '나'가 아내에게 분노하고 있는 이유는?

'나'에게 있어서 아스피린이냐 아달린이냐 하는 것은 중요하지 않다. 분노의 핵심은 아내가 자신을 속였다는 것이다. 그래서 '나'는 믿었던 아내의 배신에 대한 분노와 실망감을 주체하지 못하고 있는 것이다.

💡 어휘 풀이

아달린 최면제나 진정제로 쓰이는 약품.
맑스 마르크스. 독일의 경제학자·정치학자·철학자. 과학적 사회주의를 창시함.
말사스 맬서스. 영국의 고전파 경제학자. 《인구론》을 씀.
마도로스 외항선의 선원.

Q 아내가 '나'에게 아스피린 대신 아달린을 준 이유는?

제시된 부분에서는 생략되었지만 아내는 남편인 '나' 몰래 떳떳하지 않은 일(매춘)을 하기 때문에 '나'가 깨어 있는 것이 매우 불편한 상황이다. 따라서 감기에 걸린 '나'에게 해열제인 아스피린 대신 수면제인 아달린을 주어 잠들게 한 것이다.

🐾 구절 풀이

❶ **나는 커다랗게 ~ 자랑하여 주고 싶었다.** '나'는 생활력이 없어 아내가 주는 돈으로 생활하고 있다. 어두컴컴한 방에서 빈둥대며 소극적이고 무기력한 삶을 살고 있음에도 '나'는 그러한 삶에 대해 문제점을 느끼지 못하고 있다.

❷ **어제도 그제도 ~ 견딜 수가 없었다.** 아내가 준 것이 해열제인 아스피린이 아니라 최면제인 아달린이기 때문이다.

❸ **인간 세상의 아무것도 보기가 싫었던 것이다.** '나'는 아스피린 대신 아달린을 준 아내에 대해 실망감과 분노를 느끼고 있다.

❹ **나는 길가의 도랑창, ~ 이런 것만 생각하였다.** '나'는 아내에 대한 분노의 마음을 참으려 애쓰고 있다.

가 ❶나는 커다랗게 기지개를 한 번 켜 보고 아내 베개를 내려 베고 벌떡 자빠져서는 이렇게도 편안하고 즐거운 세월을 하느님께 흠씬 자랑하여 주고 싶었다. 나는 참 세상의 아무것과도 교섭을 가지지 않는다. 하느님도 아마 나를 칭찬할 수도 처벌할 수도 없는 것 같다.
_{무기력한 생활을 편안하게 여김.}　_{'나'의 유폐된 삶}

그러나 다음 순간 실로 세상에도 이상스러운 것이 눈에 띄었다. 그것은 최면 약 [*]아달린 갑이었다. 나는 그것을 아내의 화장대 밑에서 발견하고 그것이 흡사 아스피린처럼 생겼다고 느꼈다. 나는 그것을 열어 보았다. 똑 네 개가 비었다.
_{해열제의 일종}

나는 오늘 아침에 네 개의 아스피린을 먹은 것을 기억하고 있었다. 나는 잤다. ❷어제도 그제도 그끄제도 —— 나는 졸려서 견딜 수가 없었다. 나는 감기가 다 나았는데도 아내는 내게 아스피린을 주었다. 내가 잠이 든 동안에 이웃에 불이 난 일이 있다. 그때에도 나는 자느라고 몰랐다. 이렇게 나는 잤다. 나는 아스피린으로 알고 그럼 한 달 동안을 두고 아달린을 먹어 온 것이다. 이것은 좀 너무 심하다.
_{실제로는 아달린을 먹음.}　_{'나'의 건강 때문에 준 것이 아님.}　_{아스피린이 아니라 아달린을 먹었기 때문에}　_{아달린을 준 아내에 대한 분노}

별안간 아뜩하더니 하마터면 나는 까무러칠 뻔하였다. 나는 그 아달린을 주머니에 넣고 집을 나섰다. 그리고 산을 찾아 올라갔다. ㉠❸인간 세상의 아무것도 보기가 싫었던 것이다. 걸으면서 나는 아무쪼록 아내에 관계되는 일은 일체 생각하지 않도록 노력하였다. 길에서 까무러치기 쉬우니까. 나는 어디라도 양지가 바른 자리를 하나 골라서 자리를 잡아 가지고 서서히 아내에 관하여서 연구할 작정이었다. ❹나는 길가의 도랑창, 핀 구경도 못 한 진 개나리꽃, 종달새, 돌멩이도 새끼를 까는 이야기, 이런 것만 생각하였다. 다행히 길가에서 나는 졸도하지 않았다.
_{아내가 자신에게 아달린을 먹인 사실을 알고 충격을 받음.}　_{의지적 행동}　_{아내에 대한 배신감 때문에}　_{그동안 '나'는 볕이 들지 않는 음습한 방에서 지냄.}　_{봄 한 달 내내 잠에 취해 있었음.}

▶ 아스피린 대신 아달린을 준 아내에 대한 '나'의 실망

나 거기는 벤치가 있었다. 나는 거기 정좌하고 그리고 그 아스피린과 아달린에 관하여 연구하였다. 그러나 머리가 도무지 혼란하여 생각이 체계를 이루지 않는다. 단 5분이 못 가서 나는 그만 귀찮은 생각이 번쩍 들면서 심술이 났다. ㉡나는 주머니에서 가지고 온 아달린을 꺼내 남은 여섯 개를 한꺼번에 질겅질겅 씹어 먹어 버렸다. 맛이 익살맞다. 그리고 나서 나는 그 벤치 위에 가로 기다랗게 누웠다. 무슨 생각으로 내가 그따위 짓을 했나? 알 수가 없다. 그저 그러고 싶었다. 나는 게서 그냥 깊이 잠이 들었다.

▶ 아달린을 먹고 잠드는 '나'

다 내가 잠을 깨었을 때는 날이 환히 밝은 뒤다. 나는 거기서 일 주야를 잔 것이다. 풍경이 그냥 노랗게 보인다. 그 속에서도 나는 번개처럼 아스피린과 아달린이 생각났다.
_{24시간만 하루}

아스피린, 아달린, 아스피린, 아달린, [*]맑스, [*]말사스, [*]마도로스, 아스피린, 아달린.
_{발음의 유사성을 연결 고리로 하여 의식과 무의식이 교차하며 자유 연상을 일으키고 있는 '나'의 의식을 보여 줌.}

아내는 한 달 동안 아달린을 아스피린이라고 속이고 내게 먹였다. 그것은 아내 방에서 이 아달린 갑이 발견된 것으로 미루어 증거가 너무나 확실하였다.

무슨 목적으로 아내는 나를 밤이나 낮이나 재웠어야 됐나?

▶ 아내가 '나'에게 아달린을 먹인 이유에 대한 궁금증

라 나를 밤이나 낮이나 재워 놓고 그리고 아내는 내가 자는 동안에 무슨 짓을 했나?

나를 조금씩 조금씩 죽이려던 것일까? / 그러나 또 생각하여 보면, 내가 한 달을 두고 먹어 온 것은 아스피린이었는지도 모른다. 아내는 무슨 근심되는 일이 있어서 밤이면 잠이 잘 오지 않아서 정작 아내가 아달린을 사용한 것이나 아닌지, 그렇다면 나는 참 미안하다.
_{자신의 오해이기를 바람.}

나는 아내에게 이렇게 큰 의혹을 가졌다는 것이 참 안됐다. ▶ 아내를 오해한 것은 아닌지에 대한 '나'의 염려

• **중심 내용** 자신을 속이고 아달린을 준 아내에게 배신감을 느끼는 '나'　　• **구성 단계** 절정

이해와 감상

이 작품은 이상의 대표작으로 현대인의 무의미한 삶과 자아 분열을 그려 낸 최초의 심리 소설로 일컬어지고 있다. 이 소설에서 가장 인상적인 것은 '나'와 아내의 관계가 보통의 남녀 관계와는 달리 역전(逆轉)된 형태로 그려지고 있다는 점이다. 아내에게 기생하고 있는 '나'의 유폐된 삶이 아내의 방과 '나'의 방이라는 공간적 분할과 차이를 통해 드러나고 있다.

또한 하루 종일 방 안에서 빈둥대다가 거리를 쏘다니고 티 룸에 앉아 차를 마시는 '나'의 모습은 일제 강점기를 살아가는 무기력한 지식인의 삶을 적나라하게 나타낸 것이다. 그러나 '나'가 아내에게 받은 돈을 버리고 일종의 탈출의 성격을 지닌 외출을 하면서 자아의 정체성을 의미하는 '날개'가 돋기를 염원하는 것은 무의미한 삶의 도정에서 생의 의미 찾기를 포기하지 않았음을 드러내는 것이다.

전체 줄거리

발단	'나'는 삶의 의욕을 상실한 채 방 안에서 뒹굴며 지낸다. 아내가 외출할 때면 '나'는 아내의 방에서 놀곤 한다.
전개	아내에게 내객이 찾아올 때면 아내는 '나'에게 은화를 준다. '나'는 은화를 저금통에 모아 두다가 변소에 빠뜨린다. 어느 날 외출에서 돌아온 '나'는 내객과 함께 있는 아내를 보게 된다.
위기	이후에도 가끔씩 외출을 하던 '나'는 비를 맞고 감기에 걸린다. 아내는 '나'에게 아스피린을 주고 '나'는 그것을 먹고 잠만 자게 된다.
절정	'나'는 아내가 준 약이 아달린이라는 것을 알고 충격을 받고 외출하여 거리를 쏘다니다 미쓰코시 옥상에 올라가서 자신의 삶을 되돌아본다.
결말	정오의 사이렌이 울리자 '나'는 날개를 달고 날아오르고 싶다는 충동을 느낀다.

인물 관계도

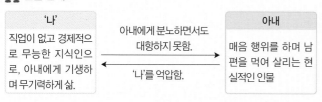

'나'
직업이 없고 경제적으로 무능한 지식인으로, 아내에게 기생하며 무기력하게 삶.

아내에게 분노하면서도 대항하지 못함.

'나'를 억압함.

아내
매음 행위를 하며 남편을 먹여 살리는 현실적인 인물

작품 연구소

'방'으로부터의 '외출'의 의미

이 작품에서 억압된 자아의식을 '방'이라는 밀폐된 구조로 표현했다면, '외출'은 그러한 상태를 벗어나려고 하는 의지의 표현이다. '나'는 주된 활동 공간인 어두운 방에서 나와 다섯 번의 외출을 하는데, '나'의 외출 횟수가 늘어날수록 활동 공간이 넓어지는 모습을 보인다. '나'가 거리로 외출하는 것은 폐쇄된 공간에서 개방된 공간으로 이동하는 것이다. 결국 '나'의 외출은 사회와 단절된 방에서의 탈출을 의미하며, 분열된 자아가 통일되는 사회성 획득을 의미하는 것으로도 볼 수 있다. 이는 마지막 장면에 등장하는 '날개'가 상징하는 바이기도 하다.

키 포인트 체크

인물 일제 강점기의 무기력한 ☐☐☐인 '나'는 아내가 버는 돈으로 살아가는 무능력한 존재이다.

배경 '나'의 ☐은 사회성이 결여된 ☐☐된 공간을 의미한다.

사건 아내가 자신에게 ☐☐☐을 준 것을 알게 된 후 충격에 빠져 거리를 배회하던 '나'는 정오의 사이렌 소리를 들은 후 ☐☐가 돋아서 날아보고 싶은 욕망을 느낀다.

1 이 글의 내용과 거리가 먼 것은?

① 아내는 불면증에 시달려서 아달린을 복용하고 있었다.

② '나'는 벤치에서 다량의 아달린을 먹고 의식을 잃었다.

③ '나'는 아달린을 감기약으로 생각하고 한 달 동안 먹었다.

④ '나'는 산을 올라가며 아내에 대한 생각을 하지 않으려 노력했다.

⑤ '나'는 아달린 갑을 발견하고 아내가 준 아스피린에 의구심을 품게 되었다.

2 이 글의 서술상 특징을 〈보기〉에서 적절하게 고른 것은?

| 보기 |

a. 독백적인 어조로 현실과 단절된 의식 상태를 표현하고 있다.

b. 시간적 순서에 따라 사건을 배열하여 사건의 인과성을 밝히고 있다.

c. 회상의 기법을 사용하여 현재와 과거의 화해를 지향하고 있다.

d. 객관적인 외부 세계보다는 주관적인 내면세계를 의식의 흐름에 따라 서술하고 있다.

① a, c   ② a, d   ③ b, c
④ b, d   ⑤ c, d

3 ㉠의 이유로 가장 적절한 것은?

① 아내에게 속을 수밖에 없었던 자신의 실망스런 모습 때문에

② 감기 증세와 아달린의 과다 복용으로 인한 무기력증 때문에

③ 아내에 대한 실망이 세상에 대한 실망으로 확대되었기 때문에

④ 속고 속이는 세상을 떠나 탈속적 세계를 지향하기로 결심했기 때문에

⑤ 그동안 자신을 속인 아내에 대한 연구는 은밀하게 진행해야 하기 때문에

4 ㉡에 대한 설명으로 가장 적절한 것은?

① 아내에 대한 배신감이 표출된 행동이다.

② 자신의 처지에 대한 한탄이 드러나고 있다.

③ 아내에 대한 미안함에서 비롯된 우발적 행동이다.

④ 그동안 몰랐던 아내의 생각을 파악하려는 행동이다.

⑤ 자신이 처한 현실을 극복하려는 의지를 나타내고 있다.

어휘 풀이

들입다 계속하여 세차게. 마구 무리하게.

회탁(灰濁) 회색의 탁함.

허비적거리다 자꾸 날카로운 끝으로 긁어서 파헤치다.

공복(空腹) 배 속이 비어 있는 상태. 또는 그 배 속.

로직(logic) 상황을 설명하는 논리.

변해하다 말로 풀어 자세히 밝히다.

말소되다 기록되어 있는 사실 따위가 지워져 아주 없어지다.

Q '미쓰코시'에서 알 수 있는 시대적 배경은?

이 작품의 배경이 되었던 1930년대의 서울은 '미쓰코시', '조지아' 등의 일본계 백화점과 화신 백화점이라는 조선계 백화점이 들어설 정도로 근대화되었다. 그뿐만 아니라 영화관이나 공원, 카페 등도 즐비했다.

구절 풀이

❶ **나는 거의 ~ 인식하기조차도 어려웠다.** '나'는 외부의 사물을 판단할 의식이 매우 희미해진 상태이다. 의식이 거의 없다시피한 자신의 상황을 표현한 말이다.

❷ **지느러미는 하늘하늘 손수건을 흔드는 흉내를 낸다.** 금붕어 지느러미의 움직임은 굳어 있던 '나'의 의식의 꿈틀거림을 의미하는 것이며, 동시에 '나'의 의식을 깨우는 역할을 하기도 한다.

❸ **내가 아내나 ~ 그렇지 않을까?** '나'는 아내와의 오해가 숙명적인 것이며 굳이 풀어야 할 이유도 없는 것으로 파악하고 있다. 이러한 '나'의 태도는 체념에 가까운 것이다.

❹ **한 번만 더 날아 보자꾸나.** 의식이 영점에 가까운, 그래서 거의 살아 있음을 느끼지 못하는 상태에 있던 '나'가 다시 활기찬 삶을 살고자 하는 간절한 염원을 표현한 말이다.

Q '날개'의 의미는?

대개 문학 작품에서 '날개'는 자유와 이상을 뜻한다. 이 소설에서도 날개가 다시 돋기를 바라는 것은 삶의 의미와 자아를 찾아 자유롭고 이상적으로 살아가기를 소망하는 것이라 할 수 있다.

작가 소개

이상(李箱, 1910~1937)

시인. 소설가. 1930년대 초부터 초현실주의적이고 실험적인 시를 발표하였으며, 주로 의식 세계의 심층을 탐구하는 작품을 창작했다. 박태원, 김기림, 김유정과 더불어 모더니즘 문학 운동 단체인 '구인회'의 회원이었다. 주요 작품으로 〈거울〉, 〈오감도〉 등의 시와 소설 〈종생기〉, 수필 〈권태〉 등이 있다.

가 여러 번 자동차에 치일 뻔하면서 나는 그래도 경성역을 찾아갔다. 빈자리와 마주 앉아서 이 쓰디쓴 입맛을 거두기 위하여 무엇으로나 입가심을 하고 싶었다.

커피. 좋다. 그러나 ⓐ경성역 홀에 한 걸음을 들여놓았을 때 나는 내 주머니에는 돈이 한 푼도 없는 것을, 그것을 깜박 잊었던 것을 깨달았다. 또 아뜩하였다. 나는 어디선가 그저 맥없이 머뭇머뭇하면서 어쩔 줄을 모를 뿐이었다. 얼빠진 사람처럼 그저 이리 갔다 저리 갔다 하면서…… / 나는 어디로 어디로 ˚들입다 쏘다녔는지 하나도 모른다. 다만 몇 시간 후에 내가 ⓑ미쓰코시 옥상에 있는 것을 깨달았을 때는 거의 대낮이었다.

나는 거기 아무 데나 주저앉아서 내 자라 온 스물여섯 해를 회고하여 보았다. 몽롱한 기억 속에서는 이렇다는 아무 제목도 불거져 나오지 않았다. / 나는 또 내 자신에게 물어보았다. 너는 인생에 무슨 욕심이 있느냐고. 그러나 있다고도 없다고도, 그런 대답은 하기가 싫었다. ❶나는 거의 나 자신의 존재를 인식하기조차도 어려웠다.

▶ 미쓰코시 옥상에서 인생에 대해 생각하는 '나'

나 허리를 굽혀서 나는 그저 금붕어를 들여다보고 있었다. 금붕어는 참 잘들도 생겼다. 작은 놈은 작은 놈대로 큰 놈은 큰 놈대로 다 싱싱하니 보기 좋았다. 내리비치는 5월 햇살에 금붕어들은 그릇 바탕에 그림자를 내려뜨렸다. ❷지느러미는 하늘하늘 손수건을 흔드는 흉내를 낸다. 나는 이 지느러미 수효를 헤아려 보기도 하면서 굽힌 허리를 좀처럼 펴지 않았다. 등허리가 따뜻하다.

나는 또 ˚회탁의 거리를 내려다보았다. 거기서는 피곤한 생활이 똑 금붕어 지느러미처럼 흐늑흐늑 ˚허비적거렸다. 눈에 보이지 않는 끈적끈적한 줄에 엉켜서 헤어나지들을 못한다. 나는 피로와 ˚공복 때문에 무너져 들어가는 몸뚱이를 끌고 그 회탁의 거리 속으로 섞여 들어가지 않는 수도 없다 생각하였다.

▶ 금붕어처럼 흐느적거리는 '나'의 몸과 마음

다 나서서 나는 또 문득 생각하여 보았다. 이 발길이 지금 어디로 향하여 가는 것인가를…….

그때 내 눈앞에는 아내의 모가지가 벼락처럼 내려 떨어졌다. ⓒ아스피린과 아달린.

우리들은 서로 오해하고 있느니라. 설마 아내가 아스피린 대신에 아달린 정량을 나에게 먹여 왔을까? 나는 그것을 믿을 수가 없다. 아내가 그럴 대체 까닭이 없을 것이니. 그러면 나는 날밤을 새면서 도적질을, 계집질을 하였나? 정말이지 아니다.

우리 부부는 숙명적으로 발이 맞지 않는 절름발이인 것이다. ❸내가 아내나 제 거동에 ⓓ˚로직을 붙일 필요는 없다. ˚변해할 필요도 없다. 사실은 사실대로 오해는 오해대로 그저 끝없이 발을 절뚝거리면서 세상을 걸어가면 되는 것이다. 그렇지 않을까?

그러나 나는 이 발길이 아내에게로 돌아가야 옳은가 이것만은 분간하기가 좀 어려웠다. 가야 하나? 그럼 어디로 가나?

▶ 아내와 자신의 관계를 생각함.

라 ㉠이때 뚜우하고 정오 사이렌이 울렸다. 사람들은 모두 네 활개를 펴고 닭처럼 푸드덕거리는 것 같고 온갖 유리와 강철과 대리석과 지폐와 잉크가 부글부글 끓고 수선을 떨고 하는 것 같은 찰나, 그야말로 현란을 극한 정오다.

나는 불현듯이 겨드랑이가 가렵다. 아하, 그것은 내 인공의 날개가 돋았던 자국이다. 오늘은 없는 이 날개, 머릿속에서는 희망과 야심의 ˚말소된 페이지가 ⓔ˚딕셔너리 넘어가듯 번뜩였다.

나는 걷던 걸음을 멈추고 그리고 어디 한번 이렇게 외쳐 보고 싶었다.

[A] ┌ 날개야 다시 돋아라.
    │ 날자. 날자. 날자. 한 번만 더 날자꾸나.
    └ ❹한 번만 더 날아 보자꾸나.

▶ 날개가 돋기를 간절히 바라는 '나'

• **중심 내용** 날개가 다시 돋기를 간절히 바라는 '나'   • **구성 단계** (가)~(다) 절정 / (라) 결말

🏠 작품 연구소

〈날개〉의 표현상 특징 – 의식의 흐름 기법

의식의 흐름 기법은 인간의 의식을 조각조각 분리하지 않고 마치 강물이 흐르듯이 연속적으로 서술하는 소설 기법이다. 객관적인 외부 세계보다는 주관적인 내면세계를 의식의 흐름에 따라 기술하기 때문에 인간의 내면에서 일어나는 고민과 갈등, 자의식에 대해 이해할 수 있다.

이 작품은 '나'의 의식의 흐름에 따라 사건이 전개되기 때문에 사건 자체가 뚜렷하지 않고 사건들 사이의 연관성을 찾기 어렵지만, 현실 세계가 인간의 내면세계에 어떤 영향을 끼치는지 짐작할 수 있게 한다.

등장인물들의 윤리적인 문제점

'나'	아내
아내가 부도덕한 방법으로 번 돈을 받아 생활함.	남편이 있음에도 매춘을 함.

⬇

비윤리적이고 왜곡된 모습으로 살아가는 사람들의 모습을 통해 정상적인 사고로는 살아갈 수 없는 당대 현실 속의 여러 결함을 드러냄.

1930년대 경성(서울)의 면모와 지식인의 삶

이 작품에 등장하는 경성역 대합실의 티 룸이나 미쓰코시 백화점 등은 실제로 1930년대 경성(서울)에 존재했던 곳이다. 1930년대 경성은 백화점, 영화관, 카페, 전차, 공원 등을 갖춘 근대적 도시였다.

1930년대에 지식인들은 이러한 도시적이고 근대적인 삶을 즐기는 사람들이었지만 이러한 소비적 삶을 뒷받침할 만한 경제력이 없었기 때문에 무기력한 모습을 보일 수밖에 없었다. 이 소설의 '나'도 이러한 1930년대 식민지 지식인의 모습을 그대로 드러내고 있는 것이다.

작품의 첫 문장에 드러난 박제(剝製)의 의미

이 작품의 첫 문장은 '박제가 되어 버린 천재를 아시오? 나는 유쾌하오. 이런 때 연애까지가 유쾌하오.'이다. 서술자인 '나'는 존재론적 시각에서 자신을 박제로 인식한 것인데, 자신은 잠재된 능력을 가진 천재이지만, 주체적인 의지가 없는 삶을 살고 있음을 나타낸 것이다.

📖 함께 읽으면 좋은 작품

〈소설가 구보 씨의 일일〉, 박태원 / 1930년대 모더니즘 소설

고정된 줄거리 없이 소설가 구보가 서울의 종로와 청계천 거리를 산책하며 경험하고 느낀 사실들을 소설로 형상화하고 있다. 〈날개〉와 마찬가지로 의식의 흐름 기법을 사용하여 인물의 내면 의식을 보여 주고 있다.

▶ Link 본책 68쪽

〈유예〉, 오상원 / 의식의 흐름 기법이 사용된 작품

6·25 전쟁을 배경으로 한 작품으로, 포로가 된 주인공이 처형의 순간을 맞기까지의 의식의 흐름을 통해 전쟁의 무의미함과 비극성을 드러낸다. 특히 처형을 당하는 장면에서 드러나는 흰 눈과 피의 대비는 전쟁의 비정함을 선명한 이미지로 보여 준다.

▶ Link 본책 144쪽

내신 적중

5 〈보기〉에서 '나'의 외출의 의미를 골라 바르게 묶은 것은?

┤ 보기 ├
ㄱ. 심리적 변화를 가져오는 계기
ㄴ. 아내와의 사랑을 회복하는 기회
ㄷ. 자신의 존재감과 능력에 대한 시험
ㄹ. 아내에게 종속된 삶으로부터의 탈출

① ㄱ, ㄴ　　　　② ㄱ, ㄹ　　　　③ ㄴ, ㄷ
④ ㄴ, ㄹ　　　　⑤ ㄷ, ㄹ

6 ⓐ~ⓔ 중, 시대적 배경을 알 수 있게 해 주는 것은?

① ⓐ, ⓑ　　　　② ⓑ, ⓓ　　　　③ ⓒ, ⓔ
④ ⓐ, ⓑ, ⓔ　　⑤ ⓑ, ⓒ, ⓓ

중요 기출

7 ㉠에 관한 설명의 일부인 〈보기〉를 참고하여 이 글을 감상한 내용으로 적절하지 않은 것은?

┤ 보기 ├
철학과 문학에서는 전통적으로 시간을 가리키는 말에 함축적인 의미를 부여해 왔다. 특히 독일의 철학자 니체는 '정오'를 각성과 재생의 시간으로 간주했다. '정오'는 인식의 태양이 가장 높이 솟아오른 때라는 것이다.

① '나'의 의식 상태는 ㉠ 이전과 이후로 나누어 볼 수 있겠군.
② '정오'의 사이렌 소리가 '나'의 생명력을 일깨운 것으로 볼 수 있겠군.
③ '정오'의 함축적 의미 때문에 ㉠을 경계로 어조와 분위기가 바뀐 것이겠군.
④ 이 작품은 시간의 물리적인 의미보다 심리적인 의미에 중점을 두고 읽어야겠군.
⑤ '나'는 '정오'가 되면서 자아의 문제에서 사회의 문제로 시선을 전환하게 되는군.

8 이 글의 내용을 참고하여 [A]가 의미하는 바를 쓰시오.

9 다음은 이 글의 주요 공간인 '방'의 성격에 대해 정리한 것이다. 빈칸에 들어갈 적절한 내용을 쓰시오.

'나'의 방		아내의 방
• 어둡고 좁은 방		• 햇볕이 드는 큰 방
• 생활력이 없어 아내에게 기댐.	⬅➡	• 경제적으로 무능한 남편을 부양함.
• ＿＿＿＿＿＿＿＿＿＿＿		• 사회 활동을 하며 현실에 적응함.

018 동백꽃 | 김유정

키워드 체크 #농촌 소설 #해학적 #역순행적 구성 #순박한 소년과 소녀의 사랑 #토속어와 향토적 소재 #서정적 분위기

핵심 정리

갈래 단편 소설, 농촌 소설
성격 해학적, 토속적
배경 ① 시간 – 1930년대 어느 봄
② 공간 – 강원도 산골 마을
시점 1인칭 주인공 시점
주제 사춘기 시골 남녀의 순박한 사랑
특징 ① 토속적 어휘, 사투리, 비속어, 의성어와 의태어 등을 사용하여 생동감 있게 표현함.
② '현재-과거-현재'의 역순행적 구성으로 전개됨.
③ 우스꽝스러운 인물의 행동으로 해학적인 분위기를 조성함.
출전 《조광》(1936)

Q '닭싸움'의 기능은?

닭싸움은 점순이 '나'에 대한 애정을 반어적으로 표현하는 소재이며 '나'와 점순의 갈등을 대리 표출하는 매개물이기도 하다. 또한 마지막 부분에서는 '나'와 점순이 화해하는 계기를 마련해 준다.

어휘 풀이

대강이 '머리'의 속어.
실팍하다 사람이나 물건 등이 보기에 매우 튼튼하다.
덩저리 '몸집'을 낮잡아 이르는 말.
해내다 상대편을 여지없이 이겨 내다.
쪼간 일, 사건.
쌩이질 한창 바쁜 때에 쓸데없는 일로 남을 귀찮게 하거나 괴롭히는 짓.
배재 땅을 소작할 수 있는 권리.

Q 점순네 집과 '나'의 집의 관계는?

점순네 집은 마름이고 '나'의 집은 소작인이므로 '나'는 점순네에 잘못하면 땅을 빼앗길 수도 있는 상황이다. 이러한 상황은 점순과 '나' 사이에 불평등한 관계를 형성하고 '나'가 소극적인 태도를 취할 수밖에 없는 이유가 된다.

구절 풀이

❶ **이번에도 점순이가 싸움을 붙여 났을 것이다.** 감자로 '나'에 대한 호의를 드러내려다 실패한 점순이 '나'의 집 닭을 괴롭히는 것으로 관심을 드러내고 있다.
❷ **언제 구웠는지 ~ 뿌듯이 쥐었다.** 점순이 '나'에게 애정을 가지고 있음을 알 수 있으며 점순의 적극적이고 대담한 성격을 짐작할 수 있는 부분이다.
❸ **"너 봄 감자가 ~ 니나 먹어라."** 점순의 호의를 '나'가 거절함으로써 두 사람의 갈등이 시작되는 부분이다.
❹ **그러면서도 열일곱씩이나 ~ 안 되는 까닭이었다.** '나'가 점순과 내외를 해야 하는 이유와 점순네 심기를 거스르지 않아야 하는 이유가 드러나 있는 부분이다.

가 점순네 수탉(은 *대강이가 크고 똑 오소리같이 *실팍하게 생긴 놈)이 *덩저리 작은 우리 수탉을 함부로 *해내는 것이다. 그것도 그냥 해내는 것이 아니라 푸드덕하고 면두를 쪼고 물러섰다가 좀 사이를 두고 또 푸드득하고 모가지를 쪼았다. 이렇게 멋을 부려 가며 여지없이 닦아 놓는다. 그러면 이 못생긴 것은 쪼일 적마다 주둥이로 땅을 받으며 그 비명이 킥, 킥 할 뿐이다. 물론 미처 아물지도 않은 면두를 또 쪼이어 붉은 선혈은 뚝뚝 떨어진다. [중략]
❶이번에도 점순이가 싸움을 붙여 났을 것이다. 바짝바짝 내 기를 올리느라고 그랬음에 틀림없을 것이다. / 고놈의 계집애가 요새로 들어서서 왜 나를 못 먹겠다고 고렇게 아르렁거리는지 모른다.
▶ 닭싸움을 벌여 '나'를 괴롭히는 점순

나 나흘 전 감자 *쪼간만 하더라도 나는 저에게 조금도 잘못한 것은 없다. 계집애가 나물을 캐러 가면 갔지 남 울타리 엮는데 *쌩이질을 하는 것은 다 뭐냐. 그것도 발소리를 죽여 가지고 등 뒤로 살며시 와서 / "얘! 너 혼자만 일하니?" / 하고 긴치 않은 수작을 하는 것이다.
어제까지도 저와 나는 이야기도 잘 않고 서로 만나도 본척만척하고 이렇게 점잖게 지내던 터이련만 오늘로 갑작스레 대견해졌음은 웬일인가. 항차 망아지만 한 계집애가 남 일하는 놈 보고…… / "그럼 혼자 하지 떼루 하디?" / 내가 이렇게 내뱉는 소리를 하니까
"너 일하기 좋니?" / 또는 / "한여름이나 되거든 하지 벌써 울타리를 하니?"
잔소리를 두루 늘어놓다가 남이 들을까 봐 손으로 입을 틀어막고는 그 속에서 깔깔댄다. 별로 우스울 것도 없는데 날씨가 풀리더니 이놈의 계집애가 미쳤나 하고 의심하였다. 게다가 조금 뒤에는 제 집께를 할금할금 돌아다보더니 행주치마의 속으로 꼈던 바른손을 뽑아서 나의 턱 밑으로 불쑥 내미는 것이다. ❷언제 구웠는지 아직도 더운 김이 홱 끼치는 굵은 감자 세 개가 손에 뿌듯이 쥐었다.
"느 집엔 이거 없지?" / 하고 생색 있는 큰소리를 하고는 제가 준 것을 남이 알면 큰일 날 테니 여기서 얼른 먹어 버리란다. 그리고 또 하는 소리가 / ❸"너 봄 감자가 맛있단다."
"난 감자 안 먹는다, 니나 먹어라."
나는 고개도 돌리려 하지 않고 일하던 손으로 그㉠감자를 도로 어깨 너머로 쑥 밀어 버렸다.
그랬더니 그래도 가는 기색이 없고, 뿐만 아니라 쌔근쌔근하고 심상치 않게 숨소리가 점점 거칠어진다.
▶ 감자를 주는 점순과 이를 거절하는 '나'

다 설혹 주는 감자를 안 받아먹는 것이 실례라 하면, 주면 그냥 주었지 "느 집엔 이거 없지."는 다 뭐냐. 그렇잖아도 저희는 마름이고 우리는 그 손에서 *배재를 얻어 땅을 부치므로 일상 굽실거린다.

[A] 우리가 이 마을에 처음 들어와 집이 없어서 곤란으로 지낼 제 집터를 빌리고 그 위에 집을 또 짓도록 마련해 준 것도 점순네의 호의이었다. 그리고 우리 어머니 아버지도 농사 때 양식이 달리면 점순네한테 가서 부지런히 꾸어다 먹으면서 인품 그런 집은 다시 없으리라고 침이 마르도록 칭찬하고 하는 것이다. ❹그러면서도 열일곱씩이나 된 것들이 수군수군하고 붙어 다니면 동네의 소문이 사납다고 주의를 시켜 준 것도 또 어머니였다. 왜냐하면 내가 점순이하고 일을 저질렀다가는 점순네가 노할 것이고, 그러면 우리는 땅도 떨어지고 집도 내쫓기고 하지 않으면 안 되는 까닭이었다.
▶ 점순네와 '나'의 집의 관계

• **중심 내용** 자신이 준 감자를 '나'가 거절하자 '나'의 닭을 괴롭히는 점순 • **구성 단계** (가) 발단 / (나), (다) 전개

이해와 감상

이 작품은 농촌을 배경으로 순박한 소년, 소녀의 사랑을 해학적이면서 서정적인 필치로 그린 소설이다. 짧고 간결한 문장과 속도감 있는 사건 전개, 토속적인 어휘 구사 등이 특징적인 김유정의 대표작이다.

주인공인 '나'는 어수룩하면서도 눈치가 없는 순박한 농촌 청년이다. 이에 반해 점순은 집요하고 억척스러운 편인데 점순의 이러한 성격이 '나'의 성격과 대조되어 남녀의 애정을 소재로 하면서도 매우 해학적인 분위기를 띠게 된다.

이 작품에 등장하는 감자, 닭싸움 등의 소재는 '나'에 대한 점순의 관심과 애정을 매개하는 소재이며, 작품의 후반에 등장하는 동백꽃은 그 알싸한 향기를 통해 작품의 서정적 분위기를 고조시키는 한편, 두 남녀의 풋풋한 애정을 승화시켜 주는 소재이다. 이러한 서정적 장치들로 인해 이 작품은 소작농과 마름 사이의 계층적 갈등을 넘어서서 사춘기 두 남녀가 사랑에 눈뜨는 과정을 해학적으로 묘사하고 있다.

🔍 전체 줄거리

발단	점순은 '나'의 수탉을 때리고, 자기네 수탉과 싸움을 붙여 '나'를 약올린다.
전개	나를 전 일하고 있는 '나'에게 점순이 다가와서 감자를 쥐어 주지만 자존심이 상한 '나'는 이를 거절한다.
위기	'나'는 매번 싸움에 지는 수탉에게 고추장을 먹여 보기도 하지만 점순네 수탉을 이기지는 못한다.
절정	어느 날 나무를 하고 오는 길에 점순이 닭싸움을 시켜 놓은 것을 보고 화가 난 '나'는 점순네 닭을 죽이고 만다. 그리고 겁이 나서 울음을 터뜨리는데 점순이 '나'를 달래 준다.
결말	점순과 '나'가 같이 동백꽃 속으로 쓰러지면서 화해한다.

👥 인물 관계도

🏠 작품 연구소

주요 소재가 지닌 의미

점순은 감자를 통해 '나'에 대한 관심과 호의를 드러낸다. 하지만 점순의 마음을 눈치채지 못한 '나'는 감자를 거절한다. 이에 화가 난 점순은 닭싸움을 통해 복수를 하는 한편, '나'의 관심을 끌고자 한다. 닭싸움을 통해 점점 심화되던 갈등은 '나'가 점순네 닭을 죽이는 데까지 이르게 되고, 이를 수습하는 과정에서 '동백꽃'을 통해 점순과 '나'가 화해하게 된다.

감자	닭싸움	동백꽃
'나'에 대한 점순의 최초의 애정 표현	→ 미움과 애정이라는 이중적 감정 표현 →	화해와 사랑의 분위기 형성

🔑 포인트 체크

인물 순박하고 □□가 없는 '나'와 달리 점순은 '나'에 비해 성숙하고 □□한 모습을 보인다.

배경 1930년대 □□□ 어느 산골 마을에 사는 사춘기 남녀의 □□을 그리고 있다.

사건 점순은 자신이 건넨 □□를 '나'가 거절하자 미움과 애정의 표현으로 □□□□을 붙인다.

1 이 글에 대한 설명으로 적절하지 않은 것은?

① 역순행적 구성 방식을 취하고 있다.
② 계층 간 갈등을 중심으로 이야기를 전개하고 있다.
③ 토속적인 소재와 어휘를 통해 향토성을 드러내고 있다.
④ 어수룩한 인물을 서술자로 내세워 웃음을 유발하고 있다.
⑤ 중심인물의 성격을 대조적으로 설정하여 해학적 분위기를 조성하고 있다.

내신 적중

2 이 글에서 '닭싸움'의 역할로 가장 적절한 것은?

① '나'와 점순 사이의 갈등의 근본 원인이다.
② '나'에 대한 점순의 감정이 변하는 계기가 된다.
③ '나'가 점순에 대한 애정을 인식하게 되는 소재이다.
④ 점순과 '나'의 불평등한 관계가 해소되는 사건이다.
⑤ 점순이 '나'에 대한 애정을 반어적으로 표현하는 소재이다.

중요 기출

3 [A]를 〈보기〉로 바꾸었을 때 독자가 얻을 수 있는 효과로 적절한 것은?

| 보기 |

그의 부모가 이 마을에 처음 들어왔을 때는 거처가 없어 매우 곤란한 상황이었다. 그때 그들을 구해 준 것은 바로 점순네였다. 점순네의 도움으로 그들은 집터를 마련할 수 있었고, 양식이 떨어지면 곧바로 빌려다 먹을 수 있었다. 그 은혜에 감복한 그의 부모는 늘 고마워했고 인품으로는 그런 집이 없다고 칭찬을 아끼지 않았다. 그래서 어머니는 점순네의 고마움에 보답하기 위해서라도 쓸데없는 행동을 삼가라고 주의를 주었던 것이다. 더구나 나이가 열일곱이나 되는 그가 동갑인 점순과 어울려 다닌다면 동네에 나쁜 소문이 나는 것은 불을 보듯 뻔한 노릇이고, 또 자칫 마름집을 노하게 하면 소작지가 떨어지고 집에서도 쫓겨날지 모른다고 생각한 것이다.

① 극적 긴장감을 뚜렷이 느낄 수 있다.
② 인물의 육성을 생생하게 느낄 수 있다.
③ 서술자와 독자의 거리가 더 가까워진다.
④ 인물의 내면 심리를 세밀하게 파악할 수 있다.
⑤ 인물이 처한 상황을 좀 더 객관적으로 볼 수 있다.

4 '점순'의 입장에서 ㉠은 무엇을 의미하는지 쓰시오.

어휘 풀이

호드기 봄철에 물오른 버드나무 가지의 껍질을 고루 비틀어 뽑은 껍질이나 짤막한 밀짚 토막 따위로 만든 피리.

빈사지경 거의 죽게 된 지경.

걱실걱실히 성질이 너그러워 말과 행동을 시원스럽게 하는 모양.

단매 단 한 번 때리는 매.

홉뜨다 눈알을 위로 굴리고 눈시울을 위로 치뜨다.

명색 일의 형편이나 상황.

퍼드러지다 '퍼지다'의 사투리. 무성하게 되다.

알싸하다 자극적인 맛이나 냄새 때문에 혀와 콧속이 알알하다.

가 이번에 내려가면 망할 년 등줄기를 한 번 되게 후려치겠다 하고 싱둥겅둥 나무를 지고는 부리나케 내려왔다.

거지반 집에 다 내려와서 나는 **호드기** 소리를 듣고 발이 딱 멈추었다. 산기슭에 널려 있는 굵은 바윗돌 틈에 노란 동백꽃이 소보록하니 깔리었다. 그 틈에 끼어 앉아서 점순이가 청승맞게시리 호드기를 불고 있는 것이다. 그보다도 더 놀란 것은 그 앞에서 또 푸드득푸드득하고 들리는 닭의 횃소리다. 『필연코 요년이 나의 약을 올리느라고 또 닭을 집어내다가 내가 내려올 길목에다 쌈을 시켜 놓고 저는 그 앞에 앉아서 천연스레 호드기를 불고 있음에 틀림없으리라.』

▶ 닭싸움을 시켜 놓고 호드기를 부는 점순

나 나는 약이 오를 대로 다 올라서 두 눈에서 불과 함께 눈물이 퍽 쏟아졌다. 나무 지게도 벗어 놓을 새 없이 그대로 내동댕이치고는 지게막대기를 뻗치고 허둥지둥 달려들었다.

가차이 와 보니 과연 나의 짐작대로 우리 수탉이 피를 흘리고 거의 **빈사지경**에 이르렀다. ❶닭도 닭이려니와 그러함에도 불구하고 눈 하나 깜짝 없이 고대로 앉아서 호드기만 부는 그 꼴에 더욱 치가 떨린다. 동리에서도 소문이 났거니와 나도 한때는 **걱실걱실히** 일 잘하고 얼굴 예쁜 계집애인 줄 알았더니, 시방 보니까 그 눈깔이 꼭 여우 새끼 같다.

나는 대뜸 달려들어서 나도 모르는 사이에 큰 수탉을 **단매**로 때려 엎었다. 닭은 푹 엎어진 채 다리 하나 꼼짝 못하고 그대로 죽어 버렸다. 그리고 나는 멍하니 섰다가 점순이가 매섭게 눈을 **홉뜨**고 닥치는 바람에 뒤로 벌렁 나자빠졌다.

"이놈아! 너 왜 남의 닭을 때려죽이니?" / "그럼 어때?" / 하고 일어나다가

"뭐 이 자식아! 누 집 닭인데?"

하고 복장을 떠미는 바람에 다시 벌렁 자빠졌다. ❷그리고 나서 기민히 생각을 하니 분하기도 하고 무안도 스럽고 또 한편 일을 저질렀으니 인젠 땅이 떨어지고 집도 내쫓기고 해야 될는지 모른다.

▶ 점순네 닭을 때려죽인 '나'

다 나는 비슬비슬 일어나며 소맷자락으로 눈을 가리고는 얼김에 엉 하고 울음을 놓았다. 그러다 점순이가 앞으로 다가와서

"그럼, 너 이다음부턴 안 그럴 터냐?"

하고 물을 때에야 비로소 살길을 찾은 듯싶었다. 『나는 눈물을 우선 씻고 뭘 안 그러는지 **명색**도 모르건만,

"그래!" / 하고 무턱대고 대답하였다.』

❸"요다음부터 또 그래 봐라, 내 자꾸 못살게 굴 테니."

"그래그래, 인젠 안 그럴 테야!"

"닭 죽은 건 염려 마라. 내 안 이를 테니."

▶ 울음을 터뜨린 '나'를 달래 주는 점순

라 그리고 뭣에 떠다밀렸는지 나의 어깨를 짚은 채 그대로 픽 쓰러진다. 그 바람에 나의 몸뚱이도 겹쳐서 쓰러지며 한창 피어 **퍼드러진** ㉠노란 동백꽃 속으로 폭 파묻혀 버렸다.

알싸한, 그리고 향긋한 그 냄새에 나는 땅이 꺼지는 듯이 온 정신이 고만 아찔하였다.

"너 말 마라." / "그래!"

조금 있더니 요 아래서

"점순아! 점순아! 이년이 바느질을 하다 말구 어딜 갔어!"

하고 어딜 갔다 온 듯싶은 그 어머니가 역정이 대단히 났다.

『점순이가 겁을 잔뜩 집어먹고 꽃 밑을 살금살금 기어서 산 아래로 내려간 다음 나는 바위를 끼고 엉금엉금 기어서 산 위로 치빼지 않을 수 없었다.』

▶ 점순과 화해하고 함께 동백꽃에 파묻힌 '나'

Q 이글에 나타난 향토적 소재의 역할은?

이 작품은 농촌 마을을 배경으로 하여 '닭싸움, 호드기, 동백꽃' 등 다양한 향토적 소재를 활용하고 있다. 이러한 소재들은 토속적인 분위기를 형성하며 인물들의 사랑에 순박한 느낌을 부여하고 있다.

구절 풀이

❶ **닭도 닭이려니와 ~ 치가 떨린다.** 점순에 대한 '나'의 미움이 극에 달한 부분이다. '나'의 분노와는 달리 태연히 호드기를 불고 있는 점순의 모습이 대조적이다.

❷ **그리고 나서 ~ 될는지 모른다.** '나'는 닭을 죽여 무안하고 스스로도 놀랐으나 이보다는 마름 집의 미움을 사서 소작하는 땅을 빼앗길까 봐 두려워하고 있다.

❸ **"요다음부터 또 그래 봐라, ~ 안 그럴 테야!"** 점순이 말한 '그래'란 자신의 애정을 거부하는 '나'의 행동을 가리키는 말이다. 그러나 '나'는 자신이 닭을 죽였다는 것 때문에 경황이 없어 그것이 무슨 말인지도 모르고 "그래그래."라고 대답부터 하는 것이다.

Q '노란 동백꽃'의 의미는?

동백꽃은 '나'와 점순 사이에 생겨난 사랑의 감정을 감각적으로 표현해 주는 소재이다. '나'가 아찔해진 것은 동백꽃 내음 때문이기도 하지만, 실은 사춘기에 접어든 '나'가 점순에게 느낀 어떤 미묘한 감정 때문이다.

작가 소개
김유정(본책 74쪽 참고)

• **중심 내용** 점순네 닭을 죽인 '나'가 동백꽃 속에서 점순과 화해함.　　• **구성 단계** (가)~(다) 절정 / (라) 결말

작품 연구소

〈동백꽃〉의 역순행적 구성 방식

〈동백꽃〉은 발단 부분에서 두 사람 사이의 갈등을 현재 시점으로 제시하고, 전개와 위기 부분에서는 과거로 돌아가 발단에서 제시한 갈등의 원인을 드러낸다. 이후 갈등이 절정에 이르렀다가 화해하는 구조로 되어 있다.

즉, 이 작품은 '현재-과거-현재'의 역순행적 구성으로 이루어져 있으며, 닭싸움을 매개로 하여 현재와 과거가 자연스럽게 연결되고 있다.

구성 단계	서술의 순서 및 사건	시간 순서
발단	'나'가 나무를 하러 집을 비운 사이에 점순이 닭싸움을 붙임.	현재
전개	'나'는 점순이 준 감자를 거절함.	과거
위기	'나'가 자신의 수탉에게 고추장을 먹이지만 닭싸움에서 패함.	
절정	닭싸움을 보고 화가 난 '나'가 점순의 수탉을 때려 죽임.	현재
결말	점순과 '나'가 화해함.	

〈동백꽃〉의 해학성과 향토성

이 소설의 화자인 '나'는 독자들은 다 알고 있는 점순의 마음을 정작 자신은 알아차리지 못함으로써 웃음을 유발한다. 즉, 화자인 '나'의 순박함과 우둔함이 점순의 영악함과 대조되어 독자들은 해학성을 느끼게 되는 것이다. 또한 인물들이 사용하는 비속어, 방언, 육담(肉談) 등은 대상을 왜곡하거나 과장함으로써 웃음을 유발한다.

또한 이 작품은 강원도 농촌 모습을 사실적으로 그려 내고 있다. 〈동백꽃〉은 소재 자체가 향토적일 뿐만 아니라 농촌만이 가지는 독특한 풍속이나 향토적 배경 등을 통해 해학적 어조와 더불어 이 작품의 토속성을 두드러지게 한다.

자료실

'노란 동백꽃'의 정체
우리가 흔히 알고 있는 동백꽃은 붉은색이다. 그렇다면 이 작품에 등장하는 노란 동백꽃이라고 한 것은 무엇일까? 강원도 지방에서는 생강나무를 '동박나무', '동백나무'라고 부른다. 생강나무는 이른 봄에 노란 꽃을 피운다. 따라서 이 작품의 동백꽃은 생강나무꽃을 가리키는 것이다.

▲ 생강나무꽃

함께 읽으면 좋은 작품

〈관촌수필〉, 이문구 / 향토적인 정서가 드러나는 작품

근대화 과정에서 사라진 전통적인 농촌 공동체에 대한 아쉬움을 8편의 연작 소설로 담아낸 작품이다. 사라져 가는 과거 전통적인 농촌의 모습을, 지방 고유의 소재와 방언을 활용하여 향토적인 정서를 짙게 느낄 수 있다.

Link 본책 192쪽

5 이 글의 내용과 일치하지 않는 것은?

① '나'는 원래 점순에게 호감을 가지고 있었다.
② '나'는 점순의 동정을 사기 위해 일부러 울음을 터뜨렸다.
③ '나'와 점순은 같이 있었다는 것을 들키지 않으려 하였다.
④ 점순은 의도적으로 산기슭에서 닭싸움을 시키고 있었다.
⑤ '나'는 점순네 닭을 죽인 것에 대해 걱정스럽고 겁이 났다.

내신 적중

6 ㉠에 대한 설명으로 적절한 내용끼리 바르게 묶인 것은?

보기
가. 향토적이며 서정적인 분위기를 만들어 낸다.
나. 작품의 배경이 되는 시대적 상황을 암시한다.
다. '나'와 점순 사이의 사랑을 감각적으로 드러낸다.
라. '나'와 점순이 화해하고 갈등이 해소됨을 나타낸다.
마. '나'와 점순이 앞으로 또 다른 갈등을 겪게 될 것임을 암시한다.

① 가, 나, 다　　② 가, 다, 라　　③ 나, 다, 마
④ 나, 라, 마　　⑤ 다, 라, 마

중요 기출

7 이 글을 바탕으로 '나(화자)'가 50년 후에 자서전을 쓴다고 할 때, 그 내용으로 적절하지 않은 것은?

① 점순이가 봉당에 걸터앉아 우리 집 씨암탉을 쥐어박던 일을 생각하면 내 입가에는 웃음이 번지곤 한다.
② 농촌 생활을 소재로 한 드라마를 볼 때마다 새빨개진 얼굴로 논둑을 달려가던 점순의 모습이 떠오르곤 한다.
③ 소작인의 아들로서 감정조차 마음대로 드러낼 수 없었던 힘든 때였으나 되돌아보면 그래도 순박했던 시절로 기억되곤 한다.
④ 요즘 젊은이들의 대담한 감정 표현을 볼 때 점순이 그때 좀 더 적극적이었더라면 내가 그토록 숙맥처럼 행동하지는 않았으리라는 생각이 든다.
⑤ 마름집의 인품을 늘 칭찬하셨지만 그래도 불이익을 당하지 않을까 우려하셨던 어머니의 근심 어린 얼굴이 지금도 아련하게 머릿속을 맴돌곤 한다.

8 (나)~(다)에 드러난 '나'의 심리 변화로 적절한 것은?

① 놀람 → 두려움 → 서글픔
② 속상함 → 절망감 → 고마움
③ 실망감 → 안타까움 → 궁금함
④ 분노 → 걱정스러움 → 안도감
⑤ 무안함 → 후회스러움 → 반발심

9 '나'와 '점순'의 사랑을 감각적으로 표현한 문장을 (라)에서 찾아 쓰시오.

메밀꽃 필 무렵 | 이효석

문학 금성, 비상, 창비

핵심 정리

갈래 단편 소설, 순수 소설, 낭만주의 소설
성격 서정적, 낭만적, 묘사적
배경 ① 시간 – 1920년대 어느 여름날의 낮부터 밤까지
② 공간 – 강원도 봉평에서 대화 장터로 가는 길
시점 전지적 작가 시점
주제 떠돌이 삶의 애환과 육친의 정(情)
특징 ① 전지적 서술자가 등장인물의 행동과 심리를 서술함.
② 서정적이며 시적인 문체를 구사하여 배경을 낭만적으로 묘사함.
③ 암시와 여운을 남기는 결말 구성을 취함.
출전 《조광》(1936)

Q '달밤'의 기능은?

달밤은 단순한 배경이 아니라 작품의 서사 구조를 이끄는 기능을 한다. 허 생원이 옛 추억을 떠올리며 서사가 진행되는 것도 달밤이며, 허 생원과 성 서방네 처녀가 만나게 된 것도 달밤이었기 때문이다. 배경이 작품의 서사 진행과 긴밀한 연관을 맺고 있는 것이다.

어휘 풀이

확적히 정확하게 맞아 조금도 틀리지 아니하게.
토방 방에 들어가는 문 앞에 좀 높이 편평하게 다진 흙바닥. 여기에 쪽마루를 놓기도 함.
장도막 한 장날로부터 다음 장날 사이의 동안을 세는 단위.
상수 본래 정해진 운명.
뒷공론 일이 끝난 뒤에 쓸데없이 이러니저러니 다시 말함.
사시장철 봄, 여름, 가을, 겨울 중 어느 때나 늘.

Q '허 생원'의 인생관은?

허 생원은 성 서방네 처녀와의 인연은 물론 장돌뱅이로 살아온 자신의 삶 역시 운명으로 받아들이고 있다. 이는 동양의 숙명적 인생관의 전형이라고 할 수 있다.

구절 풀이

❶ 보름을 가제 지난 ~ 흐붓이 흘리고 있다. 아름다운 달의 모습을 서정적으로 묘사한 구절이다. 달밤은 허 생원에게 추억을 떠올리게 하는 시간적 배경으로 작용하고 있다.
❷ "수 좋았지. 그렇게 신통한 일이란 쉽지 않아. 성 서방네 처녀와 맺은 하룻밤의 인연이 일상적인 체험이 아니라 매우 낭만적이고 운명적인 사랑의 경험임을 부각하고 있다.

가 "달밤이었으나 어떻게 해서 그렇게 됐는지 지금 생각해두 도무지 알 수 없어."

허 생원은 오늘 밤도 또 그 이야기를 끄집어 내려는 것이다. 조 선달은 친구가 된 이래 귀에 못이 박히도록 들어 왔다. 그렇다고 싫증을 낼 수도 없었으나, 허 생원은 시침을 떼고 되
<small>너무 자주 들어서 듣기 싫을 정도로</small>   <small>짐짓 알고도 모르는 체하거나, 하고도 안 한 체하고</small>
풀이할 대로는 되풀이하고야 말았다.

"달밤에는 그런 이야기가 격에 맞거든."
<small>과거 회상의 매개체</small>   ▶ 달밤의 괴이한 인연에 대해 이야기하려는 허 생원

나 조 선달 편을 바라는 보았으나, 물론 미안해서가 아니라 달빛에 감동하여서였다. 이지러는졌으나, ❶보름을 가제 지난 달은 부드러운 빛을 흐붓이 흘리고 있다. 대화까지는 칠십 리
<small>갓</small>
의 밤길. 고개를 둘이나 넘고 개울을 하나 건너고 벌판과 산길을 걸어야 된다.

[A] 「길은 지금 긴 산허리에 걸려 있다. 밤중을 지난 무렵인지 죽은 듯이 고요한 속에서 짐
<small>「 」: 일행이 산 중턱으로 뻗은 길을 지나고 있음을 간접적으로 묘사함(자연 묘사 → 행동 묘사)</small>
승 같은 달의 숨소리가 손에 잡힐 듯이 들리며, 콩 포기와 옥수수 잎새가 한층 달에 푸르
<small>시각의 청각화</small>
게 젖었다. 산허리는 온통 메밀밭이어서 피기 시작한 꽃이 소금을 뿌린 듯이 흐붓한 달
빛에 숨이 막힐 지경이다. 붉은 대궁이 향기같이 애잔하고, 나귀들의 걸음도 시원하다.」

길이 좁은 까닭에 세 사람은 나귀를 타고 외줄로 늘어섰다. 방울 소리가 시원스럽게 딸
<small>동이에게 허 생원의 이야기가 들리지 않게 하기 위한 설정</small>
랑딸랑 메밀밭께로 흘러간다. ㉠앞장선 허 생원의 이야기 소리는 꽁무니에 선 동이에게는
❷확적히는 안 들렸으나, 그는 그대로 개운한 제멋에 적적하지는 않았다.   ▶ 봉평에서 대화로 가는 밤길

다 "장 선 꼭 이런 날 밤이었네. 객줏집 토방이란 무더워서 잠이 들어야지. 밤중은 돼서 혼
<small>과거와 현재의 매개   길가는 나그네에게 술이나 음식을 팔고 재우는 집</small>
자 일어나 개울가에 목욕하러 나갔지. 봉평은 지금이나 그제나 마찬가지지. 보이는 곳마
다 메밀밭이어서 개울가가 어디 없이 하얀 꽃이야. 돌밭에 벗어도 좋을 것을 달이 너무
<small>□ : 백색의 이미지로 순수하고 환상적인 분위기를 조성함.</small>
도 밝은 까닭에 옷을 벗으러 물방앗간으로 들어가지 않았나. 이상한 일도 많지. 거기서
난데없는 성 서방네 처녀와 마주쳤단 말이네. 봉평서야 제일가는 일색이었지." [중략]

"날 기다린 것은 아니었으나, 그렇다고 달리 기다리는 놈팽이가 있은 것두 아니었네. 처
녀는 울고 있단 말야. 짐작은 대고 있었으나 성 서방네는 한창 어려워서 들고 날 판인 때
였지. 한집안 일이니 딸에겐들 걱정이 없을 리 있겠나. 좋은 데만 있으면 시집도 보내련
<small>고향을 등져야 할</small>
만 시집은 죽어도 싫다지……. 그러나 처녀란 울 때같이 정을 끄는 때가 있을까. 처음에
는 놀라기도 한 눈치였으나 걱정 있을 때는 누그러지기도 쉬운 듯해서 이럭저럭 이야기
가 되었네……. 생각하면 무섭고도 기막힌 밤이었어."

"제천인지로 줄행랑을 놓은 건 그다음 날이었나?"

"다음 장도막에는 벌써 온 집안이 사라진 뒤였네. 장판은 소문에 발끈 뒤집혀 고작해야
술집에 팔려 가기가 상수라고, 처녀의 뒷공론이 자자들 하단 말이야. 제천 장판을 몇 번
이나 뒤졌겠나. 하나 처녀의 꼴은 꿩 궈 먹은 자리야. 첫날밤이 마지막 밤이었지. 그때부
<small>어떠한 일의 흔적이 전혀 없음을 이르는 말</small>
터 봉평이 마음에 든 것이 반평생을 두고 다니게 되었네. 평생인들 잊을 수 있겠나."

❷"수 좋았지. 그렇게 신통한 일이란 쉽지 않아. 항용 못난 것 얻어 새끼 낳고 걱정 늘고,
<small>흔히 늘</small>
생각만 해두 진저리가 나지……. 그러나 늘그막바지까지 장돌뱅이로 지내기도 힘드는
노릇 아닌가? 난 가을까지만 하구 이 생애와두 하직하려네. 대화쯤에 조그만 전방이나
하나 벌이구 식구들을 부르겠어. 사시장철 뚜벅뚜벅 걷기란 여간이래야지."

"옛 처녀나 만나면 같이나 살까……. 난 거꾸러질 때까지 이 길 걷고 저 달 볼 테야."
<small>허 생원이 소중하게 간직하고 있는 추억에 대한 미련이 드러남.</small>   ▶ 성 서방네 처녀와의 인연을 회상하는 허 생원

• 중심 내용 허 생원의 젊은 시절에 대한 추억과 달밤의 메밀밭에 대한 묘사   • 구성 단계 전개

이해와 감상

이 작품은 일생을 길 위에서 살아가는 장돌뱅이의 삶과 애환을 통해 인간의 근원적인 애정을 다루고 있다. 특히 이 소설은 토속적인 어휘 구사와 서정적이고도 낭만적인 묘사로 한국 근대 단편 소설의 백미(白眉)로 평가되고 있다. 메밀꽃이 흐드러지게 핀 달밤의 산길을 배경으로 설정하여, 부자(父子) 상봉의 모티프를 한 폭의 수채화 속에 구현해 내고 있기 때문이다.

이 작품의 중심 구조는 허 생원과 동이 사이의 갈등과 해소에 있다. 작가는 치밀하게 계산된 과거와 현재의 사건을 구조적으로 배치하고 적절한 공간적 배경과 향토적 어휘를 구사하면서 갈등을 해소하고 있다.

전체 줄거리

발단	장돌뱅이인 허 생원은 봉평 장에서 동이라는 장돌뱅이가 충줏집과 수작을 하는 것을 보고 화를 내며 쫓아 버린 후 바로 화해한다.
전개	다음 장터로 가는 길에 허 생원, 조 선달, 동이가 동행하게 되고, 허 생원은 오래 전 추억을 이야기한다.
절정	동이가 자신의 어머니 이야기를 하고, 동이 어머니의 친정이 봉평이라는 이야기를 들은 허 생원은 개울을 건너다가 물에 빠진다.
결말	동이의 등에 업혀 개울을 건넌 허 생원은 동이가 자신의 혈육일 수도 있다는 기대를 하며, 동이와 함께 제천으로 가기로 한다.

인물 관계도

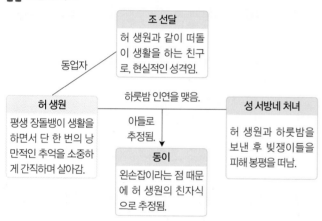

작품 연구소

〈메밀꽃 필 무렵〉의 이중적 구성

이 작품은 두 개의 사건을 축으로 하고, 그 두 축이 씨줄과 날줄처럼 서로 교차하면서 이야기가 진행된다. 하나는 <u>허 생원이 회상하는 과거의 추억</u>이고, 다른 하나는 <u>등장인물들이 봉평 장에서 대화 장으로 옮겨 가는 과정</u>과 관련된 현재의 사건이다. 그리고 그 두 축을 결합시키는 것이 메밀꽃이 흐드러지게 핀 달밤이라는 배경이다. 작가는 전자를 통해 인간의 근원적인 유랑의 삶을 보여 주고 있으며, 후자를 통해 인간의 혈육에 대한 애정을 부각하고 있다.

과거	• 등장인물: 허 생원, 성 서방네 처녀 • 배경: 봉평의 어느 물방앗간(달밤) • 주제: 젊은 날의 사랑과 유랑의 길

달밤 ── 매개체

현재	• 등장인물: 허 생원, 조 선달, 동이 • 배경: 봉평에서 대화로 넘어가는 산길(달밤) • 주제: 인간의 혈육에 대한 애정

키 포인트 체크

인물 장돌뱅이로 살아가는 허 생원은 성 서방네 처녀와 □□□을 보낸 추억을 잊지 못한다.

배경 □□은 허 생원이 과거를 회상하게 하는 시간적 배경으로, 작품의 분위기를 □□□으로 연출하는 역할을 한다.

사건 동이가 자신과 같은 □□□□임을 발견한 허 생원은 동이가 자신의 혈육일 수도 있다는 기대를 품게 된다.

1 이 글의 배경에 대한 설명으로 알맞지 <u>않은</u> 것은?

① 허 생원의 이야기는 꾸며 낸 것이었음을 드러낸다.
② 허 생원의 추억이 더욱 아름답게 느껴지도록 한다.
③ 감각적 표현을 사용하여 시적인 느낌을 주고 있다.
④ 허 생원이 과거를 회상하기에 적합한 분위기를 만든다.
⑤ 서정적인 분위기를 자아내며 사건의 필연성을 부여한다.

중요 기출

2 〈보기〉에 따라 '이효석 문학제'를 알리는 초청장을 만들려고 한다. 문안으로 가장 적절한 것은?

| 보기 |
• [A]의 분위기를 파악하여, 그것을 작가의 작품 세계가 지닌 특징을 드러내는 데 활용한다.
• 비유를 사용하여 표현 효과를 높인다.

① 역사와 전통 위에 지은 터전, 이효석 문학 마을로 오세요.
② 지친 현대인에게 소박한 농촌의 맛과 인심을 돌려 드립니다.
③ 이효석, 그 서정과 낭만으로 빚은 집에 여러분을 초대합니다.
④ 서도(西道)의 애수와 가락이 있는 제전, 당신의 의자를 비워 두었습니다.
⑤ 우리들의 잃어버린 고향, 다시 못 갈 그 서러운 곳으로 당신을 초대합니다.

내신 적중

3 〈보기〉를 고려할 때 작가가 ⊙과 같이 설정한 의도로 적절한 것은?

| 보기 |
이 작품에서 길은 단순한 공간적 배경이 아니라 인물 간의 물리적 거리를 조절함으로써 서사의 전개와 관련을 맺고 있다. 마지막까지 동이는 자신과 허 생원의 관계를 짐작하지 못하여 독자 입장에서 긴장이 유지된다.

① 허 생원이 동이에게 느끼는 거리감을 강조하기 위해
② 동이가 대화를 듣지 못함으로써 서사적 긴장을 유지하기 위해
③ 홀로 길을 걸어가야 하는 허 생원의 고독한 운명을 강조하기 위해
④ 허 생원과 동이 사이의 앙금이 해소되지 않았음을 암시하기 위해
⑤ 동이가 소외감을 느낌으로써 인물 사이에 새로운 긴장감을 형성하기 위해

4 '허 생원'이 '성 서방네 처녀' 이야기를 자꾸 꺼내는 이유를 쓰시오.

가 고개 너머는 바로 개울이었다. 장마에 흘러 버린 *널다리가 아직도 걸리지 않은 채로 있는 까닭에 벗고 건너야 되었다. 고의를 벗어 띠로 등에 얽어매고 반 벌거숭이의 우스꽝스러운 꼴로 물속에 뛰어들었다. 금방 땀을 흘린 뒤였으나 밤 물은 뼈를 찔렀다.
_{몹시 차가움.}

"그래, 대체 기르긴 누가 기르구?"

"어머니는 하는 수 없이 의부를 얻어 가서 술장사를 시작했죠. 술이 고주래서 의부라고 *전망나니예요. _{의부의 성격이 나타남. 동이와 동이 어머니의 삶이 순탄하지 않았음을 의미} 철들어서부터 맞기 시작한 것이 하룬들 편한 날 있었을까? 어머니는 말리다가 채이고 맞고 칼부림을 당하고 하니 집 꼴이 무어겠소. 열여덟 살 때 집을 뛰어나와서부터 이 짓이죠." _{자신의 처지를 자조적으로 표현함.}

"총각 *낫세론 *섬이 무던하다고 생각했더니 듣고 보니 딱한 신세로군."

물은 깊어 허리까지 찼다. 속 물살도 어지간히 센 데다가 발에 채이는 돌멩이도 미끄러워 금시에 훌칠 듯하였다. 나귀와 조 선달은 재빨리 거의 건넜으나 동이는 허 생원을 붙드느라고 두 사람은 훨씬 떨어졌다. _{물살에 쓸릴}

"모친의 친정은 원래부터 제천이었던가?"

"웬걸요. 시원스리 말은 안 해 주나, 봉평이라는 것만은 들었죠." _{동이 어머니의 친정이 봉평이라는 것은 동이가 곧 허 생원의 아들일지도 모른다는 것을 암시함.}

⊙"봉평? 그래 그 아비 성은 무엇이구?" / "알 수 있나요? 도무지 듣지를 못했으니까."

❶그 그렇겠지, 하고 중얼거리며 흐려지는 눈을 까물까물하다가 허 생원은 경망하게도 발을 빗디뎠다. 앞으로 고꾸라지기가 바쁘게 몸째 풍덩 빠져 버렸다. 허우적거릴수록 몸을 걷잡을 수 없어, 동이가 소리를 치며 가까이 왔을 때에는 벌써 퍼나 흘렀다. 옷째 쫄딱 젖으니 물에 젖은 개보다도 참혹한 꼴이었다. 동이는 물속에서 어른을 *해깝게 업을 수 있었다. 젖었다고는 하여도 여윈 몸이라 장정 등에는 오히려 가벼웠다.
▶ 동이의 성장 내력을 듣고 개울에 빠진 허 생원과 그를 업고 개울을 건너는 동이

나 "이렇게까지 해서 안됐네. 내 오늘은 정신이 빠진 모양이야."

"염려하실 것 없어요." / "그래, 모친은 아비를 찾지는 않는 눈치지?"

"늘 한번 만나고 싶다고는 하는데요." / "지금 어디 계신가?"

"의부와도 갈라져서 제천에 있죠. 가을에는 봉평에 모셔 오려고 생각 중인데요. 이를 물고 벌면 이럭저럭 살아갈 수 있겠죠." / "아무렴, 기특한 생각이야. 가을이랬다?" _{동이의 내력을 어느 정도 확인하고 말을 돌리는 허 생원}

동이의 탐탁한 등어리가 뼈에 사무쳐 따뜻하다. ❷물을 다 건넜을 때에는 도리어 서글픈 생각에 좀 더 업혔으면도 하였다.
▶ 동이에게 정을 느끼는 허 생원

다 "진종일 실수만 하니 웬일이오, 생원?" / 조 선달은 바라보며 기어코 웃음이 터졌다.

[A] ┌ "나귀야. 나귀 생각하다 *실족을 했어. 말 안 했던가? 저 꼴에 제법 새끼를 얻었단 말 _{① 표면적 의미: 허 생원이 자신의 실수에 대한 변명을 함.}
├ 이지. 읍내 강릉집 *피마에게 말일세. 귀를 쫑긋 세우고 달랑달랑 뛰는 것이 나귀 새끼
└ 같이 귀여운 것이 있을까? 그것 보러 나는 일부러 읍내를 도는 때가 있다네." _{② 이면적 의미: 성 서방네 처녀와의 인연으로 자식을 얻었을지 모른다는 허 생원의 기대를 암시함.}

"사람을 물에 빠치울 젠 딴은 대단한 나귀 새끼군."

허 생원은 젖은 옷을 웬만큼 짜서 입었다. 이가 덜덜 갈리고 가슴이 떨리며 몹시도 추웠으나, 마음은 알 수 없이 둥실둥실 가벼웠다. _{자신이 자신의 아들일지도 모른다는 기대감 때문에}

"주막까지 부지런히들 가세나. 뜰에 불을 피우고 *훗훗이 쉬어. 나귀에겐 더운물을 끓여 주고, ❸내일 대화 장 보고는 제천이다." ▶ 자신의 실수에 대한 허 생원의 변명과 허 생원의 제천행 결심

라 나귀가 걷기 시작하였을 때 동이의 채찍은 왼손에 있었다. 오랫동안 *아둑시니같이 눈이 어둡던 허 생원도 요번만은 동이의 왼손잡이가 눈에 뜨이지 않을 수 없었다. _{동이가 자신의 아들이라는 확신을 갖게 함.}

걸음도 해깝고 방울 소리가 밤 벌판에 한층 청청하게 울렸다.

달이 어지간히 기울어졌다. _{서정적 배경을 제시하여 여운을 남김.} ▶ 동이가 자신과 같은 왼손잡이임을 확인하는 허 생원

• 중심 내용 동이를 자신의 아들로 확신하고 혈육의 정을 느끼는 허 생원 • 구성 단계 (가), (나) 절정 / (다), (라) 결말

작품 연구소

배경의 의미와 역할

이 작품은 배경 묘사에 중점을 두고 있는데, 배경 자체가 사건이 일어나는 장소나 시간을 제시하는 본래 기능뿐만 아니라, 작품의 분위기 형성과 사건의 진행, 주제 형성 등에 적극적으로 기여하고 있다. 특히 달이 비치는 메밀밭과 산길의 묘사를 통해 향토적 서정이라는 독특한 분위기를 연출하면서 허 생원과 동이를 결합시키는 계기를 마련하고 있다.

시간적 배경	달밤: 인간의 본연적인 애정(혈육의 정) 부각
공간적 배경	• 산길: 삶의 역경, 허 생원과 동이의 혈육 관계 확인 • 개울: 허 생원이 동이에게 육친의 정을 느끼게 함.

〈메밀꽃 필 무렵〉의 서술 방식과 문체적 특징

이 작품에서는 과거의 시간과 현재의 시간이 교차하고 있다. 과거의 시간은 주로 요약적 서술 방법으로 제시되어 있고, 현재의 시간은 장면적 서술 방법으로 제시되어 있다. 허 생원의 한평생이 한두 개의 문단으로 간단히 처리되는가 하면, 성 서방네 처녀와의 추억은 여러 개의 문단으로 제시되기도 한다. 아름다운 과거의 기억을 더듬는 허 생원의 회상과 현재의 장면을 과거와 현재를 넘나들면서 결합시키고 있는 것이다. 또한 달빛을 매개로 하여 과거와 현재의 시간이 교차함에 따라 꿈과 환상의 세계를 더듬게 되는 허 생원의 내면세계를 부각하고 있다.

그리고 이 작품에서는 마치 한 편의 시를 읽는 것처럼 서정성이 짙은 문체적 특징을 발견할 수 있는데, 특히 '길은 지금 긴 산허리에 걸려 있다. ~ 붉은 대궁이 향기같이 애잔하고, 나귀들의 걸음도 시원하다.' 부분에서는 여러 감각이 뒤섞여 전이(轉移)되면서 서정성이 짙은 문체적 특징이 잘 드러난다.

허 생원과 나귀의 관계

허 생원과 '나귀'는 과거 재력이나 외모, 행동 양상이 흡사하여 정서적으로 동일한 존재로 등장하고 있다. 나귀의 눈곱 낀 눈은 나이 든 허 생원의 모습을 대변하고 강릉집 피마에게서 새끼를 본 것은 성 서방네 처녀와 인연을 맺고 동이를 얻은 것과 유사하다. 이러한 허 생원과 나귀의 밀접한 연관성을 통해 둘의 동반자적인 관계를 표현하고 있다.

함께 읽으면 좋은 작품

〈산〉, 이효석 / 탁월한 서정성이 드러난 작품

단 한 명뿐인 등장인물 '중실'을 주인공으로 하여, 자연 동화라는 이효석 문학의 주제가 서정적 배경 위에 강렬하게 표출되어 있는 작품이다.

〈들〉, 이효석 / 이효석의 문체가 잘 드러난 작품

이 작품은 사회 운동을 하다가 학교에서 쫓겨나서 '들'을 벗 삼아 사는 한 주인공의 이야기로, 사회의 부자유스러움과 속박에서 벗어난 기쁨을 보여 준다. 특히 '들'의 향토적이고 서정적인 배경 속에서 인간의 본능적 행위가 자연적 욕구의 일부분이면서도 도덕적 가치 이전의 근원적인 것으로 묘사되고 있다.

---

5 ㉠에 나타난 '허 생원'의 심리로 가장 적절한 것은?

① 동이의 인생에 대해 비통함을 느낀다.

② 동이에 대한 호감으로 대화를 계속하고 싶다.

③ 봉평이라는 지명이 익숙하여 반가움을 느낀다.

④ 봉평이라는 말에 혹시 자신의 아들이 아닐까 생각한다.

⑤ 봉평에서 만났던 성 서방네 처녀에 대한 그리움을 느낀다.

6 〈보기〉를 바탕으로 [A]를 이해한 내용으로 가장 적절한 것은?

> **보기**
>
> 이 작품의 묘미는 인간과 동물의 본능적 애욕을 교묘하게 병치(竝置)시킨 구성 방식에 있다. 허 생원이 주막에서 충줏집을 탐내고 있을 때, 그의 당나귀는 암놈을 보고 발정(發情)을 한다. "늙은 주제에 암샘을 내는 셈야. 저놈의 짐승이." 하는 아이들의 말을 허 생원은 자신에 대한 조소처럼 느낀다.

① 나귀 새끼에 대한 허 생원의 애정은 동이에 대한 애정으로도 볼 수 있겠군.

② 나귀는 허 생원의 상황과 대비되어 허 생원에게 허탈감을 느끼게 하고 있군.

③ 허 생원은 자신의 실수를 다른 사람에게 들키고 싶지 않아 나귀 탓을 하는군.

④ 읍내 강릉집 피마는 허 생원이 호감을 느끼는 충줏집으로 생각해 볼 수 있겠군.

⑤ 허 생원이 나귀가 새끼를 낳았다고 말하는 것은 동이에게 자랑을 하고 싶은 마음 때문이군.

7 (나)에서 '허 생원'이 '동이'에게 혈육의 정을 느끼는 부분을 찾아 처음과 끝의 2어절씩을 쓰시오.

8 〈보기〉는 이 글을 읽고 난 후 '조 선달'에 대해 이야기한 것이다. 이를 바탕으로 이 글에서 '조 선달'이 어떤 역할을 하는지 쓰시오.

> **보기**
>
> 수진: 이 작품에서 조 선달은 허 생원이나 동이와 달리 큰 역할을 하는 것 같지는 않아.
>
> 민주: 하지만 조 선달이 없다고 생각한다면, 허 생원이 달밤에 혼자 과거 이야기를 하는 것이어서 어색했을 거야.
>
> 수진: 그러고 보니 조 선달은 허 생원의 이야기를 들어 주고, 맞장구도 쳐 주면서 소설의 재미를 주는 인물이구나.
>
> 민주: 맞아, 허 생원은 조 선달에게 과거 이야기를 하고, 독자는 조 선달과 같은 입장에서 이야기를 듣게 되는 거지.

천변 풍경 | 박태원

문학 천재(김)

핵심 정리

갈래 장편 소설, 세태 소설

성격 삽화적, 관찰적

배경 ① 시간 – 1930년대
② 공간 – 서울 청계천 주변

시점 전지적 작가 시점과 3인칭 관찰자 시점의 혼용

주제 1930년대 청계천 주변에서 살아가는 서민층의 삶의 애환

특징 ① 여러 인물의 일상생활을 삽화식 구성으로 보여 줌.
② 카메라아이(camera-eye) 기법을 활용하여 장면을 사실적으로 그려 냄.

출전 《조광》(1936~1937)

어휘 풀이

화신상회 1931년 서울 종로2가에 세워진 최초의 근대적 경영 형태의 백화점.

거조(擧措) 말이나 행동 따위를 하는 태도.

권연(卷煙) '궐련'의 원말. 얇은 종이로 가늘고 길게 말아 놓은 담배.

구절 풀이

❶ **한껏 긴장한 마음으로 공손히 절을 하였다.** 시골에서 올라온 창수의 순박하고 예의 바른 모습이 드러나고 있다. 나중에 세속적 인물로 변화되는 모습과 대비된다.

❷ **"문간에 나가 ~ 머언 데는 가지 말구……"** 창수의 거처 문제를 상의하기 위해 일부러 창수를 밖으로 내보내고 있다. 서술의 시점이 창수에게 맞춰지고 있어서 구체적 내용이 언급되지 않고 문맥 속에서 암시하도록 하고 있다.

❸ **아무리 시골서 ~ 또 신기하였다.** 서술자의 편집자적 논평이 드러나는 부분으로, 서울에 대한 서술자의 시선과 인식을 알 수 있다.

Q 이 부분에 나타난 서술 기법은?

창수에 눈에 비친 청계천 변의 풍경을 묘사한 부분이다. 영화의 카메라가 풍경을 훑고 지나가는 것처럼 등장인물의 눈에 비친 풍경을 시선의 이동에 따라 그대로 전달한 '카메라아이 기법'이 활용되었다.

가 그는 겨우내 생각하고 또 생각한 나머지에, "마소 새끼는 시골로, 사람 새끼는 서울로."의 속담을 그대로 좇아, 아직 나이 어린 자식의 몸 위에 천만 가지 불안을 품었으면서도, '자식 하나, 사람 만들어 보겠다'고, 이내 그의 손을 잡고 '한성'으로 올라온 것이다. 지난번 올라왔을 때 들르지 못한 *화신상회에, 자기 자신 오래간만이니 잠깐 들어가 보고도 싶었으나, 그는, 자식의 앞길을 결정하는 사무가 완전히 끝나기까지, 자기의 모든 *거조가, 그렇게도 긴장되고, 또 경건하기를 바랐다.   ▶ 창수의 아버지가 창수를 데리고 상경함.

나 청계천 변, 한약국 주인 방에, 가평서 올라온 부자는 주인 영감과 마주 대하여 앉았다.
"얘가 자제요니까?" / "네에…… 얘, 인사 여쭤라."
소년은 주인 영감의 짧은 아랫수염과 뒤로 젖혀진 귓바퀴에, 시골 구장 영감을 생각해 내며, ❶한껏 긴장한 마음으로 공손히 절을 하였다. 그는 처음 보는 주인 영감 앞에서 몸 가지기가 거북한 것을 느끼지 않을 수 없었다. 아버지도 그의 앞에서는 보잘것없는 인물인 듯싶은 것이 또 마음에 부끄럽고 불안하였다. 그가 바로 검붉은 살빛까지 구장 영감과 흡사한 것에 비겨, 자기 아버지가 '시골뜨기'로, 더구나 '애꾸'라는 것을 생각할 때, 소년은 제풀에 얼굴이 붉어졌다.   ▶ 창수와 한약국 주인의 첫 만남

다 "너, 몇 살이지?" / "네에, 이놈이 지금 열네 살이랍니다." / 소년은, 자기가 대답할 수 있기 전에, ⓐ아버지가 대신 말하여 준 것이, 또 불평이었다. 열네 살이면, 처음 보는 이 앞에서도 능히 그러한 것을 제 입으로 대답할 수 있다. 어른이 대신 말하여 줄 때, 모르는 이는 아이가 똑똑지 못한 것같이 잘못 알지도 모른다. 그는 광대뼈가 약간 나온 주인 영감의 옆얼굴을 곁눈질하며, 만일 이름을 묻거들랑, 아버지가 채 무어라기 전에, 얼른,
"창수예요." / 그렇게 대답하리라고 정신을 바짝 차렸던 것이나, 주인 영감은 얼굴뿐이 아니라, 그 마음까지도 구장 영감을 닮아 심술궂은지, 슬쩍 그러한 것을 좀 물어 주는 일도 없이, 조금 있다. / ❷"문간에 나가 구경이래두 허렴. 어디 머언 데는 가지 말구……."
그리고 어른들은 어른들끼리만 ⊙무슨 은근한 이야기가 있으려는지, 새로이들 *권연을 피워 물었다.   ▶ 창수의 아버지가 한약국 주인에게 창수를 인사시킴.

라 소년은 곧 밖으로 뛰어나왔다. 그리고 신기롭게 주위를 둘러보았다. [중략] 나는 그렇게도 오고 싶어 마지않았던 서울에 기어코 오고야 말았다 — 이 생각이 소년의 눈에 보이는 것, 귀에 들리는 것, 그 모든 것에 감격을 주었다. ❸아무리 시골서 처음 올라온 소년의 마음에라도, 결코 그다지는 신기로울 수 없고, 또 아름다울 수 없는 이곳 '천변 풍경'이, 오직 이곳이 서울이라는 그 까닭만으로, 그렇게도 아름다웠고, 또 신기하였다.   ▶ 창수가 서울 풍경을 보고 감격함.

마 창수는, 우선, 개천 속 빨래터로 눈을 주었다. 한 이십 명이나 모여든 빨래꾼들 —, 그들의 누구 하나 꺼리지 않고 제멋대로들 지절대는 소리와, 또 쉴 사이 없이 세차게 놀리는 방망이 소리가, 그의 귀에는 무던히나 상쾌하다. / 그는 눈을 들어, 이번에는 빨래터 바로 위 천변의, 나무장 간판이 서 있는 곳을 바라보았다. 그곳에는 이미 윷을 놀지 않는 젊은이들이, 철망 친 그 앞에 가 앉아서들 잡담을 하고, 더러는 몸들을 유난스러이 전후좌우로 놀려 가며, 그것은 또 무슨 장난인지, 서로 주먹을 들어 때리는 시늉을 한다.   ▶ 창수가 빨래터와 그 근처를 관찰함.

• 중심 내용 한약국 주인을 만난 창수는 서울 생활에 대해 기대하고 감격함.   • 구성 단계 제3절

이해와 감상

이 작품은 청계천 변에 사는 사람들의 여러 가지 에피소드를 총 50개의 절로 나누어 제시하고 있는 세태 소설이다. 소설의 일반적인 구성법을 따르지 않고, 다양한 등장인물을 주인공으로 하여 이들과 관련한 각각의 일화를 특별한 줄거리나 순서 없이 나열하는 삽화식 구성 방식을 취하고 있다. 이 작품은 대도시인 서울을 배경으로 1930년대 당시 서민층의 일상적인 생활 양상을 사실적이고 세밀하게 재현한 작품으로 평가받고 있다. 또한 특정 대상을 확대해 보는 '클로즈업 기법'과 카메라가 이동하며 촬영하는 듯한 '카메라아이 기법' 등 영화적 촬영 기법을 활용하여 서술하고 있다.

수록된 부분은 청계천 변의 한약국에서 일하는 창수와 이발소에서 일하는 재봉의 시각에서 주변 풍경과 인물들의 모습을 그려 낸 부분으로, 이를 통해 물질주의에 경도되어 가는 도시인의 모습을 냉소적으로 전달하고 있다.

Q 전체 줄거리

삽화식 구성	이발소 소년 재봉은 천변의 풍경을 관찰하고, 시골에서 올라온 창수는 한약국에서 일을 시작한다.
	창수는 세속적인 인물로 변해 가고, 금순은 취직을 시켜 준다는 금광 브로커에게 속아서 하숙옥에 방치된다.
	천변 사람들의 축복 속에 결혼한 이쁜이는 고단한 시집살이로 힘들어한다. 장마가 시작되어 창수가 한약국을 나가고, 브로커가 돌아와 금순이를 데려가려 하지만 실패한다.
	하나코는 양반댁으로 시집을 가지만 시집살이와 남편의 외도로 인해 힘들어하고, 서울을 떠났던 창수는 다시 돌아와 구락부에 취직한다.
	하나코는 전실 자식 때문에 결혼한 것을 후회하고, 기미코는 금순을 손주사의 후처로 보내려 한다. 이쁜이는 남편에게 쫓겨난다.

인물 관계도

창수	재봉
시골에서 올라온 순박한 소년이었지만 서울 생활에 적응하면서 세속적인 인물로 변모함.	이발소에서 일하는 소년으로, 청계천 주변에서 일어나는 일들을 목격하고 자신의 기준으로 평가함.

작품 연구소

〈천변 풍경〉의 주요 등장인물

이 작품은 등장인물이 70여 명에 달하지만 특별히 비중 있는 역할을 하는 인물은 없다. 다만 등장이 잦은 인물을 중심으로 성격이나 처지가 같은 사람들끼리 정리하면 다음과 같다.

창수, 재봉	서울에서 꿈을 키워 감.
아낙네들	필원이네, 칠성 어멈, 점룡이 어머니 등은 세태 변화에 관심이 많고 인정이 넘침.
민 주사, 은방 주인	부유하고 안정된 중산층으로 유흥적이고 소비적인 삶에 치우침.
새댁들	금순, 이쁜이, 만돌 어멈은 가부장적 질서로 인해 결혼 생활이 순탄치 않음.
신여성들	기미코, 하나코, 안성댁은 근대화로 인해 생긴 인물 유형으로, 카페 여급이나 재력가의 첩이 됨.

키 포인트 체크

인물 ☐☐☐ 성격의 창수는 서울 생활에 적응하면서 ☐☐☐으로 변한다.

배경 ☐☐☐ 변을 배경으로 하여 1930년대 근대화, 도시화의 과도기적 사회상을 잘 보여 주고 있다.

사건 한약국집 심부름꾼을 하며 서울 생활을 시작한 창수는 세련된 옷차림을 하고 ☐☐☐을 구입하는 등 자신을 과시하려는 세속적 욕망을 드러낸다.

중요 기출

1 이 글의 서술상 특징으로 가장 적절한 것은?

① 빈번한 장면 전환을 통해 긴박한 분위기를 드러내고 있다.
② 과거와 현재를 대비하여 사건을 입체적으로 서술하고 있다.
③ 인물 간 대화를 통해 인물의 분열된 의식을 드러내고 있다.
④ 쉼표를 활용한 긴 문장으로 여러 대상과 장면을 서술하고 있다.
⑤ 여러 인물의 내면을 서술하여 인물들의 다양한 특성을 보여 주고 있다.

2 이 글의 등장인물에 대한 설명으로 적절하지 않은 것은?

① 창수와 아버지는 가평에서 올라왔다.
② 창수는 아버지를 부끄럽게 생각한다.
③ 창수는 주인 영감을 불편해하고 있다.
④ 주인 영감은 아버지에게 거만하게 굴고 있다.
⑤ 창수는 주인 영감과 구장 영감의 인상이 비슷하다고 생각한다.

내신 적중

3 (가)~(마) 중, 〈보기〉의 '카메라아이 기법'이 가장 두드러지게 나타난 부분은?

┤ 보기 ├
이 작품은 영화적 기법을 도입하여 새로움을 추구했다는 평가를 받는다. 그 예의 하나로, 마치 카메라가 풍경을 훑고 지나가는 것처럼 등장인물의 눈에 비친 풍경을 시선의 이동에 따라 전달하는 '카메라아이(camera-eye) 기법'이 활용된 점을 들 수 있다.

① (가) ② (나) ③ (다)
④ (라) ⑤ (마)

4 ㉠의 주요 내용을 추리한 것으로 가장 적절한 것은?

① 서로에 대한 안부
② 한약국의 운영 상태
③ 아버지의 일자리 부탁
④ 풍속이나 세태에 대한 한탄
⑤ 창수의 서울에서의 거취 문제

5 '창수'가 @와 같이 생각한 이유를 쓰시오.

☀ 어휘 풀이

야시(夜市) 야시장. 밤에 벌이는 시장.
입때 여태. 이제껏.
이화(李花) 모자표. 모자에 붙이는 일정한 표지.
목구두 편상화. 신의 등에서부터 목까지 긴 끈으로 얽어매게 되어 있는, 목이 조금 긴 구두.
호기(豪氣) ① 씩씩하고 호방한 기상. ② 꺼드럭거리는 기운.
십사금 순금의 금분(金分)을 24로 할 때 금분 14를 가진 금.
지언(至言) 지극히 당연한 말. 또는 지극히 좋거나 중요한 말.
도회 도회지.
감화 좋은 영향을 받아 생각이나 감정이 바람직하게 변화함.

Q '재봉'이 '창수'의 귀향 사실을 알아차린 이유는?

창수의 큰 가방이 볼록할 정도로 많은 짐을 담고 있고, 평소에도 주인 영감과 다투면 그만두겠다는 소리를 자주 했기 때문에 창수의 귀향 결심을 알아차린 것이다.

📖 구절 풀이

❶ **"인마, 무슨 밥을 입때 먹어?"** 시골에서 처음 서울에 올라왔을 때와는 달리 비속어를 사용하여 거칠게 말을 하는 모습을 통해 창수의 변화된 성격을 드러내고 있다.
❷ **오늘은 이화 안 달린 학생모를 ~ 반듯하게 쓰고 있어.** 창수가 세련된 옷차림으로 고향에 돌아가는 것은 자신을 화려하게 포장하고 싶은 세속적 욕망이 표출된 것이다. 학교에 다니지 않는 창수가 학생모에 학생 가방을 들고 나타난 것은 그가 그토록 동경해 오던 것이 무엇이었는지 보여 준다. 이러한 창수의 모습에는 당시 시골 출신의 가난한 사람이 도시 중산층의 삶에 대해 가지고 있었던 부러움과 동경이 반영되어 있다.
❸ **그랬더니만 이놈의 ~ 어떻게 우습던지."** 자신이 일하는 한약국의 주인을 무시하고 얕잡아 보는 창수의 태도를 통해, 창수가 무례한 인물로 변화했음을 알 수 있다.

Q 이 부분에서 드러나는 작가 의식은?

서술자가 편집자적 논평을 통해 자신의 주관적인 생각을 드러내고 있는 부분이다. 서술자는 사람이 큰 인물이 되기 위해서는 서울과 같은 도회지에서 살아야 함을 인정하고 있지만 또 한편으로는 그러한 도회지가 순박한 시골 사람을 '영리한' 곧 '영악한' 인물로 변모시킬 수 있음을 경계하고 있다.

👤 작가 소개

박태원(본책 70쪽 참고)

가 그래, 그날 밤에는 창수가 다시 부르러도 안 오고, 그 이튿날은 다시 새벽부터 비가 내리기 시작하여, / '만약, 간밤에 제가 ˙야실 안 나갔다면 오늘두 뭐 산다는 건 틀렸구나……'

재봉이가 그러한 것을 생각하며, 역시 창 앞에 가 앉아서 늦은 조반을 치르고 나려니까,

㉠❶"인마, 무슨 밥을 ˙입때 먹어?"

머리 위에서, 한약국 집 아이의 목소리가 마악 물을 마시고 있던 그를 깜짝 놀래어 주었다. 고개를 돌려 보니, 어인 까닭인지 ❷오늘은 ˙이화 안 달린 학생모를 반듯하게 쓰고 있어,

"너, 어디, 가니?"

의아스러이 그의 얼굴을 치어다보았으나, 언젠가 고물상에서 오십 전에 샀다든가 육십 전에 샀다든가, 가지고 와서 자랑을 하던 제법 큰 학생 가방이 배가 불러 가지고 한 손에 들려 있는 것을 보면, 그의 대답을 기다릴 것도 없이 저의 집으로 돌아가는 것이 분명하였다.

나 ㉡'밤낮, 내쫓는다거니, 아니, 제가 아주 그만두겠다거니, 쥔 영감허구 쌈만 허더니만……'

그 — 예 이렇게 되고야 말았구나 생각하니까, 그래도 그 일이 다른 일과는 달라서 딴 때나 마찬가지로,

"그러게 욘마. 까불질 좀 말랬지?" / 하고 그러한 말도 나오지는 않았다.

"그래, 지금, 떠나니?"

저도 모르게 침을 한 덩어리 삼키고 물으니까, 창수는 고개를 한 번 끄덕하고,

"잠깐 안 나올련?" / 한다.

그래 부리나케 고무신을 꿰고 밖으로 나가니까, 창수는 말없이 앞장을 서서, 역시 고물상에서 일 환 칠십 전이라든가 팔십 전이라든가에 샀다는 ㉢˙목구두를 신은 발을 ˙호기 있게 내디디며, 큰길로 나가더니, 큰 행길, 조선 모자점 옆 빙수 가게로 쑤욱 들어간다.

다 창수는 과자 먹던 손을 멈추어서까지 저고리 윗주머니에 꽂혀 있는 새 만년필을 꺼내어 동무들 보는 앞에서 신문지 조각 위에다 아무 의미도 없는 곡선을 십여 개나 그리고 난 다음에,

"너, 이거, 사십 전이면 아주 횡재다. 너, 이게 ˙십사금이라는 게야."

재봉이는 무어 그러기까지 않았어도, 그들보다는 이를테면 격이 좀 떨어지는 얼음집 소년은, 바보같이 ㉣입을 따악 벌리고 듣고 있다가,

"근데, 너 왜 집인 내려가니? 그냥 예 있으면 으때서?"

"그냥 있긴, 그래, 그 빌어먹을 놈의 영감 지랄허는 꼴 보려구? 흥, 어제두 시굴루 편질 해서 아버지를 불러오려는군. 그래, 내, 그랬지. 밤낮 아버지는 왜 오라구 그러느냐구. 나 가라기 전에 내가 아주 나가 버릴 테니 어서 그동안 밀린 월급이나 계산해 달라구 — . ❸그랬더니만 이놈의 늙은이가 약이 올라서 아주 펄펄 뛰겠지? 내, 참, 어떻게 우습던지."

라 들고 있던 두 소년은, 아무러기로서니 어른을 보고 그렇게까지야 할 수 있었겠니 — 싶기는 하면서도, 어쨌든 자기들 앞에서라도 그렇게 어림도 없는 수작을 서슴지 않고 할 수 있는 창수를 새삼스러이 경이의 눈을 가져 바라보는 것이다. [중략]

[A]
┌ "사람의 새끼는 서울로 — "라는 말은 어쩌면 ˙지언일지도 모른다. 원래 타고 나온 천성이 그렇기도 하였겠지만, ˙도회의 ˙감화란 실로 무서운 것인 듯싶어, 서울에 올라온 지 반년이 채 못 되어, 그렇게도 어리고 또 순진하던 열네 살짜리 소년 창수는 이미 이만큼이나 자라고, ㉤또 '영리'하여진 것이다……
└

• 중심 내용 귀향을 결심하고 재봉을 만나 변화된 모습을 보이는 창수   • 구성 단계 제24절

🏠 작품 연구소

〈천변 풍경〉에서 공간적 배경이 지닌 의미

이 작품의 공간적 배경은 청계천 주변이지만 그 핵심에는 아낙네들이 모이는 청계천 빨래터와 재봉이 사환으로 일하는 이발소가 있다.

빨래터	집안에 고립되어 사회성을 상실한 여인들이 빨래를 하며 동네와 사회에 대한 정보를 교류하고 공유함.
이발소	남성들의 사교장이라고 할 수 있는 곳으로, 자신들이 지닌 수많은 정보를 교류하고 공유함.

➡ 이 작품에서 보여 주고자 하는 당대의 세태와 풍속에 대한 정보를 얻을 수 있는 가장 적합한 공간으로서의 역할을 함.

창수의 변모를 통해 드러내고자 하는 세태

가평에서 아버지의 손에 이끌려 서울로 올라온 창수는 짧은 기간 동안 서울 생활을 하며 가치관이 급격히 변화하는 인물로 그려지고 있다.

서울에 올라온 직후(제3절): 순박하고 어수룩한 시골 소년	→	서울 생활에 적응한 후(제24절): 탐욕적이고 세속적인 인물

전근대와 근대가 혼재하는 시대 속에서 물질주의에 경도되어 가는 도시인의 모습과 가치관의 혼돈 상태를 드러냄.

〈천변 풍경〉의 특징적 기법

1903년 영화가 들어온 이래 영화와 문학은 서로 영향을 주고받았는데, 1930년대 청계천 주변 사람들의 삶을 소재로 하여 당대의 풍속을 사실적으로 담아낸 〈천변 풍경〉에도 영화에서 자주 사용하는 기법이 활용되었다. 작품에서 부러움 가득한 표정이나 동전을 세는 손동작 등을 묘사할 때는 특정 대상을 확대해 보는 클로즈업 기법이 사용되었고, 인물의 시선 이동에 따라 펼쳐지는 도심의 풍경을 묘사할 때는 카메라가 이동하는 듯한 카메라아이 기법이 사용되고 있다.

📋 자료실

세태 소설(世態小說)

어떤 특정한 시기의 풍속이나 세태의 한 단면을 묘사하는 것을 목적으로 하는 소설로, '시정 소설(市井小說)' 또는 '풍속 소설(風俗小說)'이라고도 한다. 세태 소설에 등장하는 인물들은 모든 시대에 타당한 인간적 진실을 지닌 인물이 아니라, 어떤 특정 시기의 특정 사회적 양상에 타당한 진실을 지닌 인간들이라고 할 수 있다. 일반적으로 1930년대 유행한 도시 생활의 단면을 다룬 작품을 가리키며, 대표작으로는 박태원의 〈천변 풍경〉, 〈소설가 구보 씨의 일일〉, 채만식의 〈탁류〉, 유진오의 〈가을〉, 김남천의 〈길 위에서〉 등이 있다.

📖 함께 읽으면 좋은 작품

〈탁류〉, 채만식 / 일제 강점기의 어두운 세태를 다룬 작품

일제 강점기의 혼탁한 사회 현실에 휩쓸려 무너지는 인물들을 통해 당시 사회의 어두운 세태를 그리고 있는 연재소설이다. 계속된 불행 속에서 결국 살인자가 되는 초봉의 비극적인 삶을 통해 일제 강점기의 어둡고 혼탁한 현실을 비판하고 있다.

〈길모퉁이에서 만난 사람〉, 양귀자 / 서울과 서울 사람들에 대한 이야기를 다룬 작품

1990년대 서울을 배경으로 일상에서 만난 다양한 이웃들의 삶의 양상을 관찰하여 따뜻한 시선으로 형상화한 작품이다. 시대는 다르지만 우리 주변 사람들의 이야기를 다룬 것이나 구성 방식 등을 〈천변 풍경〉과 비교해 볼 수 있다.

6 〈보기〉를 참고하여 이 글을 감상한 내용으로 적절하지 <u>않은</u> 것은?

| 보기 |

1930년대 청계천 변에 사는 사람들의 생활상을 세밀하게 묘사하고 있는 〈천변 풍경〉은, 냉혹하게 자신의 이익만을 추구하고 물질주의에 빠져드는 도시인의 모습을 냉소적으로 전달하며 자신의 운명을 개척해 나가는 모습과 고달픈 서울 생활을 함께 드러내고 있다.

① 친구들에게 십사금 만년필을 자랑하는 창수에게서 물질주의에 빠져드는 도시인의 모습이 느껴져.

② 창수와 재봉을 통해 1930년대 당시 서울에서 꿈을 키우고 살았던 젊은이들의 생활상을 엿볼 수 있어.

③ 혼자 야시를 경험해 보거나, 스스로 일을 그만두는 창수는 자신의 운명을 개척하는 모습을 보여 주고 있어.

④ 직원에게 월급을 제때 지불해 주지 않는 주인을 통해 냉혹하게 자신의 이익만을 추구하는 모습을 엿볼 수 있어.

⑤ 주인과 마찰을 겪다가 고향으로 내려가는 창수를 통해 청계천 변 사람들의 고달픈 서울 생활을 짐작할 수 있어.

7 ㉠~㉤에 대한 설명으로 적절하지 <u>않은</u> 것은?

① ㉠: 창수의 거칠어진 성격을 암시한다.

② ㉡: 창수의 귀향 이유가 드러난다.

③ ㉢: 창수의 자신감 넘치는 태도가 나타난다.

④ ㉣: 창수의 행동에 대한 놀라움이 나타난다.

⑤ ㉤: 창수의 정신적인 성숙을 드러낸다.

8 [A]에 대한 설명으로 가장 적절한 것은?

① 주인공의 반복적 행위를 서술하여 성격을 구체화하고 있다.

② 서술자가 작품에 직접 개입하여 인물에 대해 논평하고 있다.

③ 인물의 내적 독백을 통해 시간의 흐름을 지연시키고 있다.

④ 자기 경험을 직접 서술하여 사건의 전모를 드러내고 있다.

⑤ 제삼자의 시점에서 사건에 대해 치우침 없는 판단을 제시하고 있다.

9 (라)를 참고하여 서술자가 '서울'을 어떤 공간으로 인식하고 있는지 쓰시오.

10 이 글을 영화로 만든다고 할 때, '창수' 역을 맡은 배우의 생각으로 적절한 내용을 다음 빈칸에 쓰시오.

| 보기 |

배우: 서울 생활을 하며 _____이고 물질적인 생활에 적응하여 _____된 모습이 잘 드러나도록 거친 말투와 행동을 사용해야겠어.

🎯 핵심 정리

갈래 단편 소설, 세태 소설
성격 현실 비판적, 사실적
배경 ① 시간 – 1930년대
　　　　② 공간 – 서울 변두리의 한 복덕방
시점 전지적 작가 시점
주제 근대화의 물결 속에서 소외된 세대의 좌절과 비애
특징 현실에서 소외된 노인들의 삶을 통해 근대화에 대한 비판적인 시각을 보임.
출전 《조광》(1937)

Q '흰 조각구름'과 '때 묻은 적삼'의 의미와 기능은?

'흰 조각구름'은 안 초시의 꿈을, '때 묻은 적삼'은 그 꿈의 좌절 및 안 초시의 현실을 의미한다. 이 글에서 흰 조각구름과 안 초시의 때 묻은 적삼은 상반된 이미지를 형성하면서 안 초시의 비극적인 삶을 더욱 심화시키는 기능을 한다.

💡 어휘 풀이

기민하다 눈치가 빠르고 동작이 날쌔다.
참의 갑오개혁 이후, 의정부에 딸린 각 아문의 한 벼슬. 〈복덕방〉의 다른 판본에는 '참위'(무관의 맨 아래 계급)로 되어 있음.
식은 관사 한국 산업 은행의 전신인 '조선 식산 은행' 직원이 살았던 사택.
추탕집 '추어탕집'의 준말.
점 예전에, 시각을 세던 단위. 괘종시계의 종치는 횟수로 세었다.

Q '안경화'가 아버지의 죽음을 관청에 알리기를 꺼리는 이유는?

안 초시의 죽음이 관청에 접수되면 경찰 조사로 끝나는 것이 아니라 언론 등에서 유명인 안경화의 아버지가 왜 자살을 하게 되었는지에 대해 관심을 기울일 것이다. 아버지의 자살에 대해 사람들은 딸이 아버지를 잘 모시지 못했기 때문이라고 여길 것이므로 안경화는 자신의 체면을 위해 아버지의 죽음을 관청에 알리지 않고 조용히 수습하고자 하는 것이다.

🐚 구절 풀이

❶ 돈을 쓸 때는 ~ 초시에게 떨어졌다. 부동산에 투자하는 과정에서 돈 한 푼을 쥐어 보지 못했지만, 그 결과에 대한 책임을 안 초시가 떠안게 되었음을 의미한다.
❷ "명예? 안 될 말이지, ~ 세상 떠나게 해?" 딸 안경화의 불효에 대한 꾸짖음과 위선적 태도에 대한 비판이 담겨 있다.

가 　모두 꿈이었다. 꿈이라도 너무 악한 꿈이었다. 삼천 원 어치 땅을 사 놓고 날마다 신문을 훑어보며 ㉠수소문을 하여도 거기는 축항이 된단 말이 신문에도, 소문에도 나지 않았다. 용당포(龍塘浦)와 다사도(多獅島)에는 땅값이 삼십 배가 올랐느니 오십 배가 올랐느니 하고 졸부들이 생겼다는 ㉡소문이 있어도 여기는 감감소식일 뿐 아니라 나중에, 역시, 이것도 박희완 영감을 통해 알고 보니 그 관변 모 씨에게 박희완 영감부터 속아 떨어진 것이었다. 축항 후보지로 측량까지 하기는 하였으나 무슨 결점으로인지 중지되고 마는 바람에 너무 *기민하게 거기다 땅을 샀던, 그 모 씨가 그 땅 처치에 곤란하여 꾸민 ㉢연극이었다.

　❶돈을 쓸 때는 일 원짜리 한 장 만져도 못 봤지만 ㉣벼락은 초시에게 떨어졌다. 서너 끼씩 굶어도 밥 먹을 정신이 나지도 않았거니와 밥을 먹으러 들어갈 수도 없었다.

　"재물이란 친자 간의 의리도 배추 밑 도리듯 하는 건가?"

　탄식할 뿐이었다. 밥보다는 술과 담배가 그리웠다. 물론 안경다리는 그저 못 고치었다. 그러나 이제는 오십 전짜리는커녕 단 십 전짜리도 얻어 볼 길이 없다.

　추석 가까운 날씨는 해마다의 그때와 같이 맑았다. 하늘은 천 리같이 트였는데 조각구름들이 여기저기 널리었다. 어떤 구름은 깨끗이 바래 말린 옥양목처럼 흰빛이 눈이 부시다. 안 초시는 이번에도 자기의 때 묻은 적삼 생각이 났다. 그러나 이번에는 소매 끝을 불거나 떨지는 않았다. 고요히 흘러내리는 눈물을 그 더러운 소매로 닦았을 뿐이다.

　　　　　　　　　　　　　　　　　　　　▶ 안 초시의 부동산 투자 실패

나 　여름이 극성스럽게 덥더니, 추위도 그럴 징조인지 예년보다 무서리가 일찍 내리었다. 서 *참의가 늘 지나다니는 *식은 관사(殖銀官舍)에들 울타리가 넘게 피었던 코스모스들이 끓는 물에 데쳐 낸 것처럼 시커멓게 무르녹고 말았다.

　참의는 머리가 띵— 하였다. 요즘 와서 울기 잘하는 안 초시를 한번 ㉤위로해 주려, 엊저녁에는 데리고 나와 청요릿집으로, *추탕집으로 새로 두 *점을 치도록 돌아다닌 때문 같았다. 조반이라고 몇 술 뜨기는 했으나 혀도 그냥 뻑뻑하다. 안 초시도 그럴 것이니까 해는 벌써 오정 때지만 끌고 나와 해장술이나 먹으리라 하고 부지런히 내려와 보니, 웬일인지 복덕방이라고 쓴 베 발이 아직 내어걸리지 않았다.

　"이 사람 봐……. 어느 땐 줄 알구 코만 고누……."

　그러나 코 고는 소리는 들리지 않았다. 미닫이를 밀어젖힌 서 참의는 정신이 번쩍 났다. 안 초시의 입에는 피, 얼굴은 잿빛이다. 방 안은 움 속처럼 음습한 바람이 횡— 끼친다.

　"아니?" / 참의는 우선 미닫이를 닫고 눈을 비비고 초시를 들여다보았다. 안 초시는 벌써 아니요, 안 초시의 시체일 뿐, 둘러보니 무슨 약병인 듯한 것 하나가 굴러져 있다.

　참의는 한참 만에야 이 일이 슬픈 일인 것을 깨달았다. / "허!"
　　　　　　　　　　　　　　　　　　　　▶ 안 초시의 시신을 발견한 서 참의

다 　파출소로 갈까 하다 그래도 자식한테 먼저 알려야겠다 하고 말만 듣던 그 안경화 무용 연구소를 찾아가서 안경화를 데리고 왔다. 딸이 한참 울고 난 뒤다.

　"관청에 어서 알려야지?" / "아니야요. 앗으세요." / 딸은 펄쩍 뛰었다.

　"앗으라니?" / "저……." / "저라니?" / "제 명예도 좀……." / 하고 그는 애원하였다.

　❷"명예? 안 될 말이지, 명옐 생각하는 사람이 애빌 저 모양으루 세상 떠나게 해?"

　"……." / 안경화는 엎드려 다시 울었다.
　　　　　　　　　　　　　　　　　　　　▶ 아버지의 죽음 앞에서 자신의 명예만을 생각하는 안경화

• 중심 내용 부동산 투자 실패로 딸의 재산을 탕진한 안 초시의 자살　　• 구성 단계 (가) 위기 / (나), (다) 절정

이해와 감상

이 작품은 1930년대 서울 외곽의 복덕방을 배경으로, 땅 투기에 실패하여 파멸하는 한 노인을 통해 근대화 과정에서 소외된 세대의 궁핍함과 좌절을 그린 소설이다.

부동산 투기로 딸의 재산을 탕진하고 자살한 안 초시를 통해 소외된 계층의 절망적인 상황을, 아버지의 죽음 앞에서도 자신의 명예만 생각하는 딸의 모습에서 새로운 세대의 부정적인 모습을 드러내고 있다.

작가는 이 작품을 통해 근대화 적응에 실패한 세대의 절망과 가족 공동체의 파괴라는 문제 상황을 비판적으로 드러내고 있다. 특히 고령 사회로 접어든 오늘날에 되새겨 봐야 할 여러 문제를 남기고 있는 작품이다.

전체 줄거리

발단	생활의 기반을 잃은 안 초시, 서 참의, 박희완 영감은 복덕방에서 소일하면서 뚜렷한 미래가 없는 삶을 살아간다.
전개	박희완 영감을 통해 황해 연변의 개발 정보를 입수한 안 초시는 단단히 한몫을 잡을 것이라는 기대를 안고 딸 안경화에게 부동산 투기를 권한다.
위기	토지 개발 정보가 사기로 밝혀져 부동산 투자에 실패한 안경화는 이에 대한 모든 비난을 안 초시에게 퍼붓는다.
절정	좌절한 안 초시는 자살하게 되고, 안 초시의 죽음을 발견한 서 참의가 안경화를 불러 안 초시의 장례를 성대하게 치러 주기를 당부한다.
결말	안 초시의 장례식장에서 안경화와 그 주변 사람들의 위선적인 행동을 보면서 서 참의와 박희완은 울분을 느끼고 서러워한다.

인물 관계도

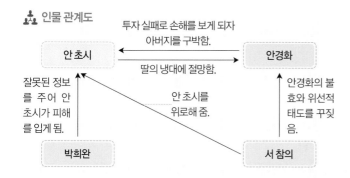

작품 연구소

〈복덕방〉에 드러난 세대 간의 갈등

키 포인트 체크

인물 부동산 투자 실패로 낙담한 안 초시는 안경화의 냉대에 서글픔을 느끼며 □□한다.

배경 □□□은 가족과 새로운 시대의 흐름으로부터 소외된 채 초라하게 살아가는 세 노인들이 모여 지내는 공간이다.

사건 자신의 □□ 때문에 부친의 자살을 알리지 않으려던 안경화는 서 참의의 말에 따라 안 초시의 □□를 성대하게 치른다.

1 이 글을 통해 알 수 있는 사실이 아닌 것은?

① 안 초시는 밤에 복덕방에서 약을 먹고 자살하였다.
② 박희완 영감은 관변 모 씨로부터 거짓 정보를 얻었다.
③ 안 초시는 자신의 재산을 모두 날려 빈털터리가 되었다.
④ 서 참의는 안 초시의 죽음을 가장 먼저 안경화에게 알렸다.
⑤ 안경화는 아버지의 죽음을 관청에 알리는 것을 원치 않았다.

2 〈보기〉는 등장인물 간의 갈등을 드러낸 것이다. ㉮와 ㉯에 대한 설명으로 적절하지 않은 것은?

① ㉮는 돈으로 인해 빚어진 갈등이라고 볼 수 있다.
② ㉮는 안 초시에 대한 안경화의 비윤리적 태도로 인해 생겨난 갈등이라고 볼 수 있다.
③ ㉮는 안 초시의 죽음 이전에 다뤄지는 갈등이고, ㉯는 안 초시의 죽음 이후에 작품의 표면에 드러나는 갈등이다.
④ ㉯는 아버지의 죽음 앞에서도 자신의 명예를 먼저 생각하는 안경화로 인한 갈등으로 볼 수 있다.
⑤ ㉯에서 서 참의는 안 초시의 죽음으로 안경화에게 물질적인 이득이 생기는 것을 용납할 수 없어서 갈등하게 된다.

3 ㉠~㉤을 인물의 대화로 바꾼 내용으로 적절하지 않은 것은?

① ㉠: (안 초시) ○○일보죠? 이쪽 지방 축항 발표 났나요?
② ㉡: (동네 사람) 다사도 쪽에는 땅값이 삼십 배 올랐대요.
③ ㉢: (관변 모 씨) 발표만 남았어요. 놓칠 수 없는 기회죠!
④ ㉣: (안경화) 사기꾼에게 속아 딸을 망쳐 놓으니 좋으세요?
⑤ ㉤: (서 참의) 자네 돈 날린 건 아니니 손해 본 건 없잖아.

4 (가)에서 '안 초시'의 꿈과 현재 '안 초시'의 상황을 형상화한 대상을 찾아 쓰고, 그로 인한 효과를 쓰시오.

진견 품질이 좋은 비단.

수의 염습할 때 시체에 입히는 옷.

선산 조상의 무덤, 또는 무덤이 있는 곳.

영결식 죽은 사람과 영원히 이별하는 의식. 장례식.

부의 초상난 집에 부조로 돈이나 물건을 보내는 일. 또는 그런 돈이나 물건.

조사(弔辭) 죽은 사람을 슬퍼하여 위로의 뜻을 표하는 말.

호사(豪奢) 매우 호화롭고 사치스럽게 지냄. 또는 그런 상태.

가 ❶"그럼, 비밀은 내가 지킬 테니 나 하자는 대루 할까?" / "네."

서 참의는 다시 앉았다.

"부친 위해 보험 든 거 있지?"

"네. 간이 보험이야요."

"무슨 보험이든…… 얼마나 타게 되누?"

"사백팔십 원요."

"부친 위해 들었으니 부친 위해 다 써야지?" / "그럼요."

"에헴, 그럼…… 돌아간 이가 늘 속사쓸 입구퍼 했어. 상등 털사쓰를 사다 입히구, 그 우에 진견으로 수의 일습 구색 맞춰 짓게 허구……. 선산이 있나, 묻힐 데가?"
「」: 안 초시가 입고 싶은 셔츠 하나 제대로 입지 못한 채 비참하게 살았음을 의미함. 죽어서야 원했던 셔츠를 입게 되는 아이러니한 상황
한 벌

"웬걸요, 없어요."

"그럼 공동묘지라도 특등지루 널찍하게 사구…… 장례식을 장—하게 해야 말이지 초라하게 해 버리면 내가 그저 안 있을 게야. 알아들어?"
물질적인 것만을 중시하는 안경화에게 상처받은 안 초시의 영혼을 달래고자 하는 의미

"네에."

하고 안경화는 그제야 핸드백을 열고 눈물 젖은 얼굴을 닦았다.
▶ 안경화로부터 장례를 성대하게 치를 것을 다짐받는 서 참의

나 안 초시의 소위 영결식(永訣式)이 그 딸의 연구소 마당에서 열리었다.

서 참의와 박희완 영감은 술이 거나하게 취해 갔다. 박희완 영감이 무얼 잡혀서 가져왔다는 부의(賻儀) 이 원을 서 참의가,
경제적으로 궁핍한데도 죽은 친구에 대한 우정을 보여 줌.

"장례비가 넉넉하니 자네 돈 그 계집애 줄 거 없네."
어렵게 구한 부의금이 안경화에게 돌아가므로 굳이 낼 필요 없음.

하고 우선 술집에 들러 거나하게 곱빼기들을 한 것이다.

영결식장에는 제법 반반한 조객들이 모여들었다. 예복을 차리고 온 사람도 두엇 있었다.
조문객
모두 고인을 알아 온 것이 아니요, 무용가 안경화를 보아 온 사람들 같았다. 그중에는, ❷고인의 슬픔을 알아 우는 사람인지, 덩달아 기분으로 우는 사람인지 울음을 삼키느라고 끽끽하는 사람도 있었다. 안경화도 제법 눈이 젖어 가지고 신식 상복이라나 공단 같은 새까만
'제법'이라는 표현을 통해 안경화에 대한 부정적인 시각을 드러냄.
양복으로 관 앞에 나와 향불을 놓고 절하였다. 그 뒤를 따라 한 이십 명 관 앞에 와 꾸벅거리었다. 그리고 무어라고 지껄이고 나가는 사람도 있었다.
▶ 장례식 조문객들의 위선적인 태도

다 그들의 분향이 거의 끝난 듯하였을 때,
향을 피움.

"에헴!"

하고 ❸얼굴이 시뻘건 서 참의도 한마디 없을 수 없다는 듯이 나섰다. 향을 한 움큼이나 집
① 술을 마셨기 때문 ② 안경화와 주변인들에게 분노하고 있기 때문
어 놓아 연기가 시커멓게 올려 솟더니 불이 일어났다. 후— 후— 불어 불을 끄고, 수염을 한 번 쓰다듬고 절을 했다. 그리고 다시,

"헴……." / 하더니 조사(弔辭)를 하였다.

"나 서 참일세, 알겠나? 흥…… 자네 참 호살세 호사야…… 잘 죽었느니. 자네 살았으문 이만 호살 해 보겠나? 인전 안경다리 고칠 걱정두 없구…… 아무튼지……."
안 초시가 겪었던 물질적인 궁핍을 상징함.

하는데 박희완 영감이 들어서더니,

"이 사람 취했네그려." / 하며 서 참의를 밀어냈다.

박희완 영감도 가슴이 답답하였다. 분향을 하고 무슨 소리를 한마디 했으면 속이 후련히
안 초시의 죽음을 안타까워함.
트일 것 같아서 잠깐 멈칫하고 서 있어 보았으나,

"으흐흑……." / 하고 울음이 먼저 터져 그만 나오고 말았다.

서 참의와 박희완 영감도 묘지까지 나갈 작정이었으나 거기 모인 사람들이 하나도 마음에 들지 않아 도로 술집으로 내려오고 말았다.
잘 차려 입은 조문객들에 대한 이질감과 위선적인 태도에 대한 분노, 자신들의 초라한 삶에 대한 서글픔 등 복합적인 감정이 작용한 행동
▶ 분노와 서글픔으로 장례식장을 빠져나온 서 참의와 박희완 영감

Q **장례식에 참석한 이들의 모습은?**

생전에 제대로 모시지 못한 아버지의 장례를 화려하게 치르는 딸 안경화, 고인을 모르면서도 조문을 와서 슬퍼하는 시늉을 하는 사람들을 묘사함으로써, 당시 젊은 세대들의 위선적인 모습을 비판하고 있다.

☙ 구절 풀이

❶ **"그럼, 비밀은 내가 지킬 테니 나 하자는 대루 할까?"** 안 초시의 장례를 제대로 치르기 위해 안경화의 명예를 지켜 주는 대가로 모종의 거래를 하고자 하는 서 참의의 모습이 드러난다.

❷ **고인의 슬픔을 알아 우는 사람인지, ~ 끽끽 하는 사람도 있었다.** 진정으로 고인의 죽음을 슬퍼하기보다는 안경화 앞에서 슬퍼하는 시늉을 하는 모습을 비판한 구절이다.

❸ **얼굴이 시뻘건 ~ 없다는 듯이 나섰다.** 안경화를 비롯한 그 주변 사람들의 위선적인 태도에 참을 수 없는 분노를 느낀 서 참의가 뼈 있는 한마디를 하려고 나선 것이다.

Q **'서 참의'의 '조사'에 드러난 의미는?**

안 초시는 생전에 그렇게 입고 싶었던 비단 옷도 입지 못하고 딸의 눈치가 보여 안경다리 하나 제대로 고치지 못하며 살았다. 그런 안 초시가 죽어서 비단 옷을 입게 된 기막힌 상황을 두고 서 참의는 "자네 참 호살세."라는 반어적 표현으로 삶의 근본적인 부조리와 모순을 표현하고 있다. 여기에는 살아 있을 때 제대로 모시지도 않다가 아버지가 죽자 마치 효녀인 듯 행동하고 있는 안경화의 위선에 대한 비판이 짙게 깔려 있다.

• **중심 내용** 젊은 세대의 위선에 대한 비판과 삶의 덧없음에 대한 탄식   • **구성 단계** (가) 절정 / (나), (다) 결말

🏠 작품 연구소

안 초시의 자살 이유

표면적 이유	이면적 이유
부동산 투자의 실패에 따른 절망	새로운 사회에 대한 적응 실패, 딸로부터의 소외 (가족 공동체의 붕괴)

'복덕방'의 상징적 의미

이 작품의 주요 무대는 서울의 변두리 '복덕방'인데, '복덕방'은 근대화의 흐름 속에서 급변하는 바깥세상에 편승하고자 하지만 주변부에 주저앉고 마는, 초라하고 궁핍한 노인들이 소일하기에 안성맞춤인 공간이다. 복덕방 '안'은 세 노인이 서로를 향한 애정과 연민을 갖고 지내는 공간이다. 하지만 절망에 빠진 안 초시가 마지막으로 기댄 공간이라는 점에서 이들의 비참한 삶의 모습을 부각시키는 비극적 공간으로 변모하기도 한다.

〈복덕방〉에 나타난 인간상

이 작품에서 복덕방에 모여 지내는 세 노인은 1930년대의 급변하는 사회에 적응하지 못한 인물로, 일선에서 물러나게 되었음에도 현실적인 성공에 대한 미련을 버리지 못하는 모습을 보인다. 작가는 이들을 통해 급속한 사회 변화로 인해 현실에서 소외되어 버린 사람들의 희망과 좌절을 보여 주고 있다.

안 초시	복덕방에서 소일하면서도 일확천금의 미련을 버리지 못함.
서 참의	구한말 훈련원 참의로 있다가 군대가 해산되자 사회적·경제적 열기에 기대를 하며 복덕방을 운영함.
박희완	대서사 자격을 얻을 궁리로 일본어 공부를 함.

이태준 소설의 상고 취향

이태준은 옛것을 숭상하는 취향인 상고(尙古) 취향을 지닌 작가로 알려져 있다. 그의 이러한 태도는 주로 과거의 전통문화에 대한 예찬, 농촌에 대한 애정과 동경으로 표현된다. 그의 작품에서는 변두리나 농촌 등의 공간을 가족적이고 인간적인 공동체로 묘사하는 반면, 도시는 속악한 자본주의에 오염된 공간으로 묘사하고 있다. 변두리 '복덕방'에 모여 있는 노인들에게서는 인간미가 풍기지만 세련된 도시인의 전형으로 등장하는 안경화와 그녀를 둘러싼 인물들은 모두 이해타산적이고 위선적인 인물로 그려지는 것이 이를 말해 준다.

이태준의 이러한 옛것에 대한 애정은 우리 민족 문화의 우수성을 은연중에 드러내고 있으며, 이는 간접적이고 우회적인 방법으로 새것, 곧 식민지 근대화와 일제의 지배를 비판하는 기능을 하고 있다.

📖 함께 읽으면 좋은 작품

〈영월 영감〉, 이태준 / 일확천금을 노린 노인의 좌절을 다룬 작품

금광 사업에 뛰어들어 일확천금을 꿈꾸는 영월 영감이라는 인물을 그린 소설이다. 근대적인 변화 과정을 자신의 삶 속에 적극적으로 수용해 나가는 능동적 인물을 그리고 있다는 점에서 〈복덕방〉의 주인공들과는 다소 차이를 보이고 있다.

〈돌다리〉, 이태준 / 세대 간 인식의 차이가 뚜렷한 작품

농토를 파는 문제를 둘러싸고, 땅을 천지 만물의 근원으로 여기는 아버지와 땅을 경제적 수단으로 보는 아들의 대조적인 인식을 통해 물질만 중시하는 사회에 대한 비판을 드러낸 작품이다. 아버지의 목소리가 크고 아들의 됨됨이가 부정적이지 않다는 점에서 〈복덕방〉과 차이가 있다.

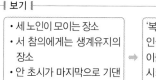 본책 116쪽

---

5 이 글에 대한 설명으로 적절한 것을 〈보기〉에서 골라 바르게 묶은 것은?

| 보기 |

ㄱ. 인물의 성격이 분명히 드러난다.
ㄴ. 짧고 감각적인 문장이 반복된다.
ㄷ. 인물 간의 갈등은 해소되지 않은 채 마무리된다.
ㄹ. 토속성 짙은 사투리를 이용하여 친근감을 주고 있다.

① ㄱ, ㄴ　　　② ㄱ, ㄷ　　　③ ㄱ, ㄹ
④ ㄴ, ㄷ　　　⑤ ㄷ, ㄹ

6 (가)의 뒷부분에 이어질 내용을 〈보기〉와 같이 가정할 때, 그 효과로 적절하지 <u>않은</u> 것은?

| 보기 |

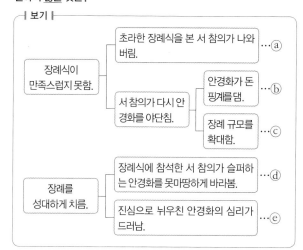

① ⓐ: 약속을 지키지 않는 안경화의 부정적 면모가 제시됨.
② ⓑ: 돈만 중시하는 안경화의 세속적인 면이 더욱 부각됨.
③ ⓒ: 죽음에 대해 책임지게 하려는 서 참의의 뜻이 강조됨.
④ ⓓ: 젊은 세대의 위선적 행태에 대한 비판 의식이 드러남.
⑤ ⓔ: 인물의 긍정적 변화를 통해 독자들에게 교훈을 전달함.

내신 적중

7 '상황의 아이러니'가 드러나는 부분을 (다)에서 찾아 4어절로 쓰시오.

8 이 글의 내용을 바탕으로, '복덕방'의 공간적 의미가 어떻게 변화되었는지 살펴보고 ㉠과 ㉡에 들어갈 적절한 말을 쓰시오.

| 보기 |

· 세 노인이 모이는 장소 · 서 참의에게는 생계유지의 장소 · 안 초시가 마지막으로 기댄 장소	⇒	'복덕방'은 사회적으로 소외된 인물들이 (㉠) 공간에서 이들의 힘든 삶의 모습을 부각시키는 (㉡) 공간으로 그 의미가 변화되었다.

🎯 핵심 정리

갈래 단편 소설, 풍자 소설
성격 풍자적, 비판적
배경 ① 시간 - 일제 강점기
　　　　② 공간 - 서울
시점 1인칭 관찰자 시점
주제 일제 식민 통치에 순응하려는 '나'와 사회주의 사상을 가진 아저씨의 갈등
특징 ① 신빙성 없는 서술자를 통해 현실을 이중적으로 풍자함.
　　　　② 대화적 문체를 통해 '나'와 아저씨의 가치관을 비교함.
출전 《동아일보》(1938)

Q '치숙'의 의미는?

'치숙(痴叔)'은 '어리석을 치(痴)'에 '아저씨 숙(叔)'이 결합된 말로 '어리석은 아저씨'를 뜻한다. 서술자인 '나'는 아저씨를 어리석고 우둔하다고 비판하지만, 작품을 읽으면서 독자는 오히려 '나'에 대해 비판적인 시선을 갖게 된다. 따라서 '치숙'은 반어적 표현임을 알 수 있다.

💡 어휘 풀이

적공(積功) 많은 힘을 들여 애를 씀.
철빈 더할 수 없이 가난함. 또는 그런 가난.
착살스럽다 하는 짓이나 말 따위가 잘고 더러운 데가 있다.
후분(後分) 사람의 평생을 셋으로 나눈 것의 마지막 부분. 늙은 뒤의 운수나 처지를 이름.
수종(隨從) 남을 따라다니며 곁에서 심부름 따위의 시중을 듦. 또는 그렇게 시중을 드는 사람.
종조할아버지 할아버지의 남자 형제.
치패(致敗) 살림이 아주 결딴남.
고쓰까이 잔심부름을 하는 남자 고용인을 이르는 일본어.

🐾 구절 풀이

❶ **근 이십년 소박을 ~ 참말 가엾어요.** 서술자인 '나'는 아저씨에 대한 부정적이고 냉소적인 평가와는 대조적으로 아주머니에 대해서는 연민의 시선을 통해 긍정적으로 평가하고 있다.

❷ **만약 우리 종조할아버지네 ~ 이런 생각이 들어요.** 대학까지 다니고서 아저씨처럼 사회의 낙오자가 되느니 차라리 공부를 많이 하지 않고 일본인의 신임을 얻는 점원이 되어 다행이라고 생각하는 '나'의 마음이 드러나 있다.

❸ **사실 우리 아저씨 양반은 ~ 고쓰까이만도 못하지요.** 대학을 졸업하고도 전과자가 된 아저씨와 공부를 거의 못했어도 사회적으로 성공할 수 있는 자신을 비교하고 있다. 물질적 욕망만을 추구하는 '나'의 생각이 드러난다.

가 우리 아저씨 말이지요? 아따 저 거시키, 한참 당년에 무엇이냐 그놈의 것, 사회주의라더냐 막걸리라더냐, 그걸 하다 징역 살고 나와서 폐병으로 시방 앓고 누웠는 우리 오촌 고모부 그 양반…… 뭐, 말도 마시오. 대체 사람이 어쩌면 글쎄…… 내 원! / 신세 간 데 없지요.

사회주의 운동이 전개되던 1930년 전후
사회주의나 마르크스주의에 대한 서술자의 무지를 드러냄.

[A] 자, 십 년 *적공(積功), 대학교까지 공부한 것 풀어먹지도 못했지요. 좋은 청춘 어영부영 다 보냈지요, 신분(身分)에는 전과자(前科者)라는 붉은 도장 찍혔지요. 몸에는 몹쓸 병까지 들었지요. 『이 신세를 해가지굴랑은 굴속 같은 오두막집 단칸 셋방 구석에서 사시장철 밤이나 낮이나 눈 따악 감고 드러누웠군요.』
『 』: 아저씨의 신세를 냉소적으로 표현함.

재산이 어디 집 터전인들 있을 턱이 있나요. 서발막대 내저어야 짚검불 하나 걸리는 것 없는 *철빈(鐵貧)인데.
대학까지 나왔지만 생활 능력이 없어 매우 가난한 상태임.

우리 아주머니가, 그래도 그 아주머니가, 어질고 얌전해서 그 ㉠알뜰한 남편 양반 받드느라 삯바느질이야, 남의 집 품빨래야, 화장품 장사야, 그 *착살스런 벌이를 해다가 겨우겨우 목구멍에 풀칠을 하지요.
생계를 근근이 이어 감.

어디로 대나 그 양반은 죽는 게 두루 좋은 일인데 죽지도 아니해요.
주변 사람들에게 폐를 끼치고 있는 것에 대한 비판

우리 아주머니가 불쌍해요. 아, 진작 한 나이라도 젊어서 팔자를 고치는 게 아니라, 무슨 놈의 우난 *후분을 바라고 있다가 끝끝내 고생을 하는지.

❶근 이십 년 소박을 당했지요. 이십 년을 설운 청춘 한숨으로 보내고서 다 늦게야 송장 여대치게 생긴 그 양반을 그래도 남편이라고 모셔다가는 병 *수종 들랴, 먹고살랴, 애가 진하고 다니는 걸 보면 참말 가엾어요.
젊은 세월을 한숨을 쉬면서 다 지냈음.
▶ 가난한 아저씨에 대한 냉소와 아주머니에 대한 연민

나 그러고 저러고 간에 자기도 인제는 속차려야지요. 허기야 속을 차려서 무얼 하재도 전과 자니까 관리나 또 회사 같은 데는 들어가지 못하겠지만 그야 자기가 저지른 일인 걸 누구를 원망할 일도 아니고, 그러니 막 벗어붙이고 노동이라도 해야지요.
사회주의 운동을 한 아저씨를 어리석다고 생각함.

대학교 출신이 막벌이 노동이라께 꼴 가관이지만 그래도 할 수 없지, 머.
아저씨에 대한 냉소적 태도

그런 걸 보고 가만히 나를 생각하면, ❷만약 우리 *종조할아버지네 집안이 그렇게 *치패를 안 해서 나도 전문학교나 대학교를 졸업을 했으면 혹시 우리 아저씨 모양이 됐을지도 모를 테니 차라리 공부 많이 않고서 이 길로 들어선 게 다행이다…… 이런 생각이 들어요.

❸사실 우리 아저씨 양반은 대학교까지 졸업하고도 인제는 기껏 해먹을 게란 막벌이 노동밖에 없는데, 요『보통학교 사 년 겨우 다니고서도 시방 앞길이 환히 트인 내게다 대면 *고쓰까이[小使]만도 못하지요.』
『 』: 자신의 미래에 대한 자부심

아, 그런데 글쎄 막벌이 노동을 하고 어쩌고 하기는커녕 조금 바시시 살아날만하니까 이 주책꾸러기 양반이 무슨 맘보를 먹는고 하니, 내 참 기가 막혀!
구어적 서술을 통해 서술자의 태도 및 심리를 효과적으로 드러냄.

아―니, 그놈의 것하구는 무슨 대천지 원수가 졌단 말인지, 어쨌다고 그걸 끝끝내 하지 못해서 그 발광인고? / 그러나마 그게 밥이 생기는 노릇이란 말이지? 명예를 얻는 노릇이란 말이지, 필경은 붙잡혀 가서 징역 사는 놀음?
병이 낫자 다시 사회주의 운동을 하려는 아저씨에 대한 반감

아마 그놈의 것이 아편하구 꼭 같은가 봐요. 그렇길래 한번 맛을 들이면 끊지를 못하지요.

그렇지만 실상 알고 보면 그게 그다지 재미가 난다거나 맛이 있다거나 그런 것도 아니드군 그래요. 부랑당패든데요. 하릴없이 부랑당팹니다.
사회주의를 바라보는 '나'의 시각이 드러남.
▶ 아저씨와 사회주의를 바라보는 '나'의 부정적 시선

• **중심 내용** 사회주의 운동을 하다 폐인이 된 아저씨에 대한 '나'의 비판　　• **구성 단계** (가) 발단 / (나) 전개

이해와 감상

이 작품은 사회주의 운동을 하다가 옥살이를 하고 나온 아저씨의 무기력한 모습을 '나'의 눈을 통해 관찰하는 방식으로 서술하고 있다.

정교한 묘사나 치밀한 구성 대신 함축적인 대화를 통해 서술하고 있으며 대체로 풍자적이고 반어적인 문체를 사용하고 있다.

작가는 '나'의 시선을 통해 아저씨를 비판하고 '나'에 대해서는 긍정적으로 평가하는 듯하지만, 오히려 칭찬과 비난을 역전시키는 방법으로 식민 통치에 협력하는 순응적 인물을 비판하고 있다. 또한 사회주의 운동을 지속하지 못하고 생계를 이어 가기 어려운 상황에서 좌절에 빠졌던 당시 지식인들의 자조와 절망을 드러내고 있다.

🔍 전체 줄거리

발단	일본에서 대학까지 다닌 아저씨는 징역살이를 하고 나와 나와 폐병을 앓고 있다.
전개	'나'는 사회주의 운동을 하다 전과자가 된 아저씨와, 폐인이 된 남편을 수발하는 어질고 부지런한 아주머니를 답답해한다.
위기	'나'는 일본인이 운영하는 상점의 종업원으로, 곧 자립하여 일본에 가서 살고자 하지만 '나'의 계획은 아저씨 때문에 방해받는다.
절정	'나'는 무능한 아저씨를 비판하는데, 아저씨는 오히려 '나'가 세상 물정, 즉 세상을 움직이는 힘을 모른다고 비판한다.
결말	'나'는 아저씨 같은 사람은 빨리 없어져야 한다고 생각하지만 자꾸 살아나 걱정한다.

👥 인물 관계도

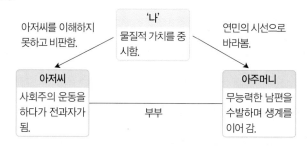

```
                        '나'
 아저씨를 이해하지    물질적 가치를 중     연민의 시선으로
 못하고 비판함.        시함.                 바라봄.

    아저씨                              아주머니
 사회주의 운동을                      무능력한 남편을
 하다가 전과자가        부부           수발하며 생계를
 됨.                                   이어 감.
```

🏠 작품 연구소

아저씨와 '나'의 비교

	아저씨	'나'
학벌	대학교 졸업	보통학교도 제대로 못 마침.
독서 취향	어려운 한자가 섞인 책	만화, 일본 작가의 사무라이 소설 및 연애 소설
생활력	빈둥거리며 일을 안 함.	열심히 일함.
사회관	경제학을 전공하고 사회주의자가 됨.	사회주의자를 불한당과 동일시함.
서로에 대한 생각	'나'를 철없는 속물로 여김.	아저씨를 사회에서 쓸모없는 인간으로 여김.

🔑 포인트 체크

인물 아저씨는 일본 유학을 다녀온 지식인으로 ▢▢▢▢ 운동을 하다가 전과자가 된다.

배경 ▢▢▢▢에 순응하며 살아가는 '나'를 내세워 일제 강점기의 절망적인 상황을 드러내고 있다.

사건 '나'는 사회주의 운동을 하다가 ▢▢▢하게 살아가는 아저씨를 비판하는데, 아저씨는 일제에 ▢▢하며 ▢▢▢ 가치를 우선시하는 '나'를 비판한다.

1 이 글에 대한 설명으로 적절하지 <u>않은</u> 것은?

① 1인칭 서술자가 다른 인물에 대해 이야기하고 있다.

② 구어체를 사용하여 청자에게 말하듯이 서술하고 있다.

③ 사건 전개가 긴박하게 이루어지며 갈등이 고조되고 있다.

④ 독자의 동의를 구하는 듯한 어투의 의문형 문장을 사용하고 있다.

⑤ 신빙성 없는 화자를 통해 칭찬과 비난이 역전되는 양상을 보이고 있다.

2 이 글을 통해 알 수 있는 내용으로 알맞은 것은?

① 아저씨는 막노동을 통해 가족의 생계를 책임지려 한다.

② 아주머니는 아저씨에게 자신이 베푼 은혜를 갚을 것을 요구하고 있다.

③ 아저씨는 자신의 과거 행동에 대해 후회하면서 새로운 삶을 모색하고 있다.

④ '나'는 아저씨가 참여하는 사회주의 운동에 대해 부정적인 입장을 보이고 있다.

⑤ '나'는 종조할아버지 집안이 망하여 제대로 교육받지 못한 것에 대해 아쉬워하고 있다.

3 [A]에 대한 설명으로 적절한 것을 〈보기〉에서 골라 바르게 짝지은 것은?

┤ 보기 ├

ㄱ. 인물의 삶을 요약적으로 제시하고 있다.

ㄴ. 풍자적 서술을 통해 인물의 행위를 비판하고 있다.

ㄷ. 담담한 태도로 인물의 삶을 객관적으로 서술하고 있다.

ㄹ. 현재형 어미를 사용하여 일상적 삶의 모습을 드러내고 있다.

① ㄱ, ㄴ   ② ㄱ, ㄷ   ③ ㄴ, ㄷ

④ ㄴ, ㄹ   ⑤ ㄷ, ㄹ

4 ㉠에 나타난 표현 방법과 가장 유사한 것은?

① 그 녀석은 사람은 착한데 변변치가 못하단 말이야.

② 자네는 지는 것이 이기는 것임을 아직도 모르는가?

③ 잠을 자야 꿈을 꾸고, 꿈을 꿔야 임을 볼 것 아닌가?

④ 너의 마음은 저 새하얀 눈보다도 더 하얗게 빛나는구나.

⑤ 경기 규칙도 모르는 사람이 심판이라니, 퍽이나 공정하겠군.

5 (나)에서 사회주의에 대한 '나'의 인식을 단적으로 드러내는 단어 두 가지를 찾아 쓰시오.

II. 1920년대~1945년

Q '아저씨'에 대한 '나'의 어투는?

'나'는 자신의 태도와 가치관을 비난했던 아저씨의 말을 떠올리면서 '거 참 그렇겠군.', '~ 말이렷다.', '그럴 뻔했군 그래', '흥! 참……', '제 밑 구린 줄 모르고서 ~' 등과 같이 반어적이고 냉소적인 어조를 구사하고 있다.

Q 이 부분에 나타난 구성 방식은?

'나'는 아저씨가 자신을 비난했던 날을 회상하고 있다. 따라서 사건의 시간이 서술 시간보다 앞서는 역순행적 구성 방식을 취하고 있다.

어휘 풀이

급살(急煞) 갑자기 닥쳐오는 재액.
언문(諺文) 예전에, '한글'을 이르던 말.
꼬락서니 '꼴'을 낮잡아 이르는 말.
망가 '만화'의 일어.
폐롭다 성가시고 귀찮다.
킹구(king) 1925년에 창간된 일본의 대중 잡지로, 영어 'king'의 일본식 발음을 잡지명으로 했다.
낙심(落心) 바라던 일이 이루어지지 아니하여 마음이 상함.
동 사물과 사물을 잇는 마디. 또는 사물의 조리.

Q '아저씨'가 말하고자 하는 바는?

아저씨는 사회주의 운동을 했던 자신의 체험을 바탕으로 대화를 전개하고 있다. 사회의 모순을 개혁하기 위해 치열하게 맞서 싸웠지만 결국 현실의 벽에 부딪칠 수밖에 없었고, 그로 인해 좌절을 겪었던 경험을 통해 '세상 물정', 즉 사회를 지배하는 거대한 힘에 대해 이야기하고 있다.

구절 풀이

❶ **그러니 어려운 언문하고 ~ 남 된 지 오랜걸요.** '나'가 언문이나 한문 등을 모르는 교양 없고 무식한 인물임이 드러난다. 또 조선의 신문이나 잡지를 무시하는 모습을 통해 친일적인 모습을 엿볼 수 있다.

❷ **"쉽게 말하면 ~ 안 된단 말이다."** 아저씨는 앞서 자신이 한 말을 '나'가 알아듣지 못하자 어려운 말을 쉽게 풀어서 설명하고 있다. 이를 통해 이 글의 서술자인 '나'가 지적으로 미숙한 인물임이 드러난다.

❸ **"그래두 인제 두구 보시우. ~ 성공하구 말 테니……"** 일제 강점기의 모순된 현실 속에서 민족의 운명이나 사회 정의와 같은 문제에는 관심을 보이지 않고 지나치게 개인주의적인 '나'의 가치관을 엿볼 수 있다.

작가 소개

채만식(본책 66쪽 참고)

가 ⊙하하, 오옳지! 거 참 그렇겠군. 자기는 자기 하는 짓이 옳으니까 나의 하는 짓은 다아 글렀단 말이렷다. / 그러니까 나도 자기처럼 그놈의 것 사회주의인지 ˚급살 맞을 것인지나 하다가 징역이나 살고 전과자나 되고 폐병이나 앓고 다아 그랬더라면 사람 버리지도 않고 아무짝에도 못쓰게 길든 놈도 아니고 그럴 뻔했군 그래!

흥! 참…… / 제 밑 구린 줄 모르고서 남더러 어쩌구 저쩌구 한다는 게 꼭 우리 아저씨 그 양반을 두고 이른 말인가 봐.

그날도 실상 이랬더라우. 혼을 내주었더니 아주머니더러 그런 소리를 하더란 그날 말이요.

[A] 그날이 마침 내가 쉬는 날이길래 아주머니더러 할 이야기도 있고 해서 아침결에 좀 들렀더니 아주머니는 남의 혼인집으로 바느질을 해 주러 갔다고 없고, 아저씨 양반만 여전히 아랫목에 가서 드러누웠어요. / 그런데 보니깐 어디서 모두 뒤져냈는지 헌 ˚언문 잡지를 수북이 싸 놓고는 그걸 뒤져요.

그래 나도 심심삼아 한 권 집어들고 떠들어 보았더니 머 읽을 맛이 나야지요.

대체 죠선 사람들은 잡지 하나를 해도 어찌 모두 그 ˚꼬락서니로 해 놓는지.

사진도 없지요. ˚망가[漫畵]도 없지요.

⊙그러고는 맨판 까달스런 한문 글자로다가 처박아 놓으니 그걸 누구더러 보란 말인고?

더구나 우리 같은 놈은 언문도 그런대로 뜯어보기는 보아도 읽기에 여간만 ˚폐롭지가 않아요.

❶그러니 어려운 언문하고 까다로운 한문하고를 섞어서 쓴 글을 뜻을 몰라 못 보지요. 언문으로만 쓴 것은 소설 나부랭인데 읽기가 힘이 들 뿐이니 또 죠선 사람이 쓴 소설이란 건 재미가 있어야죠. ⓒ나는 죠선 신문이나 죠선 잡지하고는 담쌓고 남 된 지 오랜걸요.

나 "사람이라 껀 제아무리 날구 뛰어도 이 세상에 형적 없이, 그러나 세차게 주욱 흘러가는 힘— 그게 말하자면 세상 물정이겠는데 — 결국 그것의 지배 하에서 그것을 따라가지 별수가 없는 거다." / "네?"

❷"쉽게 말하면 계획이나 기회를 아무리 억지로 만들어 놓아도 결과가 뜻대로는 안 된단 말이다."

"젠장, 아저씨두……. 요전 《˚킹구》라는 잡지에두 보니까, 나폴레옹이라는 서양 영웅이 그랬답디다. 기회는 제가 만든다구. 그리고 불가능이란 말은 바보의 사전에서나 찾을 글자라구요. ⓔ아, 자꾸자꾸 계획하구 기회를 만들구 해서 분투노력해 나가면 이 세상 일 안 되는 일이 어디 있나요? 한번 실패하거든 갑절 용기를 내 가지구 다시 일어서지요. 칠전팔기 모르시오?"

"나폴레옹도 세상 물정에 순응할 때는 성공했어도, 그것에 거슬리다가 실패를 했더란다. 너는 칠전팔기해서 성공한 몇 사람만 보았지, 여덟 번 일어섰다가 아홉 번째 가서 영영 쓰러지구는 다시 일어나지 못한 숱한 사람이 있는 건 모르는구나?"

❸"그래두 인제 두구 보시우. 나는 천하 없어도 성공하구 말 테니…… ⓜ아저씨는 그래서 더구나 못써요? 일해 보기두 전에 안 될 줄로 ˚낙심 먼저 하구……"

"하늘은 꼭 올라가 보구래야만 높은 줄 아니?"

원 마지막 가서는 할 소리가 없으니깐 ˚동에도 닿지 않는 비유를 가져다 둘러대는 걸 보아요. 그게 어디 당한 말인고? 안 올라가 보면 뭐 하늘 높은 줄 모를 천하 멍텅구리도 있을까? 그만 해두려다가 심심하길래 또 말을 시켰지요. ▶ 아저씨와 '나'의 대화를 통해 드러나는 가치관의 차이

• 중심 내용 세상 물정을 모르는 '나'에 대한 아저씨의 비판 · 구성 단계 절정

🏠 작품 연구소

신빙성 없는 화자인 '나'

화자의 미성숙, 무지로 인해 자신이 서술하는 일에 관해 정확하게 해석이나 평가를 하지 못할 경우 이를 신빙성 없는 화자라고 한다.

이 작품에서 '나'는 자신의 영달을 꾀하는 데만 관심을 보이며 현실 인식과 역사의식이 상당히 저급한 수준의 인물임이 드러난다. 이를 통해 독자는 '나'를 '믿을 수 없는 존재'로 인식하고, 오히려 아저씨에 대해 관심을 갖게 된다.

결과적으로 이 작품은 신빙성 없는 화자인 '나'가 아저씨를 비판하는 구조가 되어 일제 강점기 현실에 대한 신랄한 비판을 풍자적으로 나타내는 효과를 거두게 되는 것이다.

〈치숙〉의 서술 방식

이 작품은 판소리 사설과 같은 독백체와 대화체를 통해 풍자의 성격을 드러내고 있다. 전반부에서 '나'는 독백의 형식으로 자신의 가치관, 인생관 등을 보여 주는데, 이는 작가가 겉으로는 '나'를 긍정하면서도 실상은 '나'를 비판하는 것이며, 특히 후반부의 대화체는 설명이나 주관적인 해설 없이 오로지 '나'와 아저씨의 대화만 보여 주면서 인물에 대한 비판 의식을 드러낸다. 또한 속어나 비어를 사용하여 사실성을 높이고 인물에 대한 독자의 이해를 돕고 있다.

채만식 소설의 아이러니

채만식의 작품 속 인물들은 대개 긍정적 인물과 부정적 인물로 구분되며, 그의 소설의 아이러니는 그가 부정적 인물을 소설의 전면에 내세우고 긍정적 인물을 후면에 내세우거나 희화화하는 데서 얻어진다. 이때 작가는 부정적 인물을 긍정적으로 묘사하여 능청스럽고 의뭉스럽게 느껴지도록 하는데 이 과정에서 아이러니가 발생한다. 아울러 작가가 내심 긍정적 인물이라고 생각하는 쪽에 대해서는 부정적 인물의 입을 빌려 희화적으로 묘사한다.

〈치숙〉에서도 아저씨를 희화적으로 묘사하지만, 실제로 풍자가 되는 대상은 바로 '나'이다. 이러한 아이러니는 작가가 일제의 검열을 피해 자신의 생각을 표현하기 위해 채택한 방법으로 볼 수 있다.

작품명	긍정적 인물	부정적 인물
〈태평천하〉	윤종학	윤 직원
〈치숙〉	아저씨(치숙)	'나'
〈탁류〉	정초봉, 정계봉, 남승재	정 주사, 고태수, 장형보, 박제호

📖 함께 읽으면 좋은 작품

〈패배자의 무덤〉, 채만식 / 사회주의 지식인의 무능력함을 그린 작품

여자 주인공 경순을 중심으로, 한때 사회주의 운동가였다가 현실에 좌절해서 죽게 되는 남편 종택, 무기력한 지식인 오빠 경호 등을 통해 소외된 지식인의 무능한 삶을 표현한 작품이다.

〈가을〉, 유진오 / 서로 다른 삶을 살아가는 지식인들의 고뇌가 드러난 작품

한때 사회주의 운동을 하였으나 지금은 평범한 월급쟁이가 된 '나'를 중심으로, 현실에 좌절하여 낙향하는 경석, 현실과 타협하는 예술가 홍림, 금광 사업가가 된 태주 등을 통해 당시 지식인의 고뇌를 표현한 작품이다.

---

6 이 글의 구성상 특징으로 가장 적절한 것은?

① 겉 이야기와 속 이야기가 존재한다.
② 인물에 대한 일대기적 구성을 취한다.
③ 독자의 호기심을 유발하는 추리적 구성 방식을 사용한다.
④ 주제가 유사한 여러 이야기를 묶은 피카레스크식 구성이다.
⑤ 서술자가 과거를 회상하는 역순행적 구성 방식이 나타난다.

내신 적중

7 ㉠~㉤에 나타난 '나'에 대한 설명으로 적절하지 않은 것은?

① ㉠: 아저씨의 말에 부분적으로 수긍하고 있다.
② ㉡: 자신의 교양 없음을 인식하지 못하고 오히려 큰소리를 치고 있다.
③ ㉢: 조선의 신문이나 잡지를 무시하며 친일적인 언행을 늘어놓고 있다.
④ ㉣: 성공은 개인의 노력 여하에 달려 있다고 주장하고 있다.
⑤ ㉤: 성공의 이면을 들여다보라는 아저씨의 의미심장한 말의 속뜻을 깊이 있게 받아들이지 못하고 있다.

8 [A]가 〈보기〉를 고쳐 쓴 것이라고 할 때, 그 효과로 가장 적절한 것은?

┤ 보기 ├

그날 마침 쉬는 날이어서 그는 아주머니에게 할 이야기가 있어 아침결에 잠시 들렀다. 그런데 아주머니는 남의 혼인집으로 바느질을 해 주러 가고, 아저씨만 여전히 아랫목에 드러누워 머리맡에 쌓아 놓은 헌 언문 잡지를 보고 있었다.

① 인물의 모습을 상세하게 묘사하여 생동감을 높인다.
② 서술자의 내면 심리의 흐름을 구체적으로 보여 준다.
③ 작품 밖 서술자가 상황에 대한 가치 판단을 하게 한다.
④ 주관적인 시선으로 다른 인물에 대한 태도를 드러낸다.
⑤ 독자와의 거리를 두어 상황에 대한 객관적 평가를 하게 한다.

9 〈보기〉는 이 소설에 대한 가상 평론의 일부이다. 빈칸에 들어갈 알맞은 말을 쓰시오.

┤ 보기 ├

〈치숙〉은 채만식 특유의 아이러니 기법을 잘 보여 주는 소설이다. 이 글에서 _____을/를 추구하는 부정적 인물인 '나'가 _____을/를 했던 긍정적 인물인 아저씨를 조롱하고 비판하지만, 오히려 '나'는 독자로부터 비판과 풍자의 대상이 된다. 이러한 이중의 풍자성을 통해 채만식 특유의 아이러니가 발생하게 된다.

문학 비상, 지학사
국어 천재(박), 동아, 지학사, 해냄

🎯 핵심 정리

갈래 중편 소설, 풍자 소설, 가족사 소설
성격 풍자적, 반어적, 비판적
배경 ① 시간 – 1930년대 후반
② 공간 – 서울의 어느 대지주 집안
시점 전지적 작가 시점
주제 일제 강점기 한 지주 집안의 세대 간 갈등과 이로 인한 가족의 붕괴
특징 ① 비유, 과장, 반어 등을 통해 대상을 희화화하여 독자의 웃음을 유발함.
② 방언과 구어체, 판소리 사설의 문체를 사용하여 생동감을 부여함.
③ 왜곡된 의식을 지닌 인물을 등장시켜 당대의 현실을 반어적으로 풍자함.
출전 《조광》(1938)

💡 어휘 풀이

해망 행동이 해괴하고 요망스러움. 또는 그런 행동.
태을도 '도둑질'을 완곡하게 이르는 말.
축내다 일정한 수나 양에서 모자람이 생기게 하다.
시속 그 당시의 속된 것. 세상.
마적 말을 타고 떼를 지어 다니는 도둑.
볼모 약속 이행의 담보로 상대편에 잡혀 두는 사람이나 물건.
노적 곡식 따위를 한데에 수북이 쌓음. 또는 그런 물건.

> **Q** '윤 직원 영감'이 세상을 저주하는 이유는?
>
> 과거 부친이 화적떼에게 재산을 빼앗기고 억울한 죽음을 당했지만 그 누구도 윤 직원 영감의 생명이나 재산을 지켜주지 않았기 때문이다.

✍️ 시구 풀이

❶ **대체 식구 중에 ~ 딱한 노릇입니다.** 이 작품의 서술자는 '~입니다' 식의 경어체를 사용하여 독자와 가까운 위치에서 인물을 서술함으로써 '인물: 서술자+독자'라는 구도를 형성하고 있다. 인물 또는 사건에 대한 자신의 평가나 느낌을 이야기하면서 판소리 사설에서 창자와 같은 역할을 하고 있는 것이다.

❷ **실로 그때 ~ 지내던 판입니다.** 지방 수령의 수탈 및 횡포와 화적패의 재물 약탈 등 구한말의 혼란스러웠던 사회상을 짐작할 수 있다.

❸ **"오─냐, ~ 위대한 선언이었고요.** 아버지의 죽음에 대한 윤 직원 영감의 분노가 드러난 부분이다. 이를 통해 그가 이기적이고 반사회적 가치관(일제 강점의 현실을 '태평천하'라고 인식)을 갖게 된 이유를 짐작할 수 있다.

가 　큰 대문은 그래서 항상 봉해 두고, 출입은 어른 아이 상전 하인 할 것 없이 한옆으로 뚫어 놓은 쪽문으로 드나듭니다. 그거나마 꼭꼭 지쳐 두어야지, 만일 오늘처럼 이렇게 열어 놓군 하면 거지 등속의 반갑잖은 손님이 들어올 위험이 다분히 있습니다. 물론 아무리 밑질긴 거지가 들어와서 목을 매고 늘어진댔자 동전 한푼 동냥을 주는 법은 없지만, 그러자니 졸리고 악다구니를 하기가 성가신 노릇이니까요. 그러므로 만일 쪽문을 열어 놓는 것이 윤 직원 영감의 눈에 뜨이고 보면 그여코 한바탕 성화가 나고라야 마는데, ❶대체 식구 중에 누가 갈충머리 없이 이런 *해망을 부렸는지 참말 딱한 노릇입니다.

　역정이 난 윤 직원 영감이, 낙타가 바늘구멍으로 나가는 만큼이나 애를 써서 좁다란 그 쪽문으로 겨우겨우 비비 뚫고 들어서면서 꽝 소리가 나게 문을 닫는데, 마침 상노 아이놈 삼남이가 그제야 뽀르르 달려 나옵니다. [중략]

　그러나 이 애야말로 윤 직원 영감한테는 대단히 ㉠보배스러운 도구입니다. 윤 직원 영감은 상노 아이놈을, 똑똑한 놈을 두는 법이 없습니다. 똑똑한 놈이면 으레껏 훔치훔치, 즉 *태을도(太乙道)를 한대서 그러는 것입니다. [중략] 너무 멍청해서 데리고 부리기가 매우 갑갑한 때도 있기는 하지만, 그 대신 일년 삼백예순 날을 가도 동전 한푼은커녕 성냥 한 개피, 몰래 *축내는 법이 없습니다. 또 산지기의 자식이니, *시속 아이놈들처럼 월급이니 무엇이니 하는 그런 아니꼬운 것도 달라고 않습니다.

나 　한두 번도 아니요, 화적을 치르기 이미 수십 차라, 그는 잠결에도 정신이 들기 전에 육체가 먼저 위급함을 직각했던 것입니다. 장수가 전장에 나가면, 진중에서는 정신은 잠을 자도 몸은 깨어 있다는 것이나 마찬가지 이치라는 할는지요. ❷실로 그때 당시 윤씨네 집안은 자나깨나 전전긍긍, 불안과 긴장과 경계 속에서 일시라도 몸과 마음을 늦추지 못하고, 마치 살얼음을 건너가는 것처럼 위태위태 지내던 판입니다. [중략]

　윤용규가 마지막 목덜미에 도끼를 맞고 엎드러지자 피를 본 두목은 두 눈이 불덩이같이 벌컥 뒤집혀졌습니다. 그는 실상 윤용규를 죽일 생각은 없었습니다. 그렇다고 윤용규 하나쯤 죽이기를 차마 못 해서 그런 것은 아니고, 제 구혈로 잡아가겠던 것입니다. 한때 만주에서 *마적들이 하던 그 짓이지요. *볼모로 잡아다 두고서 가족들로 하여금 이편의 요구를 들게 하겠던 것입니다.

　"*노적(露積)허구 곳간에다가 불질러랏!"

　두목은 뒤집힌 눈으로 피투성이가 되어 쓰러진 윤용규를 노려보다가 수하를 사납게 호통하던 것입니다. 이윽고 노적과 곳간에서 하늘을 찌를 듯 불길이 솟아오르고, 동네 사람들이 그제야 여남은 모여들어 부질없이 물을 끼얹고 하는 판에, 발가벗은 윤두꺼비가 비로소 돌아왔습니다. 화적은 물론 벌써 물러갔고요. 윤두꺼비는 피에 물들어 참혹히 죽어 넘어진 부친의 시체를 안고 땅을 치면서,

　"이놈의 세상이 어느 날에 망하려느냐!"고 통곡을 했습니다.

　그리고 울음을 진정하고는, 불끈 일어서 이를 부드득 갈면서,

　❸"오─냐, 우리만 빼놓고 어서 망해라!"고 부르짖었습니다. 이 또한 웅장한 절규이었습니다. 아울러 위대한 선언이었구요.

　▶ 윤용규의 죽음과 윤 직원 영감의 분노

• **중심 내용** 윤 직원 영감의 인색한 성격과 집안 내력　　　• **구성 단계** (가) 발단 / (나) 전개

이해와 감상

이 작품은 '천하태평춘'이라는 제목으로 연재되었다가 단행본으로 출판되면서 '태평천하'라는 제목으로 바뀌었다. 이 작품은 구한말 개화기에서 일제 강점기로 이어지는 우리 민족의 수난 시대를 배경으로 하여 일제 강점기의 대지주이자 고리대금업자인 윤 직원을 중심으로 그의 가족의 부정적인 면모를 그려 냄으로써 당대 사회의 모순과 중산 계층의 부정적 인물을 풍자적으로 형상화하고 있다.

인물의 부정적 성격이 강할수록 희화화에 따른 풍자가 심화되는데, 윤 직원은 인색하고 탐욕스러운 인물일 뿐 아니라 일제 강점기 현실을 '태평천하'라고 여기는 등 반사회적 가치관을 지닌 부정적인 인물로 그려진다. 이처럼 윤 직원을 반어적이고 풍자적인 수법으로 묘사함으로써 일제 강점하에서의 바람직한 가치관과 현실 대응 방식이 무엇인가를 암시하고 있다.

🔍 전체 줄거리

발단	윤 직원 영감은 인력거를 타고 와서는 그 삯을 깎으려 하고 나이 어린 기생을 데리고 다니면서도 인색하게 군다.
전개	윤 직원 영감은 자신의 아버지가 구한말 시절에 화적들의 습격을 받아서 죽었던 집안의 내력을 가슴에 안고 일제의 권력과 결탁해 돈을 모으려고 한다.
위기	아들 창식은 노름으로 밤을 새며 가산을 탕진하고, 군수를 시키려던 손자 종수는 방탕한 생활에 빠져 많은 돈을 날린다.
절정·결말	마지막으로 기대를 걸었던 손자 종학이 사상 관계로 경시청에 피검되었다는 전보를 받고, 윤 직원은 이런 태평천하에 왜 종학이가 사회주의 운동을 하는지 이해할 수 없다며 분노한다.

🔍 인물 관계도

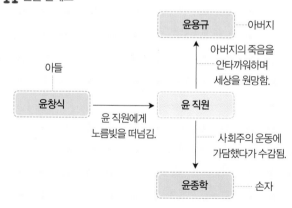

🏠 작품 연구소

〈태평천하〉의 표현상 특징

경어체 문장	'~입니다', '~습니다' 등의 경어체는 독자와의 거리를 좁히면서 작중 인물에 대한 풍자와 조롱을 극대화함.
서술자의 직접 개입	판소리 사설과 비슷한 문체로, 독자와 등장인물의 중간에 서서 인물과 사건에 대한 작가의 생각과 판단을 드러냄.
풍자적 수법	겉으로는 치켜세우지만 실제로는 격하시키는 반어적 표현으로 인물의 추악함을 드러냄.

🔑 포인트 체크

인물 똑똑한 아이 대신 월급을 줄 필요가 없는 삼남이를 상노아이로 삼는 것으로 보아 윤 직원 영감은 매우 ☐☐한 인물임을 알 수 있다.

배경 화적패의 습격과 지방 수령의 수탈이 자행되던 ☐☐☐의 혼란스러운 사회상을 보여 준다.

사건 윤 직원 영감은 ☐☐☐☐을 시키려고 했던 손자 종학이 ☐☐☐☐ 운동을 하다가 검거된 사실에 망연자실하고 있다.

내신 적중 多빈출

1 이 글에 대한 설명으로 적절하지 않은 것은?

① 경어체를 활용하여 서술자와 독자의 거리를 좁히고 있다.
② 서술자의 개입을 통해 인물에 대한 평가를 드러내고 있다.
③ 부정적 인물을 내세워 주제를 반어적으로 형상화하고 있다.
④ 배경 묘사를 통해 앞으로 일어날 사건에 대해 암시하고 있다.
⑤ 과거의 사건을 통해 인물의 가족에 얽힌 내력을 소개하고 있다.

2 〈보기〉를 바탕으로 이 글을 감상한 내용으로 적절하지 않은 것은?

보기

윤 직원 영감은 지출의 최소화와 수입의 극대화라는 지침을 거의 강박 관념에 가깝게 생활 철학으로 실천하는 인물이며, 재산 증식은 대부분 소작인들을 착취에 가깝게 수탈하거나 고리대금이라는 약탈의 방식을 통해 이루어진다. 하지만 그는 이에 대한 최소한의 죄의식이나 동정심도 느끼지 않는 등 '물욕'의 상징으로 형상화되어 있다.

① '동냥을 주는 법이 없'는 모습에서 타인에 대한 동정심이 부족한 윤 직원 영감의 모습이 드러나는군.
② '쪽문을 열어 놓는 것'만으로 성화를 내는 것은 강박증에 가까운 윤 직원 영감의 반응이라고 할 수 있군.
③ '상노아이'로 '시속 아이놈들'을 두지 않는 것은 지출을 최소화하려는 윤 직원 영감의 지침과도 관련되는군.
④ '살얼음을 건너가는 것처럼 위태위태 지내'는 것은 윤 직원 영감의 가혹한 수탈의 결과라고 할 수 있군.
⑤ 화적들이 '볼모'를 잡아 요구를 듣게 하려던 행위는 윤 직원 영감이 고리대금으로 타인의 재산을 약탈하는 것과 다를 것이 없군.

3 이 글의 등장인물에 대한 설명으로 적절하지 않은 것은?

① 삼남이는 지적 능력이 다소 부족한 편이다.
② 화적의 두목은 윤용규가 아닌 윤 직원 영감을 인질로 삼으려고 했다.
③ 윤 직원 영감은 젊은 시절 화적에게 여러 번 피해를 당한 적이 있다.
④ 윤 직원 영감은 가족들이 큰 대문으로 출입하는 것을 금지하고 있다.
⑤ 윤용규의 죽음에 윤 직원 영감은 세상에 대한 분노를 드러내고 있다.

4 '윤 직원 영감'이 '삼남이'를 ⊙과 같이 여기는 이유를 두 가지 쓰시오.

어휘 풀이

경시청 일본에서 경찰 사무를 맡아보던 관청.
피검(被檢) 수사 기관에 잡혀감.
지함 땅이 움푹 가라앉아 꺼짐.
영각 소가 길게 우는 소리.
참섭 어떤 일에 끼어들어 간섭함.
직분 재산을 나누어 줌.
면면상고 아무 말도 없이 서로 얼굴만 물끄러미 바라봄.

Q '윤 직원 영감'이 진시황은 오히려 행복한 것이라고 말한 이유는?

진시황은 그의 자식인 '호해'로 인해 나라가 망하는 것을 보지 못하고 죽었지만, 자신은 믿었던 손자인 종학 때문에 집안이 몰락하는 것을 두 눈으로 봐야 하기 때문에 진시황이 오히려 행복하다고 말한 것이다.

구절 풀이

❶ **시방 종학이가 ~ 무서웠던 것입니다.** 옛날의 부랑당 패는 기껏 화적패에 지나지 않았음에 비해, 사회주의는 빈부의 차이를 없애는 근본적인 개혁을 추구하는 운동이므로, 윤 직원 영감이 더 적대감을 느끼게 됨을 뜻한다.

❷ **부자 놈의 자식이 ~ 부랑당 패에 들어?** 여기서 부랑당 패란 사회주의자를 가리킨다. 사회주의자들은 빈부 격차가 없는 평등한 사회를 만들기 위해 부자들을 타도해야 한다고 주장하므로 윤 직원은 그들을 부랑당 패로 여기는 것이다.

❸ **"…… 이 태평천하에! 이 태평천하에 ……"** 일제가 지배하는 식민지 시대를 '태평천하'라고 여기는 윤 직원 영감의 현실 인식이 드러난 부분이다. 작가는 윤 직원 영감의 언행과 가치관을 집중적으로 풍자함으로써 당시가 태평천하와는 정반대임을 드러내고 있다.

❹ **장수의 죽음을 만난 군졸들처럼……** 윤 직원 영감의 몰락을 의미하는 표현이다. 작가는 일제 강점기를 '태평천하'라고 인식하는 윤 직원 영감과 그 가정의 몰락 과정을 통해 식민지 사회에서 지녀야 할 올바른 가치관과 현실 대응 방식이 무엇인가를 제시하고 있다.

Q '윤 직원 영감'을 바라보는 작가의 시선은?

'태평천하'는 일제 강점기에 대한 윤 직원 영감의 현실 인식을 드러내는 말이다. 작가는 식민 체제에 순응하고 협조하여 안정된 생활을 할 수 있었던 윤 직원 영감과 같은 친일 지주 계층의 위선적인 삶의 모습을 풍자적으로 그리고 있다.

작가 소개

채만식(본책 66쪽 참고)

가 "종학, 사상 관계로, *경시청에 *피검!……이라니? 이게 무슨 소리다냐?"
　전보에 써 있는 내용. 당시에 사상이라는 말은 '사회주의 사상'을 의미했음.
"종학이가 사상 관계로 경시청에 붙잽혔다는 뜻일 테지요!" / "사상 관계라니?"

"그놈이 사회주의에 참예를……." / "으엉?"

아까보다 더 크게 외치면서, 벌떡 뒤로 나동그라질 뻔하다가 겨우 몸을 가눕니다.
　전보의 구체적인 내용을 들으면서 더욱 큰 충격을 받은 윤 직원 영감
　윤 직원 영감은 먼저에는 몽치로 뒤통수를 얻어맞은 것같이 멍했지만, 이번에는 앉아 있
　충격이 점점 더 커지고 있음을 비유적으로 표현
는 땅이 *지함을 해서 수천 길 밑으로 꺼져 내려가는 듯 정신이 아찔했습니다.

　그러나 그것은 결단코 자기가 믿고 사랑하고 하는 종학이의 신상을 여겨서가 아닙니다.
　　　　　　　　　　　　　　　　　　　　　　　　　신변의 안전이나 건강 같은 것을 염려해서가 아니라는 뜻
　윤 직원 영감은 ❶시방 종학이가 사회주의를 한다는 그 한 가지 사실이 진실로 옛날의 드
세던 부랑당 패가 백 길 천 길로 침노하는 그것보다도 더 분하고, 물론 무서웠던 것입니다.

　*진(秦)나라를 망할 자 호[胡: 오랑캐]라는 예언을 듣고서, 변방을 막으려 만리장성을 쌓
　　편집자적 논평이 드러남.
던 진시황, 그는, 진나라를 망한 자 호가 아니요, 그의 자식 호해(胡亥)임을 눈으로 보지 못
　　　　　　　　　　윤 직원과 대응　　　　　　　　　　　　　　　　　종학과 대응
하고 죽었으니, 오히려 행복이라 하겠습니다.
　　　　　　　　　　　　　　　　　　▶ 종학의 피검 소식에 충격을 받은 윤 직원 영감

나 "……그런 쳐 죽일 놈, 깎어 죽여두 아깝잖을 놈이! 그놈이 경찰서장 허라닝개루, 생판
　　　　　　　　　　　　　　　　종학에 대한 기대가 허무하게 무너지는 심정을 표현함.
사회주의 허다가 뎁다 경찰서에 잽혀? 으응?…… 오사육시를 헐 놈이, 그놈이 그게 어디
　　　　　　　　　　　　　　　몹시 저주하는 말
당헌 것이라구 지가 사회주의를 히여? ㉠❷부자 놈의 자식이 무엇이 대껴서 부랑당 패에
　　　　　　　　　　　　　　　　　　　　　　　　어떤 일에 많이 시달려서
들어?"

　아무도 숨도 크게 쉬지 못하고, 고개를 떨어뜨리고 섰기 아니면 앉았을 뿐, 윤 직원 영감
이 잠깐 말을 끊자 방 안은 물을 친 듯이 조용합니다.

　"…… 오죽이나 좋은 세상이여? 오죽이나……"
　　식민 통치를 찬양하는 윤 직원의 가치관을 드러냄.
　윤 직원 영감은 팔을 부르걷은 주먹으로 방바닥을 땅 치면서 성난 황소가 *영각을 하듯
고함을 지릅니다.

　"화적패가 있너냐아? 부랑당 같은 수령(守令)들이 있너냐?…… 재산이 있대야 도적놈의
　「」: 윤 직원은 일제 식민 체제에 대한 역사의식이 없음. 개인적인 안위만 보장되면 태평천하라고 여김.
것이요, 목숨은 파리 목숨 같던 말세(末世)년 다 지내 가고오……. 자 부아라, 거리거리
순사요, 골골마다 공명헌 정사(政事), 오죽이나 좋은 세상이여……. 남은 수십만 명 동병
　　　　　　　　　　　　　　　　　　　　　　　　　　　　　　　　　　군사를 일으킴.
(動兵)을 히여서, 우리 조선 놈 보호히여 주니, 오죽이나 고마운 세상이여? 으응……?
제 것 지니고 앉어서 편안허게 살 태평 세상, 이걸 태평천하라구 허는 것이여, 태평천
하!…… 그런디 이런 태평천하에 태어난 부자 놈의 자식이, 더군다나 왜지 가 떵떵거리
구 편안허게 살 것이지, 어찌서 지가 세상 망쳐 놀 부랑당 패에 *참섭을 헌담 말이여, 으
응?」 [중략]

　"…… 착착 깎어 죽일 놈!…… 그놈을 내가 핀지히여서, 백 년 지녁을 살리라구 헐걸! 백
년 지녁 살리라구 헐 테여……. 오냐, 그놈을 삼천 석 거리는 *직분[分財]히여 줄라구 히
　　　　　　　　　　　　　　　　　　　　　　　　　　징역
였더니, 오냐, 그놈 삼천 석 거리를 톡톡 팔어서, 경찰서으다가 사회주의 허는 놈 잡어 가
두는 경찰서으다가 주어 버릴 걸! 으응, 죽일 놈!"

　마지막의 으응 죽일 놈 소리는 차라리 울음소리에 가깝습니다.

　❸"…… 이 태평천하에! 이 태평천하에 ……"

　연해 부르짖는 죽일 놈 소리가 차차로 사랑께로 멀리 사라집니다. 그러나 몹시 사나운
그 포효가 뒤에 처져 있는 가권들의 귀에는 어쩐지 암담한 여운이 스며들어, 가뜩이나 어
둔 얼굴들을 *면면상고, 말할 바를 잊고, 몸 둘 곳을 둘러보게 합니다. 마치 ❹장수의 죽음을
　윤 직원과 주변 사람들의 반응을 묘사한 것으로 윤 직원 가족의 앞길이 순탄치 않을 것임을 암시
만난 군졸들처럼…….
　　　　　　　　　　　　　　　　　　▶ 종학을 저주하며 분노하는 윤 직원 영감

・**중심 내용** 사회주의 운동으로 인한 종학의 피검 소식에 분노하는 윤 직원 영감　　・**구성 단계** 절정·결말

🏠 작품 연구소

'전보'의 기능

윤창식이 들고 온 전보에는 종학이 사회주의 운동으로 검거되었다는 충격적인 내용이 담겨 있다. 이에 따라 '전보'를 중심으로 작품의 분위기가 상반적으로 전환되며 윤 직원 집안이 몰락하게 되는 결정적인 계기가 된다.

사실의 전달	윤종학이 사회주의 운동을 하다가 피검되었음을 알림.
서사의 전개	사건 전개에 극적인 반전을 유도함.
인물의 제시	이 작품에서 유일하게 긍정적 인물이지만 사상범인 까닭에 전면에 등장시키기 어려운 윤종학을 간접적으로 제시함.
주제의 암시	윤 직원 영감과 그의 집안의 몰락을 예고함.

판소리 사설 형식의 문체

이 작품에서 서술자는 단순히 사건을 전달하는 데 그치지 않고 인물과 사건에 대한 자신의 생각을 이야기하는 평가자의 역할을 하고 있다. 서술자가 자신의 의견을 해설하면서 마치 판소리 창자와 같은 역할을 하는데, 서술자는 작품 내부의 세계와 독자의 중간에서 등장인물을 조롱하고 희화화한다. 이러한 풍자적 수법은 판소리의 전통을 이어받은 것으로 볼 수 있다.

〈태평천하〉의 작중 진행 시간

〈태평천하〉의 이야기 시간은 하루 남짓이다. 윤 직원이 춘심이를 데리고 명창 대회 구경을 갔다가 돌아오는 장면에서 시작하여 윤 직원의 집안 내력과 윤 직원의 아들과 손자가 벌이는 행동이 몇 장면 소개되는 데까지가 하루이다. 다음 날, 손자 종학이 동경 경시청에 체포되었다는 전보가 날아들면서 윤 직원의 모든 기대가 무너지고 마침내는 처절한 절규를 하는 데서 소설은 끝난다. 중편 소설임에도 불구하고 작중 시간이 짧다는 것은 그만큼 묘사가 세밀하고 사실적이라는 것을 말해 준다.

📋 자료실

가족사 소설

한 가족이 여러 대에 걸쳐 살아가는 모습을 형상화하는 소설로, 가족을 구성하는 각 성원들의 개인적 특징들이 역사적, 사회적인 발전 속에서 변모해 가는 모습을 그린다.

현대 문학에서는 1930년에 들어서 가족사 소설이 양산되기 시작하였다. 일제의 탄압이 극심해짐에 따라 사회가 어떻게 변화할지 예측하기 어려워진 상황에서, 작가들은 자기 시대의 상황을 몇 대에 걸친 가족 구성원들의 삶의 변화와 관련지어 파악해 봄으로써 현실 문제에 어떻게 대응할 것인지를 모색한 것이다.

📖 함께 읽으면 좋은 작품

〈삼대〉, 염상섭 / 삼대의 이야기를 담은 가족사 소설

서울에서 이름난 조씨 집안의 몰락 과정과 당시 청년들의 고민을 사실적인 수법으로 묘사한 작품이다. 할아버지와 아버지 그리고 아들에 이르는 삼대의 이야기를 다루며 당시 시대상을 잘 그려 냈다는 점에서 〈태평천하〉와 유사하다. ⏩ Link 본책 52쪽

〈치숙〉, 채만식 / 역사의식이 부재한 인물을 풍자한 작품

사회주의 운동을 하다가 감옥살이를 하고 나와 폐인이 된 지식인과 그를 비판하는 조카를 통해, 당시 지식인의 좌절을 그린 작품이다. 일제 강점하의 현실 순응적인 삶의 태도를 풍자적 수법으로 그리고 있다는 점과 역사의식의 부재를 여실히 보여 주는 인물이 등장한다는 점에서 〈태평천하〉와 유사점이 있다. ⏩ Link 본책 108쪽

중요 기출

5 이 글에서 '전보'의 기능에 대한 설명으로 적절하지 않은 것은?

① 작품의 분위기를 전환시킨다.
② 주인공의 운명을 암시해 준다.
③ 서술 시점이 바뀌는 장치로 작용한다.
④ 갈등 구조가 급전(急傳)하는 계기가 된다.
⑤ 두 사건을 연결하여 긴장감을 유지시킨다.

6 이 글에서 해학적 분위기를 느끼게 하는 요인이 아닌 것은?

① 인물의 상황 표현을 위한 중국 고사의 활용
② 윤 직원 영감에 대한 과장되고 감각적인 묘사
③ 인물의 말과 행동에 대한 서술자의 은근한 야유
④ 자기밖에 모르는 윤 직원 영감의 억지스러운 태도
⑤ 방언과 비속어 등 다듬어지지 않은 윤 직원 영감의 말투

중요 기출

7 〈보기〉와 같은 노래의 시적 화자는 '윤 직원 영감'의 어떤 점을 비판하겠는가?

┤ 보기 ├

무산자 누구냐 탄식마라.
부귀와 빈천은 돌고 돈다.
감발을 하고서 주먹을 쥐고
용감하게도 넘어간다.
밭 잃고 집 잃은 동무들아
어데로 가야만 좋을까 보냐.
괴나리 봇짐을 짊어지고
아리랑 고개로 넘어간다.

– 일제 강점기의 민요 〈신아리랑〉 중에서

① 왜곡된 현실관 　　② 비타협적인 태도
③ 소극적인 인생관 　　④ 빗나간 자식 사랑
⑤ 채신머리없는 행동

8 이 글의 내용을 바탕으로 '윤 직원 영감'이 말하는 '태평천하'의 의미를 쓰시오.

9 〈보기〉를 참고하여 '윤 직원 영감'이 '종학의 사회주의 운동 참여'에 대해 ⑤과 같이 인식하는 이유가 무엇인지 쓰시오.

┤ 보기 ├

평등을 최고의 가치로 추구하는 사회주의는, 조선 사회의 진보적 지식인들과 노동자, 농민들에게 사상적 힘이 되었으며 식민지에 대한 일제의 수탈이 고착화되어 가는 현실에 대한 비판적 담론으로 자리매김하고 있었다.

돌다리 | 이태준

🎯 핵심 정리

갈래 단편 소설
성격 사실적, 교훈적, 비판적
배경 ① 시간 – 일제 강점기 말
　　　　② 공간 – 농촌 마을
시점 전지적 작가 시점
주제 땅의 가치에 대한 인식과 물질 만능주의 사회에 대한 비판
특징 ① 인물 간의 대화와 서술자의 요약적 제시로 주제를 형상화함.
　　　　② 작가가 보존하고자 하는 긍정적인 가치를 '돌다리'라는 소재를 통해 상징적으로 드러냄.
출전 《국민문학》(1943)

Q '아버지'의 가치관은?

할아버지와 아버지에게서 물려받은 땅에 대한 강한 애착을 가지고 땅을 소중하게 생각한다. 또한 이익을 중시하지 않고 인정과 의리를 지니고 있다.

☀️ 어휘 풀이

하루갈이 소를 데리고 하룻낮 동안에 갈 수 있는 밭의 넓이.
멍덜 너설. 험한 바위나 돌 따위가 삐죽삐죽 나온 곳.
절용하다 아껴 쓰다.
논배미 논두렁으로 둘러싸인 논 하나하나의 구역.
소작 농토를 갖지 못한 농민이 일정한 소작료를 지급하며 다른 사람의 농지를 빌려 농사를 짓는 일.
자농 자작농. 자기 땅에 자기가 직접 짓는 농사. 또는 그런 농민이나 농가.
타작 거둔 곡식을 지주와 소작인이 어떤 비율에 따라 갈라 가지는 제도.

🐝 구절 풀이

❶ 창섭의 아버지는 ~ 못한 것으로도 소문난 영감이다. 창섭 아버지의 특성이 잘 드러난 부분이다. 부지런하고 검소하지만 땅을 늘리지 못하였다는 것을 통해 물질적인 가치를 추구하기보다는 땅을 소중히 여기는 인물임을 알 수 있다.

❷ 실속이 타작(打作)만 ~ 타산하려 하지 않았다. 아버지와 다른 사람들의 대조적인 관점이 드러난 부분이다. 다른 사람들은 아버지가 땅을 제대로 활용하지 못해 큰 이익이 나지 않는다고 생각하지만, 아버지는 땅을 이해타산적 가치로 여기지 않음을 보여 준다.

❸ 아버님의 말년을 ~ 필요가 있는 거다!' 땅을 파는 것이 아버지를 위한 것이라고 스스로 합리화하며 아버지를 설득하기 위해 속으로 마음을 다잡고 있다.

가 ❶창섭의 아버지는 근검(勤儉)으로 근방에 소문난 영감이다. 그러나 자기 대에 와서는 밭 하루갈이도 늘리지는 못한 것으로도 소문난 영감이다. 곡식값보다는 다른 물가들이 높아졌을 뿐 아니라 전대(前代)에는 모르던 아들의 유학이란 것이 큰 부담인데다가,

"할아버니와 아버니께서 나를 부자 소린 못 들어도 굶는단 소린 안 듣고 살도록 물려주시구 가셨다. 드럭드럭 탐내 모아선 뭘 허니, 할아버니께서 쇠똥을 맨손으로 움켜다 넣으시던 논, 아버니께서 멍덜을 손수 이룩허신 밭을 더 건 논으로 더 기름진 밭이 되도록, 닦달만 해 가기에도 내겐 벅찬 일일 게다."

하고, 절용(節用)해 쓰고 남는 돈이 있으면 그 돈으로는 품을 몇씩 들여서까지 비뚤은 논배미를 바로잡기, 밭에 돌을 추려 바람막이로 담을 두르기, 개울엔 둑막이하기, 그러다가 아들이 의사가 된 후로는, 아들 학비로 쓰던 몫까지 들여서 동네 길들은 물론, 읍 길과 정거장 길까지 닦아 놓았다. 남을 주면 땅을 버린다고 여간 근실한 자국이 아니면 소작을 주지 않았고, 소를 두 필이나 매고 일꾼을 세 명씩이나 두고 적지 않은 전답을 전부 자농(自農)으로 버티어 왔다. ❷실속이 타작(打作)만 못하다는 둥, 일꾼 셋이 저희 농사해 가지고 나간다는 둥 이해만을 따져 비평하는 소리가 많았으나 창섭의 아버지는 땅을 위해서는 자기의 이해만으로 타산하려 하지 않았다. 이와 같은 임자를 가진 땅들이라 곡식은 거둔 뒤 그루만 남은 논과 밭이되, 그 바닥들의 고름, 그 언저리들의 바름, 흙의 부드러움이 마치 시루떡 모판이나 대하는 것처럼 누구의 눈에나 탐스럽게 흐뭇해 보였다.

이런 땅을 팔기에는, 아무리 수입은 몇 배 더 나은 병원을 늘리기 위해서나 아버지께 미안하지 않을 수 없었다. 그러나 잡히거나 해 가지고는 삼만 원 돈을 만들 수가 없었고, 서울서 큰 양관(洋館)을 손에 넣기란 돈만 있다고도 아무 때나 될 일이 아니었다.

'아버지께선 내년이 환갑이시다! 어머니께선 겨울이면 해마다 기침이 도지신다. 진작부터 내가 모셔야 했을 거다. 그런데 내가 시골로 올 순 없고, 천생 부모님이 서울로 가시어야 한다. 한 동네서도 땅을 당신만치 못 거둘 사람에겐 소작을 주지 않으셨다. 땅 전부를 소작을 내여 맡기고는 서울 가 편안히 계실 날이 하루도 없으실 게다. ❸아버님의 말년을 편안히 해 드리기 위해서도 땅은 전부 없애 버릴 필요가 있는 거다!'

▶ 땅을 소중히 생각하는 아버지와 땅을 팔고자 하는 창섭

나 아들은, 의사인 아들은, 마치 환자에게 치료 방법을 이르듯이, 냉정히 차분차분히 이야기를 시작하였다. 「외아들인 자기가 부모님을 진작 모시지 못한 것이 잘못인 것, 한집에 모이려면 자기가 병원을 버리기보다는 부모님이 농토를 버리시고 서울로 오시는 것이 순리인 것, 병원은 나날이 환자가 늘어 가나 입원실이 부족되어 오는 환자의 삼분지 [A] 일밖에 수용 못하는 것, 지금 시국에 큰 건물을 새로 짓기란 거의 불가능의 일인 것, 마침 교통 편한 자리에 삼층 양옥이 하나 난 것, [중략] 시골에 땅을 둔대야 일 년에 고작 삼천 원의 실리가 떨어질지 말지 하지만 땅을 팔아다 병원만 확장해 놓으면, 적어도 일 년에 만 원 하나씩은 이익을 뽑을 자신이 있는 것, 돈만 있으면 땅은 이담에라도, 서울 가까이라도 얼마든지 좋은 것으로 살 수 있는 것……」

아버지는 아들의 의견을 끝까지 잠잠히 들었다.

▶ 아버지에게 땅을 팔 것을 설득하는 창섭

• 중심 내용 땅을 소중하게 생각하는 아버지와 병원을 늘리기 위해 땅을 팔고자 하는 창섭 • 구성 단계 (가) 전개 / (나) 위기

이해와 감상

이 작품은 땅을 둘러싼 아버지와 아들의 갈등을 형상화하고 있다. 병원 확장을 위해 땅을 팔자고 말하는 아들에게 아버지는 땅이 천지만물의 근거라는 논리를 내세워 반대한다. 작가는 아버지의 말을 통해서 땅의 본래적 가치보다 금전적인 가치만을 중시하는 근대 자본주의 사회를 비판하고 있다.

이러한 작가의 생각은 '돌다리'라는 소재를 통해서 상징적으로 표현되고 있다. 땅을 팔지 않겠다는 아버지의 주장은 변화를 거부하는 고집으로 보일 수도 있지만 아버지에게 '돌다리'란 단순한 다리가 아니라 가족과 선조들의 인연이 살아 숨 쉬는 자연물이자 일제 강점하의 어려운 현실에서 꿈을 잃지 않고 민족성을 지키려는 의지의 표현이다.

🔍 전체 줄거리

발단	서울의 권위 있는 내과 의사인 창섭은 병원을 크게 늘리기 위해 부모님의 땅을 팔려는 생각으로 고향에 내려온다.
전개	창섭은 땅을 정성스레 가꾸는 아버지의 모습을 떠올리며 마을로 향하다가 마을 입구에서 돌다리를 고치는 아버지를 만난다.
위기	창섭은 아버지에게 병원 확장에 자금이 필요하니 땅을 팔자고 설득한다.
절정	아버지는 창섭의 제안을 거절하면서 죽기 전에 땅을 농민에게 넘기겠다는 유언을 하고, 창섭은 자기 세계와 아버지 세계의 거리감을 느낀다.
결말	창섭은 아버지가 고쳐 놓은 돌다리를 건너 서울로 돌아가고, 아버지는 돌다리에서 세수를 하며 땅을 지키는 삶이 천리(天理)임을 되새긴다.

🏛 인물 관계도

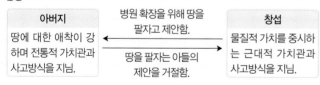

아버지	병원 확장을 위해 땅을 팔자고 제안함.	창섭
땅에 대한 애착이 강하며 전통적 가치관과 사고방식을 지님.	땅을 팔자는 아들의 제안을 거절함.	물질적 가치를 중시하는 근대적 가치관과 사고방식을 지님.

🏠 작품 연구소

'돌다리'의 의미

이 작품에서 '돌다리'는 창섭의 부친으로 대표되는 <u>전통적인 세대의 자연 중심적 가치관을 상징하는 소재</u>이다. '돌다리'는 아버지가 글을 배우러 다니던 다리이자 어머니가 시집올 때 가마를 타고 건너 온 다리이다. 또 조상님의 상돌을 옮긴 다리이면서 아버지 자신이 죽어서 건널 다리이기도 하다. 따라서 아버지는 '돌다리'를 단순한 다리가 아닌 <u>가족사의 일부</u>로 보고 있다.

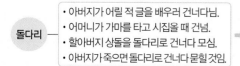

| 돌다리 | • 아버지가 어릴 적 글을 배우러 건너다님.
• 어머니가 가마를 타고 시집올 때 건넘.
• 할아버지 상돌을 돌다리로 건너다 모심.
• 아버지가 죽으면 돌다리로 건너다 묻힐 것임. | ➡ | 가족의 역사와 추억이 담겨 있음. |

🗝 포인트 체크

인물 아버지는 땅의 본래적 가치를 더 소중하게 여기는 반면 아들 창섭은 □□□ 가치만을 중시하고 있다.

배경 아버지가 물려받은 농촌 마을의 □을 두고 전통적 가치관과 근대적 가치관이 충돌하고 있다.

사건 창섭은 □□ 확장을 위해 아버지에게 땅을 팔 것을 제안하지만, 아버지는 땅의 소중함을 강조하며 아들의 제안을 □□한다.

1 이 글에 대한 설명으로 적절한 것은?

① 인물 간의 갈등이 대화를 통해 점점 해소되고 있다.
② 방언을 사용하여 해학적인 분위기를 조성하고 있다.
③ 상징적 소재를 통해 인물의 가치관을 드러내고 있다.
④ 간결한 문장을 통해 사건을 긴박하게 전개하고 있다.
⑤ 우연적인 요소로 사건이 새로운 국면으로 전환되고 있다.

2 이 글의 내용과 일치하지 않는 것은?

① 아버지는 소유지를 늘리지 못했다.
② 어머니는 겨울이면 기침이 심해진다.
③ 아버지는 땅에 대해서 이해타산을 따지지 않았다.
④ 창섭은 부모님을 서울에서 편히 모시기 위해 아버지를 만나러 왔다.
⑤ 창섭은 아버지에게 땅을 팔자고 말하는 것을 죄송스럽게 생각한다.

3 [A]에 대한 이해로 가장 적절한 것은?

① 부모님을 서울로 모시려는 계획을 통해, 이해관계에 얽매이지 않는 창섭의 진심이 드러난다.
② 병원을 확장하면 더 큰 이익을 볼 수 있다는 창섭의 말에서 환자를 생각하는 마음이 드러난다.
③ 땅을 팔아야 하는 이유를 나열함으로써, 창섭의 계획이 일목요연하게 전해지는 효과가 생긴다.
④ 시국 탓에 건물 신축이 불가능하다는 사실을 통해, 창섭이 현실을 대하는 태도의 원인이 드러난다.
⑤ 자신의 의사를 전하는 창섭의 말투를 실감 나게 표현하여, 아버지를 대하는 창섭의 태도를 제시한다.

4 '창섭'이 '아버지'를 설득하기 위해 근거로 제시한 내용이 아닌 것은?

① 병원으로 꾸미기에 적절한 건물이 나왔다.
② 땅은 나중에 얼마든지 좋은 것을 살 수 있다.
③ 땅 때문에 부모님이 편안하게 지내지 못하고 있다.
④ 부모님을 모시려면 부모님이 서울로 올라오셔야 한다.
⑤ 병원을 확장하면 지금보다 더 많은 수익을 거둘 자신이 있다.

내신 적중

5 (나)를 바탕으로 '땅'에 대한 '창섭'의 생각을 쓰시오.

Q '돌다리' 보수의 의미는?

'돌다리'는 과거와 현재, 그리고 미래를 연결해 주는 매개체이다. 아버지가 돌다리를 보수하는 행위는 과거부터 전해지던 정신적인 문화가 후대에까지 이어지기를 염원하는 것으로 볼 수 있다.

Q '땅'에 대한 아버지의 생각은?

아버지는 땅을 삶의 터전이자 천지만물의 근원이라고 보고 있다. 아버지에게 땅은 선조와 자신의 추억과 노력이 담겨 있는 곳이므로 돈을 위해 땅을 사고파는 세태를 비판하고 있다.

가 "원, 요즘 사람들은 힘두 줄었나 봐! ⓐ그 다리 첨 놀 제 내가 어려서 봤는데 불과 여나믄

이서 ˚꺼들던 돌인데, 장정 수십 명이 한나절을 씨름을 허다니!"

"나무다리가 있는데 건 왜 고치시나요?"

"너두 그런 소릴 허는구나. 나무가 돌만 하다든? ❶넌 그 다리서 고기 잡던 생각두 안 나

니? 서울로 공부 갈 때 그 다리 건너서 떠나던 생각 안 나니? ˚시쳇사람들은 모두 인정이

란 게 사람헌테만 쓰는 건 줄 알드라! ˚내 할아버니 산소에 ˚상돌을 그 다리로 건네다 모셨

구, 내가 천잘 끼구 그 다리루 글 읽으러 댕겼다. 네 어미두 그 다리루 가말 타구 내 집에

왔어. 나 죽건 그 다리루 건네다 묻어라……. 난 서울 갈 생각 없다."

▶ 땅을 팔지 않겠다고 하는 아버지

나 "천금이 쏟아진대두 난 땅은 못 팔겠다. 내 아버님께서 손수 이룩허시는 걸 내 눈으루 본

밭이구, 내 할아버님께서 손수 피땀을 흘려 모신 돈으루 작만허신 논들이야. [중략] 땅이

란 걸 어떻게 일시 이해를 따져 사구팔구 허느냐? ❷땅 없어 봐라, 집이 어딨으며 나라가

어딨는 줄 아니? 땅이란 천지만물의 근거야. 돈 있다구 땅이 뭔지두 모르구 욕심만 내 문

서 쪽으로 사 모기만 하는 사람들, 돈놀이처럼 ˚변리만 생각허구 제 조상들과 그 땅과 어

떤 인연이란 건 ˚도시 생각지 않구 헌신짝 버리듯 하는 사람들, 다 내 눈엔 괴이한 사람들

루밖엔 뵈지 않드라." / "……."

"네가 뉘 덕으로 오늘 의사가 됐니? 내 덕인 줄만 아느냐? 내가 땅 없이 뭘루? 밭에 가 절

하구 논에 가 절해야 쓴다. 자고로 하늘 하늘 허나 하늘의 덕이 땅을 통허지 않군 사람헌

테 미치는 줄 아니? 땅을 파는 건 그게 하늘을 파는 거나 다름없는 거다." / "……."

"땅을 밟구 다니니까 땅을 우섭게들 여기지? 땅처럼 ˚응과(應果)가 분명헌 게 무어냐?

하늘은 차라리 못 믿을 때두 많다. 그러나 힘들이는 사람에겐 힘들이는 만큼 땅은 반드시

후헌 보답을 주시는 거다. 세상에 흔해 빠진 지주들, 땅은 작인들헌테나 맡겨 버리구, 떡

도회지에 가 앉어 ˚소출은 팔어다 모다 도회지에 낭비해 버리구, 땅 가꾸는 덴 단돈 일 원

을 벌벌 떨구, 땅으루 살며 땅에 야박한 놈은 자식으로 치면 후레자식 셈야. [중략] 정 급

허게 돼 작인이 우는소리나 해야 요즘 너희 ❸신의들 주사침 놓듯, 애꿎은 ˚금비만 갖다 털

어 넣지. 그렇게 땅을 ˚홀댈 허군 인제 죽어서 땅이 무서서 어디루들 갈 텐구!"

▶ 땅의 소중함을 역설하는 아버지

다 "너루선 어떤 수단을 쓰든지 병원부터 확장하려는 게 과히 엉뚱헌 욕심은 아닐 줄두 안

다. 그러나 욕심을 부련 못쓰는 거다. 의술은 예로부터 인술(仁術)이라지 않니? 매살 순

탄허게 진실허게 해라." / "……."

"네가 가업을 이어 나가지 않는다군 탄허지 않겠다. 넌 너루서 발전헐 길을 열었구, 그게

또 ˚모리지배(謀利之輩)의 악업이 아니라 활인(活人)허는 인술이구나! 내가 어떻게 불평

을 말허니? 다만 삼사 대 집안에서 공들여 이룩해 논 전장을 남의 손에 내맡기게 되는 게

저윽 애석헌 심사가 없달 순 없구……."

❹"팔지 않으면 그만 아닙니까?"

"나 죽은 뒤에 누가 거두니? 너두 이제두 말했지만 너두 문서 쪽만 쥐구 서울 앉어 지주

노릇만 허게? 그따위 지주허구 작인 틈에서 땅들만 얼말 골린지 아니? 안 된다. 팔 테다.

나 죽을 임시엔 다 팔 테다. ❺돈에 팔 줄 아니? 사람헌테 팔 테다. 건너 용문이는 우리 느

르지논 같은 건 한 해만 부쳐 보구 죽어두 농군으루 태났은 걸 한허지 않겠다구 했다. 독

시장밭을 내논다구 해 봐라. 문보나 덕길이 같은 사람은 길바닥에 나앉드라두 집을 팔아

살려구 덤빌 게다. ㉠그런 사람들이 땅 임자 안 되구 누가 돼야 옳으냐?"

▶ 농민에게 땅을 넘기겠다고 말하는 아버지

• 중심 내용 땅에 대한 아버지의 신념   • 구성 단계 절정

작품 연구소

'나무다리'와 '돌다리'의 상징적 의미

나무다리		돌다리
• 쉽게 만들 수 있음. • 불안정함.	⟷	• 만들기 어려움 • 안정적임.
근대적 사고방식		전통적 사고방식

〈돌다리〉에 나타난 '인식의 아이러니'

창섭은 현실적이고 합리적인 의사이고, 아버지는 전형적인 농부로 구시대의 인물이다. 병원을 확장하기 위해 땅을 팔자는 아들의 제안에 아버지는 땅을 팔아서는 안 된다는 신념을 논리 정연하게 펼쳐 놓는다. 아들은 아버지가 펼치는 논리에 압도당하고 자신의 계획이 잘못되었음을 인정하지만, 아들이 아버지의 신념의 세계로 들어갈 수 있는 것은 아니다. 단지 그는 아버지의 세계를 그것 자체로서 훌륭한 것으로 인정하고 있을 뿐이다. 즉, 그가 느끼는 것은 '아버지와 자기와의 세계가 격리되는 일종의 결별의 심사'인 것이다.

창섭은 아버지의 세계를 인정하고 어느 정도까지 경외하고 동경하는 마음으로 바라보면서도, 아버지와 똑같은 생각을 가질 수 없다는 데서 비롯되는 모순적 심리 상태에 놓이게 되는데 이를 '인식의 아이러니'라 할 수 있다. 이 아이러니는 작중 인물과 작가의 위상이 대등하거나 오히려 인물이 작가(서술자)보다 우월한 곳에 존재함으로써 이루어진다.

자료실

이태준의 문학 세계

▲《문장》의 창간호 표지

이태준은 일반적으로 1930년대 순수 문학의 기수로 평가된다. 특히 그를 '한국 단편 소설의 완성자'로 평가할 정도로 그의 단편 소설은 1920년대 김동인에서 시작된 한국 단편 소설을 발전시켜 우리 소설 고유의 미학을 확립하였다. 그의 작품에서는 도시의 하층민과 노인 등 근대 사회에서 소외된 인물들이 그려지고 있는데, 그런 까닭에 그의 작품 세계를 '소멸해 가는 것의 아름다움'이라고 평가하기도 한다. 이태준은 정지용, 김기림, 박태원, 이상 등과 '구인회'의 멤버로 활동하는 한편, 문학 전문지 《문장》을 주재하면서 서정주, 김동리, 박목월, 박두진, 조지훈 등 많은 신인들을 발굴하기도 하였다. 그는 동시대의 시인 백석과 더불어 후대의 작가에게 큰 영향을 끼친 소설가로 평가되기도 한다.

함께 읽으면 좋은 작품

〈제1과 제1장〉, 이무영 / 농토에 대한 사람들의 인식이 드러난 작품

이 작품은 도시와 농촌이라는 대립 구조를 통해 전통적 농민들의 흙에 대한 애정과 삶의 모습을 드러내고 있다. 농민 소설을 대표하는 작품으로 불리며, 지식인의 귀향과 농촌에 적응하기 위한 노력을 보여 준다.

〈마지막 땅〉, 양귀자 / 땅에 대한 애착이 드러난 작품

연작 소설 《원미동 사람들》 중 한 편인 이 작품은 급속한 도시화를 배경으로 갑작스레 값이 오른 땅을 둘러싼 도시 변두리 사람들의 갈등을 다루고 있다. 주인공 강 노인은 땅을 팔라는 가족과 동네 사람들의 성화에도 꿋꿋이 버티며 두엄을 이용하여 농사를 짓는다.

Link 본책 272쪽

---

6 〈보기〉와 같이 이 글의 작가와 대담을 하였다고 할 때, 작가가 말할 핵심 내용으로 가장 적절한 것은?

> ┤ 보기 ├
>
> 학생: 선생님의 소설을 읽고 많은 생각을 하게 되었습니다. 이 이야기를 통해 선생님이 궁극적으로 드러내고자 했던 점은 무엇인지요?
>
> 작가: _____

① 땅과 인간, 인간의 지혜는 땅에서 나옵니다.

② 소중한 땅, 그 본질적 의미를 되새겨야 합니다.

③ 땅의 가치, 그것은 효율성으로 평가해야 합니다.

④ 땅의 소유, 농민에게는 많을수록 좋은 일입니다.

⑤ 마음의 땅, 우리가 돌아갈 미래의 보금자리입니다.

7 ⓐ에 대한 설명으로 적절하지 않은 것은?

① 아버지 세대의 가치관을 상징한다.

② 아버지의 가족사와 추억이 담겨 있다.

③ 아버지와 창섭의 갈등 해소를 암시한다.

④ 땅과 고향에 대한 아버지의 애착을 드러낸다.

⑤ 전통적 가치를 지키려는 아버지의 의지가 담겨 있다.

8 ㉠이 가리키는 사람은?

① 땅의 값을 후하게 쳐 주는 사람

② 땅을 아끼며 직접 농사를 짓는 사람

③ 집보다 땅의 가치를 높게 여기는 사람

④ 농군으로 태어난 것을 후회하고 있는 사람

⑤ 문서만 가지고 서울에서 지주 노릇만 하는 사람

9 작가가 이 글을 통해 비판하고자 한 사회 현실은 무엇인지 쓰시오.

10 다음은 중심인물의 가치관 차이를 정리한 것이다. 빈칸에 들어갈 알맞은 내용을 쓰시오.

'아버지'의 가치관		'창섭'의 가치관
• 땅은 ( )의 근거이다. • ( )이/가 중요하다.	⟷	• 땅은 ( )의 대상이다. • ( )이/가 중요하다.

025 술 권하는 사회 | 현진건

키워드 체크 #현실 비판적 #일제 강점기의 모순된 사회상 #지식인 남편과 무지한 아내의 대립

가 벽에 엇비슷하게 기대어 있는 남편은 무엇을 생각하는 듯이 고개를 숙이고 있다. 『그의 말라붙은 관자놀이에 펄떡거리는 푸른 맥(脈)을 아내는 걱정스럽게 바라보면서
_{귀와 눈 사이의 맥박이 뛰는 곳}
남편 곁으로 다가온다. [중략]
「」: 남편을 사랑하고 걱정하는 아내의 심리가 나타남.

남편은 문득 미끄러지는 듯이 벽을 타고 내려앉는다. 그의 쭉 뻗친 발끝에 이불자락
이 저리로 밀려간다. / "에그, 왜 이리 하셔요. 벗자는 옷은 아니 벗으시고."

그 서슬에 넘어질 뻔한 아내는 애닯게 부르짖었다. 그러면서도 같이 따라 앉는다. 그
_{날카로운 기세}   _{'애달프게'의 잘못}
의 손은 또 옷을 잡았다. / "옷이 구겨집니다. 제발 좀 벗으셔요."라고 아내는 애원을
하며, 옷을 벗기려고 애를 쓴다. 하나, 취한 이의 등이 천근(千斤)같이 벽에 척 들러붙
었으니 벗겨질 리가 없다. 애를 쓰다쓰다 옷을 놓고 물러앉으며,

"원 참, 누가 술을 이처럼 권하였노." / 라고 짜증을 낸다. / "누가 권하였노? 누가 권
_{아내의 말을 두 번 반복함.}
하였노? 흥 흥." / 남편은 그 말이 몹시 귀에 거슬리는 것처럼 곱씹는다.
▶ 남편에게 누가 술을 권했는지를 묻는 아내

나 "옳지, 누가 나에게 술을 권했단 말이요? 내가 술이 먹고 싶어서 먹었단 말이요?"

"자시고 싶어 잡수신 건 아니지요. 누가 당신께 약주를 권하는지 내가 알아낼까요?
저 …… 첫째는 화중이 술을 권하고 둘째는 하이칼라가 약주를 권하지요." [중략]
_{걸핏하면 화를 내는 증세}   _{예전에, 서양식 유행을 따르던 멋쟁이를 이르던 말}
남편은 고소(苦笑)한다. / "틀렸소, 잘못 알았소. 화중이 술을 권하는 것도 아니고,
_{쓴웃음}
하이칼라가 술을 권하는 것도 아니요. 나에게 술을 권하는 것은 따로 있어. 미우리기,
내가 어떤 하이칼라한테나 흘려 다니거나, 그 하이칼라가 늘 내게 술을 권하거니 하고
근심을 했으면 그것은 헛걱정이지. 나에게 하이칼라는 아무 소용도 없소. 나의 소용은
_{현실 앞에서 무기력한 지식과 지성}
술뿐이요. 술이 창자를 휘돌아, 이것저것을 잊게 맨드는 것을 나는 취(取)할 뿐이요."
하더니, 홀연 어조(語調)를 고쳐 감개무량하게,

"아아, 유위유망(有爲有望)한 머리를 알코올로 마비 아니시킬 수 없게 하는 그것이
_{계획하거나 소망하는 바가 있는}
무엇이란 말이요." [중략]

아내에게는 그 말이 너무 어려웠다. 고만 묵묵히 입을 다물었다. 눈에 보이지 않는
무슨 벽이 자기와 남편 사이에 깔리는 듯하였다. 남편의 말이 길어질 때마다 아내는
_{지적 수준의 차이 때문}
이런 쓰디쓴 경험을 맛보았다. 이런 일은 한두 번이 아니었다. 이윽고 남편은 기막힌
듯이 웃는다.
_{남편을 이해하고자 하지만 이해할 수 없는 상황이 되풀이됨.}

"흥, 또 못 알아듣는군. 묻는 내가 그르지, 마누라야 그런 말을 알 수 있겠소. 내가 설
명해 드리지. 자세히 들어요. 내게 술을 권하는 것은 화중도 아니고 하이칼라도 아니
요. 이 사회란 것이 내게 술을 권한다오. 이 조선 사회란 것이 내게 술을 권한다오.
알았소? 팔자가 좋아서 조선에 태어났지, 딴 나라에 났더면 술이나 얻어먹을 수 있
나……."
_{일제 강점기 현실에 대한 반어적 표현}
▶ 조선 사회가 술을 권했다는 남편의 답변

키 포인트 체크

인물 ⬜⬜은 유학까지 다녀온 지식인이지만 시대 현실에 대한 울분을 ⬜로 달래며 방황하고 있다.
배경 ⬜⬜들이 뜻을 펼칠 수 없었던 일제 강점기를 배경으로 한다.
사건 남편은 술을 마신 이유를 묻는 아내에게 조선의 현실, 즉 술 권하는 ⬜⬜ 때문이라고 설명하지만,
아내는 그 의미를 ⬜⬜하지 못한다.

답 남편, 술, 지식인, 사회, 이해

핵심 정리

갈래 단편 소설, 사실주의 소설
성격 사실적, 현실 비판적
배경 ① 시간 – 1920년대
      ② 공간 – 서울
시점 전지적 작가 시점
주제 일제 강점기의 모순된 사회를 살아가는 지식인
의 고뇌
특징 ① 시대적 상황 때문에 일어나는 문제를 사회
로부터 개인에게로 축소시키고 있음.
② 일제 강점기 지식인의 불안을 사실적으로
그림.
출전 《개벽》(1921)
작가 현진건(본책 50쪽 참고)

이해와 감상

이 작품은 일본과 중국에서 공부하고 돌아온 작가의
자전적 체험이 담긴 소설이다. 동경 유학까지 마치고
왔지만, 식민지 조선의 현실에 절망하여 술을 벗 삼아
주정꾼으로 살아가는 남편과 그를 이해하지 못하는
아내의 이야기를 사실적으로 그리고 있다. 남편은 현
실에 대한 저항 정신을 가지고 있지만, 이를 실천으로
옮기지 못한다. 이로 인한 그의 울분은 술과 애꿎은
아내에게로 향하게 된다.
이 작품은 아내를 서술자로 설정하였는데, 무지한 아
내의 시점으로 남편의 고민을 관찰하여 식민지 시대
의 지식인의 고뇌와 괴로움을 효과적으로 드러내고
있다.

전체 줄거리

중학교를 마치고 결혼한 남편은 바로 동경으로 유학
을 가서 대학을 마치고 돌아온다. 그런데 남편은 아내
와 시간을 보내지 않고 분주히 돌아다니거나 책을 읽
고 밤새 글을 쓰기만 한다. 술로 시간을 보내던 남편
을 챙기던 아내는 남편에게 술을 권한 사람들을 탓하
며 짜증을 낸다. 이에 남편은 조선 사회가 술을 권한
것이라고 말하지만, 아내는 그 의미를 이해하지 못하
고 '사회'란 이름의 음식점이라고 생각한다. 아내의 무
지에 답답함을 느낀 남편은 결국 집을 나가 버린다.

작품 연구소

〈술 권하는 사회〉에 나타난 지식인의 모습

이 작품은 1920년대 일제 강점기를 배경으로 하여
권리 다툼을 하고, 분열을 거듭하던 당대 지식인의 모
습을 드러내고 있다. 이 작품에서 지식인들이 표출하
는 현실에 대한 울분은 일제의 식민지 수탈 정책에 의
한 것이지만, 이를 간과하는 모습을 보인다. 이를 통
해 현실에 대한 해결책을 모색하기보다 좌절하고 자
조적인 모습을 보이는 식민지 시대 전형적인 지식인
의 모습을 드러내고 있다.

남편과 아내의 절망

남편		아내
자신의 능력을 발휘할 수 없는 식민지 현실	⬄	지식인 남편의 고뇌를 이해하지 못하는 현실

026 태형 | 김동인

문학 천재(정)

키워드 체크 #사실적 #감옥 #극한의 상황 #인간의 이기심 #작가의 의도

가 지옥이었다. 빽빽이 앉은 사람들은 모두들 힘없이 머리를 숙이고 입을 송장같이 버
<u>감옥의 상황을 압축적으로 드러냄.</u>
리고, 흐르는 침과 땀을 씻을 생각도 안 하고 먹먹히 앉아 있다. 둥그렇게 구부러진 허
리, 맥없이 무릎 위에 놓인 팔, 뚱뚱 부은 짓퍼런 얼굴에 힘없이 벌려진 입, 정기 없는
<u>삶의 의욕을 잃어버린 사람들의 모습</u>
눈, 흩어진 머리와 수염, 모든 것은 죽은 사람이었다. 이것이 과연 아침에 세면소까지
<u>감옥의 상황이 사람들을 살아 있는 송장으로 만들고 있음.</u>
뛰어갔으며 두 시간 전에 점심 먹느라고 움직인 사람들인가. 나의 곤하여 둔하게 된
<u>무딘 감각에도 느껴지는 감옥의 열악한 현실</u>
감각에도 눈이 쓰린 역한 냄새가 쏜다. ▶ 좁고 더운 감방 안의 극한 상황

나 그러나 지금의 그들의 머리에는, 독립도 없고 자결도 없고 자유도 없고 사랑스러운
<u>극한적 상황 앞에서는 민족적 의지나 이상, 가족애도 사라지고 무의미해짐.</u>
아내나 아들이며 부모도 없고 또는 더위를 깨달을 만한 새로운 신경도 없다. 무거운
공기와 더위에게 괴로움받고 학대받아서 조그맣게 두개골 속에 웅크리고 있는 그들의
피곤한 뇌에 다만 한 가지의 바람이 있다 하면, 그것은 냉수 한 모금이었다. 나라를
팔고 고향을 팔고 친척을 팔고 또는 뒤에 이를 모든 행복을 희생하여서라도 바꿀 값이
<u>인간으로서의 도덕이나 이성보다 충동적이고 본능적인 욕구에 사로잡힘.</u>
있는 것은 냉수 한 모금밖에는 없었다. ▶ 감방 안의 삶이 주는 정신적 피폐함.

다 "판결은 어찌 되었소?" / 영감은 대답이 없었다. 그의 입은 바늘로 호라매지나 않았
나? 그러나 한참 뒤에 그는 겨우 대답하였다. 그의 목소리는 대단히 떨렸다.

"태형(笞刑) 구십 도랍니다."

"거 잘됐구려! 이제 사흘 뒤에는, 담배두 먹구, 바람두 쏘이구…… 난 언제나……."
<u>영감이 받게 될 태형의 고통보다 빨리 나갈 수 있다는 사실에 대한 단순한 부러움.</u>

"여보! 잘돼시요? 무어이 잘된단 말이요? 나이 칠십 줄에 들어서서 태 맞으면 — 말
하기두 싫소. 난 아직 죽긴 싫어! 공소했쉐다!"
<u>영감이 공소하면 판결이 다시 나올 때까지 감옥에 더 머무르게 됨. – 갈등의 이유</u>

그는 벌컥 성을 내어 내게 달려들었다. 그러나 그의 말을 들은 뒤의 내 성도 그에게
지지를 않았다.

"여보! 시끄럽소. 노망했소? 당신은 당신이 죽겠다구 걱정하지만, 그래 당신만 사람
<u>영감의 죽음보다 공간을 조금이라도 더 차지하는 것을 중시하는 '나'의 비인간적인 모습</u>
이란 말이오? 이 방 사십여 인이 당신 하나 나가면 그만큼 자리가 넓어지는 건 생각
<u>'늙은이'의 황당한 도발</u>
지 않소? 아들 둘 다 총 맞아 죽은 다음에 뒤상 하나 살아 있으면 무얼 해? 여보!"
▶ '나'와 감방 안 사람들은 태형 90대를 선고받고 공소한 영감을 이기적이라고 비난함.

라 우리는 그 소리의 주인을 알았다. 그것은 어젯밤 우리가 내쫓은 그 영원 영감이었
었다. 쓰린 매를 맞으면서도 우렁찬 신음을 할 기운도 없이 '아유!' 외마디의 소리로 부
르짖는 것은 우리가 억지로 매를 맞게 한, 그 영감이었다.
<u>영감을 고통과 죽음으로 내몬 것이 '우리'임을 인식함.</u>

"요쓰(넷)." / "아유!" / "이쓰쓰(다섯)." / "후—" / 나는 저절로 목이 늘어지는 것을 깨
달았다. 나의 머리에는 어젯밤 그가 이 방에서 끌려 나갈 때의 꼴이 떠올랐다.

"칠십 줄에 든 늙은이가 태 맞구 살길 바라갔소? 난 아무캐 되든 노형들이나……."
<u>태형으로 죽을 수도 있음을 알고 있으면서도 다른 사람들의 계속된 요구를 받아들였음.</u>

그는 이 말을 채 맺지 못하고 초연히 간수에게 끌려 나갔다. 그리고 그를 내쫓은 장
본인은 이 나였다. / 나의 머리는 더욱 숙여졌다. 멀거니 뜬 눈에서는 눈물이 나오려 하
<u>자신의 이기적인 행동에 대한 죄책감과 양심의 가책을 느낌.</u>
였다. 나는 그것을 막으려고 눈을 힘껏 감았다. 힘 있게 닫긴 눈은 떨렸다.
▶ '나'는 영감이 태형을 맞는 소리를 들으며 깊은 양심의 가책을 느낌.

포인트 체크

인물 □□□으로 굴던 '나'는 노인의 비명을 들으며 □□의 □□을 느낀다.
배경 3·1 운동 직후 무더운 여름철의 좁은 감방은 인간의 부정적 면모를 드러내 주는 □□의 공간이다.
사건 '나'와 감방 안 사람들은 □□을 선고받은 노인을 몰아세워 매를 맞게 만든다.

답 이기적, 양심, 가책, 극한, 태형

◎ 핵심 정리

갈래 단편 소설
성격 사실적
배경 ① 시간 – 일제 강점기
② 공간 – 감방 안
시점 1인칭 주인공 시점
주제 극한 상황에서 드러나는 인간의 이기심
특징 감방 안의 부정적 상황으로 인한 인간성의 황
폐화를 그림.
출전 《동명》(1935)
작가 김동인(1900~1951) 소설가. 구어체를 확립하
여 한국 단편 소설의 기틀을 마련한 작가로 평가되나
친일 행적이 일부 확인되었다.

이해와 감상

이 작품은 감옥 안의 죄수들 사이에서 일어나는 갈등
을 소재로 하고 있다. 5평 남짓한 감옥의 40여 명쯤 되
는 죄수들이라는 극한의 상황을 통해 인간의 부정적
인 측면을 부각시키고 있다. 태형을 맞는 노인의 힘없
는 부르짖음을 듣고서야, 자신의 추한 이기심을 깨닫
게 되는 '나'의 모습을 통해 인간이 극단적 상황에 놓
일 때 얼마나 이기적일 수 있는지 보여 주는 작품이다.

전체 줄거리

3·1 운동 후, '나'는 다섯 평이 못 되는 미결수 감방에
서 40여 명과 함께 무더운 여름을 보내게 된다. 같은
감방의 70대 영감이 태형 90대를 선고받고 죽을 수
없어 공소(항고)했다는 말을 듣고 '나'는 감방 안의 다
른 사람들과 함께 제 몸만 생각한다 하며 노인을 비난
한다. 노인이 나가면 감방 안의 사람들이 그만큼 자리
가 넓어지지 않느냐는 '나'의 말에 노인은 공소를 취
하하고 '나'를 비롯한 감방 사람들은 자리가 넓어진다
는 것에 기쁨을 느낀다. 그러나 밖에서 태형을 받는
노인의 비명을 들은 '나'는 양심의 가책을 느낀다.

작품 연구소

'나'가 있는 감방 안의 상황

- 더운 여름, 다섯 평이 못 되는 방, 40여 명의 죄수들
- 냉수 한 모금을 위해서 나라도 고향도 친척도 팔 수
있으리라 생각함.

↓

극한의 공간

'나'를 비롯한 다른 죄수들과 영원 영감의 갈등

'나'와 죄수들	태형 90대를 맞고 감방에서 나가면 남은 사람들이 더 넓게 지낼 수 있음을 들어 공소한 영감을 이기적이라고 비난함.

↕

영원 영감	태형 90대를 맞으면 죽으리라고 생각하여 공소하였다가 이기적이라는 비난을 듣고 공소를 취하함.

작가의 의도

타인(영감)의 고통이나 죽음보다 자신의 편안함, 안락함을 더 중시하는 '나'와 죄수들의 태도	➡	극한 상황에서의 인간의 이기심과 도덕성의 상실을 보여 줌.

027 임꺽정 | 홍명희

키워드 체크 #역사 소설 #실존 인물 임꺽정 #16세기 중반의 사회 상황 묘사 #소외된 하층민의 저항

가 송도 부중에서 얼마 아니 나왔을 때 뒤에서 / "에라, 비켜서라!"
예전에 행정 구역 단위였던 부(府)의 가운데   양반의 행차에 예를 갖추라는 의미
하고 길잡는 소리가 나서 꺽정이와 막봉이는 길 한옆에 비켜섰다. 탕건 쓴 양반 하나
길을 안내하는   벼슬아치가 갓 아래 받쳐 쓰던 관(冠)의 하나
가 부담마를 타고 지나가는데 마부 이외에 전배, 후배가 하나도 없어서 행차 기구는
좋지 못하나 양반의 의관이 번지르르한 것은 호사하는 재상만 못지 않았다. 주홍 코와
                        안색을 바로잡아 엄정히 하고
탑삭부리 수염에 풍신 없는 양반이 공연히 율기하고 사람을 내려다보며 말 위에서 끄
        품격이나 인품에 어울리는 태도
덕거리고 가는 조격이 하도 우스워서 막봉이가 뒷생각없이 소리를 내서 웃었다. 양반
            양반의 허위의식에 웃음을 터뜨림. – 양반을 바라보는 민중의 시각을 알 수 있음.
이 마부 시켜 말을 세운 뒤에 막봉이를 가리키며

"저 총각 놈 이리 불러오너라." / 하고 마부를 보냈다.
양반인 자신이 지나가는데 예를 갖추기는커녕 비웃는 것을 꾸짖으려는 의도임.
"총각, 저리 좀 가세." / "왜 오라우?" / "박 선다님께서 불러오라시네."
                            '선달'의 높임말. '선달'은 문무과에 급제하고 아직 벼슬하지 아니한 사람을 가리킴.
"박 선달이구 박 첨지구 알지 못하는 사람을 왜 오래?"
        양반을 두려워하지 않고 오히려 저항하는 모습
막봉이의 말소리가 굵어서 말 위에 있는 양반의 귀에 다 들어갔다.

"그놈을 이리 잡아 오너라!"

양반이 호령하며 마부가 덜미를 짚으려고 손을 내어 미니 막봉이는

"뉘게다 함부루 손을 대려구 이래!"
        양반의 지시인 줄 알면서도 따르지 않음.
하고 예사로 떠다밀었는데 마부가 뒤로 나가자빠지며

"아이쿠머니!" / 하고 소리를 질렀다. 양반이 이것을 보고

"양반의 하인을 치다니, 저런 놈이 어디 있단 말이냐!"
        양반의 권위를 내세워 막봉을 제압하려 함.
막봉이에게 불호령하고 또다시

"못생긴 놈 같으니! 얼른 일어나서 그놈을 못 잡아 온단 말이냐!"
                        자신의 명령을 제대로 수행하지 못하는 마부에 대한 언짢음.
마부에게 강호령하였다.   ▶ 막봉이에게 호령하는 박 선달
    까닭 없이 꾸짖는 호령

나 이때까지 가만히 보고 섰던 꺽정이가 말썽이 더 되기 전에 혼꾸멍을 내어 쫓으려고
        「 」: 막봉이와 마찬가지로 양반의 명령에 순응하지 않고 골탕 먹이는 꺽정이
생각하고 자빠져 있는 마부에게 가서 두 손을 밑으로 집어넣어 등 복판과 된 볼기를
치어 들어서 가로 떠받들고 섰다가 한번 공중에 높이 치뜨리고 다시 받아서 일으켜 세
                        아래에서 위로 향하여 던져 올리고
우며 양반 들어라 하고 큰 소리로」

「사람 다리, 말 다리 모조리 퉁겨 놓기 전에 얼른 가거라!"「 」: 양반의 호통에 두려워하지 않고 저항함.
        뼈의 관절을 크게 어긋나게 하여
하고 꾸짖었다. 양반이 호령을 더 못 하고 넋 잃고 주저앉는 마부를 내려다보며

"얼른 가자." / 하고 재촉하였다. 마부가 고삐를 잡고 말을 끌어서 앞으로 얼마 나갔
꺽정이의 힘이 보통이 아님을 보고 겁을 먹음.
을 때 막봉이는 전보다 더 크게 소리 내서 웃었건만 양반은 뒤도 돌아다보지 아니하였
다. 꺽정이와 막봉이가 말 뒤를 따르지 아니하려고 한동안 앉아서 웃고 이야기하다가
일어나서 노량으로 걸음을 걸었다.   ▶ 꺽정이의 힘을 보고 겁을 먹은 박 선달
    어정어정 놀면서 느릿느릿

키 포인트 체크

인물 막봉이는 양반의 명령에도 기죽지 않고 오히려 □□하는 모습을 보인다.
배경 16세기 중엽 □□한 관료들의 세도와 횡포가 만연한 시기의 모습을 보여 준다.
사건 박 선달은 양반의 □□를 앞세워 막봉이를 혼내려 하지만, □□□의 힘을 보고 두려움을 느껴
다시 길을 떠난다.

답 저항, 부패, 권위, 임꺽정

핵심 정리

갈래 장편 소설, 역사 소설, 대하소설
성격 사실적, 비판적
배경 ① 시간 – 조선 중기(명종조)
　　　② 공간 – 황해도 청석골
시점 전지적 작가 시점
주제 ① 소외된 하층민의 저항
　　　② 사회적 모순을 타파하려는 인간의 삶과 의지
특징 ① 일반적인 역사 소설과는 달리 소외된 하층
　　　민을 내세워 사회적 모순에 대한 비판과 타
　　　파 의지를 그려 냄.
　　　② 토속적인 순수 고유어를 사용하여 서민들의
　　　정서를 드러냄.
출전 《조선일보》(1928~1939)
작가 홍명희(1888~1968) 소설가, 언론인, 사회 운
동가, 정치가. 1927년에 민족 단일 조직인 '신간회' 창
립에 관여하여 부회장으로 선임, 사회 운동에 적극 투
신하였다. 《조선일보》에 장편 〈임꺽정〉을 발표하여
문학사의 주목을 받았으며 해방 직후 월북하였다.

이해와 감상

이 작품은 조선 시대 최대의 화적패였던 임꺽정과 그
무리의 활동상을 그린 역사 소설로, 과거 민중들의 생
명력과 저항 의식을 조명함으로써 좌우의 대립이 심
화된 일제 말기 우리 민족이 나아가야 할 방향을 모색
하고 있다. 〈임꺽정전〉이라는 제목으로 1928년부터
1939년까지 《조선일보》에 연재되었으나 완성을 보
지 못하였다. 당대의 역사 소설들이 사대부나 장군 등
기득권층을 주인공으로 삼아 봉건 질서를 옹호하는
경향을 보이는 것에 반해, 이 작품은 조선 시대 민중
을 주인공으로 내세워 타락한 상류층을 비판하고, 하
층 사회의 변혁 의지를 적극적으로 주제화하고 있다.

전체 줄거리

백정의 아들로 태어난 임꺽정은 누이와 함께 서울로
와서 글을 배우지만 흥미를 느끼지 못하고 검술을 익
힌다. 전국을 유랑하면서 고난에 빠진 백성들의 모습
을 본 임꺽정은 백두산에 가서 운총과 결혼, 양주로 돌
아와 아들을 낳고 평범하게 살아간다. 이후 임꺽정은
여러 도적들과 합세하여 봉산 황주 도적이 되고 6명
의 산적 두령과 함께 의형제 결의를 맺는다. 황해도 산
적들의 소굴인 청석골을 차지한 임꺽정 일행은 도적
질을 하면서 평산에서 관군과의 싸움에서 승리한다.
서림의 배신으로 조정에서는 관군을 보내 청석골을
치려 한다. (이후 미완성)

작품 연구소

〈임꺽정〉의 시대적 배경과 대결 구도

이 작품의 배경이 된 16세기 중엽은 부패한 관료들의
세도와 횡포에 눌려 왕권이 크게 약화되었던 시기이
다. 계속된 흉년과 관리들의 수탈에 백성들은 유랑민
이 되거나 도적떼가 되었다.

부패한 권력층		천대받는 하층민들
• 권세를 잡은 신하들과 지방 관리들 • 권력 다툼과 백성들에 대한 착취와 수탈, 횡포	16세기 중엽	• 백정의 아들인 임꺽정과 서자, 역졸, 관노, 빈농 등 • 삶의 기반을 잃고 떠돌다 도적 됨.

028 물! |김남천

문학 천재(정)

키워드 체크 #체험적 #사실적 #좁은 감옥 #한여름의 무더위 #갈증

가 두평 칠합(二平七合)이 얼마만한 넓은 면적을 가지고 있는지 나는 똑똑히 알지 못
하였었다. 말로는 한 평 두 평 하고 세어도 보고 산도 놓아 보았지만 두평 칠합 하면 곧
얼마만한 면적의 지면을 가리키는지 똑똑히 느껴 본 적은 없었었다.
 └ 땅 넓이의 단위. 한 평은 여섯 자의 제곱으로 3.3058㎡에 해당함.
└ 계산

그러나 나는 지금 길이와 넓이를 한 치도 틀리지 않게 두평 칠합을 전신에 느낄 수가
있었다. 그것도 손으로 세거나 연필로 계산하는 것이 아니라 전 몸뚱이를 가지고 그것
 └ 두 평 칠합 넓이의 공간에서 수감 생활을 하고 있음.
을 느끼는 것이었다.
  ▶ 좁은 감방에서 수감 생활을 하고 있는 '나'

나 칠합 구십도 열세 사람—나는 여태 이렇게 숨 막히는 공기 속에서 이렇게 장구한 시
 └ 감방에서 함께 수감 생활을 하고 있는 사람들
일을 생활해 본 석이 없었던 것이다. 물론 나뿐이 아니겠지. 이 속에는 열세 사람 그리
 └ 감옥
고 또 몇백 사람이 그가 끓는 솥 속에나 혹은 타는 불 속에서 살아 본 적이 없는 이상 다
 └ 감옥에서 느끼는 한여름의 무더위
매한가지로 이런 질식할 만한 공기를 숨 쉬고 그 속에서 생활한 적이 없을 것이다.

땀은 흘렀다. 몸뚱이에 두른 옷이 전부 물주머니가 되도록 땀을 흘렀다. 그리고 땀때
가 발갛게 열독이 져서 말룩하게 곪아 올랐다. 그것이 바늘로 찌르듯이 콕콕 쏘았다.
  ▶ 감옥에서 한여름의 무더위를 느끼는 '나'

다 사실 나는 벌써 몇 시간 전부터 물을 그리워하고 있었다. 그러나 저녁을 먹을 때가
 └ 여름의 무더위에 갈증을 느낌.
아니면 아무리 죽는다 하여도 물이 들어올 수 없다는 것을 나는 벌써 팔구 개월이나
 └ 수감된 기간
경험한 것이었다. 그래서 아무리 가슴이 답답하고 목구멍이 말라도 물 생각을 하여서
는 안 된다는 습관이 나에게는 꼭 박혀 있었다. 나는 책을 들여다본다. 모든 정신을 책
 └ 갈증을 이겨 내기 위해 책을 읽음.
에다 집중하자! 더움과 안타까움 그리고 물을 그리워하는 마음 — 이 모든 것으로부터
 └ 독서에 집중함으로써 이겨 내고자 하는 것들
나의 정신을 꽉 갈라서 책에다 정신을 넣어 보자!

사실 오랫동안의 경험은 나에게 어느 정도까지 이것을 가능케 하였다. 나의 눈은 명
백히 활자의 하나하나를 세었다. 꼬박꼬박 활자를 줍듯이 나의 정신은 그것에 집중하
였다. / "미, 네, 르, 바, 의, 올, 빼, 미, 는, 닥, 쳐, 오, 는, 황, 혼, 을, 기, 다, 려, 서, 비,
 └ 헤겔의 (법철학)에 나오는 구절의 활자를 읽고 있음.
로, 소, 비, 상, 하, 기, 시, 작, 한, 다."

그러나 십분도 못 계속하여 나는 내가 글을 읽고 있는 것이 아니라 활자를 읽고 있는
 └ 독서에 집중하지 못해 책의 내용을 이해하지 못하고 활자만 읽고 있음.
것을 깨닫는다. 나는 그 활자가 무엇을 말하고 있는지를 모르고 읽고 있는 것이다.
  ▶ 갈증을 이기기 위해 독서를 하지만 집중을 하지 못함.

라 알지 못하는 사이에 그들의 목구멍이 달깍거릴 때마다 나의 침도 달각달각 목구멍
 └ 물을 마시고 싶은 심정을 감각적으로 표현함.
에서 소리를 내고 있는 것을 발견하였다.

나의 차례가 왔다. 나는 잠깐 침착히 물그릇을 받고 그것을 고요히 들여다보았다. 그
리고 그릇에 입을 갖다 대고 덜거덕 한 모금 들어마셨다.

목구멍에서부터 똥집까지 싸늘한 물이 한 줄기로 줄을 그으면서 내려가는 것을 똑
 └ 물을 마시는 느낌을 생생하게 표현함.
똑히 알리었다. / 식도를 지난다. 위에 들어갔다.
  ▶ 애타게 기다리던 물을 마시게 됨.

포인트 체크

인물 '나'는 한여름의 무더위에 ☐☐을 느끼며 ☐을 애타게 기다리고 있다.

배경 두평 칠합 넓이의 공간에 열세 명이 생활하고 있는 ☐☐을 배경으로 하고 있다.

사건 '나'는 갈증을 이겨 내기 위해 ☐☐를 하지만 집중하지 못하고, 애타게 기다리던 물을 마시며 목을
타고 내려가는 물을 느끼고 있다.

답 갈증, 물, 감옥(감방), 독서

핵심 정리

갈래 단편 소설

성격 체험적, 사실적

배경 ① 시간 – 어느 여름날
② 공간 – 감옥

시점 1인칭 주인공 시점

주제 감옥에서 느끼는 갈증과 비참한 생활

특징 자신의 체험을 바탕으로 감옥에서 느끼는 비참
한 고통을 사실적이고 생생하게 드러냄.

출전 《대중》(1933)

작가 김남천(1911~1953) 소설가. 문학 평론가. 서
대문 형무소에 수감되었을 때의 경험을 바탕으로 〈물〉
을 발표했으며, 문학적 실천에서 계급적 주체 문제로
임화와 논쟁하였다. 주요 작품으로 〈대하〉, 〈맥〉 등이
있다.

이해와 감상

작가 자신의 옥중 체험을 바탕으로 서술한 이 작품은
'나'가 수감 생활을 하며 겪는 물과 관련된 사건을 그
리고 있다. '나'는 사상범이지만 더위와 갈증 앞에서는
〈법철학〉 한 구절도 읽지 못하는 평범한 인간의 모습
으로 형상화되어 있다. 또한 한여름 비좁은 공간에서
13명의 죄수가 갈증으로 인해 느끼는 괴로움을 사실
적으로 표현하고 있다. 작가에게 이 작품은 일상적인
생활 묘사의 부족에서 벗어날 수 있는 계기가 되었지
만, 사회적 현실과 관련된 인식적 가치를 제시하지 못
한 채 물에 대한 인간의 본능적 욕망만을 묘사했다는
이유로 임화로부터 비판을 받기도 했다.

전체 줄거리

'나'는 무더운 여름날 열세 명이 함께 수감되어 있는
감방에서 갈증을 느끼며 괴로워한다. 갈증을 이겨 보
고자 책을 들여다보지만, 글을 읽고 있는 것이 아니라
활자만 읽고 있음을 깨달으며 정신이 늘어져 버린다.
저녁 시간이 되어서야 물을 받았지만, 열세 명이 나눠
마시기엔 부족한 양이다. 패통으로 간수와 교섭해 보
지만 들어주지 않자 모두들 홧김에 물을 다 마셔 버린
다. '나'는 하이칼라에게 교섭을 해 보라며 부채질하
고, 다른 방에서도 물을 달라며 간수를 채근하자 간수
는 수돗물을 떠온다. 냉수를 마시면 설사를 하는 '나'
는 그날 밤 물을 마신 후 배탈이 난다.

작품 연구소

김남천과 임화의 〈물〉 논쟁

임화는 김남천의 〈물〉에 대해 이데올로기보다 생리
적, 체험적 사실이 우위에 있다고 평가하며 감옥이 아
니라 어느 곳에서도 이념 투쟁을 해야 한다는 이데올
로기 우위론으로 김남천을 비판한다. 임화는 작가적
실천이란 프롤레타리아 문학 운동 조류 가운데서 문
제되는 실천이어야 하며 나아가 문학 운동이 종속되
어 있는 계급 투쟁의 실천이어야 하는데, 김남천은 문
학 운동의 연장선상과는 아무 관련이 없다고 비판했
다. 이후 김남천은 임화의 비판에 한동안 붓을 놓았을
정도로 충격을 받고 자기 고발론을 비롯한 내적 갈등
을 겪은 끝에 〈남매〉, 〈소년행〉 등으로 서서히 자기 극
복을 하며 마침내 임화의 이론과 맞서는 새로운 장을
열게 된다.

029 사랑손님과 어머니 | 주요섭

키워드 체크 #어린이 화자 #어머니의 애틋한 사랑 #애정과 봉건적 가치관 사이에서의 갈등

가 "엄마, 엄마, 사랑 아저씨도 나처럼 삶은 달걀을 제일 좋아한대."
아저씨에 대한 어머니의 관심과 애정을 드러내는 소재
하고 소리를 질렀지요.

"떠들지 마라." / 하고 어머니는 눈을 흘기십니다. 그러나 『사랑 아저씨가 달걀을 좋
아하는 것이 내게는 썩 좋게 되었어요. 그다음부터는 어머니가 달걀을 많이씩 사게 되
『』: 어머니와 아저씨의 마음을 독자는 눈치챘으나, 어린 화자는 모르고 있음.
었으니까요. 달걀 장수 노파가 오면 한꺼번에 열 알도 사고 스무 알도 사고, 그래선 두
고두고 삶아서 아저씨 상에도 놓고, 또 으레 나도 한 알씩 주고 그래요. 그뿐만 아니라,
아저씨한테 놀러 나가면 가끔 아저씨가 책상 서랍 속에서 달걀을 한두 알 꺼내서 먹으
라고 주지요. 그래 그담부터는 나는 아주 실컷 달걀을 많이 먹었어요.』
▶ 아저씨가 달걀을 좋아한다는 말을 들은 후로 달걀을 많이 사는 어머니

나 사랑에서는 아저씨도 어디 나가고 외삼촌도 나가고 집에는 어머니와 나와 단둘이
있었는데, 머리가 아프다고 누워 계시던 어머니가 갑자기 나를 부르시더니,

"옥희야, 너 아빠가 보고 싶니?" / 하고 물으십니다.

"응, 우리두 아빠 하나 있으문."
옥희의 천진난만함
하고 나는 혀를 까불고 어리광을 좀 부려 가면서 대답을 했습니다. 한참 동안을 어머
어린아이다운 모습
니는 아무 말씀도 아니하시고 천장만 바라다보시더니,

"옥희야, 옥희 아버지는 옥희가 세상에 나오기도 전에 돌아가셨단다. 옥희두 아빠가
없는 건 아니지. 그저 일찍 돌아가셨지. 옥희가 이제 아버지를 새로 또 가지면 세상
『』: 당시의 사회상을 짐작할 수 있음.
이 욕을 한단다. 옥희는 아직 철이 없어서 모르지만 세상이 욕을 한다. 사람들이
욕을 해. 옥희 어머니는 화냥년이다 이러구 세상이 욕을 해. 옥희 아버지는 죽었는데
아저씨의 마음을 받아들일 수 없는 이유 – 여성의 개가를 부정적으로 보는 당대의 봉건적 윤리관 때문
옥희는 아버지가 또 하나 생겼대, 참 망측두 하지. 이러구 세상이 욕을 한다. 그리
되문 옥희는 언제나 손가락질 받구. 옥희는 커두 시집두 훌륭한 데 못 가구. 옥희가
옥희의 장래를 걱정함.
공부를 해서 훌륭하게 돼두 에 그까짓 화냥년의 딸, 이러구 남들이 욕을 한다."』
이렇게 어머니는 혼잣말하시듯 드문드문 말씀하셨습니다.
▶ 옥희를 위해 자신의 사랑을 포기하려는 어머니

다 "달걀 사소." / 하고 매일 오는 달걀 장수 노파가 달걀 광주리를 이고 들어왔습니다.

"이젠 우리 달걀 안 사요. 달걀 먹는 이가 없어요."
하시는 어머니의 목소리는 맥이 한 푼어치도 없었습니다.
이별의 아픔 때문
나는 어머니의 이 말씀에 놀라서 떼를 좀 써 보려 했으나 석양에 빤히 비치는 어머니
얼굴을 볼 때 그 용기가 없어지고 말았습니다. 그래서 아저씨가 주신 인형 귀에다가
내 입을 갖다 대고 가만히 속삭이었습니다.

『"얘, 우리 엄마가 거짓부리 썩 잘하누나. 내가 달걀 좋아하는 줄 잘 알면서 먹을 사람
『』: 서술자가 어린아이기 때문에 나타나는 한계
이 없대누나. 떼를 좀 쓰구 싶다만 저 우리 엄마 얼굴 좀 봐라. 어쩌면 저리도 새파래
졌을까? 아마 어데가 아픈가 보다."』
▶ 어머니의 마음을 이해하지 못하는 '나'

포인트 체크

인물 '나(옥희)'는 사랑에서 지내는 ☐☐☐와 친하게 지내며 ☐☐☐☐한 모습을 보인다.

배경 남녀 간 ☐☐☐☐가 어려웠던 1930년대를 배경으로 하고 있다.

사건 어머니는 사람들의 시선과 옥희의 장래를 고려하여 아저씨와의 사랑을 ☐☐한다.

답 아저씨, 천진난만, 자유연애, 포기

핵심 정리

갈래 단편 소설

성격 서정적, 심리적

배경 ① 시간 – 1930년대
② 공간 – 어느 작은 마을

시점 1인칭 관찰자 시점

주제 ① 어머니의 애틋한 사랑과 이별
② 애정과 봉건적 윤리관 사이의 갈등

특징 ① 어린아이를 화자로 내세워 심리적 거리를
조절하는 역할을 함.
② 인물들의 감정을 적절히 감추는 기법을 활
용함.

출전 《조광》(1935)

작가 주요섭(1902~1972) 소설가. 호는 여심. 1930
년대 이후 인간에 대한 따뜻한 애정을 바탕으로 낭만
적이고 서정적인 작품을 발표하였다. 주요 작품으로
〈아네모네 마담〉, 〈인력거꾼〉 등이 있다.

이해와 감상

이 작품은 봉건적 윤리와 인간적 감정 사이에서 갈등
하는 어머니와 사랑손님의 사랑과 이별을 어린아이
의 눈으로 순수하게 묘사하고 있다. 아울러 가치관이
전환되는 과도기였지만, 봉건적 가치관의 잔재로 재
혼을 부정적으로 보던 당시의 시대상을 반영하고 있
다. 어른들의 마음속에 숨겨진 설렘과 망설임을 어린
아이다운 감각과 직관으로 선명하게 포착하는 등 어
린아이의 시선을 절묘하게 활용하고 있다.

전체 줄거리

과부가 된 어머니와 '나'가 살고 있는 집에 아버지의
친구가 하숙을 하게 되고, '나'는 아저씨와 친해진다.
'나'는 어머니를 기쁘게 하기 위해 뽑아 온 꽃을 아저
씨가 갖다주라고 하였다며 어머니에게 건네는데 어
머니의 얼굴이 빨개진다. 어머니는 아저씨를 좋아하
지만, '나'의 미래와 주변 사람들의 시선을 생각해서
아저씨에 대한 마음을 정리한다. 어머니에게 쪽지를
받은 아저씨가 짐을 싸서 떠나자, 어머니는 찬송가 갈
피에 꽂혀 있던 꽃잎을 내다 버리고, 달걀도 더 이상
사지 않는다.

작품 연구소

신빙성 없는 화자

신빙성 없는 화자란 어린아이처럼 서술하는 일들에
관한 인식과 해석이 미성숙하거나 무지한 화자를 말
한다. 이 작품도 어린아이를 서술자로 내세워 1인칭
관찰자 시점으로 전개하고 있다. 이를 통해 통속적일
수 있는 사랑 이야기를 어린아이의 시선에서 아름답
게 승화시키고 있으며, 어린아이기 때문에 나타나
는 한계로 재미를 주고 있다. 아이의 관점에서 어른들
의 내면 심리와 행동을 해석하기 때문에 독자의 상상
력을 자극할 수도 있다.

당시 시대상이 담긴 작품 속 갈등

어머니		외삼촌
• 봉건적 가치관	⟷	• 개방적 가치관
• 전통적 윤리 의식		• 진보적 윤리 의식

030 사하촌 | 김정한

가 "아이고, 어느 도둑놈이 그 벼를 베어 갔을까? 생벼락을 맞아 죽을 놈! 그 벼를 먹구 제가 살 줄 알아…… 창자가 터질 꺼여 터져!" / 하며 봉구 어머니가 몽당치마 바람으로 이 골목 저 골목 외고 다니고, 호세 징수를 나온 면서기가 그녀를 찾아다니던 날, 성동리에서는 구장 이외 고 서방, 들깨, 또쭐이들 사오 인이 대표가 되어 보광사 농사 조합으로 나갔다. 그들의 하소연은, 자기들이 봄에 빌려 쓴 소위 저리 자금(低利資金)의 — 대부분은 비료 대금이지만 — 지불 기한을 조금 더 연기해 달라는 것이었다.

보광사 소작인들은 해마다 소작료와 또 소작료 매석에 대해서 너 되씩이나 되는 조합비와 비료 대금과 그것에 따른 이자를 바쳐야만 되었다. 그리고 비료 대금은 갚는 기한이 해마다 호세와 같았다. / 의젓하게 교의에 기댄 채 인사도 받는 양 마는 양하는 이사(理事)님은 빌 듯이 늘어놓는 구장의 말을랑 귀 밖으로, 한참 시키시마[色紙廐] 껍데기에 낙서만 하고 있더니, 문득 정색을 하고는,

"그런 귀치 않은 논은 부치지 않는 게 어때요?" / 해 던졌다.

"……." / "해마다 이게 무슨 짓들이요? 나두 인젠 그런 우는 소리는 듣기만이라도 귀찮소, 호세만 내고 버티겠거든 어디 한 번 버티어들 보시구려!"

"누가 어디 조합 돈은 안 내겠다는 겁니까. 조금만 연기를 해 달라는 거지요."

이번에는 또쭐이가 말을 받았다.

"내든 안 내든 당신들 입맛대로 해 보시오. 난 이 이상 더 당신들과는 이야기 않겠소."
▶ 조합 이사에게 탄원하는 농민들

나 그리고 며칠 뒤, 저수지 밑 고 서방의 논을 비롯하여 여기저기에, 그예 입도 차압(立稻差押)의 팻말이 붙기 시작했다.

농민들은 알아보지도 못하는 그 차압 팻말을 몇 번이나 들여다보고, 또 들여다보았다. 피땀을 흘려가면서 지은 곡식에 손도 못 대다니? 그들은 억울하고 분하기보다, 꼼짝없이 인젠 목숨을 빼앗긴다는 생각이 앞섰다. / 고 서방은 드디어 야간도주를 하고 말았다. / "이렇게 비가 오는데, 그 어린것들을 데리고 어디로 갔을까?"
▶ 논의 차압과 고 서방의 도주

다 그리하여 하루 아침, 깨어진 징소리와 함께, 성동리 농민들은 일제히 야학당 뜰로 모였다. 그들의 손에는, 열음 못한 빈 짚단이며 콩대, 메밀대가 잡혀 있었다.

이윽고 그들은 긴 줄을 지어 가지고 차압 취소와 소작료 면제를 탄원해 보려고 묵묵히 마을을 떠났다. 아낙네들은 전장에나 보내는 듯이 돌담 너머로 고개를 내 가지고 남정들을 보냈다. 만약 보광사에서 들어주지 않는다면…… 하고 뒷일을 염려했다.

그러나 또쭐이, 들깨, 철한이, 봉구 — 이들 장정을 선두로 빈 짚단을 든 무리들은 어느새 벌써 동네 뒤 산길을 더위잡았다. 철없는 아이들도 행렬의 꽁무니에 붙어서 절 태우러 간다고 부산히 떠들어 댔다.
▶ 보광사에 대해 적극적인 쟁의에 나선 소작인들

키 포인트 체크

인물 보광사 소유의 땅을 소작하는 농민들은 □□의 핍박을 받으며 어렵게 살아간다.

배경 □□이 극심했던 1930년대 어느 여름 농촌 마을 □□□를 배경으로 하고 있다.

사건 조합 이사가 가뭄으로 농사에 어려움을 겪는 농민들의 사정을 고려하지 않고 □□ 팻말을 걸자 농민들은 적극적인 쟁의에 나선다.

답 지주, 가뭄, 성동리, 차압

핵심 정리

갈래 단편 소설, 농촌 소설

성격 사실적, 현실 참여적, 저항적

배경 ① 시간 – 1930년대 어느 여름
② 공간 – 사하촌인 성동리와 보광리

시점 전지적 작가 시점

주제 부조리한 농촌 현실과 농민들의 저항

특징 ① 일반적인 농촌 계몽 소설과 달리 농민들이 자발적으로 깨닫는 데 의의가 있음.
② 특별한 주인공 없이 보광리와 성동리 사람들 전체의 모습을 보여 줌.

출전 《조선일보》(1936)

작가 김정한(1908~1996) 소설가. 호는 요산. 가난한 농민들의 삶을 통해 민족적 현실의 모순을 신랄하게 파헤쳐 농촌 문학의 새로운 차원을 개척하였다. 주요 작품으로 〈수라도〉, 〈인간단지〉, 〈모래톱 이야기〉 등이 있다.

이해와 감상

이 작품은 수탈당하는 농민들의 저항 의식을 사실주의적 수법으로 그린 소설이다. 억압받는 농민들의 끈질긴 삶을 통해 이 땅의 민중에 대한 애정을 보여 주고 있으며, 결말 부분에서 모순에 대결하는 민중의 모습을 인상적으로 제시하고 있다.

이 작품에는 특별한 주인공이 없고 모순된 현실 속에서 고통을 겪으며 함께 싸우는 농민 집단 전체가 주인공이다. 가뭄과 지주의 횡포로 고통이 극에 달하자 스스로 현실을 자각하고 지배 집단에 맞서는 성동리 농민들의 모습을 사실적으로 그리고 있다.

전체 줄거리

극심한 가뭄에 논바닥이 말라붙었다. 들깨는 논에 물을 대러 갔다가 허탕을 친다. 보광사 중들이 물을 끌어다 썼기 때문이다. 자기 논의 물꼬를 터놓은 고 서방은 보광리 사람들에 의해 폭행당하고 저수지의 물은 끊긴다. 주민들이 기우제를 지내지만 아무런 소용이 없었고 그해 농사는 흉작이었다. 알밤을 줍던 상한과 차돌은 산지기에게 들켜 도망을 치다가 상한이 굴러떨어져 죽고 이에 상한의 할머니는 미치고 만다. 농민 대표인 고 서방, 들깨, 또쭐이가 보광사에 선처를 호소하나 거절당하고 논에는 '입도 차압'이라는 팻말이 붙는다. 극한 상황에 처한 농민들이 차압 취소와 소작료 면제를 탄원하기 위해 볏짚단을 들고 보광사로 향한다.

작품 연구소

〈사하촌〉의 갈등 양상

갈등의 내용 : 가뭄에 물대기 싸움, 논에 붙은 '입도 차압'		
지배 집단		**농민 집단**
보광사 중	갈등	들깨
순사		고 서방
조합 이사		또쭐이
면 주사		성동리 농민들

더 읽을 작품

031 방란장 주인 | 박태원

[연매] 지학사

키워드 체크 #예술가소설 #실험적 #방란장 #하루 동안의 이야기 #하나의 문장

가 그야 주인의 직업이 직업이라 결코 팔리지 않는 유화 나부랭이는 제법 넉넉하게 사면 벽에 가 걸려 있어도, 소위 실내 장식이라고는 오직 그뿐으로, [중략] 축음기는 자작(子爵)이 기부한 포터블을 사용하기로 하는 등 모든 것이 그러하였으므로, 물론 그러한 간략한 장치로 뭐 어떻게 한밑천 잡아 보겠다든지 하는 그러한 엉뚱한 생각은 꿈에도 가져 본 일 없었고, 한 동리에 사는 같은 불우한 예술가들에게도, 장사로 하느니보다는 오히려 우리들의 구락부와 같이 이용하고 싶다고 그러한 말을 해, 그들을 감격시켜 주었던 것이요, 그렇길래 자작은 자기가 수삼 년간 애용해 온 수제형 축음기와 이십여 매의 흑반(黑盤) 레코드를 자진해 이 다방에 기부하였던 것이요, '만성(晩成)'이는 또 만성이대로 어디서 어떻게 수집해 두었던 것인지 대소 칠팔 개의 재떨이를 들고 왔던 것이요, 또 한편 '수경(水鏡) 선생'은 아직도 이 다방의 옥호가 결정되지 않았을 때, 그의 조그만 정원에서 한 분(盆)의 난초를 손수 운반해가지고 와서 다점의 이름은 방란장(芳蘭莊)이라든 그러한 것이 좋을 것 같다고 제의해 주는 등, 이 다방의 탄생에는 그 이면에 이러한 유의 가화 미담이 적지 않으나, 그러한 것이야 어떻든, 미술가는 별로 이 장사에 아무런 자신도 있을 턱 없이, 그저 차 한 잔 팔아 담배 한 갑 사 먹고 술 한 잔 팔아 쌀 한 되 사 먹고 어떻게 그렇게라도 지낼 수 있었으면 하고, 일종 비장한 생각으로 개업을 하였던 것이, 바로 개업한 그날부터 그것은 참말 너무나 뜻밖의 일로, 낮으로 밤으로 찾아드는 객들이 결코 적지 않아, [중략] ▶ 문인들의 도움으로 '방란장'을 열게 됨.

나 문득 일주일 이상이나 '수경 선생'을 보지 못하였던 것이 생각나서 또 뭐 소설이라도 시작한 것일까, 하고, 그의 집으로 발길을 향하며, 문득 자기가 그나마 찻집이라도 붙잡고 앉아 있는 동안, 마음은 이미 완전히 게으름에 익숙하고, 화필은 결코 손에 잡히지 아니하여, 이대로 가다가는 영영 그림다운 그림을 단 한 장이라도 그리지는 못할지도 모르겠다고, 그러한 자기 몸에 비겨, 뭐니 뭐니 해도, 우선 의식 걱정이 없이, 정돈된 방 안에 고요히 있어, 얼마든 자기 예술에 정진할 수 있는 '수경 선생'의 처지를 한없이 큰 행복인 거나 같이 부러워도 하였으나, 그가 정적 늙은 벗의 집 검은 판장 밖에 이르렀을 때, 그것은 또 어찌 된 까닭인지 그의 부인이 히스테리라고 그것은 소문으로 그도 들어 알고 있는 것이지만, 실상 자기의 두 눈으로 본 그 광경이란 참으로 해괴하기 짝이 없어, 무엇이라 쉴 새 없이 쫑알거리며, 무엇이든 손에 닿는 대로 팽개치고, 깨뜨리고, 찢고, 하는 중년 부인의 광태 앞에 '수경 선생'은 완전히 위축되어, 연해 무엇인지 사과를 해 가며, 그 광란을 진정시키려 애쓰는 모양이, 장지는 닫혀 있어도 역시 여자의 소행인 듯싶은 그 찢어지고, 부러지고, 한 틈으로 너무나 역력히 보여, 방란장의 젊은 주인은 좀 더 오래 머물러 있지 못하고, 거의 달음질을 쳐서 그곳을 떠나며, [후략] ▶ 예술 활동에 전념할 거라 생각했던 수경 선생이 아내의 히스테리를 겪는 모습을 보고 고뇌에 잠김.

포인트 체크

인물 ⬜⬜인 방란장 주인은 찻집을 운영하여 예술 활동을 등한시한 것에 자괴감을 느낀다.

배경 1930년대 가난과 무기력함에 시달리고 있는 당시 ⬜⬜⬜들의 삶을 보여 준다.

사건 방란장 주인은 예술가들이 즐길 수 있는 공간을 만들기 위해 주변의 도움을 받아 ⬜⬜을 연다.

[답] 화가, 예술인, 찻집

핵심 정리

갈래 단편 소설, 예술가 소설
성격 실험적, 사실적
배경 ① 시간 – 1930년대
② 공간 – 방란장이라는 찻집
시점 전지적 작가 시점
주제 방란장과 관련된 고민과 주변 인물에 대한 생각
특징 방란장 주인의 하루 동안의 이야기를 하나의 문장으로 서술함.
출전 《시와 소설》(1936)
작가 박태원(본책 70쪽 참고)

이해와 감상

이 작품은 '그의 전신에 느끼고,'로 종결되는 하나의 문장으로 구성된 소설이다. 200자 원고지 40장에 달하는 분량이며 문장의 의미를 명확하게 드러내기 위해 쉼표와 연결어를 활용하고 있다.
이 작품은 크게 '방란장'의 주인이 자리에 누워 현재와 앞으로의 일을 걱정하는 전반부와 외출하여 겪고 생각한 것을 기록한 후반부로 구성되어 있다. 작가는 이 작품을 통해 1930년대 한국 예술가의 가난과 무기력이 인과 관계에 있음을 드러내고자 하였다.

전체 줄거리

찻집을 차려 불우한 예술가들이 즐길 수 있는 공간을 만들고 싶다는 한 젊은 화가의 말에 문인 친구들의 도움과 성원으로 방란장의 영업을 시작한다. 개업한 날부터 의아할 정도로 많은 손님들이 찾아와 성황을 이루었으나, 다음 달부터 점점 장사가 되지 않아 빚만 쌓이고 여급에게도 월급을 제대로 주지 못해 내보내야 할 처지에 이르자 수경 선생은 그럴 바에는 차라리 여급과 결혼을 하는 것이 어떻겠느냐고 한다. 주인은 괜찮은 방법이라고 생각하고, 생활에 큰 어려움이 없이 자기 예술에만 정진한다고 믿었던 수경 선생의 집으로 찾아가지만 수경 선생이 아내의 히스테리에 시달리고 있음을 목격한다.

작품 연구소

〈방란장 주인〉의 표현상 특징

쉼표의 사용	쉼표를 사용하여 서술자와 서술자가 아닌 주체의 발화를 구별하거나, 서로 다른 발화의 기능을 나란히 두는 기능을 함.
연결어의 사용	작품을 한 문장으로 구성하기 위해 다양한 연결어를 사용하여 글의 의미를 정확하게 전달하고 지나친 반복에 따른 단조로움을 피함.

한 문장으로 작품을 쓴 이유

작품의 내용을 개별적인 것이 아니라 이어진 전체로 인식하게 되어 독자는 자연스럽게 고독으로 집약되는 주인의 내면과 마주하게 되며, 이는 예술과 삶의 문제를 개인의 차원에서 보여 주는 것이다. 따라서 예술과 예술가적 삶의 조건을 개인의 삶 측면에서 다루고자 했던 작가의 의도를 보다 유기적으로 실천하기 위한 전략이라 할 수 있다.

032 패강랭 | 이태준

가 "그깟 놈들…… 그런데 박 군? 어째 평양 와 수건 쓴 걸 볼 수 없나?"

"건 이 김 부회 의원 영감께 여쭤 볼 문젤세. 이런 경세가(輕世家)들이 금령을 내렸
_{머릿수건이 없어진 것은 정치인들의 결정이었음.}　_{세상을 다스려 나가는 사람}　_{금법(禁法)}
다네." / "그렇다드군 참!" / "누가 아나 빌어먹을 자식들……."

"이 자식들아, 너이야말루 빌어먹을 자식들인 게…… 그까짓 수건 쓴 게 보기 좋을
건 뭐며 이 평양 부내만 해두 일 년에 그 수건값허구 당기값이 얼만지 알기나 허나
_{댕깃값}
들?" / 하고 김이 당당히 허리를 펴고 나앉는다.
_{머릿수건을 부정하는 '김' – 돈, 효율성, 자본주의의 논리}

"백만 원이면? 문화 가치를 모르는 자식들……."
_{머릿수건을 옹호하는 '현' – 조선적인 것, 미(美), 문화의 논리}

"그러니까 너이 글 쓰는 녀석들은 세상을 모르구 산단 말이야."
_{현실 감각이 없음을 비판함.}

"주제넘은 자식…… 조선 여자들이 뭘 남용을 해? 예펜네들 모양 좀 내기루? 예펜넨
_{권리나 권한 따위를 본래의 목적이나 범위를 벗어나 함부로 행사함.}
좀 고와야지." / "돈이 드는걸……." ▶ 머릿수건을 둘러싼 '현'과 '김'의 입장 차이

나 "흥! 그래 집안에서 죽두룩 일해, 새끼 나 길러, 사내 뒤치개질해…… 그리구 일 년
『 _{'김'의 의견을 들은 '현'이 비아냥을 사용하며 감정적으로 대응하고 있음.}
에 당기 한 감 사 매는 게 과하다? 아서라, 사내들 술값, 담뱃값은 얼만지 아나? 생
활 개선, 그래 예펜네들 수건값이나 당기값이나 졸여 먹구? 요 푼푼치 못한 경세가
_{조선의 문화를 말살하려는 일제를 의미함.}
들아? 저인 남용할 것 다 허구…….』 ▶ 여인들의 입장에서 경세가를 비판하는 '현'

다 "망할 자식, 말버릇 좀 고쳐라…… 이 자식아, 술이란 실사회선 얼마나 필요한 건지
_{현실적인 가치의 중요함을 강조함.}
아니?" / "안다. 술만 필요허냐? 고유한 문화 필요치 않구? 돼지 같은 자식들……
너이가 진줄 알 수 있나…… 허…….."
_{'돼지 목에 진주'를 응용함. 고유 문화의 진가를 몰라 보는 사람들에 대한 비판}

"히도오 바가니 수르나 고노야로(사람 우습게 보지 마라 이 자식)……."

"너이 따윈 좀 바가니시데모 이이나(깔봐도 좋다)……." / "나니(뭐라구)?"

"나닌 다 뭐 말라빠진 거냐? 네 술 좀 먹기루 이 자식, 내 헐 말 못 헐 놈 아니다. 허긴
_{'김'이 사는 술을 먹었지만 할 말은 하겠다는 '현'}
너한테나 분풀이다만……." / 하고 현은 트림을 한다. [중략]

현은 물끄러미 영월의 핏줄 일어선 목을 건너다보며 조끼 단추를 끌렀다. 부들부들
떨리는 손으로 상머리를 뚜드려 본다. 그러나 자기에겐 가락이 생기지 않는다.
_{현실에 울분을 느끼고 있는 '현'}

"에 – 헹 – 에 – 헤이야 – 하 어 – 라 우겨 – 라 방아로구나……."

하고 받는 사람은 김뿐이다. 현은 더욱 가슴속에서만 끓는다. 이런 땐 소리라도 한마
_{조선의 고유문화를 말살하려는 일제에 대한 분노}
디 불러 내었으면 얼마나 속이 시원하랴 싶어진다. 기생들도 다른 기생들은 잠잠히 앉
_{현실로 인한 고뇌를 소리로 풀어낼 수 있을 것이라 생각하기 때문에}
아 영월의 입만 쳐다본다. 소리가 끝나자 박은,

"수고했네." / 하고 영월에게 술 한잔을 권하더니 가사를 하나 부르라 청한다. [중략]

"일조–오– 나앙군……." / 불러 낸다. 박은 입을 씻고 씻고 하더니 곡조는 서투르나
그래도 꽤 어울리게 이런 시 한 구를 읊어서 소리를 받는다.

"각하 – 안 – 산 – 진 수궁처…… 임 – 정 – 가고옥 – 역난위를……."
_{조선의 식민화, 자유가 박탈된 상황을 간접적으로 표현함.}
박은 눈물이 글썽해 후 – 한숨으로 끝을 맺는다.
_{한시의 내용과 자신의 상황이 유사하여 비애감에 젖음.} ▶ '현'과 '김'의 논쟁과 '박'의 노래

키 포인트 체크

인물 '현'은 고유문화를 □□하는 반면 '김'은 효율성을 중시하며 □□□ 태도를 보인다.

배경 □□ □□를 말살하려던 일제 강점기를 배경으로 한다.

사건 '김'과 '현'은 □□□□에 대해 상반된 입장을 보이며 언쟁을 벌이고 있다.

답 옹호, 현실적, 민족 문화, 머릿수건

핵심 정리

갈래 단편 소설

성격 현실 비판적

배경 ① 시간 – 일제 강점기
② 공간 – 평양

시점 전지적 작가 시점

주제 식민지 시대 지식인으로서 느끼는 비감(悲感)

특징 ① 일제 강점기의 시대적 상황을 사실적으로
반영함.
② 일제 식민지 정책에 대한 시대적 고뇌를 드
러냄.

출전 《삼천리문학》(1938)

작가 이태준(본책 62쪽 참고)

이해와 감상

이 작품의 내용은 1937년 중일 전쟁을 계기로 구체
화되기 시작한 전시 체제로의 질서 재편과 밀접한 관
련이 있다. 중일 전쟁을 계기로 식민지 조선 사회의
전 부문을 전시 동원 체제로 정비해 나가던 일제는 한
반도를 일본화하여 내선일체를 구현하는 것을 통치
의 최고 목표로 설정했다. 특히 이 작품에서 문제시하
고자 한 것은 조선 고유의 문화와 민족정신을 말살하
고 조선인들의 저항 의지를 말살시키려 했던 부분이
다. 민족혼의 정수라 할 수 있는 조선어 시간의 축소
와 평양 고유의 문화적 정체성을 상징하는 여인들의
머릿수건의 상실을 통해 이러한 문제를 드러낸 것이
다. 이처럼 이 작품은 암시적인 수준이긴 하지만 민족
문화를 말살하려는 일제의 의도를 간파하고 그에 대
한 문제 제기와 더불어 그러한 현실에 안주하려는 당
시 사람들에 대한 비판적 시선을 담고 있다.

전체 줄거리

십여 년 만에 평양에 온 '현'은 부벽루에서 대동강의
풍경을 보며 감회에 젖는다. '박'의 편지를 받고 평양
에 오게 된 '현'은 달라진 평양의 모습과 여인들의 머
릿수건이 사라진 것을 보고 서글픔을 느낀다. '현'은
동일관에서 '박', '김'과 해후하고, 오래전 인연이 있던
기생 영월을 만난다. 머릿수건에 대해 '현'과 '김'은 언
쟁을 벌이고, '박'은 눈물을 글썽이며 영월의 노래를
따라 부른다. '김'은 기생들과 서양 춤을 추고, '현'은
이를 못마땅해한다. 실속을 차리라는 '김'의 충고에
'현'은 컵을 던지며 화를 낸다. 강가로 내려온 현은 조
선의 암담한 현실에 대해 고뇌한다.

작품 연구소

제목 '패강랭'의 의미

'패강'은 '대동강'의 옛 이름으로, '패강랭'은 대동강 물
이 차다는 의미이다. 이는 계절적으로는 겨울을 뜻하
며, 시대적으로는 일제 강점의 현실을 상징한다. 이
작품의 마지막 부분은 '밤 강물은 시체와 같이 차고
고요하다.'라는 구절로 제목과 연관성 있게 마무리된
다. 이때 '밤'은 암흑과 같은 시대적 현실을 의미하고,
'강물'은 그러한 세월을, 그리고 그런 세월이 죽음과도
같다는 것을 나타내기 위해 '시체'라는 단어를 사용한
것으로 이해할 수 있다.

'머릿수건'에 대한 '현'과 '김'의 생각 차이

'현'의 생각		'김'의 생각
조선적인 것, 미(美), 문화의 논리 → 머릿수건 옹호	↔	돈, 효율성, 자본주의 의 논리 → 머릿수건 부정

III

광복 이후
~1950년대

III

광복 이후~1950년대

| 개화기~1910년대 | 갑오개혁(1894년) | 3·1운동(1919년) | 1920년대~1945년 | 카프 결성(1925년) | 일제의 조선어 교육 폐지(1938년) |
| | 국권 피탈(1910년) | | | 카프 해산(1935년) | 조선어학회 사건(1942년) |

▲ 8·15 광복 당시 모습

광복 이후(1945~1949년)

1. 이 시기의 특징

광복 이후 6·25 전쟁이 발발하기까지 우리 문학계는 민족 문학 건설에 대한 의견 차이로 좌익과 우익의 갈등 상황이 지속되었다. 이는 일제 강점기의 계급 이념 문학을 주도한 임화 중심의 '조선 문학가 동맹'과 민족주의 이념을 내세운 박종화, 김동리 중심의 '전조선 문필가 협회' 사이의 대립으로 표면화되었다. 이러한 대립은 1947년 정치적 선택에 따라 '조선 문학가 동맹' 작가들이 월북함으로써 종료되었으나, 이후 분단의 고착화와 더불어 남과 북에 이질적인 문학사가 공존하는 원인이 되었다.

2. 이 시기 소설의 경향

(1) 식민지적 삶의 극복: 일제 강점기를 반성하고 그 기간 동안의 체험을 바탕으로 광복의 참된 의미를 모색하고자 하였다. 예 채만식의 〈논 이야기〉, 김동인의 〈반역자〉 등

(2) 귀향 의식과 현실적 삶의 인식: 광복 직후의 혼란상에 주목하여 지식인 문제와 귀향 의식을 형상화하였다. 예 김동리의 〈혈거 부족〉, 이무영의 〈굉장소전〉 등

(3) 분단 의식의 형상화: 남과 북에 진주한 미국과 소련의 군정으로 인한 문제와 분단 문제를 다루었다. 예 염상섭의 〈삼팔선〉·〈이합〉, 채만식의 〈역로〉 등

(4) 순수 소설과 역사 소설의 부각: 보편적인 삶을 다룬 순수 소설과 민족의식을 고취하기 위한 역사 소설이 창작되었다. 예 염상섭의 〈임종〉·〈두 파산〉, 박종화의 〈홍경래〉 등

(5) 광복 이후 사회적 혼란상 반영: 광복 직후부터 1948년 대한민국 정부 수립까지의 사회적 혼란을 다룬 작품들이 많이 나왔다. 예 채만식의 〈민족의 죄인〉, 이태준의 〈해방 전후〉 등

작품	작가	특징
〈두 파산〉, 〈임종〉	염상섭	가정을 무대로 한 가족 관계의 갈등을 다루거나, 사회의 비윤리적 행태를 비판했다.
〈역마〉	김동리	한국적 운명관과 구원의 문제를 추구하였으며, 전통적인 의식의 세계를 다루었다.
〈논 이야기〉, 〈미스터 방〉, 〈민족의 죄인〉	채만식	광복 직후의 정치적 혼란 상황에 대한 날카로운 비판 의식을 풍자의 기법을 사용하여 형상화했다.
〈목넘이 마을의 개〉, 〈독 짓는 늙은이〉	황순원	간결한 문장을 사용하여 한국의 전통적인 정서를 표현했으며, 광복 직후의 현실을 중도적인 입장에서 형상화했다.

간단 개념 체크

1 광복 이후 각각 계급 이념 문학과 민족주의 이념을 내세우면서 갈등했던 두 단체는?
( )

2 채만식은 광복 직후의 혼란스러운 상황에 대한 비판 의식을 □□를 통해 형상화했다.

3 광복 직후 우리 문단의 이념 갈등은 분단의 고착화와 더불어 남과 북에 이질적인 문학사가 공존하게 되는 원인이 된다.
(○ / ×)

답 1 조선 문학가 동맹, 전조선 문필가 협회
2 풍자 3 ○

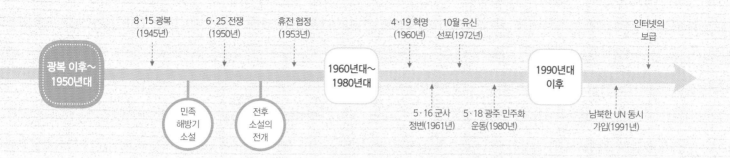

1950년대

1. 이 시기의 특징

1950년에 발발한 6·25 전쟁은 남북한의 분단을 고착화하는 결정적 계기가 되었다. 이 전쟁을 계기로 남한과 북한은 각자 전쟁의 혼란을 극복하는 과정에서 체제와 이념을 굳혀 나갔으며, 이러한 분단 상황은 오늘날까지 지속되고 있다. 3년간에 걸친 전쟁과 그 이후의 분단 상황은 문학계에도 큰 영향을 미쳐 전쟁 체험과 전후(戰後)의 사회 현실에 대한 인식을 바탕으로 한 문학이 등장하였다. 그리고 서구 실존주의의 영향을 받아 인간 존재에 대한 진지한 탐구가 이루어졌다. 특히 전후에 새로 등장한 작가들은 전쟁의 참화에 대한 문학적 대응을 활발하게 모색하며 고착화된 가치관과 윤리 의식에 반발하여 현실의 삶을 밀도 있게 그려 냈다.

▲ 6·25 전쟁 당시 피란민 행렬

2. 이 시기 소설의 경향

(1) **전후의 사회 현실에 대한 인식:** 6·25 전쟁을 배경으로 한 작품이 많이 발표되었다. 전쟁의 상처를 안고 있는 전후의 사회 현실을 바탕으로, 민족 분단의 비극적 상황, 전후의 가치관 혼란 등을 형상화하였다.

> 예 황순원의 〈카인의 후예〉·〈학〉, 이범선의 〈학마을 사람들〉, 김동리의 〈귀환 장정〉·〈흥남 철수〉, 손창섭의 〈비 오는 날〉, 하근찬의 〈수난이대〉 등

(2) **부조리한 현실 고발과 참여:** 개인과 사회의 갈등 문제를 다루면서 소외된 삶의 문제, 부조리한 현실 인식, 행동을 통한 현실 참여 문제를 형상화하였다.

> 예 김성한의 〈바비도〉, 오상원의 〈모반〉, 선우휘의 〈불꽃〉, 송병수의 〈쇼리 킴〉 등

(3) **인간의 본질적 삶 추구:** 문학의 현실 인식과 참여보다는 인간의 본질적 삶을 형상화한 순수 소설이 창작되기도 하였다. 예 오영수의 〈갯마을〉, 전광용의 〈흑산도〉 등

작품	작가	특징
〈카인의 후예〉	황순원	광복 직후 토지 개혁에 의해 지주 계층이 몰락하는 과정을 그린 작품이다.
〈유예〉	오상원	전쟁 중 처형당하게 된 국군 소대장의 복잡한 내면세계를 의식의 흐름 기법을 이용하여 그린 작품이다.
〈비 오는 날〉	손창섭	음울한 분위기, 비정상적 인물 형상화 등으로 전후 문학의 경향을 상징적으로 보여 주는 작품이다.
〈학마을 사람들〉, 〈오발탄〉	이범선	전쟁의 고난과 폐허 속에서도 삶의 희망을 버리지 않는 인간상을 그리고 있다.
〈수난이대〉	하근찬	전쟁의 상처를 치유하려는 염원을 형상화한 작품이다.

◆ **의식의 흐름 기법**
논리적인 인과 관계 대신 기억의 단편, 현재의 지각 내용, 미래에 예측되는 사건 등을 뒤섞어 나타내는 소설 기법이다.

간단 개념 체크

1 음울한 분위기와 비정상적 인물, 무기력한 삶의 형상화 등으로 전후 문학의 경향을 잘 보여 주는 손창섭의 작품은?

(   )

2 1950년대에는 개인과 사회의 갈등, ☐☐된 존재들의 삶, ☐☐☐한 현실을 다룬 작품이 많이 창작되었다.

3 전후의 신세대 작가들은 전통 사회의 가치관과 윤리 의식을 회복하기 위해 노력했다.

(○ / X)

답 1 〈비 오는 날〉 2 소외, 부조리 3 X

논 이야기 | 채만식

문학 해냄

🎯 핵심 정리

갈래 단편 소설, 풍자 소설
성격 풍자적, 비판적
배경 ① 시간 – 광복 직후
　　　　② 공간 – 군산 부근의 농촌
시점 전지적 작가 시점
주제 ① 광복 직후의 국가 토지 정책 비판
　　　② 국가보다는 개인의 이익만 추구하는 소시민적 삶의 태도 비판
특징 ① 시간의 역전적 구성을 통해 사건에 입체감을 부여함.
　　　② 인물의 냉소적 어조를 통해 시대 현실을 비판함.
출전 《해방 문학 선집》(1946)

Q '나라'에 대한 '한 생원'의 인식은?

'한 생원'은 조선이 독립된 날 만세를 부르지 않았으나 일본인에게 판 논이 다시 자신의 것이 되리라 생각하니 만세가 절로 나오려 하는 인물이다. 이를 통해 한 생원은 나라가 자신에게 이득을 주었을 때에 의미가 있다고 생각하는 이기적이고 편협한 국가관을 가진 인물임을 알 수 있다.

💡 어휘 풀이

생원(生員) 조선 시대에, 소과(小科)인 생원과 시험에 합격한 사람. 나이 많은 선비를 대접하여 이르던 말.
탑삭부리 짧고 다보록하게 수염이 많이 난 사람을 놀림조로 이르는 말.
인도깨비 사람 모양을 한 도깨비. 못된 짓을 하는 사람을 얕잡아 일컫는 말.
섬뻑 선뜻. 흔쾌히. 기꺼이.
설도(說道) 깨닫도록 설명함.
추렴하다 모임이나 놀이 또는 잔치 따위의 비용으로 여럿이 각각 얼마씩의 돈을 내어 거두다.
공출(供出) 일제가 전쟁을 치를 목적으로 농업 생산물이나 기물 따위를 강제로 내어 놓게 했던 일.
고패 깃대 따위의 높은 곳에 기나 물건을 달아 올리고 내리기 위한 줄을 걸치는 작은 바퀴나 고리.
미상불 아닌게 아니라 과연.

📖 구절 풀이

❶ **자기가 한 말[豫言]이 ~ 되게 되었다니……** 일인에게 논을 팔고 한 생원은 "일인들이 다 쫓겨 가면 그 논 도루 내 것 되지 갈 데 있나." 라고 장담했던 것이 이루어져 논을 되찾을 수 있다는 기쁨과 기대감이 드러나 있다.

❷ **조선이 독립이 ~ 나와지려고 하였다.** 한 생원은 먹고사는 일, 자신에게 직접적으로 이득이 되는 일을 가장 중시하며 국가와 자신을 구별하여 생각한다.

❸ **독립이 되기로서니, ~ 될 리 만무하였다.** 한 생원은 나라의 주인이 바뀌어도 가난한 농사꾼의 처지는 달라질 것이 없다고 생각하고 있다.

가

일인들이 토지와 그 밖에 온갖 재산을 죄다 그대로 내어 놓고, 보따리 하나에 몸만 쫓기어 가게 되었다는 이야기를 듣는 한 *생원은 어깨가 우쭐하였다.

"거 보슈 송 생원, 인전들, 내 생각 나시지?" / 한 생원은 허연 *탑삭부리에 묻힌 쪼글쪼글한 얼굴이 위아래 다섯 대밖에 안 남은 누런 이빨과 함께 흐물흐물 웃는다.

"그러면 그렇지, 글쎄 놈들이 제아무리 영악하기로소니 논에다 네 귀탱이 말뚝 박구섬 *인도깨비처럼, 어여차 어여차, 땅을 떠 가지구 갈 재주야 있을 이치가 있나요?"

한 생원은 참으로 일본이 항복을 하였고, 조선은 독립이 되었다는 그날—팔월 십오일 적보다도 신이 나는 소식이었다. ❶자기가 한 말[豫言]이 꿈결같이도 이렇게 와 들어맞다니…… 그리고 자기가 한 말대로, 자기가 일인에게 팔어넘긴 땅이 꿈결같이도 도로 자기의 것이 되게 되었다니…… 이런 세상에 신기하고 희한할 도리라고는 없었다.

❷조선이 독립이 되었다는 팔월 십오일, 그때는 한 생원은 *섬뻑 만세를 부르고 싶은 생각이 나지 않았어도, ㉠이번에는 저절로 만세 소리가 나와지려고 하였다.

▶ 일인(日人)에게 판 논을 되찾을 것을 기대하며 들뜬 한 생원

나

팔월 십오일 적에 마을에서는 젊은 사람들이 *설도를 하여 태극기를 만들고, 닭을 *추렴하고, 술을 사고 하여 놓고 조촐히 만세를 불렀다.

한 생원은 그 자리에 참례를 하지 아니하였다. 남들이 가서 같이 만세를 부르자고 하였으나 한 생원은 조선이 독립이 되었다는 것이 별양 반가운 줄을 모르겠었다. 그저 덤덤할 뿐이었다.

물론 일본이 항복을 하였으니 전쟁은 끝이 난 것이요, 전쟁이 끝이 났으니 벼 *공출을 비롯하여 솔뿌리 공출이야, 마초 공출이야, 채소 공출이야, 가지가지의 그 억울하고 성가신 공출이 없어지고 말 것이었다.

또, 열여덟 살백이 손자놈 용길이가 징용에 뽑혀 나갈 염려가 없을 터이었다. 얼마나 한 생원은, 일찍이 아비를 여의고, 늙은 손으로 여태껏 길러 온 외톨 손자놈 용길이가 징용에 뽑히지 말게 하려고, 『구장과 면의 노무계 직원과, 부락 담당 직원에게 굽은 허리를 굽실거리며 건사를 물고 하였던고. 굶는 끼니를 더 굶어 가면서 그들에게 쌀을 보내어 주기, 그들이 마을에 얼찐하면 부랴부랴 청해다 씨암탉 잡고 술대접하기, 한참 농사일이 몰릴 때라도, 내 농사는 손이 늦어도 용길이를 시켜 그들의 논에 모심고 김매어 주고 하기.』 이 노릇에 흰머리가 도로 검어질 지경이요 빚[債]은 *고패가 넘도록 지고 하였다.

하던 것이 인제는 전쟁이 끝이 났으니, 징용 이자는 싹 씻은 듯 없어질 것. 마음 턱 놓고 두 발 쭉 뻗고 잠을 자도 좋았다.

이런 일을 생각하면 한 생원도 *미상불 다행스럽지 아니한 것은 아니었다. 그러나 오직 그뿐이었다. / ㉡독립? / 신통할 것이 없었다.

❸독립이 되기로서니, 가난뱅이 농투성이가 별안간 나으리 주사 될 리 만무하였다. 가난뱅이 농투성이가 남의 세토(貰土) 얻어 비지땀 흘려 가면서 일 년 농사 지어 절반도 넘는 도지 물고, 나머지로 굶으며 먹으며 연명이나 하여 가기는 독립이 되거나 말거나 매양 일반일 터이었다.

▶ 독립이 되어도 공출과 징용이 사라진 것 외에는 달라질 것이 없다고 생각하는 한 생원

• **중심 내용** 일본인에게 팔았던 논을 되찾을 수 있을 것이라고 기대하는 한 생원　　　• **구성 단계** 발단

이해와 감상

이 작품은 구한말과 일제 강점기를 거쳐 해방 직후 과도기의 사회상을 풍자한 농촌 소설이다. 광복이 되었어도 일본인들이 차지한 땅을 본래의 땅 임자에게 돌려주지 않고 국가가 차지하자, 주인공 '한 생원'은 '차라리 나라 없는 백성이 낫다.'라는 인식을 보여 준다. 이는 일차적으로는 술과 노름으로 진 빚을 갚기 위해 자신의 땅을 일본인 지주에게 팔아 버리고는, 광복 후에 자신에게 돌려주지 않는 국가를 비난하는 한 생원의 이기적이고 소시민적인 욕심과 편협한 국가관(개인의 이익에 보탬이 되지 않는다면 국가라는 것은 쓸모가 없다)을 풍자·비판하고 있지만, 동시에 작가는 풍자의 대상이 되는 한 생원을 통해 엉뚱한 모함을 하여 논을 빼앗아 가던 구한말 시대나, 일본인들이 농토를 수탈하던 일제 강점기나, 독립을 맞아 새로운 정부가 들어선 현재나 조금도 나아진 것이 없다는 점을 드러냄으로써 나라답지 못한 나라를 풍자하며 비판 의식을 제기하고 있다.

🔍 전체 줄거리

발단	일본인들이 온갖 재산을 그대로 내어 놓고 달아나게 되었다는 이야기를 들은 한 생원은 자신이 일본인에게 판 논을 되찾게 되리라는 기대에 부푼다.
전개	구한말, 고을 원님이 한 생원의 아버지가 동학의 잔당에 가담하였다는 누명을 씌워 한 생원네 논을 빼앗는다.
위기	한 생원은 남은 논 일곱 마지기마저 술과 노름 그리고 살림하느라 진 빚 때문에 일본인에게 팔아넘긴다.
절정	일본인이 물러가면 땅은 그 전 임자에게 돌아갈 것이라고 기대한 한 생원은 땅은 이미 소유주가 바뀌어 찾기 어렵게 되고, 논마저 나라가 관리하게 되어 다시 찾을 수 없음을 알게 되자 허탈함을 느낀다.
결말	한 생원은 마침내 자신은 나라가 없는 백성이라 하며 광복되는 날 만세 안 부르기를 잘 했다고 혼잣말을 한다.

👥 인물 관계도

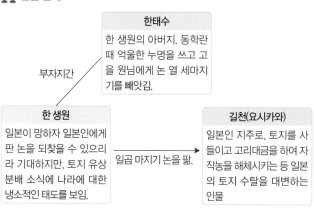

한태수
한 생원의 아버지. 동학란 때 억울한 누명을 쓰고 고을 원님에게 논 열 세마지기를 빼앗김.

부자지간

한 생원
일본이 망하자 일본인에게 판 논을 되찾을 수 있으리라 기대하지만, 토지 유상 분배 소식에 나라에 대한 냉소적인 태도를 보임.

일곱 마지기 논을 팖.

길천(요시카와)
일본인 지주로, 토지를 사들이고 고리대금을 하여 자작농을 해체시키는 등 일본의 토지 수탈을 대변하는 인물

🏠 작품 연구소

'논'의 상징적 의미

농민들에게 논은 삶의 터전이자 존재의 이유다. 논을 빼앗긴다는 것은 단순히 땅을 빼앗기는 것이 아니라 삶 자체를 박탈당하는 것을 의미한다. 논을 빼앗길 수밖에 없는 모순된 현실에 대한 고발이 이 소설의 주제이다. 온갖 정성을 기울여 가꾸어도 소작료를 내고 나면 식량 확보조차 쉽지 않은 소작 제도의 속박에서 해방되지 않고서는 그 어떠한 정치적 변화도 이들에게는 해방일 수 없었다. 농민들의 이러한 바람에도 불구하고 일본이 앗아간 농토는 원래 주인에게 돌아가지 못했으며 독립된 정부가 들어선 이후에도 친일파들을 중심으로 한 지주 세력의 기득권은 유지되었다.

🔑 포인트 체크

인물 한 생원은 자신이 판 땅을 거저 되찾을 수 있다고 생각하는 □□□ □ 인물이며, 광복 후 땅을 되찾을 수 없다고 하자 자신의 이익에 보탬이 되지 않는 국가에 대해 □□□인 태도를 보이고 있다.

배경 해방 직후의 군산 부근의 □□이 배경이며, 당시의 토지 분배 문제와 관련한 소시민적인 사회상을 잘 보여 주고 있다.

사건 광복 후 일본인 소유의 재산을 □□ 분배함으로써 일제 강점기에 땅을 빼앗겼던 농민들은 자신의 토지를 되찾을 수 없게 되었다.

1 이 글에 대한 설명으로 적절하지 않은 것은?

① 사투리와 구어체를 활용하여 현장감을 자아내고 있다.

② 사건에 따른 주인공의 심리를 섬세하게 묘사하고 있다.

③ 인물에 대한 외양 묘사를 통해 서술자의 태도를 드러내고 있다.

④ 우직하고 순박한 인물을 주인공으로 내세워 동정심을 유발하고 있다.

⑤ 광복 직후의 사회적 상황에 대한 작가의 비판적 인식을 드러내고 있다.

내신 적중 多빈출

2 '한 생원'에 대한 설명으로 적절하지 않은 것은?

① 먹고사는 것을 가장 중요하게 생각하는 가치관을 지녔다.

② 독립이 되어 성가신 공출이 없어진 것에 대해 만세를 불렀다.

③ 일본이 항복하여 곧 자신의 땅을 돌려받을 수 있을 것이라 기대한다.

④ 자신에게 아무런 이익도 주지 않는다면 나라의 일에 관심을 갖지 않는다.

⑤ 나라의 주인이 바뀌어도 자신의 처지는 달라지지 않을 것이라고 생각한다.

3 ㉠의 이유로 가장 적절한 것은?

① 고을 원님을 응징할 기회가 왔기 때문이다.

② 용길이가 징용에 뽑혀 나갈 염려가 없기 때문이다.

③ 나라를 빼앗긴 고통에서 벗어날 수 있기 때문이다.

④ 돈을 내고서라도 땅을 되찾을 기회가 생겼기 때문이다.

⑤ 일본인에게 팔아넘긴 땅이 다시 자신의 것이 될 것이기 때문이다.

4 '한 생원'이 ㉡과 같이 생각한 이유를 쓰시오.

5 〈보기〉를 참고하여 이 글에서 풍자하는 대상을 두 가지 측면에서 쓰시오.

> **보기**
>
> 채만식은 1930년대 현실의 본질을 드러내는 데 충실했던 리얼리즘 경향을 추구하였다. 특히 풍자의 기법을 통해 자본주의 사회에 대한 비판적 인식을 드러냈는데, 채만식은 풍자의 대상을 부정적인 인물에만 국한시킨 것이 아니라 부정적인 사회와 시대 현실까지 포함함으로써 풍자의 깊이를 더했다는 평가를 받고 있다.

야론지 야료(惹鬧)인지. 까닭 없이 트집을 잡고 함부로 떠들어 대는지.

멧갓 나무를 함부로 베지 못하게 가꾸는 산.

이녁 듣는 이를 조금 낮추어 이르는 이인칭 대명사.

엔간치 정도껏.

구장(區長) 예전에, 시골 동네의 우두머리를 이르던 말.

명색 겉으로 내세우는 구실.

탁 '턱'의 방언. 마땅히 그리하여야 할 까닭이나 이치.

Q '한 생원'이 '길천이'에게 팔았던 논이 도로 자신의 것이 될 것이라고 기대한 이유는?

한 생원이 논을 길천이에게 팔긴 했으나 조선이 독립이 되면서 땅 주인인 일본인들이 땅을 내놓고 돌아갔으므로 땅 주인이 없는 땅은 그 전 주인인 자신이 도로 차지해야 한다고 생각했다.

☆ 구절 풀이

❶ **"나라 명색은 ~ 행사가 어딨다든가?"** 일본인이 두고 간 토지를 무상으로 몰수하여 유상으로 분배한다는 광복 이후 국가의 토지 정책에 대한 작가의 비판적 태도를 한 생원의 말을 통해 드러내고 있다.

❷ **"암만 팔았어두, ~ 영으루 들어?"** 일본인 길천에게 팔았던 논이 광복이 되었으니 당연히 자신의 것이 되어야 한다는 이기적인 주장을 하고 있다. 이를 통해 이 작품에서 광복 후 잘못된 토지 정책뿐 아니라 허황된 꿈을 꾸는 이기적인 인간도 비판의 대상임을 알 수 있다.

❸ **"일없네. 난 오늘버틈 ~ 팔아먹는 게 나라 명색야?"** 백성의 땅을 찾아 주지는 못할망정 오히려 백성들에게 되파는 그런 나라는 필요하지 않다는 말로, 국가의 토지 정책에 대한 강한 분노의 표현이자, 국민과 국가의 관계에 대한 작가의 비판적 인식이 드러나 있다.

❹ **"독립됐다구 ~ 잘 했지."** 논을 되찾으리라는 기대감이 무너져 분노하고 허탈해하는 한 생원의 모습으로, 한 생원의 냉소적 태도를 엿볼 수 있다.

Q 광복 직후의 토지에 대한 부조리한 사회 현실의 모습은?

광복과 함께 일본인 소유였던 토지는 농민들에 의해서 인민위원회를 통해 분배되었다. 하지만 남한에서의 지배력을 확보하기 위해 미군정은 인민위원회를 통한 농민들의 움직임을 불법화하였다. 미군정을 위시한 새로운 지배 세력은 친일파를 중심으로 한 지주 세력에게 땅을 유상 분배하였고, 돈이 없는 농민들은 땅을 받을 수 없었던 것이다.

🧑 작가 소개

채만식(본책 66쪽 참고)

가 "대체 내력을 말을 해요. 무엇 때문에 이 ˙야론지, 내력을 말을 해요."
　　　　　　　이유　　　　　　한 생원이 길천이의 멧갓을 자신의 것이라고 우기는 이유를 궁금해함.

"이 ˙멧갓이 그새까진 길천이 것이라두, 조선이 독립됐은깐 인전 내 것이란 말야, 이놈아."
　　　　　　　　　　　　　　　　　　　　　'인제'의 방언

"조선이 독립이 됐는데, 어째 길천이 멧갓이 한덕문이 것이 되는구?"
　　　　　　　한 생원이 논을 팔았던 일본인 지주　　　한 생원

『"길천이, 일인들은, 땅을 죄다 내놓구 간깐, 그전 임자가 도루 차지하는 게 옳지, 무슨 말이냐?"』
　　　　　　　　　　　　　　　한덕문 본인(한 생원)　　　　『』: 한 생원이 멧갓을 자신의 것이라고 주장하는 이유

"오오, ˙이녁이 이 멧갓을 전에 길천이한테다 팔았다?" / "그래서."

"그랬으니깐, 일인들이 땅을 다 내놓구 가니깐, 이녁은 팔았던 땅을 공짜루 도루 차지하겠다?" / "그래서."
　　　　　　　　　　　　　　　　　　　　　　　한 생원의 생각에 나타난 문제점을 단적으로 나타냄.

『"그 개 뭣 같은 소리 인전 ˙엔간치 해 두구, 어서 없어져 버려요. 난 뻐젓이 길천 농장 산림 관리인 강태식이한테 시퍼런 돈 이천 환 주구서 계약서 받구 샀어요. 강태식인 길천이가 해 준 위임장 가지구 팔구. 돈 내구 산 사람이 임자지, 저, 옛날 돈 받구 팔아먹은 사람이 임잘까?"』
　　　　　　　　　　　　멧갓 주인(영남)의 논리

▶ 길천의 땅을 새로 산 주인에게 면박을 당하는 한 생원

나 사실이라고 한다면 한 생원은 그 논 일곱 마지기를 돈을 내고 사지 않고서는 도로 차지
　　　　　　　　　　　　　　　길천에게 팔았던 논
할 수가 없을 판이었다. 물론 한 생원에게는 그런 재력이 없거니와, 도대체 전의 임자가 있
　　　　　　　　　　　　　　　　　　　　　　　재물의 힘. 또는 재산상의 능력
는데 그것을 아무나에게 판다는 것이 한 생원으로 보기에는 불합리한 처사였다.
일본인이 두고 간 토지는 그 전 주인에게 돌려줘야 한다고 생각하는 한 생원

한 생원은 분이 나서 두 주먹을 쥐고 ˙구장에게로 쫓아갔다.

『"그래 일인들이 죄다 내놓구 가는 것을, 백성들더러 돈을 내구 사라구 마련을 했다면서?"』
　　　　　　　　　　　　　　　　『』: 국가의 토지 정책에 대한 비판

"아직 자세힌 모르겠어두, 아마 그렇게 되기가 쉬우리라구들 하드군요."

해방 후에 새로 난 구장의 대답이었다.

"그런 놈의 법이 어딨단 말인가? 그래, 누가 그렇게 마련을 했는구?"

"나라에서 그랬을 테죠." / "나라?" / "우리 조선 나라요."

"나라가 다 무어 말라비틀어진 거야? 나라 ˙명색이 내게 무얼 해 준 게 있길래, 이번엔 일인이 내놓구 가는 내 땅을 저이가 팔아먹으려구 들어? 그게 나라야?" [중략]
　　　나라의 유상 분배 토지 정책에 대한 불신과 불만을 드러내어 국가에 대한 한 생원의 냉소적인 태도를 보여 줌.

"흥, 가만 뒤두면 저절루 백성의 것이 될 걸 ❶나라 명색은 가만히 앉았다 어디서 툭 튀어나와 가지구, 걸 뺏어서 팔아먹어? 그따위 행사가 어딨다든가?"
　　　　　한 생원의 말을 통해 나라의 유상 분배 토지 정책에 대한 비판적 태도를 드러냄.

"한 생원은, 그 논이랑 멧갓이랑 길천이한테 돈을 받구 파셨으니깐 임자로 말하면 길천이지 한 생원인가요?"
　　　　　　　　　　　　　　　한 생원의 논리가 지닌 문제점을 지적함.

❷"암만 팔았어두, 길천이가 내놓구 쫓겨 갔은깐, 도루 내 것이 돼야 옳지, 무슨 말야. 걸, 무슨 ˙탁에 나라가 뺏을 영으루 들어?"

"한 생원한테 뺏는 게 아니라, 길천이한테 뺏는 거랍니다."

"흥, 둘러다 대긴 잘들 허이. 공동묘지 가 보게나. 핑계 없는 무덤 있던가? 저, 병신년에 원 놈(군수) 김가가 우리 논 열두 마지기 뺏을 제두 핑겔 다 있었드라네."
　　　　　　　　　　　　　　　한 생원에게 국가는 백성을 착취하는 존재일 뿐임.

"좌우간, 아직 그렇게 지레 염녈 하실 게 아니라, 기대리구 있너라면 나라에서 다 억울치 않두룩 처단을 하겠죠."

❸"일없네. ㉠난 오늘버틈 도루 나라 없는 백성이네. 제길, 삼십육 년두 나라 없이 살아왔을려드냐. 『아ㅡ니 글쎄, 나라가 있으면 백성한테 무얼 좀 고마운 노릇을 해 주어야 백성두 나라를 믿구, 나라에다 마음을 붙이구 살지, 독립이 됐다면서 고작 그래, 백성이 차지할 땅 뺏어서 팔아먹는 게 나라 명색야?"』 / 그러고는 털고 일어서면서 혼잣말로,
　　　　　　　『』: 한 생원이 생각하는 바람직한 국가의 모습

❹"독립됐다구 했을 제, 내, 만세 안 부르기, 잘 했지." ▶ 논을 되찾을 수 없게 되자 국가를 부정하는 한 생원
　광복 직후 시대 현실에 대한 풍자와 냉소적 태도가 가장 강하게 나타나는 부분

• 중심 내용 자신의 기대와 다른 토지 정책에 대한 한 생원의 불만과 국가에 대한 냉소 • 구성 단계 (가) 절정 / (나) 결말

🏠 작품 연구소

상황에 따른 한 생원의 심리 변화

　시대적 상황이 바뀜에 따라 한 생원이 가지고 있던 땅의 소유주가 바뀌게 된다. 땅의 주인이 바뀌면서 한 생원의 처지와 심리 상태 역시 변화를 겪게 되는데, 이러한 변화를 중심으로 작가는 허황되고 역사 의식이 없는 한 생원과 국민의 희망과 욕구는 외면한 채 농민이 땅을 소유할 수 없게 하는 국가의 토지 정책을 풍자·비판하고 있다.

시대	상황	한 생원의 심리
구한말	농토를 빼앗던 나라가 망함.	잘 망했다.
일제 강점기	일본인 길천에게 땅을 팖.	조선 때나 별다를 것이 없다.
1945년 8월 15일	8·15 광복을 맞음.	별 느낌 없이 덤덤하다.
광복 직후	일본인들이 재산을 내놓고 쫓겨 감.	땅을 되찾을 기대에 들떴다.
광복 후 과도기	국가에서 일본인들의 재산을 되팖.	국가에 대해 냉소적 태도를 보인다.

📋 자료실

채만식의 풍자 소설

채만식은 한국의 풍자 소설을 대표하는 작가이다. 그는 1930~40년대 일제 강점기의 시대적 아픔, 부조리한 세태와 갈등을 풍자적으로 보여 주는 작품을 많이 창작하였다. 채만식이 본격적으로 세태 풍자 소설을 쓰기 시작한 것은 1934년도 이후의 일이다. 〈레디메이드 인생〉은 고등 교육을 받은 식민지 지식인의 소외와 좌절을 담았으며, 〈탁류〉는 한 여인의 비극적인 삶을 통해 식민지 시대의 혼탁한 세상을 고발한 작품이다. 이 외에도 〈치숙〉, 〈미스터 방〉, 〈맹 순사〉 등의 작품으로 풍자 소설을 이끌었다.

📖 함께 읽으면 좋은 작품

〈레디메이드 인생〉, 채만식 / 식민지 지식인의 좌절과 당대 현실을 풍자한 작품

　고등 교육은 받았지만 그에 걸맞은 직업을 갖지 못한 식민지 지식인의 소외와 좌절을 풍자적으로 그린 작품이다. 단순히 인물에 대한 풍자에 그치지 않고 무기력한 지식인을 양산하는 일제 강점기의 교육 문제와 당대 현실을 풍자, 비판하고 있다는 점에서 〈논 이야기〉와 비교해 볼 만하다.

🔗 Link 본책 64쪽

내신 적중 多빈출

6 (가)에서 '한 생원'이 멧갓을 자신의 땅이라고 주장하는 이유로 적절한 것은?

① 고을 원님이 누명을 씌워 강제로 뺏은 땅이기 때문이다.
② 일본이 망해 돌아갈 때 다시 돌려받기로 약속한 땅이기 때문이다.
③ 일본인의 토지를 관리하는 사람에게 돈을 주고 구입했기 때문이다.
④ 일본인이 땅을 놓고 쫓겨 갔으니 그 전 주인에게 돌려줘야 하기 때문이다.
⑤ 일본인이 놓고 간 땅을 먼저 구입할 권리가 전 주인에게 있다는 제도 때문이다.

내신 적중 多빈출

7 '한 생원'이 ㉠과 같이 말한 이유로 적절한 것은?

① 광복 후에도 공출과 징용이 지속되는 상황을 보며 실망했기 때문에
② 자신의 사리사욕을 채우는 지배층이 여전히 사회에 남아 있었기 때문에
③ 누가 통치를 하든지 간에 자신에게 돌아오는 경제적 이익이 없기 때문에
④ 일본인에게 돈을 주고 산 토지를 국가에 빼앗길지 모른다고 생각했기 때문에
⑤ 국가가 일본인 소유의 토지를 그 땅의 전 주인에게 무상으로 돌려주었기 때문에

8 '한 생원'의 태도에 대한 반응으로 가장 적절한 것은?

① 독립했을 때 만세를 안 부르는 걸 보니 표리부동(表裏不同)이군.
② 자기가 판 땅을 다시 돌려달라는 걸 보니 아전인수(我田引水)로군.
③ 결국 땅을 찾을 수 없는 걸 보니 자승자박(自繩自縛)이라 할 수 있군.
④ 땅을 되찾기를 기대하는 것을 보니 우공이산(愚公移山)이라 할 수 있군.
⑤ 일본인에게 판 땅을 찾을 수 있게 된 것으로 보아 선견지명(先見之明)이 있군.

내신 적중

9 〈보기〉를 참고하여 작가가 비판하려고 한 것이 무엇인지 쓰시오.

> ┤ 보기 ├
>
> 　광복이 된 조국에서 역사적이고 현실적인 농민 문제를 근본적으로 해결하려는 시도는 이루어지지 않았다. 일본인과 가까운 관계를 유지하던 사람들이나 기회를 포착하는 데 능숙한 사람들이 일본인 소유의 토지와 재산을 모두 자기들의 것으로 만들어 버려도 사회적으로 아무런 통제가 가해지지 않는 풍토에서 농민 문제의 근본적인 해결은 기대할 수 없는 것이었다.

문학 동아, 신사고

◎ 핵심 정리

갈래 단편 소설, 세태 소설, 풍자 소설
성격 풍자적, 해학적, 현실 비판적
배경 ① 시간 – 광복 직후
　　　　② 공간 – 서울
시점 전지적 작가 시점
주제 권력에 편승하여 자신의 이익을 추구하는 인간상과 당시의 세태 비판
특징 ① 판소리 사설체를 사용하여 서술자의 개입이 자주 나타남.
　　　 ② 풍자와 비판의 대상이 되는 인물의 행적을 사실적으로 드러냄.
출전 《대조》(1946)

Q '방삼복'은 어떤 인물인가?

이 작품의 주인공 방삼복은 역사와 현실에 대해 왜곡되고 속물적인 인식을 지닌 인물로 그려지고 있다. 즉, 광복 직후 혼란한 사회 상황 속에서 발 빠르게 대처하여 권력을 추구하는 기회주의적인 인물을 대표한다고 할 수 있다.

☀ 어휘 풀이

신기료장수 헌 신을 꿰매어 고치는 일을 직업으로 하는 사람.
도가 같은 장사를 하는 상인들이 모여 계(契)나 장사 등에 관해 의논을 하는 집.
물색 어떤 기준으로 거기에 알맞은 사람이나 물건, 장소를 고르는 일.
부대하다 살이 쪄서 몸이 뚱뚱하고 크다.

☜ 구절 풀이

❶ **1945년 8월 15일, 역사적인 날.** 광복을 의미하며 소설 속에서 역전적 구성이 시작되는 부분이다.
❷ **"우랄질! 독립이 배부른가?"** 자신의 이익에만 정신이 팔려 삼복은 독립의 기쁨조차 느끼지 못하고 오히려 반감을 갖는데, 이를 통해 민족의 운명보다는 자신의 이익을 먼저 생각하는 그의 이기적인 행태를 짐작할 수 있다.
❸ **"옳아. 그렇다면 독립도 할 만한 건가 보다."** 자신의 장사가 수월해지자 독립에 대한 생각이 변하고 있다. 역사와 현실에 대한 의식 없이 돈에만 정신이 팔려 있는 삼복의 이기적인 행태를 드러낸다.
❹ **"이런 옘병헐! ~ 우라진다구 독립을 헌담."** 구두에 징 박는 비용을 올려 받을 수 있게 되자 독립의 혜택이 자신에게도 주어졌다며 기뻐하다가 며칠 못 가서 재료 값이 오르자 독립에 대한 생각이 다시 부정적으로 변하고 있다. 이러한 삼복의 태도를 통해 그가 소신 없고 기회주의적인 인물임을 짐작할 수 있다.
❺ **삼복은 종로서 전차를 내려 ~ 그 옆으로 가 섰다.** 삼복은 통역이 되기 위해 의도적으로 미국 장교에게 접근하고 있다.

가　❶1945년 8월 15일, 역사적인 날.

이날도 ⁺신기료장수 방삼복은 종로의 공원 건너편 응달에 앉아서 구두 징을 박으면서 해방의 날을 맞이하였다. 그러나 삼복은 감격한 줄도 기쁜 줄도 모르겠었다. 지나가는 행인이 서로 모르던 사람끼리면서 덥석 서로 껴안고 기뻐하고 눈물을 흘리고 하는 것이 삼복은 속을 모르겠고 차라리 쑥스러워 보일 따름이었다. 몰려 닫는 군중이 오히려 성가시고, 만세 소리가 귀가 아파 이맛살이 찌푸려질 지경이었다. / 몰려다니고 만세를 부르고 하기에 미처 날뛰느라고 정신이 없어, 손님이 없어, 손님이 부쩍 줄었다.

ⓐ❷**"우랄질! 독립이 배부른가?"** / 이렇게 그는 두런거리면서 반감이 솟았다.
　　　▶ 만세를 부르느라 손님이 줄자 해방된 것에 반감을 갖는 삼복

나　이삼 일 지나면서부터야 삼복에게도 삼복에게다운 해방의 혜택이 나누어졌다.

십 전이나 십오 전에 박아 주던 징을, 오십 전을 받아도 눈을 부라리는 순사를 볼 수가 없었다. [중략] / ⓑ❸**"옳아. 그렇다면 독립도 할 만한 건가 보다."** 삼복은 징 열 개를 박아 주고 오 원을 받아 넣으면서 이렇게 속으로 중얼거리기까지 하였다.

그러나 며칠이 못 가서 삼복은 다시금 해방을 저주하여야 하였다. 삼복이 저 혼자만 돈을 더 받으며, 더 받아 상관이 없는 것이 아니라, 첫째 ⁺도가(都家)들이 제 맘대로 재료 값을 올리던 것이었다.『징, 가죽, 고무, 실 모두가 오 곱 십 곱 비싸졌다. 그러니 신기료장수는 손님한테 아무리 비싸게 받는댔자 재료를 비싼 값으로 사야 하니, 결국 도가만 살찌울 뿐이지 소득은 전과 크게 다를 것이 없었다.』

ⓒ❹**"이런 옘병헐! 그눔에 경제겐 다 어디루 가 뒈졌어. 독립은 우라진다구 독립을 헌담."**

다　그럭저럭 구월도 열흘이 되고, 서울 거리에는 미국 병정이 꼬마차와 함께 그득히 퍼졌다.

그 미국 병정들이, 거리를 구경하면서 혹은 물건을 사려면서, 말이 서로 통하지를 못하여 답답해하는 양을 보고 삼복은 ⑤무릎을 탁 쳤다.
　　　▶ 미군이 말이 통하지 않는 것을 보고 통역을 하기로 마음먹은 삼복

라　❺삼복은 종로서 전차를 내려 동쪽으로 천천히 걸으면서 ⁺물색을 하였다. 생김새가 맘씨 좋아 보이고, 여느 병정이 아니라 장교쯤 가는 이라야 할 것이었다. / 청년 회관 앞에서 담뱃대를 사고 있는 하나가, 몸집이 ⁺부대하고 여느 병정은 아닌 듯하고, 얼굴이 자못 선량하여 보이는 게 선뜻 마음에 들었다. 구경하는 체하고 넌지시 그 옆으로 가 섰다.

미국 장교는 담뱃대를 집어 들고 기물스러워하면서 연방 들여다보다가 값이 얼마냐고, **"하우 머취? 하우 머취?"** / 하고 묻는다. / 담뱃대 장수 영감은, 삼십 원이라고 소래기만 지른다. / 알아들을 턱이 없어, 고개를 깨웃거리면서 다시금 하우 머취만 찾는 것을, 기회 좋을씨고라고, 삼복이가 나직이, / **"더티 원."** 하여 주었다.

휙 돌려다 보더니, / **"오, 캔 유 스피크?"** / 하면서 사뭇 그러안을 듯이 반가워하는 양이라니. 아스러지도록 손을 잡고 흔드는 데는 질색할 뻔하였다.

『직업이 있느냐고 물었다. 방금 실직하였노라고 대답하였다. 그럼, 내 통역이 되어 주겠느냐고 물었다. 그러겠노라고 대답하였다.』

이 자리에서 ⑥신기료장수 코삐뚤이 삼복이 미스터 방으로 승차를 하여, S라는 미국 주둔군 소위의 통역이 되었다. 주급 십오 불(이백십 원) 가량의.
　　　▶ 미군의 통역이 된 방삼복

• **중심 내용** 광복 이후의 세태를 보며 미군의 통역이 된 방삼복　　• **구성 단계** (가), (나) 발단 / (다), (라) 전개

이해와 감상

이 작품은 광복 직후의 사회를 배경으로 한다. 조국의 광복으로 일제의 무단 통치에서 벗어났지만 강대국들이 진입하고 질서가 채 잡히지 않은 틈을 타서 기회주의자들이 세상을 더욱 어지럽게 된다. 이 소설에 등장하는 인물 또한 그러한 현실을 살아가는 여러 군상 중 하나이다. 신기료 장수인 보잘것없는 처지의 방삼복이 기회를 틈타 새로운 외세(미국)에 빌붙어 출세를 도모하는 것이나, 친일 행위를 하던 백 주사가 광복 후에 군중들에게 봉변을 당하고는 '미스터 방'에게 머리를 숙이며 다시 부와 권력을 되찾고자 하는 것 등을 통해 당시의 부정적인 인간형을 풍자적으로 드러내고 있는 것이다. 또한 이처럼 부정적인 인물들이 대우받는 당시의 사회 현실까지 비판의 대상이 되고 있다.

전체 줄거리

발단	방삼복은 십여 년을 외국에서 떠돌다가 집에 돌아와 서울로 가서 신기료장수를 하면서 겨우 연명한다.
전개	방삼복은 미국 장교(S 소위)에게 접근하여 통역을 해 주고 그의 통역이 된다. 그 후 삼복은 부자가 되어 큰 권세를 누리게 된다.
위기	어느 날 백 주사가 방삼복을 찾아와 해방이 되니 전 재산을 빼앗기게 된 사정을 이야기하면서 보복을 부탁하게 된다.
절정·결말	방삼복이 뱉은 양칫물이 공교롭게도 그를 찾아온 S 소위의 얼굴에 떨어지게 되고, 허둥지둥 뛰어나온 방삼복은 S 소위에게 턱을 얻어맞는다.

인물 관계도

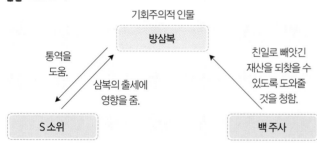

기회주의적 인물

방삼복

통역을 도움. ← 삼복의 출세에 영향을 줌. →

S 소위

친일로 빼앗긴 재산을 되찾을 수 있도록 도와줄 것을 청함.

백 주사

작품 연구소

〈미스터 방〉의 풍자성

이 작품은 가족, 조국, 독립 등 공동체적 삶의 의미보다 개인의 삶과 이익을 중시하고, 능력에 맞지 않게 그 사회의 권력에 기생하며 살아가는 인물의 자기 과시와 허세를 풍자함으로써 당시의 사회를 살아가는 바람직한 인간상을 역설적으로 드러내고 있다.

웃음 (해학)	부정적 인물을 희화화하여 웃음을 유발하고 있으며, 미스터 방의 출세 과정을 다분히 해학적으로 표현함.
비판적 관점	조롱, 냉소 등을 통해 기회주의자인 미스터 방과 백 주사를 비판하고, 나아가 광복 직후 혼란스러운 당시의 사회를 비판함.

 포인트 체크

인물 방삼복과 백 주사는 혼란한 사회상에 발 빠르게 대처하여 권력을 쫓는 □□□□□ 태도를 보이고 있다.

배경 □□ 직후 일제가 물러나고 미국 등 강대국들이 진입한 혼란한 사회 상황을 배경으로 하고 있다.

사건 백 주사는 □□으로 출세한 삼복에게 재산을 되찾을 수 있도록 □□을 요청하고, 의기양양하게 이를 수락한 삼복은 실수로 S 소위에게 양칫물을 뱉어 얻어맞게 된다.

중요 기출

1 이 글의 서술상 특징으로 가장 적절한 것은?

① 서술자를 작중 인물로 설정하여 현장감을 높이고 있다.
② 서술자가 자신의 이야기를 중심으로 사건을 전개하고 있다.
③ 서술자가 상황과 사건을 전지적 시점으로 전달하고 있다.
④ 서술자가 회상을 통해 외부 이야기에서 내부 이야기로 이동하고 있다.
⑤ 서술자는 과거와 현재를 반복적으로 교차시켜 사건에 입체감을 부여하고 있다.

2 이 글에 드러나는 '해방'과 관련한 당시의 분위기로 적절하지 않은 것은?

① 미국 군인들의 숫자가 눈에 띄게 늘었다.
② 거리에서 순사의 모습을 찾아볼 수 없었다.
③ 대다수의 사람들은 해방을 진심으로 기뻐하였다.
④ 사회 질서가 제대로 통제되지 않아 혼란스러웠다.
⑤ 미군들은 미국인 통역관만을 채용하여 쓰고 있었다.

내신 적중

3 ⓐ∼ⓒ에서 드러나는 '방삼복'에게 있어 '독립'의 의미로 적절한 것은?

① 조선 사회를 더욱 혼탁한 상황으로 몰고 갔다.
② 일본인들의 간섭이 완전히 없어져야 의미가 있다.
③ 자신에게 물질적으로 이익이 되어야 의미가 있다.
④ 사회가 경제적으로 안정을 이루어야 진정한 독립이다.
⑤ 제대로 된 지도자가 탄생되어야 독립이라고 할 수 있다.

4 ㉠에 담긴 '방삼복'의 생각에 해당하는 내용을 골라 바르게 묶은 것은?

> ㄱ. 미군에게는 통역관이 필요하겠군.
> ㄴ. 독립이 될 수 있었던 이유가 이것이군.
> ㄷ. 우리가 미군들보다 더 나은 부분도 있군.
> ㄹ. 아, 통역관을 하면 돈벌이도 괜찮을 거야.

① ㄱ, ㄴ   ② ㄱ, ㄹ   ③ ㄴ, ㄷ
④ ㄴ, ㄹ   ⑤ ㄷ, ㄹ

5 ㉡이 '방삼복'에게 갖는 의미를 다음 두 가지 측면으로 나누어 쓰시오.

경제적 의미	사회적 의미
이전보다 _____ _____ 의미한다.	무시당하는 신기료 장수에서 대우받는 미군 통역관으로 _____ 의미한다.

Ⅲ. 광복 이후~1950년대

고리대금 비싼 이자를 받는 돈놀이.

의표 몸을 가지는 태도. 또는 차린 모습.

침모 남의 집에 매여 바느질을 맡아 하고 일정한 품삯을 받는 여자.

진소위 정말 그야말로.

여망 ① 아직 남은 희망. ② 장래의 희망.

괴수 못된 짓을 하는 무리의 우두머리. 수괴.

엠피 Military Police. 헌병.

노대 이 층 이상의 양옥에서, 건물 벽면 바깥으로 돌출되어 난간이나 낮은 벽으로 둘러싸인 뜬 바닥이나 마루. 발코니.

어퍼컷(uppercut) 권투에서, 상대방의 턱을 밑으로부터 올려치는 공격법.

Q '백 주사'는 어떤 인물인가?

광복 후에도 여전히 친일 행위를 반성할 줄 모르고 이기적인 탐욕에 집착하여 권력에 빌붙으려는 인물이다. 예전에는 거들떠보지도 않았던 방삼복에게 머리를 조아리는 것도 불사하겠다는 백 주사의 태도에서 목적을 위해 수단과 방법을 가리지 않는 기회주의적인 태도를 엿볼 수 있다.

📖 **구절 풀이**

❶ **진소위 개천에서 용이 났다고 할 것인지.** 미천하던 방삼복이 하루아침에 부자가 된 것을 비유적으로 표현하고 있는 대목이다. 백 주사가 평소 방삼복을 무시하고 있었고 현재도 다소 아니꼬워하고 있음이 드러난다.

❷ **잘만 하면 그 힘을 빌려 ~ 상관할 바 아니었다.** 자신의 이익을 챙길 수 있도록 도와줄 수만 있다면 평소 무시하던 방삼복에 대한 아니꼬움을 참고 도움을 받겠다는 의미로, 백 주사의 탐욕스럽고 비열한 성격이 드러난다.

❸ **"머, 지끔 당장이래두, ~ 쑥밭을."** 방삼복이 현재 자신의 위치를 과시하면서 대단한 위인인 양 으스대고 있다.

❹ **웬 버릇인지, ~ 양치하는 버릇이 생겼다.** 미천하게 살면서 별로 깨끗한 생활을 하지 않던 방삼복이 미스터 방이 된 후, 즉 세도를 부리게 된 이후에 양치질을 하는 버릇이 생겼다는 것으로, 이는 자신의 우월감을 드러내 보이는 행동으로 해석할 수 있다.

❺ **"헬로. ~ 일치가 되었다"** 방삼복이 뱉은 양칫물이 S소위의 얼굴에 정통으로 맞은 우연의 일치를 통해 웃음을 유발하고 있다.

Q '방삼복'의 '양치하는 버릇'의 역할은?

자신이 대단히 세련된 사람이나 된 듯이 유난스럽게 구는 방삼복의 태도를 드러내는 역할을 할 뿐 아니라, 해학적인 결말을 이끌어 내기 위해 작가가 의도적으로 설정한 장치라고 할 수 있다.

👤 **작가 소개**

채만식(본책 66쪽 참고)

가 일변 고을에서는 백 주사가 자식이 그런 짓을 해서 산 토지를 가지고 동네 사람한테 거만히 굴고, 작인들한테 팔 할 가까운 도지를 받고, •고리대금을 하고 하였대서, 백선봉이 도망해 와 눕는 그날 밤, 그의 본집인 백 주사의 집을 습격하였다.

집과 세간 죄다 부수고, 백선봉이 보낸 통제 배급 물자 숱한 것 죄다 빼앗기고, 가족들은 죽을 매를 맞고, 백선봉은 처가로, 백 주사는 서울로 각기 피신하여 목숨만 우선 보전하였다.

백 주사는 비싼 여관 밥을 사 먹으면서, 울적히 거리를 오락가락, 어떻게 하면 이 분풀이를 할까, 어떻게 하면 빼앗긴 돈과 물건을 도로 다 찾을까 하고 궁리를 하던 것이나, 아무런 묘책도 없었다. [중략]

•의표하며, 집하며, 식모에 •침모에 계집 하인까지 부리면서 사는 것이며, 신수가 훤히 트여 가지고, 말도 제법 의젓하여진 것 같은 것이며, •진소위 개천에서 용이 났다고 할 것인지.

옛날의 영화가 꿈이 되고, 일보에 몰락하여 가뜩이나 초상집 개처럼 초라한 자기가 또 한번 어깨가 옴츠러듦을 느끼지 아니치 못하였다. 그런데다 이 녀석이, 언제 적 저라고 무엄스럽게 굴어 심히 불쾌하였고, 그래서 엔간히 자리를 털고 일어설 생각이 몇 번이나 나지 아니한 것도 아니었다. 그러나 참았다.

보아하니 큰 세도를 부리는 것이 분명하였다. ❷잘만 하면 그 힘을 빌려 분풀이와 빼앗긴 재물을 도로 찾을 •여망이 있을 듯싶었다. 분풀이를 하고, 더구나 재물을 도로 찾고 하는 것이라면야, 코뺄뚤이 삼복이는 말고, 그보다 더한 놈한테라도 머리 숙이는 것쯤 상관할 바 아니었다.

▶ 삼복의 권세를 빌려 복수하고 재산을 되찾으려는 백 주사의 기회주의적 태도

나 「"어쨌든지 그놈들을 말이네, 그놈들을 한 놈 냉기지 말구섬 죄다 붙잡아다가 말이네, •괴수 놈들일랑 목을 썰어 죽이구, 다른 놈들일랑 뼉다구가 부러지두룩 두들겨 주구, 꿇어앉히구 항복받구, 그리구 빼앗긴 것 일일이 도루 다 찾구, 집허구 세간 쳐부순 것 말끔 다 물리구…… 그렇게만 해 준다면, 내, 내, 재산 절반 노나 주문세, 절반. 응, 여보게, 미씨다 방.」

"염려 마슈." / 미스터 방은 선뜻 쾌한 대답이었다. / "진정인가?"

❸"머, 지끔 당장이래두, 내 입 한 번만 떨어진다 치면, 기관총 들멘 •엠피가 백 명이구 천 명이구 들끓어 내려가서, 들이 쑥밭을 만들어 놉니다, 쑥밭을." / "고마우이!"

▶ 자신의 위치를 과시하며 백 주사의 부탁을 승낙하는 삼복

다 백 주사는 복수하여지는 광경을 선히 연상하면서, 미스터 방의 손목을 덥석 잡는다.

"백골난망이겠네." / "놈들을 깡그리 죽여 놀 테니, 보슈." / "자네라면야 어렵겠나."

"흰말이 아니라 참 이승만 박사두 내 말 한마디면 고만 다 제바리유."

미스터 방은 그러고는 냉수 그릇을 집어 한 모금 물고 꿀쩍꿀쩍 양치를 한다. ❹웬 버릇인지, 하여간 그는 미스터 방이 된 뒤로, 술을 먹으면서 양치하는 버릇이 생겼다. / 양치한 물을 처치하려고 휘휘 둘러보다, 일어서서 •노대로 성큼성큼 나간다. 노대는 현관 정통 위였다.

미스터 방이 그 걸쭉한 양칫물을 노대 아래로 아낌없이 좍 뱉는 바로 그 순간이었다.

그 순간이 공교롭게도, 마침 그를 찾으러 온 S 소위가 현관으로 일단 들어서려다 말고 (미스터 방이 노대로 나오는 기척이 들렸기 때문에) 뒤로 서너 걸음 도로 물러나, ❺"헬로." / 부르면서 웃는 얼굴을 쳐드는 순간과 그만 일치가 되었다. / "에구머니!"

[A] 놀라 질겁을 하였으나 이미 배알아진 양칫물은 쿠리한 냄새와 더불어 백절 폭포로 내리쏟아져, 웃으면서 쳐드는 S 소위의 얼굴 정통에 가 좌르르. / "유 데블!"

이 기급할 자식이라고, S 소위는 주먹질을 하면서 고함을 질렀고, 그 주먹이 쳐든 채 그대로 있다가, 일변 허둥지둥 버선발로 뛰쳐나와 손바닥을 싹싹 비비는 미스터 방의 턱을 "상놈의 자식!" / 하면서 철컥, •어퍼컷으로 한 대 갈겼더라고.

▶ S 소위에게 봉변을 당하는 삼복

• **중심 내용** 백 주사 앞에서 위세를 떨다가 S 소위에게 봉변을 당하는 미스터 방 • **구성 단계** (가), (나) 위기 / (다) 절정·결말

🏠 작품 연구소

인물의 희화화와 관련된 〈미스터 방〉의 특징

이 작품에서 인물의 희화화는 등장인물을 우스꽝스럽게 표현함으로써 독자에게 웃음을 유발하는 동시에, 독자들이 인물에 대해 비판적인 시각을 갖게 유도한다. 즉, 독자가 등장인물과 자신을 동일하게 여기면서 몰입하도록 하는 것이 아니라 등장인물에 대해 객관적인 거리를 유지하면서 소설을 읽도록 하는 것이다. 이러한 수용을 통해 골계미라는 미적 정서를 느끼도록 한다. 골계미는 대상을 역전시키는 과정에서 유발되는 웃음의 미학인데, 아름다움을 추함으로 격하시켜 대상이 갖고 있는 허위와 위선을 폭로함으로써 웃음을 유발하는 것이다. 이는 탈춤이나 판소리가 지니고 있는 요소와 비슷한데, 채만식 소설의 해학과 풍자는 인물의 희화화라는 방식을 통해 이루어지며, 이러한 방식이 당대 사회의 모순과 부조리와 관련하여 구체적으로 비판의 기능을 수행하고 있는 것이다.

〈미스터 방〉의 시대적 배경

이 작품의 시대적 배경은 사회·경제적으로 혼란한 시기였던 광복 직후이다. 광복 이후 일본 제국주의의 지배 체제에서는 벗어났지만, 우리나라는 스스로의 힘으로 독립을 이루어 내지 못한 결과, 외세의 개입으로 인해 혼란스러웠고 기회주의자들이 득세하였다. 작가는 친일파인 백 주사와 기회주의자인 방삼복에 대한 희화화와 풍자를 통해 '광복'이라는 역사적 사건이 인물들에게 어떤 의미를 지니는지 적나라하게 보여 주면서 당대 사회의 모순과 문제점을 드러낸다.

〈미스터 방〉에 나타난 기회주의적 인간형과 권력 피라미드

일제 강점기와 광복을 거쳐 6·25 전쟁과 휴전이라는 혼란한 역사를 거쳐오는 동안 우리나라에는 여러 열강들이 드나들었고, 그들에게 기생하는 기회주의적 인간들이 생겨났다.

S
미군 소위
↑
미스터 방(방삼복)
– S 소위의 통역으로 부와 권세를 거머쥠.
↑
백 주사 – 일제 강점기에 권력을 누리다가 광복 후
재산을 빼앗기고 이를 찾기 위해 미스터 방에게 청탁을 함.

📖 함께 읽으면 좋은 작품

〈논 이야기〉, 채만식 / 인물에 대한 풍자가 드러나는 작품

동학 혁명, 일제 강점기, 광복이라는 근대사를 배경으로 역사의식이 부족한 한 생원이라는 인물을 통해 우리 근대사의 농민과 땅 그리고 국가의 관계를 그리고 있는 작품이다. 특히 당대의 최대 현안이었던 토지 분배 문제를 제재로 활용하며 사회상을 잘 드러내고 있다. 🔗 Link 본책 132쪽

〈두 파산〉, 염상섭 / 광복 직후의 사회상을 보여 주는 작품

광복 직후 혼란한 시기를 배경으로 하여 물질적, 정신적 파산을 겪는 두 인물을 통해 정신적인 가치가 파괴되고 물질 만능의 가치관이 만연했던 당대의 사회상을 풍자하고 있다. 여성 주인공 두 명을 축으로 하여 내용을 전개하고 있다는 점에서는 〈미스터 방〉과 다르지만, 광복 직후의 사회상을 보여 주고, 풍자적인 수법을 활용하고 있다는 점에서는 유사성을 지닌다.

---

6 '미스터 방'의 성격을 〈보기〉에서 모두 골라 바르게 묶은 것은?

┤ 보기 ├
곰살궂다   약삭빠르다   이기적이다
어수룩하다   의협심이 강하다

① 곰살궂다, 약삭빠르다
② 곰살궂다, 이기적이다
③ 약삭빠르다, 어수룩하다
④ 약삭빠르다, 이기적이다
⑤ 어수룩하다, 의협심이 강하다

7 '방삼복'에 대한 '백 주사'의 생각으로 적절하지 않은 것은?

① 방삼복의 환경을 보니 나를 도와줄 수 있겠어.
② 방삼복을 이용해서라도 나의 목적을 이루어야겠군.
③ 방삼복의 건방진 태도에 화가 나지만 일단 참아야 해.
④ 방삼복의 과거를 생각할 때, 현재의 그는 출세한 거군.
⑤ 방삼복도 곧 나처럼 무너지는 경험을 하게 될 게 분명해.

중요 기출 고난도
8 다음 학습 활동에서 ㉠에 들어갈 내용으로 적절하지 않은 것은?

┤학습 활동├

감상의 길잡이 │ 이 소설을 감상하기 위해서는 인물과 시대 현실을 비판적으로 이해하는 것이 중요하다.

1. 작품의 시·공간적 배경을 알아보자.
   – 해방 직후의 서울
2. 작중 인물의 태도를 살펴보자.
   – 방삼복은 해방된 사회의 현실에 대해 일관성 없는 태도를 보임.
   – 백 주사는 몰락을 가져온 현실에 대해 부정적 태도를 보임.
   – 백 주사는 갑자기 출세한 방삼복에 대해 이중적 태도를 보임.
3. 작중 인물과 시대 현실을 중심으로 작품을 감상해 보자.

   ┌─────────────┐
   │   ㉠   │
   └─────────────┘

① 방삼복의 출세를 통해 해방 직후 사회의 부정적 단면을 비판적으로 드러낸다.
② 백 주사의 몰락을 통해 개인을 억압하는 시대 변화의 부당함을 비판적으로 드러낸다.
③ 현실에 대한 백 주사의 부정적 태도를 통해 그의 시대착오적 역사 인식을 비판적으로 드러낸다.
④ 현실에 대한 방삼복의 일관성 없는 태도를 통해 그의 현실 인식에 나타난 문제점을 비판적으로 드러낸다.
⑤ 방삼복에 대한 백 주사의 이중적 태도를 통해 자신의 이익만을 추구하는 기회주의적인 모습을 비판적으로 드러낸다.

9 [A]를 다음과 같이 나타낼 때, ⓐ와 ⓑ에 들어갈 알맞은 말을 쓰시오.

[A]는 글의 전체 내용으로 볼 때 (ⓐ   )을/를 암시한다고 할 수 있다. 하지만 이런 무거운 내용을 암시하는 장면을 이와 상반되는 (ⓑ   ) 분위기를 통해 드러냄으로써 독특한 심미적 효과를 거두고 있다.

핵심 정리

갈래 단편 소설, 순수 소설
성격 무속적, 운명적, 토속적
배경 ① 시간 – 구체적으로 제시되지 않음.
　　　② 공간 – 전라도와 경상도의 경계인 화개
　　　　장터
시점 전지적 작가 시점
주제 한국적 운명관(역마살)에 순응하며 사는 삶
　　　과 인간 구원의 문제
특징 ① 시간적, 공간적 배경에 상징적 의미를
　　　　부여함.
　　　② 전통적 운명론을 바탕으로 개인과 운명
　　　　의 갈등을 형상화함.
출전 《백민》(1948)

Q '체 장수 영감'의 말이 뜻하는 것은?

사람의 앞일을 인연 또는 운명으로 돌리고 있는
말로, 운명론적 세계관이 드러나 있다. 이는 작품
속 등장인물들이 보이는 공통적인 태도로, 작품
전체의 주제인 운명에 대한 인식과 순응의 태도
를 단적으로 보여 준다.

어휘 풀이

미투리 삼이나 노 따위로 짚신처럼 삼은 신.
하직 먼 길을 떠날 때 웃어른께 작별을 고하는 것.
여의찮다 일이 마음먹은 대로 되지 않다.
어뜩어뜩 머리가 몹시 어지러워 자꾸 정신을 잃
　고 까무러칠 듯한 모양.
장승 돌이나 나무에 사람의 얼굴을 새겨서 마을
　또는 절 어귀나 길가에 세운 푯말.
항라 명주, 모시, 무명실 등으로 짠 옷감의 하나.
적삼 윗도리에 입는 홑옷. 모양은 저고리와 같다.

Q '옥화'가 '계연'을 떠나보내는 이유는?

옥화는 아들 성기가 사랑하는 여인인 계연이 자
신의 이복동생임을 알게 되면서 계연을 며느리
로 삼으려 했던 마음을 접게 된다. 따라서 불가능
한 사랑을 하는 두 사람을 떼어 놓기 위해서 계
연이 아버지인 체 장수 영감을 따라가게 하는 것
이다.

구절 풀이

❶ **지리산 속에서 우연히 ~ 나오는 길이라⋯⋯**
사건이 요약적으로 제시된 부분으로 계연이
떠나야 하는 까닭을 설명하고 있다.

❷ **"여수 쪽으로 가시게 되면 영영 못 보게 되겠
구만요."** 체 장수 영감은 옥화의 아버지로, 아
버지와 영영 헤어져야 하는 딸의 안타까운 심
정이 드러나 있다.

❸ **계연은 애걸하듯 ~ 쳐다보고만 있었다.** 성기
와 헤어지기 싫은 마음에 떠나지 않게 해 달라
고 애원하는 모습이다.

❹ **"할아부지 거기 ~ 여기 와서 우리하고 같이
삽시다."** 육친에 대한 정을 간접적으로 표현
하고 있다.

가 옥화는 그동안 또 성기에게 역시 그 체 장수 영감의 이야기를 들려주고 있는 모양이었다.
❶지리산 속에서 우연히 옛날 고향 친구의 아들이 된다는 낯선 젊은이 하나를 만났다. 그는
영감의 고향인 여수에서 큰 공장을 경영하는 실업가로, 지리산 유람을 들어왔다가 이야기
끝에 우연히 서로 알게 되었다. 그는 영감에게 함께 고향으로 돌아가 살자고 한다. 영감은
문득 고향 생각도 날 겸 그 청년의 도움으로 어떻게 형편이 좀 펴일 것 같이도 생각되어 그
를 따라 여수로 돌아가기로 결정을 하고 나오는 길이라⋯⋯ 옥화가 무어라고 한참 하는 이
야기는 대개 이러한 의미인 듯하였으나, 조마롭고 어지럽고 노여움으로 이미 두 귀가 멍멍
하여진 그에게는 다만 벌 떼처럼 무엇이 왕왕거릴 뿐, 아무것도 분명히 들리지 않았다.

　　　　　　　　　　　　　　　　　　　　　▶ 성기에게 체 장수 영감 이야기를 하는 옥화

나 ❷"여수 쪽으로 가시게 되면 영영 못 보게 되겠구만요."

옥화도 영감을 따라 일어서며 이렇게 말했다.

"사람 일을 누가 알간디, 인연 있음 또 볼 터이지."

영감은 커다란 ˙미투리에 발을 꿰며 말했다. / "아가, 잘 가거라."

옥화는 계연의 조그만 보따리에다 돈이 든 ㉠꽃주머니 하나를 정표로 넣어 주며 ˙하직을
하였다.

❸계연은 애걸하듯 호소하듯 한 붉은 두 눈으로 한참 동안 옥화의 얼굴을 쳐다보고만 있
었다. / "또 오너라." / 옥화는 계연의 머리를 쓸어 주며 다만 이렇게 말하였고, 그러자 계연
은 옥화의 가슴에다 얼굴을 묻으며 엉엉 소리를 내어 울기 시작하였다.

옥화는 그녀의 그 물결같이 흔들리는 둥그스름한 어깨를 쓸어 주며,

"그만 울어. 아버지가 저기 기다리고 계신다." / 하는 음성도 이제 아주 풀이 죽어 있었다.

"그럼 편히 계시오." / 영감은 옥화에게 하직을 하였다.

❹"할아부지 거기 가 보시고 살기 ˙여의찮거든 여기 와서 우리하고 같이 삽시다."

옥화는 또 한 번 이렇게 당부하는 것이었다. / "오빠, 편히 사시오."

계연은 이미 시뻘겋게 된 두 눈으로 성기의 마지막 시선을 찾으며 하직 인사를 하였다.

성기는 계연의 이 말에 꿈을 깬 듯, 마루에서 벌떡 일어나 계연의 앞으로 당황히 몇 걸음
˙어뜩어뜩 걸어오다간, 돌연히 다시 정신이 나는 듯, 그 자리에 화석처럼 발이 굳어 버린 채,
한참 동안 ˙장승같이 계연의 얼굴만 멍하게 바라보고 있었다.

"오빠, 편히 사시오."

이렇게 두 번째 하직을 하는 순간까지도, 계연의 그 시뻘건 두 눈은 역시 성기의 얼굴에
서 그 어떤 ⓐ기적과도 같은 구원만을 기다리는 것이었고, 그러나 성기는 그 자리에 주저
앉아 버릴 뻔하던 것을 겨우 버드나무 가지를 움켜잡을 수 있었을 뿐이었다.

[A]
　　계연의 시뻘겋게 상기한 얼굴은, 옥화와 그의 아버지가 그들을 지켜보고 있다는 것도
　잊은 듯이 성기의 얼굴만 뚫어지게 바라보고 있었으나, ㉡버드나무에 몸을 기대인 성기
　의 두 눈엔 다만 불꽃이 활활 타오를 뿐, 아무런 새로운 명령도 기적도 나타나지 않았다.

　"오빠, 편히 사시오." / 하고, 거의 울음이 다 된, 마지막 목소리를 남기고 돌아선 계연의
　저만치 가고 있는 ˙항라 ˙적삼을, 고운 햇빛과 늘어진 버들가지와 산울림처럼 울려오는
　뻐꾸기 울음 속에, 성기는 우두커니 지켜보고 있을 뿐이었다.

　　　　　　　　　　　　　　　　　　　　　　　　　　　　▶ 이별하는 성기와 계연

• 중심 내용 계연이 체 장수 영감을 따라 떠나고 성기와 계연은 이별함.　　　　• 구성 단계 절정

이해와 감상

이 작품은 '역마살'을 소재로 하여 운명에 의해 상처받고 좌절하면서도 이에 순응해 나가는 모습을 그림으로써 인간과 운명의 문제를 다루고 있다. 주인공인 성기의 역마살은 외할아버지인 체 장수 영감에게서 비롯된 것으로, 체 장수의 외손자인 성기와 체 장수의 딸인 계연의 결합은 불가능해진다. 이와 같이 이 소설의 주된 갈등은 운명에 맞서는 인간들의 노력과 대결 과정이다.

성기는 사랑하는 계연과 정착하려 하지만 운명은 그에게 죽음과 유랑의 길 중 어느 하나만을 강요한다. 여기서 성기가 유랑을 택한 것은 현실적으로 운명에 대한 순응이나 패배를 뜻하지만, 그 내면에는 한국인의 의식 속에 흐르는 극기, 달관의 의지가 담겨 있다. 자연 법칙과 인간의 생명이 하나의 원리에서 조화되는 세계를 그리는 작가의 작품 세계를 엿볼 수 있다.

전체 줄거리

발단	화개 장터에서 주막을 운영하며 살고 있는, 마음 착하고 인심 좋은 옥화는 아들 성기의 타고난 역마살을 없애기 위해 노력한다. 어느 날, 체 장수 영감이 딸 계연을 데리고 와 옥화네 주막에 맡기고 떠난다.
전개	옥화는 계연을 성기와 맞어 주어 성기가 역마살을 극복하고 정착하기를 바란다.
위기	어느 날, 옥화는 계연의 왼쪽 귓바퀴 위에 난 사마귀를 발견하고 자신의 동생이 아닐까 의심한다.
절정	체 장수 영감이 돌아와 들려준 이야기에 의해 계연이 옥화의 이복동생임이 밝혀지고, 계연과 성기는 이별하게 된다.
결말	계연은 아버지를 따라 고향으로 떠나고 성기는 병을 앓는다. 이후 성기는 엿판을 걸고 화개 장터를 떠난다.

인물 관계도

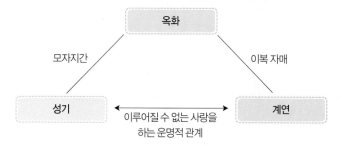

작품 연구소

〈역마〉의 주요 갈등

이 작품에는 역마살이라는 운명과, 운명에서 벗어나기 위해 노력했지만 결국 순응하게 되는 인간의 갈등이 나타난다.

성기가 바라는 삶	성기의 운명
사랑하는 계연과 결혼하여 한곳에 정착하는 삶	역마살에 의해 여기저기 떠돌아 다니는 삶

키 포인트 체크

인물 성기, 옥화, 계연은 각자의 삶에서 최선을 다하지만 결국 ☐☐에 ☐☐하는 태도를 보인다.

배경 전라도와 경상도의 경계에 위치한 ☐☐☐☐를 배경으로 한다.

사건 옥화는 성기가 계연과 연을 맺기를 바라지만 자신과 계연이 ☐☐☐☐인 것을 알게 되고, 성기는 계연과 ☐☐한 후 엿판을 걸고 화개 장터를 떠나기로 결심한다.

1 이 글에서 알 수 있는 사실이 아닌 것은?

① 옥화는 계연을 탐탁하게 여기지 않는다.
② 계연은 성기가 자신을 붙잡아 주기를 바란다.
③ 성기는 계연이 떠나게 된 것에 충격을 받는다.
④ 옥화는 체 장수 영감에게 친근한 태도를 보인다.
⑤ 체 장수 영감은 여수 쪽으로 가서 정착할 생각이다.

2 '체 장수 영감'의 역할로 가장 적절한 것은?

① 주인공에게 조력자 역할을 하는 인물이다.
② 작품의 배경이 전환되는 계기를 마련하는 인물이다.
③ 인물 간의 갈등이 해결되는 계기를 마련하는 인물이다.
④ 현실의 어려움을 극복할 수 있는 가능성을 보여 주는 인물이다.
⑤ 사건이 새로운 방향으로 전개되는 계기를 마련하는 인물이다.

3 [A]의 서술상 특징에 대한 설명으로 가장 적절한 것은?

① 외면 묘사를 통해 인물의 내면 심리를 드러내고 있다.
② 객관적 입장에서 사건의 경과를 간결히 요약하고 있다.
③ 치밀한 배경 묘사로 서정적인 분위기를 그려 내고 있다.
④ 상징적 사물을 통해 인물의 내면 심리를 암시하고 있다.
⑤ 인물의 내면 심리를 분석하여 직접적으로 서술하고 있다.

4 ㉠과 ㉡에 대한 설명으로 적절한 것은?

① ㉠과 ㉡ 모두 옥화와 계연과의 심리적 거리감을 강조한다.
② ㉠과 ㉡ 모두 계연에 대한 옥화의 호의적 태도를 드러낸다.
③ ㉠은 계연에 대한 옥화의 애정을, ㉡은 계연을 떠나보내는 성기의 심리적 고통을 보여 준다.
④ ㉠은 계연을 위한 옥화의 선물이지만, ㉡은 계연에게서 멀어지려는 성기의 의지를 나타낸다.
⑤ ㉠은 옥화의 심리적 갈등을 표현하지만, ㉡은 성기의 평화로운 내면을 표현한다.

5 '계연'의 심리를 드러내는 외양 묘사를 (나)에서 두 가지 이상 찾아 쓰시오.

6 ⓐ를 〈보기〉와 같이 나타낼 때 빈칸에 들어갈 내용을 구체적으로 쓰시오.

회춘(回春) 중한 병에서 회복되어 건강을 되찾음.

남사당 무리를 지어 이곳저곳 떠돌아다니면서 소리나 춤을 팔던 남자.

통정하다 통사정하다. 딱하고 안타까운 형편을 털어놓고 말하다.

명도 태주가 지핀 사람, 즉 점쟁이를 말함. '태주'는 마마를 앓다가 죽은 어린 계집아이의 귀신.

형형하다 광선이나 광채가 반짝반짝 빛나며 밝다.

달포 한 달이 조금 넘는 기간.

옥양목 생목보다 발이 고운 무명. 빛이 희고 얇다.

방물 여자가 쓰는 화장품, 바느질 기구, 패물 따위의 물건.

육자배기 전라도 지방을 중심으로 불리던 민요.

Q '옥화'의 말에 대한 '성기'의 반응은?

옥화가 성기에게 모든 이야기를 털어놓는 것은 성기가 죽을 것이라고 생각하고 모든 것을 단념했기 때문이다. 어머니로서는 밝히기 어려운 부끄러운 가족사이고 아들이 끝내 모르기를 바랐지만, 아들이 어머니의 마음도 모른 채 원망하며 죽는 것은 막고 싶었기 때문이다. 그런데 성기는 어머니의 말을 듣고 오히려 힘을 얻는다. 그것은 계연에 대한 마음을 놓을 수 있기 때문일 것이다. 성기는 어머니에 대한 원망, 계연에 대한 안타까운 사랑 등 복잡한 감정으로부터 자유로워지고, 자신이 처한 현실을 운명으로 받아들임으로써 오히려 마음이 편안해졌다고 볼 수 있다.

☕ 구절 풀이

❶ 그해 아직 봄이 오기 전 ~ 그에게 보여 주었다. 옥화가 계연을 떠나보내야만 했던 이유를 성기에게 설명해 주고 있는 부분으로 인물들의 관계가 드러난다.

❷ 하도 아슬해서 이튿날 ~ 차라리 망신을 했지." 무당이 데리고 있는 귀신 또한 성기와 계연이 이모, 조카 관계라고 말했다는 것이다.

❸ 그런 지도 다시 한 보름이나 지나, ~ 젖어 흐르는 아침이었다. 계절적 배경이 여름인데, 여름은 성장의 계절로, 성기가 자신의 운명을 받아들일 만큼 성장했음을 의미한다.

Q '성기'가 '하동' 쪽으로 향하는 이유는?

계연과의 인연을 뒤로하고 자신의 운명에 순응하여, 앞으로는 자신의 삶을 살아가겠다는 의지의 표현이다. 이를 통해 운명에 순응함으로써 삶을 유지하고 인간 구원에 도달할 수 있다는 한국인의 전통적인 운명관을 보여 준다.

🧑 작가 소개

김동리(본책 86쪽 참고)

가 ❶그해 아직 봄이 오기 전, 보는 사람마다 성기의 ˙회춘을 거의 다 단념하곤 하였을 때, 옥화는 이왕 죽고 말 것이라면, 어미의 맘속이나 알고 가라고, 그래 그 체 장수 영감은, 서른여섯 해 전 ˙남사당을 꾸며 와 이 화개 장터에 하룻밤을 놀고 갔다는 자기의 아버지임에 틀림이 없었다는 것과 계연은 그 왼쪽 귓바퀴 위의 사마귀로 보아 자기의 동생임이 분명하더라는 것을 ˙통정하노라면서, 자기의 왼쪽 귓바퀴 위의 같은 검정 사마귀까지를 그에게 보여 주었다. / ㉠"나도 처음부터 영감이 '서른여섯 해 전'이라고 했을 때 가슴이 섬찟하긴 했다, 그렇지만 설마 했지, 그렇게 남의 간을 뒤집어 놀 줄이야 알았나. ❷하도 아슬해서 이튿날 악양으로 가 ˙명도까지 불러 봤더니, 요것도 남의 속을 빤히 들여다보는 듯이 재출대는구나, 차라리 망신을 했지."
_{옥화의 어머니와 관계를 맺음.} / _{재잘거리는구나}
▶ 계연과 인연을 끊게 한 이유를 성기에게 이야기하는 옥화

나 옥화는 잠깐 말을 그쳤다. 성기는 두 눈에 불을 켜 듯한 형형한 광채를 띠고, 그 어머니의 얼굴을 쳐다보고 있었다.

㉡"차라리 몰랐으면 또 모르지만 한번 알고 나서야 인륜이 있는데 어쩌겠냐."
_{옥화가 성기와 계연을 떼어 놓은 이유}

그리고 부디 에미 야속타고나 생각지 말라고, 옥화는 아들의 뼈만 남은 손을 눈물로 씻었다. 옥화의 이 마지막 하직같이 하는 통정 이야기에 의외로 성기는 도로 힘을 얻은 모양이었다. 그 불타는 듯한 ˙형형한 두 눈으로 천장을 한참 바라보고 있던 성기는 무슨 새로운 결심이나 하듯 입술을 지그시 깨물고 있었다.
_{길을 떠나야겠다는 결심}

아버지를 찾아 강원도 쪽으로 가 볼 생각도 없다, 집에서 장가들어 살림을 할 생각도 없다 하는 아들에게, 그러나 옥화는 이제 전과 같이 고지식한 미련을 두는 것도 아니었다.
_{아들의 역마살을 없애 정착하여 살게 하고 싶은 마음}

㉢"그럼 어쩌랴냐? 너 좋을 대로 해라." / "……."
_{좋을}

성기는 아무런 말도 없이 도로 자리에 드러누워 버렸다. ▶ 옥화의 이야기를 담담하게 받아들이는 성기

다 그러고 나서 한 ˙달포나 넘어 지난 뒤였다.

성기가 좋아하는 여러 가지 산나물이 화갯골에서 연달아 자꾸 내려오는 이른 여름의 어느 장날 아침이었다. 두릅회에 막걸리 한 사발을 쭉 들이켜고 난 성기는 옥화에게,

㉣"어머니, 나 엿판 하나만 맞춰 주." / 하였다. / ㉤"……."
_{방랑하는 삶을 선택한 성기. '엿판'은 떠돌이의 삶을 상징함.}

옥화는 갑자기 무엇으로 머리를 얻어맞은 듯이 성기의 얼굴을 멍하니 바라보고 있었다.
_{충격받은 옥화의 모습을 표현함.}   ▶ 엿장수가 되기로 결심한 성기

라 ❸그런 지도 다시 한 보름이나 지나, 뻐꾸기는 또다시 산울림처럼 건드러지게 울고, 늘어진 버들가지엔 햇빛이 젖어 흐르는 아침이었다. 새벽녘에 잠깐 가는 비가 지나가고, 날은 다시 유달리 맑게 갠 '화개 장터' 삼거리 길 위에서, 성기는 그 어머니와 하직을 하고 있었다. 갈아입은 ˙옥양목 고의적삼에, 명주 수건까지 머리에 잘끈 동여매고 난 성기는, 새로 맞춘 새하얀 나무 엿판을 질빵해서 느직하게 엉덩이 즈음에다 걸었다. 윗목판에는 새하얀 가락엿이 반 넘어 들어 있었고, 아랫목판에는 팔다 남은 이야기책 몇 권과 간단한 ˙방물이 좀 들어 있었다.
_{헤어짐, 방랑, 떠돌이 삶을 상징함.} / _{조금 느슨하게}

그의 발 앞에는, 물도 함께 갈리어 길도 세 갈래로 나 있었으나, 화갯골 쪽엔 처음부터 등을 지고 있었고, 동남으로 난 길은 하동, 서남으로 난 길이 구례, 작년 이맘때도 지나 그녀가 울음 섞인 하직을 남기고 체 장수 영감과 함께 넘어간 산모롱이 고갯길은 퍼붓는 햇빛 속에 지금도 환히 장터 위를 굽이돌아 구례 쪽으로 향했으나, 성기는 한참 뒤 몸을 돌렸다. 그리하여 그의 발은 구례 쪽을 등지고 하동 쪽을 향해 천천히 옮겨졌다.
_{역마살의 운명에 순응하는 길}

한 걸음 한 걸음 발을 옮겨 놓을수록 그의 마음은 한결 가벼워져, 멀리 버드나무 사이에서 그의 뒷모양을 바라보고 서 있을 어머니의 주막이 그의 시야에서 완전히 사라져 갈 무렵 하여서는, ⓐ˙육자배기 가락으로 제법 콧노래까지 흥얼거리며 가고 있는 것이었다.
_{자신의 운명을 받아들인 데 따른 홀가분함.}   ▶ 유랑의 길을 떠나는 성기

• **중심 내용** 운명에 순응하여 살기로 결심하고 길을 떠나는 성기   • **구성 단계** 결말

작품 연구소

〈역마〉의 가족

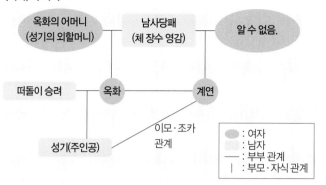

이모·조카
관계

◯ : 여자
◯ : 남자
── : 부부 관계
│ : 부모·자식 관계

'세 갈래 길'의 의미

이 작품의 결말에는 세 갈래 길이 등장한다. 이는 성기가 처한 운명을 상징하며, 성기가 택한 '하동' 쪽은 자신에게 주어진 운명에 순응하는 길, 즉 역마살을 따르는 길이라 할 수 있다.

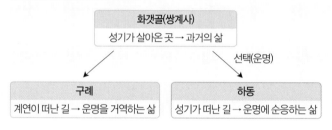

'화개 장터'와 운명의 순환성

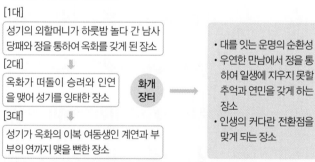

자료실

'역마살'의 의미

'역마살'은 '역마(驛馬)'와 '살(煞)'을 합친 말이다. '역마'란 말이 중요한 운송 수단이었던 때 관용(官用)으로 쓰던 말을 의미하며, '살'은 사람이나 물건 따위를 해치는 독하고 모진 기운을 의미한다. 역마살을 타고난 사람은 결국 한곳에 안주하지 못하고 길 위를 떠도는 삶을 살게 된다.

📖 함께 읽으면 좋은 작품

〈메밀꽃 필 무렵〉, 이효석 / 혈육 간의 운명적 만남을 다룬 작품

허 생원이라는 장돌뱅이의 떠돌이 삶을 그린 소설로, 허 생원은 하룻밤 인연으로 생긴 아들을 우연히 만나고, 왼손잡이라는 특징 때문에 그가 아들이라고 추측한다. 육친 간의 운명적 만남을 다루고 있다는 점에서 〈역마〉와 유사한 점이 있다. **Link** 본책 96쪽

---

7 〈보기〉를 참고하여, 이 글을 감상한 내용으로 적절하지 <u>않은</u> 것은?

┤ 보기 ├

ㄱ. 김동리는 〈역마〉의 인물들을 통해, 운명을 수용하는 것이 운명에 패배하는 것이 아니라 세계와 조화되는 것이며, 이는 우리 민족의 전통적 삶의 방식임을 보여 주고 있다.

ㄴ. 〈역마〉의 인물들이 보여 주는 생각과 행동은 적극적이지 않고 비합리적이어서, 주체적으로 자기 삶의 방향을 결정하는 현대인들이 공감하기 힘들다는 비판이 있다.

① ㄱ에 따르면, 성기와 계연의 이별 장면은 한국인의 전통적 삶의 방식을 보여 주는 장면이군.

② ㄱ에 따르면, 엿장수가 되어 떠나는 성기의 행동은 세계와 조화를 이루는 행동이군.

③ ㄴ에 따르면, 성기를 떠난 계연은 전통적 인물이면서도 삶의 방향을 스스로 결정하는 주체적인 인물이군.

④ ㄴ에 따르면, 명도를 불러 보고 그가 한 말을 받아들이는 옥화는 비합리적인 인물이군.

⑤ ㄴ에 따르면, 하동 쪽으로 발을 옮겨 놓는 성기는 소극적 삶의 자세를 보여 주는 인물이군.

8 이 글을 희곡으로 각색한다고 할 때, ㉠~㉤에 들어갈 지시문으로 적절하지 <u>않은</u> 것은?

① ㉠: 기가 막히다는 듯 탄식하며

② ㉡: 하소연하는 눈빛으로

③ ㉢: 무관심한 태도로

④ ㉣: 담담하지만 단호하게

⑤ ㉤: 눈이 똥그래지며

9 운명을 받아들임으로써 인물의 내면이 편안해졌음을 나타내는 문장을 (라)에서 찾아 처음과 마지막 2어절을 각각 쓰시오.

10 ⓐ의 가사가 〈보기 1〉과 같다고 할 때, '성기'가 콧노래까지 흥얼거리며 가는 결말의 의미에 대해 〈보기 2〉의 빈칸에 알맞은 말을 쓰시오.

┤ 보기 1 ├

곱고 곱고 또 고운 내 님아
내 마음 조심스레 흔들어 들어와 놓고설랑
오던 걸음 고대 돌려 성큼성큼 가는구나.
사람의 인연을 하늘이 점지한다는 그 말을
이제야 알았건만 잡지도 놓지도 못하는 마음아
육자배기 가락을 동무삼아 발길이 닿는 대로 걸어가세.

┤ 보기 2 ├

성기가 사람의 인연은 하늘에 달린 것이라는 알고 발길 닿는 대로 길을 떠나는 데서 역마살이라는 자신의 운명을 (   )하지 않고 그대로 즐겁고 홀가분하게 (   )하려는 태도를 보인다.

문학 지학사

🎯 핵심 정리

갈래 단편 소설, 심리 소설, 전후 소설
성격 독백적, 실존적
배경 ① 시간 – 6·25 전쟁 당시의 겨울
② 공간 – 어느 산골 마을의 눈 덮인 들판
시점 1인칭 주인공 시점과 전지적 작가 시점이 혼용되어 사용됨.
주제 전쟁이라는 상황 속에서 인간이 겪는 고뇌
특징 ① 의식의 흐름 기법을 사용하여 서술함.
② 호흡이 짧은, 현재형 문장을 많이 사용함.
출전 《한국일보》(1955)

Q 이 부분에 나타난 서술 기법은?

주인공을 심문하는 인민군 장교의 말이므로 큰 따옴표를 사용해야 하지만 여기에는 따옴표가 사용되지 않았다. 이는 인민군 장교의 말이 주인공의 의식 속에서 회상되는 것이며, 계속되는 의식의 흐름 중 일부임을 강조하려고 한 것이다.

💡 어휘 풀이

유예 ① 망설여 일을 결행하지 아니함. ② 일을 결행하는 데 날짜나 시간을 미룸. 또는 그런 기간. 여기서는 주인공이 총살당하기 직전의 한 시간을 의미하며, 동시에 주인공의 얼마 남지 않은 목숨을 의미함.
사수 대포나 총, 활 따위를 쏘는 사람.
계급 의식 어떤 특정한 경제적 수준에 해당하는 계급의 구성원이 가지는 일반적 심리 태도.

Q '한 시간'의 유예 기간의 의미는?

이데올로기의 전향 여부에 따라 생사가 결정되는 한 시간의 유예 기간을 '그'는 죽음의 유예 기간으로 받아들인다. 이데올로기의 전향 여부에 대해서는 어떠한 고뇌도 하지 않고 죽음을 생각하고 있는 것이다.

🐝 구절 풀이

❶ **그놈이라고 불린 사람이 ~ 그 사람이었을까…….** '나'는 체포되기 전에, 적들에게 처형당하는 아군 병사를 구하기 위해 적의 사수를 향하여 총을 쐈다가 붙잡힌다. 지금 적들에게 '그놈'이라고 불린 사람이 곧 그 사람이 아니었을까 하고 생각하는 것이다.

❷ **공산주의를 어떻게 생각하시오? 미국에 대한 감정은?** 주인공에게 이념적 선택을 요구하는 인민군 장교의 질문이다.

❸ **이윽고 붉은 피가 ~ 물들여 간다.** '나'가 상상하는 '나'의 죽음의 현장을 선명한 색채 대비를 통해 나타내고 있다. 이는 비극적 성격을 강조하는 효과를 준다.

가 몸을 웅크리고 가마니 속에 쓰러져 있었다. 한 시간 후면 모든 것은 끝나는 것이다. 손과 _{총살 직전에 주어진 삶의 유예 시간} 발이 돌덩어리처럼 차다. 허옇게 흙벽마다 서리가 앉은 깊은 움 속, 서너 길 높이에 통나무로 막은 문틈 사이로 차가이 하늘이 엿보인다. 퀴퀴한 냄새가 코를 찌른다. 냄새로 짐작하 _{단절된 상황} 여 그리 오래된 것 같지는 않다. 누가 며칠 전까지 있었던 모양이군. 그놈이나 매한가지지, 하고 사닥다리를 내려서자마자 조그만 구멍으로 다시 끌어올리며 서로 주고받던 그자들의 _{얼마 전 누군가 '나'처럼 처형을 당했음을 알 수 있음.} 대화가 아직도 귀에 익다. ❶그놈이라고 불린 사람이 바로 총살 직전에 내가 목격하고 필사 _{사다리를} _{인민군} 적으로 놈들의 *사수(射手)를 향하여 방아쇠를 당겼던 그 사람이었을까……. 만일 그 사람 _{인민군} 이 아니었다면 또 어떤 사람이었을까……. ㉠몸이 떨린다. 뼛속까지 얼음이 박힌 것 같다.

▶ 처형 직전, 전에 처형당한 사람에 대해 생각하는 '나'

나 소속 사단은? 학별은? 고향은? 군인에 나온 동기는? ❷공산주의를 어떻게 생각하시오? _{'나'가 참가한 전쟁이 6·25 전쟁임을 알 수 있음.} 미국에 대한 감정은? 그럼…… 동무의 말은 하나도 이치에 정치 않소.
동무는 아직도 *계급 의식이 그대로 남아 있소. 출신 계급을 탓하지는 않소. 오해하지 마 _{'나'} _{옳지} 시오. 그 근성이 나쁘다는 것뿐이오. 다시 한번 생각할 여유를 주겠소. 한 시간 후, ㉡동무 의 답변이 모든 것을 결정지을 거요. _{'나'의 죽음이 유예된 시간 = 작품 제목과 관련됨.}

▶ 인민군에게 심문을 당한 기억을 떠올리는 '나'

다 몽롱한 의식 속에 갓 지나간 대화가 으고 간다. ㉢한 시간 후면 모든 것은 끝나는 것이다. 사박사박 걸음을 옮길 때마다 발밑에 부서지던 눈, 그리고 따발총구를 등 뒤에 느끼며 앞장서 가는 인민군 병사를 따라 무너진 초가집 뒷담을 끼고 이 움 속 감방으로 오던 자신이 마음속에 삼삼히 아른거린다. 한 시간 후면 나는 그들에게 끌려 예정대로의 둑길을 걸어가 _{인민군} _{처형장을 향해 가는 길} 고 있을 것이다. 몇 마디 주고받은 다음, 대장은 말할 테지. 좋소. 뒤를 돌아다보지 말고 똑 바로 걸어가시오. 발자국마다 사박사박 눈 부서지는 소리가 날 것이다. 아니, ㉣어쩌면 놈 _{인민군} 들은 내 옷에 탐이 나서 홀랑 빨가벗겨서 걷게 할지도 모른다(찢어지기는 하였지만 아직 빛깔이 제 빛인 미(美) 전투복이니까……). 나는 빨가벗은 채 추위에 살이 빨가니 얼어서 흰 둑길을 걸어간다. 수 발의 총성, 나는 그대로 털썩 눈 위에 쓰러진다. ❸이윽고 ⓐ붉은 피 _{미래의 사건을 현재형으로 서술 – 비극적 현실감을 강조함.} 가 하이얀 눈을 호젓이 물들여 간다. 그 순간 모든 것은 끝나는 것이다. 놈들은 멋쩍게 총을 _{색채 대비를 통해 비극성을 강조함.} _{「 」: 전쟁 속에서는 죽음이 하찮은 것임을 보여 줌으로써 전쟁의 비극성을 강조함.} 다시 거꾸로 둘러메고 본대로 돌아들 간다. 발의 눈을 털고 추위에 손을 비벼 가며 방 안으로 들어들 갈 테지. ㉤몇 분 후면 그들은 화롯불에 손을 녹이며 아무 일도 없었던 듯 담배들을 말아 피우고 기지개를 할 것이다. _{전쟁의 비인간성을 부각함.}

▶ 자신이 처형당하는 모습을 상상하는 '나'

라 누가 죽었건 지나가고 나면 아무것도 아니다. 그들에겐 모두가 평범한 일들이다. 나만이 _{사람을 죽이는 일을 아무렇지도 않게 생각하는 전쟁의 잔인함} 피를 흘리며 흰 눈을 움켜쥔 채 신음하다 영원히 묵살되어 묻혀 갈 뿐이다. 전 근육이 경련 _{이 글 전체의 배경과 분위기를 드러냄.} 을 일으킨다. 추위 탓인가……. 퀴퀴한 냄새가 또 코에 스민다. 나만이 아니라 전에도 꼭 같 _{자신의 죽음에 대한 예견. 상상에서 현실로 돌아오는 부분} 이 이렇게 반복된 것이다.

『싸우다 끝내는 죽는 것, 그것뿐이다. 그 이외는 아무것도 없다. 무엇을 위한다는 것, 무엇 _{맹목적인 전쟁의 비극성 강조} 을 얻기 위한다는 것, 그것도 아니다. 인간이 태어난 본연의 그대로 싸우다 죽는 것, 그것뿐 _{「 」: 전쟁이라는 상황 속에서는 인간의 생명이 아무런 가치가 없다는 것을 고발함.} 이라고 생각하였다.』

▶ 무의미한 죽음을 통해 느끼는 전쟁의 비극성

• **중심 내용** 포로로 잡혀 와 움 속에서 자신의 죽음에 대해 생각하는 '나'   • **구성 단계** 발단

이해와 감상

이 작품은 전쟁의 체험을 통해 전쟁의 비극성을 고발한 전후 소설로 1인칭과 3인칭 시점을 교차하면서 주인공의 의식 세계를 중심으로 서술하고 있다. 시간 순서에 따른 사건 전개보다는 주인공의 의식을 중심으로 과거와 현재를 넘나듦으로써 상황을 생생하게 전달할 뿐만 아니라, 비극적인 생의 종말을 효과적으로 드러낸다.

한편 이 작품에서는 인간의 존재와 죽음의 의미에 대한 탐구가 이루어지는데, 전쟁이라는 극한 상황 속에서 인간의 존재란 무엇이며 죽음은 어떠한 의미를 지니는지에 대해 생각하는 '나'의 모습에서 작가의 실존 탐구 자세를 엿볼 수 있다. 주인공이 포로가 되어 적군의 회유를 거부하고 처형의 순간을 맞기까지 그의 의식 속에 전쟁의 무의미함, 인간 생명이 무가치하게 죽어 가고 있음을 고발하는 데서 이를 말해 준다.

이 작품에서는 상황의 설정에도 유의하여야 하는데, 죽음을 맞이하는 공간은 상상 속에서나 현실에서나 '흰 눈밭'으로 그려지고 있다. 이것은 주인공의 죽음의 비극성을 밝고 아름답게 빛나는 흰 눈과 붉은 피를 대비적으로 드러내려는 작가의 의도에서 비롯된 것으로 이해할 수 있다.

전체 줄거리

발단	적에게 잡힌 '나'는 처형까지 한 시간의 유예 시간이 주어진 가운데 움에 갇혀 전쟁의 무의미성을 생각하게 된다.
전개	'나'는 너무 적진 깊이 들어갔다가 후퇴하면서 부하들을 잃고 홀로 남하하게 된다.
위기	남하하던 중, 어느 마을에서 아군이 북한군들에게 처형되려는 장면을 목격하고 적의 사수에게 총을 쏘았다가 붙잡히게 된다.
절정	적은 끊임없이 '나'를 회유하지만 '나'는 전향을 거부한다.
결말	죽는다는 것은 아무것도 아니라고 생각하면서 '나'는 적에게 처형당한다.

인물 관계도

작품 연구소

〈유예〉의 비극성을 심화하는 장치

'흰 눈'은 이 작품 전체의 배경이며, 작중 분위기를 만드는 소재이다. 주인공이 총살되기 직전의 냉혹하고 절망적인 상황을 통하여 인간 생명에 대한 무관심을 상징적으로 드러내고 있다. 흰 눈은 햇빛을 받아 밝게 빛나는데, 이는 주인공이 흘리는 붉은 피와 선명한 대조를 이룬다. 이러한 이미지의 대조를 통하여 작가는 전쟁의 비극성을 강조하고 있다.

키 포인트 체크

인물 '나'는 포로로 붙잡힌 국군 소대장으로, 죽음 앞에서도 자신의 □□와 □□을 지키는 인물이다.

배경 6·25 전쟁 중인 겨울, 흰 눈이 쌓인 둑길을 배경으로 하여 전쟁의 □□□을 강조하고 있다.

사건 처형되려는 아군을 구하려다가 포로가 된 '나'는 인민군의 회유를 □□하고 적에게 □□당한다.

1 이 글의 서술상 특징으로 적절하지 않은 것은?
① 현재형 어미를 사용하여 현장감을 주고 있다.
② 주인공이 자신의 생각을 직접 서술하고 있다.
③ 세밀한 외양 묘사를 통해 인물의 성격을 드러내고 있다.
④ 서술의 초점을 한 인물에 맞추어 사건을 전개하고 있다.
⑤ 중심인물의 의식의 흐름에 따라 사건을 서술하고 있다.

2 (다)에 대한 설명으로 가장 적절한 것은?
① '나'는 자신이 겪게 될 미래의 상황을 상상하고 있다.
② '나'는 꿈꾸는 이상과 현실 사이에서 혼란을 겪고 있다.
③ '나'는 어떤 선택을 해야 할 것인지 심리적 갈등을 겪고 있다.
④ '나'는 자신의 운명을 예측할 수 없음에 두려움을 느끼고 있다.
⑤ 시대적 상황과 관련지어 '나'가 겪을 일에 대해 의미를 부여하고 있다.

3 ㉠~㉤에 대한 설명으로 적절하지 않은 것은?
① ㉠: '나'는 죽음을 실감하면서 공포심을 느끼고 있다.
② ㉡: 적군의 장교는 '나'에게 전향과 죽음 중에 하나를 선택하라고 강요하고 있다.
③ ㉢: '나'가 적군의 사상 전향 요구를 거부할 것임을 알 수 있다.
④ ㉣: '나'는 죽음과 관련하여 현실의 비정함을 느끼고 있다.
⑤ ㉤: 적군 병사들은 '나'에게 인간적인 연민을 느끼고 있다.

4 ⓐ에 사용된 표현상 특징과 그 효과를 쓰시오.

5 〈보기〉를 작가와의 가상 인터뷰라고 할 때, ㉮, ㉯에 들어갈 알맞은 말을 쓰시오.

┤ 보기 ├
학생: 작가께서는 이 소설에서 '싸우다 끝내는 죽는 것, 그것뿐이다.'라고 하며 전쟁의 의미를 규정하신 것 같습니다. 전쟁에 대해 무엇도 위하지도 않고, 무엇도 얻기 위한 것이 아니라고 하며 싸우다 죽는 것 그것뿐이라고 규정한 이유가 무엇인가요?
작가: 전쟁이란 당초에 무엇을 위하거나 얻기 위해 벌이는 인간의 행동이지요. 그런데 전쟁터에서 무수하게 사람을 많이 죽이게 되면 애초의 의미는 없게 되고 살상 행위 그 자체만 남게 되지요. 그래서 저는 전쟁의 맹목성, 즉 전쟁의 ____㉮____을/를 고발해 전쟁의 ____㉯____을/를 말하고 싶었어요.

동정 전개되거나 변화되어 가는 낌새나 상태.
괴다 쓰러지거나 기울지 않도록 아래를 받쳐 안정되게 하다.
유감없다 섭섭한 마음이 없이 흡족하다.
재다 총에 탄약이나 화약을 넣어 끼우다.
일각(一角) 아주 짧은 시간.
허튼 되지 못한. 쓸데없는.
연발하다 총이나 대포, 화살 따위가 잇따라 쏘아지다.

Q '눈'의 의미는?

여기에서 '눈'은 중의적인 의미를 지니는데 주인공의 눈[眼]일 수도 있고, 대지 위에 쌓인 눈[雪]일 수도 있다. 만약 후자의 의미로 사용되었다면 이는 눈을 의인화하여 죽음을 맞이하는 주인공의 의지가 결연함을 나타내는 것이다.

⚗ 구절 풀이

❶ 그는 눈을 다섯 ~ 바로잡아 가며 일어섰다. 서술자가 '나'에서 '작가'로 전환되고 있다. 즉 1인칭 주인공 시점에서 3인칭 시점으로 변화되는 부분이다.

❷ 끝나는 일 초, ~ 잊어서는 안 된다. 인간으로서 자신의 존재를 분명하게 인식할 것을 강조하는 내용으로 실존주의적 성향을 보여 준다.

❸ 아니 아무것도 아닌 것이다. 전쟁의 상황에서 인간은 무의미하고 무가치한 존재임을 강조한다.

❹ 흰 눈이 회색빛으로 흩어지다가 점점 어두워 간다. 명암의 변화를 통해 주인공이 의식을 잃어 가며 죽음에 이르게 되는 과정을 압축적으로 드러내고 있다. 흰 눈의 차가운 이미지가 존재의 무의미함을 고조시키고 있으며 상황의 비극성을 심화시키고 있다.

Q 앞 장면과 동일하게 반복되는 죽음의 장면이 내포하는 의미는?

'그'에게 유예된 한 시간은 의식 속에서 상상하는 죽음의 장면에서 시작하여 현실 속에서 죽음을 실제로 경험하는 장면으로 끝나는데, 두 장면은 마치 하나의 장면인 것처럼 일치된다. 이것은 '죽음'이 '그'에게 의식과 현실이 합치되는 실존적인 순간으로 의미화되어 있기 때문이다. 즉, '그'에게 죽음은 벗어날 수 없는 근원적인 한계 상황으로 인식되고 있음을 보여 주는 것이다.

🖊 작가 소개

오상원(吳尙源, 1930~1985)
소설가. 1955년 《한국일보》 신춘문예에 〈유예〉가 당선되어 등단하였다. 실존주의 문학의 영향을 받아 전쟁으로 인해 빚어진 인간 문제를 주로 다루었다. 주요 작품으로 〈모반〉, 〈백지의 기록〉, 〈파편〉 등이 있다.

가 방 안이다. 방 안에 뉘어져 있는 것이다. 이따금 흰 눈을 밟고 지나가는 발자국 소리가 희미한 의식 속에 떠온다. 점점 멀어져 가는 발자국 소리를 따라서 그의 의식도 희미해진다.
　그 후 몇 번이고 심문이 지나갔다. 모든 것은 결정되었다. 인제 모든 것은 끝나는 것이다. _{3인칭 시점} 얼음장처럼 밑이 차다. 아무 생각도 없다. 전신의 근육이 감각을 잃은 채 이따금 경련을 일_{죽음이 결정된 상황}으킨다. 발자국 소리가 난다. 말소리도. 시간이 되었나 보다. 문이 삐그덕거리며 열리고 급기야 어둠을 헤치고 흘러 들어오는 광선을 타고 사닥다리가 내려올 것이다. 숨죽인 채 기다린다. 일순간이 지났다. 조용하다. 아무런 *동정도 없다. 어쩐 일일까……? 몽롱한 의식_{아주 짧은 시간}의 착오 탓인가. 확실히 구둣발 소리다. 점점 가까워 오는…… 정확한…… 그는 몸을 일으키려 애썼다. 고개를 들었다. 맑은 광선이 눈부시게 흘러 들어온다. 사닥다리다.
　㉠"뭐 하고 있어! 빨리 나와!"
　_{내면의 소리가 아닌 현실의 소리이므로 큰따옴표로 처리함.}착각이 아니었다. 그들은 벌써부터 빨리 나오라고 고함을 지르며 독촉하고 있었다. ㉡한 단 한 단 정신을 가다듬고 감각을 잃은 무릎을 힘껏 *괴어 짚으며 기어올랐다. 입구에 다다르자 억센 손아귀가 뒷덜미를 움켜쥐고 끌어당겼다. 몸이 밖으로 나가는 순간 눈 속에 그대로 머리를 박고 쓰러졌다. 찬 눈이 얼굴 위에 스치자 정신이 돌아왔다. 일어서야만 한다. 그리고 정확히 걸음을 옮겨야 한다. 모든 것은 인제 끝나는 것이다. 끝나는 그 순간까지 정확히 나를 끝맺어야 한다. _{1인칭 주인공 시점}
　❶그는 눈을 다섯 손가락으로 꽉 움켜 짚고 떨리는 다리를 바로잡아 가며 일어섰다. 그리고 한 걸음 한 걸음 정확히 걸음을 옮겼다. 눈은 의지적인 신념으로 차갑이 빛나고 있었다. _{죽음을 맞이하는 주인공의 결연한 의지}
　본부에서 몇 마디 주고받은 다음, 준비 완료 보고와 집행 명령이 뒤이어 떨어졌다. ▶ 사형 집행 명령이 떨어져 죽음을 맞는 '나'

나 눈에 힘뻑 싸인 흰 둑길이다. 오오 이 둑길…… 몇 사람이나 이 둑길을 걸었을 거냐. 흰칠_{죽음의 장소, 여러 사람이 피를 흘렸을 장소이나 하얗게 그 흔적이 덮여 있음. – 무의미하고 차가운 세계}히 트인 벌판 너머로 마주 선 언덕, 흰 눈이다. 가슴이 탁 트이는 것 같다. 똑바로 걸어가시_{막힘없이 깨끗하고 시원스럽게} _{전쟁의 비극성과 비정한 현실 상징}오. ㉢남쪽으로 내닫는 길이오. 그처럼 가고 싶어 하던 길이니 *유감없을 거요. 걸음마다 흰 눈 위에 발자국이 따른다. 한 걸음 두 걸음 정확히 걸어야 한다. 사수(射手) 준비! 총탄 *재는 소리가 바람처럼 차갑다. 눈앞엔 흰 눈뿐, 아무것도 없다. ㉣인제 모든 것은 끝난다. _{목숨이 끊기는 최후의 순간까지 자신의 실존을 확인하려는 노력}끝나는 그 순간까지 정확히 끝을 맺어야 한다. ❷끝나는 일 초, *일각까지 나를, 자기를 잊어서는 안 된다. ▶ 죽음을 앞두고 자신의 실존을 지키기 위해 노력하는 '나'

다 걸음걸이는 그의 의지처럼 또한 정확했다. 아무리 한 걸음 한 걸음 다가가는 걸음걸이가 죽음에 접근하여 가는 마지막 길일지라도 결코 *허튼, 불안한, 절망적인 것일 수는 없었다. 흰 눈, 그 속을 걷고 있다. 훤칠히 트인 벌판 너머로, 마주 선 언덕, 흰 눈이다. *연발하는 총성, 마치 외부 세계의 잡음만 같다. ❸아니 아무것도 아닌 것이다. 그는 흰 속을 그대로 한_{전쟁이 '나'에게 무의미하게 여겨지고 있음을 보여 줌.} 걸음 한 걸음 정확히 걸어가고 있었다. 눈 속에 부서지는 발자국 소리가 어렴풋이 들려온다. 두런두런 이야기 소리가 난다. 누가 뒤통수서 잡아 일으키는 것 같다. 뒤 허리에 충격을_{충격을 당함.} 느꼈다. 아니 아무것도 아니다. 아무것도 아닌 것이다. ▶ 무의미하게 다가오는 처형의 순간

라 ❹흰 눈이 회색빛으로 흩어지다가 점점 어두워 간다. 모든 것은 끝난 것이다. 놈들은 멋쩍_{자신의 생명이 끊기는 순간을 시각적으로 표현함.}게 ㉤총을 다시 거꾸로 둘러메고 본부로 돌아들 갈 테지. 눈을 털고 추위에 손을 비벼 가며 방 안으로 들어들 갈 것이다. 몇 분 후면 화롯불에 손을 녹이며 아무 일도 없었던 듯 담배들을 말아 피고 기지개를 할 것이다. 누가 죽었건 지나가고 나면 아무것도 아니다. 모두 평범_{인간의 생명을 무가치하게 만들어 버리는 전쟁의 비인간성과 비극성 강조}한 일인 것이다. 의식이 점점 그로부터 어두워 갔다. 흰 눈 위다. 햇볕이 따스히 눈 위에 부서진다. ▶ 죽음 이후를 떠올리며 서서히 의식을 잃어 감.
_{전쟁의 비정함을 상징적으로 보여 주는 표현(비장미 고조)}

• **중심 내용** 전쟁으로 무의미한 죽음을 맞이하는 '나'　　　　　• **구성 단계** 결말

작품 연구소

〈유예〉의 구성상 특징 – 기억으로 재구성되는 사건들

이 작품은 시간의 흐름을 역전시켜 사건의 전모를 밝혀 가는 역순행적 구성을 취하고 있다. 죽음을 앞에 둔 주인공이 지금의 상황에 이르게 된 과정을 재구성함으로써 죽음 직전 상황의 긴장감이 고조될 수 있도록 구성되었다. 하지만 주인공은 오히려 담담하고 체념적인 태도로 죽음에 이르게 된 과거 상황을 설명함으로써, 주어진 운명의 시간을 향해 가는 공포와 초조감이 도리어 아무렇지도 않은 일상처럼 느껴지도록 만들고 있다. 주인공의 내면에서 벌어지는 기억과 현실의 복잡한 엇갈림을 과거 회상이라는 구성을 통해 표현함으로써 인간 본래의 의연함과 자존감을 효과적으로 드러내고 있다.

〈유예된 시간 동안 주인공의 의식의 흐름 속에서 교차되는 시간의 흐름〉

A → B → A → C → A → B → A → C → A

A: 움 속에서 죽음이 유예된 현재의 상황
B: 포로의 신분으로 심문을 받던 직전의 과거 상황
C: 적과의 교전부터 낙오되어 포로가 되기까지의 과거 상황

〈유예〉 속 '죽음'이 지닌 실존적 의미

이 작품 속의 '죽음'은 실존적 의미를 지닌 유의미한 끝이다. 죽음의 순간이야말로 인간으로서의 자기를 완성하는 순간이기 때문이다. "끝나는 순간까지 정확히 나를 끝맺어야 한다."라든가 "끝나는 일 초 일각까지 나를, 자기를 잊어서는 안 된다."라는 다짐의 반복 속에서 확인할 수 있는 것처럼 '그'에게 죽음에의 의지는 곧 실존적 인간에의 의지인 것이다. 또한 자신이 죽는 순간까지 인간으로서의 자기 존재를 망각해서는 안 된다는 신념의 표현이기도 하다.

1인칭 시점과 3인칭 시점의 교차 효과

1인칭 시점		3인칭 시점
주인공의 독백 부분으로, 인물의 내면 심리를 효과적으로 드러내고 있음.	←교차 서술→	'나'가 총살당하는 부분으로, 주인공이 처한 상황을 객관적으로 파악할 수 있게 함.

↓

효과	극도의 긴장 상황 속에서도 의연하게 자신의 모습을 지키려는 주인공의 의지를 나타냄.

함께 읽으면 좋은 작품

〈용초도 근해〉, 박영준 / 전쟁으로 인한 한 인간의 희생을 다룬 작품

국군 포로인 용수가 판문점을 거쳐 용초도로 후송되는 도중, 과거에 포로 수용소에서 전우를 고발한 것과 북에 여인을 두고 온 죄책감으로 용초도에 도착하기 직전 바다에 뛰어든다는 이야기이다. 〈유예〉와 마찬가지로 전쟁으로 인한 한 인간의 희생을 다루고 있다.

〈요한 시집〉, 장용학 / 인물들의 실존적 불안 심리를 다룬 작품

전후 실존주의 문학을 대표하는 작품이다. 전후의 한반도를 배경으로 펼쳐지는 극한 상황 속에서 인간의 자유와 실존적 자각을 그려 내고 있다. 이 작품의 '서(序)' 부분은 우화적 기법으로 되어 있으며, '상'과 '하' 부분은 1인칭 주인공 시점, '중' 부분은 3인칭 관찰자 시점으로 되어 있어 사건 진술에 따라 시점이 이동하고 있다.

6 이 글을 통해 알 수 있는 사실이 <u>아닌</u> 것은?

① 움 속 감옥은 지하에 있는 어두운 공간이다.
② '나'는 총을 맞은 이후에도 잠시나마 의식을 갖고 있었다.
③ 사수들은 특별한 임무를 수행한 것에 대해 자부심을 느끼고 있다.
④ 움 속에서 끌려 나온 '나'는 혼자 힘으로 서는 데 어려움을 겪고 있다.
⑤ '나'는 자기처럼 처형당한 사람이 이전에도 있었을 것이라고 생각하고 있다.

7 〈보기〉를 참고할 때, (나)와 (다)에 대한 독자의 반응으로 가장 적절한 것은?

┤ 보기 ├

이 작품은 1인칭 시점과 3인칭 시점이 교차되면서 사건이 전개된다. 주로 주인공의 자의식이 깊어진 부분에서는 독백을 중심으로 한 1인칭 시점을 사용하고, 주인공을 둘러싼 상황을 보여 줄 때는 3인칭 시점을 사용하고 있다.

① (나)에서는 과거의 사건을, (다)에서는 현재의 사건을 서술하려 한 것이군.
② (나)에서는 인물의 내면세계에, (다)에서는 인물의 행동과 주변 상황에 초점을 맞추려 한 것이군.
③ (나)에서는 인물의 독백을 중심으로, (다)에서는 인물 간의 대화를 중심으로 사건을 전개하려 한 것이군.
④ (나)에서는 (다)와 달리 인물의 내적 갈등을 간접적으로 드러내려 한 것이군.
⑤ (나)와 (다) 모두 인물을 둘러싼 상황을 박진감 있게 묘사하려 한 것이군.

내신 적중

8 ㉠~㉤에 대한 설명으로 적절하지 <u>않은</u> 것은?

① ㉠: 주인공의 의식 속에서가 아닌 실제에서 이루어진 대화이다.
② ㉡: 주인공이 현재 실제로 하고 있는 행동을 표현한 것이다.
③ ㉢: 주인공의 회상 속에 있는 인물의 대화이다.
④ ㉣: 주인공이 자기 자신에게 하는 독백의 내용이다.
⑤ ㉤: 주인공이 다른 인물의 행동을 상상하여 표현한 것이다.

9 작가가 (라)에서 '놈들'의 행동을 통해 강조하려고 하는 것이 무엇인지 2어절로 쓰시오.

10 명암의 변화를 통하여 주인공이 죽음을 맞이하는 과정을 감각적으로 나타낸 문장을 (라)에서 찾아 쓰시오.

수난 이대 | 하근찬

국어 지학사

🎯 핵심 정리

갈래 단편 소설, 전후 소설
성격 사실적, 상징적
배경 ① 시간 – 일제 강점기부터 6·25 전쟁 후까지
② 공간 – 경상도의 어느 작은 마을
시점 작가 관찰자 시점(부분적으로 전지적 작가 시점과 1인칭 관찰자 시점이 보임.)
주제 민족의 수난과 이를 극복하려는 의지
특징 ① 현대사의 굴곡으로 인한 개인의 상처와 상실을 사실적으로 묘사함.
② 역사적 시련을 극복하기 위한 방안을 제시함.
③ 인물의 대사에 방언을 사용하여 사실감을 부여함.
출전 《한국일보》(1957)

Q 아들을 만나기 전과 아들을 만난 후의 '만도'의 심리 변화는?

전쟁터에서 돌아오는 아들을 맞이하러 기차역까지 걸어가는 만도는 기대감과 기쁨에 들떠 있으나 한편으로는 불안감을 느낀다. 그러다가 자신처럼 상이군인이 되어 돌아온 아들을 보고는 충격에 빠져 비통함을 느끼게 된다.

💡 어휘 풀이

출찰구 역에서 기차를 타기 위해 개표를 하고 나가는 입구. '표 파는 곳'으로 순화된 옛말.
상이군인 전쟁 중에 부상을 입은 군인.
나무둥치 큰 나무의 밑동.
꼬락서니 '꼴'을 낮잡아 이르는 말.

📖 구절 풀이

❶ 쌔액 — 기차 소리였다. 만도가 과거를 회상하는 장면에서 현실로 돌아오게 하는 매개체이다.
❷ 기적 소리가 ~ 가슴은 울렁거렸다. 아들을 만나게 된다는 기쁨과 아들이 혹시 부상을 당하지는 않았을까 하는 걱정이 복합적으로 표현되어 있다.
❸ 양쪽 겨드랑이에 ~ 펄럭거리는 것이 아닌가? 6·25 전쟁에 참전한 진수가 한쪽 다리를 잃은 모습을 사실적으로 묘사하고 있다.
❹ "에라이 이놈아!" 우려했던 불안이 현실로 나타난 것에 대한 슬픔과 분노를 나타낸다.
❺ 앞장서 가는 만도는 ~ 법도 없었다. 예기치 않은 상황에 대한 만도의 당혹감과 현실에 대한 분노가 드러난 행동으로 볼 수 있다.

가 ㉠**❶쌔액 — 기차 소리였다.** 멀리 산모퉁이를 돌아오는가 보다. 만도는 앉았던 자리를 털고 벌떡 일어서며, 옆에 놓아두었던 고등어를 집어 들었다. **❷기적 소리가 가까워질수록 그의 가슴은 울렁거렸다.** 대합실 밖으로 뛰어나가, 홈이 잘 보이는 울타리 쪽으로 가서 발돋움을 하였다. 째랑째랑 하고 종이 울자, 한참 만에 차는 소리를 지르면서 달려들었다. 기관차의 옆구리에서는 김이 픽픽 풍겨 나왔다. 만도의 얼굴은 바짝 긴장되었다. 시꺼먼 열차 속에서 꾸역꾸역 사람들이 밀려 나왔다. 꽤 많은 손님이 쏟아져 내리는 것이었다. 만도의 두 눈은 곧장 이리저리 굴렀다. 그러나 아들의 모습은 쉽사리 눈에 띄지 않았다. 저쪽 **출찰구**로 밀려가는 사람의 물결 속에 두 개의 지팡이를 의지하고 절룩거리면서 걸어 나가는 **상이군인**이 있었으나, 만도는 그 사람에게 주의를 기울이지는 않았다. 기차에서 내릴 사람은 모두 내렸는가 보다. 이제 미처 차에 오르지 못한 사람들이 홈을 이리저리 서성거리고 있을 뿐인 것이다.

'그놈이 거짓으로 편지를 띄웠을 리는 없을 건데!' 그는 자꾸 가슴이 떨렸다.

'이상한 일이다.' / 하고 있을 때였다. 분명히 뒤에서,

"아부지!" / 부르는 소리가 들렸다. 만도는 깜짝 놀라며 얼른 뒤를 돌아보았다. 그 순간, 만도의 두 눈은 무섭도록 크게 떠지고, 입은 딱 벌어졌다. 틀림없는 아들이었으나, 옛날과 같은 진수는 아니었다. **❸양쪽 겨드랑이에 지팡이를 끼고 서 있는데,** 스쳐 가는 바람결에 한쪽 바짓가랑이가 펄럭거리는 것이 아닌가?

만도는 눈앞이 노오래지는 것을 어쩌지 못했다. 한참 동안 그저 멍멍하기만 하다가, 코허리가 찡해지면서 두 눈에 뜨거운 것이 핑 도는 것이었다. [중략]

㉡**❹"에라이 이놈아!"** / 만도의 입술에서 모지게 튀어 나온 첫 마디였다. 떨리는 목소리였다. 고등어를 든 손이 불끈 주먹을 쥐고 있었다.

"이게 무슨 꼴이고, 이게?" / "아부지!"

"이놈아, 이놈아……." / "가자, 어서!"

▶ 상이군인으로 돌아온 아들 진수를 보고 충격을 받은 만도

나 무뚝뚝한 한 마디를 던지고는 성큼성큼 앞장을 서 가는 것이었다. 진수는 입술에 내려와 묻는 짭짤한 것을 혀끝으로 날름 핥아 버리면서, 절름절름 아버지의 뒤를 따랐다.

❺앞장 서 가는 만도는 뒤따라오는 진수를 한 번도 돌아보지 않았다. 한눈을 파는 법도 없었다. 무겁디무거운 짐을 진 사람처럼 땅바닥만을 응시하고, 이따금 끙끙거리면서 부지런히 걸어만 가는 것이었다. 지팡이에 몸을 의지하고 걷는 진수가 성한 사람의, 게다가 부지런히 걷는 걸음을 당해 낼 수는 도저히 없었다. 한 걸음 두 걸음씩 뒤지기 시작한 것이 그만, 작은 소리로 불러서는 들리지 않을 만큼 떨어져 버리고 말았다.

진수는 목구멍을 왈칵 넘어오려는 뜨거운 기운을 참느라고 어금니를 야물게 깨물어 보기도 하였다. 그리고 두 개의 지팡이와 한 개의 다리를 열심히 움직여 대는 것이었다.

앞서 간 만도는 주막집 앞에 이르자, 비로소 한 번 뒤를 돌아보았다. 진수는 오다가 나무 밑에 서서 오줌을 누고 있었다. 지팡이는 땅바닥에 던져 놓고, 한쪽 손으로는 볼일을 보고, 한쪽 손으로는 **나무둥치**를 감싸 안고 있는 모양이 을씨년스럽기 이를 데 없는 **꼬락서니**였다. 만도는 눈살을 찌푸리며, '으음!' 하고 신음 소리 비슷한 무거운 소리를 내었다.

▶ 아들의 불행으로 속상한 만도와 자신의 불행을 참아 내는 진수

• 중심 내용 6·25 전쟁 중 한쪽 다리를 잃고 돌아온 진수와 그런 현실에 분노하고 절망하는 만도   • 구성 단계 위기

이해와 감상

이 작품은 일제 강점기 태평양 전쟁에 강제 동원되어 한쪽 팔을 잃은 아버지 박만도와 6·25 전쟁에 참전하여 한쪽 다리를 잃은 아들 진수의 이야기를 통해 현대사의 비극과 그 극복을 그리고 있다. 또한 투박한 언어와 사투리 등을 통해 인물들의 성격과 심리 상태를 간접적으로 드러내고 있으며, 과거와 현재의 시간을 교차하여 민족 수난의 역사를 잘 보여 주고 있다.

만도와 진수 두 부자(父子)가 겪는 시련은 우리 민족이 겪은 수난의 역사를 형상화한 것이며, 이들 앞에 놓인 외나무다리는 우리 민족 앞에 닥친 현실을 상징적으로 보여 주는 것이다. 한쪽 다리를 잃은 아들을 업고 외나무다리를 건너는 아버지 만도와 고등어를 들고 아버지 등에 업힌 아들 진수의 모습을 통해 우리 민족 앞에 어떤 시련이 닥쳐도 서로 의지하여 살아간다면 각자의 아픔과 상처를 극복해 낼 수 있는 것이라는 주제를 드러내는 것이다.

🔍 전체 줄거리

발단	6·25 전쟁 직후 아들 진수가 돌아온다는 소식을 들은 만도는 설레는 마음으로 역에 마중을 나간다.
전개	기차역에서 진수를 기다리던 만도는 일제 징용에 끌려가 팔을 잃게 된 과거를 회상한다.
위기	아들을 만날 기쁨에 설레던 만도는 한쪽 다리를 잃고 돌아온 진수의 모습에 충격을 받고 분노한다.
절정	진수에게 한쪽 다리를 잃게 된 과정을 들은 만도는 앞으로 이런 모습으로 어떻게 살겠느냐는 진수의 하소연을 듣고 아들을 위로를 한다.
결말	외나무다리에 이르러 진수가 외나무다리를 건너지 못하자, 만도는 진수에게 업히라고 한다. 서로를 의지하며 다리를 건너는 이들 부자(父子)의 모습을 용머리재가 내려다본다.

👥 인물 관계도

아버지 박만도		아들 박진수
일제 강점기 때 강제 징용되어 왼팔을 잃음.	우리 민족이 겪어야 했던 현대사의 비극	6·25 전쟁에 참전하여 한쪽 다리를 잃음.

🏠 작품 연구소

'고등어'의 의미

고등어는 아버지인 만도가 아들 진수를 위해 산 것으로, 진수에 대한 만도의 애정을 나타내는 동시에 만도의 한쪽밖에 없는 팔을 구속하는 상징적 소재로 사용되었다.

'외나무다리'의 상징성

이 작품에서 '외나무다리'는 두 번 등장한다. 한 번은 만도가 아들을 만나기 위해 읍내를 나갈 때이며, 또 한 번은 아들을 업고 다리를 건너 집으로 돌아올 때이다. 첫째 장면의 외나무다리는 기쁨에 찬 만도가 건너는 다리이며, 두 번째 장면의 외나무다리는 절망감을 주지만 마침내 이를 극복하게 되는 다리이다. 신체가 부자유스러운 사람에게 외나무다리는 일종의 위기 상황이며, 작가는 이러한 위기 상황을 설정해 놓고, 이를 극복하려는 부자의 의지를 이 작품의 결말 부분에 감동적으로 설정하고 있는 것이다.

외나무다리	기쁨에 찬 만도가 건너는 다리
	절망감을 주지만 극복하게 되는 다리

🔑 포인트 체크

[인물] 만도는 전쟁에 강제 동원되어 한쪽 팔을 잃었지만 수난을 극복하려는 의지를 지닌 낙천적이고 □□적인 인물이다.

[배경] □□□는 만도가 아들을 애타게 기다리는 설렘의 공간인 동시에 아들이 불구가 되어 돌아온 것을 확인하게 되는 절망의 공간이다.

[사건] 전쟁에서 한쪽 팔을 잃은 만도가 전쟁에서 한쪽 다리를 잃은 아들 진수와 □□□□□□를 건너며 서로에게 □□하고 상처를 극복해 나간다.

1 이 글의 서술상 특징으로 적절한 것은?

① 인물의 말과 행동을 통해 심리를 드러내고 있다.
② 서술자의 논평을 통해 인물의 성격 변화를 보여 주고 있다.
③ 과거 사건을 현재 상황에 끌어들여 인물 간의 관계를 드러내고 있다.
④ 인물의 행적을 요약적으로 진술하여 갈등의 해결 방향을 제시하고 있다.
⑤ 인물의 반어적인 발화를 제시하여 다른 인물에 대한 부정적 태도를 드러내고 있다.

[내신 적중] [多빈출]

2 ㉠이 하는 역할로 가장 적절한 것은?

① 주변에 대한 경계심을 갖게 한다.
② 긴장했던 마음이 누그러지게 한다.
③ 자신이 처한 상황에 대한 좌절감을 갖게 한다.
④ 아들을 곧 만날 수 있다는 기대감을 갖게 한다.
⑤ 아들을 기다리다 혼란해진 마음을 가라앉게 해 준다.

[내신 적중]

3 ㉡에 담긴 '만도'의 심정으로 가장 적절한 것은?

① 아들의 초라해 보이는 행색 때문에 부끄러움을 느꼈을 것이다.
② 오랜만에 만나게 된 아들에 대한 반가운 심정이 가득했을 것이다.
③ 자신의 몸을 지키지 못한 아들에 대한 한심한 마음이 들었을 것이다.
④ 자신이 겪은 불행이 아들에게도 닥친 현실에 절망과 분노를 느꼈을 것이다.
⑤ 상이군인이 되어 돌아온 아들에 대한 걱정을 감추기 위한 친근함이 담겨 있을 것이다.

4 출찰구 앞에서 '만도'가 '진수'를 발견하지 못한 이유를 쓰시오.

5 집으로 가면서 '만도'가 한 번도 돌아보지 않고 부지런히 걷기만 한 이유를 쓰시오.

❄ 어휘 풀이

찌그둥찌그둥 기우뚱하는 모양.
우짜다가 어쩌다가.
나댕기메 나다니며.

Q '만도'와 '진수'의 '대화'가 하는 역할은?

만도는 진수와의 대화를 통해 진수가 한쪽 다리를 잃게 된 이유를 알게 되고 절망하는 진수에게 위로의 말을 건넨다. 부자간의 대화를 통해 심리적 갈등과 해소의 과정을 보여 주고 있다.

❄ 구절 풀이

❶ **아까와 같이 ~ 진수를 앞세웠다.** 이전 장면에서 만도는 상이군인이 되어 돌아온 진수를 보고 속상한 마음에 진수보다 앞장서서 걸었으나, 주막에서 술을 마시고 마음이 누그러진 후에는 걷기가 힘든 진수의 뒤를 따라 걷는 배려를 보이고 있다.

❷ **"나 봐라, ~ 왜 못 살아?"** 불구가 되어서 살아갈 의지를 상실한 진수에게 자신도 한쪽 팔이 없지만 잘 살고 있다는 점을 강조하여 삶의 희망을 주고자 하고 있다.

❸ **"그렇다니. 그러니까~그라면 안 되겠나, 그제?"** 서로의 부족한 부분을 돕는 공동체 의식을 통해 시련을 극복해 나가는 방안을 제시하고 있으며, 작가의 주제 의식이 담겨 있다.

❹ **술을 마시고 나면 ~ "아버지, 그 고등어 이리 주이소."** 한쪽 팔이 없는 만도가 겪는 불편한 상황을 제시하고 이를 진수가 도와줌으로써 어려운 현실을 두 사람이 힘을 합쳐 극복할 수 있음을 보여 주고자 했다.

❺ **"업고 건느면 ~ 자아 이거 받아라."** 만도와 진수 두 사람이 서로의 부족한 점을 채워 주면 난관을 극복할 수 있다는 주제를 보여 주는 부분이다.

Q '외나무다리'의 상징적 의미는?

'외나무다리'는 만도가 과거에 술을 먹고 오다가 떨어진 일을 생각나게 하는 연상의 매개체이며, 진수와 함께 건너야 하는 고난을 상징하는 소재이다. 즉, 부자가 앞으로 헤쳐나가야 할 고난과 시련을 상징한다.

❄ 작가 소개

하근찬(河瑾燦, 1931~2007) 소설가. 1957년 《한국일보》 신춘문예에 〈수난 이대〉가 당선되면서 작가 활동을 시작하였다. 주로 궁벽한 농촌을 배경으로 민족의 비극과 사회의 문제를 깊게 파헤치는 작품을 발표하였다. 주요 작품으로 〈붉은 언덕〉, 〈왕릉과 주둔군〉 등의 단편과, 〈달섬 이야기〉 등의 장편이 있다.

가 주막을 나선 그들 부자는 논두렁길로 접어들었다. ❶아까와 같이 만도가 앞장을 서는 것이 아니라, 이번에는 진수를 앞세웠다. ㉠지팡이를 짚고 **찌그둥찌그둥** 앞서 가는 아들의
〔아들의 비극을 받아들인 후 아들이 뒤처지는 것을 방지하기 위해〕
뒷모습을 바라보며, 팔뚝이 하나밖에 없는 아버지가 느릿느릿 따라가는 것이다. 손에 매달린 고등어가 대고 달랑달랑 춤을 추었다. [중략]

"진수야!" / "예."

"니 **우짜다가** 그래 됐노?" / "전쟁하다가 이래 안 됐십니꺼. 수류탄 쪼가리에 맞았심더."

"수류탄 쪼가리에?" / "예."

"음……." / "얼른 낫지 않고 막 썩어 들어가기 땜에 군의관이 짤라 버립디더. 병원에서."
〔진수가 다리를 절단할 수밖에 없었던 이유〕

"……." / "아부지!" / "와?"

"이래 가지고 나 우째 살까 싶습니더."

"우째 살긴 뭘 우째 살아? 목숨만 붙어 있으면 다 사능 기다. 그런 소리 하지 마라."
〔진수의 절망에 대한 만도의 위로〕

"……."

❷"나 봐라, 팔뚝이 하나 없어도 잘만 안 사나? 남 봄에 좀 덜 좋아서 그렇지, 살기사 왜 못 살아?"
〔비극적 현실을 극복하려는 만도의 의지〕

"차라리 아부지같이 팔이 하나 없는 편이 낫겠어예. 다리가 없어 노니, 첫째 걸어 댕기기에 불편해서 똑 죽겠심더."

"야야. 안 그렇다. 걸어 댕기기만 하면 뭐 하노? 손을 지대로 놀려야 일이 뜻대로 되지."

"그럴까예?"

❸"그렇다니. 그러니까 집에 앉아서 할 일은 니가 하고, **나댕기메** 할 일은 내가 하고, 그라면 안 되겠나, 그제?" / "예."   ▶ 진수가 다리를 잃게 된 이유를 듣고 위로하는 만도

나 ❹술을 마시고 나면 이내 오줌이 마려워진다. 만도는 길가에 아무렇게나 쭈그리고 앉아서 고기 묶음을 입에 물려고 한다. 그것을 본 진수는,

"아부지, 그 고등어 이리 주이소."

한다. 팔이 하나밖에 없는 몸으로 물건을 손에 든 채 소변을 볼 수는 없는 것이다. 아버지가 볼일을 마칠 때까지 진수는 저만큼 떨어져 서서 지팡이를 한 손에 모아 쥐고 다른 손으로는 고등어를 들고 있었다. 볼일을 다 본 만도는 얼른 가서 아들의 손에서 고등어를 다시 받아 든다.

개천 둑에 이르렀다. 외나무다리가 놓여 있는 그 시냇물이다. 진수는 슬그머니 걱정이
〔만도와 진수가 맞이한 시련의 현실〕
되었다. 물은 그렇게 깊은 것 같지 않지만, 밑바닥이 모래흙이어서 지팡이를 짚고 건너가기가 만만할 것 같지 않기 때문이다. 외나무다리 위로는 도저히 건너갈 재주가 없고……. 진수는 하는 수 없이 둑에 퍼질고 앉아서 바짓가랑이를 걷어 올리기 시작했다.

만도는 잠시 멀뚱히 서서 아들의 하는 양을 내려다보고 있다가,

"진수야, 그만두고, 자아 업자." / 하는 것이었다.

❺"업고 건느면 일이 다 되는 거 아니가? 자아 이거 받아라."
〔서로 도우면 고난을 극복할 수 있음.〕
고등어 묶음을 진수 앞으로 민다.

진수는 퍽 난처해하면서 못 이기는 듯이 그것을 받아 들었다. 만도는 등허리를 아들 앞에 갖다 대고 하나밖에 없는 팔을 뒤로 버쩍 내밀며, / "자아 어서!"

「진수는 지팡이와 고등어를 각각 한 손에 쥐고, 아버지의 등허리로 가서 슬그머니 업혔
〔「 」: 협동을 통해 어려움을 극복함.〕
다. 만도는 팔뚝을 뒤로 돌려서 아들의 하나뿐인 다리를 꼭 안았다.」 그리고,

"팔로 내 목을 감아야 될 기다." / 했다.   ▶ 진수를 업고 외나무다리를 건너는 만도

> • 중심 내용 진수가 다리를 잃게 된 이유를 듣고 진수를 위로하며 외나무다리를 건너는 만도   • 구성 단계 결말

작품 연구소

제목 '수난 이대'와 결말의 의미

이 작품은 '수난 이대'라는 제목 그대로 2대에 걸친 수난을 다루고 있다. 아버지 만도와 아들 진수가 겪은 일제 강점기와 6·25 전쟁은 우리 민족이 겪어야만 했던 불행의 역사라 할 수 있다. 따라서 만도가 한쪽 팔을 잃고 진수가 한쪽 다리를 잃는 개인적 수난은 우리 민족 전체의 '수난'이라 할 수 있으며, 그들의 모습은 상처 입은 우리 민족의 모습을 나타낸다고 할 수 있다. 작가는 '수난 이대'라는 제목을 통해 우리 민족의 '수난'이 '이대'에서 그치고 다음 세대로 넘어가지 않기를 바라는 마음을 드러냈으며, 마지막 장면에서 만도와 진수가 서로 도와 외나무다리를 건너는 모습으로 세대 간의 협력을 통해 역사적 비극을 극복하고 새로운 미래로 나아갈 수 있는 가능성을 보여 주고자 했다.

수난 이대	아버지 만도와 아들 진수의 수난
아버지 만도	• 민족의 수난: 일제 강점기 • 개인의 수난: 일제의 강제 징용에 끌려가 한쪽 팔을 잃음.
아들 진수	• 민족의 수난: 6·25 전쟁 • 개인의 수난: 6·25 전쟁에서 한쪽 다리를 잃음.
외나무다리	수난의 극복: 앞에 놓인 외나무다리를 부자(父子)가 힘을 합쳐 건너감.

〈수난 이대〉의 배경

이 작품은 6·25 전쟁 직후의 경상도 시골 마을에서 일어난 일을 다루고 있다. 그러나 작품 전체를 놓고 본다면 일제 강점기부터 6·25 전쟁까지 우리 민족이 겪어야 했던 거대한 현대사를 배경으로 하고 있다. 특히 작품의 앞부분과 뒷부분에 두 번 나타나는 '외나무다리'는 단순한 배경으로 작용하는 것이 아니라, 사건의 구성에 적극적으로 기여하며 주제 의식을 은연중에 드러내고 있다.

자료실

전후 소설

우리나라에서 전후 소설은 주로 6·25 전쟁을 배경으로 전쟁 체험을 작품으로 형상화한 것을 나타낸다. 1950년대 전후 소설은 인간성 상실을 극복하기 위한 인간주의 문학과 전후의 현실을 비판하는 문학에 주력하여 하근찬의 〈수난 이대〉, 황순원의 〈학〉처럼 전쟁의 비인간성을 주제로 한 휴머니즘을 보여 주거나 이범선의 〈오발탄〉, 손창섭의 〈비 오는 날〉처럼 전후의 피폐한 현실을 고발하기도 하였다. 또한 장용학의 〈요한 시집〉, 선우휘의 〈불꽃〉처럼 전후에 나타난 인간 삶의 다양성과 전형적 인간상 등으로부터 일어나는 인간의 애환을 본격적으로 탐구하기도 했으며, 오영수의 〈갯마을〉, 전광용의 〈흑산도〉처럼 인간의 본질적 문제를 탐구하여 작품에 세련미를 더해 가기도 하였다.

함께 읽으면 좋은 작품

〈학〉, 황순원 / 사상과 이념의 대립을 넘어서는 따뜻한 인간애를 그린 작품

동족상잔의 비극인 6·25 전쟁과 38선 부근의 작은 마을을 배경으로 하여 덕재와 성삼이라는 두 인물 간의 이념 대립과 그 해소 과정을 그린 소설이다. 어린 시절의 친구인 덕재를 호송하게 된 성삼의 모습을 통해 사상과 이념을 초월한 따뜻한 인간애를 엿볼 수 있으며, 그런 차원에서 〈수난 이대〉와 비교해 볼 만한 작품이다.

---

6 이 글에 대한 설명으로 가장 적절한 것은?

① 인물 간의 대화를 통해 갈등을 심화시키고 있다.
② 토속어를 사용하여 인물의 성격을 드러내고 있다.
③ 부정적 현실에 맞서 싸우는 인물의 의지가 드러나고 있다.
④ 새로운 인물의 등장을 통해 갈등 해결의 실마리를 제시하고 있다.
⑤ 1인칭 주인공 시점을 통해 서술자의 내면을 효과적으로 표현하고 있다.

7 이 글에 드러난 인물의 태도로 적절하지 <u>않은</u> 것은?

① 진수는 자신의 처지에 대해 비관하고 있다.
② 만도는 장애를 극복할 수 있다고 생각하고 있다.
③ 만도는 아들을 위로하며 의지적 태도를 보이고 있다.
④ 진수는 다리를 잃게 만든 전쟁에 대해 극도의 분노감을 표출하고 있다.
⑤ 만도는 혼자서는 어려워도 서로 도우면 고난을 해결할 수 있다고 생각하고 있다.

8 〈보기〉를 참고하여 이 글을 감상한 내용으로 적절하지 <u>않은</u> 것은?

│ 보기 │

소재는 이야기를 전개해 나가기 위해 사용되는 글의 재료로, 소설을 구성하는 데 밑바탕이 되는 요소이다. 작가는 자신이 표현하고자 하는 의도를 드러내기 위해 다양한 소재들을 사용한다. 소재는 단순히 장면 설정을 위한 도구나 보조적인 장치로 쓰이기도 하지만 작품을 이해하는 데 결정적인 단서가 된다. 작가는 다양한 의도를 가지고 소재를 사용하므로, 작품에 나타난 소재의 의미나 역할이 무엇인지 주의 깊게 살펴 작품을 이해하도록 해야 한다.

① '논두렁길'은 두 사람이 함께 걸어가기에는 좁은 길로 진수가 앞장을 서서 걸어야 하는 상황을 만들어 주는군.
② '고등어'는 달랑달랑 춤을 추는 모습을 통해 귀향하는 진수의 흥겨운 마음을 대변해 주는군.
③ '술'은 만도가 들고 있던 '고등어'를 진수가 들도록 하는 계기를 마련하여 만도의 불편함을 진수가 도울 수 있도록 하는군.
④ '시냇물'은 만도와 진수가 외나무다리를 건너게 하는 보조적 장치에 가깝다고 할 수 있군.
⑤ '외나무다리'는 만도와 진수 앞에 놓인 시련인 동시에 함께 힘을 합쳐 이겨 나가야 하는 현실로 볼 수 있군.

9 작가가 작품을 통해 보여 주려는 주제 의식은 무엇인지 이 작품의 제목과 ㉠을 활용하여 쓰시오.

III. 광복 이후 ~ 1950년대

038 너와 나만의 시간 | 황순원

키워드 체크 #전쟁 소설 #실존적 #휴머니즘 #인간 존재의 의미 성찰 #심리 묘사

문학 지학사

🎯 핵심 정리

갈래 단편 소설, 전쟁 소설
성격 실존적, 휴머니즘적
배경 ① 시간 – 6·25 전쟁 중
　　　 ② 공간 – 인적이 없는 깊은 산속
시점 전지적 작가 시점
주제 전쟁의 극한 상황 속에서 발휘되는 삶의 의지
특징 ① 전쟁을 다루지만 이념 갈등보다는 인간
　　　　 존재의 의미를 성찰하고 있음.
　　　 ② 등장인물이 겪는 사건과 심리를 간결한
　　　　 문장과 사실적 묘사로 그려 냄.
출전 《현대문학》(1958)

Q '폿소리'를 들은 두 사람의 심리 변화는?

폿소리는 주변에 군대가 있음을 알려 주는 것이다. 그것이 적군이라면 상황은 더욱 어려워지겠지만 다행히 아군의 폿소리임을 인식하고 희망을 갖게 된다. 그렇지만 그 거리가 너무 멀다는 사실을 알고 실망감에 사로잡힌다. 이러한 심리 변화는 김 일등병의 행동을 통해 간접적으로 드러나고 있다.

💡 어휘 풀이

허청거리다 다리에 힘이 없어 잘 걷지 못하고 비틀거리다.
혼곤히 정신이 흐릿하고 고달프게.
쇠진하다 쇠하여 힘이나 세력이 점점 약해지다.
감별 보고 식별함.
진지 언제든지 적과 싸울 수 있도록 설비나 장비를 갖추고 부대를 배치하여 둔 곳.

Q '권총'의 의미는?

현 중위는 주 대위의 허리에 차고 있는 권총을 바라보는 행동을 통해 주 대위가 스스로 목숨을 끊기를 암묵적으로 종용한다. 그러나 이런 암묵적 종용이 관철되지 않자 현 중위는 살기 위해 도망을 쳤고 결국 주검으로 그들 앞에 나타나게 된다. 이러한 일련의 사건들을 겪으며 주 대위는 모든 것이 자신의 잘못임을 인식하고 권총을 사용하여 자살하려 한다.

😊 구절 풀이

❶ **김 일등병은 전에 ~ 눈알도 파먹으리라.** 김 일등병은 현 중위의 주검을 목격함으로써 죽음을 현실로 인식하게 된다. 죽음에 대한 공포감에 사로잡힌 김 일등병은 이제는 자신들이 죽을 차례라는 생각에 좌절감을 느낀다.

❷ **"그렇지만 너무 멀어. 사십 리는 실히 되겠어."** 사십 리는 먼 거리이기는 하지만 김 일등병 혼자서 가기에 불가능한 거리는 아니다. 주 대위는 김 일등병이 자신을 업고 갈 것을 생각하여, 너무 먼 거리임을 언급하고 있는 것이다.

❸ **현 중위가 밤길을 ~ 전혀 없는 것도 아니다.** 현 중위의 죽음의 원인이 자신에게 있다고 자책하는 주 대위는 김 일등병의 생존 가능성을 높이기 위해 자살할 것을 결심한다.

가　발길을 돌리며 김 일등병은 무심코 아래를 내려다보았다. 거기에 까마귀 두세 마리가 앉아 무엇인가 열심히 쪼고 있었다. _{주변에 시체가 있음을 암시함.}

사람의 시체였다. 그리고 첫눈에 그것은 현 중위의 시체라는 걸 알 수 있었다. [중략]

두 사람은 이쪽으로 와 아무데나 쓰러지듯이 드러누웠다. ㉠현 중위의 시체를 보자 마지막 남았던 기운마저 빠져 버리고 만 것이었다. _{현 중위가 먼저 본대에 도착하여 자신들을 구해 줄 것으로 기대하였지만 좌절됨.}

잠시 후에 ⓐ김 일등병은 무엇을 생각했는지 일어나 •허청거리며 벼랑 쪽으로 가더니 돌을 집어 던지기 시작했다. _{전우애, 인간애를 보여 줌.} 그때마다 까마귀가 펄럭 하고 시체를 떠나는 것이었으나, 곧 못마땅한 듯이 까욱까욱 하며 다시 내려앉는 것이었다.

김 일등병은 도로 와 쓰러지듯이 드러누워 버렸다. _{체념과 절망}

옆에 누워 있는 주 대위를 돌아다보았다. 그는 눈을 감은 채 번듯이 누워 있었다. _{여러 가지 생각에 마음이 복잡함.}

❶김 일등병은 전에 치열한 싸움터에서는 오히려 잊게 마련이었던 죽음이란 것을 몸 가까이 느꼈다. 내일쯤은 까마귀가 자기네의 눈알도 파먹으리라. 그러자 그는 옆에 누워 있는 주 대위가 먼저 죽어 까마귀에게 눈알을 파먹히우는 걸 보느니보다는 차라리 자기편이 먼저 죽어 모든 것을 모르고 지나기를 바랐다. _{김 일등병의 인간적인 성품을 보여 줌.}

그는 문득 울고 싶어졌다. 그러나 그럴 기운조차 지금 그에겐 없었다.

저도 모르게 •혼곤히 잠 속에 끌려들어갔던 김 일등병은 주 대위가 무어라 부르는 소리에 눈을 떴다. 하늘에 별이 총총 나 있었다. _{새로운 사건 발생}　▶ 현 중위의 죽음을 확인한 주 대위와 김 일등병

나　"저 소릴 좀 듣게." / 주 대위가 누운 채 •쇠진한 목 안의 소리로,

"폿소릴세." / ㉡김 일등병은 정신이 번쩍 들어 상반신을 일으키며 귀를 기울였다. 과연 먼 우렛소리 같은 포성이 은은히 들려오는 것이다.

"어느 편 폽니까?" / ㉢"아군의 포야. 백 오십오 밀리의……."

이 주 대위의 •감별이면 틀림없는 것이다. 그래 얼마나 먼 거리냐고 물으려는데 주 대위 편에서,

❷"그렇지만 너무 멀어. 사십 리는 실히 되겠어." _{약 16km}

그렇다면 아무리 아군의 포라 해도 소용이 없다.

김 일등병은 도로 자리에 누워 버렸다. _{기대가 좌절로 바뀜.}　▶ 김 일등병과 주 대위의 좌절

다　주 대위는 지금 자기는 각각으로 죽어 가고 있다고 느꼈다. 이상스레 맑은 정신으로 그게 _{매 시각, 낱낱의 시각} 느껴졌다. 그러다가 그는 드디어 지금까지 피해 오던 어떤 ⓑ상념과 정면으로 부딪쳤다. 그것은 권총을 사용해야 한다는 생각이었다. 아무래도 죽을 자기가 진작 자결을 했던들 모든 _{자살을 결심함.} 문제는 해결됐을 게 아닌가. 첫째 ❸현 중위가 밤길을 서두르다가 벼랑에 떨어져 죽지 않았을는지 모른다. 아무튼 이제라도 자결을 해 버려야 한다. 그러면 아무리 지친 김 일등병이 _{자신이 자살해야 하는 이유} 라 하더라도 혼잣몸이니 어떻게든 아군 •진지까지 도달할 가망이 전혀 없는 것도 아니다.

그는 김 일등병을 향해, / "폿소리 나는 방향은 동남쪽이다. 바로 우리가 누워 있는 발쪽 _{김 일등병이 살 수 있도록 아군 진지의 방향을 알려 줌.} 벼랑을 왼쪽으로 돌아 내려가면 된다!"

있는 힘을 다해 명령조로 말했다. 그리고 무거운 손을 움직여 허리에서 권총을 슬그머니 빼었다.　▶ 김 일등병을 위해 자살하려는 주 대위

• 중심 내용 혼자 떠나 버린 현 중위의 시신을 발견한 주 대위와 김 일등병　　　• 구성 단계 위기

이해와 감상

이 작품은 6·25 전쟁이라는 극한 상황 속에서 죽음의 위협 앞에 선 세 사람의 심리와 그들이 선택한 삶의 방식을 보여 주고 있다. 다리를 관통하는 부상을 당하고 암묵적으로 자살을 종용받으면서도 마지막까지 삶을 붙잡는 주 대위, 그런 상황을 견디지 못하고 살기 위해 뛰쳐나가는 현 중위, 그리고 마지막까지 의리를 지키다 결국 주 대위 덕분에 목숨을 건지는 김 일등병이 그들이다.

작가는 인물들의 행동과 심리를 효과적으로 제시하기 위해 특유의 간결한 문장과 치밀한 묘사, 객관적인 서술을 활용하여 인간의 삶의 방식에 대한 진지한 성찰을 이끌어 내고 있다. 이는 전후 소설이 이념의 갈등을 다루었던 한계에서 벗어나 전쟁의 의미를 보다 깊이 통찰하는 수준까지 나아갔다는 점에서 의의가 있다.

🔍 전체 줄거리

발단	현 중위와 김 일등병이 부상당한 주 대위를 부축하며 걸어간다.
전개	주 대위가 자살하기를 바라던 현 중위는 혼자 길을 떠난다.
위기	현 중위가 떠나고 얼마 후 주 대위와 김 일등병이 현 중위의 시체를 발견한다.
절정	개 짖는 소리를 들은 주 대위가 김 일등병을 권총으로 위협하여 인가에 도착하도록 유도한다.
결말	인가를 찾은 후 주 대위가 의식을 잃는다.

👥 인물 관계도

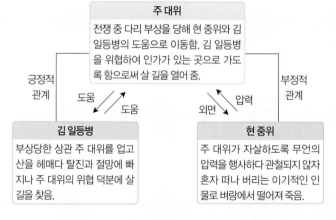

주 대위
전쟁 중 다리 부상을 당해 현 중위와 김 일등병의 도움으로 이동함. 김 일등병을 위협하여 인가가 있는 곳으로 가도록 함으로써 살 길을 열어 줌.

긍정적 관계 ← 도움 / 도움 → 부정적 관계 ← 외면 / 압력 →

김 일등병
부상당한 상관 주 대위를 업고 산을 헤매다 탈진과 절망에 빠지나 주 대위의 위협 덕분에 살 길을 찾음.

현 중위
주 대위가 자살하도록 무언의 압력을 행사하다 관철되지 않자 혼자 떠나 버리는 이기적인 인물로 벼랑에서 떨어져 죽음.

🏠 작품 연구소

전쟁의 극한 상황에서 나타나는 세 가지 인간형

전쟁의 극한 상황에서 낙오된 세 사람이 선택한 삶의 방식을 통해 인간의 존재 의미와 삶을 향한 열망을 성찰하게 하고 있다.

주 대위	의지적인 인물	• 극한의 상황에서도 삶의 의지를 놓지 않음.
김 일등병	마음이 따뜻한 인물	• 자신의 목숨도 위태로운 상황에서 부상당한 주 대위를 포기하지 않음. • 배신한 현 중위의 시신을 수습하려 함.
현 중위	현실적이고 이기적인 인물	• 의리보다는 현실적인 판단이 앞섬. • 주 대위의 자살을 종용하다가 관철되지 않자 도망감.

⚡ 포인트 체크

인물 주 대위는 극한 상황에서 삶의 의지를 놓지 않는 □□□ 인물이며, 김 일등병은 위태로운 상황에서 남을 돕는 □□□ 인물이다.

배경 6·25 전쟁 중 □□하여 깊은 산속을 정처없이 헤매는 극한 상황을 배경으로 하고 있다.

사건 부상을 입은 주 대위는 자신을 업고 다녀야만 하는 김 일등병을 위해 자살하려다가 □□□□□를 듣고 김 일등병을 □□하여 인가로 가도록 유도한다.

1 (가)에 대한 설명으로 가장 적절한 것은?

① 역전적인 시간 구성으로 흥미를 유발한다.
② 독백체의 문장으로 인물과 동화되도록 한다.
③ 간결한 문장을 통해 감각적 인상을 제시한다.
④ 서정적인 배경 묘사로 인물의 심리를 드러낸다.
⑤ 관념적 용어의 사용으로 철학적 분위기를 조성한다.

2 ㉠의 이유로 가장 적절한 것은?

① 오랫동안의 힘든 산행으로 탈진해서
② 배신한 사람의 최후를 드디어 확인했기 때문에
③ 적군이 주변에 있을 것 같은 두려움이 엄습해서
④ 까마귀 떼의 공격으로 자신들도 죽음을 당할까 봐
⑤ 전우의 죽음을 통해 자신들의 죽음을 현실로 인식하게 돼서

3 ㉡에 드러난 인물의 심리로 적절한 것은?

① 기대 ② 좌절 ③ 슬픔 ④ 환희 ⑤ 공포

4 〈보기〉의 밑줄 친 시어 중, '주 대위'와 '김 일등병'에게 있어서 ㉢이 가지는 의미와 유사한 것은?

┤ 보기 ├
강물 아래로 강물 아래로
한 줄기 어두운 이 강물 아래로
검은 밤이 흐른다. / 은하수가 흐른다.

낡은 밤에 숨 막히는 나도 흐르고
은하수에 빠진 푸른 별이 흐른다.

강물 아래로 강물 아래로
못 견디게 어두운 이 강물 아래로
빛나는 태양이 / 다다를 무렵

이 강물 어느 지류에 조각처럼 서서
나는 다시 푸른 하늘을 우러러보리……

– 신석정, 〈어느 지류에 서서〉

① 어두운 이 강물 　　② 검은 밤
③ 낡은 밤 　　④ 은하수에 빠진 푸른 별
⑤ 푸른 하늘

5 '김 일등병'은 어떤 마음으로 ⓐ와 같은 행동을 한 것인지 쓰시오.

6 ⓑ의 구체적인 내용이 무엇인지 쓰시오.

III. 광복 이후~1950년대

어휘 풀이

무릎걸음 다리를 굽혀 무릎을 꿇고 걷는 걸음.

등성이 산등성이. 산의 등줄기.

허깨비 기(氣)가 허하여 착각이 일어나, 없는데 있는 것처럼, 또는 다른 것처럼 보이는 물체.

고역(苦役) 몹시 힘들고 고되어 견디기 어려운 일.

단내 몸의 열이 몹시 높을 때, 입이나 코 안에서 나는 냄새.

Q '개 짖는 소리'의 의미는?

주 대위는 현 중위의 시체를 본 후 생명을 연장하려는 자신의 욕심이 현 중위를 죽음으로 몰고 갔다고 자책하며 김 일등병을 위해 자살을 결심한다. 그런데 그 순간 개 짖는 소리가 그의 귀에 들린다. 개는 사람이 살고 있는 마을이 있음을 알려 주는 것이다. 다시 희망을 갖게 된 주 대위는 자살을 포기하고 좌절에 빠져 있는 김 일등병을 살 수 있도록 해 준다. 따라서 '개 짖는 소리'는 절망을 희망으로 반전시키는 소재라 할 수 있다.

Q '주 대위'의 '권총'이 갖는 역설적 의미는?

주 대위는 권총을 꺼내 김 일등병의 오른쪽 귀 밑에 들이밀어 위협한다. 하지만 이는 김 일등병을 죽이기 위해서가 아니라 그렇게라도 해서 김 일등병을 살리려는 주 대위가 절박한 행동이다. 따라서 주 대위의 권총은 생명을 위협하는 도구이지만 결국 생명을 살리는 역할을 하는 도구가 되었다는 점에서 역설적이다.

구절 풀이

❶ 주 대위는 김 일등병에게 ~ 받고 싶었다. 주 대위가 김 일등병에게 주고 싶었던 '무엇인가'는 개 짖는 소리를 통해 가지게 된, 생존에 대한 희망을 말한다. 주 대위 혼자만의 힘으로는 함께 생존할 수 없기 때문에, 김 일등병이 생존에 대한 희망을 가져야 주 대위 자신도 그 희망을 가질 수 있는 것이다.

❷ 깜짝 놀라 돌아다보니 ~ 하는 것이다. 주 대위는 김 일등병에게 살 수 있는 가능성을 열어 주기 위해 위협이라는 방법을 사용하고 있다.

❸ 권총 끝이 별안간 ~ 탁 내려앉음을 느꼈다. 주 대위가 희망을 찾기 위해 자신의 남은 힘을 소진했음이 드러나는 부분으로, 김 일등병을 살리고 주 대위는 죽음을 맞이하고 있다.

작가 소개

황순원(黃順元, 1915~2000) 1931년 《동광》에 시 〈나의 꿈〉을 발표하며 등단하였다. 주로 함축성이 강한 간결체 문장과 치밀한 구성의 단편 소설을 썼다. 한국인의 한과 토속적인 것에 대한 문제를 포함해서 한국인의 근원적인 정신과 관련된 시대적, 사회적 문제에 폭넓게 접근하였다. 주요 작품으로 〈학〉, 〈어둠 속에 찍힌 판화〉, 〈목넘이 마을의 개〉, 〈카인의 후예〉 등이 있다.

가 그때, 바로 그때 주 대위의 귀에 은은한 풋소리 사이로 또 다른 하나의 소리가 들려온 것이었다.
또 다른 희망을 암시

처음에는 그도 의심스러운 듯이 귀를 기울이고 있다가,

"저 소리가 무슨 소리지?" / 김 일등병이 고개만을 들고 잠시 귀를 기울이듯 하더니,
절망 중 희망의 소리를 발견함.

"무슨 소리 말입니까?" / "지금은 안 들리는군." / 거기에 그쳤던 소리가 바람을 탄 듯이 다시 들려 왔다. / "저 소리 말야. 이 머리 쪽에서 들려오는……."

그래도 김 일등병의 귀에는 아무것도 들리지 않았다. / "㉠개 짖는 소리 같애."

개 짖는 소리라는 말에 김 일등병은 지친 몸을 벌떡 일으켜 머리 쪽으로 *무릎걸음을 쳐 나갔다. 개 짖는 소리가 들린다면 그리 멀지 않은 곳에 인가가 있음에 틀림없었다.
절망에 빠져 있던 김 일등병의 변화 - 희망이 되살아남.

"그 등성이를 넘어가면 된다!" / 그러나 김 일등병의 귀에는 여전히 아무것도 들리지 않았다. 그는 누웠던 자리로 도로 뒷걸음질을 쳤다. / ❶주 대위는 김 일등병에게 무엇인가 주고 싶었다. 그리고 그것을 자기 자신도 받고 싶었다.
자신의 귀에는 들리지 않기 때문에 대수롭지 않게 생각함.
▶ 개 짖는 소리를 듣고 새로운 희망을 가지는 주 대위

나 김 일등병이 드러누우며 혼잣소리로,

㉡"내일쯤은 까마귀 떼가 더 많이 몰려들겠지. 눈알이 붙어 있는 것두 오늘밤뿐이야."

이 말이 채 끝나기도 전에 갑자기 권총 소리가 그의 귓전을 때렸다.

❷깜짝 놀라 돌아다보니 어둠 속에 주 대위가 권총을 이리 겨눈 채 목 속에 잠긴 음성치고는 또렷하게, / "날 업어!" / 하는 것이다.
김 일등병을 살리기 위한 최후의 선택
단호한 명령

김 일등병은 무슨 영문인지 몰라 하면서도 하라는 대로 일어나 등을 돌려 대는 수밖에 없었다. / "자, 걸어라!" / 김 일등병은 자기 오른쪽 귀 뒤에 권총 끝이 와 닿음을 느꼈다.
목숨에 위협을 느낌

*등성이를 넘어 김김한 나무숲으로 들어섰다.
두 사람의 암담한 상태

『"좀 서!" / 업힌 주 대위가 잠시 귀를 기울이고 나서, / "왼쪽으루 가!" / 좀 후에 그는 다시,
「 」: 생명의 희망을 찾기 위해 최선을 다하는 주 대위

"잠깐만," / 그리고는, / "앞으루!"』

　　이렇게, 왼쪽으로, 오른쪽으로, 앞으로, 하는 주 대위의 말대로 죽을힘을 다해 걸음을 옮겨 놓은 동안에도 김 일등병의 귀에는 아무것도 들리지 않았다. 혹시 주 대위가 죽음을
[A] 앞두고 *허깨비 소리를 듣고 그러는 게 아닐까. 그렇다면 하필 자기네 두 사람은 마지막에 이러다가 죽을 필요는 무언가. 어제저녁부터 혼자 업고 오느라고 갖은 *고역을 다 겪으면서도 느끼지 못했던 원망이 주 대위를 향해 거듭 복받쳐 오름을 어찌할 수가 없었다.
김 일등병을 살리기 위한 주 대위의 마음을 이해하지 못하고 그를 원망함.

하지만 걷지 않을 수 없었다. 오른쪽 귀 뒤에 감촉되는 권총 끝이 떠나지 않는 것이다. 그것은 마치 권총이 비틀거리는 걸음이나마 옮겨 놓게 하는 거나 다름없었다.
생명의 위협이 실은 생명을 살리는 것임.

산 밑에 이르렀다. / "오른쪽으루!" / "그대로 똑바루!"

그제야 김 일등병의 귀에도 무슨 소리가 들렸다. 그것이 점점 개 짖는 소리로 확실해졌다. 그러나 그것이 얼마만한 거리에서인지는 짐작이 안 되었다.
살 수 있다는 희망이 확실해짐.

목에서는 *단내가 나고, 간신히 옮겨 놓는 걸음은 한껏 깊은 데로 무한정 빠져 들어가는 것만 같았다. 『그저 그 자리에 주저앉고 싶은 생각뿐이었다. 그렇건만 쉬어 갈 수도 없는 노릇이었다. 귀 뒤에 와 닿은 권총 끝이 더 세게 밀고 있는 것이었다.』
「 」: 주 대위의 위협이 아니라면 김 일등병은 갈 수 없음.
탈진 상태에 있는 김 일등병을 살리기 위해 주 대위는 '위협'을 선택함.

아무것도 뵈는 게 없었다. 어떻게 걸음을 떼어놓고 있는지조차 깨닫지 못하고 있었다. 그러는데 저쪽 어둠 속에 자리 잡은 초가집 같은 검은 그림자와 그 앞에 서 있는 사람의 그림자, 그리고 거기서 짖고 있는 개의 모양이 몽롱해진 눈에 어렴풋이 들어왔다고 느낀 순간과 동시에 귀 뒤에 와 밀고 있던 ❸권총 끝이 별안간 물러나면서 업힌 주 대위의 몸뚱이가 무겁게 탁 내려앉음을 느꼈다.
김 일등병이 살 수 있음을 확인한 후 주 대위는 죽음을 맞이함.
▶ 인가까지 김 일등병을 인도한 후 죽음을 맞이하는 주 대위

• 중심 내용 김 일등병을 위협하여 인가에 도착하도록 유도하는 주 대위　　　• 구성 단계 결말

작품 연구소

제목 '너와 나만의 시간'의 의미

이 작품의 제목인 '너와 나만의 시간'은 전쟁이라는 극한 상황 속에서 죽음의 위기에 부딪힌 실존적 개체들의 시간으로, 그 시간의 끝은 개체의 의지에 따라 죽음의 시간이 될 수도 있고 삶의 시간이 될 수도 있다. 어떠한 시간을 선택하느냐는 실존적 개체들의 선택에 달려 있다. 이 작품에서 삶에 대한 의지를 보여 주는 인물은 주 대위로, 전쟁으로 인한 절망적이고 극한 상황에서 그 상황을 극복하는 과정을 보여 주고 있다.

작품 속에 삽입된 현 중위의 꿈 이야기

제시된 부분에는 나오지 않지만 현 중위가 혼자 도망가기 전에 개미 떼가 개미굴에서 나오면 왕개미가 그 개미들의 머리를 자르는 꿈을 생각한다. 그렇다면 여기서 개미 떼의 의미는 무엇이고, 왕개미의 상징적 의미는 무엇일까? 여기서 왕개미는 거대 권력, 즉 전쟁을 일으킨 존재를 상징하고, 개미 떼는 거대 권력이 일으킨 전쟁에 끌려 들어가 불행과 죽음을 맞이하는 존재들을 상징한다. 즉, 누군가가 일으킨 전쟁에 끌려 들어가 무참히 희생되는 수많은 군인들을 떠오르게 한다.

마지막 부분에 등장하는 '개 짖는 소리'의 의미

'개 짖는 소리'가 과연 실제 개가 짖는 소리였는지 아니면 극한 상황에서 들은 주 대위의 환청인지는 논란이 있을 수 있다. 그러나 그것은 중요한 것이 아니다. 주 대위의 귀에 먼저 들려온 개 짖는 소리는 주 대위가 자살하려는 순간에 들려온 삶에 희망을 안겨 주는 소리로, 주 대위의 강인한 생존 욕구가 실현되도록 만드는 것이다. 즉 그 소리가 실재하는 소리라고 믿고 희망을 가졌다는 것, 그리고 그로 인해 김 일등병에게 살 길을 열어 줄 수 있었다는 점이 중요하다. 극한 상황에서 희망이라는 것이 얼마나 큰 힘을 발휘할 수 있는지 보여 주는 중요한 소재이다.

자료실
6·25 전쟁 이후 우리 문단의 작품 경향

6·25 전쟁은 우리 민족에게 매우 충격적인 사건으로 문학에도 적잖은 영향을 주며 새로운 경향을 만들어 냈는데, 대략적으로 다음과 같이 정리해 볼 수 있다. 첫째는 6·25 전쟁을 무의미한 전쟁으로 규정하고 전쟁에 참전한 군인이나 그 가족들의 삶이 전쟁을 통해 얼마나 파괴되고 피폐해졌는가를 보여 주며, 그것을 치유하거나 극복하려는 시도 혹은 과정을 그려 내려는 경향이다. 둘째는 전쟁 이후 새롭게 형성된 사회와 개인의 갈등, 부조리한 현실 등을 집중적으로 조명한 경향이 있다. 마지막으로는 전쟁의 후유증과 전쟁 이후 겪게 되는 무기력한 삶, 그리고 방황 등을 새로운 감각으로 그려 내려는 경향을 꼽을 수 있다.

함께 읽으면 좋은 작품

〈병신과 머저리〉, 이청준 / 6·25 전쟁을 배경으로 한 작품

6·25 전쟁에서 직접적인 상처를 받은 형과 관념적인 아픔을 지닌 동생 간의 갈등을 형상화하고 있는 작품이다. 참전 경험에서 비롯된 심리적 상처를 극복하기 위해 자신의 경험을 소설에서 변형시키는 형, 그리고 자신이 지닌 상처의 근원을 알지 못하기 때문에 방황하고 있는 동생, 이들이 바로 '병신과 머저리'인 것이다. Link 본책 285쪽

〈유예〉, 오상원 / 전쟁의 참혹함을 그려 낸 작품

6·25 전쟁에서 국군 소대장으로 싸우다 인민군의 포로가 된 '나'에게 총살까지 한 시간의 '유예' 시간이 주어진다. 이 시간 동안 '나'의 생각과 심리를 의식의 흐름 기법으로 그리고 있으며 전쟁이라는 극한 상황 속에서 한 인간이 겪는 고뇌를 잘 표현하고 있다. Link 본책 144쪽

---

7 ㉠의 서사적 기능으로 적절한 것은?

① 작품의 분위기에 긴장감을 부여한다.
② 주인공이 과거를 회상하는 연결 고리가 된다.
③ 사건이 전개되는 자연환경의 특성을 제시한다.
④ 인물 사이의 갈등을 유발하는 매개로 작용한다.
⑤ 인물의 내면 심리가 전환되는 계기를 제공한다.

8 ㉡을 통해 드러내고자 한 '김 일등병'의 생각으로 적절한 것은?

① 최선을 다해 주 대위를 살려야 해.
② 이제 희망은 없어. 죽음만 남았을 뿐이야.
③ 죽으면 우리의 시신은 누가 수습해 줄까?
④ 결국은 누구나 자연으로 돌아가기 마련이지.
⑤ 나도 현 중위처럼 빨리 주 대위를 버려야겠어.

9 [A]의 상황에 대한 설명으로 적절한 것은?

① 김 일등병은 주 대위에게 복수를 계획하고 있다.
② 김 일등병은 주 대위의 마음을 느끼고 감사하고 있다.
③ 김 일등병은 주 대위의 심중을 알지 못해 괴로워하고 있다.
④ 주 대위는 김 일등병을 이용해서 자신의 생명을 연장하려고 하고 있다.
⑤ 주 대위는 김 일등병에게 생명의 위협을 느꼈기 때문에 먼저 공격하고 있다.

10 〈보기〉는 이 글에 대한 선생님과 학생의 문답이다. 빈칸에 들어갈 적절한 말을 쓰시오.

| 보기 |

선생님: 이 소설은 작가의 대표적인 휴머니즘의 정신을 보여 주는 작품으로 평가받고 있어요. 어떤 면에서 그렇게 평가받을 수 있는지 말해 볼까요?
학생: 주 대위는 김 일등병을 권총으로라도 위협해서 끝까지 인가가 있는 곳으로 데려오고 있는데, 여기에서 _____을/를 엿볼 수 있으며, 휴머니즘적인 태도를 확인할 수 있습니다.

11 〈보기〉는 이 작품에 나오는 '현 중위'의 꿈 이야기이다. 전쟁이라는 글의 배경을 고려할 때 '개미 떼'가 상징하는 것을 쓰시오.

| 보기 |

개미구멍으로는 언제부터인지 흙빛과 같은 누런 개미 떼가 연달아 기어 나오고 있었다. 그리고 거기 같은 빛깔을 한 커다란 왕개미 한 마리가 구멍 입구에 서서 조고만 개미들이 나오는 족족 주둥이로 목을 잘라 버리는 것이었다. 삽시간에 개미의 시체가 가득 쌓였다. 그러나 그것은 개미의 시체가 아니고, 그대로 누렇게 뜬 흙으로 화해 버리는 것이었다.

039 압록강은 흐른다 | 이미륵

키워드 체크 #성장 소설 #자전적 #세계화된 한국 문학 #새로운 세계에 대한 동경

가 익원은 모든 과목을 매우 진지하게 공부했다. 그중에서도 특히 물리와 화학 분야를
각별히 생각하는 것 같았다. 나는 그가 '에테르'니 '원소'니 '에너지'니 하는 어려운 개
념에 관해서 토론할 때 이것을 즉시 알아차렸다. 그러면 그는 온 밤을 다 필요로 했고,
그래서 자정에야 비로소 다른 강의, 예를 들면 생리학이나 해부학을 공부할 수 있었
다. / 이러한 밤이면 우리는 허기를 느꼈고, 떡장수가 밤을 지나며 김이 무럭무럭 나는
떡을 사라고 소리를 지를 때까지 끈기 있게 기다렸다. 떡장수는 벌써 어느 골목 어느
집에 학생들이 한밤중까지 공부하며 허기에 시달리고 있는지를 알고 있었다. 떡장수
소리는 처음에 멀리에서 마치 모기가 우는 것처럼 들리기 시작하다가 점점 커져서는
우리 집의 높이 달린 창문 밑에 와서는 딱 멎었다. 우리들은 그가 떡 상자를 내려놓으
며 뚜껑을 여는 소리를 들었다. 익원은 웃으면서 밀창문을 열어젖히고 달콤한 속이 든
떡 두 개를 받았다. 떡장수의 노래 소리가 다시 밤의 골목을 뚫고 멀리멀리 흩어져 가
는 동안 우리는 다시 책을 읽었다.
▶ 익원의 학구열

나 익원의 장서에는 학술 서적 이외에도 많은 오락 서적이 있었다. 그것은 대부분 일
본 말로 번역된 유럽 소설들이었고, 나도 이름만은 알고 있는 것들이었다. 한 번은 그
속에서 철학적인 내용이 담긴 것 같은 책을 몇 권 발견했다. 그중의 한 권에는 '존재의
이론'이라는 제목이 붙어 있었다. 나는 그 책을 꺼내 읽었다. 그날은 일요일이었고, 익
원은 그의 친구를 찾아갔으므로 나 혼자 집에 있었다. 나는 익원이가 돌아올 때까지
오후 내내 재미있는 이 책을 읽었다.

내가 그 책에 그처럼 몰두해 있는 것을 보자 익원은 비로소 빙그레 웃었다. 그는 내
가 철학 문제에 너무 매달리지 않는 것이 좋다고 일렀다. 왜냐하면 철학 문제는 본래
의 공부에서 나를 이탈시킬 우려가 있기 때문이라고 했다. 그렇지 않아도 우리 동양
사람들은 너무 이론적인 면으로 기울어진다고 했다.
▶ 철학에 흥미를 느낀 '나'에게 철학 문제에 매달리지 말라고 충고하는 익원

다 이렇게 하여 나는 익원의 경고에도 불구하고 다음날부터 다시 계속해서 철학 서적
을 탐독했다. / "우리가 유럽 사람들에게 뒤떨어진 현대 학문은……"
어느 날 저녁, 익원이 말을 꺼냈다. / "철학적 사유에서 생겨난 것이 아니고 자연에
관한 실제적인 지식에서 생겨난 것이다. 그것은 자연 과학에 있어서도 그렇고 의학
에 있어서도 그렇다. 우리의 선조들이 항상 인간의 육체를 고전 철학에서 이해하려
고 시도했던 것과는 달리, 서양 연구가들은 그것을 해부하여 내부 기관을 직접 눈으
로 보려는 대담한 용기를 가졌었다. [중략] 이 대담한 용기 때문에 우리들은 결국 옛
날 것보다 백 배나 더 위대한 의학적인 지식을 얻게 되었다."
▶ 실제적인 지식 면에서 서양 학문이 동양 학문보다 더 뛰어나다고 주장하는 익원

키 포인트 체크

인물 '나'와 익원은 다양한 과목에 관심을 가지고 진지하게 공부하는 ☐☐☐을 보이고 있다.

배경 구한말과 일제 강점기의 ☐☐☐를 살아가는 인물의 삶을 황해도 해주, 서울, 유럽 등을 배경으로
그려 내고 있다.

사건 익원은 '나'에게 ☐☐ 문제에 매달리지 말 것을 충고하며 실제적인 지식의 중요성을 강조한다.

답 학구열, 격변기, 철학

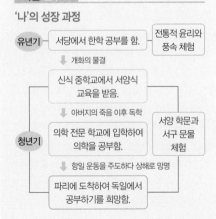

핵심 정리

갈래 장편 소설, 성장 소설

성격 자전적, 고백적, 회고적

배경 ① 시간 – 일제 강점기 전후
② 공간 – 황해도 해주 인근, 서울·유럽 일대

시점 1인칭 주인공 시점

주제 개화기의 여러 양상과 새로운 세계에 대한 동경

특징 ① 여정에 따라 전개되는 기행문의 특성이 드
러남.
② 작가의 성장기 체험을 바탕으로 한 자전적
소설이자 성장 소설임.

출전 《압록강은 흐른다》(1946)

작가 이미륵(1899~1950) 소설가. 3·1 운동에 가담
한 후 독일로 망명하였고, 동양의 전통적 정서와 서정
을 담백하게 그려 내어 독일 문단의 주목을 받았다. 주
요 작품으로 〈무던이〉, 〈실종자〉, 〈탈출기〉 등이 있다.

이해와 감상

독일어로 쓰인 이 작품은 황해도의 양반 가문 출신인
작가가 구한말의 격변기를 겪고 일제의 탄압을 피하
여 압록강을 건너 독일에 도착한 과정을 민족적 정서
를 바탕으로 그린 매우 서정적이고 아름다운 소설이
다. 이 작품은 작가의 체험을 그 기반으로 하고 있는
자전적 형식의 소설로 한국의 풍습, 그리고 인정(人
情)을 서정적인 필체로 그려 독일에서도 미문(美文)
으로 평가받았다. 주인공 '나'의 유년기 체험에는 한국
의 전통적 윤리와 민속성이 잘 묘사되어 있으며, 청년
기 이후의 체험에는 한국인으로서 외부 세계와 서양
학문을 체험하면서 느끼는 충격과 호기심 등이 나타
나 있다.

전체 줄거리

어린 시절에 '나'와 수암은 서당에서 한학을 공부하는
한편 말썽을 피워 아버지에게 여러 번 야단을 맞는다.
아버지의 죽음 이후, 침체된 '나'는 신식 중학교에서
교육을 받으나 건강이 나빠져 학교를 그만두게 된다.
이후 혼자서 공부를 계속하여 의학 전문 학교에 입학
한다. 3학년이 되던 해, '나'는 동료 학생들과 항일 운
동을 주도하다가, 상해로 망명길에 오른다. 상해에서
다시 파리에 도착하여 독일에서 공부하기를 희망한다.
그러나 그때 어머니가 별세하셨다는 소식을 듣는다.

작품 연구소

'나'의 성장 과정

유년기	서당에서 한학 공부를 함.	전통적 윤리와 풍속 체험

↓ 개화의 물결

신식 중학교에서 서양식
교육을 받음.

↓ 아버지의 죽음 이후 독학

청년기	의학 전문 학교에 입학하여 의학을 공부함.	서양 학문과 서구 문물 체험

↓ 항일 운동을 주도하다 상해로 망명

파리에 도착하여 독일에서
공부하기를 희망함.

040 소나기 | 황순원

키워드 체크 #순수 소설 #향토적 #맑고 순수한 사랑 #간접 제시 #시골 소년과 도시 소녀 #복선

가 이 날은 소녀가 징검다리 한가운데 앉아 세수를 하고 있었다. 분홍 스웨터 소매를
<small>소년과 친해지고 싶음. – 소녀의 적극적인 성격이 드러남.</small> <small>소녀의 외양 묘사 – 도시에서 살다 옴.</small>
걷어 올린 팔과 목덜미가 마냥 희었다.

한참 세수를 하고 나더니, 이번에는 물속을 빤히 들여다본다. 얼굴이라도 비추어 보
는 것이리라. 갑자기 물을 움켜 낸다. 고기 새끼라도 지나가는 듯.

소녀는 소년이 개울둑에 앉아 있는 걸 아는지 모르는지 그냥 날쌔게 물만 움켜 낸다.
<small>소녀가 징검다리 한가운데 앉아 있어서 지나가지 못하고 기다림 – 소년의 소극적인 성격이 드러남.</small>
그러나 번번이 허탕이다. 그대로 재미있는 양, 자꾸 물만 움킨다. 어제처럼 개울을 건
너는 사람이 있어야 길을 비킬 모양이다.

그러다가 소녀가 물속에서 무엇을 하나 집어 낸다. 하얀 조약돌이었다. 그리고는 홀
쩍 일어나 팔짝팔짝 징검다리를 뛰어 건너간다.
<small>① 소년에 대한 소녀의 관심 ② 사건 전개의 계기</small>

다 건너가더니만 획 이리로 돌아서며, / "이 바보." / 조약돌이 날아왔다.
<small>소극적인 소년에 대한 불만과 야속함을 드러냄.</small>
소년은 저도 모르게 벌떡 일어섰다. / 단발머리를 나풀거리며 소녀가 막 달린다. 갈
<small>인물과 배경 묘사 – 아름다운 풍경화와 같은 이미지를 형성함.</small>
밭 사잇길로 들어섰다. 뒤에는 청량한 가을 햇살 아래 빛나는 갈꽃뿐.

나 소녀의 입술이 파랗게 질려 있었다. 어깨를 자꾸 떨었다. ▶ 소년에게 조약돌을 던지고 달아나는 소녀
<small>소녀의 건강이 좋지 않음. – 복선 ①(불행한 결말 암시)</small>
무명 겹저고리를 벗어 소녀의 어깨를 싸 주었다. 소녀는 비에 젖은 눈을 들어 한 번
<small>소녀의 건강을 염려함. – 소년의 적극적 행동 ①</small>
쳐다보았을 뿐, 소년이 하는 대로 잠자코 있었다. 그러면서 안고 온 꽃묶음 속으로 가
지가 꺾이고 꽃이 일그러진 송이를 골라 발밑에 버린다.
<small>복선 ②(불행한 결말 암시)</small>
소녀가 들어선 곳도 비가 새기 시작했다. 더 거기서 비를 그을 수 없었다.

밖을 내다보던 소년이 무엇을 생각했는지 수수밭 쪽으로 달려간다. 세워 놓은 수숫
<small>소년의 적극적 행동 ②</small>
단 속을 비집어 보더니, 옆의 수숫단을 날라다 덧세운다. 다시 속을 비집어 본다. 그리
고는 소녀 쪽을 향해 손짓을 한다. [중략]
<small>소년의 적극적 행동 ③</small>
소녀가 속삭이듯이, 이리 들어와 앉으라고 했다. 괜찮다고 했다. 소녀가 다시 들어
와 앉으라고 했다. 할 수 없이 뒷걸음질을 쳤다. 그 바람에 소녀가 안고 있는 꽃묶음이
우그러들었다. 그러나 소녀는 상관없다고 생각했다. 비에 젖은 소년의 몸 내음새가 확
<small>복선 ③(불행한 결말 암시)</small>
코에 끼얹혀졌다. 그러나 고개를 돌리지 않았다. 도리어 소년의 몸기운으로 해서 떨리
던 몸이 적이 누그러지는 느낌이었다.
<small>간접 제시 – ① 소년에 대한 배려 ② 소년에 대한 감정</small> ▶ 원두막과 수숫단 속에서 소나기를 피하는 소년과 소녀

다 소란하던 수숫잎 소리가 뚝 그쳤다. 밖이 멀개졌다. / 수숫단 속을 벗어 나왔다. 멀
<small>급변하는 날씨 – 소나기의 특징</small>
지 않은 앞쪽에 햇빛이 눈부시게 내리붓고 있었다. 도랑 있는 곳까지 와 보니, 엄청나
<small>소년과 소녀 앞에 놓인 시련</small>
게 물이 불어 있었다. 빛마저 제법 붉은 흙탕물이었다. 뛰어 건널 수가 없었다.
<small>소년이 소녀를 업는 행위의 개연성을 마련함.</small>
소년이 등을 돌려 댔다. 소녀가 순순히 업히었다. 걷어 올린 소년의 잠방이까지 물이
<small>소년의 적극적 행동 ④ – 시련의 극복을 통해 서로의 감정이 더욱 깊어짐.</small>
올라왔다. 소녀는 '어머나' 소리를 지르며 소년의 목을 그러안았다.

개울가에 다다르기 전에 가을 하늘은 언제 그랬는가 싶게 구름 한 점 없이 쪽빛으로
개어 있었다.
<small>서정적 배경 묘사 – 서로를 향한 소년과 소녀의 감정이 깊어진 상황을 반영함.</small>
▶ 소녀를 업고 불어난 도랑물을 건넌 소년

키 포인트 체크

인물 소녀의 □□□인 모습과 달리, 소년은 순박한 시골 아이의 모습으로 □□□인 태도를 보인다.

배경 산업화의 영향을 많이 받지 않은 어느 □□ 마을의 늦□□부터 초□□까지의 상황이 나타난다.

사건 □□□를 피해 앉아 있던 수숫단 속을 나와 소년은 소녀를 업고 불어난 도랑을 건넌다.

답 적극적, 소극적, 시골, 여름, 가을, 소나기

핵심 정리

갈래 단편 소설, 순수 소설
성격 서정적, 향토적
배경 ① 시간 – 어느 늦여름에서 초가을
　　　② 공간 – 어느 시골 마을
시점 전지적 작가 시점
주제 소년과 소녀의 맑고 순수한 사랑
특징 ① 간결한 문장과 간접 제시를 통해 인물들의
　　　감정을 절제하여 드러냄.
　　　② 농촌의 공간을 통해 소년과 소녀의 순수한
　　　사랑을 돋보이게 함.
출전 《신문학》(1953)
작가 황순원(본책 154쪽 참고)

이해와 감상

이 작품은 소년과 소녀의 짧고 순수한 사랑을 황순원
특유의 간결한 문장으로 표현한 단편 소설이다. 소년
과 소녀 사이에서 이루어지는 수줍은 대화와 어설픈
행동을 통해 성격과 심리를 드러내는 간접 제시(극적
제시) 방법을 주로 사용하여 이들의 순수한 모습을 효
과적으로 형상화하고 있다. 또한 농촌의 공간과 가을
풍경은 인물들 간의 애틋하고 미묘한 감정 교류, 심리
변화 과정과 긴밀하게 연결된다. 이를 통해 작가는 소
나기처럼 짧게 끝나 버린 소년과 소녀의 사랑을 아름
다운 풍경화처럼 서정적으로 그리고 있다.

전체 줄거리

어느 시골 개울가에서 한 소녀가 소년에게 조약돌을
던진 후 달아나고 소년은 조약돌을 간직한다. 개울
에서 다시 만난 소년과 소녀는 논과 산에서 놀며 친해
진다. 산을 내려오는데 소나기가 쏟아지고, 흠뻑 젖은
이들은 수숫단 속으로 몸을 피한다. 잠시 후 비가 그치
지만 도랑에 물이 불어 소년은 소녀를 업고 도랑을 건
넌다. 그 후 모습이 보이지 않다가 해쓱해진 얼굴로 개
울가에 나온 소녀는 많이 앓았다는 사실과 조만간 이
사를 간다는 소식을 들려준다. 소녀에게 대추를 선물
받은 소년은 소녀에게 줄 호두알을 만지작거리며 소
녀를 만나 볼까 고민하다가 잠이 든다. 그러다 잠결에
소녀가 여러 날 앓다가 죽었는데, 죽기 전 자신이 입
던 옷을 그대로 입혀서 묻어 달라는 말을 남겼다는 이
야기를 듣게 된다.

작품 연구소

'소나기'의 역할과 의미

• 위기감과 긴장감을 조성함.
• 소년과 소녀가 가까워지는 계기가 됨.

↓

소년과 소녀의 애틋하고 순수한 사랑이 짧지만 강렬한
인상을 남기며 끝났음을 의미함.

주요 소재의 의미와 역할

조약돌	소년에 대한 소녀의 관심
갈림길	사건 전환의 계기, 두 사람의 이별
얼룩진 스웨터	소년과 소녀의 아름다운 추억
대추, 호두	서로를 위하는 소년과 소녀의 마음

더 읽을 작품

041 비 오는 날 |손창섭

키워드 체크 #전후 소설 #사실적 #전후의 절망적 상황 #우울한 내면 심리 #허무 의식

가 문 안에 친 거적 귀퉁이가 들썩 하며, 백지에 먹으로 그린 초상화 같은 여인의 얼굴
이 나타난 것이다. 살결이 유달리 희고, 눈썹이 남보다 검은 그 여인은 원구를 내다보
며 좀처럼 입을 열지 않았다. 저게 동옥인가 보다고 속으로 생각하며, 여기가 김동욱
군의 집이냐는 원구의 물음에, 여인은 말없이 약간 고개를 끄덕여 보였을 뿐이다. 눈
썹 하나 까딱하지 않는 그 태도는 거만해 보이는 것이었다. 동욱 군 어디 나갔습니까?
하고 재차 묻는 말에도 여인은 먼저처럼 고개만 끄떡했다. 그리고 나서 원구를 노려보
듯 하는 그 눈에는 까닭 모를 모멸과 일종의 반항적 태도까지 서리어 있는 것이었다.

나 비 오는 날인 데다가 창문까지 거적때기로 가리어서 방 안은 굴속같이 침침했다.
다다미 여덟 장 깔리는 방 안은, 다다미 위에다 시멘트 종이로 장판 바르듯 한 것이었
다. 한 켠 천장에서는 쉴 사이 없이 빗물이 떨어졌다. 빗물 떨어지는 자리에는 바께쓰
가 놓여 있었다.

다 부엌이라야 따로 있는 것이 아니라, 비어 있는 옆방이었다. 다다미는 걷어서 벽 한
구석에 기대어 놓아, 판장뿐인 실내에는 여기저기 빗물이 오줌발처럼 쏟아졌다. 거기
에는 취사도구가 지저분하니 널려 있는 것이었다. 연기가 들어간다고 사잇문을 닫아
버리고 나서, 동욱은 풍로에 불을 피우느라고 부채질을 하며 야단이었다. 열 시가 조
금 시난 외중시계를 사잇문 틈으로 써내 모이며, 노대체 소반이냐 섬심이냐는 원구의
질문에, 동욱은 닝글닝글하며 자기들에게는 삼시의 구별이 없다고 했다.

라 바께쓰의 빗물이 넘어서 옆에 앉아 있는 원구의 자리로 흘러내린 것이었다. [중략]
그러나 동욱은 직접 일어나서 제 손으로 치우려고 하지도 않았다. 앉은 채 부엌 쪽을
향해, 오빠 물 넘어, 했을 뿐이었다. 동욱은 사잇문을 반쯤 열고 들여다보며, 이년아,
네가 좀 치지 못해? 하고 목에 핏대를 세웠다. 그러자 자기가 나서기에 절호한 기회라
고 생각한 원구는, 내가 내다 버리지 하고 한 손으로 바께쓰를 들어 올렸다. 그러나 한
걸음도 미처 옮겨 놓을 사이도 없이 바께쓰는 철그렁 하는 소리와 함께 한옆이 떨어지
며 물이 좌르르 쏟아졌다. 손잡이의 한쪽 끝 갈고리가 고리 구멍에서 벗겨진 것이었
다. 순식간에 방바닥은 물바다가 되고 말았다. 여지껏 꼼짝 않고 앉아 있던 동옥도 그
제만은 냉큼 일어나 한 걸음 비켜서는 것이었다. 그 순간의 동옥의 동작이 예사롭지가
않았다. 원구에게 또 하나 우울의 씨를 뿌려 주는 것이었다. 원피스 밑으로 드러난 동
옥의 왼쪽 다리가 어린애의 손목같이 가늘고 짧았기 때문이다. 그러한 다리를 옮겨 디
디는 순간, 동옥의 전신은 한쪽으로 쓰러질 듯이 기울어지는 것이었다. 동옥은 다시
한번 그 가늘고 짧은 다리를 옮겨 놓는 일 없이, 젖지 않은 구석 자리에 재빨리 주저앉
아 버리고 말았다. 그리고는 희다 못해 파랗게 질린 얼굴에 독이 오른 눈초리로 원구
를 잡아먹을 듯이 노려보는 것이었다.

포인트 체크

인물 동욱 남매는 장애로 인한 ☐☐☐☐을 지녔으며, 원구는 이들의 비참한 삶에 연민을 느낀다.
배경 1·4 후퇴 후 장마가 한창이던 ☐☐을 배경으로 하고 있다.
사건 방 안의 빗물 양동이가 넘쳐 방바닥이 젖고, 이때 원구는 동옥의 ☐☐를 알게 된다.

답 피해 의식, 부산, 장애

핵심 정리

갈래 단편 소설, 전후 소설
성격 허무적, 실존적, 사실적
배경 ① 시간 – 6·25 전쟁 당시 장마철
② 공간 – 피란지 부산의 변두리 마을
시점 전지적 작가 시점
주제 전후의 무기력한 삶과 허무 의식
특징 ① 원구라는 인물이 동욱 남매의 불구적 삶을
회상하는 구성을 취함.
② 사회적·상황적 배경, 시간·공간적 배경이
배합되어 생존의 비극성을 그려 냄.
③ '~것이었다.'라는 종결형을 반복적으로 사
용하여 사건을 간접적으로 제시함.
출전 《문예》(1953)
작가 손창섭(1922~2010) 소설가. 1952년 《문예》에
〈공휴일〉을 발표하면서 등단하였다. 인간에 대한 부정
의 시각을 담아 1950년대 전후의 불안한 상황을 사실
적으로 그려 내었다. 주요 작품으로 〈미해결의 장〉,
〈잉여 인간〉, 〈낙서족〉 등이 있다.

이해와 감상

이 작품은 전쟁의 후유증으로 인하여 무기력한 삶을
살아가는 사람들의 우울한 내면 심리와 허무 의식을
다룬 전후 소설이다. 작가는 신체적, 정신적 장애를
가진 남매의 모습을 이들이 살아가는 전후의 상황, 기
후적인 조건 등과 결합함으로써 전쟁으로 상처받은
인물들의 황폐한 내면을 효과적으로 전달하고 있다.
또한 무기력한 숙남 인물들의 모습을 통해 선생이 낳
은 패배적이고 부정적인 인간상을 보여 준다.

전체 줄거리

비 내리는 날이면 원구는 동욱 남매의 음산한 생활 풍
경을 회상한다. 원구는 동욱을 피란지에서 우연히 만
나게 되었고 동욱으로부터 동옥이가 힘드니 위로해
주라는 부탁을 받기도 한다. 원구는 황폐한 동욱의 집
을 방문하여 동욱과 그의 여동생 동옥을 만난다. 원구
에 대한 동옥의 적대적 태도는 점차 누그러지지만 동
욱, 동옥 남매는 유일한 생계 수단인 초상화 작업을
못하게 된다. 동옥이 같은 집에 사는 노파에게 돈을
떼이고, 세들어 살던 집마저 떠나게 되며, 원구는 자
책감에 빠진다.

작품 연구소

동욱과 동옥의 장애

이 소설은 전쟁 체험의 상처와 충격을 불구적 인간형
으로 보여 주고 있다. 동욱 남매는 신체적·정신적 불
구로, 현실에 적응하지 못하고 피해 의식을 가지고 살
아가는 인물들이다.

동욱	동옥
• 정신적 불구를 상징함. • 사소한 일에도 동옥에게 신경질을 부리며 악에 받친 말을 쏟아 내어 울분을 토로함.	• 정신적·육체적 불구를 상징함. • 어릴 적 소아마비로 다리에 장애를 갖게 되어, 사람들에 대한 적대감을 가짐.

동욱 남매의 비극적 상황
• 전쟁의 비인간성을 나타냄.
• 인간의 무기력한 삶을 드러냄.

158 Ⅲ. 광복 이후~1950년대

키워드 체크 #액자 소설 #6·25 전쟁 #전쟁의 비극 #형의 죽음 #눈

가 이튿날, 형의 걸음걸이는 눈에 띄게 절룩거렸다. 혼잣소리도 풀이 없었다.
<small>상황이 악화됨. – 비극적 결말 암시</small>

"그만큼 걸었음 무던히 왔구만서두. 에에이, 이젠 좀 그만 걷지덜, 무던히 걸었구만

서두." / 하고는 주위의 경비병들을 흘끔 곁눈질해 보았다. 경비병들은 물론 알은체
<small>폭력적 상황 속에서 인간 본연의 모습을 억압하고 길들이는 감시망을 상징함.</small>

도 안 했다. 바뀐 사람들은 꽤나 사나운 패들이었다.   ▶ 다리를 눈에 띄게 절기 시작하는 형

나 그날 밤 형은 동생을 향해 쓸쓸하게 웃기만 했다.

"칠성아, 너 집에 가거든 말이다, 집에 가거든……."

하고는 또 무슨 생각이 났는지 벌쭉 웃으면서,

『히히, 내가 무슨 소릴 허니, 네가 집에 갈 땐 나두 갈 텐데, 앙 그러니? 내가 정신이
<small>「 」: 자신이 집에 가지 못할 것이라고 생각했음을 알 수 있음.</small>

빠졌어.』

한참 뒤엔 또 동생의 어깨를 그러안으면서,
<small>두 팔을 싸잡아 껴안으면서</small>

"야, 칠성아!" / 동생의 얼굴을 똑바로 마주 쳐다보기만 했다.   ▶ 생존에 위협을 느낀 형
<small>동생에게 하고 싶은 말이 있는 형</small>

다 며칠이 지날수록 형의 걸음은 더 절룩거렸다. 행렬 속에서도 별로 혼잣소릴 지껄
<small>다리가 좋지 않음을 들킬까 봐</small>

이지 않았다. 평소의 형답지 않게 꽤나 조심스런 낯색이었다. 둘레를 두리번거리며 경
<small>평소 형의 태도는 조심스럽지 않았음을 알 수 있음.</small>

비병의 눈치를 흘끔거리기만 했다. 이젠 밤에도 동생의 귀에다 입을 대고 이것저것 지
<small>달라진 형의 태도</small>

껄이지 않았다. 그러나 먼 개 짖는 소리 같은 것에는 여전히 흠칫흠칫 놀라곤 했다. 동

생은 또 참다못해 눈물을 흘렸다. 그러나 형은 왜 우느냐고 화를 내지도 않고 울음을

터뜨리지도 않았다. 동생은 이런 형이 서러워 더 더 흐느꼈다.
<small>형의 순수한 인간성을 부각시킴.</small>

그날 밤, 바깥엔 함박눈이 내렸다. / 형은 불현듯 동생의 귀에다 입을 댔다.
<small>자신의 죽음을 암시</small>

"너, 무슨 일이 생겨두 날 형이라구 글지 마라, 어엉?"
<small>동생을 걱정함.</small>

여느 때답지 않게 숙성한 사람 같은 억양이었다.
<small>성숙한</small>

"울지두 말구 모르는 체만 해, 꼭." / 동생은 부러 큰 소리로,
<small>실없이 큰소리로</small>

"야하, 눈이 내린다." / 형이 지껄일 소리를 자기가 지금 대신하고 있다고 생각했다.
<small>결말의 비극적 분위기를 고조시킴.</small>

"……." / 그러나 이미 형은 그저 꾹하니 굳은 표정이었다.

동생은 안타까워 또 울었다. 형을 그러안고 귀에다 입을 대고,
<small>형에 대한 연민</small>

"형아, 형아, 정신 차려."   ▶ 죽음을 예감하고 동생에게 자신을 모른 척하라고 당부하는 형

라 이튿날, 한낮이 기울어서 어느 영 기슭에 다다르자, 형은 동생의 허벅다리를 쿡 찌
<small>산 고개</small>   <small>전날 밤에 말했듯이 알은 체하지 말라는 신호</small>

르고는 걷던 자리에 털썩 주저앉고 말았다.

형의 걸음걸이를 주의해 보아 오던 한 사람이 뒤에서 따발총을 휘둘러 쏘았다.
<small>감시자의 요구를 수행하지 못하자 희생당하는 형의 모습</small>

형은 앉은 채 앞으로 꼬꾸라졌다. 그 사람은 총을 어깨에 둘러메면서,
<small>형의 죽음</small>

"메칠을 더 살겠다고 뻐득대? 뻐득대길."   ▶ 경비병의 총에 맞아 죽은 형
<small>전쟁이 야기한 인간성의 상실</small>

키 포인트 체크

인물 형은 어수룩하지만 동생을 위하는 따뜻한 인물이며, 동생은 현실에 [ ][ ]하며 살아왔지만 자신의
삶이 옳은 것이었는지에 대해 [ ][ ][ ]인 태도를 보이는 인물이다.

배경 6·25 전쟁 중 인민군에 포로로 잡혀 북한으로 [ ][ ]되고 있는 과정을 그리고 있다.

사건 다리가 불편해 잘 걷지 못하는 형은 동생에게 무슨 일이 생기면 자신을 [ ][ ][ ]할 것을 당부하고
경비병의 총에 맞아 죽는다.

답 순응, 회의적, 이송, 모른 척

핵심 정리

갈래 단편 소설, 액자 소설
성격 비판적
배경 ① 시간 – 6·25 전쟁
　　　② 공간 – 북으로 이송되어 가는 길
시점 ① 바깥 이야기 – 1인칭 관찰자 시점
　　　② 안 이야기 – 전지적 작가 시점
주제 극한 상황 속에서 모색하는 올바른 삶의 방향
특징 ① 형의 죽음과 대비되는 '눈'을 통해 비극적인
　　　　분위기를 강조함.
　　　② 전쟁의 고통과 비극성을 세밀하게 그려냄.
출전 《문학 예술》(1957)
작가 이호철(1932~2016) 소설가. 분단의 아픔, 이
산가족 문제 등 주로 분단 상황이 빚은 아픔을 작품에
담고 있다. 이를 통해 시대 변화에 따른 남한 사회의
분단에 대한 다양한 궤적을 보여 주었다는 평가를 받
고 있다. 주요 작품으로 〈판문점〉, 〈나상〉, 〈1965년, 어
느 이발소에서〉, 〈소시민〉 등이 있다.

이해와 감상

이 작품은 전쟁 때 북한군의 포로로 잡힌 두 형제가
북으로 이송되는 과정을 그린 소설이다. 작가는 본연
의 순수성을 그대로 드러내는 인간인 '형'이 외부의
폭력에 희생되는 모습을 통해 근원적 인간성의 소중
함을 보여 주면서, 전쟁에서 살아남은 자들의 영리함
과 거만함이 과연 올바른 것인지에 대한 질문을 던지
고 있다. 나아가 포로 호송이라는 상황을 통해 구성원
을 획일화하는 사회를 우회적으로 비판한다.

전체 줄거리

어느 여름 저녁에 '나'는 '철'에게서 전쟁 때 북한군 포
로로 잡혀 이송되었던 형제의 이야기를 듣게 된다. 상
황을 고려하지 않고 어수룩한 행동을 하는 형을 동생
칠성은 처음에 탐탁지 않게 여기지만 자신을 위하는
형의 인간적인 모습에 점점 마음을 연다. 담증에 걸린
다리가 곪아 잘 걸을 수 없게 되자 형은 자신에게 일
이 생기면 모른 체하라고 동생에게 당부를 하고, 결국
경비병의 총에 맞아 죽음을 맞는다. 이야기를 마친
'철'은 이야기 속의 동생이 바로 자신임을 고백하며,
현실에 순응했던 자신의 삶이 옳은 것이었는지에 대
해 회의한다.

작품 연구소

〈나상〉의 구성적 특징 – 액자식 구성

이 작품은 '나'와 '철'이 베란다 위에 앉아 이야기를 시
작하는 바깥 이야기와 6·25 전쟁 당시 포로가 된 형
제의 사연을 들려주는 안 이야기, 그리고 안 이야기가
끝나고 다시 현실로 돌아오는 바깥 이야기로 구성된
다. 두 번째 바깥 이야기에서 '철'이 "내 어릴 때 이름
이 칠성이었다."라고 말한다. 이렇듯 내화와 외화를
넘나드는 한 인물을 통해 과거와 현재를 교차시키며
작품의 주제를 확장한다.

바깥 이야기
'나'가 '철'에게 형제에 관한 이야기를 들음.

안 이야기	
형은 현실에 순응하지 못하지만 아우를 생각하는 애틋함이 있음.	동생은 명석하며 현실에 순응하고, 형을 점차 이해함.

IV

1960년대
~1980년대

갑오개혁 (1894년)	3·1운동 (1919년)	카프 결성 (1925년)	일제의 조선어 교육 폐지(1938년)	

개화기~
1910년대

1920년대
~1945년

국권 피탈
(1910년)

카프 해산
(1935년)

조선어학회
사건(1942년)

1960년대

1. 이 시기의 특징

- 급속하게 진행된 산업화로 인한 농촌의 해체와 도시로의 인구 집중, 농어촌의 궁핍화가 문제로 등장하였다.
- 독재 권력에 맞선 4·19 혁명, 그 이상을 좌절시킨 5·16 군사 정변 이후 민주화라는 시대적 과제를 수행해야 했다.

2. 이 시기 소설의 경향

(1) 민족의 비극과 분단 현실에 대한 심화된 인식

이전의 전후 소설과는 달리 분단의 원인과 치유 방안에 대한 새로운 인식을 형상화하였다. 대표적인 작가로 황순원, 최인훈, 오상원, 이호철 등이 있으며 이 가운데 최인훈의 〈광장〉은 1960년대의 시작을 알린 작품으로 평가된다.

(2) 새로운 감수성의 문학

1960년대 중반 김승옥, 이문구, 이청준 등 새로운 작가들이 등장한다. 이들은 새로운 감수성과 감각적인 문체로 작품 세계를 형성해 갔다. 예 김승옥의 〈무진 기행〉, 이문구의 〈관촌수필〉 등

(3) 급속한 경제 성장의 이면에 대한 비판

김정한, 박태순, 전광용 등의 작가들은 급속한 경제 성장 이면의 그늘진 민중의 삶을 특정 이념과 관련짓지 않고 현실 속에서 예술적으로 형상화하였다. 예 김정한의 〈모래톱 이야기〉

◆ 4·19혁명
1960년 4월 19일, 학생들이 중심이 되어 일으킨 민주주의 혁명. 이를 통해 12년간 장기 집권하던 이승만 독재 정권을 무너뜨렸다.

▲ 4·19 혁명에 나선 학생들

간단 개념 체크

1 최인훈의 소설로, 분단의 원인과 치유에 대한 새로운 인식을 형상화한 1960년대의 대표 작품은?
( )

2 김승옥, 이문구, 이청준 등은 새로운 □□과 감각적인 □□로 작품 세계를 형성해 갔다.

3 1960년대에는 5·16 군사 정변 이후의 급속한 경제 성장으로 인한 사회적 모순을 보여 주는 작품들이 창작되었다.
(○ / ×)

답 1 〈광장〉 2 감수성, 문체 3 ○

1970년대

1. 이 시기의 특징

- 독재 권력에 맞서 민주화를 이루고자 하는 운동이 본격화되었다.
- 1960년대 이래 급속한 산업화로 말미암은 농어촌 공동체의 해체와 도시 인구의 급증에 따른 농촌 문제, 도시 빈민 문제, 노동 문제 등이 심각한 사회 문제로 떠올랐다.
- 분단의 현실을 넘어 통일을 이루고자 하는 의식이 크게 확산되었다.

2. 이 시기 소설의 경향

(1) 산업화가 가져온 문제에 대한 성찰

산업화와 도시화로 삶의 뿌리를 상실한 사람들의 처지와 저항 의지를 형상화한 작품들이 발표되었다. 황석영, 조세희, 이문구 등이 대표적인 작가이다.

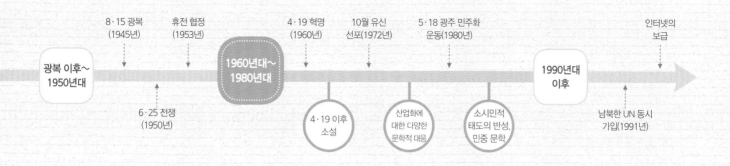

광복 이후~ 1950년대

8·15 광복 (1945년)
6·25 전쟁 (1950년)
휴전 협정 (1953년)

1960년대~ 1980년대

4·19 혁명 (1960년)
4·19 이후 소설

10월 유신 선포(1972년)
산업화에 대한 다양한 문학적 대응

5·18 광주 민주화 운동(1980년)
소시민적 태도의 반성, 민중 문학

1990년대 이후

남북한 UN 동시 가입(1991년)
인터넷의 보급

(2) 지속되는 분단의 상처에 대한 인식

윤흥길, 박완서, 김원일 등의 작가들은 민족의 분단이 현재의 삶에 얼마나 큰 상처로 남아 있는가를 날카롭게 제시하는 소설들을 꾸준히 발표했다.

(3) 근대적 규율과 제도의 본질에 대한 비판

이청준은 〈소문의 벽〉, 〈당신들의 천국〉 등을 통해 인간의 기본적인 권리에 대한 침해, 혹은 인간의 자유를 구속하는 것에 대해 비판적인 시각을 드러냈다.

작품	작가	특징
〈삼포 가는 길〉	황석영	실향민, 도시 노동자 등 산업화 과정에서 소외된 사람들의 아픔을 형상화했다.
〈장마〉	윤흥길	6·25 전쟁을 배경으로 한집안에서 발생한 이념 대립과 화해 과정을 그렸다.

1980년대

1. 이 시기의 특징

- 광주 민주화 운동을 계기로 민중 문학의 기운이 문단의 큰 세력으로 성장하였다.
- 독재 권력과 민주화 운동 세력, 자본가와 노동자, 반공주의자와 통일주의자, 남성 중심주의자와 남녀 평등주의자 사이의 갈등 등이 제기되며 큰 혼란을 낳기도 했지만, 이는 사회 변혁의 동력으로 작용하기도 하였다.

2. 이 시기 소설의 경향

(1) 소시민적 진실의 탐구 및 개혁의 열정

섬세한 심리 묘사를 바탕으로 소시민들의 삶과 정서를 담은 작품들이 창작되었다. 이문열, 양귀자, 송기원 등이 대표적인 작가이다.

(2) 역사 대하 장편 소설의 융성

왜곡되고 모순된 현대사에 대한 반성으로 지난 역사를 재조명한 대하 장편 소설들이 완성되면서 1980년대 소설의 중요 흐름을 이루게 되었다.

작품	작가	특징
〈우리들의 일그러진 영웅〉	이문열	민주주의가 자리 잡지 못했던 시기의 한국 사회의 권력의 행태를 비판하고, 나약한 지식인의 모습을 보여 주었다.
〈원미동 사람들〉	양귀자	우리 이웃들의 일상적이고 평범한 삶을 통해 우리 사회의 다양한 문제들을 예리하게 파헤쳤다.
〈태백산맥〉	조정래	해방 직후 이념적 혼란기부터 6·25 전쟁에 이르기까지 격동의 시기를 중심으로 한국 사회 내부에 은폐되어 있는 구조적 모순을 규명하였다.

문학 금성, 미래엔, 비상, 지학사

🎯 핵심 정리

갈래 장편 소설, 관념 소설, 분단 소설
성격 관념적, 독백적, 회고적
배경 ① 시간 – 해방 직후 ~ 6·25 전쟁
② 공간 – 남한과 북한, 타고르 호 안
시점 전지적 작가 시점
주제 이데올로기의 갈등 속에서 바람직한 삶과 사회에 대한 추구
특징 ① 상징적인 소재와 배경이 사용됨.
② 관념적이고 철학적인 용어가 많이 사용됨.
③ 주인공이 회상하는 형식으로 내용이 전개됨.
출전 《새벽》(1960)

Q '중립국'의 상징적 의미는?

• 이념 갈등이 없는 공간
• 남한과 북한 모두 완전하지 못한 공간이라는 깨달음을 얻은 이후에 명준이 선택한 공간

💡 어휘 풀이

제국주의자 군사적, 경제적으로 다른 나라를 정복하여 영토나 권력을 넓히려는 자.
조력 힘을 써 도와줌, 또는 도와주는 힘.
추스르다 위로 끌어 올리다.
서기 단체나 회의에서 문서나 기록 따위를 맡아보는 사람.
명부 이름, 주소, 직업 따위를 적어 놓은 장부.

⚙️ 구절 풀이

❶ **"동무는 어느 쪽으로 가겠소?"** 북한 측 장교가 명준에게 남한과 북한 중 한 곳을 선택하도록 강요하고 있다. 이는 전쟁 당시 우리 민족이 겪었던 이데올로기적 대립과 갈등을 의미한다.

❷ **공화국은 동무의 ~ 더 높이 평가하오.** 명준이 포로로 잡힌 것을 탓하기보다는 그가 전쟁에서 싸운 것을 더 높이 평가한다는 의미이다.

❸ **지식인일수록 불만이 ~ 종기가 났다고 말이지요.** 이상적인 사회에 대한 동경이 크고 사회의 모순을 직시하는 지식인일수록 현재 사회에 대한 불만이 많을 수 있다는 것을 이해하지만, 그렇다고 조국을 버리는 것은 옳지 않다는 것을 비유한 표현이다. 몸은 조국을, 종기는 사회의 작은 모순을 의미한다.

Q 웃음을 터뜨린 '명준'의 행위에 담긴 의미는?

자신에게 남과 북의 이데올로기 중 하나의 선택만을 강요하는 현실에 대한 저항에서 오는 후련함과 중립국을 선택할 수밖에 없는 자신의 처지에 대한 자조적인 비애와 허탈감이 함께 드러난다.

가 "동무, 앉으시오." / 명준은 움직이지 않았다.

❶"동무는 어느 쪽으로 가겠소?" / ⊙"중립국."

그들은 서로 쳐다본다. 앉으라고 하던 장교가, 윗몸을 테이블 위로 바싹 내밀면서, 말한다.
〈기대와 다른 명준의 대답에 대한 반응〉 〈적극적으로 설득하고자 하는 태도〉

"동무, 중립국도, 마찬가지 자본주의 나라요. 굶주림과 범죄가 우글대는 낯선 곳에 가서 어쩌자는 거요?" / "중립국."
〈북한 측의 설득 근거 ① – 중립국(자본주의 국가)의 위험성〉

"다시 한번 생각하시오. 돌이킬 수 없는 중대한 결정이란 말요. 자랑스러운 권리를 왜 포기하는 거요?" / "중립국."
〈북한 측의 설득 근거 ② – 신중한 결정의 필요성〉 〈북을 선택하면 받게 될 영웅 대접〉

이번에는, 그 옆에 앉은 장교가 나섰다.

"동무, 지금 인민 공화국에서는 참전 용사들을 위한 연금 법령을 냈소. 동무는 누구보다도 먼저 일터를 가지게 될 것이며, 인민의 영웅으로 존경받을 것이오. 전체 인민은 동무가 돌아오기를 기다리고 있소. 고향의 초목도 동무의 개선을 반길 거요." / "중립국."
〈북한 측의 설득 근거 ③ – 생계 보장〉 〈북한 측의 설득 근거 ④ – 사회적 명예〉

그들은 머리를 모으고 소곤소곤 상의를 한다.
〈명준을 설득하기 위한 논의. 명준이 보복을 두려워한다고 생각함.〉

처음에 말하던 장교가, 다시 입을 연다.

"동무의 심정도 잘 알겠소. 오랜 포로 생활에서, *제국주의자들의 간사한 꾀임수에 유혹을 받지 않을 수 없었다는 것도 용서할 수 있소. 그런 염려는 하지 마시오. ❷공화국은 동무의 하찮은 잘못을 탓하기보다도, 동무가 조국과 인민에게 바친 충성을 더 높이 평가하오. 일체의 보복 행위는 없을 것을 약속하오. 동무는……" / "중립국."
〈남한과 유엔 측〉 〈'꾀수'의 북한어〉 〈북한 측의 설득 근거 ⑤ – 보복이 없음.〉 ▶ 북한 측의 설득을 거부하는 명준

나 아까부터 그는 설득자들에게 간단한 한마디만을 되풀이 대꾸하면서, 지금 다른 천막에서 동시에 진행되고 있을 광경을 그려 보고 있었다. 그리고 그 자리에도 자기를 세워 보고 있었다. [중략] "당신은 고등 교육까지 받은 지식인입니다. 조국은 지금 당신을 요구하고 있습니다. 당신은 위기에 처한 조국을 버리고 떠나 버리렵니까?" / "중립국."
〈"중립국."〉 〈남한과 유엔 측이 설득하는 공간〉 〈남한 측의 설득에 대한 자신의 반응을 상상함.〉 〈남한 측의 설득 근거 ① – 지식인으로서의 책임감 상기〉

❸"지식인일수록 불만이 많은 법입니다. 그러나 그렇다고 제 몸을 없애 버리겠습니까? ⓒ종기가 났다고 말이지요. 당신 한 사람을 잃는 건, 무식한 사람 열을 잃는 것보다 더 큰 민족의 손실입니다. 당신은 아직 젊습니다. 우리 사회에는 할 일이 태산 같습니다. 나는 당신보다 나이를 약간 더 먹었다는 의미에서, 친구로서 충고하고 싶습니다. 조국의 품으로 돌아와서, 조국을 재건하는 일꾼이 돼 주십시오. 낯선 땅에 가서 고생하느니, 그쪽이 당신 개인으로서도 행복이라는 걸 믿어 의심치 않습니다. 나는 당신을 처음 보았을 때, 대단히 인상이 마음에 들었습니다. 뭐 어떻게 생각지 마십시오. 나는 동생처럼 여겨졌다는 말입니다. 만일 남한에 오는 경우에, 개인적인 *조력을 제공할 용의가 있습니다. 어떻습니까?"
〈남한 측의 설득 근거 ② – 지성에 호소하기〉 〈중립국〉 〈남한에 사는 것〉 〈개인적인 호감이 있다는 것으로, 인정에 호소함.〉 〈남한 측의 설득 근거 ③ – 인정에 호소하기〉

명준은 고개를 쳐들고, 반듯하게 된 천막 천장을 올려다본다. 한층 가락을 낮춘 목소리로 혼잣말 외듯 나직이 말할 것이다. / "중립국."

설득자는, 손에 들었던 연필 꼭지로, 테이블을 툭 치면서, 곁에 앉은 미군을 돌아볼 것이다. 미군은, 어깨를 *추스르며, 눈을 찡긋하고 웃겠지.
〈명준이 자신을 설득할 수 없음을 깨달은 남한 측 설득자의 행동을 상상함.〉

나오는 문 앞에서, *서기의 책상 위에 놓인 *명부에 이름을 적고 천막을 나서자, 그는 마치 재채기를 참았던 사람처럼 몸을 벌떡 뒤로 젖히면서, ⓒ마음껏 웃음을 터뜨렸다.
▶ 남한 측의 설득을 거부하는 명준

• **중심 내용** 남과 북 중 한 곳을 선택하라고 강요하는 설득자들을 거부하는 명준   • **구성 단계** 절정

이해와 감상

이 작품은 해방 이후부터 6·25 전쟁까지의 혼란스러운 시대 속에서 남과 북을 오가며 진정한 삶의 의미를 찾기 위해 노력하는 명준의 모습을 통해 역사와 민족의 문제, 그리고 진정한 인간적 삶의 방향 등에 대한 모색을 그리고 있다. 소설 작품임에도 분단과 이념 갈등, 개인과 사회의 이상적 관계, 사랑을 통한 인간 구원의 문제 등 묵직하고 심오한 주제를 정면으로 다루고 있다 보니 전체적으로 관념적인 독백, 철학적인 논쟁, 추상적인 사색 등이 많이 나타난다.

명준은 남한과 북한 그 어느 곳에서도 진정한 인간의 삶을 충족시킬 수 없다는 생각으로 제3국을 선택하지만, 끝내 바다에 투신하고 만다. 작가는 이념 갈등 속에서 결국 좌절하고 마는 한 지식인의 비극을 통해 개인의 자유를 가로막는 이념 대립의 폭력성과 분단 상황의 현실을 비판하고 있는 것이다.

전체 줄거리

발단	해방 후 평범한 대학생이던 명준은 월북한 아버지 때문에 기관에 끌려가 고초를 겪고 월북을 결행한다.
전개	북한에 도착한 명준은 막상 북쪽 사회를 체험하자 그들이 내세우는 이상과는 달리 그곳에는 왜곡된 이념과 부자유만이 있음을 알게 된다. 명준은 은혜와의 사랑으로 돌파구를 찾으려고 하지만, 은혜가 유학을 떠나게 되어 이마저도 좌절된다.
위기	6·25 전쟁이 발발하자 인민군으로 종군하게 된 명준은 은혜와 극적으로 해후하나, 그녀는 비극적인 죽음을 맞이하고 그는 포로가 된다.
절정	명준은 포로수용소에서 석방될 때 남한과 북한이 아닌 제3국을 선택한다.
결말	제3국인 인도로 향하는 타고르 호에서 명준은 바다에 투신한다.

인물 관계도

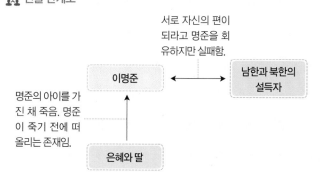

작품 연구소

명준을 설득하기 위한 북측과 남측의 논리

북측의 논리	북한을 선택하면 우선적으로 일자리를 갖게 되고 인민의 영웅으로 존경받을 수 있다고 이야기하고 있다. 또한 북측에서는 명준의 잘못에 대한 보복은 없을 것임을 들어 명준을 설득하고 있다.
남측의 논리	조국이 명준을 원하고 있고 남측에서 명준이 해야 할 일이 많음을 이야기하고 있다. 또한 남측 설득자는 명준이 동생처럼 느껴져 도와주겠다고 인정에 호소하며 명준을 설득하고 있다.

키 포인트 체크

인물 명준은 철학을 전공하는 대학생으로 □□□□적 태도를 지니고 있다.

배경 해방 이후부터 6·25 전쟁을 배경으로, 남북이 □□적으로 대립하는 혼란스러운 상황이 나타나 있다.

사건 남북의 설득을 거부하고 □□□을 선택한 명준은 자신이 꿈꾸는 □□□□는 없다는 것을 깨닫고 바다에 투신한다.

1 이 글의 서술상 특징으로 가장 적절한 것은?
① 잦은 장면 전환을 통해 사건의 긴장감을 높이고 있다.
② 실제 일어난 일과 인물이 상상한 일을 병치하여 인물의 내면을 드러내고 있다.
③ 과거의 사건에 대한 회상 장면을 삽입하여 사건의 전말을 압축적으로 제시하고 있다.
④ 의식의 흐름 기법을 사용하여 갈등하는 인물의 복잡한 내면 심리를 가감 없이 드러내고 있다.
⑤ 사건이 일어나고 있는 공간적 배경을 비유적으로 제시하여 인물이 처한 심리적 상황을 부각하고 있다.

2 '명준'을 설득하기 위해 북한 측 설득자들이 내세운 근거가 <u>아닌</u> 것은?
① 생계 보장
② 중립국의 위험성
③ 사회적 명예 보장
④ 신중한 결정의 필요성
⑤ 남한의 보복에 대한 보호

<small>내신 적중 다빈출</small>

3 이 글에 ㉠을 반복하여 얻을 수 있는 효과로 가장 적절한 것은?
① 인물들 간의 갈등을 고조시켜 사건 전개의 극적 반전을 이끌어 낸다.
② 인물이 추구하는 이상 세계의 모습을 단적으로 드러내어 주제를 도출한다.
③ 합리적인 대안을 제시하지 못하는 설득자들의 논리에 대한 반감을 보여 준다.
④ 어떠한 설득에도 자신의 의지를 굽히지 않겠다는 인물의 단호한 태도를 드러낸다.
⑤ 인물이 처한 현실에서 벗어나고자 하는 열망과 외국 생활에 대한 동경을 드러낸다.

4 ㉡의 의미로 가장 적절한 것은?
① 조국 재건의 걸림돌
② 명준이 과거에 행한 잘못
③ 낯선 땅에 가서 당할 고통
④ 남한 사회에 내재된 모순
⑤ 지식인으로서의 책임에 대한 열정

<small>내신 적중 다빈출</small>

5 '명준'이 중립국을 선택한 후 ㉢과 같이 행동한 이유를 쓰시오.

Ⅳ. 1960년대~1980년대

어휘 풀이

해도(海圖) 바다의 상태를 자세히 적어 넣은 항해용 지도.

유토피아 이상향. 인간이 생각할 수 있는 최선의 상태를 갖춘 완전한 사회.

콜호스 소련의 집단 농장. 모든 생산 수단을 사회화하고 협동조합 형식에 의하여 농민이 집단 경영을 행하였으며, 각자의 노동에 따라 수익을 분배하였음.

사북 접었다 폈다 하는 부채의 아랫머리나 가위다리의 교차된 곳에 박아 돌쩌귀처럼 쓰이는 물건.

마스트 돛을 달기 위하여 배 바닥에 세운 기둥.

Q '사북 자리'의 의미는?

명준의 삶이 한계 상황에 이르렀음과 그러한 현실에서 인식의 전환점에 도달하였음을 의미한다.

구절 풀이

❶ **부채를 접었다 폈다 ~ 차츰 떠올라 온다.** 해도에 배의 행적이 그려져 있는 것처럼, 명준은 마치 부채에 자신의 삶이 그려져 있다고 여겨 자신의 삶을 되돌아보게 되는 것이다.

❷ **그는 지금, 부채의 사북 자리에 서 있다.** 과거 회상이 끝나고 현재 자신의 처지에 대한 인식으로 전환되는 부분이다. 지금까지의 삶이 중립국행을 선택하게 했지만 앞으로의 삶에도 긍정적인 전망이 없음을 드러내고 있다.

❸ **거울 속에 비친 남자는 활짝 웃고 있다.** 명준은 은혜와 딸이 마음껏 날아다니는 바다가 자신이 바라는 사람과 자유가 존재하는 푸른 광장이라고 생각한다. 따라서 명준의 웃음은 자신이 추구하던 '사랑과 자유가 충만한 광장'을 발견한 데에서 오는 기쁨의 표현이라고 할 수 있다.

Q '푸른 광장(바다)'이 의미하는 것은?

바다는 명준이 그동안 찾으려고 했던 이상적인 공간을 상징한다. 즉, 이념이 배제되고 사랑과 자유라는 개인적 삶과 사회적 삶이 공존하는 이상적 세계를 의미한다.

작가 소개

최인훈(崔仁勳, 1936 ~ 2018) 소설가. 희곡 작가. 1959년 〈그레이 구락부 전말기〉 등을 발표하면서 등단하였다. 그의 작품은 다채로운 기교를 사용하면서도 구성을 중시하는 경향을 띤다. 주요 작품으로 〈광장〉, 〈회색인〉 등의 소설과 〈어디서 무엇이 되어 다시 만나랴〉, 〈옛날 옛적에 훠어이 훠이〉 등의 희곡이 있다.

가 ㉠복도로 나선다. 복도에도 인기척은 없다. 선장실로 올라간다. 선장은 없다. 벽장문을 연다. 총이 제자리에 세워져 있다. 벽장문을 닫는다. 서랍을 열고, 아까 선장이 들어오는 바람에 미처 돌려놓지 못한 총알을 제자리에 놓는다. _{이전 장면에서 명준이 선장 몰래 총을 만졌음을 알 수 있음.} 몹시 중요한 일을 마친 사람처럼, 홀가분해진다. 테이블로 가서 •해도를 들여다본다. 이 배가 밟아 온 자국이 연필로 그려져 있다. _{배가 지나온 경로가 그려져 있는 것을 발견함.} 선장이 하는 것처럼 컴퍼스를 손가락으로 꼬나 잡고, 해도 위를 재 보는 시늉을 한다.
▶ 선장실에 찾아간 명준

나 의자에 걸터앉아서 부채를 쭉 편다. ㉡바다가 있고, 갈매기가 있는 그림이 그려져 있다. _{과거 회상의 매개체} ❶부채를 접었다 폈다 하다가, 스르르 눈을 감는다. 머릿속으로 허허한 벌판이 끝없이 열리며, 희미한 모습이 해돋이처럼 차츰 떠올라 온다. / ……펼쳐진 부채가 있다. 부채의 끝 넓은 테두리 쪽을, 철학과 학생 이명준이 걸어간다. [중략] _{과거 회상의 시작}

_{과거 회상① – 남한에서의 대학생 시절} 정치는 경멸하고 있다. 그 경멸은 실은 강한 관심과 아버지 일 때문에 그런 모양으로 나타난 것인 줄은 알고 있다. _{해방 직후 남한의 혼란스럽고 부패한 정치에 대한 비판 의식과 아버지의 월북} 다음에, 부채의 안쪽 좀 더 좁은 너비에, 바다가 보이는 분지가 있다. _{과거 회상② – 월북하던 때} _{실제 부채에 그려진 그림의 내용} 거기서 보면 갈매기가 날고 있다. 윤애에게 말하고 있다. 윤애 날 믿어 줘. 알몸으로 날 믿어 줘. _{남한에서의 애인} 고기 썩는 냄새가 역한 배 안에서 물결에 흔들리다가 깜빡 잠든 사이에, •유토피아의 꿈을 꾸고 있는 그 자신이 있다. 조선인 •콜호스 숙소의 창에서 불타는 저녁놀의 힘 _{월북의 이유} _{과거 회상③ – 북한에서의 삶} 을 부러운 듯이 바라보고 있는 그도 있다. 구겨진 바바리코트 속에 시래기처럼 바랜 심장을 안고 은혜가 기다리는 하숙으로 돌아가고 있는 9월의 어느 저녁이 있다. 도어에 뒤통수 _{북한의 실상에 절망한 심정을 비유함.} _{북한에서의 애인} 를 부딪히면서 악마도 되지 못한 자기를 언제까지나 웃고 있는 그가 있다. 그의 삶의 터는 _{북한에서의 삶에 적응하지 못한 자신에 대한 조소} 부채꼴, 넓은 데서 점점 안으로 오므라들고 있었다. 마지막으로 은혜와 둘이 안고 뒹굴던 _{과거 회상④ – 전쟁의 와중에 은혜와 재회한 장면} 동굴이 그 부채꼴 위에 있다. 사람이 안고 뒹구는 목숨의 꿈이 다르지 않느니. 어디선가 그런 소리도 들렸다. ❷그는 지금, 부채의 •사북 자리에 서 있다. 삶의 광장은 좁아지다 못해 끝내 그의 두 발바닥이 차지하는 넓이가 되고 말았다. 자 이제는? 모르는 나라, 아무도 자 _{이상적 사회의 모습을 찾지 못한 결과, 자신이 존재할 공간이 없음을 인식함.} 기를 알 리 없는 먼 나라로 가서, 전혀 새사람이 되기 위해 이 배를 탔다. 사람은, 모르는 사 _{자문자답의 형식으로 중립국행이 도피적 성격의 소극적 선택임을 드러냄. – 과거에 대한 부정} 람들 사이에서는, 자기 성격까지도 마음대로 골라잡을 수도 있다고 믿는다. 성격을 골라잡 다니! 모든 일이 잘 될 터이었다. 다만 한 가지만 없었다면. 그는 두 마리 새들을 방금까지 _{자기 위로의 말} _{명준의 의식이 반전됨.} _{은혜와 자신의 딸} 알아보지 못한 것이었다. 무덤 속에서 몸을 푼 한 여자의 용기를, 방금 태어난 아기를 한 팔 _{자신의 아이를 임신한 채 죽은 은혜} 로 보듬고 다른 팔로 무덤을 깨뜨리고 하늘 높이 치솟는 여자를, 그리고 마침내 그를 찾아 내고야 만 그들의 사랑을.

㉢돌아서서 •마스트를 올려다본다. 그들은 보이지 않는다. 바다를 본다. 큰 새와 꼬마 새 _{두 마리의 새들} _{은혜} _딸 는 바다를 향하여 미끄러지듯 내려오고 있다. 바다. 그녀들이 마음껏 날아다니는 광장을 명준은 처음 알아본다. 부채꼴 사북까지 뒷걸음질 친 그는 지금 핑그르 뒤로 돌아선다. 제 _{삶의 전환점, 즉 삶에 대한 인식의 전환점이 됨.} 정신이 든 눈에 비친 푸른 광장이 거기 있다.

자기가 무엇에 홀려 있음을 깨닫는다. ㉣그 넉넉한 뱃길에 여태껏 알아보지 못하고, 숨 _{두 마리의 새를 알아보지 못하고 죽이려 했던 일} 바꼭질을 하고, 피하려 하고 총으로 쏘려고까지 한 일을 생각하면, 무엇에 씌웠던 게 틀림 없다. 큰일 날 뻔했다. ㉤큰 새, 작은 새는 좋아서 미칠 듯이, 물속에 가라앉을 듯, 탁 스치고 지나가는가 하면, 되돌아오면서, 그렇다고 한다. 무덤을 이기고 온, 못 잊을 고운 각시들 _{은혜와 딸. 두 마리의 새} 이, 손짓해 부른다. 내 딸아. 비로소 마음이 놓인다. 옛날, 어느 벌판에서 겪은 신 내림이, 문득 떠오른다. 그러자, 언젠가 전에, 이렇게 이 배를 타고 가다가, 그 벌판을 지금처럼 떠올린 일, 그리고 딸을 부르던 일, 이렇게 마음이 놓이던 일이 떠올랐다. ❸거울 속에 비친 남자는 활짝 웃고 있다.
▶ 지난날을 회상하다가 자살을 결심하는 명준

• 중심 내용 자신이 추구하던 이상 세계는 없음을 깨닫고 자살을 결심하는 명준 • 구성 단계 결말

🏠 작품 연구소

'부채'의 기능

부채는 명준의 삶의 과정과 운명을 상징하는 소재이다. 남한에서의 대학 시절이 부채 끝의 넓은 테두리 부분(①)에 해당하고, 북한으로 월북한 이후의 삶이 중간 부분(②)에 해당한다. 전쟁에 참전하고 포로가 된 후의 체제 선택을 강요받던 과정은 아래의 좁은 부분(③)에 해당하며, 중립국행 배에서의 모습은 사북 자리(④)에 해당한다. 이후 명준의 죽음은 사북 자리 아랫부분(⑤)에 해당한다. ①~③의 과정은 명준의 삶의 광장이 점점 줄어들고 있음을 보여 주고 있으며, 결국 ④의 사북 자리라는 한계적 상황에 이르게 한다. 명준은 이 사북 자리에서 과거의 모든 삶을 지운 채 체념적 삶을 살고자 하기도 했으나, 결국 자살이라는 비극적 선택을 하게 된다.

'광장', '밀실'의 의미와 현실의 관계

광장	밀실
• 공공의 장소, 사회적 삶의 공간 • 공동의 이념을 추구하면서 바람직한 사회를 건설하는 공간	• 내밀한 공간, 개인적 삶의 공간 • 개인이 삶의 행복을 추구하고 사랑을 나누며 자신의 역량을 키우는 공간

북한의 현실	남한의 현실
모든 의사 결정이 사회적 소통을 통해 이루어지지만, 개인의 자유가 부재함(밀실의 부재).	겉으로는 자유가 넘치는 듯하나, 사회적 소통이 결여됨(광장의 부재).

명준이 추구하는 이상향
• 광장과 밀실이 조화롭게 공존하는 사회
• 인간적인 교감이 이루어지는 자유로운 공간

명준의 중립국행과 자살의 의미

전쟁 포로가 된 명준은 남·북한 체제를 선택하는 과정에서 중립국행을 결심한다. 이는 남한과 북한 어느 사회도 자신이 바라는 진정한 사회의 모습이 아님을 알게 된 후 내린 절망적 인식의 결과이다.

중립국으로 가는 배 위에서 명준은 죽은 은혜와 딸로 상징되는 갈매기를 보고, 투신자살한다. 이는 현실 어디에도 자신이 살고자 하는 이상적 사회가 없음을 깨달은 결과이다. 결국 중립국의 선택은 이상 실현을 위한 실천으로서의 적극적 선택이 아니라, 절망 속에서의 체념이라는 소극적·부정적 선택이었음을 의미한다.

📖 함께 읽으면 좋은 작품

〈장마〉, 윤흥길 / 이데올로기로 인한 갈등이 잘 드러난 작품

혈연의 끈과 이데올로기의 대립이 얽힌 한 집안의 갈등과 화해를 보여 주는 작품이다. 〈광장〉이 이데올로기의 대립과 선택의 강요라는 사회적 차원에 초점을 두는 반면, 〈장마〉는 개인적 차원의 대립에 초점을 두었다는 점에서 비교해 볼 만하다.
🔗 Link 본책 200쪽

〈태백산맥〉, 조정래 / 이데올로기의 대립을 잘 보여 주는 작품

1948년 여수·순천 사건에서부터 6·25 전쟁이 끝날 때까지 지리산 빨치산 문제를 중심으로 당시의 시대적 혼란과 이데올로기적 갈등을 형상화한 작품이다. 두 작품은 이데올로기의 대립과 갈등을 드러낸다는 점에서 공통적이지만, 중심인물들의 현실 대응 방식에는 차이가 있다.
🔗 Link 본책 244쪽

6 〈보기〉를 바탕으로 이 글을 이해한 내용으로 적절하지 <u>않은</u> 것은?

┤ 보기 ├

한국 사회는 남북 분단과 6·25 전쟁이라는 특수한 역사적 배경을 지니고 있다. 당시 많은 지식인들은 자유를 내세우지만 부패한 정치가 만연한 남한과, 자유가 없이 이상의 허상만 존재하는 북한을 놓고 둘 중 한 곳을 선택해야 하는 상황에 처했다. 이와 같은 상황은 문학에도 영향을 미쳐 남북의 이념 대립을 다룬 작품들이 지속적으로 창작되었다. 분단과 전쟁으로 인한 상흔 치유와 극복의 의지 표현은 곧 한국 문학이 지닌 특수성에 해당한다고 볼 수 있다.

① 명준이 경멸하는 '정치'는 남한을 선뜻 선택하지 못하게 하는 요소로 작용했겠군.
② 명준이 '시래기처럼 바랜 심장'을 안고 있다고 한 데서, 이상의 허상만 존재하는 북한에 대한 절망감을 짐작할 수 있군.
③ 명준이 '모르는 나라'로 가기 위해 배를 탄 것은, 남한과 북한 중 어느 곳도 선택하지 않았기 때문이겠군.
④ '전혀 새사람이 되기 위해' 중립국 행을 택한 것에서 분단과 전쟁의 상흔에 대한 명준의 적극적인 극복 의지를 엿볼 수 있군.
⑤ 명준의 눈에 비친 '푸른 광장'은 상흔으로 얼룩진 고통스러운 현실과 대비되는 공간이라 할 수 있겠군.

7 ㉠~㉤에 대한 설명으로 적절하지 <u>않은</u> 것은?

① ㉠: 인물의 행동을 짧은 문장으로 서술하여 불안한 심리를 드러내고 있다.
② ㉡: 이어질 내용에서 그림의 소재가 중요한 기능을 하게 됨을 미리 알려 준다.
③ ㉢: 상념에서 현실 세계로 의식이 돌아오고 있음을 보여 준다.
④ ㉣: 물질적인 풍요로움을 원했던 자신에 대한 뉘우침이 드러난다.
⑤ ㉤: 경쾌하게 날고 있는 새의 모습에 주인공의 심리를 투영하고 있다.

8 '명준'이 월북을 하게 된 이유를 (나)에서 찾아 쓰시오.

9 이 글에서 부채는 '명준'의 삶의 모습을 상징하는 소재이다. 부채의 '사북 자리'가 의미하는 바를 쓰시오.

사북 자리

국어 창비

핵심 정리

갈래 단편 소설, 풍자 소설
성격 비판적, 풍자적
배경 ① 시간 – 일제 강점기 말~1950년대
　　　② 공간 – 남한과 북한
시점 전지적 작가 시점
주제 ① 시류에 따라 변절하면서 순응해 가는 기
　　　회주의자의 삶에 대한 비판
　　　② 출세 지향적 삶과 왜곡된 현대사에 대한
　　　비판
특징 ① '현재 – 과거 – 현재'의 입체적 구성 방
　　　식으로 전개됨.
　　　② 역사적 전환기마다 변신하는 주인공의
　　　행동을 '회중시계'라는 소재와 연관 지어
　　　나타냄.
출전 《사상계》(1962)

어휘 풀이

뇌까리다 아무렇게나 되는 대로 마구 지껄이다.
감득되다 느껴서 알게 되다.
황국 신민 일제 강점기에 천황이 다스리는 나라
의 신하가 된 백성이라 하며 일본이 자국민을 이
르던 말.
일도양단(一刀兩斷) 어떤 일을 머뭇거리지 아니
하고 선뜻 결정함을 비유적으로 이르는 말.
단안 어떤 사항에 대한 생각을 딱 잘라 결정함.
또는 그렇게 결정된 생각.
완장 신분이나 지위 따위를 나타내기 위하여 팔
에 두르는 표장(標章).

Q '이인국 박사'에 대한 서술자의 태도는?

환자의 위중함과 상관없이, 자신의 손익을 따진
후 손해라고 판단되자 바로 환자를 돌려보내는
이인국 박사의 이기적인 면모를 비판하고 있다.

구절 풀이

❶ **'나야 원 괜찮겠지……'** 해방 후 친일파에 대
한 타도의 목소리가 높아지자 이인국 박사가
자신의 과거 행적을 생각하면서 스스로 위안
하는 장면이다. 혼잣말로 '괜찮겠지.'라고 말하
고는 있지만 걱정스러움이 드러나고 있다.

❷ **그러나 벽보를 ~ 꺼림칙하기만 했다.** 사상
범이었던 춘석의 치료를 거부했던 일을 떠올
리며 마음 한편으로 꺼림칙해하고 있다.

❸ **이인국 박사의 ~ 방황하고 있었다.** 환자를
치료하면서도 그 행위가 자신에게 이익이 될
지, 손해가 될지를 따지는 모습이 드러나 있다.

❹ **일본인 간부급들이 ~ 생각이 들었다.** 사상범
인 춘석의 치료가 친일파로서 입지를 다져온
자신의 경력에 흠집을 낼 것이라는 생각에 우
려하고 있다. 이인국 박사의 친일적인 행위와
가치관을 심리의 서술을 통해 보여 준다.

가

ⓐ'親日派, 民族 反逆者를 打倒하자.'
　　　친일파　민족 반역자　타도
　　　이인국에게 자신이 처한 상황을 알려 주는 경고가 됨.
옆에 붉은 동그라미를 두 겹으로 친 글자가 그대로 눈앞에 선명하게 보이는 것만 같다.

어제 저물녘에 그것을 처음 보았을 때의 전율이 되살아왔다.

순간 이인국 박사는 방 쪽으로 머리를 홱 돌렸다.

❶'나야 원 괜찮겠지……'

혼자 ❷뇌까리면서 그는 다시 부채를 들었다. ❸그러나 벽보를 들여다보고 있을 때 자기와
눈이 마주치는 순간, 일그러지는 얼굴에 경멸인지 통쾌인지 모를 웃음을 비죽거리면서 아
래위로 훑어보던 그 춘석(春錫)이 녀석의 모습이 자꾸만 머릿속으로 엄습하여 어두운 밤
에 거미줄을 뒤집어 쓴 것처럼 꺼림텁텁하기만 했다.
　비유를 통해 춘석의 존재로 인한 불안감을 보여 줌.
　　ⓘ그깟 놈 하고 머리에서 씻어 버리려 해도 거머리처럼 자꾸만 감아붙는 것만 같았다.

▶ 춘석을 떠올리며 불안감을 느끼는 이인국 박사

나
벌써 육 개월 전의 일이다.
　　춘석과 알게 된 일을 회상함.
형무소에서 병보석으로 가출옥되었다는 중환자가 업혀서 왔다.
　　구금된 미결수가 병이 날 경우 그를 석방하는 일
횡뎅그런 눈에 앙상하게 뼈만 남은 몸을 제대로 가누지도 못하는 환자. 그는 간호원의
　　　　　　　　　　　　　춘석의 건강 상태가 좋지 않음을 보여 줌.
부축으로 겨우 진찰을 받았다.

청진기의 상아 꼭지를 환자의 가슴에서 등으로 옮겨 두 줄기의 고무줄에서 ˚감득되는 숨
소리를 감별하면서도, ❸이인국 박사의 머릿속은 최후 판정의 분기점을 방황하고 있었다.
　　　　　　　　　　　　　　환자 치료에 앞서 자신의 상황에 비추어 진료 여부를 판단함. 이인국 박사의 평소 행태를 보여 줌.
입원시킬 것인가, 거절할 것인가……
　　이해관계에 따라 환자를 가려 받음. → 기회주의적 면모
ⓛ환자의 몰골이나 업고 온 사람의 옷매무새로 보아 경제 정도는 뻔한 일이라 생각되었
　　　　　　　　　　　　　　　　　　　　경제력에 따라 환자의 치료 여부를 결정함.
다.

ⓒ그러나 그것보다도 더 마음에 켕기는 것이 있었다. ❹일본인 간부급들이 자기 집처럼
들락날락하는 이 병원에 이런 사상범을 입원시킨다는 것은 관선 시 의원이라는 체면에서
　　　　　　　　　　　　　　　　　　　　　　　　국가 기관에서 가려 뽑음.
도 떳떳치 못할뿐더러, 자타가 공인하는 모범적인 ˚황국 신민의 공든 탑이 하루아침에 무
너지는 결과를 가져오는 것이라는 생각이 들었다.

순간 그는 이런 경우의 가부 결정에 ˚일도양단하는 자기 식으로 찰나적인 ˚단안을 내렸다.
　　　　　　　　　　　　　　찬성과 반대를 아울러 이르는 말
ⓔ그는 응급 치료만 하여 주고 입원실이 없다는 가장 떳떳하고도 정당한 구실로 애걸하
는 환자를 돌려보냈다.
　　반어적 표현을 통해 이인국을 풍자하고 있음.

환자의 집이 병원에서 멀지 않은 건너편 골목 안에 있다는 것은 후에 간호원에게서 들었
다. 그러나 그쯤은 예사로운 일이었기에 그는 그대로 아무렇지도 않게 흘려버렸다.

▶ 자신의 이익을 고려해 춘석의 치료를 거부한 이인국 박사

다
그런데 며칠 전 시민대회 끝에 있은 해방 경축 시가행진을 자기도 흥분에 차 구경하느
라고 혜숙이와 함께 대문 앞에 나갔다가, 자위대 ˚완장을 두르고 대열에 끼인 젊은이와 눈
이 마주쳤다. / ⓜ이 쪽을 노려보는 청년의 눈에서 불똥이 튀는 것 같은 살기를 느꼈다.

무슨 영문인지 모르고 어리벙벙하던 이인국 박사는, 그것이 언젠가 입원을 거절당한 사
상범 환자 춘석이라는 것을 혜숙에게서 듣고야 슬금슬금 주위의 눈치를 살피며 집으로 기
어들어 왔다.

그 후 그는 될 수 있는 대로 거리로 나가는 것을 피하였지마는 공교롭게도 어제저녁에
그 벽보 앞에서 마주쳤다.

▶ 춘석의 살기를 느끼고 피하는 이인국 박사

• 중심 내용 해방 후 친일파 처단 벽보와 자신이 입원을 거절했던 춘석과 마주친 이인국 박사의 불안감　　• 구성 단계 전개

이해와 감상

이 작품은 시대와 상황에 따라 재빠르게 변하는 이인국 박사의 모습을 통해 일제 강점기에서 6·25 전쟁에 이르는 격동의 한국 현대사를 조망하고, 사회 지도층의 위선을 통해 왜곡과 굴절의 역사를 걸어온 당대 사회의 비극을 폭로한 전형적인 풍자 소설이다.

이인국 박사는 이기적인 생존 본능과 기회주의적 성격을 지닌 인물로 표현되는데, 때로는 인간적인 고뇌마저 세밀하게 드러냄으로써 생동감 있게 형상화되고 있다.

'꺼삐딴'은 영어의 '캡틴(captain)'에 해당하는 러시아어로, 소련군이 북한에 주둔하면서 '까삐딴'이 '우두머리 또는 최고'라는 뜻으로 사용되었는데, 그 발음이 와전되어 '꺼삐딴'으로 통용된 것이다. 작가는 '꺼삐딴 리'라는 제목을 통해 주인공이 출세에 눈먼 기회주의자의 최고봉인 동시에 한국 사회의 지도층임을 암시하고 있다.

🔍 전체 줄거리

발단	처세술이 뛰어난 이인국 박사는 환자의 치료보다 환자의 경제적 능력을 더 중요하게 여기며 부를 추구한다. 이인국 박사는 미국인 브라운 씨를 만나러 가는 과정에서 시간을 맞추려고 시계를 꺼냈다가 과거 회상에 잠긴다.
전개	이인국 박사는 일제 강점기 말기에 친일파로서 득세를 한다.
위기	광복 후 친일 행적이 탄로나 감옥에 갇히지만 소련군 고문관의 혹 제거에 성공하면서 위기를 모면한다.
절정	1·4 후퇴 때 월남한 이후에는 특유의 생명력으로 고난을 딛고 미국인의 도움으로 사회 지도층이 된다.
결말	이인국 박사는 브라운 씨 집에 도착하여 고려청자를 선물로 주고, 미국에 가기 위한 협조를 얻는다. 곧이어 비자가 나오고 미국에 갈 준비를 마친다.

👥 인물 관계도

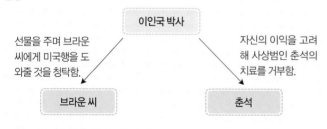

선물을 주며 브라운 씨에게 미국행을 도와줄 것을 청탁함.

자신의 이익을 고려해 사상범인 춘석의 치료를 거부함.

🏠 작품 연구소

이인국 박사의 기회주의적 면모

이인국 박사는 일제 강점기에는 친일파로 득세하고, 광복 후에는 소련군에 접근하여 명맥을 유지하며, 1·4 후퇴 때 월남한 이후로는 미군정 인사를 통해 부와 명예를 지키는 데 성공한다.

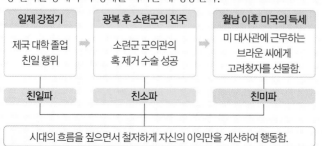

일제 강점기	광복 후 소련군의 진주	월남 이후 미국의 득세
제국 대학 졸업 친일 행위	소련군 군의관의 혹 제거 수술 성공	미 대사관에 근무하는 브라운 씨에게 고려청자를 선물함.
친일파	친소파	친미파

시대의 흐름을 짚으면서 철저하게 자신의 이익만을 계산하여 행동함.

키 포인트 체크

인물 이인국 박사는 시대의 흐름에 편승하여 오로지 자신의 이익만을 위해 행동하는 □□□□□적 면모를 보인다.

배경 일제 강점기부터 6·25 전쟁에 이르는 다사다난한 시기를 배경으로, 각 시대 흐름에 따라 바뀌는 □□이 나타난다.

사건 환자의 치료를 거부하는 등 자신의 □□만을 좇던 이인국 박사는 브라운 씨에게 □□를 선물하며 미국행에 협조를 요청한다.

---

1 이 글에 대한 설명으로 가장 적절한 것은?

① 서술자를 교체하면서 새로운 사건을 도입하고 있다.

② 과거의 장면을 삽입하여 사건의 인과성을 밝히고 있다.

③ 인물의 외양을 상세하게 묘사해 인물을 희화화하고 있다.

④ 의식의 흐름 기법을 활용하여 인물의 내적 욕망을 드러내고 있다.

⑤ 특정 인물의 시각에서 서술하여 그의 내면에 공감하도록 유도하고 있다.

내신 적중

2 '이인국 박사'에 대한 반응으로 가장 적절한 것은?

① 과거에 연연하며 살아가는 답답한 인물이군.

② 융통성 없이 원리 원칙만 내세우는 인물이군.

③ 시류에 편승하여 자신의 이익을 도모하는 인물이군.

④ 중요한 순간에 결단을 내리지 못하는 우유부단한 인물이군.

⑤ 자신의 분야에서 실력을 인정받지 못하면서 허세를 부리는 인물이군.

3 ㉠~㉤에 대한 설명으로 적절하지 않은 것은?

① ㉠: 해방 이후의 정국에 대한 이인국의 불안감이 춘석으로 인해 더욱 구체화되고 있음을 나타내고 있다.

② ㉡: 환자의 경제력에 따라 차별적으로 진료하는 이인국의 모습을 보여 주고 있다.

③ ㉢: 환자의 상태보다 자신의 이익과 안위를 먼저 생각하는 이인국의 심리가 나타나 있다.

④ ㉣: 환자의 치료를 거부하는 이인국의 모습을 반어적 표현을 통해 풍자하고 있다.

⑤ ㉤: 청년과 이인국의 갈등이 해소되는 전환점이 되고 있다.

4 다음 선생님의 질문에 대해 적절한 학생의 대답을 쓰시오.

> 선생님: 이 글은 전지적 서술자가 주인공 이인국의 행동과 내면 심리 등을 서술하고 있습니다. 인물의 심리를 드러내는 경우, 1인칭 주인공 시점으로 쓸 수도 있었을 텐데 작가가 전지적 작가 시점을 취한 이유는 무엇일까요?
>
> 학생: 작가가 전지적 작가 시점을 취한 이유는 _____ .

5 ⓐ를 보고, '이인국 박사'가 전율을 느낀 이유를 쓰시오.

IV. 1960년대~1980년대

☆ 어휘 풀이

관사 관리를 위해 관(官)에서 지어 준 집.
성조기 미국의 국기.
적기 소련기.
한적 한문으로 쓴 책.
예서 한자 글씨체의 하나. 천한 일을 하는 노예라도 이해하기 쉬운 글씨체라는 뜻에서 붙은 이름임.
자긍 스스로에게 긍지를 가짐.
임상 의학 연구 또는 병자 진료를 위해 병상(病床)에 임함.
닥싸귀 도꼬마리. 국화과의 한해살이풀로 온몸에 거친 털이 많으며 앞 가장자리에 톱니가 있다.
로스케 러시아 사람을 낮잡아 이르는 말. 여기에서는 소련군을 말함.
시거 시가(cigar). 얇은 종이로 가늘게 말아 놓은 담배.

Q **작가가 '이인국'에게 '박사'라는 호칭을 붙인 이유는?**

작가는 이 글의 이인국이 박사답지 않은 면모를 지니고 있음에도 불구하고 박사라는 호칭을 일관되게 붙이고 있다. 그 이유는 첫째, 당시에 '박사'란 칭호가 기득권을 가진 사람들을 일컫는 말이었기 때문이며 둘째, 박사답지 않은 박사를 형상화함으로써 당시의 부패한 사회상과 지도층을 풍자하려고 했기 때문이다.

⚜ 구절 풀이

❶ **벽 쪽 책꽂이에는 ~ 때 묻은 백자기다.** 일제 강점기와 6·25 전쟁을 거치면서 해외로 반출된 우리나라의 문화재가 많았다. 그것은 우리의 문화재를 소중히 여기지 않은 이인국과 같은 사람들의 사고에서 기인한 것이다. 자신의 이익을 위해 문화재를 외국인들에게 자발적으로 바치는 이인국의 모습은 당시의 사회 현실을 반영하고 있다.

❷ **국외로 내어 보낸다는 ~ 없는 그였다.** 자신의 이익을 위해서는 국가의 보물도 외국인에게 넘겨줄 수 있음을 드러낸 구절이다.

Q **'이인국 박사'의 삶은 어떻게 제시되었는가?**

이인국 박사의 삶을 요약하여 제시하고 있는 부분이다. 또한 민족의 안위를 생각하기 전에 자신의 이익만을 위해 살아가는 부정적 인물들이 있던 당시의 사회 분위기가 나타나 있다. 이인국 박사의 기회주의적 사고방식을 제시함으로써 변절을 거듭해 온 기회주의자들의 전형적인 면모를 비판하고 있다.

⚘ 작가 소개

전광용(全光鏞, 1919 ~ 1988)
소설가. 국문학자. 1955년 단편 〈흑산도〉로 등단하고, 〈꺼삐딴 리〉로 제7회 동인 문학상을 수상했다. 그의 소설은 정확한 문장을 바탕으로 하여 작품 구성의 치밀함을 드러내는 것을 특징으로 한다. 주요 작품으로 〈충매화〉, 〈목단강행 열차〉 등이 있다.

가 차가 브라운 씨의 *관사 앞에 닿았다.

*성조기(星條旗)를 보면서 이인국 박사는 그날의 *적기(赤旗)와 돌려 온 시계를 생각했다.
'회중시계'. 과거 회상의 매개체

응접실에 안내된 이인국 박사는 주인이 나오기를 기다리면서 방 안을 둘러보았다. 대사관으로는 여러 번 찾아갔지만 집으로 찾아온 것은 이번이 처음이다.

삼 년 전 딸이 미국으로 갈 때부터 신세진 사람이다.

❶벽 쪽 책꽂이에는 《이조실록(李朝實錄)》, 《대동야승(大東野乘)》 등 *한적(漢籍)이 빼곡히 차 있고 한 옆에는 고서(古書)의 질책(帙冊)이 가지런히 쌓여 있다.
조선 시대 역사와 관련된 야서, 일기, 수필, 설화 등을 모은 책 / 여러 권으로 된 한 벌의 책

맞은편 책장 위에는 작은 금동불상 곁에 몇 개의 골동품이 진열되어 있다. 이 폭 *예서(隸書) 병풍 앞 탁자 위에 놓인 재떨이도 세월의 때 묻은 백자기다.

저것들도 다 누군가가 가져다준 것이 아닐까 하는 데 생각이 미치자 이인국 박사는 얼굴이 화끈해졌다. / 그는 자기가 들고 온 ㉠상감진사(象嵌眞砂) 고려청자 화병에 눈길을 돌렸다. 사실 그것을 내놓는 데는 얼마간의 아쉬움이 없지 않았다. ❷국외로 내어 보낸다는 자책감 같은 것은 아예 생각해 본 일은 없는 그였다.
자신이 가져온 선물의 값어치가 떨어질까 봐 염려함.

차라리 이인국 박사에게는, 저렇게 많으니 무엇이 그리 소중하고 달갑게 여겨지겠느냐는 망설임이 더 앞섰다.
브라운 씨가 자신의 선물을 좋아하지 않을까 봐 걱정하는 이인국 박사

브라운 씨가 나오자 이인국 박사는 웃으며 선물을 내어놓았다. 포장을 풀고 난 브라운 씨는 만면에 미소를 띠며 기쁨을 참지 못하는 듯 '땡큐'를 거듭 부르짖었다.

"참 이거 귀중한 것입니다." / "뭐 대단한 것이 아닙니다만 그저 제 성의입니다."

이인국 박사는 안도감에 잇닿는 만족을 느끼면서 브라운 씨의 기쁨에 맞장구를 쳤다.

브라운 씨의 영어 반 한국말 반으로 섞어 하는 이야기를 들으면서 이인국 박사는 흐뭇한 기분에 젖었다. / "닥터 리는 영어를 어디서 배웠습니까?"

"일제 시대에 일본말 식으로 배웠지요. 예를 들면 '잣도 이즈 아 캇도' 식으루."

"그런데 지금 발음은 좋은데요. 문법이 아주 정확한 스탠더드 잉글리쉬입니다."

그는 이 말을 들을 때 문득 스텐코프의 말이 연상됐다. 그러고 보면 영국에 조상을 가졌다는 브라운 씨는 'R' 발음을 그렇게 나타내지 않는 것 같게 여겨졌다.
이인국 박사를 구해 준 소련군 장교

"얼마 전부터 개인 교수를 받고 있습니다." / "아, 그렇습니까."

이인국 박사는 자기의 어학적 재질에 은근히 *자긍을 느꼈다.
▶ 브라운 씨의 관사를 방문한 이인국 박사

나 빠르면 일주일 내에 떠나게 될지도 모른다는 브라운 씨의 말이 떠올랐다.

대학을 갓 나와 *임상 경험도 신통치 않은 것들이 미국에만 갔다 오면 별이라도 딴 듯이 날치는 꼴이 눈꼴사나웠다. / '어디 나두 댕겨오구 나면 보자!'
나이가 어린 의사들을 말함. / 이인국 박사의 출세와 명예에 대한 의지가 드러난 표현

문득 딸 나미와 아들 원식의 얼굴이 한꺼번에 망막으로 휘몰아 왔다. 그는 두 주먹을 불끈 쥐며 얼굴에 경련을 일으키듯 긴장을 띠다가 어색한 미소를 흘려보냈다.

'흥, 그 사마귀 같은 일본 놈들 틈에서도 살았고 *닥싸귀 같은 *로스케 속에서도 살아났는데, 양키라고 다를까…… 혁명이 일겠으면 일구, 나라가 바뀌겠으면 바뀌구, 아직 이 이인국의 살 구멍은 막히지 않았다. 나보다 얼마든지 날뛰던 놈들도 있는데, 나쯤이야……'
기회주의적 삶을 사는 자기 행동에 대한 합리화

그는 허공을 향하여 마음껏 소리치고 싶었다.

이인국 박사는 캘리포니아 특산 *시거를 비스듬히 문 채 지나가는 택시를 불러 세웠다. 그는 스프링이 튈 듯이 복스에 털썩 주저앉았다. / "반도 호텔로……."

㉡차창을 거쳐 보이는 맑은 가을 하늘은 이인국 박사에게는 더욱 푸르고 드높게만 느껴졌다.
미국에 갈 것이라는 기대에 부푼 이인국 박사의 들뜬 심리 상태를 드러냄.
▶ 미국에 갈 생각에 들떠 있는 이인국 박사

> • 중심 내용 이인국 박사는 미국에 가기 위해 브라운 씨에게 고려청자를 선물로 주며 협조를 요청함.   • 구성 단계 결말

🏠 작품 연구소

〈꺼삐딴 리〉의 시간 구조

이 작품은 현재에서 출발하여 과거 회상으로, 다시 현재 장면으로 되돌아오는 역순행적 시간 구조를 지니고 있다. 이때 과거 회상 장면은 시간이 연속적으로 이어지는 것이 아니라 주요 장면을 단편적으로 제시하고 다시 현재로 돌아오는 형식을 취한다. 또 회상의 기법은 일반적으로 1인칭 시점이 쓰이는데, 이 작품은 3인칭 시점을 취함으로써 인물에 대한 비판적 거리를 유지하고 있다. 이는 단편 소설의 제약을 극복하고 현대사의 주요 변화를 포괄적으로 드러내기 위한 방편이면서 주인공의 삶의 과정을 좀 더 극명하게 드러내기 위한 방식이기도 하다.

'꺼삐딴 리'라는 이름에 나타난 풍자성

'꺼삐딴 리'는 영어 '캡틴(captain)'을 러시아 식으로 발음한 것이기 때문에 친소파에서 친미파로 변신한 이인국 박사의 기회주의적 행태를 비판한 것으로 볼 수 있다. 즉, 사회 지도층 인사임에도 역사적 전환기마다 자신의 이익을 위해 대의를 저버리고 살아가는 이인국 박사와 같은 기회주의적 인간형을 비판적인 시각에서 풍자함으로써, 역사의 중대 고비에서 민족 정기를 뿌리내리지 못하게 하고 기회주의자의 득세를 조장했던 우리 정신사를 준엄하게 비판하고 있다. 또한 역사의 왜곡, 역사의식의 소멸이 과거의 문제가 아니라 오늘의 문제임을 인식하게 함으로써, 우리 주변의 '이인국'과 같은 지도층의 정신 자세를 돌아보게 한다.

'회중시계'의 의미와 역할

이인국 박사에게 '회중시계'는 특별한 의미를 지닌다. 대학 졸업 때 받은 이 시계는 이인국이 가장 아끼는 물건인데, 그 이유는 결정적인 인생의 전환기 — 일제 강점기, 소련 점령하의 감옥 생활, 6·25 전쟁, 미군 부대 등 — 마다 그와 생사고락을 함께해 왔기 때문이다. 즉, 이 작품에서 회중시계는 주인공의 분신으로 그가 걸어온 인생의 역정을 보여 주는 역할을 하며, 일왕(日王)에게 받았다는 점에서 그의 반민족적 사고가 단적으로 드러난다. 또한 소설의 내적 기능면에서 볼 때도 회중시계는 또 하나의 비중 있는 역할을 담당한다. 이 작품은 자기가 겪은 인생의 고비를 하나씩 회상하는 독특한 구성 방식을 취하는데, 현재에서 과거로 이동할 때마다 매개 역할을 담당하는 것이 바로 이 회중시계이다.

📖 함께 읽으면 좋은 작품

〈미스터 방〉, 채만식 / 기회주의적 인간들의 모습을 풍자한 작품

광복 직후의 사회를 배경으로 외세에 빌붙어 출세를 도모하는 기회주의적 인물들에 대한 풍자와 그들이 활개치는 당대 현실에 대한 비판적 시각을 보여 준다. 기회주의적 인물들의 행태에 대한 비판적 면모를 비교하며 읽어 볼 만하다. 🔗 Link 본책 136쪽

〈황만근은 이렇게 말했다〉, 성석제 / 이타주의적 인간의 모습을 보여 준 작품

1990년대 농촌을 배경으로 황만근이라는 인물의 생애를 그린 작품이다. 자신에게 이익이 없는 일에도 열성을 다하는 황만근과 대조되는 마을 사람들을 제시함으로써 이해타산적인 현대인을 비판하고 있다. 🔗 Link 본책 316쪽

내신 적중

6 〈보기〉를 참고하여 이 글의 제목인 '꺼삐딴 리'에 담긴 작가의 의도를 추리한 내용으로 가장 적절한 것은?

┤ 보기 ├

'까삐딴'은 영어의 'captain'에 해당하는 러시아어이다. 8·15 광복 직후 소련군이 북한에 진주하자 '까삐딴'이 '우두머리'나 '최고'라는 뜻으로 많이 쓰였는데, 그 발음이 와전되어 '꺼삐딴'으로 통용되었다.

① 이인국의 의학 박사로서의 사회적 지위를 나타낸다.
② 이인국이 최고가 되기 위해 노력한 인물임을 드러낸다.
③ 이인국이 소련군에게 상당한 인정을 받았음을 보여 준다.
④ 이인국이 민족의 시련기에 민족적 어려움을 극복하고 우두머리가 되었음을 상징한다.
⑤ 이인국이 사회 지도층 인사이기는 하지만 출세에 눈먼 기회주의적 인물임을 풍자한다.

7 ㉠에 대한 설명으로 적절하지 않은 것은?

① 이인국 박사의 소망이 투영된 대상이다.
② 이인국 박사의 문화재에 대한 인식을 드러낸다.
③ 브라운 씨가 관심을 두고 있는 분야를 암시한다.
④ 이인국 박사와 브라운 씨의 오랜 우정을 표상한다.
⑤ 이인국 박사와 브라운 씨를 이어 주는 매개물이 된다.

8 ㉡이 의미하는 바로 가장 적절한 것은?

① 자신의 과거에 대한 뉘우침
② 고국 땅에 대한 살가운 애정
③ 죄를 떨쳐 버린 데 대한 후련함
④ 가족을 생각하는 가장의 책임감
⑤ 미래의 삶에 대한 자신감과 의욕

9 〈보기〉는 문화재 수집가 전형필 선생을 취재한 신문 기사의 일부이다. 전형필 선생의 입장에서 (가)에 드러난 '이인국 박사'의 행동에 대해 비판하는 내용을 한 문장으로 쓰시오.

┤ 보기 ├

간송 전형필 선생은 일제 강점기 우리의 국보와 보물급 문화재들을 사들이던 일본인과 경쟁하여 자신의 전 재산을 털어 우리의 수많은 문화재를 지켜 냈다. 그는 직접 일본으로 건너가서 일본인들이 가지고 간 우리 국보를 되찾아 오는 등 문화재를 지키기 위해 혼신의 노력을 다하였다.

IV. 1960년대~1980년대

문학 금성

핵심 정리

갈래 장편 소설, 전쟁 소설, 전후 소설
성격 사실적, 자전적, 역사적
배경 ① 시간 – 6·25 전쟁
　　　　② 공간 – 서울, 부산 등
시점 전지적 작가 시점
주제 6·25 전쟁의 비극과 전쟁으로 인한 민중들의 애환
특징 ① 작가의 자전적 체험을 바탕으로 함.
　　　　② 시장과 전장이라는 상징적 공간을 통해 전쟁의 비극을 객관적으로 형상화함.
출전 《시장과 전장》(1964)

Q '이 아까운 것'이라는 표현에 나타난 '윤 씨'의 심리는?

윤 씨는 방 안에 쌓아 놓은 옷가지를 '이 아까운 것'이라 칭하며 버리기를 주저하고 있으므로, '이 아까운 것'에는 자신의 옷가지에 대한 윤 씨의 애정과 미련이 드러난다.

어휘 풀이

매동그리다 매만져서 뭉쳐 싸다.
진솔 옷이나 버선 따위가 한 번도 빨지 않은 새 것 그대로인 것.
양단(洋緞) 은실이나 색실로 수를 놓고 겹으로 두껍게 짠 고급 비단의 하나.
광 세간이나 그 밖의 여러 가지 물건을 넣어 두는 곳.
륙색(rucksack) 등산이나 하이킹을 할 때 필요한 물건을 넣어 등에 지는 등산용 배낭. 배낭으로 순화함.

구절 풀이

❶ **아침 해가 ~ 매동그리지 못하고 있다.** 윤 씨가 아침이 늦도록 방 안에 옷가지를 그득 쌓아 놓기만 한 채 피란 짐을 싸지 못하고 있다. 이를 통해 윤 씨가 자신의 옷가지에 강한 미련을 지니고 있음을 알 수 있다.

❷ **썩은 채 마당 구석에 ~ 담뿍 실려 있다.** 피란을 준비하는 집 안 풍경을 묘사한 부분으로, '썩은 버드나무'는 어둠과 죽음의 이미지를, '여름 국화 흰 꽃송이와 검푸른 이파리'는 밝음과 삶의 이미지를 나타낸다. 대비되는 두 이미지를 한 장면 속에 배치하여 전쟁으로 인해 삶과 죽음이 공존하는 시대적 현실을 상징적으로 보여 주고 있다.

❸ **말없이 흐르고 ~ 돌아보고 하면서.** 지영의 가족이 정든 집과 마을을 떠나 피란길에 오르고 있다. '말없이 흐르고 있는 한강'은 피란길에 오르는 착잡한 심정을, '돌아보고 돌아보고'는 마을을 떠나는 아쉬움을 드러낸다.

가 "음! 이게 무슨 소리고!"

ⓐ윤 씨가 튀어 일어나며 외친다. 놀라서 모두 일어난다. 집은 아직도 흔들리고 있다. 한강의 다리를 폭파한 소리다. / 날이 밝기 전부터 기석이네 식구는 떠날 준비를 한다. [중략]

❶아침 해가 버드나무 사이에 스며들 때까지 방 안에 ㉠옷을 그득히 쌓아 놓은 채 윤 씨는 피란 짐을 *매동그리지 못하고 있다. / "아깝고 소중한 걸, 어느 것을 버리고 가노."

언제까지나 꾸물거리며 중얼거리고 있는 윤 씨를 보고 지영은 화를 낸다.

"몇 번 말해야 알아듣겠어요, 어머니! 입을 옷하고 담요만 싸세요. 나머지는 모두 식량입니다." / "이 아까운 것 도둑이 훔쳐 가면 어떡허노."

윤 씨는 *진솔 *양단 저고리 두루마기를 쓸어 보고 지하실에 쌓인 쌀가마를 들여다본다.

ⓑ"도둑이 훔쳐 가도 좋으니까 집에 돌아올 수 있었음 좋겠어요."
위협한다. / "그라믄, 그라믄, 우리가 못 돌아온단 말가?"

넋이 나간 사람처럼 윤 씨는 딸을 멍하니 쳐다본다.

"빨리빨리 떠나야 해요." / 지영은 거칠게 옷을 방 한구석으로 밀어젖힌다.

"사람의 마음이란 조석 변동이지. 너 하나 살아 오믄 그만이라 했더니…… 아이구 내 강아지들아, 우리는 다 살았지만 너그들이 불쌍해서 어쩔꼬."

나 ❷썩은 채 마당 구석에 굴러 있는 버드나무 가지와 여름 국화 흰 꽃송이와 검푸른 이파리에 아침 이슬이 담뿍 실려 있다.

"싯! 싯! 저리 가 있어." / 졸졸 따라다니는 ㉡개를 지영이 쫓는다.

발판을 밟고 올라가서 창문에 송판을 대고 못질을 하다가 기석은,

"거 못 좀." / 하고 입에 문 못을 뽑아 송판에 박는다. 지영이 못 그릇을 올려 준다. 기석은 못을 한 줌 집어서 입에 문다. 지영은 땅바닥에 퍼질러 앉으며 개를 가만히 바라본다. 개는 머리를 한 번 흔들며 애교를 떤다. / "미미야, 널 어떡허지?" [중략]

지영은 개의 등을 쓸어 주다가 그의 목을 끌어안는다. 따뜻한 숨결이 목덜미에 퍼진다.

㉢화창한 날씨, 하늘은 푸르게 걷혀 가는데…… / "너보다 더한 사람도 죽는단다, 미미야."

지영은 *광 속에 먹을 것과 물을 나른다. 가겟집에 외상값을 갚고 식료품을 한 아름 안고 들어오던 윤 씨가,

"아이구, 시상에 사람도 못 먹는 굴비랑 명태를 어쩌자구 개한테 주노?" / 한다.

"다 버리고 가는데……." / "사람도 못 먹는 거로 별밭을 기다."

희는 기석이 짊어진 *륙색 위에 올려 앉히고 지영은 광이를 업고 윤 씨는 보따리를 인다. 지영은 개를 광 안으로 몰아넣는다. 광 문을 닫는다. 처량하게 울면서 개는 광 문을 발로 긁는다. / "엄마, 미미가 울어." / 등에 업힌 광이가 말했다.

다 그들은 나섰다. / ❸말없이 흐르고 있는 한강을 바라보며 마을을 비우고 모두 떠난다. 마을을 돌아보고 돌아보고 하면서.

"한강을 끼고 전투가 벌어질 테니 그때까지 피신해 있으면 돼. 길게 가지는 않을 거야."

사나이들은 그런 말을 하며 간다. 연안에서 연백 해변까지 나올 때의 그들 피란민들처럼.

・**중심 내용** 간단한 옷가지와 식량을 챙겨 피란을 떠나는 지영의 가족　　　・**구성 단계** 전개

이해와 감상

이 작품은 기석 일가가 6·25 전쟁을 겪는 과정을 지영과 기훈에 초점을 맞추어 조명한 것으로, 작가 자신의 자전적 체험을 바탕으로 한 소설이다. 제목이 시사하는 것처럼 이 작품은 지영이 중심이 되는 생활 터전인 시장과, 기훈이 중심이 되는 이념의 싸움터인 전장이라는 두 관점에서 6·25 전쟁을 그리고 있다. 하지만 시장과 전장은 유사한 빛깔을 지니면서 맞닿아 있는 하늘과 바다처럼 유기적인 관계를 형성하며 변화한다. 또한 부역자의 아내로 몰린 지영과 빨치산이 될 수밖에 없었던 기훈, 곧 전쟁과 가장 가까운 위치에 있는 인물의 입장에서 전쟁의 상황을 서술하고 있지만 전쟁을 고발, 비판하기보다는 그 자체를 객관적으로 형상화하고 있다. 지영은 집안일을 책임지면서 어머니 윤 씨와 아이들과 함께 삶의 역경을 이겨 내며 생활의 터전을 찾아나가는 인물로, 기훈은 자신이 선택한 이념을 끝까지 사수하는 냉정함을 지녔지만 그 바탕에는 휴머니즘적인 인성을 지닌 인물로 그려져 있다. 작가는 이를 통해 이념과 전쟁의 본질은 무엇이며 삶의 본질은 무엇인지에 대해 생각하게 한다.

전체 줄거리

발단	38선 바로 아래 위치한 황해도 연백에서 국어 교사로 근무하던 지영은 6·25 전쟁이 발발하자 서울 집으로 돌아온다.
전개	지영은 가족과 함께 피란길에 오르지만 한강 철교가 끊어져 다시 집으로 돌아온다. 지영의 가족은 인민군 치하에 살면서도 남편 기석의 형인 공산주의자 기훈의 도움으로 탈 없이 지낸다.
위기	인민군이 후퇴하고 국군이 서울을 되찾자 기석이 붙잡혀 간다. 지영은 친척인 국회의원을 찾아가 기석의 석방을 위해 노력하지만 무위로 끝나고, 기훈은 지리산에 들어가 빨치산이 된다.
절정	지영의 가족은 1·4 후퇴 때 서울을 떠나지 못하고 있다가 어머니마저 잃자 부산으로 피란을 간다. 한편 기훈은 가화를 만나 사랑에 빠지고 가화를 좋아하는 장덕삼은 가화와 기훈에게 자수를 권한다.
결말	경찰의 색출 작전이 심해지고 장덕삼의 오발로 가화가 죽게 되자 기훈은 장덕삼을 죽인다. 기훈은 자수를 거부하고 사라진다.

인물 관계도

지영		어머니 윤 씨
필요한 것만 챙기고 귀한 음식도 개에게 주는 합리적 태도	←대립→	옷과 음식에 미련을 보이는 현실적 태도

작품 연구소

피란을 준비하는 인물들의 태도

지영	윤 씨에게 옷, 담요, 식량 등 반드시 필요한 것만 챙기라고 화를 내는 등 합리적인 태도를 보인다. 또한 개를 두고 가야 하는 것을 안타까워하며 음식을 챙겨 주는 모습에서 인간적 면모를 확인할 수 있다.
기석	전투가 길어지지 않을 테니 조금만 피신해 있으면 된다고 생각하는 등 희망적인 전망을 하고 있음을 알 수 있다.
윤 씨	집에 도둑이 들까 걱정하고, 외상값을 갚고 오며 개에게 먹을 것을 챙기는 지영에게 잔소리를 하는 모습에서 현실적인 태도를 확인할 수 있다.

 포인트 체크

인물 지영은 피란을 준비하면서도 개를 챙기는 ▢▢▢ 면모를 보이며, 노인 역시 자신이 어려운 상황에서도 ▢▢을 챙기는 인간적 모습을 보인다.

배경 6·25 전쟁이라는 혼란스러운 시대적 상황 속에서 생활의 터전인 ▢▢과 이념의 싸움터인 ▢▢을 배경으로 하고 있다.

사건 전쟁이 일어나 지영의 가족은 ▢▢▢에 오르고, 피란민들과 함께 잠시 머물던 절간에서 한 노인이 국군 패잔병에게 자신의 옷과 신발을 주며 ▢▢을 베풀고 있다.

1 이 글의 서술상 특징으로 적절한 것은?

① 대화와 행동을 중심으로 사건을 전개하고 있다.
② 장황한 해설을 통해 작가 의식을 표출하고 있다.
③ 갈등의 양상을 드러내어 긴장감을 고조시키고 있다.
④ 과거 장면을 삽입하여 인물 간의 관계를 밝히고 있다.
⑤ 시대적 배경을 세밀히 묘사하여 세태를 암시하고 있다.

2 ㉠과 ㉡에 대한 설명으로 적절하지 않은 것은?

① ㉠은 지영이 윤 씨에게 화를 내는 원인이다.
② ㉡은 지영의 가족과 함께 떠나지 못하고 집에 남겨진다.
③ ㉠은 윤 씨가, ㉡은 지영이 소중히 생각하는 대상이다.
④ ㉠은 윤 씨에게, ㉡은 지영에게 과거의 추억을 떠올리게 한다.
⑤ ㉠을 챙기는 모습을 통해 지영의 합리적 태도와 윤 씨의 현실적 태도를 알 수 있다.

내신 적중

3 이 글에서 ㉢의 기능으로 가장 적절한 것은?

① 파국으로 치닫는 사건이 행복한 결말을 맺을 것임을 암시한다.
② 개에게 행하는 인물의 행동을 사실적이고 생생하게 보이도록 한다.
③ 개와 함께했던 즐거운 시간을 떠올리게 하여 평화로운 분위기를 조성한다.
④ 전쟁으로 인해 정든 집을 떠나야 하는 현실과 대비되어 비극성을 부각한다.
⑤ 인물이 염원하는 세계를 상징적으로 보여 주어 작품의 주제 의식을 드러낸다.

4 ⓐ와 같이 간결한 문장을 연속적으로 나열하여 거둘 수 있는 효과를 쓰시오.

5 ⓑ에 나타난 미래에 대한 '지영'의 전망을 쓰시오.

🔆 어휘 풀이

축 일정한 특성에 따라 나누어지는 부류.

가사 승려가 장삼 위에, 왼쪽 어깨에서 오른쪽 겨드랑이 밑으로 걸쳐 입는 법의(法衣).

장삼 승려의 웃옷. 길이가 길고, 품과 소매를 넓게 만든다.

공양 부처 앞에 드리는 음식물이나 재물.

동구 절로 들어가는 산문(山門)의 어귀.

중의 남자의 여름 홑바지.

관전하다 전쟁의 실황을 직접 살펴보다.

태세 어떤 일이나 상황을 앞둔 태도나 자세.

🏵 구절 풀이

❶ 농민들은 벌써부터 ~ 구하려고 애를 쓴다. 농민들이 쌀을 팔 때 돈 대신 의복을 받으려는 것은 전쟁으로 인해 화폐 가치가 떨어져 상품을 사고파는 기능을 하지 못할 것이라고 생각하기 때문이다.

❷ 아무도 부처님께 ~ 잃어버린 것이다. 피란민들이 절간에 머물면서도 아무도 종교 행위를 하지 않는 모습을 통해 의지할 곳을 찾지 못하는 절망적인 상황을 드러내고 있다.

❸ 국군 패잔병 한 사람이 ~ 피는 아닌 것 같다. 국군 패잔병의 모습을 통해 전쟁의 참상을 간접적으로 드러내고 있는 부분이다. 다리를 절룩거리며, 총과 군모도 없이 찢어지고 피가 묻은 군복을 입고 있는 외양을 통해 치열한 전투 현장에서 간신히 살아남았음을 추측하게 한다.

❹ 지금까지 국군을, ~ 한 마디에 저울질을 한다. 인민군이 지나갔다는, 즉 자신들이 머물고 있는 곳이 적의 수중에 들어갔다는 소문을 듣고 피란민들이 보이는 반응과 태도가 나타나 있다. 피란민들은 남한이나 북한 어느 한쪽에 서지 못하고 관전하는 태도를 보이고 있는데, 이는 이념이 치열하게 대립하는 전쟁 상황 속에서 중립적인 입장을 취하며 생존을 도모하려는 전략으로 볼 수 있다.

Q 이 부분에 나타난 표현 기법은?

국군 패잔병의 외양과 신체 조건, 자신의 처지와 주변 사람들에 대해 아무런 의식을 하지 못하는 상태 등을 고려할 때, 그는 전쟁의 충격으로 극도의 절망감에 빠진 인물로 볼 수 있다. 따라서 '눈에는 절망의 빛도 없다.'라는 극도의 절망감에 빠진 상태를 반어적으로 표현한 것으로 볼 수 있다.

👤 작가 소개

박경리(朴景利, 1926~2008) 소설가. 1955년 《현대 문학》에 단편 〈계산〉으로 등단하여 사회의식이 강한 작품들을 발표했다. 25년 동안 집필한 대하소설 〈토지〉는 서사의 방대함과 문학성으로 한국 문학사에 큰 획을 그은 것으로 평가된다. 주요 작품으로 〈불신 시대〉, 〈김약국의 딸들〉 등이 있다.

가 ❶농민들은 벌써부터 쌀을 파는 데 돈을 원치 않았고 피란민 보따리에서 의복가지가 나와야만 쌀을 내놓았다. 한편 피란민들은 되도록이면 의복 대신 돈으로 쌀을 구하려고 애를 쓴다.

주인 없는 절간에서 떠날 사람은 더러 떠나고 남은 사람은 그래도 얼마간의 양식이 있는 축들이었다. 피란민만 제각기 자리를 차지하고 있는 절에, 중 없는 불상만이 댕그렇게 남아 있다. 낡은 나무 궤짝과 중들이 내동이친 가사, 장삼과 조금도 다름없이. ❷아무도 부처님께 예배 드리는 사람도 없고 공양을 드리는 사람도 없다. 하나님도 부처님도 부르지 않고 기적을 바라는 마음조차 잃어버린 것이다.

▶ 피란민이 처한 고통스러운 현실

나 "저기, 군인 아냐? 국군이구먼."

밥 짓던 피란민들의 눈이 동구 밖으로 쏠린다. ㉠❸국군 패잔병 한 사람이 다리를 절룩거리며 걸어온다. 총도 없고 군모도 없고 갈기갈기 찢어진 군복에는 피가 묻어 있었으나 본인의 피는 아닌 것 같다. 무슨 소식이나 들을까 하고 피란민들은 그에게로 우우 몰려간다.

"어떻게 되었소. 인민군들이 들어왔소?" / "지금 어디서 싸우고 있소?"

"국군들은 후퇴하는 거요?" / 한꺼번에 쏟아져 나온다.

"나도 모르겠소." / 눈에는 절망의 빛도 없다. 사람이 모여든 일도, 그 자신이 걷고 있다는 의식조차 없는 것 같았다. 그는 쉬어 볼 생각도 하지 않고 사람들을 헤치며 지나치려 한다. 그러자 노인이 앞으로 나온다. 담배를 말아 피우던 그 노인이다.

"여보, 군인! 거 군복 벗고 가슈." / 군인은 돌아본다. 흐리멍덩한 눈.

"군복을 입고 가다니 위험해. 자, 이거 입으슈."

노인은 자기 저고리를 벗어 주고 급히 절로 들어가더니 중의를 갖고 나왔다. 군인은 흐리멍덩한 눈을 깜박거리지도 않고 군복을 벗는다. / "군화도 벗으시오."

노인은 자기가 신은 고무신을 벗어 준다. 옷을 갈아입고 고무신까지 신은 군인은 피란민들에 둘러싸인 채 노인을 멀거니 쳐다본다. [중략]

"허 참, 우리네가 왜 이 꼴을 당하지요?" / 노인은 혼자 고개를 흔들어본다.

"죄지었다고 어디 벼락 맞습디까." / 누군가가 말했다. 이번에는 노인이 고개를 끄덕인다.

㉡"어서 가 보시우. 내려가면 더러 밥 주는 인가도 있지 않겠소."

군인은 입술을 실룩거렸으나 고맙다는 말을 못하고 휘청휘청 산길을 타고 내려간다.

㉢"피란민들이 쓸고 내려갔으니 어디 곡식 한 톨 남았겠나."

중얼거리며 노인은 군인이 사라질 때까지 서 있다. 피란민들도 뒷모습을 바라보고 서 있었다. / ⓐ뻐꾸기가 구성지게도 운다.

▶ 국군 패잔병에게 인정을 베푸는 노인

다 얼마 후 인민군이 지나갔다는 소문이 퍼졌다.

"제기랄! 안심하라고 큰소리치더니 꼴좋다!"

재빨리 짐을 챙기며 피란민 한 사람이 내뱉는다. / "공산주의가 돼야 해. 잘 먹는 놈은 배터지고 못 먹는 놈은 배에서 꼬락꼬락 소리가 나고 잘됐지 뭐야."

❹지금까지 국군을, 그리고 대한민국을 공공연히 욕하는 사람은 아무도 없었다. 그와 마찬가지로 인민군을 욕하는 사람도 없었다. 마음속으로 이들 피란민은 관전하고 있었던 것이다. ⓑ관전 중 그들이 한마디의 의견도 없었다는 것은 그들이 현명했기 때문이다. 피란민 중에 이북군 유격대가 있을 수 있고 대한민국의 정보원이 있을 수도 있다. 이제 태세가 뚜렷이 나타남으로써 대한민국을 비난하지만 실상 그 사람의 속마음은 알 수 없고, 맞장구를 치면서도 서로 의심과 경계로써 살펴보며 말 한 마디 한 마디에 저울질을 한다.

▶ 인민군이 지나갔다는 소문에 동요하는 피란민들

• **중심 내용** 국군 패잔병의 처참한 모습과 인민군에 대한 소문으로 불안해하는 피란민들　　• **구성 단계** 전개

🏠 작품 연구소

노인의 인간적인 모습

이 작품에서 노인은 총과 군모도 없고 갈기갈기 찢어진 옷을 입은 채 다리를 절룩거리며 걸어오는 국군 패잔병을 보고 그가 위험에 처하지 않도록 자신의 저고리와 고무신을 벗어 주며 따뜻한 위로의 말을 전하고 격려하는 모습을 보여 주고 있다. 이는 자신도 안전을 장담할 수 없는 피란민의 처지임에도 다른 사람의 안위를 더 걱정하고 그에게 인정을 베푸는 헌신적인 삶의 모습으로, 전쟁이라는 절망적인 상황에서도 인간 사회에 희망이 있음을 보여 주는 것이라 할 수 있다.

'인민군이 지나갔다는 소문'에 대한 피란민들의 태도

"제기랄! 안심하라고 큰소리치더니 꼴좋다!"	인민군으로부터 국민을 지켜 주겠다고 큰소리를 쳤으나 이를 지키지 못한 남한 정부를 비아냥댐.
지금까지 국군을, ~ 인민군을 욕하는 사람도 없었다.	6·25 전쟁은 치열한 이념 대립의 현장으로, 피란민들은 생존을 위해 남과 북 어느 쪽의 편도 들지 않고 가만히 형세를 지켜보고 있음.

'시장'과 '전장'의 의미

이 작품은 지영 중심의 '시장'과 공산주의자인 기훈 중심의 '전장'이라는 두 공간을 중심으로 사건이 전개된다. 시장과 전장은 삶을 위한 다툼의 공간이라는 점에서는 유사하지만, 시장은 민중의 삶의 터전으로 생계유지를 위한 다툼의 공간인 반면, 전장은 삶과 죽음의 두 갈림길 속에서 삶을 택하려는 처절한 다툼의 공간으로, 그 목적에 차이가 있다.

시장	지영을 중심으로 펼쳐지는 생활과 살림의 공간	→	삶을 위한 다툼의 공간
전장	공산주의자인 기훈을 중심으로 펼쳐지는 혁명과 죽음의 공간		

📋 자료실

전후 소설

전후 소설은 한국 전쟁으로 인해 겪게 되는 혼란과 비극이 한 개인이나 집단에 직접적 또는 간접적으로 영향을 주는 모습을 담아낸 작품을 의미한다. 전후 소설의 특징을 살펴보면 다음과 같다. 첫째, 전쟁의 현장을 배경으로 하여 인간의 본질적인 문제와 본성을 파헤치고 있다. 둘째, 갑작스런 전쟁으로 인해 발생한 피란민들의 참담한 생활과 삶의 터전을 송두리째 잃어버린 실향 의식을 드러내고 있다. 셋째, 전쟁 후의 모든 것이 폐허가 되어 버린 현실 속에서 발생하는 문제들에 대해 다루고 있다. 넷째, 대체로 작품의 갈등 구조는 내면적, 사회적으로 복잡한 구성을 이루고 있다. 장용학의 〈요한시집〉, 손창섭의 〈비 오는 날〉, 이범선의 〈오발탄〉 등이 전후 소설의 대표 작품이다.

📖 함께 읽으면 좋은 작품

〈그해 겨울은 따뜻했네〉, 박완서 / 전쟁으로 인한 가정의 불행을 다룬 작품

6·25 전쟁으로 인해 헤어지게 된 한 가족의 이야기를 통해 이산가족의 아픔을 다루면서 그 이면에는 혈육조차 버리고 모른 체하는 인간의 이기심과 허위의식에 대한 비판을 그린 작품이다. 전쟁의 비극과 전쟁으로 인한 한 가정의 불행을 그리고 있다는 점에서 〈시장과 전장〉과 비교해 볼 만하다.

Link 본책 240쪽

---

6 이 글을 통해 알 수 있는 내용으로 적절한 것은?

① 피란민들 사이에 절의 점유권을 놓고 갈등이 있었다.
② 피란민들은 자신들에게 고통을 겪게 한 절대자를 원망하고 있다.
③ 농민들은 화폐 가치가 폭락할 수 있다고 여겨 돈 대신 물건을 받고 있다.
④ 노인은 헤어진 자신의 자식이 떠올라 국군 패잔병에게 호의를 베풀고 있다.
⑤ 인민군이 지나갔다는 소문이 퍼지자 피란민들은 짐을 꾸리며 침착하게 대응하고 있다.

7 ㉠에 대한 이해로 적절하지 않은 것은?

① 전쟁의 충격으로 이성적 사고가 어려운 인물이다.
② 노인에게 전쟁의 비극성을 깨닫게 하는 대상이다.
③ 군인으로서 기본적인 장비를 갖추지 못한 인물이다.
④ 도움을 받고도 감사할 줄 모르는 파렴치한 인물이다.
⑤ 피란민들이 자신들에게 외부 상황을 전해 주기 바라는 대상이다.

8 ㉡과 ㉢에 대한 설명으로 적절하지 않은 것은?

① ㉡은 상대방을 격려하기 위한 말이다.
② ㉡은 상대방에게 발화의 의도가 잘못 전해지고 있다.
③ ㉢에는 상대방을 걱정하는 마음이 담겨 있다.
④ ㉢을 고려할 때 ㉡은 실현되지 않을 가능성이 높다.
⑤ ㉡과 달리 ㉢은 상대방에게 전달되지 않을 것임을 전제로 한다.

내신 적중

9 이 글에서 ⓐ가 거두고 있는 효과를 쓰시오.

10 〈보기〉를 참고하여 피란민들이 ⓑ와 같은 반응을 보였던 이유를 쓰시오.

> **보기**
>
> 이 작품은 6·25 전쟁의 극단적 이념 분쟁 속에서 민중의 주된 관심이 이념보다는 '살아남는 것' 곧 삶의 문제였음을 말하고 있다. 작가는 치열하게 대립하는 이념을 넘어설 수 있는 그 중간 지점으로 '시장'을 제시하고 있다. '전장'이 인간의 삶을 파괴하는 것이라면 '시장'은 인간의 삶을 지속시킴으로써 이상을 실현하게 하는 민중의 영역으로 보았기 때문이다.

046 역사 | 김승옥

키워드 체크 #풍자적 #현실 비판적 #액자식 구성 #현대인의 기계적 일상 #공간의 대비

[문학] 천재(김)

핵심 정리

갈래 단편 소설, 풍자 소설, 액자 소설
성격 풍자적, 현실 비판적
배경 ① 시간 – 1960년대
② 공간 – 서울 동대문 지역
시점 ① 바깥 이야기 – 1인칭 관찰자 시점
② 안 이야기 – 1인칭 주인공 시점
주제 현대인의 기계적인 일상생활에 대한 비판
특징 ① 액자식 구성을 취하고 있음.
② 공간의 대비를 통해 현대인의 규격화된 삶과 이에 대한 비판적 시각을 나타냄.
출전 《문학춘추》(1964)

Q 주인 할아버지가 말하는 '가풍'의 의미는?

주인 할아버지가 말하는 '가풍'이란 질서 정신에 의해 성립되는 것이며, 새로 이사 온 집은 이러한 가풍에 따라 가족 구성원 모두가 정확하게 짜여진 규칙적인 일상을 준수하고 있다. 하지만 이는 철저하게 획일적이고 기계적인 것으로 인간적인 자유나 여유는 전혀 고려되지 않았다. 따라서 할아버지의 가풍은 능률과 효율을 강조하는 기계적 현대성을 상징하며, '나'는 이에 낯설어하고 괴로워함으로써 현대성을 바라보는 작가의 부정적인 시각을 드러내고 있다.

어휘 풀이

혼미 의식이 흐림. 또는 그런 상태.
가풍 한 집안에 내려오는 풍습이나 범절.
중역 책임이 무거운 역할. 회사의 중요한 임무를 맡은 임원을 통틀어 이르는 말.
정식 정당한 격식이나 의식.

구절 풀이

❶ **'규칙적인 생활 제일주의'가 맨 먼저 나를 휘감은 이 집의 가풍이었다.** 주인 할아버지가 강조하는 가풍 중에서 '나'를 가장 억압하는 것은 규칙적인 생활이었음을 의미한다.

❷ **그 집 식구들은 ~ 지키고 있는 모양이었다.** 철 모르는 어린아이에게도 획일적으로 적용되는 '가풍'의 허구성을 풍자적으로 드러내고 있다.

❸ **식구 중 누구 한 사람 얼굴에 그늘이 있는 사람은 없었다.** 가족 구성원들은 이 가풍에 불만을 나타내지 않고 기꺼이 받아들이며 실천하고 있다. 이는 정해진 규칙에 따라 살아가는 현대인의 기계적인 일상을 보여 주고 있다.

❹ **동대문이 가까운 ~ 이 정식(正式)의 생활.** '나'는 규칙을 중시하는 새로운 집에서의 생활을 몹시 낯설고 불편해 한다. 그래서 '나'는 창신동 집을 떠올리며, 새집에서의 생활을 '정식의 생활'이라고 반어적으로 표현함으로써 비판적 태도를 드러내고 있다.

가 그것은, *혼미(昏迷) 가운데서 들은 것을 두서가 없는 대로 요약한다면 다음과 같았다. 『*가풍(家風)이 없는 가정은 인간들의 모임이 아니다. 가풍이란 질서 정신(秩序情神)에 의해서 성립되어야 한다. 우리나라의 가정은 사변 때 식구들의 생사조차 서로 모를 정도로 파괴되었다. 그래서 더욱 가정의 귀중함을 알았지 않느냐. 그러니 질서 정신에 입각해서 각기 가정은 가풍을 만들어 가야 한다. 그리하는 데 장애가 아주 많은 게 우리들이 처한 현실이다. 그럴수록 우리는 지나치다 할 정도로 자신들에게 엄격해야 한다.』 대강 이런 것이었다.

가풍. 내게는 낯설기 짝이 없는 단어였지만 며칠 동안 나는 그 말의 개념이 아니라 바로 그의 실체를 온몸에 느끼게 되었다. ❶'규칙적인 생활 제일주의'가 맨 먼저 나를 휘감은 이 집의 가풍이었다. ▶ 이사 온 날 주인 할아버지로부터 가풍의 중요성에 대해 들음.

나 아침 여섯 시에 기상.(그러나 나의 경우는 자발적인 기상이 아니라 할아버지가 차를 끓여 가지고 손수 들고 와서 나를 깨우고 그 차를 마시게 하고 내가 무안함에 가슴을 두근거리며 황급히 옷을 주워 입으면 아침 산보를 시키는 것이었다. 그래서 나는 수면 부족으로 좀 자유로운 낮에 늘 낮잠이었다. 그러나 ❷그 집 식구들은 심지어 세 살 난 어린애마저도 그 규칙을 지키고 있는 모양이었다.) 아침 식사. 출근 혹은 등교. 할아버지도 어느 회사에 *중역으로 나가고 있었으므로 집에 남는 건 할머니와 며느리, 어린애와 식모, 그리고 노곤한 몸을 주체하지 못하는 나뿐이었다. [중략] 오후 여섯 시 반까지는 모든 식구가 집에 와 있어야 하고 저녁 식사. 식사가 끝나면 십여 분 동안 잡담. 그게 끝나면 모두 자기 방으로 가서 공부. 그리고 식모가 보리차가 든 주전자와 컵을 준비해서 대청마루 가운데 있는 탁자 위에 놓는 달그락 소리가 나면 그 때 시간은 열 시 오륙 분 전. 그 소리가 그치면 여러 방의 문이 열리고 식구들이 모두 나와서 물 한 컵씩을 마시고 '안녕히 주무십시오.'를 한차례 돌리고 잠자리로 들어간다. 세상에 이런 생활도 있었나 하고 나는 놀라지 않을 수 없었다. ❸식구 중 누구 한 사람 얼굴에 그늘이 있는 사람은 없었다. 나로서는 상상도 하지 못하던 세계에 온 것이다. ❹동대문이 가까운 창신동 그 빈민가의 내가 들어 있었던 집의 식구들을 생각하지 않을 수 없는 이 ㉠정식(正式)의 생활. ▶ 양옥집 식구들의 철저하게 규칙적인 생활

다 내가 간혹 이 양옥의 식구들의 얼굴을 생각해 보려 할 때면, 물론 대하는 시간이 적었던 탓도 있겠지만, 그보다는 차라리 아마 낮잠에서 깨어났을 때 내가 지금 있는 방에 대해서 생소감을 느끼던 그런 알 수 없는 이유로써 나는 이 집 식구들의 얼굴을 덮어 누르고 보다 명료하게 떠오르는 창신동 식구들의 얼굴 때문에 적지 않게 괴로워했다. ▶ 양옥집에서의 생활에 생소함을 느끼며 괴로워하는 '나'

라 이윽고 서 씨의 몸은 성벽의 저 너머로 사라져 버렸다. 그리고 잠시 후에 나는 더욱 놀라운 광경을 보게 되었다. 『서 씨가 성벽 위에 몸을 나타내고 그리고 성벽을 이루고 있는 커다란 금고만 한 돌덩이를 그의 한 손에 하나씩 집어서 번쩍 자기의 머리 위로 치켜올린 것이었다. 지렛대나 도르래를 사용하지 않고서는 혹은 여러 사람이 달라붙지 않고서는 들어 올릴 수 없는 무게를 가진 돌을 그는 맨손으로 들어 올린 것이었다. 그는 나에게 보라는 듯이 자기가 들고 서 있는 돌을 여러 차례 흔들어 보이고 나서 방금 그 돌들이 있던 자리를 서로 바꾸어서 그 돌들을 곱게 내려놓았다.』 ▶ 성벽을 이룬 큰 돌덩이를 손쉽게 들어 올리는 서 씨

• **중심 내용** 새로 이사 온 집의 규율에 적응하지 못하고, 이전에 살던 창신동 식구 중 서 씨를 떠올리는 '나'
• **구성 단계** (가)~(다) 전개 / (라) 위기

이해와 감상

이 작품은 다소 우화적인 수법을 통해 현대인의 꽉 짜인 기계적인 일상생활을 풍자하고 있다. 현대인들의 기계적인 삶이란 능률과 효율을 우선시하는 현대 자본주의 논리에 의한 삶을 의미하는 것으로, 이는 양옥집으로 상징되는 주인공 '나'의 새 하숙집에서의 빈틈없고 규칙적인 생활을 통해 드러난다. 그러나 이러한 능률과 효율은 인간을 '목적'으로 하는 것이 아닌 현대 사회의 메커니즘을 위한 '수단'으로 변질시켜 인간을 소외시킨다는 점에서 문제를 노출하게 되고, '나'는 빈민가의 무질서하고 비능률적인 생활을 도리어 그리워하게 된다. 이는 아무런 대가 없이 성벽의 돌을 옮기는 서 씨의 비능률적 행위와 무질서하고 불규칙한 공간인 창신동 빈민가, 즉 그 속에 살아 있던 활기찬 생명력의 대비를 통해 풍자적으로 제시된다. 더불어 작가 김승옥 특유의 감각적인 문체와 다소 우화적인 표현 기법, 액자식 구성 등은 이 작품의 주제를 보다 효과적으로 형상화한다.

전체 줄거리

발단 [외화]	외화의 서술자 '나'는 공원에서 우연히 만난 젊은이의 이야기를 듣는다.
전개 [내화]	내화의 서술자 '나'는 빈민가인 창신동에서 깨끗한 양옥집으로 옮기지만, 규칙과 안정을 중시하는 새집의 생활에 적응하지 못하고 창신동을 계속 그리워한다.
위기	창신동 빈민가는 지저분하고 무질서하지만 생동감이 넘치는 공간이었다. 그곳 사람 중 서 씨는 어느 날 밤 '나'를 동대문으로 데리고 가 성벽의 돌을 들어 올리는 모습을 보여 준다.
절정	새로운 하숙집으로 옮긴 뒤 '나'는 견딜 수 없는 권태를 느끼고 하숙집 사람들이 모두 마시는 음료수에 흥분제를 타고 사건이 터지기를 기다리지만 아무 사건도 일어나지 않는다.
결말 [외화]	여기서 젊은이의 이야기는 끝이 나며 어느 쪽이 틀렸느냐고 묻는 젊은이의 질문에 외화의 서술자 '나'는 대답을 하지 못한다.

인물 관계도

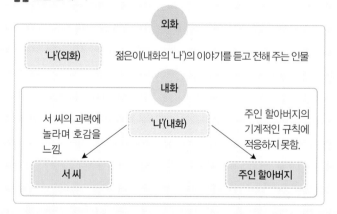

외화

'나'(외화) ─ 젊은이(내화의 '나')의 이야기를 듣고 전해 주는 인물

내화

'나'(내화)

서 씨의 괴력에 놀라며 호감을 느낌. → 서 씨

주인 할아버지의 기계적인 규칙에 적응하지 못함. → 주인 할아버지

작품 연구소

대립적 공간의 상징적 의미

양옥집에서의 생활		창신동 빈민가에서의 생활
규칙적, 질서, 효율성, 비인간적	대조	무질서, 비능률적, 인간적
자본주의 윤리로 무장된 부정적 세계		활기찬 생명력을 지닌 긍정적 세계

 포인트 체크

인물 '나'는 생명력이 넘치는 창신동 빈민가의 삶을 □□하면서도 현실적인 안락 또한 저버리지 못하는 □□□인 태도를 보인다.

배경 가난하고 무질서하지만 활력이 있는 □□□ 집과 안정적이고 깨끗하지만 비인간적이고 삭막한 □□□을 대비하고 있다.

사건 '나'는 무거운 돌을 몰래 들어 올리던 서 씨의 행동을 □□하며 양옥집에서의 삶에 □□를 느낀다.

1 이 글에 대한 설명으로 가장 적절한 것은?

① 서술자가 자신의 체험을 진술하며 내면을 드러내고 있다.
② 전지적 서술자가 등장하여 갈등의 원인을 제시하고 있다.
③ 공간적 배경 묘사를 통해 시대적 분위기를 드러내고 있다.
④ 과거와 현재를 교차하여 사건 전개에 인과성을 강화하고 있다.
⑤ 장면을 빈번하게 전환하여 사건 전개에 입체감을 부여하고 있다.

2 이 글을 통해 알 수 있는 내용으로 적절하지 않은 것은?

① 양옥집의 식구들은 정해진 규칙을 받아들이며 실천하고 있다.
② '나'는 '규칙적인 생활 제일주의'를 통해 가풍의 의미를 이해했다.
③ 주인 할아버지는 자신들에게 엄격해야 한다는 가풍을 강조하고 있다.
④ '나'는 가풍을 지키며 창신동 식구들에 대한 안쓰러움을 느끼고 있다.
⑤ '서 씨'는 남들은 들 수 없는 돌을 맨손으로 들어 자리를 바꾸어 놓고 있다.

3 〈보기〉를 바탕으로 이 글을 감상한 내용으로 적절하지 않은 것은?

┤ 보기 ├

1960년대의 서울은 급격하게 유입된 자본주의와 경제 발전으로 인해 많은 변화를 겪게 된다. 삶의 양상과 인간관계의 변화가 생기고 사람들은 편리성과 효율성을 추구하게 된다. 그리고 그 과정에서 기능과 규칙, 질서를 중시하게 되었으나, 삶의 질을 향상시키기 위해 기능해야 할 이들 요소가 새로운 억압이 되어 버린다. 이에 사람들은 다소 불편하고 무질서하지만 생명력을 느낄 수 있었던 과거를 그리워하기 시작한다.

① 양옥집 사람들은 편리성과 효율성을 추구하고 있군.
② '나'는 창신동이 무질서하지만 생명력을 느낄 수 있는 곳이라 보는군.
③ '나'는 창신동에서의 삶을 새로운 억압이라 느껴 양옥집으로 오게 되는군.
④ 양옥집은 자본주의와 경제 발전에 의해 많은 변화를 겪고 있음을 보여 주는군.
⑤ 주인 할아버지가 강조한 가풍은 기능과 규칙, 질서를 중시하는 모습을 보여 주는군.

4 ㉠을 통해 작가가 나타내고자 하는 바를 표현 방식과 관련하여 쓰시오.

Q '서 씨'가 더 많은 보수를 거절한 이유는?

'보수'는 인간 행위의 가치를 경제적으로 환산한 것으로, 이러한 경제적 행위는 현대 사회에서 인간을 수단 또는 계량화하여 인간을 소외시키고 물상화하는 주범이 된다. 따라서 서 씨가 조상으로부터 물려받은 능력을 '보수'를 더 받는 데 쓴다면 곧 인간적 능력을 현대 사회의 논리에 종속시켜 비인간화됨을 의미한다. 하지만 서 씨는 이를 거부함으로써 인간으로서 자신의 존재를 지키고자 한 것으로 볼 수 있다.

구절 풀이

❶ **서 씨는 아무도 나다니지 ~ 알리고 있다는 것이었다.** 서 씨는 조상으로부터 이어받은 근원적 생명력인 힘을 지켜 나가기 위해 밤마다 남몰래 돌을 옮기는 자신만의 방식으로 실존적 의지를 표현하고 있는 것이다.

❷ **그것이 서 씨가 ~ 깊이였던 모양이다.** '나'는 한밤중에 동대문의 큰 돌을 옮기고 대낮에 그 옮겨진 돌을 바라보며 웃는 서 씨를 상상한다. 현대 사회와는 어울리지 않는, 자신만의 가치를 묵묵히 실현하는 서 씨의 모습을 통해 '나'는 질서와 능률, 효율을 중시하면서 인간을 잃어버리는 현대 사회의 부정적 모습에 반항하는 건강한 생명력의 의미를 되새기게 된다.

❸ **피아노 소리가 ~ 어이가 없음을 느꼈다.** 서 씨와 관련된 내용이 '나'의 회상이었음을 드러내면서 '나'가 자신의 상황에 자조적 태도를 보이는 장면이다. 양옥집의 기계적인 삶에 혐오를 느끼면서도 그곳을 떠나지 못하는 자신의 이중적인 태도를 스스로 비웃고 있는 것이다.

Q '서 씨'와 '양옥집 사람들'에 대한 '나'의 시각은?

'나'는 비능률적이지만 인간적인 서 씨의 행위에서 생명력을 가진 긍정적 세계를 발견하는 반면, 기계적이고 기능적, 규칙적, 비인간적인 양옥집 사람들의 생활에서는 혐오감을 느끼는 등 서 씨와 양옥집 사람들에 대해 대비적인 시각을 보이고 있다.

작가 소개

김승옥(金承鈺, 1941~)
소설가. 1962년 《한국일보》 신춘문예에 〈생명 연습〉이 당선되어 등단하였다. 평범한 일상적 삶 속에서 인간의 소외 문제를 부각시키면서 부분과 전체의 관계, 인간의 소통 문제를 중요한 주제로 다루었다. 주요 작품으로 〈무진기행〉, 〈염소는 힘이 세다〉, 〈서울, 1964년 겨울〉 등이 있다.

[가] 나는 꿈속에 있는 기분이었다. *고담(古談) 같은 데서 등장하는 역사(力士)만은 나도 인
　　　　서 씨가 거대한 돌을 눈앞에서 손쉽게 들어 올리는 현실이 믿기지 않음.
정하고 있는 셈이지만 이 한밤중에 바로 내 앞에서 푸르게 나는 조명을 온몸에 받으며 성
　　　　　　　　　　　　　　　　　뛰어나게 힘이 센 사람　　　서 씨에 대한 나의 경이로운 느낌을 강조함.
벽을 디디고 우뚝 솟아 있는 저 사내를 나는 무엇이라고 이름붙여야 할지 몰랐다.

ㄱ역사, 서 씨는 역사다, 하고 내가 별수 없이 인정하며 감탄이라기보다는 차라리 그 *귀
기에 찬 광경을 본 무서움에 떨고 있는 동안 그는 어느새 돌아왔는지 유령처럼 내 앞에
서 자랑스러운 웃음을 소리 없이 웃고 있었다.　　　▶ 서 씨의 행동에서 초월적 신비로움과 경건함을 느낌.
　　자신의 내력에 대한 서 씨의 감정

[나] 『그는 중국인 남자와 한국인 여자 사이에서 난 혼혈아였다. 그의 선조들은 대대로 중국에
　　『　』: 서 씨의 내력을 직접적 제시(말하기) 방법으로 소개하여 사실감을 부여함.
서 이름 있는 역사들이었다. 족보를 보면 헤아릴 수 없이 많은 장수(將帥)가 있다고 했다.』
『그네들이 가졌던 힘, 그것이 그들의 존재 이유였고 유일한 유물이었던 모양이었다. 그 무
　　『　』: 과거에 '힘'은 역사를 바꿀 수 있을 만큼 영향력이 컸음. - '힘'이 서 씨의 존재를 규정하는 핵심적 요소임을 보여 줌.
형의 재산은 가보로서 후손에게 전해졌다. 그것으로써 그들은 세상을 평안하게 할 수 있었
고 자신들의 영광도 차지할 수 있었다.』 그러나 이 서 씨에 와서도 그 힘이 재산이 될 수는
　　　　　　　　　　　　　　　　　자본주의 사회에서 서 씨의 힘은 더 이상 가치를 지니지 못함.
없었다. 이제 와서 그 힘은 ㄴ서 씨로 하여금 공사장에서 남보다 약간 더 많은 보수를 받게
하는 기능밖에 가질 수가 없게 된 것이다. 결국 서 씨는 그 약간 더 많은 보수를 거절하기로
　　　　　　　　　　　　　선조의 영광이자 자신이 살아 있음을 확인하는 행위를 보수로 환산하는 현대의 능률성과 바꾸지 않겠다는 의지
했다. 남만큼만 벽돌을 날랐고 남만큼만 땅을 팠다. 선조의 영광은 그렇게 하여 보존될 수
밖에 없었다. 그리고 ㄷ❶서 씨는 아무도 나다니지 않는 한밤중을 택하고 동대문의 성벽에
서 그 힘이 유지되고 있음을 *명부(冥府)의 선조들에게 알리고 있다는 것이었다.

대낮에 서 씨가, 동대문의 바로 곁에 서서 행인들 중 누구 한 사람도 성벽을 이루고 있는
돌 한 개의 위치 변화에 관심을 보내지 않고 지나다닐 때, 옮겨진 돌을 바라보며 빙그레 웃
고 있는 그의 모습을 나는 쉽게 상상할 수 있었다. ❷그것이 서 씨가 간직하고 있는 자기였
　　　　　　　　　　　　　　　　　　현대의 경제적 논리를 거부한 채 자신의 존재를 입증하는 서 씨에 대한 '나'의 호감이 드러남.
고 내가 그와 접촉하면 할수록 빨려 들어갈 수 있었던 깊이였던 모양이다.
　　　　　　　　　　　　　　　▶ 서 씨의 집안 내력을 듣고 서 씨의 행동을 이해하며 '나'는 그에게 호감을 느낌.

[다] 그 집 ― ⓐ그날 많은 얼굴들이 살던 그 집에서 나는 나 자신 속에서 꿈틀거리는 *안주에
의 동경을 의식하지 않을 수 없었다. 그것은 그 사람들의 헤어날 길 없는 생활 속에 내가 휩
쓸려 들어가게 되는 것이 무서웠기 때문이었던 모양이다. 그러나 그곳을 뚝 떠나서 이 ⓑ한
결같은 곡이 한결같은 악기로 연주되는 집에 오자 그것은 견디어 낼 수 없는 권태와 이 집
　　　　　　　　　　기계적인 삶을 사는 양옥집　　　　　　　　　　　양옥집 사람들에 대한 서술자의 시각이 드러남.
에 대한 혐오증으로 형체를 바꾸는 것이었다. ㄹ나란 놈은 아마 알 수 없는 놈인가 보다.
　　　　　　　　　　스스로도 자신의 감정 변화를 제대로 납득하기 어려운 아이러니한 상황에 대한 인식　▶ 일상생활에 권태를 느끼는 '나'

[라] ❸피아노 소리가 그쳤다. 무의식중에 나는 방바닥에서 팔목시계를 집어 올렸다. 내가 지
금 무슨 행동을 했던가를 깨닫자 나는 쓴웃음이 나왔다. 피아노가 그친 시간을 재 보려고
　　　　　　　　　　　　　　　　　　　　　집안의 규칙이 얼마나 정확하게 지켜지는지 확인하고자 함.
했던 것이다. 그리고 나는 내일도 그 피아노가 그친 시간을 재서 그 시간들을 비교하며 이
집에 대한 혐오증의 이유를 강화시키려고 했던 것이다. 나는 자신에 대해서 어이가 없음을
느꼈다. ㅁ이런 느낌이 드는 것은, 그것은 조금 전에 내가 서 씨의 그 거짓 없는 행위를 회
상했던 덕분이 아니었을까? [중략] 그러나 이 집으로 옮아온 다음 날의 저녁, 식사 시간도
잡담 시간도 지나고 모든 사람들의 공부 시간이 되자 나는 홀로 내 방의 벽에 기대앉아서
　　　　　　　　　　　　　　　　　기계적·계획적으로 짜여진 시간 ①
㉮기타를 퉁겨 보기 시작했던 때의 일을 기억하고 있다. 불현듯이 기타를 켜고 싶어지는
　　　　　　　　　　　　　　　　　　　　　　　　　　기계적·계획적 시간에서 벗어난 시간
때가 있는 법이다. 그것은 감정의 요구이지만 그렇다고 비난할 건 못 되지 않는가. 『내가 줄
을 고르며 음을 시험해 보고 있는데, *다색 *나왕으로 된 내 방문이 열리며 할아버지가 들어
　　기계적 획일성에 대해 나름의 반발을 시도함.　　『　』: 양옥집 사람들의 행동을 통해 현대인의 기계적인 생활을 비판함.
왔다. 그리고 나의 기타 켜는 시간은 오전 열 시부터 한 시간 동안 할머니와 며느리가 *미싱
　　　　　　　　　　기계적·계획적으로 짜여진 시간 ②
을 돌리는 시간과 같은 시각으로 배치되었던 것이다.』 위대한 가풍이 내게 작용한 첫 번이
　　기계적·계획적으로 짜여진 시간 ③　　　　　　　　　　　가풍에 대한 '나'의 비판적 시각을 반어적으로 표현함.
었다. 그러나 그 이후 내가 내게 주어진 그 시간을 이용해 본 적은 하루도 없었다. 흥이 나
　　　　　　　　　　　　기계적·계획적으로 짜여진 시간 ④
지 않아서였다고 하면 적당한 표현이 되겠다.　　　▶ '나'는 양옥집의 질서를 깨뜨리려 시도하지만 실패함.

• **중심 내용** 성벽의 돌을 쉽게 옮기는 서 씨에 대한 호감과 양옥집에서의 기계적이고 획일적인 삶에 대한 권태감
• **구성 단계** (가), (나) 위기 / (다), (라) 절정

작품 연구소

대립적 공간에 대한 '나'의 태도

창신동 집		양옥집
• 가난하고 무질서함. → 불편하여 벗어나고 싶음. • 인간적이며 활력과 생명력이 있음. → 그리워함.	← '나' →	• 부유하고 깨끗함. → 동경과 편입에의 욕망 • 비인간적이고 삭막하며 기계적임. → 소외감과 거부감

서 씨의 행동이 지니는 상징적 의미

한밤중에 동대문 성벽의 무거운 돌을 들어 올려 몰래 옮겨 놓는 서 씨의 행동은 능률과 효율이라는 현대의 잣대로 볼 때는 무의미한 행동으로 보일 수 있다. 하지만 이러한 행동은 서 씨가 조상으로부터 물려받은 자신의 능력을 한낱 돈으로 맞바꾸지 않겠다는 뜻으로, 물질 중심의 논리로 돌아가는 현대적 메커니즘에 대한 거부로 이해할 수 있다. 따라서 서 씨가 자신의 놀라운 힘을 아무 보상도 없는 비효율적인 일에 '허비'하는 것은 <u>현대 생활에 맞서 인간으로서 자신의 실존을 확인하려는 상징적 의미를 지닌 것</u>으로 이해할 수 있다.

구성상의 특징과 공간의 상징성

이 작품은 바깥 이야기 속에 안 이야기가 들어 있는 액자 소설의 구성을 취하고 있다. 바깥 이야기와 안 이야기의 시점은 모두 1인칭 시점(바깥 이야기-1인칭 관찰자 시점, 안 이야기-1인칭 주인공 시점)을 취하고 있는데, 초점이 되는 이야기는 안 이야기이다. 안 이야기에서는 대립적 질서를 표상하는 두 장소가 나오는데, 이러한 이원적 배경은 작품에서 중요한 구실을 한다. '창신동의 그 지저분한 방'과 '병원처럼 깨끗한 양옥'이라는 상반된 분위기의 배경은 각각 <u>'개인의 자유 의지가 활성화되는 공간'과 '개인의 자유 의지를 억압하는 근대적 규율과 폭력성이 지배하는 공간'</u>을 상징한다.

자료실

〈역사〉에 담긴 작가 김승옥의 문제 의식

"소설가는 권력자나 부자의 눈치를 살펴도 안 되고 동시에 힘없고 가난한 사람의 비위만 맞춰서도 안 되죠. 스스로의 가치에 비추어 문제가 되는 것에 자신을 바쳐야 합니다."라는 작가 김승옥의 말은 소설가에 대한 그의 평소 생각이 담긴 것이다. 작가는 이 작품에서 액자식 구성을 빌려 서 씨의 이야기를 다루면서 우리가 생각해야 할 '문제'를 던지고 있다.

'나'가 빈민가를 탈출하고 싶어 양옥집으로 이사를 하지만 점차 이전에 살던 빈민가를 그리워한다는 설정은 우리의 양면적인 모습을 돌아보자는 작가의 문제 제기일 것이다. 또한 역사인 서 씨가 다문화 가정에서 태어났다는 설정은 나의 관점으로 섣불리 타자를 판단하는 한계를 돌아보는 문제를 던진 것으로도 볼 수 있다. 빈부 격차에 따른 편 가르기에서 오는 일방적인 시선도 작가가 경계하는 편견에 해당한다. 이러한 편견은 우리가 타자를 바라보는 시선 중 가장 문제가 되는 태도임을 깨닫게 하려는 작가의 의도가 반영된 것이라 할 수 있다.

함께 읽으면 좋은 작품

〈줄〉, 이청준 / 전통적 가치가 사라져 가는 현대 사회를 비판한 작품

2대에 걸친 줄광대의 삶과 '나'(남 기자)의 생활을 조명함으로써 삶의 진실이 무엇인지를 모색하고 있는 작품이다. 일생을 줄타기에 바친 허 노인, 아버지의 뒤를 이어 장인의 경지에 이르지만 결국 운명 앞에 무너져 스스로 죽음을 택하는 아들 운, 그리고 이들의 삶을 취재하는 '나'는, '절대 가치 → 가치에 대한 갈등 → 가치 상실'이라는 변화를 상징한다. 〈역사〉가 '나'의 갈등을 가치에 대한 갈등과 가치 상실의 측면에서 살펴본다는 점에서 비교해 볼 만하다. Link 본책 286쪽

---

5 ㉠~㉤에 대한 설명으로 적절하지 않은 것은?

① ㉠: 서 씨의 실체를 알게 되면서 '나'는 경탄과 두려움을 느끼고 있다.

② ㉡: 시대가 변함에 따라 서 씨가 가진 힘의 의미와 그 가치가 달라졌다.

③ ㉢: 서 씨는 자신이 물려받은 힘을 활용하여 선조보다 더 크게 인정받고 있다.

④ ㉣: 스스로도 자신의 감정 변화를 제대로 납득하기 어려운 상황임을 인식하고 있다.

⑤ ㉤: 서 씨의 행동을 떠올리며 '나'는 양옥집의 가풍이 허구적인 질서임을 느꼈다.

내신 적중 多빈출

6 ⓐ와 ⓑ에 대한 이해로 가장 적절한 것은?

① '나'는 ⓐ로 돌아가지 못하는 것에 대해 두려움을 느낀다.

② '나'는 ⓐ를 근대적 규율과 폭력성이 지배하는 공간으로 인식한다.

③ 서 씨로 인해 '나'는 ⓑ를 개인의 자유로운 공간으로 인식하게 된다.

④ '나'는 안주에의 동경으로 인해 ⓐ를 떠나 ⓑ로 오게 된다.

⑤ '나'는 ⓐ와 ⓑ 모두에서 허구적인 질서에 대한 권태를 느낀다.

7 〈보기〉를 바탕으로 이 글을 감상한 내용으로 가장 적절한 것은?

┤ 보기 ├

김승옥은 〈역사〉에서 일반적 통념의 범위를 넘어서는 새로운 차원의 사실성을 추구하였다. 이 작품의 창작 의도를 밝힌 글에서 그는, "우리의 눈에는 비사실적인 것도 외국인의 눈으로 보면 사실적으로 보일 수 있다."라고 했다. 작품 속의 '동대문 성벽의 돌덩이 옮겨 놓기'라는 소재는, 이를테면 '외국인의 눈'을 통해 새롭게 '변형'된 것이다. 작가는 '변형'의 효과를 살리기 위해, 작중 상황에 실감을 주는 소설적 장치들을 마련하고 있다.

① '동대문의 돌'을 옮기는 서 씨의 모습은 '외국인의 눈'으로 보면 비사실적으로 보이겠군.

② 서 씨가 '남만큼만 벽돌을' 나르는 모습은 '외국인의 눈'을 통해 새롭게 '변형'된 모습이겠군.

③ '푸르게 나는 조명'은 서 씨의 행동을 새롭게 '변형'하기 위한 소설적 장치라 할 수 있군.

④ 서 씨 가계의 내력을 요약적으로 제시한 것은 서 씨의 행위를 사실적으로 보이게 하기 위한 장치이군.

⑤ '나'가 '꿈속에 있는 기분'이었다는 것은 '돌덩이 옮겨 놓기'가 사실이 아니라 환상이었음을 암시하고 있군.

8 ㉮와 같이 행동한 '나'의 의도가 무엇인지 쓰시오.

O47 서울, 1964년 겨울 | 김승옥

키워드 체크 #현실적 #등장인물의익명화 #연대감의상실 #인간의고독과소외 #의사소통의단절 #피상적인간관계

문학 미래엔, 해냄

핵심 정리

갈래 단편 소설
성격 현실 고발적, 사실적
배경 ① 시간 – 1964년 겨울밤
② 공간 – 서울의 거리
시점 1인칭 주인공 시점
주제 뚜렷한 가치관을 갖지 못한 도시인들의 방황과 연대감의 상실로 인한 절망
특징 ① 등장인물을 익명화하여 제시함.
② '벽으로 나누어진 방', '개미' 등과 같은 상징적인 표현을 사용하여 인간적 유대가 없는 현대인의 모습을 그림.
출전 《사상계》(1965)

어휘 풀이

적막하다 고요하고 쓸쓸하다.
거북스럽다 어색하고 겸연쩍은 데가 있다.
사환 잔심부름을 시키기 위해 관청이나 회사, 가게 등에서 고용한 사람.
숙박계 여관 등의 숙박업소에서 숙박인의 이름, 주소, 행선지 등을 적는 장부.

Q 이 부분에 나타난 주제 의식은?

모든 프로가 끝나 버린 극장을 나오는 때처럼 삶의 기대와 목표를 상실한 주인공들은, 세 개의 방에 각각 들어감으로써 서로를 향한 연대감을 상실하고 개별화된 인간관계를 보여 주고 있다. 이는 '현대인들의 방황과 연대감 상실'이라는 작품의 주제 의식이 명확하게 드러난 부분이다.

구절 풀이

❶ **이번엔 사내는 ~ 울음을 터뜨렸다.** 가난한 월부 책 장사인 사내는 아내의 장례를 치러 줄 수 없었던 것을 떠올리며 자신의 처지와 아내에 대한 미안함 때문에 울고 있는 것이다.

❷ **"방을 한 사람씩 따로 잡을까요?"** 사내가 어떠한 상황과 심정인지 알고 있으면서도 '안'은 방을 따로 잡자고 말한다. '안'의 개인주의적인 모습이 단적으로 나타나는 부분이다.

❸ **"혼자 있기가 싫습니다."** 사내는 아내의 죽음으로 인해 삶의 의미를 찾지 못하고 극심한 고독감을 느끼고 있다. 이러한 상황에서 사방이 벽으로 막힌 방에서 혼자 외로움을 느끼고 싶지 않은 심정이 드러난다.

❹ **"화투라도 사다가 ~ 안녕히 주무세요."** '나'는 모두 같은 방에서 묵자거나 밤새 함께 놀자는 제안을 한다. 이를 통해 '안'과는 달리 인간적인 태도가 어느 정도는 엿보인다고 할 수 있다. 하지만 '안'의 거절에 더 이상의 노력은 하지 않고 자신의 방으로 들어가 버리는 것으로 보아 '나' 역시 개인주의에 동조하는 인물임을 알 수 있다.

가 우리는 어두운 골목길로 들어섰다. 골목의 모퉁이를 몇 개인가 돌고 난 뒤에 사내는 대문 앞에 전등이 켜져 있는 집 앞에서 멈췄다. [중략]
　　서적 외판원인 사내가 월부 책값을 받으러 간 집

"누구시죠? 술 취하신 것 같은데……."

"월부 책값 받으러 온 사람입니다." 하고, 사내는 갑자기 비명 같은 높은 소리로 외쳤다.

"월부 책값 받으러 온 사람입니다." / ❶이번엔 사내는 문기둥에 두 손을 짚고 앞으로 뻗은 자기 팔 위에 얼굴을 파묻으며 울음을 터뜨렸다.

"월부 책값 받으러 온 사람입니다. 월부 책값……." / 사내는 계속해서 흐느꼈다.

"내일 낮에 오세요." / 대문이 탁 닫혔다.
　　　　　　　　소통의 단절을 의미함.

사내는 계속해서 울고 있었다. 사내는 가끔 "여보"라고 중얼거리며 오랫동안 울고 있었
다. 우리는 여전히 열 발짝쯤 떨어진 곳에서 그가 울음을 그치기를 기다리고 있었다. 한참
　　　　　아내를 잃은 슬픔 때문에　　　　　　　　　'나'와 '안'의 무관심을 단적으로 보여 줌.
후에 그가 우리 앞으로 비틀비틀 걸어왔다. ▶ 월부 책값을 달라고 울면서 간청하지만 받지 못하고 돌아오는 사내

나 우리는 모두 고개를 숙이고 어두운 골목길을 걸어서 거리로 나왔다. *적막한 거리에는 찬
　　　　　　　　　　　　　　　　　　　　　　　　무관심하고 삭막한 인간관계를 암시함.
바람이 세차게 불고 있었다.

"몹시 춥군요."라고 사내는 우리를 염려한다는 음성으로 말했다.

"추운데요. 빨리 여관으로 갑시다." / 안이 말했다.

❷"방을 한 사람씩 따로 잡을까요?" / 여관에 들어갔을 때 안이 우리에게 말했다.

"그게 좋겠지요?"

"모두 한방에 드는 게 좋겠지요."라고 나는 아저씨를 생각해서 말했다.
　　　　　　　　　　　　　사내를 걱정하는 '나'
아저씨는 그저 우리 처분만 바란다는 듯한 태도로, 또는 지금 자기가 서 있는 곳이 어딘
지도 모른다는 태도로 멍하니 서 있었다. 여관에 들어서자 우리는 모든 프로가 끝나 버린
　　　　　　　　　　　　　　　　　　　　　　　　　　　　갈 곳을 잃어버린 허전하고 막막한 심정
극장에서 나오는 때처럼 어찌할 바를 모르고 *거북스럽기만 했다. 여관에 비한다면 거리가
　　　　　　　　　　　　　　　　　　　　　　　　　　　　거리에서는 세 사람이 함께 있을 수 있었기 때문에
우리에게는 더 좁았던 셈이었다. 벽으로 나누어진 방들, 그것이 우리가 들어가야 할 곳이
　　　　　　　　　　　　　　　　　단절과 소외의 공간　　　　　의사소통이 단절되고 소외된 현대인의 모습을 상징함.
었다. ▶ 여관에 들어간 세 사람

다 "모두 같은 방에 들기로 하는 것이 어떻겠어요?" / 내가 다시 말했다.

"난 지금 아주 피곤합니다." / 안이 말했다.

㉠"방은 각각 하나씩 차지하고 자기로 하지요."

❸"혼자 있기가 싫습니다."라고 아저씨가 중얼거렸다.
　　　　앞으로 일어날 사건에 대한 복선
"혼자 주무시는 게 편하실 거예요." / 안이 말했다.
　　　　　'안'의 개인주의적 태도 ①
우리는 복도에서 헤어져 *사환이 지적해 준, 나란히 붙은 방 세 개에 각각 한 사람씩 들어
　　　　　　　　　　　　　　　　　　　현대인의 단절되고 파편화된 인간관계 – 연대 의식의 상실
갔다. / ❹"화투라도 사다가 놉시다." / 헤어지기 전에 내가 말했지만,

"난 아주 피곤합니다. 하시고 싶으면 두 분이나 하세요."라고 안은 말하고 나서 자기의
　　　　　　　　　　　　　　　　　안의 개인주의적 태도 ②
방으로 들어가 버렸다.

"나도 피곤해 죽겠습니다. 안녕히 주무세요."라고 나는 아저씨에게 말하고 나서 내 방으
로 들어갔다. ㉡*숙박계엔 거짓 이름, 거짓 주소, 거짓 나이, 거짓 직업을 쓰고 나서 사환이
　　　　　　　　　　개인의 노출을 꺼리는 현대인의 모습을 상징함.
가져다 놓은 자리끼를 마시고 나는 이불을 뒤집어썼다. 나는 꿈도 안 꾸고 잘 잤다.
　　　잠자리에서 마시려고 머리맡에 떠 놓은 물　　　　　　　　　　　　▶ 각각 방을 잡고 잠을 자는 세 사람

• **중심 내용** 우연히 만나 함께 술을 마신 세 사람은 여관에서 각각 다른 방으로 들어가 잠을 청함.
• **구성 단계** (가) 위기 / (나), (다) 절정

이해와 감상

이 작품은 서로 알지 못하는 세 남자가 우연히 만나 하룻밤을 함께 보내면서 발생한 일을 그리고 있다.

그들은 선술집에서 우연히 만나 대화를 나누는데, '나'와 '안'은 심각하고 진지한 것에 대해 말하고자 하나 가치 지향적인 것은 아무것도 없으며 자신들의 진심을 말하지 않는다. 그런데 삼십 대의 외판원 사내는 자신의 모든 것을 얘기하면서 자신의 고뇌와 비애를 공유할 것을 간청한다. 그러나 자신만의 세계에 틀어박힌 '나'와 '안'에게 그 사내는 부담스러운 존재일 뿐이다. 사내가 화재가 난 곳을 찾아가 아내의 시체를 판 돈을 버리는 행위는 허위적이고 비인간적인 삶에 대한 분노와 절망의 표현으로 이해할 수 있다. 또 세 사람이 여관에서 각각 다른 방을 쓰고, '안'의 경우 외판원 사내가 자살할 것을 짐작하면서도 이를 말리지 않은 사실에서 인간적 유대가 없는 현대 사회의 소외가 극대화되며 결국에는 인간관계의 단절로 이어짐을 알 수 있다.

🔍 전체 줄거리

발단	'나'는 '안'이라는 냉소적 성격의 대학원생을 우연히 만나 포장마차에서 술을 마시며 무의미한 대화를 나눈다.
전개	낯선 사내가 불쑥 다가와 오늘 아내가 죽었다고 하면서 함께하기를 부탁하고, '나'와 '안'은 그 사내와 함께 서울 밤거리를 돌아다닌다.
위기	마땅히 갈 곳이 없던 세 사람은 소방차를 따라가 불구경을 하게 된다. 화재가 난 곳에서 사내는 아내의 시체를 판 돈을 불 속에 던지고, 돌아가려는 '나'와 '안'에게 혼자 있기가 무섭다며 같이 있어 달라고 한다.
절정	세 사람은 여관에 들어가게 되고, '나'는 사내를 생각해서 같은 방에 묵을 것을 제안한다. 그러나 '안'은 각기 다른 방을 쓸 것을 주장하고, 결국 세 사람은 각기 다른 방에 묵는다.
결말	다음 날 아침, 사내가 자살한 것을 알게 된 '안'은 그 사내를 살리는 길이 그를 혼자 두는 것이라고 생각했다는 말을 한다. '나'와 '안'은 무덤덤한 표정으로 여관에서 나와 헤어진다.

👥 인물 관계도

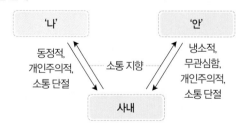

🏠 작품 연구소

익명화된 등장인물이 지니는 의미

작가는 이 작품의 등장인물을 '안'이라는 성만 밝히고 이름을 밝히지 않는다든지, '사내'라고만 호명하는 등 익명화하여 표현하고 있다. 이는 현대 도시인의 삶의 방식인 개인주의, 의사소통의 단절, 개성 상실 등을 나타내고자 한 의도적인 장치이다.

🔑 포인트 체크

인물 사내는 '나'와 '안'과 ☐☐하기를 원하나 '나'와 '안'은 ☐☐☐☐적이고 무관심한 태도를 보인다.

배경 1964년 서울의 겨울밤을 배경으로 하고 있으며 이를 통해 ☐☐된 현대인의 모습을 효과적으로 나타내고 있다.

사건 우연히 만나 술을 마신 세 사람은 여관에서 각자 ☐을 잡는다. '나'와 '안'은 다음날 죽은 채 발견된 ☐☐를 모른 척하고 서둘러 빠져나와 각자의 길을 간다.

1 이 글에 대한 설명으로 적절한 것은?

① 반어적, 역설적 표현으로 주제 의식을 드러내고 있다.
② 현재 진행형의 문장을 사용하여 현장감을 더하고 있다.
③ 비현실적인 설정으로 동화적인 분위기를 연출하고 있다.
④ 주로 서술자의 해설을 통해 인물의 심리를 나타내고 있다.
⑤ 인물들의 대화를 통해 현대 사회의 모습을 보여 주고 있다.

내신 적중

2 여관에 들어갔을 때의 일을 바탕으로, 인물들의 생각을 유추해 본 내용 중 적절하지 않은 것은?

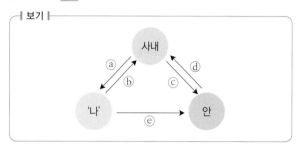

① ⓐ: '안'과 다르게 나의 외로운 마음을 조금은 이해하는 것 같군.
② ⓑ: 입장이 딱하기는 하지만 각자 방을 쓰자는 '안'의 태도가 단호하니 나도 어쩔 도리가 없군.
③ ⓒ: 같이 있고 싶어 하는 나를 외면하는 것 같아 섭섭하군.
④ ⓓ: 밖에서 같이 시간을 보냈으면 됐지 여기에서까지 그러니 사람을 너무 귀찮게 하는군.
⑤ ⓔ: 나도 피곤해서 혼자 자고 싶었는데 각자 방을 쓰자고 말해 주니 정말 고맙군.

내신 적중 多빈출

3 〈보기〉를 참고하여 ㉠이 드러내는 의미를 쓰시오.

┤ 보기 ├

이 소설은 서로 알지 못하는 세 남자가 우연히 만나 하룻밤을 함께 보내면서 발생한 일을 그린 소설로, 인간의 고독과 소외, 의사소통의 단절, 피상적인 인간관계만을 강요하는 현대 사회의 특징을 상징적으로 형상화하고 있다.

4 ㉡과 같은 행동은 현대 사회의 어떤 특징을 나타내는지 쓰시오.

Q '개미'와 '나'의 행동에 담긴 의미는?

'나'에게 다가오는 '개미'는 자살한 사내의 분신이자 '나'의 양심을 의미한다. 개미가 '나'의 발을 붙잡으려 하는 것 같은 느낌이 든 것은 사내의 죽음에 대한 양심의 가책을 의미한다. '나'는 인간적 연대감과 소통을 지향하고 있지만, '개미'가 다가오자 얼른 자리를 옮기는 모습에서 사내의 죽음은 물론이고 주변의 어떤 일에도 연관되기를 원하지 않음을 알 수 있다.

◈ 구절 풀이

❶ **"그 양반, 역시 죽어 버렸습니다."** '안'은 사내의 죽음을 예감하고 있었다. 사내가 혼자 있기 싫다고 했지만 '안'과 '나'는 같이 있기를 거부하였고, 결국 사내는 죽은 아내에 대한 죄책감과 고독으로 인해 죽음을 선택한다.

❷ **우린 빨리 ~ 않을 것 같습니다.** 작가는 사내의 죽음을 모른 체하고 도망치는 '나'와 '안'을 통해 자신의 이익을 더 중시하는 현대인의 이기적이고 개인주의적 면모를 드러내고 있다.

❸ **"김 형, 우리는 분명히 스물다섯 살짜리죠?"** '안'은 새삼스럽게 나이를 확인하고 있는데 이것은 자신의 삶에 대한 새로운 인식으로, 두 사내는 고독을 자신의 것으로 느끼게 된 것이다. 타인에 대한 무관심과 모든 것과의 단절이 자신을 편하게 내버려 두지 않는다는 것을 깨닫게 되는 부분이다.

❹ **"우리가 너무 늙어 버린 것 같지 않습니까?"** '안'은 사내의 죽음을 방치하고 그 죽음을 외면하는 자신들의 모습이, 많은 세상사를 경험하여 어느 정도 타인의 일이나 세상사에 호기심이 없어지는 '늙음'에 다가서고 있는 증거라 생각하고 있다. 또한 이처럼 절망과 권태에 빠져 비인간적으로 겉늙어버린 자신의 모습에 두려움을 느끼고 있다.

❺ **"자, 여기서 헤어집시다. ~ 우리는 헤어졌다.** 우연히 만난 이들은 결국 인간적 유대감을 느끼지 못하고 헤어지게 되며, 헤어지면서도 재미를 많이 보라고 압축하여 말함으로써 단절된 인간관계를 드러내고 있다.

Q '나'와 '안'의 태도에서 드러난 작가의 의도는?

사내의 죽음이라는 사건은 '나'와 '안'에게는 밋밋한 사건일 뿐만 아니라 자신과 연루되기 전에 빨리 벗어나야 할 일로 여겨지고 있다. 이를 통해 작가는 결국 모든 고통과 슬픔, 죽음은 온전히 각자의 몫일 수밖에 없다는 씁쓸한 사실을 확인시키고 있다.

가 다음 날 아침 일찍이 안이 나를 깨웠다.

㉠**❶"그 양반, 역시 죽어 버렸습니다."** / 안이 내 귀에 입을 대고 그렇게 속삭였다.
 '안'이 사내의 죽음을 예감했음을 암시함.

"예?" / 나는 잠이 깨끗이 깨어 버렸다.

"방금 그 방에 들어가 보았는데 역시 죽어 버렸습니다."

"역시……." / 나는 말했다. / "사람들이 알고 있습니까?"

『아직까진 아무도 모르는 것 같습니다. ㉡**❷우린 빨리 도망해 버리는 게 시끄럽지 않을
                                      『 』: 인간의 생명보다 자신의 안위를 더 중시하는 현대인의 이기적이고 개인주의적 성향이 드러남.
것 같습니다.」**

"자살이지요?" / "물론 그것이겠죠."

나는 급하게 옷을 주워 입었다. 개미 한 마리가 방바닥을 내 발이 있는 쪽으로 기어 오고 있었다. 그 개미가 내 발을 붙잡으려고 하는 것 같은 느낌이 들어서 나는 얼른 자리를 옮겨 디디었다.

▶ 사내의 죽음을 확인하고 급히 여관에서 나오는 '나'와 '안'

나 밖의 이른 아침에는 **ᵒ싸락눈**이 내리고 있었다. 우리는 할 수 있는 한 빠른 걸음으로 여관
                      자연물을 통해 암울한 분위기 조성
에서 떨어져 갔다.

"난 그 사람이 죽으리라는 걸 알고 있었습니다." / 안이 말했다.

"난 짐작도 못 했습니다."라고 나는 사실대로 이야기했다.

"난 짐작하고 있었습니다." / 그는 코트의 깃을 세우며 말했다.
                                        옷깃
"그렇지만 어떻게 합니까?"

"그렇지요. 할 수 없지요. 난 짐작도 못 했는데……." / 내가 말했다.

"짐작했다고 하면 어떻게 하겠어요?" / 그가 내게 물었다.

"어떻게 합니까? ㉢그 양반 우리더러 어떡하라는 건지……."

"그러게 말입니다. 혼자 놓아두면 죽지 않을 줄 알았습니다. 그게 내가 생각해 본 최선의 그리고 유일한 방법이었습니다."
                    '안'의 개인적이고 폐쇄적인 가치관

㉣"난 그 양반이 죽으리라고는 짐작도 못 했다니까요. 약을 호주머니에 넣고 다녔던 모양이군요."

안은 ㉤눈을 맞고 있는 어느 앙상한 가로수 밑에서 멈췄다. 나도 그를 따라서 멈췄다. 그가 이상하다는 얼굴로 나에게 물었다.

┌ ❸"김 형, 우리는 분명히 스물다섯 살짜리죠?"

│ "난 분명히 그렇습니다."

│ "나두 그건 분명합니다." / 그는 고개를 한 번 기웃했다.

│ "두려워집니다."
[A] 사내의 죽음으로 고독감과 허무감을 인식하기 시작한 '안'
│ "뭐가요?" / 내가 물었다.

│ "그 뭔가, 그러니까……." / 그가 한숨 같은 음성으로 말했다.
                                        쉽게 내뱉지 못하는 회한에 찬 목소리
│ ⓐ❹"우리가 너무 늙어 버린 것 같지 않습니까?"

└ "우린 이제 겨우 스물다섯 살입니다." / 나는 말했다.

"하여튼……." 하고 그가 내게 손을 내밀며 말했다.

❺"자, 여기서 헤어집시다. 재미 많이 보세요." 하고 나도 그의 손을 잡으며 말했다.

우리는 헤어졌다. 나는 마침 버스가 막 도착한 길 건너편의 버스 정류장으로 달려갔다. 버스에 올라서 창으로 내다보니 안은 앙상한 나뭇가지 사이로 내리는 눈을 맞으며 무언지 곰곰이 생각하고 서 있었다.

▶ 무덤덤하게 헤어지는 '나'와 '안'

• **중심 내용** 다음 날 아침 사내의 죽음을 확인한 뒤 재빨리 여관을 빠져나와 헤어지는 '나'와 '안'   • **구성 단계** 결말

🏠 작품 연구소

〈서울, 1964년 겨울〉에 등장하는 인물들의 태도

'나'는 사내를 생각하여 셋이 한방에 묵자고 제안하나 '안'은 이를 거부한다. 결국 사내는 다음 날 죽은 채로 발견되는데, 이를 통해 작가는 인간 소외와 인간관계의 단절을 보여 준다.

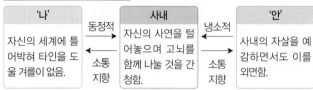

'나'		사내		'안'
자신의 세계에 틀어박혀 타인을 도울 겨를이 없음.	동정적 ↔ 소통 지향	자신의 사연을 털어놓으며 고뇌를 함께 나눌 것을 간청함.	냉소적 ↔ 소통 지향	사내의 자살을 예감하면서도 이를 외면함.

세 사람이 함께한 공간들의 의미

선술집	'나'와 안이 우연히 만나 술을 마신 장소로, 우연적이며 임시적인 공간이다. 선술집은 길거리에 임시로 만들어진 곳으로, 1960년대의 안정되지 못한 시대 상황을 암시하고 있다.
길거리	인물들이 목적지를 상실한 자신들의 모습을 인식하는 공간이다. 각종 광고 묘사를 통해 자본주의의 소비 지향적인 삶을 드러내고, 거지의 옆을 빠르게 지나가는 사람들의 모습을 통해 현대인의 이기적이며 무관심한 모습을 보여 준다.
중국 요릿집	칸막이로 나뉜 작은 공간이지만 그곳에서조차 소통이 이루어지지 않는 것을 통해 현대인의 인간관계의 한계성을 부각하고 있다.
화재 현장	불타고 있는 건물과 그것을 구경하는 사람들을 통해 철저하게 도시적인 개인주의와 현대인의 무기력함을 보여 준다.
여관	'나'는 숙박계에 이름, 주소, 나이, 직업 등을 거짓으로 기입하고, 여관은 이를 묵인한다. 또한 각자 벽으로 막힌 방에 들어간다. 이런 설정을 통해 현대인의 익명성, 소통의 단절, 개인주의를 보여 준다.

'서울, 1964년 겨울'이라는 제목의 의미

이 작품의 시대적 배경은 1964년이며, 공간적 배경은 서울, 계절적 배경은 겨울이다. 작가가 이렇게 구체적인 배경을 제목으로 사용한 이유는 당시의 사회 현실과 관련이 있다. 서울은 근대화의 병폐와 자본주의의 모순을 극명하게 보여 주는 도시이고, 1964년은 정치적으로 혼란한 사회 현실로 인해 자유를 박탈당한 채 우울하고 단절된 상황이 지속되었던 시기이다. 이러한 사회적 현실이 작품에서는 혹독하고 차디찬 계절인 겨울로 표현된 것이다.

📖 함께 읽으면 좋은 작품

〈누이를 이해하기 위하여〉, 김승옥 / 도시에서 살아가는 현대인의 정신적 황폐와 방황을 그린 작품

도시에서 실패하고 고향으로 돌아와 침묵으로 일관하고 있는 누이와, 누이를 이해하기 위해 도시로 간 주인공의 삶을 통해 도시화에 따른 인간성 상실과 도시인들의 타락한 삶, 문화적인 황폐화를 고발하고 있는 작품이다. 현대 도시인들의 삶을 그리고 있다는 점에서 함께 읽어 볼 만하다.

〈서울의 달빛 0장〉, 김승옥 / 현대 도시 문명 속에서 타락한 인간 의식을 보여 주는 작품

한 부부의 타락한 삶과 이혼이라는 모티프를 통해 가족이 갖는 사회적 의미와 1970년대 삶에 대한 은유를 담고 있는 작품으로, 모든 것을 자본으로 교환할 수 있다는 생각이 지배하는 자본주의 사회를 신랄하게 비판하고 있다는 점에서 함께 읽어 볼 만하다.

---

5 이 글의 표현상 특징으로 적절한 것은?

① 날씨 묘사를 통해 인물들의 심리 변화를 포착하고 있다.
② 곤충을 등장시켜 인간 세상의 부정적 현실을 풍자하고 있다.
③ 실명을 숨기는 설정으로 익명성 속에 살아가는 현대인의 모습을 드러내고 있다.
④ 인물 간의 대화를 간접 인용 형식으로 제시하여 사건 전개의 속도감을 더하고 있다.
⑤ 비슷한 표현을 반복적으로 사용하여 현실의 부조리를 극대화해서 제시하고 있다.

6 〈보기〉를 참고하여 이 글을 이해한 내용으로 적절하지 <u>않은</u> 것은?

┤ 보기 ├─

이 작품은 인간적 연대감에 의한 소통의 욕구보다 자신의 안일을 추구하는 개인주의적 성향이 팽배한 현대 사회 속에서, 인간관계가 단절되어 고독과 소외감을 느낀 한 개인이 자신의 문제를 극복하지 못하고 극단적인 선택을 하고 있음을 보여 준다.

① '개미'는 타인과 관계를 맺고 싶어 하는 소통의 욕구를 의미한다.
② '안'은 자신의 안위만을 추구하는 개인주의적 성향을 지닌 인물이다.
③ '나'와 '안'은, 인간의 고독과 소외감은 스스로 감당해야 하는 문제라고 생각한다.
④ 사내가 죽음을 택한 데에는 인간관계의 단절로 인한 소통의 부재가 바탕에 깔려 있다.
⑤ '나'는 지금까지의 소극적 태도를 버리고 인간관계의 회복을 위해 소통하는 삶을 살 것을 다짐한다.

내신 적중

7 ㉠~㉤에 대한 이해로 적절하지 <u>않은</u> 것은?

① ㉠: '안'이 '그 양반'의 죽음을 예감하고 있었음을 나타낸다.
② ㉡: '안'이 '그 양반'의 죽음에 대한 죄책감에 시달리고 있음을 암시한다.
③ ㉢: 자신들을 난처한 상황에 빠뜨린 '그 양반'에 대한 '나'의 원망이 담겨 있다.
④ ㉣: 반복을 통해 '그 양반'의 죽음에 대한 '나'의 놀라움을 드러낸다.
⑤ ㉤: 작품에 암울한 분위기를 조성한다.

8 [A]에 대한 설명으로 적절하지 <u>않은</u> 것은?

① '나'는 '안'과 거리를 두려고 한다.
② '안'은 '나'와 공감대를 형성하려고 한다.
③ '안'과 '나'의 태도는 다른 부사의 사용을 통해 드러난다.
④ '안'과 '나'는 사내의 죽음을 통해 새로운 깨달음을 얻는다.
⑤ '스물다섯 살'이라는 나이는 대화 형성에 중요한 역할을 한다.

9 '안'이 ⓐ와 같이 말하는 이유를 한 문장으로 쓰시오.

1965년, 어느 이발소에서 | 이호철

문학 지학사

핵심 정리

갈래 단편 소설, 풍자 소설
성격 비판적, 풍자적
배경 ① 시간 – 1960년대
② 공간 – 서울의 어느 이발소 안
시점 전지적 작가 시점
주제 부조리한 권력에 당당히 맞서지 못하는 소시민들의 비굴함 비판
특징 ① 특정 공간에서 발생한 상황을 통해 사회 전체의 문제를 우의적으로 드러냄.
② 인물의 외양 묘사를 통해 성격을 표현함.
③ 실체가 아닌 허상 앞에서 굴복하는 소시민들을 통해 당대 사회 구조의 모습을 비판함.
출전 《창작과 비평》(1966)

Q '두 청년'의 상징적 의미는?

이발소 안 사람들은 청년들의 위압적인 태도에 그들이 힘 있는 존재일 것이라고 생각한다. 누구도 그들의 존재를 확인할 생각조차 하지 못하고 눈치를 보며 조심스럽게 행동한다. 따라서 두 청년은 소시민들을 억압하는 강압적 권력을 상징한다고 할 수 있다.

어휘 풀이

지당하다 이치에 맞고 지극히 당연하다.
자크 '지퍼(zipper)'의 비표준어.
재우치다 빨리 몰아치거나 재촉하다.
완연하다 눈에 보이는 것처럼 아주 뚜렷하다.
반천치 선천적으로 정신 작용이 완전하지 못하여 어리석고 못난 사람을 천치라고 함. 반천치는 천치만큼은 아니더라도 어리석고 못난 사람을 이름.

구절 풀이

❶ **사람들은 이렇게 ~ 써늘하고 무서웠다.** 청년이 하는 말에 수긍하면서도 그런 무시무시한 현실에 놓여 있다는 것에 대한 사람들의 두려움을 나타낸다.
❷ **올이 굵게 짜진 ~ 윤기가 나는 단화를 신었다.** 새로 등장한 청년의 외양 묘사를 통해 새로 등장한 인물도 권력자에 가까운 모습을 하고 있음을 보여 준다.
❸ **귀하신 분께서 또 한 분 ~ 두 곱으로 써늘해졌다.** '귀하신 분'은 새로 등장한 청년을 이르는 말로 반어적인 표현으로, 그 청년으로 인해 이발소 안 분위기가 이전보다 써늘해졌음을 보여 준다.

가 그 청년의 말은 과연 천 번 만 번 *지당한 말이었다. 요즈음 세월에 모두 이러고 있을 때가 아닐 것이었다. 정신들을 차리고 빠릿빠릿해 있어야 할 것이 있었다. 썩은 동태 눈알을 해 가지고 희멀겋게 뻗어 있어서는 안 될 것이었다. 휴전선을 사이에 두고 빨갱이와 마주 대결하고 있고, 월남에 파병을 하고, 곳곳에 간첩들이 활개를 치는 판에 도대체 이렇게 명청하게 있을 때가 아닐 것이었다. ❶사람들은 이렇게 저렇게 따져서 그 말에 수긍은 하면서도 무엇인가 써늘하고 무서웠다. ▶ 청년의 말에 수긍하는 이발소 안 사람들

나 이때 또 문이 열리며 한 청년이 들어섰다. / "어떻게 된 거야. 아직 멀었어?"

그는 이발소 안을 둘러보다가 청년에게 다가가 이렇게 물었다.

❷올이 굵게 짜진 깜장 모자를 썼고, 역시 국방색 잠바를 *자크를 턱밑까지 바싹 올려 입고, 깜장색 통이 좁은 바지를 입었다. 얼굴은 펑퍼짐하게 살이 올라 유순하게 생겼으나 눈에는 핏발이 서 있었다. 역시 반들반들 윤기가 나는 단화를 신었다.

"어떻게 된 거야? 아직 멀었어?" / 그는 *재우쳐 물었다.

앉은 청년은 거울 속에서 흘끗 쳐다보며,

"도대체 이 사람들 말이 아니군." / 하였다.

새로 들어선 청년은 벌써 말뜻을 알아듣고 금시 쳐죽일 듯한 눈길로 이발소 안을 휘익 둘러보았다.

❸귀하신 분께서 또 한 분 이렇게 나타나자 이발소 안은 두 곱으로 써늘해졌다. 모두 간이 콩알만해져서 조마조마하였다.

"왜, 어쨌기?"

"도대체 사람들이 정신들이 덜 되어먹었단 말야. 요즈음 세월이 어떻게 돌아가는지도 모르고, 명청해서들."

"민주주의라는 것을 모두 일방적으로 오해를 해서 그렇지. 도대체에 민주주의라는 것을 그렇게 알면 곤란한데에."

이제 두 청년은 완전히 자기들 세상이 된 이발소 안에서 주거니 받거니 했다.

"맞았어, 맞았어." / "도대체 무슨 일이 있었지?"

들어선 청년은 이발 중에 있는 청년 뒤로 바싹 붙어서며 낮은 목소리로 물었다.

"무슨 일이 일어나나마나, 보면 몰라. 모두 동태 눈알을 해 가지고. 도대체에 사람들이 정신이 있는 사람들인지 모르겠거든."

청년은 어떻게 된 셈인지 똑같은 소리를 똑같이 싫증도 안 내고 되풀이만 하고 있었다.

새로 들어선 청년도 이발소 안에 있는 사람들의 눈알 생긴 것을 새삼 둘러보려고 하다가 거울 속에서 마악 이발을 끝내고 일어서는 ㉠늙은 관리와 눈길이 부닥쳤다.

그러자 덮어놓고 쳐죽일 듯한 빠릿빠릿한 눈길로 노려보며 물었다.

"당신은 뭐요?" / "보다시피."

늙은 관리는 일부러 그러는 것이 *완연하게 *반천치 같은 얼굴이 되었다.

"보시다시피, 뭐요?" / "노인입니다."

"뭐 하는 사람이오." / "그저 노인입니다." ▶ 두 청년에 의해 써늘해진 이발소

• **중심 내용** 두 청년의 위압적 태도에 써늘해진 이발소 분위기

• **구성 단계** (가) 전개 / (나) 위기

이해와 감상

이 작품은 위압과 통제가 널리 퍼져 있던 시대에 한 이발소 안에서 벌어진 이야기를 통해 권력에 당당하게 맞서지 못한 채 비굴하게 행동하는 나약한 사람들의 모습과 그들을 억압하는 정의롭지 못한 무리에 대한 비판을 담고 있다.

청년은 차림새부터 어딘가 겁나는 일을 수행하는 듯한 분위기를 풍기며 이발소 안 사람들을 긴장하게 만든다. 또한 청년은 사람들의 눈빛이며 정신 상태를 비판하지만 실상은 무엇을 기준으로 한 비판인지조차 드러나지 않는다. 비판을 위한 비판일 뿐이고, 그러한 것을 파악하지 못하는 사람들은 계속해서 두려움을 느낀다. 이를 통해 작가는 소시민들의 일상에 깊은 영향을 주고 있는 권력의 실체에 의문을 제기하고 그 시대의 경직된 사회 풍속에 대한 신랄한 비판을 하고 있다.

🔍 전체 줄거리

발단	어느 이발소에 한 청년이 들어오고, 청년의 위압적인 억양과 말투에 사람들은 긴장감을 느낀다.
전개	사내는 공연한 트집을 잡으며 이발소 주인에게 호통을 치고 이발소 안에 있는 사람들에게 시비를 걸며 겁을 준다.
위기	이발소 안에 빠릿빠릿한 청년 하나가 더 들어오자 긴장된 분위기는 더욱 고조되고 마침 이발소에 들어온 교통순경도 망신을 당한다.
절정·결말	교통순경조차 슬그머니 나가자 이발소 안은 정적이 흐르고, 어느새 나갔던 늙은이가 사복 차림의 경찰을 데려와 두 청년은 불심 검문을 당한다. 두 청년은 연행되었으나 관명 사칭이나 월권을 한 것이 없으므로 곧 석방된다.

👥 인물 관계도

🏠 작품 연구소

청년들의 모습과 작품의 시대적 배경

이 작품은 1965년 당시, 군사 정권에 의해 반공 사상이 지배하던 시절을 배경으로 하고 있다. 이러한 시대적 배경에서 국방색 점퍼를 입은 청년들의 모습은 당시 권력을 지녔던 군인들을 연상하게 하고, 이발소 안 사람들의 공포심을 불러일으키기에 충분하다고 볼 수 있다. 작가는 이러한 점을 노려 청년들의 외양 묘사를 통해 성격을 표현하고 있는 것이다.

🎯 포인트 체크

[인물] 청년들의 ☐☐☐인 말투와 행동에 이발소 안 사람들은 ☐☐☐을 느끼고 있다.

[배경] ☐☐☐는 평온한 소시민들의 일상적 삶이 잘 드러나는 곳이며, 상징적으로는 5·16 체제의 ☐☐ 사회 전체를 나타내는 공간이다.

[사건] 청년들의 고압적인 태도로 인해 긴장감이 맴돌던 이발소에서 ☐☐☐☐으로 인해 청년들의 정체가 밝혀진다.

1 이 글의 서술상 특징으로 적절한 것은?

① 동시에 진행되는 사건을 병치하여 서술하고 있다.
② 서술자에 의해 등장인물의 심리가 제시되고 있다.
③ 사건의 빠른 전개를 통해 긴장감을 유발하고 있다.
④ 대립적 공간을 설정하여 주제 의식을 강화하고 있다.
⑤ 새로운 인물의 등장으로 사건의 전환이 이루어지고 있다.

내신 적중

2 이 글에 대한 설명으로 적절하지 않은 것은?

① 청년의 등장으로 이발소 안 사람들은 두려움을 느끼고 있다.
② 이발소 안 사람들은 청년의 말에 틀린 것은 없다며 수긍하고 있다.
③ 청년들은 민주주의의 진정한 의미를 설파하며 사람들을 설득하고 있다.
④ 청년들은 사람들의 정신 상태가 덜 되었다며 근거 없는 비난을 하고 있다.
⑤ 새로 등장한 청년은 위압적인 태도로 공포스러운 분위기를 조성하고 있다.

3 ㉠에 대한 이해로 가장 적절한 것은?

① 청년의 행동에 대해 반감을 보이며 대들고 있다.
② 청년의 말투에 기분 나빠하며 청년을 계도하고자 하고 있다.
③ 청년이 귀하신 분임을 알고 어떻게 모셔야 할지 조바심을 내고 있다.
④ 자신이 관리임을 내세워 자신이 처한 상황에서 벗어나고자 하고 있다.
⑤ 청년과 갈등 상황을 만들고 싶지 않아서 어리석은 사람인 척 하고 있다.

4 (나)에서 '두 청년'이 하는 말과 행동이 '이발소 안 사람들'에게 어떤 영향을 주고 있는지 쓰시오.

5 이 글을 통해 작가가 비판하고자 하는 대상에 대해 쓰시오.

고압적 남을 마구 억누르는.
부감하다 맞대어 보며 심사하다.
피랍 납치를 당함.
불심 검문 경찰관이 수상한 거동을 하거나 죄를 범하였거나 범하려고 하여 의심받을 만한 사람을 정지시켜 질문하는 일.
월권 자기 권한 밖의 일에 관여함.
연행 강제로 데리고 감. 경찰관이 피의자를 체포하여 경찰서로 데리고 가는 일을 이름.

Q 이 글에 드러난 당시의 사회적 분위기는?

무장 괴한에 의한 총격 사건이 발생하고 서해안에서 어부가 피랍되는 등 사회 분위기가 어수선했으며, 당시 군부는 항상 북한의 도발에 준비 태세를 지니고 사회 기강을 확립해야 한다고 강조할 만큼 경직되어 있었다.

Q '불심 검문'의 의미는?

'불심 검문'은 경찰관이 죄를 범하였거나 수상한 거동을 하여 의심받을 만한 사람을 정지시켜 질문하는 일을 의미한다. 이 작품에서 불심 검문은 두 청년의 정체가 밝혀지는 계기가 되는 동시에 국가 권력이 개인의 자유와 인권을 속박하는 수단으로 사용되기도 함을 알 수 있다.

가 "저건 또 뭐야?"

앉은 청년이 거울 속으로 서 있는 청년을 보고 거울 깊숙이 앉아 있는 교통순경을 눈짓으로 가리키며 물었다.

"도대체에 사람들이. 순경이라는 것까지 저 모양이군." / 서 있는 청년이 대답했다.

❶순간 교통순경도 분명하게 써늘한 얼굴이 되며 거울 속을 흘깃 건너다보았다.

"뭘 봐, 보긴, 여보." / 교통순경은 당황하였다. 이 사람 저 사람 둘러보려고 했다.
〔자신에게 말한 것이 맞는지 확인함.〕

"보긴 뭘 봐? 여보, 순경 나리."
〔청년의 위압적인 태도를 드러냄.〕

앉은 청년 뒤에 서 있던 청년이 거울 속에서 눈을 떼지 않고 이렇게 불렀다.

비로소 교통순경은 슬그머니 일어섰다.
〔교통순경이 청년의 태도에 기가 죽음.〕

"나 말입니까?" / "그렇소, 그래."

그 억양에는 벌써 결정적으로 *고압적인 가락이 스며 있었다. 그리고 서로의 관계는 벌써 일순간에 결정이 나 있었다.
〔청년이 순경보다 권력이 있는 존재로 인식됨.〕

"대낮에 무슨 일로 이발소에 들어와?"

❷교통순경은 차려 자세를 취할 몸짓을 하며, / "금세 교대했습니다." / 하고 대답했다.

"교대한 건 좋은데, 그 하품이 뭐요?"

낮은 목소리로, 달래듯이, 그러나 여전히 고압적인 억양이었다. / "……."

교통순경은 대답을 못하고 푸르딩딩한 얼굴이 되어 다음 분부를 기다리는 듯한 자세가 되었다.
〔청년의 권력에 굴복하는 순경의 모습〕

▶ 청년들의 말에 교통순경조차 그 기세에 눌려 굴복함.

나 잠시 뒤 순경은 슬그머니 도로 나가고, 이발소 안은 다시 조용해졌다.

앉은 청년은 면도를 마치고 어느새 이발 규정에 어긋나게 귓속을 후비고 있었다. 그리고 그 뒤에 서 있는 청년은 여전히 거울 속을 한 눈으로 온통 *부감하듯이 들여다보며 서 있었다.

❸마침 네 시 뉴스가 울려나왔다. 자유 센터 구내에서의 총격 사건 뉴스였다. 수도 서울에 무장 괴한 출현. 과연 과연 싶었다. 이발소 안의 사람들이 일제히 두 눈이 휘둥그래지며 두 청년 쪽을 바라보았다. 귀를 후비던 청년이 침착하게 내뱉었다.
〔이발소 안 사람들의 심리적 상태를 드러냄.〕

"저건 또 뭐야." / 서 있던 청년이 역시 침착하게 받았다. / "개애새끼들."
〔비속어를 사용하여 사실감을 줌.〕

❹나타난 무장 괴한이 개새끼들이라는 것인지 아니면 여느 때는 민주주의 민주주의 하다가 이런 일만 터지면 청천벽력이나 일어난 듯이 흥분을 하는 방송 뉴스가 개새끼들이라는 것인지 알쏭달쏭하였다. 뉴스는 어느새 서해안 *피랍 어부들의 소식이 감감하다는 것, 섬 주민들의 생활 실태로 옮아 현지 녹음까지 곁들이고, 다음으로 "민중당, 결국 분당"으로 옮아가고 있었다.

귀를 후비던 청년이 침착하게 내뱉었다. / "저건 또 뭐야."

서 있던 청년도 내뱉었다. / "개애새끼들."

잠시 뒤, 어느새 나갔던 늙은이가 한 사람을 데리고 들어왔다. 사복 차림인데, 신분증을 내보이며 두 청년에게 ㉠*불심 검문을 하였다. 그들은 신분증을 내보이고 비쭉비쭉 웃기까
〔사복 경찰〕
지 하며 대한민국의 일개 시민임을 밝혔다. 이발소 안의 사람들은 여전히 겁에 질려 있었
〔사람들의 생각과는 달리 청년들은 평범한 사람들이었음이 밝혀짐.〕
다. 그들 두 청년은 관명 사칭도 하지 않았고, 이렇다 할 *월권도 한 것은 없었다. 그들은 모두 빠릿빠릿해지고 항상 준비 태세를 지니고 사회 기강을 확립하자고 강조했을 뿐이었다.
〔1960년대의 경직된 사회 분위기〕
강조하는 방법이 틀렸을지는 모르지만 그런 것이 죄과에 해당될 만한 법조문은 없는 듯하였다. / 그들은 일단 *연행이 되었으나 곧 석방이 되었다.

▶ 청년들은 불심 검문을 통해 연행되었으나 무죄로 풀려남.

• **중심 내용** 청년들로 인해 긴장감이 맴돌던 이발소 분위기와 연행되었다가 석방되는 청년들
• **구성 단계** (가) 위기 / (나) 절정

⌂ 작품 연구소

등장인물들의 상징적 의미

청년의 위압적인 모습을 보고 이발소 안 사람들은 모두 그가 힘 있는 존재일 것이라 생각한다. 이발소 안에 있던 사람들은 그들이 누구인지 물을 생각조차 하지 못하고 젊은 청년의 눈치를 보며 조심스럽게 행동한다. 청년은 은폐된 진실로 위기의식을 부추겨 민중의 지배를 합리화하려는 권력의 전형적인 속성을 보여 준다.

두 청년	소시민들을 억압하는 강압적 권력을 상징함.
이발소 안 사람들	당대 사회의 부도덕한 권력에 대항하여 떳떳하게 맞서지 못하는 옹졸한 소시민을 상징함.

'이발소'의 공간적 의미

이 작품은 어느 날 오후 이발소에서 짧은 시간 동안 일어난 일을 그리고 있다. 이 작품에서 이발소는 '5·16 체제를 느끼면서 살아야 하는 남한 사회'가 반영되어 있는 공간으로, 이 작은 공간이 5·16 체제의 남한 사회 전체를 상징하고 있는 것이다.

이발소
- 두 청년이 등장하기 전에는 평온하며 소시민들의 일상적 삶이 잘 드러나는 곳이었음.
- ↓
- 두 청년이 등장하면서 이발소 안 사람들은 그들의 눈치를 보게 되고 긴장감과 공포감이 맴돌게 됨.

〈1965년, 어느 이발소에서〉의 시점

이 작품은 작품 밖 서술자가 인물의 내면 심리를 비롯한 모든 것을 아는 입장에서 서술하는 전지적 작가 시점이다. 특히 서술자는 이발소 안 사람들의 심리를 직접 제시함으로써 청년들로 인해 억울한 일을 당하지 않을까 하는 이발소 안 사람들의 불안한 심리를 잘 드러내고 있다.

작가의 체험적 소설 – 〈1965년, 어느 이발소에서〉에서의 작가 의식

작가 이호철은 인민군 출신으로 어린 나이에 북한 정규군에 입대했다. 작가는 군대에서의 경험을 바탕으로 해방 이후 남한의 사회상을 풍자적으로 묘사했다. 이러한 점 때문에 그의 작품 중 일부는 작가가 직접 작품에 강력하게 개입하여 서술하고 있다. 〈1965년, 어느 이발소에서〉에서는 청년들이 당시 입에 풀칠하며 살아가기도 바쁜 민중들에게 빠릿빠릿한 정신을 강조하며 전시 태세임을 강조하고, 이발소 안 사람들은 청년들의 지나친 간섭에도 반항하지 못하고 순응하는 모습으로 그려진다.

📖 함께 읽으면 좋은 작품

〈어느 날 고궁을 나오면서〉, 김수영 / 소시민적 삶에 대한 반성을 다룬 시

이 시는 우리 역사와 현실을 생각해 보고, 자신의 삶과 시를 쓰는 행위가 얼마나 한심한 것인지를 되돌아보는 작품이다. 시대는 변했지만, 여전히 권력을 쥔 자들의 힘의 논리에 따라 국내외 상황이 전개되는 시대적 모순과 부조리를 보면서, 이러한 현실에 맞서지 못하는 비겁성과 일상의 사소한 일에만 분개하는 옹졸함을 지닌 보잘 것 없는 자신에 대한 반성을 보이고 있다. 이러한 점에서 〈1965년, 어느 이발소에서〉와 함께 읽어 볼 만하다.

🔗 Link 〈현대 시〉 176쪽

---

6 이 글에 대한 설명으로 적절하지 <u>않은</u> 것은?

① 청년들은 뉴스를 듣고 침착하게 반응하고 있다.
② 교통순경은 청년의 말에 당황하는 모습을 보이고 있다.
③ 이발소 안 사람들은 뉴스를 듣고 청년들의 눈치를 보고 있다.
④ 교통순경은 청년들이 자신보다 높은 지위에 있을 것이라고 생각하였다.
⑤ 교통순경이 이발소 밖으로 나간 것은 사복 경찰을 불러오기 위해서이다.

7 ㉠에 대한 이해로 적절하지 <u>않은</u> 것은?

① 청년들의 정체가 밝혀지는 계기가 된다.
② 당시 억압적인 사회 분위기를 보여 준다.
③ 청년들이 경찰에게 연행되는 원인이 된다.
④ 청년들이 권력을 사칭한 사실이 드러나는 원인이 된다.
⑤ 이발소 안 사람들의 두려움을 해소시키지 못하고 있다.

내신 적중 多빈출

8 〈보기〉를 참고하여 이 글을 감상한 내용으로 적절하지 <u>않은</u> 것은?

┤ 보기 ├

이 작품은 1960년대 한국 사회를 지배해 온 권력의 실체가 무엇인지를 보여 주는 소설로, 등장인물의 외양과 말투를 통해 권력의 단면을 보여 주고 있다. 또한 실체가 아닌 허상 앞에서 굴복하는 소시민들을 통해 당대 사회의 모순 구조를 드러내고 있다.

① 교통순경이 슬그머니 일어서는 것은 청년을 권력의 실체로 착각하여 이에 굴복한 것으로 볼 수 있다.
② 불심 검문으로 인해 연행된 청년들이 곧 석방되는 것은 소시민의 굴복에 대한 권력의 배려로 볼 수 있다.
③ "저건 또 뭐야."라는 청년의 말은, 등장인물의 말투에서도 권력의 모습을 보여 줄 수 있음을 나타내고 있다.
④ 청년의 억양에 고압적인 가락이 스며 있는 것은 한국 사회를 지배해 온 권력의 한 단면을 보여 주는 것이라 할 수 있다.
⑤ 교통순경이 금세 교대한 것이라고 변명하듯 말하는 것은 부당한 권력에 대한 소시민의 나약한 대응 방식을 보여 주는 것이라 할 수 있다.

9 〈보기〉는 이 글의 제목과 관련된 것이다. 이 글의 내용을 참고하여 빈칸에 들어갈 적절한 말을 쓰시오.

┤ 보기 ├

이 글에서 자유 센터 구내에서의 총격 사건 보도와 불심 검문 장면이 제시되는 것은 이 소설의 내용이 _____와/과 밀접하게 연관되어 있음을 드러내려는 작가의 의도가 반영된 것임을 짐작할 수 있다.

토지 | 박경리

문학 지학사
국어 금성

🎯 핵심 정리

갈래 대하소설, 가족사 소설, 연대기 소설
성격 사실적, 민중적, 역사적
배경 ① 시간 – 1897년 한가위 ~ 1945년
② 공간 – 경남 하동, 서울, 만주(북간도) 등
시점 전지적 작가 시점
주제 ① 한국 근대사의 격변 속에서 인물들이 겪는 고통과 삶
② 민족적 한(恨)과 그 극복 의지
특징 ① 한 집안의 몰락과 재기를 민족사의 흐름과 맥을 같이하여 전개함.
② 방언, 은어, 속어의 사용이 두드러짐.
출전 《토지》(1969~1994)

Q '구천'의 신분과 정체는?

구천은 서희의 할머니인 윤씨 부인이 동학당 장수인 김개주에게 겁탈당해 낳은 사생아이다. 이러한 자신의 신분을 속이고 최씨 집안에 들어와 종이 되는데, 이부 형의 아내인 별당 아씨를 사랑하여 함께 도주하고, 후에 동학당의 일원이 된다.

💡 어휘 풀이

안존(安存)하다 성품이 암전하고 조용하다.
유록빛 노란빛을 띤 연한 초록빛.
잠방이 가랑이가 무릎까지 내려오도록 짧게 만든 홑바지.
밭은기침 병이나 버릇으로 소리도 크지 아니하고 힘도 그다지 들이지 않으면서 자주 하는 기침.
음산하다 분위기 따위가 을씨년스럽고 썰렁하다.
서안 예전에, 책을 얹던 책상.
문갑 문서나 문구 따위를 넣어 두는 방세간의 한 가지.
차도 병이 조금씩 나아가는 정도.
응결 한데 엉기어 뭉침.

🔖 구절 풀이

❶ 앙증스럽고 건강해 보이는 ~ 할머니 편의 기질이라 했다. 서희의 외양과 성격을 직접 제시하면서 서희의 미래를 암시하는 부분이다. 서희는 1부에서 5부에 걸쳐 주인공으로 등장하는데, 작가의 직접적인 표현대로 파란만장한 삶을 살게 된다.

❷ 벼룻집의 벼루랑 연적, ~ 뿌옇게 앉아 있었다. 최치수가 건강이 좋지 않아 주변을 돌보지 못함을 간접적으로 드러내고 있다. 뿌옇게 먼지가 앉아 있는 최치수의 기물은 그의 처지를 암시하기도 한다.

❸ 도리어 상대에게 ~ 내어 뿜고 있었다. 인정이 없고 권위적인 최치수의 성격이 드러난다. 최치수는 자신의 하나밖에 없는 딸인 서희에게도 큰 애정을 보이지 않고 엄격하게 대한다. 이러한 최치수의 냉철한 성격은 그의 아내가 구천과 함께 도망가게 되는 직접적인 계기가 된다.

가 볏섬을 져 나르는 <u>구천</u>의 다리 뒤에 숨어서 살금살금 걸어오던 자그마한 계집아이가 얼굴을 내밀었다. ❶앙증스럽고 건강해 보이는 아이의 나이는 다섯 살. 장차는 어찌 될지, 현재로서는 최치수의 하나뿐인 혈육이었다. 서희는 어머니인 별당 아씨를 닮았다고들 했으며 할머니 모습도 있다 했다. °안존하지 못한 것은 나이 탓이라 하고 기상이 강한 것은 할머니 편의 기질이라 했다. / 서희를 찾아서 두리번거리고 있던 봉순이 건너오려 하는데 서희는 맴돌아 구천이 앞으로 달아나며 끼룩끼룩 웃는다.

"넘어지믄 큰일난다 캤는데, 애기씨!" / 봉순이 울상을 지었으나 날갯짓을 배우기 시작한 새 새끼처럼 서희는 이리 뛰고 저리 뛰어다니며 좀체 봉순이에게 잡히려 하지 않는다. °유록빛에 꽃 자주 선을 두른 조그마한 꽃신은 퍽이나 날렵하다.

"애기씨!" / 일꾼들 발에 걸려 넘어지지나 않을까, 이 광경을 마님한테 들키면 큰일 나겠다 하며 조마조마하는 봉순이를 골려 주려고 서희는 다시 구천이 다리를 방패 삼아 뒤에 숨는다.

"애기씨, 이러심 안 됩니다." / 이번에는 걸음을 멈춘 구천이가 말했다.

"넘어지지 않아!" / 깡충 뛰며 구천이의 땀에 젖은 °잠방이 뒷자락을 심술궂게 잡아당긴다.

▶ 서희의 천진난만하고 활발한 성격이 드러남.

나 방 안에서 °밭은기침 소리가 났다. 기침이 멎은 뒤 / "들어오너라." / °음산하게 울리었다.

신돌 위에 작은 신발을 나란히 벗어 놓고 서희는 마루로 올라갔다. 서희의 얼굴은 해쓱해져 있었다. 봉순이 열어 주는 방문에서 서희가 방 안으로 들어갔을 때 방금 일어나 마주했는지 치수는 °서안(書案) 앞에 앉아 있었다. 아랫목에 깔아 놓은 이부자리는 반쯤 걷혀져 있었으며 ❷벼룻집의 벼루랑 연적, 붓, 두루마리에 먼지가 뿌옇게 앉아 있었다. °문갑 위의 상감청자 향로와 아무렇게나 쌓아 올려놓은 서책 위에도 먼지는 뿌옇게 앉아 있었다.

"바깥 날씨가 차냐?" / 길게 찢어진 눈이 서희를 응시하며 물었다. 서희는 그 말이 귀에 닿지도 않았던 것처럼 붉은 치마를 활짝 펴면서 나붓이 절을 한다.

"요즘에는 아버님 병환에 °차도가 있으신지 문안드리옵니다."

봉순이가 그러했던 것처럼 목청을 가다듬고 외는 투의 억양 없는 소리를 질렀다.

"괜찮다. 서희도 밥 잘 먹고 감기는 안 들었느냐?"

갈기갈기 갈라진 여러 개의 쇠가 서로 부딪칠 때 나는 것 같은 목소리는 여전히 음산했다. 그는 서희의 공포심을 충분히 알고 있는 것 같았다. 그러면서도 그것을 풀어 주려는 노력이 없는 싸늘하고 비정한 눈이 서희를 응시하고 있는 것이다. [중략] 손뿐인가, 뜰아래 물기 잃은 모련의 앙상한 가지처럼, 그러나 동정을 받을 수 있는 비참한 느낌이기보다는 ❸도리어 상대에게 견딜 수 없는, 숨 막혀서 견딜 수 없어 결국은 공포심을 불러일으키게 하는 강한 분위기를 그는 내어 뿜고 있었다. 어떤 일에도 감동되지 않을 눈빛, 철저하게 스스로를 거부하는 눈빛, 눈빛에서만 그랬던 것이 아니다. 뼈만 남은 몸 전체가 거부로써 남을 학대하는 분위기의 °응결이었다.

일단 방에 들어온 뒤에는 나가도 좋다는 말이 떨어지지 않는 이상 서희는 일어설 수 없다. ㉠숨소리를 죽이며, 그래서 가냘픈 가슴이 더 뛰고 양어깨로 숨을 쉴 수밖에 없었는데 움직이지 못한다는 것은 어린것에게 얼마나 큰 고통인가. / 이따금 책장 넘기는 소리가 났다.

▶ 문안 인사하는 딸을 차갑게 맞이하는 최치수와 이에 공포심을 느끼는 서희

• 중심 내용 아버지 최치수의 권위적인 모습을 어려워하며 문안 인사를 하는 서희 • 해당 부분 제1부

이해와 감상

이 작품은 구한말부터 1945년 해방에 이르는 시기와 진주 부근 하동 평사리에서 만주, 그리고 다시 한반도 등으로 이어지는 광범위한 공간을 무대로 하여 다양한 인물들이 등장하는 장대한 규모의 대하소설이다.

윤씨 부인, 별당 아씨, 서희로 이어지는 삼대에 걸친 가족사 외에도 개화기, 일제 강점기, 3·1 운동, 독립 투쟁 등 한국 근대사에 대한 작가의 역사의식이 담겨 있다. 작가는 철저한 취재를 바탕으로 당대 민중들의 삶을 매우 사실적이면서도 극적으로 제시하고 있는데, 이는 이 작품이 갖는 중요한 의의이다.

특히 전반부에 해당하는 평사리 마을의 이야기에서 점차 확대되어 후반부에는 국내외 이야기가 펼쳐지는데, 전편에 걸쳐 풍부하면서도 감칠맛 나는 토속어의 활용, 생생하고 개성 넘치는 인물의 성격, 그리고 최 참판 댁의 몰락과 서희가 땅을 되찾는 과정 등이 잘 담겨 있다.

🔍 전체 줄거리

제1부	구한말, 농촌 마을 평사리에서 지주인 최치수가 살해되고, 조준구는 최 참판 집안의 재산을 탈취할 계략을 꾸민다.
제2부	조준구에게 집안의 재산을 모두 빼앗긴 서희는 가문을 되찾으려는 일념을 가지고 간도로 이주하고, 길상의 도움을 받아 토지 거래를 통해 큰 재산을 모은다.
제3부	귀향 후 진주에 정착한 서희는 조준구에게 빼앗긴 재산과 토지 문서를 되찾고, 서희의 남편이 된 길상은 독립운동을 하다가 투옥된다.
제4부	3·1 운동이 일어나자 서희의 두 아들인 환국과 윤국은 자신들의 풍족한 처지와 현실 사이에서 갈등하고, 윤국은 시위에 참가하였다가 정학 처분을 받는다.
제5부	출옥한 길상은 암자에서 탱화를 그리고 사상범으로 재투옥된다. 일본의 히로시마에 원자 폭탄이 투하되고, 조선의 해방이 멀지 않은 가운데 서희는 가족들을 데리고 서울로 올라갈 것을 결심한다.

👥 인물 관계도

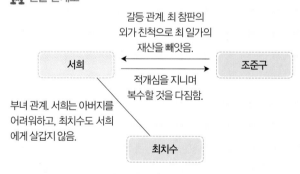

🏠 작품 연구소

〈토지〉의 내용과 주제

이 작품은 구한말부터 해방에 이르기까지 최 참판 일가의 가족사를 그리고 있는데, 이 과정에서 일제 강점기를 살아가는 민족의 삶을 보여 주고 있다.

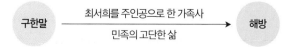

🔑 포인트 체크

인물 ☐☐는 최치수와 별당 아씨의 딸로, 독립적이고 강인한 성품을 지니고 있다.

배경 구한말부터 ☐☐에 이르기까지의 일을 ☐☐ 하동, 만주, 한반도 등 국내외를 배경으로 하여 서술하고 있다.

사건 서희는 최씨 가문의 재산을 노리는 조준구 일파에 ☐☐☐을 갖고 있으며, 조준구는 서희를 두려워한다.

1 이 글의 서술상 특징에 대한 설명으로 가장 적절한 것은?

① 주인공인 서술자가 자신의 심리를 제시한다.
② 작품 속 서술자가 주인공을 관찰하여 서술한다.
③ 서술자가 누군가에게 들은 이야기를 독자에게 전달한다.
④ 작품 밖의 서술자가 인물의 심리와 사건의 의미를 밝힌다.
⑤ 작품 밖의 서술자가 인물과 사건에 대해 객관적으로 전달한다.

2 다음 중 서술 대상에 대한 태도가 ㉠과 유사한 것은?

① 한 군사 나서면서 네 설움 들어 보니 별 설움 아니다.
　　　　　　　　　　　　　　　　　　　　　　　－〈적벽가〉
② 똥을 많이 누어 칡 잎에 단단히 싸 자라 등에 올려놓고
　　　　　　　　　　　　　　　　　　　　　　　－〈토별가〉
③ 사또는 춘향을 옥중에 가두어 두고 아무리 달래어도 죽기로서 고집하니　　　　　　　　　　　　　　　－〈춘향가〉
④ 부녀가 서로 붙들고 뒹굴며 통곡하니, 도화동 남녀노소 뉘 아니 슬퍼하리.　　　　　　　　　　　　　　－〈심청가〉
⑤ 밥 달라는 놈, 엿을 사 달라는 놈, 각심으로 조를 적에 흥부 큰아들이 나앉으며　　　　　　　　　　　－〈흥부가〉

3 〈보기〉는 이 글의 결말 부분이다. 이로 미루어 볼 때 제목인 '토지'에 담긴 의미로 가장 적절한 것은?

┤ 보기 ├

모자와 두루마기는 어디다 벗어 던졌는지 동저고리 바람으로 "만세! 우리나라 만세! 아아 독립 만세! 사람들아! 만세다!"

외치고 외치며, 춤을 추고 두 팔을 번쩍번쩍 쳐들며 눈물을 흘리다가는 소리 내어 웃고, 푸른 하늘에는 실구름이 흐르고 있었다.

① 이해관계와 갈등이 얽힌 공간
② 일제에 빼앗겼다가 되찾은 우리의 국토
③ 농민들이 생존을 위해 살아가는 삶의 현장
④ 최씨 집안으로 대변되는 지주의 경제적 권위
⑤ 속세에서 벗어나서 무욕의 삶을 살 수 있는 자연

4 '구한말'이라는 시대적 배경을 고려하여 '최치수'라는 인물의 상징성을 쓰시오.

내신 적중
5 (나)에 드러나는 아버지 '최치수'에 대한 '서희'의 태도를 쓰시오.

어휘 풀이

아지매 '아주머니'의 방언.

옴마 '엄마'의 방언.

훈도 덕(德)으로써 사람의 품성이나 도덕 따위를 가르치고 길러 선으로 나아가게 함.

마리 '마루'의 방언.

객식구 본디 식구가 아니면서 묵고 있는 사람.

갈미하다 '갈무리하다'의 방언. 물건 따위를 잘 챙겨서 간수하다.

일각(一刻) 아주 짧은 시간.

일순(一瞬) 일순간. 아주 짧은 시간.

권솔 한집에 거느리고 사는 식구.

적막강산(寂寞江山) 앞일을 내다볼 수 없어 캄캄하고 답답한 지경이나 심정을 비유적으로 이르는 말.

상청 죽은 사람의 영궤와 그에 딸린 모든 것을 차려 놓는 곳인 궤연을 속되게 이르는 말.

상식 상가(喪家)에서 아침저녁으로 궤연 앞에 올리는 음식.

Q 　'서희'와 '조준구' 일파의 관계는?

수동이 서희에게 말한 내용을 중심으로 서술자가 서희와 조준구 일파의 갈등 관계를 요약적으로 제시하고 있다. 서희와 그의 측근인 봉순, 길상, 수동 등은 이미 커다란 세력을 형성하고 있는 조준구 일파에 대해 경계심과 적개심을 느끼고 있음이 드러난다.

구절 풀이

❶ **"너마저 죽으면 나는 어떻게 하니?"** 서희가 최치수, 윤씨 부인 등 가족들을 잃어 의지할 데 없는 외로운 처지에서, 봉순에게 크게 의지하고 있음을 알 수 있다.

❷ **수시로 듣는 얘기였다. 봉순이만 하는 말도 아니었다.** 서희가 조준구 내외와 이를 추종하는 무리들의 행동에 대해 주변 인물들로부터 수시로 전해 듣고 있음을 알 수 있으며, 이는 서희가 조준구 일파에 적개심을 가지고 축출해야겠다는 의지를 갖게 한다.

❸ **날로 새롭게 ~ 한기를 느끼곤 했다.** 조준구가 상청에서 곡을 하는 서희에게 두려움을 느끼고 있음이 드러난다. 조준구는 서희가 비록 나이는 어리지만, 자신을 저주하며 자신과의 대결 의지를 불태우고 있다는 사실을 알아차리고 두려움에 떨고 있는 것이다.

작가 소개

박경리(본책 174쪽 참고)

가 연못가에 무료히 앉아 있던 서희는 / "봉순아." / 하고 불렀다. [중략] "너 또 울었지?"

무릎 사이에 얼굴을 묻으며 봉순이는 대답을 않는다. 무릎 사이로 눈을 치뜨고 보는데 연못 위에 버들가지 그림자가 흔들리고 있었다. 연두색 버들가지에 짙푸른 하늘, 구름도 없는 푸른 하늘 역시 출렁이고 있었다. 울었던 것은 간밤의 일이다. 아침나절을 마을 소식이랑, 읍내 월선 *아지매 일이랑 이 부사댁 얘기로 시간을 보내었는데 그것도 여러 번 되풀이하여 했던 이야기였으므로 봉순이는 더 이상 할 말이 없다. 그러나 무엇이든 지껄여 주기를 바라고 있는 서희의 마음을 봉순이는 알고 있었다.

"울면 무슨 소용이 있겠느냐?" / "안 울라꼬 하지마는."

얼굴을 들고 봉순이는 무릎 위에 깍지를 낀다. 깍지 낀 손 위에 턱을 얹는다. / "자꾸자꾸 눈물이 납니다. 생각수록 서럽고 *옴마가 보고 저버서 그만 죽어 부렸으믄 싶습니다."

❶"너마저 죽으면 나는 어떻게 하니?" / "그러기 말입니다. ㉠와 그렇기 애는 먹있는고 싶으니 옴마가 다시 살아만 온다믄, 다시는."

"우리 할머님께서는 아버님이 돌아가셨을 적에 눈물을 아니 보이셨다."

어른스럽게 가르치는 것 같다. 그 의젓한 투에는 김 훈장 *훈도의 영향도 있었고 범절을 지키려는 강한 자부심도 있었을 것이다. ▶ 죽은 어머니를 생각하며 슬퍼하는 봉순이

나 "안 울라꼬 하지마는 생각해 보시이소. 울 옴마가 살았이믄 저기 저 *마리에서 지금도 바느질을 하고 있을 긴데 말입니다. 양주댁인가 그 쪽제비 겉은 서울내기, 지가 뭔데 사람을 괄시하겠습니까. 참말이지 *객식구 아니냐 말입니다. 그런 주제에 울 옴마 방에 떡 뻗치고 앉아서 누구 일을 하고 있십니까? 참말이지 눈에 쌍심지가 돋아서 아무래도 못 살겠십니다. 지가 머 서울서 우떤 대가댁에 있었는지는 모르지마는, 흥 울 옴마 바느질 솜씨 따라올라 카믄, 신 벗어 놓은 데나 올기라고요? 얼런도 없지. 그뿐이겠십니까. 울 옴마가 있었이믄 겜히 마님 장롱을 열었것십니까? 장롱 쇳때도 울 옴마가 딱 *갈미하고 저승 차사가 와도 안 내놨을 긴데."

❷수시로 듣는 얘기였다. 봉순이만 하는 말도 아니었다. 『그런 비슷한 말을 길상이도 하고 수동이는 더더군다나 머릿속에 못이라도 박아 넣듯이 아무리 사소한 일이라도 서희 귀에 넣어서 적개심을 풀지 못하게 하였다. 조준구 내외와 그에게 추종하는 무리들은 말할 것도 없고 심지어 마음속으로는 서희에 대한 동정에 가득 차 있는 삼월이나 복이까지 싸잡아서, 그러니까 자신과 길상이 봉순이를 빼놓은 나머지는 모조리 원수로 알아야 할 것이며, *일각 *일순인들 마음을 놓아서는 안 된다는 것이며 조씨 네 *권솔은 최 참판댁 살림을 들어먹으려는 도둑놈들이요 집안의 노비들과 마을의 농사꾼들 대부분은 은혜를 모르는 배신자로서 후일 반드시 벼락을 내려야 한다는 것이며 애기씨는 도둑놈들과 배신자들을 결코 잊어서는 안 되고 용서해도 안 되고 항상 깊이 명심해야 할 것이며, 할머니의 기상을 본받아야 할 것이며 어서어서 자라야 한다는 것이다. [중략] '어디 두고 보아라. 내 나이 어리다고, 내 처지가 *적막강산이라고, 지금은 나를 얕잡아 보지만 어디 두고 보아라.』

[A]

그런 앙심은 이미 아이가 가지는 성질의 것은 아니었다. 그것을 두려워하는 사람은 역시 조준구다. 아침이면 봉순이를 거느리고 서희는 윤씨 부인 *상청에 나가 *상식을 올리고 곡을 하는데 조준구는 그 곡소리가 질색이었다. 온갖 저주와 최씨 가문을 마지막까지 지키어 나갈 것을 맹세하는 것 같은, 저주와 다짐을 하기 위해 해가 지고 다음 날이 새어 상청에 나가기를 기다린 듯, 처절한 울음이었다. ❸날로 새롭게 날로 결심을 굳히는 듯, 곡성을 들을 때마다 조준구는 한기를 느끼곤 했다. ▶ 조준구 일파에 적개심을 품은 서희와 그의 측근들

• **중심 내용** 어머니를 잃은 봉순의 슬픔과 조준구 무리에 대한 서희의 적개심　　• **해당 부분** 제1부

작품 연구소

〈토지〉에 나타난 시·공간의 확대

시·공간: 구한말 최 참판 집안	시·공간: 일제 강점기 1910년대 간도의 한인 사회	시·공간: 3·1 운동~해방 진주, 서울 등 국내와 만주, 러시아 등 해외
최치수 살인 사건과 조준구의 계략	재산을 빼앗긴 서희의 간도 이민 생활과 상인, 독립 운동가로서의 활동	거대 지주와 상인으로 성장한 최씨 일가, 항일 독립 운동의 국내외 전개

〈토지〉의 세 가지 중심 갈등 축

〈토지〉는 제1부에서 제5부까지 작품 전체에 걸쳐 빼앗김과 되찾음의 갈등, 가치관의 충돌로 인한 갈등, 남녀 간의 애정 갈등이라는 세 가지 중심 갈등축이 반복된다. 제1부 전체로 보면 최 참판 집안 재산의 빼앗김과 되찾음, 봉건적 가치와 근대적 가치, 김개주와 윤씨, 용이와 월선 등의 애정 갈등이 중점적으로 드러나 있다.

중심 갈등 축	서사적 기능
• 빼앗김과 되찾음의 갈등 • 봉건적 가치와 근대적 가치 사이 의 충돌 • 남녀 간의 애정 갈등	• 인물 행위의 원동력 • 재미와 흥미 유발 • 서사의 긴장감 부여 • 서사 전개의 일관성 확보

제목 '토지'에 담긴 다의성

- 민족적 삶의 원형으로서의 '토지': 전통적으로 농경 민족인 우리 민족에게 토지는 생산과 경제 활동의 기반이 되는 소중한 대상이다. 토지는 평사리 마을 사람들에게 보존되어야 할 삶의 터전으로 형상화된다.
- 삶의 현장인 '토지': 토지는 농민들이 삶을 영위하는 터전이 되며, 최씨 집안을 중심으로 볼 때 토지의 상실과 회복은 삶의 터전을 회복하는 것과 같다.
- 국토를 상징하는 '토지': 토지는 민족 전체로 볼 때 국토를 의미한다. 국권의 상실이라는 것은 정치적으로 볼 수도 있겠지만 땅의 상실로도 볼 수 있다. 서희 일가가 토지를 잃고 만주로 이주하는 것은 곧 국권의 상실을 상징적으로 보여 주는 것이기도 하다.

자료실

대하소설(大河小說)
사람들의 생애나 가족의 역사 따위를 사회적 배경 속에서 시대의 흐름에 따라 포괄적으로 다루는 소설 유형을 가리킨다. 작가가 선택한 특정 시대의 역사 속에서 수많은 인물이 등장해 강물이 흐르듯 이야기가 전개된다. 사건이 중첩되고 다수의 줄거리가 동등한 중요성을 띠고 전개된다. 홍명희의 〈임꺽정〉, 조정래의 〈아리랑〉, 〈태백산맥〉 등을 꼽을 수 있다.

함께 읽으면 좋은 작품

〈아리랑〉, 조정래 / 민족의 격동기를 다룬 대하소설

구한말에서 일제 강점기 그리고 일본의 패망에 이르기까지를 배경으로 많은 역사적 실존 인물들과 허구적 인물들을 동원하여 당시 한민족이 겪었던 수난을 다각도로 묘사한 작품이다. 시대의 흐름에 따라 민족의 수난사와 항일 운동을 그린 대하소설이라는 점에서 〈토지〉와 유사하다.

〈수라도〉, 김정한 / 수난의 역사를 형상화한 가족사 소설

이 작품은 일제 강점기, 해방, 6·25 전쟁을 잇는 민족 수난의 역사를 직접 체험했던 가야 부인의 일대기를 그리고 있다. 가족사 소설의 형식으로 허씨 가문의 비극을 사실적으로 제시하면서 동시에 우리 민족이 겪어 온 수난의 역사를 형상화하고 있다는 점에서 〈토지〉와 유사하다.

---

6 이 글을 통해 알 수 있는 내용으로 적절하지 <u>않은</u> 것은?

① 조준구는 서희의 곡소리를 못마땅해한다.
② 서희는 봉순이의 수다로 인해 괴로워하고 있다.
③ 수동이는 삼월이나 복이를 신뢰하지 않고 있다.
④ 봉순이는 죽은 자신의 어머니를 잊지 못하고 있다.
⑤ 수동이는 마을 농민들의 대부분을 배신자라고 생각하고 있다.

7 [A]에 대한 설명으로 가장 적절한 것은?

① 서술자를 교체하여 상황을 입체적으로 드러내고 있다.
② 서술자가 적극적으로 개입하여 자신의 주장을 제시하고 있다.
③ 특정 인물이 들은 말을 그의 입장에서 요약하여 전달하고 있다.
④ 주로 호흡이 짧은 문장을 사용하여 여러 대상과 장면을 서술하고 있다.
⑤ 주인공의 독백을 직접 인용하여 그의 내면에 공감하도록 유도하고 있다.

8 ㉠과 관련 있는 한자 성어로 가장 적절한 것은?

① 풍수지탄(風樹之嘆)　② 와신상담(臥薪嘗膽)
③ 수구초심(首丘初心)　④ 이심전심(以心傳心)
⑤ 기사회생(起死回生)

내신 적중 多빈출

9 ⓐ와 ⓑ에 대한 설명으로 적절하지 <u>않은</u> 것은?

ⓐ	ⓑ
서희와 그의 측근	조준구 일파

① ⓐ의 일원들은 대체로 ⓑ에 대해 적개심을 품고 있군.
② ⓐ의 수동은 서희에게 ⓑ에 대한 경계심을 풀지 말 것을 충고하고 있군.
③ ⓑ의 양주댁은 ⓐ의 봉순에게 위세를 부리고 있군.
④ ⓑ의 조준구는 ⓐ의 서희의 곡소리를 듣고도 그녀를 어리다고 얕잡아 보고 있군.
⑤ 서술자는 ⓐ의 서희와 ⓑ의 조준구의 내면 심리를 대응시켜 이들의 갈등 양상을 부각하고 있군.

10 (나)를 참고하여, 〈보기〉의 밑줄 친 부분의 근거가 될 수 있는 내용을 쓰시오.

┤ 보기 ├

〈토지〉에서 서희는 영민하면서도 강단 있는 인물로, 양반가의 자제다운 의젓한 언행을 보이면서도 <u>고집스럽고 앙칼진 인물로 묘사되는 등 다양한 성격을 보여 주고 있다.</u>

문학 해냄
국어 천재(박)

🎯 핵심 정리

갈래 장편 소설, 연작 소설
성격 회고적, 향토적, 자전적
배경 ① 시간 - 1940년~1970년대
② 공간 - 충청남도 보령 관촌 마을
시점 1인칭 주인공 시점
주제 근대화 과정에서 사라진 전통적인 농촌 공동체에 대한 회고와 아쉬움
특징 ① 전후 근대화와 도시화로 인해 해체되어 가는 농촌의 모습을 사실적으로 그려 냄.
② 향토적인 어휘와 고풍스러운 어투를 사용함.
출전 《현대문학》(1972~1977)

Q 직접 인용문의 표현 효과는?

옹점이와 할아버지의 대화를 직접 인용함으로써 옹점이와 할아버지의 말투가 그대로 드러나 지금 눈앞에서 벌어지고 있는 듯한 생생한 현장감을 느낄 수 있다.

🔆 어휘 풀이

신행 혼인할 때 신부가 신랑 집으로 감.
교전비 혼례 때 신부가 데리고 가던 계집종.
황아장수 집집을 찾아다니며 담배쌈지, 바늘 따위의 자질구레한 일용 잡화를 파는 사람.
동자아치 밥 짓는 일을 하는 여자 하인.
안저지 어린아이를 보살펴 주는 여자 하인.
유똥치마 비단으로 만든 치마.
힛사시까미 앞머리를 쏙 내밀게 묶어 빗은 머리 모양을 가리키는 일본말.
우데마끼 손목시계를 이르는 일본말.
하이카라 하이칼라. 서양식 유행을 따르던 멋쟁이를 이르던 말.

🐝 구절 풀이

❶ **그녀는 3천 석의 ~ 옹점이라는 것이었다.** 옹점이가 '나'의 집으로 오게 된 과정을 요약적으로 나타내고 있으며, 옹점이라는 이름을 갖게 된 이유도 설명하고 있다.

❷ **"접때 달밭 ~ 고쟁이 바람으루 쫓겨났었슈."** 화류계 퇴물인 옹점이 어머니는 자신의 외모에만 신경 쓸 뿐, 어머니로서의 역할을 제대로 못하고 있음이 드러난다.

❸ **굴지의 지주였던 ~ 무엄한 말이었다.** 잡기와 유흥에만 몰두했던 '나'의 외숙을 '대감'으로 부르는 것은 유교적 가치를 중시하는 할아버지의 입장에서는 무례한 말이라는 뜻이다. 할아버지는 '나'의 외숙이 그런 호칭을 받을 만한 자격이 없다고 생각하기 때문이다.

가 ⊙옹점이는 마음씨가 너그럽고 착한 아이였다. ❶그녀는 3천 석의 지주이며 한말에 중추원의 의관을 지내다가 인접 동네 달밭으로 낙향하여 살았던 외가의 행랑아범 딸로, 어머니의 *신행에 *교전비로 왔던 아이가 얼마 안 있어서 *황아장수에게 묻어가자 이를테면 그 보충역으로 오게 된 아이였는데, 술장수의 데림추로 붙어 다녔던 이매(二梅)라는 화류계 퇴물이 행랑아범과 좋아 지내다가 일이 급해 어느 옹기점의 독 틈에서 낳았다 하여 이름이 옹점이라는 것이었다. 옹점이가 우리 집으로 들어온 것은 그녀 나이 일곱 살 때였다고 했다. 어머니가 친정에 갔다가, 외가 부엌에서 아기 *동자아치로 자라던 것을 *안저지 겸 허드레 심부름용으로 데려와서 길렀다는 거였다. 마음씨갈은 비단결같이 고운 데다 손속이 좋고 눈썰미가 뛰어나며, 인정과 동정심이 많은 점에서 어머니는 노상 쓸 만한 아이라고 추켜 주었다. 때문에 그녀는 동네에 떠들어온 모든 비렁뱅이와 동냥중, 그리고 나병 환자들한테 인기가 있었고, 우리 집에 와서 살던 머슴들은 그녀의 마음씨에 녹아 자진하여 부엌 일까지 옙들이 해 주며 도우려고 했던 것이다. ▶ 옹점이가 '나'의 집에 오게 된 과정과 옹점이에 대한 평판

나 어머니가 그녀 일을 흉내 내어 나를 자주 웃겼던 것도 새삼스럽게 떠오른다. 맨 처음 그녀에게 안팎 범절과 행실을 가르치고 다스린 이도 할아버지였다. 본디 사람 보는 눈이 달랐던 할아버지는 그녀를 보자 대뜸 싹이 있겠다고 판단하여 나이부터 물었었다.
"그래, 너는 몇 살이나 되었다더냐?" / 그러자 그녀는 아무 어렴성 없이 아는 대로 대꾸했다.
"지 에미가 그러는디 제년이 작년까장은 제우 여섯 살이었대유. 그런디 시방은 잘 몰르겄슈." / "늬가 늬 나이를 모른다 허느냐?"
"예. 위떤 이는 하나 늘어서 일곱 살이라구 허던디 또 누구는 하나 먹었응께 다섯 살이라구 허거던유."
"페엥— 그래 늬 에민가 작것인가는 요새두 더러 보이더냐?"
❷접때 달밭 대감댁(외가)에 왔는디 봉께, *유똥치마를 입구, 머리는 *힛사시까미를 허구, 근사헌 *우데마끼두 차구…… 여간 *하이카라가 아니던디유."
"그래 그것은 시방두 장(늘) 술고래라더냐?"
"그리기 접때두 취해서 즤 애비허구 다투다가 고쟁이 바람으루 쫓겨났었슈."
"페엥— 숭헌……."
할아버지는 그 이상 묻지 않았다고 한다. 그것은 철부지하고 이러니 저러니 하기 싱거워서가 아니었다. ❸굴지의 지주였던 탓에 온갖 잡기와 유흥에만 몰두했던 나의 외숙한테 '대감'이라는 칭호를 썼기 때문이었다. 그녀로서는 어쩔 수 없을 말버릇이었지만 ⊙할아버지 앞에서는 무엄한 말이었다. 그러나 할아버지는 잘 참았다.
"그래 늬 이름은 무엇이라 부르더냐?" / "먼젓것인디유."
"먼젓것이라…… 아직 이름이 읎더란 말이렷다." / "……."
"늬 에미가 너를 즘촌(店村: 질그릇 굽는 마을) 옹기 틈묵에서 풀었다더구나…… 오늘버텀 이름을 옹젬(甕點)이라 허거라. 옹젬이가 무던허겄구나."
할아버지는 그렇게 즉흥적인 작명을 했는데, 호적부에도 그대로 올라갔음은 두말할 나위 없는 일이었다. ▶ '나'의 할아버지가 옹점이의 이름을 지어 줌.

• **중심 내용** '나'의 할아버지가 변변한 이름이 없던 옹점이에게 이름을 지어 줌. • **구성 단계** 제1편 일락서산

이해와 감상

1972년부터 1977년 사이에 쓰인 이 작품은 8편의 단편으로 구성된 연작 소설로, 작가의 체험을 바탕으로 자신이 성장했던 고향 마을 '관촌'의 생활상을 사실적으로 그려 낸 자전 소설이다.

1~5편은 고향에 돌아온 '나'가 유년 시절의 추억을 회상하는 내용이고, 6편은 어린 시절의 고향 친구를 만난 이야기를 담고 있다. 그리고 7~8편은 성인이 된 '나'가 고향에서 친구들을 만나며 경험한 이야기를 그리고 있다.

이 작품은 충청도 사투리를 사용하여 과거 농촌 사회를 실감 나고 생생하게 묘사함으로써 가난했지만 정신적으로 풍요로웠던 고향에 대한 향수를 불러일으킨다. 또한 산업화와 근대화로 인해 점점 해체되어 가던 1970년대 농촌의 모습을 사실적으로 묘사함으로써 당대 현실에 대한 비판적 인식을 신랄하게 드러내고 있다. 이러한 주제 의식은 전통적인 삶의 양식에 애착을 가졌던 작가 의식이 반영된 것이라 할 수 있다.

🔍 전체 줄거리

[제1편] 일락서산 (日落西山)	성묘를 하기 위해 고향을 찾은 '나'는 예전 모습을 찾아볼 수 없는 고향을 둘러보며 실향민의 마음을 느끼고, 할아버지와의 추억을 회상한다.
[제2편] 화무십일 (花無十日)	'나'는 6·25 전쟁으로 인해 몰락한 윤 영감 일가의 모습을 보며 인생의 허무함을 느끼는 한편, 그들을 따뜻하게 대했던 어머니의 순박한 인정을 회상하며 그리워한다.
[제3편] 행운유수 (行雲流水)	'나'는 어린 시절 함께 성장기를 보냈던 소녀 옹점이의 인정 많은 모습과 함께, 그녀의 힘들었던 결혼 생활 및 그 이후의 인생 역정을 회상한다.
[제4편] 녹수청산 (綠水靑山)	'나'의 어린 시절 이웃집에 살던 대복이가, 가난한 환경으로 인해 삐뚤어진 삶을 살았지만 결국 사랑하는 여인을 지키기 위해 최선을 다하던 모습을 회상한다.
[제5편] 공산토월 (空山吐月)	'나'는 석공 신현석이 '나'의 아버지를 존경하며 맺었던 특별한 인연과 함께 그 석공의 안타까운 죽음을 회상한다.
[제6편] 관산추정 (關山芻丁)	성인이 된 '나'는 고향에서 친구 유복산을 만나는데, 그가 소비 중심의 퇴폐적인 관광지가 되어 버린 고향을 여전히 지키고 있는 모습을 그리고 있다.
[제7편] 여요주서 (與謠註序)	성인이 된 '나'의 고향 친구 신용모의 이야기로, 그는 친구 아들이 잡은 꿩을 대신 팔아주다 억울하게 불법 밀렵꾼으로 몰려 재판 끝에 벌금 2만 원을 받는다.
[제8편] 월곡후야 (月谷後夜)	성인이 된 '나'가 고향을 둘러보며 경험한 이야기로, 벽촌에서 소녀를 겁탈한 사건을 둘러싸고 동네 청년들이 범인에게 사적인 제재를 가하는 내용을 담고 있다.

🔗 인물 관계도

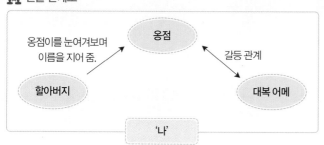

🔑 포인트 체크

인물 옹점이는 '나'의 집에서 집안일을 거드는 하인으로, 마음씨가 곱고 ☐☐이 많다.

배경 6·25 전쟁 전후와 산업화가 진행되던 ☐☐☐☐ 시기에 ☐☐☐☐ 보령 관촌 마을을 배경으로 하고 있다.

사건 〈일락서산〉에서는 '나'의 할아버지가 제대로 된 이름도 없는 ☐☐의 이름을 지어 주고, 〈녹수청산〉에서는 ☐☐☐☐가 음식을 훔쳐 가는 것에 대한 갈등이 드러난다.

내신 적중 多빈출

1 이 글의 서술상 특징으로 가장 적절한 것은?

① 다양한 인물들의 이야기를 삽화 형식으로 나열하고 있다.

② 어린아이의 시점을 사용하여 냉혹한 현실을 그려 내고 있다.

③ 직접 인용을 통해 인물 간의 대화를 생생하게 나타내고 있다.

④ 의식의 흐름 기법을 통해 주인공의 내면 심리를 드러내고 있다.

⑤ 배경을 상세하게 묘사함으로써 앞으로 일어날 일을 암시하고 있다.

2 ㉠에 대한 학생들의 반응으로 적절하지 않은 것은?

① 제대로 된 이름도 없이 '먼젓것'이라고 불렀다니 안타까워.

② 어린 나이에 밥 짓고 아기 돌보는 일을 했다니 참 힘들었겠어.

③ 어머니가 신식으로 차려입고 다니는 것에 자부심을 갖고 있구나.

④ 비렁뱅이와 나병 환자들한테도 인정을 베풀다니 마음씨가 참 고와.

⑤ '나'의 할아버지가 싹이 있겠다고 판단한 것으로 보아 잠재력이 풍부한 아이인 것 같아.

3 ㉡의 이유로 가장 적절한 것은?

① 현 주인에게 전 주인의 장점을 언급했기 때문에

② 하인이 감히 가부장 앞에서 말대답을 했기 때문에

③ '나'의 외숙을 할아버지보다 더 높여서 불렀기 때문에

④ 어른 앞에서 교양 있는 말을 쓰지 않고 비속어를 썼기 때문에

⑤ '대감'이라는 호칭을 받을 만한 자격이 없는 사람에게 썼기 때문에

4 (나)를 참고하여 이 글에서 방언을 사용함으로써 얻는 효과를 쓰시오.

5 〈보기〉를 참고하여 이 글에 '전(傳)'의 특징이 어떻게 나타나고 있는지 쓰시오.

┤ 보기 ├

〈관촌수필〉은 '전(傳)'을 현대적으로 변용한 작품으로 평가받고 있다. '전(傳)'은 한 인물의 행적을 짤막하게 서술한 전통적인 글쓰기 양식이다. 서술 대상은 주로 충신, 효자 등 모범적인 덕목을 지닌 인물이었는데, 그중에는 하층민도 포함되어 있다.

어휘 풀이

허드렛일 중요하지 아니하고 허름한 일.
대끼다 보리 따위를 물을 조금 쳐 가면서 마지막으로 깨끗이 찧다.
깻묵 기름을 짜고 남은 깨의 찌꺼기.
걱실걱실하다 성질이 너그러워 말과 행동이 시원스럽다.
오종종하다 얼굴이 작고 옹졸한 데가 있다.
곡마단 말을 타고 부리는 재주나 기술 따위를 보이는 흥행 단체.

Q 이 부분에 나타난 표현상의 특징은?

판소리는 청중이 관심과 흥미를 가질 만한 부분을 열거나 대구 등으로 확장하여 서술한다. 이 부분에서는 대복 어메가 한 허드렛일을 열거와 대구의 표현 방식을 사용하여 판소리의 전통적 서술 방식을 나타내고 있다.

구절 풀이

❶ **그녀가 우리 집을 ~ 존재였던 셈이다.** 대복 어메는 '나'의 집에서 허드렛일을 해 주고 그 대가로 소소한 음식들을 얻어 갔다. 이를 통해 대복 어메가 끼니 해결이 어려울 정도로 가난했음을 알 수 있다.

❷ **옹점이는 그럴 ~ 함이 분명했다.** '나'는 옹점이가 대복 어메를 헐뜯은 이유를, 평소 옹점이가 그릇이나 바가지를 깰 때마다 대복 어메가 '나'의 어머니에게 고자질했기 때문이라고 생각하고 있다.

❸ **대복 어메는 ~ 고자질한 적이 없다.** 대복 어메가 옹점이의 행동을 고자질하면 대복 어메는 '나'의 집에 왕래하기 어려워질 것이고, 그러면 그곳에서 얻거나 훔칠 수 있었던 음식 등을 구할 수 없게 된다. 따라서 대복 어메는 옹점이와 원수를 져서 이로울 것이 없는 것이다.

Q '대복 어메'가 '옹점이'의 행동 중 어떤 것은 고자질하고, 어떤 것은 고자질하지 않은 이유는?

'불씨'는 매우 소중한 것으로 불씨가 꺼지면 집안에 좋지 않은 일이 생긴다고 여기는 관습이 있었다. 따라서 불씨를 꺼뜨린 것을 고자질하는 것은 그릇 깨뜨린 것을 고자질하는 것과는 차원이 다른 것이다. 그래서 대복 어메는 불씨와 관련된 일은 고자질하지 않은 것이다.

작가 소개

이문구(李文求, 1941~2003)
소설가. 주제와 문체까지도 농민의 어투에 근접한 사실적인 작품 세계를 펼쳐 보이며 농민 소설의 새로운 장을 개척했다. 산업화 과정 속에서 해체되어 가는 농촌의 모습을 그림으로써 사회 현실을 비판하였다. 주요 작품으로 〈우리 동네〉, 〈으악새 우는 사연〉, 〈유자소전〉 등이 있다.

가 ❶그녀가 우리 집에 드나들며 한 일은 죄다 **허드렛일**뿐이어서 조목 지어 품삯 챙겨 주기도 수월찮을 수밖에 없었다. 입만 먹고 빨래하기, 반찬 얻고 보리쌀 **대껴** 주기, 기름챗날에 매달려 거들고 **깻묵** 얻어 가며, 두부 쑤어 주고 비지 가져다 먹기, 엿 고는 솥에 불 넣어 주고 엿밥 얻어다 끼니 에우는 따위…… 살림이 번다했던 우리에겐 안 보이면 아쉬운 대로 넘어갈 수 있어도 있으면 언제나 요긴한 존재였던 셈이다. ▶ 대복 어메는 종종 '나'의 집에서 허드렛일을 함.

나 대복 어메와 기중 사이 안 좋게 지낸 사람은 부엌 어른이기도 했던 덜렁쇠 옹점이었다. 그 가운데 옹점이의 일솜씨는 이미 소문난 정도로 훌륭한 터였고, **걱실걱실하여** **오종종한** 꼴은 꼴 같잖아 못 보던 성미 또한 대복 어메하고는 ㉠남산 보고 청계천 보듯 정반대였던 것이다. 대복 어메는 손 크고 속 트인 옹점이에게는 흉도 많고 허물도 흔했다. 근천맞게 걸터듬기 잘하고, 손 거친 짓하는 버릇 못 버려, ㉡팔모로 봐도 속에 거지 오장이 들어 있다던 거였다. ❷옹점이는 그럴 만한 까닭이 있었기에 일부러 헐뜯고자 함이 분명했다. 내 보기에도 옹점이는 유별나게 보시기·종발·접시 따위 사기그릇의 귀를 잘 떨어뜨렸고, 걸핏하면 바가지를 깨거나 소래기에 금을 냈는데, 그럴 적마다 대복 어메는 ㉢무슨 살판 난 사람같이 신명 솟은 목소리로 어머니한테 고자질해댄 탓일 거였다. 옹점이의 주장은 그러나 그렇지만도 않았다. 대복 어메가 무엇이든 야금야금 축이 나게 가져다 먹는다던 거였다. 「어디에 어떻게 꾸리고 가는지 모르지만 ㉣생쥐 콩바구니 드나들듯 하며 훔쳐 간다는 거였다.」 [중략] 옹점이가 어머니한테 일러바치는 것도 모함을 하기 위해서만은 아닐 터이라고들 했다.

"찬장이구 살강이구 즈이 집 벽장 뒤지듯 들들 뒤져 가메, 마늘, 꼬춧가루, 워떨 적은 소굼할라, 그저 눈만 띠면 번쩍허니…… 제년헌티 들키거나 허야 혼구녕을 내 주지유. 말허구 은어 가구, 안 볼 때 훔쳐 가구, 순전 도둑년이랑께유."

"들을라, 또 그 큰 목통으로 떠들어쌌는다……." ▶ 대복 어메와 옹점이의 사이가 좋지 않음.

다 어머니는 무류하게 그 정도로 그쳤을 뿐 달리 말씀하지는 않았다. 옹점이는 막상 대복 어메 면전에서 없어진 것을 쳐들어 말할 용기만큼은 없었던가, 곧잘 으르렁거리긴 하면서도 바른말은 제대로 못 한 줄 안다. 제가 아쉬운 일 당할 때를 남겨 두느라고 그러는 것 같았다. 드문 일이었지만 옹점이는 어머니로부터 따끔하게 혼나던 수가 더러 있었는데, 으레 불씨를 죽인 날 새벽에 당하는 일이었다. 저녁 해 먹은 아궁이에 이튿날 조반 지을 불씨가 꺼진다는 것은, 그 무렵의 우리 집안에선 예삿일이 아닌 변고로 여기는 관습이 지켜지고 있던 것이다. 장터에서 **곡마단** 나팔 소리가 들리는 밤이나 역전 금융 조합 창고에 변사 좋은 활동사진이 들어왔을 때는 어김없이 불씨를 잃곤 하던 거였다. 부지깽이로 아궁이를 먼저 뒤져 보는 건 물론 잠이 일찍 깨는 옹점이었다. 아궁이의 재가 식어 있으면 그녀는 서슴없이 대복이네 집으로 달려갔다. 여러 번 보고도 나는 모른 척했고, 그때마다 내 입 무거운 것을 기특히 여긴 그녀는 일부러 많은 누룽지를 눌려 그 값을 했지만, 어머니한테 직접 들킨 때는 별수 없이 혼이 나야 했던 것이다.

❸대복 어메는 불씨 왕래에 관해선 한 번도 고자질한 적이 없다. 그네들 사이에 무슨 묵계 비슷한 수작이 있어서가 아니라, 자칫하면 옹점이와 원수지고 말게 됨을 잘 알고 있어서였으리라 싶다. ㉤지게도 작대기가 있어야 일어나거늘, 옹점이와 원수져서 이로움이 있을 리 있을 터인가.

대복 어메의 손버릇에 대해서 우리는 모든 걸 이해해 주려고 한 셈이다. 그녀의 허물을 구설거리로 삼기 전에 가난으로부터 건져 줄 수 없음을 더 안타깝게 여기고 있었던 것이다. ▶ 대복 어메의 도둑질을 눈감아 줌.

• **중심 내용** 대복 어메가 '나'의 집을 드나들며 도둑질을 하지만 이를 눈감아 줌. • **구성 단계** 제4편 녹수청산

🏠 작품 연구소

〈관촌수필〉의 특징

연작 소설의 구성	이 작품은 연작의 형태로 발표된 8편의 단편 소설을 모은 것으로, 8편의 작품들이 각각 독립적이면서도 서로 유기적인 관계를 맺고 있다.
비교적 자유로운 구조를 취함.	'수필'이라는 제목에서 알 수 있듯이 작가가 그때그때 연상한 소재들을 회고적인 어조로 서술하고 있다는 점에서 전통적인 소설의 형식보다 자유로운 구조를 취하고 있다. 1인칭 독백체로 서술자가 자신의 체험을 직접 이야기하기 때문에 마치 수필과 같은 느낌을 준다.
향토적 어휘의 사용	충청도 사투리와 그 지방 고유의 소재를 사용하여 향토적 정서가 짙게 배어난다. 또한 고풍스러운 어조와 사투리가 섞인 문체는 이 작품의 과거 회상 분위기와 잘 부합하고 있다.

옹점이라는 인물의 특성

이름	원래는 '먼젓것'이었으나, 옹기점의 독 틈에서 태어났다 하여 '나'의 할아버지가 옹점이라고 지어 줌.
태생	화류계 퇴물과 행랑아범 사이에 태어나, '나'의 외가에서 일하다가 '나'의 집으로 오게 됨.
성격	마을의 비렁뱅이, 동냥중, 나병 환자까지 좋아할 정도로 인정과 동정심이 많은 착한 성격임.

옹점이 VS 대복 어메

옹점이	대복 어메
• '나'의 집에서 하인으로 일함. • 일솜씨가 뛰어나고 말과 행동이 시원스러움. • 그릇이나 바가지를 잘 깸.	• '나'의 옆집에 살며 일을 해 주고 음식을 얻어 감. • 허드렛일만 하며 궁색한 행동을 많이 함. • '나'의 집 음식을 몰래 가져감.

↓

둘 다 상대방의 허물과 잘못을 '나'의 어머니에게 고자질하나, 옹점이가 불씨를 대복이네에서 가져오는 것은 둘 다 함구함.

전통적인 풍습과 근대화의 공존

20세기 초에 유입된 곡마단은 일제 강점기에 이미 대표적인 대중오락이 되었으며, 활동사진(영화) 역시 1900년대 초부터 근대 극장에서 상영되기 시작했다. '나'의 집 불씨가 꺼지는 이유로 곡마단과 활동사진이 제시되고 있는데, 이는 근대화의 상징으로 볼 수 있다. 이와 달리 집안에서 불씨가 꺼지는 것을 변고로 여기는 관습 또한 지켜지고 있는데, 이는 불씨를 집안의 재물과 복의 상징으로 여기던 전통적인 풍습이 남아 있는 것으로 볼 수 있다.

📖 함께 읽으면 좋은 작품

〈삼포 가는 길〉, 황석영 / 근대화된 고향의 모습을 비판적으로 바라본 작품

막노동자 영달과 정 씨, 술집 작부인 백화가 우연히 만나 동행하면서 고향을 찾아 나서는 작품으로, 근대화 과정에서 상실된 고향의 모습을 잘 형상화하고 있다. 풍요로웠던 농촌 공동체가 근대화의 과정에서 급속히 퇴락해 버린 것을 형상화했다는 점에서 〈관촌수필〉과 비교해 볼 만하다.

🔗 Link 본책 196쪽

6 이 글의 인물에 대한 설명으로 적절하지 <u>않은</u> 것은?

① 대복 어메는 초라하고 궁상맞은 모습을 보이고 있다.
② '나'의 어머니는 인자하고 관대한 성격을 지니고 있다.
③ 옹점이는 대복 어메의 도둑질을 매우 못마땅하게 여기고 있다.
④ '나'는 옹점이가 불씨를 나르는 것을 보고도 못 본 체해 주었다.
⑤ 옹점이는 시원스런 성격에 일을 잘해서 좀처럼 실수하는 일이 없었다.

7 ㉠~㉺이 의미하는 바로 적절하지 <u>않은</u> 것은?

① ㉠: 옹점이와 대복 어메의 성격이 서로 상반됨.
② ㉡: 대복 어메가 마치 거지처럼 행동함.
③ ㉢: 대복 어메가 기를 펴고 신난 것처럼 행동함.
④ ㉣: 대복 어메가 생쥐처럼 몰래 들어와 수시로 훔쳐 감.
⑤ ㉤: 각자 자신의 일은 스스로 해내야 함.

🔖 내신 적중 **多빈출**

8 (가)와 〈보기〉에 공통적으로 나타나는 표현상의 특징으로 적절한 것은?

| 보기 |

흥보 치레를 볼작시면 철대 부러진 헌 파립(破笠) 버레줄 총총 매여 조사 갓끈 달아 쓰고 편자 떨어진 헌 망건(網巾) 밥풀 관자(貫子) 노당줄을 뒤통 나게 졸라매고 떨어진 헌 도포(道袍) 실띠로 총총 이어 고픈 배 눌러 띠고 한 손에다가 곱돌 조대를 들고 또 한 손에다가는 떨어진 부채 들고 죽어도 양반(兩班)이라고 여덟팔자걸음으로 엇비식이 들어간다. – 〈흥보가〉

① 빠른 장면 전환을 통해 긴박한 분위기를 조성하고 있다.
② 과거와 현재를 교차하여 사건에 입체감을 부여하고 있다.
③ 세밀한 묘사를 통해 인물의 심리를 상세하게 전달하고 있다.
④ 희화화의 수법을 활용하여 독자에게 웃음을 유발하고 있다.
⑤ 대구와 열거를 통해 장면을 확장하여 흥미를 이끌어 내고 있다.

9 '대복 어메'가 불씨 왕래를 고자질하지 않은 이유로 가장 적절한 것은?

① '나'의 어머니에게 혼날 옹점이를 불쌍하게 여겼기 때문에
② 불씨를 자신의 집에서 가져간 것이 들통나면 안 되기 때문에
③ 서로의 잘못을 고자질하지 않기로 옹점이와 약속했기 때문에
④ 불씨 왕래와 같은 큰일을 고자질하면 옹점이와 원수질 수 있기 때문에
⑤ 옹점이의 행동은 그 어느 것도 고자질하지 않기로 마음먹었기 때문에

10 이 글의 제목에 '수필'이라는 단어를 사용한 이유를 쓰시오.

051 삼포 가는 길 | 황석영

국어 미래엔, 창비

🎯 핵심 정리

갈래 단편 소설, 사실주의 소설, 여로형 소설
성격 사실적, 현실 비판적
배경 ① 시간 – 1970년대 겨울
② 공간 – 공사장에서 삼포로 가는 길
시점 전지적 작가 시점
주제 산업화 과정에서 소외된 사람들의 애환과 연대 의식
특징 ① 정 씨가 고향을 찾아가는 여로를 중심으로 사건이 전개됨.
② 여운을 남기는 방식으로 결말을 처리함.
출전 《신동아》(1973)

Q '백화'가 갈매기집에서 지내던 시절을 긍정적으로 생각하는 이유는?

무의미한 삶에서 벗어나 다른 사람을 위해 희생하는 삶에서 보람을 느꼈던 백화의 마음이 드러나 있다. 백화는 죄수들을 옥바라지하는 동안에는 자신의 존재 의의를 확인할 수 있었으므로 그 시절이 가장 평화로웠던 시절이라고 말하고 있다.

💡 어휘 풀이

경원하다 꺼리어 멀리하다.
해사하다 얼굴이 희고 곱다랗다.
옥바라지 감옥에 갇힌 죄수에게 옷과 음식 따위를 대어 주면서 뒷바라지를 하는 일.
차부(車部) 자동차의 시발점이나 종착점에 마련된 주차장을 흔히 이르는 말.
고해(苦海) 불교에서, '괴로움이 끝이 없는 인간 세상'을 바다에 비유하여 이르는 말.
눈시울 눈언저리의 속눈썹이 난 곳.
파장 섰던 장이 끝남. 또는 그런 때.
여비 여행하는 데에 드는 비용. '노자(路資)'로 순화함.

📖 구절 풀이

❶ **"그런 식으로 ~ 떠나가군 했어요."** 백화의 따뜻한 인간애를 진심으로 받아들이지 않았던 남자들의 모습을 통해 백화의 과거가 순탄하지 않았음을 알 수 있다.
❷ **"감옥뿐 아니라, 세상이란 게 따지면 고해 아닌가……."** 산업화 과정에서 소외되어 떠돌아다니는 사람들에게 인생이 얼마나 힘들고 고달픈 것인가를 보여 주는 말이다. 1970년대 떠돌이 노동자가 바라보는 세상은 감옥처럼 고통스러운 곳인 것이다.
❸ **아마 쇠약해진 ~ 눈시울이 화끈했다.** 과거에 사랑했던 옥자에 대한 추억을 떠올리는 동시에, 백화를 측은하게 여기는 마음이 드러난다.

가 어느 날 그들은 마을의 제방 공사를 돕기 위해서 삼십여 명이 내려왔다.
군대 감옥에 있는 죄수들
출감이 멀지 않은 사람들이라 성깔도 부리지 않았고, 마을 사람들도 그리 *경원하지 않았다. 그들이 밖으로 작업을 나오면 기를 쓰고 찾는 것은 물론 담배였다. 백화는 담배 두 갑을 사서 그들 중 얼굴이 *해사한 죄수에게 쥐어 주었다. 작업하는 열흘간 백화는 그들의 담
동정심에서 비롯된 백화의 행동
배를 댔다. 날마다 그 어려 뵈는 죄수의 손에 몰래 쥐어 주곤 했다. 다음부터 백화는 음식을 장만해서 감옥 면회실로 그를 만나러 갔다. *옥바라지 두 달 만에 그는 이등병 계급장을 달고 백화를 만나러 왔다. 하룻밤을 같이 보내고 병사는 전속지로 떠나갔다.

❶"㉠그런 식으로 여덟 사람을 옥바라지했어요. 한 달, 두 달, 하다 보면 그이는 앞사람들
대가를 바라지 않고 희생하는 백화의 순수한 모습
처럼 하룻밤을 지내구 떠나가군 했어요."

백화는 그런 일 때문에 갈매기집에 있던 시절, ㉡옷 한 가지도 못 해 입었다. 백화는 지나
죄수들 뒷바라지
간 삭막한 삼 년 중에서 그때만큼 즐겁고 마음이 평화로웠던 시절은 없었다. 그 여자는 새로운 병사를 먼 전속지로 떠나보내는 아침마다 *차부로 나가서 먼지 속에 버스가 가리울
병사를 떠나보내는 백화의 애틋한 마음이 드러남.
때까지 서 있곤 했었다. 백화는 그 뒤부터 부대 근처를 전전하며 여러 고장을 흘러 다녔다.
▶ 백화의 과거 이야기

나 ❷"감옥뿐 아니라, 세상이란 게 따지면 *고해 아닌가……."
백화의 말을 듣고 감옥살이를 했던 자신의 과거와 연관 지어 생각하는 정 씨
정 씨는 벗어서 불가에다 쬐고 있던 잠바를 입으면서 중얼거렸다.

"어둡기 전에 어서 가야지." / 그들은 일어났다. 아직도 불길 좋게 타고 있는 모닥불 위에 눈을 한 움큼씩 덮었다. 산천이 차츰 희미하게 어두워졌다. ㉢새들이 이리저리로 깃을 찾아 숲에 모여들고 있었다. 영달이가 백화에게 물었다.
갈 곳 없는 세 사람과 대조적인 모습을 보임.

"그래 이젠 어떡할 셈요, 집에 가면……?"

백화가 대답을 않고 웃기만 했다. 정 씨가 말했다. / "시집가야지 뭐."

㉣"시집은 안 가요. 이제 와서 무슨 시집이에요. 조용히 틀어박혀 집의 농사나 거들지요.
백화의 가난한 집안 형편을 알 수 있음. – 가족을 위해 자신의 삶을 포기함.
동생들이 많아요."
▶ 평범한 미래를 꿈꾸는 백화

다 사방이 어두워지자 그들도 얘기를 그쳤다. ㉤어디에나 눈이 덮여 있어서 길을 잘 분간할
세 사람의 어려운 처지와 상황을 상징함.
수가 없었다. 뒤에 처졌던 백화가 눈 덮인 길의 고랑에 빠져 버렸다. 발이라도 삐었는지 백화는 꼼짝 못하고 주저앉아 신음을 했다. 영달이가 달려들어 싫다고 뿌리치는 백화를 업었
백화에 대한 영달의 호감에서 나온 행동
다. 백화는 영달이의 등에 업히면서 말했다. / "무겁죠?" / ⓐ영달이는 대꾸하지 않았다. 백화는 어린애처럼 가벼웠다. 등이 불편하지도 않았고 어쩐지 가뿐한 느낌이었다. ❸아마 쇠
영달과 백화 사이에 정서적 유대감이 형성되는 부분
약해진 탓이라 생각하니 영달이는 어쩐지 대전에서의 옥자가 생각나서 *눈시울이 화끈
했다.
▶ 서로 친근함을 느끼는 백화와 영달

라 그들은 일곱 시쯤에 감천 읍내에 도착했다. 마침 장이 섰었는지 *파장된 뒤인데도 읍내 중앙은 흥청대고 있었다. 전 부치는 냄새, 고기 굽는 냄새, 곰국 냄새가 풍겨 왔다. 영달이는 이제 백화를 옆에서 부축하고 있었다. 발을 디딜 때마다 여자가 얼굴을 찡그렸다. 정 씨
백화에 대한 영달의 배려와 정서적 유대감이 드러남.
가 백화에게 물었다.

"어느 방향이오?" / "전라선이에요." / "나는 호남선 쪽인데. *여비는 있소?"
전북 익산과 전남 여수를 잇는 철도선   경부선의 대전과 전남 목포를 잇는 철도선
"군용차를 사정해서 타고 가면 돼요." / 그들은 장터 모퉁이에서 아직도 따뜻한 온기가 남아 있는 ⓑ팥 시루떡을 사 먹었다. 백화가 자기 몫에서 절반을 떼어 영달이에게 내밀었다.
백화의 고마운 마음을 전달하는 매개체   영달에 대한 고마움을 표시하는 백화   ▶ 영달에 대한 백화의 따뜻한 배려

• **중심 내용** 동행하는 과정에서 인간적인 유대감을 형성하게 되는 세 인물   • **구성 단계** (가)~(다) 전개 / (라) 절정

이해와 감상

이 작품은 1970년대 이후 급속하게 진행되었던 농촌의 해체와 근대화 과정에서 고향을 잃고 떠도는 사람들의 삶의 모습을 그리고 있다. 작품 속의 인물들은 막노동자, 술집 작부 등 산업화 과정에서 생겨난 소외 계층으로, 삶의 터전을 상실하고 계속 떠돌아다녀야 하는 신세로 전락해 버린 인물들이다.

제목의 '삼포'는 가공의 지명이지만, 이 작품의 등장인물들에게는 고달픈 삶에서 벗어나 정신적인 안식을 누릴 수 있는 이상적 공간이라는 의미를 지닌다. 그러나 삼포는 급속한 산업화의 물결 속에서 사라져 버리게 된다. 이 작품이 고향 상실의 아픔을 그리고 있다고 하는 것은 이 때문이다.

또한 이 작품은 우연히 만난 세 인물들의 여정을 그리고 있다. 처음에는 서먹서먹한 관계였던 인물들은 여정이 끝날 무렵에는 인간적인 정을 나누는 관계로 변화한다. 이런 의미에서 이 작품은 '길'을 배경으로 한 일종의 '여로 소설'이라고 볼 수 있다.

Q 전체 줄거리

발단	영달은 공사가 중단되자 밀린 밥값을 떼어먹고 도망치다가, 고향인 삼포를 찾아가는 정 씨를 만나 동행하게 된다.
전개	두 사람은 찬샘이라는 마을의 국밥집에서 술집 작부인 백화가 도망쳤다는 이야기를 듣게 되고, 그녀를 잡아 오면 만 원을 주겠다는 술집 주인의 제안을 받는다. 둘은 삼포로 가는 기차를 타기 위해 감천으로 향하던 중 백화를 만나 동행하게 되고, 백화의 과거 이야기를 들으며 그녀를 이해하고 동정심을 갖게 된다.
절정	영달에게 호감을 갖게 된 백화는 기차역에 도착하자 자신의 고향으로 함께 가자고 제안한다. 하지만 영달은 이를 거절하고, 자신이 가진 돈을 털어 기차표와 먹을거리를 사 주며 그녀를 혼자 보낸다.
결말	정 씨와 영달은 대합실에서 만난 한 노인에게 삼포가 공사판으로 변했다는 이야기를 듣게 된다. 공사판이 생겼다며 좋아하는 영달과 달리 정 씨는 고향을 잃었다는 사실에 실망한다.

🔔 인물 관계도

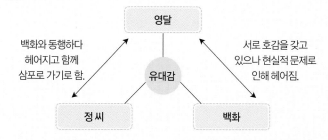

🏠 작품 연구소

등장인물들의 관계 변화

제시된 지문에서는 생략되었지만 영달과 백화는 처음 만났을 때, 사이가 그다지 좋지 않았다. 영달은 사랑에 실패한 과거의 경험 때문에 젊은 여자에 대해 경계심을 품고 있었고, 백화는 작부 생활을 했던 경험으로 인해 남자를 쉽게 믿지 못했기 때문이다. 처음 만났을 때 이처럼 <u>대립하는 모습을 보였던 영달과 백화는 여정이 진행되는 과정에서 서로의 신실된 모습을 파악하고 정서적 유대감을 형성하게 된다.</u>

🔑 포인트 체크

인물 영달, 정 씨, 백화는 한 곳에 머무르지 못하고 떠돌아다니는 소외된 □□□이라는 공통점이 있다.

배경 1970년대 이후 급격히 일어난 □□□ 시대를 배경으로, 공사장에서 □□로 가는 길에 일어난 일을 그리고 있다.

사건 영달은 □□□ 문제로 백화를 떠나보내고, 정 씨는 목적지인 삼포가 □□되어 이전과 많이 달라졌다는 소식을 듣고 망연자실한다.

1 이 글의 등장인물에 대한 설명으로 적절하지 <u>않은</u> 것은?

① 정 씨는 호남선을 탈 예정이다.
② 정 씨는 인생을 괴로움이라고 생각한다.
③ 영달은 백화에게 유대감을 느끼고 있다.
④ 백화는 고향으로 갈 여비가 없는 상태이다.
⑤ 백화는 자신이 옥바라지했던 일을 후회하고 있다.

2 〈보기〉는 이 글에 대한 설명이다. 적절하지 <u>않은</u> 것은?

> ┤ 보기 ├
>
> 이 작품은 1970년대 농촌의 해체와 급속한 산업화 과정 속에서 발생한 ① 떠도는 사람들과 정착한 사람들의 갈등을 그려 내고 있는 황석영의 단편 소설이다. 제목에 쓰인 '삼포'는 가상의 지명으로 인물들이 고달픈 삶을 벗어나 정신적 안식을 누릴 수 있는 이상적 공간이라는 의미를 지닌다.
> 한편 이 작품은 ② 영달과 정 씨 같은 노동자와 백화 같은 작부의 삶을 통해 이들의 삶에 깔려 있는 슬픔을 그려 내고 있으며, 이들의 ③ 인간적인 따뜻한 마음과 배려, 사랑을 통해 인간에게 가장 소중한 가치가 무엇인지 생각하게 해 준다. 또한 ④ 우연히 만난 인물들이 길을 가는 과정에서 겪는 일들을 중심으로 전개되고 있으며, ⑤ 서먹한 관계였던 인물들이 서로 인간적인 정을 느끼게 되는 관계로 발전해 나가는 과정을 그리고 있다.

내신 적중 多빈출

3 ㉠~㉤에 대한 이해로 적절하지 <u>않은</u> 것은?

① ㉠을 통해 백화가 순수한 마음을 지닌 인물임을 알 수 있다.
② ㉡의 이유는 백화가 자신의 돈을 죄수의 옥바라지에 사용했기 때문이다.
③ ㉢은 갈 곳 없는 세 사람의 어려운 처지와 대조적이다.
④ ㉣에서 백화의 고달픈 삶을 추측할 수 있다.
⑤ ㉤은 백화와 영달이 갈등하게 되는 계기가 된다.

4 '영달'이 ⓐ와 같이 행동한 이유를 쓰시오.

5 이 글의 내용을 바탕으로, ⓑ를 통해 드러내고자 한 것이 무엇인지 쓰시오.

어휘 풀이

대합실 정거장에서, 손님이 기다리며 머물 수 있도록 마련한 곳.

뜨내기 일정한 거처가 없이 떠돌아다니는 사람.

개찰구 차표나 입장권 따위를 검사하는 장소.

연착(延着) 정하여진 시간보다 늦게 도착함.

방둑 방죽. 물이 밀려들어 오는 것을 막기 위하여 쌓은 둑.

변고 갑작스러운 재앙이나 사고.

Q '삼포'의 의미는?

정 씨의 고향 '삼포'는 실제 지명과는 관계없는 상상의 지역으로, 정착할 곳이 없는 사람의 마음 속에 간직한 영원한 고향이며 정신적인 안식처라고 할 수 있다. 그런데 이곳이 공사판으로 변해 버렸다는 것은 안식처로 삼을 수 있는 공간이 사라졌음을 의미한다.

구절 풀이

❶ **영달이는 시무룩해져서 역사 밖을 멍하니 내다보았다.** 자신의 고향에 함께 가자는 백화의 제안에 영달은 고민하고 있다. 영달은 백화의 제안을 받아들이고 싶지만, 경제적인 능력이 부족하여 백화와 함께 사는 것은 현실적으로 어렵다고 생각하고 있다.

❷ **본명은요…… 이점례예요.** 본명을 알려 주는 것은 상대에게 자신의 참모습을 보여 주는 것이다. 영달과 정 씨의 진정한 마음을 느낀 백화는 자신의 참모습을 보여 줌으로써 그들과 인간적 교감을 나누고 있다.

❸ **"말두 말우. ~ 실어 나른다구."** 현재 삼포의 모습으로, 정 씨의 고향인 삼포마저도 산업화의 물결을 피하지 못하고 파괴되어 버렸음을 드러내고 있다.

❹ **사람이 많아지니 ~ 하늘을 잊는 법이거든.** 사람이 많아지면 자연에 대한 외경심을 잃게 된다는 뜻이다. 이는 변해 가는 세상에 대한 노인의 비판적 관점이 드러난 부분으로, 산업화·근대화가 몰고 온 변화에 대한 작가의 비판적 시각을 드러낸 부분으로 볼 수 있다.

Q 산업화가 '정 씨'에게 미친 영향은?

마음의 고향을 잃어버린 정 씨가 영달과 마찬가지로 고향을 상실한 채 살아갈 수밖에 없는 운명을 갖게 되었음을 보여 준다. 이를 통해 마음에 간직하고 있던 아름다운 환상마저도 남김없이 파괴해 버리는 산업화의 거대한 힘을 상징적으로 드러내고 있다.

작가 소개

황석영(黃晳暎, 1943~)
소설가. 근대화 과정 또는 군대 제도나 전쟁 등의 상황에 따른 인간성 상실과 황폐화 문제를 주로 다루었으며, 소설을 통해 이를 극복하기 위한 방법을 다양하게 모색하였다. 주요 작품으로 〈객지〉, 〈장길산〉, 〈바리데기〉, 〈개밥바라기별〉 등이 있다.

가 정 씨는 ˙대합실 나무 의자에 피곤하게 기대어 앉은 백화 쪽을 힐끗 보고 나서 말했다.

"같이 가시지. 내 보기엔 좋은 여자 같군." / "그런 거 같아요."

"또 알우? 인연이 닿아서 말뚝 박구 살게 될지. 이런 때 아주 ˙뜨내기 신셀 청산해야지."

_{정착하여}

❶영달이는 시무룩해져서 역사 밖을 멍하니 내다보았다. 백화는 뭔가 쑤군대고 있는 두 사내를 불안한 듯이 지켜보고 있었다. 영달이가 말했다.

"어디 능력이 있어야죠." / "삼포엘 같이 가실라우?" / "어쨌든……."

_{경제적 능력의 부족으로 백화와의 새로운 생활을 포기할 수밖에 없는 안타까움을 드러냄.}

영달이가 뒷주머니에서 꼬깃꼬깃한 오백 원짜리 두 장을 꺼냈다. / "저 여잘 보냅시다."

_{영달의 비상금 전액} · ▶ 백화와의 동행을 포기하는 영달

나 영달이는 표를 사고 ⓐ삼립빵 두 개와 찐 달걀을 샀다. 백화에게 그는 말했다.

_{백화를 생각하는 영달의 따스한 마음이 나타남.}

"우린 뒷차를 탈 텐데……. 잘 가슈."

_{백화의 제안에 거절의 뜻을 전하는 영달}

영달이가 내민 것들을 받아 쥔 백화의 눈이 붉게 충혈되었다. 그 여자는 더듬거리며 물었다.

"아무도…… 안 가나요?" / "우린 삼포루 갑니다. 거긴 내 고향이오."

_{배려에 대한 고마움과 헤어져야 하는 상황에 대한 아쉬움}

_{아쉬운 마음에 동행 여부를 다시 물음.}

영달이 대신 정 씨가 말했다. 사람들이 ˙개찰구로 나가고 있었다. 백화가 보퉁이를 들고 일어섰다. / "정말, 잊어버리지…… 않을게요."

_{영달과 정 씨가 보여 준 인간적인 정을 잊지 않겠다고 함.}

백화는 개찰구로 가다가 다시 돌아왔다. 돌아온 백화는 눈이 젖은 채로 웃고 있었다.

㉠"내 이름 백화가 아니에요. ❷본명은요…… 이점례예요." ▶ 자신의 본명을 알려 주고 떠나는 백화

다 그들은 나무 의자에 기대어 한 시간쯤 잤다. 깨어 보니 대합실 바깥에 다시 눈발이 흩날리고 있었다. 기차는 ˙연착이었다. 밤차를 타려는 시골 사람들이 의자마다 가득 차 있었다.

_{인물들이 헤쳐 나가야 할 고난과 시련을 상징함.}

두 사람은 말없이 담배를 나눠 피웠다. 먼 길을 걷고 나서 잠깐 눈을 붙였더니 더욱 피로해졌던 것이다. 영달이가 혼잣말로, / "쳇, 며칠이나 견디나……." / "뭐라구?"

"아뇨, 백화란 여자 말예요. 저런 애들…… 한 사날두 촌 생활 못 배겨 나요."

_{사나흘}

"사람 나름이지만 하긴 그럴 거요. 요즘 세상에 일이 년 안으루 인정이 확 변해 가는 판인데……."

_{당시 사회 현실에 대한 비판적 인식}

▶ 백화를 보내고 삼포행 기차를 기다리는 정 씨와 영달

라 정 씨 옆에 앉았던 노인이 두 사람의 행색과 무릎 위의 배낭을 눈여겨 살피더니 말을 걸어 왔다. / "어디 일들 가슈?" / "아뇨, 고향에 갑니다." / "고향이 어딘데……."

_{삼포의 변화된 모습을 알려 주는 인물}

"삼포라구 아십니까?" / "어 알지, 우리 아들놈이 거기서 도자를 끄는데……."

_{불도저}

"삼포에서요? 거 어디 공사 벌릴 데나 됩니까? 고작해야 고기잡이나 하구 감자나 매는데요." / "어허! 몇 년 만에 가는 거요?" / "십 년." / 노인은 그렇겠다며 고개를 끄덕였다.

_{삼포의 과거 모습}

_{삼포의 현재 상황을 모르는 것에 대한 반문}

❸"말두 말우. 거긴 지금 육지야. 바다에 ˙방둑을 쌓아 놓구, 트럭이 수십 대씩 돌을 실어 나른다구." / "뭣 땜에요?" / "낸들 아나. 뭐 관광호텔을 여러 채 짓는담서, 복잡하기가 말할 수 없네." / "동네는 그대루 있을까요?" / "그대루가 뭐요. 맨 천지에 공사판 사람들에다 장까지 들어섰는걸." / "그럼 나룻배두 없어졌겠네요."

_{산업화로 인해 변화된 삼포의 모습}

"바다 위로 신작로가 났는데, 나룻배는 뭐에 쓰오. 허허, ❹사람이 많아지니 ˙변고지. 사람이 많아지면 하늘을 잊는 법이거든." ▶ 노인에게 삼포의 근황을 들은 정 씨와 영달

_{자연에 대한 외경심을 잃음.}

마 작정하고 벼르다가 찾아가는 고향이었으나, 정 씨에게는 풍문마저 낯설었다. 옆에서 잠자코 듣고 있던 영달이가 말했다. / "잘 됐군. 우리 거기서 공사판 일이나 잡읍시다."

_{마음의 안식처였던 고향에 대한 기대감}

_{바람처럼 떠도는 소문}

그때에 기차가 도착했다. 『정 씨는 발걸음이 내키질 않았다. 그는 마음의 정처를 방금 잃어버렸던 때문이었다.』 어느 결에 정 씨는 영달이와 똑같은 입장이 되어 버렸다.

_{『 』: 고향의 모습을 잃어버린 것에 충격을 받음.}

_{정신적인 안식처로서의 고향}

_{고향을 잃고 정처 없이 떠돌아야 하는 처지}

㉡기차는 눈발이 날리는 어두운 들판을 향해서 달려갔다. ▶ 고향을 잃어버려 망연자실한 정 씨

_{여운을 남기는 결말 처리─① 마음의 정처를 상실한 정 씨의 내면과 유사함.}

_{② 떠돌이 삶이 계속될 것임을 암시함.}

- **중심 내용** 백화와 헤어진 후, 삼포에서 공사가 진행 중이라는 소식을 듣게 된 정 씨와 영달
- **구성 단계** (가), (나) 절정 / (다)~(마) 결말

🏠 작품 연구소

〈삼포 가는 길〉에 등장하는 세 인물의 공통점

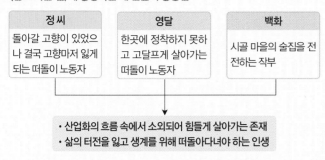

정 씨	영달	백화
돌아갈 고향이 있었으나 결국 고향마저 잃게 되는 떠돌이 노동자	한곳에 정착하지 못하고 고달프게 살아가는 떠돌이 노동자	시골 마을의 술집을 전전하는 작부

↓

• 산업화의 흐름 속에서 소외되어 힘들게 살아가는 존재
• 삶의 터전을 잃고 생계를 위해 떠돌아다녀야 하는 인생

노인의 역할

노인 ── • 삼포가 관광지로 개발되며 큰 변화가 생겼음을 알려 줌.
　　　 • 산업화와 도시화가 진행되며 기존의 공간이 파괴되어 버린 것에 대한 작가의 비판적인 시각을 대변함.

'길'의 상징적 의미

　이 작품에서 길은 '떠남'과 '멈춤'이 반복되는 공간으로, 집(고향)을 떠나 타향을 전전하며 살아가는 세 인물의 삶이 지닌 정처 없음과 뿌리 뽑힘을 압축하여 보여 준다. 길에서 우연히 만나 동행하게 된 세 인물은 이야기를 나누며 서로의 아픔과 처지를 이해하고 교감을 느끼게 된다. 즉, 길은 공간적 배경일 뿐만 아니라 <u>등장인물들의 정서적 교감을 빚어내는 공간</u>으로서의 상징적 의미를 갖는 것이다.

'길'의 처음	고립된 인간관계	⇒	'길'의 끝	교감을 나눔.

'삼포'의 상징적 의미

　삼포(森浦)는 '바닷가의 숲이 울창한 마을'이라는 뜻이다. 이곳은 실제로 존재하는 공간이 아니라 작가가 작품 속에서 설정한 가상의 공간으로, <u>떠도는 자들의 영원한 마음의 고향</u>을 상징한다. 이 소설의 결말 부분에서 등장인물들은 삼포가 본래의 모습을 잃고 공사판으로 변했다는 소식을 듣게 되는데, 이는 산업화로 인해 변해 버린 농어촌을 상징하며 당시의 시대 상황을 말해 준다. 결국 정 씨가 기대하던 포근한 안식처로서의 고향 삼포는 파괴되어 그는 정신적인 안식처를 잃게 된 것이다.

과거의 '삼포'		현재의 '삼포'
• 고기잡이, 감자, 나룻배 • 떠도는 자들의 영원한 마음의 고향 • 포근한 안식처	산업화·근대화 ⇒	• 방둑, 관광호텔을 짓는 공사, 신작로 • 본원적 가치가 훼손되어 버린 고향 • 안식처의 상실

📖 함께 읽으면 좋은 작품

〈저문 강에 삽을 씻고〉, 정희성 / 산업화 시대에 소외된 노동자를 그린 작품

　하루 일을 마치고 강물에 삽을 씻으며 고단한 자신의 삶을 되돌아보는 중년 노동자를 통해, 산업화 시대에서 소외되어 가난하게 살아가는 노동자의 삶을 그린 시이다. 노동자의 삶의 한 국면을 자연물인 '강'의 흐름이라는 심상과 결합시켜 형상화함으로써 민중 시의 한계를 극복했다는 평가를 받는다.　　　🔗 Link 〈현대 시〉 222쪽

---

6 이 글을 영상물로 제작하고자 할 때, 배우들에게 주문할 내용으로 거리가 먼 것은?

① 정 씨는 고향에 정착해서, 행복한 삶을 살아가는 모습이 부각되도록 연기했으면 좋겠어.
② 백화는 시골을 떠돌아다니는 작부의 모습이 느껴지면서, 때로는 순수함이 배어 있는 연기가 필요해.
③ 노인은 표정 연기에도 신경을 써서 전달자로서의 입장이 잘 드러나도록 연기해야 한다는 점에 유의해.
④ 영달, 정 씨, 백화는 서로 간의 처지를 이해하는 동병상련(同病相憐)의 심리가 나타나도록 했으면 해.
⑤ 영달은 공사판을 찾아 돌아다니는 무기력한 서민의 모습이 드러나면서도 따뜻한 인간미가 느껴질 수 있도록 해야 해.

7 [A]와 [B]에 들어갈 수 있는 내용에 대한 설명으로 적절한 것은?

과거의 '삼포'	⇒	현재의 '삼포'
[A]		[B]

① [A]: 정 씨의 마음의 고향이자 정신적인 안식처
② [A]: 영달에게 일자리를 제공해 주는 기회의 공간
③ [B]: 정 씨가 꿈꾸는 이상향으로, 비현실적인 공간
④ [B]: 권력자에 의해 부패된 사회상을 보여 주는 공간
⑤ [B]: 산업화의 영향을 받지 않아 훼손되지 않은 공간

8 ⓐ에 대한 이해로 가장 적절한 것은?

① 영달의 궁핍한 처지를 드러낸다.
② 영달의 예의바른 성품을 나타낸다.
③ 백화에 대한 영달의 애정을 나타낸다.
④ 백화의 음식에 대한 선호도를 보여 준다.
⑤ 끼니를 걱정해야 하는 백화의 형편을 암시한다.

9 '백화'가 ㉠과 같이 말한 이유로 가장 적절한 것은?

① 자신이 살아온 과거에 대해 고백하려고
② 자신의 본명을 속였던 모습을 속죄하려고
③ 익명성 속에서 얼마나 많은 잘못을 저질렀는지 고백하려고
④ 따뜻하게 대해 준 두 사람에게 자신을 진실되게 보여 주려고
⑤ 영달이 자신을 다시 찾아 주기를 소망하고 있음을 알리려고

10 ㉡이 암시하는 것이 무엇인지 쓰시오.

IV. 1960년대~1980년대

국어 비상(박영)

핵심 정리

갈래 중편 소설, 전후 소설
성격 상징적, 토속적, 사실적
배경 ① 시간 – 6·25 전쟁 중 여름 장마 기간
　　　　② 공간 – 어느 시골 마을
시점 1인칭 관찰자 시점
주제 이념의 대립과 전쟁으로 인한 가족 내의 비극과 민족적 정서를 통한 갈등 극복 및 화해
특징 ① 무속 신앙을 바탕으로 분단과 전쟁의 상처를 극복하려 함.
　　　　② 어린 화자를 등장시켜 전쟁과 이데올로기로 인한 비극을 효과적으로 보여 줌.
출전 《문학과지성》(1973)

Q '구렁이'의 의미와 역할은?

한(恨)을 품은 사람이 죽으면 구렁이가 된다는 무속 신앙을 바탕으로 볼 때, 구렁이는 삼촌의 현신인 동시에 상처 입은 우리 민족을 의미하는 것으로 볼 수 있다. 또한 구렁이는 두 집안이 화해하는 계기이자 민족 동질성 회복의 매개체라고 할 수 있다.

어휘 풀이

대갈(大喝) 큰 소리로 꾸짖음.
충그리다 '머물러서 웅크리고 있거나 머뭇거리다.'라는 의미의 방언.
울바자 울타리를 만드는 데 쓰이는 바자, 또는 바자로 만든 울타리.
도래 소반 가장자리가 둥글게 생긴 작은 상.
눈요구 '눈요기'의 방언. 먹고 싶거나 가지고 싶은 것을 보는 것만으로 어느 정도 만족하는 일.

Q '할머니의 머리카락'이 지니는 의미는?

구렁이의 원한을 풀어 주는 매개체 역할을 하는 것으로, 무속 신앙에 근거한 주술적 묘방으로 작용한다. 또한 그 이면에는 삼촌에 대한 할머니의 모성애를 내포하고 있다.

구절 풀이

❶ "에구 이 사람아, ~ 먼 질을 찾아왔능가?"
무속적 세계관이 드러난 부분으로, 외할머니는 구렁이를 죽은 삼촌이 환생한 것이라고 여기며 다정하게 말을 건네고 있다.

❷ 자네 노친 양반께서 ~ 가슴이 미여지겠능가?
삼촌을 기다렸던 할머니에 대한 이야기를 하며 구렁이를 달래는 외할머니의 모습이 드러나 있다. 이는 까무라칠만큼 놀라고 슬픈 할머니의 마음을 이해하기 때문에 할 수 있는 말이다.

❸ "자네 오면 ~ 펜안히 가소." 구렁이에게 음식을 건네며 구렁이의 마음을 달래고자 하는 외할머니의 모습이 드러나 있다. 외할머니는 구렁이를 정성껏 대접해 보냄으로써 죽은 삼촌의 영혼을 위로하려고 하는 것이다.

가 바로 머리 위에서 불티처럼 박힌 앙증스러운 눈깔을 요모조모로 빛내면서 자꾸 대가리를 숙여 꺼뜩꺼뜩 위협을 주는 커다란 구렁이를 보고도 외할머니는 조금도 두려워하지 않았다. 외할머니는 두 손을 천천히 가슴 앞으로 모아 합장했다.
〈구렁이를 삼촌의 현신이라고 생각하기 때문에〉
❶"에구 이 사람아, 집안일이 못 잊어서 이렇게 먼 질을 찾아왔능가?"
〈구렁이=삼촌〉　〈길〉
꼭 울어 보채는 아이한테 자장가라도 불러 주는 투로 조용히 속삭이는 그 말을 듣고 누군가 큰 소리로 웃는 사람이 있었다. 그러자 외할머니의 눈이 단박에 세모꼴로 변했다.
〈삼촌의 한을 풀어 주기 위해〉　〈노여워하는 외할머니의 외양 묘사〉
"어떤 창사구 빠진 잡놈이 그렇게 히득거리고 섰냐? 누구냐? 어서 이리 썩 나오니라. 주리 댈 놈!"
〈'창자'의 방언〉　〈주리형을 당해도 될 만큼 나쁜 사람이라는 의미〉
외할머니의 *대갈 호령에 사람들은 쥐 죽은 소리도 못 했다. 외할머니는 몸을 돌려 다시 구렁이를 상대로 했다.
〈외할머니의 행동에 놀란 사람들의 모습〉　▶ 구렁이에게 다정히 말을 건네는 외할머니

나 "자네 보다시피 노친께서는 기력이 여전허시고 따른 식구덜도 모다덜 잘 지내고 있네. 그러니께 집안일일랑 아모 염려 말고 어서어서 자네 가야 헐 디로 가소."
〈저승〉
구렁이는 움쩍도 하지 않았다. 철사 토막 같은 혓바닥을 날름거리면서 대가리만 두어 번 들었다 놓았다 했다.
"가야 헐 디가 보통 먼 질이 아닌디 여그서 이러고 *충그리고만 있어서야 되겠능가? 자꼬 이러면는 못쓰네, 못써. 자네 심정은 내 짐작을 허겄네만 집안 식구덜 생각도 혀야지.
〈이승〉
❷자네 노친 양반께서 자네가 이러고 있는 꼴을 보면 얼매나 가슴이 미여지겠능가?"
〈가족에 대한 걱정과 자신의 죽음에 대한 한(恨)〉
외할머니는 꼭 산 사람을 대하듯 위를 올려다보면서 조용조용히 말을 건네고 있었다.
〈구렁이가 죽은 삼촌의 현신이라고 믿기 때문에〉
하지만, 아무리 간곡한 말씨로 거듭 타일러 봐도 구렁이는 좀처럼 움직일 기척을 안 보였다. 이때 *울바자 너머에서 어떤 아낙네가 뱀을 쫓는 묘방을 일러 주었다. 모습은 안 보이고 목소리만 들리는 그 여자는 머리카락을 태워 냄새를 피우면 된다고 소리쳤다.
〈매우 교묘한 꾀〉
〈무속적 세계관을 가진 사람의 조언 → 신비로운 분위기 형성〉
외할머니의 지시에 따라 나는 할머니의 머리카락을 얻으러 안방으로 달려갔다.
〈갈 것을 청하는 외할머니의 말에도 꼼짝하지 않는 구렁이〉

다 할머니는 거의 시체나 다름이 없는 뻣뻣한 자세로 자리에 누워 있었다. 숨은 겨우 쉬고 있다 해도 아직도 의식을 되찾지 못한 채였다. 할머니의 주변을 둘러싸고 속수무책으로 앉아서 사색이 다 되어 그저 의원이 도착하기만을 기다리는 식구들을 향해 나는 다급한 소리로 용건을 말했다. [중략] 할머니의 머리카락이 이런 때 도대체 어디에 소용될 것인지를 이해가 가도록 설명하기엔 꽤 시간이 걸렸다. 그리고 고모가 인사불성이 된 할머니의 머리를 참빗으로 빗기는 덴 더 많은 시간이 걸렸다. 빗질을 여러 차례 거듭해서 얻어진 한 줌의 흰 머리카락이 내 손에 쥐어졌다. 언제 그렇게 준비를 해 왔는지 외할머니는 *도래 소반 위에다 간단한 음식 몇 가지를 차리는 중이었다. 호박전과 고사리나물이 보이고, 대접에 그득 담긴 냉수도 있었다. ㉠내가 건네주는 머리카락을 받아 땅에 내려놓은 다음, 외할머니는 천천히 고개를 들어 늙은 감나무를 올려다보았다.
〈구렁이의 출현을 통해 아들의 죽음을 예감하고 심한 충격을 받은 할머니의 모습을 보여 줌.〉
〈정신을 잃어 의식이 없음.〉
〈다급한 상황에서도 침착하게 행동하는 외할머니의 모습〉
〈삼촌을 위해 할머니가 준비한 음식들〉
❸"자네 오면 줄라고 노친께서 여러 날 들여 장만헌 것일세. 먹지는 못헐망정 *눈요구라도 허고 가소. 다아 자네 노친 정성 아닌가? 내가 자네를 쫓을라고 이러는 건 아니네. 그것만은 자네도 알어야 되네. 냄새가 나드라도 너무 섭섭타 생각 말고, 집안일일랑 아모 걱정 말고 머언 걸음 부데 펜안히 가소."
〈할머니의 머리카락을 태우는 냄새〉　▶ 구렁이를 정성껏 대접하는 외할머니

• 중심 내용 커다란 구렁이가 나타나자 이를 죽은 삼촌의 현신으로 생각하고 대접하는 외할머니　　• 구성 단계 절정

이해와 감상

이 작품은 6·25 전쟁을 배경으로 서술자인 '나'의 시각을 통해 한 집안에 발생한 이데올로기의 대립과 화해의 과정을 그리고 있다.

이데올로기 대립을 보이고 있는 인물들은 '나'의 친할머니와 외할머니로, 이들은 좌우의 이데올로기를 대표하는 자신의 아들들로 인해 대립하고 있다. 그들의 화해는 전통적이며 토속적인 무속 신앙의 세계관을 바탕으로 이루어지는데, 작가는 이를 통해 이데올로기 때문에 만들어진 대립 상황은 전통적 정서에 바탕을 두고 극복해야 한다는 생각을 보여 주고 있다.

또한 작가는 나이 어린 소년을 서술자로 택하여 사건을 있는 그대로 관찰하는 데 초점을 맞추고 있다. 이로써 이데올로기의 문제를 객관적으로 다루고, 정신적으로 미숙했던 인물이 성장하는 과정을 드러내는 효과를 거두고 있다.

전체 줄거리

발단	6·25 전쟁의 발발로 할머니와 외할머니의 아들이 각각 인민군과 국군으로 전쟁에 나가고, 외가 식구들이 '나'의 집으로 피란을 오며 모두 함께 살게 된다.
전개	국군인 외삼촌이 전사했다는 소식이 전해지자 외할머니는 공산주의자를 저주하고 이때부터 두 할머니의 갈등이 시작된다.
위기	할머니는 삼촌이 '아무 날 아무 시'에 돌아온다는 점쟁이의 말을 믿고 삼촌을 맞이할 준비를 한다.
절정	삼촌이 온다는 날에 삼촌 대신 나타난 커다란 구렁이를 보고 할머니는 기절하고 외할머니가 구렁이를 달래 무사히 보낸다.
결말	구렁이 사건 이후 할머니가 외할머니에게 고마움을 표하면서 두 할머니는 화해하고, 며칠 후 할머니는 세상을 떠난다.

인물 관계도

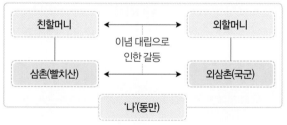

이 글의 서술자로, 어릴 때
벌어진 일을 회상함.

작품 연구소

〈장마〉에 나타난 갈등과 해결 방식

갈등 상황		해결 방식
할머니와 외할머니의 갈등. 각기 이념의 차이가 있는 아들을 둔 어머니들로, 아들의 생사가 위협받는 상황이 되자 대립하며 갈등을 겪음.	➡	무속 신앙적 믿음을 통한 정서적 합일과 모성애를 통해 서로 용서하고 화합하여 갈등을 해결함.

 포인트 체크

인물 각각 ☐☐☐과 ☐☐ 아들을 둔 할머니와 외할머니의 갈등을 어린아이인 '나'의 시각으로 서술하고 있다.

배경 6·25 전쟁 중 여름 ☐☐ 기간 어느 시골 마을에서 벌어지는 이야기를 그리고 있다.

사건 삼촌이 돌아온다던 날에 ☐☐☐가 나타나자 할머니는 졸도하고, 외할머니가 대신 구렁이를 달래 돌려보낸다. 두 할머니는 ☐☐하고 곧 할머니는 죽음을 맞이한다.

1 이 글에 대한 설명으로 적절하지 <u>않은</u> 것은?

① 시간의 흐름에 따라 사건을 전개하고 있다.

② 어린아이의 눈에 비친 사실을 서술하고 있다.

③ 방언과 비속어를 통해 사실감을 높이고 있다.

④ 빈번한 장면 전환을 통해 긴박감을 조성하고 있다.

⑤ 비유적 표현을 활용하여 장면을 효과적으로 전달하고 있다.

중요 기출

2 '한국 문학의 세계화'라는 주제로 심포지엄을 열고자 한다. 〈보기〉의 밑줄 친 부분을 중심으로 이 글에 대해 토론할 때, 그 내용으로 적절하지 <u>않은</u> 것은?

┤보기├

한국 문학의 세계화는 두 가지 측면에서 접근할 수 있다. 첫째, 한국 문학의 특수성을 어떻게 이해시킬 것인가, 둘째, 우리 문학이 지니고 있는 보편성을 어떻게 찾아내 드러낼 것인가이다. 두 가지 문제는 상호 보완적이지만 첫 번째 문제를 먼저 해결해야 할 것이라고 본다.

① 이 작품에 담겨 있는 사투리 특유의 어조를 어떻게 번역할 것인가?

② 이 작품에서 드러나는 인물들 사이의 심리적 갈등 양상을 어떻게 설명할 것인가?

③ 이 작품에 나타난 한국의 전통적 가족 제도 내의 인간관계를 어떻게 이해시킬 것인가?

④ 이 작품에 나오는 토속적 샤머니즘에 대해 우리가 느끼는 정서를 어떻게 공감시킬 것인가?

⑤ 이 작품이 배경으로 하고 있는 6·25 당시 우리 농촌 특유의 장마철 분위기를 어떻게 전달할 것인가?

3 ㉠의 상징적 의미로 가장 적절한 것은?

① 죽어 돌아온 아들에 대한 모성애

② 할머니의 죽음을 준비하기 위한 의식

③ 아들을 다시 살릴 수 있는 주술적 능력

④ 악귀로부터 가정의 안녕을 빌기 위한 부적

⑤ 할머니의 고통스럽고 한스러웠던 과거의 삶

4 〈보기〉를 참고하여 '외할머니'가 구렁이를 타이르는 이유를 쓰시오.

┤보기├

무속 신앙은 우리나라 원시 종교의 한 형태로, 민간 신앙의 형태인 무속에서는 죽은 자가 이승에 있는 것은 바람직하지 않다고 본다. 죽은 자가 원한을 갖게 되면 원귀가 되어 이승을 떠나지 못한다고 믿는 것이다.

☀️ 어휘 풀이

졸도하다 갑자기 의식을 잃고 쓰러지다.
터주 집터를 지키는 지신(地神), 또는 그 자리.
까라지다 기운이 빠져 축 늘어지다.
구완 아픈 사람의 시중을 드는 일.
미음 쌀이나 좁쌀을 푹 끓여 체에 걸러 낸 음식.
탕약 달여서 먹는 한약.
고역 몹시 힘들고 고된 일.
임종 ① 죽음을 맞이함. ② 부모가 돌아가실 때 그 곁을 지키고 있음.

Q '친할머니'와 '외할머니'의 화해가 의미하는 것은?

이 작품에서 국군 아들을 둔 외할머니와 인민군 아들을 둔 친할머니가 서로 대립·갈등하고 있다. 이러한 일들은 6·25 전쟁이라는 비극적 상황에서 벌어지고 있는데, 친할머니의 죽음을 앞두고 두 할머니가 화해하는 것은 민족 갈등을 해소하고 극복할 수 있는 가능성을 드러내는 것이다.

👐 구절 풀이

❶ **그 서너 시간이 ~ 표정을 지었다.** 혼수상태에서 보낸 시간이 할머니에게 상당한 변화를 일으켰음을 드러내고 있다.

❷ **두 눈에서 하염없이 ~ 줄줄 흘러내렸다.** 구렁이가 되어 찾아온 아들에 대한 슬픔과 이를 잘 대접하여 보내 준 사돈에 대한 고마움이 섞인 복합적 감정의 표현이다.

❸ **"야한티서 이야기는 ~ 얼매나 수고시렀능 꼬?"** 자기 대신 구렁이를 대접한 사돈에 대한 고마움을 표현한 말로, 할머니 간의 갈등이 해소되고 화해하는 부분이다.

❹ **"염려 마시랑게요. ~ 있을 것이오."** 구렁이를 집안을 지키는 터줏대감으로 인식하는 무속적 세계관을 바탕으로 한 말이다.

❺ **임종의 자리에서 ~ 모든 걸 용서했다.** 삼촌으로 인한 '나'와 할머니의 갈등 관계 역시 화해에 이르고 있다. 이를 통해 '나'의 정신적 성숙과 이 작품의 성장 소설적 성격을 엿볼 수 있다.

Q 이 글의 결말 처리 방식은?

여운을 남기며 소설이 마무리되고 있다. '지루한'이라는 표현에서 장마가 실제보다 더 길게 느껴진 힘든 시간이었음을 암시한다. 또한 과거형 문장을 통해 장마가 끝났으며 이념의 대립으로 인한 전쟁도 종결되었음을 나타낸다.

🧑 작가 소개

윤흥길(尹興吉, 1942~)
소설가. 1968년 《한국일보》 신춘문예에 단편 《회색 면류관의 계절》이 당선되어 등단하였다. 현실의 부조리를 고발하는 성격이 짙은 작품을 발표하였으며, 한국 현대사에 대한 비판과 전망을 제시하는 작품들도 다수 창작하였다. 주요 작품으로 《아홉 켤레의 구두로 남은 사내》, 《에미》 등이 있다.

가 　장마철에 무성히 돋아난 죽순과 대나무 사이로 모습을 완전히 감추기까지 외할머니는 우물곁에 서서 마지막 당부의 말로 ㉠구렁이를 배웅하고 있었다. [중략]
　*졸도한 지 서너 시간 만에야 겨우 할머니는 의식을 회복할 수 있었다. ❶그 서너 시간이 무의식의 세계에서는 서너 달에 해당되는 먼 여행이었던 듯 할머니는 방 안을 휘이 둘러보면서 정말 오래간만에 집에 돌아온 사람 같은 표정을 지었다. ▶ 구렁이가 사라지고 의식을 회복한 할머니

나 　"갔냐?" / 이것이 맑은 정신을 되찾고 나서 맨 처음 할머니가 꺼낸 말이었다. 고모가 말 뜻을 재빨리 알아듣고 고개를 끄덕거렸다. 인제는 안심했다는 듯이 할머니는 눈을 지그시 내리깔았다. 할머니가 까무러친 후에 일어났던 일들을 고모가 조용히 설명해 주었다. 외할머니가 사람들을 내쫓고 감나무 밑에 가서 타이른 이야기, 할머니의 머리카락을 태워 감나무에서 내려오게 한 이야기, 대밭 속으로 사라질 때까지 시종일관 행동을 같이하면서 바래다준 이야기…… 간혹가다 한 대목씩 빠지거나 약간 모자란다 싶은 이야기는 어머니가 옆에서 상세히 설명을 보충해 놓았다. 할머니는 소리 없이 울고 있었다. ❷두 눈에서 하염없이 솟는 눈물방울이 홀쭉한 볼 고랑을 타고 베갯잇으로 줄줄 흘러내렸다. 이야기를 다 듣고 나서 할머니는 사돈을 큰방으로 모셔 오도록 아버지한테 분부했다. 사랑채에서 쉬고 있던 외할머니가 아버지 뒤를 따라 큰방으로 건너왔다. 외할머니로서는 벌써 오래전에 할머니하고 한 다래끼 단단히 벌인 이후로 처음 있는 큰방 출입이었다. / "고맙소."
　정기가 꺼진 우묵한 눈을 치켜 간신히 외할머니를 올려다보면서 할머니는 목이 꽉 메었다.
　"사분도 별시런 말씀을 다 ……." / 외할머니도 말끝을 마무르지 못했다.
　❸"야한티서 이야기는 다 들었소. 내가 당혀야 혈 일을 사분이 대신 맡었구랴. 그 험헌 일을 다 치르노라고 얼매나 수고시렀으꼬?" ▶ 외할머니의 수고를 감사하는 할머니

다 　"인자는 다 지나간 일이닝게 그런 말씀 고만두시고 어서어서 묌이나 잘 추시리기라우."
　"고맙소, 참말로 고맙구랴."
　㉡할머니가 손을 내밀었다. 외할머니가 그 손을 잡았다. 손을 맞잡은 채 두 할머니는 한동안 말을 잇지 못했다. 그러다가 할머니 쪽에서 먼저 입을 열어 아직도 남아 있는 근심을 털어놓았다. / "탈 없이 잘 가기나 혔는지 몰라라우."
　❹"염려 마시랑게요. 지금쯤 어디 가서 펜안히 거처험시나 사분댁 터주 노릇을 퇵퇵이 하고 있을 것이오."
　그만한 이야기를 나누는 데도 대번에 기운이 까라져 할머니는 가쁜 숨을 몰아쉬었다. 가까스로 할머니가 잠들기를 기다려 구완을 맡은 고모만을 남기고 모두들 큰방을 물러 나왔다. ▶ 할머니와 외할머니의 화해

라 　그날 저녁에 할머니는 또 까무러쳤다. 의식이 없는 중에도 몇 숟갈 흘려 넣은 미음과 탕약을 입 밖으로 죄다 토해 버렸다. 그리고 이튿날부터는 마치 육체의 운동장에서 정신이란 이름의 장난꾸러기가 들어왔다 나갔다 숨바꼭질하기를 수없이 되풀이하는 것 같은 고통의 시간의 연속이었다. 대소변을 일일이 받아 내는 고역을 치러 가면서 할머니는 꼬박 한 주일을 더 버티었다. 안에 있는 아들보다 밖에 있는 아들을 언제나 더 생각했던 할머니는 마지막 날 밤에 다 타 버린 촛불이 스러지듯 그렇게 눈을 감았다. 할머니의 긴 일생 가운데서, 어떻게 생각하면, 잠도 안 자고 먹지도 않고 그러고도 놀라운 기력으로 며칠 동안이나 식구들을 들볶아 대면서 삼촌을 기다리던 그 짤막한 기간이 사실은 꺼지기 직전에 마지막 한순간을 확 타오르는 촛불의 찬란함과 맞먹는, 할머니에겐 가장 자랑스럽고 행복에 넘치던 시간이었나 보다. ❺임종의 자리에서 할머니는 내 손을 잡고 내 지난날을 모두 용서해 주었다. 나도 마음속으로 할머니의 모든 걸 용서했다. / 정말 지루한 장마였다.
▶ 할머니의 임종과 장마의 끝

• 중심 내용　할머니와 외할머니의 화해에 이은 할머니의 죽음　　　• 구성 단계　결말

작품 연구소

'장마'라는 배경의 의미

이 작품의 시간적 배경은 6·25 전쟁 동안의 장마철인데, 이러한 계절적 배경은 중요한 의미를 지닌다. 할머니와 외할머니 사이의 갈등은 장마와 더불어 시작되고 장마가 끝날 무렵 해소되기 때문이다. 즉, 장마는 이 작품의 자연적 배경이자 사건 전개 상황을 효과적으로 전달하기 위한 장치라고 할 수 있다.

온 세상을 물걸레처럼 질펀히 적시는 장마는 <u>오랜 기간 동안 지속된 지긋지긋한 가족사의 불행을 상징하며</u>, 나아가 <u>우리 민족에게 닥친 6·25 전쟁이라는 비극적 사건을 상징한다</u>. 또한 축축하고 지루하며 사람을 우울하게 만드는 장마는 실제보다도 더 사람을 고통스럽게 하고 끝날 기미가 보이지 않는 전쟁을 의미하기도 한다.

이념의 대립과 화해

'나'는 친할머니와 외할머니의 모습을 지켜보며, 이데올로기의 대립과 전쟁의 비극성을 접하게 되고 이를 극복하기 위한 노력의 의미를 깨닫게 된다.

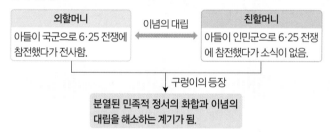

〈장마〉의 시점

이 작품은 어린 소년인 '나'의 시점과 어른이 된 '나'가 과거를 떠올리는 시점이 공존하고 있다. 이념과 전쟁이라는 무거운 주제를 어린아이의 시점에서 전개함으로써 삼촌이 돌아온다는 점쟁이의 말을 믿고, 구렁이를 삼촌의 환생으로 여기는 등의 비합리적인 할머니들의 행위를 비판적 시각 없이 묘사할 수 있는 것이다. 또한 어른이 된 '나'의 시점에서 어린 관찰자의 한계를 보완하고, 이념 대립이 인간의 삶을 파괴시킨다는 것을 강조하고 있다.

성인 서술자 →(회상)→ 소년 서술자가 사건을 서술함.

함께 읽으면 좋은 작품

〈비 오는 날〉, 손창섭 / 전쟁으로 인한 무기력한 삶과 허무 의식을 그린 작품
비 내리는 피란지 부산을 배경으로, 전쟁으로 인해 비참하고 절망적이며 무기력한 삶을 살아가는 사람들의 삶을 그려 낸 작품이다. 장마철이라는 시간적 배경을 통해 소설 전체의 상황을 드러낸다는 점에서 〈장마〉와 유사하다.
Link 본책 158쪽

〈어둠의 혼〉, 김원일 / 어린 소년의 시점에서 분단의 비극을 보여 주는 작품
비극적인 동족상잔(同族相殘)의 상황을 천진한 소년의 시각으로 그리면서 삶의 과정에 수반되는 고통과 좌절을 극복하는 과정을 제시한 작품이다. 〈장마〉와 마찬가지로 어린 소년의 시점으로 분단 현실을 그리고 있다.

---

5 이 글을 통해 알 수 있는 내용으로 적절하지 <u>않은</u> 것은?

① '나'와 할머니는 갈등 관계에 있었다.
② 할머니는 삼촌이 돌아오기를 간절히 기다렸다.
③ 할머니는 구렁이가 사라진 후 의식을 회복했다.
④ 아버지는 삼촌에게만 관심을 갖는 할머니를 원망하고 있다.
⑤ 고모는 할머니가 졸도한 후 일어났던 일을 할머니에게 말해 주고 있다.

내신 적중

6 이 글을 통해 작가가 궁극적으로 말하고자 하는 바를 〈보기〉와 같이 정리한다고 할 때, 빈칸에 들어갈 말로 가장 적절한 것은?

┤ 보기 ├
　　이 작품에서 작가는 이데올로기의 대립 구조를 지녔던 두 할머니가 무속 신앙을 바탕으로 갈등을 극복하는 상황을 설정하여 (　　　　　　　　)을 시사하고 있다.

① 전통적 유교 사상을 바탕으로 가족 간의 위계질서를 재정립해야 함
② 가족 간에 나타나는 이데올로기적 갈등은 모성애로 해소할 수 있음
③ 남북 분단 현실은 우리 민족에게 결코 피할 수 없는 운명과 같은 것이었음
④ 우리 전통의 무속 신앙에 대해 올바른 가치 평가를 내리는 것이 매우 중요함
⑤ 이데올로기의 대립은 정서적 화합인 민족의 동질성 회복을 통해 극복될 수 있음

7 사건 전개상 ㉠의 기능으로 가장 적절한 것은?

① 할머니의 비극적인 죽음을 암시한다.
② 할머니와 외할머니의 관계를 회복하게 한다.
③ 할머니에게 삼촌과의 추억을 떠올리게 한다.
④ '나'가 할머니에게 행한 과거의 잘못을 환기하게 한다.
⑤ 외할머니에게 고달픈 현실을 극복할 수 있는 힘을 준다.

8 ㉡에 나타난 상황을 설명하는 말로 가장 적절한 것은?

① 두 할머니는 서로 망운지정(望雲之情)을 느끼겠군.
② 두 할머니는 서로 동병상련(同病相憐)의 심정이겠군.
③ 외할머니는 할머니의 병세 때문에 노심초사(勞心焦思)하는군.
④ 외할머니는 할머니에게 초지일관(初志一貫) 같은 마음이로군.
⑤ 외할머니는 할머니의 모정에 애이불비(哀而不悲)의 심정이로군.

내신 적중 **다빈출**

9 이 글에서 '장마'의 상징적 의미를 개인적 측면과 사회적 측면에서 쓰시오.

IV. 1960년대~1980년대

문학 천재(정)

🎯 핵심 정리

갈래 단편 소설, 분단 소설
성격 사실적, 고백적
배경 ① 시간 – 현재: 1970년대 겨울
　　　　　과거: 6·25 전쟁
　　　　② 공간 – 서울, 온양
시점 1인칭 주인공 시점
주제 6·25 전쟁으로 인한 정신적 상처와 인간
　　　　애를 통한 극복
특징 ① 여행을 통해 인물 간의 갈등 해소 과정
　　　　　이 드러남.
　　　　② 전쟁으로 인한 정신적 상처의 극복 과정
　　　　　을 액자식 구성을 통해 드러냄.
출전 《문학사상》(1975)

Q '나'가 딴 골목을 찾아든 이유는?

'나'는 외로움과 허무함이 느껴지는 서울을 떠나
여행을 왔다가 호수까지 오게 되었다. 하지만 얼
어붙은 호수에서 스산함과 황량함을 느끼고, 이
상황에서 벗어나기 위해 허둥지둥 딴 골목으로
찾아들고 있는 것이다.

💡 어휘 풀이

차부 자동차의 시발점이나 종착점에 마련된 차
의 집합소를 이르던 말.
암상스럽다 남을 미워하고 샘을 잘 내는 마음이
나 태도가 있다.
여인숙 규모가 작고 숙박료가 싼 여관.
줄행랑 대문의 좌우로 죽 벌여 있는 종의 방.
다후다 태피터(taffeta). 광택이 있는 얇은 평직
견직물. 여성복이나 양복 안감, 넥타이, 리본 등을
만드는 데에 씀.
도리질 말귀를 겨우 알아듣는 어린아이가 어른
이 시키는 대로 머리를 좌우로 흔드는 재롱.

📖 구절 풀이

❶ **낮고 헐벗은 산에 ~ 뺨을 때렸다.** 얼어붙은
호수의 황량한 풍경을 감각적으로 묘사하고
있다. 이를 통해 '나'의 쓸쓸하고 암울한 심리
를 효과적으로 드러내고 있다.

❷ **나는 그 아주머니를 ~ 찾아드는 것처럼 느꼈
다.** '나'는 얼어붙은 호수가 주는 황량하고 쓸
쓸한 느낌에서 벗어나기 위해 골목을 찾았다가
여인숙에 들어왔다. 그곳에서 '나'는 자신을 친
절하게 맞아 주는 아주머니로부터 포근하고 따
뜻한 느낌을 받으며 마음이 편안해지고 있다.

❸ **노파의 입이 ~ 멈추지 않았다.** 도리질은 일
반적으로 상황이나 대상에 대한 부정적인 의
미를 내포한 행동이다. 하지만 노파가 웃음을
보이면서도 도리질을 멈추지 않는 것을 볼 때,
노파의 도리질이 부정적인 의미가 아니라 다
른 이유가 있음을 짐작해 볼 수 있다.

가 　호텔 건너편에 *차부가 보였다. 생소한 이름의 행선지를 써 붙인 고물 버스들이 지친 듯
이 부르릉대며 손님을 부르고 있었다. ㉠나는 뭔가 좀 숨통이 트이는 것 같았다. 아무나 붙
들고 이 근처에 어디 구경할 만한 명승고적이 없냐고 물었다. 막 움직이기 시작하던 버스
에서 차장이 뛰어내리더니 미처 내가 뭐랄 새도 없이 나를 자기 버스에 짐짝처럼 쓸어 넣
었다. 나는 앞으로 고꾸라지면서 버스에 탔다. [중략]
　　훌륭한 경치와 역사적인 유적

　　"이게 어디 가는 건데?" / 버스가 속력을 내자 나는 겁먹은 소리로 물었다.

　　"가다가 호수에서 내려 드리면 되잖아요."

[A]　내가 언제 저러러 호수까지 데려다 달랬던 것처럼 차장은 당당했다. / "호수?"

　　"네, 호수요. 이 근처에서 경치 좋은 곳은 거기밖에 없어요. 겨울만 아니면 거기까지 가
　　는 손님이 얼마나 많다구요."
　　　　　차장이 당당했던 이유

　오 분도 안 돼서 차장은 나에게 버스값을 재촉하더니 호수 다 왔다고 나를 밀어냈다. 과
연 호수는 있었다. ❶낮고 헐벗은 산에 둘러싸인 얼어붙은 호수는 찌푸린 하늘이 그대로 내
려앉은 듯 암울하고 불투명해 보였다. 별안간 호수의 빙판을 핥으며 휘몰아쳐 온 *암상스
러운 바람이 모진 채찍처럼 뺨을 때렸다. 나는 황급히 버스에 다시 올라타려 했다. 그러나
　　　　호수의 황량한 풍경을 감각적으로 묘사함.
이미 다음 정거장을 향해 흙먼지만 남기고 떠난 뒤였다. ▶ 차장에 의해 호숫가에 도착한 '나'는 황량함을 느낌.

나 　나는 다시 허둥지둥 딴 골목을 찾아들었다. 역시 인기척이라곤 없는 골목 저만치 대문이
열리고 문전이 정갈한 *'여인숙'이란 간판이 붙은 집이 보였다. 대문간엔 연탄재가 쌓여 있
고 안마당 빨랫줄엔 흰 빨래가 이상한 모양으로 비틀어진 채 얼어붙어 있었다. 나는 떨리
는 목소리로 주인을 찾았다. 오십 대의 정갈한 아주머니가 안채에서 반색을 하며 나타났
　　　　　　　　　　　　　　　　　무척 추운 날씨임을 알 수 있음.　　　　　　　　　몹시 반가워하는 기색
다. ❷나는 그 아주머니를 보자 내 집에 온 것처럼 마음이 놓이고 어리광이라도 부리고 싶어
졌다. 참 묘한 분위기를 지닌 아주머니였다. 솜옷처럼 너그럽고 착하고 따뜻하게 사람을
감싸는 무엇이 있었다. 나는 마치 오랫동안 잊고 있던 무엇인가가 다시 나에게 찾아드는
것처럼 느꼈다. / "좀 녹여 가고 싶은데 따뜻한 온돌방 있어요?"

　아주머니는 얼른 *줄행랑처럼 붙은 손님방 중 한 방으로 먼저 들어가 아랫목에 깔아 놓
　　　　　　　　　　　　아주머니의 친절하고 다정한 성격이 드러남.
은 *다후다 포대기 밑에 손을 넣어 보더니 따뜻하긴 한데 외풍이 세어서 어쩌나 하면서 어
쩔 줄을 몰라 했다. 내가 되레 안돼서 내가 그렇게 추워 보여요? 하면서 웃으려고 했지만
뺨이 얼어붙어서 제대로 웃어지지가 않았다. ▶ '나'는 여인숙 주인아주머니에게서 편안함을 느낌.
　추운 날씨에 밖에서 오랫동안 헤맸기 때문에

다 　처음엔 아무도 없는 줄 알았는데 차츰 어둠에 눈이 익자 아랫목에 단정히 앉았는 한 노
파를 볼 수 있었다. 미라에다 옷을 입혀 놓은 것처럼 바싹 마른 노파는 무표정하게 나를 바
　　　　　　　　　　　　　　　노파의 여윈 몸을 비유적으로 표현함.
라보며 고개를 좌우로 저었다. 나를 거부하는 몸짓 같아서 나는 어색하게 멈칫댔다. 그러
　　　　　　　　　　　도리질　　　　　　　　　　도리질은 보통 부정적인 의미를 표현하는 행동이기 때문에 '나'는 어색함을 느낌.
나 아주머니는 한사코 나를 아랫목으로 끌어다 앉히고 손을 노파가 깔고 있는 포대기 밑에
　　　　　　　　　　　　　　　　　　　　　　　추워하는 '나'를 위한 배려
넣어 주었다. ❸노파의 입이 조금 웃었다. 그러나 고개를 저어 *도리질을 하는 것은 멈추지
않았다. 아주머니는 나에게 우리 시어머니예요, 하고는 노파에겐 손님이에요, 하도 추워하
시기에 안방으로 모셨어요, 했다. 그것으로 노파와 나와의 인사 소개는 끝났으나 노파는
여전히 도리질을 해 쌓았다. ▶ '나'는 여인숙의 안방에서 도리질을 하는 노파를 만남.

• 중심 내용 '나'는 호수에 왔다가 황량함을 느끼고 여인숙에 찾아들어감. 　　• 구성 단계 (가) 전개 / (나), (다) 위기

이해와 감상

이 작품은 주인공인 '나'가 남편에 대한 배신감과 삶에 대한 허탈감 때문에 여행을 떠나면서 시작된다. 그러나 여행을 통한 '나'의 방황은 오히려 가족에 대한 충만한 사랑을 회복하는 계기로 작용하면서 다시 가족의 품으로 돌아오는 원점 회귀의 구조를 보여 준다.

'나'는 여행을 떠난 곳에서 6·25 전쟁으로 인한 상흔을 간직한 채 오랜 세월 무의식적으로 도리질을 해대는 노파와 이러한 시어머니를 극진히 봉양하며 살아가는 아주머니를 만나게 된다. 가족에 대한 헌신적인 사랑을 보여 준 아주머니를 통해 '나'는 남편에 대한 오해에서 빚어진 내적 갈등을 해소한다.

결국 '나'의 여행은 노파와 마찬가지로 6·25 전쟁으로 인한 상처를 지닌 남편과 딸을 헌신적으로 뒷바라지하며 살아온 자신의 삶이 결코 헛되지 않은 것이었음을 깨닫게 되는 과정이라고 할 수 있다. 이러한 과정에서 작가는 전쟁으로 인한 민족의 고통을 가족애, 인간애를 통해 치유하고 극복할 수 있음을 보여 주고 있다.

전체 줄거리

발단	'나'는 남편이 그린 의붓딸의 초상화를 보고, 남편이 북에 두고 온 아내를 그리워한다 생각해 배신감과 허탈감을 느끼고 여행을 떠난다.
전개	'나'는 온양의 온천장에 묵으며 생소함과 낯섦을 느끼고, 여전히 서러움과 허탈감을 안은 채 근처의 호수로 향한다.
위기	'나'는 호숫가의 한 여인숙에서 도리질을 하는 노파와 그녀를 극진히 봉양하는 아주머니를 만난다.
절정	'나'는 아주머니에게 6·25 전쟁 중에 아들을 잃은 노파가 25년 동안이나 도리질을 하게 된 사연을 듣게 된다.
결말	'나'는 가족을 극진히 보살피며 전쟁의 상처를 극복해 가는 고부의 사연을 통해 전쟁의 상처를 지닌 남편과 딸을 뒷바라지하며 살아온 자신의 삶이 결코 헛된 것이 아님을 깨닫고 서울로의 귀환을 결심한다.

인물 관계도

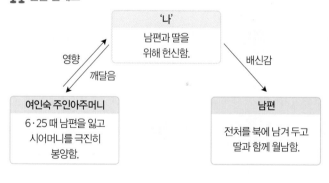

작품 연구소

공간의 이동에 따른 갈등의 해결

서울(갈등의 공간)		온양(깨달음의 공간)
• 가족에게 헌신하며 살아온 삶에 허탈감을 느낌. • 가족에 대한 사랑을 회의함.	떠남 ↔ 복귀	• 가족에게 헌신했던 삶이 헛되지 않았음을 깨달음. • 가족에 대한 사랑을 회복함.

여행의 서사적 의미
주인공인 '나'의 각성을 유도함으로써 가족애를 통한 상처의 치유와 극복이라는 주제를 효과적으로 형상화하기 위한 소설적 장치로 기능함.

키 포인트 체크

인물 '나'는 가족을 위해 헌신했던 삶에 ☐☐☐을 느끼고, 아주머니는 전쟁 중에 남편을 잃고 시어머니를 극진히 봉양한다.

배경 1970년대 추운 겨울, ☐☐에서 ☐☐에 이르기까지의 여정을 배경으로 하며, 과거 6·25 전쟁에서 있었던 일을 포함하고 있다.

사건 '나'는 가족을 지키려는 마음으로 ☐☐☐하는 노파와 그런 시어머니를 극진히 모시는 아주머니의 모습을 보며 가족에 대한 ☐☐을 깨닫는다.

1 이 글에 대한 설명으로 적절하지 <u>않은</u> 것은?

① 장소의 이동에 따라 이야기를 전개하고 있다.
② 1인칭 서술자가 자신의 경험담을 진술하고 있다.
③ 비유적 표현을 사용하여 인물의 상황을 서술하고 있다.
④ 새 인물이 등장하면서 갈등이 새로운 국면을 맞고 있다.
⑤ 인물 간의 대화를 통해 주인공이 처한 상황을 알 수 있다.

내신 적중 多빈출

2 '호수'와 '여인숙'에 대한 설명으로 적절한 것은?

① '호수'는 '나'가 과거에 와 본 공간이고, '여인숙'은 '나'가 처음 오게 된 공간이다.
② '호수'는 '나'가 위안을 얻게 되는 공간이고, '여인숙'은 '나'가 정신적 상처를 입게 되는 공간이다.
③ '호수'는 '나'의 내적 갈등을 해소하는 공간이고, '여인숙'은 '나'의 내적 갈등을 심화하는 공간이다.
④ '호수'는 '나'에게 부정적인 첫인상을 주는 공간이고, '여인숙'은 '나'에게 긍정적인 첫인상을 주는 공간이다.
⑤ '호수'는 '나'와 다른 인물과의 갈등이 드러나는 공간이고, '여인숙'은 '나'의 내적 갈등이 드러나는 공간이다.

3 ㉠에 담긴 '나'의 심리 상태로 가장 적절한 것은?

① 명승고적이 없는 것에 대한 실망감
② 다시 서울로 돌아갈 수 있다는 안도감
③ 새로운 곳에 갈 수 있을 것 같다는 기대감
④ 자신의 상황과 비슷한 차창에 대한 동질감
⑤ 다음 행선지를 정해 놓지 않았다는 불안감

4 [A]에 드러난 '차장'의 말하기 태도로 가장 적절한 것은?

① 상대방에게 자신의 생각에 동조할 것을 강요하고 있다.
② 자신의 상황을 제시하며 상대방의 양해를 구하고 있다.
③ 상대방의 반응을 수용하여 자신의 의견을 수정하고 있다.
④ 상대방의 감정에 호소하여 자신의 생각을 강조하고 있다.
⑤ 상대방의 반응을 미리 짐작하여 자신의 생각을 드러내고 있다.

5 '주인아주머니'에게서 느낀 '나'의 감정을 〈조건〉에 따라 쓰시오.

┤ 조건 ├
'나'의 감정을 비유적으로 표현한 부분을 포함하여 쓸 것

☀️ **어휘 풀이**

찬바람내기 가을에 찬바람 날 때.

패잔병(敗殘兵) 싸움에 진 군대의 병사 가운데 살아남은 병사.

명물 남다른 특징이 있어 인기 있는 사람을 이르는 말.

Q (나)의 시점은?

(나)에는 서술자이자 주인공인 '나'가 등장하지 않는다. 대신 아주머니의 시각에서 시어머니가 도리질을 멈추지 않고 계속하게 된 사연을 전지적 작가 시점으로 서술하고 있다. 이 부분은 내부 이야기로, 아주머니와 노파(시어머니)의 사연이기 때문에 시점의 변화가 나타난 것이다.

Q '시어머니'가 '몰라요'라는 말을 반복한 이유는?

6·25 전쟁 때 아주머니가 살던 마을은 인민군 세력 아래 놓이고, 당시 면장이었던 아주머니의 남편은 신변에 위험을 느껴 숨어 지내게 된다. 아주머니는 시어머니가 남편이 있는 곳을 실토할까 봐 시어머니에게 누가 남편이 있는 곳을 물으면 무조건 모른다고 이야기하라고 가르친다. 그러다 시어머니는 인민군과 마주치고, 놀란 나머지 그들이 말을 걸기도 전에 아들을 지켜야 한다는 생각에 "몰라요."라는 말을 반복하게 된 것이다.

🔖 **구절 풀이**

❶ **"할머니께서 제가 ~ 젓고 계셨어요."** 도리질은 머리를 좌우로 흔들어 싫다거나 아니라는 뜻을 표시하는 행동이다. '나'는 노파가 계속해서 도리질을 하는 이유를 모르는 상황이기 때문에 노파가 자신을 거부하고 있다고 오해하게 된 것이다.

❷ **도리질만은 그때 ~ 고질병이 되고 말았다.** 아들을 지키기 위해 시어머니는 "몰라요."라는 말을 연습했지만 결국 아들의 죽음을 눈앞에서 목격하게 된다. 그로 인한 충격과 아들을 지키지 못한 한(恨) 때문에 계속해서 도리질을 하게 된 것으로, 전쟁으로 인한 상처를 상징적으로 드러낸다.

❸ **문득 남편이 서럽도록 보고 싶어졌다.** '나'는 아주머니를 걱정하다가 남편이 자신에게 했던 말을 떠올리며 '나'를 걱정했던 남편의 마음을 이해하고 있다. 이를 통해 '나'는 남편에 대한 사랑을 회복하게 되며 내적 갈등을 해소하고 있다.

👤 **작가 소개**

박완서(朴婉緖, 1931~2011)
소설가. 1970년 《여성동아》에 〈나목〉이 당선되어 등단하였다. 6·25 전쟁과 분단 문제, 여성 억압적 사회 구조 문제 등에 대해 날카롭게 문제를 제기하고, 인간적 입장에서 해결책을 담은 작품들을 창작하였다. 주요 작품으로 〈그해 겨울은 따뜻했네〉, 〈엄마의 말뚝〉 등이 있다.

가 "원 별말씀을요. 저는 어머님 모시고 벌써 먹은걸요."

아주머니가 먼저 노파 얘기를 꺼냈기 때문에 나는 자연스럽게 노파의 이상한 도리질에 대해 물을 수가 있었다.

❶"할머니께서 제가 몹시 못마땅하셨나 보죠? 말씀은 안 하셨지만 제가 안방에 있는 내내 고개를 젓고 계셨어요."

"벌써 이십오 년 동안이나 그러고 계신걸요."

"이십오 년 동안이나!"

나는 기가 막혀서 벌린 입을 못 다물었다. ▶ 계속 도리질을 하는 노파의 행동에 특별한 관심을 보이는 '나'

나 텃밭엔 이미 김장 배추를 간 뒤였지만 울타리엔 기름이 잘잘 흐르는 애호박이 한창 잘 열 찬바람내기였다. 아침 이슬을 헤치며 뒤란으로 애호박을 따러 나갔던 시어머니가 별안간 찢어지는 소리를 냈다.

"몰라요, 몰라요. 정말 난 모른단 말예요."

소름이 쪽 끼치고 간담이 서늘해지는 처참한 비명이었다. 그녀도 뛰어나가고 그녀의 남편까지도 엉겁결에 뛰어나갔다. 잠깐 아무도 분별력이 없었다. 저만치 뒷간 모퉁이에 패잔병인 듯싶은 지치고 남루한 인민군 서너 명이 일제히 총부리를 시어머니에게 겨누고 있었다. [중략] 패잔병 중 한 사람의 눈에 살기가 번뜩이는가 하는 순간 총이 그녀의 남편을 향해 난사됐다. 그녀의 남편은 처참한 모습으로 나동그라지고 그들도 어디론지 도망쳤다. 이런 일은 일순에 일어났다.

그 후 거의 실성하다시피 한 시어머니를 오랫동안 극진히 봉양한 끝에 어느 만큼 회복은 됐지만 그때 뒷간 모퉁이에서 죽길 기를 쓰고 흔들어 대던 ❷도리질만은 그때 같은 박력만 가셨다 뿐 멈출 줄 모르는 고질병이 되고 말았다. 그래서 도리도리 할머니라는 이 동네 명물 할머니가 됐다. ▶ 노파의 도리질에 얽힌 사연을 전해 주는 아주머니

다 아주머니는 이런 얘기를 조금도 수다스럽지 않고 담담하고 고즈넉하게 했다.

"이젠 고쳐 드려야겠다는 생각보단 도와드려야겠다는 생각뿐이에요."

"도와드리다니요? 어떻게요?"

"당신 임의로는 못 하시는 일이고, 얼마나 힘이 드시겠어요. 삼시 잡숫는 거라도 정성껏 잡숫게 해 드리고 몸 편케 보살펴 드리고, 뭐, 그런 거죠. ㉠대사업을 완수하시고 돌아가시는 날까지 그거야 못 해 드리겠어요."

치매가 된 채 허구한 날 도리질이나 해 대는 걸 '대사업'이라고 하는 아주머니의 농담에 웃으려다 말고 입을 다물었다. 아주머니의 태도가 조금도 농담 같지 않아서였다. 정말 대사업을 힘껏 보필하는 이의 사명감과 긍지로 아주머니의 얼굴이 은은히 빛나 보이기까지 했다. 「나는 어쩌면 이 아주머니야말로 대사업을 하고 있는 게 아닌가 하는 생각이 들면서 등골에 전율이 지나갔다.」[중략]

아주머니는 내가 준 돈 천 원을 소중하게 스웨터 주머니에 넣고 나더니 지극히 안심스럽고 감사한 얼굴을 하고는 또 한 번 이상스러운 소리를 했다.

"이걸로 노자 해 가지고 서울 갈 겁니다, 오늘요."

"서울을요? 왜요? 하필이면 이 추운 날."

나는 나중 이 추운 날 소리를 하고는 내가 여행을 떠난다고 할 때 남편이 놀라면서 나에게 하던 말과 똑같은 말을 내가 했구나 생각했다. ❸문득 남편이 서럽도록 보고 싶어졌다. ▶ 시어머니를 극진히 모시는 아주머니의 모습에서 가족에 대한 사랑을 깨닫는 '나'

• **중심 내용** 노파의 도리질에 얽힌 사연을 듣고 '나'의 내적 갈등이 해소됨. • **구성 단계** (가) 위기 / (나), (다) 절정

작품 연구소

〈겨울 나들이〉의 구성

이 작품은 외부 이야기 속에 내부 이야기가 포함되어 있는 액자식 구성을 취하고 있다. 외부 이야기는 '나'의 이야기이고, 내부 이야기는 아주머니와 노파의 이야기이다. 이들은 6·25 전쟁으로 인해 직접적, 간접적으로 고통을 받으며 살아왔다는 공통점이 있다. 작가는 이를 매개로 두 이야기를 연결함으로써 전쟁이 가족 공동체에 미친 영향을 효과적으로 보여 주고 있다.

외부 이야기
이북에서 온 남편과 그의 어린 딸을 돌보며 가족에게 헌신한 '나'의 이야기

내부 이야기
6·25 전쟁 때 남편을 잃은 아주머니와, 아들을 잃은 충격으로 고질병을 앓게 된 노파의 이야기

'대사업'의 의미

아주머니는 실제로는 자식을 지켜 내지 못했지만 마음으로나마 끝까지 자식을 지키려는 시어머니의 마음을 읽고 '도리질'을 '대사업'이라고 표현하고 있다. 한편 '나'는 그런 시어머니를 정성껏 봉양함으로써 가족을 지켜 나가는 아주머니야말로 '대사업'을 하고 있는 것이라고 생각한다. 노파와 아주머니의 '대사업'은 곧 이 소설의 주제를 함축하고 있는 것이다.

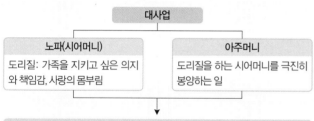

노파(시어머니)	아주머니
도리질: 가족을 지키고 싶은 의지와 책임감, 사랑의 몸부림	도리질을 하는 시어머니를 극진히 봉양하는 일

가족 간에 서로 사랑하고 의지하며 상처를 극복해 나가는 삶

자료실

박완서의 소설 경향과 〈겨울 나들이〉

박완서 소설은 크게 세 가지 경향으로 나뉜다. 첫째, 분단 문제를 다루는 소설, 둘째, 소시민적 삶에 대한 비판이 드러난 소설, 셋째, 여성 현실을 형상화한 소설이다. 〈겨울 나들이〉는 분단 소설의 범주에 들면서 동시에 여성 현실의 형상화라는 범주에도 포함되는 작품이다. 아주머니가 분단의 아픔을 헌신과 사랑으로 극복하는 숭고한 여성상으로 형상화되는 점, 아주머니의 모습을 통해 '나'가 자신의 삶을 긍정적으로 보게 되는 점 등이 그 근거가 된다.

여로형 소설

'여로'란 '여행하는 길. 또는 나그네가 가는 길'이라는 뜻의 단어이다. 여로형 소설이란 소설의 내용이 여행의 과정과 함께 전개되며 그 과정에서 갈등이 전개되고 해소되는 작품을 말한다.

함께 읽으면 좋은 작품

〈무진 기행〉, 김승옥 / 여행을 통해 개인적 가치를 되찾는 여로형 소설

몽환적이고 비일상적인 공간인 무진에 갔다가 다시 일상의 공간인 서울로 돌아오는 한 인물의 귀향 체험을 통해 일상에서 벗어나 개인적 가치를 찾고자 하는 현대인의 심리를 그린 작품이다. '떠남'과 '돌아옴'이라는 여로 구조를 통해 서사를 진행하고 있다는 점에서 〈겨울 나들이〉와 유사한 특징을 보인다.

Link 본책 284쪽

6 이 글에 대한 설명으로 적절하지 <u>않은</u> 것은?

① '나'는 할머니가 자신을 못마땅해한다고 생각했다.

② 시어머니는 아들을 지키기 위해 '몰라요'라는 말을 반복했다.

③ 아주머니는 시어머니의 고질병을 고치기 위해 극진하게 봉양하고 있다.

④ '나'는 아주머니와의 대화를 통해 남편의 마음을 이해하며 갈등을 해소하고 있다.

⑤ 숨어 있던 아주머니의 남편은 시어머니의 비명을 듣고 자신도 모르게 놀라서 뛰어나갔다.

내신 적중 다빈출

7 〈보기〉를 참고할 때, 이 글에서 '나'의 심리가 변화하게 된 계기로 가장 적절한 것은?

| 보기 |

제시된 글은 '나'의 심리 변화를 통해 갈등이 해소되는 방향으로 사건이 전개되고 있다.

① 아주머니의 가족이 겪은 전쟁의 참상

② 가족을 위한 아주머니의 헌신적인 삶

③ 서울에 있는 남편에 대한 갑작스런 그리움

④ 이십오 년이나 계속되고 있는 노파의 도리질

⑤ 아들을 보러 서울에 가겠다는 아주머니의 이야기

중요 기출

8 이 글을 읽은 학생들이 '할머니의 도리질'에 대해 보인 반응으로 적절하지 <u>않은</u> 것은?

① 이십오 년 동안이나 도리질을 하면서 힘들게 살 수밖에 없었던 할머니가 참 불쌍해.

② 아들의 죽음이 자기 탓이라고 여기는 데서 오는 자책감이 무의식적으로 드러난 것이 아닐까?

③ 아들의 죽음이 너무나 충격적인 일이라 그것을 사실로 인정할 수 없다는 강한 부정으로 받아들여져.

④ 자신에게 '모른다'는 연습을 시켜 결과적으로 아들을 죽음으로 몰고 가게 한 며느리에 대하여 반감을 나타내는 행동으로 보여.

⑤ 온전한 상태에서 나온 행동은 아니겠지만, 할머니의 도리질은 작품의 주제를 형상화하는 데에 큰 몫을 차지하는 것으로 생각돼.

9 '주인아주머니'가 '노파의 도리질'을 ⊙과 같이 표현한 이유를 쓰시오.

국어 금성

🎯 핵심 정리

갈래 단편 소설
성격 현실 비판적, 사실적
배경 ① 시간 – 1970년대 산업화 시기
　　　② 공간 – 서울, 영동 고속 도로 건설 현장
시점 1인칭 주인공 시점
주제 6·25 전쟁의 상처를 치유하고자 하는 노력의 좌절과 산업화 시대의 문제점
특징 ① 상징적 의미를 지닌 소재를 활용하여 주제 의식을 효과적으로 드러냄.
　　　② 6·25 전쟁으로 인한 인물의 상처와 피해 의식을 1인칭 서술자를 통해 구체적으로 드러냄.
출전 《부끄러움을 가르칩니다》(1975)

Q '나'가 '훈이'의 안정적인 삶에 집착하는 이유는?

'나'는 6·25 전쟁에서 오빠를 잃은 경험이 있어, 훈이에게 많은 관심과 애정을 갖고 있다. 훈이가 사회의 병폐에 관심을 갖지 않고 개인적 행복과 풍요만을 추구하길 바라는 것도 바로 이 때문이다.

💡 어휘 풀이

중언부언 이미 한 말을 자꾸 되풀이함.
아서라 그렇게 하지 말라고 금지할 때 하는 말.
푸듯이 조용하게 있다가 불쑥 말하지만 혼잣말처럼 힘없이 말하는 모양.
동부인하다 아내와 함께 동행하다.

📖 구절 풀이

❶ 나는 학교에 ~ 전과를 할 수 있도록 했다. '나'의 어머니와 '나'는 오빠가 까닭 없이 죽어야 하는 일에 끼어들어 변을 당했다고 생각하며 이는 오빠가 문과 출신인 것과 관련이 있다고 생각한다. 또한 훈이가 부유하고 안정된 삶을 살기 위해서는 현실적으로 문과보다 이과가 유리하다고 생각했기 때문에 훈이를 강제로 전과시킨 것이다.

❷ 사람이 어떡하면 ~ 바보짓 말이다. '나'는 철학적인 고민이나 정신적인 행복, 이타적인 삶을 부정적으로 인식하며 자신만의 행복, 물질적인 풍요가 더 중요하다고 생각하고 있다. 이는 훈이가 사회에 순응하여 안정적인 삶을 살기 바라는 마음과 연관된다.

❸ "행여 그런 데 ~ 알았지?" '나'는 훈이에게 사회 문제에 전혀 관심을 두지 말라며 충고하고 있다. 이 역시 물질적인 것, 생존과 관련된 것 외에는 관심을 두지 말고 기술자가 되어 행복한 삶을 살기 바라는 '나'의 생각이 담겨 있다.

❹ "고모, 난 카메라라면 ~ 안 가질 거야." 카메라는 '나'가 강조해 온 '개인적 행복을 추구하는 삶'을 상징한다. 그러나 훈이는 카메라를 거절함으로써 '나'가 강요해 온 개인의 안정된 생활만을 추구하는 삶을 단호하게 거절하고 있다.

가

❶나는 학교에 쫓아가서 담임 선생님에게 애걸하다시피 해서 훈이가 문과에서 이과로 전과를 할 수 있도록 했다. 그러고 나서 훈이를 설득하려 들었다. 나는 막연히 훈이를 두려워하면서 **중언부언** 내 말을 했고, 훈이는 언제나처럼 말없이 젊은이다운 대담한 시선으로 나를 쏘아보았다. [중략]
〔훈이의 생각을 고려하지 않고, 훈이를 억지로 전과시킴.〕
〔'나'의 생각에 동의하지 않는다는 것을 눈빛으로 드러내고 있음. – 반발심〕

"ⓐ공대 같은 데 가면 요새 공장이 많이 생겨서 공대 출신이 제일 잘 팔린다더라. 넌 큰
〔공대 출신이 제일 취직이 잘된다는 의미〕
기업체에 취직해서 착실하게 일해서 돈도 모으고 연애도 하고 결혼도 해서 살림 재미도
〔'나'가 바라는 훈이의 삶〕
보고 재산도 늘리고, 그리고 살아야 돼. 문과 가서 뭐 하겠니? 그야 상대나 법대로도 풀
〔: 문과에 대한 '나'의 부정적인 관점〕
릴 수 있지만 그게 그리 쉬우냐, 까딱하단 문학이나 철학이나 하기가 꼭 알맞지. **아서라**
〔문과, 특히 문학이나 철학에 대한 부정적인 태도가 드러남.〕
아서라. ❷사람이 어떡하면 편하고 재미나게 사느냐를 생각하지 않고, ⓑ사람은 왜 사나,
뭐 이런 게지. 돈을 어떡허면 많이 벌 수 있나 하는 생각보다 돈은 왜 버나, 뭐 이런 생각
말이야. 그리고 오늘 고깃국을 먹었으면 내일은 ⓒ갈비찜을 먹을 궁리를 하는 게 순선
데, 내 이웃은 우거짓국도 못 먹었는데 나만 고깃국을 먹은 게 아닌가 하고 이미 배 속에
든 고깃국조차 의심하는 바보짓 말이다. 이렇게 자꾸 생각이 빗나가기 시작하면 영 사람
버리고 마는 거야. 어떡허든 너는 이 사회에 순응해서 이득을 보는 사람이 돼야지 괜히
사회의 병폐란 병폐는 도맡아 허풍을 떨면서 앓는 소리를 내는 사람이 될 건 없잖아."
〔사회의 부조리한 모습, 사회 구조적인 모순에 대해 문제 제기를 하는 사람〕
"고모, 아버지가 ㉠그런 사람이었나요?"
〔사회의 병폐에 앓는 소리를 하는 사람〕

훈이가 내 말의 중턱을 자르며 **푸듯이** 말했다. 나는 당황했다. 훈이가 아버지에 대해 뭘 물어본 게 이번이 처음이라 그렇기도 했지만, 내가 오빠에 대해 오랫동안 몰래 추측하고 있던 걸 훈이한테 느닷없이 들키고 만 것 같아 더 그랬다. / 나는 아니라고 강하게 부인하
〔'나'는 생전의 오빠가 사회 병폐에 대해 허풍을 떨며 바보짓을 한다고 생각했음.〕
고 다시 아까 한 소리를 간곡하게 되풀이했다. 내 말에 감동했는지 귀찮아서 그랬는지 아무튼 훈이는 내가 옮겨 준 대로 이과에 잘 다녔다. 그러나 형편없이 성적은 떨어졌다. 때마침 공대가 붐을 이룰 때라 우수한 지원자가 많이 몰려 훈이는 대학 입시에 낙방했고, 재수
〔훈이를 이과로 전과시킨 '나'의 기대가 어긋나기 시작함.〕
는 막무가내 싫다고 해서 삼류 대학 공대 토목과에 들어갔다. ▶ 진로에 대해 의견 차이를 보이는 '나'와 훈이

나

훈이가 대학에 다니는 사 년 동안 내내 대학가는 어수선해서 데모, 휴교, 조기 방학의 악순환의 연속이었다. 데모가 있을 때마다 나는 훈이가 그런 데 휩쓸릴까 봐 애를 태우고 미
〔당시의 시대적 상황을 요약적으로 제시함.〕
리미리 타이르고 했다.
〔데모, 사회 병폐에 앓는 소리, 즉 비판을 하는 것〕

❸"행여 그런 데 끼지 마라. 관심도 갖지 마라. 너는 기술자가 될 사람야. 세상이 어떻게 되든 밥벌이 걱정은 안 해도 될 ⓓ기술자란 말야. 기술자는 명확한 해답을 얻어 낼 수 있는 문제에만 관심을 가지면 되는 거야. 알았지?"

그러고는 혹시 꾐에 빠져서라도 그런 데 끼어들었다간 졸업 후 취직도 못 하고 일생 망치기 십상이라고 공갈을 쳤고, 너는 꼭 ⓔ대기업에 취직해서 안정된 생활을 누리고 예쁜 색시 얻어 일요일이면 카메라 메고 **동부인**해서 야외로 놀러 나갈 만큼은 재미있게 살아야
〔사회 문제에 관심을 두지 않고, 개인의 안정된 생활만 추구하는 삶을 상징함.〕
한다고 설교를 했다. [중략]

대학교 졸업반 때 나는 돈의 여유가 좀 생긴 김에 훈이에게 카메라를 하나 사 주고 싶어 의향을 물어봤더니 단호하게 거절하며 하는 말이 / ❹"고모, ㉡난 카메라라면 지긋지긋해. 이가 갈려. 생전 그런 거 안 가질 거야." ▶ 훈이는 '나'의 생각과 달리 개인의 행복과 안정을 추구하는 삶을 거부함.

• 중심 내용 '나'는 훈이에게 개인의 행복만을 추구할 것을 강요하고, 훈이는 그러한 삶을 거부함.　　• 구성 단계 전개

이해와 감상

이 작품은 6·25 전쟁이 우리 사회에 남긴 상처와 아픔을 한 가족의 세대 간 갈등과 극복 과정을 통해 드러내고 있다.

'나'는 6·25 전쟁에서 친오빠와 올케를 잃고, 조카 훈이를 친아들처럼 키운다. '나'는 오빠를 잃은 경험 때문에 훈이의 안정된 삶에 집착을 하게 되고, '나'와 훈이는 문과와 이과 진로 선택과 취업 문제를 두고 갈등을 겪는다. 이는 자칫 단순한 세대 간의 가치관 차이로 보일 수도 있지만 그 바탕에는 전쟁으로 인한 상처와 산업화로 인한 사회의 부조리가 깔려 있다. 작가는 이로 인해 빚어진 문제점을 가족에 대한 애정과 삶에 대한 애착을 담아 표현하고 있다.

또한 제목 '카메라와 워커'에서 '카메라'는 경제적으로 안정되고 편안한 삶을 상징하고, '워커'는 고된 노동 현장에 놓여 있는 삶을 상징하는 것으로, 대조적인 소재를 통해 정직하고 성실하면 잘살 수 있다는 이데올로기의 허상을 보여 주고 있다.

전체 줄거리

발단	6·25 전쟁으로 오빠 부부가 죽고, '나'와 어머니는 조카 훈이를 데리고 남쪽으로 피란을 간다.
전개	'나'는 진로 선택 문제와 해외 취업 문제를 놓고 훈이와 갈등을 겪지만, 결국에는 '나'의 생각대로 결정한다.
위기	'나'의 노력으로 훈이는 고속 도로 건설 현장 측량 기사보 자리에 취직하는데, 취직 후에 연락이 두절된다.
절정	'나'는 훈이가 취직한 고속 도로 건설 현장에 가 훈이의 고된 생활을 목격하고, 훈이에게 서울로 돌아가자고 권유하지만 훈이는 이를 거절한다.
결말	'나'는 서울로 돌아오는 길에 훈이를 키우는 과정에서 내린 자신의 결정에 혼란을 느낀다.

인물 관계도

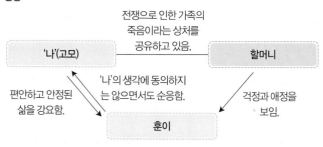

작품 연구소

'나'와 훈이의 갈등

'나'	훈이
• 오빠가 문과 출신이라는 점이 오빠의 죽음과 관련이 있다고 믿는 어머니(훈이 할머니)의 생각에 동조함. • 훈이가 공대에 진학하여 큰 기업에 취직한 다음, 돈을 많이 벌어 편안하게 살기를 바람. • 사회 문제에 목소리를 내는 사람들을 부정적으로 평가하며, 훈이가 사회에 순응하며 살기를 원함.	• 할머니, 고모('나')와 상의 없이 문과를 선택했지만, 결국은 고모의 권유대로 이과에 진학함. • 사회에 순응하며 살기 바라는 '나'의 생각에 부정적인 태도를 보임.

키 포인트 체크

인물 훈이는 안정된 삶을 강조하는 '나'의 생각에 □□□ 태도를 보인다.

배경 개발이 본격적으로 시작되고 이공계 선호 현상이 두드러지게 나타나던 우리나라의 □□□ 시기를 배경으로 한다.

사건 '나'와 훈이는 □□ 선택 문제와 □□ 문제를 놓고 갈등을 겪는다.

1 이 글의 서술상 특징으로 적절한 것은?

① 빠른 장면 전환을 통해 긴박한 분위기를 조성하고 있다.
② 작중 인물인 서술자가 자신의 상황과 정서를 진술하고 있다.
③ 과거와 현재를 반복 교차하여 사건에 입체감을 부여하고 있다.
④ 서술자가 작중에 개입하여 인물과 사건에 대해 직접 평가하고 있다.
⑤ 장면에 따라 서술자를 달리하여 사건을 다양한 시각에서 서술하고 있다.

2 (가)에 드러난 주요 갈등에 대한 설명으로 가장 적절한 것은?

① 훈이의 진로에 관한 개인과 개인의 갈등
② 자신의 대학 진학에 관한 훈이의 내적 갈등
③ 불합리한 사회 문제에 관한 개인과 사회의 갈등
④ 훈이 아버지에 대한 평가에 관한 개인과 개인의 갈등
⑤ 훈이에게 주어진 상황을 극복하기 위한 개인과 운명의 갈등

3 ㉠의 문맥적 의미로 가장 적절한 것은?

① 자신의 능력은 부족하지만 항상 허풍을 떠는 사람
② 사회적으로 부적절한 일에 연루되어 비판을 받는 사람
③ 사회에 순응하지 않고 적극적으로 문제 제기를 하는 사람
④ 주어진 상황에 만족하며 자신이 맡은 일에 최선을 다하는 사람
⑤ 다른 사람에게 않는 소리를 자주 하여 연민을 불러일으키는 사람

내신 적중 多빈출

4 ⓐ~ⓔ 중 〈보기〉의 밑줄 친 부분과 관련된 내용이 아닌 것은?

보기
6·25 전쟁으로 인해 오빠의 죽음을 경험한 '나'는 훈이에게 사회 문제에 관심을 갖지 말고, 편안하고 무난한 삶을 위해 노력하라고 충고한다.

① ⓐ ② ⓑ ③ ⓒ
④ ⓓ ⑤ ⓔ

5 ㉡을 통해 알 수 있는 '훈이'의 가치관을 쓰시오.

어휘 풀이

밑살 항문을 이루는 창자의 끝 부분.

농땡이 일을 하지 않으려고 꾀를 부리며 게으름을 피우는 짓.

전연 전혀. '도무지', '아주', '완전히'의 뜻을 나타냄.

파국 일이나 사태가 잘못되어 결판이 남.

표변하다 말과 행동이 갑작스럽게 달라지다.

와이로 '뇌물'을 뜻하는 일본어.

비로드 '벨벳'을 뜻하는 포르투갈어.

Q '훈이'가 서울로 가자는 '나'의 제안을 거절한 이유는?

기성세대에 대한 훈이의 비판적 시각이 드러난 부분이다. 훈이는 '나'의 말대로 열심히 일하면 잘살 수 있을 것이라는 희망이 현실에서는 어떻게 보상이 되어 돌아오는지 직접 겪어 보고, 자신을 증거로 '나'의 믿음이 부질없는 것이라는 점을 보여 주려 하고 있다.

구절 풀이

❶ "고모, 그렇게 ~ 원하고 있는 게 아냐." 훈이가 '나'와 할머니의 영향에서 벗어나 주체적인 삶을 살고자 하는 의지를 드러낸 부분이다. 또한 자신이 '나'와 할머니에게 '복수'를 하기 위해 파국으로 치달으려 하는 것이 아니라 본인 나름대로는 애쓰고 있지만 노력만으로는 '나'가 원하는 안정적인 삶을 살지 못할 수도 있다는 점을 피력하고 있다.

❷ "그렇지만 고모, ~ 경영 합리화지." 훈이는 자신의 일이 잘 풀리도록 하기 위해 억지 노력을 하지 말 것을 '나'에게 부탁하고 있으며 산업화 시대 산업 현장의 여러 부조리함을 자신의 경험을 통해 밝히고 있다.

❸ 때마침 바캉스 ~ 쾌속을 즐기겠지. 훈이와 같은 노동자들은 고속 도로 건설 현장에서 땀 흘려 일하고 있는 반면, 누군가는 자가용을 타고 고속 도로를 통과해 휴가를 가고 있다. 이러한 모습에서 산업화 시기의 사회 구조적 모순이 드러나고 있다.

❹ 논의 벼는 ~ 힘든 고장인가. 오대산 주위의 아름답고 평온한 자연 풍경과 이곳에서 뿌리 내리기 힘든 훈이의 현실이 대조를 이루고 있다.

Q '훈이'가 이와 같은 반응을 보인 이유는?

형편이 좋고 여유로운 사람들은 영동 고속 도로를 통해 휴가를 다니는데, 훈이와 같은 노동자들은 흙먼지를 뒤집어쓰고 땀 흘려 일하고 있다. 이 상황에서 국토 건설 사업에 이바지하고 있음을 자랑스러워 해야 한다는 허울 좋은 '나'의 말을 듣고 훈이는 자조적인 태도를 보이고 있다.

작가 소개

박완서(본책 206쪽 참고)

가 빨래를 하면서 보니 내복과 이불 홑청에는 이까지 들끓고 있었다. 세상에 요즈음은 아무리 구더기 *밑살같이 사는 집구석이기로서니 이는 없이 살건만 이게 웬일일까. 나는 형편 없는 식사와 중노동을 악으로 버틴 훈이를 뜯어먹은 이를 지겹게 눌러 죽이다 못해 한동안 멍하니 앉아 있었다.

"*농땡이 잘 안 되겠는데, 고모." / 풀이 죽어 돌아온 훈이의 말이었다.

ⓐ"그까짓 농땡이 칠 거 없다. 같이 가자 서울로. 몸이나 성할 때 일찌거니 집어치우는 게 낫겠다." / "그건 싫어." / "왜 싫어?"

훈이의 싫다는 대답을 나는 *전연 예기치 못했으므로 당황할밖에 없었다.

"나는 더 비참해지고 싶어. 그래서 고모나 할머니가 철석같이 믿고 있는 기술이니 정직이니 근면이니 하는 것이 결국엔 어떤 보상이 되어 돌아오나를 똑똑히 확인하고 싶어. 그리고 그걸 고모나 할머니에게 보여 주고 싶어."

"그걸 우리에게 보여서 어쩌겠다는 거야? 그걸로 우리에게 복수라도 하겠다 이 말이냐?" 나는 훈이 말에 무서움증 같은 걸 느꼈기 때문에 흥분해서 악을 쓰며 덤벼들었다.

❶"고모, 그렇게 흥분하지 말아. 나는 다만 고모가 꾸미고, 고모가 애써 된 이 일의 *파국을 통해서 고모와 할머니로부터, 그리고 이 나라로부터 순조롭게 놓여날 수 있기를 바라고 있을 뿐이야. 그렇지만 고모, 오해는 마. 내가 파국을 재촉하고 있다고 생각하지는 마. 나는 내 나름으로 이곳에서의 일에 최선을 다하고 있어. 그러노라면 누가 알아, 일이 고모의 당초 계획대로 잘 풀릴지. 나도 어느 만큼은 그쪽도 원하고 있어, 파국만을 원하고 있는 게 아냐." / "그래 참, 잘될 수도 있을 거야. 잘될 여지는 아직도 충분히 있고말고."

나는 별안간 잘될 가능성에 강한 집착을 느끼며 태도를 *표변했다.

❷"그렇지만 고모, 잘되게 하려고 너무 급하게 굴진 마. *와이로 쓰고 빌붙고 하느라 돈 없애고 자존심 상하고 하지 말란 말야. 여기 와 보니 『육 개월만 기다리라는 임시직 신세로 삼사 년을 현장으로만 굴러다니는 친구가 수두룩해. ㉠임시직에겐 봉급 조금 주고, 일요일도 없이 부려먹고, 책임은 없고, 얼마나 좋아, 회사 측으로선 훌륭한 경영 합리화."

▶ 훈이는 서울로 함께 가자는 '나'의 권유를 거절함.

나 훈이는 버스 정류장까지 나를 배웅했다. 진부까지 나가는 완행버스는 좀처럼 오지 않았다. 그동안 나는 뭔가 훈이에게 이야기해야 될 것 같은 심한 압박감을 느꼈다. 나는 내가 여기까지 오는 동안 길이 나빠 얼마나 고생을 하고 시간을 많이 잡아먹었나를 과장해서 들려주면서 고속 도로가 뚫리면 서울서 강릉까지가 얼마나 가까워지고 편안해지겠느냐, 너는 이런 국토 건설 사업에 이바지하고 있는 걸 자랑으로 삼아야 한다고 이야기했다.

ⓑ녀석이 구역질 같은 소리로 "웃기네." 했다. ❸때마침 바캉스 시즌이라 자가용이 연이어 강릉으로, 월정사로 달리면서 우리에게 흙먼지를 뒤집어씌웠다. 훈이도 한몫 참여한 영동 고속 도로가 개통되면 더 많은 자가용과 관광버스가 그 위에서 쾌속을 즐기겠지. 훈이도 그 생각을 하면서 "웃기네." 했을 생각을 하고 나는 내가 한 말에 심한 부끄러움을 느꼈다.

다 드디어 버스가 오고 나는 그것을 혼자서 탔다. 나는 훈이에게 몇 번이나 돌아가라고 손짓했으나 훈이는 시골 버스가 떠나기까지의 그 지루한 동안을 워커에 뿌리라도 내린 듯이 꼼짝 않고 서 있었다. 나는 그게 보기 싫어 먼 딴 데를 바라보았다. ❹논의 벼는 비단폭처럼 선연하게 푸르고, 옥수수밭은 *비로드처럼 부드럽게 푸르고, 먼 오대산 연봉의 기상은 웅장하고, 오대산에서 흘러내린 맑은 물이 도처에서 내와 개울을 이루고 있다. 아름다운 고장이다. 이 땅 어디메고 아름답지 않은 곳이 있으랴.

그러나 아직도 얼마나 뿌리 내리기 힘든 고장인가.

▶ '나'는 훈이를 두고 혼자 서울로 떠남.

• 중심 내용 훈이는 고속 도로 건설 현장에 남고, '나'만 서울로 떠남.   • 구성 단계 (가) 절정 / (나), (다) 결말

🏠 작품 연구소

훈이에 대한 '나'의 기대와 현실

'나'의 기대	현실
훈이가 이과를 선택하여 공대에 진학하기를 원함.	성적이 떨어져 삼류 대학 토목과에 진학함.
대학 졸업 후 대기업에 취직하여 편안하고 풍요로운 삶을 살기를 바람.	취업에 거듭 실패하다가 고속 도로 건설 현장 임시직으로 취직함.
반년만 고생하면 본사의 정식 사원이 될 수 있을 것이라 기대함.	건설 현장에서 고된 노동을 하고 있지만, 정당한 대우를 받지 못함.

제목의 상징적 의미와 인물의 태도

제목 '카메라와 워커'에서 카메라는 근면 성실하게 노력하면 경제적으로 안정된 삶을 살 수 있다는 기대감을 상징하고, 워커는 고된 노동 환경에 시달리며 가난하게 살아갈 수밖에 없는 현실을 상징한다. '나'는 훈이가 경제적으로 안정되고 편안한 삶을 살기 바라지만, 훈이는 워커를 신고 고된 노동 현장에서 버티며 일을 하고자 한다. 이 과정을 통해 성실하게 일하면 안정적으로 잘살 수 있다는 기성세대의 믿음이 허상이며, 젊은 세대가 감당해야 하는 현실이 무거움을 드러낸다.

카메라		워커
경제적으로 안정되어 편안하게 여가를 즐기는 삶	↔	고된 노동일을 하면서 제대로 보상도 받지 못하고 가난하게 생활하는 삶

〈카메라와 워커〉에 반영되어 있는 사회상과 오늘날의 현실

사회상	오늘날의 현실
이공계 선호 현상	이공계 출신들이 취업에 유리하게 되자, 이공계열 학과에 학생들이 몰리고, 인문계열 학과는 통폐합되는 경우가 늘어남.
취업난	경제가 어려워지고, 많은 분야에서 산업화, 자동화가 이루어짐으로써 양질의 일자리가 줄어듦.
비정규직 차별	노동 유연성 확보를 위해 비정규직으로 채용하는 경우가 많아지고, 정규직과 비정규직 간의 차별이 늘어남.

📋 자료실

산업화와 민주화의 시대 – 1960~1970년대

이 시기는 4·19 혁명부터 군사 독재 정권에 대한 투쟁 등 민주화에 대한 강력한 열망이 표출되던 시기였다. 독재 정권에서는 이러한 열망을 공권력으로 억압하고, 휴교나 조기 방학 등의 조치를 통해 학생들의 저항을 잠재우려 했다.

한편, 이 시기는 산업화 시기로도 설명할 수 있다. 1962년 제1차 경제 개발 5개년 계획이 실시된 이후 우리나라는 중화학 공업 중심의 급격한 산업화가 이루어졌다. 이 과정에서 경제적 발전을 이루기도 했지만, 기업의 외형적인 성과만 중시하고, 노동자의 인권은 보장되지 못하는 등 산업화로 인한 명암이 함께 존재했다.

📖 함께 읽으면 좋은 작품

〈겨울 나들이〉, 박완서 / 6·25 전쟁으로 인한 상처와 극복 과정을 그린 작품

'나'와 남편, 아주머니와 노파의 삶을 통해 6·25 전쟁이 남긴 상처와 그 상처를 극복하는 과정을 담은 소설이다. 전쟁으로 인한 민족의 고통을 가족애를 통해 치유하고 극복해 나갈 수 있음을 보여 준다는 점에서 〈카메라와 워커〉와 비교하여 감상할 수 있다. 본책 204쪽

---

6 이 글의 내용과 일치하지 <u>않는</u> 것은?

① '나'는 훈이가 고속 도로 건설 현장을 떠나 편안하고 안정된 삶을 살기를 원하고 있다.

② 훈이가 일하고 있는 공사 현장이 마무리되면 서울에서 강릉까지 빠르게 갈 수 있게 된다.

③ '나'는 훈이가 형편없는 식사를 하며 고된 노동을 해 온 사실을 알고 안타까움을 느끼고 있다.

④ '나'는 오대산 주변의 평온한 경치에 감탄하며, 훈이가 이곳에 뿌리 내리기를 소망하고 있다.

⑤ 훈이 할머니와 '나'는 기술을 익히고 정직, 근면하면 적절한 보상이 있을 것이라 믿고 있었다.

내신 적중 · 高난도

7 〈보기〉를 참고할 때 ㉠에 담겨 있는 '훈이'의 생각으로 적절한 것은?

┤ 보기 ├

1962년 제1차 경제 개발 5개년 계획이 실시되면서 우리나라는 산업화가 급격히 진행되었다. 다른 나라에 비해 빠른 속도로 외형적인 발전이 이루어졌지만, 그 이면에는 여러 가지 부정적인 면도 함께 존재했다.

① 경제 발전과 노동자들의 인권은 양립할 수 없는 일이다.

② 산업화를 위해 노동자들의 희생은 어쩔 수 없는 일이다.

③ 직접적인 임금 상승보다 노동 환경의 개선이 더 중요하다.

④ 고된 노동을 하는 만큼 산업화의 혜택이 고르게 분배되어야 한다.

⑤ 외형적인 발전에 비해 노동자들의 권익은 제대로 보장받지 못했다.

8 '나'가 ⓐ와 같이 말한 이유로 가장 적절한 것은?

① 서울에 다른 일자리를 마련해 두었기 때문에

② 훈이가 성실하게 일하지 않는 모습에 실망했기 때문에

③ 훈이가 열악한 환경에서 지내는 것에 안타까움을 느꼈기 때문에

④ 제대로 된 휴식을 보장해 주지 않는 회사 측에 항의하기 위해서

⑤ 훈이가 건설 현장에서 벗어날 수 있게 해 달라고 도움을 요청했기 때문에

9 ⓑ를 〈보기〉와 같이 설명하려 할 때, 빈칸에 들어갈 표현으로 가장 적절한 것은?

┤ 보기 ├

녀석이 _____를 보이며 "웃기네."라고 했다.

① 고소(苦笑)　　　　② 폭소(爆笑)

③ 조소(嘲笑)　　　　④ 미소(微笑)

⑤ 쾌소(快笑)

10 〈보기〉를 참고하여 이 글의 제목이 의미하는 바를 쓰시오.

┤ 보기 ├

· 카메라: 경제적으로 안정되어 편안하게 여가를 즐기는 삶

· 워커: 고된 노동을 하면서도 이를 인정받지 못하고 가난하게 사는 삶

055 난쟁이가 쏘아 올린 작은 공 | 조세희

키워드 체크 #연작 소설 #비판적 #급격한 산업화 #도시 빈민들의 좌절 #사회의 구조적 모순 비판 #가진 자와 못 가진 자

문학 금성, 동아, 미래엔, 비상, 신사고, 지학사, 창비

핵심 정리

갈래 중편 소설, 연작 소설, 세태 소설
성격 사회 고발적, 비판적, 상징적
배경 ① 시간 – 1970년대
　　　② 공간 – 서울의 무허가 판자촌
시점 1인칭 주인공 시점
주제 도시 빈민들의 궁핍한 삶과 좌절된 꿈
특징 ① 반어적 표현으로 비극적 상황을 극대화함.
　　　② 서술 주체에 변화를 주어 다양한 시각을 제시함.
　　　③ 상징적 소재를 사용하여 주제를 강조함.
출전 《문학과지성》(1976)

Q '난쟁이'가 상징하는 것은?

1970년대 산업화 과정에서 사회적으로 결핍되어 있는 가난하고 소외된 인물들을 상징하며, 이들의 삶을 지배하고 있는 경제적 빈곤과 무력감을 보여 준다.

어휘 풀이

조각 마루 매우 좁은 마루.
계고장 행정상의 의무 이행을 재촉하는 내용을 담은 문서.
표찰(標札) 거주자의 성명을 써서 문 따위에 걸어 놓는 표.
입주권 건물이 지어졌을 경우 먼저 입주할 수 있는 권리.
부대 종이, 피륙, 가죽 따위로 만든 큰 자루.
팬지 삼색제비꽃. 잎은 어긋나고 타원형 또는 피침 모양으로 4~5월에 자주색, 흰색, 노란색 등의 꽃이 핀다.

Q '낙원구 행복동'이라는 지명을 사용한 의도는?

'난쟁이' 일가가 사는 빈민촌의 이름이 '낙원구 행복동'이라는 것은 일종의 반어적 표현이다. 즉, 인물들의 현실과 대조되는 동네 명칭을 통해 소외 계층의 빈곤하고 참혹한 삶을 강조하려는 것이다.

구절 풀이

❶ **나는 아버지, 어머니, ~ 포함되어 있다.** '나'는 장남인 영수로, 가족들의 목숨을 걸면서까지 세상의 인식이 잘못되었다는 자신의 주장을 확신하며 강조하고 있다.

❷ **어머니는 모든 것을 ~ 어려웠던 것 같다.** 가난한 삶을 인내하며 살아가던 어머니도 참기 어려웠다는 사실을 통해 집이 철거된다는 암담한 상황에 대한 충격을 보여 준다.

❸ **"그들 옆엔 법이 있다."** 가난한 사람들을 삶의 터전에서 몰아내는 사람들이 법의 비호를 받는 부조리하고 모순된 사회 현실을 단적으로 드러내는 부분이다.

가 　사람들은 아버지를 <u>난쟁이</u>라고 불렀다. 사람들은 옳게 보았다. 아버지는 난쟁이였다. 불행하게도 사람들은 아버지를 보는 것 하나만 옳았다. 그 밖의 것들은 하나도 옳지 않았다. ❶나는 아버지, 어머니, 영호, 영희, 그리고 나를 포함한 다섯 식구의 모든 것을 걸고 그들이 옳지 않다는 것을 언제나 말할 수 있다. 나의 '모든 것'이라는 표현에는 '다섯 식구의 목숨'이 포함되어 있다. 천국에 사는 사람들은 ⓐ지옥을 생각할 필요가 없다. 그러나 우리 다섯 식구는 지옥에 살면서 천국을 생각했다. 단 하루도 천국을 생각해 보지 않은 날이 없다. 하루하루의 생활이 지겨웠기 때문이다. 우리의 생활은 전쟁과 같았다. 우리는 그 전쟁에서 날마다 지기만 했다. 그런데도 ❷어머니는 모든 것을 잘 참았다. 그러나 그날 아침 일만은 참기 어려웠던 것 같다. 　　　　　▶ 힘든 삶을 살아가는 난쟁이 일가

나 　"통장이 이걸 가져왔어요."

　내가 말했다. 어머니는 °조각 마루 끝에 앉아 아침 식사를 하고 있었다.

　"그게 뭐냐?" / "철거 °계고장예요." / "기어코 왔구나!" / 어머니가 말했다.

　"그러니까 집을 헐라는 거지? 우리가 꼭 받아야 할 것 중의 하나가 이제 나온 셈이구나!"

　어머니는 식사를 중단했다. 나는 어머니의 밥상을 내려다보았다. 보리밥에 까만 된장, 그리고 시든 고추 두어 개와 졸인 감자.

　나는 어머니를 위해 철거 계고장을 천천히 읽었다.

낙 원 구	
주택: 444,1 —	197×. 9. 10.
수신: 서울특별시 ⓑ낙원구 행복동 46번지의 1839 김불이 귀하 [중략]	

　　　　　▶ 난쟁이 일가에게 날아온 철거 계고장

다 　어머니는 손바닥에 놓인 °표찰을 말없이 들여다보았다. 영희가 이번에는 어머니의 손을 잡아끌었다.

　"너희들이 놀게 되지만 않았어도 난 별걱정을 안 했을 거다."

　어머니가 말했다. / "스무 날 안에 무슨 뾰족한 수가 생기겠니. 이제 하나하나 정리를 해야지."

　"°입주권을 팔려고 그래요?" / 영희가 물었다.

　"팔긴 왜 팔아!" / 영호가 큰 소리로 말했다.

　"그럼 아파트 입주할 돈이 있어야지." / "아파트로도 안 가."

　"그럼 어떻게 할 거야?" / "여기서 그냥 사는 거야. 여긴 우리 집이다."

　영호는 성큼성큼 돌계단을 올라가 아버지의 °부대를 마루 밑에 놓았다.

　"한 달 전만 해도 그런 이야길 하는 사람이 있었다."

　아버지가 말했다. 어머니가 내준 철거 계고장을 막 읽고 난 참이었다.

　"시에서 아파트를 지어 놨다니까 얘긴 그걸로 끝난 거다."

　"그건 우릴 위해서 지은 게 아녜요." / 영호가 말했다. / "돈도 많이 있어야 되잖아요?"

　영희는 마당가 °팬지꽃 앞에 서 있었다. / "우린 못 떠나. 갈 곳이 없어. 그렇지, 큰오빠?"

　"어떤 놈이든 집을 헐러 오는 놈은 그냥 놔두지 않을 테야." / 영호가 말했다.

　"그만둬." / 내가 말했다. / ㉠❸"그들 옆엔 법이 있다." 　　　　　▶ 철거 계고장을 받고 체념하는 난쟁이 일가

• **중심 내용** 힘겹게 살아가는 난쟁이 일가에게 철거 계고장이 날아오고, 쫓겨날 위기에 처해 절망함. • **구성 단계** 제1부

이해와 감상

이 작품은 1970년대의 급격한 산업화의 물결 속에서 삶의 기반을 빼앗기고 몰락해 가는 도시 빈민들의 삶을 다루고 있다. 노동자를 착취하고 투기를 일삼는 부도덕한 부유층과 최저 생활비에도 못 미치는 임금을 받으며 살아가는 빈민층의 삶을 대립적으로 그리고 있다.

이 작품에는 동화적 분위기가 드러나 있는데, '난쟁이'로 설정된 주인공, 환상적인 성격을 지닌 공간의 도입, 단문(短文) 중심의 문장 등이 이러한 성격을 형성한다. 그러나 동화와는 달리, 결말이 주인공의 패배로 끝나게 됨으로써 동화의 일반성을 벗어난다. 절망적 삶과 동화적 분위기의 부조화가 이 작품의 묘미라고 할 수 있다.

작품에 등장하는 인물들은 하나같이 현실에서 상처를 입고 패배에 이르는 과정을 밟는 인물로 그려진다. 특히 주인공이 '난쟁이'로 설정된 것은 작가가 의도적으로 마련한 상징적 장치로 보아야 할 것이다.

전체 줄거리

제1부	서술자는 영수. 난쟁이 일가는 하루하루를 힘겹게 살아가는 낙원구 행복동의 도시 빈민이다. 그들은 꿈을 잃지 않고 살아가지만 재개발 사업으로 집이 철거될 어려움에 처한다.
제2부	서술자는 영호. 행복동 주민들은 대부분 투기업자에게 입주권을 팔고 동네를 떠난다. 난쟁이 일가도 끝내 입주권을 팔지만, 제 몫으로 돌아오는 것은 거의 없고 집이 철거당한 뒤, 결국 거리로 나앉을 처지가 된다.
제3부	서술자는 영희. 가족으로부터 입주권을 구입한 투기업자를 따라간 영희는 투기업자에게 순결을 빼앗긴다. 투기업자에게 수면제를 먹이고 금고 안에서 입주권과 돈을 들고 나와 입주 절차를 마치지만 아버지의 자살 소식을 듣고 사회를 향해 절규한다.

인물 관계도

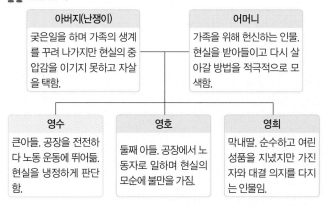

아버지(난쟁이)	어머니
궂은일을 하며 가족의 생계를 꾸려 나가지만 현실의 중압감을 이기지 못하고 자살을 택함.	가족을 위해 헌신하는 인물. 현실을 받아들이고 다시 살아갈 방법을 적극적으로 모색함.

영수	영호	영희
큰아들. 공장을 전전하다 노동 운동에 뛰어듦. 현실을 냉정하게 판단함.	둘째 아들. 공장에서 노동자로 일하며 현실의 모순에 불만을 가짐.	막내딸. 순수하고 여린 성품을 지녔지만 가진 자와 대결 의지를 다지는 인물임.

작품 연구소

'난쟁이'의 상징적 의미

작가는 중심인물을 '난쟁이'로 설정하고 있는데, '난쟁이'는 경제적으로 빈곤한 자, 소외된 사람을 의미하며 거대 자본을 상징하는 '거인'과 의미상 대립적 구조를 형성한다. '거인'과의 대결에서 '난쟁이'로 상징된 노동자들은 패배하는데, 작품의 마지막 부분에 제시된 영희의 대결 의지를 통해 이것이 영원한 패배가 되지 않을 것임을 암시한다.

난쟁이		거인	
• 경제적 빈곤층 • 소외된 사람 • 노동자	대립	• 거대 자본 • 자본가	

 포인트 체크

인물 '□□□' 일가는 하루하루 힘겹게 살아가는 도시 빈민이다.

배경 1970년대 급격한 산업화로 인해 재개발될 예정인 □□□ □□ □을 배경으로 하고 있다.

사건 □□□□□을 받고 쫓겨날 위기에 처한 난쟁이 일가는 절망에 빠지고, 아버지는 지섭과의 대화에서 자신이 꿈꾸던 이상을 깨닫고 현실에서 벗어나 □□을 찾고자 한다.

1 이 글에 대한 설명으로 적절하지 <u>않은</u> 것은?

① 개인과 불합리한 사회의 갈등이 드러나 있다.
② 작품 속 등장인물의 시각에서 사건을 전달하고 있다.
③ 빠른 장면 전환을 통해 극적 긴장감을 고조시키고 있다.
④ 당시 사회에 대한 비판적 시각이 두드러지게 드러나 있다.
⑤ 인물의 육체적 특징을 통해 인물이 사회에서 어떤 계층에 속하는지를 돌려 말하고 있다.

내신 적중

2 ⓐ와 ⓑ에 대한 설명으로 적절하지 <u>않은</u> 것은?

① ⓐ와 ⓑ는 결국 같은 곳을 가리키고 있다.
② ⓑ는 반어적 표현을 통해 ⓐ의 상황을 나타내고 있다.
③ ⓑ는 난쟁이 일가가 ⓐ에서 매일 생각하는 '천국'이라 할 수 있다.
④ ⓐ는 자신들이 사는 곳에 대한 난쟁이 일가의 인식을 드러낸 표현이다.
⑤ ⓑ는 난쟁이 일가의 열악한 삶을 강조하기 위해 의도적으로 사용한 지명이다.

3 시간이 흐른 후 '나'가 〈보기〉와 같이 지난날을 회상한다고 할 때, 그 내용으로 적절하지 <u>않은</u> 것은?

┤ 보기 ├

그날 아침 통장이 철거 계고장을 내게 가져다주었지. ㉮내가 어머니에게 계고장을 내밀자 어머니는 충격을 받으셨던지 아침 식사를 중단하시는 것이었어. 마을 사람들은 소리치며 동사무소 앞으로 몰려갔지. 나는 동사무소 앞에서 아버지를 만났어. ㉯집에 돌아 왔을 때, 어머니는 앞날을 걱정하며 집을 떠날 생각을 하고 계셨어. 영희는 마당 끝에 서서 걱정만 하고 있었지. ㉰영호는 그 집을 떠날 수 없다고 큰 소리 치며 흥분했어. ㉱나도 참을 수가 없어서 떠날 수 없다고 아버지께 말씀 드렸지. ㉲하지만 아버지께서는 어쩔 수 없는 현실임을 알고 계셨어. 그때는 지금 생각해도 하루하루가 참 힘겨웠던 시절이었지.

① ㉮　② ㉯　③ ㉰　④ ㉱　⑤ ㉲

4 ㉠을 통해 알 수 있는 사회의 부조리한 모습은 무엇인지 쓰시오.

Q **이 부분에서 드러나는 대립 구도는?**

이 부분에서는 다음과 같은 소재를 통하여 '가진 자'와 '못 가진 자'를 대조적으로 보여 주고 있다.

가진 자		못 가진 자
개천 건너 주택가 골목	⟷	우리 동네
고기 굽는 냄새		풀 냄새
주머니 달린 옷		주머니 없는 옷

Q **'일만 년 후의 세계'라는 책 제목이 암시하는 것은?**

책 제목을 통해 아버지가 꿈꾸는 사회가 아주 먼 미래의 사회이며, 현재 사회의 경제적 착취와 정치적 억압이 앞으로도 오랫동안 해소되지 못할 것임을 암시한다.

🔖 **구절 풀이**

❶ **"나도 주머니가 달린 옷을 입고 싶어."** 돈이나 먹을 것을 넣을 수 있는 주머니가 달린 옷은 경제적인 여유와 부유한 삶을 상징한다. '나' 또한 경제적인 여유가 있는 삶을 살고 싶다는 소망을 드러내고 있다.

❷ **"사람들은 사랑이 ~ 죽은 땅입니다."** 지섭은 이기적인 욕망과 각박한 인심으로 가득찬 냉혹한 사회의 모습을 비판하고 있다.

❸ **"아저씨는 평생 ~ 기도도 올렸지."** 지섭은 열심히 일을 해도 삶이 나아지지 않는다면, 그것은 이 사회가 불공평하기 때문이라는 것을 일깨우기 위해 이러한 질문을 던지고 있다.

❹ **"그런데, 이게 ~ 떠나야 됩니다."** 열심히 일하고 도덕적으로 진실되게 살아도 잘살지 못하는 현실이 불공평하다는 것을 지적하고 있다. 즉 개인의 노력이 정당하게 보상받지 못한다는 의미이며, 이는 삶의 터전을 빼앗긴 도시 빈민들의 삶과 좌절이라는 이 작품의 주제와 자연스럽게 연결된다.

👤 **작가 소개**

조세희(趙世熙, 1942~)
소설가. 1965년 《경향신문》 신춘문예에 소설 〈돛대 없는 장선〉이 당선되어 등단하였다. 1975년부터 〈칼날〉, 〈뫼비우스의 띠〉 등으로 이어지는 연작을 발표하며 주목을 받았다. 사회의 소외된 계층을 애정 어린 시선으로 바라보는 작품들을 발표하였으며, 주요 작품집으로 《난쟁이가 쏘아 올린 작은 공》, 《시간 여행》 등이 있다.

가 그러나 풀밭에서 영희는 소리를 내어 울었다. 나는 손으로 영희의 입을 막았다. 영희의 몸에서는 ㉠풀 냄새가 났다. 개천 건너 주택가 골목에서는 고기 굽는 냄새가 났다. 나는 그것이 고기 굽는 냄새인 줄 알면서도 어머니에게 묻고는 했다. / "엄마, 이게 무슨 냄새야?"

어머니는 말없이 걸었다. 나는 다시 물었다. / "엄마, 이게 무슨 냄새지?"

어머니는 나의 손을 잡았다. 어머니는 걸음을 빨리하면서 말했다.

"㉡고기 굽는 냄새란다. 우리도 나중에 해 먹자." / "나중에 언제?"

"자, 빨리 가자." / 어머니는 말했다.

"너도 공부를 열심히 하면 좋은 집에 살 수 있고, 고기도 날마다 먹을 수 있단다."

"거짓말!" / 어머니의 손을 뿌리치면서 내가 말했다.

"아버지는 나쁜 사람야." / 어머니가 우뚝 섰다. / "너 방금 뭐라고 했니?"

"우리 아버지는 나쁜 사람야." / "너 매 좀 맞아야겠구나. 아버지는 좋은 분이다."

❶"나도 ㉢주머니가 달린 옷을 입고 싶어."

나 나는 아버지가 놓고 나간 책을 읽고 있었다. 그것은 《일만 년 후의 세계》라는 책이었다. 영희는 온종일 팬지꽃 앞에 앉아 줄 끊어진 기타를 쳤다. '최후의 시장'에서 사 온 기타였다. 내가 방송 통신 고교의 강의를 받기 위해 라디오를 사러 갈 때 영희가 따라왔다. 쓸 만한 라디오가 있었다. 그런데 영희가 먼지 속에 놓인 기타를 들어 퉁겨 보는 것이었다. 영희는 고개를 약간 숙이고 기타를 쳤다. 긴 머리에 반쯤 가려진 옆얼굴이 아주 예뻤다. 영희가 치는 기타 소리는 영희에게 아주 잘 어울렸다. 나는 먼저 골랐던 라디오를 살 수 없었다. 좀 더 싼 것으로 바꾸면서 영희가 든 기타를 가리켰다. 그 라디오가 고장이 나고 기타는 줄이 하나 끊어졌다. ⓐ줄 끊어진 기타를 영희는 쳤다. 나는 아버지가 무슨 생각을 하고 있는지 알 수 없었다. 《일만 년 후의 세계》라는 책을 아버지는 개천 건너 ㉣주택가에 사는 젊은 이에게서 빌렸다. 그의 이름은 지섭이었다. 지섭은 밝고 깨끗한 주택가 삼층집에서 살았다. 지섭은 그 집 가정 교사였다. 아버지와 그는 서로 통하는 데가 있었다. 지섭이 하는 말을 나는 들었었다. 그는 이 땅에서 우리가 기대할 것은 이제 없다고 말했다.

"왜?" / 아버지가 물었다. / 지섭은 말했다.

❷"사람들은 사랑이 없는 욕망만 갖고 있습니다. 그래서 단 한 사람도 남을 위해 눈물을 흘릴 줄 모릅니다. 이런 사람들만 사는 땅은 죽은 땅입니다."

"하긴!" / ❸"아저씨는 평생 동안 아무 일도 안 하셨습니까?"

"일을 안 하다니? 일을 했지. 열심히 일했어. 우리 식구 모두가 열심히 일했네."

"그럼 무슨 나쁜 짓을 하신 적은 없으십니까? 법을 어긴 적 없으세요?" / "없어."

"그렇다면 기도를 드리지 않으셨습니다. 간절한 마음으로 기도를 드리지 않으셨어요."

"기도도 올렸지." / ❹"그런데, 이게 뭡니까? 뭐가 잘못된 게 분명하죠? 불공평하지 않으세요? 이제 이 죽은 땅을 떠나야 됩니다."

"떠나다니? 어디로?" / "달나라로!"

"얘들아!" / 어머니의 불안한 음성이 높아졌다. 나는 책장을 덮고 밖으로 뛰어나갔다. 영호와 영희는 엉뚱한 곳을 찾아 헤매고 있었다. 나는 방죽가로 나가 곧장 하늘을 쳐다보았다. 벽돌 공장의 높은 굴뚝이 눈앞으로 다가왔다. 그 맨 꼭대기에 아버지가 서 있었다. 바로 한 걸음 정도 앞에 달이 걸려 있었다. 아버지는 피뢰침을 잡고 발을 앞으로 내밀었다. 그 자세로 아버지는 ㉤종이비행기를 날렸다.

• 중심 내용 열심히 일해도 가난에서 빠져나올 수 없는 비극적 현실에서 벗어나 희망을 찾고자 하는 아버지
• 구성 단계 제1부

작품 연구소

〈난쟁이가 쏘아 올린 작은 공〉의 시대적 배경과 공간적 배경

1970년대 산업화·도시화로 도시 재개발 사업이 본격화되면서 '가진 자'와 '못 가진 자'의 대립 구도는 더욱 심화되었다. 이 작품에서 작가는 도시 변두리의 철거민촌을 배경으로 노동 계층의 비참한 생활상과 잘사는 계층의 화려하고 타락한 생활상을 대조적으로 제시하고, 못 가진 자의 고달픈 삶과 방황, 의식 구조의 변화에 초점을 맞추어 서술하고 있다.

또한 작가는 난쟁이 일가가 살고 있는 빈민촌을 '낙원구 행복동'이라고 반어적으로 표현하였다. 이곳은 지명처럼 낙원이 아니라 지옥 같은 곳이며 이곳에서의 삶 역시 행복과는 거리가 멀다. 따라서 실제 현실과 대조되는 이러한 지명은 '난쟁이' 일가로 대표되는 소외 계층의 빈곤하고 비참한 삶을 강조하는 효과를 낸다.

동네 이름		실제 삶
낙원구 행복동	↔	지옥과도 같은 불행한 삶

⬇

소외 계층의 비참한 삶을 강조하기 위한 반어적 표현

〈난쟁이가 쏘아 올린 작은 공〉에 나타난 현대 사회의 문제점

물질 만능주의	현대 사회에서는 화폐에 의한 교환 가치가 숭배의 대상이 되었으며, 이로 인해 본질적 가치들이 훼손되었음.
계층 재생산	봉건 시대의 노비 자손들이 현대 사회의 빈곤층을 형성하고 있음을 통해 계층 구조의 대물림을 보여 줌.
인간의 도구화	현대 사회는 인간의 본질을 외면하고 단지 수단으로만 취급함.
인간관계의 단절	현대 사회의 인간관계는 철저히 계약을 통해 형성되며, 그 근본은 금전을 통한 대가의 지불임.

소재의 상징적 의미

팬지꽃	순수하고 가냘픈 영희의 이미지를 드러냄.
기타	영희의 꿈을 상징함. 줄 끊어진 기타는 영희의 꿈과 희망이 좌절됨을 상징함.
달나라	주인공들이 실현하고자 하는 이상적인 세계를 의미함. 도덕성이 확립된 지순한 세계이자, 지섭이 말하는 사랑의 세계임. 하지만 현실과 떨어져 있으며 현실을 개선하는 데 도움을 줄 수 없다는 점에서 이상주의적인 환상에 불과함.

함께 읽으면 좋은 작품

〈내 그물로 오는 가시고기〉, 조세희 / 자본가와 노동자의 대립이 드러난 작품
《난쟁이가 쏘아 올린 작은 공》의 연작 소설 중 하나로, 난쟁이 일가의 첫째 아들인 영수가 은강 그룹 회장의 형을 살해한 사건을 은강 그룹 회장 아들의 관점에서 서술하고 있다. 노동자와 자본가의 갈등을 통해 가진 자와 못 가진 자의 대립이 드러나고 있다.

〈선학동 나그네〉, 이청준 / 동일한 주인공이 연속해서 등장하는 연작 소설
〈서편제〉, 〈소리의 빛〉과 함께 소리를 제재로 한 이청준의 연작 소설 가운데 한 편으로, 소리꾼 부녀의 이야기를 통해 한(恨)의 실체를 밝히고, 이를 예술적으로 형상화한 작품이다. 〈난쟁이가 쏘아 올린 작은 공〉과 〈선학동 나그네〉는 한 작가가 동일한 주인공을 등장시켜 여러 이야기를 그린 연작 소설이라는 공통점이 있다.

내신 적중

5 ㉠~㉤ 중, 성격이 유사한 것끼리 묶은 것은?

① ㉠, ㉢   ② ㉠, ㉣   ③ ㉡, ㉤
④ ㉡, ㉢, ㉣   ⑤ ㉢, ㉣, ㉤

6 〈보기〉를 참고하여 이 글을 감상할 때, ㉮에 들어갈 내용으로 가장 적절한 것은?

┤보기├

이상 세계를 꿈꾸는 것이 이상과 현실의 거리가 너무도 멀다는 자각에서 나오는 것이라면, 그것은 현실 비판의 표시이다. 따라서 현실에 대한 대항 이미지로서의 이상 세계를 구체적으로 실현하려고 할 때, 그 이미지는 현실을 부정하는 힘이 되거나 현실을 극복하는 힘이 된다. 이렇게 볼 때 이 작품에서 (㉮   )은/는 아버지가 현실을 부정적으로 인식하고 있음을 드러내는 소재가 된다.

① 팬지꽃   ② 기타   ③ 라디오
④ 달나라   ⑤ 공장

7 ⓐ가 상징하는 의미로 가장 적절한 것은?

① 꿈과 희망의 좌절   ② 절망적인 상황의 극복
③ 도시 빈민의 궁핍한 삶   ④ 현실에 대한 무기력한 태도
⑤ 행복했던 과거에 대한 그리움

8 〈보기〉를 바탕으로 이 글을 감상한 내용으로 적절하지 않은 것은?

┤보기├

이 작품은 등장인물인 지섭을 통해 '죽은 땅'과 '달나라'라는 상징적 공간을 설정하여 '난쟁이' 일가가 직면한 현실의 문제를 드러낸다. '죽은 땅'은 '욕망'과 '불공평'이라는 속성으로, '달나라'는 '사랑'과 '남을 위한 눈물'이라는 속성으로 구체화된다. 이를 통해 이 작품은 산업 사회의 이면에 대한 비판과 이상 세계를 향한 낭만적 동경을 보여 준다.

① '욕망'을 '죽은 땅'의 속성으로 볼 때, '난쟁이' 가족의 어려움은 '욕망'으로 가득한 현실에서 비롯되었다고 할 수 있겠군.
② '불공평'을 '죽은 땅'의 속성으로 볼 때, 《일만 년 후의 세계》라는 책은 현재의 '불공평'이 오랫동안 해소되지 못할 것임을 암시하겠군.
③ '달나라'가 '죽은 땅'과 대조되는 것으로 볼 때, '달나라'에 대한 동경은 '죽은 땅'에 대한 '지섭'의 비판적 인식을 포함한다고 할 수 있겠군.
④ '사랑'을 '달나라'의 속성으로 볼 때, '지섭'은 자신의 욕망만 앞세우는 사람들이 사는 '죽은 땅'에서는 '사랑'을 기대할 수 없다고 생각하겠군.
⑤ '남을 위한 눈물'을 '달나라'의 속성으로 볼 때, '지섭'은 '난쟁이'가 주어진 현실의 삶에 충실하지 못했기에 그를 위해 눈물을 흘려 줄 사람을 만나지 못한 것이라고 생각하겠군.

9 〈보기〉는 이 글과 관련하여 작가가 이야기한 것이다. 이 글을 참고하여, '거인'과 '난쟁이'가 의미하는 바를 쓰시오.

┤보기├

작가: 저는 이 작품에서 당시의 시대 상황을 '거인'에 맞서는 '난쟁이'의 모습으로 표현했습니다.

056 아홉 켤레의 구두로 남은 사내 | 윤흥길

키워드 체크 　#세태 소설　#현실 비판적　#1인칭 관찰자 시점　#소시민적 삶　#구두의 의미

국어 천재(이), 비상(박안)

핵심 정리

갈래 중편 소설, 세태 소설, 연작 소설
성격 사실적, 현실 비판적
배경 ① 시간 – 1970년대 후반
　　　② 공간 – 경기도 성남 지역
시점 1인칭 관찰자 시점
주제 산업 사회에서 소외된 계층의 어려운 삶
특징 ① 날카로운 문제의식으로 현실의 모순을
　　　 지적함.
　　　② 상징적인 사물을 통해 인물의 내면 심리
　　　 를 표현함.
출전 《창작과비평》(1977)

Q '권 씨'가 '나'를 찾아온 이유는?

권 씨의 아내가 위급한 상황에 놓여 수술을 해야
하지만 병원으로부터 병원비를 마련하지 않으면
수술을 할 수 없다는 이야기를 듣는다. 이에 집주
인인 '나'를 찾아와 급히 수술비를 빌려 달라고
부탁하는 것이다.

어휘 풀이

엄숙하다 분위기나 의식 따위가 장엄하고 정숙
하다.
적시 알맞은 때.
막벌이 아무 일이든지 닥치는 대로 해서 돈을 버
는 일.
썰면 '나'와 함께 근무하는 교사의 별명. 입술이
두툼해서 썰면 한 접시는 되겠다는 의미이다.
고팽이 굽은 길의 모퉁이.
삼륜차 바퀴가 세 개 달린 차.
암만 밝혀 말할 필요가 없는 값이나 수량을 대신
하여 이르는 말.
가불 봉급을 정한 날짜 전에 지급함.
척분 성이 다르면서 일가가 되는 관계.

Q '권 씨'가 이와 같이 말한 이유는?

권 씨는 대학까지 나온 지식인이라는 자부심을
가지고 있는 인물이다. 그러나 현실적인 문제에
부딪혀 돈을 빌리려 했으나 거절당하자 상처 입
은 자존심을 회복하기 위해 이와 같은 말을 한
것이다.

구절 풀이

❶ 책임이 따르는 동정은 ~ 야멸차게 굴 필요가
있었다. '나'는 권 씨가 돈을 갚을 능력이 없는
것을 잘 알기에 부탁을 단호히 거절한다. 평소
'나'는 권 씨에게 연민을 가지고 있었으나 그를
직접적으로 돕지는 못하는데 이는 '나' 역시도
어려운 시대를 살아가는 소시민의 일부임을
상징한다.

❷ 이건 완전히 나체구나 하는 느낌이 팍 들었다.
'나'가 권 씨의 부탁을 거절한 후, 자신의 안위
를 위해 타인의 어려움을 외면한 자신의 행위
에 부끄러움을 느끼는 부분이다.

가 "빌려만 주신다면 무슨 짓을, 정말 무슨 짓을 해서라도 반드시 갚겠습니다."
　　　└ 권 씨가 '나'에게 아내의 수술비 십만 원을 빌려 달라고 부탁함.
　　반드시 갚는 조건임을 강조하면서 그는 마치 성경책 위에다 오른손을 얹고 말하듯이 *엄
숙한 표정을 했다. 하마터면 나는 잊을 뻔했다. 그가 *적시에 일깨워 주었기 망정이지 안 그
　　　　　　　　　└ 돈을 돌려받지 못할 수도 있다는 사실을 상기함.
랬더라면 빌려주는 어려움에만 골똘한 나머지 빌려줬다 나중에 돌려받는 어려움이 더 클
거라는 사실은 생각도 못 할 뻔했다. 그렇다. 끼니조차 감당 못 하는 주제에 *막벌이가 아니면
　　　　　　　　　　　　　　　　　　　　　└ '나'는 권 씨의 변제 능력을 믿지 못하고 있음.
어쩌다 간간이 얻어걸리는 출판사 싸구려 번역 일 가지고 어느 해가에 빚을 갚을 것인가.
❶책임이 따르는 동정은 피하는 게 상책이었다. 그리고 기왕 피할 바엔 저쪽에서 감히 두말
　　└ 권 씨의 부탁을 거절하기로 한 '나'　　　　　　　　　　　└ 거듭　└ 부탁을 단호하게 거절하기로 마음먹음.
을 못 하도록 야멸차게 굴 필요가 있었다. / "병원 이름이 뭐죠?" / "원 산부인곱니다."

　　"지금 내 형편에 현금은 어렵군요. 원장한테 바로 전화 걸어서 내가 보증을 서마고 약속
　　　　　　　　　　　　　　　　　　　　└ 돈을 빌려주지 않겠다는 의사를 표현함.
할 테니까 권 선생도 다시 한번 매달려 보세요. 의사도 사람인데 설마 사람을 생으로 죽
게야 하겠습니까. 달리 *변통할 구멍이 없으시다면 그렇게 해 보세요."
　　　　　　　└ 돈이나 물건 따위를 융통할　　　　　　　　▶ 돈을 빌려 달라는 권 씨의 부탁을 단호하게 거절하는 '나'
나 "원장이 어리석은 사람이길 바라고 거기다 희망을 걸기엔 너무 늦었습니다. 그 사람은
나한테서 수술 비용을 받아 내기가 수월치 않다는 걸 입원시키는 그 순간에 벌써 알아차
렸어요."

　　얼굴에 흐르는 진땀을 훔치는 대신 그는 ㉠오른발을 들어 왼쪽 바짓가랑이 뒤에다 두어
　　　　　　　　　　　　　　　　　　　└ 권 씨의 자존심을 상징하는 구두를 닦음으로써 자존심을 회복하려 함.
번 문질렀다. 발을 바꾸어 같은 동작을 반복했다. / "바쁘실 텐데 실례 많았습니다."

　　*'썰면'처럼 두툼한 입술이 선잠에서 깬 어린애같이 움씰거리더니 겨우 인사말이 나왔다.
　　　　　　　　　　　　　　　　　　　└ 하려던 말을 참고 '나'에게 인사를 건넴.
무슨 말이 더 있을 듯싶었는데 그는 이내 돌아서서 휘적휘적 걷기 시작했다. 나는 내심 그
입에서 *끈끈한 가래가 묻은 소리가, 이를테면, 오 선생 너무하다든가 잘 먹고 잘 살라든가
　　　　　　　　　　　　　　└ 돈을 빌려주지 않은 '나'를 원망하는 말
하는 말이 날아와 내 이마에 탁 눌어붙는 순간에 대비하고 있었는지도 모른다. 그래서 그
가 갑자기 돌아서면서 나를 똑바로 올려다봤을 때 그처럼 흠칫 놀랐을 것이다.

　　"오 선생, 이래 봬도 나 대학 나온 사람이오." 　　　　　　▶ 부탁을 거절당하고 자존심에 상처를 입은 권 씨
　　　　└ 자신이 학식이 있는 사람이라는 것을 강조함.　└ 상처 입은 자존심을 회복하려는 의도
다 산 *고팽이를 돌아 그의 모습이 벌거벗은 황토의 언덕 저쪽으로 사라지는 찰나, 나는 뛰
어가서 그를 부르고 싶은 충동을 느꼈다. 돌팔매질을 하다 말고 뒤집힌 *삼륜차로 달려들
　　　　　　　　　　　　　　　　　　　└ 정부의 부당한 조치에 대한 투쟁 과정에서 인간의 이기적인 본성을 확인함.
어 아귀아귀 참외를 깨물어 먹는 군중을 목격했을 당시의 권 씨처럼, ❷㉡이건 완전히 나체
　　　　　　　　　　　　　　　　　　　　　　　└ 자신의 이기적인 본성을 깨달음.
구나 하는 느낌이 팍 들었다. 그리고 내가 그에게 *암만의 빚을 지고 있음을 퍼뜩 깨달았다.
전셋돈도 일종의 빚이라면 빚이었다. 왜 더 좀 일찍이 그 생각을 못 했는지 모른다. / 원 산
　└ 권 씨로부터 전세금을 받았으므로 전세금을 보증 삼아 돈을 빌려줄 수 있었음을 뒤늦게 깨달음.
부인과에서는 만단의 수술 준비를 갖추고 보증금이 도착하기만을 기다리고 있었다. 학교
에서 우격다짐으로 후려 낸 *가불에다 가까운 동료들 주머니를 닥치는 대로 떨어 간신히
　　　　　　　　　　　　　　　　　└ '나'는 뒤늦은 후회로 돈을 빌려 수술비를 마련함.
마련한 일금 십만 원을 건네자 금테의 마비츠 안경을 쓴 원장이 바로 마취사를 부르도록
　　　　　　　　　　　　　　　　└ 값비싼 안경을 쓴 원장의 외양을 묘사하여 그의 탐욕스러운 성격을 드러냄.
간호원에게 지시했다. 원장은 내가 권 씨하고 아무 *척분도 없으며 다만 그의 셋방 주인일
따름인 걸 알고는 혀를 찼다. / "아버지가 되는 방법도 정말 여러 질이군요. 보증금을 마련
　　　　　　　　　　　　　　　　└ 권 씨에 대한 불만을 노골적으로 드러냄.
해 오랬더니 오전 중에 나가서는 여지껏 얼굴 한 번 안 비치지 뭡니까."

　　"맞습니다. 의사가 애를 꺼내는 방법도 여러 질이듯이 아버지 노릇 하는 것도 아마 여러
　　　　　　　　　　　　　　　　　　　└ 탐욕스럽고 이해타산적인 원장의 행동을 비꼼.
질일 겁니다." / 나는 내 말이 제발 의사의 귀에 농담으로 들리지 않기를 바랐으나 유감
　　　　　　　　　　　　　　　　　　　　　　　　　└ 자신에 대한 '나'의 빈정거림을 가볍게 넘겨 버림.
스럽게도 금테 안경의 상대방은 한 차례의 너털웃음으로 그걸 간단히 눙쳐 버렸다.
　　　　　　　　　　　　　　　　　　　　　　　▶ '나'는 뒤늦게 수술비를 마련하여 병원에 지불함.

• 중심 내용 아내의 수술비를 빌려 달라는 권 씨의 부탁을 거절하는 '나' 　　• 구성 단계 위기

이해와 감상

이 작품은 1970년대 산업화·도시화의 흐름에서 소외된 사람들의 삶과 현실의 부조리를 '나'의 시선을 통해 보여 주고 있다. 1970년대는 급격한 사회 변화로 인해 수많은 문제들이 양산되었는데, 주인공인 권 씨는 이러한 사회 변화에 따른 희생자라 할 수 있다. 권 씨는 내 집 마련의 꿈을 안고 철거민의 입주권을 사지만, 당국의 불합리한 조치에 좌절을 겪고, 이에 항의하는 시위에 휘말려 전과자가 된다. 그가 늘 반짝거리게 닦고 다니는 구두는 그의 마지막 자존심을 상징하는데, 강도 사건 이후 권 씨는 사라지고, 아홉 켤레의 구두만 남게 된다.

한편 서술자인 '나'(오 선생)는 가난한 이웃들이 자신에게 지나친 관심을 갖는 것을 부담스러워하고, 전세로 입주한 권 씨에게는 연민 어린 관심밖에 보여 주지 못하는 인물로 그려진다. 이는 소외된 하층민의 삶을 외면할 수는 없지만, 그렇다고 자신의 안락한 삶을 포기하지도 못하는 소시민의 전형적인 모습이라 할 수 있다.

Q 전체 줄거리

발단	고생 끝에 집을 마련한 '나'는 문간방에 세를 놓는다. 어느 날 임신한 아내와 두 남매를 거느린 권 씨가 이사를 온다. 그는 시위 주동자였다는 이유로 감옥에 다녀온 뒤 경찰의 주목을 받는 사람이었다.
전개	권 씨는 일자리를 구하지 못해 공사판에 나가 막일을 하면서도 구두만은 반짝반짝 윤이 나게 닦아 신고 다닌다. '나'는 권 씨가 전과자가 된 사연을 듣게 된다.
위기	권 씨의 아내가 아이를 낳다 수술을 해야 하는 상황에 처하고, 권 씨가 '나'에게 수술비를 빌리러 온다. '나'는 이를 거절했다가 뒤늦게 돈을 구하여 병원으로 가서 권 씨의 아내가 해산할 수 있게 돕는다.
절정	이 사실을 모르는 권 씨는 강도로 돌변하여 '나'의 집에 침입하고, 자신의 정체가 '나'에게 탄로 났다고 느끼자 자존심이 상한 채 집을 나간다.
결말	권 씨는 아홉 켤레의 구두만 남긴 채 자취를 감춘다.

👥 인물 관계도

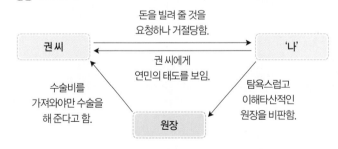

🏠 작품 연구소

소설에서 1인칭 관찰자의 기능

1인칭 관찰자가 서술자로 선택될 경우, 1인칭 관찰자는 자신의 눈에 비친 인물에 대해 나름대로의 해석과 평가를 내리게 된다. 이 작품에서도 오 선생이라 불리는 '나'는 권 씨를 관찰하고 권 씨에게 연민 어린 관심을 보이고 있다. 또한 '나'는 전형적인 소시민이자 지식인으로, 권 씨 역시 본래 같은 처지였다는 점에서 공감대를 갖고 있어 그의 심리를 잘 이해하여 전달하고 있다.

🔑 포인트 체크

인물 권 씨는 도시 빈민이지만 지식인이라는 ☐☐☐을 가지고 살아가며, '나'는 이러한 권 씨를 ☐☐의 시선으로 관찰하는 소시민이다.

배경 1970년대 산업 사회에서 소외된 ☐☐☐의 삶을 사실적으로 그리고 있다.

사건 '나'는 아내의 ☐☐☐를 마련하기 위해 찾아온 권 씨의 부탁을 단호하게 거절하고, 이에 권 씨는 ☐☐로 돌변하여 '나'의 집에 침입한다.

1 이 글의 서술상 특징으로 적절한 것은?

① 빈번한 장면 전환으로 긴장감을 고조시키고 있다.
② 과거와 현재를 넘나들며 사건의 인과 관계를 밝히고 있다.
③ 가치관이 다른 인물의 대비를 통해 갈등을 드러내고 있다.
④ 작품 속 인물이 다른 인물을 관찰한 결과를 제시하고 있다.
⑤ 장면에 따라 서술자를 달리하여 사건에 대한 다양한 시각을 드러내고 있다.

2 이 글의 인물 관계를 〈보기〉와 같이 정리했을 때, ⓐ~ⓔ에 대한 설명으로 적절하지 <u>않은</u> 것은?

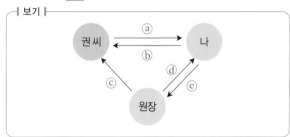

① ⓐ: 권 씨는 돈을 빌려주지 않는 '나'에게 별다른 반응을 보이지 않는다.
② ⓑ: '나'는 권 씨의 변제 능력을 의심하여 돈을 빌려주지 않겠다고 결심한다.
③ ⓒ: 원장은 권 씨가 수술비를 내지 않자 수술을 보류한다.
④ ⓓ: 원장은 권 씨와 척분이 없는 데도 수술비를 내주는 '나'의 행동을 비판한다.
⑤ ⓔ: '나'는 사람의 목숨이 달린 일에 수술비를 재촉하는 원장의 이해타산적 행동을 비꼰다.

3 '권 씨'가 ㉠과 같이 행동한 의도를 '구두'의 상징적 의미를 포함하여 쓰시오.

4 〈보기〉는 이 작품의 앞부분이다. 이 글의 내용과 〈보기〉를 참고하여, ㉡이 의미하는 바를 쓰시오.

┤ 보기 ├

빗속에서 사람들이 경찰하고 한참 대결하는 중이었죠. 최루탄에 투석으로 맞서고 있었어요. [중략] 누렇게 익은 참외가 와그르르 쏟아지더니 길바닥으로 구릅니다. 경찰을 상대하던 군중들이 돌멩이질을 딱 멈추더니 참외 쪽으로 벌떼처럼 달라붙습니다. [중략] 진흙탕에 떨어진 것까지 주워서는 어적어적 깨물어 먹는 거예요. 먹는 그 자체는 결코 아름다운 장면이 못 되었어요. 다만 그런 속에서도 그걸 다투어 주워 먹도록 밑에서 떠받치는 그 무엇이 그저 무시무시하게 절실할 뿐이었죠.

멱 목의 앞쪽.

목통 목을 속되게 이르는 말.

우발적 어떤 일이 예기치 아니하게 우연히 일어나는. 또는 그런 것.

시종(始終) 처음부터 끝까지.

이죽거리다 자꾸 밉살스럽게 지껄이며 짓궂게 빈정거리다.

부득이하다 마지못하여 할 수 없다.

Q 강도의 외모와 행동을 통해 알 수 있는 '그'의 성격은?

· 술에 취한 큰 눈: 본래 착한 성품임을 암시한다. 술기운을 빌리지 않으면 안 될 정도로 심약하고 소심한 성격임을 알 수 있다.

· 부들부들 손을 떪, 아이를 조심스럽게 재움, 칼을 아무 데나 놓아 둠.: 소심하고, 강도짓을 해 본 경험이 없음을 암시한다.

구절 풀이

❶ **"연장을 이렇게 ~ 알 만합니다."** 강도의 연장이라 할 수 있는 식칼을 떨어뜨린 채 아이를 재우는 강도를 보며 그가 강도짓을 해 본 적이 없음을 짐작하고, 놀리듯 하는 말이다. '나'가 강도에 대한 적대감이나 두려움이 없음을 알 수 있다.

❷ **그 순간 강도의 눈이 의심의 빛으로 가득 찼다.** 권 씨는 자신의 처지를 알고 있는 것처럼 말하는 '나'의 말을 듣고, 자신이 누구인지 '나'가 눈치채고 있다는 사실을 알아차린다.

❸ **애당초 의도했던 바와는 ~ 등을 향해 말했다.** 강도를 안심시켜 편안하게 돌아가게 하려는 '나'의 의도와 달리 강도는 자신의 정체가 들켰다는 것을 알고 오히려 자존심이 상하게 된다.

❹ **그따위 이웃은 ~ 아무도 안 믿어!** 권 씨는 낮에 '나'를 찾아와 아내의 병원비를 빌리려 했지만 거절당한다. 뒤늦게 후회한 '나'는 권 씨 아내의 수술비를 지불했지만 이 사실을 모르는 권 씨는 사람에 대한 불신, 배신감과 절망감을 느끼고 있다.

❺ **"이래 봬도 나 대학까지 나온 사람이오."** 권 씨는 예전에도 '나'에게 이와 같이 말하며 비록 가난하게 살지만 식자층에 속한다는 자부심을 보여 주었다. 강도가 된 자신의 정체가 탄로 나자 자신에 대한 '나'의 연민을 거부하고 자존심을 지키려는 의도에서 한 말이며 자신의 무능에 대한 열등감의 표현이기도 하다.

Q 강도에 대한 '나'의 태도는?

'나'는 강도가 술기운을 빌리지 않고는 남의 담을 넘지 못할 소심한 위인이라는 것을 눈치채고, 그의 선한 눈빛과 어설픈 행동을 통해 권 씨라는 것을 알게 된다. 그의 자존심에 상처를 주지 않고 집에서 내보내기 위해 우호적인 말과 행동을 하지만, 결국 이것이 권 씨에게 상처를 주게 된다.

작가 소개

윤흥길(본책 202쪽 참고)

가 "일어나, 얼른 일어나라니까." / 나 외엔 더 깨우고 싶지 않은지 강도의 목소리는 무척 낮고 조심스러웠다. 나는 일어나고 싶었지만 도무지 일어날 수가 없었다. *멱을 겨눈 식칼이 덜덜덜 위아래로 춤을 추었다. 만약 강도가 내 *목통이라도 찌르게 된다면 그것은 고의에서가 아니라 지나친 떨림으로 인한 *우발적인 상해일 것이었다. 무척 모자라는 강도였다. 나는 복면 위의 눈을 보는 순간에 상대가 그 방면의 전문가가 못 됨을 금방 알아차렸던 것이다. 딴에 진탕 마신 술로 한껏 용기를 돋웠을 텐데도 보기 좋을 만큼 큰 눈이 착하게만 타고난 제 천성을 어쩌지 못한 채 나를 퍽 두려워하고 있었다.

나 얌전히 구두까지 벗고 양말 바람으로 들어온 강도의 발을 나는 그때 비로소 볼 수 있었다. 내가 그렇게 염려를 했는데도 강도는 와들와들 떨리는 다리를 옮기다가 그만 부주의하게 동준이의 발을 밟은 모양이었다. 동준이가 갑자기 칭얼거리자 그는 질겁을 하고 엎드리더니 녀석의 어깨를 토닥거리는 것이었다. 녀석이 도로 잠들기를 기다려 그는 복면 위로 칙칙하게 땀이 밴 얼굴을 들고 일어나서 내 위치를 흘끔 확인한 다음 본격적인 작업에 들어갔다. 터지려는 웃음을 꾹 참은 채 강도의 애교스러운 행각을 *시종 주목하고 있던 나는 살그머니 상체를 움직여 동준이를 잠재울 때 이부자리 위에 떨어뜨린 식칼을 집어 들었다.

❶"연장을 이렇게 함부로 굴리는 걸 보니 당신 경력이 얼마나 되는지 알 만합니다."

내가 내미는 칼을 보고 그는 기절할 만큼 놀랐다. 나는 사람 좋게 웃어 보이면서 칼을 받아 가라는 눈짓을 보냈다. 그는 겁에 질려 잠시 망설이다가 내 재촉을 받고 후닥닥 달려들어 칼자루를 낚아채 가지고는 다시 내 멱을 겨누었다.

다 "도둑맞을 물건 하나 제대로 없는 주제에 *이죽거리긴!"

"그래서 경험 많은 친구들은 우리 집을 거들떠도 안 보고 그냥 지나치죠."

"누군 뭐 들어오고 싶어서 들어왔나? 피치 못할 사정 땜에 어쩔 수 없이……."

나는 강도를 안심시켜 편안한 맘으로 돌아가게 만들 절호의 기회라고 판단했다.

ⓐ"그 피치 못할 사정이란 게 대개 그렇습디다. 가령 식구 중에 누군가가 몹시 아프다든가 빚에 몰려서……."

❷그 순간 강도의 눈이 의심의 빛으로 가득 찼다. 분개한 나머지 이가 딱딱 마주칠 정도로 떨면서 그는 대청마루를 향해 나갔다. 내 옆을 지나쳐 갈 때 그의 몸에서는 역겨울 만큼 술 냄새가 확 풍겼다. 그가 허둥지둥 끌어안고 나가는 건 틀림없이 갈기갈기 찢어진 한 줌의 자존심일 것이었다. ❸애당초 의도했던 바와는 달리 내 방법이 결국 그를 편안케 하긴커녕 오려 더욱더 낭패케 만들었음을 깨닫고 나는 그의 등을 향해 말했다.

"어렵다고 꼭 외로우란 법은 없어요. 혹 누가 압니까, 당신도 모르는 사이에 당신을 아끼는 어떤 이웃이 당신의 어려움을 덜어 주었을지?"

"개수작 마! ❹그따위 이웃은 없다는 걸 난 똑똑히 봤어! 난 이제 아무도 안 믿어!"

그는 현관에 벗어 놓은 구두를 신고 있었다. 그 구두를 보기 위해 전등을 켜고 싶은 충동이 불현듯 일었으나 나는 꾹 눌러 참았다. 현관문을 열고 마당으로 내려선 다음 부주의하게도 그는 식칼을 들고 왔던 자기 본분을 망각하고 엉겁결에 문간방으로 들어가려 했다. 그의 실수를 지적하는 일은 훗날을 위해 나로서는 *부득이한 조처였다.

㉠"대문은 저쪽입니다." / 문간방 부엌 앞에서 한동안 망연해 있다가 이윽고 그는 대문 쪽을 향해 느릿느릿 걷기 시작했다. 비틀비틀 걷기 시작했다. 대문에 다다르자 그는 상체를 뒤틀어 이쪽을 보았다. / ❺"이래 봬도 나 대학까지 나온 사람이오."

· **중심 내용** 권 씨는 '나'의 집에 침입하여 강도 행각을 벌이지만 자신의 정체를 들키고 자존심에 상처를 입음.

· **구성 단계** 절정

작품 연구소

'아홉 켤레의 구두'가 갖는 의미

권 씨는 뜻하지 않게 시위에 휘말려 전과자가 되고 지금은 살길조차 막막하지만, 지식인으로서의 자존심만은 지키려고 노력하는 인물이다. 유리알처럼 반짝반짝 닦여 있는 구두는 그의 자존심을 상징한다. 그러나 그는 아내의 수술비가 없어 강도짓까지 하게 되고, '나'가 자신의 정체를 눈치챘음을 알아차리고 자존심에 상처를 입는다. 이 사건으로 권 씨는 자신의 마지막 자존심의 상징인 구두를 남겨 둔 채 집을 나가게 된다.

열 켤레의 구두		아홉 켤레의 구두
지식인으로서 권 씨의 자존심을 상징함.	자존심에 상처를 입음. →	권 씨의 부재를 상징하며 자존심마저 잃게 된 권 씨의 처지를 보여 줌.

권 씨에 대한 '나'의 태도

이 소설의 첫 장면에서 이 순경은 권 씨를 감시하는 처지에 있음에도 '나'가 권 씨를 사랑하게 될 것이라고 장담한 바 있다. 이러한 이 순경의 우호적인 태도는 '나'에게도 영향을 끼친다. 때로는 자신이 대학까지 나온 지식인이며, 안동 권씨라는 것을 과시하는 것이 엉뚱하게 느껴지기도 하지만, 그가 자존심을 지키며 살려는 모습에 연민과 애정을 품게 되는 것이다. 마지막 장면에서 권 씨가 강도로 돌변해 침입을 하지만, '나'는 권 씨에게 적대적인 태도를 취하기는커녕 동정하며 공감해 준다. 이러한 서술자의 태도는 독자들에게도 영향을 끼치는데, 권 씨가 처지에 어울리지 않는 행동을 하는 다소 희극적인 요소를 가진 인물임에도 독자는 이를 조롱하거나 비웃는 것이 아니라 연민의 정서를 느끼게 된다.

'나' (평범한 소시민)	연민과 애정 →	권 씨 (주변부로 밀려난 소시민)

자료실

작품의 배경인 광주 대단지 사건

1971년 8월 10일, 경기도 광주 대단지(지금의 경기도 성남시) 주민 5만여 명이 정부의 무계획적이고 졸속한 도시화에 반발하여 일으킨 대규모 시위로, 당시 도시적 갈등 문제를 알리는 신호탄이 되었다. 입주민의 생업 대책도 마련하지 않은 채 자급자족 도시로 키우겠다는 정부의 선전만 믿고 전국 각지에서 몰려든 주민들이 실업 상태에 빠졌으며 토지 투기를 둘러싼 각종 사기와 폭력, 절도 등의 범죄 행위가 급증했다. 이에 입주민들이 이러한 불합리한 정책을 시정하라는 요구를 하고 나선 것이다.

함께 읽으면 좋은 작품

〈난쟁이가 쏘아 올린 작은 공〉, 조세희 / 도시 빈민층의 삶을 그린 작품

1970년대 도시 빈민들의 삶을 다루고 있는 작품이다. 낙원도 아니고 행복도 없는 낙원구 행복동의 소외 계층을 대표하는 난쟁이 일가의 삶을 통해 화려한 도시 재개발 뒤에 숨은 소시민들의 아픔을 그리고 있다. 시대적 상황과 주제 면에서 〈아홉 켤레의 구두로 남은 사내〉와 유사한 점이 많다.

Link 본책 212쪽

〈직선과 곡선〉, 윤흥길 / 〈아홉 켤레의 구두로 남은 사내〉의 연작

〈아홉 켤레의 구두로 남은 사내〉의 속편 격인 작품으로, 권 씨가 서술자가 되어 소시민의 현실에 대한 굴복과 투항을 보여 준다. 마지막 자존심이었던 구두를 불태운 채 노동자가 되기로 하는 권 씨의 행동은 가족을 위해 현실과 타협해야 하는 당시 소시민들의 곤궁한 삶을 잘 보여 주고 있다.

---

5 이 글에 대한 설명으로 적절하지 않은 것은?

① '나'가 관찰한 사실만을 보여 주고 있다.
② 대화와 행동을 통해 현장감을 주고 있다.
③ 권 씨에 대한 '나'의 적대적인 태도가 드러나 있다.
④ 인물의 외모와 행동으로 성격을 짐작해 볼 수 있다.
⑤ 의태어를 통해 인물의 행동을 생동감 있게 표현하고 있다.

6 '나'가 '권 씨'를 이해하는 과정을 다음과 같이 정리할 때, ㉮에 들어갈 내용으로 가장 적절한 것은?

사건		'나'의 태도
권 씨가 구두에 집착하는 모습을 봄.	⇒	그의 행동을 이해할 수 없음.
권 씨가 전과자가 된 내력을 알게 됨.	⇒	그의 행동을 이해함.
권 씨가 강도 사건 이후 집에 돌아오지 않음.	⇒	㉮

① 그에게 거리감을 느낌.
② 그에게 배신감을 느낌.
③ 그의 처지를 안타깝게 여김.
④ 그의 폭력적 성향을 깨달음.
⑤ 그의 독특한 성격을 좋아하게 됨.

중요 기출

7 ㉠과 관련하여 '나'가 떠올렸을 법한 생각으로 가장 적절한 것은?

① '당신이 지금 대문으로 나가야만 훗날 내가 당신을 떳떳하게 대할 수 있을 거예요.'
② '지금 당신이 저지른 행동을 당신의 가족들이 눈치채지 못하도록 피신부터 해야 해요.'
③ '현재 내 앞에 서 있는 당신은 강도 신분이 아니라, 예전에 내가 알고 있는 권 씨여야 해요.'
④ '당신이 문간방으로 들어간다는 것은 강도짓이 잘못된 행위라는 것을 시인하는 셈이에요.'
⑤ '당신이 자신의 신분을 감출 수밖에 없었듯이, 나도 현재 당신을 모른 체할 수밖에 없어요.'

내신 적중

8 이 글과 〈보기〉를 참고하여 ⓐ에 담긴 '나'의 의도와 그것을 받아들인 '권 씨'의 심정을 쓰시오.

> **⊣ 보기 ⊢**
>
> 오 선생 말로는, 훗날의 일을 생각해서 강도를 끝까지 강도로 대우해서 보낼 작정으로 취한 부득이한 조처였다고 그러지만, 내 눈에 비친 그의 거동은 강도범이 다름 아닌 자기네 문간방 사내임을 일찌감치 간파하고 사람을 여지없이 조롱하고 경멸하는 투가 시종일관 분명했던 것이다. 오 선생의 눈초리를 등 뒤에 느끼면서 대문을 나서는 그 순간 나는 도무지 더 살고 싶은 기분이 아니었다.
>
> – 윤흥길, 〈직선과 곡선〉

문학 지학사

핵심 정리

갈래 단편 소설, 연작 소설, 농촌 소설
성격 비판적, 해학적, 풍자적
배경 ① 시간 – 1970년대
　　　 ② 공간 – 농촌(느티울 마을)
시점 전지적 작가 시점
주제 근대화로 인한 생태계의 파괴와 농촌 공동체 의식의 상실
특징 ① 방언을 활용하여 삶의 구체적 모습을 보여 줌으로써 현장성과 사실성을 높임.
　　　 ② 인물 간의 대화를 통해 근대화 과정에서 발생한 부조리한 현실을 드러냄.
출전 《문예중앙》(1977)

어휘 풀이

치부하다 마음속으로 그러하다고 보거나 여기다.
오 부 (원금의) 50%.
위인 됨됨이로 본 그 사람.
추렴하다 여럿이 각각 얼마씩의 돈을 내어 거두다.
바지랑대 빨랫줄을 받치는 긴 막대기.
비끄러매다 , 줄이나 끈 따위로 서로 떨어지지 못하게 붙잡아 매다.
'거탈 실상이 아닌, 다만 겉으로 드러난 태도.

> **Q** '황 씨'의 팬티를 마을 회관에 매달아 놓은 이유는?
>
> 황 씨의 체면을 깎아 황 씨에게 창피를 주고 황 씨의 이기적인 행동을 비판하기 위해서이다.

구절 풀이

❶ **대개 고리대금업자가 ~ 이용할 줄 아는 이가 황이었다.** 만약 빌려준 돈을 갚지 못하더라도 땅을 받으면 된다는 의미로, 마을 사람들을 대상으로 고리대금업을 하는 황 씨에게 마을 사람들은 공동체의 일원이라기보다는 재산을 불려 주는 수단적 가치로 인식되는 것이다.

❷ **수재민이라구 ~ 입으야 쓰것수?** 대부분의 마을 사람들은 옷이나 밑반찬 등 수해를 입은 이재민에게 필요한 생필품을 모으고 있으나, 타인을 돕는 일에 인색한 황 씨는 입기도 힘든 낡은·팬티를 내놓으며 자기 행위를 합리화하고 있다.

❸ **사람이라면 누구나 ~ 마땅하겠기 때문이었다.** 속옷(팬티)을 공개적인 장소에 걸어 둠으로써 황 씨의 체면을 깎아내리려는 것이다.

❹ **황은 장터 나들이로 ~ 닿지 않았기 때문이었다.** 자신의 팬티를 걸어 놓은 것을 보고 자신에 대한 마을 사람들의 인식과 의도를 짐작했으나 직접적으로 욕을 한 것이 아니기에 반박도 부정도 하지 못하고 있다. 따라서 황 씨가 민감하게 반응할수록 자신의 체면만 깎이는 일이라고 판단하여 아무 말도 하지 못하고 있는 것이다.

가 황선주라면 느티울에선 버림치로 *치부하여 진작 젖혀 둔 인간이었지만 이재에 밝고 돈푼이나 만지기로는 면내에서도 엄지손가락에 꼽힌다는 작자였다.

그는 내놓고 불려 가는 돈만 해도 이천만 원이 넘으리라고 했지만 억대를 웃도는 농토로 하여 지주로도 으뜸이었다. 그는 느티울 사람에게도 크든 적든 노상 *오 부 이자를 놓았고, 그나마도 눈 밖에 난 사람은 아무리 목 타는 소리를 해도 빡빡하게 굴었다.

❶대개 고리대금업자가 믿음성 한 가지로 돈을 놓기로는 농사꾼만한 상대가 없을 거였다. 땅이 있음으로서이다. 그것을 가장 잘 이용할 줄 아는 이가 황이었다. 그러나 그는 아직도 자기를 예사 헐뜯으며 술이 들어가면 으레 싫은 소리를 하던 이장이나, 새마을 지도자 최정식, 고명근이와 홍사철한테는 고대 죽는다고 해도 눈 하나 까딱할 *위인이 아니었다.

나
[A]
「"춘자 아버지두, 우리가 시방 춘자 아버지 입던 빤쓰를 은으러 왔단 말유? 희치희치허구 낡음낡음헌 흔 반스를…… 빤쓰 장수가 보면 불쌍해서 하나 그저 주게 생긴 걸레를 은으러 예까장 펄렁그리구 왔대유? 세상에 원……"」

미루어 보건대 이재민 구호 물품이랍시고 황이 입던 ㉠팬티를 내놓은 모양이었다. 김은 구경만 하고 있잠도 아니요, 그렇다고 남의 집 안에 들어가 사내 여편네가 남남끼리 하필 팬티를 놓고 가갸거겨 하는 옆에서 옆들이 하잠도 아닌 듯하여 부쩌지 못하고 있었다. 황이 받했다.

[B]
「"챙근 엄니는…… 말을 귀루 안 듣구 입으루 들유? ❷수재민이라구 홋것만 입으라는 뱁이 워디 있슈. 그러면 그 사람들이 한 끄니래도 끓이라구 *추렴해 준 양석 팔어 빤쓰 버텀 사 입으야 쓰것수? 게, 다 나두 생각이 있어 내논 겐디 뎁세 나를 트집헐류? 말에 도장 읎다구 함부루 입방아 찧지 마유. 이게 왜 흔 게유. 남대문표는 삼 년을 입어두 새물내만 납디다유. 공연히 넘우세스럽게시리 이유 삼지 말구 얼릉 딴 디나 가 보유."」

다 김은 손수 밭이랑에 *바지랑대를 꽂고 남대문표를 바람에 안 탈 만하게 단단히 *비끄러매었다. 그러고 나니 그는 모처럼 남의 제사에 생일 차려 먹은 듯한 풍덩한 기분을 주체하기 어려웠다.

그는 남대문표를 내걸자는 홍의 의견이 나왔을 때부터 대뜸 효수라고 하던, 언젠가 TV 영화에서 본 적이 있는, 모가지를 끊어 장대에 높직하게 꿰달던 장면을 떠올렸던 것이다. 그는 남대문표를 황의 모가지로 치부하고 싶었다. ❸사람이라면 누구나 평생 두고 중히 여기므로 그 부분만 감쌈으로써 숨겨져 있던 물건이 널리 공개된다면 그것은 곧 그 당사자의 얼굴이나 다름없이 쳐야 마땅하겠기 때문이었다.

김은 황의 됨됨이와 심보와 체면 따위를 한가지로 섞어 자기 스스로 효수형을 집행한 마음이었다. ㉡그것은 여간해서는 만나기 어려운 푸짐한 경사를 치른 기분과 다르지 않았다.

이장의 말은 틀림없었다. ❹황은 장터 나들이로 하루에도 두어 차례씩 그 앞을 지나다니건만, 어떻다는 말 한마디는 고사하고 무슨 내색 한번 얼핏하지 않았다. 자기 것이 아니라고 우기며 동네방네가 떠나가게 떠들지 않은 것은 다만 그럴 계제가 닿지 않았기 때문이었다. 그러나 황의 *거탈을 벗겨 내어 창피를 주고자 했던 여럿의 앙심은 당초에 가량했던 대로 어지간히 이룬 셈이었다.

> • 중심 내용 황 씨의 이기적인 행동에 대한 마을 사람들의 부정적 인식과 대응　　• 구성 단계 위기

이해와 감상

이 작품은 산업화로 인해 기존의 공동체적 가치관이 무너져 가는 1970년대 농촌 사회의 모습을 그린 아홉 편의 연작 소설 《우리 동네》 중 마지막 작품이다.

수재 의연금(구호 물품) 문제로부터 촉발된 황 씨와 마을 사람들 간의 갈등은, 근대화로 인해 농촌 공동체의 모습이 과거와 달라졌음을 보여 준다. 특히 타인이나 공동체의 상황에는 무관심하고 자기 이익에만 몰두하는 황 씨의 모습을 통해 물질 중심의 가치관에 경도된 이기적 사회상의 단면을 드러내고 있다. 또한 텔레비전 때문에 가족 간의 대화가 사라지는 모습을 통해 왜곡된 소비문화가 농촌까지 영향을 미치면서 공동체의 단절을 심화시키고 있음을 암시하고 있다. 한편 이 작품은 무분별한 농약 사용에 의해 인간 삶과 자연이 모두 훼손되는 현실을 드러내고 있다는 점에서 생태 소설의 성격도 지니고 있다.

🔍 전체 줄거리

발단	김은 지나친 농약 사용으로 곤충들이 사라지고 텔레비전이 보편화되면서 가족들 간의 대화가 사라진 상황에 탄식하던 중, 솔나방 퇴치 작업에 계장이 방문하니 술과 안주를 준비해 달라는 이장의 부탁을 받는다.
전개	김은 외상으로 술을 준비해 마을 회관 앞을 지나가던 중 황 씨의 팬티가 걸린 말뚝을 보며 며칠 전 황 씨와 있었던 일을 떠올린다.
위기	황 씨는 자신이 입던 팬티를 구호품으로 내놓으며 인색하고 이기적인 모습을 보이고, 이에 이장과 김 등이 황 씨의 팬티를 말뚝에 걸어 둔다.
절정	이후 마을 사람들과 황 씨는, 작년에 조합을 끼고 질 낮은 새우젓 등을 판매한 일과 며칠 전 헌 팬티를 내놓은 일 등에 대해 언쟁을 벌인다.
결말	결국 마을 사람들의 기세와 계장의 만류로 황 씨가 언쟁에서 한발 물러서자 이장과 김은 그동안 마음에 담아 두었던 말을 하고 헤어진다.

👥 인물 관계도

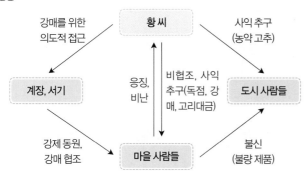

🏠 작품 연구소

주요 소재를 통해 보는 황 씨의 인물됨

소재		황 씨의 인물됨
수재 구호품으로 '헌 팬티'를 내놓음.	➡	몰염치하고 이기적인 인물임.
쌀 두 되 혹은 600원을 수재 의연금으로 내기로 했으나 쌀 두 되를 돈으로 환산한 '560원'을 냄.	➡	타인의 처지에 무관심하며 매우 인색한 인물임.
산업 계장에게 '맥주'를 먹이며 새우젓과 소금을 농민들에게 강매하도록 부탁함.	➡	자신의 이익에는 매우 적극성을 보이는 탐욕적인 인물임.

🔑 포인트 체크

인물 황 씨는 타인이나 공동체의 상황에는 ☐☐☐하지만 마을 사람들을 대상으로 고리대금업을 하는 등 자신의 ☐☐에 집착하는 인물이다.

배경 1970년대 ☐☐☐로 인해 변화된 농촌의 모습을 그리고 있으며, 황 씨를 통해 ☐☐☐☐ 농촌 공동체가 해체되는 과정을 보여 주고 있다.

사건 황 씨가 수재 구호품으로 자신이 입던 ☐☐☐를 내놓자 김은 그것을 ☐☐☐☐ 앞 바지랑대에 걸어 둠으로써 황 씨의 행위를 조롱하고 비난한다.

1 이 글의 서술상 특징으로 가장 적절한 것은?

① 대화를 통해 사건에 대한 견해 차이를 좁히고 있다.
② 배경 묘사를 통해 사건의 전개 과정을 암시하고 있다.
③ 작품 밖 서술자가 사건의 의미에 대해 논평하고 있다.
④ 특정 등장인물의 시선을 중심으로 사건을 서술하고 있다.
⑤ 같은 시간에 서로 다른 공간에서 발생한 사건을 비교하고 있다.

2 [A]와 [B]에 대한 설명으로 가장 적절한 것은?

① [A]와 [B]에는 모두 상대방에 대한 말하는 이의 배신감이 드러나 있다.
② [A]와 [B]에는 모두 말하는 이 자신의 행동에 대한 정당성이 부각되어 있다.
③ [A]에는 상대방의 행위에 대한 비난이, [B]에는 말하는 이의 행위에 대한 합리화가 드러난다.
④ [A]에는 상대방과의 특별한 인연이, [B]에는 말하는 이가 겪었던 특별한 경험이 부각되고 있다.
⑤ [A]에는 상대방의 권위에 대한 부정이, [B]에는 말하는 이의 처지를 부각하려는 태도가 드러난다.

3 '황 씨'에 대한 이해로 적절하지 않은 것은?

① 사치스럽게 사는 사람을 혐오하는 인물이다.
② 자신의 돈을 쓰기 싫어하는 인색한 인물이다.
③ 마을 사람들에게 이미 인심을 잃은 인물이다.
④ 자신을 향한 비판을 수용하지 않는 인물이다.
⑤ 다른 사람의 형편에 대해 무관심한 인물이다.

4 ㉠에 대한 설명으로 적절한 것을 모두 골라 묶은 것은?

┤ 보기 ├
ㄱ. 황 씨와 마을 사람들의 갈등의 계기가 된다.
ㄴ. 물질에 집착하는 황 씨의 성격을 단적으로 제시한다.
ㄷ. 마을 전체의 결정에 비협조적인 황 씨의 모습을 보여 준다.
ㄹ. 시류에 재빨리 대처하는 황 씨의 기회주의적인 면모를 드러낸다.

① ㄱ, ㄴ　　② ㄷ, ㄹ　　③ ㄱ, ㄴ, ㄷ
④ ㄱ, ㄷ, ㄹ　　⑤ ㄱ, ㄴ, ㄷ, ㄹ

5 ㉡에 담긴 인물의 감정과 이러한 감정을 느끼게 된 이유를 쓰시오.

IV. 1960년대~1980년대

어휘 풀이

진디 진딧물. 풀이나 나뭇잎 등에 붙어 진을 빨아 먹는 곤충을 통틀어 이르는 말.

푸성가리 채소나 저절로 난 나물 따위를 통틀어 이르는 말인 '푸성귀'의 방언.

매일반 매한가지. 서로 같음.

사람사람이 사람마다 모두.

내국인 자기 나라 사람.

활동사진 영화의 옛 용어.

좌중 여러 사람이 모인 자리. 또는 여러 사람.

둠벙 물이 괴어 있는 곳인 '웅덩이'의 방언.

응수하다 상대편의 말이나 행동을 받아서 마주 응하다.

Q '고 씨'가 서울의 친척들에게 이와 같이 말한 이유는?

벌레나 진디 없이 겉보기에 너무 깨끗한 농산물은 과도한 농약을 사용한 것이므로 건강에 해롭기 때문이다.

구절 풀이

❶ 우리나 서울 것들이나 ~ 법이 있담? 도시 사람들이 농촌 사람들을 대상으로 불량품을 팔아 이익을 얻는 것처럼 농약을 사용하여 키운 농작물을 도시 사람들에게 파는 것이 문제될 것은 없다는 의미로, 도시 사람들에 대한 농촌 사람들의 불신이 드러나 있다.

❷ 요새 테레비 ~ 배울 게 있다? 근대화를 상징하는 텔레비전과 같은 가전제품뿐만 아니라, 그것을 통해 전파되는 허영심 가득한 소비문화에 대해 비판하고 있다.

❸ 물간 새우젓, ~ 지켜앉어 있는디, 해충 퇴치 작업과 같은 마을 공동의 일에 전혀 동참하지 않는 황 씨가 진모랭이까지 오토바이를 끌고 찾아온 의도를 짐작하여 지적하는 부분이다. 즉, 황 씨는 작년과 마찬가지로 질 낮은 새우젓이나 황새기젓을 농민들에게 강매시킬 것을 부탁하기 위해 계장을 찾아온 것임을 알 수 있다.

❹ 그러나 워쨌든 ~ 애끼구 싶다 이게여. 지금까지의 황 씨의 행동이 잘못된 것이지만 아직까지는 황 씨를 농촌 공동체의 일원으로 인정해 주려는 이장의 생각이 드러난 부분이다. 황 씨보다 나이는 어리지만 이장으로서 마을 구성원을 포용하려는 태도가 나타나 있다.

Q 이 부분에 드러난 '김 씨'의 태도는?

이 부분은 농촌을 업신여기는 세태에 대한 김 씨의 비판적 태도가 드러난 부분이다. 김 씨는 공동체 의식을 지닌 농촌 사람들과 달리 사람을 상대로 하는 직업을 가진 사람들은 인간을 존중하는 마음이 없음을 지적하고 있다. 또한 농사의 중요성과 함께 농사에 대한 자부심을 드러내며, 사람 위에 사람 없고, 사람 밑에 사람 없다는 말에서는 인간을 중시하는 김 씨의 가치관을 엿볼 수 있다.

작가 소개

이문구(본책 194쪽 참고)

가

"내남적 읎이 농약 안 쓰구 농사지을 수는 읎는 거니께……." / 계장이 물러앉았다.

"게, 나두 워쩌다가 서울 즉은집이나 당질네를 가면 앉자마자 으례 허느니 그 소리라. 벌레나 진디 읎는 푸성가리는 사 먹지 마라 — 이게 노래라구. 그러면 벌레 먹은 푸성가리는 농약이 읎어두 ⓐ순박헌 농민이라 양심상 안 뿌린 게냐구 묻더면……. 게, 이 한심헌 세상에 두심 쓸 겨를이 워디 있느냐구, 농약이 있어두 딴 일에 치여 바빠서 못 찌었은 게니 그런 늠만 골라서 사 먹으라구 이르는디……." [중략] 고의 말을 받어 뒤는 김이 이었다.

❶"우리나 서울 것들이나 서루 저기허기는 **매일반**인 겨. ⓑ서루 다다 쇡여 먹잖으면 못 살게 마련된 세상인디, 촌사람만 독약 쓰지 말라는 법이 있담? 시방은 **사람사람이** 먹구 쓰는 게 죄 약이 아니면 독으로 알구 살어두 저기헌 세상인디, 새꼽 빠지게 가로왈 세로왈 헐 게 뭐라나?"

"허기는 그려. 뭐 한 가지 맘 놓구 쓸 게 읎으니께. 근래 근대화 바람에 일어난 공장에서 맨든 것이면 싸구려루 내던지는 수출품은 안 그래두, **내국인**헌티 팔아먹는 건 공해 아닌 게 읎거든. ㉠특히 농촌으로 흘러오는 게면 열에 일고여덟이 불량 제품이구 가짜란 말여." / 황의 말을 덮으면서 김이 한마디 보탰다.

"물건뿐이담유. 내 말이 저기헌 것이, **❷**요새 테레비 한 가지만 여겨보라구. **활동사진**이구 굿이구 간에 여편네들이 저기헐 게 있다? 자식들이 한 가지나 배울 게 있다? 공해가 별것 아닌 겨. 사람 사는 디 이롭잖은 건 죄 공해거든." ▶ 근대화로 인한 변화에 대한 농민들의 부정적 인식

나

"촌늠은 나이가 명함이지만 나두 막말을 안 헐 수 읎어 허는디, 당신이 계장님 만나러 예까장 온 속심을 우리가 모르지 않어. **❸**물간 새우젓, 곯은 황새기젓 좀 농민들헌티 멕여보까 허구 시방 지켜앉어 있는디, 아스유, 아스라구. 나두 작년 같잖여. 나두 정신 채렸다구. 작년만 해두 동네서 쥑일 늠 소리를 들었구, 또 그래야 쌌어. 허지만 나두 싫어. 왜냐. 나두 당신 말마따나 젊어. 넘으 잔치에 설거지 해 주다 내 배 곯구, 동네서 **소리** 들어가며 살구 싶지는 않더라 이게여. [중략]

이장은 말허리를 끊구 **좌중**을 한차례 둘러본 다음 나머지를 이었다.

"그러니께 결과적우루 우리 스스로 우리를 보호허지 아니허면 아니 되겄더라 — 이게 결론여. 내 맘만 같으면 당신이구 오도바이구 죄 남대문표 빤쓰에 싸서 **둠벙** 속에 처늫겄어. 또 그래야 옳어. **❹**그러나 ⓒ워쨌든 간에 당신은 우리게 사람여. 우리는 아직두 이웃을 보살피구 동네 사람을 애끼구 싶다 이게여. 그리구 당신 빤쓰 아니더래두 수재민들이 홑바지는 안 입는답다. ㉡부디 니열 빤쓰버텀 걷어가슈. 당신 손으로. 동트기 전에."

"……" / 황은 **응수**하지 않았다. 틈을 여투어 김이 말했다. ▶ 지난날을 반성하며 황 씨에게 농촌과 공동체 의식의 중요성에 대해 말하는 이장

다

"내가 헐라는 말은 저기여. 벨 것이 아니라, 하늘을 쳐다보구 땅만 믿고 사는 ⓓ우리찌리는 여전히 경우가 있구, 이웃두 있구, 우정두 있구, 이런 것 저런 것 다 분별이 있는디, 직업이 사람을 상대루 허는 직업은 ⓔ우리가 마소나 들풀이나 돌맹이 같은 다른 저기들과 다름읎이 뵈는 모양여. 우리가 있음으루 해서 각기 직업두 생긴 겐디, 그 직업을 한번 붙잡었다 허면 우선 인심부터 내버리구 저기허더란 말여. 직업을 권세루 알기루 말헐 것 같으면 하늘을 입구 흙을 먹는 우리네 위에 올러슬 것이 읎을 텐디두……. 그러나 우리를 업신여긴 것치구 오래 안 가데. 나는 배움이 읎어서 지난 역사를 저기헐 수는 읎지만 아마 사람 위에 올러스려구 버둥댄 것치구 저기헌 적이 읎을 겨. 그랬으니께 오늘날에 우리가 있는 게구, 우리는 또 자식들이 사는 걸 저기허면서 저기허는 게구……." ▶ 농촌을 업신여기는 세태를 비판하는 김 씨

• **중심 내용** 근대화로 인한 변화와 황 씨의 행위에 대한 마을 사람들의 비판   • **구성 단계** (가) 절정 / (나), (다) 결말

작품 연구소

〈우리 동네 황 씨〉의 갈등 구조

황 씨		마을 사람들(이장, 김, 홍 등)
재물에 밝아 고리대금업을 하여 돈을 많이 벌었지만 인색하고 탐욕스러우며 이기적임.	⟷	농사에 자부심을 가지고 있으며 공동체 의식 및 유대적인 인간관계를 추구함.

〈우리 동네 황 씨〉의 표현상 특징 – 골계적 특징

방언의 사용	충청도 방언을 사용하여 생동감을 주고 향토적인 색채를 띰으로써 독자들이 친밀감과 사실감을 느끼게 함.
속담, 관용구를 활용한 표현	인물의 생김새나 인물의 발화 의도를 드러내는 데 관용적 표현을 사용함으로써 당대 현실을 생동감 있게 나타냄.
만연체의 문장	판소리 사설과 같은 만연체의 전통을 이어받아 민중 문학에 내재한 부조리한 현실에 대한 구체적인 증언과 비판 정신을 드러냄.

부조리한 농촌 현실과 농민들의 대응

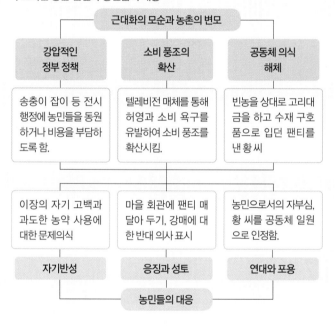

자료실

1970년대 농촌 현실
1970년대 이후 우리 사회는 산업화로 인해 도시 위주의 개발 정책이 시행되었다. 인구의 대부분을 차지하던 농촌 인구는 현저히 감소하고 농촌은 점차 소외되었다. 또한 도시 상업 자본이 농촌에 침투하면서 농촌 경제가 어려워졌으며, 농민들 사이의 인간관계가 점차 단절되면서 상호 불신 풍조가 확대되었다. 이 작품에서 작가는 이러한 문제들을 지적하며 당시의 농촌이 내적 붕괴를 일으키고 있음을 말하고 있다.

함께 읽으면 좋은 작품

〈사하촌〉, 김정한 / 농촌의 현실과 농민들의 의식을 그린 소설

수탈당하는 농촌의 피폐한 현실과 모순에 대결하는 민중의 저항 의식을 사실적으로 그리고 있다. 이 작품에서는 농민 집단 전체가 보광사의 수탈에 저항하고 있지만, 〈우리 동네 황 씨〉는 한 개인과 마을 사람들 사이의 갈등을 보여 주고 있어 두 작품의 갈등 양상을 비교해 볼 수 있다.

Link 본책 125쪽

---

6 이 글에 대한 이해로 적절하지 않은 것은?

① '이장'은 '황'이 '계장'을 만나려는 이유를 짐작하고 있다.
② '계장'은 농약을 사용하는 것이 불가피한 일이라고 생각하고 있다.
③ '이장'은 작년에 자신이 마을 사람들에게 한 행동을 반성하고 있다.
④ '김'은 다른 직업을 언급하며 농민으로서의 자부심을 드러내고 있다.
⑤ '고'는 자신의 경험을 떠올리며 도시 사람에 대한 불신을 드러내고 있다.

내신 적중

7 〈보기〉를 참고하여 이 글을 감상한 내용으로 적절하지 않은 것은?

│ 보기 │
　1970년대 급속한 산업화로 인해 농촌 사회는 큰 변화를 겪게 된다. 공동체 구성원에 대한 신뢰를 바탕으로 인간의 가치를 중시하고 서로 돕던 과거의 모습은 점차 사라지고, 대량 생산·소비의 세태 속에 이기적이고 물질적인 이익만을 추구하는 기만적 인간관계가 늘어나기 시작한 것이다.

① ⓐ와 같이 묻는 모습을 통해 기만적 인간관계로 인해 서로에 대한 신뢰가 상실되고 있음을 알 수 있군.
② ⓑ를 통해 물질적 이익에 경도된 당시의 시대상을 짐작할 수 있군.
③ ⓒ에서는 과거 농촌 공동체의 모습을 회복하려는 인물의 노력이 엿보이는군.
④ ⓓ를 통해 구성원에 대한 신뢰가 완전히 사라진 상황은 아님을 짐작할 수 있군.
⑤ ⓔ를 통해 인간의 가치가 소홀히 취급되는 세태를 느낄 수 있군.

8 ㉠에 담긴 인물의 의도로 가장 적절한 것은?

① 상대방과의 갈등이 서로에게 손해이므로 상대방과 화해하기를 바라고 있다.
② 상대방의 잘못을 포용하기로 했으니 상대방도 자신의 잘못을 인정하기를 바라고 있다.
③ 상대방이 변화된 모습을 보이고 있으므로 상대방과 우호적 관계를 맺기를 바라고 있다.
④ 상대방의 행위에 대해 오해하는 사람들이 많으니 상대방이 직접 해명하기를 바라고 있다.
⑤ 상대방과 자신의 처지가 다를 것이 없으므로 상대방도 자신의 입장을 이해해 주기를 바라고 있다.

9 ㉮와 같은 '황 씨'의 말에 '이장'이 〈보기〉와 같이 말했다고 가정할 때, 이와 같이 말한 이유를 〈조건〉에 따라 쓰시오.

│ 보기 │
뚱 묻은 개가 겨 묻은 개 나무라는 격이군.

│ 조건 │
• ㉮와 황 씨가 작년에 했던 행동 간의 공통점을 언급할 것

058 은강 노동 가족의 생계비 | 조세희

🎯 핵심 정리

갈래 단편 소설, 연작 소설, 사회 소설
성격 사회 고발적, 비판적, 상징적
배경 ① 시간 – 1970년대
② 공간 – 은강 지역
시점 1인칭 주인공 시점
주제 도시 빈민이 겪는 삶의 고통과 좌절
특징 ① 대비되는 공간을 제시하여 현실의 문제를 부각함.
② 상징적 인물과 표현으로 산업화에 소외된 계층의 아픔을 드러냄.
③ 짧은 문장을 사용하여 독자들에게 해석의 여지를 줌.
출전 《문학사상》(1977)

Q '릴리푸트읍'의 상징적 의미는?

'릴리푸트읍'은 《걸리버 여행기》에 나오는 소인국의 이름으로, 난쟁이로 대표되는 사회적 약자들이 사는 가상의 마을이다. 이 마을은 소설 속 인물들이 실제로 거주하는 '은강'과 대립되는 공간으로, 약자들이 폭력과 차별 없이 살아갈 수 있는 이상적인 사회를 상징한다.

☀️ 어휘 풀이

전제자 국가의 권력을 장악하고 자신의 의사에 따라 모든 일을 처리하는 사람.
가장 한 가정을 이끌어 나가는 사람.

Q 이와 같이 표현한 이유는?

연작 소설집의 다른 소설에서 아버지가 자살하는 것으로 나옴에도 영호가 '타살당한 아버지'라고 한 이유는 아버지가 자살한 이유가 개인적인 요인이 아니라 이 사회의 억압, 불평등, 착취 등 사회적인 문제에 있다고 보기 때문이다.

🐾 구절 풀이

❶ 릴리푸트읍을 제외한 ~ 불편하고 또 위험하다. 릴리푸트읍이라는 비현실적인 공간 이외의 곳은 난쟁이들을 위한 공간이 아님을 말하고 있다. 이를 통해 우리가 사는 현실이 약자들(노동자들)에게 험난한 공간임을 드러내고 있다.

❷ 그곳에는 난쟁이의 ~ 만드는 사람도 없다. 릴리푸트읍에 불평등, 억압, 공포, 폭력이 없다는 것은 상대적으로 현실의 공간이 약자들(노동자)에게 불공평하며, 폭력과 공포가 가득한 공간임을 의미한다.

❸ 영희는 돌아간 ~ 말하지 않았을 것이다. 릴리푸트읍에 살았다면 아버지가 멸시받지 않았을 것이라 생각하며 불행한 삶을 살다가 돌아가신 아버지의 삶에 대한 회한을 드러내고 있다.

❹ 작은 아버지가 아주 큰 수저를 끌어 가고 있었다. 아버지가 자신이 감당하기 어려운 가족 부양의 짐을 지고 있었음을 상징하고, 가진 자들의 욕망과 생계를 위해 일하며 희생되었음을 암시한다.

가 영희의 이야기를 나는 들으려고 하지 않았다. 영희는 독일 하스트로 호수 근처에 있다는 ㉠릴리푸트읍 이야기를 했다. _{돌아가신 아버지가 생각나기 때문에} 자세히 듣지 않아도 슬픈 이야기였다. 돌아간 아버지를 생각하면 언제나 눈물이 나려고 했다. _{아버지의 삶이 고통스러웠음을 짐작하게 함.} 릴리푸트읍은 국제 난쟁이 마을이다. 여러 나라의 난쟁이들이 그곳에 모여 살고 있다. _{소외된 자들이 모여 사는 이상 세계} 키가 칠십팔 센티미터로 세계에서 제일 작은 사나이인 터키인 난쟁이도 최근에 그곳으로 이주했다. 릴리푸트읍의 난쟁이 인구는 늘어만 간다. ❶릴리푸트읍을 제외한 곳은 난쟁이들이 살기에 모든 것의 규모가 너무 커서 불편하고 또 위험하다.

난쟁이들에게 릴리푸트읍처럼 안전한 곳은 없다. 집과 가구는 물론이고, 일상 생활용품 _{힘없는 노동자를 의미함.} 의 크기가 난쟁이들에게 맞도록 만들어져 있다. 『❷그곳에는 난쟁이의 생활을 위협하는 어떤 종류의 억압·공포·불공평·폭력도 없다. _{『 』: 억압과 공포, 불공평, 폭력이 만연한 현실 세계의 모습을 우회적으로 비판함.} 권력을 추종자에게 조금씩 나누어 주고 무서운 법을 만드는 사람도 없다.』 _{가진 자들에게 유리하고, 없는 자들에게는 무섭기까지 한 법을 의미함.} 릴리푸트읍에는 *전제자가 없다. 큰 기업도 없고, 공장도 없고, 경영자도 없다. _{현실과 달리 노동자들을 착취하는 사람이 없음.} 여러 나라에서 모인 난쟁이들은 세계를 자기들에게 맞도록 축소시켰다. 그들은 투표를 했다. 그들은 국적 따위는 무시했다. 모두 열심히 투표에 참가하여 마리 _{민주적 사회임을 알 수 있음.} 안느 사르를 읍장으로 뽑았다. 여자 읍장의 키는 일 미터이다. 독자적인 마을을 열망한 작은 힘들이 난쟁이 마을을 세웠다. 영희는 흥분된 목소리로 말했다. 나는 그곳 난쟁이들은 _{권력자들, 약자를 억압하는 세력} 혁명가라고 생각했다. 그들은 이제 자녀들의 출산에 대해서도 걱정하지 않는다. 거인들이 사는 곳에서는 너무 불행했었다. _{자녀들이 난쟁이로 태어날 수 있다는 걱정}

지금 릴리푸트읍의 난쟁이들은 자기들의 특수 의료 문제, 사회 심리적인 문제, 그리고 재정 문제 등을 토의하고 있다. _{난쟁이들에게 중요한 문제} 해결해야 될 몇 가지 문제점이 있지만 '우리는 극히 행복하다.'라고 마리안느 사르 읍장은 말했다. ▶ 영희가 전하는 릴리푸트읍의 이상적인 모습

나 '행복'이라고 영희는 썼다. ❸영희는 돌아간 아버지를 생각했다. 나는 영희의 눈에 눈물이 괴는 것을 보았다. 릴리푸트읍 같은 곳에서 아버지는 살았어야 했다. 아무도 "난쟁이가 간다."라고 말하지 않았을 것이다. _{사회적 약자를 무시하는 사회의 모습} 하스트로 호수 근처에 살았다면 아버지는 일찍 돌아가지 않았을 것이다. ㉡'타살당한 아버지'라는 말을 영호가 했었다. 나는 영호의 말을 막을 수 없었다. _{아버지가 자살한 장소} 깊고 캄캄한 벽돌 공장 굴뚝 안을 생각하면 숨이 막혔다. 아버지의 몸은 작았지만 아버지의 고통은 컸다. _{아버지가 감당해야 할 삶의 무게가 컸음.} 아버지의 키는 백십칠 센티미터, 몸무게는 삼십이 킬로그램이었다. _{아버지의 왜소한 육체 – 약하고 힘없는 계층을 상징함.} 은강 생활 초기에 나는 아버지의 꿈을 자주 꾸었다. 아버지의 키는 오십 센티미터밖에 안 되어 보였다. ❹작은 아버지가 아주 큰 수저를 끌어 가고 있었다. 푸른 녹이 낀 ⓐ놋수저를 _{가족의 생계를 책임지는 아버지의 삶의 무게} _{가족의 생계를 상징함.} 아버지는 끌고 갔다. 머리 위에서는 해가 불볕을 내렸다. 아버지에게 그 놋수저는 너무 무거웠다. _{고통을 심화시키는 배경} 그래서 불볕 속에서 땀을 흘리며 숨을 몰아쉬었다. 지친 아버지는 키보다 큰 수저를 놓고 쉬었다. 쉬다가 그 수저 안으로 들어가 누웠다. _{감당하기 어려운 삶의 고통} 아버지는 불볕을 받아 뜨거워진 놋수저 안에 누워 잠을 잤다. 나는 수저 끝을 들어 아버지를 흔들었다. 아버지는 눈을 뜨지 않았다. 아버지의 몸은 놋수저 안에서 오므라들었다. 나는 울면서 아버지의 놋수저를 잡아 _{삶의 무게를 견딜 수 없었던 아버지의 죽음을 상징적으로 형상화함.} 흔들었다.

어머니는 나에게 말했다. / "걱정할 것 없다." / 어머니는 나의 머리숱에 손가락을 넣었다. "*가장이라는 생각을 하지 마라. 그러면 꿈을 꾸지 않을 거다. 아버지가 돌아가셔서 네 _{아들의 부담을 덜어 주려는 어머니} 책임이 무거워졌다는 생각은 아예 하지 마라." ▶ 릴리푸트읍과는 상반된 은강에서 불행했던 아버지의 삶

• **중심 내용** 릴리푸트읍과 대조되는 힘겨운 현실을 견디지 못한 아버지의 죽음에 대한 회고   • **구성 단계** 발단

이해와 감상

이 작품은 연작 소설집 《난쟁이가 쏘아 올린 작은 공》에 실린 8번째 작품으로, 1970년대 산업화 시대를 맞아 급속한 경제 성장을 이루며 풍요로운 삶을 갈구하던 때에 변두리로 밀려나 소외되었던 도시 노동자 가족의 삶을 상징적으로 드러내고 있다.

영수라는 1인칭 서술자의 눈으로 산업화 사회에서 도시 노동자와 도시 빈민의 삶을 바라보면서 당시 사회 구조의 모순을 실감 나게 드러내고 있다. '은강'은 어떤 종류의 억압과 폭력, 불평등과 불공정도 존재하지 않는 '릴리푸트읍'과 대립되는 공간으로, 작가는 '은강'의 모습이 바로 우리의 현실의 모습이라는 점을 밝히고 당시 핵심 문제였던 노동 현실을 적나라하게 보여 줌으로써 사회적 반향을 불러일으켰다.

이 작품은 소설이 현실의 모순을 어떻게 형상화하고 비판할 수 있는지를 예리하게 짚어 낸 대표적인 작품으로, 실제 당대 사회의 노동자와 도시 빈민에 대한 인식을 끌어올린 작품으로 평가받고 있다.

🔍 전체 줄거리

발단	영희는 '나(영수)'에게 독일에 있는 난쟁이 마을인 릴리푸트읍에 관한 이야기를 하고 '나'는 아버지를 떠올린다.
전개	'나'와 영호, 영희는 은강의 공장에서 일하고 있다. '나'의 가족은 그곳에서도 제일 낮은 계급에 속했으며, 어머니는 남매가 버는 돈으로 겨우 생계를 유지한다.
위기	'나'는 월급을 받은 날 지부장을 만나 시간 외 근무 수당의 부적절한 지급과 동료의 부당 해고 문제에 대해 항의한다. 그는 '나'의 말에 모두 동의하지만 아무런 조치를 취하지 않는다.
절정	'나'는 해고자 명단에 오르기 전에 은강 자동차에서 나와 은강 방직 공장으로 옮겨 그곳에서 일만 하게 된다.
결말	최소한의 생존 비용만이 적힌 어머니의 가계부를 덮으며 '나'는 릴리푸트읍에 대해 생각한다.

👥 인물 관계도

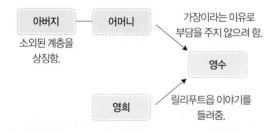

🏠 작품 연구소

아버지 죽음에 대한 인식

이 작품에서 영호는 아버지가 타살되었다고 말하는데 연작 소설의 다른 작품에서 아버지는 자살하는 것으로 나온다. 영호가 이렇게 말하는 것은 노동자를 죽음으로 내모는 당시 사회에 대한 부정적 인식이 담겨 있기 때문이다.

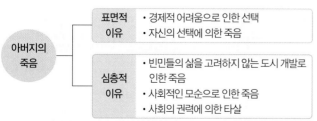

🎸 포인트 체크

인물 '나'의 가족들은 소외된 도시 [   ]로 힘든 노동을 하며 궁핍한 삶을 영위하고 있다.

배경 1970년대 산업화 시대의 그늘이자 '나'와 가족들의 현실적 삶의 공간인 '[   ]'을 배경으로 하고 있다.

사건 '은강'으로 이사 온 후, '나'의 가족들은 아버지와 함께했던 시간들을 떠올리며 먹이 [   ] 맨 아래층의 식물처럼 도시 하층민으로서 자신들이 감당해야 할 삶을 고민하고 있다.

---

1 이 글의 서술 방식에 대한 설명으로 적절한 것은?

① 작품 속 주변 인물이 주인공의 이야기를 서술하고 있다.
② 작품 속 주변 인물이 중심인물의 일대기를 서술하고 있다.
③ 작품 속 중심인물이 자신과 주변의 이야기를 서술하고 있다.
④ 작품 밖 인물이 사건을 간접적으로 제시하여 서술하고 있다.
⑤ 작품 밖 인물이 중심 사건을 객관적인 시각에서 서술하고 있다.

내신 적중 多빈출

2 ㉠이 이 글에 미치는 효과에 대한 설명으로 가장 적절한 것은?

① 동화적 세계를 소개하여 현실의 모순을 강조한다.
② 비현실적인 이야기로 작품의 현실성을 떨어뜨린다.
③ 동화적인 분위기를 연출하여 작품의 전기성을 높인다.
④ 아버지의 죽음을 초월적 세계의 이야기로 승화시킨다.
⑤ 소외된 자들의 이상 세계를 제시하여 현실의 비극성을 감소시킨다.

3 〈보기〉는 이 글의 연작 소설 중 하나인 〈난쟁이가 쏘아 올린 작은 공〉을 요약한 것의 일부이다. 이를 참고할 때, ㉡에 대한 이해로 가장 적절한 것은?

| 보기 |

백십칠 센티에 삼십이 킬로그램의 몸은 아버지를 온갖 잡다하고 더러운 일로 이끌었다. 사람들은 아버지의 신체적 결함에 사로잡혀 아버지가 늙는 것을 몰랐다. 아버지의 몸은 망가지기 시작했고 당신이 황혼기에 들자 우리 가족은 생계를 책임질 사람이 없어졌다. [중략] 어머니의 불안한 음성을 듣고 방죽가로 뛰어나가 쳐다본 벽돌 공장의 꼭대기에는 아버지가 서 있었다. 피뢰침을 잡고 발을 앞으로 내민 아버지는 종이비행기를 날렸다.

① 영호는 아버지가 자살한 사실을 모르고 있군.
② '나'는 아버지 죽음의 원인이 자신에게 있다고 자책하고 있군.
③ 영호는 아버지 죽음의 원인을 밝히려는 의지를 보이고 있군.
④ 영호는 아버지의 죽음이 단순한 자살이 아니라 사회적인 것임을 인식하고 있군.
⑤ '나'는 자살한 아버지의 죽음을 받아들이지 못하는 동생을 안타까운 시선으로 보고 있군.

4 이 글에서 @가 상징하는 의미를 쓰시오.

복제하다 본디의 것과 똑같은 것을 만들다.
먹이 피라미드 생산자를 밑변에 놓고 그 위에 순서대로 1차 소비자, 2차 소비자, 3차 소비자를 생물의 수대로 쌓아 피라미드 모양을 나타낸 것.
생태계 어느 환경 안에서 사는 생물군과 그 생물들을 제어하는 제반 요인을 포함한 복합 체계.

구절 풀이

❶ **어머니의 말대로 ~ 들어 있었을 것이다.** 영수는 아버지의 죽음으로 가장이 되었다. 어머니는 영수에게 부담을 느끼지 말라고 이야기하지만 영수는 이미 아버지와의 대화를 떠올리며 자신이 가장으로서의 역할을 해야 함을 느끼고 있다.

❷ **모든 생명체가 고통을 받는 땅이었다.** 릴리푸트읍과 대조되는 은강에 대한 인식을 잘 보여 주는 구절이다. 릴리푸트읍이 힘없는 자들이 당당하게 살아갈 수 있는 곳이라면, 은강은 고통받는 사람들의 절망적인 공간이라는 점을 보여 주며 자신들의 삶이 고통스러움을 드러내고 있다.

❸ **우리는 살기 위해 은강에 왔다.** 삶에 대한 절박함이 잘 드러나는 구절이다. 이들에게 은강은 더 이상 행복을 추구하는 공간이나 안락한 삶을 추구하는 공간이 아니라 단지 목숨을 유지하며 살아가기 위한 공간임이 드러난다.

❹ **그것은 아버지가 ~ 늘려 놓고 돌아갔다.** 아버지로부터 생명을 받은 것처럼 자식들의 삶도 아버지와 크게 다르지 않을 것임을 의미하고 있다. 이는 가난이 대물림되어 지독한 현실에서 벗어나기 어려울 것임을 암시한다.

❺ **우리는 이 맨 밑야요. ~ 무엇이 세 층이나 있어요.** 아직 어린 영호도 자신들이 누군가로부터 삶의 위협을 받는 가장 낮은 계층에 속한다는 것을 알고 있음이 드러난다. 즉, 이들의 삶이 언제나 위협받고 있으며 누구나 그렇게 느낄 수 있음을 드러내고 있다.

Q '먹이 피라미드'의 의미는?
먹이 피라미드는 약육강식의 자연 현상을 인간 사회에 적용한 것으로, 강한 자가 약한 자를 지배하는 냉혹한 현실을 나타내고 있다. 상층의 소수에게 권력과 부가 집중되어 하층에 있는 다수의 약자들을 수탈하는 불평등한 사회임을 단적으로 드러낸다.

작가 소개
조세희(본책 214쪽 참고)

가 ⓐ"전 한 번도 가장이라는 생각을 해 본 적이 없어요." / 내가 말했다.

"아니다." / 어머니가 말했다.

"너도 모르는 일이다. 네 마음속 어디에 그런 생각이 들어 있는 거야."
(아들이 느낄 가장의 무게를 이해함.)

❶어머니의 말대로 나의 마음속 어느 구석에 그런 생각이 들어 있었을 것이다. 아버지는 항상 나에게 말했었다. / "애야, 너는 장남이다." / 아버지는 나를 올려다보며 말했었다.

"나에게 무슨 일이 생기면, 네가 집안의 기둥이다."
(아버지가 '나'에게 가장의 역할을 맡김. – 과거 회상)

"영수야." / 어머니는 말했다.

「나도 아직 일을 할 수 있고, 영호와 영희도 자랄 만큼 자랐다. 네가 어떤 결정을 내리면 우리는 너를 믿고 따라갈 거야.」
(「 」: 장남인 '나'의 부담을 덜어 주려 함.)
▶ '나'가 느끼는 가장으로서의 부담

나 ㉠은강은 릴리푸트읍과는 전혀 다른 도시였다. 영희는 그것을 가슴 아파했다. ⓑ❷모든 생명체가 고통을 받는 땅이었다. ❸우리는 살기 위해 은강에 왔다. 아버지가 돌아가고, 얼마 동안 정지했던 생명 활동을 우리는 은강에서 다시 시작했다.
(사회적 약자들이 행복하게 살 수 없는 현실 세계 / 삶을 생명 활동이라 부르면서 삶의 절박함을 드러내고 있음.)

나는 생명처럼 추상적인 것이 없다고 생각하고는 했다. 그것은 만질 수도 없고 볼 수도 없는 것이었다. ❹그것은 아버지가 우리에게 준 것이었다. Ⓐ중학교 때의 생물책 용어를 빌려 쓴다면 아버지는 자기와 똑같은 것을 복제하여 종족을 늘려 놓고 돌아갔다. ⓒ어머니에 의하면 아버지는 생명의 다른 모임터로 돌아갔다. 아버지의 몸은 화장터에서 반 줌의 재로 분해되었다. 그 반 줌의 재를 받아 들고도 어머니는 믿으려고 하지 않았다. 누구나 죽으면 완전히 없어져 버린다는 사실을 믿지 않았다. 우리는 반 줌의 재를 흐르는 물 위에 뿌려 넣었다. 영호와 나는 눈물을 주먹으로 씻어 내리며 울었다.
(삶에 대한 힘겨운 고민)
▶ 아버지의 죽음에 대한 회상

다 "숙제 다 했니?" / 아버지가 물었었다.

"아뇨." / 나는 자를 대고 끝이 뾰족한 삼각형을 그렸다.

"숙제를 해." / "이게 숙제야요." / 아버지는 내가 그린 그림을 들여다보았다.

㉮"먹이 피라미드야요." / 내가 말했다.

"그 효용이 뭐냐?" / "생태계를 설명하는 그림야요." / "설명을 해 봐라."
(먹이 피라미드)

"이 맨 밑이 녹색식물로 일 단계야요. 이 식물들을 먹는 동물이 이 단계이고, 식물을 먹는 동물을 잡아먹는 작은 육식 동물이 삼 단계, 또 이것을 잡아먹는 큰 육식 동물이 맨 위의 사 단계야요."

"영호야." / 아버지는 말했다. / "너도 형처럼 설명할 수 있겠니?"

"못 해요." / 영호가 말했다.

"형처럼은 못 해요. 그래도 전 알아요. ㉡❺우리는 이 맨 밑야요. 우리에겐 잡아먹을 게 없어요. 그런데, ⓓ우리 위에는 우리를 잡으려는 무엇이 세 층이나 있어요."
(자연 현상을 인간 사회에 적용하여 불평등한 현실을 드러내고, 자신들의 사회적 위치를 확인함.)
▶ 아버지와의 대화 회상

라 "아버지도 쉬셔야지!" / 어머니가 말했다.

"그동안 힘든 일을 너무 많이 하셨어. 이제는 편히 쉬실 수 있을 게다."

"쉬셔야 할 분은 어머니예요."

내가 말했다. 어머니는 반 줌의 재를 쌌던 흰 종이를 물 위에 띄웠다. 우리는 물가에 앉아 흐르는 물을 바라보았다. 아버지는 없어졌다. 「바람이 불었다. 햇볕이 따뜻했다. ⓔ몇 마리의 새가 어머니 옆에서 날았다.」 나는 사태로 내려앉은 언덕을 보았다. 영호와 나는 거의 동시에 울음을 그쳤다. 아버지의 죽음이 우리 ㉯생명 활동의 양식에 변화를 주었다. 은강으로 온 우리는 호흡까지 조심스럽게 했다. 처음에 우리는 바싹 마른 콩알처럼 아주 약한 호흡을 했다.
(「 」: 평안해진 아버지와 어울리는 따뜻한 배경)
▶ 죽음으로 비로소 편안해진 아버지

• 중심 내용 과거 아버지와의 대화를 떠올리며 가장으로서의 부담을 느끼는 '나'   • 구성 단계 발단

🏠 작품 연구소

대비되는 두 공간의 의미

릴리푸트읍		은강
• 억압·공포·불공평·폭력이 없는 민주적인 곳 • 동화적이고 이상적인 공간 • 평등한 공간 • 약자에 대한 배려가 있는 공간 • 자발적 참여가 있는 공간	대비 ◀▶	• 감당하기 힘든 삶의 무게를 지고 살아가야 하는 삶의 현장 • 현실의 공간 • 계층의 구분이 있는 공간 • 강자가 권력을 휘두르는 공간 • 강요와 억압이 있는 공간

'난쟁이'의 상징적 의미

이 작품에서 아버지는 난쟁이로 그려지는데, 난쟁이는 '거인'과 대립 관계를 이루고 있다. 이러한 이분법적 선악 대립 구도를 통해 사회적 모순이 드러나고 있다.

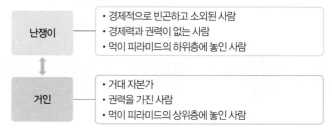

난쟁이	• 경제적으로 빈곤하고 소외된 사람 • 경제력과 권력이 없는 사람 • 먹이 피라미드의 하위층에 놓인 사람
↕	
거인	• 거대 자본가 • 권력을 가진 사람 • 먹이 피라미드의 상위층에 놓인 사람

〈은강 노동 가족의 생계비〉의 문체의 특징과 효과

문체의 특징		효과
• 접속어를 배제한 단문의 나열 • 시제 구분의 의도적 생략 • 외부 세계에 대한 묘사와 주인공의 내면 묘사를 구분하지 않음.	⇨	• 대립적 세계 인식에 기인한 단절감의 표현 • 설명을 제한하여 몽타주 효과를 얻음으로써 의문을 유발함.

📋 자료실

1970년대 소설의 특징과 《난쟁이가 쏘아 올린 작은 공》

1970년대 소설은 리얼리즘의 토대 위에서 역사 소설, 분단 소설, 농촌 소설, 노동 소설로 구체화된 민중 문학의 탄생이라는 질적 변화를 가져왔으며, 그 형태면에서도 단편 문학에서 장편 문학으로, 연작 단편 소설의 탄생이라는 변화를 가져왔다. 이 시기의 역사 소설은 이전과는 달리 과거의 역사적 사건을 배경으로 하면서 그동안 역사에서 소외되어 온 민중을 역사의 주인공으로 부상시켰다. 분단 소설은 6·25 전쟁 이후 금기시되던 이데올로기 문제를 본격적으로 다루기 시작했고 다양한 각도에서 전쟁과 분단의 고통을 형상화하였다. 농촌 소설은 근대화 과정에서 파괴되어 가는 농촌 공동체의 현실을 드러내었다. 그리고 노동 소설은 공장 노동자들과 도시 빈민들의 열악한 현실을 실감 나게 형상화하였다. 《난쟁이가 쏘아 올린 작은 공》은 이러한 1970년대 소설 장르의 변화를 보여 주는 연작 소설임과 동시에 노동 소설로서의 모습을 보여 주는 작품이다.

📖 함께 읽으면 좋은 작품

〈뫼비우스의 띠〉, 조세희 / 철거민들이 겪는 좌절과 고통을 그린 작품

이 작품은 《난쟁이가 쏘아 올린 작은 공》 중 첫 편에 해당하는 것으로 '바깥 이야기'와 '안 이야기'의 이중 구조로 되어 있으면서도 뫼비우스의 띠처럼 그 주제 의식이 서로 연결되어 있다. 피해자가 가해자가 되고, 가해자가 피해자가 되는 뫼비우스의 법칙이 우리 사회에 나타나고 있으며 선한 민중이 범죄자가 될 수밖에 없는 사회 현실을 고발하고 있다는 점에서 〈은강 노동 가족의 생계비〉와 함께 읽어 볼 만하다.

---

5 이 글의 표현상 특징으로 적절하지 <u>않은</u> 것은?

① 짧은 문장을 나열하여 속도감 있게 전개한다.
② 풍자적인 어조를 통해 인물을 희화화하고 있다.
③ 상징적인 소재를 통해 인물의 상황을 드러내고 있다.
④ 행동에 대한 묘사를 통해 인물의 심리를 드러내고 있다.
⑤ 과거와 현재의 사건이 뚜렷한 구분 없이 서술되고 있다.

6 ㉠, ㉡을 활용하여 ⓐ의 의미를 파악한 내용으로 가장 적절한 것은?

① 자식들도 아버지와 같은 최하층민의 삶에서 벗어나기 어려움을 나타낸다.
② 아버지가 자식들을 은강에서의 삶에도 만족할 수 있도록 가르쳤음을 나타낸다.
③ 아버지는 생태계의 최하층이었지만 자식들은 위층으로 올려놓았음을 나타낸다.
④ 아버지가 자식들을 릴리푸트읍에서와 같은 이상적인 삶을 은강에서도 살 수 있도록 가르쳤음을 나타낸다.
⑤ 아버지와 달리 자식들은 생태계 상위층의 존재들에게 희생당하지 않는 릴리푸트읍에서 살게 됨을 나타낸다.

7 ㉮의 기능에 대한 설명으로 가장 적절한 것은?

① 아버지의 무능력을 상징적으로 드러낸다.
② 계층 상승 욕구를 가진 영호의 내면을 드러낸다.
③ 생태계의 질서에 순응하려는 인물들의 심리를 드러낸다.
④ 영호가 자신의 현실을 분명하게 인식하고 있음을 드러낸다.
⑤ 아버지와 영호가 생각하는 자신의 계층이 각기 다름을 드러낸다.

8 ⓐ~ⓔ에 대한 설명으로 적절하지 <u>않은</u> 것은?

① ⓐ: 실제로 가장의 부담을 느끼고 있으나 어머니를 배려한 말이다.
② ⓑ: '은강'이라는 현실 속 삶의 장소가 주는 좌절감을 드러내고 있다.
③ ⓒ: 어머니는 아버지의 죽음을 심정적으로 받아들이지 못하고 있다.
④ ⓓ: 사회 계층을 생태계와 연결하여 약육강식의 모습을 드러내고 있다.
⑤ ⓔ: 어머니와 자식들의 삶이 희망적임을 상징적으로 드러내고 있다.

9 '아버지'가 돌아가신 이후 자신들의 삶을 ㉯와 같이 표현한 이유를 쓰시오.

059 소리의 빛 | 이청준

키워드 체크   #연작 소설 #전통적 #소리를 통한 한(恨)의 예술적 승화 #햇덩이 #이복 남매 #서편제

문학 신사고

🎯 핵심 정리

갈래 단편 소설, 연작 소설
성격 전통적, 예술적
배경 ① 시간 – 1960년대
　　　　② 공간 – 장흥읍 인근의 시골 주막
시점 전지적 작가 시점
주제 한(恨)의 예술적 승화
특징 ① 현재와 과거가 교차되는 역순행적 구성
　　　　방식을 취함.
　　　　② 세 편의 작품이 유기적으로 연결된 연작
　　　　소설 중 한 편임.
출전 《남도 사람》(1978)

Q 주인 사내 '천 씨'의 역할은?

천 씨는 눈먼 여인의 소리에 깊은 한(恨)이 있음을 알고 여인의 신상을 묻지 않고 주막에서 지낼 수 있도록 해 준다. 이후 여인에게 오라비와의 사연을 물어봄으로써 오라비가 말하지 않은, 오누이가 한(恨)을 지니게 된 사연을 자연스럽게 말할 수 있는 분위기를 조성하는 역할을 한다.

☀️ 어휘 풀이

북통 북의 몸이 되는 둥근 나무통.
졸지 갑작스러운 판국.
술손 술을 마시려고 오는 사람.
무심스럽다 보기에 아무런 생각이나 감정 따위가 없다.
어스름 조금 어둑한 상태. 또는 그런 때.

📖 구절 풀이

❶ **"자, 그러시면 이제 제 소리나 밤새 해 드리겠소."** 여인이 사내에게 소리 듣기를 즐기는 이유를 묻자 사내는 여인의 소리에서는 반갑고 소중한 것이 느껴지며, 그 반갑고 소중한 것은 '햇덩이'에 대한 기억이라고 대답한다. '햇덩이'를 만나기 위해 끊임없이 소리를 찾아 헤맨다는 사내의 과거를 들은 여인이 사내를 위해 밤새 소리를 하겠다고 말하는 것이다.
❷ **북통과 장단 막대를 말없이 사내 앞으로 밀어 놓았다.** 소리를 들을 줄 아는 사람이니 북장단을 맞출 수 있을 거라 생각한 여인의 행동이다. 여인은 사내의 장단을 듣고 그 솜씨가 자신의 아버지의 솜씨 그대로임을 알고 사내가 오라비임을 알게 된다.
❸ **여자의 얼굴에는 ~ 기색이라곤 없었다.** 오라비는 의붓아버지를 따라 소리를 하며 떠돌아다니다가 의붓아버지에 대한 원망 때문에 도망쳐 헤어지게 된다. 밤새 소리를 하며 서로의 한을 확인한 오누이는 판소리를 통해 그동안의 원한을 풀었으므로 마음의 동요를 느끼지 않고 있다.

가 ❶"자, 그러시면 이제 제 소리나 밤새 해 드리겠소."

여자가 이윽고 뭔가 사내를 달래듯한 목소리로 말하면서 자리를 고쳐 앉았다. 그리고는 지금까지 그녀 앞에 안고 있던 ❷북통과 장단 막대를 말없이 사내 앞으로 밀어 놓았다.

소리를 청해 들을 양이면 이제부턴 장단을 좀 잡아달라는 시늉이었다. 소리를 청해 들을 만한 사람에겐 흔히 해 온 일이었다. 여자는 으레 손님의 솜씨를 믿는 얼굴이었다.

여자의 갑작스런 주문에 이번에는 오히려 사내 쪽이 뜻밖인 모양이었다. 여자가 밀어 보낸 북통을 앞에 한 사내의 눈길엔 졸지에 일을 당하고 당황해하는 빛이 역력했다. [중략]

"하두 오래 손을 잡아 본 일이 없어서……. 내 장단이 자네 소리에 잘 맞아 들지 모르겠네……."

사내도 마침내는 여인을 피할 수 없다고 생각한 듯 천천히 자기 앞으로 북통을 끌어당겨 갔다. / 그로부터 여자와 술손은 다시 소리로 꼬박 밤을 지새듯하였다.
　　▶ 소리로 밤을 지새는 여자와 사내

나 "손님은 벌써 길을 떠나시던가……."

낌새를 알아차리고 있었던지 주인 사내가 먼저 여자에게 물었다. 여자는 그 보이지 않는 눈길로 들판 건너 먼 산허리 쪽을 더듬으며 무심스레 내뱉었다.

"그리 되었소. 오라비는 말도 없이 혼자서 떠나셨소."

"오라비라? 간밤의 그 손님이 말인가."

여인의 대꾸에 천씨 사내가 갑자기 걱정스러운 얼굴로 다시 물었다.

하지만 ㉠❸여자의 얼굴에는 아직도 전혀 마음이 흔들리는 기색이라곤 없었다.

"그렇답니다. 간밤엔 제 오라비를 만났더랍니다." / 주인 사내는 비로소 뭔가 짐작이 간다는 듯 고개를 한 차례 크게 끄덕이고 나서 다시 질문의 꼬리를 이었다.

"하기야 나도 간밤부터 뭔가 심상찮은 느낌이 없지 않았다네. 하지만 자넨 여태까지 한 번도 오라비 이야길 한 일이 없었는데……. 그렇다면 그때 그 산소리가 저녁 어스름을 타고 내려와서 콩밭 여자에게 아이를 배게 하여 낳은 핏덩이가 바로 자네였더란 말인가?"

천씨 사내는 간밤 동안 두 사람의 이야기를 엿들은 자신을 숨기려 하지 않고 서슴없이 물었다. / "그렇답니다." / 여자가 다시 분명하게 대답했다. [중략]

「"하지만 오라비는 어젯밤 일부러 그 핏덩이가 계집아이였다는 말씀은 참아버리셨소. 그 소리꾼 노인이 어린 핏덩이를 싸안고 마을을 떠날 때 어린 당신도 길을 함께하고 있던 일까지……. 오라비는 제 기억이 안 닿을 만한 일만 말하시고 기억이 살아 있는 뒷날 일은 입을 덮고 마시더이다.」하지만 전 알고 있었더랍니다."
　　　　　　　　　　　　　　　　　　　　　　　　　　　　　▶ 소리를 청한 술손 사내가 자신의 오라비임을 알게 된 눈먼 여인

다 소리꾼 아비는 나이 어린 오누이를 앞세우고 이 마을 저 마을 소리로 끼니를 빌고 떠돌아다녔더라고 했다. / 그러면서 아비는 철도 들기 전의 두 어린것들에게 소리를 시키는 것이 소원이었던지, 틈만 나면 성화가 대단했댔다. 산길을 가다 고갯마루 같은 곳에 다리를 쉬고 앉아 있을 때나 어느 마을 사랑채의 헛간 같은 골방 속에 들어앉아 지낼 때나 아비는 한사코 어린것들에게 소리를 배워 주려 애를 쓰고 있었다 했다. 하지만 ㉡오라비는 웬 고집으로 끝끝내 소리를 하지 않으려 했고, 어린 그녀만이 무슨 재간이 좀 뻗쳤던지 세월 따라 조금씩 소리를 익혀가고 있었다고 했다.
　　▶ 과거의 사연을 털어놓는 여인

• **중심 내용** 여인은 소리를 하며 사내가 오라비임을 알게 되고, 천 씨에게 자신의 사연을 털어놓음.　　• **구성 단계** 절정

이해와 감상

이 작품은 연작 소설 《남도 사람》 중 한 편으로, 한(恨)을 지닌 오누이의 해후(邂逅)와 소리를 통한 한의 승화를 담고 있다.

장흥읍 인근 주막에서 일을 하며 지내는 눈먼 여인을 찾아온 사내는 여인에게 판소리를 청한다. 소리를 찾아다니게 된 내력을 묻는 여인에게 사내는 어린 시절의 기억과 함께 소리 속에서 만나고 싶어 하는 '소중스러운 것', 즉 '어떤 뜨거운 햇덩이에 대한 기억'을 털어놓게 되고, 여인은 사내의 북장단에 맞춰 밤새 소리를 하게 된다. 다음날 아침 사내는 말없이 떠나고 여인은 천 씨에게 밤새 다녀간 사내가 자신의 오라비임을 밝히며 오라비가 지닌 '햇덩이'가 의붓아버지와의 관계에 의해 생겼음을 알려 준다. 소리를 찾아 헤매는 오라비의 행동에는 과거 의붓아버지에 대한 원망과 그로 인해 누이를 버릴 수밖에 없었던 행동에 대한 죄책감 및 가족에 대한 그리움이 담겨 있다고 볼 수 있다. 의붓아버지에 대한 사내의 복수심, 자신을 눈멀게 한 아버지에 대한 여인의 분하고 억울한 심정이 서글프고 아름다운 비애의 감정으로 변하고 있는 이 이야기에서, 작가는 소리를 통해 원한이 풀어짐을 보여 주며 판소리가 긴장 이완과 화해의 기능을 하고 있음을 보여 준다.

🔍 전체 줄거리

발단	늦가을 어느 저녁 무렵 탐진강가 주변의 천 씨 주막에 한 사내가 찾아와 주막집의 눈먼 여인에게 소리를 청한다.
전개	사내는 단가를 부르는 눈먼 여인에게 진짜 소리인 판소리를 제대로 해 달라고 청하면서, 소리를 좋아하게 된 내력을 묻는 여인의 질문에 자신의 내력을 털어놓는다.
위기	어린 시절 떠돌이 소리꾼이 찾아와 사내의 홀어머니와 살게 되고, 어머니가 딸을 낳고 세상을 떠나자 사내는 소리꾼에 대한 증오를 품게 된다. 이후 사내는 소리꾼과 여기저기 떠돌다 도망치지만, 세월이 흘러도 소리를 버리고 살 수가 없어 소리를 찾아 헤매고 다닌다는 이야기를 한다.
절정·결말	사내의 북장단에 여인은 밤새 소리를 하며 사내가 자신의 오라비임을 알게 되지만 서로 내색하지 않는다. 이튿날 사내는 주막을 떠나고, 여인은 자신이 알고 있는 옛 이야기를 천 씨에게 털어놓는다. 여인도 10년 넘게 머물던 주막을 떠날 것임을 천 씨에게 말한다.

👥 인물 관계도

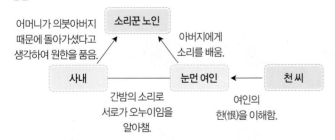

어머니가 의붓아버지 때문에 돌아가셨다고 생각하여 원한을 품음.

소리꾼 노인

아버지에게 소리를 배움.

사내 — 눈먼 여인 ← 천 씨

간밤의 소리로 서로가 오누이임을 알아챔.

여인의 한(恨)을 이해함.

🏠 작품 연구소

'소리'의 의미

소리꾼 노인	소리를 통해 소리꾼으로서의 예술적 이상을 완성하고자 함.
눈먼 여인	소리를 함으로써 자신에게 쌓여 있는 한(恨)을 드러내고 해소하려 함.
사내	소리를 통해 의붓아버지에 대한 원망과 누이를 버리고 떠난 것에 대한 죄책감 및 가족에 대한 그리움을 해소하고자 함.

🔑 포인트 체크

인물 ☐☐☐☐☐에 대한 사내의 원망과 눈먼 여인의 억울함은 밤새 나눈 ☐☐를 통해 서글프고 아름다운 비애의 감정으로 바뀌고 있다.

배경 장흥읍 인근의 ☐☐☐☐은 가슴에 한을 품고 사는 여인의 안타까운 처지를 드러냄과 동시에 오라비를 만나 한을 풀어내는 장소이다.

사건 사내의 북장단에 맞춰 소리를 한 여인은 사내가 ☐☐☐임을 알게 되었으나 모르는 척하고, 사내가 떠난 후 여인은 그간의 일을 천 씨에게 털어놓는다.

1 이 글에 대한 설명으로 적절하지 않은 것은?

① 인물들은 소리를 통해 한(恨)을 해소하고자 한다.
② 인물 간의 대화를 통해 과거 사건의 내력이 드러나고 있다.
③ 특정 인물의 입장에서 인물의 내면과 사건을 서술하고 있다.
④ 장면에 따라 서술자를 달리하여 특정 사건을 부각하고 있다.
⑤ 현재와 과거가 교차되는 역순행적 구성 방식을 취하고 있다.

2 '천 씨'에 대한 설명으로 가장 적절한 것은?

① 눈먼 여인이 사내와 오누이 관계임을 알려 주고 있다.
② 눈먼 여인이 과거의 내력을 말할 분위기를 조성하고 있다.
③ 눈먼 여인이 밝힌 과거의 내력에 사실성을 부여하고 있다.
④ 사내가 주막에서 누이를 찾을 수 있도록 도움을 주고 있다.
⑤ 사내가 아무 말도 없이 떠난 이유를 눈먼 여인에게 전하고 있다.

내신 적중

3 ㉠의 이유로 가장 적절한 것은?

① 밤새 소리를 하면서 가슴에 쌓였던 한이 풀어졌기 때문에
② 지우고 싶었던 기억이 되살아나 한이 더욱 깊어졌기 때문에
③ 오라비로부터 들은 자신의 과거 이야기에 대한 충격 때문에
④ 사내가 자신의 오라비라는 사실을 믿을 수가 없었기 때문에
⑤ 자신의 정체를 밝히지 않고 떠난 오라비에 대한 원망 때문에

4 〈보기〉를 참고하여 ㉡의 이유를 쓰시오.

│ 보기 ├

"노인네가 돌아가시기 전에 제게 말씀하신 것이 또 한 가지 있었답니다. 당신은 늘 소리를 할 때 오라비 눈에 살기가 도는 것을 보았더라고요. 당신이 소리를 하면 오라비는 이상스럽게 눈빛이 더워지면서 당신을 해치고 싶어 못 견디하더랍니다. 오라비가 싫은 짓을 참아 가면서도 의붓아비를 따라다닌 것은 그 불쌍한 노인네가 당신의 어머니를 죽인 거라 작심하고 어미의 원수를 갚기 위해서였을 겁니다."

5 '눈먼 여인'과 '술손 사내'가 간밤에 나눈 이야기를 '천 씨'가 엿듣고 있었음을 알 수 있는 부분을 (나)에서 찾아 쓰시오.

어휘 풀이

북채잡이 북을 치는 사람. 고수(鼓手).

처연하다 애달프고 구슬프다.

유랑 일정한 거처가 없이 떠돌아다님.

청강수 '염산'을 달리 이르는 말.

업과 선악의 행업으로 말미암은 과보(果報).

Q '노인'이 '여인'의 눈을 멀게 한 이유는?

자신의 딸인 여인의 눈을 멀게 하여 자신의 곁을 떠나지 못하게 하기 위해서이다. 또한 노인은 좋은 소리를 하기 위해서는 가슴에 '한(恨)'이 쌓여야 한다고 여겼다. 여인은 태어날 때 어머니를 잃은 한을 가지고 있으나 노인은 더 큰 한을 심어 주어 여인을 명창으로 만들기 위해 눈을 멀게 한다. 이는 어머니를 일찍 앗아간 세상을 향한 원망과 자기의 눈을 빼앗아 간 아버지에 대한 미움과 증오를 통해 한을 심어 주기 위함이라 볼 수 있다.

구절 풀이

❶ **오라비에게는 북장단을 ~ 했다는 것이다.** 어린 시절 오라비의 북장단에 소리를 맞춰 본 적이 있었고 오라비의 북장단은 의붓아버지의 솜씨를 그대로 이어받았으므로, 여인은 눈으로 볼 수는 없어도 북장단을 듣고 사내가 오라비임을 알 수 있었던 것이다.

❷ **"오라비가 아닌가 ~ 솜씨 그대로였소."** 술손 사내는 자신이 소리를 찾아다니는 내력을 말하면서 여인이 기억할 만한 내용은 의도적으로 말하지 않았다. 그러나 여인은 사내가 오라비임을 직감했고, 북장단이 아버지의 솜씨 그대로임을 알고는 오라비임을 확신하고 있다.

❸ **오라비가 싫은 ~ 위해서였을 겁니다.** 사내의 어머니는 소리꾼의 소리에 화답을 한 후 가진 계집아이(눈먼 여인)를 낳다가 죽게 된다. 어머니의 죽음이 의붓아버지에게 있다고 생각한 사내는 의붓아버지를 따라다니며 원한이 담긴 살기를 드러내지만 결국 그 살기를 피해 도망친다.

Q '오라비'와 '눈먼 여인'이 서로의 정체를 밝히지 않은 이유는?

오라비와 눈먼 여인은 가슴에 '한(恨)'을 묻어 둔 채 살고 있다. 오라비와 여인이 서로의 정체를 밝히지 않은 채 헤어진 것은 오랜 세월 묻어 둔 한을 들추어 내 다치게 하고 싶지 않았기 때문으로 볼 수 있다.

작가 소개

이청준(李淸俊, 1939 ~ 2008) 소설가. 1965년 《사상계》에 단편 〈퇴원〉이 당선되어 등단하였다. 현실을 있는 그대로 그리기보다는 관념적으로 형상화하는 데 적절한 기법과 역량을 보여 주었다. 주요 작품으로 〈소문의 벽〉, 〈줄〉, 〈당신들의 천국〉 등이 있다.

가 그리하여 아비는 마침내 그녀에게만 소리를 하게 했고, 소리를 싫어하는 ❶오라비에게는 북장단을 익히게 하여 제 누이의 소리를 짚어 나가게 했다는 것이다. 아비 소리꾼이 데리고 다니는 오누이의 소리 솜씨는 한동안 시골마을 사람들의 얘깃거리가 되곤 할 정도가 되었다. 하지만 오라비는 끝내 그 ❶북채잡이조차도 따르기가 싫었던 모양이다. 어느 해 가을날인가, 인적 드문 산길을 지나가던 아비가 통곡이라도 하듯 두 다리를 벌리고 앉아 〈수궁가〉 한 대목을 ❶처연스럽게 뽑아 넘기고 나서 기운이 파해 드러누워 있을 때, 오라비는 용변이나 보러 가듯 숲 속으로 들어가고 나선 영영 다시 모습을 나타내지 않고 말았다는 것이다.

"오라비가 가고 난 후 노인네는 아마 딸년마저 도망질을 칠까 봐 겁이 나지 않았겠소. 그래 아비는 딸의 눈을 멀게 한 거랍니다."

여자는 비로소 한숨 섞인 음성으로 눈이 멀게 된 사연을 털어놓고 있었다.

하지만 눈을 죽이고 나니까 그 죽은 눈빛이 다시 목청으로 살아났던지 그녀의 소리는 윤택해지고, 그 덕분에 부녀는 오라비가 곁을 떠나고 난 다음에도 힘들지 않고 이 고을 저 고을로 구걸 ❶유랑을 계속해 다닐 수 있었다고 했다. 그리고 그럭저럭 환갑길에 들어선 노인이 어느 겨울날 저녁 보성 고을 근처 한 헛간 같은 빈집에서 피를 토하며 마지막 숨을 거두게 되었을 때 아비는 비로소 그녀가 모르고 있던 몇 가지 비밀—그녀와 그녀의 달아난 오라비 사이의 어정쩡한 인륜 관계 하며 잠든 딸에게 ❶청강수를 찍어 넣어 그녀의 눈을 멀게 한 비정스런 아비의 ❶업과들을 눈물로 사죄하고 갔다는 것이다.

▶ 어린 시절 오라비와 헤어지고 눈이 멀게 된 사연을 털어놓는 여인

나 ❷"오라비가 아닌가 싶은 생각은 벌써 손님을 처음 대했을 때부터 들기 시작했소. 손님이 소리를 찾아다니게 된 내력을 말했을 때는 다시 의심할 여지도 없었고요. 하지만 정말 오라버니 소리가 목에까지 솟아오를 뻔한 것은 북채를 손님께 내어드리고 나서 제 소리가 오라비의 장단을 만났을 때였답니다. 오라비의 솜씨는 옛날의 제 아비 되는 노인의 솜씨 그대로였소."

"그렇다면 자네 오라비라는 사람도 그땐 자넬 알아보고 있었을 게 아닌가."

「"알아보았겠지요. 절 알고 여기까지 길을 찾아오신 건지도 모르고요. 모르고 오셨더라도 그 양반 장단을 놀아 나가면서는 분명히 알고 계셨을 것이오."」

"그렇다면 글쎄……. 자네를 알아보고도 오라비는 어째서 끝내 오라비라는 소리 한마디 못해 보고 그렇게 허망히 길을 떠나가고 말았단 말인가."

"그것은 아마 오라비가 또 날 죽이고 싶었기 때문이었을 것이오."

"오라비가 자넬 죽이고 싶어 하다니?" / 사내의 두 눈이 다시 크게 벌어졌다.

"노인네가 돌아가시기 전에 제게 말씀하신 것이 또 한 가지 있었답니다. 당신은 늘 소리를 할 때 오라비 눈에 살기가 도는 것을 보았더라고요. 당신이 소리를 하면 오라비는 이상스럽게 눈빛이 더워지면서 당신을 해치고 싶어 못 견디더랍니다. ❸오라비가 싫은 짓을 참아 가면서도 의붓아비를 따라다닌 것은 그 불쌍한 노인네가 당신의 어머니를 죽인 거라 작심하고 어미의 원수를 갚기 위해서였을 겁니다. 노인네는 그걸 알고 있었기 때문에 어서 원수를 갚으라고 오라비 앞에 더욱 힘이 뻗치게 목청을 돋워대곤 하셨더라고요……. 하지만 오라비는 결국 원수를 갚기는커녕 당신 편에서 먼저 노인의 소리를 못 이기고 도망을 치고 말았다는 말씀이었지요. 그런데……어젯밤엔 저도 소리를 하면서 오라비한테서 그런 살기가 완연하게 느껴져 오더구만요. 오라빈 그걸 무슨 ㉠햇덩이 같은 거라고 말씀하셨지만, 그게 바로 살기였을게라요. 오라비가 그 햇덩이 때문에 이마가 뜨거울 때 당신은 그 살기가 일고 있었던 것이오."

▶ 오라비가 자신의 정체를 밝히지 않고 떠난 이유를 밝히는 여인

• 중심 내용 자신의 옛 이야기를 천 씨에게 털어놓는 여인　　　　　　• 구성 단계 절정

작품 연구소

〈소리의 빛〉의 구성상 특징 – 역순행적 구성

이 작품은 눈먼 여인과 천 씨의 대화에서 오라비와 소리꾼 노인에 대한 과거 이야기가 전개되는 역순행적 구성 방식을 취하고 있다.

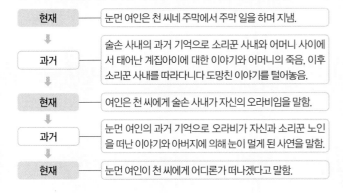

현재	눈먼 여인은 천 씨네 주막에서 주막 일을 하며 지냄.
과거	술손 사내의 과거 기억으로 소리꾼 사내와 어머니 사이에서 태어난 계집아이에 대한 이야기와 어머니의 죽음, 이후 소리꾼 사내를 따라다니다 도망친 이야기를 털어놓음.
현재	여인은 천 씨에게 술손 사내가 자신의 오라비임을 말함.
과거	눈먼 여인의 과거 기억으로 오라비가 자신과 소리꾼 노인을 떠난 이야기와 아버지에 의해 눈이 멀게 된 사연을 말함.
현재	눈먼 여인이 천 씨에게 어디론가 떠나겠다고 말함.

오라비의 마음속에 있는 '햇덩이'의 의미

오라비는 의붓아버지와 어머니의 노랫가락 소리를 듣고 난 후부터 '머리 위에 언제나 이글이글 불타오르는 뜨거운 햇덩이'가 걸려 있음을 느끼고, 이 '햇덩이'를 만나기 위해 소리를 찾아 유랑하게 된다. '햇덩이'는 소리꾼 사내에게는 있지만 오라비 자신에게는 없는 것으로 어머니가 욕망하는 그것이면서, 의붓아버지인 소리꾼 사내에 대한 살기(殺氣)이기도 하다. 오라비에게 있어 '햇덩이'는 고통스러운 것 동시에 반갑고 소중한 것, 어미를 빼앗아 간 소리꾼 사내를 증오하면서도 그의 소리에 매혹되는 역설적 의미를 지니고 있다. '햇덩이'의 연장선상에 있는 '살기'는 의붓아버지나 눈먼 여인을 해칠 수 있었음에도 오라비가 도망을 친다는 점에서 명확한 근원을 알 수 없는 트라우마이며, 깊이 간직해야 할 한(恨)이라 볼 수 있다. 결국 오라비에게 '햇덩이'는 의붓아버지에 대한 원망과 누이를 버린 것에 대한 죄책감, 가족에 대한 그리움의 의미이며, 눈먼 여인에게는 오라비에 대한 연민인 동시에 버림받았다고 생각한 과거에서 벗어나 새로운 삶을 살게 할 원동력으로 작용한다.

자료실

연작 소설 《남도 사람》

이청준은 〈서편제〉, 〈소리의 빛〉, 〈선학동 나그네〉, 〈새와 나무〉, 〈다시 태어나는 말〉을 묶어 《남도 사람》이라는 연작 소설을 발표했다. 〈서편제〉, 〈소리의 빛〉, 〈선학동 나그네〉는 소리를 제재로 한 일관된 줄거리로, 완벽한 한 편의 연작 소설 형태를 취하고 있다. 〈새와 나무〉, 〈다시 태어나는 말〉은 앞의 세 편과 조금 동떨어진 이야기처럼 보이지만 이 두 편은 소리가 아닌 〈새와 나무〉로 혹은 〈다시 태어나는 말〉로 제재가 바뀌면서 한(恨)이 소리꾼의 전유물이 아니라 '남도 사람' 일반으로 보편화됨을 알 수 있다. 상이하게 반복되는 '소리의 반복구'가 삶의 일반으로 확장되면서 '질서와 통일성을 만들어 내는 구성'을 취함으로써 《남도 사람》은 남도 사람의 일반적인 삶의 모습을 '한살이' 형상으로 옮겨 놓고 있음을 드러낸다.

함께 읽으면 좋은 작품

〈서편제〉, 이청준 원작, 김명곤 각색 / 이청준의 연작 소설 《남도 사람》 중 〈서편제〉와 〈소리의 빛〉을 각색한 시나리오

소리를 하며 전국을 떠도는 유봉과 그의 수양딸 송화, 수양아들 동호의 기구한 삶의 여정을 애잔하게 그린 시나리오이다. 유봉에 의해 실명한 한(恨)을 예술적으로 승화시킨 내용은 원작과 유사하지만 한국적 정서를 담은 음악과 다양한 영상 기법을 통해 주제를 형상화한다는 점에서 〈소리의 빛〉과 비교해 볼 만하다.

---

6 이 글을 통해 알 수 있는 내용이 <u>아닌</u> 것은?

① 여인은 아비로부터 달아난 오라비가 자신과 이복 남매 사이임을 듣게 되었다.

② 오라비는 여인이 자신의 이복 누이동생임을 알고도 자신의 정체를 밝히지 않았다.

③ 여인은 아비가 자신의 눈을 멀게 한 이유를 알고 나서 좋은 소리를 내게 되었다.

④ 오라비는 자신의 어머니를 죽인 사람이 의붓아버지라 생각하고 원수를 갚고자 했다.

⑤ 어린 시절 아비 소리꾼을 따라다니던 누이의 소리 솜씨와 오라비의 북장단 솜씨는 뛰어났다.

내신 적중

7 '노인'이 '여인'의 눈을 멀게 한 이유로 적절하지 <u>않은</u> 것은?

① 여인이 오라비처럼 자신의 곁을 떠날까 봐 겁이 났기 때문이다.

② 여인의 눈에 보이는 자신을 향한 살기를 없애고 싶었기 때문이다.

③ 여인에게 큰 한(恨)을 심어 주어 명창으로 만들고 싶은 욕심 때문이다.

④ 소리꾼이 좋은 소리를 내기 위해서는 가슴에 한(恨)이 쌓여야 하기 때문이다.

⑤ 눈을 멀게 한 자신에 대한 미움과 증오가 큰 한(恨)이 될 것이라고 믿었기 때문이다.

내신 적중

8 이 글에서 '술손 사내'와 '눈먼 여인'이 서로의 정체를 밝히지 않은 이유로 가장 적절한 것은?

① 여인이 자신의 이복 누이동생이 맞는지에 대한 확신이 없었기 때문이다.

② 소리를 통해 여인의 가슴속 한(恨)이 이미 해소됐음을 확인했기 때문이다.

③ 오랜 세월 가슴에 묻어 둔 한(恨)을 들추어 다치게 하고 싶지 않았기 때문이다.

④ 어린 시절 의붓아버지를 잘 따르던 여인에게 원망의 감정을 품고 있었기 때문이다.

⑤ 여인이 자신의 정체를 알게 되면 한(恨)이 사라져 좋은 소리를 내지 못할 것이기 때문이다.

9 이 글을 참고하여 ㉠이 의미하는 바를 쓰시오.

10 (나)를 참고하여 '눈먼 여인'이 '술손 사내'를 '오라비'라 생각한 이유를 쓰시오.

도요새에 관한 명상 | 김원일

국어 동아, 지학사

핵심 정리

갈래 중편 소설, 환경 소설, 가족 소설

성격 비판적, 사실적, 생태적

배경 ① 시간 - 1970년대 후반(회상 부분은 6·25 전쟁 전후)

　② 공간 - 동진강 유역(도요새의 도래지)

시점 1인칭 주인공 시점(인물별) → 전지적 작가 시점

주제 비극적 역사 현실과 산업화의 폐해에 따른 인간성 회복

특징 ① 전체 4부로 되어 있으며 각 부분마다 서술 시점을 달리함.

　② 당대 사회의 문제점을 다양하게 보여 줌.

　③ 과거와 현재가 교차하는 역순행적 구성을 보임.

출전 《한국문학》(1979)

Q '도요새'가 상징하는 의미는?

'나'(아버지)는 자유롭게 날아다니는 새를 보며, 고향에 가고 싶은 자신의 심정을 투영하고 있다. 이 글에서 '도요새'는 자유로움의 표상일 뿐 아니라, 고향에 두고 온 그리운 대상의 대체물이라는 상징적 의미를 지니고 있다.

어휘 풀이

삼각주 강이 바다로 들어가는 어귀에, 강물이 운반하여 온 모래나 흙이 쌓여 이루어진 편평한 지형.

진정서 관청이나 윗사람에게 사정을 밝혀 적은 글.

노무과장 회사에서 노동에 관계되는 일을 맡아 보는 과의 책임을 맡은 간부.

야음(夜陰) 밤의 어둠. 또는 그때.

출어하다 물고기를 잡으러 배가 나가다.

Q '병국'이 '진정서'를 낸 이유는?

병국이 '진정서'를 낸 것은 환경을 지키려는 그의 노력에서 기인한 것이다. '진정서'에는 비료 공장에서 오염 물질을 강에 배출한다는 것을 지적하는 내용이 담겨 있으며 맹목적인 산업화에 의해 훼손되는 자연의 모습을 보여 준다.

구절 풀이

❶ 새가 고향 땅 ~ 진정한 시간이었다. 오직 도요새와 이야기할 때만 살아 있음을 느낀다는 것을 통해 '나'가 현실의 삶에서 삶의 의미를 찾지 못하고 방황하고 있음을 알 수 있다.

❷ "분명합니다. 알고 보니 ~ 두고 말입니다." 새나 물고기보다 인간이 더 중요하다는 인간 중심 사상을 통해, 환경 오염의 문제를 등한시하고 있음을 알 수 있다.

❸ "국민 소득 일천 달러 ~ 선생도 알지요?" 근대화를 명분으로 환경을 의도적으로 오염시키는 행동이 정당화되고 있음을 보여 주는 부분이다.

가 　동진읍에 정착했던 그해 가을이던가, 전쟁 전 고향 땅에서 본 도요새 무리를 동진강 삼각주에서 발견했을 때, 나는 마치 헤어진 부모와 동기간과 약혼녀를 만난 듯 반가웠다. 너희들이 휴전선 위 통천을 거쳐 여기로 날아왔으려니, 하고 대답 없는 물음을 던지면 울컥 사무쳐 오는 향수가 내 심사를 못 견디게 긁어 놓았다. 가져온 술병을 기울이며 나는 새 떼와 많은 대화를 나누었다. [중략] ❶새가 고향 땅 부모님이 되고, 형제가 되고, 어떤 때는 약혼자가 되어 내게 들려주던 그 많은 이야기를 나는 기쁨에 들떠, 때때로 설움에 젖어 화답하는 그 시간만이 내게는 살아 있는 진정한 시간이었다. 세월의 부침 속에 고향에 대한 내 향수도 차츰 식어 갔다. 이제 새 떼가 부쩍 줄어든 동진강 하구도 내 인생과 함께 황혼을 맞고 있었다. 동진강이 악취 풍기는 폐수로 변해 버렸기 때문이었다. 지금 보는 바다 역시 헤엄쳐 북상하면 며칠 내 고향에 도착할 수 있을 것 같던 거리가 까마득히 멀어 보였다. 철새나 나그네새는 휴전선을 넘어 자유로이 왕래하건만 나는 그곳으로 갈 수 없다는 안타까움만 해가 갈수록 내 이마에 깊은 주름을 새겼다.　▶ 도요새를 바라보며 고향을 떠올리는 '나'(아버지) - 현재

나 　"여기 시 보건과에 접수한 진정서 사본 좀 보십시오."

　노무과장은 마루에 걸터앉아 주머니에서 복사판 서류를 꺼냈다. 종이를 받아든 내 손이 떨렸다. 방 안으로 들어가 돋보기안경을 찾아 낄 틈도 없이 희미한 글자를 대충 훑어보았다.

　성창 비료 서교 공장은 연간 사십억 규모의 흑자를 내고 있으면서도 폐기 처리 과정에 대한 근본적인 개선책이 전혀 없음이 입증되었다. 지난 8월 4일 새벽 2시 20분. 당 공장은 야음을 틈타 암모니아 가스를 다량으로 배출하여 그 가스가 폐수천(석교천)을 따라 안개처럼 덮쳐 와 동진강 하류로 확산된 바 있다. 이로 인하여 새벽 4시 10분 동진강 하류에서 오징어잡이에 출어하려던 어민 18명이 심한 두통과 구토증으로 실신한 사건이 있었다. 당사는 기계 밸브가 고장 나서 가스가 샜다고 변명하지만 이런 사건은 일주일을 주기로 이미 수십 차례 반복되었음을 입증하며(관계 자료 별첨), 이로 미루어 당사는 일부러 밸브를 틀어 못쓰게 된 가스를 배출하고 있음이 객관적으로 입증됨으로써……。

　"정신병자가 쓴 낙선 뭐 더 읽을 필요도 없소."

하며 한 젊은이가 내가 읽던 진정서를 낚아챘다.

　"아, 아들놈이 낸 진정서 틀림없습니까?" / 노무과장에게 내가 물었다.

　❷"분명합니다. 알고 보니 자제분은 이 방면에 상습범이더군요. 지난 유월에는 풍천 화학을 상대로 진정서를 낸 바 있습니다. 풍천 화학 역시 야음을 틈타 카드뮴·수은 등 중금속 물질을 다량 배출하여 동진강 하류 삼각주 지대 각종 새 삼백여 마리와 물고기들이 떼죽음을 했다나요. ⓐ사람이 아닌 한갓 새나 물고기가 죽은 걸 두고 말입니다."

　노무과장 목소리가 열을 띠더니 '새나 물고기'란 말을 힘주어 강조했다.

　"기가 막혀서. 뭐 제 놈이 실신했다거나 가족이 떼죽음당했다면 또 몰라."

　한 젊은이가 가소롭다는 듯 시큰둥 말했다.

　❸"국민 소득 일천 달러 달성에, 오늘날 조국 근대화가 다 무엇으로 이루어진 성과인 줄 선생도 알지요?" / 다른 젊은이가 내 눈을 찌를 듯 손가락질했다.

　㉠"빈대 잡겠다고 초가삼간 태우겠다는 미친놈 짓거리를 이번으로 뿌리 뽑아야 해!"
　▶ 회사 사람들이 병국의 진정서를 들고 '나'를 찾아왔던 일을 회상함. - 과거

• 중심 내용 도요새를 통해 고향을 생각하는 '나'와 환경을 지키려고 진정서를 낸 병국　　• 구성 단계 3부

이해와 감상

이 작품은 동진강 하구를 배경으로 삼아 다양한 방식으로 살아가는 한 가족의 이야기를 그리고 있다. 이 작품에서 도요새는 당대의 환경 오염 실태와 민족 분단의 현실을 보여 주면서, 인물들 사이의 갈등을 조장하는 소재가 된다. 인간 중심적이고 성장 우선주의적인 1970년대 사회의 모습을 조명하며 산업화의 폐해를 보여 주고, 한편으로는 북에 가족과 사랑하는 사람을 두고 온 실향민들의 안타까운 심정을 나타내는 이 작품은, 다양한 시점의 변화와 함께 과거 회상과 현재가 교차되는 역순행적 구성을 취한다. 특히 시점의 변화는 동일한 사건을 바라보는 서로 다른 관점을 보여 주어 다양한 인간 군상의 모습을 제시할 뿐 아니라, 각각의 서술자가 자신의 내면을 이야기함으로써 독자들이 각 인물의 내면을 좀 더 관심 있게 지켜볼 수 있도록 하고 있다. 이 작품은 환경 오염과 민족 분단이라는 당대 우리 사회가 직면한 과제를 제시하여 문학이 우리 사회에서 할 수 있는 역할을 보여 주고 있다는 평가를 받는다.

Q 전체 줄거리

1부	병식의 시점. 재수생인 '나'(병식)는 강가에서 새를 밀렵하여 번 돈을 유흥비로 쓰면서 생활한다. 촉망받는 수재였으나 학생 운동을 하다 퇴학당한 형(병국)에게 실망을 한다.
2부	병국의 시점. 대학에서 제적을 당한 '나'(병국)는 낙향하여 자책감을 가지고 생활한다. 그러던 중 자연 문제와 동진강의 새 떼에 관심을 갖고 동진강 주변의 생태계 파괴 원인을 밝히려고 노력한다.
3부	아버지의 시점. 북에 가족을 두고 온 '나'(아버지)는 적극적이고 억척스러운 아내와 대조적인 성격으로 갈등을 한다. 병국이 낸 진정서 때문에 비료 회사 사람들과 군인들이 찾아오고, 병국에게 환경 오염의 심각성과 병식의 새 밀렵에 대한 이야기를 듣게 된다.
4부	전지적 작가 시점. 병국은 새 밀렵 행위 문제로 병식과 격렬하게 다투게 된다. 이후 병국은 술집 안에서 들려오는 통일에 대한 아버지의 희망을 듣고, 도요새의 비상을 바라고 따라가지만 놓치고 만다.

👥 인물 관계도

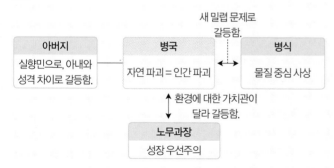

🏠 작품 연구소

〈도요새에 관한 명상〉에서 다루는 주제

실향민 문제	아버지는 고향에 대한 그리움과 상실감을 도요새를 보며 달래는데, 작가는 아버지를 통해 분단 상황에 대한 비판 의식을 보여 준다.
환경 오염 문제	맹목적인 산업화에 의해 희생되는 자연을 보여 준다.
젊은이들의 고민과 방황의 모습	병국과 병식은 성격과 삶의 태도가 다르지만 모두 젊은 시절의 방황과 아픔을 겪고 있는 인물이다.

키 포인트 체크

인물 ☐☐☐와 ☐☐은 동진강의 새들이 줄어드는 것을 안타까워하지만, ☐☐은 새들을 자신의 경제적 이익을 위해 이용한다.

배경 ☐☐☐가 진행된 1970년대, 동진강 하구의 ☐☐☐을 배경으로 하고 있다.

사건 병국이 제출한 ☐☐☐ 때문에 사람들이 집으로 찾아오고, 병국과 병식은 ☐☐☐ 문제로 갈등한다.

1 이 글의 서술상 특징과 그 효과에 대한 설명으로 가장 적절한 것은?

① 상징적 소재를 사용하여 인물의 운명을 암시하고 있다.
② 우화적인 표현 기법을 통해 작가 의식을 표출하고 있다.
③ 현재형 어미를 사용하여 사건을 입체적으로 보여 주고 있다.
④ 한 인물의 시각에서 서술하여 그의 내면 의식을 부각하고 있다.
⑤ 이질적인 장면을 삽입하여 비극적 상황을 역설적으로 드러내고 있다.

내신 적중 고난도

2 이 글의 '도요새'와 〈보기〉의 '매화'에 대해 감상한 내용으로 가장 적절한 것은?

> ┤ 보기 ├
> 어리고 성긴 매화 너를 믿지 않았더니
> 눈 기약(期約) 능(能)히 지켜 두세 송이 피었구나
> 촉(燭) 잡고 가까이 사랑할 제 **암향부동(暗香浮動)**하더라
>   – 안민영, 〈매화사〉 제2수
>
> **암향부동** 그윽한 향기가 은근히 떠돎.

① '도요새'는 인물에게 자신감을 주고, '매화'는 화자에게 자존감을 상실하게 한다.
② '도요새'는 인물의 욕망을 대리 표현하고, '매화'는 화자가 극복해야 할 존재를 의미한다.
③ '도요새'는 인물에 종속된 존재를 표상하고, '매화'는 화자에게서 독립된 존재를 상징한다.
④ '도요새'는 인물에게 고향을 떠올리게 하는 매개이고, '매화'는 어리지만 화자에게 경이로움을 느끼게 한다.
⑤ '도요새'는 현실의 문제를 회피하고자 하는 인물의 태도를 표상하고, '매화'는 화자가 추구하는 이념을 상징한다.

3 ㉠과 유사한 의미를 지닌 한자 성어는?

① 교각살우(矯角殺牛)　　② 괄목상대(刮目相對)
③ 안하무인(眼下無人)　　④ 칠전팔기(七顚八起)
⑤ 곡학아세(曲學阿世)

4 ⓐ에 나타난 '노무과장'의 가치관을 쓰시오.

5 (나)를 참고하여 '병국'의 근대화에 대한 시각이 어떠한지 쓰시오.

방죽 물이 밀려들어 오는 것을 막기 위하여 쌓은 둑.

구치소(拘置所) 형사 피의자 또는 형사 피고인으로서, 구속 영장에 의하여 구속된 사람을 판결이 내려질 때까지 수용하는 시설.

모잽이 옆의 방향.

자맥질 물속에서 팔다리를 놀리며 떴다 잠겼다 하는 짓.

무공 천지(無孔 天地) 끝없이 이어진 세상.

Q '병국'의 말에 '병식'이 코웃음을 친 이유는?

병식은 물질 중심적 사고를 지닌 인물로, 자신의 욕망을 채우기 위해 새를 독살하는 것에 대해 죄책감을 느끼지 못한다. 따라서 병식은 병국이 희귀조의 멸종 위기를 근거로 자신의 행위를 추궁하는 것을 이해하지 못하는 것이다.

구절 풀이

❶ **날아다니는 새도 ~ 살란 법 있어?** 병식은 자신의 행위를 문제 삼는 병국에게 '그럴 자격이 없다, 자신만 죄를 짓는 것이 아니다, 많은 새들 중 일부일 뿐이다, 형이 아우를 고발하려 하느냐, 형이 구치소를 다녀왔으니 나도 가면 되겠다.'라는 등의 궤변을 일삼으면서 병국의 추궁과 만류를 외면하며 조롱하고 있다.

❷ **"말이면 다야! ~ 주점을 나서 버린 뒤였다.** 새 밀렵 문제를 둘러싼 형제의 갈등은 폭력으로 격화되고 갈등과 긴장이 최고조에 이른다. 병식은 형과 더 이상 싸우고 싶지 않은 마음에 자신이 큰 잘못이 없다고 소리친 후 형을 두고 주점을 나서면서 갈등이 일단락되고 있다.

❸ **병국은 중앙 공원 쪽으로 ~ 구경하기로 결정했다.** 문제를 해결하려는 노력이 수포로 돌아가고 자신의 뜻대로 일을 진행하기 어려운 상황에서 병국은 무력감과 답답함을 느낀다. 병국은 이러한 마음을 달래기 위해 바닷가에 새 떼를 구경하러 간다.

Q '도요새 꿈'을 통해 나타나는 '병국'의 심리는?

도요새 무리가 자유롭게 날아가는 모습은 자유인이 되고자 하는 병국의 이상을 상징한다. 그러나 새들이 등대에 부딪치고, 매의 공격을 받고, 사냥꾼에게 포획되고, 오염된 환경에 중독되는 꿈속 상황은 병국이 느끼고 있는 좌절감과 무력감, 환경 문제에 대한 위기의식이 반영된 것으로 볼 수 있다.

작가 소개

김원일(金源一, 1942~)

소설가. 1967년 《현대문학》 장편 소설 공모에 〈어둠의 축제〉가 당선되면서 등단하였다. 주로 해방 직후부터 6·25 전쟁에 걸친 역사적 시련과 정황을 다루었다. 주요 작품으로 〈바람과 강〉, 〈마당 깊은 집〉, 〈노을〉, 〈진토〉 등이 있다.

가 "너 그날 석교천 방죽에서 ㉠새를 독살하고 오던 길이지?"

"그게 뭘 어쨌다는 거야?" / 병식의 표정에서 장난기가 사라졌다.

"뻔뻔스런 자식. 언제부터 그 짓 시작했어? 왜 새를 죽여, 죽인 새로 뭘 해?"

병국이 언성을 높였다.

"별 말코 같은 소릴 다 듣는군. ❶날아다니는 새도 임자 있나? 지구의 새를 형이 몽땅 사들였어?"

병식이가 주모가 놓고 간 주전자의 막걸리를 두 잔에 쳤다.

"우선 한 잔 꺾지. 형제의 우애를 위해서."

"누가 네게 그 일을 시켜? 그 사람을 대." / 병국이가 잔을 밀치며 소리쳤다.

"형이 고발할 테야? 날아다니는 새 잡아 박제한다구? 그건 죄가 되구, 허가 낸 사냥총으로 새 잡는 치들은 죄가 안 된다 말이지?" / 병식이 코웃음 쳤다.

"희귀조가 멸종되고 있다는 건 너도 알지? 인간이 새를 창조할 순 없어."

"개떡 같은 이론은 집어치워. 지구상에는 삼십억 넘는 새가 살아. 그중 내가 몇 마리를 죽였다 치자, 형은 그게 그렇게 안타까워?"

"박제하는 놈을 못 대겠어?" / 병국이가 의자에서 일어나 아우 멱살을 틀어쥐었다.

주모가 달려와 둘 사이에 끼었다. 개시도 안 한 술집에서 웬 행패냐고 주모가 소리쳤다.

"못 불겠다면? 형이 고발해 봐. 형 손에 아우가 쇠고랑 차지!" / 병식이 형 손목을 잡고 비틀어 꺾었다. / "형도 구치소 출입해 봤으니 나만 볕 보고 살란 법 있어?"

❷"말이면 다야!" / 병국의 주먹이 아우의 턱을 갈겼다. 병식이의 머리가 뒷벽에 부딪히자 입술에서 피가 터졌다. / "형이 날 쳤어!"

병식이 형의 허리를 조여선 번쩍 안아 들었다. 그는 마른 장작개비 같은 형을 바닥에 내동댕이치곤 의자를 치켜들었다. 형 면상에다 의자를 찍으려 그 짓은 차마 못 하겠다는 듯 손을 내렸다.

"오늘은 내가 참아. 몰매 맞을 짓을 했담 형한테 맞아 주겠어. 그러나 내가 새를 독살한 것도 아니구, 심심풀이로 족제비 따라 개펄로 나갔는데, 치사하게 동생을 고발해!"

병식은 백 원짜리 동전을 술상에 놓곤 입술의 피를 닦았다. 가방을 챙겨 들더니 출입문을 열어젖혔다. / "병식아, 학관 끝나면 집으로 와!"

모잽이로 쓰러졌던 병국이 일어나며 외쳤다. 병식은 주점을 나서 버린 뒤였다.

▶ 새 독살해 박제하는 일을 두고 벌어진 병국과 병식의 갈등

나 ❸병국은 중앙 공원 쪽으로 걸음을 옮겼다. 발걸음이 무거웠고 마음도 편치 않았다. 귀가하기도 싫었다. 역시 그가 찾을 곳은 바닷가 개펄밖에 없었다. 황혼 무렵, 바다로 향해 자맥질하는 새 떼를 구경하기로 결정했다. [중략]

마침 웅포리행 버스가 와서 승차했다. 뒷좌석에 앉자 그는 눈을 감았다. 피곤에 찌들어 잠을 자듯 늘어졌다. 감감한 밤이었다. 멀리로 등대 불빛이 보였다. 감은 눈앞에 도요새 무리가 바다와 하늘 사이 무공 천지를 가르며 날고 있었다. 날개를 상하로 쳐 대며 바람에 쫓기듯 남으로 내려갔다. 등대 불빛 쪽으로 날던 새 떼가 어둠에 가린 등대 몸체를 미처 못 피해 등대 벽에 머리를 박고 떨어졌다. 다시 낮이었다. 강 하구와 벼를 벤 논바닥에서 도요새 무리가 쉬고 있었다. 하늘 높이 떠 있던 매 한 마리가 수직으로 낙하했다. 매는 쫓음 걸음을 하는 도요새 한 마리를 포획했다. 사냥꾼이 도요새를 수렵하고, 중금속에 오염된 폐수와 폐수를 터 삼은 물고기가 도요새에게는 오히려 독이었다. 왜 ⓐ도요새가 당하는 피해만 환상으로 떠올랐는지 몰랐다.

▶ 병국은 버스에서 도요새에 관한 꿈을 꿈.

- 중심 내용 새 밀렵 문제로 병식과 다투고, 버스에서 도요새에 관한 꿈을 꾸는 병국
- 구성 단계 4부

🏠 작품 연구소

'도요새'의 상징적 의미

작가는 분단의 아픔, 물질 만능주의, 환경 오염, 정치적 억압, 부동산 투기와 난개발 등 현대 사회의 다양한 문제들을 '도요새'와 이를 바라보는 '가족'의 이야기로 구체화함으로써 각각의 문제가 별개의 사안이 아님을 드러내고 있다.

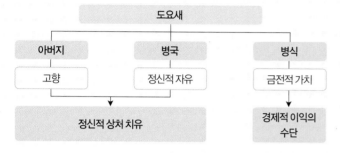

성장 중심 가치관에 대한 비판

이 작품이 발표된 1970년대 말은 본격적인 산업화가 진행되면서 성장 이데올로기에 빠져 중요한 가치들을 소홀히 하는 등 산업화에 따른 역기능이 대두된 시기이다. 공업 단지를 조성하면서 석교 마을에 미치는 영향을 무시하는 공단 측과 자신의 이익을 위해 새들을 박제하는 병식의 모습은 성장 중심적 가치관에 사로잡힌 현대 사회를 상징적으로 보여 준다. 이 작품은 이러한 현실을 통해 우리가 진정으로 추구해야 할 시대적 가치가 무엇인지를 모색하고 있다.

다양한 시점에 의한 서술

작가는 전체 4부의 구성에서 병식과 병국, 아버지를 모두 서술자로 등장시키면서 시점에 변화를 준다. 제1장에서는 병식, 제2장에서는 병국, 제3장에서는 아버지의 시각에서 생태·환경 문제, 분단 문제, 노동 문제 등을 드러낸다. 그리고 제4장에서는 전지적 작가 시점에서 당대의 문제에 대한 작가의 종합적 인식을 제시한다. 작가는 어느 한쪽에 치우치지 않은 균형 잡힌 시선으로 가족 구성원의 내면을 드러낼 뿐만 아니라, 당대에 우리 사회가 직면한 과제를 다양한 층위에서 탐색하고 있다.

> **📋 자료실**
>
> **〈도요새에 관한 명상〉에 드러나는 문제의식**
>
> 1970년대에 들어와 무리한 산업화의 부작용에 대한 사회적 저항이 확산되었는데, 그것은 주로 성장에서 소외된 계층에 대한 억압과 착취 그리고 정치적 부정에 대한 저항이었다. 산업화가 환경을 어떻게 황폐화시키고 있는가에 대한 관심은 비교적 적었다고 할 수 있다. 그것은 당시의 여러 정황이 환경을 문제 삼을 여유가 없었기 때문이라고 말할 수도 있고, 또 환경의 훼손이 얼마나 심각한 문제인가에 대한 인식이 얕았기 때문이라고 말할 수도 있고, 또 1970년대 중반까지만 해도 환경의 훼손은 일부 특정 지역의 문제였기 때문이라고 말할 수도 있다. 그러나 〈도요새에 관한 명상〉은 신흥 공업 단지가 우리의 삶과 환경을 어떻게 파괴하는가에 주목하면서 환경 문제에 대한 선구적 문제의식을 보여 준다.
>
> – 이남호,《녹색을 위한 문학》

📖 함께 읽으면 좋은 작품

〈돌아오지 않는 새들을 기다리며〉, 이승하 / 개발로 인한 환경 파괴를 비판한 작품

이 시의 화자는 강변의 공장들로 인해 황폐해진 낙동강을 바라보며 유년 시절의 기억 속 낙동강을 떠올린다. 다양한 새들과 물고기들이 서식하는 공간이었지만 지금은 오염된 강물로 인해 거품을 물고 신음하는 강을 보면서 화자는 안타까움을 드러낸다. 주제 의식과 중심 소재에서 〈도요새에 관한 명상〉과 공통점이 나타난다.

---

6 (가)와 (나)에 대한 설명으로 적절하지 <u>않은</u> 것은?

① (가): 한 인물이 상대방의 행위에 문제가 있음을 추궁한다.
② (가): 인물들의 대화가 갈등을 심화시켜 물리적 충돌로 이어진다.
③ (가): 한 인물이 상대방의 승리를 인정함으로써 갈등이 해소된다.
④ (나): 꿈의 내용을 통해 작품의 주요 갈등이 형상화된다.
⑤ (나): 인물의 행동과 정서, 꿈의 내용을 서술자가 직접 제시한다.

내신 적중 多빈출

7 ㉠에 관한 '병국'과 '병식'의 대화를 설명한 내용으로 적절하지 <u>않은</u> 것은?

① 병국은 ㉠에 대한 병식의 행위를 희귀조의 멸종과 연관 지어 비판한다.
② 병국은 ㉠에 대한 병식의 행위가 돌이킬 수 없는 문제를 일으킨다고 강조한다.
③ 병식은 ㉠의 수가 많기 때문에 자신의 행위에 문제가 없다고 생각한다.
④ 병식은 형이 ㉠의 주인이 아니기 때문에 자신을 추궁할 수 없다고 반박한다.
⑤ 병식은 자신의 행위보다 총으로 ㉠을 죽이는 행위가 더 큰 문제가 된다고 주장한다.

8 〈보기〉를 참고하여 이 글을 감상한 내용으로 적절하지 <u>않은</u> 것은?

> **⊣ 보기 ⊢**
>
> 1970년대는 중화학 공업이 육성되던 시기로, 1960년대에 이룩한 고도성장을 발판으로 더 큰 부흥을 꿈꾸고 있었다. 때문에 대기 오염과 수질 오염이 심각한 문제로 떠올랐지만 환경 보호를 위한 감시나 통제는 이루어지지 않았다.

① 병식은 자신이 새를 잡는 행위가 경제 성장을 위해 필요한 일이라고 생각했군.
② 병국은 환경 오염에 대한 문제의식을 가지고 자발적으로 감시 활동을 하려 했군.
③ '도요새'가 고통받는 꿈은 환경 오염이 심각한 문제가 되었다는 것에 대한 병국의 인식을 보여 주는군.
④ 병국의 마음이 편치 않은 것은 공업 육성 정책의 부작용에 대한 병국의 위기의식과 무력감이 반영된 것이군.
⑤ 병식이 새를 잡아 박제하는 일을 아무렇지 않게 생각하는 모습은 환경 보호에 소홀했던 당시의 상황을 드러내는군.

9 〈보기〉는 이 글에 앞서 '병국'의 시점에서 서술한 내용이다. 〈보기〉와 이 글의 상황을 고려하여 ⓐ의 이유를 서술하시오.

> **⊣ 보기 ⊢**
>
> "두고 보라구. 내가 석교천은 물론, 동진강까지 예전의 자연수 상태로 반드시 만들고 말 테니." 누가 들으란 듯 내가 말했다. 이 중얼거림은 스스로도 수백 번을 반복해서 자기 최면에 걸린 말이었다. [중략] 그러나 지구 절반 거리의 무공 천지를 한 해에 두 번씩 건너야 하는 작은 도요새의 고통보다 그 일이 결코 어렵게 생각되지 않았다.

엄마의 말뚝 2 | 박완서

문학 창비
국어 신사고

🎯 핵심 정리

갈래 중편 소설, 연작 소설, 전후 소설
성격 자전적, 회고적, 사실적
배경 ① 시간 – 6·25 전쟁 당시와 현재
　　　 ② 공간 – 서울
시점 1인칭 주인공 시점
주제 전쟁의 상처와 분단 문제의 극복 의지
특징 ① 세 편의 연작으로 되어 있는 소설 중의 한 편임.
　　　 ② 현재 시점에서 과거를 회상하는 역순행적 구성임.
출전 《문학사상》(1981)

💡 어휘 풀이

심드렁하다 마음에 탐탁하지 아니하여서 관심이 거의 없다.
절체절명(絕體絕命) 몸도 목숨도 다 되었다는 뜻으로, 어찌할 수 없는 절박한 경우를 비유적으로 이르는 말.
육박하다 바싹 가까이 다가붙다.

📖 구절 풀이

❶ 어머니는 악귀처럼 ~ 발을 옮길 수도 없었다. '나'는 어머니가 저승사자를 보고 있다고 생각해서 저승사자가 어머니를 데려가기 위해 병실 문 쪽에 서 있는 게 아닐까 하고 몹시 두려움에 떨고 있음을 알 수 있다.

❷ 그때부터 어머니의 다리는 어머니의 아들이었다. 어머니는 수술 후 자신의 다리를 마음대로 움직일 수 없었고, 이는 전쟁 중에 군관이 아들의 다리를 총으로 쏘아 죽음에 이르게 했다는 점과 관련이 있다. 환각에 사로잡혀 아들을 찾던 어머니는 자신의 다리를 아들로 여기게 된다.

❸ 나는 어머니가 환각으로 ~ 보시는 게 나았을 것을…… 어머니가 환각으로 보는 것이 바로 아들을 죽음으로 몰아넣은 군관의 모습임을 깨닫고 어머니를 안타까워하는 '나'의 모습이 잘 드러나 있다.

❹ 가엾은 어머니, ~ 두 번 겪게 하시다니…… 어머니는 과거에 아들이 자신의 눈앞에서 죽는 것을 본 후 가슴속에 한을 안고 살아가는데, 그 일을 다시 환각으로 겪으면서 몹시 괴로워하고 있다. 이 모습을 보고 있는 '나'는 죽는 것보다 고통스러운 일이라고 여기며 어머니에 대한 안타까움을 느끼고 있다.

Q **'어머니'가 격렬하게 몸부림치는 이유는 무엇인가?**

어머니의 눈앞에는 과거 인민군 군관이 아들을 죽이려는 장면이 환각으로 보이고 있다. 어머니는 환각 속에서 아들을 지켜 내기 위해 격렬하게 몸부림치고 있는 것이다.

가 "어머니가 좀 이상하세요. 들입다 헛손질을 하시고 헛것도 보이시는 모양이에요."

"마취 끝에 더러 그런 환자들도 있어요. 차차 나아지겠죠." _{어머니의 상태를 대수롭지 않게 여김.}

간호원은 **심드렁**하게 말하고 체온과 맥박을 체크하고 나가 버렸다.
_{간호사의 전용어}　　　　　　　　　　　　　　▶ 마취의 후유증으로 환각을 보는 어머니

나 "왜 그래, 엄마!" / 나는 덩달아 무서움에 떨며 어머니한테로 달려갔다. 어머니의 팔이 내 목을 감으며 용을 쓰는 바람에 나는 숨이 칵 막혔다. 굉장한 힘이었다. 숨이 막혀 허덕이는 나의 귓전에 어머니는 지옥의 목소리처럼 공포에 질린 소리로 속삭였다.

"그놈이 또 왔다. 하느님 맙소사. 그놈이 또 왔어." _{아들을 죽인 군관의 모습을 환각으로 보고 있음.}

어머니는 아직도 한 손으론 방어의 태세를 취한 채 문 쪽을 보고 있었다. 나는 혹시 내 뒤에 누가 따라 들어왔는가 해서 돌아다보았지만 아무도 없었다. 순간 머리끝이 쭈뼛했다.

"엄마!" / 무서움증이 큰 힘이 되어 나는 어머니의 팔에서 벗어났다. **❶어머니는 악귀처럼 무서운 형상을 하고 와들와들 떨면서 문 쪽을 보고 있었다.** 문 쪽엔 아무도 없었지만 어머니는 혼신의 힘으로 누군가와 대결을 하고 있었다. 순간 나는 저승의 사자가 어머니를 데리러 와 거기 버티고 서 있는 게 어머니에게만 보일지도 모른다는 생각이 들었다. 피가 얼어붙는 것처럼 무서워서 감히 그쪽으로 발을 옮길 수도 없었다. 그러니 누구한테 구원을 요청할 가망도 없었다. 여든여섯의 노인의 병실을 저승의 사자가 넘보는 건 당연했다. _{'나'는 늙은 어머니에게 죽음이 가까이 왔다고 생각함.}　▶ 어머니가 저승사자의 환각을 본다고 생각한 '나'

다 "그놈 또 왔다. 뭘 하고 있냐? 느이 오래빌 숨겨야지, 어서."

"엄마, 제발 이러시지 좀 마세요. 오빠가 어디 있다고 숨겨요?"

"그럼 느이 오래빌 벌써 잡아갔냐." / "엄마, 제발."

어머니의 손이 사방을 더듬었다. 그러다가 붕대 감긴 자기의 다리에 손이 닿자 날카롭게 속삭였다. _{아들을 찾으려 함.}

"가엾은 내 새끼 여기 있었구나. 꼼짝 말아. 다 내가 당할 테니."

어머니의 떨리는 손이 다리를 감싸는 시늉을 했다. **❷그때부터 어머니의 다리는 어머니의 아들이었다.** 어머니는 온몸으로 그 다리를 엄호하면서 어머니의 적을 노려보았다. 어머니의 적은 저승의 사자가 아니었다._{군관}

"군관 동무, 군관 선생님, 우리 집엔 여자들만 산다니까요."

어머니의 눈의 푸른 기가 애처롭게 흔들리면서 입가에 비굴한 웃음이 감돌았다. **❸나는 어머니가 환각으로 보고 있는 게 무엇이라는 걸 알아차렸다. ⓒ가엾은 어머니, 차라리 저** _{아들을 죽인 군관} **승의 사자를 보시는 게 나았을 것을……** / 어머니는 그 다리를 어디다 숨기려는지 몸부림쳤다. 그러나 어머니의 다리는 요지부동이었다.

"군관 나리, 우리 집엔 여자들만 산다니까요. 찾아보실 것도 없다니까요. 군관 나으리."

그러나 **절체절명**의 위기가 어머니에게 **육박**해 오고 있음을 난들 어쩌랴. 공포와 아직도 한 가닥 기대를 건 비굴이 어머니의 얼굴을 뒤죽박죽으로 일그러뜨리고 이마에선 구슬 같은 땀이 송글송글 솟아오르고 다리를 감싼 손과 앙상한 어깨는 사시나무 떨 듯 떨고 있었다. / **❹가엾은 어머니, 하늘도 무심하시지, 차라리 죽게 하시지, 그 몹쓸 일을 두 번 겪게** _{어머니의 눈앞에서 아들이 군관의 총에 맞아 결국 죽게 되는 일} **하시다니……** ▶ 어머니가 환각으로 보고 있는 것이 전쟁 때 오빠를 죽인 군관임을 알아차린 '나'

• **중심 내용** 다리 수술을 한 후, 아들을 죽인 군관의 환각을 보게 된 어머니　　　• **구성 단계** 위기

이해와 감상

　이 작품은 전쟁 중에 아들을 잃은 어머니의 아픔이 세월이 흘러도 여전히 상처로 남아 있는 모습을 통해 전쟁이 남긴 상처와 분단의 비극을 보여 주고 있다. 이런 어머니의 모습은 아직도 분단의 상황이 지속되고 있는 우리 사회에서 전쟁과 분단의 상처를 지니고 살아가는 사람들이 있다는 것을 되새겨 볼 수 있게 한다.

　현재 시점에서 과거를 회상하는 역순행적 구성을 취하고 있으며, 작가 특유의 섬세하고도 유려한 문체와 빈틈없는 언어 구사로 중년 여성의 심리를 세밀하게 잘 그려 냈다는 평가를 받고 있다.

　〈엄마의 말뚝〉은 세 편의 이야기가 독립된 완결성을 지니면서 서사적으로 연결된 연작 소설이다. 또한 세 편 모두 어머니라는 존재가 화자의 정신적 성장에 미치는 영향을 그리고 있어 성장 소설로도 볼 수 있다.

전체 줄거리

발단	'나'가 집을 비운 사이 첫째 아이가 화상을 입는 사고를 당하고, 그 후 '나'는 집에서 일어나는 크고 작은 사고가 '나'의 몸과 마음이 집에서 떠나 있을 때 일어났다고 믿게 된다.
전개	어느 날 외출했다가 돌아온 '나'는 가족들에게 친정어머니가 눈길에서 넘어져 다치셨다는 소식을 전해 듣고, 어머니가 계신 병원으로 간다.
위기	어머니는 다리가 부러져 수술을 받고, 수술 후 마취가 풀리면서 허공에 대고 소리치는 등 이상한 행동을 보인다. 환각 속에서 6·25 전쟁 때 아들을 죽인 군관의 모습을 본 것이다.
절정	'나'의 오빠는 인민군 치하에서 어쩔 수 없이 의용군에 지원했다가 심신이 피폐해진 채로 겨우 탈출했으나, 곧 군관에게 발각되어 총을 맞고 숨졌다.
결말	어머니는 정신을 차린 후, 자신이 죽으면 시신을 화장하여 오빠의 유골을 뿌린 곳에 뿌려 줄 것을 부탁한다.

인물 관계도

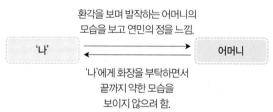

환각을 보며 발작하는 어머니의
모습을 보고 연민의 정을 느낌.

'나' ⟷ 어머니

'나'에게 화장을 부탁하면서
끝까지 약한 모습을
보이지 않으려 함.

작품 연구소

〈엄마의 말뚝 2〉에 반영된 역사적 배경

　분단의 문제를 관념적으로 제시하지 않고, 어머니의 말과 행동, 구체적인 사건으로 제시함으로써 분단이 구체적인 삶에 영향을 미치는 실존의 문제임을 드러냈다.

개인에게 고통과 슬픔을 주었던 6·25 전쟁	• 어머니는 전쟁 중 아들을 잃음. • 오랜 세월이 지났지만, 어머니의 환각 속에서 그때의 아픔이 되살아남.

키 포인트 체크

인물 어머니는 홀로 자녀를 키우는 의지적 인물로, 아들을 잃은 ☐을 가슴에 품고 살아가며, '나'는 어머니의 삶에 ☐☐을 받으며 살아간다.

배경 일제 강점기와 6·25 전쟁 등 민족의 ☐☐☐를 배경으로 하고 있다.

사건 다리 수술을 한 어머니는 오빠를 죽인 군관의 환영을 보며 발작하고, '나'에게 자신도 오빠와 같이 ☐☐해 줄 것을 유언한다.

내신 적중

1 이 글의 서술 시점과 그 효과로 가장 적절한 것은?

① 서술자가 자신의 심리를 직접 서술하여 독자와의 공감대를 형성하고 있다.

② 서술자가 주인공을 관찰한 내용을 서술하여 독자와의 거리를 가깝게 하고 있다.

③ 작품 속 주인공이 자신의 이야기를 직접 서술하여 독자와의 거리를 멀게 하고 있다.

④ 작품 밖의 서술자가 등장인물들의 이야기를 객관적으로 전달하여 독자와의 거리를 가깝게 하고 있다.

⑤ 서술자가 전지적 존재로서 사건과 인물의 심리를 모두 알고 서술하여 독자와의 공감대를 형성하고 있다.

2 〈보기〉의 작가의 말을 참고할 때, 이 글을 통해 작가가 전하려는 주제 의식으로 가장 적절한 것은?

┤ 보기 ├

　우리나라는 분단국가입니다. 통일이란 말이 도처에 범람하고 있지만 분단의 고통을 겪은 자의 애절한 꿈이 아닌 한낱 구호로써 행세하고 있을 뿐입니다.

① 분단을 기정사실로 받아들이는 '나'의 모습을 비판하며 통일의 당위성을 역설한다.

② 전쟁으로 아들을 잃은 어머니의 한을 통해 분단의 아픔이 계속되고 있는 현실을 고발한다.

③ 아들과의 이별을 겪은 어머니처럼 분단의 상황에서 고통받는 이산가족의 아픔을 드러낸다.

④ 전쟁이 끝난 후에도 전쟁의 공포를 여전히 겪고 있는 어머니를 통해 전쟁의 비인간성을 보여 준다.

⑤ 통일을 구호로만 내세우는 사람들에게 분노하는 어머니의 모습을 통해 분단 상황을 극복하려는 의지를 보여 준다.

3 '나'가 ⊙과 같이 생각한 이유로 가장 적절한 것은?

① 어머니가 돌아가실지도 몰라서 정신이 혼미해졌기 때문에

② 고통 없이 죽음을 맞이하고 싶다는 어머니의 평소 말씀을 떠올렸기 때문에

③ 고령으로 수술을 받는다는 것이 죽음과 맞먹는 고통이라고 생각했기 때문에

④ 헛것을 보는 어머니의 상태를 심각하게 생각하지 않는 간호사에 대한 분노 때문에

⑤ 아들의 죽음과 관련된 기억을 떠올리는 것보다 차라리 죽음이 덜 고통스러울 것으로 생각했기 때문에

4 이 글의 제목인 '엄마의 말뚝'의 상징적 의미를 쓰시오.

Q '어머니'의 유언이 갖는 의미는?

한국 현대사의 비극을 겪으며 살아온 어머니는, 최후의 순간까지도 자신의 일생에서 가장 큰 한으로 남아 있는 아들의 죽음으로부터 자유롭지 않다. 그래서 어머니는 자신의 손으로 아들의 유골을 강화도 앞바다에 뿌렸던 것처럼, 자신 역시 아들이 뿌려진 곳에 감으로써 아들의 곁을 지키려는 것이다.

구절 풀이

❶ **어머니의 손의 악력은 ~ 고집을 느끼게 했다.** 모진 인생을 당당하게 살아온 어머니는 마지막 순간에도 꿋꿋함을 잃지 않고 있다. 아들처럼 화장해 달라는 의지를 강하게 지니고 있음을 어머니의 손의 악력을 통해 드러내고 있다.

❷ **행려병사자 취급하듯이 ~ 가능한 일이 아니었다.** 혼란한 사회 분위기 속에서 그래도 '나'와 어머니는 최선을 다하여 오빠의 죽음에 대한 뒤처리를 했음을 의미한다.

❸ **방금 출전하려는 용사처럼 씩씩하고 도전적이었다.** 남북 분단의 비극과 그로 인한 개인의 상처에 정면으로 맞서며 상황을 극복하려는 어머니의 강한 의지를 잘 드러내고 있다.

❹ **그 후 삼십 년이란 ~ 그 짓밖에 없는가?** 남북이 분단된 지 30년의 세월이 흘렀지만, 아직 통일이 되지 않았기 때문에 이산가족의 한이 그대로 남아 있는 것에 대한 문제 제기를 하고 있다.

Q '어머니'가 싸우려는 대상은?

어머니가 싸우려는 대상은 바로 남북 분단의 상황이다. 한반도에서 살아가는 사람들에게 비극적 상처를 남긴 분단을 향해 어머니는 나름대로의 도전을 하고 있는 것이다. 아들의 유골을 고향이 보이는 바다에 뿌리는 행동에서 분단 현실에 대한 극복 의지가 드러나고 있다고 볼 수 있다.

작가 소개

박완서(본책 206쪽 참고)

가 "호숙 에미 나 좀 보자." / 어머니가 정정한 목소리로 나를 곁으로 불렀다.

"네 어머니." / 나는 어머니에게로 조심스럽게 다가갔다. 어머니의 손이 내 손을 잡았다. ㉠알맞은 온기와 ˚악력(握力)이 나를 놀라게도 서럽게도 했다.

어머니의 비통한 의지가 담겨 있음을 짐작할 수 있음.

"나 죽거든 ˚행여 묘지 쓰지 말거라."

어머니의 목소리는 평상시처럼 잔잔하고 만만치 않았다. / "네? 다 들으셨군요?"

"그래, 마침 듣기 잘했다. 그렇잖아도 언제고 꼭 일러두려 했는데. 유언 삼아 일러두는 게니 잘 들어 뒀다 어김없이 시행토록 해라. 나 죽거든 내가 느이 오래비한테 해 준 것처럼 해 다오. 누가 뭐래도 그렇게 해 다오. 누가 뭐라든 상관하지 않고 그럴 수 있는 건 너밖에 없기에 부탁하는 거다."

'나'가 자신의 뜻을 가장 잘 이해해 줄 수 있다고 생각하는 어머니

"오빠처럼요?" / "그래 꼭 그대로, 그걸 설마 잊고 있진 않겠지?"

"잊다니요. 그걸 어떻게 잊을 수가……."

❶어머니의 손의 악력은 정정했을 때처럼 아니, 나를 끌고 농바위 고개를 넘을 때처럼 강한 줏대와 고집을 느끼게 했다.　　　　　▶ 오빠처럼 화장을 해 달라고 부탁하는 어머니의 유언

나 오빠의 시신은 처음엔 무악재 고개 너머 벌판의 밭머리에 ˚가매장했다. ❷행려병사자 취급하듯이 형식과 절차 없는 매장이었지만 무정부 상태의 텅 빈 도시에서 우리 ⓐ모녀의 가냘픈 힘만으로 그것 이상은 가능한 일이 아니었다.

서울이 ˚수복되고 화장장이 정상화되자마자 어머니는 오빠를 화장할 것을 의논해 왔다. 그때 우리와 합하게 된 올케는 아비 없는 아들들에게 무덤이라도 남겨 줘야 한다고 공동묘지로라도 ˚이장할 것을 주장했다. 어머니는 오빠를 죽게 한 것이 자기 죄처럼, 젊어 과부된

오빠의 자식들

며느리한테 기가 죽어 지냈었는데 그때만은 조금도 양보할 기세가 아니었다. 남편의 임종

아들의 장례 절차에 대한 생각이 확고하게 서 있는 어머니의 모습

도 못 보고 과부가 된 것도 억울한데 그 무덤까지 말살하려는 시어머니의 ⓑ모진 마음이 야속하고 정떨어졌으련만 그런 기세 속엔 거역할 수 없는 위엄과 ⓒ비통한 의지가 담겨져 있어 ˚종당엔 올케도 순종을 하고 말았다.　　　　　▶ 오빠의 시신 처리에 대한 어머니와 올케의 논의

다 ㉡오빠의 살은 연기가 되고 뼈는 한 줌의 가루가 되었다. 어머니는 앞장서서 강화로 가는 시외버스 정류장으로 갔다. 우린 묵묵히 뒤따랐다. 강화도에서 내린 어머니는 사람들에게 묻고 물어서 멀리 개풍군 땅이 보이는 바닷가에 섰다. 그리고 ˚지척으로 보이되 갈 수 없는 땅을 향해 그 한 줌의 먼지를 훨훨 날렸다. 개풍군 땅은 우리 가족의 ˚선영이 있는 땅이

분단으로 인해 갈 수 없는 고향에 아들을 보내려는 소망

었지만 선영에 못 묻히는 한은 그런 방법으로 풀고 있다곤 생각되지 않았다. 어머니의 모습엔 ⓓ운명에 순종하고 한을 지그시 품고 삭이는 약하고 다소곳한 여자 티는 조금도 없었다. ❸방금 출전하려는 용사처럼 씩씩하고 도전적이었다.

▶ 오빠의 유골을 고향이 보이는 바다에 뿌리는 어머니

라 어머니는 한 줌의 먼지와 바람으로써 너무도 엄청난 것과의 싸움을 시도하고 있었다. 어머니에게 그 한 줌의 먼지와 바람은 결코 미약한 게 아니었다. 그야말로 어머니를 짓밟고 모든 것을 빼앗아 간, 어머니가 도저히 이해할 수 없는 분단이란 괴물을 홀로 거역할 수 있는 유일한 수단이었다.

아들의 유골을 고향이 보이는 바다에 뿌리는 것

㉢어머니는 나더러 그때 그 자리에서 또 그 짓을 하란다. 이젠 자기가 몸소 그 먼지와 바람이 될 테니 나더러 그 짓을 하란다. ❹그 후 삼십 년이란 세월이 흘렀건만 그 괴물을 무화(無化)시키는 길은 정녕 그 짓밖에 없는가?

"너한테 미안하구나, 그렇지만 부탁한다."

어머니도 그 짓밖에 물려줄 수 없는 게 ⓔ진정으로 미안한 양 표정이 애달프게 ˚이지러졌다.

아아, 나는 그 짓을 또 한 번 할 수밖에 없을 것 같다. / 어머니는 아직도 투병 중이시다.

▶ 어머니의 유언에 대한 '나'의 고민

・중심 내용 죽은 후 고향이 보이는 강화도 바다에 유골을 뿌려 달라고 하는 어머니　　　・구성 단계 결말

🏠 작품 연구소

〈엄마의 말뚝 2〉의 서술 시점과 그 효과

이 작품은 등장인물인 '나'가 직접 자신의 내면 심리와 어머니를 관찰한 점을 서술하는 1인칭 주인공 시점의 소설이다. 1인칭 주인공 시점은 서술자와 독자의 거리가 가까워 공감대 형성에 유리하며 독자들에게 신뢰감을 줄 수 있다. 전쟁 중 혈육을 잃은 자신의 심리와 시간이 지나도 여전히 고통을 안고 사는 어머니를 바라보는 '나'의 시선을 통해 전쟁의 상처를 선명하게 전달하고 있다.

'엄마의 말뚝'의 상징적 의미

1편에서 '말뚝'은 '나'와 오빠를 데리고 서울로 입성한 후 자식들을 잘 키워 내려는 어머니의 집념을 의미한다. 또 2편에서는 어머니가 전쟁 중에 아들을 잃게 된 사연이 제시되는데, 이때 '말뚝'은 어머니의 가슴에 박히어 빠지지 않는 한과 상처를 가리킨다. 3편에서 어머니는 사고가 난 후 7년 뒤에 돌아가시게 되는데, 이때 '말뚝'은 분단이라는 상황에 맞서려는 어머니의 의지를 보여 준다.

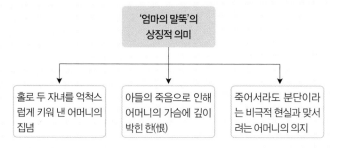

📋 자료실

이상 문학상 수상에 대한 작가의 소감

우리나라의 분단은 이제 하나의 기정사실입니다. 분단은 오래전에 피 흘리기를 멈추고 굳은 딱지가 되었고 통일을 꿈꾸지 않은 지도 오래된 것처럼 보입니다. 통일이란 말이 도처에 범람하고 있습니다만 분단의 고통을 겪은 자의 애절한 꿈으로서가 아니라 한낱 구호로써 행세하고 있을 뿐입니다. 어떤 이들은 될 수 있는 대로 많은 구호를 만들어 내어 분단을 치장하면 된다고 생각하지만, 진실로 통일이 꿈인 사람은 끊임없이 분단된 상처를 쥐어뜯어 괴롭게 피 흘릴 수밖에 없습니다. 토막 난 채 아물어 버리면 다시는 이을 수 없게 되리라는 걸 알고 있기 때문입니다.

📖 함께 읽으면 좋은 작품

〈겨울 나들이〉, 박완서 / 전쟁과 분단으로 인한 아픔의 극복을 그린 작품

6·25 전쟁과 분단으로 인한 아픔을 가족의 끈끈한 연대로 극복해 나가는 인물을 통해 참다운 삶의 의미를 묻는 작품이다. '나'의 이야기 속에 전쟁으로 상처받은 시어머니와 며느리의 이야기가 들어 있는 액자식 구성으로, 전쟁으로 인한 상처를 극복할 수 있는 길을 보여 준다.

🔗 Link 본책 204쪽

〈닳아지는 살들〉, 이호철 / 전쟁이 가져온 분단의 아픔과 상처를 보여 주는 작품

월남할 때 두고 온 맏딸을 매일 기다리는 아버지의 이야기 속에 실향민의 슬픔과 분단 상황이 낳은 비극을 담고 있는 작품이다. 〈엄마의 말뚝 2〉에서도 정신 착란 증세를 보이는 어머니가 6·25 전쟁으로 인해 죽은 아들에게 집착하는 모습이 나타난다.

---

5 이 글에 대한 설명으로 가장 적절한 것은?

① 인물 사이의 갈등을 중심으로 사건을 전개하고 있다.
② 빠른 장면 전환을 통해 긴박한 분위기를 조성하고 있다.
③ 감각적인 수사를 사용하여 공간적 배경을 형상화하고 있다.
④ 서술하는 시간과 사건이 발생한 시간이 일치하지 않는 서술 방식을 사용하고 있다.
⑤ 인물의 성격이 변화하는 양상을 제시하면서 이야기의 긴장감을 고조시키고 있다.

6 〈보기〉는 이 글을 영화로 만들기 위한 계획안이다. 이에 대한 세부 내용으로 적절하지 않은 것은?

┤ 보기 ├
A 촬영 방법: 원작의 시점을 살린다.
B 장면 구성: 병실 장면에서 회상 장면으로 넘어간다.
C 인물 구성: 어머니와 '나'

① A: 카메라를 주로 '나'의 시선에 고정시켜 촬영한다.
② B: 병실 장면에서 회상 장면으로 넘어갈 때에는 오버랩 (overlap)을 사용한다.
③ B: 회상 장면에서는 오빠의 죽음으로 인한 비통함을 이겨 내는 어머니의 강인함을 부각한다.
④ C: 어머니는 강하고 신념이 굳은 의지적인 존재로 표현한다.
⑤ C: '나'는 어머니가 살아 계실 때 잘해 드리지 못한 것을 후회하는 심리가 표현되도록 연기한다.

7 ⓐ~ⓔ 중, ㉠의 이유로 가장 적절한 것은?

① ⓐ   ② ⓑ   ③ ⓒ   ④ ⓓ   ⑤ ⓔ

8 ㉡과 ㉢을 관련지어 설명한 내용으로 가장 적절한 것은?

① '나'는 묘를 쓰고 싶어 한다.
② '나'는 어머니의 당부를 따르지 않으려고 한다.
③ '어머니'는 고향을 떠나온 일을 후회하고 있다.
④ '어머니'는 죽은 아들을 떠나보낸 고향으로 가고 싶어 한다.
⑤ '어머니'와 '나'는 내심 오빠를 화장한 일을 후회하고 있다.

9 〈보기〉를 참고하여 '괴물'의 의미와 '어머니'의 유언이 '괴물'을 무화시키는 근본적인 해결 방안이 되지 못하는 이유를 쓰시오.

┤ 보기 ├
'엄마의 말뚝'은 아들의 죽음으로 인해 어머니의 가슴에 박힌 한을 의미한다. 어머니는 죽어서라도 '괴물'과 맞서 싸울 의지를 보여 주지만, '나'는 '괴물을 무화(無化)시키는 길은 정녕 그 짓밖에 없는가?'라고 하며 어머니의 유언이 근본적인 해결 방안이 되지 못함을 드러내고 있다.

그해 겨울은 따뜻했네 | 박완서

문학 미래엔

🎯 핵심 정리

갈래 장편 소설, 가정 소설
성격 현실 고발적, 비판적, 사실적
배경 ① 시간 – 1951년 겨울 ~ 1980년대
　　　　② 공간 – 서울
시점 전지적 작가 시점
주제 ① 전쟁의 비극과 이산가족의 아픔
　　　　② 중산층의 허위의식에 대한 비판
특징 ① 등장인물의 심리를 섬세하게 표현함.
　　　　② 계층을 대표하는 전형적 인물을 형상화함.
출전 《한국일보》(1982)

Q '이상한 허기'가 의미하는 바는?

수지가 피란 중 살아남기 위해 인정과 윤리를 저버린 원인이다. 수지가 동생 오목을 버리게 된 주된 이유는 피란 중의 배고픔 때문이었다. 허기 들린 귀신처럼 자신의 밥을 빼앗아 먹는 동생을 보며 수지는 그녀를 고의로 버릴 다짐을 하게 되었던 것이다.

💡 어휘 풀이

애착 몹시 사랑하거나 끌리어서 떨어지지 아니함. 또는 그런 마음.
격정 강렬하고 갑작스러워 누르기 어려운 감정.
훈향(燻香) 태워서 향기를 내는 향료.
분분하다 소문이나 의견 따위가 많아 갈피를 잡을 수 없다.
단박 그 자리에서 바로.
임종(臨終) 죽음을 맞이함.
유예하다 일을 결행하는 데 날짜나 시간을 미루다.

🔖 구절 풀이

❶ **그 근심을 수철에게 ~ 그녀를 사로잡았다.** '돼지에게 진주를 던져 주는' 것은 그 값어치를 모르는 존재에게 보물을 주어도 소용이 없다는 뜻으로, 오목에 대해 수철과 상의하는 것은 의미 없는 일임을 비유적으로 나타낸다.

❷ **그는 기억할까? ~ 이상한 허기를.** 수지는 웃고 떠드는 사람들 속에서 대화를 리드하고 있는 수철의 모습을 보며, 수철이 전쟁의 참혹한 기억과 배고픔을 다 잊었다고 짐작하게 된다.

❸ **그 겨울은 결국 나만의 것이어.** 수지는 결국 자신의 죄는 그 누구와도 나눌 수 없는 것이라는 사실을 깨닫는다. 오목에 대한 자신의 죄와 죄의식을 온전히 자신의 몫으로 받아들이게 된 것이다.

❹ **그녀는 그 순간 ~ 어떤 행복감보다도.** 자신의 죄가 밝혀질까 두려워하며 이기적으로 살아왔던 수지는 자신의 죄를 온전히 자기 몫으로 받아들임으로써 떳떳함과 진정한 행복을 느끼게 된다.

가　파티를 즐기는 사람들과 동화될 수 없는 차이점은 이제 그녀 내부에 있었고 그건 근심이었다. 한 번도 근심이라곤 깃들어 보지 않은 것처럼 오로지 즐겁기만 한 사람들 속에서 그녀 혼자 크나큰 근심을 지니고 있었다.
〔수지가 다른 사람들과 이질감을 느낌.〕

수지는 오빠를 찾아온 게 바로 그 근심을 나누기 위해서였다는 걸 잊어버린 양 그 근심에 강한 ⓐ애착을 느꼈다. ㉮❶그 근심을 수철에게 나누어 준다는 건 돼지에게 진주를 던져 주는 것처럼 어리석은 짓이라는 극단적인 °격정이 그녀를 사로잡았다.

그녀는 속으로 허둥지둥 그녀의 근심을 부둥켜안았다. 자신이 품고 있는 근심에 대한 이런 돌발적인 애착은 근심 없는 사람들을 경멸하는 마음까지 불러일으켰다. 근심 없는 사람들이 허깨비처럼 텅 비어 보였다. 즐거운 파티도 사람들이 몽땅 비워 놓은 자리에 아름다운 비단과 현란한 보석과 이국적인 °훈향과 감각적인 소문만이 한데 어울려 들끓고 있는 것처럼 헛되고 허전해 보였다.　▶ 근심 없어 보이는 사람들 속에서 이질감을 느끼는 수지
〔산업화로 인해 물질적으로는 풍요로워졌지만, 내면은 공허한 상태임.〕

나　㉠너덧 패로 나누어져 있던 사람들이 여자 남자 두 패로 갈라져서 웃고 떠들기 시작했다. 『여자들 사이에선 지압이 과연 기적의 회춘 요법인가에 대해 의견이 ⓑ분분했고, 남자들은 그들이 현재 속한 신분보다 한층 높은 곳을 움직이는 인맥에 대해 아는 체하고 분석하느라 점차 목청이 높아졌다.』
〔『　』: 근심 없이 외모나 자신의 지위와 같은 속물적인 대화만 나누고 있는 중산층의 모습이 드러남.〕

㉡남자들의 화제는 단연 수철이, 여자들의 화제는 영란이 리드하고 있었다.
〔수철의 아내〕

수지는 수철의 점잖고 정력적인 뒤통수를 바라보면서 생각했다. ❷그는 기억할까? 천구백오십일 년의 겨울을. 그 겨울의 추위와 그 이상한 ⓒ허기를.
〔막내 동생 오목을 잃어버린 때〕

그 생각은 수철이 낯설게 느껴질 때마다 수지에게 문득문득 떠오르던 의문이었다. 그리고 그 대답은 늘 부정적이었다. 그에게 그것을 기억하게 하는 것은 불가능하리라고 생각했다.
〔속물적으로 변한 수철이 그때의 기억을 모두 잊었다고 생각함.〕
그러나 알고도 모르는 척할 것이라는 음흉한 의심까지 없었던 건 아니었다. 수철을 자신에게 이로울 게 없는 기억에 대해선 얼마든지 시치미를 뗄 수 있는 위인이라고만 생각했지 그것을 정말 잊었다고 생각하진 않았다.

그러나 파티의 사람들을 보고 있는 사이에 수지는 수철이 그것을 정말 잊었다는 것을 스스로 알아차렸다. 수철이뿐 아니라 거기 모인 모든 사람들에게 천구백오십일 년의 겨울은 있지도 않았다는 걸 수지는 다소곳이 인정했다.
〔전쟁의 참혹한 기억을 잊고 살아가는 사람들의 모습〕

㉢❸그 겨울은 결국 나만의 것이었어. 그 겨울이 없었던 사람하고 어찌 그 겨울의 죄과를 나눌 수 있기를 바랐던고.
〔전쟁 중 동생을 버린 일〕

수지는 처음으로 그 겨울에 저지른 죄와 그 죄의식 때문에 떠맡게 된 온갖 근심을 자기만의 것으로 받아들였다. 그것이 자기만의 것이라고 생각되자 근심조차 소중했다. 마치 자기만의 진실인 양 그것을 조금만 덜어 내도 ⓓ단박 삶이 떳떳지 못해질 것 같았다. ❹그녀는 그 순간 뼈가 시리게 고독했지만 떳떳했고, 떳떳하다는 느낌은 그지없이 좋았다. 파티의 즐거움이나 그녀가 여태껏 살아오면서 맛본 어떤 행복감보다도.
〔수지의 태도 변화 – 오목에 대해 죄의식을 느낌.〕
▶ 오목에 대한 근심을 오빠 수철과 나누려다가 자신의 행동을 뉘우치게 된 수지

다　㉣병원에선 오목이의 °임종이 임박해 가족을 찾고 있었다. 주사로 임종을 잠시 ⓔ유예하고 있는 상태라고는 믿어지지 않을 만큼 ㉤오목이의 의식은 또렷했고 표정은 해맑았다.
▶ 임종을 앞둔 오목을 찾아가는 수지

• **중심 내용** 과거 자신의 행동에 죄의식을 느끼고 임종을 앞둔 오목을 찾아가는 수지　　• **구성 단계** 결말

해설 453쪽

이해와 감상

이 작품은 6·25 전쟁으로 인해 헤어지게 된 한 가족의 이야기를 통해 이산가족의 아픔을 다루면서 그 이면에는 혈육조차 버리고 모르는 체하는 인간의 이기심과 허위의식에 대한 비판을 그리고 있다.

전쟁 중 끝없는 배고픔 때문에 언니 수지는 동생 오목을 버리고, 이후 고아가 된 오목은 하층민으로 비참한 삶을 살아가게 된다. 그 순간부터 수지와 오빠 수철은 자신들의 죄를 외면하기 위해 더욱더 이기적이고 위선적인 가면을 쓴 채 살아간다.

전쟁과 근대화라는 한국 현대사를 배경으로, 전쟁의 아픔을 잊고 물질 주의적 가치에 전도되어 속물적으로 살아가는 중산층의 모습과 가난하고 힘겨운 삶을 살아가는 하층민의 삶의 모습을 사실적으로 묘사함으로써 가족 간의 문제를 넘어서 계층 간의 문제까지도 아우르고 있는 작품이다.

전체 줄거리

발단	1951년 1·4 후퇴 때의 피란길에서 수지는 경황 없는 틈을 타 동생 오목(수인)의 손을 일부러 놓아 버린다.
전개	수지는 어느 고아원에 자신이 버렸던 동생과 같은 이름의 소녀가 있음을 알게 되지만, 그 아이가 동생으로 밝혀지면 지난날 자신의 죄가 드러날 것이라고 생각하여 진실을 밝히지 않는다.
절정	수지는 오목이 자신의 옛 애인인 인재와 만나는 것을 알게 되자 질투를 느껴 둘을 갈라놓는다. 그 후 오목은 같은 고아원 출신인 일환과 살게 되는데, 일환은 오목이 낳은 아이가 인재의 아이임을 짐작하면서 오목에게 폭력을 행사하고 오목은 고통의 세월을 보낸다.
결말	이후 자선 사업을 하며 사는 수지와 힘들고 고통스러운 삶을 살아가고 있는 오목이 다시 만나게 된다. 그런데 오목이 결핵으로 쓰러지고 죽음을 앞둔 오목은 감사의 표시로 수지에게 은 표주박을 건넨다. 수지는 그녀 옆에서 무릎을 꿇고 참회하지만, 오목은 이미 죽은 뒤였다.

인물 관계도

작품 연구소

수지가 오빠 수철과 나누고자 했던 근심의 내용

표면적	자신들의 친동생인 오목이 죽어 간다는 것과 오목이 죽은 후에 남겨지게 될 다섯 아이에 대한 양육 문제
이면적	전쟁 당시 일부러 동생의 손을 놓았던 일과 나중에 다시 동생을 만난 후에도 자신이 언니임을 밝히지 못했던 일에 대한 죄책감

키 포인트 체크

인물 언니 수지는 동생 오목을 버리고, 오목은 [ ][ ]로 힘겹게 살아간다. 그러나 수지는 오목이 자신의 [ ][ ][ ]인 것을 모르는 척하며 이기적이고 위선적인 모습을 보인다.

배경 6·25 전쟁과 [ ][ ][ ] 시대를 배경으로 가족을 넘어 계층 간의 문제까지 아우르고 있다.

사건 동생 오목은 죽기 전 수지에게 믿음의 표시로 [ ][ ][ ][ ]을 건네고, 수지는 참회하지만 오목은 이미 죽은 뒤였다.

1 이 글에 대한 설명으로 적절하지 <u>않은</u> 것은?

① 중심인물의 시각을 빌려서 사건을 전개하고 있다.

② 시대적 배경이 작품의 전개에 중요한 역할을 한다.

③ 계층을 대표하는 전형적인 인물들이 형상화되어 있다.

④ 주변 인물과 대조되는 중심인물의 심리 변화가 드러난다.

⑤ 작품 안의 서술자를 통하여 인물의 심리를 전달하고 있다.

2 이 글을 통해 알 수 있는 내용이 <u>아닌</u> 것은?

① 수철과 영란은 파티에서 대화를 리드하는 역할을 한다.

② 수지는 수철이 전쟁의 참혹한 기억을 모두 잊었다고 여긴다.

③ 수지는 자신의 죄를 받아들이고 나서야 진정한 행복을 느낀다.

④ 사람들은 파티를 통해 자신들의 공허한 내면을 충족시키고 있다.

⑤ 수지가 수철을 찾아온 본래의 목적은 자신의 근심을 나누기 위해서였다.

3 '수지'가 ㉮와 같은 판단을 한 이유로 가장 적절한 것은?

① 자신의 것을 빼앗기지 않으려는 욕심 때문에

② 화려하게 살아가는 오빠 내외를 부러워했기 때문에

③ 오빠가 자신을 속이며 살아가고 있다는 배신감 때문에

④ 자신의 근심에 오빠가 공감할 수 없다고 여겼기 때문에

⑤ 자신이 모든 것을 안고 가겠다는 투철한 희생정신 때문에

4 〈보기〉를 참고할 때 ㉠～㉢ 중, 성격이 <u>다른</u> 것은?

┤ 보기 ├

서술자는 자신의 시각에서 이야기를 직접 서술하거나, 인물의 시각에서 인물의 경험과 인식을 반영하여 서술한다. 즉, '서술'은 서술자가 담당하지만 '시각'은 서술자의 것일 수도, 인물의 것일 수도 있는 것이다.

① ㉠   ② ㉡   ③ ㉢   ④ ㉣   ⑤ ㉤

5 다음은 ⓐ～ⓔ를 문맥적 의미 그대로 사용하여 짧은 글을 지은 것이다. 그 의미가 <u>다르게</u> 사용된 것은?

① ⓐ: 그는 그녀에 대한 각별한 애착을 보였다.

② ⓑ: 꽃향기가 분분하여 기분이 좋아졌다.

③ ⓒ: 대충 주먹밥으로 허기를 때웠다.

④ ⓓ: 편지를 읽은 그의 표정이 단박 변했다.

⑤ ⓔ: 구속 전 서너 시간의 유예를 얻었다.

6 파티에 참석한 사람들에게 '수지'가 어떤 감정을 느끼고 있는지 쓰시오.

IV. 1960년대～1980년대

어휘 풀이

미풍(微風) 약하게 부는 바람.
동기간(同氣間) 형제자매 사이.
허사(虛事) 헛일. 보람을 얻지 못하고 쓸데없이 한 노력.
영롱하다 광채가 찬란하다.
노리개 여자들이 몸치장으로 한복 저고리의 고름이나 치마허리 따위에 다는 물건.
공구하다 몹시 두렵다.
이기(利己) 자기 자신의 이익만을 꾀함.

구절 풀이

❶ **그러나 그녀의 목소리는 ~ 고요하고 무심한 것이었다.** 죽음을 앞두고 모든 것을 초탈한 오목의 담담한 모습이 드러나 있다.

❷ **"난 미움 받아 ~ 네가 안다면……."** 수지는 전쟁 중이기 때문에 동생을 버리는 비인간적인 행위조차 정당화할 수 있다는 자기기만적인 태도를 보였던 것과 고아원에서 동생을 찾은 후에도 동생을 모른 척해 왔던 자신의 잘못을 참회하는 태도를 보이고 있다.

❸ **아무튼 자기가 죽은 ~ 그런 걸 느낀 거야.** 오목은 수지가 어렸을 적 자신을 버린 언니라는 것을 모르고 있지만, 우애 있는 가족 간에나 느낄 수 있는 강한 믿음을 수지에게 느끼고 있다. 이러한 오목의 모습을 통해 떼려야 뗄 수 없는 혈육의 정이 드러나고 있다.

Q '오목'이 '수지'에게 건넨 '은 표주박'의 역할은?

1·4 후퇴 때 수지는 오목에게 '은 표주박'을 건네고 오목의 관심이 온통 은 표주박으로 쏠리자, 피란민으로 가득한 거리에서 오목의 손을 놓아 버린다. 이 물건을 죽음을 앞둔 오목에게 다시 받음으로써 수지는 외면해 왔던 자신의 죄와 대면하게 되고, 이기와 위선으로 일관해 온 자신의 삶을 뉘우치게 된다. 오목은 죽었지만, 수지의 손에 남겨진 은 표주박은 수지에게 평생 참회의 시간을 갖게 할 것이다.
또한 오목에게 '은 표주박'은 잃어버린 자신의 정체성과 관련 있는 소중한 물건이다. 자신에게 가장 소중한 물건인 은 표주박을 수지에게 줌으로써 오목은 수지에 대한 자신의 믿음과 사랑을 전달한다.

작가 소개

박완서(본책 206쪽 참고)

가 "아아, 언니! 언니, 어디 갔었어? 못 보고 죽을까 봐 얼마나 조바심했는 줄 알아. 죽기 전에 꼭 하고 싶은 말이 있었거든. 진작 할 걸 왜 여태 참았나 몰라. 죽을 때까지 나 미련한 건 하여튼 알아 줘야 한다니까."

오목이는 마지막으로 재미있는 농담이라도 한 것처럼 장난스러운 미소를 띠고 이렇게 말했다. ❶그러나 그녀의 목소리는 숲속 길을 거닐 때 문득 옷소매를 스치고 나무들 사이로 도망치는 미풍이나 환청처럼 인간적인 애증과 갈등이 남김없이 걸러진 고요하고 무심한 것이었다. [중략]

"언니, 내가 언니를 얼마나 싫어했는지 언니는 아마 모르고 있었을 거야. 고아원에서 처음 언니를 만났을 때부터 난 언니가 싫었어. 왜 그렇게 미웠는지, 아마 질투였나 봐. 언니 제발 용서해 줘. 일생에 누굴 그렇게 미워해 보긴 언니가 처음이자 마지막이었어."

❷"난 미움 받아 싸단다. 난 널 용서해 줄 자격도 없어. 아아, 내 죄를 네가 안다면……."

"언니, 내 말 안 끝났어. 내 말 먼저 할 테야. 나에겐 시간이 없으니까. 근데 언니, 내 미움은 참 이상해. 내가 남을 내 마음처럼 믿고 의지하기도 언니가 처음이었으니. 언니를 다시 만나기 전에 난 이미 죽었어야 했어. 막내 낳을 때 안 죽은 걸 의사는 기적이라고 말했지만 그때 난 죽을래도 죽을 수가 없었어. 아이들을 어떡하구 죽냐 말야. 언니도 알다시피 우린 두 내외가 다 고아 아뉴? 다 망가진 몸을 정신력 하나로 살아 있다는 게 얼마나 고달픈 일인지 언니는 아마 모를 거야. 그때 언니를 다시 만난 거야. 언니를 만나고부터는 정신력으로 살아 있는 그 지겹고 고된 일로부터 놓여날 때가 됐다 싶은 생각이 왜 그렇게 분명히 떠올랐을까. 참 이상해. ❸아무튼 자기가 죽은 후 자기 어린 자식들을 마음 놓고 맡길 수 있다고 생각할 만큼 누구를 믿는다는 건 동기간에도 여간 우애 있는 동기간 아니면 있을 수 없는 일인데 난 하필 죽도록 미워하고 있다고 생각한 언니에게 그런 걸 느낀 거야. 언니, 언니에게 힘든 짐을 지워 주려고 일부러 꾸민 얘기가 아냐. 꾸민 것처럼 이상한 얘기지만 정말이야. 자기 자식을 안심하고 맡길 수 있을 만큼 남을 믿을 수 있다는 건 너무도 큰 은총이야. 언니, 정말 고마워. 언니에 대한 내 믿음과 사랑과 감사의 표시로 언니에게 이걸 주고 싶었어. 이건 내 전 재산이자 내 모든 거야. 내가 죽는 날까지 알기를 그렇게 원했지만 결국 못 알아내고 만 나의 정체까지도 아마 이 속에 포함되었을 거야. 내가 고아가 되기 전부터 내가 지녀 온 유일한 물건이거든. 난 이걸로 내 정체를 어떻게든 건져 올려 보려고 무진 애썼지만 허사였어. 아아, 내 아이들……."

오목이가 천 근의 무게처럼 힘겹게 건네준 건 은 표주박이었다. 은행알만 하고 청홍의 칠보 무늬가 아직도 영롱한 은 노리개였다. ㉠수지는 벼락을 맞은 것처럼 공구해서 풀썩 바닥에 무릎을 꺾고 그것을 받았다. 어쩌면 수지가 지금 꺾은 것은 무릎이 아니라 이기로만 일관해 온 그녀의 삶의 축이었다. 마침내 그것을 꺾으니 한없이 겸허하고 편안해지면서 걷잡을 수 없이 슬픔이 밀려왔다.

▶ 수지에게 자신의 진심을 고백하며 은 표주박을 건네는 오목

나 "오목아, 아니 수인아, 넌 오목이가 아니라 수인이야. 내 동생 수인이야. 내가 버린 수인이야. 내가 너를 몇 번이나 버린 줄 아니……?"

이렇게 목멘 소리로 시작해서 길고 긴 참회를 끝냈을 때 수인이는 이미 죽어 있었다. 그러나 수지는 용서받은 것을 믿었다. 수인의 죽은 얼굴엔 남을 용서한 자만의 무한한 평화가 깃들어 있었으므로.

▶ 자신의 죄를 고백하는 수지와 평화로운 얼굴로 죽은 오목

- **중심 내용** 수지를 향한 자신의 믿음을 고백하며 은 표주박을 건네는 오목과 자신의 잘못을 고백하며 용서를 구하는 수지
- **구성 단계** 결말

🏠 **작품 연구소**

제목 '그해 겨울은 따뜻했네'의 의미

'그해'를 6·25 전쟁이 진행 중이던 1951년으로 볼 때	제목의 의미는 반어적으로 해석될 수 있다. 1951년 겨울, 언니 수지는 배고픔 때문에 동생 오목의 손을 놓았고, 오목은 졸지에 고아가 되었다. 그해 겨울은 수지네 가족뿐만 아니라 누구에게나 매우 춥고 힘든 계절이었을 것이다. 작가는 고난과 절망의 시대를 반어적으로 나타냄으로써 도덕적 규범과 가족주의적 윤리관이 무너지고 있는 당시의 모습을 비꼬고 있다고 볼 수 있다.
'그해'를 수지가 오목에게 진정으로 참회하던 1980년대의 어느 겨울날로 볼 때	그해 겨울은 허위의식을 지닌 채 이기적으로 살아가던 수지가 드디어 오목에게 자신의 죄를 고백하고 뉘우침으로써 가족 공동체의 모습을 회복하게 되는 때이다. 제목에는 이러한 장면을 따스하게 바라보는 작가의 시각이 녹아 있는 것이라고 볼 수 있다. 이 소설의 마지막 장의 제목이 〈부드러운 겨울〉인 것으로 볼 때 이 해석이 더 적절해 보인다.

'수지의 참회'가 갖는 의미

수지는 전쟁 당시 동생을 버린 일과 그 후 동생을 찾고 나서도 진실을 밝히지 않았던 일에 대해 죄책감을 느끼면서도, 자신의 죄가 드러나는 것이 두려워 자신의 죄책감을 허위의식으로 포장한 채 자선 사업을 하며 이기적인 삶을 살아왔다. 이런 그녀가 자신의 위선과 이기심을 꺾고 진정으로 참회하는 모습은 우리에게 우리의 현실을 되돌아보게 하는 계기를 준다. 인간적 가치와 도덕적 규범이 사라지고 <u>물질주의와 이기심, 허위의식으로 살아가는 현대인들</u>에게 가족의 진정한 의미와 공동체적 가치에 대해 생각하게 하고, 배려와 사랑을 통해 상생과 공존의 문화를 만들어 가기를 바라는 작가의 희망이 녹아 있는 것이다.

작가가 밝히는 〈그해 겨울은 따뜻했네〉의 창작 의도

발단은 1·4 후퇴에서 비롯됐지만, 내가 그리고자 한 것은 전쟁의 비극이 아니라 풍요의 비극이었다. 폐허에서 떨치고 일어나 60년대의 악착같은 생존 경쟁, 70년대의 기적적인 경제 성장을 거쳐 80년대 <u>국민의 반수 이상이 중산층을 자처하게 된 안정과 풍요가 얼마나 냉혹한 이기심과 배타성을 가지고 있나를 보여 주고자</u> 했을 뿐이다. 나는 수지를 조금도 특별한 악인이라고 여기지 않았고 중산층 이상의 안이하고 우아한 생활이 보편적으로 함유하고 있는 악을 보여 주고자 했을 뿐이다. [중략] 이 소설에서 이데올로기가 갈라놓은 것 못지않은 완강한 힘으로 잘살게 된 우리 사이를 갈라놓고 있는 풍요의 울타리, 안일주의의 무자비한 '모르는 척' 등을 집요하게 드러내 보인 것은 작가의 몫이었지만, 독자의 몫은 그것을 넘어서 정말 있어야 할 삶의 모습을 꿈꾸는 것이 되었으면 얼마나 좋을까, 하는 것이 나의 꿈이다.
– 박완서, 《오늘의 역사 오늘의 문학 30》(중앙일보사, 1987)

📖 **함께 읽으면 좋은 작품**

〈부끄러움을 가르칩니다〉, 박완서 / 근대화 과정에서 속물화된 현대인의 모습을 비판한 작품

급격한 근대화 과정에서 삶의 진정성을 잃어버리고 물질적 욕망만을 추구하는 현대인의 모습을 비판한 작품이다. 6·25 전쟁을 거쳐 1970년대를 살아가면서 부끄러움이라는 순수한 감정을 잊고 살게 된 주인공이 부끄러움의 감정을 되찾게 되는 모습을 그리고 있다.

7 다음 중 '오목'에 대한 설명으로 적절하지 <u>않은</u> 것은?

① 자신이 죽음에 임박했음을 직감하고 있다.
② 남편 또한 자신과 마찬가지로 고아원 출신이다.
③ 죽음을 앞두고 애증과 갈등을 모두 초탈한 듯한 모습을 보인다.
④ 자신의 친언니에게 자식들을 맡길 수 있게 되어 마음을 놓고 있다.
⑤ 평상시 은 표주박을 자신의 정체성과 관련된 소중한 물건으로 여기고 있었다.

8 ㉠에 담긴 인물의 심리 및 태도로 적절하지 <u>않은</u> 것은?

① 참회   ② 긴장함.   ③ 미안함
④ 죄책감   ⑤ 용서를 빎.

내신 적중 多빈출

9 〈보기〉는 이 글의 앞부분이다. 이를 읽고, 글의 마지막 장면에서 '은 표주박'이 어떤 역할을 하는지 쓰시오.

┤ 보기 ├

그 대단한 은 표주박 노리개를 꺼내 보는 수지의 얼굴에 마음이 얼음장 같은 어른의 미소가 감돌았다. 그게 보물이 아니란 극비를 실은 진작부터 알고 있었다는 듯이 노련한 표정이었다.

그러나 곧 먹을 것을 빼앗길 때 같은 애처로운 체념과 언니다운 양보심을 최대한으로 발휘한 착하디착한 얼굴로 그것을 오목이 손아귀에 쥐어 주었다.

"너 가져." [중략]

"정말?"

오목이는 그 꿈같은 사실에 도취해서 청홍의 칠보 무늬가 신비하게 반짝이는 은 표주박을 두 손으로 애무했다. 오목조목한 예쁜 얼굴이 기쁨으로 빛난다. [중략]

수지는 자연스럽게 오목이의 손목을 놓쳤다. 혼자가 된 수지는 허둥지둥 사람 사이에 휩싸여 오목이로부터 멀어졌다.

10 〈보기〉는 '수지'가 죽음을 앞둔 '오목'에게 참회하는 내용이다. 다음에 이어질 적절한 내용을 쓰시오.

┤ 보기 ├

오목아, 나는 피란길에서 끝없는 배고픔 때문에 너를 버리고 말았어. 그 은 표주박에 정신이 팔린 너의 손을 내가 일부러 놓아 버린 거지. 죄책감 때문에 고아원에 있는 너를 찾았는데, 막상 너를 만나 차마 내가 네 친언니라는 것을 밝힐 수가 없었어. 왜냐하면 _____
_____.

문학 해냄

핵심 정리

갈래 장편 소설, 대하소설, 역사 소설
성격 사실적, 민중적, 역사적
배경 ① 시간 – 1948년~1953년
② 공간 – 전라도 벌교
시점 전지적 작가 시점
주제 좌우익의 이념이 대결했던 격동의 시기에서의 민족의 삶
특징 ① 6·25 전쟁 전후의 역사적 상황을 사실적으로 그려 냄.
② 전라도 사투리 등을 통해 당시 민중의 삶의 모습을 생생하게 묘사함.
출전 《현대문학》(1983~1989)

Q '김사용'은 어떤 인물인가?

하대치의 말로 볼 때, 김사용은 다른 지주들과 달리 독립 자금을 대고 소작인들을 잘 대해 준 존경할 만한 사람이었음을 알 수 있다.

어휘 풀이

지주 땅 주인. 자신이 소유한 토지를 남에게 빌려주고 지대(地代)를 받는 사람.
작인 소작인. 다른 사람의 농지를 빌려 농사를 짓고 그 대가로 사용료를 지급하는 사람.
숙청 정치 단체나 비밀 결사의 내부 또는 독재 국가 등에서 정책이나 조직의 일체성을 확보하기 위하여 반대파를 처단하거나 제거함.
출감하다 구치소나 교도소 따위에서 석방되어 나오다.
정리(情理) 인정과 도리를 아울러 이르는 말.

구절 풀이

❶ **위메 나는 ~ 박수을 쳤구만요.** 문 서방이 김사용을 구하기 위해 최선을 다하는 장면으로, 문 서방의 착한 성품을 엿볼 수 있다.
❷ **김범우의 기억 저편에서 ~ 보았던 것이다.** 김범우의 기억을 통해 하대치란 인물의 강인한 외모를 확인할 수 있으며, 문 서방의 말과 관련하여 그가 염상진을 충직하게 받드는 사람임을 추측할 수 있다.
❸ **문 서방은 영문을 몰라 ~ 보호하고 싶었을 것이다.** 아무것도 모르는 문 서방과 달리 김범우는 자신의 아버지가 풀려난 이유를 짐작하고 있다. 김사용이 풀려나는 데에 하대치의 증언이 큰 역할을 했는데, 이 모든 것은 염상진이 계획한 것이며 이 계획에 숨겨진 목적까지 정확하게 꿰뚫고 있다.

Q '염상진'에 대한 '김범우'의 평가는?

김범우는 염상진을 단세포가 아니라고 말하고 있는데, 이는 그가 한 가지 일로 두 가지 이상의 목적을 달성하고 있기 때문이다. 즉 영리하고 똑똑한 사람으로 평가하고 있다.

가   "작은서방님, 작은서방님, 어르신네가, 어르신네가 살아나셨구만요, 살아나셨다니께요."
문 서방이 사립문을 차고 들며 숨이 넘어가고 있었다. [중략]

"긍께, 어르신 차례가 되야는디, 위메 참말로 환장허겠등거. 어르신네는 두 눈 딱 감고 단상에 꼿꼿허게 스셨는디, 누가 벌떡 일어남스로 소리 질르기를, 김사용은 °지주지만 인민의 적은 아니다. 큰아들 범준은 독립투사고 김사용은 독립 자금을 댔다. 인민의 피를 제대로 쓴 것이다. 고것만이 아니라 큰아들 김범준은 해방되고 3년이 지난 지끔꺼정 소식이 읎다. 못혈 말로 죽은 것이라면 조국 독립을 위해 하나뿐인 목심을 바친 것이다. 그라고 지주 김사용은 °작인들헌테 질로 후허게 헌 사람이다. 고건 시상이 다 아는 일이다. 그렁께 김사용은 °숙청에서 빼야 헌다, 고 허드랑께요. 그 말을 위원장이 접수헌다고 발표허고는 또 모인 사람들헌테 위떻게 헐랑가 묻드만요. 위메, 고때 사람 미치겄등거. 근디 여그저그서 옳소, 옳소, 허는 소리가 터짐스로 박수를 안 치겠소. ❶위메 나는 이때다 싶어 목구녕이 찢어져라 옳소, 옳소, 소리 질르고 손바닥이 떨어져 나가그라 박수를 쳤구만요. 그래서 어르신이 화를 면허시고 단상을 내려오시는디…… 지가 쫓아가 어르신을 부축험시로 을매나 죄시럽고 눈물이 나든지……."
문 서방은 목이 잠기며 눈물을 훔쳤다. [중략]

"고맙소, 문 서방. 너무 애썼어요." / 김범우는 애써 웃어 보이며 말했다.

"무신 당찮은 말씸이시다요. 정작 고마운 사람은 따로 있제라. 어르신 구헐라고 나선 그 하대치란 사람 말이어라우."

하대치, 귀에 익은 듯한 이름이면서도 딱히 잡히는 것이 없었다.

"그래요? 그 사람이 누구요?" / "하매 작은서방님도 알 성불르디요. 위원장 염상진얼 그림자맹키로 따라댕김서 빨갱이 허다 징역살이도 항께헌……." / "아, 알았어요."

▶ 인민재판에 회부되었던 김사용이 풀려남.

나   ❷김범우의 기억 저편에서 흐리게 떠오르는 사내가 있었다. 얼굴 생김은 거의 기억이 없고, 키가 작은 다부진 체격에 꼭 돌덩이 같은 인상을 풍기던 사내였다. 염상진이 °출감해서 돌아오던 날 역에 마중 나갔다가 보았던 것이다.

"하대치 그 사람이 어르신네 소작을 부친 것도 아니고, 무신 은혜럴 입었다고 그리 발 벗고 나섰는지, 참말로 몰를 일이랑께요."

❸문 서방은 영문을 몰라 하고 있었다. 그건 염상진이 꾸민 완벽한 연극이었다. 그러나 대사로 사용된 아버지의 행적까지 연극은 아니었다. 그건 있는 그대로였다. 남들과 똑같이 체포를 해 가고, 인민재판에 회부하고, 부하를 시켜 발언하게 하고, 그리고 석방시키는 과정을 거친 염상진의 의도는 결코 단순하지가 않았다. ㉠공적인 목적과 ㉡사적인 °정리(情理)가 복합적으로 작용했을 것이었다. 객관적으로 별로 흠잡힐 데 없는 아버지를 인민재판을 거쳐 석방시킴으로써 자기네들의 공정성과 신중성을 널리 선전하고 싶었을 것이다. 그리고 다른 지주들을 처단하는 확실한 이유 설명의 본보기로 삼을 수 있었을 것이다. 뿐만 아니라 개인적으로는, 그의 어린 날로부터 따뜻한 정과 깊은 이해를 베풀어 온 아버지를 떳떳하게 보호하고 싶었을 것이다. 한 번의 행위로 두 가지 이상의 목적을 충족시킬 줄 아는 염상진, 그는 역시 단세포가 아니었다.

▶ 김범우는 염상진의 계획을 꿰뚫어 봄.

• **중심 내용** 지주 김사용이 인민재판에 회부되었다가 하대치의 증언으로 풀려남.   • **구성 단계** 제1부

이해와 감상

이 작품은 여수 순천 10·19 사건 직후인 1948년부터 6·25 전쟁이 끝난 1953년까지, 좌·우익의 이념이 대결했던 격동적 시기를 사실적으로 그려 낸 대하소설이다.

작가는 광복 이후 민족의 분단 과정과 6·25 전쟁을 중심으로 하는 남북 분단의 고착 과정을 밝히기 위해 무수히 많은 현지답사를 했으며, 이를 통해 밝혀낸 민중 해방, 민족 통일의 길을 섬세한 문체를 통해 독자들에게 전달하고 있다. 이 작품의 주인공은 단지 염상진이나 김범우가 아니라 사람다운 삶의 실현을 위해 싸우다 스러져 간 이름 없는 모든 영혼들이 그 주인공이며, 작품 속에는 그들의 꿈과 아픔, 그리고 외침이 작가의 손을 빌려 되살아나고 있다. 이 작품을 통해 좌·우익의 이념 대립과 분단 상황에서 어느 한쪽도 택할 수 없었던 민중의 고통과 아픔에 공감하며, 현재 진행형인 민족 분단의 상황을 이해할 수 있을 것이다.

전체 줄거리

제1부 (한의 모닥불)	1948년 10월 19일 여수 주둔 국군이 반란을 일으키지만 진압된다. 그러나 이들은 곧 퇴각하고, 염상진이 조직을 정비한다. 마을에 남은 사람들은 좌익과 우익으로 갈라져 싸우고, 김범우는 무고한 사람들의 희생을 줄이려 하지만 빨갱이로 몰려 구속된다.
제2부 (민중의 불꽃)	이승만 정권이 농지 개혁에 실패하자 농민들의 불만이 높아져 간다. 이와 달리 염상진 등 좌익 반란군은 토지 개혁을 실시해 농민의 환영을 받는다. 벌교를 떠나 서울로 간 김범우는 반민 특위 사건과 김구 암살 사건을 맞이하고, 소작농들은 유상 몰수 유상 분배의 농지 개혁법이 발표되자 더욱 분노한다.
제3부 (분단과 전쟁)	6·25 전쟁의 발발과 함께 벌교는 다시 염상진 등에 의해 장악되고, 좌익 세력들은 인민의 해방을 감격스럽게 맞이한다. 김범우는 인민군이 패한 후 미군에게 붙들려 통역관이 되지만 탈출하여 공산주의 노선을 택하고 인민군에 자진 입대한다. 이후 벌교에서 염상진이 다시 입산하는데 많은 소작인들이 함께 입산한다.
제4부 (전쟁과 분단)	인민군과 빨치산 세력은 투쟁을 계속하나 대부분 최후를 맞는다. 김범우는 반공 포로로 위장하여 고향에 돌아온다. 염상진이 이끄는 빨치산 부대는 수많은 전투에서 패하고 염상진은 수류탄으로 자폭한다. 염상진을 추종했던 하대치 등은 새로운 투쟁을 다짐하며 어둠 속으로 사라진다.

인물 관계도

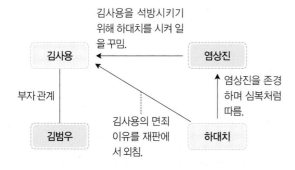

작품 연구소

염상진이 김사용을 인민재판에 회부하고 풀어 준 이유

염상진은 객관적으로 별 흠이 없는 김사용을 일부러 인민재판을 거쳐 석방시킨다. 이는 인민재판이 무차별적 보복이라는 시선을 의식한 행동이다. 인민재판이 무조건 사람을 벌주고 처형하는 것이 아니라, 사람들의 잘못을 객관적으로 평가하여 벌을 내린다는 사실을 과시한 것이다.

키 포인트 체크

인물 빨치산인 □□□은 자신의 심복인 □□□를 시켜 김사용을 살림으로써 공적인 목적과 사적인 목적을 동시에 달성하는 영리한 인물이다.

배경 여수 순천 10·19 사건 직후인 1948년부터 6·25 전쟁이 끝난 1953년까지, □□□ 이념이 대결했던 격동의 시기를 배경으로 한다.

사건 김사용이 □□□□에 회부되었으나 하대치가 그의 무죄를 주장하고 모인 사람들이 이에 동의하여 김사용은 숙청을 면하고 풀려난다.

1 이 글의 서술상 특징으로 적절하지 않은 것은?

① 인물의 말을 통해 사건 현장을 생생하게 묘사하고 있다.
② 인물의 말과 행동을 통해 인물의 성격을 드러내고 있다.
③ 인물 간의 갈등을 드러냄으로써 긴장감을 조성하고 있다.
④ 방언을 사용하여 현실성과 인물의 사실성을 높이고 있다.
⑤ 특정 인물의 심리를 통해 사건에 대한 독자의 이해를 돕고 있다.

2 이 글의 주요 사건으로 가장 적절한 것은?

① 염상진의 계획에 따라 김사용이 인민재판에 회부되었다가 풀려남.
② 문 서방이 염상진에게서 김사용을 구해 내고 김범우가 이를 치하함.
③ 김범우와 하대치는 두 가지 목적을 이루기 위해 계획을 세워 실행함.
④ 문 서방이 위기의 순간에 기지를 발휘하여 김사용을 숙청에서 구해 냄.
⑤ 김범준이 해방 후 3년이 지난 현재까지도 아무런 소식이 없는 것에 의문을 제기함.

3 '김사용'이 풀려난 이유로 적절하지 않은 것은?

① 큰아들 범준이 독립투사로 활약했기 때문에
② 조국의 광복을 위해 독립 자금을 댔기 때문에
③ 다른 지주들보다 소작인들을 잘 돌보아 주었기 때문에
④ 남들과 똑같은 절차를 거쳐 체포되고 재판을 받았기 때문에
⑤ 모인 사람들이 그를 석방시켜야 한다는 것에 동의했기 때문에

4 ⊙과 ⓒ의 의미를 정리한 내용으로 적절한 것은?

	⊙	ⓒ
①	인민재판의 공정성 선전	김사용에 대한 복수
②	인민재판의 공정성 선전	김사용에 대한 보은
③	인민재판의 부당성 비판	김사용에 대한 보은
④	다른 지주들 처단 근거 마련	김사용에 대한 복수
⑤	다른 지주들 처단 근거 마련	김범우에 대한 의리

5 이 글에서 '문 서방'의 선량한 성품을 어떤 모습을 통해 느낄 수 있는지 쓰시오.

어휘 풀이

행투 행티. 행짜(심술을 부려 남을 해롭게 하는 행위)를 부리는 버릇.

표변(豹變)하다 마음, 행동 따위가 갑작스럽게 달라지다.

생목 제대로 소화되지 아니하여 위에서 입으로 올라오는 음식물이나 위액.

오지다 마음에 흡족하게 흐뭇하다.

싸까쓰 서커스(circus).

달블 '다를'의 방언.

무서짐스로 '무서워지면서'의 방언.

Q 지주들을 죽인 것에 대한 '문 서방'의 생각은?

문 서방은 지주들을 죽인 것을 통쾌하게 생각하고 있다. 그들이 평소 가난한 사람들의 아프고 쓰린 마음을 몰라주고 고약하게 행동하며 자기들만 배불리 살았기 때문이다.

구절 풀이

❶ 징허기는 혔어도 ~ 존 귀경거리였는디요." 문 서방은 공개 처형에 대해 잔인하지만 귀한 구경이었다고 말하는데 이는 그동안 지주들이 벌인 횡포에 대한 분노에서 비롯된 감정이다.

❷ 문 서방은 완전히 ~ 악마를 보고 있었다. 김범우는 문 서방이 타인의 죽음을 구경거리로 보는 것에 두려움을 느끼고 있다. 아무리 죽을 짓을 했을 지라도 사람의 죽음을 통쾌해하는 것은 사람으로서 지닐 마음이 아니라고 생각하는 것이다.

❸ 그러므로 문 서방의 악은 ~ 선인 것이었다. 문 서방은 선한 인간에게 선하게 대응하고 악한 인간에게 악으로 대응한 것이다. 따라서 그의 악은 악한 인간에 대한 응징에 해당하는 것이므로 '선'이라고 말할 수 있다는 것이다.

❹ 염상진의 자신감 ~ 오고 있었다. 김범우는 염상진의 사상에 동조하지 않지만 문 서방의 모습을 통해 염상진의 사상에 많은 소작인들이 동조하고 있다는 사실을 깨닫는다.

❺ 염상진이 문 서방의 ~ 것인지 궁금했다. 문 서방은 차츰 인민재판의 무차별한 잔인함에 거부감을 드러내며, 심지어 두려운 것으로 인식하고 있다. 이는 염상진의 의도와 어긋나는 것이다. 문 서방의 두려움은 염상진의 사상이 인민에게 제대로 침투되지 못하고, 오히려 그들의 반발을 불러오고 있음을 의미한다.

Q '염상진'이 한 말의 의미는?

염상진은 지주들이 자기들만 사람인 줄 알고 있으며, 그것이 그들의 함정이라고 말한다. 이는 지주들이 가난한 사람들을 사람으로 여기지 않기 때문에, 그들이 저항하고 투쟁할 것이라고 전혀 생각지 않아 허점을 찔릴 것이라는 뜻이다.

작가 소개

조정래(趙廷來, 1943~) 소설가. 1970년 《현대문학》에 소설 〈누명〉이 추천되어 등단했다. 왜곡된 민족사에서 개인이 처한 한계에 이르기까지 다양한 영역의 작품 활동을 하고 있다. 주요 작품으로 〈아리랑〉, 〈한강〉 등이 있다.

246 Ⅳ. 1960년대~1980년대

가 "워디긴 워디어라, 북국민핵교 마당에서 인민재판을 끝내고 그 질로 소화다리로 끌고 갔구만이라. 사람덜이 벌 떼맹키로 모였는디, 사람덜헌테 귀경시키대끼 줄줄이 세워 놓고 죽였당께요." / "문 서방도 그걸 구경했단 말이오?"

"하면이라, ❶징허기는 혔어도 그건 돈 내고도 못헐 존 귀경거리였는디요."

"그게 무슨 소리요, 문 서방. 남들은 죽어 가는데 그걸 보고 좋은 구경거리라니."

김범우의 음성은 뜨거웠고 눈 가장자리에는 파르르 경련이 일었다.

"존 귀경거리고말고라. 죄는 진 대로 가고 공은 닦은 대로 간다고, 즈그놈덜이 평소에 옳이 사는 사람덜 아프고 씨린 맘 몰라주고 ❷행투 고약허게 해 감서 배터지게 묵고 살았응께 그렇게 당혀서 싸제라. 고것들이 하나씩 죽어 자빠지는디, 씨엉쿠 잘됐다. 씨엉쿠 잘되았다, 허는 소리가 속에서 절로 솟기드만요. 고런 맘이 워디 나 혼자뿐이었을랍디여. 말을 안 혔응께 그렇제 귀경허는 전부가 다 똑겉은 맘이었을 꺼구만이라."

나 ❷문 서방은 완전히 다른 사람으로 돌변해 있었다. 그의 눈은 증오로 타고, 얼굴은 분노로 일그러져 있었다. 김범우는 하나의 악마를 보고 있었다. 아버지를 위해 눈물을 머금던 아까의 그 착하고 선량하던 모습은 간 곳이 없었다. [중략]

문 서방이 돌아서고 나서도 김범우는 의식의 공백 속에 빠져 있었다. 그는 사고(思考)를 정리하려 했지만 뜻대로 되지 않았다. 전혀 다른 두 모습의 문 서방, 그 어느 쪽이 진짜인가. 어떻게 한 사람이 그렇게 ❷표변할 수 있는가. 그 어느 쪽이 진실인가. 사람이 어떻게 그토록 이중적일 수 있을까. 그때 퍼뜩 떠오르는 말이 있었다.

"있는 자들은 자기들만 사람인 줄 알지. 더러 그렇지 않은 우등생도 있지만 말야. 난 그 단순한 자만을 고맙게 생각하네. 거기에 우리가 설 자리가 있고, 그게 그들 스스로가 빠져들어 갈 ⓐ함정이니까."

염상진의 말이었다. 그렇다, 인간은 복합적 사고와 다양한 감정의 줄기를 소유한 동물이다. 문 서방의 전혀 다른 두 모습은 그런 인간의 속성이 표출된 것일 뿐이다. 그러므로 그 두 가지 모습은 다 문 서방의 참모습인 것이다. 인간의 마음속에는 선과 악이 공존하면서 외부의 영향과 상황에 따라 그것은 반응하는 것이다. 문 서방은 아버지에게는 선한 인간으로 반응했고, 다른 사람들에게는 악한 인간으로 반응한 것뿐이다. 만약 아버지가 악한 지주였다면 문 서방은 여지없이 악한 반응을 보였을 것이다. ❸그러므로 문 서방의 악은 악이 아니라 선인 것이었다. ❹염상진의 자신감 넘치는 얼굴이 확대되어 오고 있었다.

다 문 서방은 연거푸 이틀을 끔찍한 소식만 가지고 왔다. 김범우는 속이 메슥거리다 못해 ●생목이 치밀어 오르는 것을 견뎌 내며 문 서방의 이야기를 다 들었다. 죽이는 자와 죽는 자가 대치한 현장, 그 빛과 어둠으로 양분된 극단의 행위에 대한 이야기를 듣는 것만이 현재로서 자신이 할 수 있는 유일한 일이었던 것이다.

"소화다리 아래 갯물에고 갯바닥에고 시체가 질펀허니 널렸는디, 아이고메 인자 징혀서 더 못 보겄구만이라. 재미가 ●오진 ●싸까쓰도 똑겉은 거 두 번씩 보면 질리는 법인디, 사람 죽이는 거 날이 날마동 보자니께 환장허겄구만요. 그러고, 그 사람덜이 가난허고 배 곯는 사람덜 편이랑께 나쁠 것은 없는디, 사람도 지각각 죄도 지각각이라고, 사람마동 진 죄가 ●달블 것인디 워째서 마구잽이로 죽이기만 허는지, 날이 갈수록 그 사람덜이 ●무서짐스로 겁이 살살 난당께요."

김범우는 놀란 눈으로 문 서방을 건너다보고 있었다. 그건 바로 염상진이가 빠지고 있는 ⓑ함정이었다. ❺염상진이 문 서방의 말을 들었으면 무어라고 할 것인지 궁금했다.

• 중심 내용 지주들의 공개 처형을 통쾌해하던 문 서방이 점차 두려움을 느낌. ・구성 단계 제1부

작품 연구소

문 서방의 이중적인 모습에 대한 김범우의 판단

지주 김사용이 인민재판에 회부된 것을 안타까워하며 눈물을 흘리는 모습을 보고 선량하다고 여김.	악한 지주들이 인민재판을 마치고 공개 처형되는 모습에 통쾌해하는 모습을 보고 하나의 악마와 같다고 느낌.

- 문 서방의 돌변한 모습을 보며 그의 이중적인 모습에 놀라고 있음.
- 그러나 문 서방은 지주가 어떤 사람이냐에 따라 태도가 달라지는 것이지, 성격이 돌변하는 이중적인 사람은 아님.

지주가 빠진 함정 VS 염상진이 빠진 함정

지주들은 가난한 소작인들을 사람으로 취급하지 않았기 때문에 그들이 반기를 들 것이라고 생각하지 못했다. 그러나 인민재판에서 지주들의 행적을 심판하는 사람은 가난한 소작인들이다. 염상진은 이를 지주들이 빠진 함정으로 보았고 그로 인해 죽음을 맞이하고 있다고 여겼다. 그러나 염상진 역시 함정에 빠져 있다. 무차별적이고 잔인한 공개 처형이 사람들의 복수심을 자극하여 좌익의 편에 서게 하고 있지만, 이것이 지속될수록 문 서방과 같이 선량한 사람들은 공개 처형의 잔인함에 두려움을 느끼고 좌익에 대한 지지를 철회하게 될 것이다.

〈태백산맥〉에 나타난 우리 민족의 분열 원인

첫 번째는 일제 강점기 동안 소위 '내선일체'를 외치고 '성전(聖戰)'에 참여하자며 학병, 노무자, 정신대 징용에 앞장섰던 친일 경찰을 포함한 일제의 청산에 실패한 것이다.

두 번째는 지주 계층과 소작인들 간의 뿌리 깊은 갈등에 있다. 이 작품의 주 무대인 벌교 지방의 농민은 전체 주민의 80%에 달하며, 대부분이 몇 안 되는 지주 아래에 있는 소작인들이다. 광복 이후의 정부에 토지 개혁 정책 및 지주들의 농지 처분에 울분을 느낀 소작인들은 좋은 세상이 온다는 선전·선동을 믿고 빨치산이 된다. 작가는 봉건적 토지 소유 제도에서 비롯된 이러한 계층의 분화와 그 구조 안에서의 갈등이 이념적 대결 도구로 변하면서 6·25 전쟁으로 연결되었음을 밝히고 있다.

자료실

여수 순천 10·19 사건

1948년 10월 19일 여수에 주둔하고 있던 국방 경비대 제14연대 소속 군인들이 반란을 일으키며 전라남도 동부 6개 군을 점거하였다. 이에 위기감을 느낀 정부는 대규모 진압군을 파견하여 일주일여 만에 전 지역을 수복하였으나, 그 과정에서 상당한 인명·재산 피해가 발생하였다. 그리고 이 사건을 계기로 정부에서는 국가 보안법 제정과 강력한 숙군 조치를 단행하게 되었다.

— 김한종 외, 〈한국사 사전 2〉(책과함께어린이, 2015)

함께 읽으면 좋은 작품

〈아리랑〉, 조정래 / 우리 민족의 수난과 투쟁의 삶을 그린 작품

구한말에서 일제 강점기와 일본의 패망에 이르기까지의 시간적 배경을 다루고 있다. 암울한 현실 속에서 우리 민족의 수난과 투쟁의 삶을 사실적으로 그리고 있는 대하소설이다.

6 '문 서방'과 '김범우'에 대한 학생들의 반응으로 적절하지 않은 것은?

① 김사용을 위해 눈물을 머금던 문 서방의 모습으로 볼 때 그를 선량하다고 볼 수 있어.

② 사람을 죽이는 모습을 좋은 구경거리라고 말하는 문 서방을 착하다고 말하기는 어려워.

③ 김범우가 생각한 것처럼 문 서방의 모습은 서로 다른 상황에서 각각의 상황에 맞게 나타난 것뿐이야.

④ 김범우는 문 서방의 악을 선이라고 말하고 있는데, 이는 김범우가 염상진의 생각에 동조하기 때문이야.

⑤ 김범우의 말처럼, 인간은 복합적 사고를 가진 존재이므로 문 서방이 보여 준 두 가지 모습은 모두 문 서방의 참모습이라고 볼 수 있어.

7 ⓐ와 ⓑ가 의미하는 바로 적절한 것은?

	ⓐ	ⓑ
①	지주들이 인민재판에 끌려가 숙청당하는 것	무차별적 살상으로 인민의 지지를 잃어 가는 것
②	지주들이 인민재판에 끌려가 숙청당하는 것	지주에게 협력하는 인민이 있다는 것을 눈치채지 못한 것
③	지주들이 소작인들을 사람으로 여기지 않고 자만하는 것	무차별적 살상으로 인민의 지지를 잃어 가는 것
④	지주들이 소작인들을 사람으로 여기지 않고 자만하는 것	지주에게 협력하는 인민이 있다는 것을 눈치채지 못한 것
⑤	지주들이 소작인을 사람으로 여기는 자와 그렇지 않은 자로 나누는 것	무차별적 살상으로 무고한 사람들까지 모두 죽인 것

8 '인민재판'에 대한 '문 서방'의 시각으로 볼 때, 당시 민중들의 마음을 추측한 내용으로 적절한 것은?

① 인민재판이 처음엔 통쾌했으나 차츰 그 잔인함이 두려워졌을 것이다.

② 인민재판의 합리성과 공정성에 탄복하며 절대적으로 지지했을 것이다.

③ 지주들을 즉결 처분하는 인민재판의 신속성에 만족감을 느꼈을 것이다.

④ 처음엔 폭력적인 인민재판에 무서움을 느끼다가 차츰 적응했을 것이다.

⑤ 인민재판이 무섭고 폭력이지만, 새로운 시대를 열기 위해서는 꼭 필요하다고 생각했을 것이다.

9 〈보기〉는 이 작품의 일부로, '김범우'의 말이다. 이를 참고할 때, '김범우'가 '인민재판'을 어떻게 생각하는지 쓰시오.

┤ 보기 ├

어떤 주의를 따르든 그건 개인의 자유지요. 그러나 그것이 곧 민족 전체를 위하는 유일한 길이라는 성급한 판단은 금물입니다. 미국이다, 소련이다, 민주주의다, 공산주의다, 자본주의다, 사회주의다, 우리에게 지금 필요한 건 그런 정치적 택일이 아닙니다. 그건 한 민족이 국가를 세운 다음에나 필요한 생활의 방편일 뿐입니다. 지금 우리에게 필요한 건 민족의 발견입니다. 그 단합이 모든 것에 우선해야 해요.

문학 동아
국어 금성

🎯 핵심 정리

갈래 장편 소설, 세태 소설
성격 비판적, 풍자적, 토속적
배경 ① 시간 – 1970~1980년대
　　　　② 공간 – 전라북도 농촌 마을
시점 전지적 작가 시점
주제 억압된 사회 현실 및 권력에 대한 허황된 집착에 대한 비판
특징 ① 해학적인 표현과 아이러니한 상황을 통해 부조리한 현실을 풍자함.
　　　② 상징적 소재를 활용하여 주제를 형상화함.
출전 《현대문학》(1983)

Q '완장'이라는 말을 듣고 저수지 감시직에 대한 '종술'의 태도는 어떻게 달라졌는가?

처음에는 자존심을 내세우며 부정적으로 반응했으나, '완장'이라는 말을 들은 후 저수지 감시직에 대해 긍정적인 태도로 바꾸고 있다.

💡 어휘 풀이

꼴머심 '꼴머슴'의 방언. 땔나무나 꼴을 베는 일을 하는 어린 머슴.
푼수 상태나 형편.
양키 미국 사람을 낮잡아 이르는 말.
사세 일이 되어 가는 형세.
늘품수 '늘품'의 방언. 앞으로 좋게 발전할 품질이나 품성.
암낭하다 '압령하다'의 방언. 물건을 호송하다.
가상 '가장자리'의 방언. 둘레나 끝에 해당되는 부분.
사추리 '샅'의 방언. 두 다리의 사이.
점철되다 관련 있는 상황, 사실 따위가 서로 이어지다.
너훌거리다 '너울거리다.'의 잘못. 물결이나 늘어진 천, 나뭇잎 따위가 부드럽고 느릿하게 자꾸 굽이져 움직이다.

🔖 구절 풀이

❶ 나 임종술이, ~ 들어 본 사람이요!" 종술은 무식하고 경제적으로 무능력하지만 저수지 감시원의 월급이 매우 적다는 사실에 자존심을 내세우며 제안을 거부하고 있다.

❷ "내가 자네라면은 ~ 같이 낚어 올리겠네. 예전에 익삼은 저수지에서 무단으로 도둑 낚시를 해 온 종술을 제지하려다 오히려 종술에게 봉변을 당한 적이 있으며, 그런 종술에게 감시원의 직책을 맡김으로써 그의 낚시를 제어하는 이중적인 효과를 기대하고 있다.

❸ 제각각 색깔 다르고 ~ 선망해 왔던가. 권력에 대한 종술의 한 맺힌 상처가 권력을 꿈꾸는 선망으로 이어지고 있음을 보여 준다.

가 "에이 여보쇼들, 저수지 감시가 뭐요, 감시가! 내가 게우 오만 원짜리 *꼴머심 *푼수배끼 안 되는 것 같소? ❶나 임종술이, 이래 뵈야도 왕년에는 사장님 소리까장 들어 본 사람이요!"

그것은 공연한 허풍 아닌 사실이었다. 『동대문의 시장 바닥에서 처음에는 목판부터 시작해서 나중에 포장마차를 할 때라든지, 마지막으로 *양키 물건에 손을 대기까지 종술은 그를 상대하는 사람들로부터 좋은 의미로든 나쁜 의미로든 좌우간 사장님 소리를 곧잘 듣곤 했었다. 딸 하나를 낳아 놓고는 호남 지방의 야산 개발 사업이 한창일 무렵에 마을에 가끔 나타나던 측량 기사 보조원인지 뭔지 하고 눈이 맞아서 달아나 버린 마누라까지도 처음에는 자기를 사장님이라고 불렀었다. 식도 안 올리고 살림부터 차린 그녀를 처음 만난 곳이 그가 한때 단골로 드나들던 맥주홀이었다.

[A] "무작정 화를 낼 일만은 아니네. 사람이 과거는 어쨌을망정 시방은 *사세에 따를 줄도 알어야 장차 또 *늘품수가 생기는 뱁이지. 안 그런가? 한번 자알 생각혀 보소."

지칠 줄 모르는 최 사장의 끈기에 힘입어 익삼 씨도 다시 설득에 나섰다.

[B] ❷"내가 자네라면은 나는 기왕 낚시질허는 짐에 비단잉어에다 월급봉투를 *암낭혀서 한목에 같이 낚어 올리겠네. 삽자루 들고 땅띄기허는 배도 아니고 그냥 소일 삼어서 감시원 완장 차고 물 *가상으로 왔다리갔다리 허면서……."

▶ 종술에게 저수지 감시직을 제안하는 최 사장과 익삼

나 "완장요!"

그렇다. 완장 바로 그것이었다. 그것이 순간적으로 종술의 흥분한 머리를 무섭게 때려서 갑자기 멍한 상태로 만들어 놓는 것이었다. / "팔에다 차는 그 완장 말입니까?" [중략]

"이 사람아, 팔 완장 말고 기저구맨치로 *사추리에다 차는 완장이라도 봤는가?"

완장이란다! 왼쪽 팔에다 끼고 다니는 그 완장 말이다!

본래 잽싼 데가 있는 최 사장이었다. 그는 우연히 튀어나온 완장이란 말에 놀랍게도 민감한 반응을 보이는 종술의 허점을 간파하고는 쥐란 놈이 곳간 벽에 구멍을 뚫듯 거기를 집중적으로 공격하기로 마음먹었다. / "종술이 자네가 원헌다면 하얀 완장에다가 뻘건 글씨로 감시원이라고 크막허게 써서 멋들어지게 채워 줄 작정이네."

고단했던 생애를 통하여 직접으로 간접으로 인연을 맺어 온 숱한 완장들의 기억이 주마등처럼 종술의 뇌리를 스쳤다. 완장의 나라, 완장에 얽힌 무수한 사연들로 *점철된 완장의 역사가 *너훌거리는 치맛자락의 한끝을 슬쩍 벌려 바야흐로 흔들리기 시작하는 종술의 가슴을 유혹하고 있었다. / 시장 경비나 방범들의 눈을 피해 전 재산이나 다름없는 목판을 들고 이 골목 저 골목으로 끝없이 쫓겨 다니던 시절, 도로 교통법 위반이다 뭐다 해서 걸핏하면 포장마차에 걸려 오던 시비와 단속들, [중략]

어느 시기나 다 마찬가지로 돈을 벌어 보려고 몸부림치는 그의 노력 앞에는 언제나 완장들이 도사리고 있었던 셈이다. 완장 앞에서는 선천적으로 약한 체질이었다. 완장 때문에 녹아나는 건 늘 제 쪽이었다. ❸제각각 색깔 다르고 글씨도 다른 그 숱한 완장들에 그간 얼마나 많은 한을 품어 왔던가. 그리고 다른 한편으로는 그 완장들을 얼마나 또 많이 선망해 왔던가. 완장이란 말 한마디에 허망하게 무너지는 자신을 종술은 속수무책으로 방관만 하고 있었다.

▶ 완장에 대한 종술의 과거 경험과 완장에 대한 선망

• **중심 내용** 최 사장과 익삼은 완장과 함께 저수지 관리직을 종술에게 제안함.　　　• **구성 단계** 발단

이해와 감상

　이 작품은 주인공 임종술이 완장을 차고 저수지 감시원으로 활약하게 되는 과정과 그 결과를 통해 위선적 권력과 그 권력을 향하는 인간의 욕망이 얼마나 집요하고 공허한 것인지를 다룬 소설이다. 처음에는 완장에 대한 단순한 선망 정도의 모습을 보이던 종술은 시간이 흐를수록 집착과 과대망상의 경향을 보이며 저수지의 물과 물고기 등 주변의 모든 자연물이 자신의 소유이자 자신이 지켜야 할 대상이라는 착각에 빠지게 되고 스스로 파멸의 길을 자초한다. 한편 종술을 감시원으로 고용한 최 사장은, 국가 권력과 결탁한 자본 권력을 대변하는 인물로서 이를 통해 인근 지역의 농민들에게 매우 중요한 공동 자원인 저수지를 함부로 사유화할 수 있었던 당시의 부조리한 현실을 드러낸다. 특히 이 작품은 운암댁(종술의 어머니)의 과거 회상을 통해 '완장'을 중심으로 한 부조리한 현실이 역사적으로 반복되어 온 구조적 모순임을 드러내고 있다.

전체 줄거리

발단	종술은 완장에 현혹되어 판금 저수지 감시원으로 일하게 되고, 종술의 어머니(운암댁)는 남편의 과거 행적을 떠올리며 불길한 기운을 느낀다.
전개	완장을 찬 종술은 권력자가 된 듯이 저수지에 온 사람들에게 횡포를 부리며 안하무인으로 행동한다.
위기	읍내를 나갈 때도 완장을 두르고 나간 종술은 완장의 힘을 과신하여 행동하다가 감시원 자리에서 쫓겨난다.
절정	종술은 가뭄 해소책으로 저수지 물을 빼야 한다는 수리 조합 직원, 경찰과 부딪친다.
결말	종술은 완장의 허황됨을 알려 주는 부월의 충고를 받아들이고 부월과 함께 고향을 떠난다.

인물 관계도

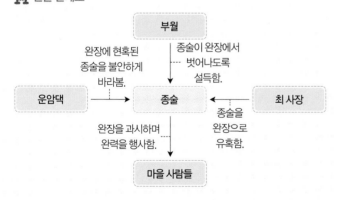

작품 연구소

종술이 완장에 현혹된 이유

종술의 과거		종술에게 완장의 의미
돈을 벌어 보려고 몸부림치는 종술의 노력 앞에 완장들이 도사리고 있어 종술은 완장에 주눅들 수밖에 없었음.	➡	• 한 맺힌 상처 • 자신도 권력을 지닐 수 있다는 선망의 대상

키 포인트 체크

인물 종술은 완장에 대해 일종의 □□ 의식을 느끼면서 한편으로는 완장을 □□하고 있다.

배경 완장의 비극을 경험했던 운암댁과, 1970년대 자본 권력에 의해 만들어진 완장에 집착하는 종술을 통해 □□의 폭력성과 허황성을 보여 준다.

사건 최 사장과 익삼은 종술에게 □□□ 감시직을 제안하고 종술은 최 사장의 □□이라는 말에 마음이 흔들리고 있다.

1 이 글에 대한 설명으로 가장 적절한 것은?

① 간결한 문장을 반복하여 상황의 긴박함을 강조하고 있다.
② 공간의 이동에 따라 인물 간의 관계의 변화를 나타내고 있다.
③ 인물의 지나간 일을 서술자가 요약적으로 제시하고 있다.
④ 액자식 구성으로 사건에 대한 독자의 신뢰를 높이고 있다.
⑤ 부정적 가치관의 서술자를 내세워 독자의 판단을 유도한다.

2 [A]와 [B]에 대한 이해로 가장 적절한 것은?

① [A]는 상대방의 비도덕성을, [B]는 상대방의 경솔함을 비난하고 있다.
② [A]는 상대방의 과거 행적을, [B]는 상대방과의 인연을 강조하고 있다.
③ [A]는 상대방의 현재 처지를, [B]는 상대방이 얻을 이익을 언급하고 있다.
④ [A]와 [B]는 자신의 경험을 들어 상대방의 태도를 비난하고 있다.
⑤ [A]와 [B]는 상대방의 우유부단함을 지적하며 빠른 결정을 촉구하고 있다.

내신 적중

3 〈보기〉를 바탕으로 이 글을 감상한 내용으로 가장 적절하지 않은 것은?

┤ 보기 ├

　완장은 특별한 직분을 상징하는 기능을 하는데, 이 작품에서는 권력의 상징이자 감시 도구를 의미하며, 권력에 대한 인물들의 다양한 태도를 드러내는 도구로 활용되고 있다.

① '시장 경비나 방범들'의 완장은 특별한 직분을 드러낸다.
② '걸핏하면' '걸려오던 시비'는 완장의 권력을 이용한 것이다.
③ 그가 '돈을 벌어 보려고 몸부림'쳤던 이유는 권력을 상징하는 완장을 얻기 위해서이다.
④ '숱한 완장들'은 감시로 인해 여러 번 제지당했음을 드러낸다.
⑤ '한을 품'거나 '선망'한 것은 완장에 대한 인물의 태도를 보여 준다.

4 다음은 이 글에 제시된 내용을 근거로 '종술'의 심리를 정리한 것이다. ⓐ, ⓑ에 들어갈 적절한 내용을 쓰시오.

본문 내용		종술의 심리
(　ⓐ　)	➡	저수지 감시직에 대한 거부감
완장이란 말 한마디에 ~ 방관만 하고 있었다.	➡	(　ⓑ　)

묘연하다 소식이나 행방 따위를 알 길이 없다.

치부하다 마음속으로 그러하다고 보거나 여기다.

자발머리없다 '행동이 가볍고 참을성이 없다.'라는 의미인 '자발없다'를 속되게 이르는 말.

근신하다 몸가짐이나 행동을 삼가다.

자작농 자기 땅에 자기가 직접 농사를 짓는 농민.

공유수면관리법 바다·하천·호수·늪 등 기타 공공용으로 사용되는 국유의 수류(水流) 또는 수면(水面) 등에 적용되는 법.

지서장 본서의 관리 하에서 일정 지역의 업무를 맡아보는 관청의 직무를 주관하는 사람.

핫질 가장 질이 낮은 행동이나 수단.

오기 능력은 부족하면서도 남에게 지기 싫어하는 마음. 또는 잘난 체하며 방자한 기운.

시앗 남편의 첩.

Q '운암댁'이 아들 둘을 낳고도 스스로 근신한 이유는?

자신의 행복을 시샘하는 불행이 찾아올지도 모른다는 불안감 때문이다.

◈ 구절 풀이

❶ **완장을 찬 일본군 ~ 처지기 때문이었다.** 운암댁이 남편과 함께 일제 강점기에 완장을 찬 헌병에게 끌려갔던 경험을 떠올리며 두려워하는 장면으로, 완장으로 형상화된 억압과 폭력이 비단 현재의 문제만이 아니라 역사적으로 반복되어 온 것임을 드러내고 있다.

❷ **운암댁은 여전히 ~ 치부하고 있었다.** 완장 앞에서 운암댁을 비롯한 많은 사람들은 두려움을 느끼며 위축되지만, 그것은 완장을 지닌 사람에 대한 인간적 경외감이 아니라 완장이 상징하는 권력에 대한 공포를 경험했기 때문이다.

❸ **요 완장 뒤에는 법이 있어 공유수면관리법이.** 국가 권력을 앞세워 저수지를 사유화하기 위한 법적 근거로 악용되고 있는 것이 공유수면관리법인데, 무지한 종술은 이와 같은 사실을 인식하지 못한 채 자신의 완장(권력)을 정당화하는 근거로 내세우고 있다.

❹ **권력 중에서도 ~ 차지란 말여!** 가장 높은 위치에 있는 권력이 자신들의 이익을 위해 종술을 단순한 도구로 사용하고 있으므로 부월은 이와 같은 사실을 종술에게 이해시켜 그가 완장에 대한 공허한 집착에서 벗어나기를 바라고 있다.

Q '종술'이 '공유수면관리법'을 언급하는 이유는?

자신이 완장을 차고 하는 거드름, 힘의 과시, 폭력 등의 행위가 합법적인 것임을 강조하기 위해서이다.

◈ 작가 소개
윤흥길(본책 202쪽 참고)

[중략 부분의 줄거리] 해방 이전 일제가 양식을 공출해 가자 종술의 아버지는 구들장 밑에 식량을 감추었다가 이웃 박가의 밀고로 완장을 찬 일본 헌병대에게 끌려가 모진 고문을 당해 오른손이 불구가 된다.

가 ❶완장을 찬 일본군 헌병이라면 생각만 해도 몸서리가 쳐지기 때문이었다. 특히 헌병대에서 보조원으로 일하는 조선 사람들이 같은 조선 사람한테 심하게 굴었었는데, 운암댁은 그들이 일본 헌병 앞에서 꼼짝도 못 하고 손발처럼 시키는 대로 움직이는 걸 직접 눈으로 보았기 때문에 완장에 대한 공포심이 더욱 커졌던 것이다.

해방이 되자 남편은 눈에다 불을 켜고 박가를 잡으러 나섰다. 그러나 박가는 어느 구멍으로 숨어 버렸는지 종적이 ●묘연했다. 운암댁은 제때에 알아서 몸을 피해 준 박가한테 차라리 감사하고 싶은 마음이었다. 남편이 꼭 무슨 일을 저지르고야 말 사람 같았기 때문이다.

해방을 맞아 세상이 완전히 뒤바뀌었는데도 운암댁의 뇌리에서는 완장의 악몽이 떠나지 않았다. ❷운암댁은 여전히 완장이란 물건을 절대적인 권세의 상징으로 ●치부하고 있었다. [중략] 첫아들하고 네 살 터울로 운암댁은 둘째 아들 종술이를 얻었다. 떡두꺼비 같은 아들 둘을 나란히 낳았으니까 그것만으로도 운암댁은 임씨 가문의 며느리로서 이제 구실을 다 한 셈이라고 생각했다. 그러고는 그것이 얼마나 건방진 생각인가를 갑자기 깨달으면서 자신의 ●자발머리없음에 금방 후회를 느꼈다. 자신의 행복한 처지를 시샘하는 어떤 강력한 힘이 있을 것만 같아 늘 자식 자랑을 삼가고 스스로 ●근신하는 생활을 했다.

다행히도 남편은 다시 마음을 잡고 불구의 오른손일망정 열심히 놀려 ●자작농으로서의 살림을 실속 있게 꾸려 나갔다. 적어도 전쟁이 터지기 전까지는 집안에서 아무런 불길한 일도 일어나지 않았다. 그러나 6·25 사변……

그것은 두 번 다시 떠올리기조차 끔찍한 체험이었다. 그것이 결국 운암댁한테서 소중한 것의 전부를 말짱 휩쓸어 가 버렸다. 완장과 함께 찾아와서 완장과 함께 물러간 운암댁의 6·25는 그것이 한 번 떠오를 적마다 반드시 침을 세 번씩 뱉고 땅을 구르지 않으면 안 될 만큼 엄청난 재앙이었다. ⓐ그때의 기억을 또다시 되살리게 만드는 것보다 더 큰 형벌은 운암댁에게 없었다.

▶ 운암댁의 완장과 관련된 끔찍한 경험

나 "세 식구 목숨허고도 안 바꿀 만침 소중한 것이 그 완장이여?"

"너는 임종술이가 아니여. 너는 김부월이여. 차고 댕겨 본 적도 없으니께 부월이는 완장을 몰라. ❸요 완장 뒤에는 법이 있어 ●공유수면관리법이." [중략]

[A] "나도 알어! 눈에 뵈는 완장은 기중 벨 볼 일 없는 하빠리들이나 차는 게여! 진짜배기 완장은 눈에 뵈지도 않어! 자기는 ●지서장이나 면장 군수가 완장 차는 꼴을 봤어? 완장 차고댕기는 사장님이나 교수님 봤어? ❹권력 중에서도 아무 실속 없이 넘들이 흘린 뿌시레기나 줏어 먹는 ●핫질 중에 핫질이 바로 완장인 게여! 진수성찬은 말짱 다 뒷전에 숨어서 눈에 뵈지도 않는 완장들 차지란 말여! 우리 둘이서 힘만 합친다면 자기는 앞으로 진짜배기 완장도 찰 수가 있단 말여!" [중략]

"종술씨, 그 완장 조깨 나한티 벗어 줘!" / "뭐 헐라고?" / "얼매나 잘생긴 지집이길래 그렇게나 종술 씨를 사죽 못 쓰게 맨들었는가 한번 귀경이나 헐라고."

남자가 못 이기는 척하고 벗어 주는 완장을 그녀는 조심스럽게 받아들였다. 한때나마 남자의 넋을 송두리째 사로잡았던 물건이었다. 남자의 욕망과 ●오기가 그 완장 속에는 채취처럼 짙게 배어 있었다. 그녀는 완장에다 살짝 입을 맞춘 다음 남자가 눈치채지 못하게시리 그것을 시커먼 저수지 위로 집어던졌다. ㉠마치 저보다 젊고 잘생긴 ●시앗이라도 제거해 버린 듯이 온통 가슴이 후련했다.

▶ 부월은 완장의 허위성을 이야기하며 완장을 저수지에 버림.

• 중심 내용 **(가)** 완장과 관련된 운암댁의 아픈 경험 / **(나)** 완장의 허위성   • 구성 단계 **(가)** 발단 / **(나)** 결말

작품 연구소

〈완장〉에 나타난 권력의 위계성

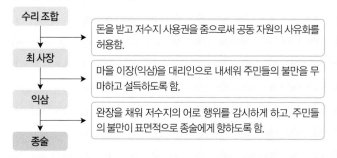

수리 조합	→	돈을 받고 저수지 사용권을 줌으로써 공동 자원의 사유화를 허용함.
최 사장	→	마을 이장(익삼)을 대리인으로 내세워 주민들의 불만을 무마하고 설득하도록 함.
익삼	→	완장을 채워 저수지의 어로 행위를 감시하게 하고, 주민들의 불만이 표면적으로 종술에게 향하도록 함.
종술		

'완장의 나라'의 의미

〈완장〉은 권력과 권위를 인간의 본능인 권력욕 측면에서 다루고 있는 작품이다. 하지만 이를 개인의 측면이 아닌 우리 민족의 과거와 현재의 불행한 상황도 권력에 대한 욕망에서 비롯된 것임을 밝히고 있다. 즉 6·25 전쟁을 야기한 이념의 대립, 빈부 간의 불평등, 지배와 피지배의 역학 관계가 모두 권력에 대한 집착을 바탕에 두고 있으며, 이는 타인과 공존하기보다는 지배하려는 속성을 지니고 있음을 이야기하고 있다. 과거 동대문에서 종술이 생계유지를 위해 했던 행위들이 당시 법에 위배되는 측면도 있으나, 이를 빌미로 약자에게 제 권력을 행사하려던 사회적 분위기를 '완장의 나라'라는 말로 표현한 것이다.

'가뭄'의 서사적 기능

종술은 완장과 저수지에 대한 지나친 집착으로 최 사장 일행의 낚시마저 금지하면서 저수지 감시직에서 해임된다. 하지만 이후에도 종술은 공유수면관리법과 완장을 내세워 저수지를 떠나지 않으며, 최 사장, 익삼 등과 갈등한다. 그런데 오랜 기간 가뭄이 계속되자 수리 조합에서는 저수지의 물을 농업용수로 방류하고 최 사장도 방류했던 물고기를 다시 회수하기로 결정한다. 이는 공권력에 의해 저수지(양어장)의 물이 없어짐으로써 종술이 지켜 내려고 했던 완장의 힘이 완전히 사라지게 되었음을 의미한다.

자료실

윤흥길의 삶과 가난

전쟁과 가난은 윤흥길의 작품에서 일관되게 다루어진 소재이다. 윤흥길은 2남 4녀 중 장남으로 태어났는데, 어렵게 장만한 집이 무허가 판잣집이라는 이유로 강제 철거당하기도 하고, 사범대 졸업 후 재직한 학교의 경영 방침에 반발하여 사직하면서 지독한 가난을 겪는다. 이때 성남에서의 체험은 〈아홉 켤레의 구두로 남은 사내〉의 배경이 되기도 한다. 작가로서 이름이 꽤 알려진 후에도 생계유지에 한동안 어려움을 겪었으나 지인의 도움과 활발한 작품 활동으로 안정적인 삶을 살게 된 그는, 가난이라는 거대한 현실의 벽 뒤에 숨은 부조리한 세계에 대한 비판 정신을 바탕으로 사회의 일면을 작품으로 형상화하고 있다.

함께 읽으면 좋은 작품

〈미스터 방〉, 채만식 / 권력을 추구하는 기회주의적 인물의 몰락을 그린 작품

해방 이후 방삼복이라는 인물이 미군 장교에게 잘 보여 '미스터 방'으로 불리게 되면서 마치 큰 권세를 얻은 것 같은 허영과 자만심에 빠져 있다가 결국 몰락한다는 내용을 담은 작품이다. Link 본책 136쪽

〈소문의 벽〉, 이청준 / 억압적 사회 분위기와 권력의 폭력성을 다룬 작품

정신병에 걸린 소설가와 그의 소설에 사용된 전짓불이라는 소재를 통해 표현의 자유가 보장되지 않는 억압된 시대적 상황을 형상화한 작품이다.

---

5 이 글의 인물에 대한 학생들의 반응으로 적절하지 않은 것은?

① 종술은 자신의 행위를 정당화하기 위해 법적 근거를 내세우고 있군.

② 운암댁의 남편은 박가를 찾을 수 없게 되자 근신하는 태도를 보이고 있군.

③ 헌병대 보조원으로 일한 조선 사람들은 강자에게 약하고 약자에게 잔인하게 굴었군.

④ 운암댁은 두 아들을 낳은 후에도 완장과 관련된 불길한 느낌에서 쉽게 벗어나지 못하고 있군.

⑤ 부월이는 종술에게 완장에 대한 집착을 버릴 것을 종용하며 욕망에서 벗어나기를 바라고 있군.

6 〈보기〉를 참고하여 이 글을 감상한 내용으로 적절하지 않은 것은?

> **보기**
>
> 이 작품에서 완장은 권력의 하수인임을 표시한 것에 불과한 것이므로 매우 보잘것없다. 그러나 이를 의식할 만큼의 지식이 부족한 종술은, 권력에 대한 중독적 집착과 열망만을 드러낸다.

① '벨 볼 일 없는 하빠리'는 보잘것없는 완장의 힘을 나타낸 것이군.

② '핫질 중에 핫질이 바로 완장'이라는 것을 통해 완장의 본질에 대한 종술과 부월의 인식 차이가 드러나는군.

③ '눈에 뵈지도 않는 완장'이란 하수인을 내세운 채 실체를 드러내지 않는 권력을 의미하는군.

④ '진짜배기 완장도 찰 수가 있다'는 것은 배움을 통해 종술도 권력을 얻을 수 있음을 강조한 표현이군.

⑤ '사죽 못 쓰'는 것을 통해 완장에 대한 종술의 집착을 알 수 있군.

중요 기출

7 [A]에 대한 설명으로 적절한 것끼리 묶인 것은?

> **보기**
>
> ㄱ. 쏘아붙이는 어투로 상대를 몰아붙이고 있다.
> ㄴ. 뜻밖의 질문을 하여 호기심을 유발하고 있다.
> ㄷ. 다양한 조건을 내세워 상대를 회유하고 있다.
> ㄹ. 상대의 생각에 동조하면서도 반성을 요구하고 있다.
> ㅁ. 상대의 생각을 반박하면서 자신의 바람을 드러내고 있다.

① ㄱ, ㄷ　② ㄱ, ㅁ　③ ㄴ, ㄹ　④ ㄴ, ㅁ　⑤ ㄷ, ㄹ

중요 기출

8 ㉠의 의미와 가장 가까운 말은?

① 산 넘어 산이다

② 가던 날이 장날

③ 단김에 소뿔 빼듯

④ 열흘 붉은 꽃이 없다

⑤ 앓던 이 빠진 것 같다

9 '운암댁'으로 하여금 ⓐ를 떠올리도록 만든 사건이나 상황이 무엇인지 구체적으로 쓰시오.

문학 해냄

🎯 핵심 정리

갈래 단편 소설, 사회 소설
성격 사실적, 상징적
배경 ① 시간 – 1980년대
　　　② 공간 – 도시의 대학교
시점 전지적 작가 시점
주제 인간적인 정과 원칙 사이에서의 갈등
특징 ① 북한의 특징적인 어휘나 표현 방식이 잘
　　　드러남.
　　　② 이념보다는 인간의 내면 심리를 섬세하
　　　게 그려 냄.
　　　③ 북한 사람들의 삶의 모습을 생생하게 드
　　　러냄.
출전 《조선 문학》(1985)

💡 어휘 풀이

헐다 일 따위가 힘이 들지 아니하고 수월하다.
래일 '내일'의 북한식 표기. 두음 법칙을 적용하
지 않는 북한식 표기. 예를 들어 료양소(요양소),
레외(예외), 랭혹히(냉혹히), 량심(양심) 등이 있다.
열쩍다 '열없다'의 북한어. 다소 겸연쩍고 부끄럽
다.
관성력 정지하고 있는 물체는 계속 정지하고자
하며, 움직이고 있는 물체는 계속 움직이고자 하
는 힘.

> **Q** '석훈'의 심리가 복잡한 이유는?
>
> 석훈은 원칙에 충실한 삶을 사는 사람이다. 그러
> 나 자신의 목숨을 살려 준 복부외과 과장의 아들
> 을 합격시키기 위해 자신이 지켜 왔던 원칙을 어
> 기고 있다. 여기에서는 자신이 지켜 왔던 원칙과
> 인정 사이에서 고민하는 인간의 보편적인 모습
> 이 나타나고 있다.

⚙️ 구절 풀이

❶ **어쩐지 배의 ~ 짊어진 것 같다.** 석훈이 느끼
는 복부외과 과장에 대한 의리와 자신의 지위
사이에서 오는 갈등과 부담을 복부의 통증과
어깨에 짊어진 바위로 표현하고 있다.

❷ **석훈은 온몸을 ~ 가벼이 숨을 내그었다.** 대
놓고 복부외과 과장의 아들을 면접하자고 이
야기하지 못해 고민하던 중에 복부외과 과장
과 사촌뻘이 되는 지도원 동무가 먼저 복부외
과 과장의 아들을 면접 대상자로 제시하여 심
적 부담을 덜고 있는 모습이다.

❸ **석훈은 아까와 같이 힘겹게 말을 짜냈다.** 복
부외과 과장의 아들을 합격시키기 위해 불합
격시켜야 하는 학생을 불러 면접을 봐야 하는
심적 부담으로 인해 힘겹게 말을 짜내고 있다.

❹ **석훈은 일생에 ~ 심정을 달래고 위안했다.**
정직한 삶을 살았던 석훈이 원칙을 어기려는
자신에 대한 심적 부담을 덜기 위해 이런 일은
처음이자 마지막이라며 스스로를 달래고 있다.

[앞부분의 줄거리] 대학 학장인 리석훈은 장 불통증으로 20여 일의 입원을 마치고 입원 기간에 자신의 주치의였던 복
부외과 과장을 자신의 집으로 초대하기 위해 그의 집으로 찾아가는데 외과 과장과 대화하다가 그의 아들이 대학 입학 기
준에 2점이 미달되었다는 것을 알게 된다. 그의 아들이 지원한 학교가 자신이 학장으로 있는 대학임을 알게 된 석훈은
그에 대한 동정심과 의리로 아들의 이름을 수첩에 받아 적고 그 아들을 합격시키기 위한 방법을 고민한다.

[가] '이 사람이 내 의도를 알아차려서 그러는 걸가……? 아니면……?'

석훈은 학장의 체모와 위신과 원칙을 떠나서 아래사람의 눈치를 살피는 구차한 자기를
거울 보는 듯싶어 온몸이 달아올랐다. ❶어쩐지 배의 수술 부위가 뜨끔거리고 잔등에는 바
위를 짊어진 것 같다. 복부외과 과장에 대한 의리를 지킨다는 것이 *헐치 않으며 이보다 더
한 괴로움과 모멸감과 수치감을 느껴야 할지도 모른다는 생각이 들자 그는 가슴이 조여드
는 듯했다. 석훈은 힘겹게 말을 짜냈다.
＜석훈이 느끼는 심리적 부담감＞

"지도원 동무, *래일 나한테도 인물 심사 받을 학생을 여라문 명 보내 주시오."
＜여남은. 열이 조금 넘는 수＞
"예, 저…… 수험 번호 133…… 학생을 보내랍니까……?" / "왜 133이요?"

"그 학생이 정철욱입니다." / 조심스레 말귀를 잇는 지도원의 얼굴에서 망설이던 기색은
＜지도원은 정철욱이 석훈에게 특별한 학생이라는 것을 알고 있음.＞
사라지고 그답지 않은 *열적은 미소가 번졌다.
＜원칙을 지키던 석훈이 원칙을 어길 수 있음을 직감함.＞
'아, 외과 과장과 사촌뻘이 된다고 했지…… 참 다행스런 일이구나…….'
＜사촌뻘＞
❷석훈은 온몸을 결박한 사슬의 압박감에서 벗어난 듯싶어 가벼이 숨을 내그었다. 그리
고는 순결치 못한 의도에 타당성을 부여하고 변명이나 하듯 나직이 밀했다.
＜자격이 되지 않는 학생＞＜외과 과장의 아들을 합격시키려는 의도＞
"예과에서 한 일 년쯤 머리를 싸매고 공부하느라면 우수한 학생들을 따라잡을 수 있지
않을가……?" [중략]

"그 학생하구…… 입학생으로 선정한 중에서…… 성적이 마감 순위에 있는 학생도 불러 주
시오."/ ❸석훈은 아까와 같이 힘겹게 말을 짜냈다.　＜정철욱을 합격시키기 위해서 불합격시켜야 하는 학생＞
　　　　　　　　　　　　　　　　　　　　　　　　▶ 원칙을 어겨 가며 자신을 치료한 의사의 아들을 합격시키려는 석훈

[나] "도 인민 위원회 부위원장 동지의 딸이 우리 대학에 시험을 쳤습니다. 그런데…… 성적
이 입학 기준에서 좀 떨어집니다."

지도원의 얼굴은 '정철욱'이 말을 꺼낼 때와는 달리 웃사람에 대한 순종감으로 해선지 퍽
자연스러웠다.　＜개인적인 관계가 아니라 조직에서의 관계로 부담이 적음.＞

"학장 동지가 료양소에서 오시기 전에 부위원장 동지가 세 번이나 전화를 걸어왔습니다."
＜권력자의 압박으로 인한 부담감을 드러냄＞
지도원은 자기로서는 어찌할 수 없다는 듯 난감한 표정을 지었다.

"거절하지 못했단 말이지……. 아무튼 생각해 봅시다."

석훈은 지도원에게 입학생 문제에선 그 누구도 례외로 될 수 없다는 것을 랭혹히 말해
주지 못하는 것이 괴로웠다. ㉠그러기에는 이미 량심이 허락치 않는 것이다. 어쩐지 불안
　　　　　　　　　　　　　　＜이미 자신이 원칙을 어기고 있으므로＞
스러웠다. 의사에 대한 인정과 개인적 의리에 끌려 원칙을 벗어난 복잡하고 깨끗치 못한
일에 발을 들여놓고 있으며 벌써 그 *관성력으로 걸어 나가는 새로운 자기를 본 것이다. 그
　　　　　　　　　　　　　　　　　　　　　　　　＜원칙을 어기는 일을 연이어 하고 있는 자신을 봄.＞
러나 석훈은 물러설 수 없음을 느꼈다. 사람들의 생명과 건강을 위해 그토록 헌신하는 의
사, 외과 과장의 고민, 희망을 외면하기에는 때가 늦은 것이다. 무엇 때문에 입학생으로 선
정된 215번째의 학생을 만나려고 했던가……? 그를 정철욱 대신 고려할 대상으로 점찍지
＜성적이 마감 순위에 있는 학생＞
않았는가……? 그렇다. ❹석훈은 일생에 단 한 번 처음이자 마감으로 량심을 속인다고 생각
했다. 그것으로 복잡하고 불안스런 심정을 달래고 위안했다.　▶ 원칙을 어기려는 석훈의 내면적 고뇌

> • 중심 내용 의리와 청탁으로 자신의 원칙을 어겨야 할 상황이 된 석훈　　　• 구성 단계 위기

이해와 감상

이 작품은 1985년에 북한에서 발표된 단편 소설로, 그해의 북한 문학의 성과로 평가되기도 한 작품이다. 이 소설은 북한의 한 대학의 입학시험을 소재로 양심적인 교육자의 모습과 인간형을 그리면서 정직한 삶이라는 보편적인 주제 의식을 전달하고 있다.

이 작품은 어떻게 사는 것이 바른 삶인지에 대한 질문을 던진다. 그리고 그 해답으로 인정 따위에 흔들리지 않고 원칙을 견지하며 사는 삶이 중요함을 강조한다. 작가는 북한 사회에서 강조하는 이러한 삶의 문제를 직접적으로 제시하지 않고 인물의 눈과 입을 통해 치밀하게 묘사하고 있다. 학장으로서 지켜야 할 원칙과 인간의 정리(情理) 사이에서 갈등하는 한 교육자의 모습에서 보듯, 소설에 등장하는 인물들은 사회 체제에 도식적으로 맞춰진 인물이라기보다는 삶의 질감이 느껴지는 인물들이다. 이 소설의 바탕에는 이러한 인물들에 대한 작가의 신뢰와 애정이 흐르고 있다.

전체 줄거리

발단	대학의 학장인 리석훈은 소장이 꼬이는 병에 걸려 시 병원 복부외과에서 수술을 받고, 자신을 구해 준 외과 과장을 생명의 은인으로 여긴다.
전개	외과 과장을 저녁 식사에 초대하러 가는 길에 자신의 일에 최선을 다하는 도로 관리원과 인사를 나눈다. 이후 외과 과장과 대화를 하다가 외과 과장의 아들이 자신이 근무하는 대학을 희망한다는 사실을 알고 아들의 이름을 수첩에 적는다.
위기	외과 과장의 아들 이외에 도 인민 위원회 부위원장의 딸도 합격시켜 달라는 청탁에 석훈은 정신적인 괴로움을 느낀다.
절정	석훈은 외과 과장의 아들이나 도 인민 위원회 부위원장의 딸을 합격시키기 위해 불합격시켜야 하는 학생의 면접에서 그 학생의 가능성을 확인하고, 그 학생이 도로 관리원의 아들임을 알게 된다.
결말	부정 입학을 막고 순리대로 합격생을 선발한 후에 외과 과장에게 미안함을 비쳤으나 외과 과장은 오히려 그러한 결정에 공감한다.

인물 관계도

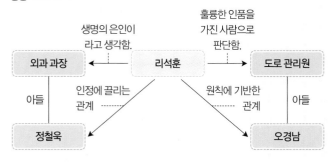

작품 연구소

제목 '생명'의 의미

이 작품의 제목은 '생명'으로, 외과 과장과의 대화에서 의미하는 바를 유추할 수 있다. 외과 과장은 자신의 아들이 대학에 불합격한 후 "환자의 가슴에 청진기를 댄 의사는 융화를 모릅니다. 병세에 대한 무원칙은 죽음을 의미하지요. 그래서 의술은 생명 앞에서 공정합니다. 난 그걸 철칙으로 알고 있으면서도 학장 선생이 사회의 륜리를 벗어나서 내 아들 문제를 처리할 걸 은근히 기다렸댔습니다. 생명을 판가리하는 예리하고 가차 없는 수술칼을 손에 쥐고서 말입니다."라고 말한다. 이를 통해서 인정 따위에 흔들리지 않고 원칙을 지키며 사는 삶이 중요함을 강조한다. 그것이 바로 '생명', 즉 사람이 반드시 지켜 나가야 할 가장 중요한 원칙이라는 것이다.

키 포인트 체크

인물 석훈은 자신의 목숨을 구해 준 외과 과장과의 인간적인 □□와 학장으로서 공정한 입시를 진행해야 하는 □□ 사이에서 갈등하고 있다.

배경 북한 사회를 배경으로 하여 대학 □□를 둘러싸고 벌어지는 사건을 그리고 있다.

사건 석훈은 외과 과장의 아들과 인민 위원회 부위원장의 딸을 합격시켜 달라는 □□을 받고, 불합격시켜야 하는 학생의 □□을 본다.

1 이 글의 서술 방식에 대한 설명으로 가장 적절한 것은?

① 계절적 배경을 통해 인물의 심리를 암시하고 있다.

② 인물 간의 대화를 통해 인물 사이의 첨예한 갈등을 부각시키고 있다.

③ 인물의 대사와 행동을 통해 인물의 심리를 세밀하게 묘사하고 있다.

④ 주인공의 의식을 통해 당대 사회에 대한 비판 의식을 드러내고 있다.

⑤ 반어적이고 풍자적인 표현을 통해 인물에 대한 비판적 시각을 드러내고 있다.

2 이 글을 통해 알 수 있는 내용으로 적절하지 않은 것은?

① 지도원과 석훈은 모두 정철욱을 알고 있다.

② 석훈은 평소에 원칙대로 업무를 하는 사람이다.

③ 석훈은 당당하지 못한 자신의 모습을 못마땅해한다.

④ 석훈은 학생들을 선발함에 있어서 영향력이 있는 지위에 있다.

⑤ 지도원과 석훈은 경제적인 이익을 위해서 서로 협력하고 있다.

3 ㉠의 이유로 가장 적절한 것은?

① 이미 자신이 예외를 인정했으므로

② 평소 자신의 소신과 맞지 않으므로

③ 자신이 생각하기에 정당한 것이므로

④ 세상에는 예외가 너무 많이 존재하므로

⑤ 지도원이 정당하지 못한 요구를 했으므로

4 '석훈'이 자신의 양심을 속이는 것을 정당화하기 위한 논리 두 가지를 (가)와 (나)에서 각각 찾아 쓰시오.

내신 적중 多빈출

5 이 글에 드러나는 주요 갈등을 인정과 원칙 사이의 갈등이라고 할 때, '석훈'이 지켜야 할 원칙이 무엇인지 쓰시오.

IV. 1960년대~1980년대

☀ 어휘 풀이

인물 심사 면접을 뜻하는 북한말.

지꿎다 '짓궂다'의 북한어. 장난스럽게 남을 괴롭고 귀찮게 하여 달갑지 아니하다.

고등중학교 북한의 11년제 의무 교육 체제 안에서 인민학교를 졸업한 학생들이 들어가는 중학교와 고등학교를 병합한 중등 교육 기관.

유린하다 남의 권리나 인격을 짓밟다.

모멘트(moment) 어떤 물리량을 어떤 정점 또는 축에서 그 물리량이 있는 곳까지의 거리의 거듭제곱으로 곱한 양.

혀아래소리 '혀아랫소리'의 북한어. 잘 들리지 아니하게 입 안의 소리로 하는 말.

감빨다 아무지게 입으로 빨다.

Q 북한 말과 북한식 표기의 특징은?

이 글은 북한 말과 북한식 표기를 잘 보여 주고 있다. 전체적으로는 작품을 이해하는 데 큰 어려움이 없다는 점에서 한민족 문학의 동질성을 느낄 수 있지만 두음 법칙을 적용하지 않는다든지 평양말을 중심으로 한 문화어(북한의 표준어)가 다소 이질적으로 읽힌다.

🐾 구절 풀이

❶ 숱진 눈썹, 평상시엔 ~ 어덴지 낮익은 데가 있었다. 작품의 후반부에서 이 학생은 석훈이 존경 어린 시선으로 바라보았던 도로 관리원의 자녀임을 알게 되는데 이에 대한 복선에 해당하는 부분이다.

❷ 다른 학생들을 ~ 질문을 하게 되지 않았다. 석훈은 이 학생을 면접에서 떨어뜨려야 하는 심적 부담을 가지고 있어 학생에 대한 면접이 자연스럽지 못함을 드러내고 있다.

❸ 복부외과 과장을 위한 일이 ~ 점점 통감하게 되었다. 원칙을 어기며 오경남 학생을 떨어뜨리기 위한 면접을 하면서 석훈이 느끼는 심적 부담이 생각했던 것보다 더 크게 느껴지고 있음을 드러내고 있다.

❹ 철학에 대해 알고 있는 ~ 발전 력사를 조리 있게 풀었다. 복부외과 과장의 아들과 인민 위원회 부위원장의 딸을 합격시키기 위해 떨어뜨려야 하는 오경남 학생의 우수함이 드러나는 부분으로, 오경남 학생의 우수함이 클수록 석훈의 죄책감이 커지게 된다.

Q 인물 심사에서 '석훈'이 느끼는 부담은?

석훈은 오경남 학생의 인물 심사를 진행하면서 그가 불합격해도 될 정도의 실력을 가지고 있기를 바라지만, 심사가 진행될수록 그 학생의 우수함을 확인하게 되고 그것을 무시해야 하는 자신의 상황에서 내적 갈등은 더 커지게 된다.

👤 작가 소개

백남룡(白南龍, 1949~)

소설가. 1979년 《조선문학》에 단편 〈복무자들〉을 발표하면서 작품 활동을 시작했다. 지금까지 대표작 〈벗〉, 〈생명〉을 비롯하여 20여 편의 작품을 발표하였으며 북한에서 최초로 서구에 작품이 알려진 북한의 대표 작가이다.

가 다음날. / 리석훈 학장은 수험생들의 *인물 심사에 여러 시간을 바쳤다.

세 번째로 방에 들어선 학생은 례의 그 215번째 학생이었다. 물이 약간 바랜 중학생 교복을 입은 그 학생은 방 가운데 놓인 의자에 단정히 앉았다. 몹시 긴장되는 모양이다. 어떤 질문이 들어올가 하는 데만 온 신경을 쓰는 듯 곁눈조차 살피지 않는다. ❶숱진 눈썹, 평상시엔 서글서글한 인상을 줄 듯싶은 검은 동자의 큰 눈, 오똑한 코, 두툼한 입술…… 학생의 얼굴은 어덴지 낮익은 데가 있었다.

'누구하고 비슷한가……?' / 석훈은 재학 중의 어느 학생의 동생일지도 모른다는 생각으로 *지꿎게 떠오른 의문을 일축해 버렸다.

이름은 오경남이고 강안 *고등중학교 졸업생이다. 두 손을 무릎에 포개고 앉은 경남의 철색을 띤 얼굴은 도시 학생이라기보다 먼 산간벽촌에서 온 학생처럼 어질게 보인다. / 석훈은 잠자코 학생을 바라보기만 했다. ❷다른 학생들을 상대로 하던 그런 자연스런 질문을 하게 되지 않았다. 순박하고 앞날에 대한 희망, 대학에 붙으려는 소원이 피처럼 끓고 있을 이 학생에게 무언가 질문하는 것 자체가 벌써 그를 *유린하려는 의도를 품고 그러는 것이 아닌가…….

그는 이미 점찍어 놓은 이 학생의 인물 심사를 차라리 자기가 하지 말았어야 했을 것이라고 후회하였다. / ❸복부외과 과장을 위한 일이 한걸음 한걸음 량심의 대숲을 헤쳐 나가는 어려운 길이며 자신의 그늘을 몰랐던 본심과 싸워야 하며 타협과 원칙의 예리한 칼날 우에 올라서는 준엄한 일이라는 걸 점점 통감하게 되었다. 그러나 이미 힘이 가해진 관성차는 물리학의 법칙대로 *모멘트가 큰 방향으로 굴러갔다.

▶ 석훈은 불합격하게 될 학생을 면접하면서 심적 부담을 느낌.

나 "학생은…… 시험을 잘 치지 못했더군 그래……." / 석훈은 조용히 말했다.

순간, 오경남의 긴장했던 얼굴에 불안과 후회의 구름이 꽉 끼었다.

"수학 성적이 특히 낮소." / "전…… 미분을 적용하는 문제를…… 둘 다 틀리게 풀었습니다." 학생은 *혀아래소리로 말했다. / ⓐ"미분이란 개념이 뭔지는 아오?"

"그건 저…… 사물의 운동 과정을 시간적으로 공간적으로…… 아주 작게 미세하게 쪼개서 보는 방법입니다. 사물 운동에서 한순간을 수학적으로 고찰하는 개념입니다." [중략]

"알고 있는데 응용 문제는 잘못 풀었거던……."

"이제 다시 미분 문제를 내주십시오." / 학생은 자신 있게 청원했다.

"대학 입학은 중학교 진급처럼 추후 시험이 없소. 누구나 다 붙이는 목적이 아니니까. 입학 시험은 흘러간 시간과 같이 만회할 수 없는 거요. 실력만이 자기를 평가하고 변호할 수 있소." / "……."

학생은 고개를 떨군 채 입술만 *감빨고 있다. 무릎에 포갠 손은 맥없이 드리워졌다.

석훈은 대학의 문전에 온 이 어린 학생에게 본의 아니게 가슴 아픈 말을 했음을 깨달았다. 시험 성적이 낮기는 해도 입학 순위에 드는 학생한테 무엇 때문에 그런 차거운 말을 한단 말인가? 희망을 가지지 말고 불합격 통지를 받을 마음의 준비를 갖추라고……? 설사 그러더라도 이 자리에서야 따뜻한 말을 나눌 수 있잖는가!

석훈은 부드러운 어조로 말머리를 돌려 ⓑ정치 일반 상식을 한두 가지 물었다. / 학생의 입에서는 과녁을 향한 총알처럼 여물고 정확한 답변이 튀여나왔다. / ❹철학에 대해 알고 있는 걸 말하라고 했더니 고대의 소박한 유물론으로부터 시작된 철학의 발전 력사를 조리 있게 풀었다. 개념적으로 상식적으로 알고 있는 것이 아니라 철학의 심원한 세계를 원리적으로 파악하고 있다.

▶ 불합격할 학생이 면접에서 뛰어난 모습을 보임.

· 중심 내용 불합격시켜야 할 학생을 면접하는 석훈   · 구성 단계 절정

🏠 작품 연구소

석훈의 내적 갈등

인정(사적인 일)		원칙(공적인 일)
자신의 목숨을 구해 준 복부외과 과장의 아들을 합격시켜 주고 싶은 마음	⟷	자신이 지켜 온 입학생 선발에 대한 공정함과 원칙을 지키고 싶은 마음

오경남 학생의 인물 심사 과정에 나타난 석훈의 심리 변화

이 작품은 사적인 관계에서 인정을 지키기 위해 원칙이 흔들리게 되는 상황에서 인물이 겪는 내적 심리를 묘사하고 있다. 오경남 학생의 면접을 진행하면서 변화되어 가는 석훈의 심리 변화를 통해 원칙을 회복하는 과정이 나타난다.

> 인물 심사를 직접 하기로 한 것을 후회함.

↓

> 오경남 학생이 떨어질 만한 학생임을 면접을 통해 확인하고자 모질게 면접함.

↓

> 좌절하는 오경남 학생을 보며 자신이 원칙에 어긋난 목적을 위해 학생을 괴롭히고 있다고 후회함.

↓

> 오경남 학생의 능력을 확인하기 위해 정상적인 면접을 진행함.

석훈에게 원칙의 중요성

이 작품은 외과 과장과의 인정에 이끌려 정철욱을 합격시키고자 하는 석훈이 오경남의 인물 심사 과정에서 원칙을 회복해 가는 모습을 다루고 있다. 결국 석훈은 오경남이 자신이 존경하는 도로 관리원의 아들이라는 것을 알게 되면서 '생명'과 같은 원칙의 중요성을 깨닫게 된다.

📋 자료실

북한 문학

광복 직후 북한 문학은 비교적 자유롭게 출발하였으나 오래 가지 못하였다. 정치적 필요에 따라 이념을 전파하고 사회 동원에 적극 나서기 시작했기 때문이다. 이 과정에서 다양한 창작 방법론은 사라지고 사회주의적 사실주의를 유일한 창작 방법으로 용인받았다. 다양한 문학적 가능성은 사라지고 획일화된 창작 방법과 제한된 주제 속에서 북한 문학은 또 다른 정치의 영역이 되었다. 북한 문학은 작품을 통해 인민 대중의 혁명 의식과 혁명적 세계관이 형성·발전되는 과정을 보여 줌으로써 혁명적 세계관의 형성·발전을 도와주고 인민들로 하여금 사회주의 발전을 믿고 혁명화에 나설 수 있도록 하는 것이 유일한 목적으로 규정되었다.
1980년대에 이르러 북한의 정치 구도가 안정되고, 경제가 나아지면서 문학의 소재도 다양해져 생활 영웅 찾기나 역사를 주제로 한 작품 창작이 활발해졌다. 이러한 변화는 1980년대 제기된 사회주의 현실 문제인 '도시와 농촌의 사회·문화적 격차', '세대 간의 갈등', '남녀 간의 애정' 등의 변화를 작품에 수용한 것이다. 백남룡의 〈생명〉은 이러한 1980년대 북한 문학의 특징을 담고 있다고 할 수 있다.

– 한국학중앙연구원, 〈한국민족문화대백과〉

📖 함께 읽으면 좋은 작품

〈남쪽 손님〉, 오영진 / 호기심으로 떠난 남한인의 북한 체류기

남한 사람이 북한으로 물건 갖고 가기, 북쪽 사람들이 보는 미국과 남한, 북한의 대중교통 등 자신의 경험과 함께 북한의 제도와 사상 등 북한 사회의 총체적 현실을 아우르고 있다. 북한이라는 사회를 가감 없는 시선으로 그려 낸 작품으로 북한 사회를 선입견 없이 바라보게 한다.

---

6 이 글을 읽은 독자의 반응으로 가장 적절한 것은?

① 도덕적인 사회가 도덕적인 인간을 만들어 내는군.
② 인간은 항상 외로운 존재이며 어떤 판단도 자신의 몫이군.
③ 원칙을 어기는 일은 인간에게 심한 내적 갈등을 초래하는군.
④ 어떤 어려움이 있더라도 은혜에 보답하는 삶을 살아야 하는군.
⑤ 극단적인 위기 상황에서 인간은 자신을 보호할 수밖에 없는 존재이군.

내신 적중 多빈출

7 〈보기〉는 작품의 후반부에 드러나는 '석훈'의 시선을 묘사한 것이다. 〈보기〉를 참고하여 이 글을 이해한 내용으로 적절하지 않은 것은?

┤ 보기 ├
창 앞의 어린 느티나무가 금시 뿌리채 날려 버릴 것 같다. 받침대를…… 받침대를 세워 주어야 어린 나무가 잔약한 뿌리로 땅을 든든히 그러잡고 자연의 시련을 꿋꿋이 이겨 낼 게 아닌가. 그렇게 세월이 흐르면 거목으로 될 것이다.

① 연약한 어린 느티나무는 오경남을 연상시키는군.
② 석훈은 오경남이 거목이 될 가능성이 있다고 판단할 수 있겠군.
③ 석훈은 자신도 세월이 흐르면 거목이 되어야 한다고 생각하겠군.
④ 연약한 어린 나무를 흔드는 시련은 원칙이 흐트러진 세상이 되겠군.
⑤ 석훈은 오경남에게 자신이 받침대가 되어야 한다고 판단할 수 있겠군.

8 ⓐ와 ⓑ에 담긴 '석훈'의 의도를 비교한 것으로 가장 적절한 것은?

	ⓐ	ⓑ
①	심층적 질문	표층적 질문
②	신뢰에 기반한 질문	불신에 기반한 질문
③	의견을 요구하는 질문	사실을 확인하는 질문
④	상대를 공격하는 질문	능력을 파악하려는 질문
⑤	갈등을 해소하려는 질문	갈등을 유발하는 질문

9 이 글에 드러난 핵심적인 갈등 양상으로 가장 적절한 것은?

① 사회와 사회의 갈등
② 개인의 내면적 갈등
③ 개인과 운명과의 갈등
④ 사회와 개인 간의 갈등
⑤ 개인과 개인 간의 갈등

내신 적중 高난도

10 이 글의 소재나 형식의 측면에서 남한의 소설과 어떤 점이 같고 다른지 쓰시오.

해산 바가지 | 박완서

키워드 체크 #현실 비판적 #자기 고백적 #1980년대의 사회 문제 #남아 선호 사상 비판 #생명 존중

[문학] 동아

🎯 핵심 정리

갈래 단편 소설
성격 현실 비판적, 회상적, 자기 고백적
배경 ① 시간 – 1980년대
　　　　② 공간 – 도시
시점 1인칭 주인공 시점
주제 생명의 고귀함과 생명 탄생에 대한 경건한 자세
특징 ① 1980년대의 사회 문제를 다룸.
　　　　② 주인공의 내적 변화와 사회적 문제 의식을 다룸.
　　　　③ 과거 회상에 초점을 맞추고 있으며, 작가의 자전적 성향이 강함.
출전 《세계의 문학》(1985)

Q 이 부분에서 알 수 있는 시어머니 나름의 사랑법은?

시어머니는 식모에게 시키지 않고 당신이 직접 기저귀를 빨고 아이를 업어 키웠으며, 직접 자장가를 불러 가며 아이를 데리고 자는 등 손주에 대한 사랑이 극진했다. 특히 손주의 성별에 관계없이 생명을 소중히 여기는 마음으로 새로 태어난 아이를 지극정성으로 돌보았다.

☀️ 어휘 풀이

관상(觀相) 사람의 얼굴을 보고 그의 운명, 성격, 수명 따위를 판단하는 일.
치지도외하다 마음에 두지 아니하다.
기화(奇貨) 뜻밖의 이익을 얻을 수 있는 물건. 또는 그런 기회.
노망(老妄) 늙어서 망령이 듦. 또는 그 망령.
빗장 문빗장. 문을 닫고 가로질러 잠그는 막대기.

🔖 구절 풀이

❶ **왜 내 천금 같은 ~ 하느냐는 것이었다.** 기저귀를 빠는 것도 다른 사람에게 시키지 않을 정도로 시어머니의 손주 사랑이 크다는 것을 엿볼 수 있는 대목이다.

❷ **깨친 글도 써먹을 바를 ~ 가지고 있었다.** 지적 수준이 높지는 않았지만 남녀 구별하지 않고 아이를 지극정성으로 돌보았던 시어머니에 대한 '나'의 평가가 드러나 있다.

❸ **그분의 망가진 부분이 ~ 그 후였다.** 시어머니의 정신이 망가지면서 시어머니를 모시던 '나'가 겪는 갈등이 심해질 것을 알 수 있는 부분이다.

❹ **남들은 몇 년씩 ~ 신경이 피로했다.** 정신이 오락가락하는 시어머니 때문에 고통받고 있는 '나'의 모습이 드러나 있다.

가 　시어머님은 내 *관상이 적중해 나는 마음 편히 시집살이를 할 수가 있었다. 실상 시집살이랄 것도 없었다. 나는 두 살 터울로 아이를 다섯씩이나 낳았지만 젖만 먹였다뿐 기른 건 시어머님이셨다. 그때만 해도 식모가 흔할 때여서 우리도 식모를 두고 살았지만 그분은 식모에게 절대로 기저귀를 빨리거나 아이를 업히는 법이 없었다. ❶왜 내 천금 같은 손자 똥을 남이 더러워하고 찡그리게 하느냐는 것이었다. _{시어머니의 확고한 사랑법 ①} 업히는 것도 질색이었다. 업고 갈 데 안 갈 데 가는 것도 싫지만 혹시 아기를 떨어뜨리거나 부딪혀도 안 그랬던 척 속일지도 모른다는 거였다. _{시어머니의 확고한 사랑법 ③} 젖만 떨어지면 데리고 자는 것도 그분의 일이었다. 아이가 에미 애비하고 한방 쓰면 아이에게도 부모에게도 이로울 게 하나도 없다는 게 그분의 생각이었다. 그분은 한글도 제대로 해독을 못 했다. 한때 언문은 깨쳤었지만 써먹을 데가 없다 보니 거의 다 잊어버리고 말았다는 것이었다. ❷깨친 글도 써먹을 바를 모를 만치 지적인 호기심이 결여된 분이었지만 자기 나름의 확고한 사랑법을 가지고 있었다. _{새로 태어난 아이를 남녀 구별하지 않고 지극정성으로 돌보는 것}
　그분은 안방을 쓰고 우리는 건넌방을 썼었는데 작은 집이라 귀를 기울이면 그분이 칭얼대는 손자를 잠재우려고 토닥거리는 소리와 함께 나직하고 그윽한 자장가 소리를 들을 수 있었다.
　▶ 손자, 손녀들을 하나의 생명으로 귀하게 키웠던 시어머니

나 　❸그분의 망가진 부분이 육신보다는 정신이었다는 걸 알아차린 건 그 후였다. 우리는 그 _{'나'가 갈등을 겪는 원인} 걸 서서히 알아차리게 됐다. 처음엔 아이들 이름을 헷갈려 부르는 정도였다. 노인들이 흔히 그러는 걸 봐 온지라 대수롭지 않게 알았다. 그러나 바로 가르쳐 드려도 믿지를 않고 한사코 자기가 옳다고 주장하는 건 묘하게 신경에 거슬렸다. 숫제 *치지도외하기로 했다. 어쩌면 나는 그걸 *기화로 그때까지도 그분이 한사코 움켜쥐고 있던 살림 권리를 빼앗을 수 있어서 은근히 기뻤는지도 모르겠다. 그러니까 그분의 *노망을 근심하는 소리는 집 안에서 _{함께 살지 않는 다른 가족들이 시어머니의 치매를 먼저 알아채고 걱정하기 시작함.} 보다 집 밖에서 먼저 났다. 오래간만에 고모님을 뵈러 온 당신 조카한테 당신 누구요? 하며 낯선 얼굴을 해서 조카를 당황하게 하더니 어찌어찌해서 그가 조카라는 걸 알아보고 나서 아이가 몇이냐고 물었다. 아들이 둘이라고 하자 아이구 대견해라 일찌거니 농사 잘 지었구나라고 정상적인 대답을 했다. 그러나 곧 똑같은 질문을 하고 똑같은 덕담을 했다. 똑같은 _{시어머니의 정신이 망가졌음을 보여 주는 사건 ①} 질문은 한없이 되풀이됐다.
　▶ 정신이 망가진 시어머니

다 　쌀 씻어 놓았냐? 빨래 걷었냐? 장독 덮었냐? *빗장 걸었냐? 등 주로 의식주에 관한 기본 _{시어머니의 정신이 망가졌음을 보여 주는 사건 ②} 적인 관심이 온종일 되풀이되는 대화 내용이었다. 하루 이틀도 아니고 허구한 날 같은 말에 같은 대꾸를 해야 된다는 것도 쉬운 일은 아니었다. 더구나 그 빈도가 하루하루 잦아지고 있었다. _{시어머니의 치매 증상이 악화됨.} ㉠"쌀 씻어 놓았냐?" "네." "쌀 씻어 놓아라. 저녁때 다 됐다." "네, 씻어 놓았다니까요." "쌀 씻어 놓았냐?" "씻어 놓았다대두요." "쌀 씻어 놓았냐?" "쌀 안 씻어 놓으면 밥 못 할까 봐 그러세요. 진지 안 굶길 테니 제발 조용히 좀 계세요." 이렇게 짜증이 나게 마련이었다. 그렇다고 그 줄기찬 바보 같은 질문이 조금이라도 뜸해지거나 위축되는 것도 아니었다. ❹남들은 몇 년씩 똥오줌 싸는 노인도 있는데 그만하면 곱게 난 망령이라고 나를 위로했지만 나는 온종일 달달 볶이고 있는 것처럼 신경이 피로했다. 차라리 똥오줌 치는 게 온종일 같은 말대꾸하는 것보다 덜 지겨울 것 같았다. _{신경의 피로보다 육체의 피로가 더 나을 것이라는 '나'의 생각}
　▶ 정신이 망가진 시어머니를 상대하느라 심한 갈등을 겪는 '나'

・**중심 내용** 시어머니가 치매에 걸리면서 심한 갈등을 겪게 된 '나'　　・**구성 단계** (가) 전개 / (나), (다) 위기

이해와 감상

이 작품은 남아 선호 사상에 갇힌 사람들의 언행을 비판하는 전반부와, 남녀를 차별하지 않고 생명을 존중하는 시어머니의 인품과 사랑을 회상하며 '나'가 각성하는 후반부로 구성되어 있다. 전반부에서는 딸을 출산한 며느리를 구박하는 '나'의 친구를 통해 당시 사회에 만연했던 남아 선호 사상을 잘 드러내고 있으며, 정신이 망가진 시어머니를 부양하면서도 힘든 내색을 하지 못하는 '나'의 모습을 통해서는 여성에게 지워진 사회적 굴레를 보여 주고 있다. 이러한 사회적 문제들은 '해산 바가지'를 통해 해결된다. '해산 바가지'는 '나'의 시어머니가 손주들을 위해 준비한 것으로, '나'에게 인간의 생명은 그 자체로 소중하다는 깨달음을 주는 소재이다.

이와 같이 이 작품은 전반부와 후반부의 대비를 통해 우리 사회의 문제였던 남아 선호 사상을 비판적으로 바라볼 수 있도록 하고, 생명 존중의 가치를 환기하고 있다. 또한 소설 형식의 측면에서 보면 바깥 이야기와 안 이야기로 이루어진 액자 형식의 작품으로, 전반부는 바깥 이야기에, 후반부는 안 이야기에 해당한다.

🔍 전체 줄거리

발단	'나'는 남아 선호 사상으로 주위 사람들을 힘들게 하는 친구에게 자신의 이야기를 들려주기로 마음먹는다.
전개	'나'는 별다른 시집살이 없이 살면서 네 명의 딸을 내리 낳고 마지막으로 아들을 낳는데, 그때마다 시어머니는 남녀 구별 없이 정성스럽게 아기를 돌보아 준다.
위기	시어머니가 치매에 걸리면서 '나'는 다른 사람들의 눈을 의식하여 효부인 척 위선을 떨다가 신경 안정제를 복용할 만큼 심신이 황폐해진다.
절정	친척들과 상의 끝에 결국 시어머니를 요양원에 보내기로 하고 남편과 함께 요양원을 보러 가던 중에 '나'는 초가지붕의 박을 보며 해산 바가지를 떠올린다.
결말	'나'는 아이를 낳을 때마다 정갈한 해산 바가지를 준비해 한결같은 사랑을 주던 시어머니의 생명 존중의 태도를 깨닫는다. '나'는 마음을 바꿔 위선을 떨지 않고 솔직한 태도로 시어머니를 돌보며 임종 때까지 곁을 지킨다.

🔗 인물 관계도

'나'		남편
시어머니의 치매로 인해 갈등을 겪다가 요양원에 보내려 하지만, 시어머니의 생명 존중 의식을 깨닫고 다시 모시게 됨.	——	어머니를 요양원에 보내려 하면서도 불편한 마음을 가지고 있음.

'나'의 친구	대조적 태도	'나'의 시어머니
며느리가 딸만 둘을 낳자 속상해하며 남아 선호 사상을 드러냄.	◀▶	성별에 따라 아이를 차별하지 않고 정성을 다해 기르며 생명 존중의 모습을 보여 줌.

🏠 작품 연구소

〈해산 바가지〉의 주제

전반부	딸을 출산한 며느리를 못마땅해하는 '나'의 친구와 산모를 문병 온 친지들이 성차별적 대화를 나눔.	⇒	남아 선호 사상 비판
후반부	'나'의 시어머니는 아이를 성별에 따라 차별하지 않고 정성을 다해 키움.	⇒	생명 존중의 태도

🔑 포인트 체크

인물 '나'는 남녀를 차별하지 않고 □□을 존중했던 시어머니의 인품과 사랑을 회상하고 있다.

배경 □□□□ 사상이 팽배했던 1980년대의 사회를 배경으로 한다.

사건 '나'는 □□가 온 시어머니를 요양원에 맡기러 가던 중 지붕의 박을 보고 □□□□□를 떠올리고, 마음을 바꿔 시어머니를 직접 모시기로 결심한다.

1 이 글의 서술상 특징으로 가장 적절한 것은?

① 서술자가 사건을 객관적으로 관찰하여 서술한다.

② 서술자가 자신의 경험을 직접 전달하는 형식을 취한다.

③ 서술자가 인물의 삶에 영향을 주는 시대 상황을 평가한다.

④ 작품 밖의 서술자가 특정 인물의 시각에서 사건을 서술한다.

⑤ 장면마다 다른 서술자가 등장하여 사건의 의미를 전달한다.

2 이 글의 등장인물에 대한 설명으로 적절하지 않은 것은?

① 시어머니는 '나'에게 특별한 시집살이를 시키지 않는다.

② 시어머니는 한글도 제대로 쓸 줄 모를 정도로 지적 호기심이 많지 않다.

③ 시어머니의 친정 조카는 망령이 든 시어머니의 모습을 보고 몹시 당황해한다.

④ 시어머니가 아이들 이름을 제대로 부르지 못하자 남편은 '나'와 대책을 상의한다.

⑤ '나'는 시어머니의 정신이 흐려지자 살림의 권리를 차지할 수 있으리라는 기대를 한다.

3 ㉠에 대한 설명으로 적절하지 않은 것은?

① 시어머니의 정신이 망가졌다는 것을 보여 준다.

② 의식주와 같은 기본적인 사항에만 관심을 보이는 시어머니의 모습이 드러난다.

③ 짜증을 내는 '나'의 말투를 제시하여 시어머니로 인해 신경이 피로해진 모습을 드러낸다.

④ 점점 자세하게 대답을 함으로써 시어머니의 의미 없는 질문이 줄어들 수 있도록 대처하는 '나'의 모습을 보여 준다.

⑤ '나'가 똥오줌을 싸는 노인을 돌보는 것보다 시어머니의 질문에 대답하는 것이 더 힘들다고 한 이유를 알 수 있다.

4 〈보기〉는 이 글의 작가가 이 글과 같은 주제로 쓴 소설의 일부분이다. 이 글의 '시어머니'와 〈보기〉의 '시어머니'의 태도를 비교하여 쓰시오.

> ┤ 보기 ├
>
> 　나는 눈을 감았다. 요다음 임신에 지장이 없겠느냐고 시어머니가 의사한테 묻는 소리가 들렸다. 내 귀에는 그 소리가 고장 난 음반에서 나오는 소리처럼 일그러진 채 마냥 반복해서 들렸다. 태아는●소파 수술로 제거하기에 적당한 날짜가 지나 좀 어려운 수술이었다는 걸 나중에 알게 됐다. 그래서 그렇게 다음 임신을 걱정했구나. 나는 하염없는 마음으로 내가 인큐베이터에 지나지 않았다는 걸 수락했다.
>
> — 박완서, 〈꿈꾸는 인큐베이터〉 중에서
>
> **소파(搔爬) 수술** 자궁의 속막을 긁어내는 수술. 이 글에서 '나'는 시어머니와 시누이의 강요로 여아를 유산시키기 위해 소파 수술을 한다.

동부인(同夫人) 아내와 함께 동행함.
환성 기쁘고 반가워서 지르는 소리.
해산달 아이를 낳을 달.
섣달 음력으로 한 해의 맨 끝 달.
첫국밥 아이를 낳은 뒤에 산모가 처음으로 먹는 국과 밥. 주로 미역국과 흰밥을 먹는다.
보얗다 빛깔이 보기 좋게 하얗다.
희색(喜色) 기뻐하는 얼굴빛.
만면하다 얼굴에 가득하게 드러나 있다.
노추(老醜)하다 늙고 추하다.

Q 이 부분에 드러난 배경의 역할은?

이 글의 배경은 가을로 코스모스가 보기 좋게 피어 있고 적당한 기온으로 쾌청한 날씨이다. 그렇지만 시어머니를 보낼 요양원을 알아보러 가는 '나'와 남편은 죄책감으로 마음이 무거운 상태이다. 알맞은 기온이지만 남편의 와이셔츠는 땀이 배고, '나' 또한 편치 않은 마음 때문에 진땀이 날 정도였다. 이를 통해 쾌적한 날씨와 대조적인 '나'와 남편의 불편한 심리를 부각하고 있다.

구절 풀이

❶ 알맞은 기온인데도 ~ 괜히 진땀이 났다. 알맞은 가을 날씨임에도 남편과 '나'는 땀을 흘리고 있다. 시어머니가 지낼 요양원을 살펴보러 가는 남편과 '나'의 마음이 편하지 않음을 보여 준다.

❷ "잘생기고, 여물게 굳고, ~ 소중한 바가지니까." 시어머니가 햇바가지를 찾은 이유가 드러난 구절이다. 시어머니는 생명을 소중하게 여기는 마음, 아기가 건강하게 잘 자라기를 바라는 마음 때문에 정성스럽게 햇바가지를 준비하였다.

❸ 나는 내가 낳은 ~ 속으로 약간 켕겼다. 남아 선호 사상이 강했음에도 시어머니가 경건하게 해산 준비를 했기 때문에 딸을 낳은 '나'는 마음이 편하지 않다. '나' 또한 남아 선호 사상을 갖고 있었던 인물임을 알 수 있다.

❹ 다음에 아들을 ~ 받았을 뿐이었다. 딸과 아들을 차별하지 않았던 시어머니의 모습이 분명하게 드러나는 부분이다. 생명 자체를 존중했던 시어머니의 생각을 엿볼 수 있다.

❺ 그분은 어디서 배운 ~ 알고 있는 분이었다. '나'가 회상을 마무리하며 시어머니의 생명 존중에 대한 태도를 높이 평가하고 있는 부분이다. 시어머니가 지금껏 자신과 손자, 손녀에게 보여 주었던 모습을 떠올리며 시어머니에게 쌓였던 '나'의 불만이 해소되고 있다.

작가 소개

박완서(본책 206쪽 참고)

가 "시설은 어때요? 살 만해요? 주위 환경은요?"

"그렇게 궁금하면 같이 가 볼래? 우리가 무슨 일을 저지르려는지 당신도 어차피 알아야 할 테니까." ← 어머니를 요양원에 모시려는 것에 대한 불편한 심경이 드러남.

이렇게 해서 오래간만에 *동부인해서 기차를 탔고, 완행열차나 서는 작은 역에서 내린 우리는 다시 버스를 타고 포장 안 된 시골길을 한 시간이나 달렸다. 기도원 대신 무슨 암자라는 이름이 붙은 그곳은 거기서도 한참을 더 가야 한다고 했다. 마침 가을이었다. 논에서는 벼가 누렇게 익어 가고 경운기가 겨우 다닐 정도의 소롯가엔 코스모스가 한창 보기 좋게 끝도 없이 피어 있었다. [중략] ⓐ❶알맞은 기온인데도 그의 와이셔츠 등어리에 동그랗게 땀이 배어 있는 게 보였다. 나도 괜히 진땀이 났다.

▶ 시어머니를 맡길 요양원을 보러 가는 '나'와 남편의 불편한 심경

나 "여보, 저 박 좀 봐요. 해산 바가지 했으면 좋겠네." / 나는 생뚱한 소리로 *환성을 질렀다.

"해산 바가지?" / 남편이 멍청하게 물었다. / "그래요. 해산 바가지요."

실로 오래간만에 기쁨과 평화와 삶에 대한 믿음이 샘물처럼 괴어 오는 걸 느꼈다.

내가 첫애를 뱄을 때 시어머님은 *해산달을 짚어 보고 *섣달이고나, 좋을 때다, 곧 해가 길어지면서 기저귀가 잘 마를 테니, 하시더니 그해 가을 일부러 사람을 시켜 시골에 가서 해산 바가지를 구해 오게 했다.

❷"잘생기고, 여물게 굳고, 정한 데서 자란 햇바가지여야 하네. 첫 손자 *첫국밥 지을 미역 빨고 쌀 씻을 소중한 바가지니까."

이러면서 후한 값까지 미리 쳐주는 것이었다. 그럴 때의 그분은 너무 경건해 보여 나도 덩달아서 아기를 가졌다는 데 대한 경건한 기쁨을 느꼈었다. 이윽고 정말 잘 굳고 잘생기고 정갈한 두 짝의 바가지가 당도했고, 시어머니는 그걸 신령한 물건인 양 선반 위에 고이 모셔 놓았다. 또 손수 장에 나가 *보얀 젖빛 사발도 한 쌍을 사다가 선반에 얹어 두었다. 그건 해산 사발이라고 했다.

❸나는 내가 낳은 첫아이가 딸이라는 걸 알자 속으로 약간 켕겼다. 『외아들을 둔 시어머니가 흔히 그렇듯이 그분도 아들을 기다렸음 직하고 더구나 그분의 남다른 엄숙한 해산 준비는 대를 이을 손자를 위해서나 어울림 직했기 때문이다.』 그러나 퇴원한 나를 맞아들이는 그분에게서 섭섭한 티 따위는 조금도 찾아볼 수 없었다. 그 잘생긴 해산 바가지로 미역 빨고 쌀 씻어 두 개의 해산 사발에 밥 따로 국 따로 퍼다가 내 머리맡에 놓더니 정성껏 산모의 건강과 아기의 명과 복을 비는 것이었다. 그런 그분의 모습이 어쩌나 진지하고 아름답던지, 비로소 내가 엄마 됐음에 황홀한 기쁨을 느낄 수가 있었고, 내 아기가 장차 무엇이 될지는 몰라도 착하게 자라리라는 확신 같은 게 생겼다. [중략] 네 번째 딸을 낳고는 병원에서 밤새도록 울었다. 의사나 간호원까지 나를 동정했고 나는 무엇보다도 시어머니의 그 경건한 의식을 받을 면목이 없어서 눈물이 났다. 그러나 그분은 여전히 *희색이 *만면했고 경건했다. ❹다음에 아들을 낳았을 때도 더도 아니고 덜도 아닌 똑같은 영접을 받았을 뿐이었다. ❺그분은 어디서 배운 바 없이, 또 스스로 노력한 바 없이도 저절로 인간의 생명을 어떻게 대접해야 하는지를 알고 있는 분이었다. 그분이 아직 살아 있지 않은가. ㉠그분의 여생도 거기 합당한 대우를 받아 마땅했다. 나는 하마터면 큰일을 저지를 뻔했다. 그분의 망가진 정신, *노추한 육체만 보았지 한때 얼마나 아름다운 정신이 깃들었었나를 잊고 있었던 것이다. 비록 지금 ㉡빈 그릇이 되었다 해도 사이비 기도원 같은 데 맡겨 있지도 않은 마귀를 내쫓게 하는 수모와 학대를 당하게 할 수는 없는 일이었다.

▶ 시어머니의 해산 바가지를 떠올리며 생명 존중의 태도를 깨닫고 마음을 바꾼 '나'

- 중심 내용 '나'는 초가지붕 위의 박을 보고 해산 바가지를 떠올리며 시어머니의 생명 존중 의식을 깨달음.
- 구성 단계 절정

작품 연구소

'해산 바가지'의 의미

시어머니는 '나'가 출산하기 전에 잘생기고 여물게 굵고 정한 데서 자란 햇바가지를 구해 오도록 한다. 시어머니는 그것을 신령한 물건인 양 선반 위에 고이 모셔 놓았고, 아이가 태어난 후에는 그 해산 바가지로 미역 빨고 쌀 씻어 두 개의 해산 사발에 밥 따로 국 따로 퍼다가 '나'의 머리맡에 놓고 정성껏 산모의 건강과 아이의 명과 복을 빌었다. 이러한 경건한 의식은 태어난 아이가 딸인지, 아들인지에 관계없이 계속되었다. 시어머니는 인간의 생명을 어떻게 대접해야 하는지를 알고 있는 분이었던 것이다. 이렇게 볼 때 '해산 바가지'는 남녀를 차별하지 않는 생명 존중의 상징이라고 할 수 있다.

| 해산 바가지 | → | 남녀를 차별하지 않는 생명 존중의 상징 |

'해산 바가지'의 역할

| 과거 회상의 매개체 | '나'는 정신이 망가진 시어머니를 보낼 요양원을 살펴보러 가는 길에 초가지붕에 달린 보름달처럼 풍만하고 잘생긴 박을 보면서 시어머니의 해산 바가지를 떠올림. |
| 갈등 해소의 매개체 | '나'는 손주의 탄생을 경건하게 준비했던 시어머니의 생명 존중의 태도를 깨닫고, 집으로 돌아와 시어머니를 임종 때까지 잘 모시게 됨. |

〈해산 바가지〉의 순환적 구조

이 작품은 시어머니에서 '나'로, 다시 '나'에서 시어머니로 순환하는 이해와 포용의 구조로 이루어져 있다.

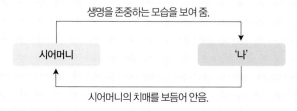

생명을 존중하는 모습을 보여 줌.

시어머니 　　　 '나'

시어머니의 치매를 보듬어 안음.

자료실

남아 선호 사상

남아 선호 사상은 기본적으로 부계 가족 제도하에서 가계를 전승할 수 있는 아들을 중시하는 생각이다. 아들의 출산이 중시되었기 때문에 아들의 출산 여부와 아들의 수는 부인의 지위에 커다란 영향을 미쳤다. 우리나라에서 남아 선호 사상은 고려 시대 이후에 나타나기 시작하여 조선 시대에 이르러 유교의 확산과 함께 강화되었다. 그러나 최근에는 전통적으로 중시되던 가계 전승의 의미가 약해지면서 남아 선호 사상도 빠른 속도로 약화되고 있다.

– 한국학중앙연구원, 〈한국민족문화대백과〉

함께 읽으면 좋은 작품

〈꿈꾸는 인큐베이터〉, 박완서 / 남아 선호 사상을 비판한 작품

시어머니와 시누이의 강요에 떠밀려 뱃속의 여자아이를 낙태한 여성을 통해 남성 중심 사회에서 억눌려 있는 여성의 상황을 비판하고 있는 작품이다. 〈해산 바가지〉의 시어머니와 대조적인 시어머니의 모습을 통해 남아 선호 사상에 갇힌 인물을 잘 보여 주고 있다. Link 본책 388쪽

〈이리도〉, 황순원 / 우리 민족의 생명력을 액자식으로 구성한 작품

일제 강점기를 배경으로 이리마저도 생존에 위협을 받으면 투쟁한다는 것을 통해 우리 민족의 끈질긴 생명력과 저항 의지를 보여 주는 작품이다. '나'가 만수 외삼촌의 이야기를 떠올리는 바깥 이야기와 만수 외삼촌이 일본인과 함께 몽골인의 집에 묵었을 때 있었던 일을 이야기하는 안 이야기가 액자식으로 구성되어 있다.

---

5 이 글에 대한 설명으로 적절한 것은?

① 인물이 과거 회상을 통해 자신의 행동을 변화시키고 있다.
② 의식의 흐름 기법을 활용하여 인물의 내적 욕망을 드러내고 있다.
③ 빈번한 장면 전환을 통해 인물들 사이의 긴장감을 고조시키고 있다.
④ 사건을 객관적으로 제시하여 독자들이 판단할 수 있도록 하고 있다.
⑤ 시대적 배경을 섬세하게 묘사하여 당시 현실의 문제를 실감 나게 드러내고 있다.

내신 적중 多빈출

6 〈보기〉를 참고하여 이 글을 감상한 내용으로 적절하지 않은 것은?

┤ 보기 ├

이 작품은 1980년대에 팽배했던 남아 선호 사상을 비판하면서, 남녀를 차별하지 않고 정성을 다해 손자, 손녀를 키워낸 시어머니의 모습을 통해 생명 존중 의식을 일깨우고 있다.

① '나'가 가던 길을 되돌아선 것은 시어머니의 생명 존중 의식을 깨달았기 때문이겠군.
② 어떤 생명이든지 소중히 여겼던 시어머니의 삶에서 '나'는 가족 이기주의를 넘어선 인류애를 느끼게 되는군.
③ 딸이든 아들이든 똑같이 경건하고 진지하게 아기의 명과 복을 빌었던 시어머니의 모습을 생각하며 '나'는 잘못을 뉘우치게 되는군.
④ '나'가 초가지붕 위의 박을 보며 기쁨과 평화와 삶에 대한 믿음을 가지게 되는 것은 시어머니의 해산 바가지를 떠올렸기 때문이겠군.
⑤ 네 번째 딸을 낳고 밤새도록 울었던 '나'의 모습을 통해 '나' 역시 당대의 남아 선호 사상에서 자유롭지 못했던 인물임을 알 수 있군.

내신 적중 多빈출

7 ㉠에 담긴 의미로 가장 적절한 것은?

① 시어머니와의 가치관 차이를 극복하고 생명 존중 태도를 본받아야 한다.
② 겉으로 드러나는 행동뿐만 아니라 시어머니의 속마음을 이해하려고 노력해야 한다.
③ 시어머니가 살아 계시는 동안 손자, 손녀들을 돌보는 일을 계속하도록 배려해야 한다.
④ 한평생 자손들을 위해 희생했던 시어머니의 삶을 어떤 형태로든 보상해 드려야 한다.
⑤ 생명을 소중하게 여기는 아름다운 정신을 지녔던 시어머니의 생명도 존중받아야 한다.

8 ⓐ를 통해 알 수 있는 인물의 심리를 쓰시오.

9 ⓒ이 가리키는 두 가지를 (나)에서 찾아 쓰시오.

문학 동아

🎯 핵심 정리

갈래 장편 소설, 역사 소설, 자전 소설
성격 역사적, 사실적, 저항적
배경 ① 시간 – 일제 강점기
② 공간 – 한반도와 중국
시점 전지적 작가 시점
주제 일제 강점기 항일 독립운동
특징 ① 작가의 경험을 바탕으로 쓴 자전적 소설임.
② 조선 의용군의 실체를 사실적으로 보여 줌.
출전 《격정 시대》(1986)

💡 어휘 풀이

파업 노동 조건의 유지 및 개선을 위하여, 또는 어떤 정치적 목적을 달성하고자 노동자들이 집단적으로 한꺼번에 작업을 중지하는 일.
테러 폭력을 써서 적이나 상대편을 위협하거나 공포에 빠뜨리게 하는 행위.
붙좇다 존경하거나 섬겨 따르다.
부프다 성질이나 말씨가 매우 급하고 거칠다.
침식(寢食) 잠자는 일과 먹는 일.

🖋 구절 풀이

❶ **"인력거 값이 ~ 곱절루 뛰어올랐습니다."** 영국과 프랑스 자본가들이 경영하는 전차 회사와 버스 회사의 종업원들이 제국주의에 반대하는 파업을 실시하자 상해에서 흔하게 보이던 인력거가 동이 나 인력거 값이 곱절로 뛰어 버린 상황을 말하고 있다.
❷ **"그에 반해서 ~ 맞서구 있습니다."** 민중을 발동하는 것을 투쟁 수단으로 삼는 공산주의자와 달리 민족주의자들은 개인 테러의 방법으로 제국주의에 대항하고 있었다. 이에 따라 일본 제국주의에 대항하는 독립운동의 방법에도 공산주의자와 민족주의자의 투쟁 방식에 대한 의견 차이가 있었음을 알 수 있다.
❸ **"그렇다면 윤봉길 ~ 말씀이 아닙니까?"** 서선장은 경성에서 유학 도중 윤봉길 폭탄 의거에 고무되어 상해로 와 항일 투쟁에 가담하게 된다. 서선장에게 윤봉길의 폭탄 의거는 가장 의미 있는 사건이었는데 성재수가 개인 테러를 부정적으로 언급하자 성재수의 견해에 반감을 드러내며 윤봉길 의사의 업적을 언급하고 있다.

Q '성재수'와의 만남으로 인한 '서선장'의 변화는?

서선장은 민족주의자의 영향을 받아 개인 테러 위주의 항일 독립운동을 전개하고 있는 인물이다. 하지만 공산주의자인 성재수를 만나 공산주의자와 민족주의자의 항일 투쟁 방식의 차이에 대해 인식하고, 성재수의 권유로 공산주의와 관련된 철학 서적을 읽게 되면서 공산주의에 관심을 가지게 된다.

가 ❶ "인력거 값이 껑충⋯⋯곱절루 뛰어올랐습다." / "그럴 테지요."

"이번 *파업은 그들네 노조에서 조직한 거겠지요?"
노동조합

"물론. 그렇지만 핵심적 지도 역량은 공산당이겠지요⋯⋯중국 공산당."
제국주의에 반대하는 의미로 공산당에서 전차와 버스 파업을 주도함.

"헤 그렇습니까 그래요?"

"공산주의자들은 민중을 발동하는 것을 주요한 투쟁 수단으루 삼으니까요."
전차와 버스 파업을 공산당이 주도했다고 생각하는 이유
선장이는 입에다 무슨 잘 깨물어지지 않는 덩어리를 문 것처럼 입술만 우물거리고 말을
제국주의에 대항하는 공산당의 투쟁 방법이 이해되지 않음을 비유적으로 표현함.
아니 하였다. 민중을 발동한다는 말이 마치 먼 화성에서 보내온 전문과도 같이 불가해하여
이해할 수 없어서
서였다.

❷ "그에 반해서 민족주의자들은 개인 테러를 숭상하니까⋯⋯ 이것이 분기점일밖에요. 현재 우리 조직 내에서두 이런 두 갈래 서루 다른 주장이 맞서구 있습니다."

"어느 편이 옳다구 미스터 성은 생각하십니까 그 둘 중에?"

"미스터 서는 어느 편이 옳다구 생각합니까?" / "글쎄요⋯⋯ 잘 모르니까 묻는 게 아닙니까?"

「오늘 그들의 힘을 봤지요? 온 시내를 마비 상태에 빠뜨리는."
「 」: 대화를 통해 항일 투쟁 방식에 대한 견해 차이를 간접적으로 제시함.
선장이는 눈도 깜박 안하고 성재수의 입만 바라보았다.

"개인 *테러루 일본 놈 몇 놈 소멸한다구 해서 그놈들의 지정이 흔들리지는 않을 겝니다."

선장이는 여적 자기의 해 온 일이 옳다고 확신하는 까닭에 성재수의 말이 귓속으로 잘 들어오지 않을뿐더러 도리어 반감까지 생겼다. 자기가 *붙좇는 이춘근이나 김혜숙에게서는 이런 말을 들어 본 적이 없었다. 강녕별장의 지도원 조경산이나 가장 믿고 따르는 양씨 동이에게서도 역시 들어 본 적이 없었다. 개인 테러는 극소수의 가장 고상하고 가장 용감한 애국자들만이 해낼 수 있는 신성한 사명이라고 선장이는 믿어 의심하지 않았다.

❸ "그렇다면 윤봉길 의사의 업적을 부정하신단 말씀이 아닙니까?"

선장이 입에서 말이 *부프게 나오니 성재수는 한동안 말이 없이 선장이의 얼굴을 물끄러미 바라보다가 한결 부드럽게

"그런 뜻이 아닙니다." 하고 고개를 가로 흔들었다. / "그럼 무슨 뜻입니까?"

"이 이야기는 두었다 이담에 우리 다시 하기루 합시다. 모처럼 만났는데 오늘은 다른 이야기나 합시다."
▶ 민족주의자와 공산주의자의 항일 투쟁 방식 차이

나 성재수가 대답 대신에 들고 온 책 두 권을 책상 위에 벌여 놓았다. 손때 묻은 낡은 책들이다. 한 책에는 한문으로 〈변증법적 유물론〉 또 한 책에는 〈유물사관〉이라고 역시 한문으로
공산주의와 관련된 철학 서적
찍혀 있는데 둘이 다 일본 도쿄에서 간행된 것이었다.

"재미있습니까?"

"재미가 있다마다⋯⋯. 한번 읽어 보십시오. 재미를 들이면 아마 *침식을 잊게 될 겝니다."

"그 정돕니까? 한번 읽어 보겠습니다."

선장이가 재미있다는 바람에 혹해서 달라붙었다. 지식욕이 워낙 강한지라 두 주일 동안 두문불출하다시피 하고 파고들어 읽었다. 그리고 마지막 장을 덮고 나서 침대에 번듯이 나
집에만 있고 바깥출입을 하지 않음.
가 누워 천장을 쳐다보며 놀라움을 금치 못하였다.

㉠ '알구 보니 세상은 이런 거였구나!'
▶ 공산주의 철학에 빠져드는 서선장
공산주의와 관련된 철학 서적을 읽고 난 뒤의 깨달음

• **중심 내용** 성재수를 만나 항일 투쟁 방식에 대해 논쟁을 펼치고 공산주의 철학에 빠져드는 서선장 • **구성 단계** 절정

이해와 감상

이 작품은 조선 의용군 분대장이었던 작가 김학철이 일제 강점기에 자신이 직접 겪은 항일 운동의 체험을 바탕으로 쓴 자전적 소설로, 조선 의용군들의 군사적, 정치적, 민족적 사실을 바탕으로 독립투사들의 삶을 거시적으로 조명하고 있다. 이 작품의 전반부는 서선장의 유년기 성장 모습을 그리고 있으며, 후반부는 서선장이 성장하여 항일 투쟁하는 과정을 그린다. 특히 후반부는 일제의 통치를 받고 있는 한반도가 아닌 중국 영토에서 활동하는 조선 의용군의 삶과 투쟁을 그린 것으로, 소설의 전체 초점은 이 부분에 맞춰져 있다. 이 작품은 공산당, 국민당, 일본군 사이에서 복잡한 환경의 사회주의와 반사회주의 그리고 제국주의와 반제국주의의 다양한 이념 투쟁 속에서 항일 무장 투쟁을 전개한 조선 의용군의 생생한 체험을 기록하고 있다는 데 큰 의의가 있다.

전체 줄거리

발단	서선장은 가난한 어부의 아들로 태어나 고향인 원산에서 부두 노동자들의 파업을 목격한다.
전개	서선장의 총명함을 알아본 먼 친척 이모가 학비를 대겠다고 나서면서 서선장은 경성으로 유학을 가게 된다.
위기	서선장은 경성에서 근대적 생활 교육을 받으며 민족이 처한 현실을 자각한다.
절정	윤봉길 의사의 폭탄 투척에 큰 감동을 받은 서선장은 상해 임시 정부를 찾아가 테러 운동을 조직하는 방식으로 독립운동에 가담한다.
결말	이후 조선 의용군에 들어간 서선장은 중국의 태항산에서 항일 무장 투쟁을 계속한다.

인물 관계도

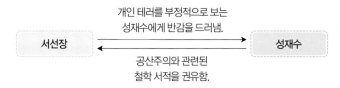

서선장 ← 개인 테러를 부정적으로 보는 성재수에게 반감을 드러냄. → 성재수

공산주의와 관련된 철학 서적을 권유함.

작품 연구소

등장인물의 성격

이 작품은 비중이 적은 사소한 인물일지라도 각각 개성 넘치는 인물들로 그려 내고 있다. 이는 이 작품에서 형상화되는 다양한 인물들이 항일 투쟁의 과정에서 희생됨으로써 만들어 낸 역사를 기념하기 위한 작가의 의도가 녹아 있는 것이다.

씨동이	자신의 목숨을 걸고 위기에 처한 사람을 구하는 의협심이 강한 인물
한정희	일본 유학 후 귀향하여 반일 활동에 열을 올리는 인물로, 무정부주의자에서 공산주의자로 사상이 변모하는 지식인
김영하	일본 교장의 눈을 피해 조선의 역사를 가르치는 서선장의 담임 선생님
김봉구	서선장이 경성의 보성고보 재학 시절 선배로, 광주 학생 운동을 지지하며 학생들을 선동하다 퇴학 처분을 받은 학생 대표
김문	술고래지만 연을 잘 만들어 삐라 투척에 큰 공을 세운 인물
장준광	만졌다 하면 어떤 기계든 고장 내 놓는 고장왕
이태성	사격의 명수이나 야맹증이 심한 인물

포인트 체크

인물 서선장은 ⬚⬚⬚⬚의 입장에서 개인 테러의 방법으로, 성재수는 ⬚⬚⬚⬚의 입장에서 파업의 방법으로 일본 제국주의에 대항하고 있다.

배경 일제 강점기 조선과 중국을 배경으로 제국주의에 맞서는 ⬚⬚⬚ ⬚⬚의 삶과 투쟁을 그리고 있다.

사건 성재수와 ⬚⬚⬚⬚ 방식에 대해 의견 차이를 보이던 서선장은 성재수가 준 책을 보고 공산주의 철학에 빠져들고 있다.

1 이 글의 서술상 특징으로 가장 적절한 것은?

① 회상 장면을 삽입하여 사건의 원인을 보여 주고 있다.
② 잦은 장면 전환으로 상황을 속도감 있게 전개하고 있다.
③ 대화를 통해 문제 해결 방식에 대한 차이를 드러내고 있다.
④ 다양한 시점을 활용하여 장면을 입체적으로 구성하고 있다.
⑤ 인물의 성격 변화 과정을 제시하여 긴장감을 조성하고 있다.

2 '서선장'에 대한 설명으로 적절하지 않은 것은?

① 공산주의 철학 서적을 통해 큰 깨달음을 얻고 있다.
② 윤봉길 의사를 가장 용감한 애국자라고 생각하고 있다.
③ 개인 테러는 가장 고상한 투쟁 방식이라고 생각하고 있다.
④ 민중을 발동하여 투쟁하는 방식을 잘 이해하지 못하고 있다.
⑤ 민족주의자들의 투쟁 방식의 한계점을 명확히 인식하고 있다.

내신 적중

3 ㉠을 고려할 때, 앞으로 전개될 '서선장'의 태도로 가장 적절한 것은?

① 윤봉길 의사의 업적을 따라 신성한 사명을 수행하게 될 것이다.
② 온 시내를 마비 상태에 빠뜨리는 개인 테러에 집중하게 될 것이다.
③ 성재수의 의도대로 파업을 통한 투쟁 방식에 동조하게 될 것이다.
④ '이춘근'과 함께 민중을 발동하는 투쟁 방식에 동조하게 될 것이다.
⑤ 공산주의 철학을 부정하고 민족주의와 관련한 철학에 매진할 것이다.

내신 적중

4 (가)에서 '서선장'과 '성재수'가 벌인 논쟁의 주제로 가장 적절한 것은?

① 윤봉길 의사의 항일 투쟁 방식의 적절성
② 일제의 제국주의에 대항한 독립운동의 필요성
③ 공산주의자와 민족주의자의 항일 투쟁 방식의 차이
④ 제국주의에 반대하여 벌인 전차와 버스 파업의 효율성
⑤ 공산주의 도서인 〈변증법적 유물론〉과 〈유물사관〉의 차이

5 이 글에서 '성재수'와 같은 공산주의자의 항일 투쟁 방식은 어떠한지 쓰시오.

어휘 풀이

육전대 해병대를 설치하지 않은 국가에서, 해군에 소속되어 상륙 작전이나 지상 작전 임무를 수행하는 부대.

신사(神社) 일본에서 왕실의 조상이나 고유의 신앙 대상인 신 또는 국가에 공로가 큰 사람을 신으로 모신 사당.

사이드카 오토바이 따위의 옆에 사람을 태우거나 물건을 싣도록 달린 운반차. 또는 그것이 달린 오토바이.

유양하다 태도가 듬직하고 급하지 않다.

네굽질 팔다리를 내저으며 몸부림치는 짓을 속되게 이르는 말.

엇비슥이 서로 한쪽으로 조금 기울어 있게.

격발기 격발 장치. 총 내부에서 총알을 내쏘는 장치.

구절 풀이

❶ **발동을 끄지 않은 ~ 여유가 없었다.** 상해 홍구 일본 신사에서 열리는 지신밟기 행사에 손전등 폭탄을 투척하는 임무를 맡아 폭탄을 던지기 직전의 팽팽한 긴장감을 표현하고 있다.

❷ **인제 1분 후이면 ~ 긴장감이 온몸을 죄었다.** 서선장은 윤봉길 의사가 폭탄을 투척했던 홍구 공원 근처에서 지신밟기 행사에 폭탄을 투척하기 위한 준비를 하고 있다. 폭탄이 터진 후의 상황을 생각하며 희열과 긴장감을 느끼고 있다.

❸ **등 뒤에서는 뭇사람의 ~ 변해 버린 것이다.** 서선장이 폭탄의 인화 장치를 뽑지 않고 던지는 실수를 저질렀으나, 윤봉길 폭탄 투척 의거 이후 유사한 사건이 발생할까 봐 두려워하며 우왕좌왕하는 일본인들로 인해 아수라장이 된 축제 현장을 표현하고 있다.

Q 이 작품을 통해 본 '한국 문학'의 개념과 범위는?

한국 문학은 '우리 민족의 정체성을 지닌 작가가 우리 민족의 사상과 감정을 우리말로 형상화한 문학'으로 정의할 수 있다. 〈격정 시대〉의 작가는 '조선 의용군'이었던 김학철이다. 비록 중국에서 작품을 출판했으나, 항일 운동이라는 그의 삶의 궤적을 통해 그가 한국인으로서 지니는 정체성을 분명히 파악할 수 있다. 이 작품에서는 중국 상해를 근거지로 했던 조선 의용군의 항일 운동을 주로 다루고 있는데, 이는 한국의 특수한 역사적 상황을 반영한 것이라 할 수 있다. 또한 〈격정 시대〉는 우리 민족으로서의 정체성이 뚜렷한 작가가 외국에서 체험한 민족적 경험을 한국어로 그려 낸 작품이라는 점에서 한국 문학의 범주에 포함할 수 있다.

작가 소개

김학철(金學鐵, 1916~2001)
독립운동가. 소설가. 원산에서 태어나 서울 보성고보를 다녔으며, 중국에서 항일 투쟁을 하다 체포돼 일본에서 옥살이를 했다. 해방 후 잠시 귀국했다가 북한을 거쳐 중국의 연변 자치주에 정착하여 작품 활동을 했다. 주요 작품으로 〈항전별곡〉, 〈고민〉 등이 있다.

가 『홍구 공원 조금 못미처 왼손 편 갑북으로 통하는 길모퉁이에 일본 ˙육전대의 4층으로 된 양회벽 병영 청사가 웅크리고 있고 그 비슥맞은편 전찻길 건너에 일본 ˙신사의 산문 — 도리이(鳥居)가 약자로 쓴 한문 글자의 열 개 자(开)처럼 두 다리를 벌리고 멋없이 껑충 서 있다.』『「」: 지신밟기 행사가 열리는 홍구 일본 신사에 대한 묘사 도리이에서 가까운 길가 포도 옆댕이에 장준광이 ˙사이드카를 슬그머니 갖다 세웠다. 신사의 안팎은 사람으로 들끓고 있었다. 왜나막신 끄는 소리에 귀가 따가울 지경이었다. 일본인에 대한 부정적 감정을 청각적으로 표현함. 신사의 경내에서는 사죽성(絲竹聲)이 ˙유양한 중에 가구라춤이 바야흐로 벌어지고 있었다. 현악기와 관악기 소리 일본 음악 귀신더러 보라는 춤인지 사람더러 보라는 춤인지 아니면 이승과 저승이 다 함께 보라는 춤인지 아무튼 한번 볼만은 한 춤이었다. 그러나 ❶발동을 끄지 않은 사이드카의 핸들을 틀어쥐고 신경 섬유가 팽팽하게 켕겨서 대기하는 장준광과 잽싸게 손가방을 열고 특제의 손전등을 꺼내는 선장이는 애당초 그런 춤 따위는 염두에 둘 여유가 없었다. 무대 위에서 그냥 너울너울 춤을 추는 것이 아니고 지랄 발광 ˙네굽질을 다 하며 뒹굴대도 이들 두 모험 폭탄 투척을 앞두고 있는 선장과 장준광을 모험가로 표현함. 가는 한눈팔 겨를이 없었을 것이다. ❷인제 1분 후이면 벌집이 터진 것 같은 대소동이 일어날 것을 생각하니 선장이는 심장이 곧 뛰어나올 것처럼 두근거렸다. 깎아지른 듯한 바위너설을 단숨에 타려는 때와 같은 긴장감이 온몸을 죄었다. 바위가 삐죽삐죽 내밀어 있는 험한 곳
▶ 서선장과 장준광이 상해 홍구 공원의 일본 축제에 폭탄을 투척하기로 함.

나 선장이가 여남은 발자국 앞으로 나가서 사람들이 가장 많이 붐비는 곳을 눈어림한 뒤 재빨리 손전등의 마구리를 탈았다. 그리고 냅다 뿌렸다. 『폭탄이 손에서 날아가는 순간 입에 사람이 가장 많은 곳에 재빨리 폭탄을 투척함. 폭탄 투척의 긴장감에 인화 장치를 뽑지 않고 폭탄을 던짐. 서 절로 / "아차!" / 소리가 새어 나왔다.』인화 장치를 뽑지 않은 것이다. 너무 급하게 서두르는 통에 가장 요긴한 것을 — 이춘근이 차근차근 일러 주던 바로 고것을 — 깜빡 까먹은 폭탄을 투척하기 전 인화 장치를 뽑는 방법을 몇 차례나 강조함. 것이다. 포물선을 그리며 날아간 폭탄은 제가 터질 대신에 어느 놈의 대갈통을 들이맞힌 인화 장치를 뽑지 못했기 때문에 폭탄이 터지지 못하고 머리를 맞춤. 모양으로 그놈은 금시 죽어 가는 것처럼 새된 비명을 질렀다. — 일은 다 글렀다!
▶ 서선장의 실수로 폭탄 투척에 실패함.

다 선장이가 급히 몸을 되돌아서 대기 중의 사이드카로 쫓아왔다. ❸등 뒤에서는 뭇사람의 울부짖는 소리에 아우성까지 뒤섞이어 악마구리 끓듯 하였다. 경황한 구경꾼들이 우왕좌 한바탕 소동으로 축제 현장이 아수라장이 됨. 왕하며 서로 짓밟고 짓밟히고 하는 판이다. 거룩한 지신밟기가 삽시에 난장판으로 변해 버린 것이다. 선장이가 측차에 올라타기가 무섭게 사이드카가 왈칵 내닫는 바람에 선장이는 등받이에 벌렁 한 번 자빠졌다가 일어앉았다. 사이드카가 맹속력으로 전찻길을 ˙엇비슥이 가로지르는데 일본 육전대 청사 정문에 섰던 위병이

"도라메, 우쯔조!(서라, 쏜다!)" / 고함을 치며 동시에 ˙격발기를 절거덕하였다.

사이드카는 번개같이 대통로를 건너며 곧 육전대 청사를 왼손 편으로 끼고 에돌아서 일본 축제 현장에 폭탄 투척을 실패한 후 도망치는 서선장과 장준광 갑북 방향으로 내달았다. 뒷문에 섰던 위병이 또 / "도마레, 우쯔조!"

소리치며 격발기를 절거덕하는 것을 선장이가 스치는 결에 선손을 써서 연거푸 두 방 권 남이 하기 전에 앞질러, 남보다 먼저 총탄을 안겼다. 어디를 맞았는지 위병 놈은 엉덩방아를 찧으며 주저앉더니 곧 다시 떨궜던 총을 집어 들고 앉은 자세로 사격을 하였다. 그러나 어두운 밤에 하는 눈깔 먼 총질은 폭발 위병이 반격하기 위해 쏜 총이 미치지 못함을 비유적으로 표현함. 성을 감상하는 딱총 폭밖에 안 되었다. 육전대의 무장한 사이드카들이 긴급 동원하여 발동을 거는 소리가 요란스레 나면서 곧 꼬리를 물고 내달아 오는데 헤드라이트의 광망들이 번 비치는 빛살 득번득하는 것이 어마하였다.

"진여루 곧장 나갈까?" / "아니. 갑북으루! 큰길은 재미 적어."

장준광과 서선장이가 두꺼운 공기의 막을 헤가르며 짧게 한마디씩 말을 주고받았다. 세찬 바람이 정면으로 안겨 와서 숨들이 콱콱 막혔다. 장준광은 앞만 보고 죽어라 하고 사이 일본 위병에게 쫓기는 긴박한 상황 드카를 몰아 대고 선장이는 손아귀에 땀이 나도록 권총을 틀어쥐고 자꾸 뒤를 돌아다보았다. 뒤쫓는 사이드카와 뒤쫓기는 사이드카의 아슬아슬한 경주가 벌어졌다.
▶ 일본 위병에게 쫓기는 장준광과 서선장

• 중심 내용 일본 축제 현장에 폭탄을 투척하기로 했으나 서선장의 실수로 실패하고 도망침. • 구성 단계 절정

🏠 작품 연구소

공간의 이동에 따른 서선장의 성장

이 작품에서 서선장은 평범한 인간에서 의식화된 인간으로 성장한다. 서선장이 거친 공간들은 그가 혁명가로서 성장할 수 있도록 각성과 실천의 계기를 주고 있다.

원산	• 유년 시절을 보낸 곳으로, 바다에 뛰어들어 사람의 목숨을 구하는 선원 씨동의 행동을 보고 그와 같은 사람이 되기를 바람. • 서선장은 마을에서 일어난 무정부주의자와 공산주의자들의 싸움에 대한 의미를 모르고, 폭동으로 인해 씨동을 잡아가는 조선 경찰을 일본 놈보다 더 미워하지만 민족적 주체 의식을 조금씩 형성하게 됨.
경성	• 학창 시절, 교장의 친일 행위에 반대하는 격문을 뿌리고, 광주 학생 운동에 대한 지지 연설을 한 김봉구의 태도와 근대적 교육으로 인해 식민지 민족의 현실을 자각하게 됨. • 전차, 백화점, 공원, 홍등가 등 소비문화와 도시 문명이 발달한 곳으로, 물질적으로 풍요롭고 편리하지만 낯선 곳이자 곧 떠나야 할 곳으로 인식함. • 윤봉길 의사의 폭탄 의거는 서선장이 의식화된 행동을 하는 인물로 발전하는 결정적 계기가 됨.
상해	• 임시 정부를 찾다가 김혜숙의 집에서 머물며 많은 조선인들을 만나고 의병 활동에 가담하게 됨. • 광주 학생 운동 때 지명 수배되어 중국으로 망명 온 성재수를 만나면서 공산주의 이론과 마르크스주의 철학을 익힘. • 황포 군관 학교를 졸업한 후 국민당 소위로 임관되어 통역 일을 맡는 등 혁명가로서 이론과 실천을 준비함.
태항산	• 공산당과의 내전에만 열중하는 국민당에 회의를 느껴 성재수와 함께 태항산으로 넘어가 조선의 독립을 위한 활동에 매진함. • 조선 의용군의 본거지로, 항일 독립 무장 투쟁을 벌임. • 지형이나 풍습이 낯선 곳이지만 정서적으로 유대감을 형성하며 편안함을 느낌.

📋 자료실

〈격정 시대〉의 창작 동기

우리는 바른 말을 해야 합니다. 우리의 임무는 바른 력사를 남기는 것입니다. 그래서 제가 〈항전별곡〉을 쓰지 않았습니까? 그걸 전기 문학으로 썼지요. 그런데 그것이 문제가 걸리어 여기 출판사에 들어갔다가 쫓겨 나오지 않았습니까? 저는 우리가 살아 있는 한 우리의 력사를 남기겠다는 것입니다. 그런데 소설로 하는 형식밖에는 다른 방법이 없었습니다. 그래서 〈격정 시대〉를 쓴 것입니다. 목적이 명확해요. 과거 산해관 이남에서 항일 전쟁을 한 사람 가운데서의 좌익들의 력사를 남기려는 것입니다. 실패는 실패, 성공은 성공이라고, 물론 제가 나이가 젊다면 좀 천천히 하겠습니다. 그러나 올해 벌써 일흔 다섯입니다. 소설이 되고 안 되고 관계없습니다. 그 내용이 전달되면 감사하다는 것입니다.

– 연변문학예술연구소, 《김학철 선생님과의 문학 대화》 (문학과예술, 1990)

📖 함께 읽으면 좋은 작품

〈돌베개〉, 장준하 / 작가의 항일 투쟁에 대한 자서전

영원한 광복군이자 시대의 등불이었던 장준하 선생이 일본군을 탈출하여 임시 정부 광복군에 투신, 항일 투쟁에 참여한 내용을 중심으로 1945년 11월 임시 정부 환국 직후의 상황까지 2년 여의 기간을 담아낸 작품이다. 김학철이 민중의 관점에서 민중의 역사를 기록했다면, 장준하는 정치를 이끌어 가던 지도자의 입장에서 한국 근대사의 큰 정치적 사건들을 기록했다는 점을 중심으로 살펴볼 만하다.

---

6 이 글에 대한 설명으로 적절하지 <u>않은</u> 것은?

① 사건을 객관적으로 서술함으로써 사실성을 높이고 있다.
② 대상에 대한 부정적인 감정을 청각적으로 표현하고 있다.
③ 정서를 구체적으로 서술하여 인물의 긴장감을 표현하고 있다.
④ 중심 사건이 일어날 공간을 비유법을 활용하여 묘사하고 있다.
⑤ 시각적·청각적인 상황을 제시하여 사건의 긴박감을 고조하고 있다.

7 〈보기〉를 참고하여 이 글을 감상한 내용으로 적절하지 <u>않은</u> 것은?

┤ 보기 ├

이 작품은 조선 의용군 분대장이었던 작가가 직접 겪은 항일 운동의 체험을 바탕으로 쓴 자전적 소설이다. 어려운 여건 속에서도 독립을 위해 항일 무장 투쟁을 전개한 조선 의용군의 활동을 사실적으로 기록하고 있으며, 특히 중국에서 살고 있던 우리 민족의 힘든 생활상을 그려 내고 있다는 점에서 큰 의의가 있다.

① 장준광은 어려운 여건 속에서도 일제에 맞서 항일 무장 투쟁을 전개한 인물이었군.
② 서선장이 폭탄 투척을 앞두고 느낀 긴장감은 작가가 직접 겪었던 일을 바탕으로 했겠군.
③ 서선장이 일본의 행사에 손전등 폭탄을 던진 것은 우리나라의 독립을 위한 행동이었군.
④ 신사에서 구경꾼들이 아우성치는 모습은 중국에 살고 있는 우리 민족의 힘든 생활을 나타낸 것이군.
⑤ 서선장과 장준광을 추격하는 일본군의 모습이 사실적인 것은 생생한 체험을 바탕으로 했기 때문이군.

8 이 글에 대한 이해로 가장 적절한 것은?

① 서선장은 폭탄 투척의 긴장감을 줄이기 위해 가구라 춤을 구경하고 있었다.
② 장준광은 서선장의 조언에 따라 큰길을 버리고 갑북으로 사이드카를 몰아댔다.
③ 서선장은 인화 장치를 뽑는 법을 알지 못해 인화 장치를 뽑지 않고 폭탄을 던졌다.
④ 장준광은 폭탄이 터지는 것을 목격하고 서선장을 구하기 위해 전찻길을 가로질렀다.
⑤ 서선장은 폭탄 투척의 실패에 대한 걱정으로 심장이 뛰어나올 것 같은 불안감을 느꼈다.

내신 적중 高난도

9 〈보기〉를 참고하여 이 글을 한국 문학의 범주에 넣을 수 있는 이유를 쓰시오.

┤ 보기 ├

한국 문학은 '우리 민족의 정체성을 지닌 작가가 우리 민족의 사상과 감정을 우리말로 형상화한 문학'으로 정의할 수 있다.

문학 비상

🎯 핵심 정리

갈래 단편 소설, 세태 소설, 가족사 소설
성격 사실적, 비판적
배경 ① 시간 – 1980년대
② 공간 – 서울
시점 전지적 작가 시점
주제 예술과 삶에 대한 인식의 차이로 인한 세대 간 갈등
특징 ① 중심 소재를 통해 세대 간의 갈등 양상을 보여 줌.
② 갈등의 해소를 제시하지 않음으로써 여운을 줌.
출전 《문학사상》(1986)

💡 어휘 풀이

자청하다 어떤 일에 나서기를 스스로 청하다.
겸사(謙辭) 겸손의 말.
외견 외관. 겉으로 드러난 모양.
훈김 연기나 김 따위로 생기는 훈훈한 기운.
원진 둥글게 진을 침. 또는 그런 진.
노장 탈춤에서 중[僧]의 역으로 나오는 인물.
취발이 탈춤에 등장하는 인물의 하나.
목중 먹중. 탈춤에 등장하는 인물의 하나.
괘념하다 마음에 두고 걱정하거나 잊지 아니하다.

Q '민 노인'이 공연을 하면서 느낀 심경과 그 공연의 의의는?

처음에 민 노인은 손자가 다니는 학교의 탈춤반과 함께 공연하자는 손자의 제안에 당황하였다. 그러나 공연 당일에는 아들 내외에 대한 심리적 부담을 떨치고 나이에 어울리지 않는 설렘으로 흔들리며 점차 신명을 맛보고 무아지경에 빠지는 모습을 보여 준다. 따라서 손자와 함께한 공연은 노인의 신명을 되살려 주며, 침체되어 있던 민 노인의 삶에 새로운 의욕을 갖게 하는 계기가 된다.

📖 구절 풀이

❶ **"맞아요. 우리가 ~ 크게 들리더라니까요."** 민 노인의 북소리에 대한 평가를 넘어서서 상대방에 대한 존경과 애정을 드러내는 말로 볼 수 있다.

❷ **옛날에는 없었던 ~ 짚어 볼 수는 없었으되.** 민 노인으로 대표되는 전통 세대와 성규로 대표되는 신세대가 탈춤을 통해 한데 어우러지는 것을 나타낸다. 이는 세대 간의 이해에서 연유한 것이다.

❸ **그 구경꾼들의 눈이 ~ 대목으로 치면 그만이었다.** 민 노인이 손자의 부탁으로 하게 된 공연에 대한 부담감을 떨치고 공연 상황에 적응하고 있는 상태를 나타낸다.

가 　민 노인은 하루 연습만으로는 실력이 부쳐 안 되겠다며 며칠 더 나올 것을 *자청했고, 그러자 아이들은 환영의 박수를 쳤다. 연습이 끝나고 막걸릿집으로 옮겨 갔을 때도, 아이들은 민 노인을 에워싸고 역시 성규 할아버지의 북소리는 우리 같은 졸개들이 도저히 흉내 낼 수 없는 명인의 경지라고 추어올렸다. 그것이 입에 발린 칭찬일지라도, 민 노인으로서는 듣기 싫지가 않았다. 잊어버렸던 세월을 되일으켜 주는 말이기도 했다.

　"애들아, 꺼져 가는 떠돌이 북장이 어지럽다. 너무 비행기 태우지 말아라."

　민 노인의 *겸사에도 아이들은 수그러들지 않았다.

　"아닙니다. 벌써 폼이 다른 걸요."

　❶"맞아요. 우리가 칠 때는 죽어 있던 북소리가, 꽹과리보다 더 크게 들리더라니까요."

　"성규, 이번에 참 욕보았다."

　난데없이 성규의 노력을 평가하는 녀석도 있었다. 민 노인은 뜻밖의 장소에서 의외의 술친구들과 어울린 자신의 마음이 *외견과는 달리 퍽 편안하다는 느낌도 곱씹었다.

　ⓐ❷옛날에는 없었던 노인과 젊은이들의 이런 식 담합(談合)이 어디에 연유하고 있는가를 딱히 짚어 볼 수는 없었으되.

　두어 번의 연습에 더 참가한 뒤, 본 공연이 열리던 날 새벽에 민 노인은 성규에게 일렀다.

　"아무리 단역이라고는 해도, 아무 옷이나 걸치고는 못 나간다. ㉠모시 두루마기를 입지 않고는 북채를 잡을 수 없어."

　"물론이지요. 할아버지 옷장에서 꺼내 놓으세요. 제가 따로 가지고 갈게요."

　"두 시부터라고 했지?" / "네."

　"이따 만나자."

▶ 오랜만의 공연에 들뜬 민 노인

나 　일찍 점심을 먹고, 여느 날의 걸음걸이로 집을 나선 민 노인은, 나이에 어울리지 않는 설렘으로 흔들렸다. 아직 눈치를 채지 못한 아들 내외에 대한 심리적 부담보다는 자기가 맡은 일 때문이었다. 수십 명의 아이들이 어우러져 돌아가는 춤판에 영감쟁이 하나가 낀다는 사실이 새삼스럽게 어색하기도 하고, ㉡모처럼의 북가락이 그런 모양으로밖에는 선보일 수 없다는 데 대한 엷은 적막감도 씻어 내기 힘들었다. 그러나 젊은 *훈김들이 뿜어내는 학교 마당에 서자, 그런 머뭇거림은 가당찮은 것으로 치부되었다. 시간이 되어 옷을 갈아입고 아이들 속에 섞여 *원진(圓陣)을 이루고 있는 구경꾼들을 대하자, 그런 생각들은 어디론지 녹아내렸다. ❸그 구경꾼들의 눈이 자기에게 쏠리는 것도 자신이 거쳐 온 어느 날의 한 대목으로 치면 그만이었다. *노장(老長)이 나오고 *취발이가 등장하는가 하면, *목중들이 춤을 추며 걸쭉한 음담패설 등을 쏟아 놓을 때마다, 관중들은 까르르까르르 웃었다. 민 노인의 북은 요긴한 대목에서 둥둥 울렸다. 째지는 소리를 내는 꽹과리며 장구에 파묻혀 제값을 하지는 못해도, 민 노인에게는 전혀 *괘념할 일이 아니었다. 그전에도 그랬던 것처럼, 공연 전에 마신 술기운도 가세하여, 탈바가지들의 손끝과 발목에 한 치의 오차도 없이 그의 북소리는 턱턱 꽂혔다. 그새 입에서는 얼씨구! 소리도 적시에 흘러나왔다. 아무 생각도 없었다. 가락과 소리와, 그것을 전체적으로 휩싸는 달착지근한 장단에 자신을 내맡기고만 있었다.

▶ 공연에 최선을 다하는 민 노인

- **중심 내용** 손자의 대학에서 학생들과 함께 공연을 하는 민 노인 　　　　　・**구성 단계** 위기

이해와 감상

이 작품은 1980년대 서울 중산층 가족의 삶을 소재로 하여 '할아버지 – 아버지 – 손자'로 이어지는 세대교체 양상을 보여 주며, 세대 간의 갈등과 화해의 가능성을 제시하는 가족사 소설이다.

민 노인은 젊은 시절 자유롭게 예술 정신을 추구하며 가정을 돌보지 못했기 때문에 불우한 어린 시절을 겪은 아들 민대찬과 갈등 관계를 형성한다. 그러나 손자 성규는 할아버지의 삶을 이해하려고 노력하며 아버지에게 할아버지의 삶의 방식을 존중해 줄 것을 요구한다. 이는 전통 세대와 기성세대의 갈등이 새로운 세대의 가치관을 통해 세대를 넘어서는 화합으로 연결될 수 있음을 보여 주는 것이다.

이 작품에서 세대 간의 대립은 역사적인 의미로 재생산된다. 민대찬의 출세 지향적이고 현실적인 성향과 대립하는 성규의 데모는 현실 변혁적인 삶으로 대변되기 때문에, 세대 간의 갈등이 화해로 변화하듯이, 부정적 현실에서 속물적인 삶을 살지 않고 사회적 모순에 대항하는 세대로의 발전적인 변화를 의미하기도 하는 것이다. 작가는 누구나 살아가면서 겪게 되는 현실과 이상, 안정과 변혁의 갈등을 세대 간의 대립과 화해를 통해서 그려 내고 있다.

전체 줄거리

발단	아들의 집에 얹혀사는 민 노인은 아들의 반대로 집에서 북을 마음대로 치지 못한다.
전개	외출을 나갔다가 손자 성규를 만난 민 노인은 성규에게서 탈춤 발표회 때 북을 쳐 달라는 부탁을 받고, 연습 후에 공연에 참여한다.
위기	민 노인은 탈춤 공연에서 북을 치면서 감동과 신명을 느낀다.
절정	성규와 함께 공연을 한 것 때문에 아들 내외는 민 노인을 질책하고 성규는 아버지와 말다툼을 한다.
결말	얼마 후 성규가 데모를 하다 잡혀갔다는 소식을 들은 민 노인은 손자의 데모가 자신과 관련이 있다고 생각하며 북을 울린다.

인물 관계도

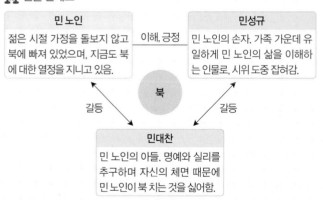

민 노인 젊은 시절 가정을 돌보지 않고 북에 빠져 있었으며, 지금도 북에 대한 열정을 지니고 있음.

이해, 긍정

민성규 민 노인의 손자. 가족 가운데 유일하게 민 노인의 삶을 이해하는 인물로, 시위 도중 잡혀감.

북

갈등   갈등

민대찬 민 노인의 아들. 명예와 실리를 추구하며 자신의 체면 때문에 민 노인이 북 치는 것을 싫어함.

작품 연구소

등장인물들의 가치관과 세대 간의 갈등

민 노인(전통 세대)	실리적인 가치보다는 정신적인 가치를 중요하게 생각함.
민대찬(기성세대)	정신적 가치보다는 명예와 실리를 추구함.
민성규(신세대)	진보와 화합의 가치를 추구함.

포인트 체크

인물 북에 대한 열정을 지닌 민 노인과 이런 할아버지를 ▢▢해 주는 손자 성규, 현실주의적인 가치관을 지닌 아들 민대찬은 세대 간의 ▢▢을 겪는다.

배경 1980년대 서울의 한 ▢▢▢ 가정을 배경으로 하고 있다.

사건 민 노인은 손자 성규의 학교에서 ▢▢을 한 일로 아들 민대찬과 갈등을 빚는다. 성규는 ▢▢를 하다 잡혀 가는데 민 노인은 그 소식을 듣고 자신의 탓인 것 같아 북을 친다.

1 이 글의 서술상 특징으로 가장 적절한 것은?

① 작품 속 서술자가 한 인물을 관찰하여 나타내고 있다.
② 특정 인물의 시각에서 서술하여 그 내면에 공감하게 한다.
③ 의식의 흐름 기법을 사용하여 인물의 심리 상태를 드러낸다.
④ 작품 밖 서술자가 작품의 주제에 대해 직접적으로 논평한다.
⑤ 시대적 배경을 묘사하여 당시 사회 현실의 문제를 드러낸다.

2 이 글을 통해 알 수 있는 내용으로 알맞은 것은?

① 민 노인은 자신의 공연에 만족하지 못했다.
② 성규는 민 노인 앞에서 공연하는 것을 부끄럽게 여겼다.
③ 공연을 구경하는 사람들은 어설픈 공연을 보며 실망했다.
④ 성규 친구들은 민 노인을 공연에 참여시킨 성규를 칭찬했다.
⑤ 민 노인은 성규와의 갈등을 해소하기 위해 공연에 참여했다.

3 이 글의 중심 소재인 '북'에 대한 설명으로 적절하지 않은 것은?

① 민 노인과 손자를 이어 주는 매개체
② 민 노인과 아들 내외가 갈등하게 되는 원인
③ 세대를 넘어 화합을 이끌어 낼 수 있는 수단
④ 민 노인이 자유로운 예술 정신을 구현하는 수단
⑤ 세대가 흐르더라도 지켜 나가야 하는 전통적인 가치

4 ㉠과 ㉡을 바탕으로 '민 노인'의 예술에 대한 태도를 가장 잘 표현한 것은?

① 예술은 평범한 사람들의 행복을 위해 바쳐야 한다.
② 예술은 대접을 받지 못하더라도 품위 있는 격식을 잃지는 말아야 한다.
③ 예술은 어려움에 처해 있을지라도 시대의 이상을 꿋꿋이 지켜야 한다.
④ 예술은 청중들의 적극적인 호응을 통해서 성취되는 사회적 산물이다.
⑤ 예술은 예술가의 고난과 인내를 통해서 성취되는 아름다움의 결정체이다.

5 〈보기〉는 '민 노인'의 인터뷰 장면이다. 빈칸에 들어갈 말을 쓰시오.

> **┤ 보기 ├**
> 기자: 민 노인께서는 ⓐ가 가능한 이유가 무엇이라고 생각하십니까?
> 민 노인: 북소리 때문이죠. 꽹과리와 장구를 중간에서 제압할 수 있는 북소리 때문입니다.
> 기자: 조금 더 구체적으로 설명해 주시겠습니까?
> 민 노인: (   )

Q 이 부분에서 알 수 있는 '성규'의 가치관은?

성규는 민대찬과의 말다툼에서 세대 간의 화합을 역사의 의미로까지 연결시키고 있다. 성규는 아버지 세대의 가치관을 비판 없이 받아들이지 않고 항변을 통하여 자신의 생각을 전달하고 있다. 여기에서 세대 간의 갈등을 이해를 통해 화합으로 바꾸는 것을 역사의 의미로 확대하는 성규의 진보적 인식이 드러난다. 이러한 인식은 후에 성규가 데모에 참여하는 것과 관련된다.

구절 풀이

❶ **"너 이제 보니 ~ 일이 잘 됐니?"** 성규가 똑똑한 것을 이번 기회를 통해 깨달았다는 의미가 아니다. 또한 성규에게 일이 잘 되었는지 묻고 있지만 관심을 가지고 궁금해서 묻는 것도 아니다. 오히려 할아버지를 동원하여 일을 꾸민 것에 대한 꾸지람 정도의 의미로 볼 수 있다.

❷ **"결과는 마찬가지예요. ~ 그걸 확인했습니다."** 할아버지가 기꺼이 북을 잡은 것인지 성규가 강요를 하여 북을 잡은 것인지는 중요하지 않다는 의미이다. 할아버지에게는 항상 북에 대한 열정이 있었다는 사실을 아버지에게 이야기하고 있다.

❸ **아들 내외는 밤늦도록 돌아오지 않았다.** 성규가 데모를 하다 붙잡혀서 아들 내외가 밤늦도록 집에 들어오지 못하는 상황이다.

Q '민 노인'과 '성규'가 닮은 점은?

민 노인은 성규가 자신을 닮아 데모에 참여했다고 생각한다. 일상의 삶에서 벗어나 자유로운 예술을 추구했던 민 노인의 삶과 기성세대에 반발하여 새로운 세상을 꿈꾸는 성규의 행위는 닮아 있다. 다수의 사람들이 일반적으로 생각하는 삶의 방식에서 벗어나 자신의 의지대로 삶을 택한 것이 그것이다.

가 "너 날 놀리는 거니?" / 첫마디와 달리 착 가라앉은 아버지의 음성에는 분에 떠는 사람에게 일쑤 있음 직한, 삭지 않은 가래가 조금 끓었다. 정색을 하고 쳐드는 성규의 눈빛에도 서리가 내린 인상이었다.

"무슨 말씀이세요?" / "지금 웃었잖아."

"웃은 게 잘못이라면 사과할게요. 할아버지를 그런 자리에 모신 건, 그러나 사과할 것이 못 됩니다." / "할아버지까지 동원한 게 잘한 짓이니?"
〔정당한 일이라고 생각함.〕

"동원이란 말이 싫습니다. ⓐ누가 ⓑ누구를 동원한단 말입니까. 또 그 일이 어째서 잘하고 잘못하고로 구별돼야 하는지, 저는 통 이해를 할 수가 없습니다. 그건 잘하고 잘못하고의 인식에서는 벗어나는 일입니다. ⓒ누군가가 어떤 일에 합당한 재능을 갖고 있을 때, ⓓ한쪽은 그걸 표현할 기회를 주어야 마땅하며, ⓔ한쪽은 기꺼이 그 기회에 *편승해서, 일이 잘되면 그보다 좋은 일이 어디 있습니까."

❶"너 이제 보니 참 똑똑하구나. 그래서, 일이 잘 됐니?"
〔마음에 들지 않음을 반어적으로 표현함.〕

"대성공이었습니다." / "할아버지는 기꺼이 응하지 않았을 게다. 네가 유혹했어."
〔민 노인이 북을 친 것에 대한 책임을 성규에게 넘김.〕

㉠❷"결과는 마찬가지예요. 저는 그날 할아버지에게서 그걸 확인했습니다."

"너는 할아버지와 나와의 관계에 대해, 특히 내가 취하고 있는 입장에 대단히 불만이지?"
〔민 노인이 북을 치는 것을 반대함.〕

"그럴 것도 없습니다. 아버지의 할아버지에 대한 처지를 이해하면서도 그 논리를 그대로 저와 연결시키고 싶지도 않고, 그럴 필요도 없다고 생각하는 편이에요."
〔할아버지와 아버지의 처지를 이해하면서도 그들의 갈등은 자신과 관계없다고 생각하는 성규〕

"기특하구나. 그러니까 너만이라도 할아버지에게 화해의 제스처를 보이겠다는 거냐 뭐
〔반어적 표현〕
냐. 지금까지의 네 행동을 보면 그런 추측을 가능케 하더라만."

"그것도 맞지 않는 말이에요. 도대체 할아버지와 저와의 갈등이 있었어야 말이죠. 처음부터 갈등이 없었는데 화해의 제스처를 보이고 말고가 어디 있습니까. 할아버지와의 갈등이 있었다면, 그건 아버지의 몫이지 저와는 상관이 없는 겁니다. 오히려 전 세대끼리의 갈등이 다음 세대에서 쾌적한 만남으로 이어진다면, 그건 환영할 만한 일이고, 그게 또 역사의 의미 아니겠습니까?"
〔세대 간의 갈등 극복과 화합이라는 주제 의식이 드러남.〕
▶ 아버지와 성규의 갈등

나 ❸아들 내외는 밤늦도록 돌아오지 않았다. 전화도 걸려 오지 않았다. 민 노인은 수경이를 시켜, 아들이 먹다 남은 양주를 찾아 안주도 없이 조금씩 조금씩 홀짝거렸다. 얼마나 지났
〔성규의 여동생. 민 노인의 손녀.〕
을까. *취기가 야금야금 전신으로 번지자, 민 노인은 극히 자연스럽게 북을 껴안고 북채를 잡았다. 뚝 딱 두 둥. 둥둥둥 뚝딱. 북소리를 듣고 들어온 수경이는 북 한 번, 할아버지의 눈 한 번씩을 교대로 쳐다보고는 그전 모양 궁상맞다는 타박을 하지 않았다. 오히려 다소곳이 민 노인 옆으로 다가앉으며 엉뚱깽뚱한 질문을 했다.

"할아버지 이 북으로 팝송 반주를 하면 어떻게 될까요."
〔할아버지를 이해하고 공감대를 형성하려는 수경〕

"수경아, 늬 오래비가 붙들려 간 게, 나나 이 북과도 관계가 있겠지." / 둥 둥 둥 딱 뚝.
〔성규가 데모에 참여한 것이 자신과 관련 있다고 생각하는 '민 노인'〕

"무슨 상관이 있겠어요. 아니에요. 그보다도 궁금한 게 있어요. 오빠와 저와는 네 살 터울이거든요. 그런데 오빠는 할아버지의 북소리에 푹 빠져 있고, 솔직히 저는 잡음으로만
〔성규는 민 노인의 삶을 존중하고 이해했음.〕
들려요. 그 차이는 무엇일까요."
〔북소리에 대한 수경의 생각이 드러남.〕

"아무래도 그 녀석이 내 *역마살을 닮은 것 같아. 역마살과 *데모는 어떻게 다를까."

딱 둥둥 딱. / "할아버지, 지금 무슨 말씀을 하고 계세요. 제 말은 들은 둥 만 둥 하구요."

손녀의 *새살거림을 한옆으로 제쳐 놓으며, 민 노인은 눈을 지그시 감고 더 크게 북을 두드렸다.
▶ 성규가 잡혀갔다는 소식을 듣고 북을 두드리는 민 노인

- 중심 내용 가치관 차이로 인한 민대찬과 성규의 갈등과 데모를 하다가 잡혀간 성규를 생각하며 북을 치는 민 노인
- 구성 단계 (가) 절정 / (나) 결말

🏠 작품 연구소

'북'에 대한 등장인물들의 생각

'북'은 민 노인과 아들 민대찬이 갈등하는 계기이기도 하고, 민 노인과 손자 성규 사이를 이어 주는 매개체이기도 하다. 이는 모두 '북'에 대한 등장인물들의 생각이 다른 데서 오는 결과이다.

민 노인	분신과도 같은 존재로 자유로운 예술 정신을 구현할 수 있도록 해 주는 물건
민대찬	과거 아버지가 가족들을 돌보지 못하게 만든 물건이자 현재 자신의 체면을 깎는 물건
민성규	할아버지의 삶의 일부로 느껴지는 물건이자 자신과 할아버지를 이어 주는 매개체

표현상의 특징

상징적인 소재를 통해 갈등을 부각함.	'북'을 매개로 하여 전통 세대와 기성세대, 신세대 간의 갈등 상황을 효과적으로 드러냄.
의성어를 활용하여 인물의 심리와 처지를 드러냄.	데모로 잡혀간 손자를 기다리며 북을 치는 민 노인의 모습을 그릴 때 북 치는 소리를 의성어로 표현하여 안타까움, 초조함, 자책감을 나타냄.
문제 상황만을 제시하고 결과를 숨김.	세대 간의 갈등이 완전히 해결되지 않는 모습으로 마무리되며 갈등의 해결 과정은 독자의 몫으로 남겨 둠.
초점화 대상을 선정하여 심리적 거리를 표현함.	민 노인을 초점화 대상으로 삼아 그의 심리와 감정을 세세하게 전달하고, 다른 인물들의 생각은 대화와 행동을 통해 간접적으로 전달함으로써 서술자가 민 노인의 입장에 가깝게 있다는 것을 보여 줌.

제목 '흐르는 북'의 의미

이 작품에서 '북'은 민 노인의 삶의 궤적을 상징적으로 보여 주는 소재이다. 그리고 '흐르다'는 이 작품에서 세대 간의 갈등이 극복될 수 있는 가능성을 열어 둔 것으로 볼 수 있다. 할아버지 세대와 갈등을 겪는 아버지 세대에 의해 '북' 자체가 사라지는 것이 아니라 손자 세대에 의해 다시 되살아나고 있기 때문이다. 따라서 세대 간의 갈등 속에서도 북소리가 흘러 이어지고 있음을 드러냄으로써 세대 간의 이해와 화합의 의미를 강조하고 있는 것이다.

흐르다	할아버지에서 아버지로, 아버지에서 아들로 이어지는 세대 간의 연결	➡	세대 간의 갈등을 낳았던 이유가 세대를 건너 흐르면서 화합하는 계기를 마련해 주기도 함.
북	민 노인의 예술혼		

📖 함께 읽으면 좋은 작품

〈삼대〉, 염상섭 / 세대 간의 갈등을 그린 가족사 소설

일제 강점기를 배경으로 서울 중산층의 집안에서 일어나는 세대 간 갈등을 그리고 있는 작품이다. 세대 간의 갈등을 다루고 있다는 점과 삼대에 걸친 가족의 이야기를 다룬 가족사 소설이라는 점에서 〈흐르는 북〉과 유사하다. ▶ Link 본책 52쪽

〈복덕방〉, 이태준 / 세대 간의 대립 양상이 드러난 작품

1930년대를 배경으로 근대화의 흐름에 적응하지 못하고 딸에게 의존하여 살게 된 안 초시를 통해 근대화 과정에서 소외된 세대의 좌절과 비애를 그리고 있는 작품이다. 안 초시와 민 노인은 전통 세대를, 안 초시의 딸 안경화와 민 노인의 아들 민대찬은 기성세대를 대표한다는 점과 인물들의 성격, 소외되어 가는 전통 세대를 그린 점에서 〈흐르는 북〉과 유사성을 찾을 수 있다. ▶ Link 본책 104쪽

내신 적중 多빈출

6 등장인물들에 대한 설명으로 적절하지 않은 것은?

① 성규의 아버지는 명예와 실리를 중시하고 있어.
② 민 노인은 자유로운 예술 정신을 추구하고 있어.
③ 수경은 할아버지의 삶을 진심으로 이해해 주고 있어.
④ 민 노인과 성규는 안주(安住)하는 삶에서 벗어나 있어.
⑤ 성규는 아버지와 가치관 차이 때문에 갈등을 보이고 있어.

7 ⓐ~ⓔ의 지시 대상을 잘못 파악한 것은?

① ⓐ: 성규
② ⓑ: 민 노인
③ ⓒ: 민 노인
④ ⓓ: 성규
⑤ ⓔ: 성규의 아버지

8 〈보기〉로 미루어 볼 때, 이 글의 작가가 가족사 소설의 형식을 택한 이유로 가장 적절한 것은?

| 보기 |
가족사 소설은 가족의 흥망성쇠를 그린 소설이다. 사회의 변화를 예측하기 어려운 상황에서 작가들은 시대 상황을 몇 대에 걸친 가족의 삶의 변화와 관련하여 파악하면서 현실 문제에 대한 대응책을 모색할 수 있다.

① 작가는 가족사 소설을 택해 독자들이 흥미를 느끼게 하려 했다.
② 작가는 자신의 가족사를 소설로 써서 현실 문제를 해결하려 했다.
③ 작가는 가족사 소설을 통해 한 집안의 몰락 과정을 그려 내려 했다.
④ 작가는 전통문화가 사라지는 것에 대한 아쉬움을 가족사 소설에 담아내려 했다.
⑤ 작가는 가정 내 세대 간의 갈등을 통해 현실의 문제가 이들의 삶에 어떤 영향을 미쳤는지 보여 주려 했다.

9 ㉠이 의미하는 바로 적절하지 않은 것은?

① 할아버지는 지금도 북에 대한 열정을 지니고 계십니다.
② 할아버지는 스스로 북에 대한 열정을 버리셨던 겁니다.
③ 할아버지의 북에 대한 열정은 그 누구도 꺾을 수 없는 것입니다.
④ 할아버지는 제가 아니어도 언젠가는 다시 북을 잡으셨을 겁니다.
⑤ 할아버지가 북을 잡지 않으셨던 것은 단지 아버지의 눈치를 보았기 때문입니다.

내신 적중

10 이 글에 드러난 갈등의 양상을 쓰시오.

내신 적중

11 이 글의 제목인 '흐르는 북'에 담긴 의미를 한 문장으로 쓰시오.

069 비 오는 날이면 가리봉동에 가야 한다 | 양귀자

키워드 체크 #연작 소설 #비판적 #소외된 사람들의 삶 #사실적 묘사 #타자에 대한 이해와 존중

문학 천재(정), 금성, 지학사

핵심 정리

갈래 단편 소설, 연작 소설
성격 사실적, 비판적, 성찰적
배경 ① 시간 – 1980년대
　　　 ② 공간 – 부천시 원미동
시점 전지적 작가 시점
주제 소시민들 사이에 벌어지는 일상의 갈등과 화해
특징 ① 실제 공간을 배경으로 소시민들의 삶을 사실적으로 그려 냄.
② 등장인물의 대화와 행동을 중심으로 사건을 전개함.
출전 《세계의 문학》(1986)

Q 이 작품의 시점은?

이 작품은 전지적 작가 시점을 취하여 도시 중산층의 허위의식을 드러내고 있다. 그러나 이러한 시점은 '그'라는 특정 인물의 시각에 편향되어 있다. '그'의 아내와 임 씨 등 다른 인물에 대한 서술은 '그'의 시선을 거친 관찰자적 시점에서 서술되고 있는 것이다.

어휘 풀이

진척(進陟) 일이 목적한 방향대로 진행되어 감.
공이 '옹이'의 방언. '굳은살'을 비유적으로 이르는 말.
부러 실없이 거짓으로.
덕담(德談) 남이 잘되기를 비는 말.
앵꼽다 '아니꼽다'의 방언. 하는 말이나 행동이 눈에 거슬려 불쾌하다.
고마 '고만'의 방언.

구절 풀이

❶ **목욕탕 일도 그러했지만 ~ 손가락 이상의 그 무엇이었다.** 임 씨가 단순한 노동자가 아니라 자신의 일에 전문성을 가진 사람임을 드러낸다.
❷ **하지만 우정 지어낸 ~ 되레 그들이었다.** 임 씨의 본업이 연탄장수라는 것 때문에 그의 진실함을 오해했던 부부에 대한 비판적 의식이 드러난다.
❸ **그렇게 말은 했어도 ~ 지울 수가 없었다.** 열심히 일을 하고도 궁핍하게 살아가는 임 씨에 대한 연민과 배려가 담긴 표현이다.

Q '그'가 자신의 나이를 속인 이유는?

자신보다 나이가 어린 사람에게 고용된 것을 알면 임 씨가 비참한 마음이 들까 봐 배려하기 위한 것이다. 이 부분에서 사려 깊고 남을 배려할 줄 아는 '그'의 성격을 알 수 있다. 이후 임 씨와 '그'는 심리적 거리가 가까워져 임 씨가 자신의 내면 이야기를 하게 된다.

가 　몇 번씩이나 옥상에 얼굴을 디밀고 일의 *진척 상황을 살피던 아내도 마침내 질렸다는 듯 입을 열었다.

　"대강 해 두세요. 날도 어두워졌는데 어서들 내려오시라구요."

　"다 되어 갑니다, 사모님. 하던 일이니 깨끗이 손봐 드려야지요."

　다시 방수액을 부어 완벽을 기하고 이음새 부분은 손가락으로 몇 번씩 문대어 보고 나서야 임 씨는 허리를 일으켰다. 임 씨가 일에 몰두해 있는 동안 그는 숨소리조차 내지 않고 일하는 양을 지켜보았다. ㉠저 열 손가락에 박힌 *공이의 대가가 기껏 지하실 단칸방만큼의 생활뿐이라면 좀 너무하지 않나 하는 안타까움이 솟아오르기도 했다. ❶목욕탕 일도 그러했지만 이 사람의 손은 특별한 데가 있다는 느낌이었다. 자신이 주무르고 있는 일감에 한 치의 틈도 없이 밀착되어 날렵하게 움직이고 있는 임 씨의 열 손가락은 손가락 이상의 그 무엇이었다. 처음에는 이 사내가 견적대로의 돈을 다 받기가 민망하여 우정 지어내 보이는 열정이라고 여겼었다. 옥상 일의 중간에 잠시 집에 내려갔을 때 아내도 그런 뜻을 표했다.

　"예상 외로 옥상 일이 힘드나 보죠? 저 사람도 이제 세상에 공돈은 없다는 사실을 깨달았을 거예요."

[A] 　❷하지만 우정 지어낸 열정으로 단정한다면 당한 쪽은 되레 그들이었다. 밤 여덟 시가 지나도록 잡역부 노릇에 시달린 그도 고생이었고, *부러 만들어 시킨 일로 심적 부담을 느끼기 시작한 그의 아내 역시 안절부절못했으니까. ▶ 임 씨를 오해한 '그'와 아내

나 　"젊은 사람이 일도 엄청 잘하네. 늦으문 낼 하고 쉬었다 하모 좋을 끼고만 일 무서분 줄 모르는 걸 보이 앞으로는 잘살 끼요."

　노모의 *덕담을 임 씨는 무릎을 꿇고 두 손을 짚은 채 들었다.

　"내사 남자들 술 마시는 꼴은 *앵꼽아서 못 보지만 그렇기 일하고는 안 마실 수 없겠구마는. 나는 *고마 들어가 있을 테이 좀 쉬었다 가소."

　노모가 방문을 닫고 들어가자 임 씨는 그가 부어 주는 술을 두 손으로 황감히 받쳐 들고 조심스레 목울대로 넘겼다.

　"이거 왜 이러십니까. 편히 드십시다. 나이도 서로 엇비슷할 텐데 말이오."

　❸그렇게 말은 했어도 그는 임 씨의 나이가 그보다 훨씬 많으면 왠지 괴롭겠다는 기분을 지울 수가 없었다. 찬바람이 불면 다시 온몸에 검댕 칠을 하는 연탄 배달에 나서야 하고 여름이 오면 정식으로 간판 달고 일하는 설비 집 동료들이 손이 달려야만 넘겨주는 일감에 매달려 하루 벌어 하루 먹고 사는 저 사내의 앞날이 창창하다는 게 위안이 되는지 그것도 모를 일이긴 했다.

　"사장님은 금년 몇이시지요? 저는 토끼띠, 서른여섯 아닙니까?"

　임 씨가 서른여섯에 토끼띠라면 그는 서른다섯에 용띠였다. 옆에 앉아서 지갑을 열었다 닫았다 하던 아내가 얼른 "이 양반은……." 하고 나서는 것을 그가 가로챘다.

　"그래요? 나도 토끼띠지요. 서로 동갑이군요."

　아내가 기가 막힌다는 표정으로 그를 쳐다보았지만, 그는 아랑곳하지 않고 동갑 기념이라고 또 한 잔의 술을 그의 잔에 넘치도록 부었다. ▶ 임 씨를 위해 술상을 마련한 '그'와 아내

• 중심 내용 성실하게 일을 마친 임 씨에게 고마움을 느끼는 '그'의 가족　　• 구성 단계 절정

이해와 감상

이 작품은 도시 변두리에 사는 서민들의 삶을 통해 1980년대의 사회상을 사실적으로 묘사하고 있다.

임 씨는 일용직 노동자로 비 오는 날이면 떼인 돈을 받기 위해 가리봉동에 가야 하는 도시 빈민층이다. 반면 '그'와 아내는 임 씨의 외모와 직업만 보고 임 씨를 평가하고 의심했다가, 성실히 일하는 그의 모습을 보고 자신들의 잘못을 깨닫는 소시민이다. 자본주의 사회에 익숙해진 '그'는 임 씨의 정직한 삶을 보며 자신의 삶을 성찰하게 되고, 공존을 위한 내면적 갈등을 겪게 된다. 이를 통해 작가는 타자에 대한 이해와 존중의 중요성을 전하고 있다. 나아가 세속적이고 탐욕스러운 현대인들에게 반성을 촉구하고, 주변의 소외된 계층의 인물에 대해 따뜻한 연민의 시선을 보내고 있다.

전체 줄거리

발단	'그'는 원미동에 처음으로 집을 장만하여 이사를 한다. 하지만 집에 잦은 하자가 생겨 보수에 많은 돈이 들어간다.
전개	어느 날 목욕탕 배수관에 문제가 생겨 지물포 주인에게 소개받은 임 씨에게 일을 맡긴다.
위기	임 씨는 원래 연탄장수이지만 여름에는 집수리를 부업으로 한다는 사실을 알게 된 '그'와 아내는 욕실 공사를 맡긴 것을 후회하고 그가 공사비를 부풀릴 것이라고 생각한다.
절정	예상과 달리 깔끔하게 공사를 마친 임 씨는 서비스로 옥상까지 고쳐 주고, 공사비가 적게 들었다며 견적보다 적은 돈을 받는다. '그'는 임 씨를 의심했던 것을 부끄러워하며 함께 술을 마신다.
결말	임 씨와 한 잔 더 하게 된 '그'는 임 씨가 비 오는 날이면 떼인 연탄값을 받기 위해 가리봉동에 간다는 이야기를 들으며 가난한 도시 빈민인 임 씨의 처지를 가슴으로 느끼게 된다.

인물 관계도

임 씨의 능력을 의심했으나
곧 이를 반성하고
임 씨에 대한 연민을 느낌.

'그'와 아내 ⟷ 임 씨

공사를 꼼꼼하게 마친 후
'그'와 가까워져
'그'에게 속내를 털어놓음.

작품 연구소

제목의 의미와 역할

의미	임 씨는 비가 오지 않는 날에는 일을 하고, 비가 와서 일을 하지 않는 날이면 가리봉동에 떼인 연탄값을 받으러 감.
역할	• 임 씨의 말을 제목으로 삼아 독자의 호기심을 유발함. • 정직하고 성실한 사람이 제대로 대우받지 못하는 사회를 비판함. • 자신의 이익만을 지키려 하는 부유층의 이기적인 모습을 비판함.

키 포인트 체크

인물 '그'는 임 씨를 의심한 자신의 태도를 ☐☐하며 임 씨에게 ☐☐을 느끼고, 임 씨 역시 '그'를 가깝게 느낀다.

배경 1980년대 도시 변두리인 부천시 ☐☐☐을 배경으로 하고 있다.

사건 공사를 깔끔하게 마친 임 씨를 위해 '그'와 아내는 ☐☐을 마련하여 함께 술을 마시며 임 씨의 사연을 듣는다.

1 이 글에 대한 설명으로 가장 적절한 것은?

① 액자식 구성을 취하고 있다.
② 특정 인물을 희화화하며 비판하고 있다.
③ 과거와 현재를 교차하여 서술하고 있다.
④ 특정 인물의 시각에 편향하여 서술하고 있다.
⑤ 의식의 흐름 기법을 통해 인물의 무의식을 드러내고 있다.

2 이 글에 등장하는 인물에 대한 설명으로 적절한 것은?

① 아내는 밤늦게까지 공사를 하는 임 씨에게 화를 냈다.
② '그'는 성실히 일하는 임 씨의 모습에 호감을 느끼게 되었다.
③ 임 씨는 견적대로 돈을 다 받기 민망하여 옥상 일을 해 주었다.
④ 노모는 전문가인 척 일을 하러 다니는 임 씨의 인성을 의심하고 있다.
⑤ '그'와 아내는 임 씨가 일을 잘하는지 평가하기 위해 옥상 일을 더 시켰다.

3 다음에 드러난 정서가 ㉠과 가장 유사한 것은?

① 밤에 홀로 유리를 닦는 것은 / 외로운 황홀한 심사이어니, / 고운 폐혈관이 찢어진 채로 / 아아, 느는 산새처럼 날아갔구나! — 정지용, 〈유리창〉
② 두만강을 찾아 한번 목 놓아 울고 나서 / 흰 머리 날리며 씽씽 썰매를 타련다. / 어린 시절에 타던 / 신나는 썰매를 한번 타 보련다. — 김규동, 〈두만강〉
③ 성북동 산에 번지가 새로 생기면서 / 본래 살던 성북동 비둘기만이 번지가 없어졌다. / 새벽부터 돌 깨는 산울림에 떨다가 / 가슴에 금이 갔다. — 김광섭, 〈성북동 비둘기〉
④ 어데다 무릎을 꿇어야 하나 / 한 발 재겨 디딜 곳조차 없다. // 이러매 눈 감아 생각해 볼 밖에 / 겨울은 강철로 된 무지갠가 보다. — 이육사, 〈절정〉
⑤ 남편은 어디에 나가 있는지 / 아침에 소 끌고 산에 올랐는데 / 산밭을 일구느라 고생을 하며 / 저물도록 돌아오지 못한다네. — 김창협, 〈산민(山民)〉

내신 적중

4 작가가 [A]를 통해 비판하고자 하는 바로 가장 적절한 것은?

① 원칙 없이 일을 처리하는 모습
② 물질적인 가치만을 중요시하는 모습
③ 남을 믿지 않고 이해타산적으로 사는 모습
④ 자신의 잘못을 알고도 반성하지 않는 모습
⑤ 남을 배려하지 않고 마음 내키는 대로 대하는 모습

5 '그'가 '임 씨'에게 동갑이라고 말한 이유를 쓰시오.

어휘 풀이

야반도주(夜半逃走)하다 남의 눈을 피하여 한밤중에 도망하다.

제꺼덕 어떤 일을 아주 시원스럽게 빨리 해치우는 모양.

노임 '노동 임금'을 줄여 이르는 말. 품삯.

Q '스웨터 공장 사장'은 어떤 인물인가?

그는 임 씨보다 경제적인 부를 누리면서도 연탄값을 지불하지 않는 탐욕스러운 인물이다. 작가는 부도덕하고 이기적인 스웨터 공장 사장과 성실하지만 어렵게 살아가는 임 씨를 대비하여 도시 빈민층의 비극적인 생활상을 잘 드러내고 있다.

구절 풀이

❶ **임 씨가 이빨 사이로 침을 찍 뱉었다.** 일용직 노동자인 임 씨의 거친 모습이 드러나는 표현이다. '그'를 공손하게만 대했던 임 씨가 자신의 솔직한 모습을 드러내는 것으로 보아 '그'와 임 씨의 관계가 가까워졌음을 알 수 있다.

❷ **큰놈 자전거도 나오고 ~ 쏙 빠집니다요.** 어렵게 사는 형편이지만 가족을 애틋하게 여기는 임 씨의 마음이 나타난 표현이다.

❸ **"누군 받기 싫어 ~ 먼저 성깔 내."** 우리 사회의 불평등하고 부정적인 모습을 보여 주고 있다. 있는 사람들이 없는 사람들의 재산을 빼앗는 모순된 상황이 드러난다.

❹ **"해 뜨는 날은 ~ 받아서 좋고, 조오타!"** 해 뜨는 날은 돈 벌어서 좋고, 비 오는 날은 돈 받아서 좋다고 하지만, 실상은 해 뜨는 날에는 적은 일당으로 일을 하며 하루하루를 살아가고, 비 오는 날에도 쉬지 못하고 떼인 돈을 받으러 가리봉동에 가야 하는 상황을 반어적으로 드러낸 표현이다.

Q '두터운 벽'의 의미는?

도시 빈민층이 아무리 참고 노력하며 열심히 살아도 현실의 궁핍함은 나아지지 않고, 오히려 가진 자들의 배만 불릴 뿐이다. '두터운 벽'은 이러한 답답한 현실을 반영한 표현으로 볼 수 있다. '벽'은 사회 계층 간의 진입 장벽을 의미하며, 이러한 벽이 '두텁다'는 것은 계층 간 이동이 어려움을 의미한다.

작가 소개

양귀자(梁貴子, 1955~)
소설가. 1978년 〈다시 시작하는 아침〉으로 등단하였다. 1986년부터 1987년까지 쓴 단편을 모아 낸 《원미동 사람들》은 경기도 부천의 한 동네에 사는 서민들의 애환을 다루고 있다. 주요 작품으로 〈나는 소망한다 내게 금지된 것을〉, 〈천년의 사랑〉, 〈모순〉 등이 있다.

가 ❶임 씨가 이빨 사이로 침을 찍 뱉었다. 뭐 맛있는 거나 되는 줄 알고 김 반장의 발발이 새끼가 쪼르르 달려왔다. / "가리봉동에 가면 곰국이 나와요?"

임 씨가 따라 주는 잔을 받으면서 그는 온몸을 휘감는 술기운에 문득 머리를 내둘렀다. 아까부터 비 오는 날에는 가리봉동에 간다는 임 씨의 말이 술기운과 더불어 떠올랐다.

"곰국만 나오나. ❷큰놈 자전거도 나오고 우리 농구 선수 운동화도 나오지요. 마누라 빠마값도 쑥 빠집니다요. 자그마치 팔십만 원이오, 팔십만 원. 제기랄. 쉐타 공장 하던 놈한테 일 년 내 연탄을 대 줬더니 이놈이 연탄값 떼어먹고 *야반도주했어요. 공장이 망했다고 엄살을 까길래, 내 마음인들 좋았겠소. 근데 형씨. ⓐ아, 그놈이 가리봉동에 가서 더 크게 공장을 차렸다 뭡니까. 우리네 노가다들, 출신이 다양해서 그런 소식이야 *제꺼덕 들어오지, 뭐."

"그럼 받아야지. 암, 받아야 하구말구." ▶ 임 씨가 돈을 떼인 사연을 알게 된 '그'

나 ❸"누군 받기 싫어 못 받수. 줘야 받지. 형씨, 돈 있는 놈은 죄다 도둑놈이오. 쫓아가면 지가 먼저 울상이네. 여공들 *노임도 밀렸다, 부도가 나서 그거 메우느라 마누라 목걸이까지 팔았다고 지가 먼저 성깔 내." / "쥑일 놈."

그는 스웨터 공장 사장을 눈앞에 그려 본다. 빤질빤질한 상판에 배는 툭 불거져 나왔겠지.

"그게 작년 일인데, 형씨 올여름에 비가 오죽 많았소. ⓑ비만 오면 가리봉동에 갔지요. 비만 오면 갔단 말이요."

"아따, 일 년 삼백육십오 일 비 오는 날은 쨌고 쨌는디 머시 그리 걱정이당가요?"

김 반장이 맥주를 새로 가져오며 임 씨를 놀려 먹었다.

"시끄러, 인마. 비가 와야 가리봉동에 가지, 비가 와야……."

ⓒ❹"해 뜨는 날은 돈 벌어서 좋고, 비 오는 날은 돈 받아서 좋고, 조오타!"

김 반장이 젓가락으로 장단까지 맞추자 임 씨는 김 반장 엉덩이를 철썩 갈긴다. ▶ 비만 오면 가리봉동에 간다는 임 씨

다 "난 말요. 이 토끼띠 사내는 말요, 보증금 백오십만 원에 월세 삼만 원짜리 지하실 방에서 여섯 식구가 살고 있소. 가리봉동 그 자식은 곧 죽어도 맨션아파트요, 맨션아파트!"

임 씨는 주먹을 흔들며 맨션아파트라고 외쳤는데 그의 귀에는 꼭 맨손 아파트처럼 들렸다.

"돈 받으러 갈 시간도 없다구. 마누라는 마누라대로 벽돌 찍는 공장에 나댕기지, 나는 나대로 이 짓 해서 벌어야지. 그래도 달걀 프라이 한 개 마음 놓고 못 먹는 세상!"

임 씨의 목소리가 거칠어졌다. 술이 너무 과하지 않나 해서 그는 선뜻 임 씨에게 잔을 돌리지 못하고 있었다.

ⓓ"돌고 돌아서 돈이라고? 돌고 도는 돈 본 놈 있음 나와 보래! 우리 같은 신세는 평생 이 지랄로 끝장이야. 돈? 에이! 개수작 말라고 해."

임 씨가 갑자기 탁자를 내리쳤다. 그 바람에 기우뚱거리던 맥주병이 기어이 바닥으로 나뒹굴면서 요란한 소리를 내었다.

"참고 살다 보면 나중에는……." / "모두 다 소용없는 일이야!"

임 씨의 기세에 눌려 그는 또 말을 맺지 못하고 입을 다물었다. ㉠나중에는 임 씨 역시 맨션아파트에 살게 되고 달걀 프라이쯤은 역겨워서, 곰국은 물배만 채우니 싫어서 갖은 음식 타박에 비 오는 날에는 양주나 찔끔거리며 사는 인생이 될 것이다, 라고 말할 수는 없었다.

㉡천 번 만 번 참는다고 해서 이 두터운 벽이, 오를 수 없는 저 꼭대기가 발밑으로 걸어와 주는 게 아님을 모르는 사람이 그 누구인가. ▶ 임 씨의 삶을 안타깝게 여기는 '그'

• 중심 내용 '그'는 비 오는 날이면 가리봉동에 가는 임 씨의 사연을 듣고 연민을 느낌.　　• 구성 단계 결말

🏠 작품 연구소

무기력한 소시민의 삶 – '그'

이 소설에서 서술자 역할을 하는 '그'는 1980년대 당시 산업화가 이루어지면서 소외된 계층에 대한 연민과 안타까움을 품으면서도 사회 변화를 위해 적극성을 띠지는 않았던 무기력한 소시민들의 모습을 대변하는 인물이다.

'그'는 서울에서 일하는 월급쟁이로, 어쩔 수 없는 소시민 근성 때문에 정직한 노동자인 임 씨를 의심하고, 돈 몇 푼을 깎기 위해 마음을 졸이기도 한다. 그러나 임 씨의 정직한 노동의 가치를 인정하고, 임 씨에 대해 미안함을 갖는 것을 보면 비교적 양심적인 인물이라 볼 수 있다. 그러나 '그'가 할 수 있는 것은 술잔을 함께 나누며, 술김에 흘러나오는 임 씨의 세상에 대한 원망과 무력감을 듣는 것뿐이다. 도와줄 방법이 없기에 자괴감을 느끼며 답답한 마음을 갖는 '그'의 모습에서 무기력한 소시민의 모습이 드러난다.

공간의 이동에 따른 '그'의 심리 변화

이 소설에서는 욕실과 옥상 공사를 한 '그'의 집에서 김 반장의 형제 슈퍼로 공간이 이동함에 따라 인물들의 심리와 관계가 변한다. '그'의 집이 임 씨에 대한 의심과 갈등의 공간이었다면, 형제 슈퍼는 화해와 공존의 공간이라 할 수 있다.

공간	사건	'그'의 심리
'그'의 집	연탄장수가 본업인 임 씨가 욕실을 고침.	임 씨에 대한 불신
	임 씨가 옥상까지 수리하고도 수리비를 적게 받음.	자신에 대한 부끄러움
형제 슈퍼	임 씨가 비 오는 날이면 가리봉동에 가는 사연을 말함.	임 씨에 대한 안타까움과 연민

공간적 배경의 의미

원미동과 가리봉동은 실제 지명이다. 작가는 부조리와 모순이 가득 찬 1980년대 한국 사회를 원미동 사람들의 어려운 삶과 공장 노동자들의 생활 공간이었던 가리봉동을 통해 사실적으로 보여 주고 있다.

원미동	• 서울 외곽의 소도시 • 경제적인 어려움 때문에 서울에 정착할 수 없었던 사람들이 밀려와 살던 곳	➡	가난한 사람들의 사실적인 삶의 모습을 보여 주는 공간
가리봉동	• 공장 밀집 지역 • 자본주의의 밑바닥 삶을 살던 공장 노동자들의 생활 공간		

📖 함께 읽으면 좋은 작품

〈아홉 켤레의 구두로 남은 사내〉, 윤흥길 / 소외 계층의 삶을 그린 작품

〈아홉 켤레의 구두로 남은 사내〉가 하층민으로 몰락한 소시민의 이야기를 다루고 있다면, 〈비 오는 날이면 가리봉동에 가야 한다〉는 본래 하층민인 일용직 노동자의 삶을 다룬다는 점에서 차이가 있다. 하지만 연민과 안타까움을 가지고 이들의 삶을 묘사한다는 점과 소시민의 눈으로 바라본 소외 계층의 삶이라는 주제 및 접근 방식 면에서는 유사하다.

🔗 Link 본책 216쪽

6 〈보기〉의 [A]와 [B]에 들어갈 소재가 바르게 연결된 것은?

┤ 보기 ├

소재는 때때로 인물의 생각이나 가치관, 사상이나 욕구를 나타낸다. 이 글에서도 인물의 삶을 부각하기 위한 다양한 소재들이 활용되고 있다.

임 씨	스웨터 공장 사장
[A]	[B]

	[A]	[B]
①	달걀 프라이	곰국
②	양주	맥주
③	꼭대기	연탄
④	지하실 방	맨션아파트
⑤	맨션아파트	두터운 벽

7 ㉠의 이유로 가장 적절한 것은?

① 너무 직설적으로 말하기가 어려워서
② '그'의 진심을 임 씨가 알아주지 않을 것 같아서
③ 임 씨의 삶이 어떻게 될지 알 수 없는 노릇이므로
④ '그'가 말하는 것이 임 씨가 바라는 삶이 아닐 것 같아서
⑤ '그' 스스로도 자신의 말이 이루어질 수 없음을 알기 때문에

8 ⓐ~ⓔ에 대한 감상으로 적절하지 <u>않은</u> 것은?

① ⓐ: 거짓말로 임 씨를 속인 스웨터 공장 사장은 악덕 기업주라고 할 수 있군.
② ⓑ: 비 오는 날조차도 쉬지 못하는 임 씨의 처지가 안타까워.
③ ⓒ: 임 씨는 자신의 고달픈 처지를 반어적으로 표현하고 있어.
④ ⓓ: 임 씨는 열심히 살아도 가난하게 사는 자신의 처지를 한탄하며 세상에 대해 비관적으로 인식하고 있어.
⑤ ⓔ: 최선을 다해 열심히 노력하지 않으면 성공하기 어렵다는 사실을 알려주고 있군.

내신 적중 多빈출

9 인물 간의 관계를 바탕으로 '임 씨'가 지니고 있는 가치관을 빈칸에 쓰시오.

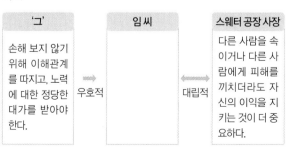

'그'		임 씨		스웨터 공장 사장
손해 보지 않기 위해 이해관계를 따지고, 노력에 대한 정당한 대가를 받아야 한다.	우호적 ⇨		⇦ 대립적 ⇨	다른 사람을 속이거나 다른 사람에게 피해를 끼치더라도 자신의 이익을 지키는 것이 더 중요하다.

국어 비상(박영)

🎯 핵심 정리

갈래 단편 소설, 세태 소설, 연작 소설

성격 세태적, 비판적, 일상적

배경 ① 시간 – 1980년대
　　　　② 공간 – 부천시 원미동

시점 전지적 작가 시점

주제 도시화 과정에서 땅의 가치에 대한 인식

특징 ① 원미동의 평범한 사람들의 일상적이고
　　　　소박한 삶을 사실적으로 드러냄.
　　　　② 땅을 둘러싼 갈등을 인물 간의 대화와
　　　　행동을 통해 구체적으로 드러냄.

출전 《원미동 사람들》(1987)

Q '박 씨 내외'가 '강 노인'을 회유하는 근거는?

박 씨 내외는 땅값이 더 이상 오르지 않을 것이며, 강 노인의 아내도 땅을 팔기를 원하고 있고, 어느 정도 금액을 조정할 수 있다는 점을 들어 강 노인을 회유하고 있다. 하지만 강 노인은 땅을 경제적 가치로 생각하고 있지 않기 때문에 이를 모두 거부하고 있다.

💡 어휘 풀이

정리 인정과 도리를 아울러 이르는 말.

가타부타 옳다느니 그르다느니.

매기 상품을 사려는 분위기. 또는 살 사람들의 인기.

쳐들다 어떤 사실을 입에 올려서 말하다.

끄나풀 남의 앞잡이 노릇을 하는 사람을 낮잡아 이르는 말.

자망 사람의 모습이나 풍채.

본데없다 보고 배운 것이 없다. 또는 행동이 예의범절에 어긋나는 데가 있다.

주먹코 뭉뚝하고 크게 생긴 코. 또는 그러한 코를 가진 사람을 농으로 이르는 말.

📖 구절 풀이

❶ **"아직도 늦은 ~ 저 야단인디……."** 박 씨와 고흥댁은 땅을 경제적 가치로만 보고 있기 때문에 땅값이 더 이상 오르지 않을 것임을 강조하며 강 노인을 회유하고 있다.

❷ **박 씨의 말본새는 ~ 서울 끄나풀들이었다.** 강 노인은 땅을 팔 것을 계속해서 요구하는 박 씨 내외를 '서울 것들', '서울 끄나풀들'이라 지칭하며 못마땅해하고 있다. 특히 박 씨 내외가 전라도 출신임을 알면서도, '서울 끄나풀들'이라 생각하는 것을 볼 때, 강 노인은 서울 출신들에 대해 부정적으로 생각하고 있음을 알 수 있다.

❸ **고추밭에 뿌리는 ~ 농사 실정이었다.** 강 노인은 밭에 오줌이나 인분을 거름으로 뿌리는 문제와 관련하여 마을 사람들과 갈등을 겪었고, 이로 인해 최근 몇 년 동안은 수확을 제대로 거두지 못했음을 알 수 있다.

가 "참말로 이 양반이 지난겨울부터 무진 애를 썼구만요. 우리사 셋방이나 얻어 주고 소개료 받는 것으로도 얼마든지 살 수 있지라우. 그람시도 그리 애를 쓴 것이야 다 한동네 사는 *정리로다가 그런 것이지요." / 강 노인은 *가타부타 말이 없고 이번엔 박 씨가 나섰다.

<small>강 노인이 땅을 팔지 않더라도 자신들은 경제적으로 여유가 있음을 강조함.</small>

❶"아직도 늦은 것은 아니고, 한 번 더 생각해 보세요. 여름마다 똥 냄새 풍겨 주는 밭으로

<small>땅을 팔라고 강 노인을 계속해서 회유하고 있음.</small>

두고 있으니 평당 백만 원 이상으로 팔아넘기기가 그리 쉬운 일입니까. 이제는 참말이지

더 이상 땅값이 오를 수가 없게 돼 있다 이 말씀입니다. 아, 모르십니까. 팔팔 올림픽 전

<small>지금이 가장 비싼 가격에 땅을 팔 수 있는 시기라는 점을 강조함.　　시대적 배경을 알려 주는 소재</small>

에 북에서 쳐들어올 확률이 높다고 신문 방송에서 떠들어 쌓으니 이삼천짜리 집들도 *매

기가 뚝 끊겼다 이 말입니다."

"영감님도 욕심 그만 부리고 이만한 가격에 임자 나섰을 때 후딱 팔아 치우시오. 영감

님이 아무리 기다리셔도 인자 더 이상 오르기는 어렵다는디 왜 못 알아들으실까잉. 경국

<small>박 씨 내외는 땅을 경제적 가치로만 생각한다는 것을 알 수 있음.　　강 노인의 손주</small>

이 할머니도 팔아 치우자고 저 야단인디……."

고흥댁은 이제 강 노인 마누라까지 *쳐들고 나선다. 강 노인은 아무런 대꾸도 없이 일하

<small>박 씨의 부인　　　경국이 할머니　　　　　강 노인은 자신을 회유하는 박 씨 내외를 외면하고 있음.</small>

던 자리로 돌아가 버린다. 그 등에 대고 박 씨가 마지막으로 또 한마디 던졌다.

"아직도 유 사장 마음은 이 땅에 있는 모양이니께 금액이야 영감님 마음에 맞게 잘 조정

해 보기로 하고, 일단 결정해 뿌리시요!"

땅값 따위에는 관계없이 땅을 팔지 않겠다는 의사 표현을 누차 했건만 ❷박 씨의 말본새

<small>말하는 태도와 모양새</small>

는 언제나 저 모양이다. 서울 것들이란. 박 씨 내외가 복덕방 안으로 들어가 버린 뒤에야 그

<small>박 씨 내외에 대한 강 노인의 부정적인 태도가 드러남.</small>

는 한마디 내뱉는다. ㉠저들 내외가 원래 전라도 사람이라는 것을 모르지는 않으나 강 노

인에게 있어 원미동 사람들은 어쨌거나 모두 서울 *끄나풀들이었다.

▶ 강 노인은 땅을 팔라고 회유하는 박 씨 내외를 외면함.

나 도대체가 서울 것들은 밭에서 풍겨 나오는 두엄 냄새라면 질색 *자망을 하고 손을 내젓

<small>땅의 진정한 가치를 모르는 사람들</small>

는, 천하에 *본데없는 막된 것들이라니까. [중략] ❸고추밭에 뿌리는 오줌에서부터 여름이

되어 김장 배추 갈기 전에 얹어 주는 푹 삭힌 인분에 이르기까지, 서울 끄나풀들의 극성 때

<small>마을 사람들은 강 노인이 밭에 인분 거름을 뿌리는 것을 싫어했음.</small>

문에 실컷 장만해 둔 밑거름조차 제대로 쓰지 못하고 부석부석한 땅에서 수확을 거두던 것

이요 몇 해 농사 실정이었다.

거기에다 매년 겨울이면 밭은 쓰레기장으로 변해 버리고 말았다. 겨울 동안 용문이 녀석

<small>마을 사람들이 강 노인의 밭에 몰래 연탄재를 버렸기 때문임.</small>

을 시켜 밭을 지키고 때로는 직접 나서서 밤사이 몰래 연탄재를 내다 버리는 동네 사람을

지키고는 했지만 허사였다.

▶ 서울 것들을 괘씸하게 여기는 강 노인

다 세상에 이런 법은 없었다. 이제 손가락만 한 고추 모종이 깔려 있는 밭에 여기저기 연탄

재들이 나뒹굴고 있지 않은가. 겨울 빈 밭에 내다 버리는 것이야 그럴 수 있다 치더라도 목

숨이 붙어 자라고 있는 밭에 연탄재를 내던진 것은 명백히 짐승의 처사였다. 반상회 끝의

<small>강 노인은 밭에 연탄재를 내다 버린 마을 사람들의 행태에 분노함.</small>

독기 어린 동네 사람들이 저지른 것임은 대번에 알 수 있었지만 아무리 그렇다 하여도 이

런 짓거리까지 해 댈 줄이야 짐작도 못 했던 강 노인이었다. 수십 덩어리의 연탄재 폭격을

당해 짓뭉개진 모종이 한 고랑만 해도 숱했다. 세상에 막된 인종들…… 강 노인은 *주먹코

<small>고추 모종이 연탄재로 인해 많이 훼손되었음.</small>

를 씰룩이며 밭으로 달려들어 가서 닥치는 대로 연탄재를 길가에 내던졌다. 서울 것들이나

되니 살아 있는 밭에 해코지할 생각을 갖지, 땅을 아는 자라면 저 시퍼런 하늘이 무서워서

<small>강 노인은 마을 사람들이 땅의 진정한 가치를 모른다고 생각함.</small>

라도 감히 이따위 행패를 생각이나 하겠는가.

▶ 마을 사람들이 강 노인의 밭에 연탄재를 던짐.

• 중심 내용 박 씨 내외의 회유에도 불구하고 강 노인은 땅을 팔지 않음.　　• 구성 단계 (가), (나) 전개 / (다) 절정

이해와 감상

이 글은 양귀자의 연작 소설집 《원미동 사람들》에 실린 소설로, 땅의 본질적 가치를 중요하게 여기며 이를 지키고자 하는 강 노인과 땅을 경제적 수단으로 보아 땅값을 올려 부(富)를 얻으려는 마을 사람들 간의 갈등을 그린 작품이다. 강 노인은 마을 사람들을 '서울 것들', '서울 끄나풀들'이라고 지칭하며 땅 팔기를 거부하다가 결국 팔기로 마음먹는데, 이 과정에서 땅을 둘러싼 인물들의 가치관 차이를 잘 살펴볼 수 있다.

이 작품의 배경은 '1980년대', '원미동'으로 구체적으로 설정되어 있는데, '1980년대'는 도시화가 급격히 이루어지던 시기이며 국제적인 행사 준비로 토지 용도 변화가 나타나던 때였다. 그리고 '원미동'은 소시민의 삶과 희망을 보여 주는 상징적인 공간인 동시에 소시민들의 고단한 삶을 고스란히 보여 주는 공간이다. 작가는 이와 같은 구체적 배경을 바탕으로 평범한 사람들의 일상적인 삶을 따뜻한 시선으로 서술하고 있는 것이다.

🔍 전체 줄거리

발단	원미동의 땅값이 많이 올랐지만, 강 노인은 자신의 땅을 끝까지 팔지 않고 계속하여 농사를 짓는다.
전개	강 노인은 땅을 팔라는 박 씨 내외의 회유에도 '서울 것들'을 괘씸하게 여기며 땅을 팔지 않고, 밭에 인분을 뿌리는 문제로 마을 사람들과 갈등을 겪는다.
위기	강 노인의 농사와 관련하여 대책을 마련하기 위해 반상회를 개최하지만, 강 노인은 참석하지 않는다. 마을 사람들은 강 노인을 압박하며 농사를 중단할 것을 요구한다.
절정	강 노인이 땅을 팔 것이라는 소문이 마을에 퍼지자, 아들과 며느리에게 돈을 빌려준 사람들이 몰려들고, 강 노인은 결국 땅을 팔기로 마음먹는다.
결말	강 노인은 땅을 내놓기 위해 부동산으로 향하다가, 자신의 밭의 고추 모종에 물을 주어야겠다고 생각하여 발걸음을 돌린다.

👥 인물 관계도

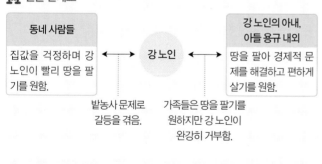

🏠 작품 연구소

'땅'을 대하는 인물들의 태도

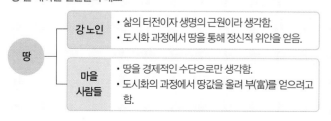

🔑 포인트 체크

인물 땅을 삶의 터전으로 생각하는 ☐☐☐은 동네 사람들의 회유에도 농사를 계속 지으려고 한다.

배경 1980년대, ☐☐☐이라는 구체적인 배경을 통해 평범한 ☐☐☐들의 삶을 사실적으로 드러내고 있다.

사건 땅의 ☐☐를 중요하게 생각하는 강 노인과 땅을 경제적 ☐☐으로 보는 마을 사람들이 갈등을 겪고 있다.

1 이 글의 인물에 대한 설명으로 적절하지 않은 것은?

① 강 노인은 땅값이 더 오를 것이라 기대하고 있다.

② 박 씨는 여러 가지 이유를 제시하며 강 노인을 회유하고 있다.

③ 박 씨와 고흥댁은 땅을 부를 축적하기 위한 수단으로 보고 있다.

④ 강 노인의 아내는 땅에 대하여 강 노인과 다른 생각을 갖고 있다.

⑤ 강 노인은 마을 사람들이 땅의 진정한 가치를 모른다고 생각하고 있다.

내신 적중

2 ㉠에 대한 설명으로 가장 적절한 것은?

① 강 노인은 원미동 마을 사람들을 부정적으로 인식하고 있다.

② 강 노인은 원미동에 서울 사람들이 많다는 것을 모르고 있다.

③ 강 노인은 박 씨 부부가 서울 출신이라는 것을 뒤늦게 알았다.

④ 강 노인은 원미동 사람들보다 서울 사람들을 더 싫어하고 있다.

⑤ 강 노인은 지방을 떠나 서울로 온 사람을 부정적으로 생각하고 있다.

3 〈보기〉의 설명에 해당하는 표현으로 가장 적절한 것은?

> **┤ 보기 ├**
> 바닷가 부근에서 나서 자란 사람을 낮잡아 부를 때 '짠물내기'라고 할 때가 있다. 단어의 사전적인 의미로는 부정적인 의미가 없지만, 실제 생활에서는 부정적인 의미가 덧붙어 낮잡아 부를 때 사용되는 것이다.

① 고흥댁　　② 영감님　　③ 유 사장
④ 서울 것　　⑤ 강 노인

4 (가)에서 '박 씨'가 '강 노인'에게 땅을 팔라고 회유하는 근거를 두 가지 쓰시오.

내신 적중 高난도

5 '강 노인'이 땅을 바라보는 관점과 '마을 사람들'이 땅을 바라보는 관점을 비교하여 쓰시오.

Q 땅을 내놓았다는 말을 도로 청소원 김 씨로부터 전해 들은 '강 노인'의 심정은?

집안의 가장인 자신도 모르는 사이에 땅을 판다는 소문이 퍼진 것에 대해 분노를 느꼈을 것이다. 또한 자신을 제외한 나머지 가족 모두 땅을 경제적 수단으로만 보고 있는 것에 대한 서운함도 느꼈을 것이다.

✿ **구절 풀이**

❶ **"밭에다 그 지경을 ~ 편치 뭘 그러슈."** 강 노인의 아내는 마을 사람들의 입장을 대변하며 땅을 팔기를 원하고 있다. 땅을 삶의 터전으로 생각하는 강 노인과 달리, 아내는 땅을 경제적 수단의 일환으로 생각하고 있는 것으로 강 노인과 대비되는 입장을 보인다.

❷ **"팔육인가 팔팔인가 ~ 제 가격 받고……."** 이 글의 시간적 배경이 1986년 아시안 게임과 1988년 올림픽을 준비하던 시기라는 것을 알 수 있다. 또한 당시 국제 대회를 앞두고 있었기 때문에 정책적으로 논밭을 없애고 도시화를 하려고 했음을 알 수 있다.

❸ **밭고랑 사이로 ~ 생각이 들었다.** 밭에 가는 길에 원미산 장대봉을 보며 자신이 살아온 과정을 회상하고 있다. 강 노인은 땅을 팔기로 마음먹은 후에, 젊은 시절 열심히 땀을 흘린 곳인 장대봉을 보며 회한의 감정을 느끼고 있는 것이다.

❹ **강 노인은 큼큼 ~ 목이나 축여 줘야겠다는 생각이었다.** 강 노인은 결국 땅을 팔기로 마음먹고 강남 부동산으로 향하지만, 땅을 팔러 가는 도중에도 고추 모종을 걱정하며 다시 밭으로 가고 있다. 이를 통해 강 노인의 땅에 대한 애정을 다시 한번 확인할 수 있다.

Q '강 노인'에게 '땅'의 의미는?

강 노인에게 땅은 삶의 터전이자, 생명의 근원과 같은 존재이다. 산업화와 도시화 과정에서 다른 사람들은 땅을 팔아 경제적 이익을 얻고 있지만, 강 노인은 땅의 진정한 가치를 소중히 여기며, 그 속에서 정서적 위안을 얻고 있다.

👤 **작가 소개**

양귀자(본책 270쪽 참고)

가   도로 청소원인 김 씨가 아침밥을 먹으러 들어오면서 보니 강 노인은 검정 고무신이 벗겨진 줄도 모르고 손바닥으로 연탄재를 끌어모으느라 정신이 없었다. _{강 노인은 고추밭의 연탄재를 치우는 데 정신이 팔려 있음.} 밤사이 밭에 무슨 일이 있었는지 눈여겨보지 않아 알 턱이 없었던 김 씨가 인사랍시고 던진 말은 더욱 *가관이었다. _{김 씨가 건넨 인사가 강 노인을 더욱 화나게 함.}

"영감님네 땅을 내놓으셨다면서요? 그런데 뭘 그리 열심히 가꾸십니까. 이내 넘길 거라면서……." / "아니, 누가 그런 소릴 해?" _{땅을 내놓은 것이 강 노인의 의도가 아님을 알 수 있음.}

시뻘건 얼굴을 홱 돌리며 *벽력같이 고함을 지르는 통에 김 씨가 움찔 뒤로 물러났다. _{자신의 땅을 내놓았다는 사실을 김 씨로부터 처음 들은 강 노인}

나   더 들어 볼 것도 없이 강 노인은 곧장 집으로 뛰어갔다. 벗겨진 신발을 짝짝이로 꿰어 차고서. _{강 노인의 다급한 마음이 드러남.} *얼갈이배추와 열무들을 다듬고 있던 마누라가 노인의 허둥대는 기세에 토끼 눈을 뜨고 일어섰다. _{깜짝 놀란 표정으로}

[A]   "그렇게 말한 게 아니라, 우리 아버님 근력이 쇠하셔서 올해일랑은 더 이상 일을 못 하 _{강 노인의 며느리가 전날 반상회에서 한 말} 시니까 파실 모양이더라고 말했다는군요. 경국이 어미도 동네 사람들 닦달에 그냥 해 본 소리겠지요." / "그냥?"

❶"밭에다 그 지경을 해 댄 걸 보면 오죽했겠수. 뭐, 틀린 말도 아니고. 땅 팔아서 아들 살 _{마을 사람들이 강 노인의 밭에 연탄재를 뿌린 사건} 리고 남는 돈은 은행에 넣어 이자나 받으면 우리 식구 *신간이사 편치 뭘 그러슈." _{땅을 경제적 목적으로 이용하려 함.}

밭이 그 지경이라는데도 마누라는 천하태평이다. 강 노인은 어이가 없어 그만 입을 다물어 버린다. 마누라는 이때다 싶은지 또 한차례 *오금을 박는다. 어제 다녀간 복덕방 박 씨의 _{강 노인과 대비되는 모습} 의미심장한 충고가 생각나서였다. _{땅에 대한 자신의 생각을 다시 한번 밝힘.}

❷"팔육인가 팔팔인가 땜에 도로 주변 미화 사업이 한창이라는데 밭농사를 그냥 두고 보 _{1986년 아시안 게임과 1988년 올림픽} 겠수? 팔팔 전에는 어차피 이곳에다가 뭐 은행도 짓고 병원도 짓게끔 계획되어 있다고 그럽디다. 시에다 팔면 금이나 제대로 쳐줍디까? 그 전에 제 가격 받고……." / "시끄러!"

마누라 입을 봉해 놓고서 강 노인은 이내 밭으로 되돌아왔다. 한 포기라도 살릴 수 있는 만큼은 건져 내야 할 고추 모종들 때문에 한시가 급한 강 노인이었다. _{고추 모종에 대한 강 노인의 애정이 드러남.} 반상회 파문은 그것으로 끝난 것이 아니었다. 반상회 소식이 알려지자마자 연립 주택에 산다는 은혜 엄마가 찾아와서 경국이 엄마가 지난달 꾸어 간 오십만 원을 돌려 달라고 하소연을 늘어놓기 시작한 것이다. _{강 노인의 며느리} 땅을 팔았다니 계약금을 받았을 터인즉 큰며느리 빚을 대신 갚아 줄 수 없겠느냐는 여자의 말에 강 노인의 주먹코가 더욱 빨개졌다. _{실제로는 땅을 팔지 않았지만, 이미 강 노인이 땅을 판 것으로 소문이 남.}

  ▶ 강 노인이 땅을 판 것으로 마을에 소문이 남.

다   다음 날 아침, 강 노인은 느지막이 집을 나섰다. 마누라한테는 아무런 내색도 하지 않았다. 그러나 발길은 여전히 밭을 향했다. ❸밭고랑 사이로 밀고 올라오는 잡초를 뽑아내면서 _{강 노인은 여전히 땅에 애정을 쏟고 있음.} 문득 뒤돌아보니 원미산 장대봉이 그새 많이 푸르러져서 제법 운치가 있었다. 멀리서 보아야 아름답다 하여 '멀뫼'라 불리던 산이었다. 젊었을 적 나무하러 숱하게 오르내려서 능선마다 그의 땀방울이 묻어 있기도 한 산이다. 그때가 언제인데, 참 질기게도 오래 산다는 생각이 들었다. _{원미산 장대봉을 보며, 자신이 살아온 과정을 돌이켜 보고 있음.} 땅에서 뽑혀 나와 잠깐 만에 이파리들이 축 늘어져 버린 잡초를 새삼스레 들여다보다가 강 노인은 *시름없이 밭을 둘러보았다. _{허탈한 심정의 강 노인}

그러고 보니 어제오늘 고추 모종에 물을 주지 못한 게 생각났다. 아욱이야 그런대로 잘 자랐지만 마누라가 덤덤해하니 억센 겉잎이 밀고 올라오기 시작했다. 꽂아 놓은 개나리 가 _{강 노인의 아내가 농사에 관심이 없으니 작물들이 잘 자라지 못하고 있음.} 지에 움터 오던 노란 잎도 가뭄에 시달려 *밥티처럼 오그라 붙었다. 햇살은 푸지게 내리쬐고, 아이들은 지물포 옆에 옹기종기 모여서 땅따먹기 놀이를 하고 있었다. ❹강 노인은 큼큼 _{평온한 마을 풍경과 허탈함을 느끼는 강 노인의 상황이 대조를 이루고 있음.} 헛기침을 해 가며 강남 부동산으로 걸어갔다. 그러다 이내 되돌아서서 집을 향해 바쁜 걸음을 옮긴다. 암만해도 물 한 통쯤은 져 날라서 우선 이것들 목이나 축여 줘야겠다는 생각이었다. _{땅을 팔기로 마음먹었지만, 여전히 땅에 대한 애정을 가지고 있음.}

  ▶ 땅을 팔기 위해 부동산으로 가던 발길을 돌리는 강 노인

• **중심 내용** 강 노인은 땅을 팔기로 했지만, 여전히 땅에 애정을 쏟고 있음.   • **구성 단계** (가), (나) 절정 / (다) 결말

🏠 작품 연구소

등장인물이 추구하는 사회·문화적 가치

강 노인	• 도시화 과정에서도 전통적 삶의 방식을 중시함. • 자본주의적 삶의 태도에서 벗어나 정신적 가치를 중시함.
동네 사람들	• 도시화로 인해 자본을 중시하는 태도가 만연함. • 물질적 가치를 중시하고 개인주의적인 삶을 지향함.
강 노인의 아내, 아들 내외	• 전통적 가치보다 현실적 가치를 중시함. • 강 노인의 삶을 수용하기보다 편안하고 풍요로운 생활을 원함.

도시화의 흐름과 소시민들의 삶

조각난 땅은 더 이상 생명의 터전이 아니다. 그리고 자본의 논리가 난도질한 것은 단지 땅만이 아니라 사람들의 마음이었다. '살아 있는 밭', '죄 없는 풀잎'이란 오직 강 노인의 눈과 마음에만 포착된다. '똥 냄새'와 '거름 냄새'의 차이도 마찬가지이다. '서울 것들'은 인간이 땅에서 자라는 살아 있는 것들에게서 자양분을 받는 존재임을 모른다. 그들에게 먹거리는 땅의 생명에서 나오는 것이 아니라 자본주의적 유통 시스템 안에서 돈을 주고 구매하는 '물건'이기 때문이다. 원미동 토박이였던 그에게 '강제 토지 수용', '용도 변경', '택지 조성' 등 도시화로 인한 토지 용도의 변화가 '폭력'이었던 이유는 그것이 자신의 의지와 무관하게 진행되었기 때문이다. 선대로부터 염원해 온 부농의 꿈을 자신의 대에서 이룬 그에게 '땅'은 단지 생계의 수단만은 아니었다. 그런 그가 '땅'이 일종의 '자본'으로 투기의 대상이 되는 과정을 지켜보는 일은 그것이 불가항력이었기에 더 수용하기 힘들었을 것이다.

– 이양숙, ⟪⟪원미동 사람들⟫에 나타난 도시의 일상과 도시 공동체의 의미⟩,
⟪구보학보 12집⟫(구보학회, 2015)

📋 자료실

양귀자 단편 소설의 특징

양귀자의 소설 속에는 가난하고 힘들게 살아가는 사람들이 자주 등장하는데, 작가는 주변부에 위치한 사람들의 고단한 삶의 풍경을 현실 그대로 그려 내면서도 그 안에서 희망을 놓지 않는 따뜻한 시선을 보여 준다. 이러한 내용은 "폭력과 암투가 하도 어지러워 도처에 눈물과 상처가 난무했던 시절이었다. 작가라면 누구라도 시대의 암울을 비껴갈 수 없었다."라고 말한 초기 소설 '작가 후기'를 통해서도 확인할 수 있다. 작가 스스로 시대의 암울한 분위기를 외면하지 않다 보니 작품에도 자연히 '이웃, 삶의 터전, 노동, 사회의 폭력' 등과 같은 소재가 많이 등장한다. 특히 ⟨마지막 땅⟩이 실려 있는 연작 소설집 ⟪원미동 사람들⟫은 시대적 사회 구조 속에서 중심 도시에서 밀려난 소시민들의 삶의 참모습을 제대로 보여 주고 있다. 연작 소설의 공간적 배경은 '부천시 원미동'으로 설정되어 있는데, 이 공간은 당시 한국 소시민의 삶을 보여 주는 상징적 공간이며, 소시민들의 삶을 통해 희망과 절망, 폭력과 소외, 갈등과 화해 등을 보여 주는 공간이다.

📖 함께 읽으면 좋은 작품

⟨돌다리⟩, 이태준 / 땅에 대한 아버지와 아들의 가치관 차이를 그린 작품

'땅'에 대한 아버지와 아들의 갈등을 통해 물질주의적 가치관에 대한 작가의 비판적 인식이 잘 드러난 작품이다. 평생 농사를 지으며 살아온 아버지가 병원을 확장하기 위해 땅을 팔자고 하는 아들(창섭)의 제안을 거절하는 과정을 통해 땅의 본질적 가치보다 금전적 가치만을 중시하는 자본주의적 가치관을 비판하고 있다. 📲Link 본책 116쪽

---

6 이 글의 내용과 일치하지 <u>않는</u> 것은?

① 강 노인의 아내는 강 노인과 달리 농사일에 관심이 없다.
② 강 노인의 아내는 며느리의 의견과 유사한 생각을 갖고 있다.
③ 강 노인은 반상회에서 나눈 대화 내용을 뒤늦게 전해 듣고 있다.
④ 김 씨는 강 노인이 땅을 판다는 소문을 복덕방 박 씨에게 들었다.
⑤ 박 씨는 도로 주변의 미화 사업 계획을 강 노인의 아내에게 말해 주었다.

7 이 글의 사건을 시간의 흐름에 따라 ⟨보기⟩와 같이 재구성하였을 때, ⓐ~ⓔ에 대한 설명으로 적절하지 <u>않은</u> 것은?

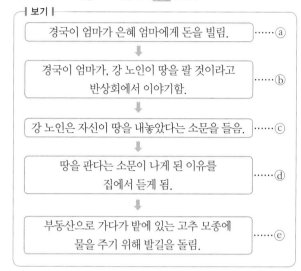

┤ 보기 ├

> 경국이 엄마가 은혜 엄마에게 돈을 빌림. ……ⓐ
>
> ↓
>
> 경국이 엄마가, 강 노인이 땅을 팔 것이라고 반상회에서 이야기함. ……ⓑ
>
> ↓
>
> 강 노인은 자신이 땅을 내놓았다는 소문을 들음. ……ⓒ
>
> ↓
>
> 땅을 판다는 소문이 나게 된 이유를 집에서 듣게 됨. ……ⓓ
>
> ↓
>
> 부동산으로 가다가 밭에 있는 고추 모종에 물을 주기 위해 발길을 돌림. ……ⓔ

① ⓐ: 땅을 판다는 소문을 듣고 은혜 엄마가 강 노인을 찾아온 원인이 된다.
② ⓑ: 강 노인을 제외한 동네 사람들이 반길 만한 상황이다.
③ ⓒ: 강 노인이 가족이 아닌 제3의 인물을 통해 알게 된 내용이다.
④ ⓓ: 강 노인의 땅에 대한 애착이 강해지는 원인이 된다.
⑤ ⓔ: 강 노인의 땅에 대한 애정을 확인할 수 있다.

8 [A]에 드러난 '강 노인 아내'의 말하기 태도로 가장 적절한 것은?

① 상대의 지적을 인정하며 비판을 수용하고 있다.
② 상대에게 미안함을 표시하며 용서를 구하고 있다.
③ 상대방의 의견의 허점을 지적하며 반박하고 있다.
④ 다른 사람의 말을 인용하며 입장을 대변하고 있다.
⑤ 자신에 대한 상대의 비판에 대해 재반박을 하고 있다.

9 이 글의 전개를 고려할 때, (나)와 (다) 사이에 반드시 있어야 할 사건으로 가장 적절한 것은?

① 원미동의 땅값이 빠르게 오르기 시작하였다.
② 강 노인이 고민 끝에 땅을 팔기로 마음먹는다.
③ 원미동 주변에 도로 주변 미화 사업이 시작된다.
④ 강 노인이 가족의 충고에도 땅을 파는 것을 끝내 거절한다.
⑤ 강 노인의 아내가 박 씨로부터 도로 주변 개발 계획을 듣는다.

키워드 체크　#〈허생전〉패러디 작품　#페미니즘적 시각　#가부장적 이데올로기 비판

문학 천재(김), 지학사
국어 지학사

핵심 정리

갈래　단편 소설, 패러디 소설
성격　비판적, 페미니즘적
배경　① 시간 – 조선 후기
　　　② 공간 – 허생의 집
시점　1인칭 주인공 시점
주제　남성 중심의 가부장적 이데올로기 비판
특징　① 원작 〈허생전〉과 배경을 동일하게 설정
　　　하여 허생의 처의 시각에서 새로운 이야
　　　기를 만듦.
　　　② 〈허생전〉에 나오는 후일담을 허생의 처
　　　에 대한 이야기의 도입 액자로 삼음.
출전　《여성 해방의 문학》(1987)

Q '나'가 남편을 존경했던 이유와 그것에 담긴 의미는?

'나'는 남편이 높은 이상을 품은 사대부로서의 면모를 지니고 있기 때문에 가난한 현실에도 불구하고 그를 존경했다. 이러한 순종적인 모습은 과거의 '나'가 아직 남성 중심적 이데올로기에서 벗어나지 못했음을 보여 준다.

어휘 풀이

바람벽　방이나 칸살의 옆을 둘러막은 둘레의 벽.
저어하다　염려하거나 두려워하다.
맏상주　맏상제. 부모나 조부모가 죽어서 상중에 있는 맏아들.
호구지책　가난한 살림에서 그저 겨우 먹고살아 가는 방책.
흉배　조선 시대에, 문무관(文武官)이 입는 관복의 가슴과 등에 학이나 범을 수놓아 붙이던 사각형의 표장.
공장(工匠)　수공업에 종사하던 장인.

구절 풀이

❶ 어쨌든 뛰어난 남편을 자랑으로 여겼었다.　허생에 대한 '나'의 평가로 남편에 대한 존경을 의미하며, 과거 시험에 합격하여 출세할 것이라는 기대도 함께 내포되어 있다. 이는 '나'가 당대의 남성 중심적 사고방식에서 생각한 것으로, 주체적 여성으로서의 자각이 결여되어 있다.

❷ 사람들은 남편은 ~ 쓸모없는 존재라는 뜻이리라.　여성으로서의 주체적 시각을 갖게 된 아내가 남편에 대해 달라진 평가를 드러내고 있다. 다른 사람들, 즉 당대의 사대부적 인식하에서 남편은 훌륭한 사람이라 평가받지만, 아내의 입장에서 가족을 돌보지 않는 남편은 쓸모없는 존재라며 비판적으로 평가하고 있다.

가　『혼인한 첫 무렵에는 매년 정초가 되면 사랑의 *바람벽에 문장을 한 줄씩 써 놓는 습관이
『』: 허생의 처가 허생을 존경했던 이유
그에게 있었다. 언젠가 설명하기를 그해 자신의 나이와 그 나이에 성현이 이룬 업적을 쓴
것인데, 그것으로 한 해 동안 자신을 경계한다 하였다.』그리하여 나는 남편의 뜻이 결코 작
　　　　　도덕적 이상을 추구하는 진정한 사대부로서의 면모
지 아니함을 알았다. 혹 지나치게 오만하여, 자칫 자신을 과대평가할까 *저어하긴 하였으
나 ❶어쨌든 뛰어난 남편을 자랑으로 여겼었다. 남편은 공부하는 덴 주야를 가리지 않을 정
도로 열심이었다. / 그러나 스물두 살이 되던 해부터 남편은 바람벽에 아무것도 쓰지 않았
다. 궁금해서 물었더니 예의 그 오만한 웃음을 띠며 대답했다.
　　　　　　　　　남편에 대한 부정적 태도
"이미 갈 길이 정해졌는데, 더 무슨 경계가 필요하겠소. 다만 힘쓸 뿐이오."

"뭘 정하셨는데요?" / "십 년을 기약하고 독서하기로 하였소."

그 말을 듣고 남편이 과거를 포기했다는 것을 짐작했어야 했을 것이다. 난 눈치도 없이
그가 앞으로 무엇인가를 경영하려니 믿고 있었다. [중략] 아버님이 돌아가셨다. *맏상주인
　　　　　현재의 판단이 내포된 과거 회상　　　　　　　　　　　　집안 형편이 어려워진 직접적 계기
동생 윤복이는 가산을 정리하고 선산이 있는 청안에 논밭을 장만하여 떠났다. 은신하던 그
　　　　　　　　한 집안의 재산
늘이 갑자기 사라지자 우리 살림은 말이 아니었다. 나는 삯바느질로 *호구지책을 삼았다.
　　　　　　　　　　　　　　　　　　　　　　경제적 어려움　　　　　생계유지 수단
남편은 변함없이 독서에 골몰하여 굶든지 먹든지 눈 하나 깜빡하지 않았다.
　남편의 경제적 무능함과 가장으로서 책임을 다하지 못하는 모습을 보임.　　▶ 어려운 집안 형편에도 불구하고 남편을 존경했던 허생의 처(과거)

나　차차 참을성을 잃어 갔다. ㉠그러나 감히 대놓고 불평하지는 못했다. 단 한 번뿐이었다.
　　　경제적으로 어려운 현실 때문　　　　　여전히 가부장적 사고에서 벗어나지 못함.
양식이 없어 하루 종일 굶은 다음 날이었다. 수를 놓고 있었는데, *흉배 앞뒤 짝을 완성해
야 삯을 받을 터였으므로 마음이 급했다. 현기증도 나고 눈이 자꾸 침침해져 학의 부리를
　　　　　　　　　　　　　　　　　　　　　　　배고픔 때문에 수를 놓다가 계속 실수를 함.
번번이 고쳐 새로 놓아야 했다. 약 오르는 일이었다. 울화가 쌓이는데, 나중엔 뭐하러 말도
　　　　　　　　　　　　　　　　　허생의 처의 내면 심리 – 자신은 생계 때문에 고생하는데 글만 읽는 남편에 대한 반감
못하고 지내랴 폭발하였다. 어차피 앞도 뒤도 캄캄할 뿐이 아닌가?
　　　　　　　　　　　절망적 현실
"당신은 밤낮없이 글을 읽는데, 과거에 응시하지 않으니 어찌된 것입니까?"
『』: 원전 〈허생전〉의 내용을 그대로 차용한 부분
남편은 여전히 책에 시선을 둔 채 가볍게 대꾸했다. / "공부가 미숙한 때문이오."

"그럼 장사라도 하여 먹고 살아야지요." / "장사는 밑천이 없는데 어찌하겠소."

"그럼 *공장이 일이라도 하시지요." / "공장이는 기술이 없으니 어찌하겠소."

"당신은 주야로 독서하더니 배운 것이 고작 어찌하겠소 타령입니까? 사람은 생명이 있
　　　　　　　　　　　　　경제적으로 무능한 남편에 대한 비판
은 다음에야 무엇이든 할 수 있는 법인데 이제 우리는 굶어 죽을 지경에 이르렀으니 무
슨 도리를 차리셔야 합니다."
현실적인 문제를 직시하고 해결 방안을 찾기를 바람.
"십 년을 기약했는데 이제 칠 년밖에 되지 않았거늘 나더러 뭘 하라는 거요?"
　　　　자신의 이상만을 생각하는 무책임한 가장으로서의 면모. 전근대적 인식
"대체 무엇을 위해 독서하십니까?"

남편은 대답이 궁해지자 책을 탁 덮고 일어나 딴소리를 했다.

"애석하구나. 겨우 칠 년이라니." / 그러고는 집을 나가 돌아오지 않았다.』
　　　　　　　　　　　　　　　　　　　　　　　　　　　　　▶ 경제적 어려움으로 인한 '나'의 불평과 허생의 가출(과거)

다　❷사람들은 남편은 뛰어난 인재라고 했다. 능히 천하를 경영할 재주가 있다고 하는 이도
있었다. 『그러나 남편이 죽는지 사는지 아내가 모르고, 아내가 죽는지 사는지 남편이 몰라
　　　　　『』: 가정을 돌보지 않는 허생의 무심함에 대한 비판. 여성으로서의 주체적 인식
야만 뛰어난 인재가 되는 거라면 그 뛰어난 인재라는 말은 분명 이 세상에서 쓸모없는 존
재라는 뜻이리라.』이 세상이 돌아가는 법칙이란 성현들이 주장하는 것처럼 그렇게 복잡하
고 어려운 것은 아닐 것이다. 사람이 행복하게 살며, 자식을 낳고, 그 자식에게 보다 좋은
　　　　　　　　　　　　　　　　　　　　허생의 처가 바라는 남편의 모습. 대의명분보다 행복한 가정을 지키는 가장
세상을 살도록 해 주는 것, 그것 말고 무엇이 있을 수 있겠는가?　　　　▶ 허생에 대한 '나'의 비판(현재)

- 중심 내용　'나'가 남편의 옛 모습을 회상하는 부분으로 허생에 대한 '나'의 태도 변화가 드러남.　　- 구성 단계　결말

이해와 감상

이 작품은 원작 〈허생전〉에서 부수적 인물이었던 허생의 처를 서술자로 설정하여 허생의 처의 삶과 인생을 전면에 내세운 패러디 소설이다. 원작의 액자식 구성은 그대로 취하여 바깥 이야기의 구조는 원작과 동일하게 하되, 안 이야기는 허생이 아닌 허생의 처를 중심으로 이야기를 전개해 나간다.

현실 순응적이고 수동적이었던 허생의 처는 집을 나간 지 5년 만에 돌아온 남편이 전과 다름없는 것을 보면서 남편과 가부장적 이데올로기 자체에 대해 회의를 느낀다. 그녀는 자신과 자신의 세계에 대해 회의하는 주체적 존재로 변모하게 되고, 이를 바탕으로 남편에게 직접적인 비판을 가할 수 있게 된다. 결국 이 소설은 허생의 처를 전면에 내세워 남성 중심의 가부장적 이데올로기에 대해 신랄한 비판을 가하는 페미니즘적 소설이라고 할 수 있다.

전체 줄거리

도입 액자	연암이 윤영이라는 노인에게 '허생의 처'에 대한 이야기를 듣는다.
발단	'나(허생의 처)가 전란 중에 정절을 지키다 죽은 친정어머니의 꿈을 매일같이 꾼다.
전개	'나'는 친정에 가기로 결심하고, 노자를 마련하기 위해 이복동생의 집을 방문한다.
위기	가난한 삶 속에서 집을 나간 남편만 기다렸던 '나'는 이복동생에게서 남편이 집을 나간 5년 동안의 행적(허생이 변씨에게 돈을 꾸어 큰돈을 벌었다는 사실)을 듣고 큰 충격에 빠진다.
절정	큰집에 간 '나'는 남편이 자신을 큰집에 맡겨 두고 또 떠나려 한다는 사실도 알게 된다. 거기에 시할머니로부터 밖으로만 도는 남편의 행동이 자신 때문이라고 도리어 꾸중을 들은 '나'는 억울함과 서러움을 느낀다.
결말	집으로 돌아온 '나'는 집을 떠날 결심을 하고 남편을 비판하며 결별을 통보한다.

인물 관계도

'나'(허생의 처)		허생
처음에는 남편을 존경하였으나, 가난한 형편에도 가정을 돌보지 않는 남편으로 인해 적극적이고 주체적인 시각을 가진 인물로 변함.	갈등 가치관의 차이	사대부로서의 체면과 대의명분만 중시한 채, 가정을 돌보지 않음. 사회적으로는 비판적 지식인이지만, 가정에서는 아내에게 신의와 인륜을 강요하는 봉건적 인물임.

작품 연구소

〈허생의 처〉의 구성

이 작품은 원작 〈허생전〉의 내용을 차용하여, 작가인 연암이 윤영이라는 기이한 노인을 만나 '허생의 처'의 이야기를 전해 듣는 내용을 액자식으로 구성하였다. 액자 안 이야기는 허생이 집을 나갔다가 5년 만에 돌아온 시간을 현재로 설정하여, '나'의 과거 회상과 현재의 사건이 교차하는 구조로 되어 있다.

	윤영이라는 노인에게서 '허생의 처'에 대한 이야기를 듣는 연암	
바깥 이야기	안 이야기	• 현재: 이복동생의 집과 큰집 방문을 통한 '나'의 각성과 남편에 대한 비판
		• 과거 회상: 가부장적 이데올로기에 순종적이었던 '나'의 모습

포인트 체크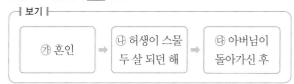

인물 '나'는 가정을 돌보지 않는 ☐☐☐☐인 남편을 비판하며 적극적이고 ☐☐☐인 인물로 변모하는 모습을 보인다.

배경 〈허생전〉의 ☐☐☐ 소설로, 조선 후기 허생의 집을 배경으로 한다.

사건 '나'는 다시 집을 나가려는 허생에게 ☐을 끊을 것을 선언하며 허생을 ☐☐한다.

내신 적중

1 이 글에 대한 설명으로 적절한 것은?

① 창작 당시 사회의 문제점과 해결 방법을 제시했다.
② 작품 속의 특정 인물을 중심으로 서사를 진행하고 있다.
③ 비현실적인 장면을 통해 환상적 분위기를 자아내고 있다.
④ 기존의 작품을 현대를 배경으로 하여 새롭게 재해석했다.
⑤ 사건을 다각도로 서술하여 독자의 판단을 유도하고 있다.

2 이 글에 나타난 시간적 배경을 〈보기〉와 같이 정리했을 때, 이에 대한 설명으로 적절하지 않은 것은?

보기

⑦ 혼인 → ④ 허생이 스물두 살 되던 해 → ⓒ 아버님이 돌아가신 후

① ⑦에서 허생의 처는 허생을 자랑스럽게 생각하였다.
② ④에서 허생은 갈 길을 정하고 이를 이루기 위해 노력하였다.
③ ④에서 허생의 처는 허생이 과거를 볼 것이라고 믿고 있었다.
④ ⓒ부터 허생은 집안의 경제적 문제를 살피지 않게 되었다.
⑤ ⓒ 이전에는 허생의 처가 남편에게 대놓고 불만을 말하지 못했다.

3 ㉠의 이유로 가장 적절한 것은?

① 남편이 매우 엄했기 때문에
② 가정의 화목을 깨뜨릴 수 없었기 때문에
③ 남편의 마음도 힘들 것이라는 생각 때문에
④ 당시에 여성은 남성에게 순종해야 했기 때문에
⑤ 남편이 결국 성공할 것임을 믿고 있었기 때문에

4 〈보기〉를 참고할 때, 이 글에 대해 보일 수 있는 반응으로 적절한 것은?

보기

1980년대 한국 사회는 양성 불평등의 현실을 비판하고 양성평등의 이념을 실현하려는 운동이 활발히 전개되었다. 이 작품은 그러한 사회·문화적 맥락 속에서 창작되었다.

① 작품의 배경이 된 당시에는 양성평등이 실현된 사회였군.
② 양성평등을 실현하려는 현실 인식이 작품에 반영되었겠군.
③ 작품 속 시대의 사회·문화적 맥락 속에서 작품의 의미를 찾아야겠군.
④ 시대의 변화에 따라 작품의 의미가 달라질 수 있음에 주목해 보아야겠군.
⑤ 조선 시대의 사회상이 현실의 문제점을 해결하는 실마리가 될 수 있음을 알아야겠군.

5 (다)에서 '나'가 비판하는 '허생'의 모습을 쓰시오.

어휘 풀이

길양식 여행할 때 먹으려고 준비한 먹을거리.

출유하다 바깥일을 하기 위해 집을 나가다.

절연하다 인연이나 관계를 완전히 끊다.

서속 기장과 조를 아울러 이르는 말.

경륜 일정한 포부를 가지고 일을 조직적으로 계획함. 또는 그 계획이나 포부.

소이 일이 생기게 된 원인이나 조건.

붕새 대붕. 하루에 구만 리를 날아간다는, 매우 큰 상상의 새. 북해에 살던 곤(鯤)이라는 물고기가 변해서 되었다고 함.

Q '나'가 남편을 외면하는 이유는?

큰집에 갔던 '나'는 남편이 자신을 시댁에 맡기고 다시 집을 떠나려 한다는 사실을 듣게 되었고 이에 분노했기 때문에 남편을 외면하게 된 것이다.

구절 풀이

❶ **"나는 다시 출유하려 ~ 상의해 두었소."** 또 다시 일방적으로 집을 나갈 결정을 하고, 이러한 결정에 대한 순종을 강요하는 남편의 가부장적 태도가 드러난 부분이다. 아내의 거처를 정해 둔 것은 표면적으로 아내를 위한 것이라 볼 수 있으나, 아내가 진정으로 바라는 바에는 관심이 없고 오로지 자신의 이상 추구에만 몰두하는 남편의 모습이라 할 수 있다.

❷ **"남자들은 저 편리한 ~ 어디 있는 겁니까?"** '나'의 적극적인 항변으로, 남성 중심의 전근대적 가치관을 비판하는 말이다. '신의'라는 대의명분으로 여성을 억압하지만, 오히려 '신의'를 지키지 않는 사람은 허생임을 강변하여 부당함을 드러내고 있다.

❸ **당신은 붕새예요. ~ 따를 수가 없어요.** '연작(燕雀, 제비와 참새)이 어찌 대붕의 뜻을 알겠는가?'라는 구절을 차용하여 대의명분을 앞세우는 허생을 비꼬는 풍자적 표현이다. 아내는 자신을 현실만 앞세우는 참새에 비유하고, 남편을 대의명분을 지닌 붕새에 비유하고 있다. 이를 통해 자신의 부덕함을 드러내는 것처럼 보이지만, 사실은 현실을 도외시한 채 이상만 추구하는 허생을 비판하고 있는 것이다.

Q '허생'이 '나'의 결별 선언에 반박하는 대의명분은 무엇인가?

• 사람에게는 신의가 중요함.
• 사람은 인륜, 예의, 염치를 알아야 함.
• 여자의 덕은 남편에게 순종(기다림)하는 것임.

작가 소개

이남희(李男熙, 1958~)

소설가. 1986년 《여성동아》 장편 공모에 〈저 석양빛〉이 당선되어 등단하였고, 주로 여성 현실이나 하층민의 현실을 다룬 작품을 많이 창작하였다. 주요 작품으로 소설집 《지붕과 하늘》, 《개들의 시절》, 《사십 세》, 장편 소설 〈바다로부터의 긴 이별〉, 〈산 위에서 겨울을 나다〉, 〈음모와 사랑〉, 〈황홀〉 등이 있다.

가 한참 떡을 찌고 있는데 남편이 들어왔다.

"무슨 일이 있소?" / "친정엘 가려구요. 길양식으로 백설기를 쪘습니다."

"무슨 연고로? 처가에 무슨 일이 있는가?" / "아닙니다."

난 여전히 외면했고 말하고 싶지 않았다. 다시 돌아오지 않을지도 몰랐으나 구구하게 변명하고 싶지 않았다. 저녁 밥상을 물려 가려는데 남편이 불렀다.

"잠시만 앉으오. 내가 할 이야기가 있소."

남편은 말 꺼내기가 어려운 듯 잠시 묵묵히 있었다.

❶"나는 다시 출유하려 하오. 그러니 당신은 이 집을 정리하고 수래벌 큰댁에 몸을 의탁해 있으시오. 이미 사촌 큰형님과 상의해 두었소."

"집을 판다면…… 아주 안 돌아오십니까?"

"나도 모르오. 내 뜻이 이곳에 없으니 장담하기 어렵소." ▶ 다시 집을 떠나겠다는 허생

나 ㉠"그렇다면 차라리 저와 절연하시지요."

"무슨 해괴망측한 소리를 하오? 우린 혼인한 사이인데, 그걸 어찌 쉽게 깨뜨린단 말이오. 사람에게는 신의가 중요한 것이오."

❷"남자들은 저 편리한 대로 신의니 뭐니 하더군요. 우리가 혼인한 것이 약속이니 지켜야 한다고 합시다. 하지만 어찌 그 약속이 여자 홀로 지켜야 할 것입니까? 당신이 그걸 저버리고 절 돌보지 않으니 제가 약속을 지켜야 할 상대는 어디 있는 겁니까? ㉡차라리 전 팔자를 고쳤으면 합니다."

"사대부 집 아녀자가 어찌 입에 담지 못할 소리를 하오. 당신이 인륜을 저버리고 예의, 염치도 모르리라곤 생각지 않소."

"인륜? 예의? 염치? 그게 무엇이지요? 하루 종일 무릎이 시도록 웅크리고 앉아 바느질하는 게 인륜입니까? 남편이야 무슨 짓을 하든 서속이라도 꾸어다 조석 봉양을 하고, 그것도 부족해 술친구 대접까지 해야 그게 예의라는 말입니까? 하루에도 열두 번도 더 청소하고 빨래하고 설거지하는 게 염치를 아는 겁니까? 아무리 굶주려도 끽소리도 못하고 눈이 짓무르도록 바느질을 하고 그러다 아무 쓸모없는 노파가 되어 죽는 게 인륜이라는 거지요? ㉢나는 그런 터무니없는 짓 않겠습니다. 분명 하늘이 사람을 내실 때 행복하게 살며 번성하라고 내셨지, 어찌 누구는 밤낮 서럽게 기다리고 굶주리다 자식도 없이 죽어 버리라고 하셨겠는가 말예요." / "기다리는 게 부녀의 아름다운 덕이오."

"덕요? ㉣난 꼬박 오 년이나 당신을 기다렸지요. 그전엔 굶기를 밥 먹듯 한 게 몇 해였지요? 우리가 입에 풀칠이라도 할 수 있었던 것은 오로지 내 두 팔이 바삐 움직이고 두 눈이 호롱불 빛에 짓물렀기 때문이에요. 그런데 전 뭔가요? 앞으로도 뒤로도 어둠뿐이에요. 당신은 여전히 유유자적 더러운 세상을 경멸하며 가슴에 품은 경륜을 뽐낼 뿐이지요. 당신은 친구들과 담화할 때, 학문이란 쓰임이 있어야 하고 실이 없으면 안 되고, 만물은 이롭도록 운용되어야 한다고 하셨지요. 그런데 당신은 세상에 있는 소이(所以)가 없고 당신을 따르는 한 나 역시 그래요. 그래요. ❸당신은 붕새예요. 그러나 난 참새여서 당신의 높은 경지를 따를 수가 없어요. 나는 단 한 가지를 알고 있는데 앞으로는 그걸 따라 살 것이에요. 나는 열 살 때 전란을 겪었고, 그 와중에서 뼈저리게 느꼈어요. 당신은 무엇 때문에 십 년이나 기약하고 독서했지요? 당신은 대답할 수 없으시지요! 난 말할 수 있어요. 그건 사람이 살고 자식을 낳고 그 자식을 보다 좋은 세상에서 살게 하려는 때문이라고요. ㉤난 그렇게 하고 싶고, 꼭 할 거예요……." ▶ 허생의 처의 항변과 남성 중심적 사고에 대한 비판

• 중심 내용 '나'는 허생에게 절연을 선언하고, 허생을 비판함.   • 구성 단계 결말

작품 연구소

〈허생의 처〉의 이중적 서술 구조

이 작품은 허생이 집을 나간 지 5년 만에 돌아온 이후로 전개되는 현재의 이야기와 과거의 이야기를 교차하면서 주제를 드러내고 있다.

현재의 이야기(능동적인 '나')		과거의 이야기(수동적인 '나')
• 이복동생을 통해 허생이 큰돈을 번 사실을 알게 됨. • 시할머니에게 꾸중을 듣고 억울해함. • 남편의 무책임한 태도에 결별을 통보함.	교차 서술	• 혼인 초 남편에 대해 존경심을 가짐. • 극심한 가난으로 인해 현실적으로 고통을 겪고, 남편에게 불만을 가지게 됨. • 남편이 가출함.

↓

남성 중심의 가부장적 이데올로기 비판

〈허생의 처〉의 주체적 여성으로서의 자아

주변적이고 소외된 여성으로서의 삶을 살던 '허생의 처'는 작품 후반부에서 주체적 여성으로 변모하게 된다. 그녀는 남편으로부터 하찮은 물건 취급을 받는 자신이나, 그와 같이 비인간적 대접을 하면서 그것을 당연한 양 생각하고 있는 남편의 삶이 모두 참다운 인간의 삶이 아니라는 것을 깨닫는다. 그리고 자신이 겪은 일련의 사건을 통해 주체적으로 자신을 바라보며 자아에 눈뜨기 시작한다. 이런 의식의 변화는 자신을 되돌아보는 기회이면서 '나'를 찾고자 하는 욕망이다. 욕망이 적극적으로 변화하는 태도는 시대에 대한 도전이며, 가부장적이고 봉건적인 사회와 맞부딪쳐 어려움을 이겨 내려는 적극적인 삶의 자세이다.

〈허생전〉과 〈허생의 처〉의 공통점과 차이점

원작 〈허생전〉과 〈허생의 처〉는 모두 사회를 지배하고 있는 이데올로기의 모순을 드러내고 그로 인해 고통받는 사람들에 대해 관심을 보이며, 그 해결책을 제시한다는 공통점이 있다.

〈허생전〉은 '허생'이라는 선비를 내세워 조선 후기 사회의 문제점을 신랄하게 풍자하고 비판한 작품이다. 그런데 〈허생의 처〉에서는 바로 그 허생이 비판의 대상이 된다. 허생의 처를 주인공으로 설정하여 그녀의 삶과 가치관을 전면에 내세워 원작과 다른 대상을 비판하는 것이다. 〈허생의 처〉에서 비판하는 대상은 남성 중심의 이데올로기이며, 이는 현재에도 여전히 존재하고 있다.

함께 읽으면 좋은 작품

〈허생전〉, 박지원 / 허생을 주인공으로 하여 사대부의 무능을 비판한 작품

허생이라는 영웅적 면모를 가진 인물을 통해 당대의 경제적·사회적 제도의 취약점과 모순, 지배 계층인 사대부의 무능과 허위의식을 풍자한 고전 소설이다. 〈허생의 처〉는 〈허생전〉에서 부수적 인물이었던 허생의 처를 주인공으로 삼아 허생을 비판하는 내용으로 바뀌었다.

🔗 Link 〈고전 산문〉 206쪽

〈허생전을 배우는 시간〉, 최시한 / 〈허생전〉을 현대적으로 재해석한 작품

일기 형식의 성장 소설로, 열악한 학교 교육의 현장에서 예민하고 젊은 영혼이 겪는 번민과 방황을 섬세하게 추적하고 있는 작품이다. 〈허생전〉을 차용하고 있다는 점에서 〈허생의 처〉와 공통적이지만, 내용이나 구성면에서는 큰 차이를 보인다. 특히 〈허생의 처〉는 양성평등에 초점을 맞추어 작품이 전개되지만, 〈허생전을 배우는 시간〉에서는 사춘기 소년의 정신적 방황과 고민을 통한 현실에 대한 이해와 비판적 의식의 성장에 초점을 맞추고 있다.

6 이 글과 〈보기〉의 〈허생전〉을 비교한 내용으로 적절하지 않은 것은?

┤ 보기 ├

〈허생전〉은 당대 사회의 정치·경제·사회적 제도의 모순, 집권층의 무능력과 허위의식을 비판한 작품이다. 과거를 포기하고 글만 읽던 허생은 아내의 현실적인 질책에 집을 나와 변 씨에게 돈을 빌리고, 매점매석을 통해 큰돈을 번다. 그 후 허생은 빈 섬에 군도를 데리고 들어가 이상향을 건설하려 했지만, 한계를 느끼고 집으로 돌아온다. 변 씨의 소개로 북벌론을 주장하던 이완 장군을 만나 그에게 세 가지 방책을 제시하지만, 이를 수용하지 못하는 이완을 꾸짖고 다음 날 종적을 감춘다.

① 이 글과 〈허생전〉 모두 허생을 가정에 소홀한 인물로 그리고 있다.

② 이 글과 〈허생전〉 모두 현실 문제와 관련된 허생과 아내와의 갈등이 드러나고 있다.

③ 〈허생전〉에서 허생은 비판의 주체이지만, 이 글에서 허생은 비판의 대상이 되고 있다.

④ 〈허생전〉에서는 허생을 중심으로, 이 글에서는 허생의 처를 중심으로 사건이 전개되고 있다.

⑤ 〈허생전〉에서는 허생의 가출이 갈등 심화의 원인이 되고 있고, 이 글에서는 허생의 가출이 갈등 해소의 계기가 되고 있다.

7 ㉠~㉤에 나타난 '나'의 태도 가운데 그 성격이 다른 하나는?

① ㉠　　② ㉡　　③ ㉢　　④ ㉣　　⑤ ㉤

내신 적중

8 (나)를 참고하여 '나'가 생각하는 이상적인 삶이 무엇인지 쓰시오.

9 〈보기〉는 이 글을 읽은 학생들의 대화이다. ⓐ와 ⓑ에 들어갈 적절한 내용을 쓰시오.

┤ 보기 ├

준서: 허생이 집을 팔고 아내를 큰댁에 의탁하려는 것은 허생의 (　　　ⓐ　　　)을/를 보여 준 것이라 할 수 있어.

예린: 기다리는 게 부녀의 아름다운 덕이라고 말하는 허생의 말에 대한 아내의 항변은 (　　ⓑ　　)에 대한 비판이라고 할 수 있어.

072 빼떼기 | 권정생

문학 창비

🎯 핵심 정리

갈래 동화
성격 회상적, 향토적, 비극적
배경 ① 시간 – 1948년 7월~1950년 6·25 전쟁
② 공간 – 어느 시골 마을
시점 전지적 작가 시점
주제 모진 운명을 극복하는 과정과 약자를 보살피는 따뜻한 마음
특징 ① 모진 운명을 극복해 나가는 병아리 빼떼기의 모습을 통해 삶의 교훈을 전달함.
② 빼떼기의 삶과 죽음을 통해 생명 존중, 사랑 등의 삶의 가치를 담아냄.
출전 《바닷가 아이들》(1988)

Q 병아리의 몸이 타 버린 이유는?

병아리 한 마리가 엄마 닭을 따라 따뜻한 곳을 찾아다니다가 아궁이 불 속에 뛰어들어 가 버린다. 이 사고로 병아리는 솜털이 타 버리고 발이 부풀어오는 화상을 입는다.

💡 어휘 풀이

모가지 '목'을 속되게 이르는 말.
아궁이 방이나 솥 따위에 불을 때기 위하여 만든 구멍.
뺑뺑이 '맴(제자리에서 서서 뱅뱅 도는 장난)'의 경상도 방언.
아랫목 온돌방에서 아궁이 가까운 쪽의 방바닥.
버르적거리다 고통스러운 일이나 어려운 고비에서 벗어나려고 팔다리를 내저으며 큰 몸을 자꾸 움직이다.
헤치다 속에 든 물건을 드러나게 하려고 덮인 것을 파거나 젖히다.

📖 구절 풀이

❶ 빼떼기도 처음엔 ~ 보드랍고 귀여운 아기였다. 빼떼기가 병아리의 이름이라는 사실을 드러낸다. 또한 과거형 진술을 통해 빼떼기가 여느 병아리와 다른 상황에 처할 것이라는 점을 암시한다.

❷ 그중에 한 마리가 ~ 뛰어들어 간 것이다. 빼떼기가 다른 병아리와 다른 외모를 가지게 된 이유를 드러낸다.

❸ "그것참, 죽지 않고 ~ 병아리를 정답게 쓰다듬었다. 하찮다고 생각할 수 있는 병아리의 생명도 소중하게 생각하는 순진이네 식구들의 모습을 드러낸다.

❹ 게다가 병아리는 바로 ~ 퍼지지 않는 것이다. 화상으로 다리를 다친 병아리가 제대로 걷지 못하고 빼딱빼딱 걷는다고 빼떼기라는 이름을 붙여 준다.

가 빼떼기가 태어난 것은 뒷동산에 할미꽃이 짧은 *모가지를 내밀고 겨우 한두 개 피어났을 때였다. 바깥은 아직 메마른 바람이 불고 추웠다.

❶빼떼기도 처음엔 여느 병아리와 똑같이 솜털이 보드랍고 귀여운 아기였다. 다만 깜둥이의 새끼였기 때문에 털빛이 새까만 깜장 병아리였다. 그러나 열다섯 마리의 병아리가 모두 깜둥이어서 어느 게 어느 건지 가려내기 힘들었다.

어머니가 깜둥이 알만 따로 모았기 때문에 턱주배기 새끼는 한 마리도 없었다. 깜둥이는 제 새끼를 무척 사랑했다. 새끼들은 엄마를 따라 솔방울처럼 굴러다니듯 뛰어다녔다. 햇볕이 따뜻한 양지쪽으로 오글오글 모여 놀다가는 이내 엄마 닭 품으로 파고들어 갔다.

나 그런데 ⓐ사고가 일어난 것이다. 저녁 때 아버지가 건넌방 *아궁이에 군불을 지펴놓고 자리를 뜬 사이에, 엄마 닭이 새끼들을 데리고 아궁이 앞을 지나갔다. 아궁이 따뜻한 걸 안 병아리들은 그쪽으로 쪼르르 모여들었다.

❷그중에 한 마리가 그만 아궁이 속으로 뛰어들어 간 것이다.

마침 부엌에서 어머니가 나오다가 그걸 발견하고 쫓아가 아궁이 불 속에서 병아리를 얼른 끄집어내었다. 가엾게도 병아리는 솜털이 모두 타 버리고 성냥개비 같은 두 발이 불에 데어 껍질이 부풀어 올랐다.

"삐악! 삐악! 삐악!"

병아리는 애처롭게 울고 엄마 닭은 마당에서 *뺑뺑이를 돌며 "꼴꼴 꼴꼴." 새끼를 불렀다. 『순진이네 어머니는 불에 덴 병아리를 방으로 데리고 가 참기름을 발라 주고는 헝겊으로 싸서 *아랫목에 뉘었다. 그러나 병아리는 몹시 아픈지 울면서 *버르적거렸다. 헝겊으로 싸 놓으면 *헤쳐 버리고 또 싸 놓으면 헤쳐 버렸다.

할 수 없이 어머니는 병아리를 저고리 품속에다 넣고 한 손으로 아기를 보듬듯이 안고 다녔다. 병아리는 어머니 품속이 따뜻한지 "비비비비." 지껄이며 가만히 있었다.

밤에도 어머니는 병아리를 작은 바가지에 담아 이불 속에서 손으로 붙잡고 잤다.』 [중략]

어머니는 조롱박에다 좁쌀을 담아 주둥이에 바싹 갖다 대었다. 그러자 병아리는 뭉뚝그려진 부리로 좁쌀을 집어 먹었다. 한입 물고는 고개를 쳐들고, 한입 물고는 또 고개를 쳐들며 먹었다.

어머니가 물그릇을 또 그렇게 가져다 대니까 병아리는 주둥이를 대고 물을 먹었다.

❸"그것참, 죽지 않고 살아날지 모르겠구려."

함께 들여다보던 아버지가 말했다.

"글쎄 말이에요. 다 타서 오그라들었는데도 속은 괜찮은 모양이에요."

어머니도 병아리가 불쌍했지만 죽지 않는 것이 여간 다행한 것이 아니었다.

순진이는 자꾸 눈물이 날 것처럼 병아리가 가여웠다. 순금이는 진짜 눈물을 글썽거리며 털이 다 타 버린 병아리를 정답게 쓰다듬었다.

한 주일이 지나자 병아리의 불에 덴 상처가 아물었다. 그러나 부리는 뭉뚝하게 문드러지고 발가락도 모두 보기 흉하게 한 마디씩 다 떨어져 나가 버렸다. ❹게다가 병아리는 바로 서지도 못했다. 종아리가 오그라들어 퍼지지 않는 것이다.

▶ 빼떼기가 아궁이에 뛰어들어 전신에 화상을 입는 사고를 당함.

• **중심 내용** 병아리(빼떼기)가 아궁이에 들어가 온 몸이 타 버리는 부상을 입음.　　• **구성 단계** 전개

이해와 감상

이 작품은 고난과 역경을 이겨 낸 병아리 빼떼기의 삶과 그가 모진 운명을 이겨 낼 수 있도록 보살펴 준 가족의 사랑을 다룬 동화이다. 불을 땐 아궁이에 들어가는 바람에 온몸이 타고 부리가 구부러져 제대로 먹지도 못하고 어미한테서도 버려진 빼떼기가 어떻게든 살아남기 위해 노력하는 과정을 통해 생명을 소중히 여기는 작가의 사상을 드러내고 있다. 또한 빼떼기의 회복과 성장을 위해 정성껏 돌보는 가족의 모습을 통해 생명에 대한 존중과 사랑, 고난을 극복하는 공동체 정신을 드러낸다.

그러나 작품의 결말에서 전쟁으로 인해 그토록 정성스럽게 보살피던 빼떼기를 잡아먹을 수밖에 없었던 가족들의 모습을 그림으로써 모든 이의 삶을 송두리째 바꾸어 버린 전쟁의 잔인한 속성을 드러내며 일생 동안 평화를 염원했던 작가의 가치관을 보여 주고 있다.

🔍 전체 줄거리

발단	순진이네 가족은 깜둥이와 턱주배기라는 닭을 기른다.
전개	깜둥이의 열다섯 마리의 병아리 중 한 마리가 아궁이에 들어가 온몸이 타 버리는 사고를 겪게 된다.
위기	가족의 헌신적인 간호와 살고자 하는 빼떼기의 의지로 건강을 회복하지만 어미에게 쪼임을 당하고 개에게 물리기도 한다.
절정	숱한 고난 속에서도 빼떼기는 깃털이 자라고 울기도 하는 등 더디지만 착실하게 성장한다.
결말	전쟁이 일어나 피란을 가야 하는 상황에서 가족들은 빼떼기를 잡아먹기로 결정하고 빼떼기는 죽음을 맞이한다.

👥 인물 관계도

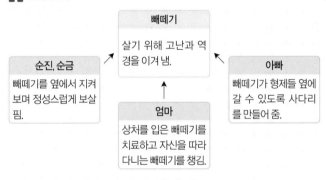

🏠 작품 연구소

〈빼떼기〉에서 읽어 내는 장애에 대한 편견

빼떼기는 화상으로 제대로 걷지도 먹지도 못한다. 이런 빼떼기의 모습은 장애를 가진 사람을 상징한다고 이해할 수도 있다.

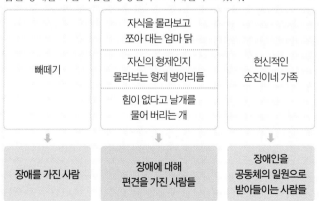

🔑 포인트 체크

인물 ☐☐☐는 가족들의 사랑과 자신의 의지로 자신에게 닥친 역경을 이겨 낸다.

배경 6·25 전쟁을 배경으로 하여 가족처럼 기르던 빼떼기를 잡아먹게 만드는 전쟁의 ☐☐☐을 드러낸다.

사건 ☐☐☐에 들어가 화상을 입은 빼떼기를 정성껏 보살핀 순진이네 가족은 ☐☐으로 인해 빼떼기를 잡아먹기로 결정한다.

1 이 글의 서술상 특징으로 적절하지 <u>않은</u> 것은?

① 짧은 문장으로 내용을 간결하게 서술하고 있다.
② 비유적 표현을 통해 대상의 행동을 드러내고 있다.
③ 서술자가 다양한 인물의 심리를 직접적으로 제시하고 있다.
④ 배경에 상징성을 부여하여 환상적인 분위기를 형성하고 있다.
⑤ 다양한 음성 상징어를 통해 사건을 현장감 있게 표현하고 있다.

<u>내신 적중</u>

2 이 글을 통해 알 수 있는 내용으로 가장 적절한 것은?

① 깜둥이가 빼떼기를 아궁이에 밀어 넣었다.
② 빼떼기가 불에 덴 상처는 일주일 만에 아물었다.
③ 아버지는 빼떼기를 아궁이에서 빼내어 치료하였다.
④ 빼떼기는 턱주배기와 깜둥이 사이에서 나온 새끼였다.
⑤ 소화 기관을 다친 빼떼기는 물조차 제대로 먹지 못했다.

3 이 글을 감상한 내용으로 적절하지 <u>않은</u> 것은?

① 화상을 입은 빼떼기가 앞으로 겪을 '간난신고(艱難辛苦)'가 벌써부터 걱정되는군.
② 불 속에 들어갔었는데도 죽지 않고 살아 있으니 '천만다행(千萬多幸)'이라고 해야겠지.
③ 빼떼기가 죽을까 봐 '노심초사(勞心焦思)'하고 있는 어머니의 마음이 충분히 이해되었어.
④ '삼순구식(三旬九食)'도 못하는 순진이네가 빼떼기까지 다쳤으니 안타까운 마음이 들었어.
⑤ 부리도 성치 않은데 '설상가상(雪上加霜)'으로 바로 서지도 못하는 빼떼기의 모습이 너무 안쓰러워.

4 ⓐ의 내용을 구체적으로 쓰시오.

5 (나)에서 알 수 있는 '빼떼기'의 외양적 특징을 두 가지 이상 쓰시오.

Ⅳ. 1960년대~1980년대

가 ○정말 누구나 빼떼기를 보면 가엾으면서도 장하게 느낄 것이다. 보기 흉하면서도 그 어려운 고통을 이기고 살아난 것이 누구에게나 대견스러웠다.

❶하기야 빼떼기 혼자 버려뒀더라면 벌써 죽어 버렸겠지만, 그러나 빼떼기는 보살펴 준 것만큼 제 스스로도 용감했다. 부리가 거의 없어진 주둥이로 모이를 주워 먹는 모습은 보기에도 애처로울 만큼 힘이 들었다. 한 번 쪼면 다른 데로 튕겨 나가 버리고 또 한 번 쪼면 튕겨 나가고, 그래도 쪼아 먹고 살아난 것이다. [중략]

순진이네 식구들이 보살펴 준다지만 빼떼기는 역시 혼자 있는 시간이 더 많았다. 다른 병아리들은 어미 닭 품속에서 잘 때 빼떼기는 아픈 몸으로 바가지 안에서 혼자 자고, 다른 병아리들이 어미 닭을 따라다니며 어미 닭이 잡아 준 지렁이와 땅강아지를 서로 뺏고 뺏기며 몰려다니는 것을 멀찌감치서 구경만 했으니 얼마나 가슴이 아팠을까?

그래서 ❷빼떼기는 더욱 소중했던 것이다. [중략] 이런 빼떼기가 겨우 서툴게 ●씨아가 돌아가는 가락처럼 운 것은 겨울을 지내고 나서였다. 태어나서 한 돌이 되어서다. 두 날개를 엉거주춤 치켜들고 목을 늘이면서 "꼬르륵." 하면서 울면 순진이네 식구들은 한바탕 웃었다.

나 ❸1950년 6월에 전쟁이 일어났고 7월에는 마을 사람들이 피란을 갔다.

『전쟁은 사람들에게만 고통을 가져온 것이 아니라 모든 가축에게도 홍수처럼 밀려와 쓸고 갔다.』

순진이네는 피란을 떠나기 전에 닭과 병아리 모두를 내다 팔았다. ❹닭이야 보통 먹이다가 팔기도 하고 잡아먹기도 하는 것이지만, 한 마리 두 마리 팔려 갈 때마다 순금이나 순진이는 섭섭한 마음에 울기까지 했다.

그런데 그렇게 고생 고생 기르던 빼떼기를 어떻게 해야 할지 참으로 괴로운 일이었다.

"이것도 장에 내다 팔지?" / 아버지는 그렇게 하는 것이 좋을 듯했다.

"빼떼기를 보고 누가 사 가겠어요. 안 그래도 장에는 닭들이 너무 많아서 팔리지도 않는다던데……." / 어머니는 차라리 그냥 버려두고 떠나자고 했다.

"안 돼! ●다래끼에 담아 가지고 데리고 가."

순진이는 빼떼기를 꼭 껴안았다. 순금이도 그렇게 하자고 하면서 순진이가 안고 있는 빼떼기의 등을 쓰다듬었다. 아무것도 모르는 빼떼기는 눈만 똘방똘방 뜨고 보고 있었다.

이러지도 저러지도 못하고 있다가 결국 아버지가 마지막 결정을 지었다.

"할 수 없다. 본래부터 짐승을 키우는 건 잡아먹기 위한 것이니 빼떼기도 우리가 잡아먹자."

아버지는 앞집 태복이네 아버지를 불러 빼떼기의 목을 비틀어 달라고 부탁했다.

"빼떽아, 지금 나라에 전쟁이 일어나서 우리는 피란을 가야 한단다. 그래서 너 혼자 두고 갈 수도 없고 데리고 갈 수도 없어 어쩔 수 없이 너를 잡아먹는다. 너도 그 편이 제일 좋겠지?"

아버지 말에 빼떼기는 그렇다는 듯이 "꾸꾸 꾸꾸." 지껄였다.

태복이네 아버지가 ●손작두로 빼떼기의 목을 자르려 하자 어머니는 얼른 부엌으로 들어갔다. 순금이와 순진이도 따라서 부엌문 뒤로 숨었다.

곧이어 건넌방 아궁이 앞에서 푸드덕푸드덕 몸부림치는 소리가 들렸다.

『순금이와 순진이는 숨이 꽉 막히는 것같이 가슴이 답답해졌다.
어머니가 치마꼬리를 걷어 올리며 눈물을 훔치고 있었다.
'빼떽아…….' / 순금이와 순진이 눈에도 그렁그렁 눈물이 괴었다.』

▶ 죽음을 맞이하는 빼떼기와 이를 슬퍼하는 순진이네 가족

- **중심 내용** 빼떼기는 대견스럽게 성장했지만 전쟁이 일어나 가족들은 빼떼기를 잡아먹을 수밖에 없는 상황에 처함.
- **구성 단계** (가) 절정 / (나) 결말

🏠 작품 연구소

〈빼떼기〉에 드러난 주제 의식

작가는 동화를 통해 자연과 생명, 어린이, 이웃 그리고 무고하게 고통받는 이들에 대한 사랑을 구현하려 했으며, 이 작품에서도 그러한 그의 문학관이 반영되어 있다.

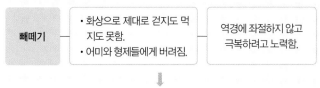

| 빼떼기 | • 화상으로 제대로 걷지도 먹지도 못함. • 어미와 형제들에게 버려짐. | 역경에 좌절하지 않고 극복하려고 노력함. |

↓

생명의 소중함을 깨닫게 하려는 작가의 가치관을 드러냄.

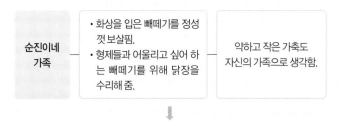

| 순진이네 가족 | • 화상을 입은 빼떼기를 정성껏 보살핌. • 형제들과 어울리고 싶어 하는 빼떼기를 위해 닭장을 수리해 줌. | 약하고 작은 가축도 자신의 가족으로 생각함. |

↓

사회적 약자와 함께 살아가는 공동체 정신을 강조하는 주제 의식을 드러냄.

전쟁의 비극성과 잔인함

1950년에 발발한 6·25 전쟁은 우리나라 국민의 삶을 송두리째 바꾼 비극적인 사건으로 기억된다. 이 작품에 갑작스럽게 등장하는 6·25 전쟁은 순진이네 가족과 빼떼기의 삶을 순식간에 바꾸어 버리고 비극적인 결말로 이어진다.

| 빼떼기를 가족의 일원으로 받아들임. | → | 6·25 전쟁 발발 | → | 빼떼기를 잡아먹을 수밖에 없는 상황에 놓임. |

↓

모든 관계를 송두리째 바꾸어 버리는 전쟁의 비극성과 잔인함

📖 함께 읽으면 좋은 작품

〈마당을 나온 암탉〉, 황선미 / 암탉의 모성애와 생명 존중 사상을 그린 동화
알을 품고 싶다는 생각을 가지고 있던 암탉이 양계장에서 쫓겨나 오리알을 품고 그 알에서 태어난 새끼를 키우면서 겪는 여정을 그린 동화이다. 닭을 소재로 생명 존중 사상을 그리고 있다는 점에 주목하여 〈빼떼기〉와 비교하여 읽어 볼 수 있다.

〈몽실 언니〉, 권정생 / 6·25 전쟁으로 인한 고난과 성장을 그린 소설
6·25 전쟁으로 인한 아픔과 고단한 삶을 여자아이의 시선에서 그림으로써 전쟁의 비극성을 보여 주는 작품이다. 전쟁 전후의 가난한 삶을 꿋꿋이 헤쳐 나가는 몽실이의 모습을 통해 시대적 아픔을 담담히 그려 내고 있다.

---

6 ㉠의 이유를 정리한 내용으로 가장 적절한 것은?

	가엾은 이유	장한 이유
①	보기가 흉하기 때문에	정상적인 모습으로 돌아왔기 때문에
②	모이를 주워 먹는 게 힘들기 때문에	포기하지 않고 모이를 먹으며 컸기 때문에
③	형제들에게 버림을 받았기 때문에	형제들과 다시 어울릴 수 있었기 때문에
④	엄마에게 버림을 받았기 때문에	엄마의 사랑을 받기 위해 노력하고 있기 때문에
⑤	식구들의 사랑을 받지 못했기 때문에	식구들의 도움 없이 혼자서 살아났기 때문에

7 〈보기〉를 참고하여 이 글을 감상한 내용으로 적절하지 <u>않은</u> 것은?

┤ 보기 ├
〈빼떼기〉는 짧은 이야기이지만 다양한 주제를 이끌어 낼 수 있는 다층적인 텍스트이다. 빼떼기라는 작은 생명체의 일대기는 순진이네 가족의 사랑이 없었다면 탄생하지 않았을 이야기일 수도 있다. 또한 이 작품을 통해 장애에 대한 차별과 배제의 문제도 생각해 볼 수 있다.

① 빼떼기의 출생과 죽음을 다루고 있다는 점에서 빼떼기의 일대기라고 할 수 있겠어.
② 주인공은 빼떼기이지만 사실 이 작품은 빼떼기를 보살펴 준 순진이네의 이야기라고도 할 수 있지.
③ 작은 생명을 소중하게 여기는 순진이네의 모습을 통해서 생명을 존중해야 한다는 작가의 의도를 읽을 수 있어.
④ 빼떼기가 결국 죽음을 맞이한다는 점에서 가난한 사람을 소외시키는 사회에 대한 비판이라는 주제를 읽을 수 있어.
⑤ 화상으로 불구가 되어 버린 빼떼기가 혈육에게 버림을 받는 모습을 통해 장애를 차별하는 시선을 드러낸 것이라고 읽을 수도 있겠어.

8 이 글에서 '전쟁'의 역할로 적절하지 <u>않은</u> 것은?

① 순진이네가 심리적인 고통을 경험하도록 만든다.
② 순진이네가 삶의 터전을 떠나야 하는 상황을 만든다.
③ 순진이네가 그동안 키우던 가축을 처분하도록 만든다.
④ 순진이네가 보살피던 빼떼기를 죽여야 하는 상황을 만든다.
⑤ 순진이네와 이웃 간의 신뢰를 깨뜨려 갈등 상황을 만든다.

9 〈보기〉를 참고하여 작가가 '빼떼기'를 주인공으로 설정한 이유를 추측하여 쓰시오.

┤ 보기 ├
우리에게는 독특한 역사가 있습니다. 우리의 역사는 남에게 끊임없이 고통을 받는 역사였습니다. 일제 강점기와 6·25 전쟁, 그리고 분단의 아픔을 겪으면서도 우리 겨레는 용케도 죽지 않고 살아남았습니다. 이렇게 독특한 역사를 가진 우리 겨레에게는 환상의 세계를 다루는 서양과 다른 동화 형식이 필요합니다.

073 무진 기행 | 김승옥

키워드 체크 #감각적 문체 #몽환적 #서정적 #일상 vs 꿈 #현실 vs 몽환 #대립적 가치 설정

가 "그런 생각도 해 봤어요. 그렇지만 지금 같아선 가정을 갖는다고 해도 미칠 것 같은
생각이 들어요. 정말 맘에 드는 남자가 있다고 해도 여기서는 살기가 싫어요. 전 그
_{무진을 떠나고 싶어 하는 인숙}
남자에게 여기서 도망하자고 조를 거예요."

"그렇지만 내 경험으로는 서울에서의 생활이 반드시 좋지도 않더군요. 책임, 책임뿐
_{현실의 공간인 서울이 주는 압박감}
입니다."

"그렇지만 여긴 책임도 무책임도 없는 곳인걸요. 하여튼 서울에 가고 싶어요. 절 데
_{인숙이 무진을 떠나고 싶어 하는 이유 – 허무와 무기력에서 벗어나고 싶음.}
려가 주시겠어요?" ▶ 서울에 데리고 가 달라고 '나'에게 부탁하는 인숙

나 이모는 전보 한 통을 내게 건네주었다. 엎드려 누운 채 나는 전보를 펴 보았다. '27일
회의참석필요, 급상경바람 영'. '27일'은 모레였고 '영'은 아내였다. 나는 아프도록 쑤시
는 이마를 베게에 대었다. 나는 숨을 거칠게 쉬고 있었다. 나는 내 호흡을 진정시키려
_{잊었던 현실을 깨닫게 되는 고통}
고 했다. [중략] 모든 것이, 흔히 여행자에게 주어지는 그 자유 때문이라고 아내의 전보
는 말하고 있었다. 나는 아니라고 고개를 저었다. 모든 것이 세월에 의하여 내 마음속
_{무진에서 '나'가 느낀 감정을 현실의 눈으로 바라보게 함.}
에서 잊혀질 수 있다고 전보는 말하고 있었다. 그러나 상처가 남는다고, 나는 고개를
_{무진에서 느낀 감정들을 인정하고 싶음.}
저었다. 오랫동안 우리는 다투었다. 그래서 전보와 나는 타협안을 만들었다. 한 번만,
_{서울과 무진, 현실과 추억, 일상과 탈일상 사이의 갈등   내적 갈등의 결과}
마지막으로 한 번만 이 무진을, 안개를, 외롭게 미쳐 가는 것을, 유행가를, 술집 여자의
_{무진에서 느낀 감정을 긍정하고 간직하려 함.}
자살을, 배반을, 무책임을 긍정하기로 하자. 마지막으로 한 번만이다. 꼭 한 번만. 그리
고 나는 내게 주어진 한정된 책임 속에서만 살기로 약속한다.
▶ 아내의 전보를 받고 무진에서의 삶과 현실 사이에서 갈등하는 '나'

다 그러나 나는 돌아서서 전보의 눈을 피하여 편지를 썼다. '갑자기 떠나게 되었습니
_{전보 = 아내 = 현실}
다. 찾아가서 말로써 오늘 제가 먼저 가는 것을 알리고 싶었습니다만 대화란 항상 의
외의 방향으로 나가 버리기를 좋아하기 때문에 이렇게 글로써 알리는 것입니다. 간단
히 쓰겠습니다. 사랑하고 있습니다. 왜냐하면 당신은 제 자신이기 때문에, 적어도 제
가 어렴풋이나마 사랑하고 있는 옛날의 저의 모습이기 때문입니다. 저는 옛날의 저를
_{'나'가 인숙을 사랑하는 이유}
_{무진에서의 감정을 긍정함.}
오늘의 저로 끌어다 놓기 위하여 갖은 노력을 다하였듯이 당신을 햇볕 속으로 끌어 놓
기 위하여 있는 힘을 다할 작정입니다. 저를 믿어 주십시오. 그리고 서울에서 준비가
되는 대로 소식 드리면 당신은 무진을 떠나서 제게 와 주십시오. 우리는 아마 행복할
수 있을 것입니다.' 쓰고 나서 나는 그 편지를 읽어 봤다. 또 한 번 읽어 봤다. 그리고 찢
어 버렸다.
_{현실과의 타협}

덜컹거리며 달리는 버스 속에 앉아서 나는, 어디쯤에선가, 길가에 세워진 하얀 팻말
을 보았다. 거기에는 선명한 검은 글씨로 '당신은 무진읍을 떠나고 있습니다. 안녕히
_{일상으로 복귀함. – 여로형 구조}
가십시오.'라고 씌어 있었다. 나는 심한 부끄러움을 느꼈다. ▶ 무진을 떠나며 부끄러움을 느끼는 '나'
_{현실과 타협한 자신의 위선에 대한 부끄러움}

포인트 체크

인물 '나'는 무진 출신으로, 서울에서 출세했으나 ☐☐주의에 물들어 있다.

배경 일상적이고 세속적인 서울과 달리 '나'의 추억이 담겨 있는 ☐☐을 배경으로 한다.

사건 무진에서의 삶과 현실 사이에서 ☐☐하던 '나'는 결국 무진을 떠나며 현실과 타협한 자신에게 ☐
☐☐☐을 느낀다.

답 허무, 무진, 갈등, 부끄러움

핵심 정리

갈래 단편 소설

성격 회고적, 독백적

배경 ① 시간 – 1960년대
② 공간 – 무진(霧津)

시점 1인칭 주인공 시점

주제 현실 속에 던져진 자기 존재의 파악

특징 ① '나'의 심리 묘사를 중심으로 이야기가 전개됨.
② 서정적이고 몽환적인 분위기가 강함.

출전 《사상계》(1964)

작가 김승옥(본책 178쪽 참고)

이해와 감상

이 작품은 '나'가 서울을 떠나 무진으로 갔다가 다시
서울로 돌아오는 '떠남 – 추억의 공간 – 복귀'의 순환
구조를 통해 1960년대의 허무와 회의 의식을 드러낸
다. '나'는 고달픈 현실 속에서 재충전을 위해 무진으
로 향하고 그곳에서 젊은 시절의 고뇌를 느끼는 한편,
자신의 과거 모습을 떠올리게 하는 하인숙이라는 여
인을 만나 사랑의 감정을 느낀다. 그러나 아내의 전보
를 받은 '나'는 안개처럼 축축이 배어드는 감상에서
서서히 벗어나 현실과 타협한 것에 부끄러움을 느끼
며 현실로 복귀한다. '바람, 햇빛, 안개' 등의 자연물을
인간의 의식을 드러내는 장치로 사용하면서 개성적이
고 새로운 현대적 감수성을 보여 주고 있다.

전체 줄거리

제약 회사의 전무가 될 '나'는 아내의 권유로 젊은 날
의 추억이 있는 고향 무진으로 떠난다. 무진에 와서
'나'는 후배 박과 동창 조, 그리고 박과 같은 학교의 하
인숙이라는 음악 교사를 만난다. 무진을 떠나고 싶어
하는 인숙은 '나'에게 서울로 데려다줄 것을 청하고,
인숙에게서 젊은 날의 자신의 모습을 발견하는 '나'는
그녀와 다시 만날 약속을 한다. '나'는 하인숙에게 사
랑을 느끼지만 그 사실을 끝내 말하지 않는다. 아내로
부터 빨리 상경하라는 전보를 받은 '나'는 과거의 의
식으로부터 깨어나 현실로 돌아가기로 결심하고 무
진을 떠나면서 부끄러움을 느낀다.

작품 연구소

〈무진 기행〉의 배경이 갖는 의미

무진은 안개가 자주 덮이는 곳으로, 권태와 단조로움,
절망의 추억을 불러일으키는 부정적 이미지를 갖고 있
다. 1960년대는 안개가 긴 듯이 미래가 보이지 않는
시대이며, 전통적인 가치가 모두 파괴되고 모든 것이
세속화된 시대이다. 무진은 이 같은 혼돈의 시대를 상
징적으로 보여 주는데, '나'는 현실의 서울과는 대조적
인 무진이라는 공간에서 되찾으려 했던 순수함을 획득
하지 못하고 현실로 복귀하고 만다.

'나'가 부끄러움을 느낀 이유

'나'는 도시에서 생활하며 자신이 추구하던 순수나 이
상 등을 잃어버리고 안락함, 편안함, 물질적인 것을 추
구하는 인물이 되어 간다. '나'는 이런 자신의 모습에서
벗어나기 위해 무진으로 향하지만, 결국 무진을 떠나
면서 출세와 성공이 보장된 현실을 선택한 것에 대해
부끄러움을 느낀다.

074 병신과 머저리 | 이청준

문학 동아

키워드체크 #액자식 구성 #형과 동생의 갈등 #서로 다른 상처의 형상화

가 "넌 내가 소설을 불태우는 이유를 묻지 않는군……." / 너무나 정색을 한 목소리여
서 형의 얼굴을 보려고 했으나 형의 손이 귀를 놓아 주지 않았다.
　　"그런데 너도 읽었겠지만, 거 내가 죽인 관모 놈 있지 않아. 오늘 밤 나 그놈을 만났
단 말야." / 그러고는 잠시 말을 끊고 나를 찬찬히 살펴보고 있었다. 그 눈은 술에 젖
어 있었지만, 생각이 멀리 있는 것처럼 보이는 것은 결코 술 때문만은 아닌 것 같았
다. 그러나 형은 이제 안심이라는 듯 큰 소리로,
　　"그래 이건 쓸데없는 게 되어 버렸지…… 이 머저리 새끼야!" [중략]
　　형은 나를 의식하고 이야기하는 것 같기도 하고 혼자 중얼거리는 것 같기도 했다.
　　"놀라 돌아보니 아 그게 관모 놈이 아니냔 말야. 한데 놈이 그래 놓고는 또 영 시치밀
떼지 않아. 이거 미안하게 됐다구…… 두려워서 비실비실 물러나면서…… 내가 그
사이 무서워진 걸까…… 하긴 놈은 내가 무섭기도 하겠지. 어쨌든 나는 유유히 문까
지 걸어 나왔어. 그러나…… 문을 나서서는 도망을 쳤지……. 놈이 살아 있는데 이런
게 이제 무슨 소용이냔 말야."
　　형은 나머지 원고 뭉치를 마저 불집에 집어넣고 나서 힐끗 나를 보았다.
　　"이 참새가슴 같은 것, 뭘 듣고 있어. 썩 네 굴로 꺼져!"
　　　　　　　　　　　　　　　　　　　　　▶ 오관모를 만났던 일을 '나'에게 이야기하는 형

나 비로소 몸 전체가 까지는 듯한 아픔이 전해 왔다. 그것은 아마 형의 아픔이었을 것
이다. 형은 그 아픔 속에서 이를 물고 살아왔다. 그는 그 아픔이 오는 곳을 알고 있는
것이다. 그리하여 그것은 견딜 수 있었고, 그것을 견디는 힘은 오히려 형을 살아 있게
했고 자기를 주장할 수 있게 했다. 그러던 형의 내부는 검고 무거운 것에 부딪혀 지금
산산조각이 나고 있었다. [중략]
　　무엇보다도 형은 그 아픈 곳을 알고 있었으니까. 어쨌든 형을 지금까지 지켜 온 그
아픈 관념의 성은 무너지고 말았지만, 그만한 용기는 계속해서 형에게 메스를 휘두르
게 할 것이다. 그것은 무서운 창조력일 수도 있었다.
　　　　　　　　　　　　　　　　　　　　　　　　　　　　　▶ 상처의 원인을 알고 있는 형

다 나의 아픔은 어디서 온 것인가. 혜인의 말처럼 형은 6·25의 전상자이지만, 아픔만
이 있고 그 아픔이 오는 곳이 없는 나의 환부는 어디인가. 혜인은 아픔이 오는 곳이 없
으면 아픔도 없어야 할 것처럼 말했지만, 그렇다면 지금 나는 엄살을 부리고 있다는
것인가.
　　나의 일은, 그 나의 화폭은 깨어진 거울처럼 산산조각이 나 있었다. 그것을 다시 시
작하기 위하여 나는 지금까지보다 더 많은 시간을 망설이며 허비해야 할는지 모른다.
　　어쩌면 그것은 나의 힘으로는 영영 찾아내지 못하고 말 얼굴일지도 몰랐다. 나의 아
픔 가운데에는 형에게서처럼 명료한 얼굴이 없었다.
　　　　　　　　　　　　　　　　　　　　　　　　　　▶ 상처의 원인을 알 수 없는 '나'

키 포인트 체크

인물 6·25 전쟁에서 비롯된 아픈 기억을 가지고 있는 형은 [　　]을 쓰며 자신의 아픔을 극복하려 한다.

배경 [　　] 세대를 대표하는 형과 [　　] 세대를 대표하는 동생을 통해 6·25 전쟁의 아픔을 드러내고
있다.

사건 현실에서 오관모를 만난 형은 자신의 [　　　]를 불태우며 '나'의 [　　　] 태도를 비판한다.

답 소설, 전쟁, 전후, 원고, 소극적

핵심 정리

갈래 단편 소설, 액자 소설
성격 고백적, 비판적, 논리적
배경 ① 바깥 이야기 - 1960년대의 어느 도시
　　　 ② 안 이야기 - 6·25 전쟁 당시 북한 강계 지역
시점 ① 바깥 이야기 - 1인칭 주인공 시점
　　　 ② 안 이야기 - 1인칭 주인공 시점과 관찰자 시
　　　　점의 혼용
주제 삶의 방식이 다른 두 형제의 아픔과 그 극복 의지
특징 ① 액자식 구성을 취함.
　　　 ② 작가의 감정 개입이 거의 없음.
　　　 ③ 고도의 상징성을 띰.
출전 《창작과 비평》(1966)
작가 이청준(본책 230쪽 참고)

이해와 감상

이 작품은 서술자의 감정적 개입이 거의 느껴지지 않
는 논리적 문체와 액자식 구성을 취하여 6·25 전쟁
을 체험한 세대인 '형'과 전후 세대인 '나'가 지니고 있
는 아픔을 형상화하고 있다. 6·25 전쟁을 겪으면서
직접적인 상처를 받은 형과, 관념으로서의 아픔을 지
니고 있는 동생 간의 대립과 갈등이 이 작품의 주조를
이루고 있다.

전체 줄거리

의사인 형은 6·25 전쟁 당시에 동료를 죽이고 탈출
했던 아픈 기억이 있다. 그러던 중 자신이 수술을 맡
은 소녀가 죽자 병원 일을 중단하고 소설을 쓴다. 형
의 소설에는 형과 중사 오관모, 김 일병이 등장한다.
오관모는 김 일병이 쓸모 없어지자 그를 죽이려고 한
다. 형의 소설은 그 부분에서 멈춰 있다. '나'는 형이
김 일병을 죽이는 것으로 소설의 결말을 내고, 혜인에
게 이별의 편지를 받는다. 형은 '나'가 쓴 소설의 결말
을 읽고 찢은 후, 형이 오관모를 향해 총을 쏘는 것으
로 고쳐 쓴다. 우연히 오관모를 만난 형은 자신이 쓴
소설을 불태우고, '나'는 자신의 아픔의 원인에 대해
자문해 본다.

작품 연구소

아픔을 대하는 형과 동생의 태도

형	형은 소설을 쓰는 것을 통해 6·25 전쟁에서 입은 자신의 상처를 직시하고 극복하려 함.

↕ 대조적

동생	이유를 알 수 없는 관념적 차원의 아픔을 지닌 동생은 아픔의 원인을 알 수 없어 상처를 극복하지 못함.

제목 '병신과 머저리'의 의미

'병신과 머저리'는 정체성을 찾지 못하고 정신적 방황
을 거듭하던 1960년대 지식인들의 모습을 지칭하는
것이다. 제목의 '병신'은 6·25 전쟁에서의 경험으로
인해 방황하는 '형'을, '머저리'는 관념적 허무주의에
빠져 혼돈을 보이는 4·19 세대인 '동생'을 말한다.

더 읽을 작품

075 줄 | 이청준

키워드 체크 #액자식 구성 #숙명적 #장인 정신의 추구 #무기력한 현대인 비판

가 ─ 여러분 앉으십시오. 오늘 밤 여러분의 성원에 감사하기 위해서 우리 서커스단의 프로 중의 백미를 다시 한번 여러분에게 보여 올리겠습니다. 그것은 즉 보시다시피 인간의 승천(昇天)입니다. 인간의 승천! 얼마나 아름다운 광경입니까? 우리 단(團)이 아니면 보실 수 없는 진귀한 구경거리입니다…….

"그날 밤, 운은 떨어져 죽었습니다."
_{허운은 더 이상 줄타기에 전념할 수 없게 된 현실을 깨닫고 죽음을 선택함.}

"한데, 그날 밤 운은 왜 그렇게 이상한 행동을 했을까요?"

"네, 혹시 그 말씀에 해답이 될 수 있을지 모르겠습니다마는, 운이 만나던 그 여자의 _{허운의 가치관에 혼란과 갈등을 일으키는 인물}
이야기를 마저 해 드리겠습니다. 그날 밤 나는 아무래도 공원에서 무슨 일이 있었으리라는 예감이 들었어요. [중략] 그 걸상 하나에 여자는 그때까지 아직 말도 못 하고 벌벌 떨고 앉아 있었어요. 운이 여자의 목을 졸라 죽이려다 말고 공원을 내려갔다는 것이었습니다. 그 며칠을 통해 운이 여자에게 한 말을, 여자는 전부 기억하고 있었습니다. 그럴 수밖에 없는 것이 운의 말은 불과 다섯 마디도 되지 못했으니까요. 물론 _{사랑과 줄타기 사이에서 갈등하는 허운}
사랑은 배워서 말로 하는 것만은 아니니까, 배우지 않고도 아는 방법으로만 그는 여자를 사랑했겠지요. 마지막 날 이야기가 이랬다고 합니다. 갑자기 운이 여자를 끌어 _{줄타기 이외의 삶을 알지 못하는 허운}
안고서,

─ 난 이제 줄을 탈 수가 없다. 넌 나하고 같이 살아야 한다.
_{여자를 강렬하게 사랑하게 되어 줄타기를 포기한 허운}

운은 마치 줄에서 내려왔을 때처럼 땀을 흘리고 있더랍니다. 그런데 여자는 운이 그렇게 가까이만 있으면 언제나 무서워서 말도 할 수가 없었다고 해요.

─ 전 당신을 사랑하고 있지 않아요.

─ 그럼? 그럼? / 운은 미친 사람처럼 여자를 안은 팔에 바싹 힘을 주었습니다.

─ 줄을 타고 계실 때, 그땐 그런 것 같았는데, 이렇게 옆에만 오시면…… 무서워요.
_{여자는 허운이 줄 타는 모습을 사랑했음.}
─ 아아…… 이젠 난 줄을 탈 수가 없는데…….

그러고는 두 사람은 한동안 말이 없었는데, 운의 손이 천천히 여자의 목으로 올라오더니 조금 있다가 그 손이 경련이 난 듯이 여자의 가는 목을 조르기 시작하더랍니다. _{허운은 줄타기에 전념하기 위해 아버지가 어머니에게 했던 방식을 시도함.}
여자는 별로 반항도 하지 않고 걸상으로 쓰러졌는데, 운은 또 무슨 생각을 했는지 제 풀에 다시 손을 놓아 버리고는 일어서더라는 것이었어요. 그러고는 혼자 중얼중얼하고 있더랍니다. _{차마 여인을 죽이지 못함.}
▶ 자신의 사랑을 거부한 여자의 목을 조른 허운

나 사내는 그것이 자기 자신에 관한 일이었던 것처럼 열심히 그리고 상상으로는 미치지 못할 자세한 부분까지 이야기하고 있었다. [중략]

"그러니까 운은 처음부터 자기가 어떻게 되리라는 것을 알고 두 번째 줄로 올라간 거로군요." / "그렇습니다. 적어도 난 그렇게 생각해 왔습니다." _{운이 스스로 죽음을 택했음을 암시함.}
▶ 줄 위에서 최후의 연기를 하고 죽은 허운

포인트 체크

인물 허 노인을 절대적으로 따르던 허운은 여인을 만난 후 □□□에 혼란을 느낀다.

배경 □ 위에 선 허 노인과 허운의 삶을 통해 진정한 가치를 추구하는 삶의 모습을 드러낸다.

사건 줄타기와 여인 사이에서 갈등하던 허운은 □□을 택하지만, 자신의 애정이 거절당하자 자살한다.

답 가치관, 줄, 사랑

핵심 정리

갈래 단편 소설, 액자 소설

성격 회상적, 숙명적

배경 ① 바깥 이야기 – 현대의 C읍
② 안 이야기 – 1940년대 말의 C읍

시점 ① 바깥 이야기 – 1인칭 주인공 시점
② 안 이야기 – 전지적 작가 시점

주제 장인 정신의 추구와 무기력한 현대인의 가치 상실 비판

특징 ① 액자식 구성을 활용하여 인물들의 삶을 대조적으로 제시함.
② '허 노인 → 허운 → 나'로 이어지는 시간의 흐름 속에 '절대 가치의 추구 → 가치에 대한 갈등 → 가치의 상실'이 나타남.

출전 《사상계》(1966)

작가 이청준(본책 230쪽 참고)

이해와 감상

이 작품은 신문 기자인 '나'를 중심으로 한 바깥 이야기와 2대에 걸친 줄광대의 삶을 중심으로 한 안 이야기로 구성된 액자 소설이다.

줄광대 허 노인은 줄을 탈 때에는 오직 줄타기에만 전념해야 한다는 철저한 장인 정신을 지닌 사람이다. 허 노인은 줄타기를 삶의 절대적인 가치로 인식하고 실천하며, 허운 역시 그런 아버지의 가치관을 이어받아 줄타기를 더 이상 할 수 없게 되었을 때 스스로 목숨을 끊는다. 한편 '나'는 이 작품에서 단순한 전달자로 머무르지 않고, 줄광대 부자와 대조되는 현대인의 모습을 보여 줌으로써 진정한 삶의 가치를 추구하는 삶의 모습에 대해 말하고 있다.

전체 줄거리

'나'는 부장의 명령으로 '승천한 줄광대'에 관한 기사를 쓰기 위해 C읍으로 간다. 그곳에서 '나'는 예전에 서커스단에서 트럼펫을 불던 사내에게서 줄광대 부자(父子)에 관한 이야기를 듣게 된다. 줄광대 허 노인은 아내가 서커스 단장과 부정을 저질렀다고 생각하여 아내를 죽인다. 허 노인은 아들 허운에게 엄격하게 줄타기를 가르치는데 5년 뒤 허 노인은 아들과 줄을 타다가 떨어져 죽게 된다. 어느 날 공연을 마친 뒤 한 여인에게서 꽃다발을 받은 허운은 그 여인에게 사랑을 느끼지만, 여인은 이를 거부한다. 여인이 사랑한 것은 자신이 줄 타는 모습이었음을 깨달은 허운은 줄 위에 올라 최후의 연기를 하다 죽는다. 줄광대 이야기를 다 들은 '나'는 다음 날 C읍을 떠나기 전 트럼펫 부는 사내에게 인사하러 가던 중 그가 세상을 떠났음을 알게 된다.

작품 연구소

등장인물의 대조적인 삶의 모습

바깥 이야기의 주인공인 '나'와 안 이야기의 주인공인 줄광대 부자의 이야기를 나란히 전개함으로써 과거의 사건을 통해 현재를 성찰하고 있다.

'나'(남 기자)	허 노인, 허운
• 가치관의 부재	• 절대적인 가치 추구
• 무의미한 일상	• 줄을 탈 때의 엄격한
• 타성에 젖은 삶의 태도	태도
• 현대인의 무기력한 삶	• 전통적인 장인의 삶

076 나목 | 박완서

키워드 체크 #전후 소설 #체험적 #고백적 #진정한 예술의 추구 #내면의 성숙 #박수근의 그림

가 나는 좌우에 걸린 그림들을 제쳐 놓고 빨려 들 듯이 나무 앞으로 다가갔다.
과거에 자신이 강한 인상을 받았던 그림을 발견하고 주의를 집중함.

나무 옆을 두 여인이, 아이를 업은 한 여인은 서성대고 짐을 인 여인은 총총히 지나
박수근 화백이 그린 〈나무와 두 여인〉을 연상시킴.

가고 있었다.

내가 지난날, 어두운 단칸방에서 본 한밤 속의 고목(枯木), 그러나 지금의 나에겐 웬
옥희도의 집

일인지 그게 고목이 아니라 나목(裸木)이었다. 그것은 비슷하면서도 아주 달랐다.
잎은 떨어졌지만 죽지 않은 나무. 봄이 오면 잎이 다시 돋음.   같은 작품이지만 전혀 다른 인상을 받은 '나'

김장철 소스리바람에 떠는 나목, 이제 막 마지막 낙엽을 끝낸 김장철 나목이기에 봄
'회오리바람'의 방언   힘겨운 현실을 견디고 있지만, 희망이 있는 나무라는 의미

은 아직 멀건만 그의 수심엔 봄에의 향기가 애닯도록 절실하다.

그러나 보채지 않고 늠름하게, 여러 가지들이 빈틈없이 완전한 조화를 이룬 채 서 있

는 나무, 그 옆을 지나는 춥디추운 김장철 여인들.

『여인들의 눈앞엔 겨울이 있고, 나목에겐 아직 멀지만 봄에의 믿음이 있다.
『 』: 힘든 시절을 견디며 희망을 품고 있는 나목

봄에의 믿음. 나목을 저리도 의연하게 함이 바로 봄에의 믿음이리라.』

나는 홀연히 옥희도 씨가 바로 저 나목이었음을 안다. 그가 불우했던 시절, 온 민족
옥희도는 힘든 시절을 살면서도 희망을 잃지 않았고 진정한 예술가의 길을 걸었음을 깨닫는 '나'   6·25 전쟁 중의 혼란기

이 암담했던 시절, 그 시절을 그는 바로 저 김장철의 나목처럼 살았음을 나는 알고 있다.
▶ 옥희도의 그림이 고목이 아니라 나목이었음을 깨닫는 '나'

나 나는 S 회관을 나와 잠깐 망연했다. 오랜 여행 끝에 낯선 역에 내린 듯한 피곤인지
옥희도를 이해하게 되는 정신적 깨달음의 과정에서 느끼는 몽롱함과 그림의 세계에서 현실 세계로 돌아온 낯섦.

절망인지 모를 망연함. 그런 망연함에서 남편이 나를 구했다.

"어디서 차라도 한잔하고 쉬었다 갈까?" / "저기가 어때요?" [중략]

아이들이 뛰고, 연인들이 거닐고, 퇴색한 잔디에 쏟아지는 가을의 양광은 차라리 봄
따뜻한 햇빛

보다 따습다. / "아이들을 데려올걸." / 남편이 다시 나를 상식적인 세계로 끌어들인다.
예술적 상념에 빠져 있는 '나'와 달리 남편은 아이들을 떠올리며 일상의 세계를 보여 줌.   ▶ 일상으로 돌아온 '나'

다 빨간 풍선을 놓친 계집아이가 자지러지게 운다. 구름 한 점 없는 하늘로 빠져들 듯
'나'와 동일시됨.

이 풍선이 멀어져 간다. / 드디어 빨간 점을 놓치고 만 나는 눈물이 솟도록 하늘의 푸르
젊은 날의 이상과 꿈   젊은 날의 꿈은 사라졌지만, 그것이 주는 여운으로 행복감을 느끼는 '나'

름이 눈부시다. / 옆에 앉은 남편도 풍선을 좇던가 고개를 젖힌 채 눈이 함빡 하늘을

담고 있다. /『그러나 그뿐, 이미 그의 눈엔 10년 전의 앳된 갈망은 없다. 그뿐이랴. 여자
『 』: 옥희도와 관련하여 예술적 상념에 빠져든 '나'의 입장에서는 일상에 젖어 있는 남편의 모습이 안타깝고 이질적으로 느껴짐.

를 소유하고 가정을 갖고 싶다는 세속적인 소망 외에는 한 번도 야망이나 고뇌가 깃들

어 보지 않은 눈. 부스스한 머리가 늘어진 이마에 어느새 굵은 주름이 자리 잡기 시작

한 중년의 그가 나는 또다시 낯설다.』
▶ 남편의 모습에서 일상의 삶을 발견하고 낯설게 느끼는 '나'

라 나는 충동적으로 그의 이마의 주름진 곳에 그런 키스를 퍼부었다.

그가 낯선 게 견딜 수 없어서였다. 그가 아주 타인처럼 낯선 게 견딜 수 없어서였다.

나무들의 그림자가 길어지고 우수수 바람이 온다. / 이미 낙엽을 끝낸 분수가의 어

린 나무들이 벌거숭이 몸을 애처롭게 떨며 서로의 가지를 비빈다. / 그러나 그뿐, 어린

나무들은 서로의 거리를 조금도 좁히지 못한 채 바람이 간 후에도 마냥 떨고 있었다.
호감이 있으면서도 헤어질 수밖에 없었던 젊은 날의 '나'와 옥희도   ▶ 일상으로부터 벗어나려는 충동을 느끼는 '나'

키 포인트 체크

인물 옥희도의 그림을 보고 깨달음을 얻은 '나'는 ☐☐으로부터 벗어나고 싶은 충동을 느낀다.

배경 '나'는 옥희도와 이별하고 오랜 시간이 흘러 그의 ☐☐☐☐☐를 찾아간다.

사건 '나'는 옥희도의 집에서 보았던 그림이 고목이 아닌 ☐☐이었음을 깨닫는다.

답 일상, 유작 전시회, 나목

핵심 정리

갈래 장편 소설, 전후 소설, 성장 소설

성격 체험적, 사실적, 고백적

배경 ① 시간 – 6·25 전쟁 중, 10년 후
② 공간 – 서울

시점 1인칭 주인공 시점

주제 진정한 예술가의 초상과 고독한 청춘기의 성숙 과정

특징 ① 인물의 내면세계를 섬세하고 치밀하게 서술함.
② 실존 화가 박수근을 모델로, '옥희도'라는 가상 인물을 설정하여 이야기를 전개함.

출전 《여성동아》(1970)

작가 박완서(본책 206쪽 참고)

이해와 감상

이 작품은 6·25 전쟁 중 서울이 수복된 직후를 배경으로, 미군 부대 안의 초상화 가게에서 '나'와 화가 옥희도가 만나고 헤어지는 사연을 그리고 있다. 불우한 옥희도의 예술 세계에 초점을 맞춰 황폐한 삶 속에서도 진정한 예술을 추구하는 예술가의 내면세계를 보여 준다.

전시회 장면에서 '나'가 옥희도의 그림 속 나무가 고목이 아니라 나목임을 깨닫는 장면은 작품의 주제 의식을 가장 잘 드러낸다고 할 수 있다. 이 부분에서 '나'는 그림을 통해 옥희도 씨가 나목처럼 1950년대의 황량하고 메마른 겨울을 견디며 내면의 희망을 키웠으며, 자신은 그에 기대어 삶의 좌절을 견디었음을 알게 된다.

전체 줄거리

'나'는 6·25 전쟁 중 두 오빠를 잃고 홀어머니와 단둘이 살고 있다. 그러던 중 '나'는 생계를 위해 미군 부대 안에 있는 초상화 가게에서 일하게 된다. '나'는 미군 부대에 새로 온 화가인 '황량한 풍경'이 담긴 눈을 가진 옥희도에게 끌린다. 유부남과 처녀인 그들의 사랑은 오래 지속되지 못하고 '나'는 방황한다. '나'는 옥희도의 집에 찾아갔다가 캔버스에 고목이 그려져 있는 것을 본다. 옥희도와 이별한 '나'는 황태수와 결혼한다. 세월이 흐른 뒤 '나'는 옥희도의 유작전에 가서 지난날 옥희도의 집에서 보았던 그림이 고목이 아니라 나목이었음을 깨닫는다.

작품 연구소

'고목'과 '나목'의 차이

단칸방에서 바라보았을 때 – 고목
• 메말라 생명력이 고갈된 나무 → 죽음의 이미지
• 일상적인 삶을 산 '나'의 모습 상징

↓

유작 전시회에서 바라보았을 때 – 나목
• 벌거벗은 나무 → 봄을 기다리며 생명력을 담고 있는 희망의 이미지
• 예술가로서 진정한 삶을 산 옥희도의 모습과 정신적 성숙을 이룬 '나'의 모습 상징

077 큰 산 | 이호철

키워드 체크 #풍자적 #우의적 #소시민들의 이기적 행태 비판 #'큰 산'과 같은 존재의 필요성

가 "대체 저눔의 것을 어쩌지?" / 나는 이미 액투성이 때가 엉기엉기 묻은 듯한 그 고무신짝을 만지기도 싫어서, 엇비슷이 건너다보며 투덜거렸다.
고무신짝에 대한 거부감이 드러남.

"어쩌긴 어째요, 놔두세요, 내가 처리할게."

아내는 독 오른 표정이 되며, 악착같이 해 보겠다는 듯이 중얼거렸다.

"처리하다니, 어떻게?" / "아주 멀리 보내지요. 이따가 밤에."

"산에라도 가져다가 버릴 요량인가?" / "뭣 하러 산에 가져가요. 우리가 그렇게 질 수는 없는 것 아녜요." 하고, 아내는 발끈하여 다시 말하였다.
액을 떠넘겨 받을 수 없다는 아내의 피해 의식과 경쟁 심리

"밤에 저눔의 걸 들고 버스 타고 멀리 가져갈 테예요. 하다못해 동빙고동에라도."
당시 부자들이 살던 동네

"어러러."

나는 입을 벌리며, 악착같이 해볼 기세인 시뻘게진 아내의 얼굴을 마주 쳐다보았다.
'나'는 아내의 반응에 당황함.

동시에 초등학교 4학년 적의 그 '지까다비' 짝과 그때 그 '큰 산'이 구름에 깝북 가려졌던 교교한 산천을 떠올렸다. ▶ 다른 동네에 가서 고무신짝을 버리고 오겠다는 아내
일본 버선 모양의 노동자용 작업화 / 매우 조용한

나 "'큰 산'이 안 보여서 이래, 모두가." / 내가 나지막하게 혼잣소리로 중얼거리자, 아내도 나를 귀신 내리고 있는 박수 쳐다보듯이 쳐다보고 있었다. [중략]
공동체적인 질서와 균형을 잡아 주는 가치가 부재하는 현실에 대한 안타까움 / '나'를 이해하지 못하는 아내의 태도

그 '큰 산'은 청빛이었다. 서쪽 하늘에 늘 덩더룻이 웅장하게 퍼져 있었다. 아침저녁
매우 덩실하고 뚜렷하게
으로 혹은 네 철을 따라 표정은 늘 달랐지만, 근원은 뿌리 깊게 일관해 있었다. 해 뜨기
근원적인 모습을 잃지 않는 '큰 산'의 의연함
전 새벽에는 청청한 빛으로 싱싱하고, 첫 햇볕이 쬐면 산머리에서부터 백금색으로 빛
나고, 햇볕 속의 한낮에는 멀리 물러앉은 청빛이었다. 해 질 녘 저녁에는 골짜기 하나
하나가 손에 잡힐 듯이 거멓게 윤곽을 드러내고, 서서히 보랏빛으로 물들어 간다. 봄
「」: 사계절의 '큰 산'의 모습
에는 봉우리부터 여드러워지고, 겨울이면 흰색으로 험준해진다. 가을에는 침착하게
물러앉고, 여름이면 더 높아 보인다. 그 '큰 산' 쪽으로 샛바람이 불면 비가 왔고, '큰
동쪽에서 부는 바람
산' 쪽에서 바다 쪽으로 맞바람이 불면 비가 그치고 하늘이 개었다. 그 '큰 산'은 늘 우
'큰 산'은 사람들에게 안정을 주고 마음의 중심이 됨.
리 모든 사람의 마음속에 형태 없는 넉넉함으로 자리해 있었다. 그 '큰 산'이 그곳에 그
렇게 그 모습으로 뿌리 깊게 웅거해 있다는 것이 늘 안심이 되었던 것이다.
자리를 차지하고 굳게 막아 지키고 ▶ 정신적 지주와 같은 존재였던 '큰 산'을 떠올리는 '나'

다 그날 밤 아내는 악착같이 해볼 기세로, 시뻘게진 얼굴로, 그 고무신짝을 신문지에
둘둘 말아 싸 가지고 어디론가 나갔다가, 아홉 시가 지나서야 비시시 웃으며 들어섰
다. 과연 나갈 때의 뭉뚱그려진 표정은 가셔지고, 무거운 짐이라도 벗어 놓은 듯이 분
불길함에서 벗어난 아내의 해방감이 나타남.
위기가 한결 개운해져 있었다. / 그러나 나는 아무 소리도 안 물었고 아내도 구태여 아
무 소리도 안 하였다. 우리는 이렇게 이 정도로는 서로 존중해 줄 줄을 알고 있었다.

결국 아내의 그 일은 그런대로 그 나름의 차원으로 성공한 모양이었다.
▶ 고무신짝을 어딘가에 버리고 돌아온 아내와 그것을 묵인하는 '나'

포인트 체크

인물 '나'는 사람들의 이기적 행태를 ☐☐하는 인물이고, 아내는 미신적 사고를 가지고 현실적이면서도
☐☐☐인 태도를 보이는 인물이다.

배경 서울 변두리의 지식과 교양을 갖춘 젊은 ☐☐☐☐ 부부가 많이 사는 곳을 배경으로 한다.

사건 '나'는 사람들의 이기적 행태가 '☐ ☐'을 잃어버렸기 때문이라고 생각하지만 고무신짝을 버리고 온
아내의 행동을 ☐☐한다.

답 비판, 이기적, 샐러리맨, 큰 산, 묵인

핵심 정리

갈래 단편 소설

성격 풍자적, 우의적, 회상적

배경 ① 시간 – 1970년대
② 공간 – 서울의 변두리 젊은 샐러리맨 부부가 많이 사는 마을

시점 1인칭 주인공 시점

주제 이기주의로 가득 찬 소시민들의 태도 비판

특징 ① 상징적인 소재를 통해 주제 의식을 구현함.
② 자연물에서 느낀 서술자의 주관적 체험과 인식이 사회적 의미로 확대됨.

출전 《월간문학》(1970)

작가 이호철(본책 159쪽 참고)

이해와 감상

이 작품은 어느 눈 내린 날 아침, '나'의 집 마당에 떨어진 고무신짝 하나 때문에 일어난 사건을 통해 현대인들의 이기적인 삶을 비판하고 있다.

사람들은 모두 나만 피해 입지 않으면 된다는 이기적인 행동을 하고, '나'는 사람들의 이런 행태가 마음의 중심을 잃어버렸기 때문이라고 생각한다. 그러면서 삶의 균형을 잡아 주는 근원적인 힘인 고향의 '큰 산'을 떠올린다. 결국 이 작품은 나만 아니면 된다는 이기적인 소시민의 삶의 행태를 비판하고 마음의 균형을 잡을 수 있는 '큰 산'과 같은 존재가 필요함을 역설하고 있는 것이다.

전체 줄거리

'나'가 사는 마을은 일정 수준 이상의 지식과 교양을 갖춘 젊은 샐러리맨 부부들이 많이 사는 곳인데, 가끔 굿하는 소리가 들려온다. 어느 날 아침, 흰 남자 고무신 한 짝이 마당에 떨어진 것을 보고 '나'와 아내는 꺼림칙하게 생각하며 불안해한다. '나'는 고무신짝을 보면서 어린 시절 이북에 살 때 밭에 떨어진 지까다비(일본 버선 모양의 노동자용 작업화) 한 짝을 보고 공포를 느꼈던 기억을 떠올린다. 밤에 아내는 고무신을 남의 집 담장 너머로 던져 버리고 마음을 놓는다. 열흘 후, 아내가 다른 집 담 너머로 던져 버렸던 고무신짝이 다시 마당에 떨어져 있는 것을 발견하고 아내와 '나'는 매우 불길해한다. 그러다 '나'는 삶의 균형을 잡아 주었던 고향의 '큰 산'을 떠올리고, 아내는 다시 고무신을 버리고 돌아오는데, '나'는 아무 말도 하지 않으며 이를 묵인한다.

작품 연구소

'큰 산'의 의미

- 평온함을 주는 청색의 이미지
- 넉넉함과 안정감을 주는 존재
- 정신적인 지주와 같은 존재

↓

공동체의 질서와 균형을 잡아 주는 근원적인 힘

'고무신짝'의 기능

'흰 고무신짝'은 사람들에게 액(厄)으로 생각되어 미신적인 두려움을 주는 불길한 존재로, 사람들에게 불안감을 주며 사람들의 이기적인 행태를 드러내는 존재로 형상화되어 있다.

078 눈길 |이청준

가 그날 밤 — 아니 그날 새벽 — 아내에겐 한 번도 들려준 일이 없는 그날 새벽의 서글픈 동행을, 나 자신도 한사코 기억의 피안으로 사라져 가 주기를 바라 오던 그 새벽의
`'나'는 이야기를 꺼내기 싫어했음.`
눈길의 기억을 노인은 이제 받아 낼 길이 없는 묵은 빚 문서를 들추듯 허무한 목소리
`'나'에 대한 어머니의 사랑을 깨닫게 하는 기억`
로 되씹고 있었다. / "날은 아직 어둡고 산길은 험하고, 미끄러지고 넘어지면서도 차부
자동차의 시발점이나 종착역에 마련한 차의 집합소
까지는 그래도 어떻게 시간을 대어 갈 수가 있었구나……." [중략]

『동구 밖까지만 바래다주겠다던 노인은 다시 마을 뒷산의 잿길까지만 나를 좀 더 바
`'」: 자식에 대한 어머니의 애틋한 마음` `고개 또는 언덕바지에 난 길`
래 주마 우겼고, 그 잿길을 올라선 다음에는 새 신작로가 나설 때까지만 산길을 함께
넘어가자 우겼다.』   ▶ 그날 새벽의 동행을 회상하는 '나'

나 "간절하다뿐이었겠냐. 『신작로를 지나고 산길을 들어서도 굽이굽이 돌아온 그 몹쓸
발자국들에 아직도 도란도란 저 아그의 목소리나 따뜻한 온기가 남아 있는 듯만 싶
`」: 아들을 떠올리게 하는 소재`
었제. 산비둘기만 푸르륵 날아올라도 저 아그 넋이 새가 되어 다시 되돌아오는 듯 놀
라지고, 나무들이 눈을 쓰고 서 있는 것만 보아도 뒤에서 금세 저 아그 모습이 뛰어
나올 것만 싶었지야. 하다 보니 나는 굽이굽이 외지기만 한 그 산길을 저 아그 발자
국만 따라 밟고 왔더니라.』 내 자석아, 내 자석아, 너하고 둘이 온 길을 이제는 이 몹
`함께 살아온 인생`
쓸 늙은것 혼자서 너를 보내고 돌아가고 있구나!" / "어머님 그때 우시지 않았어요?"

"울기만 했겄냐. 오목오목 디뎌 논 그 아그 발자국마다 한도 없는 눈물을 뿌리며 돌
`「: 자식의 뒷바라지를 제대로 해 주지 못한 어머니의 애끓는 사랑`
아왔제. 내 자석아, 내 자석아, 부디 몸이나 성히 지내거라. 부디부디 너라도 좋은 운
타서 복 받고 살거라……. 눈앞이 가리도록 눈물을 떨구면서 눈물로 저 아그 앞길만
빌고 왔제……."』   ▶ 혼자 눈길을 돌아오던 기억을 이야기하는 어머니

다 나는 아직도 눈을 뜰 수가 없었다. 불빛 아래 눈을 뜨고 일어날 수가 없었다. 사지가
`어머니의 사랑을 깨닫고 그동안 '나'가 어머니에게 지녔던 마음에 대해 부끄러움과 죄책감을 느낌.`
마비된 듯 가라앉아 있는 때문만이 아니었다. 졸음기가 아직 아쉬워서도 아니었다. 눈
꺼풀 밑으로 뜨겁게 차오르는 것을 아내와 노인 앞에 보일 수가 없었다. 그것이 너무도
부끄러웠기 때문이었다. 아내는 이번에도 그러는 나를 알고 있었던 것 같았다. [중략]
`반성의 눈물`
`어머니에 대한 '나'의 생각의 변화를 보여 줌.`
"그런디 이것만은 네가 잘못 안 것 같구나. 그때 내가 뒷산 잿등에서 동네를 바로 들
어가지 못하고 있었던 일 말이다. 그건 내가 갈 데가 없어 그랬던 건 아니란다. 산 사
`고개의 등성이`
람 목숨인데 설마 그때라고 누구네 문간방 한 칸이라도 산 몸뚱이 깃들일 데 마련이
`집이 팔린 상황이었으므로`
안 됐겄냐. 갈 데가 없어서가 아니라 아침 햇살이 활짝 퍼져 들어 있는디, 눈에 덮인
그 우리 집 지붕까지도 햇살 때문에 볼 수가 없더구나. 더구나 동네에선 아침 짓는
연기가 한참인디 그렇게 시린 눈을 해 갖고는 그 햇살이 부끄러워 차마 어떻게 동네
`집과 자식을 지키지 못한 부끄러움과 슬픔 때문에`
골목을 들어설 수가 있더냐. 그놈의 말간 햇살이 부끄러워서 그럴 엄두가 안 생겨나
더구나. 시린 눈이라도 좀 가라앉히자고 그래 그러고 앉아 있었더니라……."
                                                    ▶ 어머니의 사랑을 깨닫고 눈물을 흘리는 '나'

포인트 체크

인물 어머니에게 무심하게 대하던 '나'는 어머니의 사랑을 깨닫고 ☐☐☐을 느낀다.

배경 1970년대 어느 겨울의 ☐☐을 배경으로 한다.

사건 '나'는 어머니가 아내에게 홀로 ☐☐을 돌아오던 이야기를 하는 것을 듣고, 어머니의 ☐☐을 깨닫
고 눈물을 흘린다.

핵심 정리

갈래 단편 소설, 순수 소설, 귀향 소설

성격 회고적, 상징적, 서정적

배경 ① 시간 – 1970년대 어느 해 겨울
② 공간 – 시골

시점 1인칭 주인공 시점

주제 어머니의 무한한 사랑에 대한 깨달음과 모자
간의 화해

특징 ① 회상과 대화를 통해 과거의 사실을 드러내
는 역순행적 구성 방식을 취함.
② 상징적 의미를 가진 소재를 사용하여 주제
를 효과적으로 드러냄.

출전 《문예중앙》(1977)

작가 이청준(본책 230쪽 참고)

이해와 감상

이 작품은 집안의 몰락으로 인한 피해 의식으로 어머
니를 외면하던 '나'가 자신에 대한 어머니의 절절한
사랑을 깨닫고 어머니와 화해하게 되는 과정을 그리
고 있다.

이 작품은 '나'가 고향에 내려와 어머니의 이야기를
들으며 새로운 깨달음을 얻고 반성을 하게 되는 귀향
소설로, 어머니의 숭고한 사랑을 깨달은 '나'가 회한의
눈물을 흘림으로써 갈등은 해소된다. 또한 '옷궤', '눈
길' 등의 상징적 의미를 지닌 소재를 활용하여 주제를
효과적으로 전달하고 있다.

전체 줄거리

고향 집에 왔다가 내일 아침에 올라가겠다고 하는
'나'의 결정에 어머니는 아쉬워하지만 금방 체념을 한
다. 고등학교 1학년 때 형의 주벽으로 집이 몰락한 뒤
어머니와 '나'는 서로에게 부모 노릇, 자식 노릇을 못
한 채 살아왔고 그렇기에 '나'는 어머니에게 진 빚이
없다고 생각한다. 그런데 어머니가 집을 고치고 싶다
는 소망을 드러내고 '나'는 이를 외면한다. '나'의 태도
에 불만을 가진 아내는 어머니에게 옛집과 관련된 과
거의 이야기를 이끌어 내고, 그 과정에서 '나'는 옛집
에서 어머니와 마지막 밤을 보냈던 날을 떠올린다.
'나'는 어머니가 아내에게 '나'가 떠난 뒤 홀로 눈길을
되돌아오던 이야기를 하는 것을 듣게 되고, 어머니의
애틋한 사랑을 깨달은 '나'는 죄책감에 눈물을 흘린다.

작품 연구소

〈눈길〉의 구성상 특징 – 역순행적 구성

이 작품은 '나'가 급작스럽게 서울로 올라가겠다고 하
는 말에서부터 시작한다. 이후 '나'가 그러한 말을 하
는 원인이 된 어젯밤 어머니와의 대화가 제시되고 다
시 오늘로 돌아와 아내와 어머니의 대화가 전개되는
데, 이 대화의 내용은 과거 어머니와 '나'의 사연을 중
심으로 이루어져 있다.

등장인물에게 '눈길'이 상징하는 의미

'나'	어머니
• 기억하고 싶지 않은 추억	• 아들에 대한 헌신적 사랑
• 집안의 몰락으로 인해 자수성가해야 하는 고난의 삶	• 혼자서 겪어야 하는 시련
	• 몰락한 집안에서 겪어 온 인고의 삶

079 자전거 도둑 | 박완서

文學 지학사

키워드 체크 #성장소설 #내적 갈등 #물질 만능주의 #부도덕성 비판

가 "아저씨, 잘못했습니다. 한 번만 용서해 주십시오. 네, 아저씨."

제법 또렷한 소리로 용서를 빈다.

"용서라니, 이만큼 했으면 됐지 어떻게 더 용서를 해."
만 원이 드는 수리비 중 오천 원만 청구함.

"아저씨, 그러시지 말고 한 번만 봐 주셔요. 네, 아저씨."

수남이는 주머니에 들은 만 원 생각을 하면 얼굴이 화끈대고 공연히 무섭기까지 하
혹시 신사가 주머니를 뒤져 만 원이 있다는 사실을 알게 될까 봐 두려워함.
다. 그렇지만 주인 영감님을 위해 그 돈만은 죽기를 무릅쓰고 지킬 각오를 단단히 한다.
주인 영감에 대한 신용을 지키기 위해 노력하는 수남의 모습

"아니 욘석이 이제 보니 이런 큰일 저지르고도 그냥 내뺄 심사 아냐? 요런 악질 녀석 같
으니라고." / 신사의 표정은 은은히 감돌던 연민이 싹 가시고 점잖게 무표정해진다.
어린 나이에 돈을 벌기 위해 고생한다는 생각

그리고는 옆에 섰던 운전사인 듯한 남자에게,

"안 되겠네. 요런 악질 깡패 녀석하고 시비해 봤댔자 공연히 시간만 낭비니, 자네 자
수남이 수리비를 주지 않고 도망가려 한다고 생각하고 있음. → 신사의 냉정한 모습을 드러냄.
물쇠 하나 마련해다 주게. 이 녀석 자전걸 잡아 놓기로 하세. 언제든지 오천 원 가져
수남의 자전거를 잡아두고 도망가지 못하게 하려는 신사의 의도
와서 찾아가라고." [중략]

신사는 다시 네놈은 쳐다보기도 싫다는 듯이 수남이를 전혀 상대 안 하고, 묵묵히 자
어린 소년의 사정을 고려하지 않는 신사의 모습을 통해 물질적 가치를 중시하는 현대인의 모습을 드러냄.
전거 바퀴에다 자물쇠를 채우고, 앞에 빌딩을 가리키면서,

『"나 저기 306호 실에 있으니까 돈 오천 원 갖고 와. 그러면 열쇠 내줄 테니."
『 』: 수남이 자전거를 들고 도망가려고 마음먹는 계기가 됨.   ▶ 수리비를 가지고 오면 자전거를 돌려주겠다는 신사

나 가게 문을 닫고 주인댁에서 날라 온 저녁밥을 먹고 나면 비로소 수남이 혼자만의
시간이다. 꿀 같은 시간이었다. 책을 펴 놓고 영어 단어를 찾고, 수학 문제를 풀어 보
고, 턱을 괴고 소년답게 감미로운 공상에 잠길 수 있는 그런 시간이었다.
낮에는 일하고 밤에는 진학을 위해서 노력하고 있는 수남(주경야독)

그러나 오늘 수남이는 그게 되지를 않았다. 책을 집어던졌다.
자전거를 훔쳤다는 죄책감 때문

『낮에 내가 한 짓은 옳은 짓이었을까? 옳을 것도 없지만 나쁠 것은 또 뭔가. 자가용까
『 』: 시점의 변화를 통해 수남의 내적 갈등을 드러냄.
지 있는 주제에 나 같은 아이에게 오천 원을 우려내려고 그렇게 간악하게 굴던 신사를
자신의 행동에 정당성을 부여함으로써 죄책감을 털어 내려고 함.
그 정도 골려 준 것이 뭐가 나쁜가? 그런데도 왜 무섭고 떨렸던가. 그때의 내 꼴이 어
땠으면, 주인 영감님까지 "네놈 꼴이 꼭 도둑놈 꼴이다."고 하였을까.

그럼 내가 한 짓은 도둑질이었단 말인가. 그럼 나는 도둑질을 하면서 그렇게 기쁨을
자신의 행동이 결국 도둑질이라는 것을 인식하고 반성함.
느꼈더란 말인가.』

수남이는 몸을 부르르 떨면서 낮에 자전거를 갖고 달리면서 맛본 공포와 함께 그 까
도둑질을 했다는 윤리적 성찰과 신사를 골려 주었다는 만족감
닭 모를 쾌감을 회상한다. 마치 참았던 오줌을 내갈길 때처럼 무거운 억압이 갑자기
풀리면서 전신이 날아갈 듯이 가벼워지는 그 상쾌한 해방감 — 한 번 맛보면 도저히
잊혀질 것 같지 않은 그 짙은 쾌감, 아아 도둑질하면서도 나는 죄책감보다는 쾌감을
자신이 도둑질을 한 것에 만족감을 더 크게 느끼고 있다는 것을 인식함.
더 짙게 느꼈던 것이다.

혹시 내 피 속에 도둑놈의 피가 흐르고 있기 때문이 아닐까. 순간 수남이는 방바닥에
자신도 형처럼 도둑질을 하게 된 것에 대한 죄책감을 느낌.
서 송곳이라도 치솟은 듯이 후닥닥 일어서서 안절부절을 못하고 좁은 방 안을 헤맸다.
▶ 도둑질을 했다는 죄책감에 괴로워하는 수남

키 포인트 체크

인물 수남은 도둑질을 했다는 ☐☐☐과 신사를 골려 주었다는 ☐☐☐을 느끼고 내적 갈등을 한다.

배경 1970년대 청계천 세운상가 뒷길의 ☐☐☐☐ 도매상을 배경으로 한다.

사건 수남은 자물쇠가 채워진 ☐☐☐를 들고 도망치고, 그날 밤 자신의 행동에 대해 ☐☐한다.

답 죄책감, 만족감, 전기용품, 자전거, 성찰

◎ 핵심 정리

갈래 단편 소설, 성장 소설

성격 교훈적, 비판적

배경 ① 시간 – 1970년대
② 공간 – 청계천 세운상가

시점 전지적 작가 시점

주제 물질적 이익만을 추구하는 현대인들의 부도덕
성에 대한 비판

특징 순진한 소년의 시각으로 물질적 이익만 추구하
는 어른들의 부도덕성을 드러내고 있음.

출전 《자전거 도둑》(1979)

작가 박완서(본책 206쪽 참고)

이해와 감상

이 작품은 박완서가 어른들을 위한 동화 여섯 편을 묶
어 만든 《자전거 도둑》의 표제작으로 어린 아이의 시
선으로 물질적 가치에만 편중된 삶을 살아가고 있는
현대인의 삶에 대한 비판적 태도를 드러낸다.

이 작품은 간판이 바람에 날려 아가씨가 다쳤는데도
오히려 그것 때문에 손해를 보게 된 상인을 걱정하는
사람들의 모습, 어린 수남에게 자동차 수리비를 요구
하는 신사, 수남이를 위하는 척하지만 물질적인 가치
를 우선시하는 주인 영감의 표리부동한 태도 등을 통
해 윤리적 가치가 등한시되는 사회를 세밀하게 묘사
하고 있다.

전체 줄거리

시골에서 상경한 소년 수남은 전기용품 도매점에서
일하면서 주인 영감과 상가 사람들의 인정을 받으며
성장한다. 바람이 몹시 심하게 불던 날, 수남이 세워
둔 자전거가 넘어지는 바람에 한 신사의 자동차에 흠
집이 나게 된다. 신사는 수남의 자전거에 자물쇠를 채
우고 돈을 가져오면 열쇠를 주겠다며 볼일을 보러 가
고 그 사이 수남이는 자전거를 들고 달아난다. 수남은
도둑질을 했다는 죄책감을 느끼고 괴로워하지만 주
인 영감은 오히려 수남이를 칭찬하며 자물쇠를 제거
해 준다. 수남은 주인 영감의 행동에 실망하게 되고 2
년 전 도둑질을 하다 순경에 잡혀간 형을 생각하면서
혹시 자신에게도 도둑놈의 피가 흐르는 것이 아닐까
생각하게 된다. 도둑질만은 하지 말라는 아버지의 말
을 떠올린 수남은 도덕적 견제를 해 줄 어른을 찾아
다시 고향으로 돌아가게 된다.

작품 연구소

수남이의 내적 갈등

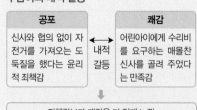

공포		쾌감
신사와 협의 없이 자전거를 가져오는 도둑질을 했다는 윤리적 죄책감	←내적 갈등→	어린아이에게 수리비를 요구하는 매몰찬 신사를 골려 주었다는 만족감

죄책감보다 쾌감을 더 짙게 느낌.
→ 자신에게 도둑놈의 피가 흐르는 것이 아닐까 두려
워함(윤리적 성찰의 계기).

080 사평역 |임철우

문학 창비

키워드체크 #간이역 대합실 #막차를 기다리는 사람들의 쓸쓸한 내면 #인간에 대한 따뜻한 시선

가 대학생에겐 삶은 이 세상과 구별할 수 없는 그 무엇이다. 스물셋의 나이인 그에게
는 세상 돌아가는 내력을 모르고, 아니 모른 척하고 산다는 것은 절대로 용서할 수 없
다. 그런 삶은 잠이다. 마취 상태에 빠져 흘려보내는 시간일 뿐이라고 청년은 믿고 있
다. 하지만 그는 얼마 전부터 그런 확신이 조금씩 흔들리기 시작하는 걸 느끼고 있다.
유치장에서 보낸 한 달 남짓한 기억과 퇴학. 끓어오르는 그들의 신념과는 아랑곳없이
이루어지고 있는 강의실 밖의 질서……. 그런 것들이 자꾸만 청년의 시야를 어지럽히
고 혼란을 일으키고 있는 중이다. ▶ 유치장 체험과 퇴학 후 혼란스러워하는 대학생

나 그러는 사이에도, 밝은 간간이 어둠 저편으로부터 바람이 불어왔고, 그때마다 창문
이 딸그락거렸다. 전신주 끝을 물고 윙윙대는 바람 소리, 싸륵싸륵 눈발이 흩날리는
소리, 난로에서 톡톡 튀어 오르는 톱밥. 그런 크고 작은 소리들이 간헐적으로 토해 내
는 늙은이의 기침 소리와 함께 대합실 안을 채우고 있을 뿐, 사람들은 각기 골똘한 얼
굴로 생각에 빠져 있다. ▶ 각자의 생각에 빠져 있는 사람들

다 대학생은 문득 고개를 들어 말없이 모여 있는 그들의 얼굴을 하나하나 눈여겨본다.
모두의 뺨이 불빛에 발갛게 상기되어 있다. 청년은 처음으로 그 낯선 사람들의 얼굴에
서 어떤 아늑함이랄까 평화스러움을 찾아내고는 새삼 놀라고 있다. 정말이지 산다는 것
이란 때로는 저렇듯 한 두름의 굴비, 한 광주리의 사과를 만지작거리며 귀향하는 기분
으로 침묵해야 하는 것인지도 모른다.

청년은 무릎을 굽혀 바케쓰 안에서 톱밥 한 줌을 집어 든다. 그리고 그것을 난로의 불
빛 속에 가만히 뿌려 넣어 본다. 호르르르. 삐비꽃이 피어나듯 주황색 불꽃이 타오르다
가 이내 사그라져 들고 만다. 청년은 그 짧은 순간의 불빛 속에서 누군가의 얼굴을 본
것 같다. 어머니다. 어머니가 주름진 얼굴로 활짝 웃고 있었다. [중략] 음울한 표정의 중
년 사내는 대학생이 아까부터 톱밥을 뿌려 대고 있는 모습을 곁에서 줄곧 지켜보고 있
는 참이다. 대학생의 얼굴은 줄곧 상기되어 있다.
▶ 톱밥을 넣으며 어머니의 모습을 떠올리는 대학생

라 이 젊은 친구가 어쩌면 꿈을 꾸고 있는지도 모르겠군. 그러면서도 사내 역시 톱밥
을 한 줌 집어낸다. 그러고는 대학생이 하듯 달아오른 난로에 톱밥을 뿌려 준다. 호르
르르. 역시 삐비꽃 같은 불꽃이 환히 피어오른다. 사내는 불빛 속에서 누군가의 얼굴
을 얼핏 본 듯하다. 허 씨 같기도 하고 전혀 낯모르는 다른 사람인 것도 같은, 확실치
은 얼굴이었다. 사내의 음울한 눈동자가 간절한 그리움으로 반짝 빛나기 시작한다. 사
내는 다시 한 줌의 톱밥을 집어 불빛 속에 던져 넣고 있다.

어느새 농부도, 아낙네들도, 서울 여자와 춘심이도 이젠 모두 그 두 사람의 치기 어
린 장난을 지켜보고 있다. 누구도 입을 열지 않았다. ▶ 난로에 톱밥을 넣는 중년 사내

키 포인트 체크

인물 이 작품은 주인공이 부재하며, 대학생, 아낙네, 중년 사내 등의 인물을 [　　　]으로 그려 내고 있다.

배경 1970~1980년대 시골 간이역 [　　　]을 배경으로 하고 있다.

사건 다양한 부류의 사람들이 막차를 기다리며 삶에 대한 생각에 빠져 있으며, 그들의 [　　]한 내면이 서
정적으로 제시되고 있다.

답 객관적, 대합실, 쓸쓸

핵심 정리

갈래 단편 소설
성격 서정적, 성찰적, 회상적
배경 ① 시간 – 1970~1980년대
② 공간 – 시골 간이역 대합실
시점 전지적 작가 시점
주제 간이역 대합실에서 모인 사람들의 삶의 애환과
그에 대한 교감
특징 ① 곽재구의 시 〈사평역에서〉에 서사적 상상력
을 가미하여 전개함.
② 중심인물 없이 여러 인물의 내면을 서술함.
출전 《민족과 문학》(1983)
작가 임철우(1954~) 소설가. 1981년 단편 〈개도둑〉
으로 등단하였다. 분단 문제와 이념의 폭력성을 고발
하였으며 특히 광주 민주화 운동과 분단을 배경으로
한 소설을 많이 발표하였다. 주요 작품으로 〈동행〉, 〈아
버지의 땅〉, 〈붉은 방〉, 〈그 섬에 가고 싶다〉 등이 있다.

이해와 감상

이 작품은 눈 내리는 겨울밤 시골 간이역 대합실에서
막차를 기다리는 사람들의 삶에 대한 상념을 그리고
있다. 이들은 아픔과 상처를 간직한 인물들로, 1970
~1980년대 우리 사회의 현실을 잘 드러내고 있다.
그들이 기차를 기다리고 있는 상황은 현실에서 고통
받는 민중들이 삶의 희망을 간직하며 사는 모습과 유
사하다. 작가는 인간에 대한 따뜻한 시선과 산업화에
대한 비판을 동시에 보여 주면서 '삶이 무엇인가'라는
성찰을 독자에게 전하고 있다.

전체 줄거리

시골 간이역 대합실에 몇 사람이 기차를 기다리고 있
다. 대합실에 모인 사람들은 30대 중반의 농부와 그
의 병든 아버지, 시국 사건으로 대학에서 퇴학당한 청
년, 교도소에서 출감한 지 얼마 안 되는 중년 사내 등
으로 이들의 사연은 다양하다. 이들은 각자의 사연을
가슴에 품은 채 톱밥 난로의 불빛을 바라보고, 두 시
간 연착된 야간 완행열차가 도착하자 사람들은 각자
의 삶의 자리로 떠나간다.

작품 연구소

'사평역'의 배경이 지니는 의미

시간적	1970~80년 대, 눈 내리 는 겨울밤	• 산업화 시대를 살아가 는 서민들의 고단한 삶의 모습을 자연스럽 게 보여 줌.
공간적	시골 간이역 대합실	• 쓸쓸하고 애상적인 분 위기를 형상화함.

**임철우의 소설 〈사평역〉과 곽재구의 시 〈사평
역에서〉의 공통점과 차이점**

공통점	• 시의 '막차', '대합실', '눈', '톱밥' 등의 소 재가 소설에도 그대로 등장함. • 작품의 분위기, 상황, 주제가 유사함.
차이점	시에서는 주로 1인칭 화자의 정서가 형상 화되어 있는데, 소설에서는 전지적 서술 자에 의해 여러 인물의 삶의 모습과 내면 이 구체적인 이야기로 서술되어 있음.

V

1990년대 이후

◆ 인터넷 소설
인터넷을 통해 발표되거나 연재된 소설을 말한다. 정보 통신 기술과 PC 통신의 발달로 등장한 새로운 소통 방식의 글쓰기로, 1990년대 중반부터 나타나기 시작해, 2000년 이후 폭발적으로 증가하였다. 이러한 인터넷 소설은 〈엽기적인 그녀〉나 〈동갑내기 과외하기〉처럼 영화로 제작되어 큰 인기를 끌기도 하였다.

1990년대 이후

1. 이 시기의 특징

• 1989년 베를린 장벽 붕괴 이후 냉전 체제가 와해되고, 국내에서는 탈이념의 시대가 도래하였다.

• 무한 경쟁의 도래, 개인주의의 강화, 소비 대중화, 정보화, 세계화 등 이제까지와는 다른 환경이 다양하게 제시되었다.

• 문학은 시대적 문제에 집중하기보다는 일상과 개인의 내면에 집중하는 경향을 보이고, 환경, 자연, 생명, 여성, 다문화 문제 등으로 주제가 다양화되었다.

2. 이 시기 소설의 경향

(1) 개인적 욕망과 일상의 부각

이념적 갈등이 선명하게 드러나던 1980년대의 격동기가 1990년대의 일상적인 삶으로 이어지면서 개인의 자아 정체성의 탐색을 위한 모색 과정을 다룬 소설이 중심 흐름의 하나로 성장했다.

이 시기 소설 흐름의 전환을 대변하는 형식으로 '후일담 소설'이 있다. 후일담 소설이란 1980년대를 풍미하던 사회 변혁 운동이 좌절한 후에 느끼는 개인의 정신적인 방황을 그린 작품을 말하는데, 이는 1990년대 문학의 흐름이 사회 문제에서 개인의 내면으로 옮겨 갈 것을 예고하였다.

작품	작가	특징
〈은어 낚시 통신〉	윤대녕	주인공의 내면을 환상적으로 그려 내면서 1990년대의 감수성을 잘 표현하였다.
〈고등어〉	공지영	노동 운동을 하다 만나 사랑에 빠지게 된 두 남녀의 이야기로, 1980년대의 운동권의 정열과 이념의 진실을 드러낸 후일담 소설로 평가받는다.

(2) 대중문화와 연계된 쌍방향 문학의 생성

1990년대 중반을 넘어서면서 새로운 형태의 '통신 문학'이 등장하였다. 초기에는 신종 무협지 작품들이 많았으나, 인터넷을 이용한 비평과 쌍방향 소통 등이 이루어지면서 문학성을 인정받는 기성 작가들과 네티즌이 소통하며 만들어 가는 인터넷 소설이 모습을 드러내게 되었다.

작품	작가	특징
〈개밥바라기 별〉	황석영	젊은 날의 방황과 성숙에 이르는 과정을 다양한 인물들의 시선을 활용하여 입체적으로 형상화한 인터넷 소설이다.

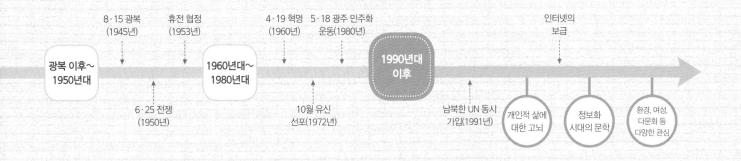

타임라인:

8·15 광복 (1945년) · 휴전 협정 (1953년) · 4·19 혁명 (1960년) · 5·18 광주 민주화 운동(1980년) · 인터넷의 보급

6·25 전쟁 (1950년) · 10월 유신 선포(1972년) · 남북한 UN 동시 가입(1991년) · 개인적 삶에 대한 고뇌 · 정보화 시대의 문학 · 환경, 여성, 다문화 등 다양한 관심

(3) 여성 작가의 등장과 페미니즘의 강세

많은 여성 작가들이 등장하여 페미니즘(feminism)의 기치 아래, 가정이나 가족에서 벗어나 자신의 정체성 찾기에 나서는 경향을 보여 주었다.

작품	작가	특징
〈새의 선물〉	은희경	주변인에 대한 탐색을 통해 진정한 자아를 찾아가는 인물의 모습을 여성적 감각으로 형상화하였다.
〈무소의 뿔처럼 혼자 서 가라〉, 〈즐거운 나의 집〉	공지영	여성이 견고한 사회의 장애를 허물고 진정한 자아를 찾아 가는 과정을 세밀한 구성을 통해 형상화하였다.

(4) 역사적 사건의 재해석

역사적 사건을 현대적 관점에서 풀어 보면서 과거와 현재, 그리고 미래의 관계를 탐색해 보는 작품들이 꾸준히 등장하였다. 이 작품들은 지나간 사건에 대한 재조명보다는 과거의 사건을 통해 현대 사회의 모순과 문제를 돌파하는 계기를 제공해 준다.

작품	작가	특징
〈칼의 노래〉, 〈남한산성〉	김훈	임진왜란, 병자호란 등 조선 시대의 아픈 역사를 배경으로 펼쳐지는 암투와 고뇌를 형상화하였다.
〈상도〉	최인호	조선 시대 거상 임상옥의 일생을 통해 진정한 상인의 도리와 인간적인 삶의 행복에 대해 형상화하였다.

(5) 다문화 시대의 문학

2000년대 중반부터 이주 노동자 등 국내에서의 외국인 문제를 다룬 문학 작품이 꾸준히 나왔고, 현재는 '다문화 문학'이 문학의 한 지류를 형성하고 있다. 초기에는 연민의 시선으로 해외 이주자들의 곤경을 주된 제재로 활용하였으나, 최근에는 다문화 가정의 일상적 문제를 다루며 그들을 우리 사회의 구성원으로 인정하기 위해 함께 고민해야 한다는 인식이 확산되고 있다.

작품	작가	특징
〈명랑한 밤길〉	공선옥	이주 노동자의 아픔에 대한 공감을 통해 그들과 일체감을 지닐 수 있음을 전달하였다.
〈완득이〉	김려령	결혼 이민자와 장애인에 대한 우리 사회의 편견에 일침을 가하는 소설로, 베트남계 혼혈아의 성장을 그렸다.

◆ 페미니즘(feminism)

사회·정치·법률 면에서 여성에 대한 권리의 확장을 주장하는 주의로, 성차별적이고 남성 중심적인 시각 때문에 여성이 억압받는 현실에 저항하며 남녀평등의 시각에서 성차별을 철폐하고 사회 제도를 개혁하여 여성의 지위와 역할을 향상하고자 한다.

간단 개념 체크

1 여성이 정체성을 찾는 형태의 소설에 사상적 기반을 제공했던 주의·주장은?
( )

2 1990년대 이후 역사적 사건을 ☐☐적 관점에서 재구성하여 현대 ☐☐☐☐의 해결의 실마리를 제공하는 소설이 꾸준히 등장했다.

3 이주 노동자를 비록한 외국인 문제를 다룬 작품들이 꾸준히 등장하여 '다문화 문학'이라는 흐름을 형성했다. (○ / ×)

답 1 페미니즘 2 현대, 사회 문제 3 ○

문학 천재(정), 동아
국어 신사고
화작 지학사
언매 미래엔, 지학사

🎯 핵심 정리

갈래 단편 소설, 세태 소설, 실명(實名) 소설
성격 전기적, 풍자적, 비판적, 해학적
배경 ① 시간 – 1970년대
② 공간 – 서울
시점 1인칭 관찰자 시점과 전지적 작가 시점의 혼용
주제 물질 만능주의에 빠진 현대 사회 비판
특징 ① '전(傳)'의 형식을 취함으로써 한국 문학의 전통을 계승함.
② 방언을 사용하여 향토적인 정서를 드러냄.
③ 비속어를 사용하여 대상을 효과적으로 풍자하고 비판함.
출전 《세계의 문학》(1991)

💡 어휘 풀이

객고(客苦) 객지에서 겪는 고생.
조시 몸의 상태, 건강 상태를 의미하는 일본어.
배참 꾸지람을 듣고, 그 화풀이를 다른 데다 하는 일.
의뭉 겉으로는 어리석은 것처럼 보이면서 속으로는 엉큼함.
분기탱천(憤氣撑天)하다 분한 마음이 하늘을 찌를 듯 격렬하게 북받쳐 오르다.
덧들이다 남을 건드려서 언짢게 하다.
해감내 물속에서 흙과 유기물이 썩어 생기는 찌꺼기의 냄새.

💬 구절 풀이

❶ **"그야 팔자가 사나서 ~ 많은 법이니께……."** 유자는 비단잉어가 죽은 이유를 추측하면서 '받들어서 키우는 새끼덜'과 같이 비꼬는 어투를 사용하여 총수의 허영심을 풍자하고 있다.

❷ **"왜애유? 이런 잔인무도한 것들 같으니……."** 물고기는 소중히 여기면서 정작 인간을 소홀히 대하는 총수의 비인간적인 면모가 드러난다.

❸ **"내가 독종이면 ~ 나오라구 했던겨."** 유자가 '나'를 찾아온 이유가 제시된 부분으로, 유자는 비인간적이고 위선적인 총수가 자신에게 '독종'이라고 말한 것에 매우 큰 불쾌감을 드러내며 총수의 행태를 비판하고 있다.

Q 사건의 전개 과정은?

제시된 지문은 유자가 자신이 겪은 이야기를 '나'에게 전해 주는 형식으로 되어 있다. (다)는 두 사람이 현재 만나고 있는 장면이고, 그 앞부분은 술자리에서 유자가 '나'에게 들려준 사건에 해당한다.

가 "어떻게 된 거야?" / 한동안 넋 나간 듯이 서 있던 총수가 하고많은 사람 중에 하필이면 유자를 겨냥하며 물은 말이었다.

"글쎄유, 아마 밤새에 고뿔이 들었던 개비네유." / 유자는 부러 딴청을 하였다. (감기) (실없이 거짓으로)

"뭐야? 물고기가 물에서 감기 들어 죽는 물고기두 봤어?"

총수는 그가 혐의자나 되는 것처럼 화풀이를 하려 드는 것이었다. (비단잉어를 죽인 사람이 유자인 것처럼) / 그는 비위가 상해서, (총수의 말과 행동에 불쾌함을 느낌.)

❶"그야 팔자가 사나서 이런 후진국에 시집와 살라니께 여러 가지루다 *객고가 쌓여서 *조시두 안 좋았을 테구……. 그런디다가 부룻쓰구 지루박이구 가락을 트는 대루 디립다 춰 댔으니께 과로해서 몸살끼두 다소 있었을 테구……. 본래 받들어서 키우는 새끼덜일수록이 다다 탈이 많은 법이니께……." (블루스, 지루박 – 당대 유행하던 춤. 클래식 음악을 고의적으로 낮추어 표현함.) / 그는 시멘트의 독성을 충분히 우려내지 않고 고기를 넣은 것이 탈이었으려니 하면서도 부러 *배참으로 *의뭉을 떨었다. (유자가 생각하는 비단잉어가 죽은 진짜 이유)

▶ 비단잉어의 죽음에 대해 의뭉을 떠는 유자

나 "하는 말마다 저 말 같잖은 소리…… 시끄러 이 사람아." (유자가 자신을 비꼬고 있다는 것을 알아차림.)

총수는 말 가운데 어디가 어떻게 듣기 싫었는지 자기 성질을 못 이기며 돌아섰다.

그는 총수가 그랬다고 속상해할 만큼 속이 옹색한 편이 아니었다. 그렇지만 오늘 아침에 (유자의 성격) 들은 말만은 쉽사리 삭일 수가 없었다. / 총수는 연못이 텅 빈 것이 못내 아쉬운지 식전마(뒤에 나오는 '잔인무도한 것', '독종' 등의 말) 다 하던 정원 산책도 그만두고 연못가로만 맴돌더니,

"유 기사, 어제 그 고기들은 다 어떡했나?" / 또 그를 지명하며 묻는 것이었다. (죽은 비단잉어들)

그는 아무렇지 않게 대답했다. / "한 마리가 황소 너댓 마리 값이나 나간다는디, 아까워서 그냥 내뻐지기두 거시기 허구, 비싼 고기는 맛두 괜찮겠다 싶기두 허구……. 게 비눌을 대강 긁어서 된장끼 좀 허구, 꼬치장두 좀 풀구, 마늘두 서너 통 다져 놓구, 멀국도 좀 있게 지져서 한 고뿌덜씩 했지유." (생선 매운탕을 끓여 먹음.)

"뭣이 어쩌구 어째?" / "왜유?" / ❷"왜애유? 이런 잔인무도한 것들 같으니……." (컵'의 일본식 발음) (매우 화가 난 상태를 드러냄.)

총수는 *분기탱천하여 부쩌지를 못하였다. 보아 하니 아는 문자는 다 동원하여 호통을 ('부접을 못하다'의 방언형. 한곳에 붙어 배기거나 견디어 내지 못하다.) 쳤으면 하나 혈압을 생각하여 참는 눈치였다.

"달리 처리헐 방법두 읎잖은감유." / 총수의 성깔을 *덧들이려고 한 말이 아니었다. 그가 할 수 있는 것이 그 방법말고는 없었기 때문에 그렇게 뒷동을 달은 거였다.

총수는 우악스럽고 무식하기 짝이 없는 아랫것들하고 따따부따해 봤자 공연히 위신이나 (이러쿵저러쿵 따지는 모양) 흠이 가고 득 될 것이 없다고 판단했는지, 숨결이 웬만큼 고루 잡힌 어조로,

"그 불쌍한 것들을 저쪽 잔디밭에다 고이 묻어 주지 않고, 그래 그걸 술안주해서 처먹어 (체면을 중시하는 총수) 버려? 에이…… 에이…… 피두 눈물두 없는 독종들……." (비단잉어에 대해서는 지극정성을 보이고 측은함까지 느끼는 반면, 사람에게는 인색하게 구는 총수의 위선이 드러남.)

하고 혼잣말처럼 중얼거리면서 들어가 버리는 것이었다. ▶ 비단잉어들의 죽음을 둘러싼 총수와 유자의 대립

다 "그래, 지져 먹어 보니 맛이 워떻댜?" / 내가 물은 말이었다.

"워떻기는 뭬가 어뗘……." / 하고 그는 다시 말을 이었다.

❸"내가 독종이면 저는 말종인디……. 좌우지간 맛대가리 읎는 서양 물고기 한 사발에 국 (총수에 대한 유자의 평가) 산욕을 두 사발이나 먹구 났더니, 지금지금 허구 *해감내가 나더래두 이런 붕어 지지미 (음식에 섞인 잔모래나 흙 따위가 자주 씹히는 소리나 그 모양) 생각이 절루 나길래 예까장 나오라구 했던겨." ▶ '나'와 만나서 지난 이야기를 들려주는 유자

• 중심 내용 비단잉어의 죽음에 화를 내는 총수와 그를 비판하는 유자 • 구성 단계 전개

이해와 감상

이 작품은 실존했던 인물을 주인공으로 한 실명 소설로, 마치 수필과도 같은 인상을 준다. 서술자는 특유의 걸쭉한 입담으로 힘겨운 시대를 당당하게 살아간 의기로운 인물의 일대기를 자연스럽게 이야기하고 있다. 작품은 제목대로 유씨 성을 가진 사람의 일대기 중의 일부이다. 인물의 평생의 행적을 기록하는 전(傳)의 형식을 빌려 온 점이나, 사투리를 사용하여 향토적 정서를 강화한 점, 그리고 희극적 상황의 설정과 사건 전개 등은 전통적인 서사를 계승한 것으로 보인다.

더욱이 유자라는 인물의 다소 전근대적이고 우스꽝스러운 행동을 통해 사치심과 이기심에 젖어 허황된 삶을 살아가는 현대인의 삶의 자세를 풍자하고 있다. 작가는 풍자의 효과를 살리기 위해 구체적이면서도 일상적인 생활어와 향토색 짙은 방언을 사용하고, 언어유희, 반어, 대조 등의 표현 기법을 효과적으로 구사하고 있다.

🔍 전체 줄거리

발단	'나'의 친구인 유재필은 매사에 생각이 깊고 곧은 성품을 지녔으며 남의 아픔을 자신의 아픔으로 받아들일 줄 아는 사람이다. '나'는 그를 성인군자를 대하는 기분으로 '유자'라고 부른다.
전개	유자는 특유의 붙임성과 눈썰미로 학교에서 명물로 이름을 날린다. 졸업 후에는 선거 운동원과 의원 비서관 등을 지내다가 제대한 후 총수의 집에서 운전기사로 지내게 된다. 하지만 유자는 총수의 위선적인 모습 때문에 남들이 부러워하는 그 자리를 벗어나고 싶어 한다.
절정·결말	총수에게 쫓겨난 유자는 그룹 소속 차량의 모든 교통사고를 뒤처리하는 노선 상무가 되는데, 그곳에서도 남을 먼저 생각하는 삶을 산다. 또 말년에는 종합 병원 원무실장으로 근무하게 되는데, 6·29 선언 때 시위를 하다 부상당한 사람들을 치료해 주고 사표를 낸 후 간암으로 생을 마감한다.

🧑‍🤝‍🧑 인물 관계도

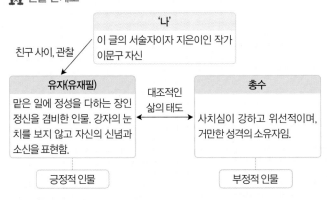

```
                        '나'
              이 글의 서술자이자 지은이인 작가
              이문구 자신
   친구 사이, 관찰

  유자(유재필)      대조적인        총수
                   삶의 태도
  맡은 일에 정성을 다하는 장인              사치심이 강하고 위선적이며,
  정신을 겸비한 인물. 강자의 눈             거만한 성격의 소유자임.
  치를 보지 않고 자신의 신념과
  소신을 표현함.

     긍정적 인물                      부정적 인물
```

🏠 작품 연구소

'전(傳)'의 양식을 활용한 의도

'전(傳)'은 한 인물의 일대기를 서술하면서 교훈적인 내용이나 비판을 덧붙여 평가하는 것을 목적으로 한다. 작가가 전통적인 '전(傳)'의 양식을 계승하여 유재필이라는 인물의 삶을 보여 준 것에는 바람직한 인간상을 드러내어 사람들에게 본받을 만한 모범을 제시하고자 한 의도가 담겨 있다.

🔑 포인트 체크

인물 곧은 성품을 지닌 유자라는 ☐☐☐인 인물의 일대기를 거만한 성격의 ☐☐와 대비하여 서술하고 있다.

배경 1970년대 산업화 시기의 서울을 배경으로, ☐☐☐☐☐☐에 빠진 현대인을 비판하고 있다.

사건 비단잉어의 떼죽음 이후 총수에게 쫓겨난 유자는 노선 상무가 되어 ☐☐☐☐☐☐들까지 챙겨 준다.

1 이 글에 대한 설명으로 적절하지 않은 것은?

① 작품 속 서술자가 다른 인물을 관찰하고 있다.
② 특정 대상에 대한 두 인물 간의 갈등이 드러나 있다.
③ 현실의 부정적인 면에 대한 비판적 인식이 드러나 있다.
④ 사건이 발생하는 공간적 배경이 모호하게 처리되어 있다.
⑤ 한 인물이 자신이 겪은 일을 상대에게 들려주는 구성이다.

2 사건 전개상 (다)의 기능으로 가장 적절한 것은?

① 앞에서 '그'가 겪었던 갈등을 해소시키며 사건을 마무리한다.
② '나'와의 대화를 통해 '그'가 경험한 사건의 의미를 부각한다.
③ '나'가 '그'의 처신을 비판함으로써 독자의 공감을 이끌어 낸다.
④ '그'와 '나'의 관점의 대비를 통해 앞의 사건의 전모를 드러낸다.
⑤ '그'와 '나'가 겪은 두 경험을 연관 지어 사건의 인과성을 밝힌다.

3 〈보기〉를 참고하여 이 글을 이해할 때, 그 반응으로 적절하지 않은 것은?

┤ 보기 ├
　이문구는 풍자와 해학을 통해 소외된 계층에 대한 공감의 정서를 드러낸다. 이는 주로 산업화가 생산해 낸 배금주의 풍조와 그 배금주의에 물들어 인간으로서의 도리를 잃어버린 자들에 대한 비판으로 나타난다. 이런 과정 속에서 작가가 부정적으로 생각하는 당시의 사회 풍조가 직·간접적으로 제시되곤 하는 것이다.

① 작가는 황소 너댓 값만큼 비싼 물고기를 통해 총수의 허영심을 드러내고자 했군.
② 사람은 업신여기면서 비싼 물고기는 소중하게 여기는 총수의 태도에서 배금주의 풍조를 엿볼 수 있군.
③ 작가는 총수와 유자의 관계를 통해 계층 간의 갈등이 심화된 당시의 사회 풍조를 신랄하게 비판하고 있군.
④ 작가는 총수의 행위에 대해 부정적인 인식을 드러내는 유자를 그려 냄으로써 소외된 계층에 대한 공감을 표현한 셈이군.
⑤ 유자가 총수를 말종이라고 비판하는 것으로 보아 작가는 총수를 인간으로서의 도리를 잃어버린 자라고 생각한 것이로군.

4 '나'가 '그'와 '총수'를 바라보는 태도를 대조의 방법을 사용하여 쓰시오.

시답지 않다 마음에 차거나 들지 않아 만족스럽지 않다.

단출하다 식구나 구성원이 많지 않아서 홀가분하다.

여투다 돈이나 물건을 아껴 쓰고 나머지를 모아 두다.

얼간하다 소금을 약간 뿌려서 조금 절이다.

드티다 밀리거나 비켜나거나 하여 약간 틈이 생기다. 또는 그렇게 하여 틈을 내다. 여기에서는 '드러나다'의 뜻인 듯함.

오죽잖다 예사 정도도 못될 만큼 변변하지 아니하다.

앙앙불락(怏怏不樂)하다 매우 마음에 차지 않거나 야속하게 여겨 즐거워하지 아니하다.

Q 굴비 두름을 사 주는 모습에서 드러나는 '유자'의 성품은?

유자는 스페어 운전수들의 가정 형편이 어려운 것을 보고 사비를 써서 쌀과 연탄, 반찬까지 챙겨 준다. 이는 자신이 손해를 보더라도 남을 돕는 데에 망설임이 없었던 유자의 자상함과 따뜻한 마음을 보여 준다.

구절 풀이

❶ **쌀이나 연탄을 ~ 것이 보통이었다.** 노파는 쌀과 연탄을 받을 때는 회사에서 지원해 주는 것이라고 생각했지만, 반찬거리까지 챙겨 주는 유자를 보며 그의 따뜻한 마음에 고마움을 느끼고 있다. 이를 통해 '나'는 유자의 행동이 이웃에게 따뜻한 위로가 되었음을 표현하며 유자를 높이 평가하고 있다.

❷ **운전수가 연행되어 ~ 보는 것이 예사였다.** 사고를 낸 운전수 대신 유가족의 분풀이 대상이 된 유자는 유가족의 감정을 이해하며 그 분풀이를 받아준다.

❸ **흥부는 놀부같이 ~ 그거여?** 자신이 분풀이 당하며 매맞는 것이 억울하고 부당한 일임을 자각하고는 있으나, 어쩔 수 없는 상황임을 드러내고 있다.

Q '유자'가 한숨을 지으며 탄식하는 이유는?

유자는 선한 마음으로 열심히 살아가는데도 남한테 매냐 맞으며 살아가는 자신의 신세가 안타깝고 서러워 자조적인 한탄을 하고 있다.

작가 소개
이문구(본책 194쪽 참고)

가 스페어 운전수는 대체로 벌이가 *시답지 않아 결혼도 못 한 채 늙고 병든 홀어미와 단칸 셋방을 살고 있거나, 여편네가 집을 나가 버려 어린것들만 있는 경우가 적지 않았고, 들여다보면 방구석에 먹던 봉지 쌀이 남은 대신 연탄이 떨어지고, 연탄이 있으면 쌀이 없거나 밀가루 포대가 비어 있어, 한심해서 들여다볼 수가 없고 심란해서 돌아설 수가 없는 집이 허다한 것이었다.

그는 결국 주머니를 털었다. 스페어 운전수의 사고에는 업무 추진비 명색도 차례가 가지 않아 자신의 용돈을 털게 되는 것이었다. 식구가 *단출하면 쌀을 한 말 팔아 주고, 식구가 많은 집은 밀가루를 두 포대 팔아 주고, 그리고 연탄을 백 장씩 들여놓아 주는 것이 그가 용돈에서 *여툴 수 있는 한계였다.

▶ 유자가 스페어 운전수 가족들에게 쌀과 연탄으로 도움을 줌.

나 그는 비탈길을 다 내려와서야 그것이 무엇이라는 것을 깨닫곤 하였다. 산동네 초입의 반찬 가게를 보고서야 아까 그 집의 부엌에 간장밖에 없었던 것이 뒤늦게 떠오른 것이었다.

그러면서 다시 주머니를 뒤졌다. / 그가 반찬 가게에서 집어 드는 것은 만날 *얼간하여 엮어 놓은 새끼 굴비 두름이었다. 바다와 연하여 사는 탓에 밥상에 비린 것이 없으면 먹어도 먹은 것 같지 않아 하는 대천 사람의 속성이 그런 데서까지도 *드티었던 것이다. [중략]

"벽에 제우 지랑밖이 옰으니 뱁이고 수제비구 건건이가 있으야 넘어가지유. 탄불에 귀 자시던지 뱁솥에 쪄 자시던지 하면, 생긴 건 *오죽잖어두 뇌인네 입맛에 그냥저냥 자셔 볼 만헐규."

❶쌀이나 연탄을 들여 줄 때는 회사에서 으레 그렇게 돌봐주는 것이거니 하고 멀건 눈으로 쳐다만 보던 노파도, 그렇게 반찬거리까지 챙겨 주는 자상함에는 그가 골목을 빠져나갈 때까지 눈시울을 적시고 있는 것이 보통이었다.

▶ 유자가 스페어 운전수 가족들의 반찬까지 챙겨 주는 자상함을 보임.

다 그가 노선 상무로 나간 초기에는 피해자 가족들에게 속절없이 봉변을 당하기가 바빴다.

사망자가 난 사고에서는 더욱 그러하였다. ❷운전수가 연행되어 조사를 받고 있거나 아예 달아나 버려서 분풀이를 하고 싶어도 상대가 없어서 *앙앙불락하던 차에, 사고를 낸 회사에서 사고 처리반이 나왔다고 하면 대개는 옳거니, 때맞추어 잘 만났다 하고 떼거리로 달려들어 덮어놓고 멱살을 잡으며 주먹부터 휘두르고 보는 것이 예사였다. 나중에는 사람을 잘못 알고 실수했노라고 사과하고, 일을 처리하는 데도 싹싹하고 상냥하게 협조하는 위인일수록 처음에는 흥분을 가누지 못해 사납게 부르대고 날뛰는 편이었다.

▶ 유자는 노선 상무로 나가 피해자 가족들에게 분풀이 대상이 됨.

라 "야, 너, ❸흥부는 놀부같이 잘사는 형이라도 있어서 매품을 팔고 살았다지만 너는 뭐냐, 뭐여. 못하는 운전수를 동료라고 둔 값에 매품이나 팔며 살거라, 그거여? 너야말로 군사 정변이 나서 구정권의 거물 비서 자격으로 끌려가서두 볼텡이 한 대 안 줘백히고 니 발루 걸어 나온 물건인디 말여. 그런디 이제 와서 '넘의 영안실이나 찌웃그리메 장삼이사헌 티 놈 짜 소리 듣는 것두 과만해서 주먹질에 자빠지구 발길질에 엎어지구 허니, 니가 그러구 댕긴다구 상무 전무가 아까징끼값을 물어 주데, 사장 회장이 떨어져 밟힌 단춧값을 보태 주데? 사대부 가문을 자랑하시던 할아버지가 너너러 이냥 넘의 아랫도리로만 돌며 살라구 가르치셨네, 동경 유학 출신의 아버지가 동네북으로 공매나 맞구 살라구 널 나놓셨네? 너두 처자가 있는 뭠이 이게 뭐라네? 뭐여? 니 신세두 참……."

그는 봉변을 당하고 나면 자기를 저만치 떼어 놓고 바라보며 그런 허희탄식으로 시간 가는 줄을 몰랐다.

▶ 매를 맞고 다니는 자신의 신세를 한탄하는 유자

- **중심 내용** 선한 마음으로 열심히 살아가지만 유가족의 분풀이가 대상이 되는 자신의 신세를 한탄하는 유자
- **구성 단계** 절정

작품 연구소

〈유자소전〉의 서술 방식과 그 효과

이 작품은 충청도 특유의 사투리와 더불어 유자의 계층과 그가 살아온 길을 보여 주는 듯한 적당한 비속어, 그리고 유자에 대한 서술자의 평가 등이 적절하게 어우러지면서 맛깔스러운 분위기를 형성한다.

방언의 사용	• 토속적인 정감과 사실성, 현장성을 획득함. • 주인공에 대한 친근감을 유발함.
비속어의 사용	• 주인공이 속한 계층과 그들의 처지를 전형적으로 표현함. • 풍자와 비판의 효과를 지님.
판소리 사설체의 사용	• 전지적인 서술자의 위치에서 작가의 생각을 독자에게 직접 전달함. • 등장인물을 논평하면서 독자와 함께 조롱하고 풍자함.

유자에 대한 서술자의 태도

이 작품에서 서술자는 '그'를 '유자(兪子)'라고 부르고 있다. '공자, 맹자, 주자'에서 볼 수 있듯이 성에 자(子)를 붙이는 것은, 그 대상을 크게 존경하는 마음을 나타낼 때 쓰인다. 따라서 이 작품의 서술자는 유재필의 남다른 품성과 삶을 높이 평가하여 그를 '유자(兪子)'라고 부르고 있는 것이다. 또한 서술자는 어려운 사람을 위해 선행을 베푸는 그의 행동을 상세하게 묘사하며, '반찬거리까지 챙겨 주는 자상함'이라고 서술하고 있다. 이를 통해 서술자가 유재필에 대한 존중의 마음을 드러내고 있음을 알 수 있다.

〈유자소전〉에서 웃음을 유발하는 방식 – 해학

웃음을 유발하는 여러 가지 방식 중 해학은 어리석거나 뭔가 부족한 듯한 인물이 나와서 하는 말과 행동이 그 자체로 웃음을 유발하는 것을 말한다. 이 작품에서 유자가 바로 그런 인물이다. 서술자는 매품을 팔고 있다며 한탄하는 유자의 모습을 통해 그의 소신과 신념을 드러내는 동시에 독자들의 동정적인 웃음을 유발하여 해학성을 드러내고 있다.

유자	혼잣말로 능청스럽게 자신의 소신과 신념을 표현함으로써 동정적 웃음을 유발함.	➡	해학적 요소

자료실

이문구의 작품 세계

이문구는 고향을 상실한 사람들의 애환과 그러한 상황을 초래한 시대적 모순을 충청도 특유의 토속어로 잘 포착하여 소설로 형상화했다.

• 〈관촌수필〉: 산업화 시기의 농촌을 묘사하여 잃어버린 고향에 대한 그리움을 현재의 물질 만능주의의 황폐한 삶과 대비하여 보여 주는 작품

• 〈우리 동네〉: 새마을 운동 이후 변모된 농민의 모습과 산업화 과정에서 농민들이 겪는 소외와 갈등을 보여 준, 농촌 문제 보고서와 같은 작품

함께 읽으면 좋은 작품

〈황만근은 이렇게 말했다〉, 성석제 / 이타적인 삶을 살았던 황만근의 이야기

자신보다 타인을 위하며 인간의 도리를 다했던 황만근을 예찬하고, 이기적이고 타산적인 사람들을 비판한다. 이타적인 삶을 살았던 인물을 그리고 있다는 점에서 〈유자소전〉과 비교해 볼 만하다. ▦ Link 본책 316쪽

〈유재필 씨〉, 이시영 / 실존 인물 유재필의 삶과 품성에 대한 시

〈유자소전〉의 주인공 유재필은 실존 인물로, 여러 문인들과 널리 사귀었다고 한다. 〈유자소전〉 끝부분에도 실려 있는 이시영의 시 〈유재필 씨〉에는 그의 죽음을 안타까워하는 마음이 잘 표현되어 있다. 동일한 인물을 다루었다는 점에서 함께 읽어 볼 만하다. ▦ Link 〈현대 시〉 264쪽

---

5 이 글에 대한 설명으로 적절하지 않은 것은?

① '그'는 군사 정변이 난 이후 구정권에서 일한 사실 때문에 끌려간 적이 있다.

② '그'가 스페어 운전수 가족에게 굴비 두름을 사다 주는 모습에서 따뜻한 품성이 드러난다.

③ '그'의 할아버지는 사대부 가문 출신이며, 아버지는 동경에 유학까지 다녀온 유학파이다.

④ '그'는 피해자 가족들의 분풀이 대상이 되어 매를 맞고 다니는 자신의 모습을 한탄하고 있다.

⑤ '그'가 스페어 운전수 가족에게 쌀과 연탄을 마련해 줄 수 있었던 것은 업무 추진비가 있었기 때문이다.

내신 적중

6 〈보기〉를 참고할 때, 이 글의 마지막 서술로 가장 적절한 것은?

┤ 보기 ├

전(傳)은 한 인물의 생애와 업적을 기록하고 평가를 덧붙인 것으로 전통 서사 양식의 하나이다. 주인공의 성격을 잘 보여 주는 이야기들을 들어 그 인물의 평생을 그리고, 서술자의 평가를 덧붙인다.

① 남을 위해 선행을 베풀고 자신을 희생한 착한 성품의 유자!

② 허영과 위선으로 세상 사람들을 모두 속인 당대의 사기꾼 유자!

③ 사랑하는 여인을 위해 자신의 평생을 바친 낭만적인 사랑꾼 유자!

④ 어려운 사람들을 돌보고 바른 길로 인도해 준 진정한 지도자 유자!

⑤ 역사의 격변기에서 오로지 살기 위해 최선을 다한 기회주의자 유자!

내신 적중

7 〈보기〉를 참고하여 이 소설에 주로 사용된 인물의 성격 제시 방법을 쓰고, 그 이유를 쓰시오.

┤ 보기 ├

• 직접적 제시: 서술자가 인물의 성격을 직접적으로 설명하는 방법

• 간접적 제시: 인물의 말과 행동을 통해 인물의 성격을 드러내는 방법

---

8 〈보기〉는 이 글에 나타나는 특징이다. 이를 통해 얻을 수 있는 효과를 쓰시오.

┤ 보기 ├

• 사투리, 비속어, 우스꽝스러운 말을 사용함.

• 허영심이 많고 비인간적인 총수를 비판함.

나의 아름다운 이웃 | 박완서

문학 신사고

🎯 핵심 정리
갈래 콩트
성격 반성적, 성찰적, 교훈적
배경 현대의 아파트
시점 1인칭 주인공 시점
주제 겸손한 자세로 주변 사람을 살피고 배려하는 삶
특징 ① '나'가 이웃의 모습을 보고 깨달음을 얻는 과정이 드러남.
② '나'가 바람직한 이웃이 되려고 다짐한다는 점에서 교훈성이 드러남.
출전 《작가정신》(1996)

Q '나'가 할머니가 되어서도 '아가'와 '새댁'이라고 불린 이유는?

'나'가 살던 동네는 한옥이 많은 곳으로 그 동네에는 유난히 노인이 많았다. 시어머니를 포함한 노인들의 눈에는 '나'가 나이가 들더라도 항상 어린 새며느리와 새댁처럼 보였기 때문에 그들은 '나'에 대한 친근함과 애정을 담아 계속 '아가'와 '새댁'이라고 불렀다.

💡 어휘 풀이
주변머리 '일을 주선하거나 변통함. 또는 그런 재주'를 일컫는 '주변'을 속되게 이르는 말.
구닥다리 여러 해 묵어 낡고 시대에 뒤떨어진 사람, 사물, 생각 따위를 낮잡아 이르는 말.
넌더리 지긋지긋하게 몹시 싫은 생각.
구구하다 잘고 많아서 일일이 언급하기가 구차스럽다.

📖 구절 풀이
❶ 내가 '만년 아가' '만년 새댁'인 ~ 오고 나서였다. 시어머니가 돌아가시고 아파트로 이사를 한 '나'는 이웃에게 무관심하고 타인에 대한 배려가 없는 아파트 주민들을 보며 전에 살던 동네에서 자신을 부르던 호칭이 이웃들의 따뜻한 관심이고 배려였음을 깨닫게 된다.
❷ 시어머님께서 아파트라면 ~ 재간이 없었다. '나'는 불편한 한옥 생활로 인해 아파트로 이사를 가고 싶어 하나, 시어머니는 반대를 한다. 시어머니는 반대를 하며 특별한 이유를 들지 않았지만, 굳이 친구들이 많은 동네를 떠나 삭막한 아파트로 이사하고 싶지는 않았을 것임을 추측할 수 있다.
❸ 새댁에서 별안간 ~ 뾰족한 수는 없었다. 전에 살던 동네에서 '새댁'으로 불리던 '나'는 아파트에서 만난 젊은 여자에게 '할머니'라는 호칭을 듣고 충격을 받는다. 외손자까지 있으므로 반박을 할 수는 없지만, 상대의 기분을 고려하지 않고 말하는 아파트 이웃들의 비정함에 상처를 받는다.

가 　내가 결혼해서 들어간 시댁은 스물다섯 평짜리 한옥이었다. 나는 *주변머리 없게도 그
　　　　　　　　　　　　　　　　　　　　　　　　　한옥에서 살았던 것에 대한 불만의 심리를 드러냄.
집에서 자그마치 이십칠 년 동안을 눌러 살았다.

　나도 그동안 쭉 시어머니를 모시고 살았지만 그 동네엔 유난히 노인들이 많이 사셨다.
집집마다 노인네가 안 계신 집이 없었다. 시할머니, 시어머니, 친정어머니까지 세 분의 노
　　　　'나'가 살던 동네의 분위기를 드러내고 있음.
인을 모시고 사는 집도 있었다. 그분들이 다 우리 시어머님의 친구 되시는 분들이었다.

　시어머니는 내가 새며느리적부터 나를 '아가'라고 부르시던 걸 내 딸이 시집가서 첫애를
　　　　　　　　　　　　　　　시부모가 젊은 며느리를 친근하게 부르는 말
낳을 때까지도 여전히 '아가'였다. 동네 노인들은 나를 '새댁'이라고 불렀다. 이십칠 년 동
안, 그 사이 외손자까지 생겨 할머니라고 부르건 말건 나는 '아가'요, '새댁'이었다.
　　　　　　　　　　동네 노인들의 눈에는 '새댁'으로 보임.　　▶ 노인이 많은 동네에 살면서 '아가'와 '새댁'으로 불린 '나'

나 　❶내가 '만년 아가' '만년 새댁'인 게 얼마나 희귀한 축복이었던가를 안 건 지금 있는 아파
　　　　　언제나 변함없이 한결같은 상태　　　아무 곳에서나 느낄 수 없는, '나'가 살던 동네에서만 느낄 수 있었던 축복임.
트로 이사를 오고 나서였다.

　실상 나는 벌써부터 아파트로 이사를 하고 싶었다. *구닥다리 한옥의 구식 부엌과 마당
　　　　　　　　　　　　　　　　　　　　아파트로 이사하고 싶은 이유
에 있는 수돗가 빨래터는 *넌더리가 났다. 나도 문화생활이라는 걸 하고 싶었다. 그러나
　❷시어머님께서 아파트라면 질색이셨다. 그분의 반대엔 이유가 없었다. "나 죽거든 가렴!"
이 한마디로 담벼락처럼 버티시는 데 당해 낼 재간이 없었다. [중략] 한옥을 싼 값으로 팔
　　　　　　　　인용과 비유적 표현을 사용하여 아파트로 이사하지 않겠다는 시어머니의 굳은 의지를 드러냄.
고 터무니없이 비싼 아파트를 사 놓고 도배도 하고 수리도 할 겸 드나들 때였다. 동경하던
　　　　　　　　　　　　　　　가격 비교를 통해 한옥이 아파트에 비해 가치를 인정받지 못함을 드러냄.
아파트였지만 막상 이사를 하려고 살펴보니 쉬 정이 들까 싶지가 않았다. 「이웃의 대부분이
　　　　　　　　　　　　　　　　　　　　　　　　　　　「　」: 이웃의 행동을 통해 아파트에서 느껴지는 무관심과 삭막함을 드러냄.
이십 대나 삼십 대 초반의 젊은 주부들이었는데 모두 거만하고 쌀쌀해 보였다. 집수리하러
드나드는 이웃을 보고도 아는 체도 안 하고 싹싹 지나다녔다.」

　전에 살던 동네에선 이사하는 일이 드물어서 그런지, 누구네 집이 팔렸다 하면 섭섭해서
　　　　　　　　　　　　　　　　　　　무관심하고 삭막한 아파트와 대조적인 전에 살던 동네의 돈독한 분위기
한동안 이웃끼리의 화제가 됐고, 새로 올 사람에 대해서도 억측이 *구구했다. 「새로 이사 온
　　　　　　　　　　　　　　　　　　　　　　　　　　　이유와 근거가 없이 짐작함.
지 사흘만 되면 그 집 주인의 직업은 물론, 부엌의 숟가락 수, 한 달에 연탄을 몇 개 때는 것
까지가 신기한 소문이 되어 동네에 파다했다.」 나는 한옥의 불편함과 함께 이웃 간의 그런
　　「　」: 전에 살던 동네에서는 이웃에 대해 관심이 많았음.　　　　한옥의 불편함뿐 아니라 이웃의 과도한 관심을 불편하게 여긴 '나'
비밀 없음을 얼마나 싫어하고 경멸했던가. 그러나 낯선 동네의 낯선 사람들의 무관심에 담
　　　　　　　　　　　　　　　　　　　　　　　　　　　　　　　　그 자리에서 바로
박 주눅이 든 나는 이사도 오기 전에 벌써 구식 동네의 그런 촌스러운 풍습과의 결별이 아
　　　　　　　　　　　　　　　　　　　　과도하다고 여겼던 이웃들의 관심이 그리워짐.
쉽게 여겨졌다.　　　　　　　　　　　　　　　　　　　　▶ 아파트로 이사하게 되면서 느낀 이웃에 대한 무관심

다　엘리베이터를 탔을 때였다. 젊은 엄마와 예쁜 아기가 같이 탔길래 나는 우선 아기에게
　　　　　　　　　　　　　　　　　　　　　　　　이사를 온 입장에서 이웃과 잘 지내기 위한 관심의 표현
　아부하기 위해 부드럽게 웃으며 말했다.

[A]　"아이고 예쁘기도 해라. 아가, 몇 살이지? 호호호……."

　아이는 힐끔 쳐다만 보고 대답을 안 했다. 젊은 엄마가 슬그머니 아기를 나무랐다.

　　"세 살, 세 살이라고 말씀드려야지. 할머니가 물어보시는데."
　　　　　　　　　　　　　　　　'나'가 충격을 받은 이유
　❸새댁에서 별안간 '할머니'로 격상된 충격은 매우 고약했다. 가슴이 울렁이고 다리 팔에
힘이 빠졌다. 그리고 젊은 여자들만 사는 동네에 담박 정이 떨어졌다. '새댁'에서 아직 '아
주머니'도 안 거쳤는데 '할머니'라니 말도 안 돼. 젊은 것들이란 뭘 제대로 볼 줄도 모르고
말버릇도 엉망이거든. 이렇게 속으로 분개했지만 할머니 신세를 면할 뾰족한 수는 없었다.
　　　　　　　　　　　　실제로 외손자가 있는 할머니이기 때문에 반박을 할 수 없는 '나'
　　　　　　　　　　　　　　　　　　　　　　　　　　　▶ 아파트 엘리베이터에서 '할머니' 소리를 듣게 된 '나'

• 중심 내용 한옥을 떠나 아파트로 이사를 온 '나'는 이웃의 무관심을 느낌.
• 구성 단계 (가) 발단 / (나) 전개 / (다) 위기

이해와 감상

'나'는 시어머니와 함께 한옥에서 27년을 살다가 시어머니가 돌아가시자 아파트로 이사를 한다. 이웃에 대해 사소한 것까지 다 알고 있는 전에 살던 동네의 삶을 불편하게 생각했던 '나'는 아파트 이웃의 무관심과 삭막함에 오히려 상처를 받는다. 하지만 이사 오는 날 인사를 하러 온 옆집 여자를 통해 아파트에도 이웃이라는 관념이 남아 있음을 반가워한다. 그러던 중 '옆집 여자'가 위암 투병 중이라는 사실을 전해 듣고, 진심으로 그녀의 건강을 기원한다.

작가는 '나'가 살던 동네와 아파트의 이웃 주민들의 태도를 대비하여 현대 사회에서 바람직한 삶의 가치가 무엇인지 드러내고 있다. '나'는 삭막하고 무관심한 삶의 모습에 대한 비판적인 태도를 지닌 인물이다. '나'가 아파트에 이사 와서 만난 밝고 아름다운 미소를 지닌 '옆집 여자'의 겸손하고 무욕적인 삶의 태도는 자신의 삶뿐 아니라 이웃 간의 삶에도 활력을 가져올 수 있음을 보여 준다. 아파트로 대변되는 도시에서의 삭막한 삶에서 겸손한 자세로 이웃을 배려하고 살피는 가치의 필요성에 대해 역설하고 있다.

전체 줄거리

발단	노인이 많은 동네에 사는 '나'는 외손자가 생겨 할머니가 되었음에도 '아가' 또는 '새댁'으로 불린다.
전개	이사를 반대하던 시어머니가 돌아가시고 '나'는 한옥에서 아파트로 이사를 한다. 이사를 준비하면서 아파트에 사는 이웃 사람들의 무관심을 느끼고, 한옥에 살 때 누렸던 이웃의 관심을 그리워한다.
위기	아파트에 이사 온 날 먼저 인사를 하러 온 옆집 여자를 통해 이웃의 관념이 남아 있는 것에 대한 반가움을 느끼고, 옆집에서 들리는 소음마저도 반갑게 생각한다.
절정	옆집 여자가 위암으로 투병 중이라는 소식을 듣고, 그 여자의 착하고 밝은 미소가 사라졌을까 두려워 병문안 가기를 망설이지만, 여전히 아름다운 미소를 지닌 옆집 여자를 보며, 그녀의 밝은 미소는 겸손하고 무욕의 삶의 태도에서 나오는 것임을 알게 된다.
결말	'나'는 아직은 창백하지만 씩씩하게 걸어가는 옆집 여자를 보면서 진심으로 건강하기를 기원한다.

인물 관계도

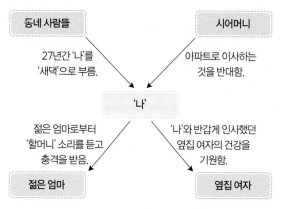

키포인트 체크

인물 '나'는 이웃의 관심을 □□스러워 했지만, 아파트로 이사 온 후에는 이웃들의 무관심에 상처를 받는다.

배경 '나'가 살던 동네는 □□□와 대비되는 공간으로 이웃에 대한 따뜻한 마음과 □□이 넘치는 곳이다.

사건 이웃을 배려하고 살피는 옆집 여자의 모습을 통해 배려는 □□적인 삶의 태도에서 나옴을 알게 되고 암 투병 중인 그녀의 건강을 기원한다.

1 이 글의 서술상 특징으로 가장 적절한 것은?

① 인물들의 대화를 통해 분위기에 대한 객관적 태도를 드러내고 있다.

② 담담한 태도로 서술하여 사건 전개에 중립적 관점을 강조하고 있다.

③ 회상 장면을 삽입하여 특정 사건의 원인을 구체적으로 전달하고 있다.

④ 주변에서 일어나는 사건의 의미를 특정 인물의 시각에서 서술하고 있다.

⑤ 작품 밖의 서술자가 작중 인물의 행동과 심리를 종합적으로 드러내고 있다.

내신 적중 多빈출

2 '나'에 대한 설명으로 적절하지 않은 것은?

① '나'는 한옥의 부엌과 빨래터에 대한 불만이 많았다.

② '나'는 한옥에서 생활할 때 '아가'라는 호칭에 만족했다.

③ '나'는 아파트 주민들과 쉽게 정이 들지 않을까 봐 걱정했다.

④ '나'는 엘리베이터에서 들은 할머니라는 호칭에 충격을 받았다.

⑤ '나'는 이웃 간에 비밀이 없던 예전 동네에서의 삶을 불편하게 생각했다.

3 [A]의 서사적 기능으로 가장 적절한 것은?

① 사건의 흐름에서 벗어난 장면을 통해 주변인에 대한 '나'의 긴장감을 완화한다.

② 아파트에 부정적 인식을 갖게 된 배경을 제시함으로써 서사 구조에 필연성을 강화한다.

③ 이웃 간의 일상적인 대화를 통해 공간의 의미를 악화시키고 인물에게 시선을 집중시킨다.

④ 아파트라는 공간의 의미를 다양하게 보여 줌으로써 대상에 대한 독자들의 판단을 유도한다.

⑤ 전에 살던 동네와 상반된 아파트 이웃의 모습을 보여 줌으로써 갈등 양상을 총체적으로 드러낸다.

4 (다)에서 '나'가 '할머니'라는 호칭에 충격을 받은 이유를 쓰시오.

☀ 어휘 풀이

수척하다 몸이 몹시 야위고 마른 듯하다.
달포 한 달이 조금 넘는 기간.
병마(病魔) '병(病)'을 악마에 비유하여 이르는 말.
부음(訃音) 사람이 죽었다는 것을 알리는 말이나 글.
권고(勸告) 어떤 일을 하도록 권함. 또는 그런 말.

Q 옆집에서 들리는 소리가 싫지 않았던 이유는?

전에 살던 동네에서 이웃의 과도한 관심에 부담감을 느끼던 '나'는 아파트로 이사 오면서 이웃의 무관심과 삭막함에 상처를 받는다. 하지만 이사 온 날 먼저 인사를 하는 옆집 여자로부터 이웃이란 관념이 남아 있음을 확인하고 반가움을 느낀다. 옆집 여자의 존재를 통해 삭막한 아파트 생활에서 위안을 얻었기 때문에 옆집에서 들리는 소음조차도 싫지 않았던 것이다.

☙ 구절 풀이

❶ **이사 오는 날이었다. ~ 미모가 놀라웠다.** 이사 오는 날 먼저 인사를 하러 온 옆집 여자를 반가워하고 이웃을 잘 만났다고 생각하는 것으로 보아 '나'는 전에 살던 동네에서 느꼈던 이웃에 대한 관심을 그리워하고 아파트의 이웃에 대해 큰 걱정을 하고 있었음을 알 수 있다.

❷ **요컨대 절대적인 단절을 ~ 반가웠던 것이다.** 전에 살던 한옥과 달리 아파트는 콘크리트 벽으로 집이 나누어져 있어 이웃 간의 단절과 삭막함을 느끼게 된다. 하지만 옆집 여자의 집에서 들리는 소음이 콘크리트 벽을 통해 전해지자 옆집과 완전히 단절된 것은 아니라는 생각에 반가운 마음이 든 것이다.

❸ **그 여자가 퇴원했단 소식을 ~ 길이 기억하고 싶었다.** '나'가 아파트에 처음 이사 왔을 때 옆집 여자가 보여 준 착하고 밝은 미소는 이웃 간의 정을 의미한다. 병마로 인해 이웃 여자의 착하고 밝은 미소가 사라졌을까 봐 두려워 병문안 가는 것을 망설이는 '나'의 모습에서 이웃 간의 정을 계속 간직하고 싶어 하는 마음이 드러난다.

👤 작가 소개

박완서(본책 206쪽 참고)

가 ❶이사 오는 날이었다. 옆집에 산다는 여자가 인사를 왔다. 나는 반갑고 한편 놀라웠다. ⓐ아파트에도 이웃이란 관념이 남아 있다는 게 반가웠고, 그 여자의 미모가 놀라웠다. [중략] 처음 해 보는 아파트 생활이라 공연히 불안하다가도 벽 하나 사이로 그 여자가 이웃해 있다고 생각하면 슬며시 마음이 놓였다. 가끔 그 여자의 어린 딸이 치는 서투른 피아노 소리가 들리는 것도 즐거웠고, 큰 아이들이 큰 목소리로 씩씩하게 싸우는 소리가 들리는 것도 싫지 않았다. ❷요컨대 절대적인 단절을 보장해 주리라고 알았던 두터운 콘크리트 벽이 인기척을 전해 주는 게 반가웠던 것이다. 나는 그 여자와 특별히 친하게 지내지는 않았지만 이웃을 잘 만났다고 생각했고, 그 집 아이들을 보면 남다른 정을 느꼈다.

▶ 이사 온 아파트에서 이웃의 관념이 남아 있는 옆집 여자를 만남.

나 언젠가는 길에서 그 여자를 만났는데, 몸이 안 좋아 병원에 갔다 오는 길이라고 했다. 그러고 보니 많이 *수척해진 것 같았지만 얼굴엔 여전히 그 착하고 밝은 미소가 가득했다. 그 후 *달포쯤 지나서 반상회 날이었다. 그 여자가 위암으로 수술을 받았다는 소식을 들었다. 그 몸과 마음씨가 함께 고와 보이는 이가 암이라니! 지금까지 살아오면서 무쇠처럼 튼튼한 이가 몹쓸 *병마에 붙들리는 것도 적지 않게 보아 왔고, 어제 헤어진 이의 *부음을 오늘 아침에 듣는 일조차 겪어 봤지만 이렇게까지 마음 아파 보긴 흔한 일이 아니었다. 아무리 인정사정없는 게 병이라지만 그 착하고 밝은 미소를 앗아 가려는 건 참을 수가 없었다. 나는 그날 밤 잠을 잘 못 이루었다.

제발 그 아름답고 착한 이가 오래 살게 해 주소서. 그날 밤도 그 후에도 나는 그 여자 일이 걱정될 때마다 이렇게 간절하게 빌었다. ❸그 여자가 퇴원했단 소식을 듣고도 바로 문병을 가지 못했다. 용기가 없었다. 아무리 심성이 밝고 고운 이지만 암과 싸우기 위해선 독하고 험한 얼굴을 하고 있을 것 같았고 그렇게 변한 그 여자를 보는 게 겁이 났다. 차라리 안 보고 아름다운 이로서 길이 기억하고 싶었다. 그러다가 같이 문병 가자는 딴 이웃들의 *권고를 받고 비로소 그 여자를 보러 갔다. 그 여자의 병상은 내가 멋대로 상상하고 겁을 낸 것처럼 그렇게 참담한 게 아니었다. 건강할 때보다 많이 수척해 있었지만 건강할 때보다 한층 착하고 밝은 표정이었다. 건강할 때의 그 여자의 밝음은 눈부신 거였지만, 병상의 밝음은 고개가 숙여지는 거였다. 그렇다고 그 여자가 자신의 병명을 모르고 있는 게 아니었다. 그 여자는 화사하게 웃으면서 말했다.

"요샌 우리 큰애가 대학교 갈 때까지만 살게 해 주십사고 열심히 기도하는데 너무 과하게 욕심부리는 거나 아닌지 모르겠네요."

그 집 큰애는 고등학교 일학년이라고 했다. 그런데 과욕이라니.

나는 적어도 내 첫 손자가 장가드는 것까지는 보고 싶다는 평소의 내 과욕이 부끄러워서 얼굴을 붉혔다. 그리고 문득 암처럼 고약한 게, 정말 두려워하는 건 목숨에 대한 강렬한 집착이 아니라 저런 해맑은 무욕이 아닐까 하는 생각이 들었다. 그러자 희망이 생겼다. 그 여자가 암을 극복하고 살아날 수 있을 것 같은 내 예감이 들어맞으려나 보다. 그 여자는 요새 만날 때마다 좋아지고 있다.

▶ 옆집 여자를 통해 무욕의 가치를 깨달음.

다 어제는 커다란 시장바구니에 과일을 가득 사 가지고 씩씩하게 걸어가는 그 여자와 만나기도 했다. 아직도 창백했지만 백합처럼 고왔다.

그 여자는 알까? 내가 마음으로부터 그 여자의 건강을 빌면서 손자가 결혼하는 걸 볼 때까지 살고 싶은 내 과욕을 줄여서라도 그 여자의 목숨에 보태고 싶어 하는 마음을.

▶ 옆집 여자의 건강을 기원하는 '나'

> • 중심 내용 투병 중인 옆집 여자의 무욕적인 태도를 보며 삶의 가치를 깨닫는 '나'
> • 구성 단계 (가) 위기 / (나) 절정 / (다) 결말

🏠 작품 연구소

〈나의 아름다운 이웃〉에 드러난 공간의 대비

한옥	아파트
• 결혼하고 시어머니가 돌아가시기 전까지 살았던 공간 • 구식 부엌과 마당에 있는 수돗가 빨래터로 인해 불편함. • 이웃은 대부분 시어머니의 친구인 노인들임. • 외손주를 본 나이에도 '아가'나 '새댁'으로 불림. • 주변 이웃에 대한 사소한 일도 서로 알고 있음.	• 시어머니가 돌아가신 후 문화 생활을 하고 싶어 이사한 공간 • 이웃은 대부분 이십 대나 삼십 대 초반의 젊은 주부임. • 엘리베이터에서 만난 젊은 엄마로부터 할머니 소리를 들음. • 주변 이웃에 대한 관심이 없음.
⬇️	⬇️
주변 이웃에 대한 관심과 배려가 만연함.	주변 이웃에 대한 무관심과 삭막한 분위기가 만연함.

박완서 소설에 나타난 '아파트'의 의미

박완서 소설 속 아파트는 도시 사람들의 편리와 안일에 젖은 삶의 문화를 구체적이고 상징적으로 보여 주는 공간이다. 아파트 생활로 인해 인간 삶의 기본 단위인 가족이 해체되고 사람이 자연으로부터 분리되는 모습을 드러내는 등 개체로서의 고립된 삶을 의미하는 폐쇄적인 공간으로 그려진다.

이 작품에서도 아파트는 구식 부엌과 마당에 있는 수돗가 빨래터에서 벗어나 문화생활을 할 수 있는 편리한 삶의 공간으로, 이웃 간의 무관심과 무례한 말버릇으로 인해 삭막함을 느끼는 공간이다. 하지만 옆집에 사는 여자와의 일화를 통해 이웃이라는 관념이 남아 있으며 겸손한 자세로 남을 배려하는 미덕이 남아 있는 공간임을 보여 준다는 점에서 차이가 있다.

📋 자료실

〈나의 아름다운 이웃〉에 대한 작가의 말

여기 모아 놓은 짧은 소설들은 거의가 다 문단에 나오고 나서 10년 안에 쓴 것들이니 70년대의 산물입니다. 근래에는 콩트를 거의 쓰지 않았습니다. 방 안에 숨어 앉아 창호지에 바늘구멍을 내고 바깥세상을 엿보다가 그 협소한 시야 안에 기막힌 인생의 낌새가 잡힌 듯한 짜릿한 매력 때문에 한때는 콩트를 왕성하게 쓴 적도 있었습니다. 이 작품들이 70년대에 썼다는 걸 누구나 알아주기 바란 것은, 바늘구멍으로 내다보았음에도 불구하고 멀리, 적어도 이삼십 년은 앞을 내다보았다고 으스대고 싶은 치기 때문이라는 걸 솔직하게 고백합니다. 내가 보기에도 신기할 정도로 그때는 악긴은 겁을 먹고 짚어 낸 변화의 조짐이 지금 현실화된 것을 느끼게 됩니다.

📖 함께 읽으면 좋은 작품

〈소음 공해〉, 오정희 / 이웃에 대한 관심과 배려를 다룬 작품

아파트 이웃 주민 간에 벌어지는 층간 소음을 둘러싼 갈등을 제시하며 이웃에 대한 관심과 배려가 부족한 현대인의 삶을 비판하고 있는 소설이다. 현대인의 이웃 간의 정을 다루고 있다는 점에서 〈나의 아름다운 이웃〉과 비교해 볼 만하다.

---

5 이 글에 대한 이해로 적절하지 않은 것은?

① '나'는 옆집 여자를 만나기 전에는 아파트에 이웃이라는 관념이 남아 있지 않을 것이라고 생각했다.

② '나'는 옆집 여자를 보며 목숨에 대한 강렬한 집착을 가진 자신의 모습에 부끄러움을 느끼게 되었다.

③ '나'는 힘든 투병으로 인해 옆집 여자의 착하고 밝은 미소가 독하고 험한 얼굴로 변했을 것이라고 생각했다.

④ '나'는 두터운 콘크리트 벽을 통해 들리는 옆집의 소음조차도 삭막한 아파트 생활에서의 위안으로 생각했다.

⑤ '나'는 모든 이웃과 잘 지내겠다는 자신의 생각이 과욕임을 깨닫고 진정한 이웃의 가치에 대해 생각하게 되었다.

6 다음은 상황에 따른 '나'의 심리 변화를 파악한 것이다. ㉠~㉢에 들어갈 내용으로 적절한 것은?

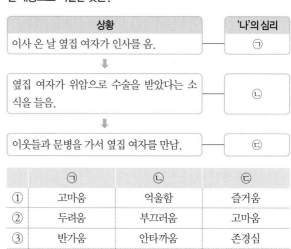

상황	'나'의 심리
이사 온 날 옆집 여자가 인사를 옴.	㉠
⬇️	
옆집 여자가 위암으로 수술을 받았다는 소식을 들음.	㉡
⬇️	
이웃들과 문병을 가서 옆집 여자를 만남.	㉢

	㉠	㉡	㉢
①	고마움	억울함	즐거움
②	두려움	부끄러움	고마움
③	반가움	안타까움	존경심
④	서글픔	원망	자책감
⑤	어색함	서러움	참담함

7 이 글에서 ⓐ의 의미에 대한 설명으로 적절하지 않은 것은?

① 상대에 대한 배려가 없는 이웃이 살고 있는 공간

② 절대적인 단절과 고립으로 소통이 불가능한 공간

③ 겸손한 자세로 남을 배려하는 미덕이 필요한 공간

④ 주변의 이웃에 대해 무관심하고 삭막한 분위기의 공간

⑤ 한옥의 불편함을 개선하여 편리한 생활이 가능한 공간

8 '옆집 여자'가 아픈 상황에서도 착하고 밝은 표정을 유지할 수 있었던 이유를 쓰시오.

🏷️ 내신 적중 다빈출

9 작가가 이 작품을 통해 말하고자 하는 이웃 간에 필요한 삶의 태도를 쓰시오.

V. 1990년대 이후

083 갈매나무를 찾아서 | 김소진

키워드 체크 #회상적 #아름다운 지옥 #백석 시인 #남신의주 유동 박시봉방 #안찬수 시인 #갈매나무

문학 신사고

핵심 정리

갈래 단편 소설
성격 회상적, 상징적
배경 ① 시간 – 주인공 두현의 서른 즈음
② 공간 – 서울 근교의 찻집
시점 전지적 작가 시점
주제 삶의 의지를 회복하고자 하는 열망
특징 ① 백석의 시를 인용하여 인물의 처지를 드러냄.
② 상징적 소재를 활용하여 주제 의식을 형상화함.
출전 《눈사람 속의 검은 항아리》(1997)

Q '두현'에게 '갈매나무'의 의미는?

두현이 기억하는 갈매나무는 사랑의 기쁨과 이별의 고통이 공존하는 역설적인 대상이다. '아름다운 지옥'이라는 찻집은 지옥과 아름다움이 원래 하나란 의미이듯 두현에게는 갈매나무 역시 기쁨과 아픔의 기억을 모두 떠올리게 하는 대상이다.

어휘 풀이

느껍다 어떤 느낌이 마음에 북받쳐서 벅차다.
묵정밭 오래 내버려 두어 거칠어진 밭.
대청마루 한옥에서, 몸채의 방과 방 사이에 있는 큰 마루.
삭정이 살아 있는 나무에 붙어 있는, 말라 죽은 가지.
매욱하다 하는 짓이나 됨됨이가 어리석고 둔하다.
우듬지 나무의 꼭대기 줄기.

구절 풀이

❶ **어제 우연히 ~ 눈에 띄었던 것이다.** 두현은 이혼한 윤정과의 사진에서 갈매나무를 발견하고, 이 나무를 보기 위해서 갑자기 찻집 '아름다운 지옥'을 찾아간다. 이러한 두현의 행동은 패배한 현실에서 벗어나 과거의 삶과 자신의 미래와의 만남을 통해 삶의 의지를 되찾기 위한 것으로 볼 수 있다.

❷ **가지 끝에 뾰족한 ~ 바로 캄캄한 지옥이었다.** 두현은 열매와 함께 독한 가시를 지니고 있는 갈매나무를 보며 아내 윤정과의 첫 입맞춤을 한 행복한 기억과 이혼의 아픈 기억을 떠올리고 있다. 역설적인 의미를 지닌 갈매나무를 천당이자 지옥이라고 표현한 것이다.

❸ **까시 아프제? ~ 품어야 하니라. 알긋제?** 세상을 살아가면서 수많은 시련을 겪게 될 것에 대한 안타까움과 그 시련에 좌절하지 말고 이겨 내기를 바라는 할머니의 당부가 담겨 있다.

가 아름다운 지옥 근처로 서서히 다가가면서 사뭇 달라진 주위 지형 속에서도 눈에 익은 광경이 언뜻언뜻 비치자 두현은 *느꺼운 가슴을 쓰다듬어 내렸다. 아파트 개발 바람의 여파인지 군데군데 농사를 그만둔 땅은 *묵정밭이 되어 있었고 곳곳에 파인 웅덩이를 따라 가슴팍까지 닿을 것 같은 잡풀들이 긴 목으로 서성거리고 있었다.

❶어제 우연히 책 정리를 하다 보니 낯익은 배경을 두르고 윤정이의 어깨에 팔을 걸뜨린 채 다정스레 찍은 사진이 발등에 떨어졌다. 둘은 너무나도 환히 웃고 있었다. 특히 이마가 초가집 지붕 선처럼 푸근하고 서늘했던 그녀. 우리에게도 이렇게 환한 웃음이 깃들인 적이 있었던가. 그는 갑자기 콧마루가 시큰해져 왔다. 둘 뒤에 이파리 무성한 갈매나무가 눈에 띄었던 것이다. 그 갈매나무만 아니었다면 두현이 불현듯 출판사에 지독한 몸살이라는 전화를 넣고 이렇듯 아름다운 지옥을 향해 실성한 사내처럼 마음만 급해 허둥지둥 비바람 부는 들판을 가로질러 가고 있진 않았을 것이다. ▶ 윤정과 찍은 사진 속 갈매나무를 보러 '아름다운 지옥'을 찾아 감.

나 갈매나무는 두현의 기억이 미칠 수 있는 어린 시절부터 내면에 자리 잡아 온 움직일 수 없는 한 풍경이었다. 어릴 적 한때 할머니 손에서 자란 두현이도 그 갈매나무와 더불어 컸다. 할머니집 안마당에 어른 키의 갑절만큼 자라 있던 그 늙은 나무는 노년 들어 홀로 *대청마루에 나앉은 일이 잦았던 할머니에게는 무언의 친구이기도 했을 터였다.

❷가지 끝에 뾰족뾰족한 가시를 달고 있는 그 갈매나무는 두현에겐 지옥이자 천당이었다. 갈매나무 아래서 윤정이와 사진을 찍고 난 다음 그녀와 가진 첫 입맞춤이 천당에 대한 기억에 해당한다면 아내가 됐던 윤정이와 이 년이 채 안돼 헤어지기로 동의한 다음 이혼 서류에 마지막으로 도장을 찍고 내려가 찾아뵌 할머니집 앞의 갈매나무는 바로 캄캄한 지옥이었다.

『현아 니 맴이 많이 아프제…… / 두현은 두렵고 송구스런 마음 때문에 엎드려 드린 큰절을 차마 일으키지 못하고 등짝을 들썩거리며 흐느꼈다. 그 격정의 잔등을 *삭정이처럼 야윈 할머니의 손길이 잔잔히 더듬고 지나갔다.

할머니…… 이 *매욱한 손자가 세상에 다시없는 불효를 저지르고 이렇게 찾아뵈었으니 이 일을 어쩌면 좋습니까? 호되게 꾸짖어 주세요, 부디!

꾸짖긴 눌로? 어림도 없지러. 니가 아프면 낼로(나를) 찾아와야지 그럼 눌로(누구를) 찾아…… 옹냐 잘 왔네라. 에구 불쌍한 내 새끼야, 니 맴 할미가 알제 하모하모……』

지집한테 찔리운 까시는 오래 가는 벱인다……

할머니가 갈매나무 *우듬지께를 망연자실한 눈길로 쳐다보시며 중얼거렸다. 그러자 그도 어릴 적 겁도 없이 갈매나무에 오르려다 가시에 찔려 떨어졌던 기억이 났던 것이다. 아마 할머니도 그때 기억 때문에 더 북받치시는 것일지도 모를 일이었다. 눈물이 그렁그렁한 어린 손자의 손바닥에 깊숙이 박힌 가시를 입김을 몇 번이고 호호 불어가면서 빼 주실 때 해 주던 할머니의 말씀이 새삼 엊그제 일인 양 생생할 뿐이었다.

㉠❸까시 아프제? 앞으로두 세상의 숱해 많은 까시가 널 괴롭힐지도 모르제, 그래도 사내니깐 울지는 말그래이. 그럴수록 더 독한 까시를 가슴속에 품어야 하니라. 알긋제? ▶ 갈매나무에 얽힌 추억을 떠올림.

- **중심 내용** 갈매나무를 보기 위해 '아름다운 지옥'을 찾아간 두현은 할머니집 안마당에 있던 갈매나무를 떠올림.
- **구성 단계** (가) 발단 / (나) 전개

이해와 감상

이 작품은 김소진의 절친한 벗인 시인 안찬수의 〈갈매나무〉와 백석의 〈남신의주 유동 박시봉방〉을 바탕으로 하며, 역설적 의미를 지닌 갈매나무를 통해 지옥 같은 아픔과 맞서며 갈매나무처럼 살아가려는 두현의 모습을 그리고 있다.

갈매나무는 열매와 함께 독한 가시를 지닌 나무이다. 그래서 '아름다운 지옥'이라는 카페의 이름처럼 갈매나무 또한 역설적인 의미를 지닌다. 백석이 〈남신의주 유동 박시봉방〉에서 가난과 추위의 떠돌이 생활 속에 문득 갈매나무를 떠올리듯, 두현 자신도 추운 계절을 꿋꿋이 견디며 힘차게 수액을 뽑아 올리는 수갈매나무를 떠올리며 세상의 독한 가시를 이기는 단서를 찾아낸다. 두현은 세상이 지옥 같은 아픔과 상처가 존재하는 곳일지라도 꿋꿋하게 맞서며 지지고 볶으면서 아름다운 세상을 만들기 위해 꿈꾸며 사는 것, 그것이 바로 갈매나무처럼 살아가는 것이라고 생각하며 자신의 삶을 다짐하게 된다.

전체 줄거리

발단	두현은 이혼한 아내 윤정과 '아름다운 지옥'이라는 찻집의 갈매나무 앞에서 찍은 사진을 발견하고 찻집의 갈매나무를 보러 간다.
전개	두현은 유년 시절 할머니집 안마당에 있던 갈매나무를 떠올리며 할머니를 찾아간다. 할머니는 윤정과 이혼한 두현을 위로해 주고, 두현은 윤정이 갈매나무 가시에 찔렸던 기억을 떠올린다.
위기	'아름다운 지옥'의 갈매나무는 그대로였지만 카페는 오리탕 전문점으로 바뀌어 있었고, 가게 여주인과 술을 마시던 두현은 '자본론'을 공부하는 그룹에서 윤정을 만났던 기억을 떠올린다.
절정	두현은 갈매나무를 보며 백석의 시 〈남신의주 유동 박시봉방〉을 떠올리고, 자신의 처지와 비슷하다고 느낀다. 두현은 가게 여주인에게 '아름다운 지옥'의 의미와 윤정과 이혼한 사연 등을 이야기한다.
결말	'아름다운 지옥'을 나오면서 가게 여주인의 시어머니가 기다린다는 시동생을 만나게 되고 여주인이 했던 말의 진의를 의심하게 된다. 두현은 갈매나무의 의미를 생각하며 '아름다운 지옥'을 떠난다.

인물 관계도

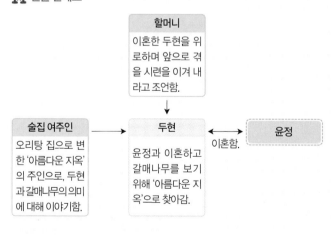

할머니
이혼한 두현을 위로하며 앞으로 겪을 시련을 이겨 내라고 조언함.

술집 여주인
오리탕 집으로 변한 '아름다운 지옥'의 주인으로, 두현과 갈매나무의 의미에 대해 이야기함.

두현
윤정과 이혼하고 갈매나무를 보기 위해 '아름다운 지옥'으로 찾아감.

윤정

이혼함.

자료실

갈매나무
원산지는 한국으로, 일본, 중국, 시베리아 등지에 분포되어 있다. 높이는 대략 5m까지 자라며, 잎은 긴 타원형으로 끝이 뾰족하고 날카로우며 잎맥에 털이 있다. 가지의 끝이 변하여 형성된 가시가 있으며, 어린 가지의 경우에는 녹색으로 털이 없다. 5월에서 6월 사이에 황록색 꽃이 잎겨드랑이 사이에서 피고 가을에 둥근 열매가 9월에서 10월 사이에 익으면서 검게 변한다. 복막염, 특히 결핵성 복막염의 경우 갈매나무를 달여 마시면 효과가 있다고 한다.

포인트 체크

인물 할머니는 이혼 후 힘들어하는 두현을 위로하며 □□에 좌절하지 말고 이겨 낼 것을 당부한다.

배경 □□□□□□은 열매와 함께 독한 가시를 지닌 갈매나무의 이중성과 같이 지옥 같은 현실에서도 생명의 힘을 갖고 살아야 한다는 역설적 의미를 지닌 공간이다.

사건 두현은 이혼한 아내 윤정과 다정하게 찍은 사진을 발견하고, 찻집을 찾아가 □□□□의 의미를 떠올린다.

1 이 글에 대한 설명으로 가장 적절한 것은?

① 상징적 소재를 활용하여 주제 의식을 형상화하고 있다.
② 과거와 현재가 교차되는 역순행적 구성 방식을 취하고 있다.
③ 인물 간 갈등을 첨예하게 드러내어 극적 긴장감을 높이고 있다.
④ 인물의 공간 이동을 통해 사건 전개에 속도감을 더해 주고 있다.
⑤ 의식의 흐름 기법을 사용하여 인물의 내적 욕망을 강조하고 있다.

2 이 글을 통해 알 수 있는 내용으로 적절하지 않은 것은?

① 두현은 윤정과 찍은 사진을 보며 낯설게 느꼈다.
② 두현은 어린 시절 갈매나무 가시에 찔린 적이 있다.
③ 두현은 윤정을 만나기 위해 출판사에 거짓 핑계를 댔다.
④ 할머니는 이혼의 상처를 받은 두현을 따뜻하게 위로했다.
⑤ 두현은 할머니께 결혼 후 잘 사는 모습을 보여 드리지 못하고 이혼한 것에 대해 죄책감을 느꼈다.

내신 적중

3 '갈매나무'에 대한 설명으로 적절하지 않은 것은?

① 두현이 갑자기 '아름다운 지옥'을 찾아가게 된 이유이다.
② 두현이 윤정과 다시 만나기 위해 활용하려는 매개체이다.
③ 할머니뿐 아니라 어린 시절의 두현에게도 의미가 있는 나무이다.
④ 두현이 현실에서 겪게 되는 좌절을 이겨 낼 수 있도록 하는 원천이다.
⑤ 두현에게 있어 사랑과 이별이 공존하는 기억으로 이루어진 대상이다.

4 ㉠과 같은 말을 하는 '할머니'의 속마음으로 가장 적절한 것은?

① 앞으로 살다 보면 수많은 시련을 겪게 될 거야. 그럴 때마다 독한 마음으로 시련을 이겨 내야 한다.
② 세상을 살다 보면 뜻대로 되지 않아 좌절하는 일이 많은 거야. 그럴 때마다 언제나 할머니를 찾아오렴.
③ 갈매나무는 예쁜 열매와 함께 가시를 품고 있어. 너는 가슴에 가시를 가지지 않는 사람이 되어야 한다.
④ 사내는 어떤 어려움이 있어도 겉으로 표현을 해서는 안 되는 거야. 아프고 힘들더라도 참는 법을 배워야 한다.
⑤ 세상에는 좋은 사람도 많지만 나쁜 사람도 많아. 널 괴롭히는 사람이 있다면 참지 말고 더 독하게 굴어야 한다.

☀ **어휘 풀이**

화두(話頭) 관심을 두어 중요하게 생각하거나 이야기할 만한 것.

차란차란 액체가 그릇에 가득 차 가장자리에서 넘칠 듯 말 듯한 모양.

세다 물, 불, 바람 따위의 기세가 크거나 빠르다.

주모(酒母) 술청에서 술을 파는 여인.

누긋하다 메마르지 않고 좀 눅눅하다.

헌걸차다 매우 풍채가 좋고 의기가 당당한 듯하다.

Q 백석의 시 〈남신의주 유동 박시봉방〉의 화자와 '두현'의 공통점은?

백석의 시 〈남신의주 유동 박시봉방〉의 화자가 아내와 집 없이 타향에서 쓸쓸히 지내고 있는 것처럼, 두현 역시 이혼의 상처를 지닌 채 쓸쓸히 살아가고 있다.

🔖 **구절 풀이**

❶ **어느 사이에 ~ 집도 없어지고,** 두현은 '아름다운 지옥'에 있는 갈매나무를 보며 백석의 시 〈남신의주 유동 박시봉방〉을 떠올린다. 이 시는 갈매나무가 등장한다는 점뿐만 아니라 아내도 없고, 아내와 같이 살던 집도 없어진 화자의 처지가 두현과 유사하다.

❷ **좀전에 입가에 ~ 기침이 새나왔다.** 두현은 윤정과 찍은 사진 속 갈매나무를 보고, 카페 '아름다운 지옥'을 찾아와 예전 그대로의 모습인 갈매나무를 보며 반가움을 느낀다. 하지만 갈매나무가 등장하는 백석의 시를 떠올리며 시에 형상화된 화자의 모습과 유사한 자신의 처지를 인지하게 되면서 슬픔을 느끼고 있는 것이다.

❸ **아마 어느 깊은 계곡 ~ 수칼매나무가 되는 꿈을 꿔요.** 두현은 아직 수칼매나무를 한 번도 보지 못했으나 직접 수칼매나무가 되는 꿈을 꿀 만큼 수칼매나무를 만나 보기를 갈망하고 있다. 수칼매나무는 여러 시련을 견뎌 내며 수액을 높은 우듬지로 뽑아 올리는 자태를 간직한 나무로, 두현이 지향하는 모습이라 할 수 있다. 지옥 같은 현실 앞에서도 꿋꿋하게 부딪혀 사는, 생명의 힘을 갖고자 하는 두현의 다짐이라 할 수 있다.

👤 **작가 소개**

김소진(金昭晋, 1963~1997) 소설가. 1991년 《경향신문》 신춘문예에 단편 〈쥐잡기〉가 당선되어 등단하였다. 도시 주변부 서민들의 삶을 그린 작품을 꾸준히 발표하여 민중들의 해학과 인간미를 주로 다루었다. 주요 작품으로 〈고아떤 뺑덕어멈〉, 〈자전거 도둑〉, 〈장석조네 사람들〉 등이 있다.

가 세상의 독한 가시를 이기라는 그 말씀은 삼 년 전 늦깎이 시인으로 등단한 그가 여태껏 시의 *화두로 삼아온 것이었다. 그러나 윤정이와 헤어지고 난 여섯 달 뒤 할머니는 세상의 육신을 훌훌 벗고 떠나셨다. 두현의 가슴은 갈가리 찢어지는 듯했지만 그나마 한 가지 위안은 돌아가신 할머니의 얼굴 위에 감돈 평온한 미소였다. 그는 그 미소가 자신에게 보내는 할머니의 이 세상에서의 마지막 위안으로 여겨졌다.

▶ 두현을 위로해 주던 할머니의 죽음

나 두현은 술잔을 들어 입술을 댄 채로 눈을 치며 창밖의 갈매나무를 바라보았다. 찬 술이

찻집 '아름다운 지옥'의 갈매나무

코끝에 *차란차란 와닿았다. 씨익 웃음이 새나왔다. 자신도 모르게 남이 읊은 시가 주저리

예전 모습 그대로인 갈매나무를 보며 느낀 반가움   백석의 〈남신의주 유동 박시봉방〉

주저리 엮어져 나왔다.

❶어느 사이에 아내도 없고, 또,

아내와 같이 살던 집도 없어지고,

그리고 살뜰한 부모며 동생들과도 멀리 떨어져서,

그 어느 바람 *세인 쓸쓸한 거리 끝에 헤매이었다.

평안북도 정주 출신의 가객 백석(白石)의 시 〈南新義州 柳洞 朴時逢方(남신의주 유동 박시봉방)〉이 아니었더라면 두현 자신이 먼저 썼음직한 시구였다. ❷좀전에 입가에 머물렀

시에 형상화된 화자의 처지가 자신과 동일하다고 느낌.

던 웃음이 채 가시기도 전에 울음기가 숨을 턱 가로막고 왈칵 밀려들었다. 두현은 당황스러웠다. 쿨럭쿨럭 기침이 새나왔다. 그 바람에 입과 코로 밀려 나온 숨 바람 때문에 술 방울이 사발 밖으로 마구 튀어 나갔다. 입 주변을 비롯해 온 얼굴로 술이 끼얹어졌다. 두현은 숨을 한 번 고른 다음 사발 안에 있는 술을 단숨에 빨아들였다. 그가 탁자 위에 술잔을 소리 나게 탁 내려놓자 옆에서 *주모가 기다리고 있었다는 듯 차가운 물수건을 내밀었다.

에구, 천천히 마시지…… / 저한테도 수건 있어요.

두현이 술을 급하게 마셔서 사레 들렸다고 생각함.

마른 수건보다 젖은 수건이 안 나와요? / 고맙습니다. 아주머니. 갑자기……

그는 입가보다는 눈가를 먼저 훔쳤다. 그런 다음 입가를 틀어막고 얼굴 전체를 수건에

음식을 잘못 먹어 난 기침이 아니라 갈매나무로 인해 옛 생각을 떠올리며 나온 기침임.

파묻었다. 얼굴을 닦고 나니 개운한 느낌이 들었다. 그는 눈을 커다랗게 뜨며 창밖의 갈매나무를 다시 응시했다. 갈매나무 너머로 집 한 채가 눈에 어른거렸다. 신혼살림을 차렸던 산기슭 바로 아래 그린벨트 안의 허름한 양옥 이층 방이었다. 보일러가 자주 고장 나서 가

백석의 시에 형상화된 '아내와 같이 살던 집도 없어지고'와 동일한 상황

끔은 습내도 나고 *누긋한 바로 그 방바닥 위에서 둘은 얼마나 서로에게 코를 박고 뒹굴었던가. 아아, 그때를 기억하며 시를 짓고 싶다. 저 백석의 절망을 뛰어넘는 시를, 두현은 숨이 찬 듯 헐떡거렸다. 그러나……

아내 윤정과 함께 지냈던 시절을 바탕으로 백석의 절망을 뛰어넘는 시를 짓고 싶은 마음

▶ 갈매나무를 보며 백석의 시를 떠올림.

다 "나뭅니다. 아주 *헌걸차고 씩씩한 녀석이죠. 바로 수칼매나무입니다. 갈매나무가 암수 딴그루 나무인 건 아시죠?"

"암수딴그루라뇨?"

"왜, 은행나무처럼 암수가 따로 있다 이겁니다. 제가 여태껏 보아온 건 모두 암크루였죠. 아직 수크루를 한 번도 보지 못했죠. ❸아마 어느 깊은 계곡 어디에선가 뿌리를 박고 홀로 눈보라와 찬 비와 거친 바람을 맞으며 추운 계절을 꿋꿋이 견디며 힘차게 수액을 높은

세상을 살아가며 겪게 되는 시련

우듬지 위로 뽑아 올리는 자태를 간직한 수크루를 알아보게 될 겁니다. 그런 날이 꼭 올 겁니다. 제 꿈이 그렇거든요. 그놈을 봤어요. 한 번도 아니고, 두 번도 아니고…… 몹시 앓을 때 내가 직접 그 ⓐ수칼매나무가 되는 꿈을 꿔요. 아주 편안한 나무가 되는 꿈을 꿔요."

오후 세 시가 다 돼 갔지만 주모가 말하는 애아범은 예상대로 나타나지 않았다. 그 사이에 주모는 젓가락으로 탁자 모서리를 가볍게 두드리며 철 지난 유행가를 두곡이나 불러 주었다.

▶ 수칼매나무를 꿈꾸는 두현

• **중심 내용** 갈매나무를 보며 백석의 시를 떠올리고, 수칼매나무가 되기를 꿈꾸는 두현   • **구성 단계** 절정

🏠 작품 연구소

'갈매나무'의 의미

이 작품에서 갈매나무는 매우 중요한 상징적 의미를 지니고 있다. 갈매나무는 두현이 카페 '아름다운 지옥'을 다시 찾아가게 되는 계기이자, 갈매나무가 등장하는 백석의 시를 떠올리게 하는 매개체가 된다.

유년 시절 집 앞	• 어릴 적 할머니 손에서 자란 두현은 집 앞 갈매나무와 함께 자람. • 어른 키의 갑절만큼 자라 있던 그 늙은 나무는 홀로 계신 할머니의 무언의 친구임. • 두현은 어린 시절 갈매나무 열매를 먹기도 하고, 기어오르다가 가시에 찔리기도 함.

↓

과거 '아름다운 지옥' 앞	• 윤정과의 연애 시절 '아름다운 지옥'의 갈매나무 앞에서 사진을 찍고 첫 입맞춤을 함. • 할머니께 인사드리러 내려가서 집 앞 갈매나무를 윤정에게 보여 주지만, 갈매나무 가시에 찔린 윤정은 오히려 두현을 타박함.

↓

현재 '아름다운 지옥' 앞	• 윤정과 이혼한 두현은 홀로 '아름다운 지옥'에 와서 옛 기억을 되살리며 술을 마시고, 갈매나무를 떠올리며 사색에 잠김.

'갈매나무'를 찾아 떠난 두현이 깨달은 내용

윤정과 이혼한 두현은 지옥도 천당도 보이지 않는 허무와 비관, 삶의 권태와 절망, 상처와 슬픔의 시간을 보내고 있다. 그렇기 때문에 갈매나무를 찾아가는 것은 현재를 넘어 과거나 미래에 닿으려는 욕망이지만 그것을 초월하려는 것은 아니다. 두현은 바로 지금 여기에 굳게 뿌리내린 갈매나무처럼, 삶을 불화와 화해의 꿈이 뒤섞인 역설로 이해하고자 한다. 이런 역설을 알아차리지 못할 때, 젊음은 지옥 같은 현실을 아름다운 세상으로만 변화시키려는 열정의 함정에 빠지게 된다. 즉, 변화시키려는 욕망에만 지배됨으로써 정작 자기 앞의 삶이 지닌 역설을 꿰뚫어 보지 못하는 것이다. 결국 두현은 지옥과 아름다움이 원래 하나이듯 지금 여기에서 지지고 볶고 사는 삶의 역설성에 세상의 독한 가시를 이기는 단서가 있다는 것을 깨닫게 된다.

두현이 '수칼매나무'를 찾으려고 하는 이유와 그 의미

두현은 아직 수칼매나무를 보지 못했으나 언젠가 꼭 보게 될 것이라 확신한다. 두현은 수칼매나무가 깊은 계곡 어디에선가 뿌리를 박고 홀로 눈보라와 찬 비와 거친 바람을 맞으며 추운 계절을 꿋꿋이 견디며 힘차게 수액을 높은 우듬지 위로 뽑아 올리고 있을 것이라는 상상을 한다. 결국 이 수칼매나무는 지옥 같은 현실 앞에서도 꿋꿋하게 부딪혀 사는, 생명의 힘을 갖는 현실 속의 수칼매나무로 살고자 하는 두현의 다짐이라 할 수 있다.

📖 함께 읽으면 좋은 작품

〈남신의주 유동 박시봉방〉, 백석 / 무기력한 삶에 대한 반성을 담은 작품

화자가 객지에서 홀로 지내면서 겪은 고단하고 슬픈 삶을 성찰하며 고결한 삶의 의지를 되새기고 있는 작품이다. 이 시에 등장하는 갈매나무는 화자 자신과 동일시되는 객관적 상관물로서, 화자가 지향하는 삶의 자세를 상징적으로 드러낸다는 점에서 〈갈매나무를 찾아서〉와 비교해 볼 만하다.

🔗 Link 〈현대 시〉 148쪽

5 이 글을 읽은 독자의 반응으로 적절하지 않은 것은?

① 두현이 쓴 시는 세상의 시련을 이겨 내는 내용을 주로 다루었겠군.

② 두현은 돌아가신 할머니의 평온한 미소를 보며 슬픔을 위로받았겠군.

③ 두현은 갈매나무를 보며 백석의 절망을 뛰어넘는 시를 쓰고 싶어 하는군.

④ 두현은 신혼살림을 차렸던 양옥 이층 방을 보며 슬픈 감정을 느끼고 있군.

⑤ 두현은 갈매나무에 대한 반가움으로 술을 급하게 마시다 기침을 하는군.

내신 적중 多빈출

[6~7] 〈보기〉를 참고하여 물음에 답하시오.

> ┤ 보기 ├
> 어느 사이에 나는 아내도 없고, 또,
> 아내와 같이 살던 집도 없어지고,
> 그리고 살뜰한 부모며 동생들과도 멀리 떨어져서,
> 그 어느 바람 세인 쓸쓸한 거리 끝에 헤매이었다.
> 바로 날도 저물어서,
> 바람은 더욱 세게 불고, 추위는 점점 더해 오는데, [중략]
> 나는 이런 저녁에는 화로를 더욱 다가 끼며, 무릎을 꿇어 보며,
> 어니 먼 산 뒷옆에 바위 섶에 따로 외로이 서서,
> 어두워 오는데 하이야니 눈을 맞을, 그 마른 잎새에는,
> 쌀랑쌀랑 소리도 나며 눈을 맞을,
> 그 드물다는 굳고 정한 ⓑ갈매나무라는 나무를 생각하는 것이었다.
>
> – 백석, 〈남신의주 유동 박시봉방〉

6 이 글의 '두현'이 〈보기〉의 '백석'의 시를 떠올린 이유로 가장 적절한 것은?

① 〈보기〉의 '굳고 정한 갈매나무'를 보며 이혼한 윤정의 모습이 떠올랐기 때문이다.

② 두현은 쓸쓸히 지내고 있는 〈보기〉의 화자의 처지가 자신의 처지와 동일하다고 느꼈기 때문이다.

③ 두현은 바람과 추위가 강해지는 상황인 〈보기〉의 화자의 처지보다는 자신의 처지가 낫다고 느꼈기 때문이다.

④ 어려움을 이겨 내려 하는 〈보기〉의 화자를 통해 두현이 겪은 이혼의 상처를 이겨 낼 수 있다고 느꼈기 때문이다.

⑤ '갈매나무'라는 소재는 동일하지만 〈보기〉의 '갈매나무'와 두현이 떠올린 '갈매나무'의 의미가 너무나 달랐기 때문이다.

7 이 글의 ⓐ와 〈보기〉의 ⓑ의 공통적 기능을 쓰시오.

문학 금성

☄ 핵심 정리

갈래 단편 소설, 액자 소설

성격 회상적, 서정적, 체험적

배경 ① 시간 – 일제 강점기, 현대
② 공간 – 행촌리, 서울

시점 1인칭 관찰자 시점(부분적으로 전지적 작
가 시점)

주제 일본 제국주의의 폭력으로 인해 고통받은
우리 민족의 비극적인 삶

특징 ① '현재 – 과거 – 현재'의 역순행적 구성임.
② 극적인 반전을 통해 주제 의식을 드러냄.

출전 《너무도 쓸쓸한 당신》(1998)

Q 이 글의 서술상 특징은?

서술자는 곱단이와 만득이와 같은 마을에 살던
'나'로, 자신의 기억 속에 있는 곱단이와 만득이
의 이야기를 마치 자신의 이야기를 하듯이 구체
적이고 실감 나게 전달하고 있다.

☀ 어휘 풀이

범강장달이 《삼국지연의》에 나오는 인물인 '범
강'과 '장달'을 합하여 부르는 말로, 키가 크고 우
락부락하게 생긴 사람을 이름.

이엉 초가집의 지붕이나 담을 이기 위해 짚이나
새 따위로 엮은 물건.

품앗이 마을 공동체에서 힘든 일을 서로 거들어
주면서 서로 간에 품을 지고 갚고 하는 일.

목석(木石) 나무나 돌처럼 아무런 감정도 없는
사람을 비유적으로 이르는 말.

관옥(冠玉) 남자의 아름다운 얼굴을 비유적으로
이르는 말.

방구리 주로 물을 긷거나 술을 담는 데 쓰는 질
그릇. 모양이 동이와 비슷하나 좀 작다.

☁ 구절 풀이

❶ **그래도 마을 사람들은 ~ 알고 있었다.** 만득
이가 곱단이네 집 일에 발 벗고 나서는 이유가
제시되어 있다. 표면상의 이유는 친구네 집이
기 때문이지만, 실질적인 이유는 곱단이를 좋
아하기 때문임을 알 수 있다.

❷ **곱단이와 만득이는 우리 마을의 화초요 꿈이
었다.** 곱단이와 만득이가 마을 사람들의 기대
를 한 몸에 받고 있음을 은유법을 통해 드러내
고 있다. 곱단이와 만득이를 '화초'와 '꿈'에 비
유한 것은 마을 사람들이 곱단이와 만득이를
아끼고 기대하는 대상으로 여기고 있음을 드
러내는 것이다.

❸ **곱단이는 아버지를 ~ 분교에 입학했다.** 곱단
이와 만득이가 함께 등·하교를 하게 됨으로써
둘이 가까워지는 계기로 작용하고 있으므로,
구성의 긴밀성, 사건의 필연성을 위해 작가가
의도적으로 설정한 장치라 할 수 있다.

가 곱단이는 *범강장달이 같은 아들을 내리 넷이나 둔 집의 막내이자 고명딸이었다. 부지런
한 농사꾼의 아버지와 착실한 아들들은 가을이면 우리 마을에서 제일 먼저 *이엉을 이었
다. 다섯 장정이 휘딱 해치울 일이건만 제일 먼저 곱단이네 지붕에 올라앉아 부산을 떠는
건 만득이였다. 만득이는 우리 동네의 유일한 읍네 중학생이라 *품앗이 일에서는 저절로
제외되곤 했건만, 곱단이네가 일손이 모자라는 집도 아닌데 제일 먼저 달려들곤 했다. 곱
단이 작은오빠하고 만득이는 친구 사이였다. ❶그래도 마을 사람들은 만득이가 곱단이네
집 일이라면 발 벗고 나서고 싶어 하는 게 친구네 집이라서가 아니라 그 여자, 곱단이네 집
이기 때문이라는 걸 알고 있었다. 부엌에서 더운 점심을 짓느라 연기가 곧게 올라가는 따
뜻한 가을날, 곱단이네 지붕에 제일 먼저 뛰어올라 깃발처럼 으스대는 만득이를 보고 동네
노인들은 [㉠   ], 하고 혀를 찼지만 그건 곧 만득이가 곱단이 신랑이 되리
라는 걸 온 동네가 다 공공연하게 인정하고 있다는 증거였다. ▶ 곱단이네 집의 일에 발 벗고 나서는 만득이

나 곱단이는 시골 아이답지 않게 살갗이 희고, 맑은 눈에 속눈썹이 길었다. 나는 그녀의 속
눈썹이 얼마나 길었는지 표현할 말을 몰랐는데 김용택의 시 중에서 마침내 ⓐ가장 알맞
은 말을 찾아냈다. 함박눈이 내려앉아서 쉴 만큼 길었다. 함박눈은 녹아 이슬방울이 되고
촉촉이 젖은 눈썹이 그녀의 검은 눈동자에 그늘을 드리우면, *목석의 애간장이라도 녹일
듯 애틋한 표정이 되곤 했다. 만득이는 총명하여 하나를 가르치면 열을 알았고, 생긴 것 또
한 *관옥 같았다. 촌구석에서는 드문 일들이었다. 만득이가 개천에서 난 용이라면 곱단이
는 진흙탕에 핀 연꽃이었다. 누가 먼저랄 것도 없이 둘이 장차 신랑 각시가 되면 얼마나 어
여쁜 한 쌍이 될까 하는 소리가 저절로 나왔다. 이구동성으로 두 사람의 천생연분을 점친
것이다. 양가의 처지 또한 서로 기울지도 넘치지도 않았고, 어른들은 소박하고 정직하여
남들이 사윗감 며느릿감으로 점찍어 준 아이들을 어려서부터 눈여겨보며 아름답고 늠름하
게 자라는 걸 서로 기특해하며 귀여워하였다. ㉡❷곱단이와 만득이는 우리 마을의 화초요
꿈이었다. ▶ 만득이와 곱단이의 뛰어난 용모

다 우리 마을에서 만득이가 제일 먼저 읍내 중학교로 진학하자 ⓑ❸곱단이는 아버지를 졸라
십리 밖에 새로 생긴 소학교 분교에 입학했다. *방구리 사건이 있고 나서였다. 분교를 간이
학교라고 불렀고, 입학하는 데는 연령 제한 같은 것도 없었다. 남학생 중에는 아이 아범도
있을 정도였다. 중학교도 마찬가지였나 보다. 만득이도 소학교만 나오고 몇 년 집에서 농
사를 거들다가 서울로 시집간 큰누나가 신식 교육의 필요성을 역설해서 상급 학교에 가게
됐으니 늦공부인 셈이었다.

간이 학교는 우리 마을에서 읍으로 가는 도중에 있는 긴냇골이라는 오십여 호가 넘는,
인근에서는 가장 큰 마을에 있었다. 고개를 두 번 넘고 시냇물을 한 번 건너야 했다. 만득이
와 곱단이가 등·하굣길을 자연스럽게 같이 했을 것은 말할 것도 없다. 겉으로 보기에 두
사람이 유별나 보이지는 않았다. 늘 곱단이가 한참 뒤져서 걷고 만득이는 휘적휘적 앞서
가다가 기다려 주곤 했다. 부부가 같이 외출을 해도 나란히 걷지를 못하고 아내가 한참 뒤
에서 걷는 걸 예절처럼 알던 시대였다. ▶ 등·하굣길에서 가까워진 만득이와 곱단이

• **중심 내용** 만득이와 곱단이의 관계와 두 사람의 순수한 사랑   • **구성 단계** (가), (나) 내화 – 발단 / (다) 내화 – 전개

이해와 감상

이 작품은 서술자인 '나'가 김용택의 시 〈그 여자네 집〉을 읽고 어렸을 적 같은 고향 마을에 살았던 만득이와 곱단이의 아름답고도 비극적인 사랑을 회상하는 내용으로, 현재와 과거를 오가는 이중 구조로 되어 있다. 작가는 이 작품을 통해 일제 강점기와 6·25 전쟁이라는 역사적 사건 속에서 두 사람이 헤어질 수밖에 없었던 비극을 그려 냄으로써, 이것이 만득이와 곱단이의 개인적인 경험에 국한된 것이 아니라 그 시대를 살았던 우리 민족의 공통된 아픔과 상처라는 주제 의식을 드러내고 있다.

이 작품은 외화와 내화로 구성된 액자 소설 형태를 띠고 있는데, 이와 같은 구성은 내부 이야기를 객관화하여 서술함으로써 작품에 신빙성을 더해 주고 독자의 흥미를 유발하는 기능을 한다. 그런데 이 작품은 일반적인 액자 소설과는 달리 내화가 아니라, 장만득 씨와 '나'가 만나는 외화 부분에 초점이 맞춰지며 주제가 드러난다는 데 특징이 있다.

전체 줄거리

외화 (도입)		김용택의 시 〈그 여자네 집〉을 읽은 '나'는 어릴 적 한 동네에 살던 만득이와 곱단이의 이야기와 유사하다고 생각하며 과거를 회상한다.
내화	발단	만득이와 곱단이는 빼어난 인물됨으로 인해 마을 사람들의 선망의 대상이었다.
	전개	만득이와 곱단이는 등·하교를 같이 하며 아름다운 사랑을 키워 나가고, 문학에 재능이 있는 만득이는 마을 청년들의 정신적 지주가 되었다.
	위기	태평양 전쟁이 일어나고 징병으로 끌려 나가게 된 만득이는 곱단이를 과부로 만들지 않기 위해 혼사를 치르지 않고 징병을 간다.
	절정	마을에 정신대와 관련한 끔찍한 소문이 돌자 곱단이는 정신대로 차출되지 않기 위해 급히 다른 남자와 결혼을 한다.
	결말	신의주로 시집간 곱단이는 소식이 끊기고, 해방이 되어 징병에서 돌아온 만득이는 순애와 결혼하여 서울로 떠난다.
외화 (종결)		고향 군민회에서 장만득 씨 부부와 재회한 '나'는 순애와 친분을 이어간다. '나'는 장만득 씨가 여전히 곱단이를 잊지 못하고 있다고 오해하나, 장만득 씨의 해명을 듣고 오해를 풀게 된다.

인물 관계도

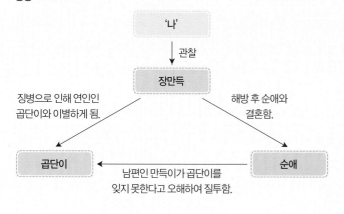

키 포인트 체크

인물 만득이와 곱단이는 행촌리 마을 사람들의 □□과 부러움 속에서 □□하는 사이로 발전한다.

배경 만득이는 전쟁의 피해를 직접적으로 받은 이들뿐만 아니라 간접적으로 받은 이들도 모두 피해자라고 말하며 □□□□□ 우리 민족의 비극을 드러낸다.

사건 '나'는 순애의 말과 달리 만득이가 곱단이를 잊지 못하고 있다는 것은 □□였음을 알게 된다.

1 이 글에 대한 설명으로 가장 적절한 것은?

① 작품 밖의 서술자가 인물의 행동과 심리를 분석하고 있다.
② 다양한 인물들이 살아가는 모습을 대조적으로 제시하고 있다.
③ 특정 인물의 시각에서 서술하여 그의 내면에 공감하도록 유도하고 있다.
④ 과거와 현재를 병렬적으로 배치하여 특정 사건을 입체적으로 전달하고 있다.
⑤ 작품 속의 인물이 자신의 체험과 추측을 바탕으로 주인공과 관련 있는 사건을 서술하고 있다.

2 ㉠에 들어갈 속담으로 가장 적절한 것은?

① 간에 붙었다 쓸개에 붙었다 한다더니만
② 먼 사촌보다 가까운 이웃이 낫다더니만
③ 될 성 부른 나무는 떡잎부터 알아본다더니만
④ 제 색시가 고우면 처갓집 말뚝에도 절을 한다더니만
⑤ 외밭 가에서 신을 신지 말고 오얏나무 아래에서 갓을 바로 쓰지 말라더니만

3 발상 및 표현이 ㉡과 가장 유사한 것은?

① 나는 나룻배 / 당신은 행인 — 한용운, 〈나룻배와 행인〉
② 바다는 뿔뿔이 / 달아날랴고 했다. — 정지용, 〈바다 2〉
③ 흔들리지 않고 피는 꽃이 어디 있으랴 — 도종환, 〈흔들리며 피는 꽃〉
④ 아직 서해엔 가 보지 않았습니다 / 어쩌면 당신이 거기 계실지 모르겠기에 — 이성복, 〈서해〉
⑤ 모란이 피기까지는, / 나는 아직 기다리고 있을 테요, 찬란한 슬픔의 봄을. — 김영랑, 〈모란이 피기까지는〉

4 〈보기〉에서 ⓐ에 해당하는 시행을 찾아 쓰시오.

┤ 보기 ├
아침 눈이 하얗게 처마 끝을 지나 / 마당에 내리고
그 여자가 몸을 웅숭크리고 [중략]
눈이 가득 내리는 하늘을 바라보다가
속눈썹에 걸린 눈을 털며 / 김칫독을 열 때
하얀 눈송이들이 김칫독 안으로 / 하얗게 내리는 집
— 김용택, 〈그 여자네 집〉

5 사건의 흐름을 고려하여 ⓑ의 기능을 쓰시오.

☀ 어휘 풀이

전업사 여러 가지 전기 기구 따위를 팔거나, 전 깃줄이나 전화선, 교량 따위를 공중에 건너질러 설치하는 일을 해 주는 가게.

정신대 태평양 전쟁 때 일제가 식민지 여성들을 강제로 동원하여 만든 무리.

재취(再娶) 아내를 여의었거나 아내와 이혼한 사람이 다시 결혼하여 아내를 맞이함.

꼬부장하다 마음이 조금 틀어져 있다.

이르집다 오래전의 일을 들추어내다.

제국주의 우월한 군사력과 경제력으로 다른 나라나 민족을 정벌하여 대국가를 건설하려는 침략 주의적 경향을 말함.

천인공노(天人共怒)하다 하늘과 사람이 함께 노한다는 뜻으로, 누구나 분노할 만큼 증오스럽거나 도저히 용납할 수 없다.

✿ 구절 풀이

❶ 만득이를 서울에서 ~ 십 년도 안 된다. 서술 자인 '나'가 과거의 만득이와 곱단이의 사랑을 회상하다 다시 현실로 돌아와 만득이를 만난 이야기를 서술하는 외화 부분이다. 이 작품은 외화와 내화가 '현재 – 과거 – 현재'의 역순행 적 구성으로 연결되어 있다.

❷ 생전의 그의 아내로부터 ~ 어쩔 수가 없었다. '나'는 장만득 씨의 아내인 순애로부터 남편이 아직도 곱단이를 잊지 못하고 있다는 말을 수 없이 들었다. 과거 태평양 전쟁이 일어났을 때 만득이가 징병으로 끌려가고, 곱단이는 정신 대 차출을 피하기 위해 원하지 않는 사람과 급 하게 혼인을 했다. 그래서 서술자인 '나'는 정 신대로 인해 곱단이와의 사랑을 이루지 못한 장만득 씨가 곱단이에 대한 그리움 때문에 모 임에 참석한 것이라고 생각하고 있다.

❸ 왜요? 곱단이를 ~ 참 대단하십니다. 장만득 씨에 대한 '나'의 태도가 드러나 있는 부분이다. '나'는 순애가 이야기했던 대로 장만득 씨 가 여전히 곱단이를 잊지 못하고 있다고 생각 하며 냉소적인 태도를 보이고 있다.

❹ 강도의 폭력을 피하기 ~ 눈물이 그렁해졌다. 일제의 제국주의적 폭력을 '강도의 폭력'에 비 유하고, 사랑하는 사람이 아닌 다른 사람에게 시집을 간 곱단이의 경우를 '십 층에서 뛰어내 려 죽었다'에 비유하여 일제의 폭력은 당한 사 람만이 아니라 피한 사람들에게도 고통을 주 었음을 역설하고 있다.

Q 이 부분에서 드러나는 주제 의식은?

장만득 씨는 '나'에게 정신대 할머니 모임에 참석 한 이유가 일본인에 대한 분노 때문이라는 것을 밝히고 있다. 즉, 그는 정신대에 끌려간 사람들이 나 그것을 면한 곱단이와 같은 사람들 모두가 피 해자임을 피력하면서 우리 민족의 아픔을 언급 하고 있는 것이다. 이를 통해 '일본 제국주의의 폭력에 의한 우리 민족의 고통과 비극적인 삶'이 라는 작품의 주제 의식이 드러나고 있다.

✎ 작가 소개

박완서(본책 206쪽 참고)

가 ❶만득이를 서울에서 다시 만난 지는 채 십 년도 안 된다. 지금은 돌아가셨지만 그때까지 는 생존해 계시던 삼촌이 우리 ㉠고향 군민회에 가 보고 싶다고 하셔서 모시고 간 자리에 서였다. [중략] 행촌리 노신사도 삼촌을 알아보는 것 같지 않았다. 그냥 어른 대접으로 행 촌리 살던 아무개라고 공손하게 인사를 했지만 나는 별로 귀담아듣지 않아 못 알아들었다. 나중에 그가 나에게 명함을 주며 인사를 청하지 않았으면 아마 끝까지 못 알아보았을 것이 다. 무슨 ˙전업사 대표 장만득으로 돼 있는 명함을 보고 나서야 뭔가 이상해서 다시 한번 쳐 다보니, 젊은 날의 그가 어디 숨어 있다가 고개를 내밀듯이 분명하게 떠올랐다. 몸집도 별 로 불지 않고 얼굴도 별로 늙지 않은 동안이었다. 나하고 그는 그닥 친한 사이가 아니었다. 「그는 곱단이 것이었으므로 당시의 우리 또래들은 다들 그를 소 닭 보듯 하는 걸 예절로 알 았다.」

▶ 고향 군민회에서 우연히 만난 만득이와 '나'

나 그를 우연히 만난 것은 그가 상처하고 나서도 이삼 년 후 엉뚱하게 ˙정신대 할머니를 돕 기 위한 모임에서였다. 뜻밖이었지만, ❷생전의 그의 아내로부터 귀에 못이 박이게 주입된 선입관이 있는지라 그가 그 모임에 나타난 것도 곱단이하고 연결 지어서 생각되는 걸 어쩔 수가 없었다. 모임이 끝난 후 그가 보이지 않자 나는 마치 범인을 뒤쫓듯이 허겁지겁 행사 장을 빠져나와 저만치 어깨를 축 늘어뜨리고 걸어가는 그를 불러 세웠다. 그리고 다짜고짜 따지듯이 ˙재취 장가를 들었느냐고 물었다. 그는 아니라고 말하고 나서 앞으로도 할 생각 이 없다고, 묻지도 않은 말까지 덧붙이는 것이었다.

❸왜요? 곱단이를 못 잊어서요? 여긴 왜 왔어요? 정신대에 그렇게 한이 맺혔어요? 고작 한 여자 때문에. 정신대만 아니었으면 둘이서 혼인했을 텐데 하구요? 참 대단하십니다.

내 퍼붓는 말에 그는 대답 대신 앞장서서 근처 찻집으로 갔다. 그 나이에 아직도 싱그러 움이 남아 있는 노인을 마치 순애의 넋이 씐 것처럼 ˙꼬부장한 마음으로 바라보았다. 그 가 나직나직 말했다.

▶ 만득이에게 곱단이를 잊지 않았는지 추궁하는 '나'

다 내가 곱단이를 아직도 잊지 못한다는 건 순전히 우리 집사람이 지어낸 생각이에요. 난 지금 곱단이 얼굴도 생각이 안 나요. 우리 집사람이 줄기차게 ˙이르집어 주지 않았으면 아 마 이름도 잊어버렸을 거예요. 내가 곱단이를 그리워했다면 그건 아마 누구에게나 있을 수 있는 젊은 날에 대한 아련한 향수였겠지요.

▶ 곱단이에 대해 해명하는 만득이

라 오늘 여기 오게 된 것도, 글쎄요. 내가 한 짓도 내가 설명할 수 있을 것 같지 않지만……. 아마 얼마 전 우연히 일본 잡지에서 정신대 문제를 애써 대수롭게 여기지 않으려는 일본 사람들의 생각을 읽고 분통이 터진 것과 관계가 있겠죠. 강제였다는 증거가 있느냐, 수적 으로 한국에서 너무 부풀려 말한다, 뭐 이런 투였어요. 범죄 의식이 전혀 없더군요. 그걸 참 을 수가 없었어요. 비록 곱단이의 얼굴은 생각나지 않지만 나는 지금도 생생하게 느낄 수 가 있어요. 곱단이가 딴 데로 시집가면서 느꼈을, 분하고 억울하고 절망적인 심정을요. 나 는 정신대 할머니처럼 직접 당한 사람들의 원한에다 그걸 면한 사람들의 한까지 보태고 싶 었어요. ⓐ당한 사람이나 ⓑ면한 사람이나 똑같이 그 ˙제국주의적 폭력의 희생자였다고 생 각해요. 면하긴 했지만 면하기 위해 어떻게들 했나요? ⓒ❹강도의 폭력을 피하기 위해 ⓓ얼떨결에 십 층에서 뛰어내려 죽었다고 강도는 죄가 없고 자살이 되나요? 삼천 리 강산 방방곡곡에서 ⓔ사랑의 기쁨, 그 향기로운 숨결을 모조리 질식시켜 버리니 그 ˙천인공노할 범죄를 잊어버린다면 우리는 사람도 아니죠. 당한 자의 한에다가 면한 자의 분노까지 보태 고 싶은 내 마음 알겠어요? / 장만득 씨의 눈에 눈물이 그렁해졌다.

▶ 만득이가 정신대 할머니 모임에 참석한 이유

• 중심 내용 서울에서 만득이를 만나 오해를 푸는 '나'　　• 구성 단계 외화 – 종결

작품 연구소

김용택의 시 〈그 여자네 집〉의 삽입 효과

'나'는 북한 동포 돕기 시 낭송회에서 시를 낭송해 달라는 권유를 받고 김용택의 시 〈그 여자네 집〉을 떠올린다. 앞부분에 이 시를 삽입함으로써 얻는 효과는 다음과 같다.

• 서술자인 '나'가 과거를 회상하게 되는 매개체가 됨.
• 산문 형식인 소설에 운문 형식의 시를 배치하여 글의 단조로움에서 벗어나게 하고, 작품 전체에 서정성을 부여함.
• 시의 제목이 작품의 제목과 같다는 점, 시 속에 나타난 화자의 태도나 정서 등을 통해 앞으로 전개될 사건이 이와 유사한 아름답고도 슬픈 사랑의 이야기일 것임을 암시함.

〈그 여자네 집〉의 문체상 특징

이 작품에서 서술자인 '나'는 작가로 설정되어 있으며, 소설의 앞부분에는 실존 인물인 김용택의 시가 인용되어 있다. 또한 서술자인 '나'는 자신의 경험담을 생생하게 전달하고 있어 마치 이 소설의 실제 작가인 박완서가 직접 경험한 일을 쓴 것과 같은 느낌을 준다. '나'는 자신의 기억 속에 있는 곱단이와 만득이의 이야기를 마치 자신의 이야기처럼 매우 구체적이고 실감 나게 풀어 놓는다. 때로는 서술자인 '나'를 통하지 않고 작품 속 인물의 목소리를 통해 직접 이야기를 전달하는 화자의 위치 조정이 나타나는데, 이를 통해 그 인물의 입장에서 상황을 생각해 볼 수 있게 함으로써 독자의 공감을 이끌어 내는 효과를 거두고 있다.

〈그 여자네 집〉에 나타난 주제 의식

작가는 개인이 짊어진 상처를 개인의 문제가 아닌 시대와 사회의 문제로 바라봄으로써, 비극적 역사 속에서 우리 민족이 겪은 고통스런 삶의 모습을 드러내고 있다.

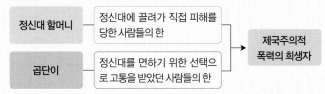

정신대 할머니	정신대에 끌려가 직접 피해를 당한 사람들의 한	
곱단이	정신대를 면하기 위한 선택으로 고통을 받았던 사람들의 한	제국주의적 폭력의 희생자

자료실

액자 소설
이야기 속에 또 하나의 이야기가 액자처럼 들어 있는 것을 말한다. 외부 이야기 속에 내부 이야기가 들어 있으며, 외부 이야기가 액자의 역할을 하고 내부 이야기가 핵심 이야기가 되는 형태이다. 액자는 내부 이야기를 도입하고, 또 그것을 객관화하여 이야기의 신빙성을 더해 주는 기능을 하며, 이야기 밖에 또 다른 서술자의 시점을 배치하기 때문에 다각적으로 이야기를 전개할 수 있다는 이점이 있다.

함께 읽으면 좋은 작품

〈화수분〉, 전영택 / 일제 강점기의 비극적인 삶을 액자식 구성으로 담은 작품
'나'가 행랑채에 세를 들어 사는 빈민 부부의 삶에 대해 관찰자의 시각에서 서술하고 있는 작품으로, 일제 강점기 경제적 궁핍과 재난으로 인해 죽음을 맞는 화수분 부부의 비극적인 삶을 그리고 있다. 외화와 내화가 있는 액자 구성이라는 점에서 〈그 여자네 집〉과 공통점이 있다.

〈흰 철쭉〉, 이청준 / 민족사가 남긴 상처를 그린 작품
남북 분단으로 인한 이산가족의 문제를 다룬 작품이다. 분단으로 고향에 갈 수도 없고, 가족을 만날 수도 없게 된 아주머니의 사연을 통해 민족사가 개인에게 남긴 상처를 보여 준다. 또한 분단의 아픔은 그것을 겪은 세대가 죽더라도 끝나지 않을 것임을 암시하고 있다.

6 이 글을 통해 알 수 있는 내용으로 적절하지 <u>않은</u> 것은?

① '나'는 만득이와 그다지 친하게 지내지 않았다.
② '나'는 만득이를 고향 군민회에서 우연히 만났다.
③ 만득이는 곱단이를 애절하게 그리워하고 있지는 않다.
④ '나'는 순애의 영향으로 만득이에게 냉소적인 태도를 보였다.
⑤ 만득이는 아내가 죽기 전 곱단이에 대한 아내의 오해를 풀어 주었다.

7 (다), (라)에 대한 설명으로 가장 적절한 것은?

① 서술자가 사건에 개입하여 사건을 중재하고 있다.
② 등장인물의 독백을 직접 인용하여 그의 내면을 보여 주고 있다.
③ 의식의 흐름 기법을 사용하여 인물의 내적 욕망을 드러내고 있다.
④ 서술자의 위치를 조정하여 인물의 경험을 직접 전달하게 하고 있다.
⑤ 성격과 행위의 괴리를 보여 주어 인물이 처한 심리적 상황을 부각하고 있다.

8 이 글에서 ㉠의 역할로 가장 적절한 것은?

① '나'와 삼촌의 관계를 회복하게 한다.
② '나'가 고향에서의 아름다운 추억을 떠올리게 한다.
③ '나'와 만득이의 갈등이 해소되는 계기로 작용한다.
④ 만득이와 관련된 새로운 사건이 전개될 것임을 암시한다.
⑤ 만득이로 하여금 어려운 현실을 극복할 수 있는 힘을 얻게 한다.

9 ⓐ~ⓔ의 의미로 적절하지 <u>않은</u> 것은?

① ⓐ: 정신대에 끌려간 사람들
② ⓑ: 정신대에 끌려가지 않은 곱단이
③ ⓒ: 일본 제국주의
④ ⓓ: 만득이 아내의 죽음
⑤ ⓔ: 만득이와 곱단이의 사랑

10 〈보기〉는 이 글의 작가가 쓴 창작 노트의 일부이다. 밑줄 친 부분의 내용이 무엇인지 쓰시오.

> **보기**
> 이 작품의 결말은 독자의 예상과는 전혀 다른 방향으로 전개해야겠다. '나'의 말이 아니라 만득이의 목소리를 통해 극적 반전의 효과를 주고 단조로울 수 있는 작품에 흥미를 더해 주어야지. 그래서 궁극적으로 전달하려는 주제를 부각할 수 있도록 할 것이다.

문학 천재(정)

🎯 핵심 정리

갈래 장편 소설, 성장 소설
성격 자전적, 회고적, 고백적
배경 ① 시간 – 주인공의 13세~19세에 이르는 6년
　　　② 공간 – 강원도(강릉, 대관령)
시점 1인칭 주인공 시점
주제 한 소년의 꿈과 방황을 통한 성장
특징 ① 어른이 된 서술자의 시선에서 과거의 경험을 자전적으로 서술함.
　　　② 청소년의 방황 또는 성장의 한 과정을 보여 줌.
출전 《19세》(1999)

Q **'나'가 학교를 그만두려는 이유는?**

'나'는 단짝 친구인 승태와 대관령에 갔다가 넓은 밭을 보고 완전히 매료되어 대관령에서 농사지으며 살겠다는 꿈을 갖게 된다. 그 후 상고에 진학했지만 공부가 자신의 적성에 맞지 않음을 깨닫고 농사를 지으며 살겠다는 자신의 꿈을 이루기 위해 학교를 그만두려고 한다.

💡 어휘 풀이

악 있는 힘을 다하여 모질게 마구 쓰는 기운.
해도지 강원도 방언. 한철 농사를 짓기 위해 남의 땅을 한 해 동안 빌린 뒤, 도지를 주고 농사를 짓는 '한 해 도지'에서 '해도지'라는 말이 나옴.
사랑방 집의 안채와 떨어져 있는, 바깥주인이 거처하며 손님을 접대하는 방.

🔖 구절 풀이

❶ **"니 올해 나이가 몇이나?"** 아버지는 아들의 나이가 궁금해서 물어보는 것이 아니라 학교를 포기하고 농사를 짓겠다는 아들에게 지금의 나이는 농사보다 공부를 해야 할 시기임을 일깨워 주려는 의도에서 한 말이다.

❷ **"저 이제 정말 학교 안 다녀요. ~ 이번엔 아주 멀리요."** '나'가 가출한 경험이 있음을 짐작할 수 있다. 또한 이번에 가출을 하면 영영 집에 안 돌아올 것임을 암시하여 자신의 뜻을 관철시키려고 한다.

❸ **그렇게 다시 전쟁과도 같은 사흘을 보냈다.** 학교를 그만두고 농사를 짓겠다는 '나'와 이를 반대하는 아버지의 팽팽한 갈등을 비유적으로 표현한 말이다.

가

㉠❶"니 올해 나이가 몇이나?" / "열일곱 살요."

"그러면 그건 스무 살이 넘어서도 할 수 있는 거 아니냐? 나중에라도."
<small>아버지는 농사는 스무 살이 넘어서도 할 수 있는 일임을 내세워 '나'를 설득하려 함.</small>

"저는 빨리 하고 싶어요. 한 해라도 빨리요."
<small>한 해라도 빨리 경제권을 가진 어른이 되고 싶은 '나'</small>

"그런 거 빨리 해서 뭘 할 건데?" / "돈 벌려구요. 공부도 취미가 없고 하니까."
<small>공부가 적성에 맞지 않다고 생각한 '나'는 돈을 벌어 경제적으로 자립함으로써 어른으로 인정받고 싶어 함.</small>

"글쎄, 그런 건 학교를 졸업하고도 얼마든지 할 수 있는 거라니까. 그렇게 해도 늦지 않
<small>'아버지'는 '나'가 학교를 반드시 졸업하기를 바람.</small>
고. 그러니까 다시 학교로 가. 내일 개학이고 하니까."

❷"저 이제 정말 학교 안 다녀요. 그러면 또 집 나가고 말 거라구요. 이번엔 아주 멀리요."
<small>가출하면 집에 오랫동안 돌아오지 않을 수도 있음을 강조함.</small>
정말 맞아 죽을 각오를 하고 나는 그 말을 했다.

"쓸데없는 소리 말고 건너가서 내일 학교 갈 준비나 해. 아버지 화나게 하지 말고." [중략]

"건너가도 저는 학교 이제 안 다녀요. 지금까지도 억지로 다녔던 거라구요."
<small>'나'는 학교생활에 적응하지 못했음.</small>

"글쎄. 건너가래도." / "정말 저 안 다녀요. 그러니 제발 저를 대관령으로 보내 주세요."
<small>'나'가 농사를 짓기 위해 가고자 하는 목적지</small>

[A] 그러자 나를 방에 놔두고 아버지가 밖으로 나가 버렸다. 임무 교대를 하듯 다시 어머
니의 길고 긴 잔소리가 이어졌다. 그때에도 나는 무슨 일이 있어도 이제 학교를 안 갈
<small>아버지뿐만 아니라 어머니도 '나'를 설득함.</small>
거라고 ⁎악을 쓰듯 말했다. ❸그렇게 다시 전쟁과도 같은 사흘을 보냈다. 병원에 누워
있는 석중이 아저씨가 다른 사람에게 ⁎해도지를 넘기기 전에 끝을 봐야 했다. 어느 하
<small>다른 사람에게 땅이 넘어가기 전에 자신이 그 땅을 빌려서 농사를 지으려 함.</small>
루는 종아리에서 피가 튀도록 아버지한테 매를 맞기도 했다. 그러나 나는 죽었으면 죽
었지 학교로는 가지 않겠다고 말했다. 나중엔 아버지가 이런저런 말로 달래도 그 고집
<small>'나'의 뜻이 확고함을 보여 줌.</small>
만은 꺾지 않았다. 그러니까 제발 나를 대관령으로 보내달라고.
<small>'나'는 아버지의 회유에도 꿈을 포기하지 않음.</small>

▶ 학교를 그만두려는 '나'와 이를 만류하는 아버지의 갈등

나

결국, 그 겨울의 길고 긴 줄다리기 끝에 그해 봄 나는 대관령으로 갈 수 있었다.
<small>'나'의 고집을 꺾으려는 아버지의 설득이 오랫동안 지속되었음을 짐작할 수 있음.</small>

서른이 넘어 어린 시절 내가 꿈꾸었던 농사와는 전혀 다른 길로 들어선 다음 언젠가 그
런 질문을 받은 적이 있다. 농사의 어떤 점이 좋아 어릴 때부터 농군이 되지 못해 그렇게 애
를 썼느냐고. / 그때 나는 이렇게 대답했다.

"그 나이에 농사를 짓는 일에 어떤 매력을 느꼈다기보다는, 물론 매력을 느끼지 않은 건
아니지만, 나는 하루라도 빨리 어른이 되고 싶었다. 그때 내게는 농사만이 나를 그렇게
해 줄 수 있을 거라고 생각했다. 아니, 그게 그때로선 유일한 길이었다."

<small>어릴 때는 농사를 짓는 것이 돈을 벌 수 있고 어른으로 인정받을 수 있는 가장 빠른 길이라고 생각했음.</small>
나는 거기에 어른의 조건을 한 가지 더 추가했다. 어른은 나이와 상관없이 일로써 자기
<small>'나'는 나이와 상관없이 경제적으로 자립할 수 있으면 어른이라고 생각함.</small>
경제권을 가진 사람이라고. 겨울이 되면 어른들이 어느 집 ⁎사랑방이나 뒷방에 모여 묵 내
기나 담배 내기 화투를 칠 때가 있다. 그때에도 자기 경제권을 가지고 있는 아이 같은 어른
<small>나이로는 성인이 아니지만 자기 경제권을 가지고 있는 청소년을 이르는 말</small>
은 그 판에 낄 수 있어도 어른 같은 아이는 그 판에 낄 수 없는 것이다. 예를 든다면 다음 해
<small>나이는 성인이지만 자기 경제권이 없는 사람을 이르는 말</small>
겨울 형과 내 경우가 그랬다. 대관령에 올라가 농사를 짓는 동안 나는 어른들과 당당하게
<small>'형' = 어른 같은 아이. '나' = 아이 같은 어른</small>
그런 내기 화투를 칠 수 있어도 형은 군에서 마지막 휴가를 나오던 때에도 그랬고, 제대 후
다시 학교를 다니던 때에도 어른들의 그런 놀이판에 끼고 싶어도(하기야 그러고 싶어 할
<small>내기 화투</small>
사람도 아니지만) 낄 수가 없는 것이었다. 왜냐하면 스물몇 살이 되어도 형은 아직 집에서
돈을 물어 가는 아이지 돈을 버는 어른이 아니기 때문이다. 그게 농경 사회에서의 아이와
<small>경제력이 전혀 없는 형을 비유적으로 표현한 말　　　　　　　　　　　경제권의 유무로 구분됨.</small>
어른의 구분이었다.

▶ 학교를 그만두고 대관령으로 가게 된 '나'

• **중심 내용** 학교를 그만두고 농사를 짓겠다는 '나'와 이를 반대하는 부모의 갈등　　• **구성 단계** (가) 위기 / (나) 절정

이해와 감상

　이 작품은 강원도에 살았던 한 소년이 어른이 된 후 자신의 청소년기를 회상하는 회고록 형식의 성장 소설로, 작품의 주인공 '나(이정수)'를 작가 이순원의 분신으로 보기도 한다.

　부모나 사회가 정해 주는 진로에서 벗어나 자신이 누구인지, 어떻게 살아야 하는지를 찾아가는 '나'의 모습을 통해 진정한 삶의 의미를 생각하게 한다. 또한 이 작품은 유년의 추억들을 유쾌하게 담아내는 한편 쓸쓸할 만큼 아름다운 정경을 보여 주며 10대 시절에 누구나 한 번은 가져 보았을, 빨리 어른이 되고 싶었던 마음과 치기 어린 시절의 다양한 기억들을 담고 있다.

🔍 전체 줄거리

발단	중학생인 '나'는 대관령에 올라 그곳에서 빨간 지붕의 집을 짓고 사는 꿈을 키운다.
전개	'나'는 상업 고등학교로 진학하지만 주산에 어려움을 겪자, 학교를 그만두고 농사를 짓기로 결심한다.
위기	오랜 설득 끝에 부모님의 허락을 받고 학교를 그만둔 '나'는 대관령에서 밭을 빌려 고랭지 농사를 짓는다.
절정	처음 지은 배추 농사에서 큰돈을 벌게 된 '나'는 어른 흉내를 내며 정신 없이 돈을 쓰고 다닌다.
결말	'나'는 자신의 행동이 어른 노릇이 아니라 어른놀이였음을 깨닫고 다시 학교로 돌아간다.

👥 인물 관계도

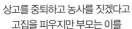

🏠 작품 연구소

'대관령'의 공간적 의미

　이 작품에서 '대관령'은 '나'에게 매우 의미 있는 공간이다. 공부에 별로 취미가 없는 '나'는 다니던 학교를 그만두고 빨리 돈을 벌어 어른이 되고 싶어 한다. 그래서 나는 스스로 경제권을 가질 수 있는 농사를 짓기 위해 '대관령'으로 가려고 하는 것이다.

대관령	• 부모에게 의존하지 않고 자립할 수 있는 공간 • 자신의 꿈을 실현하고자 스스로 찾아간 공간 • 자신의 행동이 잘못되었음을 깨닫는 공간

〈19세〉의 서술 방식과 효과

　이 작품은 어른이 된 서술자의 시선에서 사춘기 소년인 '나'를 바라보며 이야기를 전달하고 있다. 이러한 서술 방식을 활용하여 독자의 공감을 이끌어 내고 있다. 또한 서술자의 말투를 능청스러운 말투로 표현함으로써 독자의 웃음을 유발하고 있다.

🗝 포인트 체크

인물 '나'는 빨리 돈을 벌어 어른으로 인정받고 싶어 하지만 □□□는 나이에 맞지 않는 일이라 여기며 이를 반대한다.

배경 길고 긴 □□을 보내고 그해 봄에 '나'는 □□□으로 가게 된다.

사건 '나'는 □□를 그만두고 □□를 짓기 위해 고향을 떠난다.

1 이 글의 서술상 특징으로 가장 적절한 것은?

① 서술자가 관찰한 인물과 사건을 제시한다.

② 여러 인물의 내면을 서술하여 주제를 부각한다.

③ 서술자가 과거에 겪었던 사건을 담담하게 전달한다.

④ 특정 사건을 통해 인물의 성격 변화 과정을 제시한다.

⑤ 장면에 따라 서술자를 달리하여 사건을 입체적으로 제시한다.

내신 적중 多빈출

2 [A]에 대한 이해로 가장 적절한 것은?

① '나'와 부모의 갈등이 오랫동안 지속되었음을 보여 준다.

② 꿈을 이룰 수 없는 현실에 대한 '나'의 절망감이 드러난다.

③ '나'의 의견을 수용하려는 아버지의 태도 변화가 드러난다.

④ '나'에 대한 아버지의 기대감이 점점 커지고 있음을 보여 준다.

⑤ 어떤 일에도 흥미를 느끼지 못하는 '나'의 무기력한 모습이 드러난다.

3 '나'에 대한 독자의 반응으로 가장 적절한 것은?

① 이러지도 저러지도 못해 사면초가(四面楚歌)에 빠졌군.

② 자신의 능력만 믿고 안하무인(眼下無人)으로 행동하는군.

③ 목적을 이룰 때까지 요지부동(搖之不動)의 자세로 버티고 있군.

④ 믿었던 일이 잘못될까 봐 전전긍긍(戰戰兢兢)하는 모습이 안쓰럽군.

⑤ 아무 이유 없이 매를 맞은 것이 분해 절치부심(切齒腐心)하고 있군.

내신 적중

4 (나)를 참고하여, '나'가 대관령에 가서 농사를 지으려는 궁극적인 목적을 쓰시오.

5 '아버지'가 ㉠과 같이 물어본 의도를 쓰시오.

어휘 풀이

그만그만하다 그만한 정도로 여럿이 다 비슷비슷하다.

제갈 무후 중국 삼국 시대의 정치가인 제갈량. 뛰어난 군사 전략가로 유비를 도와 오나라와 연합하여 조조의 위나라 군사를 대파하고 파촉을 얻어 촉한을 세움.

노름 돈이나 재물 따위를 걸고 주사위, 골패, 마작, 화투, 트럼프 따위를 써서 서로 내기를 하는 일.

허송세월 하는 일 없이 세월만 헛되이 보냄.

일탈 정하여진 영역 또는 본디의 목적이나 길, 사상, 규범, 조직 따위로부터 빠져 벗어남. 사회적인 규범으로부터 벗어나는 일.

Q '나'가 오토바이를 팔아 치운 이유는?

'나'는 빨리 어른이 되고 싶은 마음에 학교를 그만두고 대관령에서 2년간 배추와 감자 농사를 짓는다. 첫해에는 큰돈을 벌어 오토바이도 사고, 술집도 드나들며 어른 흉내를 내지만, 어떤 일이든 다 때가 있다는 사실을 스스로 깨닫는다. 결국 학교로 다시 돌아가기로 결심한 '나'는 2년간의 대관령 생활을 청산하기 위해 오토바이를 팔아 치운 것이다.

구절 풀이

❶ **그것으로 나는 다음 해에 펼칠 내 뜻을 아버지에게 말했다.** 대관령에서의 농사를 올해까지만 하고 내년에는 다시 고향으로 돌아가 학업을 계속하겠다는 자신의 생각을 아버지에게 이야기했다는 의미이다.

❷ **그 제갈 무후도 ~ 무어라 말하지 않았다.** 예전에는 형이 '나'를 함부로 대했지만, 지금은 '나'가 선택한 삶에 대해 간섭하지 않음을 의미한다.

❸ **같은 나이의 다른 아이들이 ~ 스며들어 오던 것이었다.** 그동안 '나'는 또래의 아이들이 하지 못하는 농사와 어른 흉내를 내며 살았지만, 정작 또래의 아이들이 다 하고 있는 학교생활을 자신만 못하고 있다는 것을 깨닫게 된 것이다.

❹ **"그래, 그동안 ~ 노름이고 장난인 거지.** 아버지는 '나'의 농사일이 어른이 되어 평생 해야 할 일로서 선택한 것이 아니라 청소년 시절의 방황으로 선택한 일이라고 생각하기 때문에 농사일로 운 좋게 돈을 번 것을 노름이고 장난이라고 말한 것이다.

작가 소개

이순원(李舜源, 1957~) 소설가. 1988년 《문학사상》에 〈낮달〉을 발표하며 등단했다. 전통적인 법도를 예찬하거나 따뜻한 삶에 대한 그리움을 소재로 한 소설과 수필을 많이 썼다. 주요 작품으로 〈은비령〉, 〈아들과 함께 걷는 길〉 등이 있다.

[앞부분의 줄거리] 대관령에서 고랭지 배추 농사를 시작한 '나'는 운 좋게 풍작을 거두어 처음으로 큰돈을 손에 쥐게 된다. '나'는 배추 상인들과 직접 흥정하고, 오토바이를 사서 타고 다니는 등 어른처럼 행동하지만, 허전한 마음이 든다.

가 　그해 배추 농사는 지지난해 석중이 아저씨의 일을 도와주러 왔을 때처럼 *그만그만했다. 크게 이익이 난 것도 없었고, 손해를 본 것도 없었다. 감자 농사는 같은 땅에 지난해보다 수확이 다섯 가마니나 더 많았다.
　그 수확을 마치고, 제일 처음 한 것이 강릉에 내려와 시내에서부터 경포대까지 최고 속도로 달려 보고 다시 시내로 들어와 오토바이를 팔아 치운 것이었다.
　　　　　　　　　　　　　　　　　　　　▶ 농작물 수확 후 오토바이를 팔아 버린 '나'

나 　❶그것으로 나는 ㉠다음 해에 펼칠 내 뜻을 아버지에게 말했다. 아버지가 그러길 바라서가 아니라 나중에 다시 농사를 짓더라도 어떤 일에는 다 때가 있는 것이 아닐까 하는 생각을, 지난 시간에 대한 두려움처럼 두 번째 여름과 가을 사이에 했던 것이다. 『지난 초여름 내 오토바이 뒤에 타고 함께 대관령에 갔던 승태 누나도 나의 그런 생각을 도왔고, 그동안 아버지한테 받은 숙제처럼, 그리고 나중엔 거기에 내가 더 깊이 빠져 한 권 두 권 읽기 시작해 커다란 서가 하나를 채우고 남을 정도에 이른 책들도 나의 그런 생각을 도와주었을 것이다. 형도 제대해 집에 와 있었다. 그러나 ❷그 *제갈 무후도 내가 그렇게 해 주길 바라기는 했겠지만 이제는 지난번처럼 함부로 내 삶에 대해 무어라 말하지 않았다. 그 무렵 무엇보다 나를 우울하게 했던 것은 지난 이태 동안의 내 삶에 대한 나 스스로의 생각이었다. 왠지 그 기간 동안 내가 했던 것은 어른 노릇이었던 것이 아니라 어른놀이였다는 생각이 자꾸만 내 가슴을 무겁게 한 것이었다. 이런 상태로 다시 한 해가 지나고 또 한 해가 지나 스무 살이 된다고 해도, 아니 그보다 더 많은 시간이 흘러 서른이 되고 마흔이 된다 해도 그 일에 대해 어떤 후회나 미련 같은 것이 남는다면 그때에도 내가 하는 짓은 여전히 어른 노릇이 아니라 어른놀이일 것 같은 생각이 들었던 것이다. 지난해와 마찬가지로 이번 해에도 배추 농사에서 큰돈을 만졌다 하더라도 지난여름 어느 날 갑자기 들기 시작한 그 생각만은 변함없을 것 같았다. ❸같은 나이의 다른 아이들이 하지 못하고 있는 무언가를 내가 하고 있다는 것이 아니라 같은 나이의 다른 아이들이 다 하고 있는 어떤 것을 나만 하지 못하고 있다는 생각이 뒤늦게야 어떤 후회나 소외감처럼 조금씩 내 가슴에 스며들어 오던 것이었다.
　오토바이를 팔았다고 했을 때, 그리고 그 돈을 남아 있는 통장과 함께 고스란히 아버지 앞에 내놓았을 때 아버지는 이렇게 말했다.
　❹"그래, 그동안 니가 지은 건 농사가 아니다. 운이 좋아 남이 만지지 못한 돈을 만지긴 했어도 그거야 농사랄 것도 없이 *노름이고 장난인 거지. 너는 그걸로 무얼 벌었다고 생각했을지 모르겠다만 더 크게 잃은 것도 있을 게다. 하지만 그냥 *허송세월을 한 시간만은 아닐 게다. 그건 앞으로 니가 하기 나름인 게지."
　"해도지도 내놓고요, 석중이 아저씨가 얻든 다른 사람이 얻든 밭 주인한테도 미리 말해 놓고 내려왔어요. 내년엔 올라오지 않을 거라고요."
　"그래. 늦기는 했지만 믿었다 애비는. 니 이렇게 제자리로 올 줄."
　그러나 전학은 가지 않을 거라고 말했다. 다시 학교로 돌아가야 한다는 생각은 했지만, 여전히 대학에 가서 공부를 하는 것은 겁을 내고 있었다. 지난해 대관령으로 올 때의 내 생각이 성급했다는 것은 느꼈지만 그러나 아주 먼 훗날 그때를 다시 돌아봤을 때, 지난번 승희 누나와 함께 대관령에 왔던 일처럼 그 시기의 성급한 *일탈 역시 내 성장의 한 과정으로 아름답게 추억되었으면 좋겠다고 생각했다.
　　　　　　　　　▶ 2년간의 대관령 생활을 정리하고 다시 학교에 가기로 결심한 '나'

• 중심 내용 대관령에서의 농사를 정리하고 다시 학교로 돌아가기로 결심한 '나'　　　• 구성 단계 (가) 절정 / (나) 결말

🏠 작품 연구소

'나'의 성장통

'나'는 빨리 어른이 되고 싶은 마음에 가족의 반대를 무릅쓰고 학업을 중단한 후 대관령에서 농사를 짓는다. 풍년이 들어 첫해 농사에서 큰돈을 벌게 된 '나'는 스스로를 어른이라고 생각하고 '어른 노릇'을 하는 데 정신이 팔린다. 그러나 농사 2년 차에 접어들자 어떤 일이든 때가 있다는 것을 뒤늦게 깨닫고, 자신이 하던 것은 '어른 노릇'이 아닌 '어른놀이'였다는 결론을 내린 후 학교로 돌아가게 된다. 어른 행세를 하고 어른 대접을 받았던 시기에 대해 '나'가 '어른 노릇'이 아닌 '어른놀이'를 하던 시기였다고 평가하는 것은, 농부가 되는 것을 진정한 어른으로 성장하는 것과 동일시했던 자신의 생각에 대한 자성으로 볼 수 있다. 이러한 자성을 통해 '나'는 한 뼘 더 성장할 수 있었던 것이다.

미성숙한 '나'		성숙해진 '나'
• 빨리 어른이 되고 싶음. • 나이와 상관없이 경제권을 가지면 어른이 된다고 생각함. • 농사를 지어 경제권을 가진 어른이 되려 함.	농사를 지음.	• 나이에 맞는 일을 하지 못하고 있다는 생각을 함. • 자신이 어른 노릇을 한 것이 아니라 어른놀이를 했음을 깨달음. • 자신의 방황이 헛된 일이 아니라 성장의 한 과정으로 추억되길 바람.

📋 자료실

성장 소설

성장 소설이란 미성숙한 주인공이 어떤 경험을 통해 자아를 각성하고 사회화되는 과정을 그린 소설을 말한다. 성장 소설은 대체로 자서전과 같이 작가 자신의 삶이나 체험을 소재로 하여 쓴다.

이 작품은 이순원의 경험을 바탕으로 쓴 글이다. 작가는 상고를 우수한 성적으로 졸업하면 은행에 취업할 수 있다는 말을 듣고, 상고에 입학한다. 하지만 왼손잡이인 까닭에 다른 아이들만큼 능숙하게 주판을 다룰 수가 없어 은행원이 되는 대신 고랭지 농사를 지어 돈을 벌기로 결심한다. 이후 학교를 그만두고 대관령으로 가 농군이 되지만 고된 농사일을 체력이 감당하지 못해 2년 뒤 학교로 돌아간다. 그 시기는 작가의 인생에서 가장 눈부셨던 시절로 남아 있으며 앞으로도 언젠가는 고향으로 돌아가 농사를 짓고 싶다고 한다.

📖 함께 읽으면 좋은 작품

〈완득이〉, 김려령 / 다문화 가정의 현실이 반영된 성장 소설

베트남 출신 어머니와 난쟁이 춤꾼 아버지를 둔 고등학생 '완득이'가 '똥주'라고 불리는 괴짜 담임 선생님을 만나 성장해 가는 이야기로, 다문화 사회의 여러 현실적 문제가 반영되어 있다. 가난, 장애인, 외국인 노동자 등 도시의 어두운 면을 10대 주인공의 솔직한 모습을 통해 비교적 밝게 묘사하고 있다.

〈그 많던 싱아는 누가 다 먹었을까〉, 박완서 / 작가의 자전적 경험이 담긴 작품

이 작품은 작가 박완서가 겪은 일을 소재로 한 자전 소설이다. 일제 강점기와 혼란한 해방의 시기, 그리고 6·25 전쟁을 거쳐 어른으로 성장하는 '나'와 가족의 이야기를 다루고 있다. 1930년대부터 1950년대까지를 배경으로 하여, 식민지와 전쟁의 비극을 거친 한 개인의 정신적, 육체적 성장 과정을 보여 준다.

---

6 '나'가 50년 후에 자서전을 쓴다고 할 때, 들어갈 내용으로 적절하지 않은 것은?

① 청소년 시절에 큰돈을 벌어 어른 흉내를 내며 잠시 일탈의 길을 걸었던 '나'의 모습이 떠오른다.

② 초여름에 승태 누나를 '나'의 오토바이에 태우고 대관령으로 갔을 때의 모습이 아직도 떠오르곤 한다.

③ 대관령에서의 농사를 그만두고 다시 학교로 되돌아가겠다고 '아버지'에게 말하던 그 순간이 생생하게 떠오른다.

④ '나'의 감정조차 마음대로 드러낼 수 없었던 힘든 학교생활이었으나 되돌아보면 그래도 행복했던 시절로 기억되곤 한다.

⑤ 가족 간의 갈등을 다룬 드라마를 볼 때마다 가족의 반대를 무릅쓰고 학교를 그만두겠다고 고집을 피우던 '나'의 모습이 떠오른다.

7 이 글을 드라마로 만들기 위해 감독이 제작진에게 요구한 사항으로 적절하지 않은 것은?

① 오토바이를 타고 달리는 장면에서는 경쾌한 음악도 함께 들려주세요.

② 제대한 형의 간섭 때문에 괴로워하는 '나'의 모습을 클로즈업해 주세요.

③ 대관령의 넓은 배추밭과 감자밭을 보여 줄 때에는 멀리서 촬영해 주세요.

④ '나'가 많은 책을 읽었다는 것이 느껴지도록 서가에서 여러 장면을 촬영해 주세요.

⑤ '아버지' 역을 맡은 배우는 나이가 들어 보이도록 분장에 특별히 신경을 써 주세요.

8 〈보기〉를 참고하여 이 글을 감상한 내용으로 적절하지 않은 것은?

┤ 보기 ├

이 작품은 열세 살 소년이 열아홉이 될 때까지의 삶의 기억을 담은 성장 소설이다. 성장 소설은 주인공인 소년이 어른이 되고자 노력하는 과정에 초점을 맞춘다. 이 과정에서 주인공은 스스로를 시험하거나 주변 사람들과 갈등을 겪기도 하고, 시행착오를 겪기도 하면서 성장하게 된다. 또한 개인의 내면적 성찰뿐 아니라 타인의 시각을 통해 자신이 나아가야 할 방향을 탐색하기도 한다.

① '나'가 선택한 농부의 길은 성장의 과정에서 스스로를 시험하기 위한 과정으로 볼 수 있다.

② 2년 동안의 농사 경험은 시행착오의 과정이며 '나'가 자신의 삶의 방향을 탐색하는 과정으로 볼 수 있다.

③ 아버지가 보내 준 책을 읽는 행위에서 '나'가 타인의 시각보다 내면적 성찰을 더 중시하고 있음을 엿볼 수 있다.

④ '나'는 또래의 친구들이 다 하고 있는 것을 거부하고 농사를 선택하여 부모와 갈등을 겪은 것으로 볼 수 있다.

⑤ 농사를 짓는 동안 '나'가 했던 것이 '어른 노릇'이 아니라 '어른놀이'였다는 생각은 스스로의 내면 성찰의 결과라고 볼 수 있다.

9 이 글을 참고할 때, ㉠이 의미하는 바를 쓰시오.

황만근은 이렇게 말했다 | 성석제

[문학] 금성, 비상
[국어] 천재(박)

🎯 핵심 정리

갈래 단편 소설, 농촌 소설
성격 해학적, 풍자적, 향토적
배경 ① 시간 – 1997년
② 공간 – '신대리'라는 농촌 마을
시점 전지적 작가 시점
주제 황만근의 생애와 그의 행적
특징 ① 바보형의 우직한 인물을 통해 이기적인 세태를 비판함.
② '전(傳)'의 양식을 창조적으로 재구성함.
출전 《동서문학》(2000)

Q 주인공의 실종으로 작품을 시작하여 얻는 효과는?

① 독자에게 주는 효과
• 흥미를 유발하여 독자의 관심을 유도함.
② 구성상의 효과
• 황만근의 생애를 추적하는 구성 방식의 발단으로 기능함.
• 결말 부분의 황만근의 죽음과 조응되어 일종의 구성적 완결성을 갖게 함.

💡 어휘 풀이

소여물 소에게 먹이는 여물. 여물은 말과 소를 먹이기 위하여 말려서 썬 짚이나 마른풀.
집사 제사를 진행하는 동안 필요한 잡무를 담당하는 사람.
궐기 대회 어떤 문제에 대하여 해결책을 촉구하기 위하여 뜻있는 사람들이 궐기하는 모임.

⚗️ 구절 풀이

❶ **스무 바리나 되는 ~ 안 오는 기 중요한가, 써그랄."** 황만근에 대한 마을 사람들의 인식이 드러나는 대목이다. 황만근은 한갓 짐승인 소보다도 중요성을 인정받지 못하는 인물이다. 실종된 황만근을 걱정하기는커녕, 자신의 일에 방해되는 것만 불평한다는 점에서 마을 사람들의 이기적 면모를 엿볼 수 있다.

❷ **가가 군대 간다 ~ 안 들어왔심다."** 작품의 중반부에 제시되는 에피소드이다. 황만근은 군대 징집영장이 나와 신체검사를 받으러 갔다가 돌아오는 길에 커다란 토끼를 만난다. 토끼와의 다툼에서 황만근이 이기고 그때 토끼는 자신을 풀어 주는 대가로 세 가지 소원(어머니가 오래 사시는 것, 아내를 얻는 것, 아들을 얻는 것)을 들어준다.

❸ **그런 자리에 황만근 씨가 ~ 부탁을 할 정도로."** 황만근은 마을의 궂은일을 모두 도맡아 하지만 어수룩한 언행으로 늘 웃음거리가 된다. 농민 총궐기 대회도 다른 사람은 거의 참가조차 하지 않았지만 황만근은 백 리 길을 경운기를 끌고 참가해야 하는 힘든 역할을 맡았다. 이에 대해서 민 씨는 황만근의 행방이 이장과 관련이 있다고 생각하여 이장을 추궁하고 있다.

가 "만그인지 반그인지 그 바보 자석 하나 때문에 *소여물도 못 하러 가고 이기 뭐라. ❶스무 바리나 되는 소가 한꺼분에 밥 굶는 기 중요한가, 바보 자석 하나가 어데 가서 술 처먹고 집에 안 오는 기 중요한가, 써그랄."

마을에서 연장자 축에 들고 가장 학식이 높아 해마다 한 번씩 지내는 용왕제(龍王祭)에 축(祝)을 초(草)하는 황재석 씨가 받았다.
"그래도 질래 있던 사람이 없어지마 필시 연유가 있는 기라. 사람이 바늘이라, 모래라. 기양 없어지는 기 어디 있어. 암만 그래도 우리 동네 사람 아이라. 반그이, 아이다, 만그이가 여게서 나서 사는 동안 한 분도 밖에서 안 들어온 적이 없는데 말이라."

"아이지요, 어르신. ❷가가 군대 간다 캤을 때 여운지 토깨인지하고 밤새도록 싸우니라고 하루는 안 들어왔심다."

용왕제에서 *집사 역을 하는 황동수가 우스개처럼 말을 이었다. 아침밥을 먹기도 전 황만근의 아들이 찾아와 황만근이 집에 돌아오지 않았다고 하길래 얼결에 동네 사람들을 불러 모으는 역할을 하게 된 민 씨는 분위기가 이상하게 돌아간다 생각하고 참견을 했다.
"어제 *궐기 대회 한다 하고 간 사람이 누구누구십니까. 황만근 씨하고 같이 간 사람은요? 궐기 대회 하는 동안 본 사람은 없나요?"

자리에 모인 대여섯 명의 황씨들은 서로의 얼굴을 마주 보더니 모두 고개를 흔들었다.
"사람이라고 및밍이나 되나. 군 전체 사람이 모도 모있다는 기 백 밍이 될라나 말라나 한데 반그이는 돼지고기 반 근만 해서 그런지 안 보이더라칸께."

▶ 황만근의 실종으로 한자리에 모인 마을 사람들

나 이장은 계속 빈정거리듯 말을 이었다. 민 씨는 이장이 궐기 대회 전날 황만근을 따로 불러 무슨 말을 건네던 것을 기억해 냈다.
"그제 밤에 내일 궐기 대회 한다고 사람들 모였을 때 이장님이 황만근 씨에게 뭐라고 하셨죠. 모임 끝난 뒤에." / 이장은 민 씨를 흘기듯 노려보았다.
"왜, 농민 보고 농민 궐기 대회 꼭 나오라 캤는데, 뭐가 잘못됐나."

민 씨는 자기도 모르게 따지는 어조가 되었다.
"군 전체가 모두 모여도 몇 명 안 되었다면서요. ❸그런 자리에 황만근 씨가 꼭 가야 합니까. 아니, 황만근 씨만 가야 할 이유라도 있습니까. 따로 황만근 씨한테 부탁을 할 정도로."
"이 사람이 뭐라 카는 기라. 이장이 동민한테 농가 부채 탕감 촉구 전국 농민 총궐기 대회가 있다, 꼭 참석해서 우리의 입장을 밝히자 카는데 뭐가 잘못됐단 말이라."
"잘못이라는 게 아니고요, 다른 사람들은 다 돌아왔는데 왜 황만근 씨만 못 오고 있나 하는 겁니다."

"내가 아나. 읍에 가 보이 장날이더라고. 보나 마나 어데서 술 처먹고 주질러 앉았을 끼라. 백 리 길을 깅운기를 끌고 갔으이 시간도 마이 걸릴 끼고."
다른 사람들은 말이 없었고 민 씨와 이장만이 공을 주고받는 꼴이 되어 버렸다.
"글세, 그 자리에 꼭 황만근 씨만 경운기를 끌고 갔어야 했느냐 이 말입니다. 그것도 고장 난 경운기."

▶ 황만근의 실종에 대해 이장에게 책임을 묻는 민 씨

• **중심 내용** 황만근의 실종과 이를 둘러싼 민 씨와 이장의 갈등   • **구성 단계** 발단

이해와 감상

이 작품은 1990년대 IMF 경제 위기를 맞고 있는 농가 현실을 배경으로 이기적인 현대인에 대한 풍자와 함께 암울한 농촌 현실을 고발하고 있다. 비교적 객관적인 시선을 갖고 있는 민 씨를 통해 '황만근'이라는 인물의 생애를 추적하는 형식으로 전개되는데, 민 씨를 통해 바보 취급을 받는 황만근이 실제로는 매우 긍정적인 인물이며 오늘날 현대인에게 결핍된 관용과 도량의 정신을 가진 인물임을 보여 주고 있다. 황만근은 마을의 궂은일을 도맡아 하면서도 늘 마을 사람들에게 무시당하기 일쑤인데, 작가는 민 씨의 입을 빌려 황만근이 어수룩하여 그런 대우를 받기는 하지만, 오히려 자신밖에 모르고 이기적인 마을 사람들이야말로 진정한 바보임을 간접적으로 비판하고 있는 것이다.

작품은 전체적으로 볼 때 향토적이고 구수한 방언의 사용과 우스꽝스러운 인물의 행동을 통한 풍부한 해학성, 이기적인 현대인을 대표하는 마을 사람들을 등장시킨 풍자적 성격 등의 특성을 지닌다. 또한 자신에게 이익이 없는 일에도 열성을 다하는 황만근과 이해타산적인 마을 사람들을 대조적으로 제시함으로써 주제 의식을 선명하게 부각하고 있다.

키 포인트 체크

인물 마을의 궂은일을 도맡으며 성실하게 살아가는 ☐☐☐인 주인공과 ☐☐☐인 마을 사람들을 대조하고 있다.

배경 IMF 외환 위기로 국가적 재난 상황이었던 1997년 어느 ☐☐ 마을을 배경으로 당시 농가 부채로 어려운 삶을 살고 있었던 농민들의 상황을 드러내고 있다.

사건 농가 부채 탕감 촉구 전국 농민 궐기 대회에 홀로 ☐☐☐를 타고 가다가 사고를 당하여 황만근은 죽게 되고, 민 씨는 황만근에 대한 ☐☐☐을 쓴 뒤 도시로 돌아간다.

1 이 글의 등장인물에 대한 설명으로 적절하지 <u>않은</u> 것은?

① 황재석은 실종된 황만근을 걱정하고 있다.
② 황만근은 평소 마을 사람들에게 신뢰를 받았다.
③ 민 씨는 황만근의 행적에 대해 궁금해하고 있다.
④ 황동수는 황만근을 무시하는 태도를 지니고 있다.
⑤ 이장은 황만근의 실종을 대수롭지 않게 여기고 있다.

중요 기출 고난도

2 〈보기〉를 참고하여 이 글을 감상할 때 적절하지 <u>않은</u> 것은?

| 보기 |

이 작품은 투쟁 방침을 지키기 위해 위험을 무릅쓰고 경운기를 타고 농민 궐기 대회에 갔다가 돌아오던 중 결국 경운기 사고로 죽은 황만근의 일대기를 그리고 있다.

이 작품 속에서 민 씨는 궐기 대회 전날 밤 황만근이 자신에게 했던 말을 다음과 같이 술회하고 있다.

"농사꾼은 빚을 지마 안 된다 카이." / "기계화 영농 카더이마 집집마다 바퀴 달린 기계가 및이나 되나. 깅운기, 트랙터, 콤바인, 이앙기, 거다 탈곡기, 건조기에…… 다 빚으로 산 기라. 농사지 봐야 그 빚 갚느라고 정신없다."
"그런 기 다 쌀값에 언차진다. 언차져야 하는데 사실로는 수매하마 먹고살기 간당간당한 돈을 준다. 그 대신에 빚을 준다, 자금을 대 준다 카는데 둘 다 안 했으마 좋겠다. 둘 다 농사꾼을 바보 멍텅구리로 만든다." ……

농민으로서 진솔한 삶을 살아온 황만근의 안타까운 죽음은 현실을 살아가는 우리에게 많은 것을 생각하게 한다.

① 마을 사람들에게 반편이로 취급받던 황만근이 농민으로서 확고한 신념을 가진 인물임을 알 수 있다.
② 힘겨운 농민의 삶을 개선하기 위한 체계적이고 장기적인 영농 정책이 없는 현실을 드러내고 있다.
③ 원칙을 지키다 죽은 황만근의 모습은 원칙을 지키는 사람이 손해를 보는 현실을 돌아보게 한다.
④ 농사를 짓기 위해 농기계를 사느라 빚을 지고 힘겹게 살아가는 농민들의 실상을 그리고 있다.
⑤ 황만근의 희생으로 마을 사람들이 갈등을 해소하고 화해에 이르는 과정을 보여 주고 있다.

전체 줄거리

발단	황만근이 실종됐다는 소식에 마을 사람들은 황만근의 집으로 모인다. 하지만 그를 진심으로 걱정하는 사람은 민 씨뿐, 다른 사람들은 별로 신경을 쓰지 않는다.
전개	황만근은 어려서부터 말투가 어눌하고 행동이 엉뚱해서 마을 사람들에게 놀림을 받아 왔으나, 실상은 누구보다도 성실하고 인정 많은 사람이었다. 그는 어머니와 아들을 정성을 다해 돌보며 마을의 온갖 궂은일을 도맡아 한다.
위기	농민 궐기 대회를 앞둔 전날 밤 이장은 황만근에게 군청까지 경운기를 타고 참가할 것을 당부한다.
절정	황만근은 민 씨와 술을 마시며 큰돈을 벌기 위해 무리해서 농사를 짓고 그러다 빚을 내는 이웃들의 태도를 비판한다. 그러고는 민 씨가 잠든 사이에 경운기를 몰고 군청으로 떠나고 그 후로 돌아오지 않는다.
결말	결국 황만근은 죽어서 돌아온다. 경운기를 몰고 돌아오는 길에 사고를 당한 것이다. 민 씨는 황만근을 긍정적으로 평가한 묘비명을 쓰고 다시 도시로 돌아간다.

3 '황만근'의 죽음을 암시하는 소재를 (나)에서 찾아 3어절로 쓰시오.

4 이 글은 주인공의 실종으로 글을 시작하고 있다. 이러한 구성을 취함으로써 독자에게 주는 효과를 쓰시오.

인물 관계도

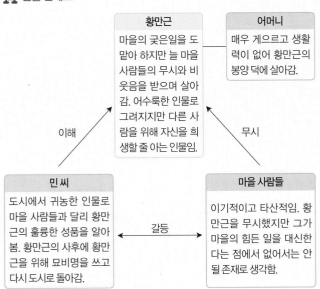

황만근
마을의 궂은일을 도맡아 하지만 늘 마을 사람들의 무시와 비웃음을 받으며 살아감. 어수룩한 인물로 그려지지만 다른 사람을 위해 자신을 희생할 줄 아는 인물임.

어머니
매우 게으르고 생활력이 없어 황만근의 봉양 덕에 살아감.

이해 ↗

무시 ↘

민 씨
도시에서 귀농한 인물로 마을 사람들과 달리 황만근의 훌륭한 성품을 알아봄. 황만근의 사후에 황만근을 위해 묘비명을 쓰고 다시 도시로 돌아감.

갈등 ↔

마을 사람들
이기적이고 타산적임. 황만근을 무시했지만 그가 마을의 힘든 일을 대신한다는 점에서 없어서는 안 될 존재로 생각함.

어휘 풀이

신지(神智) 신령스럽고 기묘한 지혜.
감복하다 감동하여 충심으로 탄복하다.
사직(社稷) 새로 나라를 세울 때 천자나 제후가 제사를 지내던 토지신과 곡신.
난세(亂世) 전쟁이나 무질서한 정치 따위로 어지러워 살기 힘든 세상.
혹염 몹시 심한 더위.
초지(初志) 처음에 품은 뜻.

Q '황만근'의 죽음이 지닌 의미는?

황만근은 선량하고 이타적인 인물이다. 그리고 전통 사회의 인정을 유지하고 있는 인물이기도 하다. 이러한 인물이 1990년대의 경제 위기와 농가 부채라는 시대적 상황에서 죽고 말았다는 것은 현재의 농촌 사회는 희망이 없으며 기울어 가고 있다는 탄식을 함축한다. 또한 황만근은 누구보다도 남을 많이 도왔지만 혼자 죽어 갈 수밖에 없었다는 점에서 황만근의 죽음에 원인을 제공한 이기적인 현대인(마을 사람들)에 대한 간접적인 비판을 내포한다.

구절 풀이

❶ **그리하여 후년에는 그 누구보다 지혜로웠다.** 황만근에 대한 마을 사람들의 일반적인 평가와 상반되는 대목이다. 황만근은 아는 체하지 않고 항상 겸손하게 행동하는 지혜를 지니고 있었음을 말하고 있다.

❷ **문중 땅과 ~ 땅에 돌려주었다.** 황만근은 땅을 얻어서 농사를 지을 때도 다른 사람을 생각하여 땅을 부쳤다는 내용이다. 황만근의 이타적 면모가 드러나는 대목이다.

❸ **아아, 선생이 좀 더 ~ 되었을 것이다.** 황만근은 욕심을 부리지 않고 널리 덕을 베풀었으므로 뜨거운 더위에 시원한 그늘을 제공하는 나무와 같은 존재라는 의미이다. 황만근의 덕을 칭송하고 있는 대목이다.

Q 묘비명을 제시하는 형식이 지닌 효과는?

묘비명을 통해 인물의 행적을 정리하는 구조는 현대 소설에서는 낯선 형식이다. 묘비명을 제시하는 형식을 통해 다음과 같은 효과를 얻을 수 있다. 본문에 명확히 드러나지 않은 인물의 행적과 삶을 명확히 드러낼 수 있고, 작품 전체의 해학적 어투와 대비되는 어투를 사용함으로써 인물의 죽음을 기리는 효과가 있다. 또한 독특한 형식으로 독자에게 깊은 인상을 남길 수 있으며, 작가가 부각하고자 하는 인물의 긍정적 성격을 직접적으로 드러냄으로써 주제 의식을 효과적으로 전달할 수 있다.

작가 소개

성석제(成碩濟, 1960~)
소설가. 시인. 1986년 《문학사상》에서 시 부문 신인상을 수상하며 등단했으며, 1995년 《문학 동네》 여름호에 단편 〈내 인생의 마지막 4.5초〉를 발표하며 본격적인 소설가의 길로 들어섰다. 해학과 풍자, 과장 등을 통해 현대 사회의 다양한 인간상을 그려 내는 작품을 주로 썼다. 저서에는 소설집 《그곳에는 어처구니들이 산다》, 《황만근은 이렇게 말했다》 등과 수필집 《쏘가리》, 《칼과 황홀》 등이 있다.

가 일주일 뒤에 황만근은 돌아왔다. 그의 아들이 그를 안고 돌아왔다. 한 항아리밖에 안 되는 그의 뼈를 담고 돌아왔다. 경운기도 돌아왔다. 수레는 떼어 내고 머리 부분만 트럭에 실려 돌아왔다. 황만근 아니면 그 누구도 작동시킬 수 없는 그 머리가, 바보처럼 주인을 태우지 않고 돌아왔다.
▶ 죽어서 돌아온 황만근

나 황만근, 황 선생은 어리석게 태어났는지는 모르지만 해가 가며 차츰 *신지(神智)가 돌아왔다. 하늘이 착한 사람을 따뜻이 덮어 주고 땅이 은혜롭게 부리를 대어 알 껍질을 까 주었다. ❶그리하여 후년에는 그 누구보다 지혜로웠다. 그는 누구에게도 해를 끼치지 않았듯 그 지혜로 어떤 수고로운 가르침도 함부로 남기지 않았다. 스스로 땅의 자손을 자처하여 늘 부지런하고 근면하였다. 사람들이 빚만 남는 농사에 공연히 뼈를 상한다고 하였으나 개의치 아니하였다. 사람 사이에 어려움이 있으면 언제나 함께하였고 공에는 자신보다 남을 내세워 뒷사람을 놀라게 했다. 하늘이 내린 효자로서 평생 어머니 봉양을 극진히 했다. 아들에게는 따뜻하고 이해심 많은 아버지였고 훈육을 할 때는 알아듣기 쉽게 하여 마음으로 *감복시켰다. / 선생은 천성이 술을 좋아하였는데 사람들은 선생이 가난한 것은 술 때문이라고 했다. 선생은 어느 농사꾼보다 부지런했고 농사일에도 익어 있었다. ❷문중 땅과 나이가 들어 농사가 힘에 부친 사람의 땅을 빌려 농사를 지었다. 농사를 짓되 땅에서 억지로 빼앗지 않고 남으면 술을 빚어 가벼운 기운은 하늘에 바치고 무거운 기운은 땅에 돌려주었다. 그러므로 선생은 술로써 망한 것이 아니라 술의 물감으로 인생을 그려 나간 것이다. 선생이 마시는 막걸리는 밥이면서 *사직(社稷)의 신에게 바치는 헌주였다. 힘의 근원이고 낙천(樂天)의 뼈였다.
▶ 지금까지의 황만근의 삶

다 전일에, 선생은 경운기를 끌고 면 소재지로 갔지만 경운기를 타고 온 사람이 없어 같이 갈 사람을 만나지 못했다. 선생은 다시 경운기를 끌고 백 리 길을 달려 약속 장소인 군청까지 갔다. 가는 동안 선생은 여러 번 차에 부딪힐 뻔했다. 마른 봄바람에 섞인 먼지가 눈을 괴롭혔다. 날은 흐렸고 추웠다. 이윽고 비가 내리기 시작했다. 경운기에는 비를 피할 만한 덮개가 없어서 선생은 뼛속까지 젖어 드는 추위에 몸을 떨었다. 선생이 군청 앞까지 갔을 때 이미 대회는 끝나고 아무도 없었다. 어머니에게 가져다줄 생선을 사고 몸을 녹인 선생은 날이 어두워 오는 줄도 모르고 경운기에 올라 집으로 향했다. 경운기에는 빠르게 달리는 차량의 주의를 끌 만한 표지가 없어서 선생은 몇 번이나 사고를 당할 뻔했다. 그때마다 멈추었다가 다시 출발하는 바람에 시간은 점점 늦어졌다. 어두워지면서 경운기는 길옆의 논으로 떨어졌고 수레는 부서졌다. 결국 선생은 그 밤 안으로 집에 돌아갈 수 없다는 걸 알았다. 선생은 경운기에 실려 있는 땅의 젖에 취하여 경운기 옆에 앉아 경운기를 지켰다. 그러나 경운기는 선생을 지켜 주지 않았다. [중략] ❸아아, 선생이 좀 더 살았더라면 *난세의 *혹염에 그늘의 덕을 널리 베푸는 큰 나무가 되었을 것이다.
▶ 황만근에 대한 평가

라 어느 누구도 알아주지 아니하고 감탄하지 않는 삶이었지만 선생은 깊고 그윽한 경지를 이루었다. 보라. 남의 비웃음을 받으며 살면서도 비루하지 아니하고 홀로 할 바를 이루어 *초지를 일관하니 이 어찌 하늘이 낸 사람이라 아니할 수 있겠는가. 이 어찌 하늘이 내고 땅이 일으켜 세운 사람이 아니랴.
▶ 황만근의 삶에 대한 예찬

마 단기 사천삼백삼십 년 오월 스무날

본디 묘지에나 쓰일 것[묘비명(墓碑銘)]이지만 천지를 대영혼의 집으로 삼은 선생인지라 아무 쓸모도 없는 이 글을, 새터말로 귀농하였다가 이룬 것 없이 다시 도시로 흘러가며, 남해인(南海人) 민순정(閔順晶)이 엎디어 쓰다.
▶ 황만근의 묘비명을 쓴 민 씨

• 중심 내용 죽어서 돌아온 황만근의 묘비명을 쓴 민 씨   • 구성 단계 결말

작품 연구소

황만근과 마을 사람들의 대조

황만근		마을 사람들
• 이타적이고 자기희생적인 인물 • 평균 이하의 인물 • 전통 사회의 인물 유형	대립 관계	• 이기적이고 타산적인 인물들 • 평균적인 인물 • 자본주의 사회의 인물 유형

'전(傳)'의 양식과 작가의 수용 의도

이 작품은 전(傳)의 양식과 유사한 방식으로 진행되고 있다. 이 작품은 황만근의 생애를 서술한 부분과 등장인물인 민 씨가 묘비명을 써서 제시한 부분으로 크게 나눌 수 있는데, 이는 어떤 사람의 일생 동안의 행적을 기술하고 그에 대해 논평하는 전의 양식과 매우 유사하다.

어떤 대상을 전의 소재로 삼는 것을 입전이라고 하는데, 입전의 대상은 대체로 남들에게 모범이 되어야 한다. 이러한 점에서 볼 때 작가가 황만근을 전의 대상으로 삼은 것은 황만근의 삶이 주는 교훈을 전달하기 위한 것으로 해석할 수 있다.

〈황만근은 이렇게 말했다〉에 드러난 고전 문학적 요소

이 작품은 한국 문학의 전통과 계승이라는 관점에서 볼 때, 고전 문학의 요소가 현대적으로 잘 계승된 작품이라 할 수 있다.

'전'의 양식	어떤 사람의 일생 동안의 행적을 기술하고 그에 대해 논평함.
환상성	토끼가 나타나 사람의 소원을 들어줌.
해학성	인물들의 우스꽝스러운 행동이나 말투, 언어유희가 나타남.
풍자성	부정적인 현실과 이기적인 사람들을 비판하고 꼬집음.

〈황만근은 이렇게 말했다〉에 드러난 1990년대 후반 농촌의 현실

1990년대 후반은 IMF에서 구제 금융을 받는 등 한국 사회 전체가 경제적으로 큰 위기를 겪었던 시기이다. 이러한 사회 분위기 속에서 사회적으로 취약한 계층인 농민들은 더욱 큰 어려움을 겪을 수밖에 없었다. 이 작품에는 심각해지는 농가 부채를 해결하기 위해 농민 궐기 대회에 나가는 장면이나 황만근이 빚을 지며 농사를 지으면 안 된다고 말하는 대목 등이 나오는데, 이를 통해 당시 농촌 현실의 어려움을 간접적으로 드러낸다.

함께 읽으면 좋은 작품

〈만무방〉, 김유정 / 농촌의 비극적 상황을 그린 작품

일제 강점기의 궁핍한 농촌 현실을 아이러니 구조를 통해 드러낸 작품이다. 성실한 농민인 응오가 자기 논의 벼를 훔치는 도둑이 될 수밖에 없었던 이유를 통해 일제의 수탈 정책을 간접적으로 비판하고 있다. 농촌을 문학적으로 형상화하고 그 현실적인 문제를 다루고 있다는 점에서 〈황만근은 이렇게 말했다〉와 유사하다. Link 본책 76쪽

〈유자소전〉, 이문구 / 전의 양식을 계승한 작품

다소 전근대적이고 우스꽝스러운 '유자'라는 인물의 행동을 통해 사치심과 이기심에 젖어 허황된 삶을 살아가는 현대인의 삶의 자세를 비판한 작품이다. 전(傳)의 양식을 현대 문학에 차용하고, 주인공과 대조적인 삶의 자세를 보이는 이기적인 현대인을 비판하고 있다는 점에서 〈황만근은 이렇게 말했다〉와 유사하다. Link 본책 296쪽

---

5 이 글에 대한 설명으로 가장 적절한 것은?

① 전지적 서술자가 인물의 행적과 삶을 밝히고 있다.
② 삽화적 구성을 통해 인물의 모순적 면모를 부각하고 있다.
③ 작품 속 인물이 서술자로, 사건이 지닌 의미를 밝히고 있다.
④ 사건의 과정을 빠짐없이 제시하는 구성을 통해 사건을 밀도 있게 표현하고 있다.
⑤ 압축적인 구성을 통해 인물의 성격이 형성되는 과정을 개연성 있게 나타내고 있다.

내신 적중

6 이 글을 읽고 알 수 있는 사실이 아닌 것은?

① 황만근은 부지런한 농부였다.
② 황만근은 평소 술 마시는 것을 즐겼다.
③ 황만근은 약속을 잘 지키는 사람이었다.
④ 황만근은 경운기 운전을 좋아하는 사람이었다.
⑤ 황만근은 지극한 효자였고 따뜻한 아버지였다.

7 [A]에 대한 설명으로 적절하지 않은 것은?

① 황만근의 삶을 예찬하고 있다.
② 황만근에 대한 편견이 드러나 있다.
③ 황만근의 삶의 모습을 요약하여 담고 있다.
④ 마을 사람들을 간접적으로 비판하는 역할을 한다.
⑤ 민 씨가 황만근을 긍정적으로 생각하는 이유가 드러나 있다.

8 (나)에서 '황만근'의 호칭을 '황 선생'으로 바꾼 이유를 〈조건〉에 맞게 쓰시오.

┤ 조건 ├
• 황만근에 대한 서술자의 평가를 제시할 것
• '~때문에 ~이다.' 형태의 한 문장으로 서술할 것

9 〈보기〉는 두 학생이 이 글의 제목과 관련하여 나눈 대화이다. 빈칸에 들어갈 적절한 말을 쓰시오.

┤ 보기 ├
성훈: '황만근은 이렇게 말했다'라는 제목에서 '이렇게'가 암시하는 것은 뭘까?
영지: 음, 글쎄. 황만근은 뭐라고 말한 게 없는 것 같은데…….
성훈: 그러게. 황만근은 말이 아니라 행동으로 '이렇게'를 보여 준 인물인 것 같아.
영지: 맞아. 난 그가 살다 간 행적을 통해 ＿＿＿＿＿＿ ＿＿＿＿＿＿＿＿＿＿＿을/를 반성해 볼 수 있었어.

087 칼의 노래 | 김훈

키워드 체크 #역사 소설 #독백적 #인간적 고뇌 #깊은 상처 #검명 #칼의 의미

금성

핵심 정리

갈래 장편 소설, 역사 소설
성격 역사적, 사실적, 독백적
배경 ① 시간 – 16세기 말 임진왜란
② 공간 – 서울, 남해안 일대
시점 1인칭 주인공 시점
주제 이순신 장군의 인간적 고뇌와 갈등
특징 ① 역사적 사실에 작가의 상상력을 덧붙여
내용을 전개함.
② 국가적 위기 상황 속에서 고뇌하고 갈등
하는 이순신 장군의 내면이 잘 드러남.
③ 간결하면서도 힘 있는 문체로 서술함.
출전 《칼의 노래》(2001)

> **Q 이 작품에서 알 수 있는 '나'의 처지는?**
>
> '나(이순신)'에게는 일본군이라는 가시적인 적도
> 있지만, 한편으로는 그를 견제하여 제거하려고
> 하는 보이지 않는 적인 임금도 있다. 가시적인 적
> 은 적탄에 의한 어깨의 통증으로, 보이지 않는 적
> 은 의금부의 심문을 통한 허리와 무릎의 통증으로
> '나'에게 고통을 가하고 있다.

어휘 풀이

적탄 적이 쏜 총알이나 포탄.
선단 두 척 이상의 배로 이루어진 무리.
숙영지 군대가 병영을 떠나 다른 곳에서 머물러
묵는 장소.
잿물 볏짚이나 나무의 재를 우려낸 물. 빨래의
기름기와 때를 빼는 데 주로 쓰임.
화농되다 상처 등이 곪아서 고름이 생기다.
위관 죄인을 심문할 때 의정대신 중 임시로 뽑아
임명한 재판장.
히데요시 도요토미 히데요시(1537~1598). 일
본의 무장, 정치가. 일본을 통일하고 중국을 침략
하기 위해 우리나라를 공격하여 임진왜란을 일으
켰으나 실패하였다.

구절 풀이

❶ 여름 장마 때는 ~ 발가락 끝까지 저렸다. '나'
의 통증이 어깨, 허리와 무릎의 통증이 겹친
복합적인 통증임을 드러낸다. 어깨 통증은 적
탄에 맞아 부상을 입은 후에 생긴 것이고, 허
리와 무릎의 통증은 의금부에서 심문을 당한
후에 생긴 것이다.

❷ 살아 있는 아픔이 ~ 적의 생명으로 느껴졌다.
적탄을 제거하였으나 통증은 계속 남아 '나'를
괴롭히고 있음을 나타낸다. '나'는 통증의 원인
인 적탄을 제거하였음에도 통증이 계속되는
상태를 적이 물러나지 않고 끈질기게 자신을
괴롭히고 있는 상황과 유사하다고 보고 있다.

❸ 나를 살려 준 것은 결국은 적이었다. 임금이
적을 섬멸하라고 '나'를 풀어 주었으므로 자신
을 살린 것은 결국 적이라는 의미이다. 이때
'적'은 가시적으로는 일본군을 의미하지만 비
가시적으로는 '나'를 풀어 준 임금을 의미하기
도 하므로 이중적인 의미를 지닌 단어로 볼 수
있다.

가 　먼바다 쪽 하늘에서 붉은 노을과 검은 노을이 어지럽게 뒤엉키고 눅눅한 바람이 불어오
면 오른쪽 무릎 관절이 쑤셨다. 다음 날 비가 내렸다. **❶**여름 장마 때는 임진년 사천 싸움에
서 총 맞은 왼편 어깨가 결렸고 날씨가 갑자기 추워지면 무릎과 허리가 함께 아팠다. 허리
의 통증이 허벅지와 장딴지의 신경을 타고 내려가 발가락 끝까지 저렸다. 임진년 사천에서
㉠**적탄**은 어깨뼈에 깊이 박혔다. 그때, 엿새 동안 거제, 고성 연안의 당포, 당항포, 율포를
기습해서 적선 오십여 척을 바다로 끌어내 온전히 부수었다. 대열이 망가진 적들은 한 척
씩 차례로 붙잡혔다. 바다 여기저기서, 서너 척씩 **선단**을 지은 함대들이 적선 한 척씩을 붙
잡아 온전히 부수었고 차례로 온전히 부수어 나갔다. 죽은 자는 헤아리지 않았다.
　언제 적탄이 날아와 박힌 것인지 기억이 없었다. 진을 거두어 가까운 **숙영지**로 돌아갈
때 어깨가 빠지는 듯이 아팠고, 피에 젖은 겨드랑이 미끈거렸다. 몸에 박힌 적탄은 묵직하
고 뻐근했다. 적탄은 깊숙이 들어와 있었다. 더 깊었거나, 각도가 심장 쪽이었다면 아마 그
때 나는 율포에서 죽었을 것이다. 적탄의 깊이는 죽음 직전에서 멎어 있었다. 내 몸속의 적
탄은 오래전부터 거기 그렇게 들어와서 살았던 것처럼 무거웠다.
　숙영지에서 척후장 조병식을 시켜서, 단도 끝을 불에 달구어 뼛속을 헤집고 적탄을 발라
냈다. 엄지손가락 크기만 한 쇳덩어리였다. 적탄이 들어올 때보다 칼끝이 들어올 때가 더
욱 아팠다. 조병식의 이마에서 진땀이 흘렀다. 바닷물로 씻어 내고 뽕나무 **잿물**을 발랐다.
　가까운 곳에서 발사되었던 모양이었다. 적탄이 몸에 박힐 때 화약의 독이 스며서 상처가
화농되었다. 하루도 갑옷을 벗지 못하는 날이었다. 여름의 남쪽 바다는 무덥고 끈끈했다.
갑옷 밑에서는 여름내 진물이 흘렀다. 진물 마른 뒤에도 습한 날들이 계속되면 어깨뼈가
쑤셨고 왼쪽 팔이 힘을 받지 못했다. 상처가 아물어도 통증은 사라지지 않았다. **❷**살아 있는
아픔이 살아 있는 몸속에 박혀 있었으나 병의 실체는 보이지 않았다. 병은 아득한 적과도
같았다. 흐린 날들의 어깨 쑤심증은 내 몸속에 들어와 살고 있는 적의 생명으로 느껴졌다.
　▶ 적탄으로 인한 어깨 통증에 시달림.

나 　혼절과 혼절 사이에서 나는 아무것도 대답할 수 없었다. **위관**의 질문은 답변을 미리 예
비하고 있었으므로 나는 아무것도 답변할 수 없었다. 위관은 집요했으나, 아무것도 묻고
있지 않았다. 아마도 거기에 대답할 수 있는 사람은 임금뿐이었다. ㉡임금은 나를 죽여서
사직을 보존하고 싶었을 것이고 나를 살려서 사직을 보존하고 싶었을 것이다.
　히데요시가 전 일본의 군사력을 휘몰아 직접 군을 지휘하며 바다를 건너올 것이라는 풍
문 앞에 조정은 무겁게 침묵하고 있었다. 나를 죽이면 나를 살릴 수 없기 때문에 임금은 나
를 풀어 준 것 같았다. 그러므로 **❸**나를 살려 준 것은 결국은 ㉢적이었다. 살아서, 나는 다시
나를 살려 준 적 앞으로 나아갔다. [중략]
　의금부에서 풀려난 뒤부터 추운 날에는 허리가 결렸고 왼쪽 무릎이 시리고 쑤셨다. 무릎
이 시릴 때, 두 다리가 땅을 밟지 못하는 것처럼 얼얼했다. 뼛속의 구멍으로 찬 바닷바람이
드나드는 듯싶었다. 뼛속을 드나드는 바람은 내 몸 안에 들어와서 살고 있는 임금의 숨결
이며 기침 소리처럼 느껴졌다. ㉣내 어깨에는 적이 들어와 살았고, 허리와 무릎에는 임금
이 들어와 살았다.
　▶ 의금부의 심문으로 인해 허리와 무릎 통증에 시달림.

> • **중심 내용** 적탄에 맞은 후의 어깨 통증과, 의금부의 심문 후의 허리와 무릎 통증으로 인해 고통스러워하는 '나'
> • **구성 단계** 전개

이해와 감상

이 작품은 전란과 복잡한 국내 정세 속에서 갈등하고 고뇌하는 인간 이순신의 모습과 그의 내면을 1인칭 시점과 군더더기 없이 간결한 문체로 그리고 있다.

이 작품은 이순신이 백의종군하는 대목에서 시작하여, 철수하는 적의 주력을 노량 앞바다에서 맞아 싸우다 최후를 맞이하는 장면으로 끝을 맺고 있다. 하지만 적과의 전투가 벌어지지 않는 동안에도 이순신은 수사로 가득 찬 교서만 연이어 내려보내는 임금, 호시탐탐 그를 제거하려는 조정의 대신들, 대군을 이끌고 와 무작정 세월만 보내고 있는 명나라 장수, 군령을 어기는 부하들, 울며 매달리는 가엾은 백성들과 싸운다. 그러나 시종일관 그가 싸워야 하는 궁극적인 대상은 바로 자기 자신이다. 그 싸움은 어떤 보답도 기대할 수 없고 어떤 가치도 수호할 수 없는 것이기 때문에 더욱 비극적이다.

이 작품은 당대 임금인 선조와의 알력과 그로 인한 내적 갈등을 중심으로, 전쟁에서 백성들이 겪는 고초, 명나라에 대한 조선의 굴종 등 당시 시대 상황을 두루 포착하여 그려 낸다. 그리고 작가는 이를 통해 공동체와 역사 앞에 책임 있는 위치에 선 자들이 지녀야 할 윤리, 사회 안에서 개인이 가져야 할 바람직한 삶의 태도, 문(文)과는 대비되는 무(武)의 단순미 등을 작가 특유의 문체로 담담하게 이야기한다.

전체 줄거리

발단	1597년 이순신은 조정을 능멸했다는 죄목으로 서울로 압송되었다가 백의종군의 명령을 받고 남해안에 머문다.
전개	그해 일본군과의 전쟁이 재개되고 상황이 악화되자 이순신은 다시 삼도 수군통제사에 임명되어 명량 해역에서 남은 전선 12척으로 적선 133척을 격퇴하는 쾌거를 이룬다.
위기	이순신은 명량에서 패한 왜군들이 복수 차원에서 아들 '면'을 죽였다는 편지를 받고 슬퍼하고, 이후 보성만 전투에서 적선을 침몰시킨다.
절정	명군의 총대장 진린은 왜장의 요청을 받아들여 적의 퇴로를 열어 주기로 한다. 그러자 이순신은 직접 적의 퇴로를 차단하기 위해 노량 해협으로 간다.
결말	이순신은 노량 해협에서 철수하려는 적과 싸우다가 총탄을 맞고 쓰러진다. 그는 죽어 가면서도 자신의 죽음을 알리지 말라고 하며 싸움을 독려한다.

인물 관계도

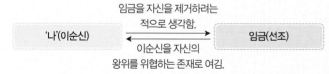

작품 연구소

'통증'의 의미

이 작품에서는 '나'의 몸속에서 지속적으로 자신을 괴롭히고 있는 두 가지 통증, 곧 어깨 통증과 허리, 무릎 통증이 어떻게 발생했고 자신에게 어떤 의미를 지니는지 서술하고 있다.

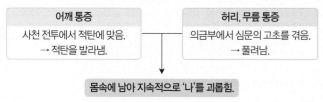

포인트 체크

인물 '나'는 전란이라는 국가적 위기 상황에서 선조와의 알력과 그로 인한 ☐☐☐☐으로 괴로워하고 있다.

배경 16세기 말, 임진왜란에서 '나'가 백의종군할 무렵부터 ☐☐☐☐에서 전사하기까지를 배경으로 하고 있다.

사건 '나'는 ☐☐에 어깨를 맞는 부상을 입고 의금부에서 심문을 당하고 풀려난 후 신체적 ☐☐에 시달리는 한편, 대장장이를 통해 무기를 만들게 하고 ☐☐☐의 쓰임과 칼의 의미를 생각하고 있다.

1 이 글의 서술상 특징으로 가장 적절한 것은?

① 인물의 회상을 통해 서정적 분위기를 자아내고 있다.
② 현재형 서술을 통해 장면을 실감 나게 보여 주고 있다.
③ 독백적 진술을 중심으로 사건의 의미를 전달하고 있다.
④ 시점의 변화를 통해 다양한 각도에서 사건을 조명하고 있다.
⑤ 동시에 일어난 사건을 병렬적으로 구성하여 긴장감을 조성하고 있다.

2 ㉠에 대한 설명으로 적절하지 않은 것은?

① '나'에게 치명적인 위협을 가한 대상이다.
② '나'의 허리와 무릎의 통증을 유발하고 있다.
③ '나'는 언제 날아와 박혔는지 인식하지 못한다.
④ '나'의 몸속에서 발라냈지만 후유증을 남기고 있다.
⑤ '나'에게 들어올 때보다 발라낼 때 더 큰 아픔을 가하고 있다.

내신 적중

3 〈보기〉를 참고하여 ㉡을 이해한 내용으로 적절하지 않은 것은?

> **보기**
> 외침(外侵)은 조정의 왕과 신하들을 불안하게 하였다. 혼란한 틈을 타 내란이 일어날 것을 우려한 선조는 승승장구하는 장수들을 견제하였고, 삼도 수군통제사로 복무하던 이순신은 왕명을 거역한 죄로 백의종군에 처해진다. 그러나 왜적이 다시 쳐들어와 정세가 불안해지자, 선조는 이순신에게 다시 수군통제사를 맡긴다.

① 임금은 '나'를 살려 주어 불안한 정세를 안정시키고 싶어 한다.
② 임금은 '나'를 경쟁 대상으로 여겨 제거함으로써 왕위를 보전하려 한다.
③ 임금은 백의종군하는 '나'가 내란을 일으킬 것이라 우려하여 없애려 한다.
④ 임금은 '나'를 죽이고 싶은 마음과 살리고 싶은 마음을 동시에 지니고 있다.
⑤ 임금은 정세가 나빠지자 '나'에게 수군통제사를 맡겨 국가적 위기를 극복하려 한다.

내신 적중 多빈출

4 ㉢이 이중적 의미를 지닌다고 할 때 지시하는 대상을 모두 쓰시오.

5 문맥을 고려할 때 ㉣이 의미하는 내용이 무엇인지 쓰시오.

어휘 풀이

총통 화전, 화통, 화포 등의 화기를 통틀어 이르던 말.

얼개 각 부분들로 짜 이룬 전체의 뼈대.

장병겸 긴 자루가 달린, 낫 모양의 무기.

월선 배로 넘어옴.

갯가 바닷물이 드나드는 곳의 물가.

방포하다 포나 총을 대놓고 쏘다.

존망 존속과 멸망 또는 생존과 사망을 아울러 이르는 말.

면사첩 왜구나 왜구에게 투항한 백성의 귀순을 유도하는 문서.

구절 풀이

❶ 대장장이들이 무기를 ~ 똑같이 만들어 냈다. 전문가에 의해 무기가 만들어지지 않고 대장장이와 같은 비전문가에 의해 무기가 제작되는 당시의 열악한 상황을 알 수 있다. '내(이순신)'의 전승을 부각하는 요소가 된다.

❷ 나는 적에게 근접을 ~ 싸움을 정리할 수 없었다. 적의 근접을 허용하지 않으면서 다수의 적을 죽음에 몰아넣는 '나'의 전술과 다수의 적을 살상해야 한다는 '나'의 절박감이 드러난다.

❸ 공세 안에 수세가 ~ 공세는 곧 죽음이다. 칼로 공격을 할 때에는 똑같은 비중으로 수비에 신경을 써야 함을 드러낸다. 공격에만 집중하다 보면 허점을 보여 죽음을 맞이할 수도 있음을 뜻한다.

❹ 생사의 쓰레기는 ~ 묻지 않는다. 칼은 칼싸움이 벌어진 후 산 자와 죽은 자가 뒤엉킨 처참한 상황을 가져오지만 칼은 생사와 관련한 어떤 흔적도 남기지 않는 차가운 물건임을 나타낸다.

Q '검명 여덟 글자'의 의미는?

'검명 여덟 글자'란 '一揮掃蕩 血染山河(일휘소탕 혈염산하)', 곧 '한 번 휘둘러 쓸어버리니, 피가 강산을 물들이도다.'라는 뜻의 말로, '내(이순신)' 자신이 지은 글귀를 자신의 필체로 칼에 남긴 것을 말한다. 이 구절에서 '색칠할 도' 자를 쓰지 않고 '물들일 염' 자를 쓴 것은 왜적을 궤멸하여 완전한 승리를 거두고 싶다는 '나'의 소망이 담긴 표현이라 볼 수 있다.

작가 소개

김훈(金薰, 1948~)
소설가. 초기에는 여러 언론 기관의 기자로서 문학 기행을 전문적으로 집필하였다. 1994년 장편 소설 〈빗살무늬 토기의 추억〉을 발표하며 소설가로 등단했다. 역사적 사실을 새로운 시각으로 재해석하는 작품을 다수 창작했다. 주요 작품으로 〈칼의 노래〉, 〈현의 노래〉, 〈남한산성〉, 〈공터에서〉 등이 있다.

가 막노와 무억은 농기구를 만들던 대장장이의 아들로 쇠를 녹여 무기를 만드는 모든 과정을 혼자서 해낼 수 있었다. [중략] ❶대장장이들이 무기를 만들어 본 적은 없었으나, *총통을 한 자루 보내 주면 그 *얼개를 들여다보고 똑같이 만들어 냈다. 칼과 창과 *장병겸(長柄鎌)도 만들어 냈다.

바다에서, 칼을 빼 든 적들은 기어코 바싹 다가와 *월선 공격을 시도했다. ❷나는 적에게 근접을 허용하지 않았다. 나는 늘 얼마쯤 떨어진 사정거리 안에서 적을 부수었다. 적병의 숫자는 늘 헤아릴 수 없이 많았다. 육전에서처럼, 적병을 하나씩 죽여서 싸움을 정리하는 전술은 상상할 수 없었다. 적의 배를 깨뜨리고 불태워서 한꺼번에 칠팔백 명씩 물에 처박지 않는 한 싸움을 정리할 수 없었다. 그러나 경선으로 옮겨 타거나 널빤지를 붙잡고 뱃전으로 달려드는 적병들을 걷어 내리려면 칼과 창과 장병겸이 필요했다. 아래에서 기어오르는 적병을 배 위에서 죽이려면 창은 온당하지 않았다. 창은 한번 적의 몸에 박히면 쉽게 빠지지 않았다. 옆으로 훑어 내는 낫이 필요했다. 장병겸이란 자루가 길고 날이 넓은 낫이었다. 고하도 무기 제조창에서는 총통 철환과 화살촉을 주로 만들었고 창칼과 장병겸은 낡아서 버린 만큼만 새로 만들었다.

정유년 섣달에 승자총통 백 자루가 완성되었다. *갯가에 장졸들을 모아 놓고 바다 쪽을 향해 시험 발사했다. 대장장이들이 기름칠로 번들거리는 총통 백 자루를 상 위에 펼쳐 놓았다. 사부들은 일렬로 도열해서 엎드렸다. 화약을 다져 넣고 총구멍에다 철환 열 개씩을 넣었다. / —*방포하라.

사부들은 심지에 불을 당겼다. 총구멍마다 연기가 치솟고, 폭발음이 장졸들의 함성에 묻혔다. 철환은 팔백 보 밖에 세워진 표적에 박혔다. 그날, 열 번을 거듭 쏘았다. 총구멍이 매끄럽지 않거나 탄도가 고르지 못한 일곱 자루를 녹여서 다시 만들게 했다. 군량 두 가마와 말린 미역 한 짝씩을 주어 대장장이들을 고향으로 가게 했다. ㉠막노와 무억은 수영에 붙잡아 놓았다.

▶ 대장장이들을 통해 무기를 만듦.

나 칼로 적을 겨눌 때, 칼은 칼날을 비켜선 모든 공간을 동시에 겨눈다. ㉡칼은 겨누지 않은 곳을 겨누고, 겨누는 곳을 겨누지 않는다. 칼로 찰나를 겨눌 때 칼은 칼날에 닿지 않은, 닥쳐올 모든 찰나들을 겨눈다. 적 또한 그러하다. ❸공세 안에 수세가 살아 있지 않으면 죽는다. 그 반대도 또한 죽는다. 수(守)와 공(攻)은 찰나마다 명멸한다. 적의 한 점을 겨누고 달려드는 공세는 허를 드러내서 적의 공세를 부른다. 가르며 나아가는 공세가 보이지 않는 수세의 무지개를 동시에 거느리지 못하면 공세는 곧 죽음이다. 적과 함께 춤추며 흐르되 흘러 들어감이 없고, 흐르되 흐름의 밖에서 흐름의 안쪽을 찔러 마침내 거꾸로 흐르는 것이 칼이다. 칼은 죽음을 내어 주면서 죽음을 받아 낸다. ❹생사의 쓰레기는 땅 위로 널리고, 칼에는 *존망의 찌꺼기가 묻지 않는다.

새 칼에, 검명 여덟 글자는 내 필적대로 새겨져 있었다. 다 지워 버리고 ⓐ물들일 염 자 한 글자뿐이었더라도 좋았을 뻔했다. 칼에 새겨진 문자는 아무래도 쑥스러워 보였다.

새 칼을 받던 날, 군역으로 불려 왔던 대장장이들은 고향으로 돌아갔다. 떠나는 백성들에게 종사관을 보내 고마운 뜻을 전했다. 정오 무렵에 도원수부의 전령이 다녀갔다. 경상 내륙 산간의 여러 읍성이 무너졌다고 전령이 가져온 문서는 전했다. 무너졌다기보다는 비워 놓고 떠난 읍성에 적들이 들어와서 눌러앉았다. 희망은 없거나, 있다면 오직 죽음 속에 있을 것만 같았다. 백성들이 만들어 준 새 칼을 칼집에서 빼서 *면사첩 위에 걸었다.

▶ 칼에 대한 사색과 새 칼을 받은 감회

• 중심 내용 '내(이순신)'에게 창과 장병겸, 칼이 지니는 의미 　　　　• 구성 단계 전개

작품 연구소

'적'의 이중적 의미

이 작품에서 '나'에게 '적'은 이중적인 의미를 지닌다. "나를 살려 준 것은 결국 적이었다."에서 '적'은 가시적으로는 전쟁에서 자신이 상대해야 할 일본군이지만, 비가시적으로는 자신을 죽여 왕위를 보전하려고 하는 임금이라 할 수 있다.

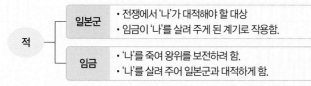

| 적 | 일본군 | • 전쟁에서 '나'가 대적해야 할 대상
• 임금이 '나'를 살려 주게 된 계기로 작용함. |
| | 임금 | • '나'를 죽여 왕위를 보전하려 함.
• '나'를 살려 주어 일본군과 대적하게 함. |

칼에 대한 '나'의 인식

이 작품에서 '나'는 칼을 생사와 존망을 가르는 중요한 물건으로 인식하고 있다. 방 안에 걸려 있으면서도 자신의 마음속에 자리 잡고 있는 칼에 대해 나는 깊은 사색을 보이고 있다. 칼로 적과 겨룰 때에는 모든 공간이 공격과 수비의 범위가 되기 때문에 한순간이라도 허점을 드러내면 죽음에 이른다고 하면서, 칼은 생사와 존망을 결정짓지만 그 자체는 깨끗한 물건이라 여기고 있다.

또한 자신의 필체로 새 칼에 새겨 넣은 '일휘소탕 혈염산하' 여덟 글자 중 '물들일 염' 자에는 남쪽 바다를 적의 피로 물들여 승리를 거두고 싶은 소망이 담겨 있음을 드러내고 있다.

검명(劍銘)		소망
一揮掃蕩 血染山河 (일휘소탕 혈염산하) 한 번 휘둘러 쓸어버리니 피가 강산을 물들이도다.	⇒	바다에서 적을 궤멸하여 승리를 거두고 싶음.

자료실

정유재란(丁酉再亂)

조선과 강화가 결렬되자 1597년 일본은 14만여 명의 병력을 이끌고 다시 침략하였다. 권율·이시언의 조명 연합군은 직산에서 일본군의 북상을 막았고, 삼도 수군 통제사에 복귀한 이순신은 12척의 함선으로 300여 척의 일본 수군을 명량에서 대파하였다. 수륙 양면에서 몰린 일본군은 패주하여 남해안 일대에 몰려 있었다. 1598년 11월 이순신 휘하의 수군이 노량에서 일본의 퇴로를 차단하여 해전에서 승리를 거두었고, 이를 끝으로 일본과의 7년에 걸친 전쟁은 끝나게 되었다.

– 〈다음백과〉

함께 읽으면 좋은 작품

〈임진록〉, 작자 미상 / 임진왜란을 소재로 한 고전 소설

임진왜란 이후 여러 지역에서 전해지던 단편적인 이야기들이 오랜 기간에 걸쳐 서로 교류하는 과정에서 만들어진 작품으로 작자와 창작 시기를 알 수 없다. 내용은 여러 인물의 일화를 엮은 단편집의 성격을 띠는데, 첫머리는 전쟁의 발생 배경을, 중간 부분은 전쟁에서 활약한 장수와 관리들의 모습을 그렸으며, 결말부는 전쟁이 끝난 후의 수습 활동에 관한 내용을 다루고 있다. 병자호란을 소재로 한 〈박씨전〉과 더불어 한국 전쟁 문학의 대표작으로 평가된다. **Link** 〈고전 산문〉 162쪽

6 이 글을 통해 알 수 있는 내용으로 적절하지 않은 것은?

① 대장장이들은 무기의 얼개만 보고도 무기를 만들 수 있었다.
② '나'는 바다에서 적과 거리를 두면서 몰살시키는 전술을 구사했다.
③ 장졸들은 자신들이 만든 승자총통을 바다 쪽을 향해 시험 발사했다.
④ 적은 경상 내륙 산간의 여러 읍성들을 전투도 치르지 않고 점령했다.
⑤ 농기구를 만들던 대장장이들에게 무기를 만들게 할 만큼 전투 상황이 열악했다.

내신 적중 高난도

7 〈보기〉를 참고하여 ⓐ에 담긴 '나'의 소망을 추론한 것으로 가장 적절한 것은?

┤ 보기 ├

한 번 휘둘러 쓸어버리니
피가 강산을 물들이도다. [중략]

―揮掃蕩 血染山河 (일휘소탕 혈염산하)

'강산을 물들이도다'에서 나는 색칠할 도(塗)를 버리고 물들일 염(染) 자를 골랐다. 김수철이 한동안 글자를 들여다보더니 입을 열었다.

― 물들일 염 자가 깊사옵니다.
― 그러하냐? 염은 공(工)이다. 옷감에 물을 들이듯이, 바다의 색을 바꾸는 것이다.
― 바다는 너무 넓습니다.
― 적 또한 헤아릴 수 없이 많다.
그때, 나는 진실로 이 남쪽 바다를 적의 피로 염(染)하고 싶었다.

– 김훈, 〈칼의 노래〉 중에서

① 바다에서 적을 궤멸하여 승리를 거두고 싶다.
② 옷감에 물을 들이듯 바다를 아름답게 꾸미고 싶다.
③ 적의 피로 더러워진 바다를 깨끗하게 만들고 싶다.
④ 수많은 적과 맞서 싸울 수 있는 능력을 갖추고 싶다.
⑤ 해전뿐만이 아니라 육전에서도 적을 섬멸하고 싶다.

8 이 글에서 '장병겸'에 대한 이해로 적절하지 않은 것은?

① 자루가 길고 날이 넓은 낫이다.
② 총통과 달리 얼개 없이도 만들어진다.
③ 창의 단점을 보완할 수 있는 무기이다.
④ 배의 아래에서 기어오르는 적을 공격할 때 유용하게 사용된다.
⑤ '나'가 일정한 분량을 보유하기 위해 생산량을 적절히 조절했다.

9 ㉠의 이유를 이 글의 구절을 활용하여 쓰시오.

10 ㉡에 드러난 표현 기법과 의미를 쓰시오.

한데서 울다 | 공선옥

국어 천재(이)

🎯 핵심 정리

갈래 단편 소설
성격 사실적, 상징적
배경 ① 시간 - 현대
　　　② 공간 - 도시의 아파트와 시골집
시점 전지적 작가 시점
주제 삶의 가치가 다른 현대인의 갈등과 폭력적 도시에 대한 대응 의지
특징 ① 도시와 시골 등 서로 대비되는 소재를 통해 주제를 드러냄.
　　　② 역순행적 구성 방식을 취함.
출전 《멋진 한세상》(2002)

Q '정희'가 도시의 '집도 아닌 집'을 보러 다니는 이유는?

정희는 소음으로 가득 찬 도시를 생명력이 유지되기 어려운 '한데'라고 인식하여 시골로 이사했지만, 시골에서의 생활은 자신의 기대와 달랐다. 예상치 못했던 확성기 소리, 총소리 등으로 괴로워하던 정희는 다시 도시로 이사를 갈 생각으로 자신이 그토록 혐오하던 도시의 '집도 아닌 집'을 보러 다닌다.

🔆 어휘 풀이

번개탄 연탄에 불을 붙이는 데 쓰는 불쏘시개의 하나.
아부래기 '유부(기름에 튀긴 두부)'를 가리키는 일본어 '아부라게'를 말함.

Q 제목 '한데서 울다'의 의미는?

정희는 자신의 어머니가 '한데'를 '추운 곳, 까딱하다간 얼어 죽는 곳'으로 표현했던 것에서 '한데'라는 말을 배웠다. 정희는 개울이 주차장이 되고 흙길이 아스팔트 도로가 되어 고요하던 동네가 자동차 소음으로 가득 차게 된 도시를 '한데' 즉, '까딱하다가 죽는 곳'으로 생각하며 도시에서 벗어나기 위해 몸부림친다. 이러한 정희의 상황을 제목을 통해 드러내고 있는 것이다.

💥 구절 풀이

❶ **"야, 인마!" ~ 불안감이 들어찼다.** 시골에서의 삶이 자신이 생각했던 전원생활이 아니라고 생각한 정희는 다시 도시의 집을 보러 다니기 시작한다. 도시의 주차장에서 차에 타려고 할 때 낯선 남자가 다가와 말을 걸며 위협적인 태도를 취하자 정희는 놀라게 되고, 다시금 도시의 폭력성을 느끼게 된다.

❷ **번개탄 있어요, ~ 한없는 있어요, 소리.** 정희는 도시의 아파트에 살 때 소음으로 가득 찬 그곳을 '한데'라고 느끼며 괴로워했다. 시골로 이사 오며 '한데'에서 해방되었다고 여겼는데, 시골 역시 정희가 생각했던 평온하고 풍요로운 곳은 아니었다. 시끄럽게 울려 퍼지는 번개탄 장수의 확성기 소리는 평화로움을 깨뜨리는 소음으로, 정희가 다시 도시의 집을 보러 다니게 되는 이유 중 하나가 된다.

가 그렇게 마련했고 그렇게 마련해서 만 3년을 산 집이었다. 그런데 이제 와서 또 도시의 '집도 아닌 집'을 보러 다니는 이유가 무엇인가. 돌배기 막내를 네 살까지 그 집에서 키웠다. 아이는 주차장에 다 와서도 자꾸만 숨바꼭질을 해 댄다. _{시골에서의 삶이 자신의 마음 같지 않자 다시 도시로 이사를 하려 함.}

"야, 이놈아, 명수야." / 정희는 어찌나 아이 이름을 불러 젖혔는지 목이 다 잠길 지경이다. _{정희 아이의 이름}

❶"야, 인마!" / 낯선 목소리가 바로 등 뒤에서 나길래 정희는 제 아이를 보고 그러는 줄 알고 덩달아, 야 이놈아를 외쳤다. 엄마가 부를 때는 돌아보지도 않던 아이가 낯선 남자의 야 인마, 소리에 겁을 먹고 엄마 품으로 쏙 기어든다. 그제야 정희는 뒤를 돌아보았다. 전혀 모르는 남자가 그녀를 빤히 쳐다보며 또다시, _{정희는 알지 못하는 남자에게서 위협을 느낌.}

「야, 인마, 오랜만이다!」 / 알은체를 해도 아주 고약하게 한다. _{「」: 낯선 남자가 갑자기 다가와 무례한 태도로 알은체함.}

"누구신데 그러세요?" / "이놈 봐라, 나를 몰라?" / "모르겠는데요."

"시치미 떼기는, 인마. 그나저나 오랜만에 만났는데 악수나 한번 하자."

"여보세요! 나는 댁을 모르는데 더군다나 애기 엄마한테 야 인마라니요!" _{모르는 사람의 무례한 행동에 불쾌감을 느낌.}

"어쭈, 너 많이 컸다아." / 처음부터 모른 척하는 게 나았다는 판단이 정희는 그제야 선다. 서둘러 아이를 유아용 좌석에 앉혀 안전띠를 채우고 행여라도 남자가 차 안까지 기어들어 올까 봐 재빨리 운전석 문을 열고 들어가 시동을 건다. 그저 조심하는 게 수지, 때늦은 각성을 하며 도시를 빠져나왔다. 남편이 돌아오기 전에 집에 가려면 속력을 내야 할 것이 _{깨달아 앎.　　도시에 집을 보러 다닌다는 사실을 남편은 모름. - 시골로 이사 오기를 원한 것은 정희였기 때문에}었다. 다행히 도시 외곽으로 갈수록 차가 쑥쑥 빠져서 낯모르는 남자 때문에 고약했던 기분도 차차 나아졌다. 불쾌감이 사라지자 그 자리에 불안감이 들어찼다. _{시골 생활에 회의를 느끼고 도시로 집을 알아보러 갔으나 낯선 남자에게서 도시의 폭력성을 느낌.}

　▶ 도시의 주차장에서 만난 낯선 남자의 알은체에 도시의 폭력성을 느끼고 돌아옴. - 현재

나 아침에 정희는 또 그 소리를 들었다. 「그녀가 정말 바라지 않는 그 소리. 새소리, 이슬방울 _{역순행적 구성　번개탄 장수의 확성기 소리　「」: 트럭에서 물건을 파는 사람들의 소리를 다양하게 묘사하여 나열함.}떨어지는 소리보다도 더 빨리 듣게 되는 소리. 남편이나 아이들이나 시어머니나 이웃들은 다들 아무렇지 않고 오히려 은근히 기다릴지도 모르는 소리. 다시 한번 고쳐 생각해 보면 정말 정희 자신으로서도 아무렇지 않은 소리. 어찌 해석하면 눈물겨운 삶의 소리, 도시 산동네에 살 때 날마다 들었던 소리. 이를테면 개 사요, 염소 사요, 소리들. 콩나물 사요, 따끈따끈한 두부 사요, 소리, 그 남자는 꼭 세 번째에 왔다. 그러고는 확성기를 소리 높여 틀었 _{번개탄 장수의 특징①}다. 그 남자는 꼭 카세트를 튼다. 중간중간에 기괴한 추임새가 들어가는, 관광버스 안에서 _{번개탄 장수의 특징②}아줌마들이 춤출 때 트는 그 노래들 한 곡조가 끝나면 이윽고 남자는 자신이 가지고 다니는 품목들을 열거하기 시작한다. 이미 콩나물, 두부를 파는 사람이 동네를 한 바퀴 돌고 나간 뒤인데도 제깟 게 돌고 나갔든지 말았든지 자기로서는 알 바 아니라는 듯, 한가롭게, 태평하게, 천연덕스럽게, 혹은 청승맞게.

❷번개탄 있어요, 조미료 있어요, 왜간장 있어요, ✱아부래기 있어요, 간고등어 있어요, 화 _{일본식으로 만든 간장　　「」: 도시의 소음을 피해 시골로 온 정희가 시골에서도 소음에 시달리고 있음.}장지 있어요, 계란 있어요, 명태 있어요, 있어요, 있어요…… 한없는 있어요, 소리, 그 남자 때문일까. 시골 동네 입식 부엌, 기름보일러 안 한 집 없는데 도대체 어느 시대를 살다 왔는지, 언제 녹음한 걸 트는 건지 아무도 사지 않을 번개탄부터 사라고 외치는 남자가 자신을 _{번개탄 장수의 특징③}괴롭혔으면 어디를 얼마나 괴롭혔다고, 자신을 짜증 나게 했으면 어디를 얼마나 짜증 나게 했다고, 남편과 '사투'를 벌여 가며 이주를 해 온 시골집인데, 그런 집을 놔두고 또다시, 그렇게도 저주해 마지않던 도시의 '집도 아닌 집'을 보러 다닌단 말인가. _{남편은 시골집으로의 이주를 탐탁지 않아 했음을 짐작할 수 있음.　　도시의 아파트}

　▶ 도시로 집을 보러 다니는 이유에 대한 성찰 - 과거

• **중심 내용** 시골에서 번개탄 장수의 소음으로 괴로워하던 정희는 다시 도시의 집을 보러 다님.　• **구성 단계** 절정

이해와 감상

이 작품은 자본주의와 문명을 상징하는 도시로부터 벗어나고자 하는 인물을 통해 자유로운 삶에 대한 욕망을 그리고 있다.

정희는 도시의 아파트의 소음에 괴로워하며 이야기를 키울 공간이 없는 도시의 집은 집이 아닌 '한데'라고 여겨 시골로 이사를 한다. 그러나 번개탄 장수의 확성기 소리와 사냥꾼의 총소리에 괴로움을 느낀 정희는 다시 도시의 '집도 아닌 집'을 보러 다니게 된다. 그러던 중 도시 주차장에서 낯선 남자의 위협을 받고 시골집으로 돌아오는 길에 평소 못마땅해 하던 번개탄 장수와 만난다. 이때 트럭 조수석에 타고 있던 번개탄 장수의 아이를 발견하고 도시에서는 느낄 수 없었던 소시민의 정을 느낀 정희는 아직은 도시보다 정겨움이 남아 있는 시골에 정착할 것을 다짐한다.

정체를 알 수 없는 불안감과 소음으로 가득 찬 도시의 '집도 아닌 집'인 아파트와 달리 추억거리를 만들 수 있고 마음을 평안하고 풍요롭게 해 주는 진정한 의미의 '집' 사이에서 갈등하던 정희는 번개탄 장수와 그의 아이에게서 마음의 위안을 얻어 그동안 억눌러 왔던 설움과 불안함이 눈물로 터지며 내적 갈등을 해소한다.

🔍 전체 줄거리

발단	정희는 어렵게 장만한 도시의 아파트를 '한데'로 인식하며 시골집을 보러 다닌다.
전개	정희는 남편을 설득하여 아파트를 세놓고 너른 뒷마당이 있는 시골집으로 이사를 한다.
위기	남편과 갈등을 겪으며 시골집으로 이사 왔지만 시골은 기대했던 것처럼 평화롭고 고요한 곳이 아니었다.
절정	정희는 사냥꾼들과 다투고 다시 도시의 집을 보러 다니지만 주차장에서 낯선 남자를 만나 놀라서 돌아온다.
결말	정희는 시골집으로 돌아오는 길에 번개탄 장수를 만나 시골에서의 삶에 위안을 얻게 된다.

👥 인물 관계도

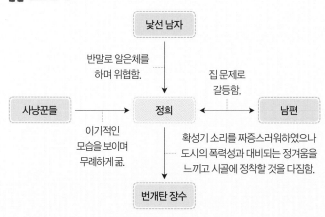

🏠 작품 연구소

낯선 남자로 인한 정희의 심리 변화

불쾌감		불안감
낯선 남자가 갑자기 다가와 알은체하며 악수를 청하는 무례함에 불쾌감을 느낌.	➡	놀란 마음이 가라앉자 도시의 폭력성에 불안감을 느낌.

🔑 포인트 체크

인물 정희는 다소 민감한 성격으로 ▢▢에 예민하게 반응하지만 번개탄 장수의 사정을 알고 그에게 ▢▢을 느끼는 따뜻한 인물이다.

배경 소음으로 가득하며 '한데'와 같은 삭막한 공간으로 인식되는 ▢▢와 평온하고 풍요로운 공간인 ▢▢이 대조적으로 그려지고 있다.

사건 시골에서도 소음에 시달리던 정희는 ▢▢▢들의 총소리를 계기로 도시에 집을 보러 다니지만 낯선 남자의 행동에 ▢▢▢을 느낀다.

1 이 글에 대한 설명으로 적절하지 <u>않은</u> 것은?

① 대비되는 공간을 통해 주제를 드러내고 있다.
② 소음으로 가득 찬 도시를 부정적으로 인식하고 있다.
③ 인물의 갈등을 통해 도시의 폭력성을 드러내고 있다.
④ 특정 인물의 인식을 중심으로 사건이 전개되고 있다.
⑤ 다양한 인물들의 경험을 삽화 형식으로 나열하고 있다.

2 이 글에 대한 이해로 적절하지 <u>않은</u> 것은?

① 정희는 낯선 남자가 아이에게 알은체를 하자 불쾌감을 느낀다.
② 번개탄 장수는 항상 콩나물, 두부 장수 다음에 동네에 나타났다.
③ 정희는 번개탄 장수의 확성기 소리를 소음으로 느끼고 짜증을 낸다.
④ 정희는 도시에 집을 보러 다닌다는 사실을 남편에게 말하지 않았다.
⑤ 정희는 낯선 남자로 인한 불쾌감이 사라지자 도시의 폭력성에 대한 불안감을 느낀다.

3 '정희'가 도시로 집을 보러 다니는 이유로 가장 적절한 것은?

① 도시의 아파트로 이주하자는 남편의 간곡한 부탁 때문이다.
② 입식 부엌과 기름보일러도 없는 시골집에 불편함을 느꼈기 때문이다.
③ 집을 보러 다니다 주차장에서 낯선 남자로부터 위협을 당했기 때문이다.
④ 도시의 소음을 피해 시골로 왔으나 시골에서도 소음에 시달렸기 때문이다.
⑤ 소음으로 가득 찬 도시를 생명력이 유지되기 힘든 곳으로 인식하기 때문이다.

4 이 글에서 '정희'가 생각하는 도시의 아파트를 의미하는 표현을 찾아 쓰시오.

5 (가)에 드러난 '정희'의 심리 변화를 쓰시오.

☀️ **어휘 풀이**

동부 콩과의 한해살이 덩굴성 식물.

일단 한 집단이나 무리.

적이 꽤 어지간한 정도로.

히물거리다 입술을 한쪽으로 조금 기울이며 소리 없이 능청스럽게 자꾸 웃다.

Q '총을 든 사내들'의 태도와 주차장의 '낯선 남자'의 태도를 비교하면?

총을 든 사내들은 허락도 없이 정희의 집 앞에 차를 대고, 이에 항의하는 정희에게 반말을 하며 위협적으로 군다. 주차장에서 만난 낯선 남자 또한 정희에게 반말을 하며 막무가내로 알은체를 하는 무례한 행동을 한다. 총을 든 사내들, 주차장에서 만난 낯선 남자는 모두 냉정하고 폭력적인 도시의 이미지를 대변하는 인물들로, 정희가 이들을 대하는 태도를 통해 도시 문명에 대한 정희의 부정적인 태도를 읽을 수 있다.

🔖 **구절 풀이**

❶ **총소리는 그렇게, ~ 가슴속에서 움터 올랐다.**
수렵 금지 해제 기간이 돌아와 시골 마을에 총소리가 울리기 시작한다. 밤낮 구별도 없이 들려오는 총소리와 달아나는 짐승들의 발소리에 정희는 공포스러워하며 이런 일이 반복된다면 시골에서도 살지 못하는 것이 아닌지 불안에 휩싸이고 있다. 사냥꾼들의 총소리 역시 정희가 다시 도시의 집을 구하러 다니게 되는 이유 중 하나이다.

❷ **"아침부터 재수 없게 ~ 반말이에요, 반말이?"** 정희와 사냥꾼들이 직접적으로 갈등하는 장면이다. 집 앞에 대 놓은 차를 빼달라는 정희의 말에 사냥꾼들은 반말과 무례한 태도로 일관하고 있다. 이러한 사냥꾼들의 모습은 폭력적이고 냉정한 도시의 이미지를 대변하며 정희가 시골집에서도 불안함을 느껴 다시 도시에 '집도 아닌 집'을 보러 다니게 되는 결정적인 계기를 제공한다.

👤 **작가 소개**

공선옥(孔善玉, 1963~)
소설가. 1991년 《창작과 비평》에 〈씨앗불〉을 발표하며 등단했다. 작가로서 소외된 사람들의 모습과 가난 문제를 현실적으로 보여 주고 있다. 여성을 비롯한 사회적 약자들에게 깊은 애정을 가지고 그들의 고단하고 힘겨운 삶을 생동감 넘치는 문체로 그려 낸다는 평을 받고 있다. 주요 작품으로 〈피어라 수선화〉, 〈멋진 한세상〉, 〈명랑한 밤길〉 등이 있다.

가 그때, 그 소리가, 하늘이라도 찢을 듯이 쿵 하는 총소리가 들려왔다. 두 사람 다 서로의 얼굴을 쳐다보았다. / "뭐가 터진 거야?" / "나가 봐."

두 사람이 동시에 밖으로 튀어나왔다. 소리를 듣지 못하는 시어머니는 마당에서 천연스레 •동부를 까고 있다. 새벽같이 일어나 일하는 것을 즐기는 노인네다. ❶총소리는 그렇게, 가을날의 일요일에 시작되었다. 그리고 그날 •일단의 사냥꾼들이 동네를 에워쌌다. 『산으로 둘러싸인 마을이라 그 산을 사냥꾼들이 에워싸면 마을이 사냥꾼들한테 포위당하는 꼴이었다. 총소리는 밤낮의 구별이 없었다. 그것은 참으로 무차별적이었다.』 정희가 공포스러워하는 건 단순한 총소리 때문이 아니었다. 사냥꾼들을 피해 쫓기는 짐승들의 발소리가 바로 지척에서 들렸다. 마을 이장에게 알아본 바로는 지금이 바로 '수렵 금지 해제 기간'이라는 거였다. 몇 년에 한 번씩, 몇 개월간 그런 기간이 있다는 거였다. 이제 이런 해제 기간이 반복된다면 시골에서도 못 사는 것이 아닌가, 하는 불안감이 •적이 가슴속에서 움터 올랐다. 그리고 그다음 날, 남편이 출근을 하고 난 뒤, 그날도 시어머니는 세상일은 내 알 바 아니라는 듯 멍석 위에 도마를 내어놓고 애호박을 나박나박 썰고 앉아 있었다. 그 모습은 완벽한 평화였다. 그리고 그 평화를 둘러싼 세상은 지금 한판 살육제를 펼치고 있는 거였다. 그날도 총을 든 남자들이 마을 안길을 올라가고 있었다. 그런데 공교롭게도 그들이 타고 온 자동차가 하필 정희네 집 앞에 주차되어 있었다. 그냥 시어머니처럼 세상일 내 알 바 아니라고, 그저 내 하던 일에만 신경 쓰며 살아간다면, 그러면 정말로 세상이 어떻게 돌아가든 적어도 나는 평화로울 수 있을 것이다. 그러나 그것이 안 되는 게 볼 수 있고 들을 수 있는 사람의 불행이나 한계인지도 모른다. 총을 든 사내들은 '사냥꾼'들이었다. ㉠사냥꾼이라면 언젠가 아이들에게 읽어 주던 동화책에 나오는 그런 사냥꾼만 있는 줄 알았다. …… 어디선가 바스락 소리가 났어요. 살려 주세요, 사냥꾼이 쫓아와요. 나무꾼은 사슴을 숨겨 주었어요. 여보시오, 사슴 한 마리 못 보았소? 저쪽으로 갔어요. 고맙소……. 그렇게 고맙다며 사슴이 갔다는 저쪽을 향해 달음질치는 사냥꾼. 그래서 정희가 여보시오, 차를 빼시오, 하면 그 사냥꾼들도 알았소, 하고 순순히 차를 빼 줄 줄 알았던 것일까.

▶ 수렵 금지가 해제되어 사냥꾼들의 총소리가 지척에서 들림. – 과거

나 "이봐요, 차를 여기다 대 놓으면 어떡해요."

정희가 소리쳤을 때 총을 든 사내 중 하나가 흘낏 돌아보고는 가던 길을 그대로 올라갔다.

"이봐요, 사람 말이 말 같지 않아요?"

이번에는 총을 든 모든 사내들이 정희를 돌아보았다. 그러고는 마치 슬로비디오에서처럼 느린 응답이 돌아왔다.

❷"아침부터 재수 없게 웬 여자가 왈왈거리는 거야?"

"뭐라구요? 아니, 내 집 앞에 차를 대 놓지 말라고 하는 게 왈왈거리는 소리로 들려요?"

"금방 갈 거야, 그리고 거기가 당신 땅이야?"

"이봐요, 지금 누구한테 반말이에요, 반말이?"

사내들이 •히물거리는 느낌에 저치들이 정말 미쳤나, 싶어 좀 더 자세히 사내들 표정을 살펴보려 하는데 마침 이제 막 퍼지기 시작한 햇살을 받아 사내들이 들고 있는 총구들이 마치 불을 뿜듯 금속성의 빛을 반사하여 그녀의 눈을 쏘았다. 무슨 일인가 하고 시어머니가 대문 밖을 빠끔히 내다보다가 황급히 정희 옷자락을 낚아채서 집 안으로 끌어당겼다.

"야야, 당최 뭔 소리 마라, 총 든 사람들한테 뭔 소리 말어. 무슨 일이 날지 누가 알겠냐."

바로 그날 오후 '무슨 일'은 나고야 말았다. 옆집 할머니가 사냥꾼들의 총에 맞아 병원으로 실려 갔던 것이다.

▶ 정희와 사냥꾼들 사이의 갈등 – 과거

・ **중심 내용** 수렵으로 인해 시골에 총소리가 울리고 정희는 사냥꾼들과 갈등을 빚음.　・ **구성 단계** 절정

🏠 작품 연구소

대조적 공간의 제시

정희는 도시의 '집도 아닌 집'과 시골의 진정한 의미의 '집'을 대조적으로 인식하고 있다.

'집도 아닌 집'		진정한 의미의 '집'
• 도시의 새 아파트 • 사육장과 같은 곳 • 소음으로 가득 찬 곳 • 정체를 알 수 없는 불안감을 주는 곳	⟷	• 추억거리를 만들어 주는 마당이 있는 곳 • 마음을 평안하고 풍요롭게 하는 곳 • 돈이 아닌 마음에 의해서 선택한 곳 • 육신이 몸담은 가장 정신적인 곳

〈한데서 울다〉에 드러난 인물의 갈등

이 작품에는 도시와 시골 사이에서 갈등하는 정희의 내적 갈등뿐 아니라 정희와 주변 인물(남편, 낯선 남자, 사냥꾼들)의 외적 갈등이 나타나 있다.

정희		
자신의 평안한 삶을 깨뜨리는 번개탄 장수의 확성기 소리, 사냥꾼들의 총소리에 짜증과 불안을 갖는 정희의 내적 갈등 ⟷	남편	정희와 달리 집을 경제적인 수단으로만 여기고 있으며, 도시에서 시골로 이사하자는 정희와 갈등을 빚음.
	낯선 남자	도시 주차장에서 반말로 정희에게 알은체를 하며 위협을 가함.
	사냥꾼	집 앞에 세워 둔 차를 빼 달라는 정희의 말에 반말로 대구하며 무례하게 대함.

시간의 흐름에 따른 정희의 행동 – 역순행적 구성 방식

이 작품은 정희가 시골로 가기 전인 과거와 다시 도시에 집을 보러 다니는 현재가 번갈아 가며 제시되는 역순행적 구성을 보이고 있다.

과거	현재
• 어렵게 도시의 아파트를 샀지만 '한데'로 변해 버린 소음 가득한 도시의 모습을 부정적으로 인식하고 도시에서 벗어나고자 함. • 평온할 것이라고 믿었던 시골집에서의 생활이 확성기 소리와 총소리에 의해 깨짐.	• 다시 도시로 이사하기 위해 '집도 아닌 집'을 구하러 도시에 옴. • 도시의 주차장에서 낯선 남자가 시비를 걸어 놀라서 돌아옴. • 평소 부정적으로 생각했던 번개탄 장수의 새로운 면모를 발견하며 시골에서 살기로 함.

자료실

〈한데서 울다〉에서 드러나는 자연 친화적인 여성성

공선옥 소설의 어미들은 남성적인 공격성과 폭력성이 횡행하는 도시로부터 탈주하여 '말하자면 우리 삶의 원형, 혹은 우리 삶이 문명이란 이름으로, 사랑이라는 이름으로 훼손되지 않은 상태'를 그리워하는 여성으로서, 이들의 여성성이 근본적으로 자연 친화적이라는 점을 확인시켜 준다. 소설의 제목이 가리키듯 도시에서의 삶은 추운 곳이라는 의미를 지닌 한데에서의 삶이며, 시골에서의 삶은 '앞마당과 뒷마당'을 거느린 자연에서의 삶인데, 여성성의 충만한 발현은 바로 자연적 환경에서 가능하다는 점을 이 소설은 암시하고 있다.
– 양진오, 〈억척 어미의 여성성, 가난과 마주하는 문학〉

📖 함께 읽으면 좋은 작품

〈소음 공해〉, 오정희 / 이웃에 무관심한 현대인의 삶의 모습을 비판한 작품

이웃 사이에 교류가 없는 삭막한 도시의 아파트를 배경으로, 자원봉사자로 일하는 주부인 '나'는 위층에서 들리는 소음으로 괴로워한다. 결국 발소리를 죽이라는 메시지를 담은 슬리퍼를 전하러 위층을 찾아가지만 휠체어를 탄 여자를 발견하고 슬리퍼를 감춘다. 소음 때문에 발생한 이웃 간의 갈등으로 이웃에 대한 관심과 배려가 부족한 현대인의 삶을 그리고 있다는 점에서 〈한데서 울다〉와 비교해 볼 만하다.

---

6 이 글에 대한 설명으로 적절하지 않은 것은?

① 정희는 시골에서도 살지 못하게 될까 봐 불안해하고 있다.
② 사냥꾼들은 차를 빼달라는 정희에게 안하무인의 태도를 보이고 있다.
③ 시어머니의 평화로운 모습과 사냥꾼들의 사냥을 대비하여 제시하고 있다.
④ 옆집 할머니가 총에 맞은 사건은 정희가 도시의 집을 보러 다니는 계기가 된다.
⑤ 정희는 사냥꾼들이 쫓던 사슴을 숨겨 주었던 일 때문에 사냥꾼들과의 사이가 좋지 않다.

내신 적중 **高난도**

7 〈보기〉를 참고하여 이 글을 감상한 내용으로 적절하지 않은 것은?

| 보기 |

정희는 자본주의와 문명을 상징하는 도시로부터 벗어나 자유로운 삶을 추구하는 인물로, 고요하던 동네 전체가 자동차 소음으로 가득 차게 된 도시를 '한데'로 인식하고 도시에서 벗어나 시골로 이사를 한다. 평온할 것이라고 믿었던 시골집에서도 소음에 시달리고, 폭력적인 도시의 이미지를 대변하는 인물과의 갈등으로 도시로 이사 갈 결심을 하지만 번개탄 장수의 새로운 면모를 발견하면서 마음의 위안을 얻고 시골에서 살기로 한다.

① 정희가 '한데'로 다시 돌아가려고 하는 것은 총소리로 인한 불안감 때문이겠군.
② 번개탄 장수의 새로운 면모를 발견한 후에는 확성기 소리를 소음으로 인식하지 않겠군.
③ 사냥꾼은 도시의 이미지를 대변하는 인물로 정희가 시골로 이사를 하는 계기가 되는군.
④ 사냥꾼으로 인해 정희는 문명을 상징하는 도시로부터 완전히 벗어나지 못했다고 느끼겠군.
⑤ 옆집 할머니가 사냥꾼의 총에 맞자 정희는 시골도 도시의 폭력으로부터 자유롭지 않다고 느꼈겠군.

8 인물의 성격을 ㉠과 같이 제시한 것에 대한 설명으로 적절한 것을 골라 바르게 묶은 것은?

| 보기 |

ㄱ. 인물의 성격을 작가의 의도와 다르게 판단할 수 있다.
ㄴ. 서술자가 인물의 심리나 성격을 직접 서술하는 방법이다.
ㄷ. 서술자의 설명으로 인해 독자의 상상력이 제한될 수 있다.
ㄹ. 독자가 직접 인물의 성격을 파악하게 하여 극적 효과를 높인다.

① ㄱ, ㄴ ② ㄱ, ㄹ ③ ㄴ, ㄷ ④ ㄴ, ㄹ ⑤ ㄷ, ㄹ

9 (나)에서 '도시 문명의 폭력성'을 상징적으로 드러내는 소재를 찾아 쓰시오.

황진이 | 홍석중

문학 천재(김), 천재(정), 미래엔

핵심 정리

갈래 장편 소설, 북한 소설, 역사 소설
성격 비극적, 일대기적, 묘사적
배경 ① 시간 – 조선 시대
　　　② 공간 – 송도(개경)
시점 전지적 작가 시점
주제 ① 황진이의 파란만장한 삶과 비극적인 사랑
　　　② 조선 시대 지배 계층의 위선적 허위의식 비판
특징 ① 서술자의 논평이 드러남.
　　　② 우리 고유의 풍습이 잘 드러남.
　　　③ 표준어에 비해 고유어, 북한 방언 등이 많이 사용됨.
　　　④ 당대 민중의 언어와 양반들의 언어를 사용하여 현실감을 줌.
출전 《황진이》(2002)

어휘 풀이

박정하다 인정이 박하다.
무지몰각하다 지각이나 상식이 도무지 없다.
사시 십이시(十二時)의 여섯째 시. 오전 아홉 시부터 열한 시까지를 뜻함.
방상시 '나자(儺者)'의 하나. '나자'는 음력 섣달 그믐날에 묵은해의 마귀와 사신을 쫓아내려고 베풀던 의식을 거행하는 사람들을 통틀어 이르는 말.
명정 죽은 사람의 관직과 성씨 등을 적은 깃발.
혼백 죽은 사람의 위패인 신주를 만들기 전에 임시로 명주나 모시를 접어서 만든 자리.
만장 죽은 이를 슬퍼하여 지은 글을 비단이나 종이에 적어 기(旗)처럼 만든 것.
공포 관을 묻을 때 관을 닦는 삼베 헝겊.

구절 풀이

❶ **참으로 박정한 세상이다. ~ 따져서 무엇하랴.** 황진이를 짝사랑하다 죽은 총각의 상여가 황진이 집 앞을 지난다는 소문을 듣고 구경하러 몰려든 사람들에 대한 서술자의 논평이다. 남의 슬픔을 구경하면서 호기심을 만족시키는 사람들에 대한 부정적 시선이 담겨 있다.

❷ **진이는 자개함 통을 ~ 자기의 혼수를 꺼냈다.** 자신을 짝사랑하다 죽은 총각을 위해, 출생의 비밀이 밝혀져 파혼당하기 전 준비했던 혼수를 꺼내는 황진이의 행동을 나타낸 것으로 총각에 대한 황진이의 안타까운 마음을 엿볼 수 있다.

❸ **산천초목 다 리별하고 ~ 워 너머차 너호** 상두수번의 먹임소리와 상두군들의 받는소리로, 황진이를 짝사랑하다 죽은 총각의 심정을 대변해 주고 있다.

❹ **상여는 앞으로 나갈 듯 ~ 한자리에서 흔들렸다.** 죽은 총각의 상여가 황진이의 집 앞에 멈춰서 갈 듯 말 듯 하며 황진이가 죽은 총각을 전송해 주기를 기다리는 장면을 묘사한 부분이다.

[앞부분의 줄거리] 송도에 사는 황 진사의 딸 황진이는 시와 음악에 재능이 뛰어나고 용모가 아름답기로 유명했다. 황진이는 서울의 윤승지 댁과 혼약을 맺지만, 집안의 하인인 놈이가 황진이의 출생 배경을 누설하여 파혼을 당한다. 황진이는 자신의 출생을 둘러싼 사대부가의 거짓과 위선을 알고 괴로워한다. 이 무렵 또복이가 황진이를 연모하다가 상사병으로 죽어서 그의 장례식이 열린다.

가 『담장 너머는 구경군들로 붐비는데 집 안은 괴괴했다. 안방마님은 진이한테 자초지종을 털어놓은 이후 안방 문턱을 넘어 본 일이 없고 사랑채 서방님은 이금이를 그 꼴로 만들어 놓고 자취를 감춘 후 아직 그림자도 보이지 않았다. 이른 아침이여서 집 안의 바깥채가 떠들썩하겠건만 안채, 행랑채 할 것 없이 모두 호기심에 들떠서 벌써부터 담장 너머 구경군들 속에 섞여 버린 모양인지 쥐 죽은 듯 조용했다.』
『　』: 집 밖과는 대조되는 집 안 분위기를 보여 줌. – 극적 긴장감 조성 ／ 황진이가 태어난 내력과 친어머니에 대한 이야기를 해 줌.

황진이의 오빠인 사랑채 서방님이 황진이의 계집종 이금이를 겁탈함.

❶참으로 *박정한 세상이다. 남의 경사나 기쁜 일을 구경하고 즐긴다면 모르겠지만 남의 고통이나 슬픔을 구경해서 자기의 호기심을 만족시킨다면 그것은 벌써 선한 마음이 아니다. 하기는 오정문 밖 장터에서 죄인의 목을 벤다면 먼 촌에서 도시락까지 싸 들고 구경을 온다니 그 *무지몰각한 마음의 선악을 구태여 따져서 무엇하랴.
자신을 짝사랑하던 총각(또복이)이 죽은 일에 대한 황진이의 심정

진이는 담장 밖에서 들려오는 소리에 귀를 기울이고 있었다. 서로 부르고 찾는 소리, 자리를 다투는 걸직한 욕설들, 느닷없이 터져 오르는 너털웃음들…….

저 사람들은 지금 그의 고통을, 그의 슬픔을, 그의 창피를, 그의 굴욕을 구경하고 싶어 저리도 뒤설레고 있는 것이었다.
상여 구경꾼들은 황진이를 구경거리로 여기고 있음.

(그래. 그렇다면 응당 그들이 보고 싶어 하는 것을 보여 주어야지.)
▶ 상여가 도착하기 전의 어수선한 분위기

나 ❷진이는 자개함 통을 열고 그 안에 ㉠깊숙이 간수해 두었던 자기의 혼수를 꺼냈다.
겉에 자개를 박아서 꾸며 놓은 함　　출생의 비밀로 인해 파혼당하기 전 준비한 혼수

『사시쯤 되었을 때 상행이 뒤골 어구에 들어섰다.』 맨 앞에는 붉은 저고리에 검은 치마를 입고 방울 달린 탈바가지를 뒤집어쓴 *방상시가 창과 방패를 갈라 든 두 손을 휘저으며 길을 잡고 그 뒤를 이어 *명정, *혼백, *만장, *공포를 차례차례 앞세운 상여가 골목 안으로 꺾어 들어오는데 상여 우에 올라선 상두수번이 요령을 뗑그렁뗑그렁 울리며 구슬픈 상여 노래의 선소리를 먹이면 생베 수건을 눈섭까지 눌러 쓰고 구정닻줄을 걸머멘 상두군들이 음울한 목소리로 후렴을 받았다.』
상여의 뒤를 따르는 행렬　　『　』: 죽은 총각의 상여 행렬에 대한 묘사
상여꾼의 우두머리　　놋쇠로 만든 종 모양의 큰 방울

드디어 사람들이 기다리는 그 구경스러운 대목에 이르렀다. 앞으로 움직이던 상행이 황 진사 댁 후원 뒤문 앞에 이르자 제자리걸음을 시작했으니 이것이 이른바 '지살받기'가 시작되기 전의 '그네뛰기'였다. 상두수번의 먹임소리와 상두군들의 받는소리는 원귀의 울음소리처럼 처량하게 들렸다.
터가 나빠서 땅에 붙었다는 살(煞)을 받는 일
상여가 앞뒤로 흔들리는 모습을 그네에 비유하여 일컫는 말　　죽은 총각의 혼

…… / ❸산천초목 다 리별하고 / 황천 먼 길을 떠나가네 / 워 너머차 너호
먹임소리　　　　　　　　　　　　　　　　　　　받는소리

황 진사 댁 고명따님 / 어 잘났다 한번 보고 / 워 너머차 너호
황진이를 가리킴.

외기러기 짝사랑에 / 외론 혼이 되었구나 / 워 너머차 너호 / ……
또복이가 상사병에 걸려 죽은 일을 가리킴.

❹상여는 앞으로 나갈 듯 뒤로 물러서고 물러설 듯 다시 앞으로 나가며 요령 소리와 상여 노래에 맞추어 그네처럼 한자리에서 흔들렸다.

진이는 담장 안쪽에서 문고리를 쥐고 마음을 굳게 다잡았다. 담장 밖 구경군들의 눈길이 모두 이 문에 쏠려 있을 것이다. 늦지도 않게, 또 너무 이르지도 않게 제때에 문을 열고 사람들 앞에 나서야 한다.
황진이가 나타날 것인지에 대한 호기심 때문에
▶ 황진이의 집 앞에 도착한 죽은 총각의 상여

• 중심 내용 황진이를 짝사랑하다 죽은 총각(또복이)의 상여가 황진이 집 앞에 멈춰 섬.　　　• 구성 단계 전개

이해와 감상

이 작품은 황진이에 대한 기존의 이야기에서 벗어나 황진이의 삶을 새로운 시각으로 그린 북한 소설이다. 가공인물인 황 진사 댁 하인 출신 '놈이'와 기생 '황진이'의 비극적인 사랑을 그린 작품으로 북한 소설에서 보기 드문 관능적인 애정 묘사가 드러나며, 황진이의 시조를 글의 사이사이에 삽입하고 있다는 점에서 주목할 만하다.

또한 사실과 야사를 거대 서사와 작은 일화로 연결시켜 보여 주고 있으며, 민중적 비속어와 품위 있는 시적 표현을 자연스럽게 담아내고 있다. 2004년 남한에서 만해 문학상을 수상하기도 한 이 작품은 남북한에서 모두 그 가치를 인정받고 있는 작품이라 할 수 있다.

🔍 전체 줄거리

발단	황진이는 황 진사의 딸로, 남다른 재능과 아름다운 용모를 갖추었으며 하인 놈이는 황진이를 짝사랑했다.
전개	황진이가 서울의 좋은 집안에 시집을 가게 되자 놈이는 그녀의 어머니가 종이었다는 사실을 폭로하여 파혼하게 만든다. 황진이는 자신을 짝사랑하던 총각 또복이가 상사병으로 죽자 모든 것을 버리고 기생이 되기로 결심한다.
위기	황진이에 대한 사랑을 고백하고 화적패의 우두머리가 되어 떠났던 놈이는 사또 김희열의 계략으로 목이 잘리는 효수형을 받는다.
절정	황진이가 놈이를 구하려고 애쓰는 과정에서 그들의 순수하고 절대적인 사랑을 확인하지만 놈이는 결국 죽게 된다.
결말	놈이가 처형당한 후 황진이는 놈이를 묻어 주고 전국 각지를 떠돌아다니다 생을 마감한다.

👥 인물 관계도

황진이를 파혼하게 만들었으나 평생 그녀만을 사랑함.

황진이

저승에서의 사랑을 약속함.

짝사랑을 하다 상사병에 걸려 죽음.

놈이

죽은 총각(또복이)

🏠 작품 연구소

그네뛰기와 상여 노래의 의미

상여 행렬이 황 진사 댁 후원 뒷문에 이르자 제자리걸음, 즉 그네뛰기를 시작한다. 상두수번과 상두군들은 황진이를 짝사랑하다 죽은 총각의 심정을 원귀의 울음소리처럼 처량하게 부른다. 황천 먼 길을 떠나가면서 마지막으로 황진이나 한 번 보고 외로운 혼이 되라는 상여꾼들의 배려인 것이다.

그네뛰기	• 상여가 황진이 집 앞에서 '지살받기'를 하기 전에 제자리걸음을 하는 것을 나타냄. • 황진이가 상여를 보러 나오는 계기가 됨.
상여 노래	• 상두수번과 상두군들이 주고받는 노래 • 죽은 자의 넋을 기리기 위한 것으로 죽은 총각(또복이)의 심정을 보여 주는 역할을 함.

🔑 포인트 체크

인물 황진이는 자신을 짝사랑하다가 죽은 총각(또복이)의 상여 앞에 ☐☐하게 나서는 모습을 보인다.

배경 ☐☐의 차이가 뚜렷하게 구별되었던 ☐☐ 시대를 배경으로 하여 이루어질 수 없는 사랑을 그리고 있다.

사건 황진이는 죽은 총각(또복이)의 상여 앞에서 저승에서의 ☐☐을 약속하고, ☐☐이 되기로 결심한다.

1 이 글의 서술상 특징으로 적절한 것은?

① 빈번한 장면 변화로 긴박한 분위기를 형성하고 있다.
② 작품 속 인물이 자신의 행동과 심리를 직접 밝히고 있다.
③ 풍자적 수법을 통해 현실에 대한 비판적 인식을 보여 주고 있다.
④ 인물의 발화를 통해 긍정적 미래에 대한 확신을 제시하고 있다.
⑤ 실존 인물을 주인공으로 시간의 흐름에 따라 사건을 전개하고 있다.

내신 적중 高난도

2 〈보기〉를 참고하여 이 글을 감상한 것으로 적절하지 <u>않은</u> 것은?

┤ 보기 ├

이 글은 황진이의 실제 삶에 새로운 인물을 등장시켜 흥미진진한 서사를 보이고 있으며, 당대의 풍속을 재현하고자 하는 전통적 표현과 생생한 비유, 시적 표현 등을 통해 작품으로서의 가치를 풍부하게 하고 있다. 다만 서술자의 개입이 드러난다는 점에서 고전 소설의 한계를 보이고 있다.

① 상여 노래는 시적 표현의 하나로 볼 수 있겠군.
② 상두수번과 상두군들이 주고받는 소리를 비유를 통해 드러내고 있군.
③ 상여 행렬을 구경하러 모여든 사람들에 대한 서술자의 긍정적 논평이 나타나고 있군.
④ 상행이 황진이 집 앞에서 '그네뛰기'를 하는 것은 당대 풍속의 재현으로 볼 수 있겠군.
⑤ 황진이를 짝사랑하다 죽은 인물은 흥미진진한 서사를 위해 새롭게 창조된 인물이라고 할 수 있겠군.

내신 적중

3 이 글에서 '상여 노래'가 하는 역할로 가장 적절한 것은?

① 황진이가 총각의 죽음을 알게 되는 계기가 된다.
② 상두군들과 황진이가 갈등을 빚게 되는 원인이 된다.
③ 구경군이 죽은 총각을 안쓰럽게 여기는 계기가 된다.
④ 황진이가 총각의 죽음에 대해 슬퍼하는 원인이 된다.
⑤ 황진이를 향한 죽은 총각의 심정을 대변해 주는 역할을 한다.

4 이 글에서 ㉠이 갖는 의미를 쓰시오.

V. 1990년대 이후

가 진이는 문을 열었다. 골목을 나서는 순간, 만 사람의 날카로운 눈길이 창끝처럼 날아와 박혔다. ❶사람들의 웅성거리는 소리가 점점 더 커지더니 마침내 상여 노래를 눌러버렸다.

❷구경군들은 깜짝 놀랐다. 그들은 감히 황 진사 댁 주인아씨가, 죽은 혼백의 **상문살**이 무서워 천리만리로 달아났거나 집 안 구석방에 들어박혀 이불을 뒤집어쓰고 숨어 있을 진이가 직접 상행 앞에 나타나리라고는 꿈에도 생각하지 못했던 것이다.

[A]
진이는 상두군들의 **구정닻줄** 우에 흔들거리고 있는 상여 앞으로 다가갔다. '그네뛰기'가 멎었다. 상두군들이 상여를 내려놓았다. 요령 소리가 멎고 상두수번의 선소리도 멎었다.

진이는 죽은 총각의 **관곽** 앞에 마주 섰다. 그리고는 손에 들고 나온 꽃무늬의 붉은 **슬란치마**를 활짝 펴서 관곽을 덮었다.

골목 안이, 골목 안에 꽉 들어찬 사람들이 물 뿌린 듯 조용해졌다.

진이는 마치 눈에 보이는 그 누구와 속삭이듯 입을 열었다. 그러자 신기하게도 **류두날** 밤 달빛 속에서 자기를 넋 잃고 쳐다보던 그 총각의 얼굴이 **우렷하게** 떠오르는 것이었다.

[B]
❸"여보세요. 나는 당신을 잘 모릅니다. 한번 얼핏 뵈온 일밖에 없으니까요. 그러나 당신이 죽음으로 보여 준 나에 대한 뜨거운 사랑은 압니다. **유명**의 길이 달라 지금은 당신의 그 진실한 사랑에 보답할 길이 전혀 없군요. 혹시 이후 저승에서 다시 만나 뵙게 되는지……. 이승에서 보답할 수 없었던 사랑을 저승에서는 꼭 갚아 드리렵니다. 그 약속에 대한 표적으로 제가 마련해 가지고 있던 혼례 옷을 당신의 령전에 바치오니 알음이 있으면 받아 주세요. 인명이 하늘에 매였다고는 하나 인정에 어찌 애닲지 않겠나요. 생사가 영 리별이라고 하지만 후생의 기약이 있으니 바라옵건대 어서 떠나세요……."

진이의 눈에서는 눈물이 흐르고 있었다. 목소리가 갈려서 마지막 말을 채 맺지 못했다. 주위의 모든 것이 그대로 얼어붙었다. 바늘이 떨어져도 그 소리를 들을 수 있을 것만 같았다.

▶ 죽은 총각의 관 앞에서 후생을 기약하는 황진이

나 진이는 상여 앞에서 물러났다. 문을 열고 후원 안으로 사라질 때까지도 그 무거운 침묵이 골목 안에 그대로 가라앉아 있었다.

진이는 별당에 돌아와 방안에 앉았다. 그는 방금 전에 수많은 사람들이 지켜보는 앞에서 죽은 혼백과 저승의 사랑을 약속했다. / (이것이 과연 옳은 일인가?)

진이는 사람들의 구구한 시비와 말밥에 오르는 것을 두려워하는 것이 아니였다. 한 가지 자신에게 명백히 할 것은 이 행동이 일시적인 충동이나 변덕이 아니라는 것이며 보다 중요하게는 자신이 지니고 있던 사랑의 감정을 송두리채 죽은 혼백한테 바쳐 버렸으니 이제부터 자기는 이승의 목숨이 다할 때까지 사랑이라는 감정은 전혀 있을 수 없는 목석과 같은 녀인이라는 것이였다. / 바로 이것이 지금 진이가 간절히 바라는 바요, 진심으로 원하는 바였다.

▶ 자신의 행동을 돌아보는 황진이

다 진이에게 있어서는 오늘 밤이 바로 운명적인 날이였다. ❹그는 오늘 밤 환골탈태의 마지막 순서로 ㉠**애기벌레의 허물** 속에서 발을 뽑으려는 것이였다. 발을 뽑으면 허물벗기가 전부 끝난다. 다음은 날개를 펴고 어디론가 날아가야 한다. 이 허물벗기는 이미 전에 시작된 것이였으나 오늘 밤 마지막으로 발을 뽑자고 하니 자기도 모르게 망설이게 되고 **서슴거려**졌다.

▶ 자신의 앞날을 곱씹으며 새로운 삶을 결심하는 황진이

• **중심 내용** 죽은 총각과 후생을 기약하고 새로운 삶을 다짐하는 황진이 • **구성 단계** 전개

작품 연구소

〈황진이〉의 시점

이 작품은 전지적 작가 시점으로 황진이의 행동뿐만 아니라 황진이의 심리까지 치밀하게 묘사하고 있다. 유둣날 밤 달빛 속에서 자기를 넋 잃고 쳐다보던 또복이를 떠올린다거나 또복이와 저승에서의 사랑을 약속한 후 과연 그것이 옳은 일인지 고민하는 모습 등을 생생하게 그려 내고 있다. 특히 황진이가 문을 열고 골목을 나서는 순간, 황진이 집 앞을 가득 메운 구경꾼들의 심리를 묘사하는 부분에서는 마치 구경꾼들의 이야기를 직접 듣는 것처럼 실감나게 표현하고 있다.

황진이가 기생이 되기까지의 과정

당시의 엄격한 가부장제 하에서 서얼이라는 출신은 황진이로 하여금 가족 구조에서 자신의 위상과 자아 및 자신의 정체성을 어떻게 정립해야 하는가의 문제를 안겨 준다. 그러나 이러한 출신 배경은 황진이를 소설의 주체적 인물로서 비범하고 변화 가능한 인물로 변모하게 하는 원인이 된다.

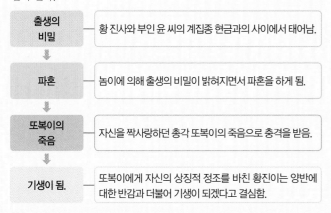

출생의 비밀	황 진사와 부인 윤 씨의 계집종 현금과의 사이에서 태어남.
파혼	놈이에 의해 출생의 비밀이 밝혀지면서 파혼을 하게 됨.
또복이의 죽음	자신을 짝사랑하던 총각 또복이의 죽음으로 충격을 받음.
기생이 됨.	또복이에게 자신의 상징적 정조를 바친 황진이는 양반에 대한 반감과 더불어 기생이 되겠다고 결심함.

자료실

상사병(相思病) 모티프와 샤머니즘

황진이를 처음 본 서당 소년이 총각이 되어 낭만적인 사랑에의 기대와 죽음에 이르기까지의 상사병 모티프는 기생되기 모티프의 한 계열이 되며 황진이 이야기의 가장 흥미로운 부분이다. 대중의 잠재적 욕망의 표상으로 구현된 상사병 모티프는 황진이의 삶을 지배하는 운명이며, 정절이며, 에로스를 반영하는 사회적 현실의 하나로 볼 수 있다.

상사병으로 죽게 된 총각 이야기는 상여에 황진이의 슬란치마를 얹어서 보내고, 황진이가 기생이 되기로 결심하는 순간까지 계속된다. 원귀가 된 상사귀(相思鬼)에게 자신의 상징적 정조를 바친 황진이는 마침내 기생이 된다. 자신의 의지와는 관계없는 출생과 운명론적 상사(相思)의 죽음은 황진이를 조선 사회의 가족 윤리로부터 벗어나게 한다. 상사병으로 죽음을 택한 총각에 대한 황진이의 낭만적 동경은 그 깊이를 더하고, 죽은 총각과의 혼인이라는 신비는 영혼의 맺음이라는 샤머니즘 의식을 반영한다. – 명형대, 〈소설 〈황진이〉 연구〉 (한국문학회, 2008)

함께 읽으면 좋은 작품

〈임꺽정〉, 홍명희 / 소외된 하층민을 내세워 사회 모순에 대한 비판과 타파 의지를 그린 작품

조선 시대 실존 인물인 임꺽정을 주인공으로 하여 16세기 중반의 사회적 상황을 묘사한 역사 소설로, 봉건적 질곡을 뚫고 일어선 민중들의 역동적인 모습에 초점을 맞추고 있다. 특히 작가인 홍명희는 〈황진이〉의 작가 홍석중의 할아버지로, 할아버지와 손자가 조선 시대를 각각 어떤 시선으로 바라보고 묘사하는지 비교해 볼 만하다. Link 본책 122쪽

---

5 이 글에 대한 설명으로 적절하지 **않은** 것은?

① 황진이가 나타난 것은 구경꾼들에게 예상 밖의 일이었다.
② 황진이는 자신의 슬란치마를 죽은 총각의 관곽에 덮어 주었다.
③ 황진이는 죽은 총각과 저승의 사랑을 약속한 것을 후회하였다.
④ 황진이는 골목을 나서는 순간 사람들의 따가운 시선을 느꼈다.
⑤ 골목 안에 들어찬 사람들은 황진이의 행동을 아무 말 없이 지켜보았다.

6 [B]에 담긴 '황진이'의 심정으로 적절하지 **않은** 것은?

① 자신을 향한 죽은 총각의 뜨거운 사랑을 이해하고 있다.
② 저승에서의 사랑에 대한 약속으로 혼례 옷을 바치고 있다.
③ 후생에서는 죽은 총각의 마음을 받아 줄 수 있음을 이야기하고 있다.
④ 한 번도 본 적 없는 죽은 총각에 대한 미안한 마음을 표현하고 있다.
⑤ 죽은 총각을 위해 해 줄 수 있는 것이 없다는 사실에 안타까워하고 있다.

7 ㉠에 대한 설명으로 적절하지 **않은** 것은?

① 양반집 딸에서 기생으로 변모하는 과정을 상징적으로 보여 준다.
② 허물 속에서 발을 뽑는 것은 허물벗기의 마지막 단계라 할 수 있다.
③ 애기벌레의 허물 속에는 황 진사의 딸로서 살아온 삶이 내재되어 있다.
④ 허물벗기를 망설이는 것은 과거의 삶에 대한 향수(鄕愁)로 볼 수 있다.
⑤ 허물벗기가 끝나 날개를 펴고 날아간다는 것은 새로운 삶의 시작을 의미한다.

8 〈보기〉의 밑줄 친 부분을 참고하여 [A]의 문장 특성과 효과를 쓰시오.

┤ 보기 ├

문장이란 그 해당 민족의 사회 속에서 생성, 발전하는 약속된 공동체 의식의 언어를 사용하여 사상, 감정 등을 피력하는 매개 수단이다. 하지만 그렇다고 해서 자기의 생각을 나타내는 것이 그대로 형식이 되는 것은 아니다. 어디까지나 개성적인 언어 표현을 통해서 개인이 드러나게 될 때, 자기 스타일의 문체를 갖게 된다고 할 수 있다. 그렇게 볼 때, 〈황진이〉에서는 짧은 문장과 긴 문장을 두루 사용하여 사건 전개 양상을 보여 주고 있음을 알 수 있다.

종탑 아래에서 | 윤흥길

키워드 체크 #액자 소설 #사실적 #6·25 전쟁의 상처 #종소리 #상처 치유

국어 천재(박)

🎯 핵심 정리

갈래 단편 소설, 액자 소설
성격 사실적, 상징적, 회상적
배경 ① 시간 – 6·25 전쟁 당시
② 공간 – 전라도 익산
시점 1인칭 주인공 시점
주제 사랑과 연민을 통해 극복하는 전쟁의 상처
특징 ① 전쟁에서 비롯된 문제 상황과 그에 대한 해결 방안을 제시함.
② '우화'를 삽입하여 작중 인물의 상황과 주제를 부각함.
③ 구체적인 지명과 사투리를 사용하여 사실감을 높임.
출전 《소라단 가는 길》(2003)

💡 어휘 풀이

담박질 달음박질의 준말. 급히 뛰어 달려감.
당달봉사 겉으로 보기에는 눈이 멀쩡하나 앞을 보지 못하는 눈. 또는 그런 사람.
주장(酒場) 술을 만들어 도매하는 집.
지에밥 찹쌀이나 멥쌀을 물에 불려서 시루에 찐 밥. 약밥이나 인절미를 만들거나 술밑으로 쓴다.
초종 어떤 모임에 사람들을 불러 모으기 위하여 치는 종.
얼김 어떤 일이 벌어지는 바람에 자기도 모르게 정신이 얼떨떨한 상태.
말갈망 자기가 한 말의 뒷수습.

Q '나'의 백마 이야기 중 '명은이'가 관심을 보인 부분은?

명은이는 백마 이야기 중에서 억울한 사람은 누구든지 종을 칠 수 있다는 내용을 되묻고 있다. 이를 통해 명은이는 종을 치면 억울한 사연을 호소하고 소원을 이룰 수 있다는 부분에 관심을 보이고 있음을 알 수 있다.

📖 구절 풀이

❶ 그날 밤이 깊도록 ～ 줄곧 떠나지 않았다. 소녀가 눈뜬장님인 것을 알고 순간적으로 놀라서 도망쳤지만, 곧 소녀에 대한 관심이 생겼다는 것을 알 수 있다.

❷ 제 엄마 아빠가 ～ 병에 걸려 버렸단다. 명은이가 시력을 잃게 된 이유가 나타난 부분이다. 부모님의 죽음을 본 후 그 정신적 충격으로 눈이 보이지 않게 된 것이다.

❸ 때깔이 고운 한복 ～ 허물어져 내리는 순간이었다. '나'는 명은이 외할머니의 슬픈 모습을 보며, 무섭게만 느껴지던 명은이 외할머니에 대한 경계심을 풀고 인간적인 연민을 느끼게 된다.

❹ 명은이 손을 잡고 ～ 거리가 멀게 느껴졌다. 앞을 못 보는 명은이를 위해 천천히 걷느라 평소보다 시간이 오래 걸렸다는 것을 알 수 있다. 명은이에 대한 '나'의 배려심이 나타나 있다.

가 "거기 누구?" / 내가 처음 서 있던 그 자리에 아직도 눈길을 고정한 채 계집애는 날카로운 목소리로 다시 물었다. 나는 손에 든 나뭇개비를 아무렇게나 땅바닥에 팽개치면서 *담박질을 놓기 시작했다. *당달봉사다! 집 쪽을 향해 정신없이 뛰면서 나는 속으로 부르짖었다. 계집애가 눈뜬장님이란 사실을 최초로 알아차리던 순간의 놀라움이 나로 하여금 만세 *주장 *지에밥을 훔쳐 먹으려던 애초의 계획을 깜빡 잊도록 만들었다. ❶그날 밤이 깊도록 서울 계집애의 그 희고도 곱상한 얼굴이, 그 화사한 옷맵시가, 어딘지 모르게 굼뜨고 어설퍼 보이던 그 행동거지 하나하나가 내 머릿속에서 줄곧 떠나지 않았다.
〔소녀가 앞을 보지 못하는 것을 암시함.〕
〔소녀가 앞을 보지 못한다는 것을 알고 순간적으로 놀랐기 때문임.〕
〔소녀에게 관심이 생김.〕 ▶ 눈뜬장님 명은이와 '나'의 첫 만남

나 "건호야!" / 대문간에 막 발을 들여놓으려는 나를 명은이 외할머니가 등 뒤에서 큰 소리로 다시 불러 세웠다.

㉠"우리 명은이, 참 불쌍한 아이다. ❷제 엄마 아빠가 한꺼번에 처참하게 죽는 꼴을 두 눈 번히 뜨고 지켜본 아이다. 그날부터 제 눈엔 아무것도 안 보인다면서, 저는 아무것도 못 봤다면서 하루아침에 장님이 되는, 아주 몹쓸 병에 걸려 버렸단다. 의사도 못 고치고 약으로도 못 낫는, 아주 고약한 병이란다." / 눈물 구덩이에 풍당 빠져 허우적대는 눈동자로 명은이 외할머니는 내 얼굴을 간신히 건너다보았다. ❸때깔이 고운 한복 차림에 기품이 넘쳐 나던 명은이 외할머니의 모습이 한순간에 와르르 허물어져 내리는 순간이었다.
〔명은 할머니의 눈에 눈물이 고여 있음. → 명은이에 대한 외할머니의 슬픔과 안타까움〕 ▶ 명은이가 장님이 된 이유를 말해 주는 명은이 외할머니

다 외할머니의 허락을 받고 명은이와 나는 딸고만이 아버지가 *초종을 울릴 시간에 맞추어 관사를 출발했다. ❹명은이 손을 잡고 조심조심 길을 인도하는 탓에 관사에서 신광 교회까지 평상시보다 곱절 이상 거리가 멀게 느껴졌다. 먼 길을 걷는 동안 나는 전에 주일 학교 반사한테서 들은 이야기를 재탕해서 명은이에게 들려주는 일로 시간을 때웠다.

[A] ┌ 옛날 어느 성에 용감한 기사와 바람처럼 빨리 달리는 백마가 살고 있었다. 기사는 사
│ 〔☐: 삽입된 우화〕
│ 랑하는 백마를 타고 전쟁터마다 다니며 번번이 큰 공을 세워 성주로부터 푸짐한 상을 받
│ 곤 했다. 전쟁이 끝났다. 세월이 흘러 백마는 늙고 병들게 되었다. 그러자 기사는 자기와
│ 〔백마가 필요 없어진 이유〕
│ 오랫동안 생사고락을 함께한 백마를 외면한 채 전혀 돌보지 않았다. 늙고 병든 백마는
│ 성내를 이리저리 떠돌다가 어떤 종탑 앞에 이르렀다. 누구든지 종을 쳐서 억울한 사연을
│ 〔기사에게 버려진 백마의 비참한 상황〕
│ 호소할 수 있게끔 성주가 세워 놓은 종탑이었다. 백마의 눈에 종탑을 휘휘 감고 올라간
│ 칡넝쿨이 보였다. 배고픔에 못 이겨 백마는 칡넝쿨을 뜯어 먹기 시작했다. 그러다 종 줄
│ 을 잘못 건드리는 바람에 그만 종소리를 울리고 말았다. 종소리를 들은 성주가 무슨 사
│ 연인지 자세히 알아보도록 부하에게 지시했다. 그리하여 백마의 억울한 사연을 알게 된
└ 성주는 은혜를 저버린 기사를 벌주고 백마를 죽을 때까지 따뜻이 보살펴 주었다. ┘
〔이야기의 주제가 드러남. – 권선징악〕
"억울한 사람은 누구든지 종을 칠 수 있다고?"
〔ㄴ: 명은이에게도 백마처럼 간절히 풀고 싶은 억울함이 있음.〕
느슨히 잡고 있던 내 손을 갑자기 꽉 움켜쥐면서 명은이가 물었다. 나는 괜스레 우쭐해진 나머지 *얼김에 *말갈망도 못할 허세를 부리고 말았다.

"그렇다니께. 아무나 다 종을 침시나 맘속으로 소원을 빌으면은 그 소원이 죄다 이뤄진
〔치면서〕
디야." ▶ 딸고만이 아버지가 치는 종소리를 들으러 교회에 가는 명은이와 '나'

• **중심 내용** 종소리를 들으러 가면서 '나'가 명은이에게 종을 울린 백마 이야기를 들려줌.
• **구성 단계** (가) 발단 / (나) 전개 / (다) 위기

이해와 감상

이 작품은 순박한 소년과 끔찍한 전쟁의 상처를 안고 있는 소녀의 만남을 통해 6·25 전쟁이라는 시대적 아픔을 그리고 있다. '나'는 앞을 볼 수 없는 명은이에게 호기심과 연민을 갖게 되는데, 그 감정은 종탑 아래에서 울리는 종소리를 통해 극대화된다. 이 종소리는 고통스러운 상처를 치유하고 구원을 바라는 명은이의 소망을 담고 있어 독자들에게 강한 울림을 준다. 소년의 도움으로 소녀가 종을 울리는 결말은, 전쟁의 상처와 절망이 공감과 사랑으로 치유될 수 있음을 보여 준다.

작가는 천진난만한 어린아이의 시각으로 전쟁에 접근함으로써 6·25 전쟁이 사람들에게 준 고통과 슬픔을 더욱 효과적으로 드러내고 있으며 방언과 일상어를 자유롭게 구사하여 당시의 상황을 실감 나게 재현하고 있다.

전체 줄거리

외화(도입)		환갑이 다 된 초등학교 동기들이 모여 돌아가면서 자신의 옛 이야기를 한다. 마지막 순서로 말수가 없는 건호가 나서서 어린 시절의 사랑 이야기를 하겠다고 한다.
내화	발단	'내(건호)'는 어느 날 군청 관사 정원을 지나가다가 명은이를 보게 되는데, 그녀가 눈이 멀었다는 것을 알고 놀라 달아난다.
	전개	다음 날부터 '나'는 명은이와 친해지기 시작한다. 어느 날 '나'는 명은이에게 전쟁 이야기를 전하다 갈등을 겪게 되고 '나'와 명은이는 종소리를 계기로 화해한다.
	위기	'나'는 명은이에게 종을 울린 백마 이야기를 들려주고 종탑 아래에서 종소리를 듣는다. 그 후 명은이는 직접 종을 치고 싶어 한다. 하지만 종을 관리하는 딸고만이 아버지 때문에 명은이의 요구를 들어줄 수 없는 '나'는 난처한 처지에 놓인다.
	절정·결말	'나'는 결국 명은이와 함께 종탑에 가서 종을 치고, 그녀의 울음소리와 함께 종소리가 울려 퍼진다.
외화(종결)		건호의 이야기를 들은 초등학교 동기들은 그 이야기에 대해 이러저런 말을 주고받다가 새벽이 되어서야 자리에서 일어난다.

인물 관계도

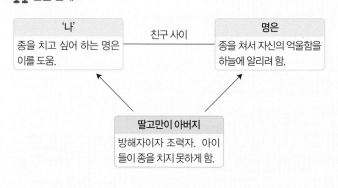

작품 연구소

'종소리'의 의미

종소리	• 부모의 죽음을 목격한 명은이의 울음소리를 뜻함. • 명은이의 여리고 순수한 소원을 의미함. • 구원의 희망을 상징함. • 전쟁의 비극을 세상에 전하며 평화를 바라는 소리임.

 포인트 체크

인물 '나'는 부모를 잃은 □□으로 눈이 먼 명은이를 보고 놀라 달아나지만 이내 명은이를 돕는 적극적 태도를 보인다.

배경 6·25 전쟁 중인 혼란한 시기에 전선에서 비교적 떨어진 전라도 □□을 배경으로 하고 있다.

사건 '나'의 □□ 이야기를 들은 명은이가 종을 치고 싶어 하자 '나'는 명은이와 함께 종탑으로 가 종을 울리며 □□을 빈다.

1 이 글의 서술상 특징으로 적절하지 **않은** 것은?
① 지역 방언을 사용하여 현장감을 높이고 있다.
② 외양 묘사를 통해 인물의 특징을 드러내고 있다.
③ 대화가 전개되면서 인물 간의 갈등이 심화되고 있다.
④ 우화를 삽입하여 등장인물이 처한 상황을 드러내고 있다.
⑤ 서술자가 자신이 겪은 일을 전달하는 형식을 취하고 있다.

2 이 글의 등장인물에 대한 설명으로 적절하지 **않은** 것은?
① '나'는 명은이를 위로하기 위해 백마 이야기를 들려준다.
② '나'는 교회에 가는 길에 명은이를 배려하여 천천히 걷는다.
③ '나'는 명은이가 앞을 볼 수 없다는 것을 알고 깜짝 놀란다.
④ 명은이 외할머니는 '나'에게 명은이의 눈이 멀게 된 이유를 말해 준다.
⑤ 명은이는 백마 이야기 중에서 억울한 백마가 종을 울린 사실에 관심을 보인다.

3 ㉠을 통해 작가가 말하고자 하는 내용으로 적절한 것은?
① 전쟁의 참혹성과 폭력성 고발
② 전쟁 후 혼란스러운 사회에 대한 비판
③ 전쟁이 남긴 상처를 극복하기 위한 의지
④ 이데올로기 대립이 가져온 전쟁의 허망함
⑤ 전쟁과 같은 극한 상황에서 나타나는 인간의 이중성

내신 적중
4 [A]에 대한 설명으로 적절하지 **않은** 것은?
① 억울한 사연을 지닌 백마는 명은이와 대응한다.
② 종탑을 감고 올라간 칡넝쿨은 백마를 종으로 인도한다.
③ 백마의 억울함을 풀어 주는 성주는 '나'와 유사한 역할을 하고 있다.
④ 은혜를 저버린 기사가 벌을 받았다는 점에서 인과응보의 교훈을 제시하고 있다.
⑤ 억울한 사연을 호소할 수 있도록 성주가 세워 놓은 종탑은 소망을 실현할 수 있는 공간이다.

내신 적중
5 〈보기〉를 참고하여, 이 글에서 ⓐ를 통해 얻을 수 있는 효과를 쓰시오.

┤ 보기 ├
유년기에 6·25 전쟁을 체험한 세대들이 발표한 분단 소설들은 상당수가 ⓐ시점을 어린 소년의 '순진한 눈'에 고정시킨다. 어린 소년에게 닥친 전쟁은 난데없는 폭력이며, 갈 피를 잡을 수 없는 혼란이다.

☀ 어휘 풀이

건공중(乾空中) 반공중. 땅으로부터 그리 높지 아니한 허공.

아첨(阿諂) 남의 환심을 사거나 잘 보이려고 알랑거림. 또는 그런 말이나 짓.

되똑 오똑 쳐든 모양.

되알지다 힘주는 맛이나 무리하게 억지로 해내는 솜씨가 몹시 세다.

앙바틈하다 짤막하고 딱 바라져 있다.

가새지르다 한쪽으로 치우치지 아니하도록 서로 어긋나게 걸치거나 맞추어 엇갈리게 하다.

❀ 구절 풀이

❶ **마치 한 풀줄기에 ~ 장단을 맞추고 있었다.** 두 사람이 힘을 모아 종 줄을 움직이는 모습을 비유적으로 표현하고 있다.

❷ **명은이가 소원을 ~ 빌고 또 빌었다.** '나'의 소원은 '나' 자신을 위한 것이 아니라 명은이를 위한 것임을 알 수 있다. 명은이를 생각하고 배려하는 '나'의 마음이 잘 나타나 있다.

❸ **주먹질과 발길질이 ~ 허리를 감싸 안았다.** 딸고만이 아버지의 주먹질과 발길질은 '나'가 가장 두려워하던 것이었지만, 실제로 매를 맞게 되자 오히려 명은이가 맞지 않도록 명은이를 감싸고 자신이 모두 맞으려 한다. 명은이를 위한 '나'의 희생적 태도가 잘 드러나 있다.

❹ **때때옷을 입은 어린애를 ~ 솟구쳐 오르고 있었다.** 울음소리가 때때옷을 입은 어린애를 닮았다는 것은 울음소리가 곱고 앳되다는 의미로, 명은이의 울음소리를 더 슬프게 만든다. 종소리가 이 울음소리를 무동 태우고 하늘 끝에 닿으려는 기세로 높이 솟구쳤다는 표현으로 보아 명은이의 강렬한 소원이 종소리를 타고 올라가 하늘에 전해질 것으로 생각할 수 있다.

Q '종소리'와 관련하여 제목의 의미는?

명은이는 종탑 아래에서 종을 울림으로써 자신의 상처와 아픔을 호소한다. 이때 '종탑'은 종소리가 울리는 구원의 공간이 된다. 따라서 '종탑 아래에서'라는 이 소설의 제목은 상처와 아픔이 사랑과 구원으로 치유된다는 주제와 관련이 있음을 알 수 있다.

가 *건공중에 둥둥 떠 있던 딸고만이 아버지의 발바닥이 어느새 슬그머니 땅으로 되돌아와 있었다. 종 치는 작업을 마무리하기 위해 종 줄 잡아당기는 힘을 적당히 조절하는 중이었다. 나는 실오라기 같은 희망을 품은 채 딸고만이 아버지가 아닌 사찰 아저씨를 향해 최대한 존경의 눈빛을 띄워 보냈다. 하지만 아무 소용이 없는 *아첨이었다. 사찰 아저씨 아닌 딸고만이 아버지는 결국 나로 하여금 마지막 순간에 딱 한 차례 종 줄을 잡아당기게 하는 그 특혜를 베풀지 않은 채 매정하게 종 치기를 끝내 버렸다. 주일마다 뒤꽁무니를 밟고 다니며 딸고만이 아버지라고 그악스레 놀려 댄 지난날들이 여간만 후회되는 게 아니었다.

▶ 종 치는 작업을 마무리하는 딸고만이 아버지

나 명은이 손에 밧줄 밑동을 쥐여 주고 나서 나는 양팔을 높이 뻗어 밧줄에다 내 몸무게를 몽땅 실었다. 그동안 늘 보아 나온 딸고만이 아버지의 종 치는 솜씨를 흉내 내어 나는 죽을 힘을 다해 밧줄을 잡아당기기 시작했다. 종탑 꼭대기에 *되똑 얹힌 거대한 놋종이 천천히 한쪽으로 기울어지는 첫 느낌이 밧줄을 타고 내 손에 얼얼하게 전해져 왔다. ❶마치 한 풀줄기에 나란히 매달려 함께 바람에 흔들리는 두 마리 딱따깨비처럼 명은이 역시 밧줄에 제 몸무게를 실은 채 나랑 한통으로 건공중을 오르내리는 동작에 어느새 눈치껏 장단을 맞추고 있었다. 어둠 때문에 잘 보이지 않았지만 내 코끝에 훅훅 끼얹히는 명은이의 거친 숨결에 섞인 단내로 미루어 명은이가 시방 어떤 표정을 짓고 있는지 너끈히 짐작할 수 있었다.

"소원 빌을 준비를 혀!"

내 말이 채 끝나기도 전에 데엥, 하고 첫 번째 종소리가 울렸다. 그 첫 소리를 울리기까지가 힘들었다. 일단 첫 소리를 울리고 나니 그다음부터는 모든 절차가 한결 수월해졌다. 뎅그렁 뎅, 뎅그렁 뎅, 기세 좋게 울려 대는 종소리에 귀가 갑자기 먹먹해졌다.

"소원을 빌어! 소원을 빌어!" / 종소리와 경쟁하듯 목청을 높여 명은이를 채근하는 한편 나도 맘속으로 소원을 빌기 시작했다. ❷명은이가 소원을 다 빌 때까지 딸고만이 아버지를 잠시 귀먹쟁이로 만들어 달라고 빌고 또 빌었다. 명은이와 내가 한 몸이 되어 밧줄에 매달린 채 땅바닥과 허공 사이를 절굿공이처럼 오르락내리락하면서 온몸으로 방아를 찧을 적마다 놋종은 우리 머리 위에서 부르르 부르르 진저리를 치며 엄청난 목청으로 울어 댔다. 사람이 밧줄을 다루는 게 아니라 이젠 탄력이 붙을 대로 붙어 버린 밧줄이 오히려 사람을 제멋대로 갖고 노는 듯한 느낌이었다.

한창 종 치는 일에 고부라져 있었던 탓에 딸고만이 아버지가 달려오는 줄도 까맣게 몰랐다. *되알지게 엉덩이를 한방 걷어채고 나서야 *앙바틈한 그의 모습을 어둠 속에서 겨우 가늠할 수 있었다. 기차 화통 삶아 먹은 듯한 고함과 동시에 그가 와락 덤벼들어 내 손을 밧줄에서 잡아떼려 했다. 그럴수록 나는 더욱더 기를 쓰고 밧줄에 매달려 더욱 더 힘차게 종소리를 울렸다. ❸주먹질과 발길질이 무수히 날아들었다. 마구잡이 매타작에서 명은이를 지켜 주기 위해 나는 양다리를 *가새질러 명은이 허리를 감싸 안았다. 한데 엉클어져 악착스레 종을 쳐 대는 두 아이를 혼잣손으로 좀처럼 떼어 내기 어렵게 되자 나중에는 딸고만이 아버지도 밧줄에 함께 매달리고 말았다. 결국 종 치는 사람이 셋으로 불어난 꼴이었다. 그 어느 때보다 기운차게 느껴지는 종소리가 ⓐ어둠에 잠긴 세상 속으로 멀리멀리 퍼져 나가고 있었다. 명은이 입에서 별안간 울음이 터져 나오기 시작했다. ⓑ❹때때옷을 입은 어린애를 닮은 듯한 그 울음소리를 무동 태운 채 종소리는 마치 하늘 끝에라도 닿으려는 기세로 독수리처럼 높이높이 솟구쳐 오르고 있었다.

㉠뎅그렁 뎅 뎅그렁 뎅 뎅그렁 뎅……

▶ 함께 종을 치는 '나'와 명은, 딸고만이 아버지

• 중심 내용 '나'의 도움을 받아 교회 종을 치며 소원을 비는 명은   • 구성 단계 (가) 위기 / (나) 절정·결말

작품 연구소

〈종탑 아래에서〉의 주제

이 작품에서 명은이는 눈앞에서 부모가 죽는 모습을 목격하고 그 충격으로 앞을 볼 수 없게 되었다. 이러한 모습을 통해 작가는 전쟁의 폭력성과 참혹함을 고발하고 있다. 한편, 명은이가 종을 쳐서 소원을 빌 수 있도록 도와주는 '나'의 모습은 전쟁의 상처를 치유할 수 있는 것은 결국 인간에 대한 연민과 사랑이라는 것을 보여 준다.

| 전쟁으로 인해 눈뜬장님이 된 명은 | ➡ | 전쟁의 참혹함과 폭력성 고발 |
| 명은이가 종을 쳐서 소원을 빌 수 있도록 도와주는 '나' | ➡ | 인간에 대한 사랑으로 전쟁의 상처 치유 |

〈종탑 아래에서〉에 삽입된 우화의 의미와 기능

이 작품에 삽입된 우화는 백마의 억울함이 풀리고 의리 없는 기사가 벌을 받았다는 내용으로 '인과응보'의 교훈을 담고 있다. 명은이는 백마가 종을 울림으로써 억울함을 호소하고 소원을 이루는 데 주목한다. 이러한 우화는 평범한 종에 특별한 의미를 부여하는 기능을 하며, 절망적인 상황에 처한 억울한 백마를 명은으로, 백마를 종으로 인도하는 칡넝쿨을 '나'로 대응시킴으로써 내용의 긴밀성을 높이고 있다.

주제	백마의 억울함과 구원	
인물	기사	백마의 평생의 은혜를 저버림.
	백마	필요가 없다고 버림받음. → 억울함을 지닌 명은이와 대응됨.
	성주	백마의 억울한 사연을 심판하고 백마를 보살펴 줌.
소재의 의미	종탑	소망이 실현되는 공간
	칡넝쿨	백마를 종으로 인도하는 역할→ '나'와 대응됨.
	종소리	절망적인 상황에서 울리는 구원의 소리

자료실

윤흥길 문학과 한국 근대사

윤흥길 문학이 주로 다루어 온 역사는 6·25 전쟁으로 폭발했던 1950년 언저리 한국 현대사이다. [중략] 윤흥길 문학의 관심은 그 역사의 구체적 내용이 아니라 폭력적인 역사에 치인 사람들의 고통과 슬픔이다. 역사의 탐구가 아니라 역사의 폭력성이 만들어 낸 고통과 슬픔의 증언이고자 하였다. 6·25 전쟁 언저리를 배경으로 한 윤흥길 문학이 이념 대립과 정치적 투쟁의 현실, 전장을 빗겨나 있는 것은 이와 관련된 것이다. 역사의 폭력성에 상처 입은 사람들의 고통과 슬픔을 전면에 내세우는 창작 방법은 그러므로 필연적이다.

– 정호웅, 《황혼의 집》(문학과지성사, 2007)

함께 읽으면 좋은 작품

〈장마〉, 윤흥길 / 어린 서술자를 통해 전쟁의 상처를 보여 주는 작품

이 소설은 6·25 전쟁이라는 역사적 사건 속에서 이데올로기의 대립으로 인한 상처와 이를 극복하기 위한 방안을 모색하고 있다. 어린 서술자를 등장시켜 이러한 비극을 효과적으로 보여 주고 있다는 점에서 〈종탑 아래에서〉와 함께 읽어 볼 만하다. Link 본책 200쪽

〈큰 산〉, 이호철 / 상징적 소재를 통해 주제를 드러낸 작품

고무신짝을 서로 떠넘기는 사람들의 행태를 통해 이기적인 현대인들의 모습을 비판한 작품이다. 작가는 이기적인 소시민성을 해결할 수 있는 대안으로서 삶의 균형을 잡아 주는 근원적인 힘인 '큰 산'을 떠올리고 있다. Link 본책 288쪽

---

6 이 글에 대한 설명으로 적절하지 않은 것은?

① '나'는 명은이가 먼저 소원을 빌 수 있도록 배려하고 있다.
② '나'는 평소 딸고만이 아버지가 종 치는 모습을 유심히 보아 왔다.
③ 평소와 달리 '나'는 딸고만이 아버지에게 잘 보이려 노력하고 있다.
④ 첫 번째 종소리를 울린 뒤에는 종소리를 울리는 것이 한결 수월했다.
⑤ '나'는 딸고만이 아버지로부터 명은이를 지키려는 희생적 태도를 보인다.

7 〈보기〉를 바탕으로 이 글을 감상한 내용 중 적절한 것은?

│ 보기 │

문학에서 제시하는 문학적 해결 방안이 반드시 가시적이고 구체적인 것은 아니다. 하지만 고통스러운 상처를 지니고 살아가는 사람들에게 문학이 전해 주는 희망은 삶을 지속시켜 나가게 하는 힘이 있다.

① 명은이가 소원대로 종을 쳤으므로 시력을 회복할 가능성이 있겠군.
② '나'가 보여 준 사랑과 연민은 앞으로 명은이가 살아가는 데 힘이 될 수 있겠군.
③ 명은이가 인생을 살아가는 데 '나'와 같은 친구가 꼭 필요하다는 것을 깨닫게 되겠군.
④ 명은이는 종을 치면서 전쟁의 상처가 자신에게만 있는 것이 아니라고 생각하게 되겠군.
⑤ 명은이는 종을 치며 소원을 비는 행위를 통해 자신의 불행한 상황에서 벗어날 수 있겠군.

내신 적중 **多빈출**

8 ㉠에 대한 설명으로 적절하지 않은 것은?

① 전쟁의 비극과 대비되는 평화의 소리이다.
② '백마 이야기'에서 백마가 울리는 종소리와 유사한 성격을 지닌다.
③ 부모가 죽는 것을 두 눈으로 목격한 명은이의 슬픔과 고통을 담고 있다.
④ 공포와 절망에 갇힌 명은이의 상처를 치유하는 생명의 소리가 될 수 있다.
⑤ 명은이가 고립된 생활에서 벗어나 세상 속으로 뛰어들게 되었음을 암시한다.

9 종을 치는 과정에서 '딸고만이 아버지'의 이중적 역할이 무엇인지 쓰시오.

10 ⓐ, ⓑ를 활용하여 이 글에서 '명은이'의 '울음소리'가 의미하는 바를 쓰시오.

091 세상에 단 한 권뿐인 시집 | 박상률

키워드체크 #성장 소설 #자전적 #첫사랑 #과거 회상 #성장통

문학 해냄
국어 창비

✏️ 핵심 정리
갈래 단편 소설, 성장 소설
성격 자전적, 회고적, 낭만적
배경 ① 시간 – 현대
     ② 공간 – 어느 도시, 바닷가 고향 마을
시점 1인칭 주인공 시점
주제 애틋하고 순수한 첫사랑의 기억
특징 ① 현재 시점에서 과거를 회상하고 다시 현
        재로 돌아오는 역순행적 구성을 취함.
     ② 눈 내리는 날을 배경으로 첫사랑의 낭만
        성을 부각시킴.
출전 《함께 여는 국어 교육》(2005)

💡 어휘 풀이
수제품(手製品) 손으로 만든 물건.
잠언시 가르쳐서 훈계하는 내용을 담은 시.

가 "현아는 집에 없는가 봐." / 내가 누구를 보러 왔는지 다 안다는 투였다. 나는 내 마음을 친구한테 들킨 것만 같아 또 얼굴이 화끈거렸다. 그러든 저러든 일단 현아가 집에 없다는 게 무척 다행으로 여겨졌다. 이렇게 분위기 좋은 날 친구랑 현아가 한집에 같이 있으면 안 될 것 같은 생각이 자꾸만 들었다. / "현아 없어도 돼. 그 대신 이것 좀 전해 주라……."

❶내가 품에서 °수제품 시집을 꺼내 친구 앞으로 내밀자 친구는 그걸 받아 물끄러미 내려다보았다. 나는 친구가 그 시집을 계속 내려다보고 있는데도 서둘러 현아 집을 뛰쳐나왔다. 괜히 친구에게 ㉠속을 보인 것 같아 너무나 어색했기 때문이었다.

눈길을 되짚어 나오며 보니 현아 집으로 이어진 발자국 위에 눈이 제법 두텁게 덮여 있었다. 발자국을 볼 때마다 웃음이 픽픽 새어 나왔다. 한순간이나마 여자 신발 발자국을 현아 것으로 생각한 게 우스워서였다.

"오빠!" / 쏟아지는 눈을 피하느라 고개를 숙인 채 혼자서 실없는 웃음을 지으며 골목길을 빠져나오는데 현아가 나타난 것이다.

"어? 현아, 어디, 갔다, 와?" / ⓐ나는 뜻밖에 현아를 만나자 제대로 말을 하지 못하고 더듬거렸다. 『현아는 온통 눈을 뒤집어쓴 채 두 손을 모아 어린아이가 엄마에게 반갑게 달려들 때처럼 손을 활짝 펼치며 들뜬 목소리로 말했다. / "오빠, 눈사람 만들래?"』[중략]

❷"응, 나도, 그러고, 싶은데, 바쁜 일이 있어서, 그만 가야 돼……."

아까와 마찬가지로 나는 더듬거렸다. 갑자기 내가 바보가 되어 버린 게 아닌가 싶었다. 현아랑 자연스럽게 어울려 눈사람도 만들고, 친구한테 시집을 맡겼으니 받아 읽어 보라는 말도 하면 될 텐데 끝내 하지 못하고 말았다.
▶ 친구에게 시집 전달을 부탁하고 나오는 길에 현아를 우연히 만남.

나 눈이 멈추고 며칠이 지났다. 나는 현아가 내 시집을 받고 어떤 반응을 보였을까 궁금해서 안달이 났다. 그러나 다른 때와 달리 현아네 집에 가 보기가 망설여졌다. 학교는 이미 겨울 방학이어서 친구를 학교에서 볼 일도 없었다.

몇 번씩이나 현아네 집 골목에 들어섰다가 발길을 돌리곤 했다. 오다가다 우연이라도 현아를 만나기를 바랐지만 그런 기적은 일어나지 않았다.

ⓑ현아에게서 아무런 반응을 못 받은 나는 더 이상 시를 쓸 수 없었다. 하루에도 몇 번씩 현아네 집 쪽을 바라보며 얼마나 많이 절망했는지 모른다.

방학 동안 아이들은 자기가 갈 대학을 정하고 입학 원서를 쓰기 시작했다. 나는 시를 쓰는 동안 대학 같은 건 염두에 두지도 않았는데, 시고 뭐고 쓸 일이 없어져 버리자 우습게도 다시 대학을 생각하게 되었다.

❸그때부터 난 몹시 추운 겨울을 보내야 했다. 대학 입시가 끝나고 고등학교 졸업식까지 끝난 겨우내 찬바람을 가슴에 안은 채 거리를 쏘다니며 막 입에 대기 시작한 술을 마구 마시고 홀로 자취방에 돌아와 울며 지냈다. 그러면서도 현아를 직접 찾아갈 용기는 내지 못했다. 내 딴에는 이 세상에서 가장 감동스런 시를 써서 주었는데도 아무런 반응을 보이지 않은 현아에 대한 원망이 치솟을 대로 치솟아서 그랬는지도 모른다. 그 일을 계기로 다시는 °잠언시고 연애시고 내 안에서는 시 비슷한 것조차도 나오지 않았다. 그래서 모든 걸 잊기로 했다.
▶ 현아가 시에 대한 반응을 보이지 않자 상처받은 '나'

• 중심 내용 친구를 통해 현아에게 자신이 만든 시집을 전달했으나 반응이 없자 현아를 원망함.   • 구성 단계 전개

Q '나'가 더 이상 시를 쓸 수 없었던 이유는?

현아를 위해 시를 쓰고 그것들을 묶어서 세상에 단 한 권뿐인 시집을 만들어 친구를 통해 전달했으나 현아는 아무런 반응을 보이지 않는다. '나'는 현아를 사랑하면서 시를 쓰게 됐지만, 첫사랑에 실패하면서 그로 인한 고통 때문에 더 이상 시를 쓰지 못하게 된 것이다.

🔖 구절 풀이
❶ 내가 품에서 수제품 ~ 물끄러미 내려다보았다.
'나'의 정성이 담긴 세상에 단 한 권뿐인 시집을 현아에게 전해 달라는 부탁을 받은 친구 역시 현아를 좋아하고 있었기 때문에 당황스러워하며 이것을 전해 주어야 할지 말아야 할지 고민하고 있다.
❷ "응, 나도, 그러고, 싶은데, ~ 그만 가야 돼……."
현아가 집으로 돌아가 빨리 시집을 읽어 보기를 바라는 마음과 시집을 통해 사랑을 고백한 것에 대한 부끄러움 때문에 '나'는 현아와 시간을 보내지 않고 헤어지려 하고 있다.
❸ 그때부터 난 몹시 추운 겨울을 보내야 했다.
자신의 시집에 대한 현아의 반응이 없자 '나'는 그것을 거절의 의미로 생각하고 절망에 빠져 방황하면서 현아를 원망하며 지냈다는 의미이다.

이해와 감상

이 작품은 성장기에 겪을 수 있는 첫사랑의 순수하고 애틋한 감정을 잔잔하게 서술한 소설이다. 어른이 된 주인공 '나'가 현아로부터 전화를 받으면서 과거의 일을 회상하는 구성으로 작품이 진행되는데, 이 과정에서 '나'가 겪은 성장통이 고스란히 드러나게 된다. 첫사랑의 경험은 '나'에게 문학의 세계를 접하게 하였지만 첫사랑의 실패는 문학을 떠나게도 하였다. 또한 이후 방황의 시간을 거쳐 다시 소설가로서의 삶을 살아가는 데에도 영향을 미칠 만큼 중요한 경험이었다. 작가는 이렇듯 성장기에 겪었던 사랑의 경험을 시집을 통해 현재로 이끌어 냄으로써 독자들의 공감을 얻고 있다.

전체 줄거리

발단	어느 날 '나'는 고등학교 때 좋아했던 현아의 전화를 받는다.
전개	고등학교 시절 '나'는 친구의 하숙집에서 본 현아를 좋아하게 되었고, 직접 쓴 시가 담긴 시집을 전해 주려고 한다. 그러나 현아가 집에 없어 '나'는 친구에게 대신 전해 달라고 하는데, 이후 현아에게 아무런 반응이 없자 상심한다.
위기	'나'는 문학과 아무 관련이 없는 학과에 진학하여 취직을 하고 돈을 다루는 일을 한다. 어느 날 스스로 돈 세는 기계가 되어 버렸다는 생각에 회사를 그만둔 '나'는 다시 글을 쓰기 시작하고 소설가가 된다.
절정	이십 년 만에 만난 현아는 남편의 유품을 정리하다가 나왔다면서 '나'가 쓴 시집을 건넨다. 현아의 남편은 고등학교 때 '나'의 친구였으며, 그 역시 현아를 좋아하여 '나'의 시집을 전하지 않고 숨겨 두었던 것이다.
결말	'나'는 그 시집이 현아의 것이라고 말하며 자리에서 일어난다.

인물 관계도

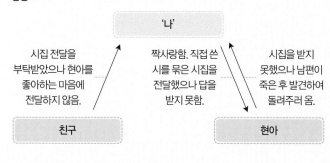

작품 연구소

현아에 대한 '나'의 감정의 변화

이 작품에는 '나'의 감정 변화가 잘 드러나 있다. 부끄러움을 무릅쓰고 친구를 통해 현아에게 시집을 전달한 후, 아무 반응이 없자 '나'는 문학을 멀리하게 된다.

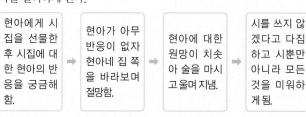

포인트 체크

인물 '나'는 □□□에 실패하여 상심하지만 이후에 오해가 있었다는 것을 알게 되며 순수했던 사랑에 대한 기억을 떠올린다.

배경 □□□□의 순수한 시기에서 성인이 된 이후 현아와의 만남을 역순행적 구성으로 보여 주고 있다.

사건 '나'는 친구를 통해 현아에게 □□을 전달하지만 아무 반응을 듣지 못하자 상심한다. 시간이 흘러 현아가 당시에 시집을 받지 못했음이 밝혀지고 시집을 돌려주려 하지만 '나'는 □□한다.

1 이 글의 서술상 특징으로 적절한 것은?

① 짧은 호흡의 문장으로 긴장감을 주고 있다.
② 중심 사건 속에 다른 사건을 삽입하여 서술하고 있다.
③ 주인공인 '나'가 자신이 겪은 이야기를 서술하고 있다.
④ 현재형 어미를 사용하여 인물의 내면을 생동감 있게 제시하고 있다.
⑤ 인물이 처한 상황이 주로 다른 사람과의 대화를 통해 드러나고 있다.

2 이 글의 내용과 일치하지 않는 것은?

① '나'는 시집을 대신 전해 달라고 한 후 현아의 반응을 직접 확인하지 못했다.
② 현아는 골목길에서 '나'를 만나자 반가워하며 눈사람을 만들자고 제안했다.
③ '나'는 현아를 위한 시 쓰기를 할 수 없게 되자 더 이상 시를 쓰지 않으려 한다.
④ '나'의 친구는 '나'가 말하지 않아도 현아를 보러 왔다는 것을 이미 알고 있었다.
⑤ '나'는 친구가 자신이 만든 시집을 비웃는다는 것을 깨닫고 부끄러워서 서둘러 돌아왔다.

3 ㉠의 구체적인 내용으로 적절한 것은?

① 현아를 좋아하는 마음
② 자신의 시집을 뽐내고 싶은 마음
③ 현아를 두고 친구와 대결하겠다는 생각
④ 시집을 물끄러미 보는 친구에 대한 불편한 마음
⑤ 현아와 잘 될 수 있도록 친구에게 부탁하려는 생각

4 이 글의 제목 '세상에 단 한 권뿐인 시집'의 상징적 의미를 쓰시오.

5 ⓐ와 ⓑ에 드러난 '나'의 심리를 각각 쓰시오.

☀ 어휘 풀이

끼적이다 글씨나 그림 따위를 아무렇게나 쓰거나 그리다.

호기(豪氣) ① 씩씩하고 호방한 기상. ② 꺼드럭거리는 기운.

유품 고인(故人)이 생전에 사용하다 남긴 물건.

✿ 구절 풀이

❶ **친구 녀석과의 ～ 찾지 않았다.** 친구와 연락을 계속 이어가지 않고 현아를 굳이 찾지도않았기 때문에 '나'는 둘이 어떤 관계를 맺게 되었는지 알지 못했다. 이러한 설정은 이후에 나오는 상황을 극적으로 만들기 위한 복선이라고 할 수 있다.

❷ **"남편이 죽고 나서야 이 시집이 나한테 전해진 거예요."** 현아가 '나'의 친구와 결혼을 했고, 그 친구가 '나'의 시집을 전해 주지 않았기 때문에 그녀가 시집의 존재를 알지 못했음을 알 수 있는 말이다.

❸ **순간적으로 그때 상황이 ～ 당연한 일이었다.** 고등학교 시절 '나'는 현아에게 대신 전해 달라며 친구에게 시집을 주었지만, 그 친구 역시 현아를 좋아했기 때문에 시집을 전해 주지 않았던 것임을 깨닫게 된 것이다.

❹ **직장을 그만 둔 뒤엔 ～ 가까스로 참으며 말했다.** '나'는 처음 직장에 들어가 돈을 다루는 일을 했는데, 미친 듯이 일만 하다 보니 어느 날 자신이 돈 세는 기계가 된 것 같아 어지럼증을 느꼈다. 그 후 직장을 그만두고 글 쓰는 일을 하면서 살아왔는데, 현아를 만나 오랜 시간 자신이 믿어 왔던 것이 틀렸음을 깨달으면서 밀려온 당혹감 때문에 어지럼증을 다시 느끼는 것이다.

Q 친구가 '나'의 시집을 돌려주지도 않고 없애 버리지도 않았던 이유는?

시집은 '나'가 현아만을 위해 지은 시들이 담겨 있는 세상에 단 한 권뿐인 책이다. 그것은 현아가 아니면 누구에게도 소용이 없는 시인 것이다. 그것을 알고 있는 '나'의 친구는 '나'에게 다시 되돌려 주지도 못하고 없애 버리지도 못했던 것이다.

☂ 작가 소개

박상률(1958~)

소설가. 1990년에 시 〈진도 아리랑〉과 희곡 〈문〉을 발표하면서 문단에 나온 이후, 청소년 문학에 관심과 애정을 두고 작품 활동을 하고 있다. 주요 작품으로 〈봄바람〉, 〈나는 아름답다〉, 〈밥이 끓는 시간〉 등이 있다.

가 고향 집에서 며칠을 보내며 내 살아온 지난날들을 더듬다 보니 자연스레 공책에도 뭔가를 *끼적이게 되었다. 나도 모르게 글을 쓰기 시작한 것이다. 대단한 내용을 담은 글은 아니었으나 글을 쓰다 보니 내 마음이 가라앉고 위안이 되었다. 고등학교 때 생각이 났다. 인생을 모르는 사람들의 영혼을 쓰다듬어 줄 시를 쓰자며, 단 한 사람의 영혼이라도 쓰다듬어 줄 수 있는 시를 쓰자며 *호기를 부리던 일이 떠오른 것이다. 이어 현아로부터 마른 가슴을 촉촉하게 적셔 줄 수 있는 시를 쓰라는 주문을 받았던 것도 떠올랐다. 어쩌면 나는 그 누구도 아닌 내 영혼을 쓰다듬는 글과 내 마른 가슴을 촉촉하게 적셔 주기 위해 글을 끼적이고 있는지도 몰랐다. 비록 시는 아니지만 다른 누구도 아닌 나 스스로를 위한 글을…….

ㄱ 나는 더욱 글에 매달렸다. 때로는 내가 고등학교 때의 선생님이 되어 보기도 하고, 직장의 상사가 되어 보기도 했다. 글이란 게 묘해서 화자가 누가 되었든 결국 쓰는 사람 얘기였다. 나는 그렇게 다시 글을 쓰는 사람이 되었다. 고등학교 때는 공부 기계가 되기를 거부하다 보니 시를 쓰게 되었고, 세월이 한참 흐른 뒤엔 돈 세는 기계가 되기를 거부하다 보니 글을 쓰게 되었다.

▶ 직장을 그만두고 글을 쓰게 된 '나'

나 사실 고등학교 졸업 이후 나는 현아가 어떻게 살았는지 아무것도 모른다. ❶친구 녀석과의 끈을 굳이 잇지 않은 데다 내가 애써 찾지 않았기 때문이다. 대학 들어가서도 찾지 않았지만 직장 생활하면서도 찾지 않았다. 어쩌면 묘한 배신감이 무의식 속에 단단히 박혀 있어서 그랬는지도 모른다. 물론 엄밀히 따지자면 현아를 탓할 일은 아니었다. 어찌 보면 나의 일방적인 짝사랑이었기 때문이다. 그런데도 난 모든 잘못을 현아 탓으로 돌린 것이다. 그러기에 내 의식 속의 현아는 여고생의 소녀 적 모습에서 성장이 멈춰진 것이다.

소설 쓰는 걸 업으로 삼은 뒤에도 옛날 생각은 더욱 하지 않았다. 다시 글을 쓰게 되면서 나는 지난 세월 속의 나를 인정할 수가 없었다. 그저 새로 태어나야 하는 나에게만 관심을 두었다. 그러한 때에 뜬금없이 현아가 나타난 것이다! 그것도 이 세상에 단 한 권뿐인 수제품 시집을 들고서…….

▶ 세상에 단 한 권뿐인 시집을 들고 뜬금없이 나타난 현아

다 "남편의 *유품을 정리하다 보니……." / 나는 아직도 할 말을 찾지 못했다.

❷"남편이 죽고 나서야 이 시집이 나한테 전해진 거예요." / "뭐라구?"

남편이 죽고 나서라니? 그렇다면 그 친구 녀석이 현아 남편? 아, 그 녀석도 현아를 좋아했구나. ❸순간적으로 그때 상황이 재빠르게 재구성되었다. 내 수제품 시집이 현아에게 전달 안 된 것은 어쩌면 아주 당연한 일이었다. 그런데 ㄴ그 친구는 시집을 왜 내게 다시 돌려주지도 않고 없애 버리지도 않았을까? / "미안해요. 이 세상에 단 한 권뿐인 시집을 이제야 돌려 드리게 되어서. 그때 받았으면 바로 돌려 드렸을 텐데……. 시집 속의 말들이 스무 해 동안이나 갇혀 있느라 무척 힘들었을 거예요. 그래서 이렇게 돌려 드리려고……. 오빠가 글 쓰는 작가가 된 건 알고 있었어요." [중략]

나는 공책을 다시 현아 쪽으로 슬며시 내밀었다. 그런 다음 자리에서 일어났다. 그리고 ❹직장을 그만 둔 뒤엔 처음으로 이는 어지럼증을 가까스로 참으며 말했다.

"이건 현아 아니면 누구에게도 소용없는 시야. 여기 들어 있는 시는 현아한테만 어울리게 쓰인 것이거든. 현아 남편이 된 그 친구도 그걸 알았기 때문에 나한테 다시 되돌려 주지도 못하고 없애 버리지도 못한 거야. 그러니 시를 쓴 나도 주인이 아니야. 그럼 이만……." / 밖에는 여전히 ㄷ눈이 퍼붓고 있었다. 눈길 위에 발자국을 찍으며 발걸음을 뗄 때마다 '오빠'라는 소리가 밟히는 것만 같았다.

▶ '나'는 현아에게 시집 되돌려 받지 않고 나옴

• 중심 내용 친구가 현아에게 시집을 전달하지 않았던 것임을 알게 됨.   • 구성 단계 (가), (나) 절정 / (다) 결말

작품 연구소

'시집'의 의미

이 글에서 '시집'은 성인이 된 '나'가 과거의 '나'와 현아를 추억하게 하는 매개물이다. 서술자인 '나'는 시집을 통해 과거를 회상하며, 과거를 회상할 때나 현재의 이야기를 풀어 낼 때 모두 시집을 중심으로 주요 이야기를 진행한다. 시집에 대한 현아의 반응과 '나'의 감정 변화, '나'의 내면적 갈등 등이 작품의 주요 내용을 이루고 있다.

'세상에 단 한 권뿐인 시집'을 중심으로 한 사건 전개 양상

과거		현재
• 첫사랑의 설렘과 좌절을 경험함. • 문학을 외면하고 사회생활을 시작함.	세상에 단 한 권뿐인 시집	• 시가 아닌 소설로 문학을 다시 시작함. • 현아를 만나 사건의 진상을 알게 됨.

'세상에 단 한 권뿐인 시집'이라는 제목의 의미

이 작품에서 '나'가 자신의 첫사랑인 현아를 위해 시를 쓰고 그것을 묶어 시집을 만들어 선물한다는 점에서 제목의 의미를 이해할 수 있다. 작품의 마지막에 '나'가 '이건 현아 아니면 누구에게도 소용없는 시야. 여기 들어 있는 시는 현아한테만 어울리게 쓰인 것이거든.'이라고 말하는 부분에서 제목에 담긴 첫사랑의 의미를 찾아볼 수 있다.

성장 소설과 〈세상에 단 한 권뿐인 시집〉

성장 소설이란 주인공이 유년기와 소년기를 거쳐 성인의 세계로 입문하는 과정에서 겪는 내면적 갈등과 정신적 성장, 스스로를 둘러싸고 있는 세계에 대한 인식 과정을 형상화한 소설을 일컫는다. 대체로 미성숙한 상태에 있는 어린이와 청소년이 겪는 갈등이 중심 내용을 이루며, 그 갈등을 이겨 내고 미숙함을 극복하는 것으로 끝을 맺는다. 이 작품은 첫사랑이라는 성장기 청소년들의 보편적인 감성을 전면에 내세워 사랑의 감정과 관련된 설렘과 아픔, 그 과정에서 얻게 된 삶에 대한 인식 등을 섬세하게 포착해 내고 있는 자전적 성장 소설이다.

자료실

청소년 문학의 발전 과정

우리나라 청소년 문학은 각종 출판사의 청소년 문학상 제정을 거쳐 지금까지 여러 면에서 성장을 이루었다. 초기 청소년 문학은 작가의 회고록 형식으로 당시 청소년의 공감을 얻지 못했고 2000년대 초반에는 소재주의의 한계를 드러내기도 했지만, 이후에는 점차 다양한 기법이 등장하고 청소년에게 초점을 맞추어 이야기를 전개해 나가면서 발전하기 시작했다.

함께 읽으면 좋은 작품

〈봄바람〉, 박상률 / 어느 섬 마을 소년의 성장을 보여 주는 작품

13살 주인공 훈필이가 보고 느끼는 사랑과 그리움, 세상에 대한 동경과 호기심, 반감과 도전의 의지를 과장 없이 사실적으로 그리고 있는 작품이다. 〈세상에 단 한 권뿐인 시집〉과 마찬가지로 세계에 대해 눈을 뜨게 되는 주인공의 내면적 성장이 잘 나타나 있다.

〈세계의 끝 여자 친구〉, 김연수 / 사랑하는 사람에게 시를 남기는 작품

어느 시인이 쓴 〈세계의 끝 여자 친구〉라는 시를 통해 이 시를 쓴 시인의 삶과 사랑을 이해하고, 결국 서술자가 다시 사랑이라는 감정을 갖게 되는 과정을 보여 주는 소설이다. 시인이 사랑하는 사람에게 시와 한 통의 편지를 남긴다는 점에서 〈세상에 단 한 권뿐인 시집〉과 관련지어 읽어 볼 수 있다.

6 이 글의 내용과 일치하지 **않는** 것은?

① 현아는 '나'가 글 쓰는 작가가 된 것을 알고 있었다.
② '나'는 현아에 대한 배신감을 느끼며 원망의 마음을 가지고 있었다.
③ '나'는 대학에 들어간 이후로 현아와 친구에 대한 소식을 듣지 못했다.
④ '나'는 고향 집에 머물며 지난날들을 떠올리다가 자연스럽게 글을 쓰기 시작했다.
⑤ '나'의 시집이 그때 현아에게 전달되었다면 현아는 '나'의 사랑을 받아 주었을 것이다.

내신 적중

7 (가)~(다)를 영상물로 제작하기 위해 토의한 내용으로 적절하지 **않은** 것은?

① (가)에서 현아의 일을 떠올리는 회상 장면은 오버랩으로 처리하면 좋겠어.
② (가)에서 '나'가 직접 쓴 글에 등장하는 인물들이 되어 보는 장면을 연속적으로 편집하여 글쓰기에 몰두하는 모습을 보여 주면 좋겠어.
③ (나)에서 현아가 등장하는 장면에서는 수제품 시집이 부각되도록 손을 앞으로 모아 시집을 들고 있도록 해야겠어.
④ (다)에서 '나'가 길을 걷는 장면에서는 눈길 위에 찍힌 발자국을 클로즈업으로 처리하면 좋겠어.
⑤ (다)에서 시집이 현아에게 전달되지 못한 이유를 알게 된 '나'의 표정은 분노가 잘 드러나도록 연기해야겠어.

8 ⊙의 이유로 가장 적절한 것은?

① '나'의 첫사랑 이야기를 글로 전하고 싶어서
② 지친 '나'의 마음과 영혼의 위안을 얻기 위해서
③ 첫사랑의 실패로 인한 마음의 상처를 치유하기 위해서
④ 마른 가슴을 적셔 줄 수 있는 시를 쓰라는 현아의 부탁을 들어주기 위해서
⑤ 공부 기계나 돈 세는 기계보다 더 멋진 삶이 있다는 것을 부모님께 보여 주기 위해서

9 이 글의 내용으로 보아, ⓛ에 대한 대답으로 가장 적절한 것은?

① 시집을 돌려줄 기회를 놓쳤기 때문이다.
② 시집을 전해 주지 못한 것에 대한 미안함 때문이다.
③ 시집의 시가 현아에게만 의미 있는 것임을 알았기 때문이다.
④ 시집과 같은 선물을 현아에게 주지 못하는 열등감 때문이다.
⑤ 시집을 보면서 떠올릴 수 있는 학창 시절의 추억 때문이다.

10 이 글에서 ©의 기능이 무엇인지 쓰시오.

11 (다)에서 '나'가 시집을 '현아'에게 돌려주고 나온 이유를 쓰시오.

<국어> 지학사

🎯 핵심 정리

갈래 단편 소설
성격 사실적, 현실 비판적
배경 ① 시간 – 1990년대
　　　② 공간 – 일산구 식사동 가구 공단
시점 1인칭 주인공 시점
주제 외국인 노동자들의 꿈을 좌절시키는 편견과 차별
특징 ① 어린 서술자를 통해 이주 노동자들의 힘겨운 삶을 더욱 부각함.
　　　② 우리 사회의 부정적 단면을 제시하여 반성하도록 함.
출전 《코끼리》(2005)

Q '나'가 탈색제를 쓰는 이유는?

'나'는 한국인처럼 얼굴이 노랗게 되어 더 이상 차별받고 싶지 않은 마음에서 탈색제를 사용하고 있다. 한국인들의 배타성은 외국인 모두에게 해당하는 것이 아니라 백인을 제외한 외국인들을 향한 것이다. 이는 이주 노동자들에 대한 한국 사회의 편견과 차별, 무시 등의 태도를 보여 준다.

☀️ 어휘 풀이

시바 힌두교의 주요 신 중 하나로, 파괴와 생식의 신.
퍼체우라 네팔 남자들이 몸에 걸치는 직사각형의 천.
인드라 인도의 베다 신화에 나오는 비와 천둥의 신. 팔은 네 개이며, 두 손에는 창을, 한 손에는 번개를 들고 코끼리를 타고 다니며 세상을 순시함.
브라마 브라흐마. 힌두교의 창조신.
힌두교 인도의 토착 신앙과 브라만교가 융합한 종교 체계. 구원에 이르는 세 가지 길로 공덕, 지혜, 봉헌을 들고 있음.

Q '나'가 시바 신에게 제물을 바친 이유는?

표면적으로는 아버지와 자신의 손가락이 잘리지 않게 하기 위함이나, 쿤같이 좌절과 절망을 느끼고 싶지 않은 마음을 표현한 것이라 볼 수 있다.

🔖 구절 풀이

❶ 여름 숲의 뱀처럼, ~ 까만 방해물로 비치지 않도록. 얼굴색이 다르다는 이유로 '나'가 학교 아이들에게 어떠한 차별과 괴롭힘을 당했는지 보여 주는 부분으로, '나'의 아픔과 상처를 짐작할 수 있다. 외국인 노동자들에 대한 한국 사회의 폭력이 그들의 자식들에게도 똑같이 가해지고 있는 것이다.

❷ 문득 아버지가 ~ 공장 지대에서 살아가고 있으니……. 코끼리가 인드라를 태우는 구름이었다가 우주를 떠받치는 기둥이 되어 버린 것처럼 '나'의 아버지도 네팔에서 천문학을 공부했던 사람이었으나 한국에 와서 이주민 노동자로 하층민이 되어 한국 사회를 떠받치게 되었다는 의미로 볼 수 있다.

가

⊙나는 저녁마다 물에 탈색제 한 알을 풀어 세수했고 저녁이면 내가 얼마나 하얘졌나 보려고 거울 앞으로 달려갔다. 〔더 이상 차별받지 않고 한국 사회에 속하고 싶은 마음이 드러남.〕 푸른 새벽 공기 속에서 하얗게 각질이 일어난 내 얼굴을 볼 때면 가슴이 설레었다. 내가 바라는 건 미국 사람처럼 되는 게 아니었다. 그냥 한국 사람만큼만 하얗게, 아니 노랗게 되기를 바랐다. ❶여름 숲의 뱀처럼, 가을 낙엽 밑의 나방처럼 나에게도 보호색이 필요했다. 〔얼굴이 다르다는 이유로 차별받고 싶지 않은 마음이 드러남.〕 남의 눈에 띄지 않고 조용히 살아갈 수 있도록. 비비총을 새로 산 남자애들의 첫 번째 표적이 되지 않고, 적이 필요한 아이들의 왕따가 되지 않고, ⓐ달리기를 할 때 뒤에서 밀치고 싶은 까만 방해물로 비치지 않도록. 나는 하루도 거르지 않고 탈색제를 썼다. 그러던 어느 날, 세수를 하고 있는데 누군가 내 세숫대야의 물을 거칠게 쏟아 버렸다. 고개를 들어 보니 아버지였다. 아버지는 탈색제가 든 비닐봉지를 수돗가에 내동댕이쳤다. 나는 뒷덜미를 잡힌 채 방으로 질질 끌려 들어가 멍이 시퍼렇게 들도록 종아리를 맞았다. 〔자신의 정체성을 부정하는 아들을 야단침. – 이면에는 아들에 대한 안타까움과 속상함이 담겨 있음.〕 그날 밤, 오랜만에 술 냄새를 풍기며 자정이 다 되어 들어온 아버지는 주머니에서 '누크' 베이비 로션을 꺼냈다. 〔아버지의 슬픔과 고통을 짐작할 수 있음.〕 그러고는 붉은 실핏줄이 보일 만큼 껍질이 벗겨진 내 얼굴에 로션을 잔뜩 발라 주었다. 〔아들에 대한 사랑을 드러내는 소재〕 투박하고 거친 손바닥으로 뺨을 아프도록 쓰다듬으면서. ⓑ그러고 나서 아버지는 이불을 머리끝까지 뒤집어쓰더니 잠들기 직전까지 흐느꼈다. 가끔 뜻을 알 수 없는 네팔 말을, 몹시 지친 목소리로 중얼거리며. 〔아들이 얼굴이 다 트도록 탈색제를 쓰는 마음과 그 상처를 알기에 흐느끼는 눈물로, 아들에 대한 미안함과 사랑을 알 수 있음.〕 ▶ '나'의 탈색제 사용과 그 이유를 아는 아버지의 아픔

나

찰랑, 흩날리는 노란 머리카락 사이로 새로 돋는 까만 머리카락이 보인다. ⓒ그는 이제 더 이상 염색을 하지 않을 거다. 여기 와서 프레스에 손가락을 잘리는 미국 사람은 없을 테니. 〔'그(쿤)'는 얼굴이 하얗기 때문에 머리를 노랗게 염색해 미국인인 것처럼 행동했음. – 외국인들에 대한 한국 사회의 이중적 태도를 비판함.〕

"형 그 손가락 나 주라." / 쿤은 멍한 얼굴로 나를 바라본다. / "왜?" / "그냥…… 응? 나 주라." / 쿤은 휴지로 돌돌 만 것을 내 손바닥 위에 올려놓는다. 길 양편에 늘어선 전깃줄이 바람에 징징 울어 댄다. 바랜 햇빛과 회색 먼지 속을 걷는 쿤의 뒷모습이 늙고 지쳐 보인다. / [중략] ⓓ휴지에 말렸던 검붉은 손가락을 뼈다귀들 틈에 놓는다. 물든 감잎 하나가 손가락 위로 살며시 내려앉는다. 나는 구덩이에 흙을 푹, 밀어 넣는다. 수돗가 쪽으로 침을 퉤 뱉고 나서 두 손을 모은다. / ⓔ'파괴의 신 •시바 님, 이 정도면 충분해요. 더는 제물을 바라지 마세요. 특히 아버지하고 제 손가락만큼은 절대.' 〔아버지와 자신도 그런 상황에 놓일 수 있다는 가정을 하는 것으로 보아 어린 '나'에도 이미 외국인 노동자들의 절망과 좌절을 알고 있음을 보여 줌.〕 ▶ 쿤의 잘린 손가락을 묻으며 아버지와 '나'의 손가락이 잘리지 않기를 시바 신에게 비는 '나'

다

"안녕?" 창문에 매달린 코끼리는 여전히 말이 없다. 무심한 눈길로 먼 곳을 쳐다볼 뿐. 일곱 개의 코를 가진, •퍼체우라에 은사로 화려하게 수놓인 그 코끼리는 원래 신들의 왕 •인드라를 태우는 구름이었다고 한다. 〔고향을 그리워하며 일하는 •이주 노동자들을 상징함〕 "그래서요?" 창문에 퍼체우라를 달다가 그 이야기를 들은 나는 흥분해서 아버지를 재촉했다. "어느 날 창조주 •브라마가 '세계의 알'을 깨뜨리면서 코끼리의 격이 낮아져 그만 우주를 떠받치는 기둥이 되었단다." 나는 눈을 질끈 감았다. 아버지는 슬쩍 내 안색을 살폈다. "어차피 그건 •힌두교 신화일 뿐이야. 신이 깨뜨린 알이란 없어." 순간 못대가리에 미끄러져 엇나간 망치가 아버지 손톱을 찧었다. 손톱 끝에 침을 바르고 통증을 참던 아버지는 떨어진 못을 찾으려고 두 손을 뻗어 바닥을 더듬었다. ⓛ❷문득 아버지가 코끼리처럼 여겨졌다. ⒜구름보다 높은 히말라야에서 태어나 이곳, ⒝후미진 공장 지대에서 살아가고 있으니……. ▶ 아버지를 힌두교 신화의 코끼리와 같다고 생각하는 '나'

• **중심 내용** 탈색제 사용과 손가락 절단 사고 등을 통해 외국인 노동자들의 고통과 좌절을 보여 줌. • **구성 단계** 전개

이해와 감상

이 작품은 이주 노동자들에 대한 한국 사회의 편견과 차별을 13살의 어린아이의 시선으로 그리고 있는 소설이다. '나'가 아버지와 단둘이 살고 있는 곳은 돼지 축사를 개조한 쪽방으로, 그곳에는 미얀마, 방글라데시, 러시아에서 온 노동자들이 산다. '나'의 눈에 비친 그들은 꿈을 꾸며 이곳에 왔지만, 일을 하다가 손가락이 잘렸다거나 송금할 돈을 도둑맞았다거나 화재로 목숨을 잃는 등 절망감만 느끼고 고향에도 한국에도 속할 수 없는 서글픈 삶을 살고 있다. '나'는 구름보다 높은 히말라야에서 태어나 후미진 공장 지대에서 살아가는 아버지가 힌두교 신화에 나오는 코끼리와 닮았다고 생각한다. 작가는 이 작품을 통해 이 땅에 살고 있는 이주 노동자들의 힘겨운 삶을 담아내어 다문화 시대에 이들과 함께 살아갈 방법에 대해 고민하고 있다. 또한 한국인들의 배타적·차별적 태도에 대한 비판 의식, 국가와 종족의 구별을 넘어 모두가 함께하는 사회를 건설하고자 하는 지향 의식을 바탕으로 다문화 시대에 우리가 지녀야 할 자세에 대한 성찰을 요구하고 있다.

전체 줄거리

발단	'나'는 아버지와 함께 돼지 축사를 개조한 쪽방에서 살아간다. 같은 쪽방에 살던 알리는 비재 아저씨의 돈을 훔쳐 도망친다.
전개	'나'는 얼굴을 하얗게 만들고 싶어 탈색제를 물에 풀어 세수를 하다가 아버지에게 들켜 혼이 난다. '나'는 다른 사람들이 일을 하다 잘린 손가락을 땅에 묻으며 아버지와 '나'는 그렇게 되지 않게 해 달라고 빈다.
위기	어느 사회에도 속할 수 없는 '나'는 아버지의 꿈 이야기를 들으며 부러워한다. '나'는 아버지의 생일을 축하하기 위해 네팔 음식을 만들려고 하지만 거럼메살라가 없어 요리를 그만둔다.
절정	'나'는 슈퍼에 가서 거럼메살라와 쿠우 한 병을 훔쳐 도망친다.
결말	비재 아저씨가 내일 고향으로 떠나는 '노랑이'의 지갑을 빼앗는 모습을 본 '나'는 눈을 감고 코끼리가 '외'에 빠지는 모습을 본다.

인물 관계도

'나'	아버지
13살의 초등학생. 네팔인 아버지와 조선족 어머니 사이에서 태어났으며, 어머니가 도망가 아버지와 단둘이 살고 있음. 한국에 네팔 대사관이 없어 아버지가 혼인 신고를 못하여 호적도 국적도 없음.	네팔에서 온 노동자. 네팔에서는 천문학을 공부했지만 한국에서는 전구를 만드는 일을 하다 병을 얻어 그만두고 종이 상자를 만드는 일을 하고 있음.

작품 연구소

'코끼리'의 의미

'나'는 힌두교 신화 속 코끼리가 천상의 삶에서 지상의 삶으로 격이 낮아진 것을 아버지의 삶과 연관시켜 생각하고 있다.

'코끼리'의 상징적 의미		아버지를 코끼리처럼 여긴 이유
코끼리는 인드라를 태우는 구름이었지만 격이 낮아져 우주를 떠받치는 기둥이 됨.	→	아버지는 네팔에서 꿈이 있는 청년이었으나 한국에서는 하층민의 삶을 살며 한국 사회를 떠받치게 되었음.

키 포인트 체크

인물 '나'는 이주 노동자의 자식으로, 어느 곳에도 속하지 못하며 □□받는 자신을 서글퍼하고 있다.

배경 1990년대 일산구 식사동의 한 □□□□을 배경으로 한다.

사건 '나'는 얼굴을 하얗게 만들고 싶어 □□□로 세수를 하다가 아버지에게 혼이 나고 아버지의 생일상을 차리다 □□가 없어 그만둔다.

내신 적중

1 〈보기〉를 참고하여 ㉠을 이해한 내용으로 적절하지 않은 것은?

| 보기 |

"한국 사람들은 단일 민족이라 외국인한테 거부감을 갖는다고? [중략] 미국 사람들 앞에서는 안 그래. 친절하다 못해 비굴할 정도지. 너도 얼굴만 좀 하얗다면 미국 사람처럼 보일 텐데……."

① '나'는 자신을 미국 사람처럼 대하기를 바라고 있군.

② '나'는 또래 집단에서 자신만 튀지 않기를 바라고 있군.

③ 또래들로부터 괴롭힘을 당하는 '나'의 아픔을 알 수 있군.

④ 이주 노동자들을 차별하는 한국 사람들의 모습에 대한 작가의 비판적 태도가 드러나는군.

⑤ '나'의 행동을 통해 이주 노동자들의 문화에 대한 이해심이 없는 한국 사람들의 모습을 비판하고 있군.

2 〈보기〉를 참고하여 ⓐ~ⓔ를 이해한 내용으로 적절하지 않은 것은?

| 보기 |

한국 문학에서 이주민들의 현실을 다룬 작품들은 대체로 동남아시아를 비롯한 여러 나라에서 한국으로 이주한 사람들의 고통스러운 현실을 다루고 있다. 그리고 한국인이 가졌던 단일 민족 의식과 그것과 관련된 민족 차별 의식에 대한 반성을 촉구하고, 여러 민족들과 함께하기 위해서는 어떤 태도가 필요한지에 대한 성찰을 요구하고 있다.

① ⓐ: 한국인이 가진 민족 차별 의식을 보여 줌.

② ⓑ: 한국에서 겪는 이주 노동자들의 고통스러운 삶을 보여 줌.

③ ⓒ: 민족 차별 의식에 대한 이주민의 대처와 좌절을 드러냄.

④ ⓓ: 열악한 노동 상황과 이주민의 고통을 단적으로 제시함.

⑤ ⓔ: 공동체적 삶을 위해 이주민의 문화를 인정해야 함을 암시함.

3 Ⓐ와 Ⓑ에 대한 설명으로 적절하지 않은 것은?

① Ⓑ에서의 삶은 '나'에게 Ⓐ에 대한 동경을 가지게 한다.

② Ⓐ와 Ⓑ는 아버지의 삶의 양상을 대비적으로 보여 준다.

③ Ⓐ에서 Ⓑ로의 이동은 힌두교 신화에서의 코끼리의 격의 변화와 대응되고 있다.

④ 은사로 화려하게 수놓은 코끼리가 있는 퍼체우라가 Ⓐ의 분위기를 암시하고 있다.

⑤ Ⓑ는 '나'와 아버지에게 부정적인 현실에 대한 극복 의지를 불러일으키는 공간이다.

4 '나'가 ㉡처럼 생각한 이유를 쓰시오.

V. 1990년대 이후

Q '나'가 '아버지'처럼 꿈이라도 꾸길 원하는 이유는?

'나'는 네팔인 아버지와 조선족 어머니 사이에서 태어났으며, 한국에서 살고 있다. 한국에 네팔 대사관이 없어서 호적에 오르지 못한 자신을, 살아 있지만 태어난 적이 없는 사람이라고 생각하고 있다. 또한 한국에서 살면서 차별과 편견 때문에 상처를 받으며 성장한 '나'는 아버지와 달리 고향에 대한 기억이 없다. 그래서 비록 악몽일지라도 행복한 기억을 갖고 있는 아버지를 부러워하는 것이다.

🖇️ **구절 풀이**

❶ **하지만 다음 날 공항에서 ~ 긴 안도의 숨을 내쉰다.** '나'의 아버지에게 한국은 고통과 좌절을 맛본 곳이기도 하지만, 그가 청춘을 바쳐 살아온 공간이며 가족과 이웃이 있는 곳으로, 애증 어린 삶의 터전이다. 또한 꿈에서의 네팔은 행복하게 그려지고 있지만 한국에 돌아올 수 없다는 사실에 놀라 깨어난다는 점에서, 고국과 한국 모두 자기가 살 곳이 아닌 뿌리 뽑힌 존재로서의 외국인 노동자의 실상을 단적으로 드러낸다고 볼 수 있다.

❷ **마당 한가운데 있는 ~ 야생화 꽃밭처럼 향기롭고 소란하다.** 저녁 무렵의 마당에서 볼 수 있는 이주 노동자들의 소소한 일상을 그려 내고 있다. 한국 사회의 차가운 현실 속에서도 어울려 살고 있는 이주 노동자들의 모습을 벌과 나비가 윙윙대는 향기로운 야생화 꽃밭으로 표현함으로써 그들도 충분히 아름답고 소중한 존재라는 작가의 생각을 드러낸 것으로 볼 수 있다.

가 노란 햇빛이 반대편 벽에 있는 ㉠히말라야 달력 사진에 내려앉아 너울댄다. 『투명하고 생생한 햇빛, 푸른 티크 나무 숲, 눈 덮인 °안나푸르나, 잔잔하게 물결치는 페와 호, 그리고 사탕수수를 빨아 먹으며 환하게 웃는 아이들……』 아버지는 해마다 똑같은 달력을 사 온다. 아버지가 그 사진을 보면서 기쁨을 얻듯이 나도 그렇게 되기를 바라는 걸까? 하지만 ⓐ내 눈엔 오후 빛을 받은 히말라야가 금으로 씌운 어금니처럼 보일 뿐이다. [중략]

ⓑ학교에서 내내 긴장하다가 집에 돌아오면 모든 게 귀찮고, 무엇보다 화가 난다. 오늘은 소영이 오빠가 친구들을 데리고 쉬는 시간마다 우리 교실로 내려왔다. 나는 화장실에 숨어 있다가 수업이 시작된 뒤에야 교실로 들어갈 수 있었다. 겁이 나서가 아니었다. 일대일이라면 자신 있었다. 하지만 한꺼번에 덤벼들어 쥐 잡듯 나를 짓밟는다면 앞으로 나를 볼 때마다 누구든 그 장면을 떠올릴 것이다. 그것만은 정말 견디기 힘들 것 같았다.

아기 손바닥만큼 작아진 빛은 퍼체우라가 흔들릴 때마다 놀란 듯 부르르 떤다. 갑자기 잠이 몰려온다. ⓒ아버지처럼 고향 가는 꿈이라도 꿀 수 있다면 좋겠다. 밤마다 아버지는 낡은 춤바를 입고 고향 마을로 찾아가는 꿈을 꾼다. 노란 유채꽃 언덕 너머 보이는 눈부신 설산과 낯익은 황토 집, 정다운 마을 사람들이 있는 곳으로, 꿈에서 아버지는 가녀린 퉁게꽃과 붉은 비저 꽃이 흐드러진 고향 집 마당으로 들어서서는 가족과 친지에 둘러싸여 달과 바트, °더르가리, 물소 고기에 토마토 양념을 발라 구운 첼라를 실컷 먹는다고 했다. ❶하지만 다음 날 공항에서 비행기에 오르려고 하면 누군가 아버지 앞을 가로막으며 거칠게 끌어낸다고 했다. / ⓓ"난 한국으로 돌아가야 돼. 거기 내 가족이 있어. 제발, 보내 줘. 일자리도, 이웃도, 내 청춘도 다 거기 두고 왔단 말이야. 제발……!"

잠꼬대 끝에 몸을 벌떡 일으키는 아버지는 매번 황급히 사방을 둘러본다. 그러고는 땀으로 흥건해진 속옷을 벗으며 어둠 속에서 긴 안도의 숨을 내쉰다.

ⓔ그렇지만 나보다는 낫겠지. 난…… 태어난 곳은 있지만 고향이 없다. 한국에 네팔 대사관이 없어 아버지는 혼인 신고를 못했다. 그래서 내겐 호적도 없고 국적도 없다. 학교에서조차 °청강생일 뿐이다. 살아 있지만 태어난 적이 없다고 되어 있는 아이……

나 ❷마당 한가운데 있는 수돗가는 사람들로 °번잡하다. 쪼그리고 앉아 감자를 깎는 미얀마 아저씨 투라의 발등 위로 누군가 쌀뜨물을 하얗게 흘려보내고, 요란하게 뚝딱거리는 도마 위에선 양파와 피망과 호박이 다져진다. 꼬챙이에 꿰인 양고기가 팬 위에서 지지직 소리를 내며 노린내를 풍긴다. 발목에서 찰랑대던 어둠이 머리끝까지 차오르자, 감나무 가지에 걸린 백열등도 노랗게 빛을 발한다. 러시아 아가씨 마리나는 양동이에 덥힌 물을 세숫대야에 부어 금발의 긴 머리를 헹구고, 어린 토야는 저녁 짓는 엄마 등에 업혀 오랜만에 방긋방긋 웃는다. 온갖 나라 말과 온갖 음식 냄새가 뒤섞인 마당은 벌, 나비가 윙윙대는 야생화 꽃밭처럼 향기롭고 소란하다.

다 아버지는 보이지 않는다. 생일날까지도 야근을 하나 보다. 음식을 준비해야겠다. 고향을 느낄 만한 걸로. 그러면 아버지 맘도 누그러지겠지. 선반을 뒤져 양파와 감자, 저나 콩 한 줌을 찾아낸다. 우선 저나 콩을 물에 담가 불리고 감자와 양파 껍질을 벗겨 잘게 자른다. 네팔 버터 기우에 잘게 자른 재료를 넣고 살짝 볶은 다음 잠시 생각하다가 °거렘메살라 가루가 든 봉지를 꺼낸다. 봉지가 홀쭉하게 구겨져 있다. 거꾸로 들어 흔들어 보니 바닥에만 남았던 가루가 조금 날린다. 지라와 랑, 쑥멜, 고추, 더니아 따위가 들어간 그 양념이 없으면 더르가리 맛을 제대로 낼 수 없다. 숟가락을 냄비에 푹 꽂고 가스 불을 꺼 버린다.

▶ 아버지의 생일상을 차리려다가 재료가 없어 그만두는 '나'

• **중심 내용** 아버지의 꿈을 부러워하며 어느 사회에도 속할 수 없는 자신의 존재에 대해 고민하는 '나' • **구성 단계** 위기

🏠 작품 연구소

〈코끼리〉의 공간적 특징

이 작품은 이주 이전의 삶과 이주 이후의 삶을 낮과 밤, 혹은 밝음과 어둠의 이미지로 강렬하게 대비시켜 큰 효과를 거두고 있다. 안나푸르나로 상징되는 설산이 있는 네팔과 돼지 축사로 상징되는 대한민국 고양시 식사동의 이주 노동자 숙소, 이 두 곳은 공간적 배경의 대비에 그치지 않고 이주 이전의 삶과 이주 이후의 삶이 여러 가지 측면에서 얼마나 다른가를 보여 주고 있다. 두 공간의 대비는 공간을 넘어 그들의 삶을 대비하는 것이며, 이는 이주 노동자들의 궁핍하고 고단한 삶을 강조하는 효과가 있다.

네팔, 안나푸르나	돼지 축사
• 낮, 밝음 • 아름다운 추억이 있는 공간 • 꿈이 있는 공간 • 따뜻한 인간관계가 있는 공간	• 밤, 어둠 • 힘들고 고단한 삶의 공간 • 꿈이 좌절된 공간 • 차가운 현실, 메마른 관계가 있는 공간

〈코끼리〉의 서술자의 특징 및 효과

서술자	효과
13살의 어린아이	이주 노동자들에 대한 한국 사회의 심한 편견과 차별이 그들의 자식에게도 대물림된다는 사실을 보여 주어 다문화 시대 속 우리 사회의 문제점을 그대로 드러냄.

제목 '코끼리'의 의미

우리 사회에서 최하층 노동을 담당하는 외국인 노동자들은 힌두교 신화에서 말하는 우주를 떠받치는 코끼리와 유사한 존재이다. 신들의 왕 인드라를 태우는 구름이었다가 창조주 브라마가 '세계의 알'을 깨뜨린 이후 우주를 떠받치는 기둥이 되었다는 코끼리와 네팔, 인도, 베트남, 러시아에서 아름다운 꿈을 가지고 살아가다가 한국으로 와서 온 힘을 다해 혼돈스러운 사회를 떠받치는 존재가 되어 버린 외국인 노동자들, 그리고 그들 사이에서 태어난 외국인 노동자 2세들은 환경의 변화로 인해 신분이 격하되었다는 공통점을 가진다. 코끼리가 말없이 세상을 떠받치는 것처럼 이주 노동자들도 우리 사회의 하부를 떠받치는 일원이며, 우리와 함께 일하고 꿈꾸며 살아가는 사람들이라는 것을 인정해야 함을 보여 주고 있다.

📖 함께 읽으면 좋은 작품

〈나마스테〉, 박범신 / 외국인 노동자를 대하는 자세와 태도를 다룬 작품

네팔 말로 '안녕하세요'라는 의미를 지닌 '나마스테'는 히말라야 마르파 마을에서 온 사내 카밀과 아메리칸 드림에 끌려 미국에 갔다가 만신창이가 되어 돌아온 신우의 사랑을 그린 작품이다. 주변의 곱지 않은 시선 속에서 주인공들이 서로의 역사와 문화를 받아들이면서 깊이 사랑하는 모습을 통해 외국인 노동자를 대하는 우리의 자세와 태도에 대해 생각하게 한다.

〈노새 두 마리〉, 최일남 / 아버지의 모습을 동물로 비유한 작품

도시에 어울리지 않는 노새를 통해서 도시의 삶에 적응하지 못하는 도시 빈민의 불행을 그린 작품이다. '노새'라는 상징적 소재를 통해 근대화되는 과정에서 시골에서 상경한 가족이 도시에 적응하는 것이 얼마나 힘들고 어려운가를 보여 주고 있다. 이 작품에서 '노새'는 이 시대를 힘겹고 고단하게 살아가고 있는 아버지를 상징하고 있다.

---

5 이 글의 서술상 특징으로 가장 적절한 것은?

① 다양한 문화적 경험을 지닌 서술자를 통해 주제를 강조하고 있다.

② 성숙하지 않은 서술자의 시선으로 현실을 사실과 다르게 바라보고 있다.

③ 어린아이 서술자의 솔직하고 순수한 시각을 통해 문제의식을 부각하고 있다.

④ 다른 문화적 가치를 가진 서술자를 통해 현실의 긍정적인 면모를 드러내고 있다.

⑤ 전지적 능력을 지닌 서술자를 통해 인물들의 갈등을 더욱 예리하게 포착하고 있다.

6 이 글에 대한 이해로 적절하지 않은 것은?

① ⓐ: 한국에서 태어난 '나'는 히말라야에 큰 감흥을 느끼지 못한다.

② ⓑ: 소영이 오빠와 그 친구들은 피부색이 다르다는 이유로 '나'를 괴롭히고 있다.

③ ⓒ: '나'는 고향에 대한 기억이 없으므로 그러한 기억이 있는 아버지를 부러워하고 있다.

④ ⓓ: 일자리와 가족이 있는 편안한 삶의 공간으로 돌아가야만 하는 아버지의 절규가 드러나 있다.

⑤ ⓔ: 어느 사회에도 속하지 못하는 '나'의 고민과 슬픔이 드러나 있다.

7 ㉠에 대한 설명으로 적절하지 않은 것은?

① 현실과 대비된 다른 공간을 떠올리게 한다.

② 아버지의 무의식적인 욕망을 환기하고 있다.

③ 아버지에게는 현실을 견디는 힘으로 작용하고 있다.

④ 아버지와 '나'의 궁극적인 지향점을 보여 주고 있다.

⑤ 현실의 결핍을 대리 충족시켜 주는 심리적 위안물이다.

8 〈보기〉를 참고하여 이 글에서 '아버지의 꿈'이 어떤 기능을 하고 있는지 쓰시오.

┤ 보기 ├

소설에서 '꿈'은 앞으로 있을 사건을 암시하거나 인물의 무의식을 보여 주기도 한다. 또한 현실에서 이룰 수 없는 욕망을 실현하기도 하고 자신의 모습을 반성하는 계기가 되기도 한다.

〔내신 적중〕

9 〈보기〉를 참고할 때, (나)를 통해 작가가 드러내고자 한 생각을 쓰시오.

┤ 보기 ├

'샐러드 볼 정책'은 한 사회에 존재하는 이질적 문화가 마치 샐러드의 재료처럼 함께 조화를 이루면서 공존하는 것을 말한다. 이는 사회를 구성하는 다양한 집단의 문화를 그 사회를 더욱 풍요롭게 발전시킬 수 있는 가치 있는 사회적 자원으로 인식하는 것이다.

문학 지학사, 해냄
독서 미래엔

🎯 핵심 정리

갈래 장편 소설, 역사 소설
성격 역사적, 비판적
배경 ① 시간 – 17세기 병자호란
  ② 공간 – 남한산성
시점 전지적 작가 시점
주제 병자호란 당시 남한산성에서 벌어진 주화
  파와 주전파의 의견 대립과 조국의 참혹한
  운명
특징 ① 역사적 사실에 작가의 상상력을 덧붙임.
  ② 나라가 처한 위기 속에서 고뇌하는 인조
   의 내면이 잘 드러남.
  ③ 간결하면서도 힘 있는 문체로 서술함.
  ④ 상황에 대한 묘사와 인물들 간의 대화가
   주를 이룸.
출전 《남한산성》(2007)

💡 어휘 풀이

무도하다 말이나 행동이 인간으로서 지켜야 할
도리에 어긋나서 막되다.
화친하다 나라와 나라 사이에 다툼 없이 가까이
지내다.
투항 적에게 항복함.
내실 내적인 가치나 충실성.
피폐하다 지치고 쇠약하여지다.
몽매(夢寐)하다 어리석고 사리에 어둡다.
본말(本末) ① 사물이나 일의 처음과 끝. ② 사물
이나 일의 중요한 부분과 중요하지 않은 부분.

Q 화친을 주장하는 '최명길'의 논리는?

화친을 하지 않을 경우, 남한산성 안에서 죽게 될
것임을 우려하고 있다. 이러한 생활이 계속 될 경
우 성안에서 분란이 일어날 것이고 그렇다면 싸
움도 할 수 없는 지경에 이르게 될 것이라는 점
이 최명길이 화친을 주장하는 이유이다.

🧩 구절 풀이

❶ **그러므로 화(和), 전(戰), 수(守)는 다르지 않사**
 옵니다. 화(和)는 화친을, 전(戰)은 전투를, 수
 (守)는 수비를 뜻한다. 김상헌은 세 가지가 결
 국 하나라고 말하면서 끝까지 싸울 것을 주장
 하고 있다.
❷ **"이거 보시오, ~ 화가 아니라 항(降)이오.** 김
 상헌은 청나라와 화친을 맺는 일은 말만 화친
 일 뿐, 곧 항복(降伏)하는 일이라고 강하게 주
 장하고 있다.
❸ **전이 본(本)이고 ~ 길이 있을 것이옵니다.** 싸
 우는 것(戰)이 우선 해야 하는 일이고 화친을
 맺는 것(和)은 그 뒤에 오는 일이다. 그리하면
 결과적으로 성을 지켜 내는 훌륭한 결실(實)
 을 이루게 된다는 뜻이다.
❹ **"상헌의 말은 지극히 ~ 말의 길을 따라가오리**
 까." 상헌의 말은 의롭지만 말만 쉽게 할 뿐
 목숨을 가볍게 생각하는 것으로, 내용은 그럴
 듯하지만 현실성이 없음을 비판하고 있다.

가 이조 판서 최명길이 헛기침으로 목청을 쓸어내렸다. 최명길의 어조는 차분했다.

「전하, 적의 문서가 비록 *무도하나 신들을 성 밖으로 청하고 있으니 아마도 *화친할 뜻이
「 」: 적의 의도가 화친일 것이라고 추측함.
있을 것입니다. 적병이 성을 멀리서 둘러싸고 서둘러 취하려 하지 않음도 화친의 뜻일
것으로 헤아리옵니다.」 ㉠글을 닦아서 응답할 일은 아니로되 신들을 성 밖으로 내보내 말
  청나라에서 보낸 문서에 대한 답을 문서로 하지 말고 신하들을 보내 대화를 하자는 최명길의 대안
길을 트게 하소서."

예조 판서 김상헌이 손바닥으로 마루를 내리쳤다. 김상헌의 목소리가 떨려 나왔다.

"화친이라 함은 국경을 사이에 두고 논할 수 있는 것이온데, 지금 적들이 대병을 몰아 이
    화친에 대한 김상헌의 생각
처럼 깊이 들어왔으니 화친은 가당치 않사옵니다. ㉡심양에서 예까지 내려온 적이 빈손
으로 돌아갈 리도 없으니 화친은 곧 *투항일 것입니다. 화친으로 적을 대하는 형식을
삼더라도 지킴으로써 *내실을 돋우고 싸움으로써 맞서야만 화친의 길도 열릴 것이며, 싸
우고 지키지 않으면 화친할 길은 마침내 없을 것이옵니다. ❶그러므로 화(和), 전(戰), 수
     김상헌의 주장의 핵심 – 청과 싸움으로 맞서야 함.
(守)는 다르지 않사옵니다. 적의 문서를 군병들 앞에서 불살라 보여서 싸우고 지키려는
뜻을 밝히소서."
▶ 화친을 주장하는 최명길과 그에 반대하는 김상헌

나 최명길은 더욱 낮은 목소리로 말했다.

「"예판의 말은 말로써 옳으나 그 헤아림이 얕사옵니다. 화친을 형식으로 내세우면서 적이
성을 서둘러 취하지 않음은 성을 말려서 뿌리 뽑으려는 뜻이온데, 앉아서 말라죽을 날을
기다릴 수는 없사옵니다. 안이 *피폐하면 내실을 도모할 수 없고, 내실이 없으면 어찌 나
     이 상태를 고집한다면 나아가 싸울 수도 없으니, 김상헌의 주장이 타당하지 않다는 의미임.
아가 싸울 수 있겠사옵니까? ㉢싸울 자리에서 싸우고, 지킬 자리에서 지키고, 물러설 자
리에서 물러서는 것이 사리일진대 여기가 대체 어느 자리이겠습니까. 더구나……."」

김상헌이 최명길의 말을 끊었다.

❷"이거 보시오, 이판. 싸울 수 없는 자리에서 싸우는 것이 전이고, 지킬 수 없는 자리에서
지키는 것이 수이며, ㉣화해할 수 없는 때 화해하는 것이 화가 아니라 항(降)이오. 아시
겠소? 여기가 대체 어느 자리요?"

최명길은 김상헌의 말에 대답하지 않고 임금을 향해 말했다.

"예판이 화해할 수 있는 때와 화해할 수 없는 때를 말하고 또 성의 내실을 말하나, 아직
내실이 남아 있을 때가 화친의 때이옵니다. ㉤성안이 다 마르고 시들면 어느 적이 스스
로 무너질 상대와 화친을 도모하겠나이까."

김상헌이 다시 손바닥으로 마루를 때렸다.

「"이판의 말은 *몽매하여 *본말이 뒤집힌 것이옵니다. ❸전이 본(本)이고 화가 말(末)이며
「 」: 싸움을 결정하면 화친을 할 수 있을 것이고 내실을 지킬 수 있을 것임.
수는 실(實)이옵니다. 그러므로 ⓐ전이 화를 이끌어 내는 것이지 그 반대가 아니옵니다.」
        싸움을 통해 화친을 이끌어 내야 함.
더구나 천도가 전하께 부응하고, 전하께서 실덕(失德)하신 일이 없으시며 또 이만한 성
      하늘이 낸 도리와 법
에 의지하고 있으니 반드시 싸우고 지켜서 회복할 길이 있을 것입니다."

최명길을 목소리는 더욱 가라앉았다. 최명길은 천천히 말했다.

❹"상헌의 말은 지극히 의로우나 그것은 말일 뿐입니다. 상헌은 말을 중히 여기고 생을
             의(義)를 말하고 있지만 목숨을 구하는 데는 쓸모가 없는 말이라는 뜻임.
가벼이 여기는 자이옵니다. 갇힌 성안에서 어찌 말의 길을 따라가오리까."
▶ 화친을 주장하는 최명길과 전쟁을 주장하는 김상헌이 각기 내세우는 논리적 근거

• 중심 내용 적에게 어떤 태도를 보여야 할지에 대해 주화파 최명길과 주전파 김상헌이 의견 대립을 보이고 있음.
• 구성 단계 전개

이해와 감상

이 작품은 '병자호란'이라는 역사적 사건을 바탕으로 창작된 소설로, 46일 동안 남한산성에 고립된 채 일어나는 다양한 상황들을 임금과 대신, 백성들이 처한 각자의 입장에서 서술하고 있다. 싸워야 한다는 의견과 물러서야 한다는 의견이 엇갈리며 임금은 옳은 판단을 하지 못한 채 시간만 흘러가는데, 청나라 군사들은 곧장 임금이 있는 곳으로 직행한다. 다급해진 인조는 우선 봉림 대군 및 신료들을 강화도로 피신시키고 자신도 다음 날 강화도행을 결정하지만 이미 청나라 군사들은 강화도로 가는 모든 길을 봉쇄해 버려 인조와 신하들은 어쩔 수 없이 남한산성으로 피신하게 된다. 작가는 청나라의 침입과 남한산성에서의 저항, 삼전도에서의 굴욕적인 항복 등을 현대적 정서에 맞도록 재구성하였으며, 간결하면서도 힘 있는 문장을 통해 전쟁의 비참함과 현실에 대한 대응 방식을 두고 벌어지는 주전파와 주화파의 갈등, 인조의 고민 등을 실감 나게 묘사하고 있다.

🔍 전체 줄거리

발단	청나라가 조선을 침략하고 인조는 남한산성으로 피신하게 된다.
전개	용골대가 조선의 항복을 요구하자 조정에서는 화친 여부를 둘러싸고 논쟁이 벌어진다.
위기	용골대를 만난 최명길은 적의 치욕스러운 요구를 왕에게 전하고 김상헌은 서날쇠를 산성 밖으로 내보낸다.
절정	강화도가 함락되자 인조는 항복을 결심하고 김상헌은 자결을 시도한다.
결말	인조는 삼전도에서 투항하고 많은 사람들이 청나라에 인질로 끌려간다.

👥 인물 관계도

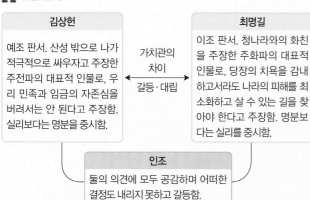

김상헌
예조 판서. 산성 밖으로 나가 적극적으로 싸우자고 주장한 주전파의 대표적 인물로, 우리 민족과 임금의 자존심을 버려서는 안 된다고 주장함. 실리보다는 명분을 중시함.

가치관의 차이 ↔ 갈등·대립

최명길
이조 판서. 청나라와의 화친을 주장한 주화파의 대표적 인물로, 당장의 치욕을 감내하고서라도 나라의 피해를 최소화하고 살 수 있는 길을 찾아야 한다고 주장함. 명분보다는 실리를 중시함.

인조
둘의 의견에 모두 공감하며 어떠한 결정도 내리지 못하고 갈등함.

🏠 작품 연구소

〈남한산성〉의 갈등 구조

이 작품은 특징적으로 부각되는 중심 사건 없이 남한산성에서 고립된 상황을 겪는 인물들의 내면에 초점을 두고 있다. 그렇기 때문에 조선과 청의 전쟁은 갈등이라기보다는 작품의 배경으로 제시되고, 실질적인 갈등은 청나라와의 전쟁 여부를 논하는 조선의 대신들, 그리고 그것을 지켜보는 인조의 내면에서 나타난다.

표면적 갈등	실질적 갈등
청나라 ↔ 조선	• 주전파와 주화파 간의 갈등 • 인조의 내적 갈등

🔑 포인트 체크

인물 청나라와의 ☐☐을 주장하는 최명길과 ☐☐☐를 주장하는 김상헌 사이에서 인조가 ☐☐하고 있다.

배경 17세기 ☐☐☐☐ 때 임금이 피신해 있었던 ☐☐☐☐을 배경으로 한다.

사건 청나라의 침략에 어떻게 대응할 것인지를 두고 최명길과 김상헌이 첨예하게 ☐☐하고 있다.

1 이 글을 통해 알 수 있는 사실이 <u>아닌</u> 것은?

① 청의 군사가 남한산성을 둘러싸고 있다.
② 청나라 측에서 조선에게 문서를 보낸 바 있다.
③ 인물 간 갈등의 초점은 청에 대한 대응 방식이다.
④ 최명길과 김상헌은 임금의 의견에 대해 반대 입장이다.
⑤ 최명길은 김상헌에 비해 현실 타협적인 의견을 내놓았다.

내신 적중 고난도

2 '화(和)'와 '전(戰)'에 대한 '최명길'과 '김상헌'의 의견으로 알맞지 <u>않은</u> 것은?

① 최명길이 주장하는 '화(和)'는 청나라에 항복하자는 것이다.
② 최명길은 이대로 있다가는 남한산성 안에서 죽을 수도 있다고 생각하기 때문에 '화(和)'를 주장한다.
③ 김상헌은 '전(戰)'을 전제로 한다면 '화(和)'도 의미가 있다고 생각한다.
④ 김상헌은 싸울 수 없는 상황일지라도 국가적 자존심을 위해 '전(戰)'을 택해야 한다고 본다.
⑤ 최명길과 김상헌은 서로 다른 가치관을 가지고 현실에 대한 대응 방식의 차이를 보여 준다.

3 ㉠~㉤의 의미를 파악한 것으로 적절하지 <u>않은</u> 것은?

① ㉠: 문서에 대한 답을 문서로 하지는 말자는 의미이다.
② ㉡: 청과 화친하겠다고 하는 것은 투항하는 것을 의미한다.
③ ㉢: 지금은 싸울 자리이므로 싸워야 한다.
④ ㉣: 우리 민족과 임금의 자존심을 지켜야 한다.
⑤ ㉤: 지금 화친하지 않으면 상대가 쳐들어올 수 있다.

4 ⓐ가 의미하는 바를 쓰시오.

5 〈보기〉는 (나)에 이어지는 '김상헌'의 대답이다. 이를 참고하여 '김상헌'이 죽음을 선택하려는 이유를 쓰시오.

보기
전하, 죽음이 가볍지 어찌 삶이 가볍겠습니까? 명길이 말하는 생이란 곧 죽음입니다. 명길은 삶과 죽음을 구분하지 못하고, 삶을 죽음과 뒤섞어 삶을 욕되게 하는 자이옵니다.

어휘 풀이

신료 모든 신하.

참람하다 분수에 넘쳐 너무 지나치다.

체찰사 조선 시대에, 지방에 군란(軍亂)이 있을 때 임금을 대신하여 그곳에 가서 일반 군무를 맡아보던 임시 벼슬. 보통 재상이 겸임하였다.

태평연월 근심이나 걱정이 없는 편안한 세월.

사세 일이 되어 가는 형세.

묘당 종묘와 명당이라는 뜻으로, 조정 또는 의정부를 달리 이르던 말.

오활하다 ① 곧바르지 아니하고 에돌아서 실제와는 거리가 멀다. ② 사리에 어둡고 세상 물정을 잘 모르다.

성단 임금의 판단을 높여 이르는 말.

어가 임금이 타던 수레.

격발하다 기쁨이나 분노 따위의 감정이 격렬히 일어나게 하다.

삼남 전라도, 충청도, 경상도 세 지방을 통틀어 이르는 말.

양서 황해도와 평안도를 아울러 이르는 말.

신민 관원과 백성을 아울러 이르는 말.

의분 불의에 대하여 일으키는 분노.

창의 국난을 당하였을 때 나라를 위하여 의병을 일으킴.

Q 전쟁을 주장하는 '김상헌'의 논리는?

지금 화친을 선택했다가는 훗날 적들이 더 무리한 요구를 해 올 것이므로 지금은 적들의 문서를 불태워 군사를 일으키고, 왕조의 가르침을 받았던 무리들이 전쟁을 위해 모이도록 해야 한다는 논리를 펼치고 있다.

구절 풀이

❶ "이러지들 마라. 그만하라지 않느냐." 두 신하의 말이 모두 일리가 있는 것이기에 인조는 한쪽의 말이 옳다고 결론을 내리기가 어려운 상황이다. 이러한 상황이 몹시 답답하고 괴로웠기에 더 이상 신하들이 다투는 모습을 보고 싶지 않아 논쟁을 그만둘 것을 명하는 인조의 불편한 심기가 드러나고 있다.

❷ 시간을 벌기 위해서라도 ~ 성단으로 결행하소서." 실리를 추구해야 한다는 입장으로, 청나라와 소통해야 한다는 최명길의 주장이 드러나 있다. 또한 묘당을 중심으로 한 중론은 이미 화친을 반대하는 것이므로 중론을 묻지 말고 임금의 결단대로 행할 것을 촉구하고 있다.

❸ 명길은 울면서 노래하고 웃으면서 곡하려는 자이옵니다." 김상헌이 최명길을 일컬어 이와 같이 표현한 것은 이(利)를 위해 의(義)를 버리려 하는 것이 전혀 이치에 맞지 않음을 강조하기 위한 의도이다.

작가 소개

김훈(본책 322쪽 참고)

가 **❶"이러지들 마라. 그만하라지 않느냐."**
_{신하들의 의견 대립에 대한 임금의 못마땅한 심기가 드러남.}

신료들은 입을 다물었다. 영의정 김류는 말없이 어두운 마당을 바라보고 있었다. 처마 끝에서 고드름이 떨어져 내렸다. 성첩에서 다시 총소리가 두어 번 터졌다. 임금이 김류에게 물었다.
_{성 위에 낮게 쌓은 담}   _{불안감과 긴장감 조성}

"영상은 어찌 말이 없는가?"

김류가 이마를 마루에 대고 말했다.

"말을 하기에는 이판이나 예판의 자리가 편안할 것이옵니다. 신은 **참람하게도 체찰사**의 직을 겸하여 군부를 총괄하고 있으니 소견이 있다 한들 어찌 전과 화의 일을 아뢸 수 있겠사옵니까."
_{김류가 자신의 직분을 이유로 지금 논의가 되고 있는 사안에 대하여 아무런 말도 할 수 없음을 아룀.}
▶ 체찰사의 직분으로 전과 화의 일을 논할 수 없다는 영의정 김류

나 최명길이 말했다.

"영상의 말이 한가하여 **태평연월**인 듯하옵니다. 전하, 적들이 성을 깨뜨리려 덤벼들면
_{김류가 상황의 급박함을 모르는 것 같다고 비판함.}
사세는 더욱 위태로워질 것이옵니다. 전하, ⓐ늦추어야 할 일이 있고 ⓑ당겨야 할 일이 있는 것이옵니다. 적의 공성을 늦추시고, 늦추시는 일을 당기옵소서. **❷시간을 벌기 위해**
_{성이나 요새를 공격함.}
서라도 우선 신들을 적진에 보내 말길을 열게 하소서. 지금 **묘당**이라 해도 **오활한 유자**(儒者)의 찌꺼기들이옵고 비국 또한 다르지 않사옵니다. 헛된 말들은 소리가 크고 한 골
_{최명길의 주장 – 신하들이 나가서 청나라 측과 이야기를 하게 해야 함.}   _{유학을 공부하는 선비}
로 쏠리는 법이옵니다. 중론을 묻지 마시고 오직 전하의 **성단**으로 결행하소서."
_{비변사. 조선 시대에 군국의 사무를 맡아보던 관아}   _{여러 사람의 의견}
▶ 청나라와 대화를 해야 함을 주장하는 최명길

다 김상헌이 말했다.
_{여러 버슬자리에 대하여 매기던 등급}

ⓒ"명길의 몸에 군은이 깊어서 그 품계가 당상인데, **어가**를 추운 산속에 모셔 놓고 어찌 임금에게 성단, 두 글자를 들이미는 것이옵니까. 화친은 불가하옵니다. 적들이 여기까지 소풍을 나온 것이겠습니까. ⌜크게 한번 싸우는 기세를 보이지 않고 화 자를 먼저 꺼내 보이면 적들은 우리를 더욱 깔보고 감당할 수 없는 요구를 해 올 것이옵니다.⌟ 무도한 문서
_{「 」: 김상헌의 주장 – 뒷일을 생각해서라도 지금은 적과 맞서야 함.}
를 성안에 들인 수문장을 벌하시고 적의 문서를 불살라 군병들을 **격발**케 하옵소서. 애
_{궁궐이나 성의 문을 지키던 무관 벼슬}
통해하시는 교지를 성 밖으로 내보내 **삼남**(三南)과 **양서**(兩西)의 군사를 서둘러 부르셔야 하옵니다. 이백 년 종사가 **신민**을 가르쳐 길렀으니 반드시 **의분**하는 **창의**의 무
_{의병이 일어나 도울 것임.}
리들이 달려올 것입니다."

최명길이 말했다.

"상헌의 답답함이 저러하옵니다. 창의를 불러 모은다고 꼭 화친의 말길을 끊어야 하는 것이겠사옵니까? 군신이 함께 피를 흘리더라도 적게 흘리는 편이 이로울 터인데, 의(義)
_{당장의 치욕을 감내하고서라도 살 수 있는 길을 찾아야 함.}
를 세운다고 이(利)를 버려야 하는 것이겠사옵니까?"

김상헌이 말했다.

"지금 묘당의 일을 성안의 아이들도 알고 있는데, 조정이 화친하려는 기색을 보이면 성첩은 스스로 무너질 것이옵니다. 화 자를 깃발로 내걸고 군병을 격발시키며 창의의 군사
_{화친의 의사를 내보이면 군사와 백성들의 사기가 떨어질 것임.}
를 불러 모을 수 있겠사옵니까? 명길의 말은 의도 아니고 이도 아니옵니다. **❸명길은 울**
면서 노래하고 웃으면서 곡하려는 자이옵니다."

최명길이 또 입을 열었다. / "웃으면서 곡을 할 줄 알아야……."

임금이 소리 질렀다. / "어허."

임금은 옆으로 돌아앉았다. ⌜달이 능선 위로 올라 내행전 마루를 비추었다. 쌓인 눈이 달빛을 빨아들여서 먼 성벽이 부풀었다. 달빛은 눈 속으로 깊이 스몄고, 성벽은 땅 위의 달무리처럼 보였다. 추위가 맑아서 밤하늘이 새파랬다. 동장대 쪽 성벽이 별에 닿아 있었다.⌟
_{「 」: 겨울 남한산성의 밤 풍경 묘사}
_{고뇌에 빠진 임금의 괴로운 심정을 암시함.}
▶ 언쟁을 거듭하는 두 신하와 고뇌에 빠진 임금

• **중심 내용** 청에 대한 대응 방식을 둘러싼 신하들의 갈등   • **구성 단계** 전개

작품 연구소

최명길과 김상헌의 의견 대립

	최명길의 의견	김상헌의 의견
문서 대응 방안	적의 문서에 대화로 응해야 함.	적의 문서를 불사르고 싸움을 해야 함.
화(和)·전(戰)	지금은 화(和)를 해야 할 상황임.	지금은 전(戰)을 해야 할 상황임.
삶·죽음	죽음은 결코 가볍지 않으므로 죽는 것보다 어떻게든 사는 것이 중요함.	욕된 삶은 곧 죽음이므로 비루하게 사는 것보다 의롭게 죽는 것이 나음.
공론·성단	공론에 휩쓸리지 말고 사세를 살펴 성단(임금의 판단)을 결행해야 함.	지금은 성단을 논의할 상황이 아니므로 대의를 향한 공론을 중시해야 함.
의(義)·이(利)	청과 싸우는 것은 의(義)를 세운다고 이(利)를 버리는 일임.	청과 화친하는 것은 의(義)도 아니며 이(利)도 아닌 일임.

〈남한산성〉에서의 인조의 역할

이 작품은 전쟁 중 고립된 다양한 군상들의 모습을 사실적이고 감상적으로 묘사하고 있는데, 이러한 다양한 인물들을 연민의 시각으로 바라보는 인물이 인조이다. 인조는 병자호란 중에 군사들이 얼어 죽고, 백성들이 굶주려 있는 현실을 보며 무척 안타까워하고 있다. 특히 백성과 동일한 음식을 먹고 옷을 입으면서 자신에 대한 예우까지도 부담스러워한다. 이것은 임금의 인간적인 면모를 부각한 것이다. 그러나 백성들의 끼니와 군량미를 위해 자신의 밥상까지도 양보하는 임금의 모습은 백성들에 대한 연민의 태도를 지나치게 부각한 것이라 평가하기도 한다.

인조는 임금으로서의 강한 지도력이나 결단력이 드러나지 않고, 끝까지 신하들의 갈등과 백성들의 고통을 지켜만 보면서 어떠한 결단도 내리지 못하고 있다. 이러한 우유부단한 인조의 모습은 남한산성에 고립된 진퇴양난(進退兩難)의 상황에서 사건의 결말보다도 사건의 진행 과정에 초점을 맞추게 하는 결정적 역할을 하고 있다.

자료실

병자호란(丙子胡亂)

인조를 왕으로 세운 서인들은 망해 가는 명과 친하게 지내고 새롭게 일어나는 후금을 멀리했다. 그러자 후금은 1627년 조선에 형제 관계를 요구하면서 침입했는데, 이것이 정묘호란이다. 그 후 명나라를 무너뜨린 후금은 나라 이름을 '청'으로 바꾸고, 조선에 군신 관계를 요구하였다. 이때 신하들은 끝까지 싸우자는 주전파와 화해를 하자는 주화파로 나뉘었다. 결국 조선은 주전파의 주장이 우세하여 그들의 요구를 받아들이지 않았다. 화가 난 청나라는 군대를 이끌고 다시 침입했는데, 이것이 1636년에 일어난 병자호란이다. 막강한 청나라 군대는 순식간에 한양 근처까지 쳐들어왔고, 놀란 인조와 신하들은 남한산성으로 들어가 45일간 대항해 싸웠다. 하지만 청의 공격을 당해 낼 수 없게 되자, 마침내 인조는 남한산성에서 나와 굴욕적인 항복을 하고 만다.

– 공미라 외, 《한국사 개념 사전》 (아울북, 2015)

함께 읽으면 좋은 작품

〈산성일기〉, 어느 궁녀 / 병자호란을 배경으로 한 한글 수필

이 작품은 병자호란 당시 인조가 남한산성으로 피란하여 항전하다가 항복하게 되기까지의 정황을 일기 형식으로 기록한 한글 수필이다. 〈남한산성〉에서도 남한산성 안의 상황이 일기처럼 제시되어 있지만 수필과 소설이라는 장르적 차이, 나타나는 상황에 대한 시각의 차이가 있다.

▶ Link 〈고전 산문〉 238쪽

---

6 이 글의 내용으로 적절하지 <u>않은</u> 것은?

① 임금이 결단을 내려야 되는 상황이다.
② 최명길은 최종적인 결정은 임금이 할 것을 권하고 있다.
③ 김상헌은 크게 한 번 싸우는 기세를 보여야 한다고 주장하고 있다.
④ 임금은 비합리적인 해결책만을 제시하는 신하들을 원망하고 있다.
⑤ 김류는 전과 화에 관하여 자신의 직책을 이유로 어떠한 의견도 내놓지 않고 있다.

7 〈보기〉의 관점에서 이 글을 감상한 것으로 가장 적절한 것은?

| 보기 |
반영론적 관점이란 시대상, 역사적 상황, 사회상 등 현실 세계의 모습이 어떻게 작품에 반영되는가를 중심으로 파악하는 관점을 뜻한다. 이는 외재적 접근 방법에 포함된다.

① 작가의 가치관을 대변하는 인물을 설정했군.
② 병자호란이라는 민족적 비극을 실감나게 그렸군.
③ 우리 민족의 한에 대한 작가의 관심을 확인할 수 있군.
④ 전지적 작가 시점을 써서 인물의 내면을 보여 주고 있군.
⑤ 간결한 문장으로 서술하여 전체적으로 힘이 느껴지는군.

내신 적중 고난도

8 ㉠에서 '최명길'에 대하여 비판하고 있는 내용으로 적절한 것은?

① 임금의 명령이라면 어떤 말이든 답해야 한다.
② 임금이 내린 은혜를 보답하지 못하는 인물이다.
③ 임금을 편안히 계실 수 있는 곳으로 모시지 않았다.
④ 임금에게 자신의 주장을 돌려 말하여 혼란을 주고 있다.
⑤ 임금에게 결정을 하라고 하는 것은 신하로서 무책임한 말이다.

9 ⓐ와 ⓑ가 무엇인지 〈조건〉에 따라 쓰시오.

| 조건 |
• 이 글에서 인물들이 언쟁하고 있는 내용과 관련지어 설명할 것

내신 적중 多빈출

10 이 글에서 이(利)와 의(義)에 대한 '최명길'과 '김상헌'의 대립을 다음과 같이 정리할 때, ㉮와 ㉯에 들어갈 적절한 내용을 쓰시오.

최명길		김상헌
㉮ 은/는 의(義)를 세운다고 이(利)를 버리는 것이다.	⟺	㉯ 은/는 의(義)도 아니고 이(利)도 아닌 일이다.

094 도도한 생활 | 김애란

문학 동아

🎯 핵심 정리

갈래 단편 소설
성격 고백적, 감각적, 사실적
배경 ① 시간 – 2000년대
　　　　② 공간 – 서울 반지하방
시점 1인칭 주인공 시점
주제 청년들의 고단하고 궁핍한 삶
특징 ① 개인적인 공간과 사물에 주목하여 주제
　　　　를 형상화함.
　　　　② 개인의 일상적인 삶을 그리며 그에 내재
　　　　된 사회 문제를 드러냄.
　　　　③ 참신하고 감각적인 표현을 사용함.
출전 《침이 고인다》(2007)

Q '나'가 이사 후 처음으로 피아노를 치고 싶은 마음이 들었던 이유는?

'나'는 피아노 뒤의 벽에 곰팡이가 핀 것을 보고, 피아노가 썩을까 걱정이 되어 피아노 소리를 확인하고 싶은 마음이 들었을 것이다. 게다가 바깥은 주인집을 보수하는 공사 소음으로 인해 시끄러웠기 때문에 더욱 피아노를 치고 싶은 마음이 들었을 것이다.

💡 어휘 풀이

자글자글 물체가 쪼그라들어 잔주름이 많은 모양.
포자 식물이 무성 생식을 하기 위하여 형성하는 생식 세포. ≒홀씨
갸웃거리다 고개나 몸 따위를 이쪽저쪽으로 자꾸 조금씩 가울이다.
정산(精算) 정밀하게 계산함. 또는 그런 계산.
연속극 라디오나 텔레비전에서 일정한 시간을 정하여 조금씩 이어서 방송하는 극(劇).

😊 구절 풀이

❶ **방 안은 눅눅했다. ~ 흩날릴 것 같은 모양이었다.** 눅눅한 방 안 공기를 미역에 비유하고, 벽지 위에 핀 곰팡이의 모습을 묘사함으로써 반지하 방의 열악한 환경을 생생하게 표현하고 있다.

❷ **시골에서부터 이고 ~ 억울할 것 같았다.** 아버지의 빚보증으로 집이 망하면서 값나가는 물건을 팔아 버릴 때도 어머니는 피아노 팔기를 거부하였다. 어머니는 기필코 언니의 반지하방에 피아노를 가지고 가도록 하였고, 이사를 하는 중에 떨어뜨리기도 하고, 집주인과 절대로 피아노를 치지 않겠다고 약속을 하고 가지고 있게 된 피아노였으므로 망가지면 억울한 마음이 들 것 같음을 표현하고 있다.

Q 이 부분에 담긴 '주인 남자'의 의도는?

집주인은 사람이 거주하는 공간에 곰팡이가 생기지 않도록 해야 함에도 불구하고 '원래 그렇다'라고 말함으로써 특별히 문제되는 일이 아닌 것처럼 말하며 집주인으로서의 책임을 회피하려는 모습을 보이고 있다.

가 ❶방 안은 눅눅했다. 자판을 치다 주위를 둘러보면, 습기 때문에 *자글자글 운 공기가 미역처럼 나풀대며 날아다니는 것 같았다. 벽지 위론 하나둘 곰팡이 꽃이 피었다. 피아노 뒤에 벽은 상태가 더 심했다. 건반 하나라도 누르면 꼭 그 음의 파동만큼 날아올라, 곳곳에 *포자를 흩날릴 것 같은 모양이었다. 나는 피아노가 썩을까 봐 걱정이었다. 몇 번 마른걸레로 닦아 봤지만 소용없었다. 우선 달력 몇 장을 찢어 피아노 뒷면에 덧대 놓는 수밖에 없었다. 그러다 곧 피아노 건반을 확인해 보고 싶은 마음이 들었다. ❷시골에서부터 이고 온 것인데, 이대로 망가지면 억울할 것 같았다. 한날 마음을 먹고 피아노 의자 위에 앉았다. 그런 뒤 두 손으로 건반 뚜껑을 들어 올렸다. 손안에 익숙한 무게감이 전해져 왔다. 내가 알고 있는 무게감이었다. 곧 88개의 깨끗한 건반이 눈에 들어왔다. 악기는 악기답게 고요했다. 나는 건반 위에 손가락을 얹어 보았다. 손목에 힘을 푼 채 뭔가 부드럽게 감아쥐는 모양을 하고. 서늘하고 매끄러운 감촉이 전해졌다. 조금만 힘을 주면 원하는 소리가 날 터였다. 밖에선 공사음이 들려왔다. 며칠 전부터 주인집에 보수하는 소리였다. ⓐ문득 피아노를 치고 싶은 마음이 들었다. 이사 후 처음 있는 일이었다. 그리고 일단 그런 마음이 들자, 주체할 수 없는 감정이 솟구쳤다. 한 음 정도는 괜찮지 않을까. 소리는 금방 사라져 아무도 모를 것이다. 나는 용기 내어 손가락에 힘을 주었다. / "도 — " / 도는 방 안에 간힌 나방처럼 긴 선을 그리며 오래오래 날아다녔다. 나는 그 소리가 아름답다고 생각했다. [중략]

"학생, 혹시 좀 전에 피아노 쳤어?" / 나는 천진하게 말했다. / "아닌데요."
주인 남자는 고개를 *갸웃거리며 물었다. / "친 거 같은데……?"

나는 다시 아니라고 했다. 주인 남자는 의심스러운 표정을 짓다가, 내가 곰팡이 얘길 꺼내자 "지하는 원래 그렇다."고 말한 뒤, 서둘러 2층으로 올라갔다. 나는 방으로 돌아와 피아노 옆에 기대어 앉았다. 그런 뒤 무심코 휴대 전화 폴더를 열었다. 휴대 전화는 번호마다 고유한 음이 있어 단순한 연주가 가능했다. 1번은 도, 2번은 레, 높은음은 별표나 영을 함께 누르면 되는 식이었다. 더듬더듬 버튼을 눌렀다. 미 솔미 레도시도 파, 미 솔미 레도시도 레 레레 미…… ⓒ'원래 그렇다'는 말 같은 거, 왠지 나쁘다는 생각이 들었다.

▶ 피아노를 치지 말라는 집주인 때문에 피아노를 치지 못하는 '나'

나 저녁부터 폭우가 내렸다. 언니는 아르바이트 때문에 늦는다고 했다. 벌써 퇴근했어야 하는 시간인데 *정산을 잘못한 모양이었다. 언니는 계산서를 처음부터 끝까지 살펴본 뒤, 안 맞을 경우 다시 계산기를 두드리고, 같은 일을 반복하며 밤을 새울 터였다. 나는 만두라면을 먹으며 *연속극을 보고 있었다. 볼륨을 한껏 높였는데도 배우들의 목소리가 잘 들리지 않았다. 리모컨을 잡으니 뭔가 축축한 게 만져졌다. 한참 손바닥을 들여다본 후에야 그것이 빗물이란 걸 깨달았다. 나는 화들짝 자리에서 일어났다. 현관에서부터 물이 새고 있었다. 이물질이 잔뜩 섞인 새까만 빗물이었다. 그것은 벽지를 더럽히며 창틀 아래로 흘러내렸다. 벽면은 검은 눈물을 뚝뚝 흘리는 누군가의 얼굴 같았다. 허둥지둥 언니에게 전화를 걸었다. 언니는 한참 만에 전화를 받았다. 언니는 의외로 담담했다. 언니는 그런 적이 몇 번 있다고, ⓒ걸레로 닦아 내면 괜찮을 거라고 말한 뒤 바쁜 듯 전화를 끊었다. 언니가 그렇게 말해 주니, 섭섭하면서도 안심이 되는 기분이었다.

▶ 폭우로 인해 빗물이 방으로 들어오는 급박한 상황에 놓인 '나'

• **중심 내용** '나'는 집주인 때문에 피아노를 치지 못하고, 폭우가 내리자 빗물이 방으로 들어옴.
• **구성 단계** (가) 전개 / (나) 위기

이해와 감상

이 작품은 2000년대를 살아가는 청년들의 궁핍하고 고단한 삶을 감각적이고 구체적으로 형상화한 소설이다. '나'는 살아갈 발판을 마련하기 힘든 젊은 세대를 대변하는 인물로, 유년기부터 현재까지의 삶을 '피아노'와 관련된 사건들로 내용을 전개하고 있다. 엄마는 만두 가게를 하면서 '나'에게 피아노를 사 준다. 아빠의 빚보증으로 집이 망했을 때도 엄마는 피아노를 팔지 않고, 대학 진학을 위해 서울로 가게 된 '나'에게 기어코 피아노를 딸려 보낸다. 그러나 언니의 반지하방에 자리 잡은 피아노는 소리를 낼 수도 없고, 곰팡이와 빗물로 망가져 간다.

'나'가 머물고 있는 '반지하방'과 '피아노'와 같은 개인적인 공간과 사물에 주목하여 개인의 일상적인 삶과 그 속에서 느끼는 감정을 섬세하게 묘사하면서 그 안에서 젊은이들이 겪는 사회적 문제를 녹여 내고 있다. 방이 비에 잠겨 가는 절망적인 상황에서 '나'가 주인집 남자의 말을 어기고 피아노를 치는 행위는 아이러니하게도 불안과 두려운 상황에서 도도한 자존심을 지키고 싶은 마음의 표현이라 할 수 있다.

🔍 전체 줄거리

발단	만두 가게를 하는 엄마는 '나'에게 피아노를 사 주는데, '나'는 만두 가게에서 가끔 피아노를 치고, 엄마는 그 모습을 좋아한다.
전개	아빠의 빚보증 때문에 집이 망하고, 서울권 대학에 합격한 '나'는 엄마가 사 준 피아노와 함께 서울에 있는 언니의 반지하방으로 이사를 한다.
위기	저녁부터 내린 폭우에 방으로까지 빗물이 들어오고, '나'는 아르바이트 때문에 늦는 언니를 기다리며 방에 들어온 빗물을 닦아 낸다.
절정	빗물을 퍼내던 중 돈이 필요하다는 아빠의 전화를 받게 되고, 언니의 옛 애인이 술에 취해 찾아온다.
결말	검은 비가 출렁이는 반지하방 안에서 '나'는 이제 못 쓰게 될 것이 분명한 피아노를 연주하며, 언니의 옛 애인이 잠든 모습을 바라본다.

👥 인물 관계도

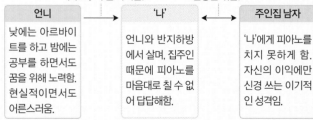

🏠 작품 연구소

'피아노'의 의미

피아노	· 엄마가 만두 가게를 하며 마련해 줌. · 엄마는 '나'가 피아노 치는 모습을 좋아함. · 집이 망했을 때도 엄마의 반대로 팔지 않고 서울 반지하방 언니의 집으로 이사를 할 때 가지고 옴. · 폭우로 집에 물이 찼을 때 물에 젖지 않도록 노력하지만, 피아노가 물에 잠겨 가자 피아노를 연주함.	➡	'나'의 도도한 생활을 지키는 보루

🔑 포인트 체크

인물 언니와 '나'는 살아갈 발판을 마련하기 힘든 ☐☐☐☐를 대변한다.

배경 ☐☐☐☐은 곰팡이가 피고 빗물이 들어오는 열악한 환경으로 청년들의 궁핍하고 고단한 삶을 의미한다.

사건 집이 망했을 때에도 소중히 간직했던 ☐☐☐가 반지하방에서 비에 잠겨 가자 '나'는 주인 남자의 말을 어기고 ☐☐☐를 연주한다.

1 이 글에 대한 설명으로 적절하지 **않은** 것은?

① 개인적인 공간과 사물에 주목하여 주제를 형상화하고 있다.
② 인물의 내면과 대비되는 배경을 통해 심리를 부각하고 있다.
③ 다양한 비유법을 활용하여 참신하고 감각적으로 표현하고 있다.
④ 대화와 세밀한 묘사를 통해 청년들의 고단한 삶을 드러내고 있다.
⑤ 개인의 일상적인 삶을 그리며 그에 내재된 사회 문제를 제시하고 있다.

2 이 글의 등장인물에 대한 이해로 적절하지 **않은** 것은?

① 집 주인은 자신이 유발한 소음은 괜찮다고 생각하고 있다.
② 언니는 빗물이 방에 들어온다는 '나'의 말을 믿지 않고 있다.
③ 언니는 밤늦게까지 아르바이트를 하는 힘든 삶을 살고 있다.
④ '나'는 소중히 생각하는 피아노가 망가지지 않기를 바라고 있다.
⑤ '나'는 집 주인에게 피아노를 친 것을 들키면 안 된다고 생각하고 있다.

3 〈보기〉에서 ㉠의 이유로 적절한 것을 골라 바르게 묶은 것은?

┤ 보기 ├
ⓐ 주인집의 보수 공사로 인한 시끄러움 때문에
ⓑ 피아노 연주를 통해 고달픈 삶을 위로받기 위해서
ⓒ 피아노를 치지 못하게 하는 집주인에 대한 반항심 때문에
ⓓ 방 안의 곰팡이로 피아노의 상태가 괜찮은지 확인하기 위해서

① ⓐ, ⓓ ② ⓑ, ⓒ ③ ⓒ, ⓓ
④ ⓐ, ⓑ, ⓒ ⑤ ⓑ, ⓒ, ⓓ

4 ㉡에 담겨 있는 의미로 가장 적절한 것은?

① 피아노를 치지 못하게 하는 집주인을 원망하고 있다.
② 책임을 회피하는 주인의 태도가 부당하다고 느끼고 있다.
③ 휴대 전화로도 연주할 수 있는 자신에게 대견함을 느끼고 있다.
④ 열악한 환경에서 살아온 언니에 대한 안쓰러움을 느끼고 있다.
⑤ 곰팡이 때문에 피아노 소리가 제대로 나지 않는다고 느끼고 있다.

5 '언니'가 ㉢과 같이 반응한 이유를 쓰시오.

어휘 풀이

매캐하다 연기나 곰팡이 따위의 냄새가 약간 맵고 싸하다.

책망하다 잘못을 꾸짖거나 나무라며 못마땅하게 여기다.

쇼바 완충 장치를 의미하는 쇼크업소버(shock absorber)를 줄여서 부르는 표현.

Q '나'가 '빗물에서 매캐하고 비릿한 도시 냄새'가 난다고 느낀 이유는?

'나'는 방 안에 들어 온 물기를 제거하였다고 생각했으나 결국 '나'의 힘으로는 해결할 수 없음을 깨닫는다. 문제를 해결할 수 없는 도시의 비참한 현실로 인해 빗물에서 '매캐하고 비릿한' 냄새가 난다는 부정적 이미지를 느꼈을 것이다.

구절 풀이

❶ **양말을 벗고 ～ 물기를 없앴다.** 반지하방으로 빗물이 들어와 차오르는 문제 상황을 해결하기 위한 '나'의 노력을 방에 들어온 물기를 제거하기 위한 동작을 나열하며 보여 주고 있다.

❷ **"언니." ～ 참으라고 했다.** 차오르는 빗물을 없애려고 노력했으나, 자신의 힘으로는 해결되지 않음을 깨닫고 좌절하는 '나'의 모습을 언니와의 대화를 통해 간접적으로 드러내고 있다.

❸ **책상 아래 칸의 ～ 영어 문제집도 있었다.** 빗물에 젖은 영어 문제집은 영문과에 편입하기를 희망하는 언니의 꿈과 관련이 있다. 따라서 집에 들어찬 빗물로 인해 언니의 꿈도 훼손되고 있음을 알 수 있다.

❹ **나는 가까스로 사내를 ～ 누일 수 있었다.** 방으로 들어온 빗물을 떠내던 중 낯선 사내가 집에 찾아온다. 낯선 사내가 신발장 옆으로 고꾸라지면서 언니의 이름을 부르는 것을 보며 '나'는 그 사내가 언니의 옛 애인임을 알게 된다. 그가 현관 앞에 누워 있으면 물을 퍼낼 수가 없었으므로 '나'는 그를 피아노 의자로 옮기기로 한다.

❺ **순간 '쇼바'를 ～ 기분이 들었다.** 집이 망하고, '나'가 집을 떠나던 날, 아빠가 오토바이 '쇼바'를 잔뜩 올린 채 도로 위를 달리며 울고 있었던 것처럼 격정적인 심정, 즉 가슴이 할퀴어지는 느낌을 받게 된다.

Q 피아노가 물에 잠겨 가고 있다는 걸 깨달은 후, '나'의 마음을 어떻게 표현하고 있는가?

'쇼바'를 잔뜩 올린 오토바이를 떠올리며 가슴을 긁고 가는 기분, 만두가 공기 방울처럼 떠오르고, '나'와 관련된 것들이 공기 방울처럼 하늘 위로 떠올랐다 터져 버린 기분으로 표현하고 있다. 방이 비에 잠겨 가는 절망적인 상황에서 '나'가 느끼는 감정을 감각적이고 환상적으로 표현한 것이다.

작가 소개

김애란(金愛爛, 1980～)
소설가. 자본주의의 일상을 예리한 시선과 단순하고 명쾌한 문장으로 그리는 작품, 엉뚱하면서도 정곡을 찌르는 화법으로 사건과 인물을 생생하게 표현하는 작품들을 쓰고 있다. 주요 작품으로는 소설집 《달려라, 아비》, 《침이 고인다》 등이 있다.

가 나는 멍하니 서 있다. ❶양말을 벗고 바지를 걷어 올렸다. 현관 앞 신발들을 모두 신발장 안에 넣고, 컴퓨터와 티브이 등 가전제품의 콘센트를 뽑았다. 피아노 주위엔 마른 수건 몇 장을 단단히 둘러놓았다. 방바닥에 고인 물은 걸레로 훔쳐 내면 될 일이었다. 나는 걸레로 바닥을 닦은 뒤 세숫대야에 물을 짜내고 훔쳐 내는 일을 반복했다. 구정물은 화장실에 버리고, 마른 수건으로 한 번 더 물기를 없앴다. 순서대로 일을 처리하다 보니 언니 말대로 별일 아닌 것처럼 느껴졌다. 조금쯤 내가 어른이 된 것 같은 기분도 들었다. 한바탕 집 안을 정리하고 숨을 돌리며 허리를 폈다. 그리고 상쾌한 표정으로 주위를 둘러봤다. ㉠조금 전 물기를 닦아 낸 곳에 다시 빗물이 고여 있었다. 아까보다 더 많은 양이었다. 나는 하얗게 질려 언니에게 전화했다. / ❷"언니." / 언니가 주위 눈치를 보는 듯 조그맣게 대꾸했다.

"왜?" / 나는 울먹이며 말했다. / "비 와." / 언니가 한숨을 쉬며 답했다. "그래, 아까도 말했잖아." / 나는 아이처럼 훌쩍였다. / "응, 근데 자꾸 와."

언니는 조용히 나를 타이르며 집으로 갈 테니, 그때까지만 참으라고 했다.

"언제 올 건데?" / 언니는 모르겠다고, 하지만 곧 가겠다는 말만 반복했다. 나는 전화를 끊고 손등으로 눈물을 훔쳤다. 물은 발등까지 차올랐다. 빗물에서 *매캐하고 비릿한 도시 냄새가 났다. 주인집에 도움을 청할까 싶었지만, 너무 늦은 시간이었다.

▶ 방까지 들어온 빗물을 해결하려 노력하는 '나'

나 물은 정강이까지 올라와 있었다. ❸책상 아래 칸의 책들은 빗물에 퉁퉁 불어 가고 있었다. 그중에는 언니가 아직 풀지 못한 영어 문제집도 있었다. ❹나는 가까스로 사내를 옮겨 피아노 의자 위에 누일 수 있었다. 사내는 평온한 표정을 지었다. 몸통이 기역 자로 꺾여, 발목은 물에 잠긴 채였다. 나는 한숨을 쉰 뒤 사내를 바라봤다. 양 볼이 불그스레한 게 좀 모자라 보였다. 한참 사내의 얼굴을 보고 있자니, 언니가 말한 이 얘기가 떠올랐다. 그러자 나도 사내의 이를 보고 싶다는 마음이 들었다. 신속하게, 잠깐만 보면 괜찮지 않을까 하고. 나는 사내의 입술을 향해 조심스럽게 손을 뻗었다. 그는 자세가 불편한지 돌아누웠다. 나는 다급히 손을 거두며 스스로를 *책망했다. 셋방이 물에 잠겨 가는데 무슨 짓인가 싶었다. 빗물은 어느새 무릎까지 차 있었다. 나는 피아노가 물에 잠겨 가고 있다는 걸 깨달았다. 저대로 두다간 못 쓰게 될 것이 분명했다. ❺순간 *'쇼바'를 잔뜩 올린 오토바이 한 대가 부르릉— 가슴을 긁고 가는 기분이 들었다. 오토바이가 일으키는 흙먼지 사이로 수천 개의 만두가 공기 방울처럼 떠올랐다 사라졌다. 언니의 영어 교재도, 컴퓨터와 활자 디귿도, 아버지의 전화도, 우리의 여름도 모두 하늘 위로 떠올랐다 톡톡 터져 버렸다. 나는 피아노 뚜껑을 열었다. 깨끗한 건반이 한눈에 들어왔다. 건반 위에 가만 손가락을 얹어 보았다. 엄지는 도, 검지는 레, 중지와 약지는 미 파. 아무 힘도 주지 않았는데 어떤 음 하나가 긴소리로 우는 느낌이 들었다. 나는 나도 모르게 손가락에 힘을 주었다.

"도—" / 도는 긴소리를 내며 방 안을 날아다녔다. 나는 레를 짚었다.

"레—" / 사내가 자세를 틀어 기역 자로 눕는 모습이 보였다. 나는 편안하게 피아노를 연주하기 시작했다. 하나둘 손끝에서 돋아나는 음표들이 눅눅했다.

"솔 미 도레 미파솔라솔……" / 물에 잠긴 페달에 뭉텅뭉텅 공기 방울이 새어 나왔다. 음은 천천히 날아올라 어우러졌다 사라졌다. / "미미 솔 도라 솔……"

사내의 몸에서 만두처럼 김이 모락모락 피어났다. 빗줄기는 거세졌다 잦아지길 반복하고, 검은 비가 출렁이는 ㉡반지하에서 나는 피아노를 치고, 발목이 물에 잠긴 채 그는 어떤 꿈을 꾸는지 웃고 있었다.

▶ 검은 비가 출렁이는 반지하방 안에서 이제 못쓰게 될 것이 분명한 피아노를 치는 '나'

• 중심 내용 반지하방에 들어온 빗물을 해결하지 못하고 빗물에 못 쓰게 된 피아노를 치는 '나'
• 구성 단계 (가) 절정 / (나) 결말

작품 연구소

'반지하방'이라는 공간적 배경의 의미

집주인 때문에 피아노를 마음대로 칠 수 없음.	⇒	집주인으로 대변되는 윗세대의 이기적인 모습을 보여 주는 공간
곰팡이가 피고, 비가 새어 들어옴.	⇒	쾌적하지 못한 삶의 공간
'나'는 학원 교재나 시험지를 타이핑하는 아르바이트를 하고, 언니는 영문과에 편입하기 위해 늦은 밤까지 공부를 하는 공간	⇒	'나'와 언니로 대변되는 청년들이 고단한 삶을 살아가며, 꿈을 위해 노력하는 공간
새어 들어오는 빗물을 막을 수 없어 피아노와 책들이 잠기는 공간	⇒	자신의 힘으로는 해결할 수 없는 현실의 어려움을 느끼는 공간

문제 상황에 대한 '나'의 대응과 그 의미

문제 상황
폭우가 쏟아지자 현관에서부터 물이 새 방에 빗물이 차오름.

↓

'나'의 대응
• 고인 물을 걸레로 훔쳐 내는 일을 반복하여 방 안의 물기를 없앰.
• 문제를 해결했다는 생각에 뿌듯함과 안도감을 느낌.

↓

결과
• 물기를 닦아 낸 곳에 전보다 더 많은 양의 빗물이 다시 고임.
• '나'의 노력으로는 해결되지 않음을 깨닫고 언니에게 도움을 요청함.

↓

의미
• '나'의 힘으로는 해결할 수 없는 현실의 어려움.
• 고단한 현실 속에서 해결할 수 없는 어려움에 좌절할 수밖에 없는 청년들의 힘든 삶을 의미함.

자료실

우리 시대의 '도도한' 청춘

남루하고 불안한 세상을 제대로 건너기 위해서 이들은 저마다의 보루를 만들어 간직하고 있다. 그것은 자존심이기도 하며 환상, 혹은 위안거리이기도 하다. 시골에서 만두 가게를 하는 '도도한 생활'의 엄마는 "배움이 짧았고 자신의 교육적 선택에 늘 자신감을 갖지 못"했기에 그 결핍을 채우고자 딸에게 피아노를 사준다. [중략] 피아노는 엄마에게도, 딸인 '나'에게도 자부심으로 자리한다. 그래서 집이 망해도 엄마는 피아노를 팔지 않고 딸들이 사는 서울 반지하방에 옮겨 놓는 것이다.

어느 날 문득 '나'의 머리에 떠오른 생각, "세상 사람들은 가끔 아무도 모르게 도 ─ 도 ─ 하고 우는 것은 아닐까" 하는 생각은 자부심, 혹은 '도도한' 태도가 남루한 삶을 버티게 한다는 깨달음이다. 폭우가 내리는 밤 빗물이 차오르는 반지하 방을 홀로 감당해야 하는 경우에 도도함 외에 그녀가 기댈 수 있는 것은 없다. [중략] 그녀는 자신이 할 수 있는 항거를 한다. 셋방에서 피아노를 치면 안 된다는 금기를 깨는 것이다.

– 한혜경, 〈창백한 청춘들의 도도한 이야기〉(새국어생활 19권 3호, 2009)

함께 읽으면 좋은 작품

〈잠시 눕는 풀〉, 김원일 / 도시 빈민층의 비참한 삶을 그린 소설

백암리에서 살던 시우 가족이 서울로 올라오면서 겪게 되는 가난하고 비참한 삶의 모습을 형상화한 소설이다. 물질 만능주의가 팽배한 현실 속에서 가진 자와 못 가진 자의 대립 구도 아래 부조리한 현실을 감내하려는 인물의 내면 세계를 잘 드러내고 있다는 점에서 〈도도한 생활〉과 비교해 볼 만하다.

---

6 상황에 따른 '나'의 심리 변화를 파악한 것으로 적절하지 <u>않은</u> 것은?

상황	'나'의 심리
폭우가 쏟아져 방 안으로 빗물이 들어옴.	갑작스러운 상황에 놀람. ┄┄ ①
방 안에 들어온 물기를 없앰.	스스로 문제를 해결했다는 뿌듯함과 안도감 ┄┄ ②
물기를 제거한 곳에 다시 빗물이 고여 있음.	문제가 해결되지 않을 수 있다는 두려움 ┄┄ ③
다시 물기를 제거하나 무릎까지 물이 차오름.	자신의 힘으로는 문제를 해결할 수 없다는 좌절감 ┄┄ ④
편안하게 피아노를 연주함.	문제를 해결할 수 있는 용기를 얻음. ⑤

7 〈보기〉를 참고하여 이 글을 감상한 내용으로 적절하지 <u>않은</u> 것은?

┤ 보기 ├

이 작품의 제목 〈도도한 생활〉의 '도도한'은 '잘난 체하여 주제넘게 거만하다.'의 의미이다. 하지만 작가는 극한 상황에서 최소한의 자존심을 지키고자 하는 삶이 '도도한 생활'이라 보고 있다.

① '도도한 생활'은 현재 '나'의 생활과는 거리가 먼 표현이다.
② '나'는 극한 상황에서 피아노를 연주함으로써 도도한 삶을 지키려고 한다.
③ '나'는 편안하게 피아노를 연주함으로써 잘난 체하며 거만하게 살아온 삶을 반성하고 있다.
④ 집이 망해도 엄마가 피아노를 팔지 않은 것은 최소한의 자존심을 지키고 싶었기 때문이다.
⑤ '도도한 생활'을 할 수 없는 '나'를 통해 현실에 대한 불안감과 어두움을 역설적으로 보여 준다.

8 ㉠에 대한 이해로 가장 적절한 것은?

① 문제 상황을 해결할 때는 문제의 본질을 먼저 파악해야 함을 의미한다.
② 고단한 현실 속에서 어려움에 좌절할 수밖에 없는 청년들의 힘든 삶을 의미한다.
③ 세상에는 해결할 수 없는 문제가 있음을 깨닫고 포기할 줄도 알아야 함을 의미한다.
④ 지속적인 시련에도 굴하지 않고 끝까지 이겨 내고자 하는 청년들의 의지를 의미한다.
⑤ 어려운 문제에 직면했을 때는 타인의 도움을 요청하여 함께 해결해야 함을 의미한다.

9 ㉡의 의미로 적절하지 <u>않은</u> 것은?

① 고달픈 삶 속에서 가족의 소중함을 느끼는 공간
② 곰팡이가 피고 비가 새어 들어오는 쾌적하지 못한 공간
③ 청년들이 고단한 삶을 살아가며 꿈을 위해 노력하는 공간
④ 자신의 힘으로는 해결할 수 없는 현실의 어려움을 느끼는 공간
⑤ 집주인으로 대변되는 윗세대의 이기적인 모습을 보여 주는 공간

V. 1990년대 이후

095 명랑한 밤길 | 공선옥

문학 신사고, 지학사

🎯 핵심 정리

갈래 단편 소설, 세대 소설, 다문화 소설
성격 사실적, 비판적
배경 ① 시간 – 2000년대
　　　② 공간 – 어느 면 소재지
시점 1인칭 주인공 시점
주제 소외된 사람들의 현실에 대한 연민과 건강한 극복 의지에 대한 가능성
특징 ① 시간 순서에 따라 사건이 전개됨.
　　　② 날씨의 상태를 통해 인물의 심리를 간접적으로 드러냄.
　　　③ 서술자의 설명보다는 인물들의 말과 행동을 통해 성격을 드러냄.
출전 《명랑한 밤길》(2007)

> **Q** '나'가 '그'에게 채소를 가져다주려고 한 이유는?
>
> '나'는 자신과 특별한 사이였던 남자를 찾아가 최근 자신을 피하는 이유에 대해 물어보고 싶었다. '그'가 먹고 싶다고 하여 텃밭까지 만들어서 가꾼 무공해 채소를 가지고 찾아가 '그'에게 과거의 일에 대해 따져 묻고 싶었던 것이다. 이런 행동의 바탕에는 스물한 살 처녀의 순수한 사랑이 깔려 있다.

💡 어휘 풀이

낱 여럿 가운데 따로따로인, 아주 작거나 가늘거나 얇은 물건을 하나하나 세는 단위.
돼먹지 못하다 언행이 사리에 어긋난 데가 있다.
수습하다 흩어진 물건을 주워 거두다.

> **Q** '그'의 성격은?
>
> '그'가 하는 말로 보아, '그'는 시골 사람들을 무시하고 얕보고 있으며 도시에서 인정받지 못하고 시골로 밀려나 있다는 패배감을 지니고 살아가는 사람이다. 또한 쾌락적이고 속물적인 사람이다.

📖 구절 풀이

❶ **"야야, 너네 아버지 밥상에 ~ 올리고 올게요."** 치매에 걸린 엄마와 '나'가 주고받는 대화이다. 엄마는 돌아가신 아버지를 언급하고 '나'는 그에 호응한다. 하지만 실제로 '나'는 준비한 채소를 들고 남자의 집으로 간다.

❷ **내가 애써 무공해로 가꾼 ~ 그는 내게 죄를 지은 것이다.** '나'는 남자와의 관계를 특별하게 여기고 있기 때문에 '나'를 피하는 남자에게 그가 했던 행동들의 의미에 대해 따져 묻고 싶은 것이다. 만약 아무런 의미가 없는 행동들이었다고 한다면 남자는 '나'를 가지고 장난친 죄를 저지른 것이라고 여기고 있다.

❸ **내가 잘나가는 사람 같으면 ~ 에잇, 재수 없어.** '그'는 시골을 열악한 곳으로 여기고 있으며 '나'를 무시하고 있다. '그'가 '나'를 특별하게 대한 게 아니었음을 알 수 있다. 또한 '그'는 도시에서 밀려 시골로 와 있다는 패배감에 젖어 있는 사람이다.

가 나는 저녁밥을 먹고 고추와 상추와 치커리와 가지를 땄다. 그것들을 신문지에 싸서 비닐봉지에 담았다. / ❶"야야, 너네 아버지 밥상에 상추 김치 올려라."
'나'가 가꾼 무공해 채소

"알았어요, 엄마. 아버지한테 상추 김치 올리고 올게요."

나는 스물한 살의 처녀답게 명랑하게 대답했다. ▶ '그'에게 가져다줄 무공해 채소를 챙기는 '나'
'나'가 순수한 마음을 지닌 인물임이 드러남.

나 비가 그친 저녁 하늘 한 귀퉁이에 오랜만에 별이 보였다. ㉠별은 두꺼운 구름 사이, 간신히 찢어진 틈으로 위태롭게 빛나고 있었다. 남자의 집까지는 걸어서 한 시간이다. 나는 밤
오랜만에 그 남자를 찾아갈 생각에 희망을 느낌.　　아직 사라지지 않은 사랑과 기대감을 의미함.
길을 천천히 걸어갔다. 병원에서 늦게 퇴근하거나 면 소재지에서 놀다가 집으로 오는 길이 무서울 때도 있었다. 그러나 지금은 그렇지 않다. ❷내가 애써 무공해로 가꾼 고추와 상추
몰입하고 있는 문제가 있기 때문에. 남자에게 물어볼 말들로 가득 차 있어서
와 치커리와 가지를 주면서 나는 남자에게 물어볼 것이다. 지난날의 어느 한밤에 당신이 보고 싶다고 나를 불러내서 한 말을 잊었느냐고. 내 귓불에 뜨거운 숨결을 불어넣곤 하던
「 」: '그'가 '나'에게 어떤 행동을 했는지 요약적으로 제시함.
어느 한밤에 당신이 내게 ⓐ무공해 채소들을 정말로 가져다줄 거냐고 묻지 않았느냐고. 또한 그러한 날 밤에, 내 가슴에 머리를 처박고 한 말들을 잊었느냐고. 그리고 나는 기억한다. 나를 데리러 오고 데려다주던 밤에 그가 내게 한 말과 행동들을. 그걸 모른다 하면 그는 내게 죄를 지은 것이다. ▶ '그'에게 할 말을 정리하며 그의 집을 찾아가는 '나'

다 그는 집에 있었다. 집 안에서는 음악 소리가 났고 그리고 그는 여전히 나를 집에 들이지
'나'를 진심으로 대하지 않음.
않았다. 나는 내가 가지고 간 것들을 남자에게 내밀었다. ㉡위태롭게 반짝거리던 몇 낱의
기대감이 무너졌음을 상징함.
별들은 어느 사이 다시 두꺼운 구름 너머로 사라졌다. / "무공해 채소예요." / "무공하고 뭐고 이제 그만 가져오세요." / "나는 당신에게 이 채소들을 갖다 주기 위해 지난봄 내내 마당
'나'는 '그'에게 여러 번 채소를 가져다줌.　　남자를 생각하는 '나'의 사랑과 정성을 말함.
을 일구어 텃밭으로 만들었어요. 텃밭을 일구는 동안 손에서 피가 나기도 했죠."

"나는 연이 씨에게 손에서 피가 나도록 텃밭을 일구라고 한 적이 없어요."

"나는 당신 집에 오는 택시비 때문에 사람들 다 하는…… 통화 중에 다른 전화 왔다고 신
남자를 사랑하면서 '나'가 포기했던 것들을 말함.
호해 주는 장치도 못했어요."

내가 그랬던가? 그러나 나는 그에게 어떤 말로 내 마음의 슬픔을, 분노를, 낯선 감정을 표현해야 할지 알 수가 없었다. 그래서 통화 중 대기 장치 따위의 엉뚱한 말이 튀어나올 수밖에 없었던 것이다. 당신은 나쁜 사람이라는 진짜 속마음을 말하기가 나는 두려웠다.
▶ 남자에게 속마음을 말하지 못하는 '나'

라 "야, 그동안 내가 너한테 얼마나 잘해 줬는데 이래? 너 올 때마다 내가 음식 해 주고 음악
마음을 준 것이 아니라 즐기려고 한 것임.
들려주고 했던 거 생각 안 나? 생각난다면 이러면 안 되지. [중략] 근데 나 너한테 한 번도 험하게는 안 했잖아. 그리고 내가 굳이 너 같은 애한테까지 깊은 속 얘기 할 필요가 없어서 안 했는데, ❸내가 잘나가는 사람 같으면 뭐 이런 데서 이러고 있겠나? 나도 누구처
'나'를 무시하는 태도가 드러남.
럼 여건만 된다면 너 같은 돼먹지 못한 계집애한테 이런 수모를 당할 사람이 아니란 거 너 알아? 야, 내가 아무리 이런 집에서 이렇게 산다고 네 눈에 내가 거지로 보이냐? 이거 필요 없으니 가져가. 에잇, 재수 없어." / 나는 남자가 내던진 비닐봉지에서 쏟아져 나온 나의 고추와 상추와 치커리와 가지를 수습했다. 손이 심하게 떨리고 심장은 그보다 더 떨렸다. 눈물은 나오지 않았다. ㉢후드득 비가 쏟아지기 시작했다.
▶ 남자에게 험한 대우를 받는 '나'

• **중심 내용** 남자를 찾아가서 과거의 일에 대해 따져 묻지만 '그'에게 심한 모욕을 당하는 '나'　　• **구성 단계** 절정

이해와 감상

　이 작품에는 두 개의 삶이 만난다. 현실 속에서 상처받은 '나'의 이야기와 외국인 노동자의 이야기가 절묘하게 만나는 곳이 바로 '밤길'이고, 그 밤길은 '명랑'하다. 시골 개인 병원의 간호조무사인 '나'는 도시 출신의 남자에게 버림받으면서 심한 모욕을 당하고, 집으로 돌아오는 밤길에서 외국인 노동자들을 만나게 된다. '나'는 낯선 사람에 대한 경계심 때문에 정미소 안에 숨은 채 그들의 이야기를 엿듣는다. 어려운 현실을 한탄하면서도 고향을 그리워하며 끊임없이 노래를 부르는 그들, 악독한 사장에게마저 연민을 느낄 줄 아는 그들, 내가 떨어뜨린 무공해 채소를 주워 들고 즐거워하며 사라지는 그들을 보며, '나'는 눈물을 흘린다. 그리고 사라진 외국인 노동자들처럼 '나' 역시 노래를 부르고, 괴롭고 치욕스러운 밤길을 '명랑하게' 느끼며 집으로 돌아온다. 이 작품은 시골 처녀인 '나'의 이야기와 외국인 노동자의 이야기가 만나는 밤길에서 주제가 부각된다. 즉, 현실에서 소외되고 상처받은 사람들이 어떻게 현실을 받아들이고 견뎌 나가는지 보여 주고 있는 것이다.

🔍 전체 줄거리

발단	언니와 오빠가 모두 떠나 버린 집에서 치매에 걸린 어머니를 모시고 살아가는 '나'는 지방에서 개인 병원 간호조무사로 일하는 스물한 살의 처녀이다.
전개	'나'는 외지에서 내려와 글을 쓰고 있는 세련된 남자를 우연히 알게 된다.
위기	'나'는 '그'에게 헌신하며 남루한 현실에서 벗어나려 한다.
절정	'나'는 무공해 채소가 먹고 싶다는 '그'를 위해 가꾼 채소를 가지고 '그'에게 가지만 심한 모욕을 당한다.
결말	어두운 밤길을 걸어 집에 돌아가는 길에 외국인 노동자들을 피해 정미소로 숨는데, 그들의 대화를 들은 '나'는 그들을 통해 고통을 이겨 내는 방법을 배운다.

👥 인물 관계도

'나'
순진한 시골 처녀로 순수한 사랑을 소망함. 응급 상황에 처한 남자를 도와준 것이 계기가 되어 그와 가까운 사이가 되지만, 그에게 버림받음.

상처를 줌. ↖　　　↗ 동질감을 느낌.

남자	**깐쭈, 싸부딘**
도시 출신의 세련된 남자로 사랑을 가볍게 여김. 시골로 내려온 자신에게 열등감이 있으며, 속물적임.	한국에서 고달프게 살아가는 이주 노동자들의 전형적 인물. 밀린 임금도 받지 못하고 살아가는 외국인 노동자임.

🏠 작품 연구소

〈명랑한 밤길〉의 구성

'나'의 이야기		**외국인 노동자들의 이야기**
• 치매에 걸린 어머니 • 좋지 않은 가정 환경 • 도시 남자에게 버림받음.	+	• 가난한 가족들의 삶 • 임금을 받지 못함. • 고향에 돌아갈 수 없음.

↓　　　↓

힘겨운 삶을 '명랑하게' 견뎌 내는 사람들의 모습

🔑 포인트 체크

인물 '나'는 ☐☐☐ 가치로 사람을 판단하는 '그'와 달리 사랑의 ☐☐☐을 믿는 가난한 농촌 여성이다.

배경 ☐☐된 계층들, 즉 시골 여성 노동자, 외국인 노동자들이 살아가는 2000년대 어느 시골 면 소재지를 배경으로 하고 있다.

사건 '나'는 '그'를 위해 애써 가꾼 ☐☐☐☐☐를 가져가지만 모욕을 당하고, 집으로 돌아가는 길에 외국인 노동자들의 이야기를 듣게 된다.

1 이 글에 대한 설명으로 가장 적절한 것은?

① 서로 다른 각각의 이야기를 한 서술자가 진술하고 있다.
② 서술자가 주인공을 객관적으로 관찰하여 기록하고 있다.
③ 서술자가 등장인물들의 갈등을 역동적으로 그리고 있다.
④ 등장인물이 자신이 겪은 사건을 사실적으로 전달하고 있다.
⑤ 서술자가 등장인물의 내면 심리를 분석하여 제시하고 있다.

2 이 글을 읽고 난 후의 감상으로 적절하지 않은 것은?

① 인물의 현재 처지에 대한 정보가 드러나고 있군.
② 지나간 일들이 요약적으로 제시되는 부분이 있군.
③ 상황에 대한 인물의 평가가 표면적으로 드러나고 있군.
④ 인물의 성격과 사고가 말과 행동을 통해 드러나고 있군.
⑤ 갈등의 점진적인 고조와 그에 대한 해소가 일어나고 있군.

내신 적중

3 ㉠~㉢을 〈보기〉와 관련하여 설명할 때, 이 글을 잘못 이해한 것은?

┤ 보기 ├

㉠ '나'는 '그'를 만나기 위해 집을 나섬.	→	㉡ '그'는 자신을 찾아온 '나'를 집에 들이지 않음.	→	㉢ '그'는 '나'가 가져간 무공해 채소를 내팽개침.

① ㉠에서 별이 '빛나고' 있다는 것은 '그'의 마음을 돌릴 수 있으리라는 희망을 상징하는군.
② ㉠에서 '위태롭게'는 이미 멀어져 버린 '그'의 마음을 '나'가 느끼고 있음을 드러내고 있어.
③ ㉡에서는 '사라졌다'를 통해 '그'에 대한 '나'의 희망과 기대가 사라졌음을 암시하고 있어.
④ ㉡에서 '두꺼운 구름'은 '그'의 변심에 대해 이해하지 못하는 '나'의 답답한 심리를 상징하는군.
⑤ ㉢은 모든 것이 끝나고 밀려드는 절망감을 '비'가 내리는 날씨를 통해 드러내고 있어.

4 ⓐ의 기능으로 적절하지 않은 것은?

① 남자의 몰인정함을 부각한다.
② 남자의 본심이 변하게 된 계기이다.
③ 남자에 대한 '나'의 사랑을 의미한다.
④ 사건을 유발하는 하나의 계기가 된다.
⑤ '나'가 겪는 상황에 비극성을 심화한다.

5 (다)에서 '시골'과 '나'에 대한 '남자'의 인식이 단적으로 드러난 표현을 찾아 쓰시오.

☀️ **어휘 풀이**

융단 폭격 일정한 지역을 융단을 깔듯이 남김없이 철저하게 폭격하는 일.

정미소 쌀 찧는 일을 전문적으로 하는 곳.

달싹이다 어깨나 엉덩이, 입술 따위가 들렸다 놓였다 하다.

설산 눈이 쌓인 산.

Q '나'가 키운 무공해 채소의 의미는?

상추는 남자를 주려고 '나'가 가꾼 것이지만 남자가 내던진 것이다. 이 상추를 주운 외국인 노동자들은 즐거운 식사를 떠올리며 노래를 부른다. '나'의 정성이 예상과는 다른 곳에서 새로운 기쁨을 만들어 내고 있다.

🐝 **구절 풀이**

❶ **나는 어둠 속에 몸을 숨긴 채로 ~ 노래를 따라 불렀다.** 두 남자가 부르는 노래를 '나'가 따라 부르는 것은 그들의 감정에 '나'가 동화되어 가고 있음을 의미한다.

❷ **난 사장님, 돈 줘 소리 ~ 사장 슬퍼.** 깐쭈는 자기도 어려운 처지이면서 사장이 임금을 못 주는 이유를 듣고 사장에게 연민을 느끼고 있다. 이들이 지닌 인간적이고 따뜻한 면모가 잘 드러난다.

❸ **여동생이 한국 사람과 ~ 조카 살려야 해.** 싸부딘이 처한 열악한 환경이 드러난다. 싸부딘의 형제는 모두 한국에 왔지만, 여동생이나 형 모두 불행한 삶을 살고 있다. 싸부딘이 보여 주는 형제애, 조카에 대한 사랑을 통해 이들에 대한 '나'의 경계심이 점점 사라진다.

Q 이 부분의 의미는?

달은 깐쭈에게 괴로움을 잊게 해 주는 존재이다. 이러한 달을 향해 '나'가 나아갔다는 것은 지금까지의 괴로움을 잊고자 하는 상징적인 행동으로 볼 수 있다. 슬픔과 치욕스러움을 잊고 희망을 지니고 살아가겠다는 '나'의 의지라고도 할 수 있다.

👤 **작가 소개**

공선옥(본책 326쪽 참고)

가 남자 집으로 갈 때는 악에 받친 어떤 기운 때문에 무섬증도 느끼지 못했다. 그러나 돌아오는 길은 무서웠다. 나에게 *융단 폭격 같은 말 폭격을 퍼부어 대던 남자가 무섭고 칠흑 같은 밤이 무섭고 내 뒤에 오는 누군가가 무서웠다. 나는 세상이 무섭다는 것을 그날 밤 뼈저리게 체험했던 것이다. 나는 소리 없이 뛰었다. 그제야 눈물이 앞을 가렸다. 눈물이 앞을 가려, 발을 헛디뎠다. 신발이 벗겨지고 뭔가 날카로운 것이 발바닥을 찔렀다. *정미소 안으로 몸을 숨긴 뒤에야 나는 채소 봉지를 놓친 것을 알았다. 남자들이 정미소 앞에서 딱 멈추었다. / "잠깐만, 이게 뭘까?" / 두 남자가 정미소 처마 밑에서 뭔가를 펼치고 있었다. 나는 어둠 속에 몸을 바짝 숨기고 숨을 죽였다. / "깐쭈, 그거 돈 아니야?"

"이건 고추야, 싸부딘, 상추도 있어. 월급날, 소주 마시고 삼겹살을 상추에 싸 먹어." 생각만 해도 즐거운가, 깐쭈가 노래를 부르기 시작했다.

사랑했나 봐 잊을 수 없나 봐 자꾸 생각나 견딜 수가 없어 후회하나 봐 널 기다리나 봐……

❶나는 어둠 속에 몸을 숨긴 채로 그러나 나도 모르게 입을 *달싹여 남자들이 부르는 노래를 따라 불렀다. / ㉠바보인가 봐 한마디 못하는 잘 지내냐는 그 쉬운 인사도 행복한가 봐 여전한 미소는 자꾸만 날 작아지게 만들어……

▶ 밤길을 걷다가 외국인 노동자들을 만남.

나 "싸부딘, 사장이 너무 불쌍해." / "난 사장 죽도록 미웠어. 깐쭈, 너 때문에 오늘 일 다 망친 거야." / ❷"난 사장님, 돈 줘 소리 못하겠어. 사장 돈 없어, 몸 아파, 어머니 아파, 사장 슬퍼." [중략] / "깐쭈, 넌 너희 나라 가면 뭐 할 거야?"

"모르겠어. 가면, 엄마 아버지 누나 여동생 사촌들 만나고 산에 올라 달을 볼 거야. 우리나라 네팔 달 볼 거야. 내가 뭘 할 건지, 달한테 물어볼 거야. 싸부딘은?"

❸"여동생이 한국 사람과 결혼했어. 시골이야. 동생이 남편한테 맞았어. 동생 많이 슬퍼. 형이 한국 여자랑 결혼했어. 형 여자 도망갔어. 조카 있어. 형이랑 조카 많이 슬퍼. 부모님 돌아가셨어. 우리나라, 방글라데시 가도 나는 아무도 없어. 한국에 다 있어. 난 갈 수 없어. 형 다쳤어. 손가락 잘렸어. 조카 살려야 해."

▶ 네팔로 돌아가는 깐쭈와 한국에 남는 싸부딘의 이야기

다 "싸부딘, 난 한국에서 슬플 때 노래했어. 한국 발라드야. 사장이 막 욕해. 나 여기, 심장 막 뛰어. 손가락 막 떨려. 눈물 막 흘러. 그럼 노래했어. 사랑 못했어. 억울했어. 그러면 또 노래했어. 그러면 잠이 왔어. 그러면 꿈속에서 달을 봤어. 크고 아름다운 네팔 달이야." [중략]

나는 어둠 속에 몸을 숨긴 채 또 다시 따라 했다. / ㉡세상에 아름다운 것이 얼마나 오래 남을까 한여름 소나기 쏟아져도 굳세게 버틴 꽃들과 지난겨울 눈보라에도 우뚝 서 있는 나무들같이 하늘 아래 모든 것이 저 홀로 설 수 있을까……

▶ 노래를 부르며 괴로움을 이겨 냈던 깐쭈와 싸부딘

라 "싸부딘, 여기 상추도 있고 고추도 있어. 집에 고추장 있어. 소주는 사야 해. 삼겹살은 없어. 삼겹살도 사야 해. 우리 소주 마시자." / "좋아."

두 사람이 빗속으로, 어둠 속으로 사라졌다. 명랑하게 사라졌다. 싸부딘과 깐쭈가 사라진 길 너머로 내가 지나온 길이 보였다. 그 길 너머 그 남자네 집이 보였다. 겨우 가라앉았던 심장이 다시 격렬하게 요동쳐 오기 시작했다. 나는 노래를 불렀다. ㉢사랑했나 봐 잊을 수 없나 봐 자꾸 생각나 견딜 수가 없어 후회하나 봐 널 기다리나 봐……

나는 정미소를 나섰다. 나는 빗속에서 악을 썼다. 눈에서는 눈물이 쏟아졌다. 그러나 나는 노래 불렀다. 저기, 네팔의 *설산에 떠오른 달이 보인다. 나는 달을 향해 나아갔다. 비를 맞으며 천천히, 뚜벅뚜벅, 명랑하게.

▶ 외국인 노동자들이 사라지고 명랑하게 밤길을 걸어가는 '나'

• **중심 내용** 집으로 돌아오는 밤길에 외국인 노동자의 이야기를 듣는 '나' •**구성 단계** 결말

작품 연구소

'나'와 외국인 노동자 사이의 동질감

'나'는 아는 것도, 가진 것도 별로 없는 가난한 여성으로, 도시에서 온 유식하고 세련된 남자에게 상처를 받는다. '나'의 앞에 등장한 외국인 노동자들도 사장을 비롯한 한국 사람들에게 상처를 입은 사람들이다. '나'는 처음에는 외국인 노동자들에게 두려움을 느끼다가 그들의 상처를 확인하고 나서는 그들에게서 동질감을 느낀다. 이 작품은 사회적 소수자들의 삶에서 의미를 찾고, 미약하나마 그들의 삶에 희망이 있음을 나타내고 있다.

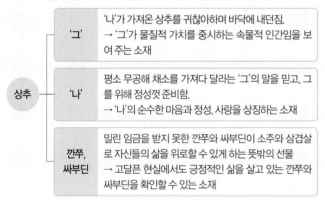

'상추(무공해 채소)'의 의미

'상추'는 남자를 위해 '나'가 가꾼 무공해 채소이다. 이 글에서 '상추'는 사건이 진행됨에 따라 각 인물들에게 다른 의미를 갖게 된다.

상추		
'그'	'나'가 가져온 상추를 귀찮아하며 바닥에 내던짐. → '그'가 물질적 가치를 중시하는 속물적 인간임을 보여 주는 소재	
'나'	평소 무공해 채소를 가져다 달라는 '그'의 말을 믿고, 그를 위해 정성껏 준비함. → '나'의 순수한 마음과 정성, 사랑을 상징하는 소재	
깐쭈, 싸부딘	밀린 임금을 받지 못한 깐쭈와 싸부딘이 소주와 삼겹살로 자신들의 삶을 위로할 수 있게 하는 뜻밖의 선물 → 고달픈 현실에서도 긍정적인 삶을 살고 있는 깐쭈와 싸부딘을 확인할 수 있는 소재	

'나'의 가족이 처한 참담한 현실의 해학적 표현

"두 명의 오빠와 한 명의 언니 중 두 오빠가 신용 불량자이고 언니는 이혼하여 모자 가정의 가장이다. 두 오빠는 서로 의기투합하여 연대 보증으로 빚을 얻어, 한 오빠는 화훼 하우스를 하다가 태풍으로 하우스가 무너지는 바람에 폭삭 망했고 한 오빠는 망한 오빠의 빚을 갚지 못해 망했다."

이 부분에서 참담한 현실을 서술하는 작가의 목소리는 태연하다 못해 오히려 해학적으로까지 느껴진다. 이것은 이 작품의 제목인 '명랑한'과 관련이 있다. 암울한 현실마저 명랑하게 받아들이려는 것이 패자들의 고통 극복의 방식이기 때문이다.

함께 읽으면 좋은 작품

〈외딴 방〉, 신경숙 / 소녀의 자기 성숙 과정이 드러나는 작품

〈명랑한 밤길〉이 다문화 사회를 살아가는 우리들의 태도를 성찰하고 있다면 〈외딴 방〉은 산업화 사회에서 개인이 공동체와 조화를 모색하는 방식을 성찰하고 있다는 차이점이 있다. 하지만 두 작품 모두 한 소녀가 성인이 되어 가는 자기 성숙 과정이 드러나며 사회 변두리의 소외된 사람들에 대해 따뜻한 시선을 보내고 있다는 점에서 공통점을 지니고 있다.

---

6 이 글의 내용으로 적절하지 <u>않은</u> 것은?

① 깐쭈와 싸부딘은 '나'를 의식하며 노래를 불렀다.
② '나'는 외국인 노동자들이 무서워서 몸을 숨겼다.
③ '나'는 정미소에서 외국인 노동자들의 이야기를 들었다.
④ 깐쭈와 싸부딘은 사장에게 돈을 받으러 다녀오던 길이다.
⑤ '나'는 깐쭈의 방법대로 노래를 불러 괴로움을 이겨 내고자 한다.

내신 적중

7 ㉠~㉢은 '나'가 부른 노래이다. 이를 통해 인물의 심리를 파악할 때, [A]와 [B]에 들어갈 내용으로 가장 적절한 것은?

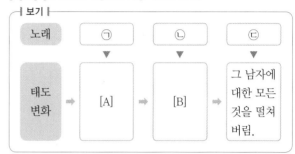

	[A]	[B]
①	그 남자에 대한 미련을 드러냄.	그 남자로 인한 아픔의 극복을 다짐함.
②	그 남자에 대한 깊은 원망을 드러냄.	그 남자와의 결별을 슬퍼함.
③	그 남자와의 추억을 조심스레 떠올림.	그 남자와의 이별을 거부함.
④	그 남자에 대한 본심을 드러냄.	그 남자에 대한 미련을 드러냄.
⑤	그 남자에 대한 사랑을 확인함.	그 남자에 대한 원망을 드러냄.

8 (나)에 대한 반응으로 적절하지 <u>않은</u> 것은?

① 우리 사회가 지닌 단면을 보여 주는 내용이기도 해.
② '나'가 상대적인 행복감을 느끼며 반성하는 계기로군.
③ '나'의 처지와 대응되는 또 다른 처지가 제시되고 있어.
④ '나'가 동병상련을 느낄 수 있는 상황이 제시되는 거지.
⑤ 현실에 대한 깐쭈와 싸부딘의 태도와 의지가 인상적이야.

9 이 글의 내용으로 볼 때 ⓐ와 ⓑ에 공통으로 들어갈 말을 쓰시오.

달	'깐쭈'	'나'
	(ⓐ)을/를 주는 존재	(ⓑ)을/를 주는 존재

10 이 글의 제목 '명랑한 밤길'의 의미를 〈조건〉에 따라 쓰시오.

┤ 조건 ├
• '밤길'의 상징적 의미가 드러나도록 쓸 것

096 두근두근 내 인생 | 김애란

키워드 체크 #성장 소설 #자기 고백적 #제목의 의미 #조로증 #가장 어린 부모 #가장 늙은 자식

[문학] 천재(김), 지학사
[국어] 천재(박)
[언매] 비상

🎯 핵심 정리

갈래 장편 소설, 성장 소설
성격 일상적, 성찰적
배경 ① 시간 – 현대
　　　　② 공간 – 병원과 집
시점 1인칭 주인공 시점
주제 조로증을 앓는 소년의 삶과 가족 간의 사랑
특징 ① 다소 어둡고 슬플 수 있는 소재를 작가 특유의 생기발랄한 문장으로 표현함.
　　　　② 1인칭 서술자인 '나'가 자신의 상황과 정서를 구체적이고 세밀하게 잘 드러내고 있음.
출전 《창작과 비평》(2010~2011)

💡 어휘 풀이

임계점 물질의 구조와 성질이 다른 상태로 바뀔 때의 온도와 압력. 평형 상태의 두 물질이 하나의 상(相)을 이룰 때나 두 액체가 완전히 일체화할 때의 온도와 압력을 이르는 말.
홧홧하다 달듯이 뜨겁다.
현학적 학식의 두드러짐을 자랑하는 태도를 이르는 말.
도도하다 잘난 체하여 주제넘게 거만하다.
구애하다 이성에게 사랑을 구하다.
야쿠자 일본의 조직폭력배 집단.
촌평하다 매우 짧게 비평하다.
수심 매우 근심함. 또는 그런 마음.

Q '나'가 현재 고민하고 있는 것은?

'나'는 서하로부터 메일을 받은 뒤 자신의 속마음을 쉽게 들키지 않으면서도 서하를 감동시키고 싶은 마음에 고민을 하고 있다. 이에 서하의 이름도 머릿속에 떠올려 보고 답장의 첫 문장을 허공에 써 보기도 하는 것이다.

📝 구절 풀이

❶ **힘이 잔뜩 들어간 게 ~ 잡문 같았다.** '나'는 자신이 예전에 써 놓은 글을 보고 민망해하고 있다. 자신의 마음을 그대로 드러내는 것이 아니라, 추상적이고 현학적인 태도로 글을 씀으로써 자연히 자신만의 문제가 아닌 제각각의 문제로 서술된 것이다.

❷ **가장 평범한 ~ 낯설고 불편했다.** 이성 문제에 대한 고민은 평범한 소년이라면 누구나 해 봤을 법한 고민이다. 하지만 오랜 병원 생활을 한 '나'는 이러한 고민을 낯설어하고 있다.

❸ **그래서 이번에는 ~ 읊어 보았다.** 바람의 열세 계급은 1905년 영국의 기상학자 보퍼트가 만든 것으로, 연기가 위로 올라가는 정온 상태를 0으로 하고, 태풍에 동반된 심한 폭풍을 12로 하여 13등급으로 나눈다. '나'는 가장 고요한 상태를 머릿속에 떠올리고 있는 것이다.

가 　사실 이곳까지 굳이 산책을 나온 건, 그 애에게 건넬 말을 궁리하기 위해서였다. 메일을 받은 지 일주일이 지났지만, 아직 답신을 보내지 않은 상태였다. 일단 회신을 해야겠다고 마음먹기까지의 시간이 오래 걸렸고, 쓴다 해도 뭐라 하나 몰라서였다.

　물론 답장을 쓰지 못한 보다 근본적인 이유는 따로 있었다. 그리고 나는 그 까닭을 잘 알고 있었다. 그건, 내가 그 편지를 '잘 쓰려' 한다는 거였다.

　'하지만 표가 나서는 안 돼…….'

　나는 그 애에게 때 이른 만족을 주고 싶지 않았다. 끄덕이고 안도한 뒤 자족해 돌아서 버리게 하고 싶지 않았다. 하지만 동시에 그 애가 바란 것 이상으로 그 애를 기쁘게 해 주고 싶었다. 만족이 *임계점을 넘으면 만족이 아니라 감탄이 되니까. '아!' 하는 순간의 탄성이 만들어 내는 반향을 타고, 그 반향이 일으키는 가을 물결을 타고, 그 애가 내게 쓸려 오길 바랐다.

　'하지만 어떻게?' / 그러자 지금까지 쓴 형편없는 메모들이 떠올랐다. ❶힘이 잔뜩 들어간 게 생각만 해도 얼굴이 *홧홧해지는 내용들이었다. 관념적이고 *현학적인 데다 도통 무슨 말인지 알아들을 수 없는. 종종 인터넷 커뮤니티에서 발견하고, 보는 즉시 '어우' 손사래 쳤던 글들을 내가 쓰고 있었다. 그것도 문체가 제각각인 게 어느 것은 *도도한 초등학생이 쓴 신문 같고, 또 어떤 것은 인문대 복학생이 쓴 잡문 같았다. 이건 뭐 공작도 아니고, 수컷들 깃털 자랑하듯 *구애하는 모양새라니. ❷가장 평범한 소년이 되어 가장 평범한 고민을 하고 있는 스스로가 낯설고 불편했다.

　'역시…… 연애를 글로 배워서 그런가?'

　누군가 일본 애니메이션을 보고 일본어를 독학한 친구에게 "네 말 속엔 노인과 *야쿠자와 여고생의 말투가 다 섞여 있다."라고 *촌평한 걸 듣고 깔깔 댔었는데, 지금 내 모습이 딱 그거 같았다. 그것은 다시 말해, 내 안에 여러 가지 욕망이 섞여 있다는 뜻이기도 했다. 하지만 그러지 않고, 그걸 다 빼고, 어떻게 나를 설명한단 말인가? 그래도 정말 괜찮단 말인가? 나처럼 괜찮은 아이가? 나는 *수심에 잠겨 먼 곳을 바라봤다. 그리고 그 수심이 마음에 든 나머지 놓아주려 하지 않았다. ▶ 서하에게 답장을 쓰기 위해 지금까지 써 놓은 글들을 머릿속에 떠올려 봄.

나 　"이서하……." / 사물의 이름을 처음 배우듯 발음하는 세 글자였다. 그러자 ㉠한밤중 아무도 모르게, 소나무 가지에 얹혀 있다 제 무게를 이기지 못하고 ㉡툭— 떨어지는 눈덩이처럼 가슴속에 조용한 기적이 일었다. 고요라는 이름의 바람이 따로 있기나 한 듯, 쩌렁쩌렁 적막이 울려 퍼졌다. ❸그래서 이번에는 바람의 열세 계급 중 0계급에 속한다는 '고요'라는 단어를 읊어 보았다. 그것은 곧 세상에서 가장 조용한 기적이 되어, 세상에서 가장 멀리 가는 동그라미를 만들어 냈다. 신기한 일이었다. 0계급은 아무것도 할 수 없는 줄 알았는데, 0계급이 무언가 하고 있었다.

　'일단 첫 문장을 써야 해, 첫 문장을…… 그런 뒤 무슨 일이 벌어지는지 두고 보자고.'

　나는 허공에다 대고 '안녕'이란 말을 써 보았다. 하지만 왠지 마음에 들지 않아 소매 끝으로 쓱쓱 지웠다. '잘 지내니'라는 말도, '반가워'라는 말도 마찬가지였다. 한 소년의 팔십 먹은 폐와 심장, 혈관을 타고 바깥으로 흘러나온 한숨이 대기를 흐렸다.

▶ '나'는 첫 문장을 쓰려 하지만 어려움을 겪음.

• **중심 내용** '나'는 서하로부터 메일을 받은 후, 답장을 쓰는 데 어려움을 겪고 있음. 　• **구성 단계** 위기

이해와 감상

이 작품은 비정상적으로 노화가 빨리 진행되는 '조로증'을 앓고 있는 아름이의 시선으로 바라보는 세상과 온전한 삶에 대한 소망을 그리고 있는 소설이다. 또한 이 작품은 서두에 '가장 어린 부모와 가장 늙은 자식의 이야기'라고 표현한 것처럼 열일곱이라는 어린 나이에 아름이를 낳아 기르면서 '미숙한 아이의 눈을 통해 세상을 경험할수록 성숙해지는 부모'인 대수와 미라의 이야기이기도 하다. 특히 아름이는 조로증으로 인해 남들과 다른 삶을 살고 있으며, 남은 시간이 얼마 남지 않았기 때문에 삶에 대한 강한 애착과 설렘을 보여 주는데, 이는 독자들에게 삶의 의미와 소중함을 생각해 보게 하며 깊은 감동을 준다. 그뿐만 아니라 주인공이 불치병에 걸려 열일곱 살에 생을 마감한다는 다소 슬프고 어두울 수도 있는 이야기를 작가 특유의 경쾌한 문장과 참신한 통찰로 그려 낸 점이 이 작품의 가장 큰 매력이다.

🔍 전체 줄거리

발단	대수와 미라는 17살에 '나(아름)'를 낳고 '나'의 외할아버지의 도움으로 소박한 행복을 느끼며 생활한다.
전개	'나'는 '조로증'으로 인해 시한부 인생을 살게 되지만 엄청난 병원비 때문에 제대로 치료를 받지 못한다. 그러던 중 '나'는 텔레비전 프로그램에 출연하면서 많은 사람들의 도움으로 입원을 한다.
위기	방송 후 '나'는 자신과 비슷한 아픔을 겪고 있는 열일곱 살 동갑내기 소녀 이서하로부터 메일을 받는다. 비슷한 점이 많았던 둘은 빠르게 친해졌고, 서로 메일을 주고받으며 그들 나름의 연애를 시작한다.
절정	갑자기 서하에게서 연락이 끊기자 '나'는 서하의 소식을 궁금해한다. 그러던 중 서하가 불치병에 걸린 열일곱 살 소녀가 아니라 서른여섯 살의 시나리오 작가 지망생인 남자였다는 사실을 알게 된다.
결말	'나'는 시력을 잃고, 어느 날 병실에 낯선 사람이 찾아와 '나'에게 미안함을 전하고 '나'는 그 사람을 서하라고 생각하며 그에게 하고 싶은 말을 한다. 그 후 상황이 악화되어 '나'는 중환자실로 옮겨지는데, 그동안 자신이 쓴 글을 인쇄해 달라고 한 후 보고 싶을 거란 말을 하며 눈을 감는다.

👥 인물 관계도

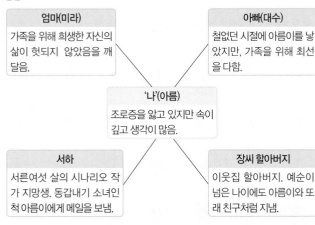

엄마(미라)
가족을 위해 희생한 자신의 삶이 헛되지 않았음을 깨달음.

아빠(대수)
철없던 시절에 아름이를 낳았지만, 가족을 위해 최선을 다함.

'나'(아름)
조로증을 앓고 있지만 속이 깊고 생각이 많음.

서하
서른여섯 살의 시나리오 작가 지망생. 동갑내기 소녀인 척 아름이에게 메일을 보냄.

장씨 할아버지
이웃집 할아버지. 예순이 넘은 나이에도 아름이와 또래 친구처럼 지냄.

🏠 작품 연구소

제목 '두근두근 내 인생'의 의미

제목 '두근두근 내 인생'
→ '나'가 태어나서 열일곱 살이 될 때까지 느낀 삶에 대한 기쁨과 기대, 설렘을 의미함.
→ 조로증이라는 불치병으로 인해 시한부 인생을 살아가는 '나'의 불안함

🔑 포인트 체크

인물 ▢▢▢을 앓고 있는 '나'는 서하와 메일을 주고받으며 첫사랑의 ▢▢을 느낀다.

배경 '나'는 ▢▢에 출연한 이후 많은 사람들의 도움으로 ▢▢에서 치료를 받는다.

사건 증세가 악화되어 중환자실로 옮겨진 '나'는 부모님의 ▢▢을 느끼며 마지막 순간을 맞이한다.

1 이 글의 서술상 특징으로 가장 적절한 것은?

① 배경을 자세하게 묘사하여 사건의 전개 방향을 암시하고 있다.

② 사건을 요약적으로 진술하여 사건의 진행 속도를 빠르게 하고 있다.

③ 전지적인 서술자가 인물의 성격과 갈등의 해소 과정을 서술하고 있다.

④ 서술자가 자신의 이야기를 직접 들려줌으로써 독자들에게 감동을 주고 있다.

⑤ 과거와 현재를 교차하여 서술함으로써 사건의 원인을 구체적으로 제시하고 있다.

내신 적중 多빈출

2 '나'에 대한 설명으로 적절하지 않은 것은?

① '나'는 연애에 관한 글을 읽어 본 적이 있다.

② '나'는 이성에 관한 고민을 자주 해 보지는 않았다.

③ '나'는 이전에 쓴 글들을 다시 보며 부끄러워하고 있다.

④ '나'는 서하에 대한 호감을 직접적으로 표현하고 싶어 한다.

⑤ '나'의 마음속에 있는 여러 욕망들이 다양한 어투로 드러나고 있다.

내신 적중 多빈출

3 〈보기〉는 이 글의 앞부분이다. 〈보기〉와 ㉠을 참고하여 제목 '두근두근 내 인생'의 의미를 쓰시오.

┤보기├

시간은 계속 흐르고…… 축축하고 어두운 공간 속에서 내 몸은 자꾸 자라났다. 주위에선 쉴 새 없이 쿵- 쿵- 하는 소리가 들렸다. [중략]
'두근두근…… 두근두근…… 두근두근……'
쿵쿵- 혹은 둥둥- 이라도 좋았다. 먼 북소리 같기도 하고, 큰 발소리 같기도 한 무엇. 거대한 몸집을 가진 누군가가 나를 향해 성큼성큼 다가오는 듯한 울림이었다. 그때마다 나는 여진(餘震)에 민감한 순록처럼 도망칠 준비를 했다. 하지만 동시에 춤추고 싶은 기분도 들었다. 어머니의 심박과 내 것이 겹쳐 가끔은 음악처럼 들려왔던 까닭이다.

4 이 글을 참고하여 '나'가 '서하'에게 쉽게 답장을 하지 못하는 이유를 쓰시오.

어휘 풀이

자장 자기장. 자석의 주위, 전류의 주위, 지구의 표면 따위와 같이 자기의 작용이 미치는 공간.

동심원 중심이 같은 둘 이상의 원.

토성 태양계의 안쪽에서 여섯 번째의 행성으로 적도 둘레에 얇은 판 모양의 테가 있음.

엽산 폴산. 헤모글로빈 형성에 관여하는 비타민 B 복합체. 태아의 신경과 혈관 발달에 중요하기 때문에 임신 전과 임신 초기의 임부에게 권장됨.

아둔하다 슬기롭지 못하고 머리가 둔하다.

Q '아버지'의 쿵쾅거리는 심장 박동 소리가 의미하는 바는?

'나'를 사랑하는 아버지의 마음과 '나'의 죽음이 임박해 오면서 느끼는 두려움이 복합적으로 담겨 있다.

구절 풀이

❶ **나는 호흡이 ~ 잇지 못했다.** '나'는 서하가 열일곱 살 소녀가 아니라 서른여섯 살의 남성 시나리오 작가 지망생인 것을 알고, 병세가 급격히 악화되어 중환자실에 입원한 상태이다.

❷ **약하고 희미하지만 ~ 알아낸 기분이었다.** '나'와 아빠는 서로를 안고, 서로의 심장 소리를 느끼며 온전하게 하나가 된 느낌을 받고 있다. 이는 어머니의 배 속에서 '나'가 느꼈던 감정을, 눈을 감는 날 아버지와 포옹을 하며 다시 한번 느끼고 있는 것이다.

❸ **어머니가 당황했다.** 엄마는 동생을 임신했다는 사실을 '나'가 알게 되면 마음에 상처를 입을 수도 있다는 생각에 임신 사실을 '나'에게 숨기고 있었다. 이런 상황에서 '나'가 엄마의 임신 사실을 눈치채고 있었다는 것을 알고 당황하고 있는 것이다.

Q '어머니'가 임신한 사실이 '나'에게 더 이상 중요하지 않은 이유는?

'나'가 시한부의 삶을 살고 있는 상황에서 동생이 생겼다는 사실을 알고 예전에는 부모님을 원망하고 서운해했다. 그러나 눈을 감기 직전에는 원망이나 서운함보다 부모님에 대한 사랑을 더욱 크게 느끼고 있기 때문에 엄마의 임신 사실이 '나'에게 더 이상 중요하지 않다고 생각하고 있다.

작가 소개

김애란(본책 350쪽 참고)

가

"아빠?" / "그래, 아름아."

"저, 눈이 멀고 나서야 평소에 내가 아빠 얼굴 보는 걸 얼마나 좋아했는지 알았어요." _{'나'는 병세가 악화되어 눈이 안 보이게 됨.}

아버지가 손으로 내 머리를 만졌다. 나는 아버지의 커다란 손바닥 안에 내 이마가 폭 안기는 느낌이 좋다고 생각했다.

"아빠?" / ❶나는 호흡이 달려 한동안 다음 말을 잇지 못했다. 아버지가 내 손을 잡았다. _{'나'는 상태가 악화되어 중환자실로 옮겨진 상태임.}

"그래, 아름아." / "나 좀 무서워요." / "……" / 아버지는 상체를 숙여 나를 안았다.

"지금 그러시면 안 돼요." / 아버지는 간호사의 만류 따위 아랑곳 않고 나를 힘껏 안았다. _{'나'의 몸에 여러 의료 기기가 연결되어 있기 때문에 간호사가 만류함.}
그러곤 깃털처럼 가벼운 자식 앞에서 잠시 휘청댔다. 마치 세상 모든 것 중 병든 아이만큼 무거운 존재는 없다는 듯. 힘에 부쳐 바들바들 손을 떨었다. 잠시 후 내 가슴께로 펄떡이는 아버지의 심장 박동이 전해졌다. _{1인칭 서술자인 '나'가 아버지의 심리를 추측함.}

쿵…… 쾅…… 쿵…… 쾅…… / ❷약하고 희미하지만 분명 거기 있는 소리였다. 우리는 말없이 서로의 파동 안에 머물렀다. 그 *자장 끝 맨 나중에 그려지는 *동심원이 *토성 주위의 고리처럼 우리를 오목하게 감쌌다. 아주 오래전, 어머니의 배 속에서 만난 그런 박자를, _{아버지와 '나'가 하나가 되어 서로에 대한 사랑을 느낌. / 어머니 배 속에서 태어였던 시절의 느낌을 떠올림.} 누군가와 온전하게 합쳐지는 느낌을 다시는 경험할 수 없을 줄 알았는데, 그것과 비슷한 느낌을 줄 수 있는 방법 하나를 비로소 알아낸 기분이었다. 그건 누군가를 힘껏 안아 서로의 박동을 느낄 만큼 심장을 가까이 포개는 거였다. 순간 눈물이 날 것 같았지만 나는 아버지를 안은 팔에 힘을 주었다. 그러곤 다시 자리에 누워 어머니를 찾았다.

▶ '나'와 아버지는 서로에 대한 사랑을 느낌.

나

"엄마?" / "응?"

"뭐 하나 물어봐도 돼요?" / "응. 다 물어봐."

"혹시 나 무섭지는 않았어요?"

어머니의 목소리가 가늘게 떨렸다. / ㉠"그게 무슨 말이야, 이 녀석아."

"가끔 궁금했어요. ㉡엄마랑 아빠랑…… 내가 병들어서 무서운 게 아니라, 그런 나를 사랑하지 못할까 봐 두려우시진 않았을까."

어머니는 아무 말도 하지 않으셨다. 어쩌면 간신히 울음을 참고 계신지도 몰랐다.

"엄마?" / 어머니가 갈라지는 목소리를 냈다. _{어머니가 슬픔을 억누르느라 거친 목소리를 냄.}

"응." / "배 한번 만져 봐도 돼요?"

❸어머니가 당황했다.

"왜?" / "그냥요."

"알고…… 있었니?" / 어머니의 목소리가 파르르 떨려 왔다.

"응. 한참 전에. 엄마 먹는 그 약, *엽산 맞죠? 걱정돼서 찾아봤어요."

㉢"…… 일부러 숨긴 거는 아니야."

"응, 알아요. 그러니까 엄마, 언젠가 이 아이가 태어나면 제 머리에 형 손바닥이 한번 올라온 적이 있었다고 말해 주세요." _{자신의 죽음을 예감함.}

왜 지금이냐고. 조금만 참다 갖지 그러셨느냐고, 그런 말은 하지 않았다. 오래전, 아무도 모르게 원망하고 서운해했던 기억도 굳이 헤집어 내지 않았다. ⓐ이제 그런 것은 하나도 중요하지 않았다. 정말이지 하나도 중요할 리 없었다. 어머니는 대답 대신 내 손을 꼭 잡았다. 나는 잠에 취한 사람처럼 느리고 *아둔하게 말했다. _{'나'는 예전에 부모님이 동생을 가진 사실을 알고 서운함을 느끼기도 했음.}

"아빠." / "응?" / "그리고 엄마." / "그래."

『」: 죽음에 이르는 과정을 담담하게 표현함.

그러곤 남아 있는 힘을 가까스로 짜내 말했다. / "보고 싶을 거예요."

▶ 눈을 감기 전에 '나'는 마지막으로 부모님과 이야기를 나눔.

• 중심 내용 '나'는 눈을 감기 직전에 부모님과 사랑이 담긴 대화를 나눔.　　　　　• 구성 단계 결말

작품 연구소

〈두근두근 내 인생〉의 구조

- 미라와 대수는 열일곱 살에 '나'를 낳음.
- '나'는 조로증에 걸려 여든 살 노인의 몸으로 살아감.

→ 가장 어린 부모와 가장 늙은 자식의 청춘과 사랑에 관한 이야기를 보여 줌.

〈두근두근 내 인생〉의 주제

조로증에 걸린 '나'와 '나'를 키우는 대수, 미라의 이야기

→
- 부모와 자식 간의 사랑
- 가족의 소중함

메일을 통해 마음을 열어 갔던 '나'와 서하의 이야기

→
- 불치병에 걸린 '나'의 삶에 대한 소망
- '나'가 찾고자 했던 삶의 의미

'나'와 서하의 소통과 관계

'나'의 삶에서 서하와의 관계는 가장 중요한 만남 중의 하나이다. '나'는 서하로 인해 평범한 사람들의 삶을 경험해 보면서 행복을 느끼기도 했지만, 결국에는 서하가 서른여섯 살의 시나리오 작가라는 사실을 알고 상처를 받기도 하기 때문이다. '나'는 서하로부터 처음 편지를 받고, 서하에게 답장을 '잘 쓰려' 하지만 첫 문장을 시작하는 것도 버거워한다. '나'는 '글로 배운 연애' 탓을 하지만 사실은 서하와의 만남이 '나'에게는 첫사랑의 설렘이기 때문이다. 서하와의 만남이 중요한 또 다른 이유는 '나'가 글쓰기를 다시 시작하도록 했기 때문이다. 엄마로 인해 중단됐던 글쓰기를 다시 시작함으로써, 엄마, 아빠와의 관계에만 한정됐던 '나'의 세계가 더 넓게 확장될 수 있었다. 서하의 실체가 드러나면서 이 관계는 깨지게 되지만, '나'는 주어진 시간이 얼마 남지 않은 자신에게 평범한 일상을 알게 해 준 것만으로도 고마움을 표현한다. 이처럼 서하와의 소통은 '나'에게 관계의 폭을 넓히고, 지극히 평범한 일상을 경험할 수 있게 한 소중한 시간이었던 것이다.

자료실

조로증(早老症)
조로증은 비정상적으로 빠른 세포 분열이 일어나고, 이것 때문에 사춘기 이후부터 빨리 늙기 시작하여 조기 노화를 보이는 질환이다. 만 10세 이전까지는 정상적인 성장을 보이지만, 청소년기의 급격한 성장 촉진이 없어 만 10세쯤 되면 외양은 60세 정도의 노인처럼 보이고 몸집은 어린아이 정도밖에 되지 않는다. 그뿐만 아니라 다양한 합병증으로 일찍 사망하는 경우가 많다.

함께 읽으면 좋은 작품

〈완득이〉, 김려령 / 주인공이 세상에 마음을 열고 성장하는 과정을 그린 소설
베트남 출신 어머니와 난쟁이 춤꾼 아버지를 둔 완득이가 괴짜 담임 똥주 선생님을 만나 점차 성장해 가는 과정을 담은 작품이다. 세상과 소통하지 않고 외톨이로 지낸 완득이, 난쟁이라고 세상 사람들에게 웃음거리가 되었던 아버지, 낯선 한국 땅에서 이방인으로 살아가야 했던 어머니는 모두 각자의 상처를 안고 있었다. 처음에는 서로 소통하는 것이 서툴렀지만 점점 서로의 아픔을 이해하면서 마음의 문을 열고 성장하는 과정을 재치 있는 말투와 따뜻한 시선으로 풀어낸 작품이다.

5 이 글의 내용과 일치하지 않는 것은?

① '나'는 엄마의 임신 사실을 이미 눈치채고 있었다.
② '나'는 아빠의 사랑을 느끼고 눈물을 흘리고 있다.
③ '나'는 이미 앞을 보지 못하는 상태임을 알 수 있다.
④ '나'는 엄마, 아빠와 병실에서 이야기를 나누고 있다.
⑤ '나'는 예전에 부모님께 서운함을 느낀 적이 있었다.

6 이 글을 영화로 만들 때, ㉠에 대한 감독의 지시로 가장 적절한 것은?

① 강한 어조와 또박또박한 말투로 이야기해 주세요.
② 냉정한 어조로 상대를 노려보며 대사를 해 주세요.
③ '나'에게서 한 발짝 물러나는 동작을 하며 말해 주세요.
④ 미세하게 떨면서 따뜻하게 타이르는 듯한 목소리로 말해 주세요.
⑤ 자신의 결백함을 강조하기 위해 펄쩍펄쩍 뛰며 대사를 해 주세요.

7 〈보기〉의 화자가 ㉡에게 해 줄 수 있는 이야기로 가장 적절한 것은?

┤ 보기 ├

나 하늘로 돌아가리라.
새벽빛 와 닿으면 스러지는
이슬 더불어 손에 손을 잡고,

나 하늘로 돌아가리라.
노을빛 함께 단둘이서
기슭에서 놀다가 구름 손짓하면은,

나 하늘로 돌아가리라.
아름다운 이 세상 소풍 끝내는 날,
가서, 아름다웠더라고 말하리라…….

– 천상병, 〈귀천〉

① 실컷 우세요. 울다 보면 그래도 마음이 진정될 것입니다.
② 가능한 이별의 날을 늦출 수 있도록 최선을 다해 노력하십시오.
③ 생을 일찍 마감한 자식에게 못해 준 것이 없는지 반성해 보세요.
④ 그래도 남아 있는 사람들은 자신의 본분을 충실히 다해야 합니다.
⑤ 누구나 한 번은 죽기 마련이에요. 이 상황을 자연스레 받아들이세요.

8 ㉢에 담긴 '어머니'의 심리로 가장 적절한 것은?

① 자신을 의심하는 '나'를 질책하려 하고 있다.
② '나'의 마음이 진정되도록 설득하려 하고 있다.
③ 자신의 의도를 '나'가 오해할까 봐 걱정하고 있다.
④ 자신의 생각을 숨기고 '나'에게 변명을 하고 있다.
⑤ 자신의 잘못이 아니라는 점에 대한 근거를 제시하고 있다.

내신 적중

9 '나'가 ⓐ와 같이 생각한 이유를 쓰시오.

소년을 위로해 줘 | 은희경

문학 금성, 비상, 해냄
국어 금성

◎ 핵심 정리

갈래 장편 소설, 성장 소설, 인터넷 연재소설
성격 독백적, 비판적, 성찰적
배경 ① 시간 – 2000년대
　　　② 공간 – 도시
시점 1인칭 주인공 시점
주제 타인(세상)과 다른, 진정한 자아 정체성을
　　　찾아가는 청소년들의 성장 과정
특징 ① 인터넷으로 작품에 수록된 음악을 들으
　　　면서 소설을 읽는 방식을 도입하는 등
　　　대중음악을 문학의 소재로 활용함.
　　　② 인터넷 연재 방식으로 창작되어 작가와
　　　독자의 상호 소통 과정을 거침.
출전 《소년을 위로해 줘》(2010)

> **Q** 어린 시절의 일화에서 '엄마'가 '나'에 대
> 해 못마땅하게 생각한 부분은 무엇인가?
>
> 엄마는 다른 사람의 폭력에 적극적으로 대응하
> 지 않고 당하기만 하는 '나'의 태도를 못마땅하게
> 생각하고 있다.

☀ 어휘 풀이

전율하다 몸이 떨릴 정도로 감격스럽다.
그리핀 머리·앞발·날개는 독수리이고 몸통·뒷
발은 사자인 상상의 동물.
스쿠터 소형 오토바이의 하나.
파수꾼 경계하여 지키는 일을 하는 사람.
마리오네트 인형의 마디마디를 실로 묶어 사람이
위에서 조정하여 연출하는 인형극. 또는 그 인형.
모조품 다른 물건을 본떠서 만든 물건.

☺ 구절 풀이

❶ **요즘도 그렇다. ~ 흘러가는 쪽을 택한다.** 내
　성적이고 참을성이 강하며 폭력을 싫어하는
　'나'의 내면적 성향이 드러난다.
❷ **저절로 주먹이 ~ 날리고 싶다.** '나'는 마리의
　말을 듣고, 채영의 마음속에 있는 사람은 민기
　훈일 것이라고 판단한다. 따라서 채영을 좋아
　하는 마음을 드러낸 자신의 행동을 자책하고
　있다.
❸ **이 그림은 ~ 황금의 파수꾼이 되어.** '나'는 자
　신의 완성된 모습을 그리핀이라는 상상 속 동
　물로 형상화하고 있었음을 알 수 있다.
❹ **내 이야기인 줄로만 ~ 열심히 노래하고 춤추
　었다.** '나'는 G-그리핀의 노래를 들으면서 자
　신의 진정한 모습을 얻고자 했지만 그것은 흉
　내나 모방이지 진정한 자신이 될 수는 없는 일
　이라고 느끼며 스스로를 비하하고 있다.

가 나는 태수의 손바닥 위에 놓여 있던 엠피스리(MP3)를 집어 든다.

『언제부턴가 거울을 쳐다보는 습관이 생겼지. / 표정도 어색하지 않을 정도로 지을 수 있
어. / 하지만 내 주위에서 나를 바라보는 시선은 결코 편하지 않아.
　　『 』: 2004년에 힙합 가수 키비(Kebee)가 발표한 노래인 〈소년을 위로해 줘〉의 일부

자신이 속한 집단으로부터 배제당하지 않을 정도로 자신의 생각이나 느낌을 숨김.
그들이 내게 강요하는 것은 오로지 하나 남자스러움 말야.』
　기성세대가 강요하는 가치관 또는 남성 중심 사회의 통념

그 목소리는 천둥처럼 나를 **전율**시킨다. 가슴이 뛰기 시작한다. 이건, 내 이야기잖아! 한
　　　　　　　　　　　　　　　　　　　　　　　　노래 가사에 깊이 공감함.
순간 온몸이 굳는다. 마치 누군가의 손이 나타나서 뻣뻣해진 내 몸을 낚아채 잡아끌기라도
한 듯이, 그대로 다른 세계로 빨려 들어간다.
　　　　　　노래 가사와 자신의 삶을 동일시하며 노래에 심취함.

『무엇다워야 한다는 가르침에 난 또 놀라. / 습관적으로 모든 일들에 익숙한 척 가슴을 펴
　이분법적이거나 고정된 논리 예) 남자스러움　　　　　　　　세상의 논리에 크게 반응하지 않음. 예) 어색하지 않을 정도의 표정
지만 / 그 속에서 곪은 상처는 아주 천천히 우리들을 바보로 만들어. / 우리는 진짜보다 더
　　　　　　　　　　　기성세대나 사회적 통념으로 인한 내면적 상처와 무기력함
강한 척해야 하므로.』　　　　　　　　　　　　　　　　　▶ 우연히 G-그리핀의 노래를 듣고 큰 감동을 받은 '나'
허위와 허세를 부려야 타인으로부터 피해를 당하지 않음.

나 나보다 어린 애들에게까지 곧잘 맞고 들어오는 나를 엄마는 괘씸하게 여겼다. 솔직히 말
'나'의 속마음을 이해하기보다는 '나'가 남자답지 못하다고 생각함.
해 봐. 이기고 싶다고 생각해 본 적이 한 번도 없었단 말야? 응. 곰곰이 생각해 보면 힘이
달려서라고는 할 수 없다. 시도해 본 적도 없으니까 모르는 일이다. 너 태권도 빨간 띠잖아.
대체 왜 같이 때리지 않는 건데, 응? 엄마가 답답해하면 나는 늘 싸우는 게 싫다고 대답했
　　　　　　　　　　　　　　　　　　　　　　　　폭력을 싫어하며 폭력에 직접 맞서지도 않음.
다. 진심이었다. ❶요즘도 그렇다. 아무리 더러운 기분이 들어도 큰 소리로 부딪쳐 깨지는
것보다는 내 안에 가라앉혀 조용히 흘러가는 쪽을 택한다. 거울 앞에 서서 내 안에 제멋대
　　　　　　　　　　　　　　　　　　　　　　　분노와 상처, 내적 갈등
로 굴러다니고 끓어오르는 것들을 한참 동안 바라보고 있다가 어느 순간 내 눈을 마주 보
며 피식 웃음을 지어 버린다.　　　　　　　　　　　　　　　▶ 싸우는 것이 싫어 맞고 다니곤 했던 어린 시절의 '나'

다 마리의 말. / 민기훈이라고, 그 선배가 그린 거야. **그리핀**이라는 상상 동물이래. 이채영
　　　태수의 여동생　　　　'나'가 이사 온 집에 원래 살던 남학생이자 래퍼 가수 G-그리핀　　『 』: 마리의 말을 들으며 민기훈과 채영의 관계를 상상함.
하고 소문은 좀 있었어. 가끔 공장에 같이 다녔거든. / 그의 스쿠터 뒷자리에 타고. 그리고
조금 전에 쓰고 나타난 흰색 **스쿠터** 헬멧도 쓰고 있었겠지. 민기훈, 그러니까 G-그리핀과
함께. / 머리로 아는 것과 온몸으로 실감하는 건 다른 건가? 순간 얼굴 살갗이 쫙 당겨지고
머리 위로 불길이 인다. 이맛살이 가운데로 모아지면서 왈칵 눈물이 솟아 불현듯 눈 주위
　　　　　　　　　　　　　　　채영에 대한 감정이 자기 혼자만의 일방적인 것이었다는 판단에서 오는 부끄러움
가 뜨거워지는 느낌. ❷저절로 주먹이 쥐어진다. 그대로 내 얼굴을 향해서 힘껏 한 방 날리
고 싶다.

그래 나는 상상했었다. 벽에 그려진 그림에 덧칠을 해 가면서, 나날이 거울 속에서 펼쳐
　　　　　　　　　① 내 방에 민기훈이 그려 놓은 그림 ② 거울에 비쳐진 벽면의 날개 그림
져 가는 날개를 바라보며. 언젠가 나의 날이 오면, ❸이 그림은 내 몸에서 뻗어 나온 날개가
　　　　　　　　　　　　　　　　　　　　　　　　무엇인가로부터 벗어날 수 있고 어디론가 향해 갈 수 있는 원동력
될 것이고, 그리고 나는 사자의 몸통과 독수리의 날개를 가진 거대한 그리핀처럼 폭풍을
일으키며 힘차게 날아오를 거라고. 채영이라는 황금의 **파수꾼**이 되어. [중략] 그가 노래
를 만들었던 방에서 나는 그 노래를 들었다. 그의 창밖에 서 있던 채영이 그에게 보낸 엽서
를 대신 받았고 그리고 그와 비슷한 목소리로 마음속 이야기를 모조리 털어놓았던 거지.
　　　　　　　　　　　　노래방에서 G-그리핀의 노래를 부르며 채영에 대한 마음을 드러냄.
❹내 이야기인 줄로만 알았고. 하지만 어디에도 나는 없었다. 모두 다 그의 그림자였다.

그림자도 아니다. 나는 **마리오네트**였다. 손발에 끈을 매달고 조종당하면서 열심히 노래
　　　　　　　　　　　　　자괴감, 자기 비하
하고 춤추었다. 스스로는 생명이 있다고 생각하는 호랑이 인형 홉스처럼 나 자신의 살아
있는 이야기라고 굳게 믿으면서. 그의 노래를 부르는 내 목소리, **모조품**일 뿐이었다.
　　　　　　　　　　　　　　　　　　　　　　　　　▶ 채영과 민기훈의 관계를 오해하는 '나'

> • **중심 내용** 마리의 이야기를 듣고 채영에 대해 혼란스러운 감정을 느끼는 '나'　• **구성 단계** (가), (나) 발단 / (다) 위기

이해와 감상

이 작품은 편모 가정에서 자란 '나'(연우), 부모의 강요로 미국 조기 유학을 떠났으나 실패하고 돌아온 태수, 가부장적 권위가 느껴지는 억압된 가정의 채영 등의 고등학생을 주인공으로 그들의 우정과 사랑, 꿈과 좌절 등을 그려 내고 있는 성장 소설이다. 자신의 정체성을 찾아가는 시기에 놓인 고등학생 '나'와 그 친구들, 결혼과 이혼을 겪으며 새 삶의 기틀을 다지는 어른인 연우 엄마의 모습은, 삶을 새롭게 바라보며 성장하는 것은 특정 시기가 아닌 전 생애에 걸쳐 이루어지는 과정임을 암시하고 있다.

실제 힙합 가사를 작품 속에 차용하여 현대인들이 겪는 고민을 인물의 모습에 효과적으로 투영하였으며, 기존의 통념에 따르는 삶의 모습에 의문을 제기하는 인물들을 통해, 각자의 정체성과 고유성에 어울리는 진정한 행복의 의미는 무엇일지 생각하게 하는 소설이다.

🔍 전체 줄거리

발단	'나(연우)'는 이사 온 집에서 채영이 민기훈에게 보낸 엽서를 발견한다. 이후 태수를 만나 G-그리핀의 노래를 듣게 되고, 태수의 동생 마리로부터 채영에 관한 이야기를 듣게 된다.
전개	'나'는 엽서를 돌려주기 위해 채영과 만난 후 서로에게 동질감을 느끼며 가까워진다. 이후 세상 끝에 있는 우주 정거장에 가 보고 싶다는 채영의 말에 '나'와 채영은 함께 공항에 다녀온다.
위기	'나'는 마리로부터 채영과 민기훈의 관계를 들으면서 채영과의 관계에 혼란을 느낀다. 한편 '나'와 태수는 육교 아래에 페인트 스프레이로 낙서한 것을 계기로 불량 학생들과 싸우게 된다.
절정	'나'는 채영이 쓴 소설을 읽으며 자신이 채영을 오해했음을 알게 된다. 하지만 그날 밤 태수는 채영과 '나'의 오해를 풀기 위해 채영을 차에 태우고 가던 중 사고로 죽고 채영도 부상을 입게 된다.
결말	'나'는 채영이 입원한 병원 근처에 가지만 태수에 대한 죄책감으로 채영을 만나지 않은 채 발길을 돌린다. (3년 후) 20살이 된 '나'는 G-그리핀 공연장에서 우연히 채영과 재회한다.

👥 인물 관계도

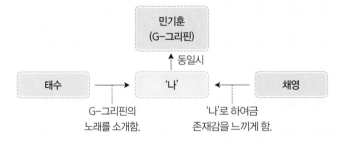

🏠 작품 연구소

'날개', '거울', '그림자'의 의미

날개		내가 '나'일 수 있는 세계, 더 이상 상처받지 않고 비겁해질 필요도 없는 세계로 나를 이끄는 매개물
거울	이사 전	세상의 편견으로부터 '나'의 솔직한 감정을 숨기기 위한 매개물
	이사 후	거울과 겹쳐 보이는 날개를 통해 자기 존재감을 키워 가는 매개물
그림자		세상의 정해진 장소로만 끌려다니는 존재, 수동적 존재

🔑 포인트 체크

인물 '나'는 자신을 드러내거나 타인과 충돌하기보다는 □□을 보며 자신의 감정을 진정시키는 등 소극적이고 회피적인 태도를 보인다.

배경 2000년대를 배경으로 다양한 환경에서 자란 고등학생들의 방황과 그들이 □□□을 찾는 과정을 그린다.

사건 '나'는 마리로부터 민기훈과 채영의 이야기를 들은 후 채영이 마음에 두고 있는 인물은 민기훈이라고 생각하여 얼마 전 채영이 □□을 쓰고 있었던 것도 민기훈을 잊지 못했기 때문이라고 판단한다.

1 이 글에 드러난 '나'의 심리로 가장 적절한 것은?

① (가)와 (다)에서 '날개'를 자랑스러워하고 있다.

② (가)에서는 노래에 대한 동질감을, (다)에서는 채영에 대한 거리감을 느끼고 있다.

③ (가)에서는 태수에 대한 친밀감을, (다)에서는 마리에 대한 안타까움을 느끼고 있다.

④ (나)와 (다)에서는 모두 '거울'에 대해 놀라고 있다.

⑤ (나)에서는 어린 시절 엄마에 대한 실망감을, (다)에서는 '그'의 노래에 대한 기대감을 드러내고 있다.

내신 적중 多빈출

2 이 글의 등장인물에 대한 설명으로 적절하지 않은 것은?

① 마리는 채영이 민기훈과 가까운 사이였을 것이라고 추측하고 있다.

② '나'는 민기훈이 그린 그림을 보며 그림의 대상과 자신을 동일시했다.

③ 엄마는 다른 아이들의 폭력에 맞서지 않는 '나'를 못마땅하게 여겼다.

④ '나'는 스쿠터 헬멧을 근거로 채영과 민기훈의 관계를 추측하고 있다.

⑤ 채영은 민기훈에게 엽서를 보냈고, 엽서는 '나'를 통해 민기훈에게 전달되었다.

3 〈보기〉를 참고하여 이 글을 이해한 내용으로 적절하지 않은 것은?

┤ 보기 ├

이 작품에서 '힙합'은 주인공과 다른 인물을 매개하는 구실을 하며, 주인공이 자신의 삶을 떠올리거나 자신의 생각을 간접적으로 드러내는 기능을 한다.

① 힙합 속 가사인 '곪은 상처'는 주인공이 느꼈거나 느끼고 있는 '더러운 기분'과 대응한다고 할 수 있군.

② '더 강한 척해야 하므로'라는 힙합의 구절을 통해 주인공은 '곧잘 맞고 들어오'던 과거를 떠올리고 있군.

③ '저절로 주먹이 쥐어'지는 주인공의 모습은 힙합 가사 속의 '남자스러움'을 표현하기 위한 것이라고 할 수 있군.

④ 힙합을 '만들었던 방'은 주인공과 민기훈을 매개하는 공간이로군.

⑤ '그와 비슷한 목소리'로 '마음속 이야기'를 한 것은, 주인공이 힙합 가사로 채영에 대한 자신의 마음을 전하려고 한 것이군.

Q '나'가 '반성문'을 통해 비판하고자 하는 어른들의 태도는?

'나'는 아이들의 생각은 알려고 하지 않으면서 자신들이 중요하게 생각하는 가치만을 강요하는 어른들의 태도를 비판하고 있다.

구절 풀이

❶ **내가 좋아하는 ~ '하나마나 뻔하잖아.'** 부모나 교사 등 기성세대의 기준에 어긋나는 일에 대해 자신의 주장을 말해 봐야 아무 소용이 없다는 태수의 냉소적인 생각을 힙합 가사의 일부분을 인용하여 표현한 것이다.

❷ **어른들은 이익이 되는지 ~ 잉여라고 한심해한다.** 기성세대가 주장하는 이익과 의미는 어른들에게는 중요한 것일지 모르지만 정작 당사자인 태수의 관심이나 흥미와는 무관한 것임을 드러낸다.

❸ **아무도 내 말을 ~ 마찬가지일 테니까요.** 채영은 남들과 다른 독특한 사고와 태도를 지닌 자신을 이상한 눈으로 바라보는 주변 사람들을 원망하기보다 오히려 그들의 입장을 이해하거나 수용하고 있다. 또한 이는 채영을 편견 어린 눈으로 바라보는 사람들과 대비되는 태도이다.

❹ **아무도 없는 ~ 오래오래 듣고 싶다.** '나'는 채영의 소설을 통해 채영이 찾고자 하는 '나와 같은 곳을 바라보는 아이'가 자신임을 알아차린다. 또한 그동안 자신이 채영과 민기훈의 관계를 오해했음을 알게 된 후 채영과 다시 만나고 싶다는 생각을 하게 된다. 이를 통해 채영과 '나'는 서로에게 위로가 되는 존재임을 알 수 있다.

Q '비바람'과 '헬멧'의 의미는?

'비바람'은 진정한 소통과 공감의 대상을 찾는 과정에서 겪게 될 어려움을 의미하며 '헬멧'은 그러한 어려움으로부터 자신을 지켜 주는 도구를 의미한다.

작가 소개

은희경(殷熙耕, 1959~)
소설가. 풍부한 상상력과 능숙한 구성력, 인간의 내면을 꿰뚫어 보는 신선하고 유머러스한 시선, 감각적 문체 구사에 뛰어나다는 평가를 받고 있다. 주요 작품으로 〈타인에게 말 걸기〉, 〈아내의 상자〉, 〈내가 살았던 집〉, 〈새의 선물〉 등이 있다.

가 내가 너희들 속셈을 모를 것 같냐? 다들 똑같은 놈이지. 다발로 한꺼번에 묶여 나가는 건 정말 기분 더럽다. 어른들은 내가 남과 다르다는 주장을 하면 건방지다고 말한다. ❶내가 좋아하는 힙합 가사로 대답해 주고 싶다. ⓐ'하나마나 뻔하잖아.' / 주의가 산만하다는 말. 어른들이 주도하는 일에 집중하지 않으면 주의가 산만하다고 말하는데, 그 또한 이해가 안 된다. 흥미가 없는 일을 열심히 할 수 없는 건 어른들도 마찬가지 아닌가. 내가 좋아하는 일이라면 얼마든지 집중할 수 있다. 공부에 도움 안 되는 일에 집중하면 무슨 소용이냐고? 소용이 있고 없고는 누가 결정하는데? ❷어른들은 이익이 되는지, 의미가 있는지, 언제나 그런 것들만 따진다. 생산적인 일을 안 하면 무조건 잉여라고 한심해한다.

어른들이 열심히 일한 덕분에 사회가 좋아지고 우리가 풍족하게 살고 있다는 말, 하도 들어 지겹긴 해도, 사실이란 거 알고 있다. 하지만 호강에 겨워 정신 못 차린다는 욕을 먹어야 할 만큼 우리가 한심한가? 아버지 이름을 한자로 못 쓰면 효심이 없는 것이고 옷 잘 입으려고 인터넷 뒤지고 있으면 소비 성향이 높은 것인가? 나무 이름 모르면 삭막한 것이고 신발 종류 잘 아는 건 허영심이라고? 문자 빨리 찍는 건 말초적이고 검색 빠른 건 잔머리라고? 어른들은 세상 많이 달라졌다고 입버릇처럼 말하면서, 달라진 세상이기 때문에 다른 식으로 사는 게 당연하다는 건 인정하지 않는다.

— 굿 잡! 심드렁, 좀 괜찮은데? ㉠내 생각 그대로 썼네.

반성문을 다 읽은 태수가 웃으며 나를 바라본다.

당연하지. 태수가 말한 것을 정리해서 옮겨 적은 것뿐이니까.

▶ 기성세대의 편견 및 그들의 가치만을 강요하는 것에 대한 비판

나 어딘가에 그 애가 있다면 그 애는 왜 나를 찾지 않지요? 내가 본 것은 다른 호수였을까요. 네가 태어난 곳은 사실 이곳이 아닌지도 몰라, 라고 말해 줬던 선배에게 물어보고 싶어요. 거짓말을 한 거잖아요. 나는 그냥 이 흙탕물 웅덩이에서 태어난 오리 가운데에서도 가장 못생긴 오리일 뿐이에요. 나 혼자 다른 곳을 보고 나 혼자 다른 곳으로 향해 헤엄치고 나 혼자 외톨이가 되어 내 발이나 내려다보고 있어요. 발은 유난히 검고 투박해서 더러워 보이고 그 사이의 빨간 물갈퀴는 살갗이 벗겨진 것처럼 얼굴을 찡그리게 만들죠. ❸아무도 내 말을 들어주지 않지만 나는 그들을 이해할 수 있어요. 내가 이상한 오리이듯이 내 이야기도 마찬가지일 테니까요. / 그리고 긴 잠에서 깨어난 어느 날 알게 되었어요. 이제는 주문을 가르쳐 준 선배마저 찾을 수 없게 되었다는 걸. 혹시 주문이 잘못 되었나 물어보고 싶었는데요. 아니요. 슬퍼하지 않아요. 그렇지만 괜찮아요. 나는 비가 와도 상관없거든요. 나에게는 ㉡하얀색 헬멧이 있어요. 굵고 푸른 두 개의 줄 사이에 붉은 별이 있답니다. 그 헬멧을 내게 주며 선배가 말했어요. 나와 같은 곳을 바라보는 아이를 찾으러 갈 때 비바람 속을 지나가야 할 거라구요. 내 꿈은 이제 바뀌었어요. 머리에 관을 쓰고 호수를 헤엄치는 하얀 백조처럼 비가 오면 나는 그 헬멧을 쓰고 스쿠터에 올라 내가 태어난 섬으로 떠나는 꿈을 꾸겠어요. [중략] 첫눈 오는 날, 나와 같은 곳을 보는 아이를 만난다면 나도 꼭 그 말을 해 주고 싶었어요. 내가 너에게 갈게. 네가 오지 않겠다면.

다 읽었어. 곧 만나. 조금만 기다려. 내 문자에 답장이 없다. 잠이라도 자는 걸까, 아니면 '원 피스' 창가 자리에 앉아 혼자 ㉢퍼즐을 맞추고 있을까. ㉣시간은 왜 또 이렇게 안 가는 거야. [중략] 문자를 한 번 더 보내 봤지만 역시 묵묵부답이다. 핸드폰을 잘 챙기지도 않고 문자 확인 역시 늘 늦는 채영. 전화를 걸어 볼까. 급하게 통화하기는 싫다. ❹아무도 없는 조용한 곳에서 그 애의 목소리를 오래오래 듣고 싶다. ▶ '나'는 채영이 쓴 소설을 읽으며 채영의 진심을 알게 됨.

• **중심 내용** 기성세대의 편견과 강압에 대한 비판, 채영의 마음을 알게 된 '나' • **구성 단계** (가) 위기 / (나) 절정

작품 연구소

서로 같은 곳을 바라보는 '나'와 채영

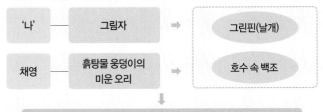

| '나' | 그림자 | → | 그린핀(날개) |
| 채영 | 흙탕물 웅덩이의 미운 오리 | → | 호수 속 백조 |

↓

자신이 주체가 되지 못하는 현실에서 벗어나
진정한 자신이 될 수 있는 세계로 나아가고자 함.

〈소년을 위로해 줘〉에 등장하는 기성세대의 다양한 모습

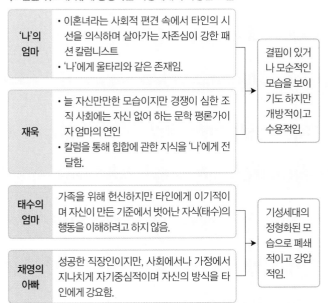

'나'의 엄마	• 이혼녀라는 사회적 편견 속에서 타인의 시선을 의식하며 살아가는 자존심이 강한 패션 칼럼니스트 • '나'에게 울타리와 같은 존재임.	→	결핍이 있거나 모순적인 모습을 보이기도 하지만 개방적이고 수용적임.
재욱	• 늘 자신만만한 모습이지만 경쟁이 심한 조직 사회에는 자신 없어 하는 문학 평론가이자 엄마의 연인 • 칼럼을 통해 힙합에 관한 지식을 '나'에게 전달함.		
태수의 엄마	가족을 위해 헌신하지만 타인에게 이기적이며 자신이 만든 기준에서 벗어난 자식(태수)의 행동을 이해하려고 하지 않음.	→	기성세대의 정형화된 모습으로 폐쇄적이고 강압적임.
채영의 아빠	성공한 직장인이지만, 사회에서나 가정에서 지나치게 자기중심적이며 자신의 방식을 타인에게 강요함.		

〈소년을 위로해 줘〉에서 '힙합'의 의미와 역할

이 작품에서 힙합의 랩(가사)은 주인공이 듣거나 따라 부르는 대상이며, 인물들(태수, 채영)을 주인공인 '나'와 각각 매개하는 기능을 한다. 또한 힙합이 기존의 관습과 고정 관념에 대한 저항이라는 본질적 특성을 가지고 있다는 점에서 이 작품의 주된 서사 구조(세상과 다른 자아정체성을 정립해 가는 과정) 또는 주제 의식과도 밀접한 관련이 있다.

함께 읽으면 좋은 작품

〈꿈꾸는 인큐베이터〉, 박완서 / 남성 중심 이데올로기를 다룬 작품

남성 중심 이데올로기의 하나인 '남아 선호'의 사회적 분위기 속에서 딸을 낙태한 경험이 있는 주인공의 죄 의식과 극복 의지를 형상화한 작품이다.

Link 본책 388쪽

〈새의 선물〉, 은희경 / 어린아이의 시각에서 어른들의 행동이나 사회 현상을 바라본 작품

세상에 대한 냉소적 시각을 가진 12살 어린아이인 '나'가 친척집에서 지내게 되면서 관찰한 주변 어른들과 사회에 이야기를 담고 있는 작품이다.

내신 적중

4 〈보기〉를 바탕으로 이 글을 감상한 내용으로 적절하지 <u>않은</u> 것은?

┤ 보기 ├

이 소설은 근원적으로 타인과 사회를 이루면서 타인에게 적응하고 그에 맞춰 살아가야 하는 자아의 고독과 누군가의 틀에 맞추는 것이 아닌 자아가 지닌 고유성의 소중함을 깨치는 인간 모두의 이야기이자 그들에 대한 위로의 글입니다.
　　　　　　　　　　　　　　　　　– 작가의 말

① '가장 못생긴 오리'는 타인과 사회에 적응하지 못하는 등장인물이 자신을 빗대어 표현한 것이로군.
② '나 혼자 외톨이가 되'는 것은 타인과의 관계 속에서 등장인물이 느끼는 고독이라고 할 수 있군.
③ '아무도 내 말을 들어주지 않는' 상황은 등장인물이 주변 사람들의 공감을 얻지 못했음을 의미하는군.
④ '긴 잠에서 깨어'나는 행위는 등장인물이 자아의 소중함을 깨닫게 된 것을 의미하는군.
⑤ '나와 같은 곳을 바라보는 아이'는 등장인물이 지닌 고유성을 이해해 줄 수 있는 대상을 의미하는군.

5 ㉠의 구체적인 내용으로 적절하지 <u>않은</u> 것은?

① 어른들은 아이들의 개성을 인정하려고 하지 않는다.
② 세상이 변한 만큼 삶의 방식도 예전과 달라질 수 있다.
③ 공부에 도움이 안 되더라도 생산적인 일에는 흥미가 있다.
④ 어른들이 중요하다고 생각하는 일들에 대해 공감할 수 없다.
⑤ 어른들 역시 흥미를 느끼지 못하는 일에는 집중하지 못한다.

6 ⓐ와 ⓑ에 담긴 인물의 심리로 가장 적절한 것은?

① ⓐ에는 상대에 대한 냉소적 태도가, ⓑ에는 상대에 대한 그리움이 드러나 있다.
② ⓐ에는 상대에 대한 의심의 태도가, ⓑ에는 상대에 대한 안타까움이 드러나 있다.
③ ⓐ에는 자신의 행위에 대한 후회가, ⓑ에는 자신의 미래에 대한 기대감이 드러나 있다.
④ ⓐ와 ⓑ에는 모두 상대의 반응에 대한 초조함이 드러나 있다.
⑤ ⓐ와 ⓑ에는 모두 자신의 현재 능력에 대한 불만족이 드러나 있다.

7 이 글을 바탕으로 ㉡의 상징적 의미를 쓰시오.

8 〈보기〉를 고려할 때, ㉢의 의미를 〈조건〉에 따라 쓰시오.

┤ 보기 ├

이 작품은 청소년이 어른이 되어 가는 과정을 보여 주는 성장 소설이다.

┤ 조건 ├

• '자아'라는 말을 포함하여 서술할 것
• '퍼즐 맞추기'의 속성을 포함하여 서술할 것

098 처삼촌 묘 벌초하기 | 성석제

문학 동아

🎯 핵심 정리

갈래 콩트
성격 해학적, 희극적
배경 ① 시간 – 처서와 추석 사이(가을)
　　　② 공간 – 농촌
시점 전지적 작가 시점
주제 처가의 선산 벌초를 둘러싼 주인공의 심리 변화
특징 ① 일상생활에서 체험할 수 있는 일화를 압축적으로 제시함.
　　　② 속담을 활용하여 주제 의식을 드러냄.
　　　③ 사건의 반전을 통해 극적 재미를 부여함.
출전 《인간적이다》(2010)

Q 　‘손위 처남’의 전화 연락이 작품에서 하는 역할은?
처가의 도움으로 살고 있어 처가 산소를 관리해야 하는 입장에 있는 동순에게 부담이 되는 사건이다. 따라서 동순은 급하게 직계 선조의 산소(처삼촌 – 작은아버지)라도 벌초를 하려고 한다.

💡 어휘 풀이

연이나 (예스러운 표현으로) ‘그러하나’, ‘그러나’의 뜻을 나타내는 접속 부사.
매급시 ‘괜스레’ 또는 ‘이유 없이’라는 뜻의 전라도 방언.
종손 종가의 대를 이을 맏손자.
문중 선산 한 종가(宗家) 조상의 무덤이 묻혀 있는 산.
임대료 남에게 물건이나 건물을 빌려 준 대가로 받는 돈.
벌초 무덤의 풀을 베어서 깨끗이 함.

📑 구절 풀이

❶ “그려, 연이나 나가 처서도 ~ 염려는 안 하셔도 될 낀데.” 사건의 발단이 되는 손위 처남의 전화로, 동순은 처가 어른들이 문중 산소를 돌아볼 겸 내려온다는 이야기를 듣고 벌초할 고민에 빠지게 된다.
❷ 새로 쓴 작은아부지 산소도 별일 없겠지?” 최근에 돌아가신 동순의 처삼촌(작은아버지) 묘에 대한 관심을 드러내는 말이다. 이 글의 제목과 관련된 소재로 이를 중심으로 사건이 전개될 것을 암시한다.
❸ 전화를 끊은 동순은 한숨을 푹 내쉬었다. 손위 처남에게 큰소리친 것과 달리 평소 산소 관리를 하지 않아 처가 식구들 방문에 맞춰 넓은 산소를 벌초해야 하기 때문에 동순은 한숨을 쉬고 있는 것이다.
❹ 오빠인 대수가 ~ 지어 먹게 했던 것이다. 오빠 대수가 문중의 신임을 받고 있었기 때문에 동순의 장인이 종손이 아님에도 동순이 문중 선산 근처의 밭에 공짜로 농사를 지을 수 있었던 것이다. 이 때문에 동순이 처가 산소를 관리하고 있다.

가 　사과를 가득 실은 트럭이 떠나 버리고 난 직후에 동순의 가슴팍에 걸려 있던 ⓐ휴대 전화가 울렸다. 손위 처남의 이름이 액정에 찍혀 있었다. ㉠동순은 급히 전화기를 귀에 댔다.
　“아이고 형님요, 우엔 일이십니까?”
　“어이 동상. 잘 있었는가? 아그들도 잘 크고잉?”
　“그라모예. 형님 염려 덕분에 잘 먹고 잘 싸고 우렁차게 잘 울면서 잘 크고 있심다.”
　❶“그려, 연이나 나가 처서도 지나고 추석도 다가오고 혀서 말이시. 증조할부지, 할부지, 작은아부지 산소가 잘 있는가 매급시 궁금하더랑게. 혀서 큰아부지하고 아부지 모시고 내일모레 한번 선산에 가 볼라고 허네. ❷새로 쓴 작은아부지 산소도 별일 없겠지?”
　“아, 벌써 그래 됐십니까. 그라마 그러시소. ㉡지가 늘 어르신들 산소를 지 산소처럼 돌보고 있으니까니 염려는 안 하셔도 될 낀데.”
　“자네가 요즘 부쩍 농사일에 재미를 붙여서 집으서 얼굴도 보기 힘들다고 옥자가 그러던디 그럴 시간이 있었는가?”
　㉢“하여튼 염려하실 거 하나도 없심다. 어르신들 모시고 찬차이 내리오시소.”
　▶ 손위 처남의 전화를 받은 동순

나 　❸전화를 끊은 동순은 한숨을 푹 내쉬었다. ㉣천이백 평짜리 사과 과수원 위 이천 평은 될 웅장한 규모의 산소가 올려다보였다. 군데군데 집채만 한 바위까지 섞여 있는 선산은 처가의 12대조 산소부터 모셔져 있었다. 「동순과 결혼하여 이십여 년 동안 살아온 옥자는 아버지가 종손이 아니어서 문중 선산을 공짜로 빌려 쓸 처지는 아니었다. 하지만 ❹오빠인 대수가 워낙 문중 대소사를 잘 챙기고 문중 어른들의 신임을 톡톡히 받아 온 터에 칠 년 전 동순이 실직을 하고 실의에 빠져 있을 때 문중 선산의 아래쪽에 있던 밭을 맡겨 농사라도 지어 먹게 했던 것이다.」
　그러나 사무실에서 손가락을 놀리며 살아온 동순으로서는 농사가 거저먹기일 수가 없었다. 별수 없이 처가 쪽 사람의 소개로 알게 된 과수업자에게 밭을 맡기고 임대료를 받아먹는 처지가 되었다. 얼마 전 첫 수확이 있었고 일을 따라 거들면서 겨우 첫걸음을 뗀 기분을 느끼고 있던 참이었다. 물론 이런 일은 모두 처가 쪽에는 비밀이었다.
　▶ 동순이 처가의 산소를 관리하는 이유 제시

다 　㉤당장 모레 처가 쪽의 어른들이 총출동한다니 직계 선조의 산소라도 벌초를 해야 할 참이었다. 동순은 농협 근처 담벼락에 붙어 있던 “벌초 대행해 드립니다.”라는 문구를 떠올리고는 농협 사업부에 전화를 걸었다. 하지만 농협에서는 그 문구는 작년에 써 붙인 것이고 아직 추석이 다가오지 않아서 사업 시행을 할 사람을 구하지 않았다고 했다. 그러면서 정 급하면 조경 회사에 전화를 해 보라고 했다.
　▶ 벌초 대행업체를 알아보는 동순

- **중심 내용** 처가 어른들을 모시고 문중 선산을 방문한다는 손위 처남의 연락을 받고 동순이 벌초 대행업체를 알아봄.
- **구성 단계** (가) 발단 / (나) 전개 / (다) 위기

이해와 감상

이 작품은 우리 주변에서 흔히 일어나는 소소한 일상을 재미있게 그린 소설로, 처가의 선산 벌초와 관련된 이야기를 가벼운 웃음으로 형상화한 작품이다. 주인공 동순은 처가의 문중 선산의 땅을 빌려 살고 있다. 내일 모레 선산을 방문하겠다는 손위 처남의 전화를 받은 동순은 벌초 대행업체를 구하지 못해 결국 직접 벌초에 나선다. 직계 선조인 처삼촌 묘를 정성껏 벌초한 뒤, 손위 처남의 방문 취소 소식을 듣고 동순이 허탈감에 빠지는 상황을 재미있게 표현하고 있다. 실직한 주인공이 먹고살기 위해 처가의 도움을 받는 과정에서 겪는 어려움이 가벼운 웃음으로 형상화되어 주제가 무겁게 느껴지지 않으면서 독자들에게 웃음을 주고 있다.

🔍 전체 줄거리

발단	동순이 처가 어른들을 모시고 선산을 방문하겠다는 손위 처남의 전화를 받는다.
전개	동순이 처가 문중의 땅을 빌려 살고 있는 처지여서 처가 산소를 관리하게 되었다는 이유가 제시된다.
위기	동순이 벌초 대행업체를 구할 수 없어 직접 벌초에 나서기로 한다.
절정	'처삼촌 묘 벌초 하듯이'라는 속담과 달리 동순은 정성껏 처가의 산소를 벌초한다.
결말	동순은 산소 방문을 취소하는 손위 처남의 전화를 받고 과로로 몸이 상한다.

👥 인물 관계도

동순
실직 후 손위 처남의 도움으로 처가 문중 선산 밑 땅을 빌려 살고 있음. 처가 어른들과 방문한다는 손위 처남의 전화를 받고 급히 처삼촌 묘를 벌초하지만, 방문 취소 소식을 듣고 허탈감에 몸이 상함.

대수(손위 처남)
문중의 신임을 얻어 동순 부부에게 도움을 줌. 동순에게 선산 방문 소식을 전하여 동순이 벌초를 하게 됨.

부부

옥자
처가의 눈치를 살피며 사는 남편을 안쓰럽게 바라보며 남편을 따름.

🏠 작품 연구소

사건 전개에 따른 동순의 심리 변화

손위 처남의 전화에 큰소리를 친 동순은 전화를 끊고 난 뒤, 부랴부랴 처가 문중의 산소를 벌초하기 위해 동분서주한다. 대행업체를 구하지 못한 동순이 직접 벌초에 나서고, 여러 어려움 속에서 겨우 일을 마치고 난 후 성취감과 뿌듯함을 느낄 사이도 없이 다음에 가겠다는 손위 처남의 전화를 받는다. 애쓴 보람도 없이 동순은 허탈감에 빠진다.

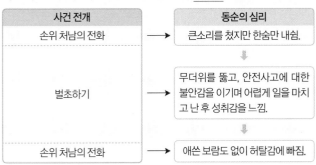

사건 전개		동순의 심리
손위 처남의 전화	→	큰소리를 쳤지만 한숨만 내쉼.
벌초하기	→	무더위를 뚫고, 안전사고에 대한 불안감을 이기며 어렵게 일을 마치고 난 후 성취감을 느낌.
손위 처남의 전화	→	애쓴 보람도 없이 허탈감에 빠짐.

🔑 포인트 체크

인물 동순이 손위 처남의 전화를 받고 급히 문중 산소를 ☐☐하는 모습에서 처가 어른들에게 잘 보이고자 하는 동순의 심리를 엿볼 수 있다.

배경 ☐☐☐ ☐ 밑 밭에서 농사를 짓고 있는 동순은 처서와 추석 사이 즈음에 손위 처남의 전화를 받는다.

사건 처가 어른들을 모시고 문중 선산을 방문한다는 손위 처남의 ☐☐를 받고 정성껏 처가 산소를 벌초했지만 처가 어른들은 오시지 않고 동순은 ☐☐로 몸이 상한다.

1 이 글에 대한 설명으로 가장 적절한 것은?

① 작중 인물이 주인공을 관찰하여 이야기를 전달한다.
② 인물 간의 갈등을 치밀한 행동 묘사를 통해 제시한다.
③ 상징적 사물을 통해 사건의 의미를 함축적으로 제시한다.
④ 초점이 되는 인물에 대한 서술을 위주로 사건을 전개한다.
⑤ 구체적인 배경 묘사를 통해 사건의 사회적 의미를 부각한다.

2 '동순'이 처가의 문중 선산을 관리하는 이유로 적절한 것은?

① 장인의 재산에 대한 탐욕 때문에
② 아내에 대한 지극한 사랑 때문에
③ 실직을 해서 할 일이 없기 때문에
④ 손위 처남과의 긴밀한 인연 때문에
⑤ 처가의 도움으로 살아가고 있기 때문에

3 ⓐ에 대한 설명으로 가장 적절한 것은?

① 손위 처남과 동순이 갈등을 해소하는 계기가 된다.
② 동순에게 처가와의 관계를 일깨우는 계기로 작용한다.
③ 동순의 잃어버린 추억을 되살리게 하는 계기로 작용한다.
④ 동순에게 과거의 잘못에 대한 반성을 불러일으키고 있다.
⑤ 동순과 옥자에게 부부의 사랑을 회복하는 계기로 작용한다.

내신 적중

4 ㉠~㉤에 나타난 '동순'의 심리나 태도로 적절하지 않은 것은?

① ㉠: 동순에게 있어 손위 처남이 중요한 인물임을 드러낸다.
② ㉡: 처가 문중 어른들에게 잘 보이고 싶은 심리가 드러나 있다.
③ ㉢: 평소 불만이 많은 손위 처남을 안심시키려는 의도가 담겨 있다.
④ ㉣: 앞으로 해야 할 일에 대한 막막한 심정을 드러낸다.
⑤ ㉤: 급히 처리할 일에 대한 동순의 다급한 심정을 나타내고 있다.

내신 적중 多빈출

5 '동순'이 '손위 처남'의 전화에 대고 큰소리를 친 이유가 무엇인지 〈조건〉에 따라 서술하시오.

┤ 조건 ├
• 동순의 상황과 처가와의 관계를 밝힐 것
• 동순의 심리와 연결할 것

V. 1990년대 이후

☀ 어휘 풀이

조경 회사 경치를 아름답게 꾸미는 일을 하는 회사.

오기 능력은 부족하면서도 남에게 지기 싫어하는 마음.

예초기 풀을 베는 데 쓰는 기계.

수굿하다 꽤 다소곳하다.

머스마 사내아이를 일컫는 방언.

봉분 흙을 둥글게 쌓아 올린 무덤.

고상하다 '고생하다'를 일컫는 방언.

과로(過勞) 몸이 고달플 정도로 지나치게 일함.

🐾 구절 풀이

❶ **아침부터 더워서 죽을 지경이었다.** 벌초하기에 어려운 여건, 즉 무더운 날씨임을 알 수 있다.

❷ **웬만한 풀도 키 높이로 자라 있었다.** 평소 처가의 문중 선산을 돌보지 않았음을 알 수 있다.

❸ **아무것도 묻지 않고 ~ 아내가 고마웠다.** 처가의 눈치를 보며 사는 남편의 처지(무더위 속에서 힘들게 벌초를 하는 모습)가 안쓰러워 아무런 말도 하지 않고 묵묵히 도와주는 아내에게 고마워하고 있다.

❹ **"아이고 동상. ~ 가실랑가 모르겠네."** 온다던 처 어른들의 방문이 연기되었다는 전화로, 벌초를 어렵게 끝낸 동순의 노력이 수포로 돌아가 동순이 허탈감에 빠지는 상황이다. 반전을 통해 독자에게 웃음을 주고 있다.

Q 이 부분에서 '동순'이 큰소리치는 이유는?

동순은 실직 후 처가의 도움으로 살고 있기 때문에 처가 산소를 대충 벌초할 수 없는 처지에 놓여 있다. 특히 최근에 새로 쓴 처삼촌의 산소는 처가의 직계 자손으로, 더욱 신경을 쓸 수밖에 없는 것이다. '처삼촌 묘 벌초하듯'이라는 속담은 본디 '일에 정성을 들이지 아니하고 마지못하여 건성으로 함을 비유적으로 이르는 말'로 동순은 속담과 달리 벌초를 대충하지 않고 정성껏 했으며 고생을 많이 했음을 아내에게 은근히 과시하고자 한 것이다.

가 말이 *조경 회사이지 마당만 한 공터에 나무 수십 그루 심어 놓고 매일 놀고 지내는 것 같던 그곳 업체들은 좀체 연락이 되지 않았다. 114에 전화 걸기를 세 번, 처음으로 연결된 조경 회사에서는 일이 바빠서 그런 걸 해 줄 수 없다고 했다. 동순이 애걸을 하다시피 하자 인력 공급을 하는 업체에나 알아보라고 하는 것이었다. *오기가 난 동순은 자신이 직접 *예초기를 들고 벌초를 해 보리라 작정했다.

▶ 사람을 구하지 못해 직접 벌초를 하기로 마음먹은 동순

나 다음 날 아침 동순은 몇 번 사용해 보지도 않은 새 예초기를 들고 처갓집 선산으로 향했다. 『주변의 충고에 따라 장화를 신고 마스크와 선글라스, 장갑, 모자로 중무장을 했으니 ❶아침부터 더워서 죽을 지경이었다.』 과수원과 연결된 선산 출입로에는 어린 아카시아가 숲을 이루고 있었다. ❷웬만한 풀도 키 높이로 자라 있었다. 일반 예초기 날로는 베기가 어려울 듯해서 동순은 미리 준비해 온 체인 톱으로 날을 갈아 끼웠다. 어떻든 예초기는 윙윙거리는 소리를 내며 풀과 나무를 베기 시작했다.

처음에는 조심스러웠지만 일이 ㉠손에 익자 동순의 팔에는 힘이 붙었다. 그러나 선산은 너무 넓고 가팔랐다. 게다가 위로 올라갈수록 산소가 두 배씩은 커지는 듯해서 모두 합쳐서 수백 평은 될 묘역은 좀체 줄어들지 않았다. 뉴스에서 남 이야기인 양 들어 넘겼던, 벌초를 하다가 말벌에 쏘여 죽었다는 사람의 이야기가 자꾸 생각났다. 장화를 신고 있긴 해도 독사가 있지 않은지, 예초기의 날이 바윗돌에 부딪혀 부러져 날아와 오금에 박혔다는 이웃 농부들의 경험담도 신경이 쓰였다. 가장 큰 적은 땀과 더위였다.

점심때가 되어서 동순은 아래로 내려와 과수원 작업장에서 몸을 대충 씻고 도시락을 먹었다. ❸아무것도 묻지 않고 *수굿하게 도시락을 싸 준 아내가 고마웠다. 경상도 *머스마와 전라도 가시내로 만나 남들이 어떻게 보든 간에 그럭저럭 순탄하게 살아온 세월이 나쁘지는 않다는 생각이 들었다.

잠시 낮잠을 자고 난 뒤 동순은 다시 산소에 들러붙었다. *봉분에 들이박힌 나무가 그렇게 미울 수가 없었다. 산에서 넘어 들어온 덩굴들을 잘라 낼 때는 쾌감마저 들었다. 예초기 날을 갈아 끼우고 잔디를 깎기 시작하자 일은 더욱 더뎌졌다. 서툴렀기 때문이었다. 날에 풀이 끼어서 엔진 소리만 높아지고 곧 고장이라도 날 듯했다. 도와줄 사람은 아무도 없었고 땀에 젖은 선글라스로는 아무것도 보이지 않았다. 그럴수록 동순의 오기는 강해졌다. 미친 듯 산소 위를 헤매 다녔다. 마침내 해가 저물 무렵에야 일이 끝났다.

▶ 하루종일 최선을 다해 벌초를 한 동순

다 ㉡"언 놈이 처삼촌 산소 벌초를 대충 한다카노. 앞에 있으마 귀때기라도 한 대 올리붙여야 속이 시원할따."

동순은 성취감과 함께 힘들었던 하루에 대해 뿌듯함을 느끼며 이렇게 아내 앞에서 큰소리를 쳤다. ㉢기다렸다는 듯 전화가 걸려 왔다. 손위 처남이었다.

❹"아이고 동상. 아부지가 날 더운데 김 서방 *고상한다고 다음에 가자고 하시는구먼. 머 한 보름쯤 있다가 가실랑가 모르겠네."

다음 날 아침 동순이 일어나 보니 코피가 쏟아졌다. 잇몸이 아파 음식을 씹을 수가 없어 치과에 갔더니 의사는 *과로 탓이라면서 두 달 동안 치료를 해야 할 것이라고 말했다. 온다던 사람들은 보름 후에도, 두 달 후에도 오지 않았다. 다음 해 아카시아가 다시 자라 숲을 이룰 때까지도 오지 않았다.

▶ 처가 어른들은 오시지 않았고 동순은 과로로 몸이 상함

• **중심 내용** 사람을 구하지 못해 동순이 직접 문중 산소를 최선을 다해 벌초하였으나, 처가 어른들은 오지 않음.
• **구성 단계** (가) 위기 / (나) 절정 / (다) 결말

🏠 작품 연구소

동순이 생각한 '처삼촌 묘 벌초하기'의 의미

속담 '처삼촌 묘 벌초하기'는 '하기 싫은 일을 억지로 하면서 대충 흉내만 내는 일'을 두고 하는 말이다. 그런데 이 작품에서는 평소 묘소 관리를 하지 않던 동순이 처가 식구들의 방문에 맞춰 부랴부랴 처가 산소 벌초에 나서는데 대충하는 것이 아니라 정성껏 벌초를 하고 있다. 그 이면에는 동순이 처가의 덕을 보며 살고 있기에 자칫 처가 산소를 잘못 관리하다가는 처가의 미움을 받을 수도 있다는 내면 심리가 바탕을 이루고 있다.

속담의 본래 의미
일에 정성을 들이지 아니하고 마지못하여 건성으로 함을 비유적으로 이르는 말

⬇

동순이 처한 상황
• 처가의 덕을 보고 있는 상황(문중 선산 밑의 밭을 공짜로 빌려 쓰고 있음.) • 자신이 처가의 문중 산소를 잘 돌보고 있노라고 큰소리를 친 상황

⬇

동순에게 해당하는 속담의 의미
속담의 본래 뜻과는 달리 최선을 다해 열심히 하는 것을 이르는 말이 됨.

작품의 재구성과 창작

고전 소설 〈이춘풍전〉을 읽고 이를 바탕으로 새로운 연극 〈춘풍의 처〉가 창작된 것은 작품의 재구성이라 할 수 있다. 이처럼 문학 작품의 재구성과 창작은 자신이 표현할 만한 가치가 있다고 생각되는 내용을 구분하고 이를 자기만의 관점과 방법으로 새롭게 만들어 내는 과정으로 이루어진다. 이는 기존의 작품이 지닌 분위기를 유지하면서 변화를 주어 낯익은 느낌과 낯선 느낌을 동시에 자아내기 때문에 작품을 보다 쉽게 읽을 수 있으며 공감의 폭을 넓힐 수 있다는 장점이 있다. 〈처삼촌 묘 벌초하기〉도 기존의 속담을 바탕으로 일상 속 일화를 문학 작품으로 재구성하여 창작하고 있어 처가살이의 어려움을 겪는 동순의 삶이 보다 쉽고 재미있게 전달되고 있다.

성석제 소설 속의 '웃음'

사건의 전개에 따른 동순의 심리 변화를 중심으로 작품을 이해할 때, 벌초를 힘겹게 끝낸 뒤 어려운 일을 해냈다는 뿌듯함과 성취감에 젖어 있던 동순에게 다음에 가겠다는 손위 처남의 전화는 어렵게 해 낸 일을 무위로 그치게 하면서 허탈감에 젖도록 한다. 이 장면을 접하는 독자는 사건의 반전에 따라 보이는 동순의 모습에서 가벼운 웃음을 지을 수 있다. 이렇게 성석제는 일상에서 접하는 가벼운 웃음을 문학으로 형상화해 내는 작가이다. 성석제의 작품에는 일상에서 흔히 만나는 웃음과 재미가 잘 그려져 있는데, 그의 소설 속 웃음은 남을 비웃기 위한 냉소나 조롱 같은 차가운 웃음이 아닌 훈훈하고 유쾌한 웃음으로, 인간에 대한 따뜻한 애정이 담겨 있다.

📖 함께 읽으면 좋은 작품

〈봄·봄〉, 김유정 / 해학성이 잘 드러난 작품

데릴사위제를 둘러싼 장인과의 갈등을 해학적으로 그린 작품으로, 처가와 관련한 일상 속의 웃음을 다루고 있다. 🔗 Link 본책 80쪽

〈오렌지 맛 오렌지〉, 성석제 / 일상 속에서 체험한 가벼운 웃음이 담긴 작품

'비읍'이라는 희극적인 인물을 통해 일상 속에서 접할 수 있는 웃음을 보여 주고 있는데, 웃음이 삶의 활력이 된다는 작가의 생각을 해학적으로 보여 주고 있다는 점에서 작가의 세계관을 엿볼 수 있다.

---

6 이 글에서 알 수 있는 사실이 아닌 것은?

① 동순은 벌초를 대행해 줄 사람을 찾지 못했다.
② 옥자는 동순이 하는 일에 대해 불만을 갖고 있다.
③ 선산을 방문한다던 처가 어른들은 결국 오지 않았다.
④ 늦더위로 인해서 동순은 벌초하는 데 어려움을 겪었다.
⑤ 동순은 평소 처가의 문중 선산을 정성껏 돌보지 않았다.

7 〈보기〉를 참고할 때, 밑줄 친 부분이 ㉠과 같이 사용되지 않은 것은?

보기
둘 이상의 단어가 결합하여 원래의 의미와는 다른 특수한 의미를 지니는 경우를 관용어라 한다. ㉠의 '손에 익다'는 원래의 의미와 다른, '일이 손에 익숙해지다'의 의미로 사용되고 있다.

① 손을 나누어 하면 많은 일도 빨리 할 수 있다.
② 정신이 차리고 나서는 나쁜 친구들과 손을 끊었다.
③ 산에 올라 계곡에서 손을 씻으니 마음이 상쾌했다.
④ 무너질 것 같은 지붕이 아버지의 손을 거치자 말끔해졌다.
⑤ 손이 큰 어머니는 친척들이 오면 음식을 푸짐하게 차리셨다.

내신 적중

8 ㉡에 나타난 '동순'의 심리로 적절하지 않은 것은?

① 성취감   ② 뿌듯함   ③ 해방감
④ 허탈감   ⑤ 자긍심

내신 적중

9 ㉢에 대한 설명으로 가장 적절한 것은?

① 인물이 기대한 결과로 행복한 결말을 유도하고 있다.
② 갈등 해소의 계기로 인물 간의 갈등이 해소되고 있다.
③ 사건에 반전을 일으키면서 주인공의 노력을 수포로 돌리고 있다.
④ 부조리한 상황이 밝혀지면서 주인공에 대한 동정심을 유발하고 있다.
⑤ 새로운 사건이 발생하여 인물 간의 갈등이 심화될 것을 암시하고 있다.

10 다음은 이 글의 결말을 실제와 다르게 가정한 것이다. ㉮에 들어갈 적절한 내용을 쓰시오.

가정한 결말		등장인물들의 심리와 행동
손위 처남이 예정대로 내일 처가 어른들을 모시고 문중 선산을 방문할 것이라 말했다.	➡	㉮

스노우맨 | 서유미

키워드 체크 #사회 소설 #디스토피아 소설 #우의적 #비현실적 #상징적 #직장인의 삶

문학 미래엔

🎯 핵심 정리

갈래 단편 소설, 사회 소설, 디스토피아 소설
성격 사회 고발적, 비판적, 우의적
배경 ① 시간 – 눈이 많이 내린 새해 첫날
  ② 공간 – 대도시의 거리
시점 전지적 작가 시점
주제 경쟁 사회 속에서 단순화된 노동과 압력에
  시달리는 인간의 모습
특징 ① 비현실적인 이야기를 통해서 현실의 문
  제를 생각하게 함.
  ② 상징적인 소재를 사용하여 현대인이 겪
  는 삶의 모순과 무게를 드러냄.
  ③ 이름을 사용하지 않고 일반적인 호칭을
  사용하여 비인간적인 현대 사회의 모습
  을 드러냄.
출전 《당분간 인간》(2012)

Q **'눈'의 상징적 의미는?**

새해 첫날부터 출근길을 막은 '눈'은 남자가 목숨
을 걸고 치워도 감당할 수 없을만큼 내린다. 여기
에서 눈은 거대한 절대 권력으로서 누구도 피해
갈 수 없는 삶의 압박이다.

💡 어휘 풀이

한기(寒氣) 추운 기운.
경기(驚氣)하다 갑자기 의식을 잃고 경련을 일
으키다.
밑져야 본전 밑졌대야 이득을 보지 못했을 뿐 본
전은 남아 있다는 뜻으로, 일이 잘못되어도 손해
볼 것은 없다는 뜻의 관용구.
안전모 공장 · 작업장 또는 운동 경기 따위에서,
머리가 다치는 것을 막기 위하여 쓰는 모자.

📖 구절 풀이

❶ **남자는 삽을 쥐고 기계적으로 움직였다.** 남자
는 아무도 없는 눈길을 헤치며 회사를 향해 가
고 있다. 이를 통해 무의미한 일을 무비판적으
로 수행하는 남자의 모습을 드러내고 있다.
❷ **남자는 자신이 ~ 삽질을 했다는 걸 깨달았다.**
남자는 출근을 위해서 무의미한 삽질을 계속
하고 있다. 이 과정에서 자신이 아침, 점심을
굶었다는 사실도 잊어버릴 정도로 자신의 삶
보다는 일이나 지시에 전념하는 모습을 드러
내고 있다.
❸ **배달을 기다리는 동안 ~ 어깨 위에 차곡차곡
쌓였다.** 짜장면을 기다리는 동안에도 쉬지 않
고 더해지는 눈의 무게를 통해 그에게 매순간
더해지는 삶의 무게를 드러내고 있다.
❹ **노를 젓는 것처럼 몸의 움직임이 유연하고 리
듬감이 넘쳤다.** 배달원의 등장과 행동을 통해
비현실성을 드러내고 있으며 눈을 치우는 것
이 힘거운 남자의 모습과 대조를 이루고 있다.

가 빨리 안 오고 뭐해. 과장의 문자가 도착했다. 어느새 두 시였다. ❶남자는 삽을 쥐고 기계
적으로 움직였다. 눈을 치우는 속도가 점점 빨라졌다. 하지만 그만큼 빨리 지쳤다. 눈 속에
앉아서 쉬고 있으면 드러누워서 눈을 붙이고 싶은 마음이 간절해졌다. 그 순간에는 눈이
딱딱하고 차갑게 느껴지지 않고 그저 공원에 있는 나무 벤치 같았다. 심지어 솜이불처럼
포근하게 느껴져서 안으로 한없이 파고 들어가고 싶어지기까지 했다. 남자는 쭈그리고 앉
아서 꾸벅꾸벅 졸다가 *한기 때문에 *경기하듯 깨어났다.

남자의 삽 끝에 폐지 묶음이 걸렸다. 얼어붙은 종이 뭉치는 돌덩이처럼 무거웠다. 삽으
로 떠내는데 그 사이에 들어 있던 ㉠중국집 스티커가 남자의 구두 위에 툭 떨어졌다. 손바
닥만 한 광고지에는 짜장면과 짬뽕, 볶음밥 사진이 인쇄되어 있었다. 하얀 눈 위에서 그 까
맣고 빨간 색상은 너무나 선명했다. ❷남자는 자신이 아침, 점심도 거른 채 삽질을 했다는
걸 깨달았다. 머릿속에서 짜장면과 짬뽕의 냄새가 천천히 피어올랐다. [중략]

배달이 될까 의심하면서도 *밑져야 본전이라는 심정으로 번호를 눌렀다. 신호가 가는 소
리가 길어지자 절대로 전화를 받을 리가 없다는 확신이 들었다. 그가 전화하는 건 짜장면
을 먹을 수 없다는 걸 확인하기 위해서인 것 같았다. 그래서 "여보세요."라는 굵직한 목소
리가 튀어나왔을 때 남자는 당황해서 아무 말도 하지 못했다. "여보세요." 상대가 한 번 더
말한 뒤에야 "거기가 중국집 맞습니까?" 하고 물었다.

"네, 진성각입니다." / "혹시, 지금 배달이 됩니까?"

"주소가 어떻게 되세요?" / 중국집 주인은 도시가 눈으로 덮여 버렸다는 걸 모르는 것처
럼 태연하게 물었다. 여기 주소가…… 남자는 주변을 둘러봤다.

"가정집이 아니라 대로변인데 가능하겠습니까? 근처에 ○○ 병원하고 부동산이 있습니
다." / "아, 거기요. 예, 배달됩니다. 짜장 곱빼기 하나요? 네, 알겠습니다."

전화를 끊은 뒤에도 남자는 한동안 멍하게 서 있었다. 배 속에서 나는 꼬르륵 소리가 요
란했다. 통화를 하면서 나눈 말들은 모두 장난이고 배고픔만 진짜인 것 같았다. ❸배달을 기
다리는 동안 시간은 흐르지 않고 어깨 위에 차곡차곡 쌓였다. 이대로라면 무게를 견디지
못하고 어깨가 뚝 부러져 버릴 것 같았다.

나 남자는 주위를 두리번거렸다. 차가 사라지고 상가들이 문을 닫은 도시는 고요했다. 어디
에서도 짜장면을 싣고 오는 오토바이 소리는 들리지 않았다. 짜장면이 정말 올까. 휴대 전
화를 꺼내서 시간이 얼마나 흘렀는지 확인했다. 눈 때문에 출근도 못 하는데 배달이 될 리
가 없지, 남자는 눈을 한주먹 떠서 입에 쑤셔 넣었다가 도로 뱉었다. 가만히 서서 기다리고
있는 자신이 이상한 사람 같았다.

그때 오른쪽 골목 끝에서 *안전모를 쓴 사람이 나타났다. 그 사람은 빠른 속도로 눈을 파
내면서 걸어왔다. 그 사람이 삽으로 파내는 것은 언 눈이 아니라 가볍고 보드라운 밀가루
인 것 같았다. ❹노를 젓는 것처럼 몸의 움직임이 유연하고 리듬감이 넘쳤다. 덕분에 남자와
의 거리는 금세 가까워졌다. 안전모에는 '신속 배달'이라고 쓰여 있었다. 안전모를 쓴 배달
원이 남자를 보곤 오른팔을 번쩍 들었다. 거짓말 같은 상황에 남자는 눈만 껌벅거렸다. 안
전모에 쓰인 문구 그대로 신속하고 정확한 배달이었다. ▶ 폭설로 막힌 길을 뚫고 짜장면을 배달하러 온 배달원

• 중심 내용 눈을 헤치며 출근하는 남자와 눈을 헤치며 짜장면을 배달하는 배달원   • 구성 단계 위기

이해와 감상

이 작품은 갑작스럽게 내린 폭설을 뚫고 출근하기 위해 고군분투하는 남자의 이야기를 담고 있다. 기록적인 폭설로 온 도시가 파묻혀 집 안에 꼼짝없이 갇힌 재난 상황에서도 남자는 직장에서 뒤처질 것 같은 불안에 떠밀려 출근을 강행한다. 홀로 삽 한 자루를 들고 갖은 애를 쓰며 앞으로 나아가 보지만 회사는 여전히 멀고, 부장과 과장은 태연하게 출근을 재촉한다. 남자는 자신의 무능력함을 자책하며 끝없이 쌓인 눈을 치우는 막막한 삽질을 계속할 뿐이다.

이 작품은 비현실적인 상황과 기발한 상상력을 동원하여 톱니바퀴처럼 맞물려 돌아가는 현대 사회에서 맹목적인 목표를 위해 반복적인 노동을 하며 살아가는 현대인들의 고단한 삶을 그리고 있다. 비현실적인 이야기 속에 현실의 이야기를 녹여 내어 동시대를 살아가는 우리의 삶을 성찰할 수 있도록 해 주는 작품이다.

🔍 전체 줄거리

발단	새해 첫 출근 날, 회사에 다니는 주인공 남자는 밤새 쌓인 눈 때문에 출근을 할 수 없게 된다.
전개	초조함 속에 하루를 더 보낸 남자는 상사들의 압박을 견디지 못하고 결국 삽으로 눈을 파헤치며 회사로 향하지만 금세 지치고, 이때 우수 직원 유 대리도 출근하지 않았다는 사실을 알게 된다.
위기	눈을 파헤치며 회사를 향해 가던 남자는 눈 속에서 우연히 중국집 전단지를 발견하고 배고픔을 느껴 길에서 짜장면을 시켜 먹는다.
절정	계속 눈을 파헤치고 가던 중 눈 속에서 음악 소리가 들려오고, 소리를 따라 삽질을 하던 중 눈 속에 묻힌 사람을 발견한다.
결말	눈 속에 파묻힌 사람이 유 대리인 것을 알게 되고 지친 남자는 유 대리 옆에서 점점 정신을 잃어 간다.

👥 인물 관계도

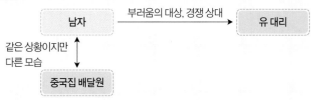

🏠 작품 연구소

주인공의 호칭이 '남자'인 이유

이 작품에서 주인공은 이름도 없이 '남자'라는 보통 명사로 불린다. 이러한 호칭으로 주인공의 삶은 어느 한 개인의 삶이 아니라 보편적인 사람들의 삶의 모습으로 확대된다. 이 남자의 무비판적인 행동과 비극적인 결말이 결국 현대를 살아가는 모든 사람들의 모습임을 드러내기 위한 문학적 장치라고 볼 수 있다.

부조화를 통한 현실의 형상화

이 작품에서 짜장면을 배달하는 장면은 그 설정 자체가 매우 비현실적이다. 폭설로 모든 상가가 문을 닫은 상황에서도 중국집 배달원은 짜장면을 배달하고, 눈길을 헤치며 걸어오면서도 신속 배달이라고 쓰여 있는 안전모를 쓰고 나타난다. 이러한 부조화는 비현실적인 일들이 일어나고 있는 현실의 모습을 가벼운 묘사로 압축하여 효과적으로 드러낸다.

🔑 포인트 체크

[인물] ☐☐는 경쟁 체제에서 살아남으려 하지만 뜻대로 되지 않으며, 같은 회사의 ☐☐☐에게 열등감을 느끼는 인물이다.

[배경] 폭설이 내려 교통이 마비된 ☐☐ 첫 출근 날을 배경으로 무슨 일이 있어도 출근을 해야 하는 현대 사회 샐러리맨들의 모습을 보여 준다.

[사건] 폭설이 내려 마비된 도시에서 ☐☐의 압박으로 눈을 헤치며 ☐☐☐하던 남자는 자신과 같은 방법으로 출근하다가 죽은 유 대리를 발견하고 그 옆에서 점점 정신을 잃는다.

1 이 글에 드러난 '남자'의 태도에 대한 설명으로 적절한 것은?

① 세상을 향한 불신을 안고 살아간다.
② 무비판적으로 순응하는 태도를 보여 준다.
③ 부당한 현실에 대한 저항 의지를 보여 준다.
④ 자신의 상황에 대한 문제의식을 가지고 있다.
⑤ 시대에 대한 인식을 통해 공동체의 변화를 추구한다.

2 〈보기〉를 참고하여 '남자'의 행위를 이해한 내용으로 가장 적절한 것은?

┤ 보기 ├

삽질하다「동사」
「1」삽으로 땅을 파거나 흙을 떠내다.
「2」(속되게) 헛된 일을 하다. 별 성과가 없이 삽으로 땅만 힘들게 팠다는 데서 유래한다.

① 남자가 끊임없이 삽질을 하는 것은 자신의 헛된 삶에 대한 후회를 드러내는군.
② 삽으로 눈을 헤치는 행위는 별 성과 없이 힘만 들이는 행위임을 드러내는군.
③ 삽은 땅을 파는 도구라는 점에서 남자의 목표가 잘못 설정되었음을 드러내는군.
④ 남자가 삽으로 눈을 헤치는 행위는 흙을 떠내는 것만큼 힘든 일임을 드러내는군.
⑤ 남자가 땅을 파는 도구로 눈을 헤치고 있다는 점에서 잘못된 방법을 사용하고 있음을 드러내는군.

3 ㉠에 대한 설명으로 적절하지 않은 것은?

① 장면의 분위기를 전환시킨다.
② 남자의 무의미한 노동을 잠시 멈추게 한다.
③ 남자가 잊고 있던 자신의 몸 상태를 떠올리게 한다.
④ 남자의 불행한 삶에 타인도 동참시키는 계기가 된다.
⑤ 사회적인 의무를 잊고 개인적인 욕구를 돌아보게 한다.

내신 적중

4 이 글에서 '눈'의 상징적 의미를 〈보기〉의 ⓐ와 비교하여 쓰시오.

┤ 보기 ├

우리가 눈발이라면 / 허공에서 쭈빗쭈빗 흩날리는
진눈깨비는 되지 말자.
세상이 바람 불고 춥고 어둡다 해도
사람이 사는 마을 / 가장 낮은 곳으로
따뜻한 ⓐ함박눈이 되어 내리자.

– 안도현, 〈우리가 눈발이라면〉

어휘 풀이

온장고(溫藏庫) 조리한 음식물을 따뜻하게 보관하는 상자 모양의 장치.

재앙 뜻하지 아니하게 생긴 불행한 변고. 또는 천재지변으로 인한 불행한 사고.

진원지 사건이나 소동 따위를 일으킨 근원이 되는 곳을 비유적으로 이르는 말.

판박이 스티커 바탕 종이에 어떤 형상을 인쇄하여, 물을 묻히거나 문지른 뒤에 바탕 종이를 떼어 내면 인쇄한 형상만 따로 남도록 만든 종이.

Q 눈 속에서 '유 대리'를 발견한 '남자'의 심정은?

남자는 평소 경쟁 상대로 생각했던 우수 직원 유 대리가 자신과 같이 눈을 헤치며 출근을 하다가 죽어 있는 것을 발견하고 몹시 놀란다. 그리고 자신도 유 대리 옆에 눕는데, 남자는 곧 자신도 유 대리와 같은 처지가 될 수도 있다는 생각에 두렵고 괴로웠을 것이다.

구절 풀이

❶ **남자는 그저 파고 걸었다.** 남자는 이제 과장의 문자나 부장의 전화도 받지 않고 그저 눈을 파며 걷고 있다. 이 모습은 남자가 이제 목적의식 없이 무비판적으로 눈을 헤쳐 나가고 있음을 보여 준다.

❷ **눈이 재앙이 되고 ~ 찔끔 새어 나왔다.** 눈으로 고통받고 있는 가운데, 그 눈으로 만들어진 웃는 표정의 눈사람과 그 눈사람의 표정을 따라하는 남자의 모습은 비현실적인 이 상황을 더욱 두드러지게 한다.

❸ **고대 유물을 발굴하는 고고학자처럼 손이 떨렸다.** 눈 속에 묻혀 쓰러진 사람의 모습을 확인해야 하는 두려움이 드러난다.

❹ **앞으로 나아가기에도 다시 돌아가기에도 만만치 않은 거리였다.** 지친 남자가 부딪친 현실을 단적으로 보여 준다. 자신이 하고 있는 일을 멈출 수도 계속 할 수도 없는 막막한 상황은 현대인들의 삶의 모습으로 확대된다.

Q '유 대리' 옆에 쪼그리고 앉아서 시야가 흐려지는 남자 모습의 의미는?

이 작품은 남자가 유 대리 옆에서 최후를 맞이함을 암시하며 끝맺는다. 유 대리는 인정받는 직원이며 남자는 유 대리를 부러워했다. 그러나 두 사람이 결국 비슷한 모습으로 비참한 최후를 맞는 것은 이들의 삶의 모습이 개인의 문제가 아니라 우리 모두가 겪게 되는 문제임을 보여 준다.

작가 소개

서유미(1975~)
소설가. 2007년 〈판타스틱 개미지옥〉으로 문학수첩 작가상을 받으며 등단했다. 30대가 되어서도 철들지 못하고 방황하는 30대 일상을 그린 〈쿨하게 한 걸음〉으로 창비장편소설상을 수상했다. 주요 작품집으로 《당분간 인간》, 《모두가 헤어지는 하루》 등이 있다.

가 회사까지의 거리는 이제 삼 분의 일쯤 남아 있었다. ⓐ남자는 과장의 문자와 ⓑ부장의 전화를 한 번씩 받지 않았다. 그것과는 전혀 다른 이유로 아내의 전화도 받지 않았다. ❶남자는 그저 파고 걸었다. 쉴 때는 허리를 펴고 목을 좌우로 돌리면서 거리를 천천히 둘러보았다. 전화는 받지 않았지만 누군가와 이야기를 나누고 싶은 마음은 어느 때보다 간절했다.

> 사회적인 대화나 공적인 대화가 아니라 진심을 나눌 수 있는 대화에 대한 욕망이 드러남.

맞은편에 불 꺼진 편의점이 있었다. 편의점 간판을 보자 온장고에 따뜻한 캔 커피가 마시고 싶어졌다.

> 온기가 있는 인간적 소통을 상징함.

ⓒ얼마 전까지 일상이었던 것들이 지금은 손에 닿지 않는 저 눈 밑에 파묻혀 버렸다. 누가 만들어 놓았는지 편의점 앞에는 남자의 키만 한 눈사람이 서 있었다. 동그란 눈과 웃는 입 모양을 한 눈사람이었다. 그 웃는 얼굴을 보고 남자는 잠시 멈춰 섰다. ⓓ❷눈이 재앙이 되고 눈 때문에 일상이 무너진 곳에 서 있는, 웃는 얼굴의 눈사람은 김새는 농담 같았다.

> 일상적인 눈사람이지만 눈이 재앙이 된 현실에는 어울리지 않음.

남자는 자신도 모르게 그 입 모양을 흉내 냈다. 말라붙어 있던 입술이 툭 터져서 피가 찔끔 새어 나왔다.

> 억지 웃음을 지으며 사는 현대인의 모습을 상징함. / 현대인의 고통과 상처
> ▶ 눈을 파며 가다가 눈사람을 봄.

나 음악 소리는 멈추었다가 눈을 퍼내자 다시 시작되었다. 아까와 같은 멜로디였고 눈을 퍼낼수록 소리가 점점 커졌다. 남자는 길이 아니라 소리를 찾아서 삽을 움직였다. 손으로 눈을 쓸어 낸 뒤에야 소리의 진원지를 찾아낼 수 있었다. 그것은 눈 속에 파묻힌 누군가의 휴대 전화였고 공교롭게도 빳빳하게 언 양복바지 안에 들어 있었다.

남자는 무릎을 꿇고 앉아서 삽과 손으로 눈을 파냈다. 판박이 스티커를 천천히 벗겨 낼 때처럼 눈 속에서 검은색 구두와 발, 모직으로 된 양복바지가 차례대로 모습을 드러냈다.

> 아주 신중하게

남자는 코를 훌쩍거리면서 언 손으로 조심스럽게 눈을 파헤쳤다. 입에서는 입김이 쉴 새 없이 쏟아져 나왔다. 양복 차림의 사람은 눈의 중간쯤에 화석처럼 묻혀 있었다. 양복 웃옷과 와이셔츠는 주름을 그대로 간직한 채 얼어붙었고 검붉은색의 실크 넥타이는 오래전에 흘린 피처럼 굳어 있었다.

> 상황의 비극성을 강조함.

양손 다 눈을 그러쥐고 있어서 손가락은 보이지 않았다. 전체적으로 몸을 둥글게 말고 있는 모습이지만 상반신 일부는 아직 눈 속에 묻혀 있었다. ⓔ쌓인 눈의 두께로 봐서는 그가 쓰러진 뒤에도 눈이 계속 내렸다는 걸 알 수 있었다.

> ▶ 눈 속에서 다른 남자의 시체를 발견함.

다 해가 빠르게 기울고 있었다. 몸은 추운데 남자의 얼굴은 땀범벅이 되었다. 흘러내리는 땀을 닦으며 남자는 조심스럽게 눈을 치웠다. ❸고대 유물을 발굴하는 고고학자처럼 손이 떨렸다. 눈을 쓸어 내자 어깨와 목, 안경을 쓴 얼굴이 차례로 나타났다. 혹시라도 맥박이 뛰는지 확인하려던 남자가 바닥에 그대로 주저앉았다. 눈 속에서 화석이 된 사람은 집에도 없고 전화도 받지 않던 유 대리였다. 이봐. 남자는 유 대리의 몸을 흔들었다. 턱에서 땀이

> 유능한 직원이었던 유 대리의 죽음을 통해 자신이 처한 현실을 돌아보게 됨.

툭 떨어졌다. 일어나. 휴대 전화에서 다시 익숙한 멜로디의 노래가 흘러나왔다. "이봐!" 유 대리를 부르는 남자의 목소리가 떨렸다. 유 대리의 전화기를 주워 귀에 댔지만 남자는 아무 말도 하지 못했다. '여기, 눈 속에, 유 대리가 있어요.' 하지만 그 말은 입 밖으로 나오지

> 유 대리 역시 출근 재촉을 받고 있음.

않고 남자의 입 안에서 딱딱하게 굳었다.

> 남자가 받은 정신적인 충격과 점점 흐릿해지는 의식을 암시함.

해가 기울고 주위는 어느새 어둑어둑해졌다. 이대로 한 시간 정도만 파고 가면 회사에 도착할 수 있을 것 같은데. 남자는 회사 쪽을 쳐다보았다. 그리고 자신이 파고 온 길을 돌아보았다. ❹앞으로 나아가기에도 다시 돌아가기에도 만만치 않은 거리였다. 게다가 남자는 너무 지쳐 있었다.

> 진퇴양난

그는 유 대리의 옆에 쪼그리고 앉아서 숨을 골랐다. 졸음이 밀려왔지만 졸지 않으려고 눈을 부릅떴다. 눈 더미는 딱딱하거나 차갑게 느껴지지 않고 그저 공원에 있는 나무 벤치 같았다. 시야가 구겨진 종이처럼 뭉개지고 있었다.

> 남자가 유 대리와 같은 최후를 맞이할 것임을 암시함. - 여운을 남김.
> ▶ 지친 남자는 유 대리 옆에서 정신을 잃어 감.

• 중심 내용 눈을 헤치고 출근하는 길에 마주한 유 대리의 시신 • 구성 단계 (가) 위기 / (나) 절정 / (다) 결말

작품 연구소

〈스노우맨〉에 등장하는 인물의 전형성

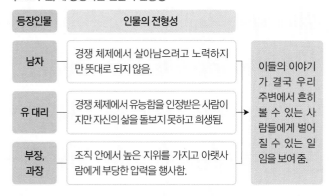

등장인물	인물의 전형성
남자	경쟁 체제에서 살아남으려고 노력하지만 뜻대로 되지 않음.
유 대리	경쟁 체제에서 유능함을 인정받은 사람이지만 자신의 삶을 돌보지 못하고 희생됨.
부장, 과장	조직 안에서 높은 지위를 가지고 아랫사람에게 부당한 압력을 행사함.

→ 이들의 이야기가 결국 우리 주변에서 흔히 볼 수 있는 사람들에게 벌어질 수 있는 일임을 보여 줌.

제목 '스노우맨'의 의미

이 작품에서 눈사람은 폭설이 내린 가운데 웃고 있는 모습으로 묘사되고 있다. 눈이 재앙이 된 현실과 어울리지 않게 웃고 있는 눈사람의 모습은 결국 현실의 고통을 외면하고 살아가는 남자의 모습과 일치한다. 이는 결국 극심한 경쟁 사회 속에서 기계적인 노동을 하며 무비판적으로 살아가는 현대인의 모습과도 맞닿아 있다.

〈스노우맨〉에 담긴 알레고리

알레고리는 '무언가 다른 것을 말하기(other speaking)'라는 의미를 지닌 그리스어 알레고리아(allegoria)를 어원으로 한다. 알레고리는 인물, 행위, 배경 등이 일차적 의미(표면적 의미)와 이차적 의미(이면적 의미)를 모두 가지도록 고안된 이야기이다.

일차적 의미	폭설이 내린 눈길을 헤치고 출근하다가 죽은 한 남자의 이야기
이차적 의미	• 폭설: 사람들에게 부여되는 삶의 무게 • 눈길을 헤침.: 무의미한 노동을 끊임없이 계속함. • 남자의 죽음: 생명력을 잃고 무의미하게 사는 삶

자료실

디스토피아

역(逆)유토피아라고도 한다. 가공의 이상향, 즉 현실에는 '어디에도 존재하지 않는 나라'를 묘사하는 유토피아와는 반대로, 가장 부정적인 암흑세계의 픽션을 그려 냄으로써 현실을 날카롭게 비판하는 문학 작품 및 사상을 가리킨다.

대표 작품으로 A.L.헉슬리의 〈멋진 신세계〉, G.오웰의 〈1984년〉 등이 있다. 〈스노우맨〉은 거부할 수 없는 거대한 권력과 압력 앞에서 현실을 바로 보지 못하고 무비판적 노동으로 살아가는 현대인의 삶의 모습을 비판적으로 그리고 있다는 점에서 디스토피아를 다루고 있는 소설이라고 할 수 있다.

– 〈두산백과〉

함께 읽으면 좋은 작품

〈북어〉, 최승호 / 현대인의 메마르고 무기력한 삶의 모습에 대한 연민

이 시는 비판 정신을 잃고 무기력하게 살아가는 현대인들에 대한 반성을 담고 있다. 현대인들의 의욕 상실과 획일성을 부정적으로 인식하는 화자의 어조는 성찰적이며 풍자성과 상징성을 띠고 있다는 점에서 〈스노우맨〉과 비교해 볼 만하다.

Link 〈현대 시〉 261쪽

내신 적중

5 〈보기〉는 이 글에 대한 평론의 일부이다. 이를 참고하여 ⓐ~ⓔ를 이해한 내용으로 적절하지 <u>않은</u> 것은?

┤ 보기 ├

단순하고 비현실적으로 보이는 이 이야기는 모두 현실의 우리를 보여 주기 위한 그림자 연극인 알레고리적 표현으로 읽혔다.

① ⓐ: 남자 개인의 이야기처럼 보이지만 결국 남자는 현실 속 우리의 모습이다.

② ⓑ: 한 조직 안에서 부당한 압력을 행사하는 존재로 볼 수 있다.

③ ⓒ: 사회적인 의무 때문에 소소한 행복을 누릴 여유도 없이 사는 우리의 모습이다.

④ ⓓ: 힘든 가운데에도 세상이 우리에게 주는 즐거움은 언제나 있음을 보여 준다.

⑤ ⓔ: 사람들의 희생에도 불구하고 많은 사람들에게 가해지는 삶의 무게는 결코 줄어들지 않는 현실을 드러낸다.

6 〈보기〉를 참고하여 이 글을 감상한 내용으로 적절하지 <u>않은</u> 것은?

┤ 보기 ├

'워라밸'은 'Work and Life Balance'의 준말로, 일과 삶의 균형을 의미합니다. 최근 들어 '워라밸'은 우리 사회 전반을 아우르는 중요한 화두로 떠오르고 있습니다. '워라밸'이 대두되기 이전에는 회사의 가축처럼 일하는 직장인이라는 의미의 '사축', 휴가도 마음 놓고 떠나기 어려워 회사로 출근 휴가를 갈 정도로 쉼을 포기한 '쉼포족' 등의 단어가 직장인들의 공감을 이끌며 유행했습니다. 이처럼 회사 업무를 우선시하다 보니 정작 자신의 삶을 챙길 여유가 없어진 사태에 대한 반작용으로, '워라밸'의 가치가 더욱 크게 떠오르고 있는 것입니다.

① 자신의 삶을 챙기지 못하고 일에만 매달려 살아가는 현대인의 모습을 담고 있다.

② 일과 삶의 균형을 추구하지 못하는 사회가 개인에게 어떤 불행을 초래하는지 보여 준다.

③ 쉼을 포기하고 오로지 회사를 위해서 무비판적으로 일하고 있는 현대인의 모습을 담고 있다.

④ 폭설을 헤치고 끝까지 출근을 하려는 모습에서 일과 삶의 균형을 추구하는 사람들의 모습을 보여 준다.

⑤ 폭설 때문에 교통이 마비되어도 출근해야 하는 모습에서 삶보다는 일이 우선시되는 사회의 모습을 보여 준다.

내신 적중 **多빈출**

7 (가)를 참고하여, 이 글의 제목인 '스노우맨'이 의미하는 바를 쓰시오.

8 '남자'와 '유 대리'의 공통점과 차이점을 서술하고 이를 통해 작가가 의도한 바를 쓰시오.

문학 창비

핵심 정리

갈래 단편 소설, 가정 소설
성격 사실적, 현실 비판적
배경 ① 시간 – 2010년대
② 공간 – 도시의 아파트 단지
시점 1인칭 주인공 시점
주제 ① 자식을 잃은 부모의 상실감과 슬픔
② 타인에 대한 공감과 이해의 어려움
특징 ① 타인의 아픔에 진정으로 공감하지 못하는 현대인의 일면을 상징적 사건으로 드러냄.
② 간결한 서술로 인물과 시간을 제시함.
③ '집'이라는 공간을 중심으로 아이를 잃기 전과 후의 생활을 대비시킴.
④ 역순행적 구성을 통해 사건 진행의 긴장감을 극대화함.
출전 《창작과 비평》(2014)

어휘 풀이

손해 배상 법률에 따라 남에게 끼친 손해를 물어 주는 일. 또는 그런 돈이나 물건.

Q **'나'가 아내에게 이와 같이 물은 이유는?**

아이를 잃고 슬픔에 빠져 예민해진 아내가 지나친 관심을 보이는 이웃들로 인해 괴로워하자 '나'는 아내까지 잃을 것 같아 두려웠기 때문이다.

구절 풀이

❶ **지난 봄, 우리는 ~ 사진을 매만지며 그랬다.** '나'는 감정에 관한 관념적 표현을 사용하지 않고 아들 영우의 죽음을 담담하게 서술함으로써 아이를 잃은 부모의 심정을 효과적으로 드러내고 있다.

❷ **많다거나 적다거나 하는 ~ 정말로 믿는다는 거였다.** 경제적 보상으로 책임에서 벗어나려는 어린이집 측의 태도에서 삶과 죽음을 경제적 가치로 쉽게 환산하는 세태가 나타난다. 또한 '나'는 아이의 죽음을 통해 많은 보상을 얻으려 한다는 의혹을 던지는 사람들의 반응에 큰 상처를 받는다.

❸ **생활비 통장에선 매달 ~ 감당하기 어려운 액수였다.** 아이를 잃은 극심한 슬픔 속에서도 세상은 돌아가고 생활은 이어져야 하는 비정한 현실이 나타난다.

❹ **한번은 아내가 바퀴 달린 ~ 잃게 될까 두려웠다.** 견디기 힘든 슬픔으로 예민해진 아내는 동정, 흥미, 경계심 등 어떤 이유에서든 사람들이 보내는 시선에 마음의 상처를 받는다. 결국 아내는 외부와의 단절을 선택하고, '나'는 이런 아내의 안위를 걱정한다.

가 ❶지난 봄, 우리는 영우를 잃었다. 영우는 후진하는 어린이집 차에 치여 그 자리서 숨졌다. 오십이 개월. 봄이랄까 여름이란 걸, 가을 또는 겨울이란 걸 다섯 번도 채 보지 못하고였다. 가끔은 열불이 날 만큼 말을 안 듣고 말썽을 피웠지만 딱 그 또래만큼 그랬던, 그런 건 어디서 배웠는지 제 부모를 안을 때 고사리 같은 손으로 토닥토닥 등을 두드려 주던, 이제 다시 안아 볼 수도, 만져 볼 수도 없는 아이였다. 무슨 수를 쓴들 두 번 다시 야단칠 수도, 먹일 수도, 재울 수도, 달랠 수도, 입 맞출 수도 없는 아이였다. 화장터에서 영우를 보내며 아내는 "잘 가."라 않고 "잘 자."라 했다. 다시 만날 수 있는 양, 손으로 사진을 매만지며 그랬다.

▶ 교통사고로 인한 아들 영우의 죽음

나 ㉠어린이집 원장은 영업 배상 책임 보험에 가입돼 있었다. 가해 차량 역시 자동차 종합 보험에 들어 우리는 보험 회사를 통해 민사상 *손해 배상을 받았다. ❷많다거나 적다거나 하는 세상의 잣대나 단위로 잴 수 없는 대가가 지급됐고, 어린이집에서는 그걸로 일이 마무리됐다 여기는 듯했다. [중략] 내가 보험 회사 직원이란 근거로 동네에 차마 입에 담지 못할 소문이 돈 것도 그즈음이었다. 처음에는 듣고도 믿을 수 없어 온몸이 바들바들 떨렸다. 끔찍한 건 몇몇 이들이 그 말을 정말로 믿는다는 거였다. 아내는 직장을 관두고 집 안에 틀어박혀 아무것도 하지 않았다. 가능하다면 나도 모든 걸 그만두고 싶었다. ❸생활비 통장에선 매달 아파트 대출금과 높은 이자가 빠져나갔고, 아파트 관리비와 각종 공과금, 의료 보험비와 휴대 전화 요금도 만만치 않았다. 내 월급만으론 감당하기 어려운 액수였다. 그즈음 어린이집 차량 보험 회사 직원으로부터 연락이 왔다. [중략] 서류를 앞에 두고 한동안 아무 말도 못하다 담배를 연달아 세 대 피웠다. 잘못된 걸 바로잡고 고장 난 데를 손보는 건 가장의 일이었다. 나는 그렇게 배우고 자랐다. 하지만 내가 거기 계좌 번호를 적는 순간 이상하게 어린이집 원장을 용서하는 결과를 낳을 것 같은 기분이 들었다.

▶ 영우의 죽음에 대한 보상 처리와 주변 사람들의 태도

다 ❹한번은 아내가 바퀴 달린 장바구니를 들고 나갔다 십 분 만에 돌아왔다. 무슨 일이냐고 묻자 아내는 사람들이 자길 본다고, 나는 안 그러냐고 했다. 그게 무슨 말이냐고 묻자 아내는 사람들이 자꾸 쳐다본다고, 아이 잃은 사람은 옷을 어떻게 입나, 자식 잃은 사람도 식식 코너에서 음식을 먹나, 무슨 반찬을 사고 어떤 흥정을 하나 훔쳐본다고 했다. 나는 그럴 리 없다고, 당신이 과민한 거라 설득했다. 그 뒤 아내는 주로 온라인 매장에서 장을 봤다. 집 밖을 나서는 일이 점차 줄고 베란다를 바라보는 시간이 늘었다. 나는 영우뿐 아니라 아내까지 잃게 될까 두려웠다.

— 여보, 우리 이사 갈까? / 딸각, 다시 스위치를 켰을 때 작은 인디언 천막 안에 웅크리고 있던 아내를 향해 물었다. 아내가 젖은 얼굴로 말없이 고개를 끄덕였다. 다음 날 퇴근길에 동네 부동산에 들렀다. 아파트 시세는 지난해 우리가 집을 산 가격보다 이천만 원 이상 떨어져 있었다. 부동산을 나와 집 앞 골목에서 담배를 연달아 두 대 피웠다. 결국 아파트 파는 걸 포기하고 아내에게 '집이 계속 안 나가는 모양'이라 둘러댔다. 물론 우리에겐 단 일 원도 건드리지 않은 보험금 통장이 있었다. 하지만 ㉡그건 한 푼도 써서는 안 되는 돈이었다. 한 번도 상의한 적 없지만 아내도 나도 암묵적으로 그렇게 약속하고 있었다.

▶ 깊은 슬픔에 빠진 아내에 대한 '나'의 걱정과 집 처분의 어려움

• 중심 내용 아들 영우를 사고로 잃고 주변의 시선에 괴로워하며 살아가는 아내와 '나'   • 구성 단계 위기

이해와 감상

이 작품은 사고로 어린 아들을 잃은 부부가 겪는 고통과 슬픔을 담담하게 그리고 있는 소설이다. 주로 남편인 '나'가 바라보는 아내의 모습을 서술하면서 사건이 진행되는데, 이를 통해 극도의 슬픔 속에서 삶을 이어 가는 방식의 차이와 이로 인한 미묘한 대립, 슬픔에 빠진 존재와 그 주변 존재의 대립이 간결한 문체 속에서 더욱 생생하게 드러난다.

이 작품에는 현대 사회의 다양한 상황과 문제들이 압축적으로 담겨 있다. 집을 소유하면서 얻는 안정감과 경제적 부담감, 삶과 죽음이 경제적 가치로 환원되는 현실, 어린이 안전사고 문제, 타인에 대한 이해와 공감의 결핍 등이 '나'의 가족이 살아가는 집을 중심으로 나타난다. 또한 부부의 상처를 바라보는 주위 사람들의 지나친 관심과 호기심 어린 시선은 두 사람에게 큰 상처로 다가온다. 이를 통해 다른 사람의 불행을 대하는 우리의 태도를 성찰하고 타인과 공감하고 소통하는 방식에 대해 고민하게 한다.

🔍 전체 줄거리

발단	아내는 '나'에게 복분자액이 어지럽게 튀어 엉망인 부엌 벽면의 도배를 하자고 제안한다.
전개	'나'는 지금의 집으로 이사 온 후의 상황을 떠올린다. 어렵게 아파트를 장만한 '나'는 땅에 뿌리를 내리는 기분을 느낀다. 아내는 공들여 집을 꾸미고, 아들 영우는 하루가 다르게 자란다.
위기	'나'는 영우를 잃은 이후의 상황을 떠올린다. 아이의 죽음을 경제적 가치로 환원하는 사람들, 배려 없는 호기심 어린 시선에 아내는 더욱 예민해진다. '나'는 아내마저 잃을 것 같은 두려움에 이사를 가려고 하지만 집값이 떨어져 그마저도 여의치 않은 상황이 된다.
절정	'나'와 부엌 벽을 새로 도배하던 아내는 피해 보상금을 헐어서 빚을 갚을 것을 제안하고 '나'는 아내가 삶의 의지를 회복했다고 생각한다.
결말	아내는 영우가 벽에 남긴 낙서를 발견하고 오열하고 '나'는 흰 꽃무늬 벽지 아래의 아내를 보며 아내가 '꽃매'를 맞고 있다는 느낌을 받는다.

👥 인물 관계도

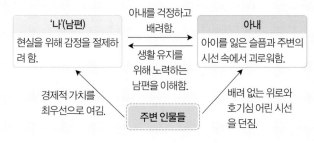

🏠 작품 연구소

제목 '입동'의 상징적 의미

'입동(立冬)'은 겨울의 시작을 알리는 절기로, 이 작품에서는 부부의 내면에 세상의 계절보다 더 이른, 더 추운 겨울이 찾아왔음을 의미한다.

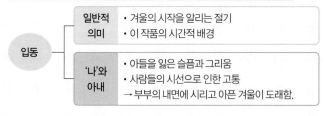

🔑 포인트 체크

인물 아이를 잃은 슬픔과 실의에서 벗어나지 못하는 ☐☐와 달리, '나'는 아파트 대출금, 관리비 등 ☐☐의 문제를 해결하기 위해 노력한다.

배경 작품의 제목이자 계절적 배경인 ☐☐은 현실의 시간이기도 하면서, 아내와 '나'의 내면에 기나긴 겨울이 시작되었음을 알려 준다.

사건 ☐☐를 하던 '나'와 아내는 부엌 벽 아래에 남겨진 죽은 아들의 ☐☐를 보고 그리움과 슬픔에 빠져 오열한다.

1 이 글에 대한 설명으로 적절하지 <u>않은</u> 것은?

① 과거 사건의 내용을 서술자가 요약하여 전달하고 있다.
② 짧은 호흡의 간결한 서술로 과거의 사건을 제시하고 있다.
③ 인물의 행동을 통해 내면 심리를 간접적으로 표현하고 있다.
④ 작품 내부의 인물이 자신의 가족에 관한 이야기를 서술하고 있다.
⑤ 사건 진행에 따라 공간을 빠르게 전환하면서 긴장감을 조성하고 있다.

> **내신 적중**

2 이 글의 '나'와 '아내'가 처한 상황으로 적절하지 <u>않은</u> 것은?

① 갑작스러운 사고로 어린 아들을 잃었다.
② 두 인물 모두 생활의 모든 것을 내려놓고 싶어 한다.
③ 부부에 대한 오해와 소문, 시선에 마음의 상처를 받는다.
④ 아들의 죽음에 대한 보상금이 충분하지 않다고 생각한다.
⑤ 집값이 떨어져 아파트를 쉽게 처분하지도 못할 상황이 된다.

> **내신 적중** **多빈출**

3 〈보기〉의 화자(ⓐ)와 ㉠이 주변 사람의 문제를 대하는 태도를 비교한 것으로 가장 적절한 것은?

> ┤ 보기 ├
> 한 친구가 위암 수술을 받았을 때
> 나는 지구의 자전 속도에 제동을 걸었다.
> 그 무렵 나는
> 놀러 가는 일을 그만두었으니
> 지구의 자전 속도가 줄어든 걸 알 수 있었다.
> – 정현종, 〈아픈 친구의 지구〉

① ㉠과 달리 ⓐ는 주변 사람들에게 경제적 보상을 제공하려 한다.
② ㉠과 달리 ⓐ는 주변 사람들의 아픔에 적극적으로 공감하려 한다.
③ ㉠과 달리 ⓐ는 주변 사람들이 아파하는 원인을 찾아 해결하려 한다.
④ ⓐ와 달리 ㉠은 비언어적인 표현을 통해 '나'에 대한 친밀도를 높이려 한다.
⑤ ⓐ와 달리 ㉠은 주변 사람들에게 자신의 잘못을 인정하고 책임 의식을 강화하려 한다.

4 (나)의 내용을 고려하여 ㉡의 이유를 쓰시오.

어휘 풀이

미색(米色) 겉껍질만 벗겨 낸 쌀의 빛깔과 같이 매우 엷은 노란색.

조화 조의를 표하는 데 쓰는 꽃.

구절 풀이

❶ **바쁘게 걸레질하던 아내가 ~ 바람이 사납게 파고들었다.** 아내는 도배를 하다가 영우가 벽 아래에 남긴 낙서를 발견한다. 제대로 앉거나 기지도 못했던 아이가 어느새 자신의 이름 일부를 적은 흔적을 보며 부부는 걷잡을 수 없는 슬픔에 빠진다. 감정을 직접 제시하지 않고도 대화와 행동, 사고를 통해 강한 그리움과 슬픔을 효과적으로 드러내고 있다.

❷ **아내는 연주를 끝낸 뒤 ~ 채찍질하는 것처럼 보였다.** 영우에게 감동받았던 추억을 떠올린 후 흰 꽃무늬 벽지 아래 쪼그려 앉아 울고 있는 아내의 모습에서 '나'는 연주를 마친 피아니스트를 떠올린다. '나'가 벽지의 꽃들을 사람들이 던진 조화, 국화, 꽃매로 느낀 것은 상대를 배려하지 않는 위로는 오히려 폭력이 될 수 있다는 인식이 반영된 것이다.

❸ **나는 결국 고개를 숙이고 ~ 두 팔이 바들바들 떨렸다.** '나'는 그동안 슬픔을 억누르면서 생활을 이어 가기 위해 노력했다. 그러나 아이의 낙서, 쪼그려 앉아 우는 아내의 모습, 아이를 향한 그리움이 겹치면서 '나'는 참아 왔던 슬픔을 표출한다. 한파가 오려면 멀었는데도 온몸이, 두 팔이 떨린 것은 아이를 잃은 부부의 마음에만 먼저 혹독한 겨울이 왔음을 의미한다.

Q 아내를 대하는 사람들의 태도를 '꽃매'라고 표현한 이유는?

부부가 겪은 불행과 슬픔에 대한 이웃들의 지나친 관심과 공감 없는 형식적인 애도가 오히려 폭력으로 변하여 부부에게 또 다른 상처를 주었기 때문이다. 상대를 배려하지 않고 겉으로만 위로를 표하는 태도의 폭력성을 벽지 무늬에서 연상된 꽃의 이미지와 연결하여 '꽃매'라고 표현한 것이다.

Q '나'의 벌서듯 서 있는 자세의 의미는?

눈물을 흘리면서도 도배지를 놓지 않는 '나'의 모습에는 현실을 중시하는 성격이 그대로 담겨 있다. 그러나 마음껏 슬퍼하지 못하고 무너지지 않는 것이 아버지로서는 죽은 아이에게 미안한 일일 수 있다. 이러한 자책감이 '벌서듯 서' 있는 모습으로 나타난 것이다.

작가 소개

김애란(본책 350쪽 참고)

가 나는 아내가 얼른 먼지를 훔쳐 내고 내 안쪽으로 들어와 도배지 밑단을 잡아 주길 바랐다. 그런데 ❶바쁘게 걸레질하던 아내가 갑자기 꼼짝하지 않았다.

― 여보? / ― ……. / ― 영우 엄마? / ― ……. / ― 미진아, 왜 그래? 무슨 일 있어?

도배지 든 양손을 벽에서 떼지 못한 채 아내를 내려다봤다.

― 여기……. / ― 응? / ― 여기…… 영우가 뭐 써 놨어……. / ― ……뭐라고?

― 영우가 자기 이름…… 써 놨어. / 아내가 떨리는 손으로 벽 아래를 가리켰다.

― 근데 다…… 못 썼어……. / 아내의 어깨가 희미하게 떨렸다.

― 아직 성하고……. / 아내의 몸이 희미하게 떨렸다.

― 이응하고……. / ― ……. / ― 이응하고, 아니 이응밖에 못 썼어…….

아내는 끅끅 이상한 소리를 내다 결국 울음을 터뜨렸다. [중략] 제대로 앉거나 기지도 못했던 아이가 어느 순간 훌쩍 자라 '김' 자랑 '이응'을 썼다니, 『대견해 머리통이라도 쓰다듬어 주고 싶었다. 영우의 새까만 머리카락은 또 얼마나 차지고 부드러웠는지. 한 번만, 단 한 번만이라도 영우를 다시 안아 보고 싶었다. 그럴 수만 있다면 어떤 대가도 치를 수 있을 것 같았다. 부엌 창문 사이로 11월 바람이 사납게 파고들었다.

나 『― 내 생일에 당신 케이크 사왔잖아. 여기 식탁에서 같이 초에 불붙이고, 그때 영우는 태어나서 촛불 처음 보는 거였는데, 불을 무슨 엄청 신기한 사물 보듯 응시했잖아? 그날 내가 두 돌도 안 된 영우한테 장난으로 "영우야, 오늘 엄마 생일인데 뭐 해 줄 거야?" 하고 물었어. 그랬더니 영우가 어떻게 했는지 알아? 그 말도 못 하던 애가 잠시 고민하더니 갑자기 막 손뼉을 치더라고. 영우가 나한테 손뼉을 쳐 줬어. 태어났다고…….』

❷아내는 연주를 끝낸 뒤 수천 명의 기립 박수를 받은 피아니스트처럼 울었다. 사람들이 던진 꽃에 싸인 채, 꽃에 파묻힌 채. 처마 밑에서 비를 피하는 사람처럼 내가 붙들고 선 벽지 아래서 흐느꼈다. 미색 바탕에 이름을 알 수 없는 흰 꽃이 촘촘하게 박힌 종이를 이고서였다. 그러자 그 꽃이 마치 아내 머리 위에 함부로 던져진 조화처럼 보였다. 누군가 살아 있는 사람에게 악의로 던져 놓은 국화 같았다. 우리는 알고 있었다. 처음에는 탄식과 안타까움을 표한 이웃이 우리를 어떻게 대하기 시작했는지. 그들은 마치 거대한 불행에 감염되기라도 할 듯 우리를 피하고 수군거렸다. 그래서 흰 꽃이 무더기로 그려진 벽지 아래 쪼그려 앉은 아내를 보고 있자니, 아내가 동네 사람들로부터 꽃매를 맞고 있는 것처럼 느껴졌다. 많은 이들이 '내가 이만큼 울어 줬으니 너는 이제 그만 울라'며 줄기 긴 꽃으로 아내를 채찍질하는 것처럼 보였다.

다 ― 다른 사람들은 몰라. / 나는 멍하니 아내 말을 따라 했다. / ― 다른 사람들은 몰라.

그러곤 내가 아내 말을 완벽하게 이해하고 있다는 걸 알았다. 아내가 물끄러미 나를 올려다봤다. 텅 빈 눈동자가 불 꺼진 형광등처럼 어두웠다. 아내가 한 손으로 영우가 직접 쓴, 아니 쓰다 만 이름을 어루만졌다. 순간 어디선가 영우가 다다다다 뛰어와 두 팔로 내 다리를 감싸 안을 것 같았다. '토닥토닥' 그런 건 어디서 배웠는지, 제 엄마의 등을 말없이 두드려 줄 것도 같았다. 하지만 그런 일은 일어나지 않았다. 앞으로도 절대 일어나지 않을 터였다. 그 단순한 사실이 가슴을 아프게 후벼 팠다. ❸나는 결국 고개를 숙이고 말았다. 부엌 바닥으로 굵은 눈물방울이 툭 흘러내렸다. 하지만 그 순간조차 손에서 벽지를 놓을 수 없어, 그렇다고 놓지 않을 수도 없어 두 팔을 든 채 벌서듯 서 있었다. 물먹은 풀이 내 몸에서 나오는 고름처럼 아래로 후드득 떨어졌다. 한파가 오려면 아직 멀었는데 온몸이 후들후들 떨렸다. 두 팔이 바들바들 떨렸다.

• **중심 내용** 영우의 낙서를 발견하고 아이에 대한 슬픔과 그리움을 표출하는 아내와 '나'   • **구성 단계** 결말

작품 연구소

〈입동〉의 구성상 특징 – 역순행적 구성

이 작품은 현재 시점에서 아내가 '나'에게 도배를 하자고 제안한 것에서 시작하여 '나'가 과거의 사건을 회상한 뒤 현재의 시점으로 돌아와 도배를 시작하는 역순행적 구성을 보이고 있다.

현재	오늘 자정	아내가 미뤘던 도배를 하자고 함.
과거	지난달	시어머니가 복분자액을 터뜨려 벽에 얼룩이 생김.
	작년 봄	대출을 받아 집을 장만하고, 아내는 공들여 집을 꾸밈.
	지난 봄	갑작스러운 사고로 영우를 잃고, 슬픔을 견디며 살아감.
현재	오늘 자정	도배를 하다가 영우의 낙서를 발견함.

'집'이라는 공간의 성격

현실적·낭만적 공간	집	현실적·비극적 공간
• 삶의 안정과 경제적 부담을 동시에 줌. • 아내가 공들여 꾸미고 영우가 자라는 것을 지켜봄.	영우의 죽음 ⇒	• 남은 대출금과 떨어진 집값은 부부의 고통을 심화함. • 영우가 벽에 남긴 낙서 → 영우를 향한 그리움이 증폭됨.

'꽃무늬'가 상징하는 의미

벽지의 꽃무늬는 그 밑에 쪼그려 앉아 슬퍼하는 아내의 모습과 연결되면서 아내의 마음에 상처를 주는 주변의 시선과 상대를 배려하지 않고 형식적으로 하는 위로를 형상화한다.

벽지의 꽃무늬		아내
• 함부로 던져진 조화 • 산 사람에게 악의로 던져 놓은 국화 • 꽃매	⇒	거대한 불행을 경험하고 슬퍼하는 존재

상대를 배려하지 않는 형식적 위로의 폭력성

자료실

안과 밖의 온도차에 관한 소설 〈입동〉

〈입동〉은 소설집 《바깥은 여름》에 실린 작품으로, 작가는 인터뷰에서 '바깥'의 의미에 대해 다음과 같이 말했다. "말 그대로 나의 외부, 나와 타인, 나와 세상의 간극을 나타내는 말로 썼다. 무언가를 잃어버린 사람들의 이야기, 그들이 세상 또는 타인으로부터 느끼는 온도차, 시차 때문에 가슴에 결로(結露)와 얼룩이 생기는 이야기들을 묶었다." 결국 〈입동〉은 '나'의 가족에게 생긴 가슴 아픈 사건에 대한 나와 타인의 온도차에 관한 소설인 것이다. 혹한의 겨울처럼 시린 가슴으로 살아야 할 '나'의 가족에게 바깥은 언제나 여름일 뿐이다.

함께 읽으면 좋은 작품

〈유리창〉, 정지용 / 자식을 잃은 아버지의 슬픔과 그리움을 형상화한 시

이 시는 작가의 아들이 폐결핵으로 세상을 떠난 후의 슬픔을 표현한 것이다. 죽은 아들을 만나고 싶어 하는 작가의 간절한 마음이 유리창에 어리는 여러 이미지들을 통해 절제된 감각으로 표출된다. 감정을 절제하여 표현하고, 구체적 소재를 통해 죽은 아이를 떠올린다는 점에서 〈입동〉과 비교해 볼 만하다. Link 〈현대 시〉 66쪽

내신 적중

5 이 글에 사용된 소재의 의미와 기능으로 적절하지 <u>않은</u> 것은?

① 도배지: 아이를 잃은 슬픔을 이겨 내고 새롭게 시작하려는 부부의 노력이 담겨 있다.

② 사납게 부는 11월 바람: 아이를 그리워하는 '나'의 슬픈 내면과 조응하고 있다.

③ 영우의 낙서: 참아 왔던 슬픔을 표출하는 계기가 된다.

④ 벽지의 꽃무늬: 부부가 슬픔을 극복할 수 있을 것이라는 희망적 분위기를 형성한다.

⑤ 흘러내린 풀: '나'가 슬픔을 참지 못하고 표출하게 되는 상황과 연결된다.

6 '아내'가 쓴 일기의 내용으로 적절하지 <u>않은</u> 것은?

┤보기├

①오늘 미루어 두었던 도배를 했다. 다시 이전과 같은 생활을 하려면 먼저 부엌 벽에 묻은 복분자액 얼룩부터 지워야겠다고 생각했다. ②벽에 붙은 수납함을 밀고 바닥의 먼지를 닦으려는데, 영우가 벽에 남긴 낙서를 발견했다. '김', 그리고 이응. 영우가 자기의 이름을 쓰려던 것이었다. ③영우 아빠가 가르친 글씨를 영우가 써 놓은 것을 보니 쏟아져 나오는 울음을 멈출 수 없었다. ④영우와의 추억을 겨우 영우 아빠에게 이야기하고 나니 다시 눈물이 났다. 어떻게 잊을 수 있어. 어떻게 그만 슬퍼할 수 있어. ⑤다른 사람들은 이런 마음을 모른다는 생각이 들었다. 그래도 남편만큼은 내 마음을 이해해 주었다.

7 〈보기〉를 참고하여 이 글을 감상한 내용으로 적절하지 <u>않은</u> 것은?

┤보기├

ⓐ 집 → ⓑ 아이의 죽음 → ⓒ 집

① ⓑ는 ⓐ가 ⓒ로 변모하는 계기가 된다.

② 부부에게 ⓐ와 ⓒ는 전혀 다른 공간으로 인식되고 있다.

③ '나'는 ⓒ가 다시 ⓐ가 될 수 없음을 가슴 아파하고 있다.

④ '나'는 ⓐ를 선택하지 않았다면 ⓑ가 없었을 것이라고 후회하고 있다.

⑤ ⓑ로 인해 삶의 의지를 잃었던 아내는 도배를 하며 ⓒ에서의 삶의 의지를 다지고 있다.

내신 적중

8 〈보기〉의 대화 중 학생의 답변으로 적절한 내용을 빈칸에 쓰시오.

┤보기├

학생: 이 작품에는 사람 사이의 이해와 소통에 대한 메시지가 담겨 있는 것 같아요.

선생님: 맞아요. 우리는 문학 작품을 통해 바람직한 삶의 자세를 성찰하고 자신의 태도를 반성할 수 있어요. '꽃매'라는 표현에는 이해와 공감, 소통에 대한 작가의 인식이 담겨 있다고 볼 수 있지요. 우리는 어떤 자세가 필요할까요?

학생: 슬픈 일을 겪은 사람들에게 _____
_____.

V. 1990년대 이후

뿌리 이야기 | 김숨

문학 천재(김)

◎ 핵심 정리

갈래 중편 소설
성격 성찰적, 고백적, 반성적, 실존주의적
배경 ① 시간 – 2010년대
　　　② 공간 – 서울
시점 1인칭 주인공 시점
주제 뿌리를 통해 깨닫는 인간의 고통과 불안
특징 ① 여러 뿌리의 모습을 통해 현대 사회를 살아가는 인간의 다양한 고통을 형상화함.
　　　② 구체적 지명을 사용하여 사실감을 높임.
출전 《작가세계》(2014 여름)

Q '고모할머니'가 잠든 '나'의 손을 움켜쥐려 했던 이유는?

일본군 위안부로 끌려갔다가 돌아온 고모할머니는 가족들에게 외면당한다. 이는 일제의 억압에 의해 들렸던 고모할머니의 삶의 뿌리가 다시 제대로 자리 잡지 못했음을 의미한다. 이러한 상황에서 고모할머니는 삶의 위안을 얻고, 자기 존재의 의미를 찾기 위한 노력으로서 '나'의 손을 잡으려 한 것이다.

☀ 어휘 풀이

왜건 세단의 지붕을 뒤쪽까지 늘려 뒷자석 바로 뒤에 화물칸을 설치한 승용차.
귀기 귀신이 나타날 것 같은 무시무시한 기운.

⊗ 구절 풀이

❶ 왜건 뒷자리에 ~ 내 손보다 작아 보였다. '나'는 땅속 깊이 뿌리 내리지 못하고 땅 표면으로 확장하는 포도나무 뿌리와 밤마다 '나'의 손을 잡던 고모할머니의 손이 닮아 있다고 생각한다. '그녀의 손이 쪼그라들', '작아 보였다'는 표현에서 고모할머니의 고단하고 외로운 삶에 대한 '나'의 연민을 엿볼 수 있다.

❷ 남귀덕……. ~ 나는 그렇게 부르고 있었다. 이름을 부르는 행위는 대상을 기억하고 인정한다는 의미를 가진다. 또한 불러 본 적도, 부를 일도 없을 것 같았던 이름을 갑자기 부른 것에서 고모할머니에 대한 '나'의 정서적 태도가 바뀌었음이 나타난다.

❸ 고모할머니가 이불 속을 ~ 한 줌의 흙. '나'는 '그'가 고모할머니의 이름을 따서 만든 작품을 통해 고모할머니가 자신의 손을 잡았던 이유를 깨닫는다. 일본군 위안부로 끌려가 가족에게조차 외면당하면서 제대로 된 삶의 뿌리를 내리지 못했던 고모할머니가 '나'의 손을 잡으며 자신의 뿌리를 품어 줄 한 줌의 흙을 찾고자 했음을 이해하고 있다.

가 　포도나무 뿌리를 실은 그의 *왜건을 타고 영동을 벗어나, 한밤의 경부 고속 도로를 달리면서 나는 그에게 미처 못한 이야기를 해 주었다. 시간이 한참 흘러서야 고모할머니가 일본군 '위안부'였다는 사실을 알게 되었다는 걸. 그때는 그녀가 이미 세상을 떠나 그 어디에도 없었다는 것을.
_{천근성(땅에 깊이 뿌리 내리지 못하고 지표면 가까이에서 확장함)을 가짐. – 고모할머니의 삶과 연결됨.}
_{고모할머니의 사연 – 뿌리 뽑힌 삶의 배경}

　❶왜건 뒷자리에 실린 포도나무 뿌리가 나는 그 어떤 뿌리보다 더 고모할머니의 손 같았다. 일 년여를 한방에서 지내는 동안 밤마다 이불 속을 더듬어 오던, 잠들려 하는 내 손을 슬그머니 움켜쥐던 고모할머니의 손이 시공을 초월해 그의 왜건 뒷자리에 실려 있는 것 같았다. 밤마다 내 손을 움켜쥐던 그녀의 손은 쪼그라들어, 겨우 아홉 살이던 내 손보다 작아 보였다. [중략]
_{삶의 위안을 얻고 자기 존재의 의미를 찾으려는 노력}
_{고모할머니 손의 이미지가 포도나무 뿌리에 겹쳐짐. – 고모할머니의 고단하고 외로웠던 삶을 형상화함.}

　❷남귀덕……. / 중얼거리는 소리를 들었는지 그가 당신을 흘끔 바라보았다.

　"고모할머니 이름이 남귀덕이었어."
_{고모할머니의 존재를 더 구체적으로 떠올림.}

　㉠한 번도 불러 본 적 없는 이름을, 부를 일 없을 것 같던 이름을 나는 그렇게 부르고 있었다.
_{고모할머니의 존재를 인정하고 이해하려는 '나'의 심리가 반영됨.}

　영동 황간면 포도밭에 다녀온 뒤로 나는 고모할머니의 손이 내 손을 슬그머니 그러잡는 착각에 사로잡히고는 했다. 출퇴근 지하철 안에서, 길을 걷다가 문득 고개를 수그리고 손을 물끄러미 내려다보았다.
_{고모할머니에 대한 기억과 그녀의 삶에 자꾸 마음이 쓰임.}

　『며칠 전 나는 우연히 위안부 피해자에 대한 기사를 읽었다. 정부에 등록한 위안부 피해자 237명 중 182명이 사망하고 55명밖에 남지 않았다고 했다. 그 55명도 평균 나이가 88세가 넘어 머지않아 하나둘 세상을 뜰 것이라고 했다.』 고모할머니가 죽은 뒤에도 가족들은 그녀가 위안부였다는 사실을 쉬쉬하는 듯했다. 할아버지를 비롯해 그녀의 일곱 형제들이 차례로 세상을 뜬 뒤로 친척들은 아무도 그녀를 애써 기억해 내려 하지 않았다.
_{『 』: 실제 현실의 내용 – 고통을 겪은 사람들이 제대로 치유를 받지 못한 채 세상을 떠나고 있음.}
_{가족들의 외면 – 일본군 위안부가 되면서 피폐해진 고모할머니의 삶의 뿌리가 다시 자리 잡지 못했음을 의미함.}

▶ '그'와 함께 포도나무 뿌리를 가져오면서 고모할머니의 삶을 떠올리는 '나'

나 　영동에서 구해 온 포도나무 뿌리, 그 뿌리를 나는 며칠 전 다시 보았다. 경복궁 근처 백 년도 더 된 한옥을 개조해 만든 갤러리에서였다. 정희 선배가 찻집 겸 갤러리를 내면서 대학교 때부터 눈여겨본 후배 몇 명에게 전시할 기회를 제공해 준 것이었다.

　부엌을 개조해 만든 전시실, 공중 곡예를 하듯 허공에 위태롭게 매달려 있는 그 뿌리가 영동에서 구해 온 뿌리라는 것을, 나는 단박에 알아차렸다. 말리고, 방부제 처리를 하고, 접착제를 바르고, 촛농을 입히는 동안 형태가 달라졌음에도 불구하고. 두 평 남짓한 전시실 입구 옆 명조체로 '남귀덕'이라고 적힌 작품명을 보았던 것이다.
_{뿌리 뽑힌 삶을 상징함.}
_{전시된 포도나무 뿌리가 고모할머니의 삶을 형상화하고 있음.}

　나는 선뜻 전시실 안으로 발을 내딛지 못했다. 포도나무 뿌리가 드리우는 흰색으로 넘쳐 나는 전시실 천장과 벽과 바닥에 포도나무 그림자가 드리워져 있었기 때문이었다. *귀기가 감도는 그 그림자 속으로 들어서면서 나는 깨달았다. **❸**고모할머니가 이불 속을 더듬어 찾던 것은 단순히 내 손이 아니었다는 걸…… 그녀가 그토록 찾던 것은 흙이었다는 걸. 태어나고 자란 자리에서 파헤쳐져 내팽개쳐진 뿌리와도 같은 자신의 존재…… 잎 한 장, 꽃 한 송이, 열매 한 알 맺지 못하고 철사처럼 메말라 가던 자신의 존재를 받아 줄 흙이었다고…… 뿌리 뽑혀 떠돌던 그녀의 존재를 그나마 내치지 않고 품어 줄 한 줌의 흙.
_{고모할머니로 비유된 포도나무 뿌리의 그림자를 밟기가 꺼려져서}
_{고모할머니의 삶을 이해함.}
_{삶의 뿌리를 내릴 터전을 찾으려는 본능적이면서 간절한 행위였음.}
_{뿌리를 보며 고모할머니의 고통스러운 삶을 이해함.}
_{'나'를 비롯한 가족, 사회를 의미함.}
_{고모할머니의 삶}

▶ 전시된 포도나무 뿌리를 보면서 고모할머니의 삶을 이해하는 '나'

• **중심 내용** 포도나무 뿌리를 통해 고모할머니의 삶을 떠올리고 이해하는 '나'　• **구성 단계** (가) 위기 / (나) 절정

이해와 감상

이 작품은 나무뿌리를 소재로, 뿌리 뽑힌 삶의 공포와 슬픔, 그리고 치유의 가능성을 그리고 있다. '나'는 연인인 '그'가 나무뿌리를 재료로 전시물을 만드는 과정을 관찰한다. 이를 바탕으로 나무뿌리와 인간, 뿌리 뽑힌 삶들, 얕은 뿌리의 삶과 깊은 뿌리의 삶이 연결되고 공존하는 모습이 그려진다.

이 작품은 '뿌리'라는 익숙한 소재에 상상력과 감수성을 가미하여 제자리를 잃는 공포와 고통, 존재의 이유와 의미에 대한 성찰을 보여 준다. 땅에서 뽑혀 먼 거리를 이동해 이식되는 나무, 입양아였다는 사실을 알게 된 '그', 일본군 위안부였다는 이유로 가족들에게 눈총을 받았던 고모할머니 등 뿌리 뽑힌 삶들의 연결은 결국 '내가 왜 여기 있는가'라는 실존주의적 성찰로 이어진다. 작가는 이러한 성찰이 타자의 존재 의미와 고통에 대한 공감을 이끌어 내며, 이를 통해 존재들의 연결과 공존이 가능함을 형상화한다.

🔍 전체 줄거리

발단	'나'와 진전 없는 연인 관계를 이어 오던 '그'는 나무뿌리를 재료로 하는 작업을 시작한다.
전개	'나'는 뿌리를 통해 고모할머니의 손을 떠올리고, '그'는 '나'를 포도나무를 갈아엎는 현장으로 데려간다. '그'는 뿌리에 촛농을 입히는 작업을 하면서 자신의 존재 의미에 대한 의문을 드러낸다.
위기	'그'는 메타세쿼이아를 보면서 나무가 이식될 때의 공포감을 생각한다. 뿌리를 패널에 고정하는 작업을 하면서는 불안감에 휩싸여 지나치게 많은 못으로 고정한다. '나'는 '그'와 함께 포도나무 뿌리를 옮겨 오면서 일본군 위안부였던 고모할머니에 대한 이야기를 한다.
절정	'나'는 '그'에게서 자신이 입양아라는 것을 알게 된 사연과 자기 존재에 대한 고민을 듣는다. '그'의 작품 전시회에서 '나'는 고모할머니 이름으로 전시된 포도나무 뿌리를 보고 난 뒤 고모할머니의 삶과 가족들의 태도에 대해 생각한다.
결말	'나'는 고모할머니가 삶의 마지막 순간에 자신의 손을 잡았던 것임을 '그'에게 고백한다.

👥 인물 관계도

🏠 작품 연구소

'뿌리'에서 유추한 인간의 삶

나무의 뿌리 뽑힘	뿌리마다 각자의 특성과 표정, 감정을 가지고 있음. 뿌리골무를 통해 생존의 방향을 찾아감.	⇒	인간 문명은 이를 외면하고, 너무 쉽게 뿌리를 뽑음.
인간의 뿌리 뽑힘	가족의 외면, 외부의 억압, 실직, 철거 등 다양한 상황 속에서 뿌리 뽑힌 삶이 나타남.	⇒	존재의 고통과 성찰, 안정을 얻기 위한 노력을 뿌리로 형상화함.

🔑 포인트 체크

인물 '나'는 나무뿌리를 재료로 한 '그'의 작업을 통해 점차 삶의 뿌리가 뽑힌 존재들의 아픔에 공감하고 그들의 삶을 ☐☐한다.

배경 인간의 필요에 의해 들리고 옮겨지는 나무뿌리, 일본군 위안부였던 고모할머니의 아픔을 ☐☐하는 가족들의 모습을 통해 현대 사회의 비정함을 나타낸다.

사건 고모할머니의 이야기를 알게 된 '그'는 ☐☐☐☐☐☐로 작품을 만들어 제목을 '나'의 고모할머니 ☐☐을 따서 짓는다.

1 이 글에 대한 설명으로 적절한 것은?

① 공간의 이동에 따라 서술의 시점이 달라지고 있다.
② 인물과 인물 사이의 갈등이 사건 전개의 중심이 되고 있다.
③ 공간적 배경의 상징적 의미가 작품의 전체 분위기를 조성한다.
④ 사건의 문제 해결을 위한 단서가 인물들의 대화를 통해 드러난다.
⑤ 소재의 상징성이 인물과 연결되어 구체적인 의미를 부여하고 있다.

2 ㉠을 이해한 것으로 적절하지 않은 것은?

① 고모할머니에 대한 '나'의 태도 변화가 행동으로 나타난 것 같아.
② 고모할머니의 존재와 삶에 대한 인정의 의미가 담겨 있는 것 같아.
③ '그'가 포도나무 뿌리로 만든 작품의 제목을 정하는 계기가 된 것 같아.
④ 고모할머니의 존재를 널리 알려야겠다는 '나'의 의지가 반영된 것 같아.
⑤ '나'가 고모할머니에 대한 기억을 더 구체적으로 떠올린 결과인 것 같아.

3 '그'의 작품 〈남귀덕〉을 갤러리에서 감상한 사람의 반응으로 적절하지 않은 것은?

① '남귀덕'이라는 인물의 삶이 형상화된 것으로 느껴졌어.
② 뿌리가 뻗어 있는 모습에서 흙을 찾는 간절함이 느껴졌어.
③ 허공에 매달린 모습에서 뿌리 뽑힌 존재의 위태로움이 느껴졌어.
④ 한옥 부엌을 개조한 공간과 연결되면서 우리 문화의 전통이 느껴졌어.
⑤ 작품의 그림자 아래에서 뿌리가 나를 향해 뻗어 오는 것처럼 느껴졌어.

내신 적중 高난도

4 '고모할머니'에게 '나'의 손이 어떤 의미였는지 〈조건〉에 따라 쓰시오.

┤조건├
• (나)의 내용을 바탕으로 할 것
• 비유적 표현을 사용할 것

어휘 풀이

장조카 맏형의 맏아들을 이르는 말. 맏조카.

가제 거즈(gauze). 가볍고 부드러운 무명베. 흔히 붕대로 사용한다.

이태 두 해.

Q '나'의 어머니가 이와 같이 표현한 이유는?

'눈칫밥'은 '남의 눈치를 보며 얻어먹는 밥'을 의미한다. 즉, '나'의 가족과 친지들이 고모할머니를 반기지 않았기 때문에 고모할머니는 불편한 마음에 이 집 저 집 떠돌며 살았던 것이다.

구절 풀이

❶ **액체로 흐르던 촛농이 ~ 조용히 지켜보고 있었던 것이다.** '그'가 만든 작품 〈남귀덕〉이 고모할머니의 삶을 절묘하게 형상화했음을 확인한 '나'는 '그'가 포도나무 뿌리에 촛농을 떨어뜨리는 과정의 의미를 이해한다. 촛농을 떨어뜨리는 것은 뿌리 하나하나에 담긴 고통의 몸부림, 안정을 향한 갈구를 고정하고 보존하면서 뿌리의 죽음을 애도하는 것이다. '나'는 이 과정을 통해 뿌리 뽑힌 존재인 '그'와 고모할머니가 공감하며 소통한다고 생각한다.

❷ **어머니는 그녀가 위안부 ~ 그때 나는 깨달았다.** 일본군 위안부 등록을 하지 않아 생활 안정 지원금을 받지 못해 여러 집을 전전하며 살아야 했던 고모할머니의 삶을 알 수 있다. 또한 '나'는 고모할머니의 아픔과 고독을 진정으로 이해하지 못하고 그저 의식주를 해결하는 물질주의적 가치관을 보이는 어머니의 태도에 충격을 받고 있다.

❸ **그녀도 그렇게 느낀 것은 ~ 어린 날을 떠올렸던 것은 아닌지.** '나'는 자신의 겉모습이 고모할머니와 닮았다는 것을 깨닫는다. 고모할머니에 대한 '나'의 거리감은 그녀가 자신과 혈연으로 얽혀 있고 외모가 닮았다고 인식하는 만큼 줄어든다. 또한 '나'는 고모할머니도 이러한 연결을 생각하며 자신의 손을 잡았던 것이라 추측하고 있다.

❹ **"죽는 순간에 고모할머니가 ~ 더듬어 오는 것을."** '나'는 고모할머니가 양로원에서 삶을 마감하는 순간에도 자신의 손을 잡고 있었다고 '그'에게 이야기한다. 이것은 '나'의 경험과 고모할머니의 내면에 대한 상상이 연결된 환상이다. '나'는 고모할머니의 삶에서 자신과의 연결이 유일한 위안이었다는 것을 알고 있었음을 고백한 것이다. 이러한 고백에는 고모할머니의 삶에 대한 '나'의 이해와 공감, 고모할머니의 아픔을 외면했던 스스로에 대한 죄책감과 반성의 정서가 담겨 있다.

작가 소개

김숨(1974~)
소설가. 1997년 《대전일보》 신춘문예에 단편 〈느림에 대하여〉가 당선되어 등단했다. 삶의 현실과 인간관계에서 느끼는 불안과 절망, 이해와 연민 등 다양한 감정을 사실적으로 포착하여 함축성 강한 문장으로 형상화하고 있다. 주요 작품으로는 〈중세의 시간〉, 〈투견〉, 〈그 밤의 경숙〉 등이 있다.

가 포도나무 뿌리로 촛농이 떨어져 굳는 순간은 극적인 데가 있었다.
작업 과정의 하나이지만 더 큰 의미가 담겨 있음.
그 순간이 특별한 순간이었다는 것을 한옥을 개조해 만든 화랑에 다녀오고 나서야 알았다.
'그'가 전시한 작품을 감상하고 나서야
그 순간은, 고모할머니와 그가 만나는 순간이기도 했던 것이다. ❶액체로 흐르던 촛농이
'그'가 고모할머니의 삶을 이해하고 공감함.
포도나무 뿌리 위로 떨어져 고체로 굳는 순간은. 아무 데도 둘 곳 없던 고모할머니의 손과
촛농이 자리를 잡음. 고모할머니의 삶과 '그'의 삶의 공통점 – 뿌리가 들렸음.
태어나자마자 버려져 자신의 생일조차 모르는 그가 만나는 순간이었던 것이다. 생전 만날
일 없던 두 존재가 만나는 순간이었던 것이다. 기적 같은 그 순간을 촛불이 흔들리면서 조
공감, 감응, 소통
용히 지켜보고 있었던 것이다.
① '그'의 작업에 대한 '나'의 긍정적 인식 드러남. ② 의인화 – 참신한 발상으로 상황을 묘사함.
▶ '그'의 작업이 고모할머니의 삶에 공감하는 것이었음을 깨닫는 '나'

나 죽기 전 고모할머니가 살아남은 몇 번째 위안부였을지 궁금해한 적이 있었다. 살아남은
고모할머니의 삶에 대한 관심
위안부가 55명에 불과하며, 그들도 머지않아 세상을 뜰 거라는 기사를 읽고 난 뒤였다. 내
가 알기로 고모할머니는 살아생전 위안부 등록을 하지 않았다. 알 만한 사람은 다 아는 비
뿌리 뽑혔던 삶에 대한 부끄러움 때문 – 잘못 없이도 죄책감을 가져야 했던 일본군 위안부 할머니들의 아픔이 나타남.
밀을 끝까지 비밀로 덮고 살았던 것이다. 그녀가 세상을 뜨고 몇 년이 흘러서야 어머니가
그녀에 대해 아버지에게 지나가듯 이야기하는 소리를 우연히 들었다. 아홉 시 뉴스를 보다
가 위안부 관련 기사가 나오자 어머니는 까맣게 잊고 있던 그녀를 떠올린 것이었다. ❷어머
니는 그녀가 위안부 등록을 하지 않은 것에 대해, 그래서 정부에서 지원해 주는 생활 안정
지원금을 받지 못한 것에 대해 아쉬워했다. 「정부에서 주는 지원금을 받아 생활하셨으면 혼
「 」: ① 삶이 자리 잡는 것을 물질 중심적인 가치관으로 판단함. ② 고모할머니가 가족에게 홀대받은 상황이 드러남.*
자서도 충분히 생활하셨을 거 아니에요. 괜히 이 집 저 집 떠돌면서 **눈칫밥** 안 먹고……」
'생활'이라는 지극히 평범한 말이 실은 얼마나 무시무시하고 징그러운 말인지 그때 나는 깨
달았다.
경제적 가치를 우선으로 여기면서 고모할머니의 아픔에 공감하지 못하는 어머니의 태도에 충격받음.
▶ 고모할머니의 아픔에 공감하지 못하는 가족들의 태도에 충격을 받는 '나'

다 빗과 드라이어를 정리하다 말고 문득 거울을 들여다보았다. 아버지와 어머니, 그 어느
실직한 '나'는 낡은 목욕탕을 운영하는 부모님을 도와드림. *뿌리를 알 수 없던 겉모습*
쪽도 뚜렷하게 닮지 않은 모호한 얼굴이 누구를 닮았는지 서른아홉 살이 되어서야 깨닫고
있었다. 거울 속 얼굴은 뜻밖에도 고모할머니인 그녀를 닮아 있었다. 무표정한 내 얼굴 위
자신의 겉모습의 뿌리를 고모할머니에게서 발견함.
로 그녀의 얼굴이 습자지처럼 겹쳐 떠올랐던 것이다. 놀라운 일이었지만, 불가능한 일은
아니었다. 고모할머니인 그녀의 몸속에 흐르는 피가 내 몸속에도 흐르고 있을 것이기 때문
이었다. 아이가 제 부모보다 고모나 삼촌을 더 닮는 경우가 종종 있다는 것을 나는 모르지
않았다. [중략]

거울 아래 어지럽게 흩어진 머리카락을 주우면서 나는 의문했다. ❸그녀도 그렇게 느낀
자신의 손을 잡던 고모할머니 행동의 의미를 추측함.
것은 아닌지…… 장조카의 딸인 내가 고모할머니인 자신을 닮았다고. 자신을 꼭 닮은 나
를 보면서 자신의 어린 날을 떠올렸던 것은 아닌지.
▶ 고모할머니를 닮은 '나'의 모습을 발견함.

라 "당신에게 미처 말하지 못한 것이 있어……."

뿌리들 너머 그에게 들리도록 나는 또박또박 힘을 주어 말한다. 내 목소리가 일으킨 파
장에 실뿌리들이 아지랑이처럼 일어나는 것이 고스란히 느껴진다.

"㉠❹죽는 순간에 고모할머니가 손에 꼭 그러잡고 있던 게 뭐였는지 알아? 가제 손수건
도, 보청기도 아니었어. ㉡내 손…… 내 손이었어. 내가 고백할 때마다 어머니는 질색을
'나'와의 연결이 고모할머니에게 유일한 위안이었다고 인식함. *'나'가 고모할머니와 연결되는 것에 대한 거부감*
하면서 내가 잘못 기억하고 있는 것이라고 나무라지만, 내 손이 기억하고 있는 걸……
고모할머니가 돌아가신 게 우리 집을 떠난 지 이태도 더 지나서였지만, 그녀가 돌아가
현실의 내용
신 곳이 양로원이지만, 내 손이 분명히 그렇게 기억하고 있는 걸……「일흔두 살의 나이
로 숨을 거두던 날 밤, 그녀의 손이 이불을 들추고 더듬어 오는 걸 다 느끼고 있었어. 잠
「 」: 직접 경험과 상상으로 만들어 낸 환상 – 고모할머니가 생의 마지막 순간까지 '나'와 연결되어 있었음.*
든 척 시치미를 뚝 뗀 채 다 느끼고 있었어. 그녀의 손이 내 손을 찾아 더듬더듬…… 더듬
어 오는 것을."」
▶ 고모할머니가 자신과의 연결을 통해 위안을 받았음을 이해하는 '나'

• **중심 내용** 고모할머니의 삶을 이해하고 자신과의 연결을 확인하는 '나'　•**구성 단계** (가), (나) 절정 / (다), (라) 결말

작품 연구소

'그'의 작업 과정이 가지는 의미

이 작품은 '나'의 연인인 '그'가 뿌리를 새로운 시각으로 관찰하여 예술 작품으로 만드는 과정을 중심으로 하고 있다. 이 과정에는 입양아로 자란 '그'의 슬픔과 자기 존재에 대한 의문, 자신처럼 들려진 존재들에 대한 공감과 연민, 고정과 안정에 대한 상실감과 강박이 담겨 있다.

천재지변이나 개발에 의해 뽑힌 뿌리를 찾아다님.	입양아로 자란 자신처럼 제자리를 잃은 삶을, 외적 요인에 의해 뽑힌 뿌리를 통해 형상화하고자 함.

↓

필요 이상의 못으로 뿌리를 패널에 고정함.	패널이라는 '세계'에 뿌리라는 '자아'를 고정시키는 '못 박음'의 과정에서 스스로 고정되지 못했다고 느끼는 '그'의 불안감이 드러남.

↓

점묘화를 그리듯 촛농을 떨어뜨림.	여러 갈래의 뿌리 하나하나와 대화를 나누면서 뿌리의 고통과 슬픔을 이해하고 애도함.

↓

포도나무 뿌리 작품을 허공에 매달아 전시함.	고정에 대한 강박에 의해 주로 부조 형태로 전시하였으나, 작품 〈남귀덕〉은 허공에 매달아 고모할머니의 뿌리 뽑힌 삶을 형상화함.

'나'의 태도 변화를 통해 드러나는 공감과 공존의 희망

'그'에 대한 태도	고모할머니에 대한 태도
뿌리를 재료로 하는 이유를 이해하지 못함.	고모할머니의 존재와 손을 거북하게 생각함.

↓

'그'의 아픔과 고민, '그'가 뿌리로 작업하는 의미를 이해하고 뿌리 너머에 있는 '그'에게 다가감.	• 고모할머니의 이름을 부르고, 위안부에 대해 알아봄. • 고모할머니의 아픔을 이해하고 자신과의 연결을 인식함.

↓

타인의 고통과 슬픔에 공감함으로써 타인과 공존할 수 있음.

자료실

〈뿌리 이야기〉의 결말에 대한 해석

고모할머니의 손과 '나'의 손이 그러잡고 있는 소설의 결말은 천근성과 심근성의 공존 가능성을 다시 한번 강조한다. 두 인물이 서로 손을 맞잡았다는 것은 논리적으로 설명할 수 없는 비현실적인 환상이지만, 건네는 손을 내치지 않고, 이름을 온전히 불러준 끝에 이끌어 낸 환상이라는 점에서 강한 설득력을 지닌다. 나아가 이러한 환상은 타인의 고통을 직시하고 상대방에게 온기를 건네야 한다는 당위적 메시지를 현실 세계를 향해 보내고 있어 '현실에 틈입하기 위한 환상'이라 부를 만큼 독특한 면모를 보인다. – 장두영, 작품론 〈뿌리를 보는 시간〉

📖 함께 읽으면 좋은 작품

〈그 여자네 집〉, 박완서 / 역사 속에서 뿌리 뽑힌 삶의 모습들을 보여 주는 작품
일제의 강제 징병과 일본군 위안부 동원의 시련, 원치 않는 결혼의 아픔, 분단으로 인한 실향의 서러움, 제대로 된 사과조차 받지 못한 일본군 위안부 피해자들의 고통 등 역사적 흐름의 다양한 상황 속에서 뿌리 뽑힌 삶의 모습과 그에 대한 연민, 공존의 자세가 나타나는 작품이다.

Link 본책 308쪽

내신 적중 고난도

5 이 글의 등장인물에 대한 설명으로 적절하지 않은 것은?

① '그'는 나무뿌리를 소재로 작업하며 자연에서 인간의 모습을 발견하고 있다.

② '그'는 개발로 인해 뽑힌 뿌리를 다른 자리에 심어 주지 않는 현실을 작품을 통해 비판하고 있다.

③ '나'는 고모할머니의 삶에 조금씩 다가가며 타자에 대한 이해와 공감의 자세를 갖춰 가고 있다.

④ '그'와 고모할머니는 모두 뽑힌 뿌리처럼 자신의 의지와 상관없이 불안과 고통을 겪어야 했던 존재이다.

⑤ '그'는 촛농을 떨어뜨리면서 고모할머니의 삶에 공감하고 뿌리 뽑힌 존재들의 공존을 작품으로 형상화하였다.

6 (가), (나)에 대한 설명으로 적절하지 않은 것은?

① '그'의 작업이 가지는 의미에 대해 '나'가 이해한 내용을 서술하고 있다.

② 고모할머니가 생전에 가족들로부터 홀대를 받은 상황이 드러나고 있다.

③ '그'가 '나'의 고모할머니의 삶에 공감하는 과정을 감각적으로 형상화하고 있다.

④ '나'의 가족들이 고모할머니의 일본군 위안부 등록을 찬성했던 이유가 제시되고 있다.

⑤ 존재의 의미를 찾는 것보다 물질적인 삶을 더 중요하게 생각하는 태도가 '나'의 어머니를 통해 나타나고 있다.

7 〈보기〉를 통해 이 글을 이해한 내용으로 적절하지 않은 것은?

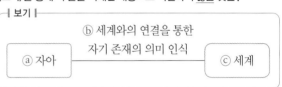

보기

ⓑ 세계와의 연결을 통한 자기 존재의 의미 인식

ⓐ 자아 ——— ⓒ 세계

① ⓐ를 '나'로 본다면, ⓐ는 고모할머니와 닮았다는 사실을 깨닫고 ⓑ가 약화되었겠군.

② ⓐ를 고모할머니로 본다면, ⓐ에 대한 ⓒ의 외면도 ⓑ를 약화시키는 원인이 됐겠군.

③ ⓐ를 '그'로 본다면, ⓐ가 자신이 입양아라는 사실을 알게 된 것이 ⓑ를 약화시켰겠군.

④ ⓐ를 '그'로 본다면, ⓑ에 어려움을 느낀 ⓐ가 나무뿌리를 작업의 소재로 삼는 배경이 됐겠군.

⑤ ⓐ를 나무뿌리로 본다면, '그'의 작업은 변화된 ⓒ에서 ⓑ를 강화시키는 역할을 했겠군.

8 〈보기〉를 참고하여 '나'가 ㉠을 ㉡이라고 인식한 이유를 쓰시오.

보기

고모할머니가 양로원에서 생을 마감하는 순간에 '나'의 손을 잡는 것은 현실적으로 불가능하다. 따라서 '나'가 이야기하는 '손'은 구체적 실체가 아니라 뿌리가 말라 죽기 직전까지 움켜쥐고 있던 흙과 같은 존재, 뿌리가 지탱할 수 있는 바탕이 되었던 존재를 의미하는 것이다.

문학 천재(김)

핵심 정리

갈래 장편 소설
성격 현실 비판적, 해학적, 풍자적
배경 ① 시간 – 1970년대 초반 4월 초
　　　　② 공간 – 문희읍
시점 1인칭 관찰자 시점
주제 어려운 현실에서 순박함을 잃지 않고 살아
　　　가는 만수와 '나'의 깨달음
특징 ① 구체적인 지명과 사회적, 역사적 사건을
　　　　배경으로 제시하여 사실감을 높임.
　　　② 예상치 못한 인물의 행동과 태도를 통해
　　　　해학성을 드러냄.
출전 《투명 인간》(2014)

어휘 풀이

국민학교 지금의 초등학교.
혼분식 운동 쌀이 부족했던 1960~1970년대에
쌀의 소비량을 줄이기 위해 쌀에 잡곡을 섞거나
밀가루 음식을 권장했던 국가적 운동.
사환 관청이나 회사, 가게 따위에서 잔심부름을
시키기 위하여 고용한 사람.
보리개떡 보릿겨를 반죽하여 둥글넓적하게 반
대기를 지어 찐 떡.

Q '나'가 아이들이 밖에 나가지 못하게 문
을 모두 잠근 이유는?

도시락을 못 싸 온 아이들이 도시락을 먹는 학생
들 옆에서 더욱 고통을 느끼게 만들어 도시락을
싸 오게 함으로써 학급의 혼분식 참여율을 높이
기 위해 문을 잠근 것이다.

구절 풀이

❶ 그때는 너 나 할 것 ~ 먹고 사는 수준이었다.
교사인 '나'에 대한 정보와 경제적 어려움을 겪
었던 당시의 사회상을 직접적으로 드러내고
있는 부분이다.

**❷ 하지만 그런 의욕을 꺾는 게 교사들에게 부과된
잡무였다.** 고향으로 전근 간 후 '나'는 아이들
에게 제대로 된 교육을 하겠노라고 마음을 먹었
지만 너무 많은 잡무로 인해 그런 의욕이 꺾이
게 된다. 잡무에 대한 '나'의 반감을 드러낸다.

**❸ 신문을 보니 전국에서 ~ 백 퍼센트에 도달했
다.** 혼분식 운동은 신문에서 보도할 만큼 국
가적으로 관심이 많았던 사업이었음을 알 수
있다.

❹ 서울에서 쌀이 많이 ~ 않거나 한 것도 아닌데.
'나'는 다른 조건이 똑같은데도 서울에서 혼분
식 운동 참여율이 높은 것을 의아해하고 있는
데, 이는 혼분식 운동을 국가적으로 장려하기
위한 의도적인 보도라는 것을 암시한다.

❺ 읍내서 나고 자란 ~ 감자라고 없겠는가. '나'
는 읍내에서 자랐기 때문에 농사에 대한 이해
가 없었다. 따라서 보릿고개에 농민들이 얼마
나 힘든지 이해하지 못하고 있다.

가 　사범 학교를 졸업하고 교단에 서기 시작한 지 십 년 만에 나는 고향인 문희읍 북쪽에 있는
국민학교로 전근을 갔다. ❶그때는 너 나 할 것 없이 어렵게 살았다. 교사들도 예외는 아니
었다. 사람들이 '선생님'이라는 존칭으로 부르는 교사라면 국가가 신분을 보장하는 교육 공
무원이고 중산층인데 실상은 겨우 밥이나 먹고 사는 수준이었다. [중략] 그나마 고향에는 도
움을 받을 집안 어른들과 친척이 있고 쌀이며 채소 같은 농산물을 거저 가져다 먹을 수 있어
서 살 것 같았다. 그와 함께 교육자로서 제대로 아이들을 가르쳐 보자는 의욕이 생겼다.

나 　❷하지만 그런 의욕을 꺾는 게 교사들에게 부과된 잡무였다. 학업과 관련 없이 시키는 일
이 끝없이 이어졌다. 새마을 운동이니 근면 저축 운동이며 혼분식 운동, 독서 생활화 운동
처럼 전국적으로 벌어지는 것도 있었고 송충이 잡아 오기, 곡식 이삭 주워 오기, 잔디씨 훑
어 오기, 코스모스 모종 마을 길에 심기처럼 지역 특성에 따라 학교장 재량으로 벌어지는
일도 있었다. / 그런 중에도 반백 년 교사 생활에 잊지 못할 일이 하나 있다. 혼분식 운동이
한창이던 때였다. 학교에서 점심으로 먹을 도시락을 흰쌀밥으로 싸 오지 못하게 했고 음식
점에서도 흰쌀밥을 파는 것이 금지됐다. 교장은 읍내 네 개 국민학교에서 맨 먼저 혼분식
운동 참여율 백 퍼센트에 도달해야 한다고 아침마다 교사들을 닦달해 댔다.

　▶ 고향의 국민학교에서 근무하며 잡무에 시달리는 '나'

다 　❸신문을 보니 전국에서 서울의 초중고등학교가 제일 먼저 혼분식 운동 참여율 백 퍼센
트에 도달했다. ❹서울에서 쌀이 많이 나는 것도, 밀과 보리가 생산되는 것도 아니고 서울의
부모들이 가난하지 않거나 바쁘지 않거나 한 것도 아닌데. 교감은 교무실에서 제일 잘 보
이는 자리에 게시판을 세워 놓고 학년별 반별로 그래프를 그려서 매일 혼분식 운동 참여율
을 체크했다. 4학년 전체에서 우리 반만 빼고 참여율 구십 퍼센트를 넘던 날, ㉠동료 교사
들이 사환을 시켜 학교 앞 식당에 냄비 우동을 제대로 팔팔 끓여 가져다 달라고 주문을 하
고 있을 때 나는 회초리가 아닌 몽둥이와 도시락을 들고 교실로 갔다. 머리가 팔팔 끓는 기
분이었다. 도시락을 싸 온 아이든 못 싸 온 아이든 한 명도 밖에 나갈 수 없다고 선포하고
앞뒤 문을 잠갔다. 유리창까지 잠그게 했다.

　─ 혼분식 운동은 단순히 쌀에 다른 곡식을 섞어서 먹자는 운동이 아니다. 나라에서 범
국민적으로 시행하는 국민성 개조 운동이다. 우리나라는 국토의 칠십 퍼센트가 산이다.
어차피 쌀만 먹고 살 수는 없는 것이다. 이런 환경을 가진 나라에 사는 국민이라면 부지런
하게 열심히 살라는 취지를 가지고 있는 게 혼분식 운동이란 말이다. 너희나 너희의 부모
가 혼분식 운동에 동참하지 않는다는 것은 애국심이 부족하다는 증거다. 그런 썩어 빠진
정신머리를 가지고서는 단군 이래 반만년을 물려 온 가난을 면할 수 없다. 보리밥도 못 싸
오겠다는 사람이 있으면 보리개떡이라도 싸 오라는 말이다. 성의를 보여라, 성의를.

　때는 4월 초순이었고 보리도 밀도 익지 않고 고구마, 감자 역시 수확 전이었다. ❺읍내서
나고 자란 나는 그런저런 사정을 자세히 알지 못했다. 아니, 알 것까지 없었다. 쌀도 지난가
을에 생산한 게 아닌가. 묵은 밀, 보리, 고구마, 감자라고 없겠는가.

　도시락을 혼분식 운동의 취지에 맞춰 제대로 싸 오지 않은 아이들은 전과 같이 손바닥
세 대, 도시락을 싸 오지 않은 아이들은 손등을 세 대씩 때렸다. 회초리가 아닌 몽둥이로.

　▶ 혼분식 운동 참여율을 높이기 위해 강압적인 방법을 취하는 '나'

• 중심 내용 '나'는 혼분식 운동 참여율을 높이기 위해서 반 아이들을 강압적으로 지도함.
• 구성 단계 (가) 발단 / (나) 전개 / (다) 위기

이해와 감상

이 작품은 볼품없는 외모에 허약하게 태어나 말도 늦고 이해력도 떨어지지만 주변 사람들과 가족들을 위해 희생하며 살아갔던 주인공 김만수의 삶을 그려 낸 작품이다. 외모나 능력 모두 변변찮고 존재감 또한 없는 김만수라는 주인공을 통해 격동의 현대사를 살아왔던 사회적 약자의 삶을 조명하고 있다.

제시된 부분은 만수의 학창 시절 이야기로, 한창 혼분식 운동이 진행되던 시기를 배경으로 하고 있다. 씨옥수수를 구워 도시락을 싸 온 만수의 행동과 달걀을 받아 주는 '나'에게 맞아 죽지 않게 해 주셔서 고맙다고 말하는 것은 웃음을 유발하는 한편 씁쓸함을 느끼게도 한다. 작가는 이러한 해학과 더불어 학생의 처지는 고려하지 않고 목표 달성을 위해 강압적으로 지도하는 당시 사회 현실을 풍자하고 있다.

전체 줄거리

발단	'나'는 사범 학교를 졸업하고 교사가 된 지 십 년 만에 고향의 국민학교로 전근을 가게 된다.
전개	교육자로서 의욕을 가지고 근무를 시작했지만 끝없이 부과되는 잡무에 시달린다.
위기	국가의 주도로 실시되는 혼분식 운동에 적극적인 교장 때문에 '나'는 학급의 혼분식 상황을 파악하고 회초리로 혼분식을 독려한다.
절정	'나'의 반만 빼고 혼분식 참여율이 구십 퍼센트가 넘었다는 소식을 듣고 '나'는 점심시간에 교실 문을 잠그고 몽둥이로 혼분식을 강요한다. 얼마 후 만수가 도시락으로 씨옥수수를 구워 온다.
결말	만수에게 신품종 옥수수 종자를 더 나누어 주자 만수는 고맙다는 인사로 '나'의 집을 찾아와 달걀을 건네주고 간다.

인물 관계도

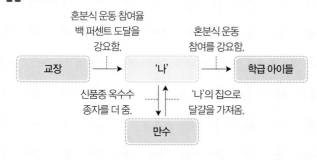

작품 연구소

'나'의 태도 변화

키 포인트 체크

인물 도시락을 싸 오라는 '나'의 강요에 □□□□를 구워 온 모습을 통해 □□하고 어리숙한 만수의 성격을 알 수 있다.

배경 □□□□□이 한창 진행되던 1970년대 농촌 마을을 배경으로 한다.

사건 '나'는 혼분식 운동 참여율을 높이기 위해 강압적으로 아이를 지도한 후 만수로부터 □□을 받고 자신의 행동을 □□한다.

1 이 글의 서술상 특징으로 적절한 것은?

① 다양한 시점을 통해 갈등 해소 과정을 드러낸다.
② 전지적 작가가 특정 인물의 시선을 빌려 사건을 설명한다.
③ 작품 속 서술자가 과거를 회상하며 자신의 경험을 서술한다.
④ 작품 밖의 서술자가 대화나 행동을 통해 인물의 심리를 드러낸다.
⑤ 특정 서술자의 시점으로 성격이 대비되는 두 인물의 갈등을 관찰한다.

내신 적중 多빈출

2 다음 중 시대적 배경을 드러내는 소재가 아닌 것은?

① 사환　　　② 국민학교　　　③ 새마을 운동
④ 혼분식 운동　　　⑤ 교육 공무원

3 ㉠과 동일한 방식의 해학적 표현이 쓰이지 않은 것은?

① "니가 현지 이방인가?" / "예, 작년엔 저 건넌방했더니 올게는 이방했심더."
② "홍보라 하온 줄을 그다지 잊으셨소?" 하니 놀보가 대답하기를 "그서 동부동모나 이부이모나, 친형제나 때린 형제나 어찌 왔는고?"
③ "단단 약속하였더니 어찌 그리 무복하여 밤낮으로 벌려해도 돈 한 푼을 못 모으고 원찮은 자식들은 아들이… 자그마치 스물다섯이요."
④ 양반이라거니 삼정승 육관서 다 지낸 퇴로재상으로 계신 양반인 줄 아지 마시오. 개잘량이라는 양자에 개다리소반이라는 반자 쓰는 양반이 나오신단 말이오.
⑤ "홍보라, 홍보가 누군고? 일년 새경 먼저 받고 모심을 때 도망한 놈, 그놈은 황보렷다. 쟁기질 보냈더니 소 가지고 도망한 놈, 그놈은 숭보렷다. 암만해도 기억하지 못하겠다."

4 '나'가 학생들에게 강압적인 지도를 하게 된 계기로 가장 적절한 것은?

① 혼분식 운동의 의의에 적극적으로 공감했기 때문에
② 강압적인 지도가 교육적으로 가치가 있다고 봤기 때문에
③ 자신의 반이 혼분식 운동 참여율이 가장 저조했기 때문에
④ 일부러 혼분식 운동에 참여하지 않는 아이들이 있었기 때문에
⑤ 교감에게 학급 생활 지도를 소홀히 한다는 질책을 받았기 때문에

가 그러던 어느 날 어떤 아이가 구운 옥수수를 도시락이라며 가져왔다. 학교에서 제일 멀리 떨어진 동네인 산촌 개운리에 사는 김만수였다. 수건도 아닌 책보 속에 책과 공책, 몽당연필과 함께 구운 옥수수를 그냥 넣어 왔다. ❶옥수수는 찐 것도 아니고 불에 넣어서 구웠는데 바싹 타서 시커멨다. 비쩍 마르고 길쭉하던 만수처럼 옥수수도 마르고 비틀어질 듯했다. 그건 지난가을에 수확해 처마 밑에 매달아 뒀던 씨옥수수였다. 내가 아무리 농사에 무지해도 농부는 종자가 든 자루를 끌어안고 굶어 죽을지언정 먹지 않는다는 것 정도는 알고 있었다. 그것을 훔쳐 간 사람이 자식이라 해도 때려죽이려 들 것이다. 만수는 내가 기가 막혀 웃는 것을 노란 눈동자로 보면서 마주 웃었다. ▶ 도시락을 싸 오라는 '나'의 강요에 옥수수 종자를 구워 온 만수

나 내가 우리 반의 혼분식 운동 참여율이 백 퍼센트라고 보고한 그날, 미국에서 수입한 옥수숫가루로 만든 빵을 학교에서 ˚배급하게 되었다고 교장이 자랑스럽게 발표했다. 가난한 집 아이들은 무상으로, 좀 사는 집 아이들은 유상으로 빵을 먹게 되었다. 나는 만수의 이름을 무상 배급 대상자의 맨 앞자리에 써넣었다.

일주일쯤 뒤에 미국에서 왔다는 신품종 옥수수 종자를 학생들에게 다섯 알씩 나누어 주라고 했다. 달나라로 유인 우주선을 보낼 수 있는 미국의 첨단 과학 기술로 새로 개량한 옥수수 품종이었다. 심기만 하면 단시간에 엄청난 양의 옥수수가 달리고 알도 우리 토종 옥수수의 두 배는 되게 굵을 것이라 했다. 나는 교장이 침을 튀기면서 한 말 그대로 아이들에게 들려주었다. 읍내 사는 아이들 중에는 기적을 일으키는 옥수수가 필요 없는 아이들도 있었다. ❷나는 만수를 따로 불러 남는 옥수수 종자 수십 알을 모두 주었다. ▶ 미안함에 만수에게 옥수수 종자를 더 챙겨 준 '나'

다 — 그게 뭐냐? / — 달걀입니다. / — 달걀을 왜?

— 집에서 키우는 닭들이 낳았습니다. 그걸 모아서 이렇게 가져왔습니다. 할아버지가 선생님한테 갖다 드리라고 하셔서요.

— 달걀은 사 먹으면 된다. 너희 집에서 먹을 것도 없을 텐데. 이걸 왜 여기까지 가져온 거냐.

그러니까 만수는 하교를 하고 집에 갔다가 제 할아버지 심부름으로 다시 온 것이었다. ❸엎어지면 깨질까 짚으로 달걀 열 개를 꽁꽁 싸 가지고 이십 리 길을 달려왔다.

— 할아버지가 사람이 은혜를 알아야 한다, 염치가 있어야 한다고 선생님께 갖다 드리라고 하셨습니다.

— 됐다, 너나 먹어라. 구워 먹든 삶아 먹든.

내가 달걀 꾸러미를 도로 내밀자 만수는 손을 감추며 잽싸게 두어 걸음 뒤로 물러났다.

— 닭을 드리고 싶지만 암탉은 알을 낳아야 해서요, 선생님. ˚장닭이 없으면 병아리를 못 ˚깝니다. 아침에 일어날 시간도 모르고요. 그래서 달걀만 가지고 왔습니다. 그거 도로 가지고 갔다가 아버지한테 걸리면 저는 맞아 죽습니다.

내가 어이가 없어 머뭇거리고 있는데 만수가 고개를 꾸벅하고는 말했다.

— 맞아 죽지 않게 해 주셔서 고맙습니다, 선생님.

❹만수는 곧 어둠 속으로 사라져 갔다. 나는 짚신보다 약간 더 길쭉한 달걀 꾸러미를 들고 한동안 어둠을 향해 서 있었다. 고향의 학부형으로부터 생전 처음 받아 보는 진심 어린 촌지였다. 들고 있는 손을 한없이 부끄럽게 하는.

— 아빠, 뭐 해? / 아이가 불렀다. 하얀 형광등 불빛 아래로 날파리가 어지럽게 날아들던 그 저녁을 잊을 수 없었다. ▶ 만수에게서 달걀을 건네받고 자신의 강압적인 행동을 반성하는 '나'

작품 연구소

만수의 행동으로 인한 해학성

독자들의 예상을 벗어나는 만수의 독특한 언행을 통해 작가 특유의 해학성을 드러낸다.

일상성을 벗어난 행동	내년 농사를 위해서 절대 먹어서는 안 되는 옥수수 종자(씨옥수수)를 구워 옴.
예상을 벗어난 말하기	'나'가 만수가 건네준 달걀을 받자 "맞아 죽지 않게 해 주셔서 고맙습니다."라고 대답함.

'달걀'의 상징성

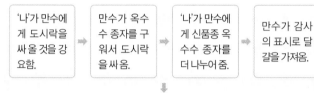

'나'가 만수에게 도시락을 싸 올 것을 강요함. → 만수가 옥수수 종자를 구워서 도시락을 싸옴. → '나'가 만수에게 신품종 옥수수 종자를 더 나누어 줌. → 만수가 감사의 표시로 달걀을 가져옴.

↓

'나'가 자신의 행동을 반성하게 되는 계기가 됨.

제목 '투명 인간'의 의미

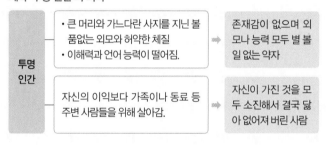

투명 인간	• 큰 머리와 가느다란 사지를 지닌 볼품없는 외모와 허약한 체질 • 이해력과 언어 능력이 떨어짐.	⇒	존재감이 없으며 외모나 능력 모두 별 볼 일 없는 약자
	자신의 이익보다 가족이나 동료 등 주변 사람들을 위해 살아감.	⇒	자신이 가진 것을 모두 소진해서 결국 닳아 없어져 버린 사람

자료실

혼분식 장려 운동

한국인의 주식(主食)은 쌀이었지만, 1970년대 후반 이전까지 쌀 생산량 부족으로 쌀밥을 풍족하게 먹을 수 있는 사람은 많지 않았다. 이러한 쌀 부족 문제를 해결하기 위해 절미 운동(節米運動)의 일환으로 국가가 혼식과 분식을 강제하는 식생활 개선 정책이 시행되었다. 일제 강점기의 절미 운동과 혼분식 장려 운동은 해방 이후에도 유사한 방식으로 지속되었다. 1950년대에 정부에 의해 절미 운동이 실시되다가 1956년부터 미국의 잉여 농산물 원조가 제공되면서 혼분식 장려 운동이 활발하게 전개되었다.

함께 읽으면 좋은 작품

〈황만근은 이렇게 말했다〉, 성석제 / 농촌의 어두운 현실을 성석제 특유의 해학과 풍자로 그린 작품

농촌 마을에서 반푼이 취급을 받는 가난하고 어리석은 농부 황만근의 일대기를 그리면서 각종 부채에 시달리면서도 이기주의로 얼룩진 농촌의 상황을 해학적으로 그리고 있는 소설이다. 성석제 특유의 익살과 재치를 통해 사회 비판적 인식을 해학적으로 그렸다는 점에서 〈투명 인간〉과 비교하여 읽을만 하다. ▶Link 본책 316쪽

---

5 이 글에서 알 수 있는 내용으로 적절하지 <u>않은</u> 것은?

① '나'는 신품종 옥수수 종자를 만수에게 더 나누어 주었다.
② '나'는 만수에게 무상 배급 빵을 받을 수 있도록 해 주었다.
③ 만수는 학교로부터 멀리 떨어진 곳에서 걸어서 등하교를 했다.
④ 만수의 할아버지는 씨옥수수를 구워 만수에게 도시락을 싸 주었다.
⑤ '나'의 강압적인 지도로 혼분식 운동 참여율 백 퍼센트를 달성하였다.

6 〈보기〉는 이 글의 뒷부분 중 일부이다. 이를 참고하여 감상한 내용으로 적절하지 <u>않은</u> 것은?

┤ 보기 ├

만수가 처음으로 급식 빵을 받는 날이었다. 만수는 한 달 전부터 내가 배고프다고 할 때마다 급식 빵 이야기를 하면서 나를 달래는 척했다. 사실은 자랑이었다. 급식은 점심시간 전에 수업이 끝나 집에 가는 1, 2학년한테는 안 나왔으니까.
— 이제 다섯 밤만 지나면 학교에서 급식 빵 나눠 주거든. 내가 우리 선생님한테 잘 보여서 일등으로 무상 급식 대상자가 됐단 말이다. [중략] 그거 받거든 하나도 안 건드리고 그대로 너한테 가지고 올게.

① 만수 동생은 수업이 일찍 끝나서 급식 빵을 받을 수가 없었군.
② 〈보기〉는 만수 동생의 시점으로 본, 급식 빵을 받게 된 만수의 이야기이군.
③ 선생님은 만수 먹으라고 빵을 준 것인데 만수는 그것을 동생에게 줄 생각이었군.
④ 만수가 급식 빵을 신청한 것은 형의 어리숙한 성격을 이용한 동생의 생각이었군.
⑤ 만수는 동생에게 자신이 선생님한테 잘 보여서 급식 빵을 받는 것이라고 자랑을 했군.

7 이 글에서 '달걀'의 기능으로 가장 적절한 것은?

① 만수네 가족이 생계를 유지하는 유일한 수단
② 할아버지가 말썽을 부린 만수를 혼내기 위한 방법
③ 만수가 아버지 몰래 가져온 선생님에 대한 감사의 표현
④ '나'가 받아 보고 싶어 했던 고향의 학부모로부터의 촌지
⑤ 교육자의 본분을 잃었던 '나'의 행동을 반성하게 되는 계기

내신 적중 多빈출

8 〈보기〉를 참고하여 이 글에서 해학성이 두드러지게 나타난 부분을 (다)에서 찾아 쓰시오.

┤ 보기 ├

문학 작품 속에서 해학은 예상하기 어렵거나 일상성을 벗어난 언행, 또는 언어유희적 표현 등을 통해 나타난다. 그리고 풍자는 어떤 대상이나 현실의 부정적 측면을 과장하거나 비꼬면서 폭로할 때 나타난다.

문학 창비

핵심 정리

갈래 단편 소설
성격 사실적, 성찰적, 회상적
배경 ① 시간 – 현재
② 공간 – 중국 연변
시점 1인칭 주인공 시점
주제 조선족 여인의 정체성에 대한 고민과 해결 과정
특징 ① '집'이라는 상징적인 소재를 통해 자신의 정체성을 고민하고 있는 주인공의 심리를 드러냄.
② 조선족 작가가 쓴 한국어 소설로 한국 소설의 다양화에 기여함.
출전 《세상에 없는 나의 집》(2015)

Q '나'가 이와 같이 생각한 이유는?

'나'는 조선족이기에 한국어와 중국어를 모두 구사할 수 있지만 동시에 어느 국가에도 소속되지 못한다고 생각하며 정체성의 혼란을 겪고 있다. 따라서 하나의 국적을 가지고 있는 연주와 닝을 부러워하고 있다.

어휘 풀이

룽리루 중국의 촌급 행정구 '융리촌'에 있는 길.
후통 중국의 골목길을 이르는 말.
샤부샤부 아주 얇게 썬 고기와 채소, 해산물 등을 끓는 육수에 넣어 살짝 익혀 먹는 요리.
완전수 그 수의 약수 중 자기 자신을 제외한 약수를 모두 더하면 자기 자신이 되는 자연수. 여기에서는 '자연수'의 의미로 사용되었음.
소수 1과 그 수 자신 이외의 자연수로는 나눌 수 없는 자연수.
회칠 회(석회, 회반죽)를 사물의 겉에 발라 빛깔이나 광택을 냄.
모피집 기초 공사만 해 놓은 주택 건물.

구절 풀이

❶ **나는 연주와 본능적으로 ~ 해석할 수 없었다.** 조선족은 한국인과 같은 혈통이지만 국적은 중국이기 때문에 한국인인 연주와 조선족인 '나'의 사고방식과 문화는 매우 다르다.
❷ **반면 닝과 나는 ~ 송두리째 공유할 수는 없었다.** 닝과 '나'는 같은 배경 속에서 살고 있기 때문에 비슷한 사고방식을 공유하고 있지만 그 속에서 각각의 개성을 가지고 있음을 인식하고 있다.
❸ **남편은 이곳에 우리가 ~ 그것을 알고나 있을까.** '나'는 집의 인테리어를 하여 '우리 집'을 만드는 과정과 '나'가 자신의 정체성을 찾는 과정을 동일시하고 있다.

가   연주는 택배 기사가 주소를 확인하는 전화를 걸어올 때마다 한참을 버벅거리다가 나한테 휴대폰을 넘겨주며 투덜댔다.
〔'나'의 한국인 친구〕

— 아, 답답해, *룽리루 *후통…… 이봐, 나도 언니처럼 하잖아. ㉠그런데 왜 내 말은 못 알아듣는 거냐고?
〔중국어에 서툰 연주의 모습〕

『닝도 가끔 내게 그런 말을 하곤 했다. 어느 금요일 저녁 우리 집에서 *샤부샤부를 해 먹던 날, 위성으로 ㉡한국 방송을 보며 그 분위기를 깊이 즐기는 나를 신기하게 바라보면서, 어쨌든 두 나라 말을 다 하니 넌 참 좋겠다고 부러워했다.』
〔『 』: 과거 회상〕 〔'나'의 한국어 실력이 수준급임.〕 〔'나'는 한국어와 중국어에 모두 능통한 조선족임.〕

그러나 그들이 모르고 있는 것이 하나 있었다. ⓐ나는 때로 차라리 그들처럼 한 가지 말만 '제대로' 했으면 좋겠다고 생각한다는 것. 만약 그랬더라면 나는 그 둘 중의 한 사람이 되었을 것이고, 준표의 학교 문제 따위를 가지고 머리를 썩일 일은 절대로 없었을 것이다.
〔확실한 중국인 혹은 한국인이었으면 좋겠다고 생각함. → 조선족이 가지는 정체성에 대한 고민〕 〔'나'는 아들을 조선족 학교로 보낼지, 중국 학교로 보낼지에 대해 고민하고 있음.〕

❶나는 연주와 본능적으로 많이, 아주 많이 닮아 있었지만, 같은 배경 속에서 살고 있지 않은, 곧 분화의 위기에 놓인 두 마리의 도롱뇽 같아서 ㉢도무지 같은 시각으로 함께 현실을 해석할 수 없었다. ❷반면 닝과 나는 애초부터 한 배경 속에서 살고 있는 오리와 닭이었
〔조선족은 한국 동포이므로 같은 혈육이라는 공통점이 있음.〕 〔'나'와 연주의 관계를 비유적으로 표현함.〕 〔'나'와 닝의 관계를 비유적으로 표현함.〕
다. 우리는 우리의 시대와 배경을 충분히 공감할 수 있었지만, 그럼에도 불구하고 ㉣가장 개인적인 습관과 취향을 송두리째 공유할 수는 없었다. / 매번 그들과 만나고 돌아올 때면,
〔서로 다른 문화와 사고방식을 가지고 있음.〕 〔같은 문화를 공유하고 있지만 미세한 부분에서 차이를 보임.〕
나는 ㉤어느 누구하고도 같지 않은 나 자신을 더 또렷이 느끼곤 했다.
〔한국인도 중국인도 아닌 자신의 상황을 인식함.〕 ▶ 한국인과 중국인 사이에서 정체성의 혼란을 느끼는 '나'

나   이도 아니고 저도 아닌 사람이 있을까. 그런 사람이 있다면 그는 바로 '이도 아니고 저도 아닌' 그 자체일 것이다. 우리가 말하는 '이'와 '저' 사이에 존재하는 무수한 회색지대, 그 지
〔'나'가 인식한 정체성〕
대마다 완전히 그 지대에 속하는 것들이 있을 수도 있는 것이다. 두 개의 *완전수 사이에 확
〔한국인도 중국인도 아닌 자신에 대한 인식을 드러냄.〕
실하게 존재하는 무수한 *소수처럼. / 봄이 거의 다가올 무렵, 나와 남편은 우리 이름으로
〔계절적 배경〕 〔'나'와 남편이 처음 장만한 집〕
서류를 작성한 최초의 '우리 집'으로 가 보았다. 삐꺽하고 둔중한 철제문이 눈앞에서 열리는 순간, 나는 중국이 우리에게 마련해 준 '우리 집'을 처음으로 보게 되었다. 아직 차가운
〔'나'의 국적은 중국임.〕
겨울의 공기가 텅 빈 집 안을 가득 메우고 있었다.

[A] 『얇은 *회칠로 간신히 몸을 감싸고 서 있는 벽 몇 장 말고는 사실 더 이상 시야를 가리는 것도 없었다. 바닥과 천장 어느 곳이나 일단 울퉁불퉁한 시멘트로 대충 마감한 상
〔『 』: 묘사를 통해 집의 모습을 제시함.〕
태였다. 공사장 철거 현장을 방불케 할 정도로 발밑에는 모래와 먼지, 시멘트 덩어리와 나뭇조각들이 되는 대로 뒹굴고 있었다.』

그것은 집이라기보다 집의 틀, 집의 뼈대라고 하는 편이 더 정확했다. 여러 문화의 사람
〔집이 텅 비어 있다는 것을 비유적으로 표현함.〕
들이 같이 어울려 사는 이 나라에서는 오히려 이런 식의 분양법이 더 인간적일 수도 있었
〔인테리어를 통해 자신의 개성을 발휘할 수 있기 때문〕
다. 입주자의 취향대로 설계하고 인테리어하고 채워 넣을 수 있는, 소위 중국 대륙식 *모피집'. 나는 손을 내밀어 그 차갑고도 딱딱한 시멘트 벽체들을 가만히 만져 보았다. 그 불편하
〔정체성을 찾지 못한 자신과 텅 빈 모습의 집이 유사해 보였기 때문에 불편한 것임.〕
면서도 확실한 '우리 집'의 현실이 내 손가락 끝에서 견고하게 버티고 서 있었다.

— 이제, 여기에 우리가 들어가야겠지?

남편은 미터자로 각 방의 길이며 너비며 높이를 꼼꼼히 재어 보았다. ❸남편은 이곳에 우리가 무엇을 채워 넣어야 비로소 '우리 집'다워질지, 그것을 알고나 있을까.
▶ 남편과 처음 장만한 집을 보러 간 '나'

• **중심 내용** 자신의 정체성에 혼란을 느끼며 새집을 어떻게 꾸밀지 고민하는 '나'   • **구성 단계** 전개

이해와 감상

이 작품은 중국 땅에서 중국인도, 한국인도 아닌 경계인으로 살아가면서 자신의 정체성을 찾기 위해 노력하는 조선족의 삶을 자전적으로 그린 소설이다. 작품 속 '나'가 가지고 있는 정체성에 대한 고민은 모든 조선족들이 공유하고 있는 고민이라는 점에서 민족의 뿌리를 유지하며 살아가기 위해 노력하는 재중 동포의 애환을 엿볼 수 있다.

주인공 '나'의 고민뿐만 아니라 자신이 진심으로 하고 싶은 일에 대해 확신을 가지지 못하는 중국인 닝, 자신이 살고 싶은 삶의 방향성을 찾지 못한 한국인 연주의 고민을 제시하여 삶을 살아가면서 보편적으로 마주치게 되는 '자기 세계'에 대한 고민을 담기도 한다.

조선족 작가가 한국어로 쓴 작품이라는 점에서 우리 문학의 외연을 확장하고 한국 문학의 범주를 확대할 수 있다는 의의를 가지고 있다.

🔍 전체 줄거리

발단	중국 대학에서 한국어 강사로 일하는 '나'는 도서관에서 일하는 중국인 닝, 한국인 연주와 친하게 지내며 매운 마라탕을 먹는다.
전개	닝, 연주와 어울리면서 자신의 정체성에 대해 고민하던 '나'는 새 아파트를 장만하여 인테리어를 어떻게 할지 고민한다.
위기	'나'는 시어머니의 부탁으로 연길에 다녀온 후 자신의 아파트를 옛날 조선의 시골풍으로 꾸미겠다고 결심한다.
절정	'나'는 닝과 연주도 각자 자신의 정체성에 대해 고민하고 있음을 깨닫고 이 고민이 자신만의 문제가 아니라는 것을 인식한다.
결말	옛날 조선 시골풍으로 꾸민 집에 닝이 찾아오고 그녀가 가져온 마그리트의 〈인간의 아들〉을 벽에 건 뒤 함께 차를 마신다.

👥 인물 관계도

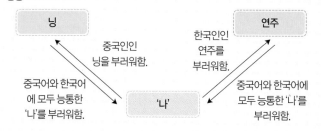

🏠 작품 연구소

자신의 정체성에 대한 '나'의 고민

'나'는 조선족으로서 한국어와 중국어를 모두 능통하게 사용할 수 있어 닝과 연주에게 부러움을 받지만 정작 '나'는 차라리 확실한 중국인 혹은 한국인이었으면 좋겠다고 생각한다. 이런 '나'의 처지는 중국인도 아니고 한국인도 아닌 중간자의 위치에서 정체성에 대한 고민을 거듭하고 있는 조선족들의 상황을 상징한다.

인물 '나'는 대학교에서 한국어 강사로 일하는 ☐☐☐ 여성으로 자신의 ☐☐☐에 대한 고민을 하고 있다.

배경 조선족들이 주로 거주하는 중국 ☐☐을 배경으로 하고 있다.

사건 '나'는 집을 ☐☐☐☐하면서 자신의 정체성을 찾기 위해 노력하고 그 과정에서 친구 연주와 닝 역시 정체성에 대한 고민을 하고 있다는 것을 알게 된다.

1 이 글의 서술상 특징으로 적절한 것은?

① 계절적 배경을 통해 우울한 분위기를 형성하고 있다.

② 현재형 서술을 통해 갈등 상황을 생생하게 그리고 있다.

③ 다양한 시점을 활용하여 사건을 입체적으로 조명하고 있다.

④ 비유적 표현을 통해 인물의 상황을 효과적으로 제시하고 있다.

⑤ 시간의 흐름에 따라 갈등이 해소되는 과정을 순차적으로 드러내고 있다.

내신 적중 多빈출

2 ㉠~㉤을 통해 알 수 있는 내용으로 적절하지 않은 것은?

① ㉠: 한국인인 연주는 중국어에 서툴다.

② ㉡: '나'는 한국어와 중국어에 모두 능통하다.

③ ㉢: 다른 국적을 가진 '나'와 연주는 사고방식에 차이가 있다.

④ ㉣: '나'는 같은 국적인 닝과 조금 더 가까워지기를 원하고 있다.

⑤ ㉤: '나'는 자신이 한국인도 중국인도 아니라고 인식하고 있다.

3 [A]에 드러난 서술상 특징으로 가장 적절한 것은?

① 생생한 묘사를 통해 집의 모습을 현장감 있게 드러내고 있다.

② 다른 장소와의 대비를 통해 '나'가 가진 집에 대한 인식을 드러내고 있다.

③ '나'의 집에 대한 상상을 바탕으로 새로 꾸밀 집에 대한 기대를 드러내고 있다.

④ 비유적인 표현을 활용하여 집에 대한 '나'의 불만을 효과적으로 드러내고 있다.

⑤ 집이 변해 가는 과정을 제시하여 추억이 사라지는 것에 대한 안타까움을 드러내고 있다.

내신 적중 多빈출

4 ⓐ에서 알 수 있는 '나'의 고민을 쓰시오.

5 (나)를 참고하여 '나'가 '모피집'을 인간적이라고 생각하는 이유를 쓰시오.

어휘 풀이

풍문 바람처럼 떠도는 소문.

행보 어떤 목표를 향하여 나아감.

혼미스럽다 의식이 흐린 데가 있다.

헤겔 변증법을 주장하며 관념론을 완성한 독일의 철학자.

총망히 매우 급하고 빠르게.

초현실주의 현실과 이성의 제약을 벗어나 자유롭게 표현하며, 매우 주관적인 특성을 지닌 예술의 경향.

마그리트 벨기에의 초현실주의 화가.

Q '나'가 아들을 먼 거리의 조선족 유치원에 보내는 이유는?

비록 '나'가 정체성의 혼란을 겪고 있지만 조선족으로서 자신이 한국인의 핏줄임을 인식하고 있다. 자신의 아들 역시 조선족이므로 아들도 조선족의 정체성을 갖고 성장할 수 있도록 조선족 유치원에 보내는 것이다.

구절 풀이

❶ **확실한 비전이 있어서라기보다 ~ 혼미스럽게 했을 것이다……**. 자신의 목표에 따른 삶이 아닌 그저 흘러온 삶을 살고 있는 연주는 중국에 있어야 할 이유를 찾지 못해 방황하고 있다.

❷ **언니, 나는 내가 왜 ~ 어디로 가야 할까……?** 연주의 고민이 직접적으로 드러난다. 자신이 원하던 삶이 아니었으므로 중국을 떠나려 하지만 막상 어디로 가야 할지조차 정하지 못한 연주의 처지를 드러낸다.

❸ **사람에게 일어나는 ~ 자기의 세계를 잃어버리는 것이다……**. 닝과 연주도 모두 자신이 살고 있는 세계가 자신의 세계가 아니었음을 깨닫고 방황을 한다. 작가는 헤겔의 말을 인용하여 정체성에 대한 고민이라는 작품의 주제를 드러내고 있다.

❹ **닝은 나를 향해 ~ 마그리트의 〈인간의 아들〉 속 남자처럼.** 마그리트의 그림 속 남자의 얼굴은 사과에 가려져 정체를 알 수 없다. 닝이 이것을 따라 했다는 것은 자신의 정체성에 대한 고민이 아직 끝나지 않았다는 것을 상징하며 본인도 자신의 정체성을 찾아 나가겠다는 의미를 나타낸다.

Q 마그리트의 그림 〈인간의 아들〉의 역할은?

중절모를 쓴 남성의 얼굴 앞에 사과가 놓인 이 그림은 남성의 정체를 알 수 없다는 특징을 지닌다. 따라서 〈인간의 아들〉은 '나'를 비롯한 작품의 등장인물들이 공통적으로 가지고 있는 정체성에 대한 고민을 상징하는 것이라고 볼 수 있다.

작가 소개

금희(1979~)

소설가. 중국 길림성에서 태어나 2006년부터 소설을 쓰기 시작했으며 조선족이나 탈북자를 등장인물로 그들의 삶을 사실적으로 그린 작품을 창작했다. 작품집으로 《슈뢰딩거의 상자》, 《세상에 없는 나의 집》 등이 있다.

가 준표를 조선족 유치원에 보내고부터 우리는 취침 시간을 여덟 시 반으로 앞당겼다. 온 시내에서 단 하나뿐인 조선족 유치원은 우리가 지금 살고 있는 집이랑 멀리 떨어져 있었다. 새집으로 옮긴다 해도 반 시간 정도 유치원 차량을 타고 가야 했다. 유치원 측에서 요구하는 예방 접종 수첩이랑 신청서를 들고 가던 나에게 연주가 전화를 걸어왔다.

— 언니, 잘 있었어? 준표네 새 유치원은 어때? [중략]

— 시간 나면 계림로에 한 번 오지 그래. 우리 마라탕 먹으러 가자.

연주가 쭈뼛거리다가 말했다.

— 언니, 나 아무래도 중국 뜰 것 같아. 이달 내로……. / 몸을 돌리기조차 비좁은 차 안에서 나는 사람들에게 이리저리 떠밀려 간신히 부여잡고 있던 손잡이마저도 놓쳐 버렸다.

— 뭐라고? 뜬다고? 왜? 어디로? / 버스가 끼익— 급정거를 하는 바람에 내 휴대 전화가 누군가의 팔꿈치에 스치면서 디리릭 통화가 끊겨져 버렸다.

❶확실한 비전이 있어서라기보다 확실한 무엇이 없었던 탓으로 주위의 ˙풍문을 따라 유학 온 연주, 아이를 가지면서 학업을 그만두는 바람에 중국 유학의 의미는 바래기 시작했고, 학업이 거의 끝나 가는 남편의 막연한 ˙행보는 그녀를 더욱 ˙혼미스럽게 했을 것이다…….

— ❷언니, 나는 내가 왜 여기에 있는지 도무지 알 수가 없어. 나는 대체 어디로 가야 할까……?

부릉부릉 가방 안에 넣은 휴대폰이 울렸다. 연주는 다시 전화를 걸지 않고 대신 메시지를 보내 왔다. 닝의 책상 유리 밑에 깔려 있던 ˙헤겔이 무겁게 입을 열었다.

❸'사람에게 일어나는 가장 슬픈 일은 마음속에 의지하고 있는 자기의 세계를 잃어버리는 것이다…….'

버스 바깥의 거리에는 사람들이 아무런 생각도 없는 듯 ˙총망히 걸어가고 있었다. 버스 안에서는 모두 저마다 누군가에게 떠밀려 평형을 잃고 아슬아슬하게 버티고 서 있었다. 그 사람들한테 짓눌려서 나도 그들처럼 답답해지고 피곤해졌다. 할 수만 있다면 그 속에서 나비로 변신하여 훨훨 날아가고 싶었다. ▶ 버스 안에서 연주가 중국을 떠난다는 소식을 들은 '나'

나 나와 남편이 '우리 집'으로 들어가던 날, 닝은 내게 줄 선물로 그림 한 점을 들고 그 집 문간에 불쑥 나타났다. 나는 그림을 계단 아래쪽 돌담 무늬 벽지가 발린 좁은 벽에 걸어 놓았다. 예스러운 조선의 시골 분위기와 근대 유럽의 ˙초현실주의 화풍이 생각보다 제법 어울렸다.

그림을 걸어 놓고 그 앞에서 나는 커피를 마셨고 닝은 녹차를 마셨다. 닝은 ˙마그리트의 팬인 모양이었다. 얼굴 앞에 푸른 사과 하나가 떠 있는 중절모의 신사, 익숙하면서도 낯선 듯, 말할 수 없는 묘한 매력이 있었지만 무슨 의미인지 당최 이해할 수 없는 그림이었다. 마그리트의 다른 그림들처럼.

— 한 가지는 분명하잖니? 다른 사람들이 당연시하던 것대로 무작정 그리지 않았다는 거.

닝은 남편이 손수 만든 나무 테이블 위에서 내가 그녀를 위해 씻어 놓은 빨간 사과 하나를 집었다. / — 이제, 내 차례인가?

ⓐ❹닝은 나를 향해 익살스레 웃으면서 빨간 사과를 자기 얼굴 앞으로 가져갔다. 마그리트의 〈인간의 아들〉 속 남자처럼. ▶ 인테리어를 끝낸 '나'의 집에 마그리트의 그림을 들고 찾아온 닝

• 중심 내용 연주는 중국을 떠날 것이라는 소식을 전하고, 닝은 그림 선물을 들고 '나'의 집에 찾아옴.

• 구성 단계 (가) 절정 / (나) 결말

작품 연구소

등장인물의 정체성에 대한 고민

연주	유학으로 중국에 왔지만 아이를 낳고 학업을 그만두면서 중국에 계속 있어야 하는지에 대해 고민함.
닝	부모님 주선으로 도서관 실무자로 일하면서 자신이 진심으로 원하는 것이 무엇인지에 대해 고민함.
'나'	조선족으로서 한국인과 중국인 사이에서 오는 정체성에 대한 혼란으로 고민함.

제목 '세상에 없는 나의 집'의 의미

중국인과 한국인 사이에서 정체성에 대한 고민	→	집 인테리어를 통해 자신의 정체성을 확인하고자 함.	→	연길 여행을 통해 과거 시골에서 지내던 일을 떠올림.	→	자신이 원하던 집이 옛날 조선풍의 시골집임을 알게 됨.

⬇

제목 '세상에 없는 나의 집'은
'나'가 자신만의 독자적인 정체성을 인식하게 됨을 상징함.

소재의 역할

모피집	인테리어가 전혀 되지 않은 집은 자신의 정체성을 찾지 못한 '나'의 모습을 보여 줌.
버스	남들에게 이리저리 치이는 버스 안의 모습을 통해 자신의 의지와 상관없이 흔들리는 '나', 연주, 닝의 모습을 드러냄.
헤겔	자기 세계 구축의 중요성을 강조하는 역할을 함.
〈인간의 아들〉	그림 속 정체를 알 수 없는 중년 남성과 같이 아직 정체성을 찾지 못한 닝의 모습을 의미함.

자료실

중국식 민족주의와 조선족의 정체성

중국이 국민 통합의 기반으로 삼고 있는 '중화 민족'이라는 개념은 중국을 구성하고 있는 여러 민족을 대표하는 총칭으로 일반적인 민족의 개념을 넘어서는 상위 개념으로 인식된다. 국가적인 차원에서 인식되는 '정치적인 민족주의'와 혈연적인 차원의 '문화적 민족주의'가 철저하게 구분되고 있으며 위계적인 체제를 갖추고 있는 것이다. 중국식의 민족주의는 정치적 민족주의(중화 민족)를 문화적 민족주의(소수 민족)의 상위에 둠으로써 민족을 정치의 종속 개념으로 간주하고 이를 통해 소수 민족의 민족주의를 관리한다. 그에 따라 소수 민족은 한족(漢族)을 비롯한 56개 민족으로 이루어진 중화 민족의 일원으로 규정된다. 다시 말해 소수 민족의 정체성은 한족의 정체성과는 대립하지만 중화 민족 정체성에는 포함되는 것이다. 즉 소수 민족 자신의 정체성과 중화 민족 정체성이라는 이중의 정체성을 가진다. 이 때문에 조선족들은 조선족이라는 민족 관념과 중국 국민이라는 국민 관념을 동시에 형성시켜 나가게 된다.

함께 읽으면 좋은 작품

〈누가 나비의 집을 보았을까〉, 허련순 / 조선족 작가가 연변의 현실을 사실적으로 그린 작품

밀항선을 타고 한국으로 들어오는 인물의 삶을 통해 위장 결혼, 불법 취업 등 조선족이 꿈꾸는 코리안 드림의 그늘을 사실성 있게 그린 소설이다. 조선족 작가가 '집'이라는 소재를 통해 조선족의 정체성 문제를 다루고 있다는 공통점에 주목하여 〈세상에 없는 나의 집〉과 비교해 볼 수 있다.

내신 적중

6 '나'가 '준표'를 조선족 유치원에 보낸 이유로 가장 적절한 것은?

① 조선족 유치원의 시설이 가장 좋았기 때문이다.
② 중국 유치원에서 준표가 차별 대우를 받았기 때문이다.
③ 준표를 조선족으로 키우기로 마음을 먹었기 때문이다.
④ 연주의 딸과 같은 유치원에 보내기를 원했기 때문이다.
⑤ 새로 이사할 집과 가장 가까운 유치원이었기 때문이다.

7 〈보기〉를 참고하여 이 글을 감상한 내용으로 적절하지 않은 것은?

> **보기**
>
> 이 작품은 중국인도, 한국인도 아니라고 생각하는 조선족의 고민을 담은 작품으로 민족의 뿌리를 유지하며 살아가기 위해 노력하는 중국 동포의 삶을 사실적으로 그리고 있다. 또한 자기 세계에 대한 성찰이라는 현대인들의 보편적인 고민을 함께 제시하여 소설의 내용을 풍성하게 한다.

① '나'가 아파트 인테리어를 완성하는 과정은 자기만의 세계를 구축하는 과정을 의미한다고 볼 수 있어.
② 연주가 중국을 떠나려 하는 것은 중국에서 자행되는 이민족 차별에 대한 비판 의식을 드러내는 거야.
③ '나'가 인테리어를 옛날 조선의 시골풍으로 꾸민 것은 민족의 뿌리를 유지하려는 노력을 상징하고 있군.
④ 확실한 무엇이 없었기 때문에 중국으로 건너온 연주는 애초부터 자기 세계를 구축하는 데 실패한 인물이야.
⑤ 연주가 자신이 어디로 가야 할지 모르겠다고 하는 부분은 자기 세계를 잃어버린 모습을 상징한다고 볼 수 있어.

내신 적중

8 〈보기〉를 참고할 때, ⓐ의 상징적 의미로 가장 적절한 것은?

> **보기**
>
>
>
> ▲ 마그리트, 〈인간의 아들〉

① 현실을 도피하고 싶어 하는 닝의 태도를 드러낸다.
② 자신의 정체성에 대해 고민하고 있는 닝의 상황을 드러낸다.
③ 자신이 마그리트의 팬이라는 것을 알리려는 닝의 의도를 드러낸다.
④ 정체성에 대해 고민하고 있는 '나'를 위로하려는 닝의 마음을 드러낸다.
⑤ 자신이 중국인이라는 자부심을 보이고 싶어 하는 닝의 심리를 드러낸다.

9 〈보기〉를 참고하여 이 글의 문학사적 의의를 쓰시오.

> **보기**
>
> 재외 동포의 수가 700만 명이 넘는 시대에, 낯선 땅에서 한민족으로서의 정체성을 가지고 한국어로 생산한 재외 동포들의 문학도 한국 문학의 다양성을 보여 주는 중요한 가치를 지닌다고 할 수 있다.

104 꿈꾸는 인큐베이터 | 박완서

키워드 체크 #현실 비판적 #남아 선호 사상 #저항 의식 #가부장적 이데올로기 비판

가 단지 딸이기 때문에 없애러 가는 길을 남편이 정말 눈치 못 챘는지, 왜 의논이라도 한마디 해 볼 생각을 안 했는지, 그 언저리는 나도 정확하게 기억해 낼 수가 없다. 확실한 건 그땐 나도 시어머니와 시누이의 살의가 옮아 붙은 것처럼, 양수 검사에서 딸로 판명되면 없앨 수밖에 없으리라고 일찌거니 각오하고 있었다는 것이다. 그렇지 않고서야 그렇게 순순히 양수 검사를 당했을 리가 없다. 내가 그렇게 다른 선택의 여지를 전혀 생각하지 못할 만큼 무력해지기까지는 시누이의 공이 컸다. 시누이는 가장 친한 친구인 척 소곤소곤 아들 낳고 먹는 미역국과 딸 낳고 먹는 미역국 맛이 얼마나 다르더라는 얘기를 내 귀에 독처럼 불어넣었다. ▶ '나'에게 아들이 필요함을 강요한 시누이

나 딸을 지우기 위해 가랑이를 벌리고 수술대에 누울 때도 시어머니와 시누이는 곁에 붙어 있었다. [중략] 그들은 양쪽에서 내 손을 잡고 뭐라고 위로의 말을 했다. 내가 그들을 미워하기로 작정한 건 아들을 낳고 나서가 아니라 아마 그때부터였을 것이다. 곧 스러질 생명에 대해 에미가 바칠 수 있는 애도는 그것밖에 없었다. 「마취가 들고 하나 둘을 세면서 의식이 멀어져 가는 중에도 나는 시어머니와 시누이의 얼굴을 망막에 새겨 두려고 똑바로 바라보았다.」

인큐베이터 속에서 내 아기가 꼼실대고 있었다. 손가락만 한 아가였다. 너는 엄지 아가씨로구나. 가엾어라. 불면 날아가게 생겼네. 인큐베이터를 지키고 있지 않으면 누가 훔쳐 갈지도 모른다고 생각하면서도 자꾸만 졸음이 와서 허벅지를 꼬집었다. 아프지 않아서 이상했다. 그때였다. 검은 옷을 입은 시어머니와 시누이가 투실투실한 아기를 안고 들어왔다. 동시에 여기저기서 흰 옷 입은 사람들이 모여들어 방 안이 가득해졌다. 시어머니가 그들에게 그 큰 애를 넣기 위해 우리 엄지 아가씨를 내보내라고 요구하는 듯했다. 안 돼요. ▶ 낙태 수술을 하며 시어머니와 시누이를 증오하는 '나'

다 「"아니 이 철딱서니 없는 것아. 남편한테 어떻게 계집애 아랫도리, 그 흉한 걸 보이냐, 보이길." / "아들은 괜찮구요?"

"여부가 있냐? 고추 달린 아랫도리야 남편 앞에 여봐란듯이 풀어놔야지."

우리 기를 때도 어머니는 그랬었구나. 그건 물어보나 마나였다. 그건 아무도 못 말린 어머니의 버릇, 아니 도덕관념이었다.」 / 내가 나의 인큐베이터 됨을 참아 낼 수밖에 없었던 소인은 그러니까 기저귀 찰 때부터 비롯됐던 것이다. 그러나 앞으로는 달라져야 한다. 누구에게 보이기 위해서가 아니라 나를 위해 어떡하든지 달라져야 한다. 남편도 나도. 이건 사는 게 아니다. 그렇게 간악한 짓을 저지르고도 죄책감을 못 느끼는 그 께름칙함을 떨쳐 버리지 않는 한 생전 아무것도 느낄 수가 없을 것 같다. 우선 차에서 내려 다시 한번 강바람을 들이마시고 운전대를 잡았다. [중략] 도시와 더불어 내 집 또한 뒤로 뒤로 멀어져 가는 기분 또한 상쾌했다. ▶ 앞으로 달라질 것을 다짐하는 '나'

포인트 체크

[인물] '나'는 아들을 낳기 위해 딸을 □□했던 아픔을 지니고 있다.
[배경] 남성 중심의 사회에서 억압되고 □□받는 여성의 현실을 나타내고 있다.
[사건] '나'는 낙태를 종용했던 시어머니와 시누이에 대한 □□를 떠올리며 달라질 것을 결심한다.

답 낙태, 차별, 증오

핵심 정리
갈래 단편 소설, 세태 소설
성격 현실 비판적
배경 ① 시간 – 1990년대 ② 공간 – 서울
시점 1인칭 주인공 시점
주제 남아 선호 사상과 가부장적 사회에서 도구화된 여성의 처지에 대한 비판
특징 ① 남아 선호 사상에 대한 문제의식을 드러냄. ② 역순행적 구성으로 사건이 전개됨.
출전 《현대문학》(1993)
작가 박완서(본책 206쪽 참고)

이해와 감상
이 작품은 아들을 낳기 위해 임신 중절 수술을 하여 딸의 생명을 빼앗은 기억을 가지고 있는 한 여성이 자신의 상처와 마주하며 스스로 달라질 것을 결심하는 과정을 통해 남성 중심의 사회에서 억압되고 차별받는 여성의 현실에 대한 문제를 제기하고 있다.
주인공인 '나'는 겉으로는 평온한 생활을 유지해 나가지만 마음속 깊은 곳에서는 임신 중절 수술을 했음에도 아무 일 없는 듯 살아가는 것에 대해 죄의식을 느끼고 있다. 이러한 모순된 상황은 '나'에게 도덕적 불안감과 갈등을 유발하고, 남녀평등을 실천하는 '그'와의 만남을 통해 자신의 죄의식을 직시하게 됨으로써 자기를 다시 인식하고 불안을 극복하게 되는 구조를 취하고 있다.

전체 줄거리
세 명의 자녀를 두고 여유롭게 사는 '나'는 어느 날 조카의 유치원 재롱 잔치에 갔다가 비디오 촬영을 도와준 것을 계기로 한 남자를 만나게 된다. 그는 딸만 둘이라도 행복하다고 말하지만, '나'는 그 말을 인정하지 않는다. 그 후 다시 만난 '그'에게 정말 딸만으로 만족하는지 캐묻는다. '그'는 남아 선호 사상에 사로잡힌 이들을 비판한다. 이야기를 들은 '나'는 과거 아들을 낳기 위해 낙태했던 일에 죄책감을 느낀다. '나'는 자신에게 낙태를 종용했던 시어머니와 시누이에 대한 증오와 아들을 낳은 후 그들에 대해 달라진 자신의 태도를 떠올린다. '나'는 앞으로는 달라져야 한다고 다짐하며 차를 몰고 집에서 멀어지며 상쾌함을 느낀다.

작품 연구소
'나'의 상황과 태도 변화

'나'의 상황	'나'의 태도 변화
평화로운 일상	책임 전가와 합리화
↓ 모순	
딸을 낙태했다는 죄의식	상처의 본질을 깨닫고 도덕성 회복

'인큐베이터'의 의미

인큐베이터	아들을 낳는 기계가 된 여성의 자궁
꿈꾸는 인큐베이터	가부장적 이데올로기에서 벗어나 여성들이 당당한 삶의 주체로 살아가야 함을 의미함.

105 아들과 함께 걷는 길 | 이순원

문학 천재(정)

키워드체크 #성장 소설 #'길'의 의미 #아버지와 아들의 대화 #가족의 사랑

가 "아빠는 이 길을 많이 걸었다고 했지요?"

> 대관령에서 강릉으로 가는 길

"아마 열 번은 더 걸었을 거야. 할아버지는 아빠보다 열 배는 더 많이 걸었을 거구."

"그렇게 많이요?" / "아빠는 일부러 걸었을 때가 많았지만 할아버지는 일부러 걸었던 게 아닌데도 그렇단다."

"할아버지도 아빠하고 이 길을 걸으셨나요?"

"그러고 보니 아빠는 할아버지와 함께 이 길을 걷지는 않았구나. 할아버지는 증조할아버지하고 걸으셨다는데."

> 아빠와 할아버지의 관계가 좋지 않았음을 짐작할 수 있음.

"아빠도 저처럼 할아버지하고 걸었으면 좋았을 텐데. 그러면 아빠하고 할아버지도 서로 마음이 잘 통하게 되잖아요. 먼 길을 걸으며 많은 이야기를 하고 나면요."

> 길을 함께 걷는 것의 장점
> ▶ '나'는 아들과 함께, 아버지와 할아버지가 걷던 길을 걷고 있음.

나 "그렇지만 아빠. 할아버지, 할머니께서 오래오래 사셨으면 좋겠어요. [중략] 제가 아빠한테 아버지 자리를 물려받을 때에도요." [중략] "그래, 꼭 그러실 거야."

"그래서 저는 할아버지가 된 아빠보고도 할아버지가 이번 토요일에 애들 다 데리고 내려와라, 그랬으면 좋겠어요." / "그래." / "아빠." / "응."

> '나'와 아들은 아버지(아들의 할아버지)의 전화를 받고 강릉으로 가고 있음.

"아빠도 지난번 할아버지가 전화하셔서 이번 토요일에 다 내려와라, 해서 마음속으로 아주 조금이라도 싫어했던 건 아니죠?" / "그래."

> '나'가 가족사 소설을 쓴 이후에 아버지와의 관계가 불편해진 상황이 연상됨.

"다음 아빠도 저한테 그러세요. 그러면 저도 싫어하지 않을게요. 무슨 말인지 알죠, 아빠?" / "그래."

> 상우의 말을 통해 '아버지'와 '나', '아들'의 삶이 자연스럽게 연결됨.

"아까 자동차 안에서부터 아빠한테 그 말을 해 주고 싶었어요."

> ▶ 아들 '상우'는 가족의 화목을 소망하고 있음.

다 "어릴 때 아빠는 소를 먹이러 가거나 버섯을 따러 뒷동산으로 올라갔을 때 이상하게 바다 건너는 한 번도 궁금하게 여겨본 적이 없었어. 저 바다 건너엔 무엇이 있을까 하는 생각도 해 본 적이 없고." / "왜 그랬는데요?"

> '바다 건너'는 '나'의 현재나 미래의 삶과 관련이 없다고 생각했기 때문임.

"그때는 몰랐는데, 아마 바다는 멀리 바라보이기는 해도 내가 아는 동네 사람들의 삶과, 그리고 그때 어린 아빠의 삶하고도 또 이다음 어른이 된 다음의 삶하고도 큰 관계가 없는 것처럼 여겨져서였을 거야. 궁금한 건 언제나 대관령 쪽이었어. 저 산을 넘으면 무엇이 있을까. 어떤 동네가 있을까. 어떤 사람들이 어떤 모습으로 살고 있을까. 그리고 나는 언제나 저 산을 넘어 볼까, 하고 말이지. 빨리 어른이 되고 싶

> 대관령에 대한 '나'의 여러 가지 궁금증

었던 것도 저 산을 넘고 싶어서였기 때문인지 몰라. 우리들 눈엔 어른들과 곧 어른이 될 형들만 대관령을 넘었으니까. 아빠한테는 마치 앞으로 아빠가 찾아야 할 파

> '나'가 빨리 어른이 되고 싶었던 이유 ① - 어른들만 대관령을 넘을 수 있다고 생각했기 때문

랑새가 이곳 대관령 너머에 있는 것처럼 생각되었던다. 그게 희망이든, 아니면 다

> 꿈과 희망, 행복을 상징함.

른 세상에 대한 궁금함이든 말이지. 그때 아빠는 빨리 어른이 되어야 이 산을 넘어와 파랑새를 볼 수 있다고 생각했던 거야.

> '나'가 빨리 어른이 되고 싶었던 이유 ② - 산을 넘어 새로운 세상을 보고 싶었기 때문
> ▶ 어린 시절의 '나'는 대관령 너머의 모습에 관심이 많았음.

키 포인트 체크

인물 '나'는 바다 건너와 달리 대관령 너머에는 꿈과 희망을 상징하는 [   ]가 있다고 생각했다.

배경 이 작품은 [   ]에서 강릉까지 이어지는 [ ]을 배경으로 하고 있다.

사건 '나'와 아들은 대관령 고갯길을 걸으며 [ ]를 나누면서 자연스럽게 서로의 마음을 터놓고 있다.

답 파랑새, 대관령, 길, 대화

핵심 정리

갈래 장편 소설, 성장 소설, 가족 소설

성격 관조적, 사색적, 교훈적

배경 ① 시간 - 현대
② 공간 - 대관령 고갯길

주제 가족의 소중함과 연대감

특징 ① 아버지('나')와 아들의 대화를 중심으로 이야기를 전개하고 있음.
② '나'와 아들이 대관령 고갯길 서른일곱 굽이를 돌면서 서로의 마음을 이해하고 있음.

출전 《아들과 함께 걷는 길》(1996)

작가 이순원(본책 314쪽 참고)

이해와 감상

이 작품은 '나'와 아들이 대관령 서른일곱 굽이 60리 고갯길을 함께 걸으며 진솔한 대화를 나누는 모습을 그린 소설이다. 작가는 이 세상 모든 가정 속에서 아버지와 자녀 간의 사랑과 존경이 강물처럼 흐를 수 있기를 바라는 마음에서 이 작품을 썼다고 한다. '나'와 아들은 아버지와 할아버지가 걸었던 길을 걸으며 많은 대화를 나누고, 이러한 과정을 통해 서로에 대한 소중함과 사랑을 느낀다.

전체 줄거리

소설가인 '나'는 가족사를 다룬 소설을 발표한 후에 아버지와 관계가 불편해진다. '나'는 강릉에 사는 아버지로부터 고향에 한번 다녀가라는 연락을 받고 아들 상우와 함께 대관령에서 강릉까지 60리 길을 걸어가기로 한다. '나'는 아들과 함께 길을 걸으면서 어린 시절 이야기부터 여러 가지 삶의 지혜, 소설을 쓸 때 느끼는 마음 등 많은 이야기를 나눈다. 아들 상우는 아버지와 평소에 나누지 못했던 이야기를 나누면서 아버지의 마음을 이해하게 되어 기뻐하고, '나'도 아들이 훌쩍 성장했다는 사실을 확인하면서 대견해한다. 강릉 고향집에 거의 다다랐을 무렵, 마중을 나와 있던 아버지에게서 사랑을 다시 한번 확인한다.

작품 연구소

작품 속 '나'와 아들의 상황

• '나'는 강릉에 사는 아버지로부터 고향에 한번 다녀오라는 연락을 받고, 아들 상우와 함께 대관령에서 강릉까지 60리 길을 걸어가기로 함.

• 강릉까지 걸어가는 동안 '나'는 아버지(상우의 할아버지)에 대한 추억을 상우에게 이야기하면서 자연스럽게 서로에게 마음을 터놓게 됨.

'길'의 의미

아빠와 아들이 대화를 나누는 공간	바쁜 일상에서 벗어나 서로에게만 집중하여 대화를 나눌 수 있는 공간
아빠와 아들 사이가 두터워지는 공간	그동안 못 했던 이야기를 나눔으로써, 서로를 이해하고 따뜻한 정을 느낄 수 있는 공간
할아버지, 아버지, 아들로 이어지는 인생을 드러내는 공간	아버지가 할아버지에 대한 기억을 비롯하여 여러 가지 삶의 지혜를 아들에게 이야기해 주는 공간

106 세상에서 가장 아름다운 이별 | 노희경

국어 지학사, 창비

키워드 체크   #애상적 #가족을 위한 희생 #'엄마'의 의미 #가족 간 화해

가 "무슨 차야? 향이 좋네." / "몰라. 그냥 향이 좋은 차야. 훌훌 불어서 마셔. 뜨거워."

"꼭 신혼여행 온 것 같다. 당신 공부한다고 우리 신방도 못 차리고 산 거 알지?"
　　　　　　　　　　　　　남편을 위해 희생한 아내(은희)의 삶을 드러냄.
차를 한 모금 마시며 방긋 미소 짓는 엄마를 아버지는 처연하게 본다. 이름 모를 차
한 잔에도 저렇게 행복해하는 여자에게 그동안 왜 그렇게 못 해 줬던가. 하루에 한 시
　　　　　　　　　　너무 늦게 아내를 위한 삶을 살고 있는 남편의 회한.
간만이라도, 아니 한 달에 십 분만이라도 저렇게 아내를 기쁘게 해 주었더라면 지금처
럼 마음이 헛헛하지 않았을 것을.
남편이 지닌 아내에 대한 미안한 마음을 직접적으로 드러냄.
　　아버지의 사무치는 회한을 꼬집기라도 하듯 엄마가 말했다.

"말년에 복이 텄다더니, 이런 날이 올려고 그랬나보네. 당신은 좋겠다. 이런 집에서
　　　　　　　　　　　　　　　　　　　집에 대한 만족감을 장난스럽게 표현함.
앞으로 십 년은 살겠지?" / 아버지는 엄마의 말을 묵살하며 입을 열었다.

"씻을래?" / "힘들어." / "힘드니까 씻어. 씻겨 줄게." / "정말?"
미안한 마음에 화제를 돌리려 하는 남편
　　엄마가 어리둥절한 눈으로 아버지를 쳐다보았다. 평생 목욕은커녕 한여름에도 물
　　　　　　　　　　　평소 남편의 모습에서 기대하기 힘든 모습이라 당황함.　　　　　그간의 아내를 대하던 남편의 모습을 드러냄.
한 바가지 안 끼얹어 주던 남편이었다. / 아버지는 쑥스럽고 미안한 마음으로 엄마를
번쩍 안아 들었다. 엄마는 역시 부끄러워하면서도 아버지 품에 얌전히 안겼다.
　　　　　　　　　　　자신을 배려하는 남편의 태도에 만족감을 느낌.
　　욕실에 들어선 아버지는 엄마를 욕조에 걸터앉히고 한 가지씩 가만가만 옷을 벗겨
주었다. 삶은 달걀처럼 희고 부드러웠던 살결이 이제는 나무껍질처럼 마르고 군데군
데 멍든 자국마저 선명하다. 하지만 아버지 눈에는 그런 엄마가 전혀 험해 보이지 않
　　　　　　　　　　　병색이 완연한 아내의 모습
았다. 새색시인 양 여전히 고왔다.
　　　　　　그간 아내에게 소홀했던 아버지의 미안함
　　　　　　　　　　　　　　　　　　　▶ 새로 마련한 전원주택에서 마지막 시간을 보내는 엄마와 아버지

나 "나, 보고 싶을 거는 같애?" / 아버지는 엄마를 더 이상 마주 보지 못하고 고개만 끄
　　　　죽기 전에 남편에게 진심을 듣고 싶은 아내의 마음
덕여 주었다. / 엄마가 또 묻는다.

"언제? 어느 때?" / "……다." / "다 언제?" / "아침에 출근하려고 넥타이 맬 때."

"…… 또?" / "맛없는 된장국 먹을 때." / "또?" / "맛있는 된장국 먹을 때." / "또?"

묻는 엄마도, 대답하는 아버지도 점차 목소리가 잦아들고 있었다. 아버지는 엄마를
　　　　　　　　　　이것이 마지막 대화일 거라는 생각이 들었기 때문에
보지 않은 채 마음속에 빗장처럼 걸려 있던 말들을 하나씩 하나씩 뱉어 냈다.
자신의 진심을 내보이는 것을 쑥스러워함.
『술 먹을 때, 술 깰 때, 잠자리 볼 때, 잔소리 듣고 싶을 때, 어머니 망령 부릴 때, 연
「：아내가 죽은 이후의 삶을 예상하며 삶의 모든 것에서 아내가 그리워질 것이라고 말하고 있음.
수 시집갈 때, 정수 대학 갈 때, 그놈 졸업할 때, 설날 지짐이 부칠 때, 추석날 송편
빚을 때, 아플 때, 외로울 때……」[중략]

"당신 빨리 와. 나 심심하지 않게." / 기어이 엄마 눈에서 눈물이 흐른다. 아버지는
자신도 남편을 그리워할 것이라는 말을 돌려 말하고 있음.
엄마를 와락 껴안았다. 그리고 더 이상 눌러둘 수 없는 슬픔을 꺽꺽 토해 냈다.

엄마가 젖은 눈을 들어 수줍게 웃으며 아버지를 바라보았다.

"여보, 나 이쁘면 뽀뽀나 한번 해 주라." / 아버지는 엄마의 얼굴을 두 손으로 감싸
평소에는 받지 못했던 애정 표현을 죽기 전에 받고 싶어 하는 엄마의 모습
쥐고 길고 오랜 영혼의 입맞춤을 했다. / "인희야……정말……고마웠다……."
　　　　　　　　　　　　　　　아내에 대한 미안함과 사랑을 직접적으로 드러냄.
　　　　　　　　　　　　　　　　　　　▶ 죽기 전 마지막 인사를 나누는 엄마와 아버지

키 포인트 체크

인물 평생 가족을 위해 □□하며 살아온 엄마는 자신이 말기 □이라는 것을 알게 된다.
배경 엄마와 아버지는 새로 마련한 □□□□에서 마지막 시간을 함께 보낸다.
사건 아버지는 엄마를 □□시켜 주며 엄마에 대한 사랑을 표현하고, 마지막 인사를 나눈다.

답 헌신, 암, 전원주택, 목욕

핵심 정리

갈래 장편 소설
성격 애상적, 신파적
배경 ① 시간 – 1990년대
　　　　② 공간 – 서울
시점 전지적 작가 시점
주제 아내(엄마)의 죽음과 그로 인한 가족 간의 화해
특징 ① 드라마 시나리오를 원작으로 한 작품을 소
　　　　설로 재구성함.
　　　　② 전지적 작가 시점이지만 주인공 은희를 '엄
　　　　마'라고 칭함.
작가 노희경(1966~) 드라마 작가. MBC 〈베스트 극
장〉 극본 공모 당선작인 〈세리와 수지〉로 데뷔했다.
주로 세련된 감성과 따뜻한 인간애를 지닌 글을 썼다.
주요 작품으로는 〈그들이 사는 세상〉, 〈그 겨울 바람
이 분다〉 등이 있다.

이해와 감상

이 작품은 드라마로 방영된 동명의 시나리오를 원작
으로 재구성한 소설이다. 평생을 가족을 위해 헌신한
한 여성이 말기 암 진단을 받고 죽어 가면서 겪게 되
는 가족 간의 이해와 화합을 그렸다. 1996년 드라마
방영 당시 시청자들의 엄청난 반응으로 4시간 연속
재방송되기도 했으며 이후 연극과 영화로 제작되기
도 했다.

전체 줄거리

50대 가정주부인 인희는 월급 의사인 남편을 위해 헌
신하고 중증 치매 환자인 시어머니를 모시며 평생 가
족을 위해 희생하며 살아왔다. 정신없이 살던 인희는
어느 날 오줌소태 증세로 병원을 찾았다가 자신이 자
궁암 말기라는 사실을 알게 된다. 수술 이후에도 병세
는 악화되기만 하고 그녀는 가족들과 이야기를 나누
며 죽음을 준비한다. 그간 무심했던 남편에게 무덤을
남겨 달라는 유언을 남기고 인희는 남편의 품에서 죽
음을 맞는다.

작품 연구소

작품의 시점과 '엄마'의 의미

다양한 인물의 시점에서 서술함.
→ 전지적 작가 시점

'엄마'의 의미	전지적 작가 시점임에도 인희를 '엄마'라고 칭함으로써 인희의 개인적 삶을 대한민국의 '엄마'로 살아가는 모든 이들의 삶으로 확장시킴.

소재의 상징적 의미

차	그동안 함께하지 못했던 시간에 대한 아버지의 미안함이 담긴 소재
목욕	그간 미처 표현하지 못했던 엄마에 대한 아버지의 사랑
뽀뽀	자신에 대한 사랑을 확인받고 싶어 하는 엄마의 심리

107 착한 사람 문성현 | 윤영수

가 훗날 문성현이 어른이 되어서 자신의 기억을 더듬어 올라갔을 때, 가장 어린 날의 광경은 막냇동생 승현의 돌날이었으니 그가 여덟 살이 되었을 때였다. 그때 그는 방 안에 혼자 누워 있었다. 힘겹게 주위를 둘러보았다. 아무도 곁에 없었다. 얼마나 울어 젖혔는지 목이 잔뜩 쉬어 있었다. 사람들은 모두 문 저쪽에 모여 들떠들고 있었다.
_{여럿이 들끓어서 마구 떠들고}

뭘 잡나 보자구. 돈을 잡아 재벌이 되려나, 책을 잡아 학자가 되려나.

잡는다, 잡아……, 앗따따, 활이다 활! 큰 장군이 될라. 좋지 좋아.

사람들의 웃음소리가 왁자하게 들려왔다. 성현은 계속하여 울려고 했다. 그런데 갑자기 울 수가 없었다. 여느 때 같으면 그는 누군가가 나타날 때까지 마구 몸부림을 치며 울었을 것이다. 아무도 자신처럼 번장대며 울지 않는다는 사실을 그는 그 순간에 깨달았다. 자신은 다른 이와 너무나 달랐다. 다른 사람들은 말을 사용했다. 그러나 그는 그렇지 못했다.
_{돌잔치의 흥겨운 분위기가 성현의 상황과 대비되어 성현의 상황이 부각됨}
_{자신의 상황을 처음으로 알게 되었기 때문에}
_{번대며, 쉬이 따르지 않고 고집스럽게 버티며}
▶ 자신의 장애를 처음으로 인식하게 된 문성현

나 그날부터 그는 죽은 듯이 조용해졌다. 절대로 울지 않았다. 불가피한 경우를 제외하고는 소리도 지르지 않았다. 그는 말을 잘하지 못했다. 말을 하려 해도 입이 따라 주지 않았다. 답답했다. 그러나 다시는 고함치며 울지 않았다. 자신의 울음소리는 그 누구에게보다도 스스로에게 너무나 끔찍하고 지겨웠다. 그는 벙어리처럼 행동했다. 배가 고파도, 대소변으로 아랫도리를 적셔도 그는 짜증을 내거나 화내지 않았다. 다른 이가 방에 들어올 때까지 그는 다만 참고 견뎌 내었다. 그때부터 그는 슬펐다. 울음을 몸 밖으로 터뜨리지 않으니 몸 안에 눈물이 고였다.
_{비장애인처럼 되고 싶은 문성현의 정신적 노력의 시작}
_{자신의 장애에 대한 자괴감}
_{자신의 상황을 인식하고 난 문성현의 내적 고뇌}
▶ 자신의 상황을 인식하고 내적 고뇌에 시달리는 문성현

다 훗날 문성현이 어른이 되어서까지 그의 이부자리 밑에 간직하고 있었던 장난감 활은 바로 막냇동생 승현의 돌상에 돌잡이로 올렸던 물건이었다. 댓개비를 다듬어 노끈으로 묶은 장난감 활은 그의 어린 시절 희망의 상징이었다. 일부러 누가 그에게 가져다주지는 않았다. 방구석에 놓인 활을 보고 그가 몸을 뒤치어 자신의 요 밑에 집어넣었던 것이다. [중략]
_{자신도 동생과 같은 비장애인이 되고 싶은 희망}
_{대를 쪼개 가늘게 깎은 긴 조각}
_{비장애인처럼 되고 싶은 문성현의 의지와 간절함}

앗따따, 활이다 활! 큰 장군이 될라. 그 작고 조잡한 활에는 사람들의 덕담이 묻어 있었다. 그는 몇 번이고 되풀이했다. 하아, 하, 화, 화아아알. 화아알. 활. / 조용해지고부터, 체머리를 흔들지 않고부터, 입을 다물고부터 그는 텔레비전을 보기 시작했다.
_{머리가 저절로 계속하여 흔들리는 병적 현상. 또는 그런 현상을 보이는 머리}
[중략] 다른 이처럼 앉지도 서지도 걸어 다닐 수도 없는 그에게는 텔레비전을 통해 보는 다른 이들의 삶이 한편으로는 가슴 떨리는 열망이었으나 또 한편으로는 부숴 버리고 싶은 안타까움이기도 했다. / 그래도 어린 그에게는 희망이 있었다. [중략] 개켜 놓은 옷처럼 축 처진 자신의 아랫도리가 풍선처럼 부풀어, 머지않아 그는 다른 아이들처럼 거리를 활보할 것이었다. 신이 나면 춤이라도 멋지게 추어 댈 참이었다. 그리고…… 말을 타고 들판을 가로질러 활시위를 당길 예정이었다.
_{힘없이 늘어져 있던 약한 다리에 힘이 들어가기 때문에}
_{걷거나 뛸 수 있게 되면 들판을 가로질러 활시위를 당길 것이라는 희망을 품음.}
▶ 장애를 극복하려는 희망을 품은 문성현

포인트 체크

인물 문성현은 자신의 ☐☐를 인정하고 이를 극복하기 위해 부단히 노력하는 인물이다.

배경 1950년대 후반 서울의 양반가에서 태어난 문성현의 ☐☐☐를 그리고 있다.

사건 문성현은 '☐'을 간직하며 미래의 자신에 대한 기대와 희망을 품고 장애 극복 의지를 다진다.

답 장애, 일대기, 활

핵심 정리

갈래 단편 소설
성격 회상적, 감동적, 희망적
배경 ① 시간 – 1950년대 후반~1990년대 중반
　　　② 공간 – 서울
시점 전지적 작가 시점
주제 중증 장애인이 느끼는 삶에 대한 절망과 희망
특징 ① 인물의 출생에서 죽음까지의 일생을 그림.
　　　② 구체적 사건을 통해 주인공의 성품을 드러냄.
출전 《착한 사람 문성현》(1997)
작가 윤영수(1952~) 1990년 단편 소설 〈생태 관찰〉로 등단하였다. 한국 사회에서 소외된 사람들의 이야기와 붕괴 직전에 놓인 가족 관계 등을 다룬 작품을 많이 썼다. 주요 작품으로 〈도묘〉, 〈올가미 씌우기〉, 〈잔일〉, 〈봄똘〉 등이 있다.

이해와 감상

이 작품은 1950년대 후반 서울의 한 양반가에서 태어난 뇌성 마비 장애인을 주인공으로 삼아, 파란만장한 곡절을 거쳐 말년에 대긍정의 사유에 도달하는 모습을 보여 주고 있다. 이 작품에서는 뇌성 마비를 앓는 주인공뿐만 아니라 끊임없는 고난 속에서도 인간의 선한 바탕을 잃지 않는 문성현의 집안사람들을 그려 내고 있다. 특히 문성현이 자신을 간병하는 파출부들의 악착스러움마저 용서하는 모습은 도가적인 성인의 모습까지도 느껴지게 한다. 더욱이 이러한 인간적 위엄이 뇌성 마비를 앓고 있는 문성현의 특이한 조건을 통해서 구현되고 있음은 이 작품의 보이지 않는 역설이라고 할 수 있다.

전체 줄거리

남평 문씨 집안의 장손으로 태어난 문성현은 태어날 때부터 장애가 있었다. 성현은 8살이 되었을 때 자신이 다른 사람들과 다르다는 것을 인식하게 되지만 희망을 가지고 장애를 극복하기 위해 노력한다. 그러던 중 아버지가 세상을 뜨자 성현은 죄책감에 시달리고, 수용소에 가서 살겠다고 한다. 그러나 가족의 소중함을 깨닫고 일주일 만에 집으로 돌아온다. 그 후 성현은 엄청난 노력 끝에 말도 하고 글도 읽을 수 있게 되어 조금이나마 비장애인처럼 살게 된다. 이후 어머니가 돌아가시자 성현은 삶에 대한 회의를 느낀다. 성현은 독립해서 살아가겠다고 말하고 파출부 예산댁의 도움을 받는다. 그녀는 자신의 이익만 챙기며 성현에게 횡포를 일삼았으나 그는 이마저도 용서하고 39세를 일기로 생을 마감한다.

작품 연구소

자신의 희망을 실현하기 위한 문성현의 노력

문성현은 자신의 장애를 이겨 내기 위해 불가피한 경우를 제외하고 울거나 고함을 지르지 않기, 체머리 흔들지 않기, 혼자서 텔레비전 작동하기, 다른 사람과 의사소통하기 등의 노력을 한다. 그는 이러한 노력을 통해 다른 사람들처럼 자유롭게 살고 싶은 자신의 희망을 이루고자 한다.

'활'의 의미

· 장애 극복을 위해 노력하는 계기
· 자유로운 삶에 대한 소망

108 뿌리 깊은 나무 |이정명

[문학] 천재(정)

[키워드 체크] #역사 추리 소설 #한글 창제 #자주와 애민 #모함과 계략

가 주상은 침복으로 갈아입은 후에도 서안 앞에 홀로 깨어 있기를 즐겼다. 지금도 집
현전 학사동에는 불이 꺼지지 않을 것이었다. 학사들은 경서를 읽어 내리고, 새로운
천문을 연구하며, 의기를 궁리하고, 후대의 표본이 될 제도를 강구할 것이었다. [중략]
그 강역은 팽대하고, 그 역사는 존경받고, 그 백성은 윤택하고, 그 신하는 궁리하고,
그 임금은 근면한 나라. 그래서 그 시대를 기꺼워하는 노래가 골골에 울리는 나라. 대
국에게 기대지 않고 대국에 당당하며 자국의 문물과 격물로 홀로 우뚝 서는 나라.

나 그랬던 것이 돌이키지 못할 화가 되고 말았던 것인가? 칼에 찔린 채 우물에 던져지
고, 옥고를 치르고 장독이 올라 궐에서 내침을 당하고, 깊은 밤 화마에게 삼킴을 당하
고…… 또 어떤 변을 당할지 알 수 없었다.

그들을 뽑아 올리지 말았어야 했을까? 그랬다면 그들은 평생을 글과 함께하는 서생
이나 자신의 궁리에 더욱 천착하는 공인이 되어 순탄하게 살았을 터인데……. [중략]
윤기 나는 나지막한 목소리로 학사들의 이름을 하나하나 되뇌었다. 이름을 부를 때
마다 학사들의 얼굴이 어둠 속에서 환하게 떠올랐다.

다 "하나의 사물에 하나의 글자와 하나의 소리가 조응하는 것이 중화의 글자다. 세상
모든 물상과 현상을 일일이 상형하거나 차자하여 평생을 익혀도 모자라니 그것을
어찌 백성의 글이라 하겠느냐? 게다가 이 나랏말은 중국과 다르다. 이 나라 백성이
이 나라 말을 펴는 데는 이 나라의 글이 필요하니 그것은 이 나라의 시간이 중국과
달라 칠정산을 펴고 이 나라의 음률로 향악을 정리함과 같다. 온 백성이 한나절에
익히고 제 뜻을 펴기에는 적은 소리로 많은 뜻을 싣는 소리 문자가 가장 뛰어나니
한 글자 한 글자를 따로 익혀야 하는 중국의 뜻글자와는 근본부터 다르다." [중략]

"이 글자는 앞으로 일 년이 지나든 십 년이 지나든 이 소리대로 읽힐 것이다. 백 년
이 지나고 천 년이 지나도 종이가 썩지 않는 한 이 소리를 그대로 지닐 것이다. 소리
를 지닐 뿐만 아니라 지금 네가 뱉은 그 뜻과 감정까지도 그대로 간직할 것이다."

무언가에 흘린 것 같았다. 무어라 반문을 하고 싶고, 삼문이 부린 조화의 허점을 찾
고 싶었다. 하지만 자신의 눈앞에서 일어난 일이었다. 눈으로 본 것까지 거부할 수는
없었다. 무언가 속임수가 있으리라 생각했으나 알아낼 방법이 마땅치 않았다.

"그 조화가 신기하나 자신의 말을 그대로 기록하는 것이 삶 살이에 무슨 소용이 있
습니까?" / 빙긋이 미소를 머금은 삼문이 기다렸다는 듯 입을 열었다.

"만약 이 글이 전술을 펴는 장수의 말이라 생각해 보자. 수확을 늘리는 비결을 전하
는 농부의 말이라 생각해 보자. 적을 정탐하는 척후병의 전갈이라 하자. 이 글이 실
어 낼 정보와 지식은 무궁무진할 것이 아니더냐?"

▶ 집현전 학자 성삼문이 훈민정음의 의의에 대해 강채윤에게 설명함.

포인트 체크

인물 세종은 □□□ 학사들의 죽음에 □□□을 느끼며 괴로워하고 있다.
배경 □□□□이 반포되기 전 7일 동안 □□에서 발생한 사건을 다루고 있다.
사건 세종은 학사들의 죽음에 슬퍼하고 성삼문은 강채윤에게 훈민정음의 □□를 설명한다.

[답] 집현전, 죄책감, 훈민정음, 궁궐, 의의

핵심 정리

갈래 장편 소설, 역사 추리 소설
성격 역사적, 상징적
배경 ① 시간 – 조선 세종 집권기
② 공간 – 조선 궁궐
시점 전지적 작가 시점
주제 이상적 왕도 정치에 대한 집념과 반대 세력과
의 갈등
특징 ① 인물의 내적 갈등과 인간적 면모가 부각됨.
② 추리적인 기법이 활용됨.
출전 《뿌리 깊은 나무》(2006)
작가 이정명(1965~) 소설가. 다양한 역사적 소재를
우리 감성에 맞게 써 내려가는 능력으로 주목을 받고
있다. 소설 《뿌리 깊은 나무》, 《바람의 화원》 등이 드라
마로 제작되기도 했으며 주요 작품으로는 《천년 후에》,
《별을 스치는 바람》, 《선한 이웃》 등이 있다.

이해와 감상

이 작품은 훈민정음이 반포되기 전 7일 동안 벌어지는
집현전 학사들의 연쇄 살인 사건을 중심으로 한글 창
제의 본질과 이에 반대하는 세력의 음모를 다루고 있
는 소설이다. 흩어진 단서들이 마치 퍼즐 조각처럼 맞
춰지는 과정에서 훈민정음이, 기득권의 교묘하고 끊임
없는 반대 속에서도 가장 중요한 것은 백성이라는 원
칙을 지키고자 했던 세종의 애민 정신 그리고 중국과
다른 조선만의 특성을 갖춘 문화를 완성하고자 하는
자주 정신의 결과물임이 드러나게 된다.

전체 줄거리

집현전 학사들에 대한 연쇄 살인 사건이 발생하고, 사
건을 맡은 강채윤은 한글 창제의 내막, 20년 전 금서
가 된 《고군통서》의 내용, 새로운 글자를 창제하려는
세종 및 집현전 학사들과 이를 반대하는 사대부의 관
계 등을 파악하게 된다. 한편 강채윤의 노력에도 불구
하고 임금의 침전에 침입한 자객에 의해 《고군통서》
가 탈취되어 명나라 사신에게 전달되고, 침전에 잠입
했다가 잡힌 자객이 자신의 배후가 대제학 최만리라
고 밝히면서 대제학은 누명을 쓴다. 한편 침전에 무단
으로 출입한 죄로 감옥에 갇힌 강채윤은 자객이 옥사
에서 피살당하는 것을 보게 된다. 이에 계략의 배후에
직제학 심종수가 있음을 알게 되고 이를 증명함으로
써 모든 진실이 드러나게 된다.

작품 연구소

《뿌리 깊은 나무》의 서사 전략

이 작품은 '드러난 것'과 '숨겨진 것', '선과 악', '진실'
과 '거짓', '과학적 고증'과 '전근대적 명분'과 같은 이
분법적 구조와 살인 사건에 대한 추리 서사물의 성격
을 동시에 지니면서 사사의 균형과 긴장을 유지한다.
또한 '세종', '훈민정음'과 같은 역사적 사실이 지니는
보편성에 '작약시계'(학사들의 비밀 조직)나 《고군통
서》 등 허구적 요소를 가미하여 독자들의 흥미를 유
도하고 있다.

《뿌리 깊은 나무》의 갈등 구조

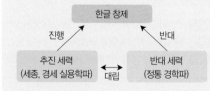

109 개밥바라기 별 | 황석영

문학 미래엔, 신사고, 지학사

키워드 체크 #성장 소설 #7명의 서술자 #방황과 성숙 #베트남 파병

가 쪽문이 열린다. 내가 들어가기도 전에 어머니는 손을 내밀어 내 소매를 붙잡았다.
_{아들의 갑작스런 방문에 반가운 마음이 행동으로 드러남.}

"아니, 네가 웬일이야?"

나는 어둠에 익숙지 않아서 눈을 가늘게 뜨고 가게 안을 둘러보았다. 덧문의 틈새
_{가게에 불을 켜지 않은 상태라 어두움.}
로 햇빛이 새어 들어왔다. 판매대는 텅 비었고 그 위에 상자들이 쌓여 있다.
_{판매대에 물건이 없는 것을 보며 장사를 하지 않는다는 것을 파악함.}

"전쟁터엔 안 가게 된 거야?" / "장사 안 해요?"
_{'나'가 전쟁에 파병된다는 것을 알 수 있음.} _{판매대가 비어 있는 것을 보고 하는 말}

어머니와 나의 서로 다른 질문이 부딪친다. 내가 먼저 대답하기로 한다.

"교육 끝나서 대기 중이에요. 월요일에 떠난대요."
_{'나'는 월요일에 파병되기 전에 집에 들른 것임.}

어머니도 내 질문에 뒤늦게 대답한다.

"점포를 정리하기로 했다. 내놓았더니 며칠 전에 나갔어."
▶ '나'가 전쟁터로 나가기 전에 연락도 없이 집에 들름.

나 가게 안쪽의 방에서 중학생인 아우가 콩자반 같은 머리를 내밀었다. 형 왔느냐고
_{콩을 조린 반찬처럼 까맣고 반들반들한 머리}
졸린 목소리로 아우가 인사했고 나도 잘 있었느냐고 대꾸한다.

나는 어머니가 아우를 먼저 학교에 보낸 뒤에 나와 뭔가 얘기하고 싶어 한다는 걸
알기 때문에 부엌간 구석에 출입구가 있는 다락방에 올라가 있기로 했다.

"피곤할 테니 좀 쉬어라. 마침 어제 치워 놓기는 했는데……"

사닥다리나 다름없는 가파른 계단 위에 서너 칸쯤 발을 딛고 올라서자마자 널판자
_{다락방으로 올라가는 계단이 매우 가파름.} _{다락방으로 들어가는 문으로 천장에 달려 있음.}
문에 머리가 닿아 버린다. 나는 널판자의 손잡이를 쥐고 위로 쳐들었다.
▶ '나'는 아우와 인사를 나누고 다락방으로 올라가려 함.

다 나 스스로 이름을 지었는데 나는 이 천장 위 다락방을 '잠수함'이라고 불렀다. 물론
내 방의 별명은 동생에게만 가르쳐 주었다. 나는 다 올라서지 않고 잠깐 멈춰 서서 머
리만 내밀고 방 안을 둘러보았다.

내가 떠나기 전에 확인하고 싶었던 것은 무엇이었을까. 그건 파충류의 허물과도 같
_{파충류가 허물을 벗는 것처럼 이 생활에서 벗어나기 위해 떠나려 했음.}
은 것이고 나는 그 허물을 다시 뒤집어쓰고 싶어서 돌아온 건 아닌가.

시장 안의 점포는 아버지를 먼저 보내고 혼자 남은 어머니가 이리저리 까먹다가 남
_{점포는 이 집의 마지막 남은 재산임.}
은 마지막 밑천이었다. 살림집을 팔고 누나들이 시집가기 전까지는 점포를 사고 남은
돈으로 전셋집을 얻었다. 누나들이 집을 떠난 뒤 우리 세 사람은 점포 안에서 살아왔다.
_{식구가 달랑 세 명밖에 되지 않아 굳이 전셋집을 얻을 필요가 없었음.}

어린 아우와 어머니가 가게에 붙은 방에서 잤고 나는 그 천장 위의 잠수함을 썼다.
_{다락방을 일컫는 말}
이를테면 거꾸로 기어 들어가는 셈이라 다락방의 지붕 바깥은 깊이를 알 수 없는 바닷
_{보통 잠수함은 위로 난 뚜껑을 열고 들어가는데, 다락방은 잠수함이 뒤집힌 모양이라 아래의 뚜껑을 열고 들어간다는 뜻임.}
속이라고 생각했다. ▶ '나'는 '잠수함'이라 이름 붙였던 천장 위 다락방을 오랜만에 둘러봄.

라 그 어두운 가게의 천장 위에 내 잠수함은 뚜껑을 닫고 선장을 기다리고 있었다. 뚜
_{서술자인 '나'를 말함.}
껑을 젖히고 머리를 내밀자 나는 다시 심해에 잠기는 것 같았다.

내 다락방의 벽에는 떠나오던 날의 낙서가 여전히 남아 있었다. 베이지색 벽지 위
에서 글자들이 꼬불꼬불 중얼거리고 있다. / — 미친 새는 밤새껏 울부짖는다.
_{시장 안의 미친 여자가 한겨울 추운 밤에 추위를 참을 수 없어 내던 비명 소리임.}
▶ '나'는 다락방에서 집을 떠나오던 날의 낙서를 발견함.

키 포인트 체크

인물 '나'는 자신의 다락방을 ☐☐☐, 세상을 ☐☐라고 하며 자신만의 공간에 의미를 부여한다.

배경 베트남 ☐☐이 있었던 1960년대를 배경으로 하고 있다.

사건 '나'는 전쟁터로 떠나기 전에 집에 들러 어머니를 만나고 ☐☐☐을 둘러보고 있다.

답 잠수함, 심해, 파병, 다락방

핵심 정리

갈래 장편 소설, 성장 소설, 인터넷 연재소설

성격 사실적, 체험적, 독백적

배경 ① 시간 – 1950년대~1960년대
② 공간 – 서울

시점 1인칭 주인공 시점(각 장마다 서술자인 '나'가 바뀜.)

주제 젊은이들의 방황과 성숙

특징 ① 여섯 명의 친구와 주인공의 시점이 교차됨.
② 작가의 자전적 경험이 담김.

출전 네이버 블로그 2008년 2월 27일~7월 24일 연재

작가 황석영(본책 198쪽 참고)

이해와 감상

이 작품은 작가의 체험을 바탕으로 고교 1학년 때부터 군대에 가기 전인 스물한 살 무렵까지의 방황을 그린 성장 소설로, 2008년 2월부터 다섯 달간 인터넷 블로그에 연재된 뒤 책으로 출간되었다. 여섯 친구의 시점과 주인공의 시점이 교차하는 이 소설의 시간적 배경은 1950년대~1960년대로, 오래 전이지만 지금의 상황과 크게 다르지 않다. 작가는 '제도와 학교가 공모한 틀에서 빠져나갈 것이며, 세상에 나가서도 옆으로 비켜서서 저의 방식으로 삶을 표현해 나갈 것'이라는 준의 말을 통해, 독자들에게 세상이 아무리 험악하더라도 자기 정체성을 포기하지 말고 자신의 성장을 도모하라는 충고를 들려준다.

전체 줄거리

준은 1967년 겨울 베트남 파병이 결정되자 '죽거나 살아남거나 둘 중의 하나'의 인생이 자신의 앞에 놓여 있음을 감지하고 입대 전, 자신의 고등학교 시절을 회고한다.

일류 학교에서 모범생으로 살던 준은 어느 날부턴가 학교가 제시하는 가치와 부모의 요구가 시시해지기 시작하면서 마침내는 견딜 수 없게 된다. 결국 자신의 삶을 더욱 충족시켜 주는 것이 무엇인지를 깨닫고 학교를 떠나 무전여행을 한다. 무전여행을 통해 한 단계 성장한 준은 공업 학교의 야간부에 입학하여 문학상을 수상하게 되고, 이후 대학에 진학한다. 이때 시위를 하다 유치장에 갇히게 되는데, 이때 만난 일용 노동자 장 씨를 따라 오징어잡이, 공사판 등을 전전하고, 절에 들어가 행자 노릇을 하기도 한다. 허무주의에 빠져 자살 시도까지 했지만 곧 깨어나고, 베트남 파병을 결정하게 된다. 준은 베트남으로 떠나기 전, 사랑했던 여인 미아에게 연락을 취해 보지만 결국 만나지 못하고 떠난다.

작품 연구소

제목 '개밥바라기 별'의 의미

'개밥바라기 별'이란 식구들이 저녁밥을 다 먹고 개가 밥을 줬으면 하고 바랄 즈음에 서쪽 하늘에 나타나는 금성을 말한다. 작가는 젊은 시절 방랑을 하며 저녁 무렵 해가 지자마자 나타났던 이 별을 기억하고 있는데, 땅거미가 질 무렵 세상이 가장 적막하고 고즈넉해지는 순간의 '정다운 별'로 여기고 있다. 이 시간은 동네 아이들이 엄마가 부르는 소리를 따라 밥상머리로 돌아가고, 굴뚝에는 잔불 연기가 오르며 창마다 노란 불빛이 켜지는, 그런 따뜻한 시간이기 때문이다.

110 엇박자 D | 김중혁

[국어] 금성 [독서] 신사고

키워드 체크 #비판적 #음치 #사회적 소수자 #틀림이 아닌 다름

가 다시 합창을 시도해 봤지만 결과는 마찬가지였다. 엇박자 D의 목소리만 들리면 아이들은 갈피를 잡지 못했고, 음은 뒤죽박죽이 됐으며 박자는 제멋대로 변했다. 그의
▸ 엇박자 D로 인해 합창반의 연습이 제대로 되지 않음.
목소리는 전파력이 강한 바이러스였다. 음악 선생은 엇박자 D에게 자진 사퇴를 권했
음악 선생은 엇박자 D가 연습에 방해가 되므로 스스로 사퇴하라고 제안함.
지만 그는 받아들이지 않았다. 축제 때 합창단에서 노래를 부를 것이라는 광고를 여러
엇박자 D가 합창단에서 사퇴하지 않은 이유
곳에 해 두었다는 것이 이유였다.

"좋아, 대신 넌 절대 소리 내지 마. 그냥 입만 벙긋벙긋하는 거야. 알았지?"
획일성을 강조하고 개별성을 억압함.   ▸ 음치인 엇박자 D 때문에 합창 연습이 제대로 되지 않음.

나 "나는 음악 선생에게 맞기 전까지 단 한 번도 내가 음치라고 생각해 본 적이 없었어.
그런데 대부분의 음치들은 자신이 음치라고 생각하더라. 자신이 알아낸 게 아니고
대부분의 사람들이 '음치'인 것이 스스로 그렇게 생각해서가 아니라 다른 사람들의 판단 때문임을 지적함.
들어서 아는 거지. 평생 그렇게 세뇌를 당하는 거야. 나는 음치다, 나는 음치다."

엇박자 D의 이야기를 들을수록 마음이 불편했다. 너무 오래된 이야기이기 때문인
지, 아니면 엇박자 D의 인생 역정 출연진에 내가 포함돼 있기 때문인지 알 수 없었다.
듣고 싶지 않은 이야기였다. 많은 시간이 지났다. 그때 엇박자 D를 때렸던 음악 선생
은 대가를 톡톡히 치렀지만, 어쩌면 옆에 있던 우리들도 그의 뺨을 함께 때렸던 것인
음악 선생의 권위에 동조했던 자신에 대한 반성
지도 모르겠다. 그랬다면 미안한 일이다. 기억이 잘 나지 않는다. 미안한 마음을 느끼
기엔 시간이 너무 많이 지났다. / "공연 기획을 하고 싶어 하는 이유는 뭐야?"

"짧게 말하자면, 내가 음치가 아니란 걸 보여 주고 싶은 거야."
자신이 음치가 아닌 정상이라는 뜻이 아니라, 음치가 틀린 것이 아니라 다른 것이라는 뜻임.
"음치가 아니란 걸 보여 주면 뭐가 달라지는데? 숙제가 해결되기라도 해?"
"글쎄, 그건 해 봐야 알겠지."   ▸ 엇박자 D는 음치들을 찾아 녹음하며 음치에 대해 연구함.

다 "22명의 음치들이 부르는 20년 전 바로 그 노래야. 내가 제일 좋아하는 음치들의 목
나와 엇박자 D가 합창 공연에서 불렀던 노래
소리로만 믹싱한 거니까 즐겁게 감상해 줘."

무선 헤드셋에서 다시 엇박자 D의 목소리가 들렸다. 조명은 하나도 켜지질 않았다.
완전한 어둠 속에서 노래가 흘러나오고 있었다. 어둠 속이어서 그런 것일까. 노래는
아름다웠다. 서로의 음이 달랐지만 잘못 부르고 있다는 느낌은 들지 않았다. 마치 화
음치들의 노래가 어색한 불협화음으로 들리지 않고, 아름다운 화음으로 들리고 있음.
음 같았다. 어둠 속이어서 그럴지도 모른다. 음치들의 노래는 어두운 방에서 전원 스
위치를 찾는 왼손처럼 더듬더듬 어디론가 내려앉았다. 아무도 웃지 않았다. 몇몇 관객
은 후렴을 따라 부르기까지 했다. 1절이 끝나자 피아노 소리가 들렸다. 그리고 조명이
음치들의 노래가 아름답게 들렸기 때문에
켜졌다. 더블더빙이 〈오늘 나는 고백을 하고〉의 간주를 연주했고, 관객들의 박수가 터
져 나왔다. 몇몇은 휘파람을 불었고, 누군가 브라보를 외쳤다.

음치들의 노래 2절이 시작되자 더블더빙은 다시 연주를 멈췄다. 악기를 연주하면
그들의 노랫소리가 이상하게 들릴 것이 분명했다. 22명의 노래가 절묘하게 어우러지
음치들의 노랫소리가 악기 연주의 음정과 박자에 맞지 않을 것이므로
는 이유는, 아마도 엇박자 D의 리믹스 덕분일 것이다. 22명의 노랫소리를 절묘하게 배
치했다. 목소리가 겹치지만 절대 서로의 소리를 해치지 않았다.
음치들의 노래가 하나로 통일되지 않고도, 서로의 고유한 목소리로 아름다운 화음을 만들어 내고 있음.
▸ 22명의 음치들의 노래가 사람들에게 감동을 줌.

키 포인트 체크

인물 엇박자 D는 ☐☐들의 노래는 그 자체로 아름다우며 하나로 ☐☐될 필요가 없다고 생각한다.

배경 사회의 소수자나 약자를 ☐☐하고 억압하는 현대 사회를 배경으로 하고 있다.

사건 엇박자 D는 음치들의 노래를 모은 ☐☐을 기획하고 20년 전 친구들에게 들려준다.

[답] 음치, 통일, 차별, 공연

핵심 정리

갈래 단편 소설
성격 비판적, 회고적, 사실적
시점 전지적 작가 시점
주제 '다름'을 인정하지 않는 사회에 대한 비판
특징 ① '음치들의 합창'이라는 설정을 통해 사회적
편견을 비판함.
② '엇박자 D'라는 독특한 제목을 통해 독자의
흥미를 유발함.
출전 《악기들의 도서관》(2008)
작가 김중혁(1971~) 소설가. 하나의 사건이나 상
황에 집중하여 진중한 의미와 통찰을 보여 줌과 동시
에 날렵하고 경쾌한 표현 방식에서 젊은 소설의 미덕
과 섬세함을 엿볼 수 있다. 주요 작품으로 〈펭귄뉴스〉,
〈가짜 팔로 하는 포옹〉 등이 있다

이해와 감상

이 작품은 고등학교 시절 합창 공연을 망친 일 때문에
큰 상처를 받았던 '엇박자 D'가 자신이 기획한 공연을
통해 상처를 극복하는 과정을 그리고 있다. 이 소설에
서 '음치'들이 상징하는 것은 차별받고 억압받는 '사회
적 소수자'들이다. 이는 '다름'을 '틀림'으로 인식하는
사회적 편견이 여전히 작동하고 있으며, 전체의 조화
속에 '다름'을 받아들이지 못하는 풍토가 여전히 존재
하기 때문이다. 이에 대해 작가는 하나로 통일되지 않
는 각각의 노랫소리도 충분히 아름다운 음악이 될 수
있음을 독자들에게 제시하고 있다.

전체 줄거리

공연 기획자인 '나'는 디브이디(DVD) 화면에서 엇박
자로 뛰는 사람을 발견하고 그가 '엇박자 D'임을 알아
본다. 음치였던 엇박자 D는 고교 시절 합창 공연을 망
쳤다는 이유로 음악 선생에게 뺨을 맞은 후 음악에 대
한 관심을 접는다. 하지만 대학 시절 무성 영화를 전
공하면서 음치에 대해 연구한다. '나'와 재회한 엇박자
D는 음치들의 노래를 모티프로 한 공연을 제안하고
'나'는 이를 받아들인다. 이때 엇박자 D는 고등학교 친
구들을 공연에 초대한다. 공연을 성공적으로 마친 후
엇박자 D는 갑자기 고교 시절 합창곡을 음치들의 목
소리로 들려주는데, 그들의 목소리는 아름다운 화음
으로 들리고, 친구들은 소리 내지 않고 그 노래를 따
라 부르며 엇박자 D에 대한 예의를 표한다.

작품 연구소

음치에 대한 엇박자 D의 생각

엇박자 D는 음치를 사회가 만들어 낸 소산물로 본다.
노래는 하나의 소리로 통일되어야 한다는 사람들의
생각이, 서로 다른 음정과 박자를 가진 사람들을 '음
치'로 몰아 버리고 그들을 비난해 왔다는 것이다.

합창에 대한 음악 선생과 엇박자 D의 관점

음악 선생	엇박자 D
지휘자의 지휘 아래 개 개인의 목소리와 악기가 하나로 통일되어 아름다운 화음을 이루어 내는 것	각 개인의 목소리가 고 유의 특성을 드러내되 서로의 소리를 해치지 않으며 아름다운 화음을 이루어 내는 것

111 꽃가마배 | 김재영

[국어] 해냄

키워드 체크 #회상적 #다문화 가정 #수로왕비가 된 인도 아유타국 공주 #꽃가마배 #한국 사회의 배타성

가 "아유타야는 원래 메남강, 빠삭강, 그리고 롭부리강을 끼고 있어서 수산물이 풍부
하단다. 한때 주변 국가는 물론 아랍인들에게까지 중요한 무역항이었지. 그래서 물
고기 요리가 발달했나 봐."

아버지가 생선 조림에 젓가락을 가져가며 길게 설명했다. 나는 뒤로 넘어가는 줄
알았다. 종일 구석에 처박혀 죽은 아내를 그리워하던 아버지였다. 그런 아버지가 한동
안 인터넷에 매달린다 싶었는데, 그게 모두 그 여자와 관련된 정보를 알기 위해서였다
니. 갑자기 속에서 분노가 부글부글 끓어올랐다. 나는 밥상에 숟가락을 거칠게 내려놓
고 일어나 방으로 들어갔다. 아버지의 휠체어 끄는 소리가 방문 앞에 와서 멈추었다.
아버지가 방문을 두드렸다. 나는 아버지 마음을 갈기갈기 찢어 피가 철철 흐르게 하고
싶었다. 나는 펑펑 소리 내어 울기 시작했다. 아버지 마음속에서 어머니를 밀어내고
서식처를 마련하기 시작한 여자가 내겐 교활한 악어처럼 보였다. 실제로 여자는 먹이
를 구하기 위해 거짓 눈물을 흘리는 악어처럼 툭하면 눈물을 보이곤 했다. 나는 아버
지가 어머니를 그리워하는 것에서 벗어나 다른 여자에게 마음을 주는 걸 받아들이지
못했다. 어머니가 아끼던 수국이 남아 있는 한 어머니를 잊을 수 없었다.

▶ 능 르타이를 대하는 아버지의 변화와 이를 받아들이지 못하는 '나'

나 나는 궁금했다. 내 어깨에도 미치지 못하는 작은 키에 까맣고 보잘것없는, 말도 통
하지 않는, 나보다 겨우 다섯 살이 더 많은 어린 여자를 아버지는 아내로 맞이한 걸까.
정말 그녀를 사랑하는 걸까. 아닐 거야. 부모를 떠나 먼 곳까지 온 여자를 가엾게 여길
따름이겠지. 그저 부모 된 심정으로 돌봐 주려는 걸 테지. 그래. 밥을 해 주고, 옷을 빨
아 주고, 세수를 시켜 주고, 바지를 입혀 주는 손길이 고마워서 친절히 대할 뿐이야. 그
때까지만 해도 나는 아버지와 여자가 다정하게 함께 있는 장면을 본 적이 없었다.

▶ 능 르타이를 대하는 아버지의 마음을 동정심이라고 생각하는 '나'

다 처음부터 고모는 여자를 믿지 못했다. 고모가 여자를 의심하는 데는 이유가 있었는
데, 그건 여자가 돈을 벌기 위해 아버지한테 시집온 사실을 누구보다 잘 알기 때문이
었다. 아버지는 매달 여자네 집으로 얼마의 돈을 부쳤다. 그 돈으로 여자네 병든 어머
니와 사업 실패로 알거지가 된 아버지, 그리고 어린 동생들이 먹고산다고 했다. [중략]
여자는 한국말을 꽤 빨리 배웠다. 말끝을 추켜올리는 이상한 억양도 많이 누그러졌고,
피부도 한결 하얘졌다. 그럴수록 고모는 여자를 더 경계했다. 고모는 여자를 집 밖에
나가지 못하게 했다. 집 근처 가게에서 물건을 사는 것 말고는 거의 아무 데도 가지 못
하게 했다. 아버지 수발이나 열심히 들면 된다고 했다. 하지만 여자는 점차 바깥 구경
을 하고 싶어 했다. 가끔 알아들을 수 없는 태국 말을 내뱉곤 했다. 나중에 알게 되었지
만 "나는 야자 껍질 속 지렁이로 살고 싶지 않아요."라는 뜻이었다. 하긴 야자 껍질 속
에서만 살기는 너무 젊었다.

▶ 능 르타이를 경계하는 고모

포인트 체크

인물 '나'와 고모는 능 르타이를 무시하며 [ ][ ]하고 있다.

배경 능 르타이의 비극적인 삶을 통해 [ ][ ][ ] 가정이 겪는 사회적 문제를 제기하고 있다.

사건 '나'는 능 르타이에게 [ ][ ]을 연 아버지를 받아들이지 못하고 있다.

답 의심, 다문화, 마음

핵심 정리

갈래 단편 소설

성격 회상적, 사실적, 현실 비판적

주제 다문화 가정이 겪는 갈등과 그 구성원들이 가
족이 되어 가는 과정

특징 ① 다문화 사회의 현실적인 문제를 보여 줌.
② 현재와 과거가 교차되며 사건이 전개됨.
③ '김수로왕과 허황옥'의 이야기가 삽입됨.

출전 《폭식》(2009)

작가 김재영(본책 342쪽 참고)

이해와 감상

이 작품은 한국 남자와 결혼한 태국 여인이 다른 가족
들에게 차별받는 모습을 통해 한국 사회의 배타성을
비판하는 작품이다. 능 르타이가 한국 생활을 하면서
겪는 갈등과 '나'가 미국인 남자 친구에게 결혼을 거
절당하고 미국 비자 승인이 나오지 않는 모습을 비교
하며 다문화 사회에서 발생하는 문제들에 대해 고민
하게 해 준다.

전체 줄거리

'나'는 '꽃가마배'를 타고 와 수로왕비가 된 인도 아유
타국 공주의 이야기를 읽으며 교통사고로 아내를 잃
고 하반신이 마비된 아버지가 태국 아유타야에서 데
려온 능 르타이를 떠올린다. 어머니만을 그리워했던
아버지가 능 르타이에게 호감을 보이자 '나'는 아버지
의 마음이 동정심 때문이라고 생각한다. 능 르타이는
한국에 조금씩 적응해 가고 아버지와의 사랑을 키워
나간다. 그러던 중 '나'는 우연히 능 르타이가 동남아
시아 사내와 이야기하는 장면을 목격하고 이를 안 고
모와 능 르타이와 심하게 다툰다. 그 충격으로 쓰러진
아버지는 능 르타이의 임신 소식과 함께 숨을 거둔다.
능 르타이는 태어난 아이를 데리고 집을 나가고 '나'
는 능 르타이의 행복한 결혼 생활을 기원하는 그녀 아
버지의 편지를 읽게 된다. 능 르타이는 화재로 비참한
죽음을 맞고 '나'는 태국에서 이복동생 수동이 만난다.

작품 연구소

'꽃가마배'의 의미

아유타국 공주가 결혼을 하기 위해 황금, 시종, 쇠를 싣고 온 배	➡	신부로서 사랑받는 결혼 생활과 행복한 삶

'나'의 태도 변화

'나'는 능 르타이를 무시하고 의심함.

↓

- 능 르타이가 화재 사고로 쓸쓸하고 비참한 죽음을 맞음.
- 마이클과의 관계에서 자신도 능 르타이와 같은 처지가 됨.

↓

그녀의 삶을 이해하고 연민을 느끼게 됨.

112 아무도 모르라고 | 성석제

문학 천재(정)

키워드 체크 #콩트 #고등학교 #음악 선생님 #진로 #미래에 대한 열망

가 고등학교에 입학하고 나서 첫 번째 음악 시간에 들어온 선생님은 목소리가 정말 좋았다. _{선생님을 좋아하는 이유 ①} 음역은 테너였고 오페라 가수로도 활동하고 있다고 했다. 음악 시간은 재미있는 _{선생님을 좋아하는 이유 ②} 이야기를 많이 들려주는 선생님 덕분으로 돌아오기를 기다리는 시간이 되었다. [중략]

무엇보다 매력적인 것은 선생님의 노래였다. 이따금 방과 후에 운동장에서 축구를 _{선생님을 좋아하는 이유 ③} 하는 중에 음악실에서 연습하는 선생님의 노랫소리를 들을 수 있었다. 청아하고 가늘면서도 단단하게, 끝없이 올라갈 듯 아슬아슬하게 이어지는 그 목소리에 발밑에 굴러 _{선생님의 노래가 매력적인 이유} 온 공을 차는 것도 잊을 정도였다. ▶ 고등학교에 입학하여 음악 선생님을 좋아하게 됨.

나 같은 반에 학교 주변 폭력계의 실력자로 알려진, 학교에서는 거의 말을 하지 않는 _{친구의 부정적인 면모를 부각함.} 친구가 있었다. 그 친구와 단 한 번 마음속에 있는 이야기를 나눈 적이 있다. 그는 대학에 꼭 가고 싶다고 했다. 학교 성적으로는 불가능하고 싸움은 자신 있지만 싸움 실력으로는 체대에도 못 가니 예능 쪽으로 알아봐야겠다는 것이었다. 나는 그가 노래 부르는 것을 한 번도 들어 본 적이 없었다. 음악 시간에도 평소처럼 입을 열지 않았기 때문이다.

그로부터 일 년쯤 뒤인 2학년 봄 소풍을 갔을 때였다. 장기 자랑 시간에 음악 선생 _{반전을 예고함.} 님이 갑자기 그 친구에게 나와서 노래를 불러 보라고 하는 것이었다. 그러자 그 친구가 망설임 없이 나오더니 독일어로 된 가곡을 유창하게 불렀다. 아이들은 깜짝 놀랐다.

"앙코르 안 해? 니들 다 죽고 싶어?"

그가 미소를 머금고 어안이 벙벙한 우리를 향해 말했다. 그제야 박수가 나왔다. 의아함과 두려움, 수런거림이 섞인 약한 박수였다. 그는 두 번째 노래로 우리가 음악 시 _{친구의 노래 실력에 놀람.} 간에 배운 가곡 〈아무도 모르라고〉를 선택했다. _{아무도 모르게 연습한 상황과 겹쳐지며 작품에 흥미를 더함.}

다 나는 그 노래가 그토록 우아하고 기품이 있으며 위트가 들어 있는 노래인 줄 몰랐 _{친구의 뛰어난 노래 실력을 간접적으로 드러냄.} 다. 노래가 끝난 뒤 한 곡 더 하라는 아우성과 박수, 휘파람 소리가 요란했다. 그는 무대 위의 가수처럼 멋진 포즈로 사양을 하고 제자리로 돌아갔다.

나중에 알고 보니 그는 음악 선생님을 찾아가 대학에 가고 싶고 노래를 잘 부르고 싶다는 자신의 바람을 말했다고 한다. 선생님은 한번 마음먹은 것을 바꾸지 않는다, _{친구가 망설임 없이 노래를 할 수 있었던 이유} 시키는 대로 꾸준히 실천한다는 조건하에 아무런 대가 없이 음대에 진학할 수 있는 노래 실력을 갖출 수 있게 도와주었다.

고등학교 2학년, 생애 마지막 음악 시간이 되어 버린 그 시간에 음악 선생님은 지금 _{선생님이 자신에게 유일무이한 존재였음을 드러냄.} 까지도 가끔 곱씹고 있는, 오래도록 여운이 남는 말씀을 해 주었다.

"너희의 미래는 지금 너희가 되기를 열렬히, 간절하게 바라는 바로 그것이다." _{작품의 주제 의식이 드러남.} ▶ 음악 선생님의 도움으로 뛰어난 가창력을 지니게 된 친구를 보고 놀람.

키 포인트 체크

인물 '나'는 간절히 바라고 □□하면 밝은 □□를 얻을 수 있다는 말씀을 새기며 살고 있다.

배경 '나'의 □□□□ 시절, 학교를 배경으로 한다.

사건 음악 선생님은 음대에 진학하고 싶어 하는 친구를 대가 없이 도와주어 뛰어난 □□□을 갖추게 한다.

답 노력, 미래, 고등학교, 가창력

핵심 정리

갈래 콩트, 성장 소설

성격 자전적, 사실적, 회고적

배경 ① 시간 – 현대
② 공간 – 어느 고등학교

시점 1인칭 관찰자 시점

주제 간절하게 바라고 노력하면 밝은 미래를 얻을 수 있음.

특징 ① 고등학생 시절 음악 선생님에 대한 일화를 나열하여 주제 의식을 드러냄.
② 비교적 짧은 문장을 구사하여 이야기를 속도감 있게 전개함.

출전 《인간적이다》(2010)

작가 성석제(본책 318쪽 참고)

이해와 감상

이 작품은 손바닥처럼 짧은 소설이라는 뜻의 장편(掌篇) 소설로, 인생의 단면을 포착하여 보여 주고 있다. '나'는 고등학교 시절 음악 선생님에 관한 몇 가지 일화를 나열하며 선생님의 뛰어난 면모를 이야기한다. 특히 폭력계의 실력자로 알려진 한 친구를 아무 대가 없이 지도하여 음대에 진학할 정도의 인재로 변화시킨 모습에서 커다란 감동을 받는다. 작가는 '나'의 회고를 통해 간절히 바라고 노력하면 밝은 미래를 맞이할 수 있다는 주제 의식을 드러내고 있다.

전체 줄거리

'나'는 목소리가 좋고, 재미있는 이야기도 많이 들려주며 노래 실력도 뛰어난 음악 선생님을 좋아하게 된다. 이따금 음악실에서 연습하는 선생님의 노래는 친구들과 하던 축구도 멈출 정도로 매력적이었으며, 선생님이 들려주는 이야기는 다른 사람도 어렵지 않게 실천할 수 있도록 매우 구체적이었다. 같은 반에 폭력계의 실력자로 알려진 학생이 있었는데, 소풍을 갔을 때 뛰어난 노래 실력으로 친구들을 놀라게 한다. 그런데 알고 보니 대학을 가고 싶어 하는 그 친구의 열망을 안 선생님이 아무 대가 없이 음대에 진학할 수 있는 노래 실력을 갖출 수 있게 도와준 것이었다. '나'는 간절히 바라면 밝은 미래가 찾아온다는 선생님의 말씀을 여전히 곱씹으며 살아가고 있다.

작품 연구소

'나'에게 비춰진 선생님의 모습

- 목소리가 좋고 재미있는 이야기를 들려주며 노래 실력이 뛰어남.
- 누구나 실천할 수 있도록 구체적으로 이야기함.

↓

음대에 진학하고 싶은 친구를 아무 대가 없이 도와주어 뛰어난 가창력을 갖추도록 함.

친구의 변화가 지니는 의미

| 폭력계의 실력자로 말이 없음. | → | 뛰어난 가창력을 지닌 인재로 거듭남. |

↓

간절히 바라고 이를 이루기 위해 노력하면 꿈은 반드시 이루어짐.

113 고양이가 기른 다람쥐 | 이상권

키워드 체크 #생태 소설 #다람쥐 #동물에 대한 배려 #야생적 본능

가 새벽에 나가 보니 세 마리가 죽어 있다. 이제 남은 새끼는 두 마리뿐. 그놈들도 살 가망이 없어 보였다. 그렇다고 어머니가 할 수 있는 일도 없었다. 어머니는 다람쥐의 식성을 잘 알았다. 곤충도 먹고, 생선도 먹는다. 가끔씩 풀도 먹고 물도 마셔야 한다. 새끼들은 무럭무럭 자랐다. 수컷 다람쥐는 서너 번 보이더니 사라졌다. 다른 동물들에 게 당한 모양이다. 그래서 암컷 다람쥐는 더욱 먹이를 어머니에게 의존했는지 모른다. 어머니는 암컷 다람쥐가 얼마만큼 게을러져 있는지 몰랐다. 다람쥐는 먹이를 구하려 는 노력을 전혀 하지 않았다. 야생 동물이 먹이 구하는 본능을 잃어 간다는 사실이 얼 마나 큰 불행을 가져오는지 어머니는 미처 생각하지 못했다. 다람쥐도 마찬가지였다.
▶ 어머니가 어미 다람쥐를 정성스레 보살핌.

나 그해 늦여름. / 어머니는 오랜만에 서울 나들이를 하였다. [중략] 그러다 보니 열흘 이 지났다. 그제야 퍼뜩 다람쥐를 떠올린 어머니가 시골집으로 내려왔을 때는 끔찍한 비극이 기다리고 있었다. 갓 눈을 뜬 다람쥐 새끼들이 애타게 어미를 찾고 있었다. 새 끼들은 몸을 가누지도 못했다. 겨우 숨만 쉬고 있는 놈도 있었다. 적어도 사흘 이상은 굶었을 것 같았다. 순간 어머니는 눈앞이 캄캄했다.

'죽었구나. 아, 내 실수야. 내가 먹을 것을 충분히 주고 갔어야 하는데……'

어머니는 자신의 책임이라고 가슴을 쳤다. 「배가 고픈 어미 다람쥐는 애타게 어머니 를 기다렸으리라. 그러나 어머니는 하루 이틀이 지나도 돌아오지 않았다. 젖조차 말라 붙은 어미 다람쥐는 어쩔 수 없이 밖으로 나갔다. 하도 오랜만에 밖으로 나와서 먹이 를 구하려고 하니 쉽지 않았다. 야생의 세계에서 살려면 반드시 지켜야 할 규칙들도 다 잊어버렸다. 그러니 다른 동물들에게 잡아먹히는 건 시간 문제였으리라.」
▶ 어머니가 집을 비운 사이 어미 다람쥐가 죽음.

다 사실 지난봄부터 다람쥐는 스스로 먹이를 구하지 않았다. 애써서 먹이를 구할 필요 가 없었다. 어머니가 다 구해다 주었기 때문이다. 이제는 다람쥐 새끼들의 죽음을 지 켜보는 수밖에. 가끔씩 고양이 울음소리에 깜짝깜짝 놀라서 뛰쳐나갔을 뿐이다.

그런데 다음 날 믿어지지 않는 일이 벌어졌다. 죽은 새끼들이나 묻어 주려고 보일러 실로 들어간 어머니는 깜짝 놀라고 말았다. / "야옹, 야옹!" / 갑자기 술독에서 고양이 한 마리가 뛰쳐나온 것이다. 어머니는 그 고양이가 다람쥐 새끼들을 다 잡아먹었으리 라고 생각했다. 하지만 놀랍게도 어머니의 손전등을 받으며 꿈틀거리는 다람쥐 새끼들 이 있었다. 고양이 새끼들도 보였다. 놀랍게도 고양이가 다람쥐 둥지에다 새끼를 낳은 모양이었다. 고양이 새끼는 네 마리였다. 고양이는 다람쥐의 무서운 천적이다. 그래서 더욱 믿어지지 않았다. 고양이가 다람쥐 새끼를 죽이지 않고 자기 새끼로 생각한다는 점이 꿈만 같았다. 순간적으로 어머니는, / "신이야말로 공평하십니다." / 하면서 두 손 을 모았다.
▶ 고양이가 다람쥐 새끼들을 자기 새끼로 여기고 돌봄.

포인트 체크

인물 어머니는 집에 우연히 찾아온 ☐☐☐에게 애정을 가지고 정성껏 보살핀다.

배경 자식을 도시로 모두 떠나보내고 어머니가 혼자 머물고 있는 ☐☐☐을 배경으로 한다.

사건 어머니가 보살펴 준 탓에 ☐☐을 잃어버린 다람쥐는 죽고, 살아남은 새끼는 ☐☐☐가 거두어 키우게 된다.

답 다람쥐, 시골집, 본능, 고양이

핵심 정리

갈래 단편 소설, 생태 소설
성격 생태적, 교훈적, 비판적
배경 어느 시골 마을
시점 1인칭 관찰자 시점
주제 동물에 대한 인간 중심적 사고 비판
특징 야생 동물에 대한 특정 인물의 애정을 따뜻하 게 서술함.
출전 《고양이가 기른 다람쥐》(2013)
작가 이상권(1964~) 소설가, 동화 작가. 대표적인 생태 소설가로 인간과 가까이 살아온 동물을 등장시 켜 동물에 대한 인간 중심적 사고를 비판하고, 인간과 동물의 조화와 상생을 기반으로 한 생태 의식을 드러 내는 작품을 주로 창작하였다. 소설집으로 《성인식》, 《하늘을 달린다》, 《고양이가 기른 다람쥐》 등이 있다.

이해와 감상

이 작품은 인간 중심적 사고에서 벗어나 야생 동물이 본래의 습성을 지키며 살아갈 수 있게 하는 것이 중요 하다는 생태 의식을 드러내고 있다. 주인공인 어머니 는 시골집에서 우연히 만난 야생 다람쥐를 자식을 대 하듯 각별하게 보살핀다. 그러나 어머니가 집을 비운 사이에 먹이를 구하는 본능을 잃어버린 어미 다람쥐 가 죽는다. 이를 통해 어머니는 동물은 야생에서 스스 로 살아갈 때 가장 행복하고 아름답다는 깨달음을 얻 고 자신의 집에서 태어난 다람쥐 새끼들을 다른 사람 들에게 나눠 주지 않는다.

전체 줄거리

시골집에서 혼자 사는 '나'의 어머니는 봄날 우연히 만난 다람쥐에게 먹을 것을 조금 주었다. 어머니는 그 뒤에도 종종 찾아오는 다람쥐를 자식을 대하듯 먹을 것을 주며 극진히 보살핀다. 그런데 늘 어머니로부터 먹을 것을 얻어먹은 탓인지 스스로 먹이를 구하는 본 능을 잃어버린 다람쥐는 어머니가 서울 나들이를 하 고 온 사이 죽고 만다. 어미를 잃은 새끼 다람쥐 중 일 부는 죽고 겨우 두 마리만 살아남는데, 새끼를 낳은 고양이가 기적같이 다람쥐 새끼들까지 거두어 키우 게 된다. 고양이의 습성에 따라 살던 한 마리는 이웃 집 고양이한테 물려 죽고 남은 한 마리의 수컷 다람쥐 는 다른 암컷 다람쥐와 부부로 살며 새끼를 낳는다. 어머니와 다람쥐에 대한 이야기가 소문이 나자 주위 사람들이 몰려들어 다람쥐 새끼를 얻어 가려 하지만 어머니는 다람쥐들이 야생 동물로 살아가길 바라며 나눠 주지 않는다.

작품 연구소

다람쥐에 대한 어머니의 태도 변화

┌─────────────────────────────┐
│ 다람쥐를 아끼는 마음에 먹을 것을 갖다 줌. │
└─────────────────────────────┘
↓
┌─────────────────────────────┐
│ 어미 다람쥐의 죽음을 통해 동물이 본래의 습성을 │
│ 잃게 되는 상황이 얼마나 심각한 것인지 알게 됨. │
└─────────────────────────────┘
↓
┌─────────────────────────────┐
│ 인간 중심적인 사고에서 벗어나 다람쥐가 본래의 │
│ 습성을 잃지 않고 살아갈 수 있도록 도와줌. │
└─────────────────────────────┘

114 오늘은, 너무 외롭지 | 정이현 · 요조

키워드 체크 #디지털 문학 #일상적 #현실적 #독자 참여 #평범한 이웃

　　　　　　　　　　　　　　　　　　　　　　　　　　　　[문학] 창비

가 우리는 선처럼 가만히 누워 닿지 않는 천장에 손을 뻗어 보았지
　　　　　　바닥에 길게 누워 있음.
　　별을, 진짜 별을 손으로 딸 수 있으면 좋을 텐데
　　　　　　지향하는 세계
　　　　　　　　　　　　　　　　　　　　- 요조, 〈우리는 선처럼 가만히 누워〉

나는 우리 빌라 201호에 살지만, 살지 않는 사람이다.
　　김지영(대학생)　　　　　　　이웃 사람들은 '나'가 201호에 산다는 것을 모름.
'방 하나 빌려드립니다.' / 세입자를 구한다는 광고를 본 것은 지난겨울이었다. 그때
'나'가 201호에 들어가 살게 된 계기
나에게는 혼자 가만 들어가 있을 수 있는 방 하나가 간절히 필요했다. 학교 앞 원룸들
　　　　　　　　　　　　　　　　　　　하숙이나 자취를 해야 하는 대학생들의 현실
은 월세가 비쌌고 무엇보다 보증금이 있어야 했다. '고시원으로 갈 수밖에 없다.'라고
생각하고 있을 때 학교 게시판에서 그 글을 보았다.
　　　　　　　　▶ 고시원으로 갈 수밖에 없는 상황에서 세입자를 구한다는 광고를 봄.

나 '방 두 개짜리 빌라예요. 큰방은 제가 쓰고, 작은방 쓰실 분을 찾습니다. 방은 작지
만 빛 잘 들고 아늑해요. 보증금은 없고 우리 학교 여자 후배면 좋겠네요.'
　　　　　　　　　　　　　　세입자를 구하는 사람이 여자 선배임을 알 수 있음.
동거인이나 공동 사용인을 구하는 것이 아니었다. 순수하게 월세 세입자를 구하는
글이었다. 누군가에게 빼앗기기라도 할 새라 나는 서둘러 연락을 했다. 그때는 그 광
　　　　　　　　　　　　　　　　　　　'나'의 처지가 매우 다급한 상황임.
고를 낸 사람 역시 201호의 세입자인지 몰랐다.
　　은미 언니도 '나'와 비슷한 처지임을 짐작하게 함.
『은미 언니는 몇 개월 전 201호에 전세 세입자로 입주했다. 그녀는 우리 학교 선배였
『 』: 인물에 대한 정보를 직접적으로 제시함.
고, 나보다 다섯 살이 많은 스물아홉 살이었다. 회사원인데, 일이 어마어마하게 많아
서 주말도 못 쉴 만큼 바쁘다고 했다.』 처음에 내가 공무원 시험 공부를 시작한 지 얼마
　　　　　　　　　　　　　　　　　　안정적인 삶을 추구하는 '나'
되지 않았다고 밝히자, "어머, 그러면 주로 집에 있겠네요?"라고 물었다.

"네, 아무래도. 그렇지만 걱정 마세요. 거의 방 안에만 있을 거예요."
　　　　　　　　　　　　　　상대방을 불편하게 하지 않겠다는 의미
내가 대답하자 그녀는 괜찮다고 말했다.

"상관없어요. 편하게 있어요. 어차피 나는 매일매일 아침 일찍 나갔다가 밤늦게 들
어오니까, 누구라도 있으면 좋지요."　　▶ '나'는 은미 언니의 집에 월세 세입자로 들어옴.

다 은미 언니는 씩씩하고 밝은 성격이었는데, 피곤에 찌들어 있다는 것을 숨길 수 없
　　　　　　　　　　　　　　　　　　　직장 생활로 인한 피로와 피곤
을 만큼 칙칙한 안색을 하고 있었다. 그녀는 나에게 딱 한 가지만을 신신당부했다. 문
단속도, 가스 단속도 아니었다.

입단속이었다.
'나'가 우리 빌라 201호에 살지만, 살지 않는 사람이 된 이유
"혹시 집주인 할머니나 다른 이웃사람들이 누구냐고 물어볼지도 모르거든요. 당황
하지 말고 꼭 내 여동생이라고 대답해야 해요."

은미 언니는 나의 존재를 철저히 비밀에 부치고 싶어 했다. 전세 세입자가 자기 마
음대로 월세를 놓은 걸 알면 세상에 어느 집 주인이 좋아하겠느냐는 그녀의 말에도 일
리가 있었다. 나는 조용히 고개를 끄덕였다.
　　　　　　은미 언니의 제안을 수용함.
　　　　　　　　　▶ 전세 세입자인 은미 언니의 상황을 고려하여 '나'의 존재를 비밀에 부침.

포인트 체크

인물 '나'는 201호에 몰래 월세로 들어가 사는 가난한 대학생이자 ☐☐☐☐☐ 준비생이다.
배경 ☐☐한 이웃들이 살아가는 '우리 빌라'를 배경으로 한다.
사건 은미 언니는 '나'에게 ☐☐ 놓은 사실을 집주인 할머니에게 알리고 싶어 하지 않는다.

[답] 공무원시험, 평범, 월세

---

115 우리에겐 일 년 누군가에겐 칠 년 |이기호 문학 금성

키워드 체크 #콩트 #반려 동물의 죽음 #인간과 동물의 교감

가 부천에서 가평까지는 두 시간이 더 걸릴 텐데, 선산이라, 선산이란 말이지……. 죽은 개를 꼭 선산에 묻어야겠다는 말씀인 거지……. 나는 나도 모르게 끙, 소리를 내며 신경질적으로 핸들을 돌렸다. 외곽 순환 도로는 역시나 꽉 막혀 있었다.

어머니와 십육 년을 함께 산 몰티즈 '봉순이'의 몸이 예사롭지 않은 신호를 보내기
반려 동물 이름 건강이 좋지 않은 상황
시작한 것은 작년 이맘때쯤부터였다. 털이 듬성듬성 빠지고 눈가가 벌겋게 변해 가는
봉순이의 건강 상태를 보여 줌.
가 싶더니, 아니나 다를까 올여름 어머니 생신 때 가 보니 치매기가 역력했다. 똥오줌
도 제대로 가리지 못했고 베란다 유리창에 머리를 부딪치고 넘어지는가 하면 사료를
봉순이의 심상치 않은 상황을 묘사함.
먹고 토하고 또 사료를 먹는 일을 반복했다. 관절염 때문에 예전처럼 소파 위로 올라
오지도 계단을 내려가지도 못한다는 말을 하는 어머니의 표정은 묘하게도 봉순이의
어머니와 봉순이의 친근하고 애정 어린 관계를 짐작하게 함.
얼굴을 닮아 있었다. ▶ 어머니와 함께 살아온 몰티즈 봉순이가 병약하고 쇠약해짐.

나 사실 봉순이를 처음 애견 매장에서 분양받아 어머니 품에 맡긴 것은 나였다. 환갑
┌: 어머니가 봉순이를 키우게 된 이유
이 되자마자 간암으로 세상을 뜬 아버지의 빈자리를 나는 그런 식으로 메우려 했다.
남양주에 막 신혼집을 꾸린 것도 그때였고, 아무래도 홀어머니를 모시고 산다는 것이
부담스럽기도 했으니까, 아버지의 자리를, 아들의 자리를 봉순이가 대신해 주길 바라
는 마음이 컸다. 그리고 내 예상대로 봉순이는 훌륭히 그 역할을 해 나갔다. 그런 봉순
어머니의 외로움과 적적함을 봉순이가 달래 주었음.
이가 세상을 뜬 것이었다. 그러니……. 법규에 나온 대로 '쓰레기 종량제 봉투'에 담아
반려 동물을 하나의 사물처럼 여기는 냉혹하고 비인간적인 세태
서 사체를 처리하라는 말을, 그 얘기를 차마 꺼내지 못한 것이었다.
▶ 봉순이와 어머니가 인연을 맺게 된 계기

다 그럭저럭 구덩이의 형태를 갖춰 갈 때쯤 등 뒤에서 어머니의 목소리가 들려왔다.

"사흘 전쯤에 말이다……. 봉순이가 눈감기 사흘 전쯤에……."
봉순이와의 추억을 떠올림.
나는 잠시 삽질을 멈추고 뒤돌아 어머니를 바라보았다. 어머니는 계속 어둠 속에
봉순이의 죽음을 슬퍼하는 어머니의 행동을 나타냄.
웅크리고 앉아 있었다.

"자고 일어났더니 얘가 내 베개 옆에 가만히 엎드려서 빤히 내 눈을 바라보고 있는
거야……. 그래서 나도 잠결에 얘를 안아 주려고 손을 뻗었는데……. 봉순이가, 봉
순이가 눈물을 뚝뚝 흘리고 있더라……."
어머니를 홀로 두고 죽음을 맞이해야 하는 자신의 상황을 슬퍼하는 듯한 모습의 봉순이
나는 삽날에 걸린 커다란 돌부리 하나를 꺼내 들었다. 돌은 차갑고 무거웠다.
'나'의 착잡한 심정을 대변함.
"그래서 나도 모르게 눈물이 나와서 봉순이를 왈칵 안았는데……. 그렇게 한참을
안고 있다가 봉순이가 엎드려 있던 곳을 보니까……. 거기에 내 양말 두 짝이 얌전
히 놓여 있는 거야……." / 어머니는 계속 무덤덤한 목소리로 말을 했다.
어머니에 대한 봉순이의 애정을 드러내는 소재
"사람한테 일 년이 강아지한텐 칠 년이라고 하더라. 봉순이는 칠 년도 넘게 아픈 몸
인간과 동물의 시간이 다름.
으로 내 옆을 지켜 준 거야. 내 양말을 제 몸으로 데워 주면서."
어머니에 대한 애정
나는 묵묵히 계속 삽질만 했다. 내가 파고 있는 어두운 구덩이가 어쩐지 꼭 내 마음
봉순이를 쓰레기봉투에 넣어 버리려고 했던 일에 대한 미안함.
만 같았다. ▶ 어머니와 봉순이의 따뜻한 교감과 사랑

포인트 체크

인물 어머니는 몰티즈 ▢▢▢ 와 십육 년을 살면서 인간과 동물의 따뜻한 ▢▢ 과 사랑을 나누었다.

배경 늦은 밤 봉순이를 묻기 위해 '나'와 어머니는 ▢▢ 에 왔다.

사건 '나'는 죽은 봉순이를 묻기 위해 땅을 파며 어머니에게 봉순이의 ▢▢ 를 듣고 있다.

답 봉순이, 교감, 선산, 일화

핵심 정리

갈래 콩트
성격 일상적, 현실적
주제 인간과 동물의 따뜻한 교감과 사랑
특징 ① 짧은 분량의 이야기로 사람들에게 따뜻한 위로와 사랑의 의미를 되새기는 내용을 제시함.
② 역순행적 구성을 취함.
출전 《웬만해선 아무렇지 않다》(2016)
작가 이기호(1972~) 소설가. 1999년 《현대문학》에 단편 소설 〈버니〉가 당선되어 등단했다. 주로 도시에서 살아가는 사람들의 일상을 중심으로 그 따뜻한 삶과 일상을 유쾌한 구성과 문체로 그린다. 주요 작품으로 〈갈팡질팡하다가 내 이럴 줄 알았지〉, 〈사과는 잘해요〉 등이 있다.

이해와 감상

이 작품은 흔히 콩트라고 불리는 작은 분량의 엽편 소설로 된 작품으로, 어머니와 함께한 반려 동물의 죽음을 통해 인간과 동물의 따뜻한 교감과 사랑을 되새겨 보고 있다. 이를 통해 삭막하고 단절된 현대 사회의 비인간적인 세태를 간접적으로 비판하는 한편 따뜻한 인정과 교류의 삶의 자세를 환기하고 있다.

전체 줄거리

어느 겨울날 '나'는 경기도 가평에 있는 선산에 반려 동물인 봉순이의 사체를 묻기 위해 언 땅에 구덩이를 파고 있다. 죽은 개를 꼭 선산에 묻어야겠다는 어머니의 말씀을 거역하지 못하고 늦은 밤 봉순이를 선산으로 데려와 구덩이를 파는데, 차도 막히고 내일 출근할 생각에 기분이 언짢다. 구덩이를 파기 위해 삽질을 하는 '나'에게 어머니는 봉순이가 자신을 보며 눈물을 뚝뚝 흘린 이야기와 제 몸으로 어머니의 양말을 데워 준 이야기를 꺼낸다. '나'는 어머니의 말을 듣고 묵묵히 계속 삽질을 해 나간다.

작품 연구소

'양말'의 역할

봉순이가 어머니를 위해 제 몸으로 양말을 따뜻하게 데워 놓은 것으로, 어머니로 하여금 봉순이의 애정과 사랑을 다시금 떠올리게 하는 소재로 볼 수 있다.

'쓰레기 종량제 봉투'의 의미

┌─────────────────────────────┐
│ 죽은 봉순이를 쓰레기 종량제 봉투에 넣어 버리려고 함. │
└─────────────────────────────┘
↓
┌─────────────────────────────┐
│ 현대인의 냉혹하고 비정한 가치관을 대변함. │
└─────────────────────────────┘

봉순이에 대한 '나'의 태도 변화

┌─────────────────────────────┐
│ 아버지와 자신의 자리를 대신하는 존재로 인식함. │
└─────────────────────────────┘
↓
┌─────────────────────────────┐
│ 법규에 따라 봉순이의 사체를 쓰레기 종량제 봉투에 넣어 처리하기를 바람. │
└─────────────────────────────┘
↓
┌─────────────────────────────┐
│ 어머니에게서 봉순이와의 따뜻한 교감과 애정 이야기를 듣고, 자신의 행동과 생각에 대해 미안해함. │
└─────────────────────────────┘

V. 1990년대 이후

116 씬짜오, 씬짜오 | 최은영

문학 금성

키워드 체크 #성장 소설 #베트남 전쟁 #가족 간 갈등과 화해 #어린 화자의 서술

가 일본의 식민 통치에 대한 이야기가 나왔을 때, 어른들의 말에 동요한 것은 그런 이유에서였다. 드디어 나도 한마디 할 수 있는 기회가 왔다고 생각했다. 한국의 역사에 대해서라면 투이네 식구들보다 내가 더 잘 아니까, 아는 척을 한다면 엄마 아빠가 꽤나 뿌듯하게 생각해 줄 것 같았다.
_{어른들에게 인정받고 싶은 욕구를 지닌 '나'}

"한국은 다른 나라를 침략한 적 없어요." 나는 그 말을 하고 동의를 구하기 위해 엄마
_{절친한 사이였던 두 가족이 갈등을 겪으며 멀어지게 되는 원인을 제공함.}
아빠를 쳐다봤다. 아빠는 아무 얘기도 못 들었다는 듯이 내 쪽으로 눈을 돌리지 않았고, 엄마는 조용히 하라는 투의 눈빛을 보냈다. "국물이 짜지는 않은지 모르겠네." 호 아저
_{'나'로 인해 어색해진 분위기를 전환하기 위해 호 아저씨가 한 말}
씨가 말을 돌렸다. 모두들 내 말을 무시하는 것 같아 서운했다. "정말이에요. 우린 정말 아무도 해치지 않았어요." 내가 말했다. 한국은 선한 나라라는 인상을 남기고 싶었고,
_{어른들의 행동이 의도적인 것을 모르는 '나'의 어린아이다운 면모를 보여 줌.}
어른들의 대화에 자연스레 참여해서 칭찬받고 싶었다. 난 맞은편에 앉은 아빠에게 인정을 구하는 눈빛을 보냈다.

"넌 어른들 말하는 데 끼어들지 마. 네가 대체 뭘 안다고 떠드는 거냐!" 아빠가 한국어로 소리쳤다. 모두들 젓가락질을 멈추고 나를 봤다. 투이네 식구들 앞에서 아빠에게
_{아빠로부터 전혀 예상치 못한 꾸중을 듣게 된 '나'의 심리가 잘 드러남.}
그런 식으로 야단맞은 것이 부끄럽고 억울해서 귀가 먹먹해지고 눈에 눈물이 고였다. [중략] "한국에서 그렇게 배웠는데. 우린 아무에게도 잘못한 게 없다고. 우린 당하기만 했다고. 선생님이 그렇게 말했는데……."
▶ 한국이 다른 나라를 침략한 적이 없다고 말하고 아빠에게 꾸중을 듣게 된 '나'

나 "한국 군인들이 죽였다고 했어." 투이가 말했다. 작은 목소리였지만 식탁의 분위기를 얼려 버리기에는 충분했다. "그들이 엄마 가족 모두를 다 죽였다고 했어. 할머니도,
_{베트남 전쟁 때 한국군이 투이 엄마의 가족들을 죽인 가해지임을 강조함.}
아기였던 이모까지도 그냥 다 죽였다고 했어. 엄마 고향에는 한국군 증오비가 있대." 어떻게 네가 그런 말을 할 수 있느냐고 힐난하는 말투였지만 나는 그 애가 무슨 말을 하는지 도무지 이해할 수 없었다.
_{'나'는 베트남 전쟁에 대해 전혀 아는 바가 없기 때문에 이해하지 못함.}

「투이 넌 함부로 말하지 마라." 그 말을 하고 아줌마는 나를 봤다. "넌 신경 쓸 것 없
「 」: 응웬 아줌마는 '나'를 배려하여 '나'와 관계없는 일이라고 말함.
어. 너와는 관계없는 일이야." 응웬 아줌마의 말은 투이의 말이 사실이라는 걸 확인시켜 줄 뿐이었다. "정말로 신경 쓸 일 아니야." 어린 마음에 혹여 상처를 입었을까 걱정하는 아줌마의 두 눈, 내가 결코 잊지 못할 얼굴. 투이의 말이 진실이라는 걸 나는 응웬 아줌마의 그 얼굴을 보고 이해했다. 그때 내가 상처를 받았다면 그건 응웬 아줌마의 상처에 대한 가책 때문이었을 것이다. "네가 태어나기도 전에 일어난 일이야." 아줌마가 속삭였다.

"저는 정말 몰랐어요." 엄마가 말했다. "응웬 씨가 겪었던 일, 저는 아무것도 모르지
_{타자를 이해하려는 엄마의 모습}
만 그래도 죄송하다고 말씀드리고 싶어요. 죄송합니다." 엄마는 호 아저씨와 응웬 아줌마에게 고개 숙였다.
▶ 한국군이 베트남 양민들을 학살했다는 투이의 말이 사실임을 알게 된 '나'

포인트 체크

인물 '나'의 가족과 베트남 출신 호 아저씨 가족은 □□에 거주하면서 친하게 지낸다.
배경 '나'의 어린 시절 아빠의 출장지인 □□에 살면서 겪은 일이다.
사건 한국은 다른 나라를 □□한 적 없다는 '나'의 철없는 말 때문에 '나'의 가족과 호 아저씨 가족이 서로 멀어지게 된다.

답 이웃, 독일, 침략

핵심 정리

갈래 단편 소설, 성장 소설
성격 사회적, 교훈적
시점 1인칭 주인공 시점
주제 베트남 전쟁으로 상처 입은 두 가족의 갈등과 화해
특징 ① 어린 서술자에 의해 서사가 전개됨.
② 다문화 사회에서 일어날 수 있는 다양한 갈등을 다룸.
출전 《쇼코의 미소》(2016)
작가 최은영(1984~) 소설가. 2013년 작가 세계 신인상 중편 소설 〈쇼코의 미소〉가 당선되어 등단했다. 주요 작품으로 〈그 여름〉, 〈내게 무해한 사람〉 등이 있다.

이해와 감상

이 작품은 낯선 환경에서 서로를 의지했던 두 가족이 상황과 가치관의 차이로 멀어졌다가 다시 화해하는 내용을 담고 있다. 이 소설은 한국군이 베트남 양민을 학살했고, 그로 인해 상처를 간직한 피해자가 있다는 불편한 진실을 드러낸다. 우리는 '전쟁의 가해자는 피해자에게 어떤 태도를 취해야 하는가'와 같은 질문에 익숙하지 않다. 하지만 작가는 이 낯선 질문을 두 부인과 아이의 우정을 통해 풀어내고 있다. 이 과정에서 타인에 대한 작가 특유의 따뜻한 공감 능력이 돋보인다.

전체 줄거리

'나'의 가족은 아빠의 직장 때문에 독일의 소도시 플라우엔에서 살게 된다. 어느 날 아빠의 직장 동료이자 이웃인 베트남인 호 아저씨 가족의 저녁 식사 초대를 받게 되고 그 이후로 두 가족은 자주 왕래하며 친분을 쌓게 된다. 두 가족은 서로를 믿고 의지하며 행복하게 살아가지만 어느 저녁 식사 자리에서 한국은 남의 나라를 침략한 적이 없다는 '나'의 말 때문에 서로 멀어지게 된다. '나'의 가족은 한국으로 돌아오고 이후 엄마는 누구와도 깊은 관계를 맺지 않은 채 쓸쓸한 죽음을 맞이한다. 엄마가 돌아가신 다음 해, 엄마와 꼭 닮은 서른셋의 '나'는 독일 플라우엔을 찾아 응웬 아줌마를 만나 그녀에게 '씬짜오, 씬짜오.'라고 인사를 한다.

작품 연구소

베트남 전쟁과 두 가족의 갈등

'나'의 아빠는 용병으로 참전한 형을 잃음.

↑

베트남 전쟁

↓

응웬 아줌마의 가족이 한국 군인들에 의해 몰살당함.

어린 화자, 믿을 수 없는 화자

어린아이가 서술자로 등장할 때, 그 서술자를 '어린 화자'라고 한다. 어린 화자는 때로는 '미숙한 화자' 혹은 '믿을 수 없는 화자'라고도 불리는데, 대체로 독자보다 낮은 의식 수준을 가지며 사건을 제대로 이해하지 못하는 경우가 많기 때문이다. 그러나 어린 화자는 아무것도 모르기에 오히려 사건의 본질과 핵심을 건드리기도 한다. 또 어른의 시점에서 말하기에는 너무 싱겁거나 부담스러운 내용을 전달할 때에 어린 화자를 활용하기도 한다.

117 내가 그린 히말라야시다 그림 | 성석제

키워드 체크 #입상작 #전시 #장원 #124번 #내면적 갈등

가 부임한 지 얼마 안 되어서 그런지 흥분한 교장 선생님은 전례가 없이 그해 학예 대
회 입상작을 찾아와서 강당에서 전시회를 가지기로 결정했어. 나는 가 보지 않았어.
└ '나'(0)가 장원이 아니라는 사실이 밝혀지는 계기

가서 내 그림을 보는 건 뭔가 창피할 것 같았어. 그런 데 가서 그림과 글짓기, 서예
작품을 보고 배워야 하는 아이들은 입상을 못 한 평범한 아이들이야. 창작의 재능이
└ 자신의 재능에 대한 우월감을 느끼는 '나'(0)
없고 겨우 감상만 할 수 있는 아이들인 거야. 생각은 그렇게 했지만 일주일 동안 진행
된 전시 마지막 날 오후, 나는 강당으로 걸음을 옮겼지. 모르겠어. 왜 갔는지. [중략]

나는 천천히 그림이 전시된 곳으로 걸어갔지. 내 그림은 맨 안쪽에 걸려 있었어. 입
선작 여덟 점을 지나서 특선작 세 점을 지나고 나서 황금색 종이 리본을 매달고 좀 떨
어진 곳에, 검정색 붓글씨로 '壯元(장원)'이라고 크게 쓰인 종이를 거느리고, 다른 작품
└ 장원을 한 자신의 작품에 자부심을 느끼는 '나'(0)
보다 세 뼘쯤 더 높이. 초등학교에 다니는 아이들이라면 우러러볼 수밖에 없는 높이에.
▶ 그림을 보기 위해 전시 마지막 날 강당에 간 '나'(0)

나 그런데, 그런데, 그런데, 그런데 그 그림은 내가 그린 그림이 아니었어. 풍경은 내가
└ 반복을 통한 강조의 효과
그린 것과 비슷했지만 절대로, 절대로 내가 그린 그림이 아니야. 아버지가 사 준 내 오
└ 히말라야가 원산지인 소나뭇과의 상록 침엽 교목
래된 크레파스에는 진작에 떨어지고 없는 회색이 히말라야시다 가지 끝 앞부분에 살
└ 장원을 받은 작품이 '나'(0)의 그림이 아니라는 증거 ①
짝 칠해져 있는 그림이었어. 나는 가슴이 후들후들 떨려서 두 손으로 가슴을 가렸어.
└ 심리적으로 큰 충격을 받고 당황하는 '나'(0)
사방을 둘러봤지만 아무도 없었어. 나는 까치발을 하고 손을 최대한 쳐들어서 그림 뒷
면의 번호를 확인했어. 네모진 칸 안에 쓰인 숫자는 분명히 124였어. 124, 북한에서 무
└ 장원을 받은 작품이 '나'(0)의 그림이 아니라는 증거 ②
장간첩을 훈련시킨 그 124 군부대의 124. 그렇지만 그건 내 글씨가 아니었어.
▶ 장원을 받은 그림이 '나'(0)의 것이 아님을 알게 됨.

다 누가, 왜 제 번호를 쓰지 않고 내 번호를 썼을까. 실수로? 이런 실수를 하고, 제가
└ 『 』: 심리적 갈등을 겪고 있는 '나'(0)
받을 상을 다른 사람이 받았다는 걸 알면 가만히 있을까. 그렇지는 않을 거야. 다른 학
교에 다니는 아이라서 제 실수를 모르고 있는 거겠지.』

아니야. 그 그림은 구도로 봐서 내가 그렸던 바로 그 장소에서 아주 가까운 데서 그
린 그림이었어. 그 그림을 그린 아이는 천수기 선생님과 함께 다니던 그 아이인 게 틀
└ 그림의 주인이 여자아이(서술자 1)라고 추정함.
림없었어. 그러니까 나와 같은 학교에 다니는 아이라는 거지. 그러면 그 아이는 제가
그린 그림을 봤을 거야. 그런데 왜? 왜 아무 말을 하지 않은 거지? 상품이 필요 없어
└ 심리적으로 무척 혼란스러움.
서? 번호를 잘못 쓴 실수 때문에 벌을 받을까 봐? 나라면? 나라면 가만히 있었을까?
▶ 여자아이가 그림의 주인임을 추측함.

라 왜 내가 그린 작품은 입선에도 들지 않았을까? 비슷한 풍경이고 비슷한 구도인데
도? 가만히 그 그림을 보고 있자니 정말 잘 그린 그림이라는 느낌이 들기 시작했어. 장
원을 받을 수밖에 없는 그림, 같은 장소에 있었던 나로서는 발견할 수 없었던 부분, 벽
과 히말라야시다 사이의 빈 공간의 처리는 완벽했어. 나는 모든 걸 그림 속에 욱여넣
└ 장원 작품이 '나'(0)의 그림보다 뛰어난 점을 인정함.
으려고만 했지 비울 줄은 몰랐어. 그건 나를 뛰어넘는 재능인 게 분명했어.
▶ 장원을 받은 그림이 자신의 그림보다 뛰어남을 인정하는 '나'(0)

키 포인트 체크

인물 '나'(0)는 장원 그림이 자신의 것이 아님을 알고 □□스러워하고 있다.

배경 '나'(0)의 □□□□ 시절, 그림에 얽힌 이야기를 다루고 있다.

사건 '나'(0)는 장원을 받은 그림이 '1'의 것임을 알고 그림 실력이 자신보다 뛰어남을 □□한다.

답 혼란, 초등학생, 인정

핵심 정리

갈래 단편 소설, 성장 소설
성격 회고적, 사실적
시점 1인칭 주인공 시점
주제 선택의 갈림길에 놓인 아이들의 갈등과 성장
특징 ① 인물의 심리가 효과적으로 드러남.
② '0'과 '1' 두 서술자의 서술이 교차로 나타남.
③ 한 사건에 대한 두 인물의 갈등과 대응 방식
이 대조됨.
④ '현재-과거-현재'의 순서로 사건이 전개됨.
출전 《내가 그린 히말라야시다 그림》(2017)
작가 성석제(본책 318쪽 참고)

이해와 감상

이 작품은 1970년대 어느 지방의 소도시를 배경으로
'0'과 '1'이라는 두 명의 서술자가 각자 자신의 이야기
를 하고 있는 독특한 구조를 지닌 소설이다. '0'과 '1'
의 서술이 각기 교차되면서 이야기가 전개되는데, 선
택의 갈림길에서 겪게 되는 인물 간의 갈등이 잘 드러
나 있다. 따라서 한 사건에 대한 두 인물의 내적 갈등
과 이에 대한 대응 방식이 어떻게 다른지에 주목하면
서 감상할 필요가 있다.

전체 줄거리

가난한 농부의 아들로 자란 주인공 '0'은 3학년 때 4학
년 이상만 자격이 주어지는 사생 대회에 다른 4학년
학생의 이름으로 나가 장원을 한다. 일 년 후 4학년이
된 '0'은 다시 사생 대회에 참가한다. '0'은 사생 대회
에서 장원을 차지하지만 장원 그림이 자신의 그림이
아니라 '1'의 그림이라는 사실을 알게 되고 그 누구에
게도 말하지 못한다. '1' 역시 장원으로 뽑힌 그림이
자신의 그림이라는 걸 알았음에도 아무에게도 그 사
실을 말하지 않는다. 그 사건 이후 '0'은 자신의 그림
실력에 대해 의심을 품게 되고, 부끄럽지 않은 실력을
갖추기 위해 필사적으로 그림 연습을 하게 된다. 그
결과 '0'은 한국을 대표하는 화가가 되고, '1'은 결혼하
여 행복한 가정을 꾸리고 그림을 좋아하는 사람으로
살아간다.

작품 연구소

과거의 사건이 '나'(0)의 삶에 미친 영향

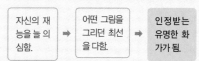

| 자신의 재능을 늘 의심함. | → | 어떤 그림을 그리던 최선을 다함. | → | 인정받는 유명한 화가가 됨. |

'나'(0)의 내적 갈등

장원을 받은 그림이 자신의 그림이 아님을 떳떳하게 밝혀야 함.
↕ 내적 갈등
많은 사람들의 기대를 저버릴 수 없으므로 자신의 그림이 아님을 밝힐 수 없음.

'0'과 '1'을 교차하여 서술하는 방식의 효과

같은 상황 속에서 두 인물의 태도와 심리가 서로 다르
게 나타난다. 이를 통해 두 인물을 비교해 볼 수 있고,
하나의 사건을 서로 다른 관점에서 바라볼 수 있어 사
건에 대해 입체적으로 이해할 수 있다.

VI

세계 문학

키워드 체크 #성장 소설 #자전적 #초록 지붕 집 #빨간 머리 주근깨 소녀 #낙천적 성격

독서 지학사

◎ 핵심 정리

갈래 장편 소설, 성장 소설
성격 자전적, 서정적, 낭만적
배경 ① 시간 – 1900년대 초 / ② 공간 – 캐나다의 프린스 에드워드 섬의 에이번리
시점 전지적 작가 시점
주제 풍부한 상상력을 지닌 낙천적 성격의 앤의 성장
특징 ① 작가인 몽고메리의 자전적 경험이 앤에게 투영되어 있음.
② '상상력이 풍부한 빨간 머리 주근깨 소녀'라는 독특한 캐릭터를 창조해 냄.
출전 《빨간 머리 앤》(1908)

◎ 이해와 감상

이 작품은 앤 셜리라는 감성이 풍부하고 말이 많은 소녀의 몸과 마음이 성장해 가는 과정을 그린 성장 소설이다. 아무리 힘들고 어려운 일이 닥쳐도 항상 풍부한 상상력과 낙천적인 생각으로 삶을 대하는 앤의 모습은 수많은 독자들의 마음에 감동을 주었으며 여러 영화와 애니메이션으로 제작되어 전 세계인의 사랑을 받았다.

Q 전체 줄거리

나이가 지긋한 마릴라와 매튜 남매는 농장 일을 도울 소년을 입양하려고 한다. 그러나 실수로 여자아이인 앤이 오게 되고, 그들은 어린 나이에 부모를 잃은 앤에게 연민을 느껴 함께 살기로 한다. 앤은 낙천적 성격과 풍부한 상상력으로 많은 사건들을 만들어 내며 남매의 삶에 활기를 불러온다. 앤은 열심히 공부하여 친구 길버트와 퀸즈전문학교에 나란히 1등으로 합격한다. 앤은 교사 자격증을 취득하고 레이먼드 대학교에 입학할 수 있는 장학금도 받는다. 하지만 매튜 아저씨의 죽음, 마릴라의 건강 악화로 앤은 대학교에 가지 않고 마을에 남아 교사가 되기로 결심한다. 그런 앤을 위해 길버트는 자신이 교사로 가려던 학교를 포기하고 이에 앤은 길버트에게 미안함을 느낀다.

⌂ 작품 연구소

'길모퉁이'와 관련해 알 수 있는 앤의 낙천적 성격

'길모퉁이'의 사전적 의미
: 길이 구부러지거나 꺾여 돌아가는 자리

앤	• 그 뒤에 가장 좋은 것이 있다고 믿음.
	• 무엇이 나올까 궁금함.
	• 그 나름대로 매력이 있음.

☺ 작가 소개

루시 모드 몽고메리(Lucy Maud Montgomery, 1874~1942)
캐나다의 소설가. 어릴 때 어머니를 여의고 조부모 밑에서 자란 자신의 외로운 어린 시절의 경험을 소재로 대표작 《빨간 머리 앤》을 발표했다. 이후 앤을 주인공으로 한 작품들을 연이어 창작했다.

가 마릴라는 꿈꾸는 표정으로 앤의 말을 듣고 있었다.
_{앤이 집에 남는 것은 마릴라에게 꿈 같은 일이므로}
"앤, 네가 여기에 있어 준다면, 나야 더할 나위 없이 좋지. 하지만 나 때문에 널 희생시킬 수는 없단다. 그건 말이 안 돼." / 앤이 경쾌하게 웃었다.
_{홀로 남은 자신을 위해 앤이 대학을 포기하는 것은 앤이 꿈을 희생하는 것이라고 생각함.}
_{앤은 이러한 결정을 심각하게 생각하지 않고 기쁜 마음으로 받아들이고 있음.}
"그런 말이 어디 있어요! 희생이라뇨? 초록 지붕 집을 포기하는 것보다 더 큰 희생
_{마릴라와 앤이 지금 살고 있는 집}
은 없어요. 그보다 더 가슴 아픈 일은 없다고요. 우린 이 정든 옛 집을 지켜야만 해요. 제 마음은 이미 정해졌어요, 아주머니. 전 레드먼드에 가지 않아요. 여기 남아서
_{앤은 대학에 진학하지 않고 마릴라를 보살피며 교사 생활을 하기로 결심함.}
아이들을 가르칠 거예요. 그러니 제 걱정은 조금도 마세요."
▶ 앤은 대학에 가지 않고 남아 마릴라를 돌보며 교사가 되기로 결심함.

나 "전 그 어느 때보다 꿈에 부풀어 있어요. 단지 꿈의 방향이 바뀐 것뿐이에요. 전 훌륭
_{앤에게 꿈이란 단지 대학이나 직업이 아니라 자신이 하고 싶은 일을 뜻함.}
한 교사가 될 거예요. 그리고 아주머니 시력을 지켜 드릴 거예요. 게다가 집에서 독학
_{앤의 꿈과 관련한 새로운 계획 세 가지}
으로 대학 과정도 조금씩 공부할 거고요. 아, 계획이 참 많아요, 아주머니. 일주일 내
내 생각했어요. 이곳에서 최선을 다해 살면 틀림없이 그만한 대가가 돌아올 거라고
믿어요. 퀸스를 졸업할 때 제 미래는 곧은길처럼 눈앞에 뻗어 있는 듯했어요. 그 길을
_{앞으로 어떻게 살아갈지 탄탄대로처럼 잘 보임.}
따라가면 수많은 이정표를 만나게 될 거라 생각했죠. 이제 전 길모퉁이에 이르렀어
_{길이 꺾여 있어서 앞이 잘 보이지 않는 자리}
요. 『그 모퉁이에 뭐가 있는지는 모르지만 가장 좋은 것이 있다고 믿을 거예요. 길모퉁
_{『 」: 앞이 보이지 않는 길모퉁이를 부정적으로 보지 않고, 긍정적으로 바라봄.}
이는 그 나름대로 매력이 있어요, 아주머니. 모퉁이를 돌면 무엇이 나올까 궁금하거
_{앤의 낙천적인 사고방식이 나타남.}
든요. 어떤 초록빛 영광과 다채로운 빛과 어둠이 펼쳐질지, 어떤 새로운 풍경이 있을
지, 어떤 낯선 아름다움과 맞닥뜨릴지, 저 멀리 어떤 굽이 길과 언덕과 계곡이 펼쳐질
지 말이에요."
마릴라가 장학금을 떠올리며 말했다.
"그래도 대학을 포기하게 내버려 두면 안 될 것 같구나."
_{앤이 장학금을 받으며 경제적 어려움 없이 대학을 다닐 수 있으므로}
앤이 웃으며 말했다. / "하지만 아주머니 절 못 말리세요. 이제 여섯 달만 지나면 저도
열일곱이고, 언젠가 리드 아주머니가 말씀하셨듯이 전 '노새처럼 고집불통'이니까요. 아
주머니, 부디 제가 안됐다고 생각하지 마세요. 동정받는 건 싫어요. 그럴 필요도 없고요.
_{자신의 결정은 대학을 포기한 것이 아니라 새로운 선택을 한 것이기 때문에}
좋아하는 초록 지붕 집에서 지낸다는 생각만으로도 가슴이 벅찬걸요. 아주머니와 저만
_{앤은 가지 않는 길에 대한 아쉬움보다 새로운 길에 대한 설렘을 드러내고 있음.}
큼 이 집을 사랑하는 사람은 없어요. 그러니 우리가 여길 지켜야 해요."
▶ 앤은 집에 남는 것을 새로운 도전으로 받아들임.

다 마릴라가 뜻을 굽히며 말했다.
"착하기도 하지! 네 덕분에 다시 살아난 느낌이야. 대학에 가라고 끝까지 설득해야겠
_{시력을 점점 잃어 가는 마릴라는 앤이 자신을 떠나지 않는다는 것을 진심으로 기뻐하며 고마워하고 있음.}
지만 나로선 그럴 힘이 없으니 더 이상 말을 못하겠구나. 언젠가 꼭 보답을 하마, 앤."
앤 셜리가 대학을 포기하고 집에 남아 교사가 되기로 했다는 소문이 에이번리 곳곳에
퍼지자 온갖 말들이 떠돌았다. 마릴라의 눈에 대해 알 리 없는 선량한 주민 대부분이 마
_{마릴라의 눈 상태를 모르는 입장에서는 마릴라가 이기적으로 보일 수 있으므로}
릴라의 어리석음을 나무랐다.
▶ 마릴라는 앤의 뜻을 받아들이고, 앤의 결정이 마을에 퍼짐.

🔑 포인트 체크

인물 앤은 꺾여 있어 앞이 잘 보이지 않는 길모퉁이도 긍정적으로 생각하는 □□적인 성격을 갖고 있다.
배경 캐나다의 아름다운 프린스 에드워드 섬의 □□ 마을을 배경으로 하고 있다.
사건 앤은 대학에 가는 대신 집에 남아 □□가 되어 □□을 잃어 가는 마릴라를 돌보기로 한다.

답 낙천, 시골, 교사, 시력

[문학] 금성

🎯 핵심 정리

갈래 중편 소설, 실존주의 소설
성격 서사적, 상징적, 사실적
배경 ① 시간 – 1990년대 초
　　　② 공간 – 아일랜드 더블린
주제 죽은 자와 산 자를 포용하는 대아(大我)의 마음
특징 ① 인간 본성에 대한 치열한 탐구를 보여 줌.
　　　② 의식의 흐름 기법이 드러남.
출전 《더블린 사람들》(1914)

😊 이해와 감상

15편의 단편 소설로 구성된 《더블린 사람들》의 마지막 작품으로 앞의 14편은 유년기, 청년기, 성년기, 장년기로 나누어 정치, 음악, 종교와 같은 사회 전반적인 문제를 다루었다면 〈망자〉는 인물의 에피퍼니(의식의 확대)를 보여 주고 있다.
가브리엘은 그레타의 마음속에 옛 애인이 자리 잡고 있음을 깨닫고 질투를 느끼며 동시에 큰 충격을 받는다. 그레타와의 결혼 생활에서 열정이 없었던 자신을 되돌아봄으로써 그레타를 진심으로 사랑할 수 있음을 확신하게 된 것이다. 가브리엘은 새로운 자아를 위한 새로운 생의 여정을 통해 죽은 자와 산 자를 포용하는 대아(大我)의 마음을 품게 되고 작품은 끝을 맺는다.

🔍 전체 줄거리

가브리엘은 아내 그레타와 함께 크리스마스 만찬에 참석한다. 고민을 거듭한 연설을 끝낸 후 호텔로 돌아오는 길에 가브리엘은 아내에게 육체적 욕구를 느낀다. 아내는 옛 연인이었던 마이클에 대한 생각에 빠져 있었고, 호텔에서 아내로부터 마이클에 대한 이야기를 듣게 된다. 그 순간 자신의 사랑이 죽은 사람에 비해 초라한 것을 느낀다.

🏠 작품 연구소

갑작스러운 깨달음, 에피퍼니(Epiphanies)의 발생

> 서서히 아득해져 가는 정신 속에 눈 내리는 소리가 들려왔다. 삼라만상 사이로 아스라이, 그리고 모두에게 최후의 종말이 내린 듯, 모든 생자와 망자 위에 아스라이 내리는 눈 소리가.
> – 〈망자〉의 마지막 문장

↓

- 아내에게서 옛 애인에 대한 이야기를 들은 뒤 가브리엘이 미묘한 아내의 감정 세계를 이해하고 우주론적 자아를 경험하게 됨.
- 개인적 차원에서 순간적이고 우발적으로 발생하는 에피퍼니로 볼 수 있음.

👤 작가 소개

제임스 조이스(James Joyce, 1882~1941)
소설가이자 시인. 37년간 망명 생활을 하며 아일랜드와 고향 더블린을 배경으로 하는 작품을 집필하였다. 주요 작품으로 〈더블린 사람들〉, 〈율리시스〉, 〈젊은 예술가의 초상〉 등이 있다.

가 그레타는 곤히 잠들어 있었다. / 가브리엘은 팔을 괸 채 잠시 아내의 흐트러진 머리칼과 반쯤 열린 입을 풀린 마음으로 바라보며 아내의 깊은 숨소리를 들었다. 그렇다면 아내는 필생의 연애라는 것을 해 본 것이다. 한 남자가 아내를 위해서 죽었고 말이다. 명색이 아내의 남편이라는 자기가 아내의 삶에서 맡은 역할이 얼마나 변변찮은 것이었는가 하는 생각에도 그다지 마음이 아프지 않았다. 마치 자신과 그레타가 부부로서 함께 살아 본 적이 없다는 듯 태연히 잠들어 있는 아내의 모습을 바라보았다. 호기심 어린 눈으로 오래도록 아내의 얼굴과 머리카락을 바라보며 아내가 맨 처음 소녀다운 아름다움을 간직하고 있던 시절에 어떤 모습이었을지에 생각이 미치자 아내에 대한 희한하리만큼 다정한 연민이 영혼 속으로 스며들었다.　　▶ 잠든 아내의 모습을 보며 연민을 느끼는 가브리엘

나 방 안 공기에 어깨가 시렸다. 몸을 시트 밑으로 조심스럽게 쭉 뻗어 아내 옆에 누웠다. 한 사람, 한 사람 모두가 혼백이 될 터였다. 나이 먹어 암담하게 시들고 이울어 가느니 어떤 열정이 한창 피어날 때 저세상으로 시원스럽게 사라지는 편이 차라리 나으리라. 옆에 누워 있는 아내가 살고 싶지 않다고 말하던 연인의 눈을 그토록 오랜 세월 동안 마음속에 꼭꼭 담아 두고 있었구나 하는 생각이 들었다.

가브리엘의 눈에 눈물이 그렁그렁했다. 어떤 여자에 대해서도 이런 감정을 느껴 본 적이 없었으나, 이런 감정이야말로 바로 사랑이려니 싶었다. 눈물이 눈에 더욱 가득 고였고 어두운 한쪽에서 빗물 듣는 나무 밑에 선 젊은이의 모습이 보이는 듯한 상상이 들었다. 그 옆에 다른 형상들도 있었다. 자신의 영혼이 수많은 망자들이 사는 영역에 다가간 것이다. 종잡을 수 없이 가물거리는 망자들의 존재를 의식은 하면서도 이해할 수는 없었다. 자신의 정체성마저 뿌옇게 잘 보이지 않는 세계 속으로 사라져 가고 있었고, 이 망자들이 한때 세우고 살았던 단단한 이승 자체가 용해되어 줄어들고 있었다.

창틀을 가볍게 두어 번 두드리는 소리에 가브리엘은 창 쪽으로 고개를 돌렸다. 다시 눈이 내리기 시작한 것이었다. 가로등 불을 배경으로 비스듬히 떨어지는, 은빛의 거무스름한 눈발을 졸린 눈으로 바라보았다. 서쪽 여행을 떠날 때가 온 것이다. 그렇다, 신문 기사가 옳았다. 온 아일랜드에 눈이 내리는 참이었다. 눈은 어두운 도심의 벌판 구석구석에도, 나무 없는 언덕에도 내리고 있었고, 보그 오브 앨런에도 사락사락 내리고 있었고, 더 서쪽으로 어둡고 사나운 섀넌에도 사락사락 내리고 있었다. 눈은 또한 마이클 퓨리가 묻힌 고즈넉한 언덕배기 교회 묘지에도 빠짐없이 내리고 있었다. 휩쓸린 눈은 구부러진 십자가와 갓돌 위에도, 작은 대문 살 위에도, 앙상한 가시나무 위에도 수북이 쌓여 있었다. 서서히 아득해져 가는 정신 속에 눈 내리는 소리가 들려왔다. 삼라만상 사이로 아스라이, 그리고 모두에게 최후의 종말이 내린 듯, 모든 생자와 망자 위에 아스라이 내리는 눈 소리가.
　　▶ 서쪽으로 여행을 떠나기로 마음먹는 가브리엘

🔑 포인트 체크

인물 가브리엘은 중류층 신사로, 자신의 정체성에 확고한 □□이 없는 인물이다.

배경 20세기 초 더블린 □□들의 삶의 모습을 표현하고 있다.

사건 가브리엘은 아내의 옛 애인 이야기를 듣고 질투와 동시에 □□□을 얻어 □□을 떠나기로 한다.

답 믿음, 서민(사람), 깨달음, 여행

변신 | 프란츠 카프카

문학 미래엔

🎯 핵심 정리

갈래 중편 소설, 실존주의 소설
성격 비판적, 상징적, 우의적
배경 ① 시간 – 불분명
　　　② 공간 – 그레고리의 집
시점 전지적 작가 시점
주제 현대인의 소외 현상과 삶의 부조리
특징 ① 의인화된 벌레를 등장시켜 우화(寓話)의 형식을 띰.
　　　② 비현실적인 상황을 통해 현실을 비판함.
출전 《변신》(1916)

😊 이해와 감상

이 작품은 벌레로 변한 그레고르와 그를 대하는 주변 사람들의 모습을 통해 일상으로부터 인간이 얼마나 소외되어 있는지, 우리의 사회가 얼마나 비인간적인지를 보여 준다. 특히 이 작품에서 가족과 사회는 더 이상 따뜻한 공동체의 공간이 아닌, 자신의 필요에 따라 인간을 도구로 사용하는 계약적인 공간으로 묘사되며, 비인간적인 현대 사회의 모습을 잘 보여 주고 있다.

🔍 전체 줄거리

가족을 위해 출장 영업 사원으로 일하던 그레고르는 어느 날 아침, 자신이 벌레로 변해 있는 것을 발견한다. 그를 데리러 온 상사와 가족들은 그를 보고 크게 놀라고, 그레고르는 방에 갇히는 신세가 된다. 그레고르가 경제력을 상실하자 가족들은 하숙을 운영하며 살아갈 길을 모색한다. 하지만 하숙인들이 그레고르의 존재를 알고 화를 내며 나가 버린다. 이에 여동생은 그레고르를 내쫓아야 한다고 주장하고, 가족들과 그레고르의 갈등은 더욱 깊어만 간다. 결국 그레고르는 음식을 거부하며 쓸쓸히 죽음을 맞이하고, 가족들은 골칫거리가 사라졌다며 평온함을 느끼고 앞으로의 삶을 계획한다.

🏠 작품 연구소

벌레로 변한 그레고르에 대한 가족들의 반응
그레고르가 벌레로 변하자 가장 가까웠던 여동생조차 그를 내쫓아야 한다고 주장하며 냉담하게 대한다. 가족에게조차 버림받는 그레고르의 모습을 통해, 현대 사회에서 인간이 얼마나 소외되고 있는지를 냉혹하게 보여 주고 있다.

🧑 작가 소개

프란츠 카프카(Franz kafka, 1883∼1924)
체코슬로바키아 태생의 유대계 독일 소설가. 실존주의 문학의 선구자로 불리며 인간 소외와 실존 문제에 관해 관심을 가졌고, 그만의 독자적인 문학 세계를 구축하였다. 주요 작품으로 〈변신〉, 〈성(城)〉, 〈아메리카〉, 〈심판〉 등이 있다.

가 　어느 날 아침 뒤숭숭한 꿈에서 깨어난 그레고르 잠자는 자신이 침대에서 흉측한 모습의 한 마리 갑충으로 변한 것을 알아차렸다. 그는 철갑처럼 딱딱한 등을 대고 침대에 누워 있었다. 머리를 약간 들어 보니 아치형의 각질 부분들로 나누어진, 불룩하게 솟은 갈색의 배가 보였다. 금방이라도 주르르 흘러내릴 것 같은 이불은 배의 높은 부위에 가까스로 걸쳐 있었다. 몸뚱이에 비해 애처로울 정도로 가느다란 수많은 다리들은 그의 눈앞에서 어른거리며 하릴없이 버둥거리고 있었다. / "나에게 대체 무슨 일이 생긴 걸까?"
▶ 꿈에서 깨어난 그레고르는 자신이 벌레가 된 것을 발견함.

나 　'이렇게 일찍 일어나니.' / 그는 생각에 잠겼다.

　'사람이 아주 멍청해진단 말이야. 잘 만큼 푹 자야 하는데. 다른 출장 영업 사원들은 하렘의 여자들처럼 살고 있지 않은가. 가령 주문 받은 물건을 장부에 기입하려고 오전 중에 여관에 돌아와 보면 그 작자들은 그제야 일어나 앉아 아침을 들고 있지 않은가. 만일 내가 사장 앞에서 그러다간 당장 쫓겨나고 말 거야. 하기야 그러는 편이 나에게는 훨씬 더 나을지도 모르지. 그동안 부모를 생각해서 꾹 참아 왔지만 그렇지 않았더라면 진작 사표를 던지고, 사장 앞으로 걸어 나가 가슴에 묻어 두었던 생각을 그에게 다 털어놓았을지도 몰라. 그랬다면 사장은 틀림없이 책상에서 굴러떨어졌을 거야! 책상 위에 걸터앉아 아래를 내려다보며 직원에게 말하는 꼬락서니는 참 별나기도 하지. 게다가 사장은 귀가 어두워 직원들은 그에게 바짝 다가가서 말해야 해. 그렇다고 아직 희망을 완전히 접은 것은 아니야. 언젠가 내가 돈을 제법 모아 부모님이 진 빚을 다 갚게 되면 — 아직 한 5, 6년 걸리겠지 — 꼭 그렇게 하고 말 거야. 그러면 일생일대의 전기가 마련되겠지. 다섯 시면 기차가 떠나니까 지금 당장은 물론 일어나는 일이 급선무야.'
▶ 그레고르는 출근하기 위해 침대에서 일어나려고 함.

다 　"내쫓아야 해요!" / 여동생이 소리쳤다.

　"그렇게 하는 수밖에 없어요, 아버지. 저게 오빠라는 생각을 버려야 해요. 우리가 오랫동안 그렇게 생각해 왔다는 게 바로 우리의 진짜 불행이에요. 하지만 저게 어떻게 오빠일 수 있겠어요? 저게 오빠라면 인간이 자기 같은 짐승과 같이 살 수 없다는 걸 알아차리고 진작 제 발로 나갔을 거예요. 그랬다면 우리 곁에 오빠는 없지만 우리는 살아가면서 계속 오빠에 대한 추억을 소중히 간직할 수 있을 텐데요. 그런데 저 짐승은 우리를 쫓아다니며 못살게 굴고 하숙인들을 쫓아내면서, 이 집을 온통 독차지하고 들어앉아 우리를 길거리에 나앉게 하려는 게 분명해요. 저것 좀 보세요, 아버지!"

여동생이 갑자기 비명을 질렀다.

　"또 시작이에요!"

　그러고서 여동생은 그레고르로서는 도저히 이해할 수 없는 공포에 사로잡혀 어머니마저 내버리고, 단호히 안락의자를 밀치고 일어나서는 아버지 뒤쪽으로 황급히 달려갔다.
▶ 여동생은 벌레로 변한 그레고르를 내쫓아야 한다고 주장함.

🔑 포인트 체크

인물 그레고르는 가정의 ☐☐를 유지하고 부모의 ☐을 갚기 위해 힘들게 일을 하는 출장 영업 사원이다.
배경 인간 소외, 인간성 상실 등이 나타나는 ☐☐ 사회를 배경으로 하고 있다.
사건 가족을 부양하던 그레고르가 갑자기 ☐☐로 변하여 경제력을 잃자 가족들은 그를 ☐☐하게 대한다.

답 생계, 빚, 현대, 벌레, 냉담

데미안 |헤르만 헤세

🎯 핵심 정리

갈래 장편 소설, 성장 소설

성격 자전적, 상징적, 성찰적, 독백적

배경 ① 시간 – 제1차 세계 대전 전후
② 공간 – 독일

시점 1인칭 주인공 시점

주제 자기 발견을 통해 성숙한 인간으로 성장하는 과정

특징 ① 주인공의 내적 성찰에 따른 심리를 주로 서술함.
② 다양한 비유를 통해 정신세계를 효과적으로 묘사함.

출전 《데미안》(1919)

👁 이해와 감상

이 작품은 한 인간의 자기 발견 과정을 섬세하게 그리고 있다. 주인공 싱클레어는 자신의 내부에 존재하는 두 개의 상반된 선과 악의 세계 속에서 괴로워하다 정신적 지도자인 데미안을 만나며 세상과 자기에 대한 인식에 눈을 뜬다. 싱클레어가 겪는 정신적 고통은 성장 과정에서 겪게 되는 일종의 통과 의례에 해당한다. 따라서 이 작품은 미숙한 인간이 자아와 세계의 의미에 눈을 뜨는 과정을 담은 성장 소설의 전형이라 할 수 있다.

🔍 전체 줄거리

부유한 가정에서 자란 '나'(싱클레어)는 열 살 때 고향의 라틴어 학교에 입학한다. '나'의 생활 속에는 밝은 세계와 어두운 세계가 공존하고 있었고, '나'는 어두운 세계에 이끌려 크로머와 만나면서 범죄를 저지른다. 그러다가 '나'는 데미안을 만나게 되고, 그를 통해 어둠의 세계로부터 구원을 받는다. 상급 학교에 진학한 후 데미안과 헤어진 '나'는 사춘기를 겪게 되고, 다시 어두운 세계에 빠져든다. 그러나 데미안의 편지를 통해 세상과 자신에 대해 깨닫고, 대학 진학 후 데미안을 다시 만난다. 그 후 제1차 세계 대전이 일어나고, 이 과정에서 데미안은 죽고 '나'는 마음속에 데미안을 닮은 '나'가 있음을 느낀다.

Q 이 부분이 의미하는 바는?

새가 날기 위해 알을 깨고 나오는 것처럼 새로운 세계로 나아가기 위해서는 기존의 낡은 세계를 극복하고 벗어나야 한다는 것을 의미한다. 어두운 세계에 빠져든 '나'에게 이 문구를 담은 데미안의 편지는 새로운 희망과 도전 의지를 북돋워 준다.

👤 작가 소개

헤르만 헤세(Hermann Hesse, 1877~1962)
독일의 시인이자 소설가. 목사의 아들로 태어나 신학교를 다니다 그만두고 창작 활동을 시작하였다. 주요 작품으로 〈수레바퀴 밑에서〉, 〈유리알 유희〉 등이 있으며, 1946년 노벨 문학상을 수상하였다.

가 밝은 세계에서는 숨기고 은폐해야 하는 하나의 원시적 충동이 내 자신 속에 살고 있다는 사실을 새롭게 발견해야만 했던 시절이 왔다. 어떤 사람이나 그렇듯이, 천천히 눈뜨는 성(性)에 대한 감정이 나에게도 하나의 적이자 파괴자로, 금기로, 유혹과 죄악으로 들이닥쳤다. 나의 호기심이 찾은 것, 꿈과 기쁨과 두려움이 내게 가져다준 것, 사춘기의 큰 비밀, 그것은 내 유년의 평화에 감싸인 행복감에는 맞지 않았다. 나는 다른 모든 사람들과 비슷하게 행동했다. 이제 더는 어린아이가 아닌 아이의 이중생활을 해 나갔다. 내 의식은 집안의 허용된 세계 속에 살았으며, 어렴풋이 솟아오르는 새로운 세계는 부정했다. 그러나 동시에 나는 꿈, 충동, 은밀한 소망들 속에서 살았다. 그 위에서 저 의식적 삶이 만드는 다리는 점점 더 불안해졌다. 내 속에서 유년의 세계가 붕괴되고 있었기 때문이다.
▶ 성(性)에 대한 감정에 눈을 뜬 '나'

나 거의 모든 부모들처럼 우리 부모님들도 새로이 눈뜨는 생명의 충동을 모르는 척 덮어 두었다. 그들은 다만 다함없는 세심한 배려를 기울여, 현실을 부인하며 점점 더 비현실적이고 위선적으로 되어 가는, 어린이의 세계 속에 좀 더 머무르려는 나의 절망적인 시도들을 도와주었을 뿐이다. 부모라는 존재가 이 점에서 얼마나 도움이 될 수 있는지는 모르겠으니 내 부모님을 비난하지는 않겠다. 자신을 다스리고, 나의 길을 찾아내는 것은 내 자신의 일이었던 것이다.
▶ 부모님이 큰 도움이 되지 못하는 사춘기의 고통

다 누구나 이런 어려움을 겪는다. 평범한 사람들에게 이것은 인생의 분기점이다. 이러한 때 그들의 삶의 요구는 주변 세계와 극심한 갈등에 빠지게 되며, 앞을 향하는 길은 혹독한 투쟁으로만 얻어질 수 있다. 많은 사람들이 우리들의 운명인 이 죽음과 새로운 탄생을 경험한다. 유년이 삭아 가며 서서히 와해될 때, 우리의 사랑을 얻었던 모든 것이 우리를 떠나가려고 하고, 우리가 갑자기 고독과 우주의 치명적인 추위에 에워싸여 있음을 우리는 삶에서 오로지 한 번 느끼고 경험하는 것이다.
▶ 인생의 분기점이자 투쟁의 시기인 사춘기

라 나는 그 종이에 시선을 던지는 순간, 그중에 한 마디에 끌려들어 깜짝 놀라서 읽었다. 내 가슴은 냉기를 뒤집어 쓴 것처럼 운명 앞에서 오그라들었다.

새는 알에서 빠져 나오려고 투쟁한다. 알은 세계다. / 태어나려는 자는 한 세계를 파괴해야만 한다. 새는 신에게로 날아간다. 그 신의 이름은 아브라삭스.

나는 몇 번이고 그 글을 읽고 깊은 생각에 잠겼다. 의심할 여지가 없었다. 그것은 데미안의 답장이었다. 그와 나를 제외하고는 아무도 새에 관해서 알고 있는 사람이 없었다. 그는 내 그림을 받은 것이다. 그는 나를 이해했고 나로 하여금 해석하도록 도와준 것이다. 그러나 이 모든 일이 어떻게 서로 관련되는 것일까? 그리고 — 무엇보다도 나를 괴롭힌 것은 — 아브라삭스란 무엇일까? 나는 그런 말을 들은 일도 없었고 읽은 일도 없었다.
▶ 데미안의 답장을 받고 생각에 잠긴 '나'

🗝 포인트 체크

인물 방황하던 '나'는 ☐☐☐☐☐인 데미안을 만나 세상과 자기에 대해 인식하게 되며 점차 ☐☐한다.

배경 제1차 세계 대전 전후의 ☐☐을 배경으로 하고 있다.

사건 사춘기를 겪으며 방황하던 '나'는 데미안으로부터 ☐☐를 받고 고뇌에 빠진다.

답 정신적 지도자, 성장, 독일, 편지

달과 6펜스 | 서머싯 몸

핵심 정리

갈래 장편 소설, 예술 소설
성격 전기적, 대비적
배경 ① 시간 – 19세기 말 ~ 20세기 초
② 공간 – 런던, 파리, 타히티 섬
주제 자신의 이상을 추구하는 예술가의 열정적인 삶과 고뇌
특징 ① 고갱의 일생을 바탕으로 사건이 전개됨.
② 예술가의 고뇌와 갈등이 드러남.
③ '나'가 중심인물(스트릭랜드)의 삶을 조명함.
출전 《달과 6펜스》(1919)

이해와 감상

이 작품은 후기 인상파 화가 중의 한 명인 폴 고갱의 예술적 삶을 소재로 하고 있다. 주인공 스트릭랜드를 통해 세속적인 가치나 이익을 과감히 내던지고 예술을 향한 열망과 진실을 개척해 나가는 인물의 모습을 탐구하고 있다. 간결한 문체와 흥미로운 줄거리, 개성적인 인물의 매력을 보여 주면서도 복잡하고 불가해한 인간의 본성을 깊이 있게 파헤치고 있다.

전체 줄거리

찰스 스트릭랜드는 런던에서 증권 중개인 일을 하던 부유한 사십 대 남자다. 그는 아내와 아이들을 떠나 파리로 가 그곳에서 가난하지만 자족적인 예술가로서의 삶을 산다. 스트릭랜드의 천재성을 한눈에 알아본 친구 스트로브가 그를 아낌없이 지원하지만 스트릭랜드는 그에게 고마움을 느끼지 않는다. 그뿐만 아니라 스트로브의 아내 블란치를 죽음으로 몰아가게 된다. 이후 스트릭랜드는 오랜 방랑 끝에 타히티 섬에 정착해 그곳 원주민인 아타라는 여인과 두 아이를 낳고 살면서 나병에 걸려 죽기 전까지 많은 그림을 남긴다. 그러나 그가 남긴 최후의 역작은 그의 유언대로 그가 죽은 후 불태워진다.

작품 연구소

제목 '달과 6펜스'의 의미
'달과 6펜스'에서 '달'은 상상의 세계나 예술의 열정을, '6펜스'는 천박하고 세속적인 가치를 상징한다. 즉, 이 작품의 주인공인 스트릭랜드가 자신의 '6펜스'적인 삶을 버리고 '달'이 표상하고 있는 열정과 영혼의 삶을 추구하려 했음을 표현한 것으로 볼 수 있다.

작가 소개

서머싯 몸(Somerset Maugham, 1874~1965)
영국의 소설가이자 극작가. 평범하고 솔직한 문체로 인물과 사건을 엮어 나가는 방식으로 독자들의 큰 호응을 받았으며 인간 존재에 대한 날카로운 성찰을 보여 주는 작품을 창작했다. 주요 작품으로 〈인간의 굴레에서〉 등이 있다.

가 "난 그려야 해요." / 그는 되뇌었다.
<small>그림을 그리고 싶은 소망</small>
"잘해야 삼류 이상은 되지 못한다고 해 봐요. 그걸 위해서 모든 것을 포기할 가치가
<small>스트릭랜드의 그림에 대한 열망을 접게 하기 위해 설득함.</small>
있겠습니까? 다른 분야에서는 별로 뛰어나지 않아도 문제 되지 않아요. 그저 보통만
되면 안락하게 살 수 있지요. 하지만 화가는 다릅니다." / "이런 맹추 같으니라구."
<small>자신의 꿈과 열정을 이해하지 못하는 '나'에 대한 비난</small>
"제가 왜 맹추입니까? 분명한 사실을 말하는 게 맹추란 말인가요?"

"나는 그림을 그려야 한다지 않소. 그리지 않고서는 못 배기겠다는 말이오. 물에 빠진
<small>여태까지의 의미 없는 삶</small>
사람에게 헤엄을 잘 치고 못 치고가 문제겠소? 우선 헤어 나오는 게 중요하지. 그렇지
않으면 빠져 죽어요."

그의 목소리는 진실한 열정이 담겨 있었다. 나도 모르게 감명을 받았다. 그의 마음속
<small>스트릭랜드의 선택에 대한 '나'의 시각이 바뀌는 계기</small>
에서 들끓고 있는 어떤 격렬한 힘이 내게도 전해 오는 것 같았다. 매우 강렬하고 압도적
인 어떤 힘이, 말하자면 저항을 무력하게 하면서 꼼짝할 수 없도록 그를 사로잡고 있음
을 느낄 수 있었다. 이해할 수 없었다. 정말이지 그는 악마에게라도 사로잡혀 있는 것 같
았다. 악마가 느닷없이 달려들어 그를 갈가리 찢어 놓을 것만 같았다. 하지만 그의 표정
은 천연덕스러웠다. 물끄러미 바라보는 나의 눈길을 받고 조금도 동요하지 않았다.
<small>자신의 선택에 대해 흔들림이나 동요가 없음.</small>   ▶ 그림에 대한 열망을 이야기하는 스트릭랜드

나 의사는 나를 데리고 집을 빙 둘러싸고 있는 베란다로 나갔다. 우리는 잠시 발을 멈추
<small>정보 제공자</small>
고 뜰에 만발한 화려한 꽃들을 내려다보았다.

"스트릭랜드가 자기 집의 벽 사방에 꽉 채워 그려 넣었던 그 특이한 장식 그림이 오랫
동안 내 머리를 떠나질 않더군요." / 그는 생각에 잠겨 말했다.

나도 그것을 생각하고 있었다. 내 생각에 스트릭랜드는 최후의 힘을 내어 거기에다
<small>스트릭랜드의 죽음</small>
자신의 온 존재를 표현했던 것만 같았다. 그것이 마지막 기회임을 깨닫고 그는 묵묵히
<small>자신의 인간적인 존재성을 열정을 다해 표현함.</small>
자신이 삶에 대해 알고 있던 모든 것, 자신이 깨달은 모든 것을 그 그림에 표현했음이 틀
림없었다. 또한 그는 마침내 거기에서 평온을 발견했을 것이다. 그러니까 자신을 사로
<small>스트릭랜드가 그림 그리는 목적</small>
잡은 악마를 마침내 몰아내고, 평생을 고통스럽게 준비해 왔던 작품을 완성함으로써 외
로움과 괴로움에 지쳐 있던 그의 영혼은 휴식을 찾았을 것이다. 그리고 목적을 이루었
으므로 기꺼이 죽음을 맞이하였던 것이 아닐까.
<small>예술의 극치</small>

"무엇을 그린 것입니까?" / 내가 물었다.

"글쎄요. 아무튼 기이하고 환상적이었어요. 이 세상이 처음 생겼을 때의 상상도랄까.
아담과 이브가 있는 에덴동산 같은 거였어요. 뭐랄까, 인간의 형상, 그러니까 남녀 형
<small>인간의 원초적이고 근원적인 세계</small>
상의 아름다움에 대한 찬미이기도 하고 숭엄하고 초연하고 아름답고 잔인한 자연에
대한 예찬이기도 했어요. 그걸 보면 공간의 무한성과 시간의 영원성이 섬뜩하게 느껴
졌습니다."   ▶ 스트릭랜드가 최후에 남긴 그림과 그 의미

키 포인트 체크

인물 스트릭랜드는 ☐☐된 삶을 버리고 그림에 대한 열정으로 ☐☐로서의 삶을 선택한다.
배경 19세기 말에서 20세기 초, 런던, 파리, ☐☐☐ 섬 등을 배경으로 하고 있다.
사건 스트릭랜드는 그림에 대한 열망으로, 죽기 전까지 묵묵히 힘을 내어 ☐☐☐☐☐을 남겼다.

답 안정, 화가, 타히티, 최후의 역작

123 아큐정전 |루쉰

키워드 체크 #풍자 소설 #비판적 #무기력한 인물의 희화화 #전(傳)의 형식

핵심 정리

갈래 중편 소설, 풍자 소설
성격 비판적, 풍자적
배경 ① 시간 – 1911년 신해혁명 전후
　　　 ② 공간 – 중국의 작은 마을
시점 전지적 작가 시점
주제 변화하는 사회에 적응하지 못한 한 인간의
　　　 비극적 삶
특징 ① 당시 중국 사회를 풍자하고 있음.
　　　 ② 한문학의 전통적인 전(傳)의 형식을 취
　　　　 하고 있음.
출전 《천바오》(1921)

이해와 감상

이 작품은 아홉 개의 장으로 구성된 중편 소설로, 최하층 농민인 아큐의 삶을 전기 형식으로 쓴 작품이다. 이 소설은 아큐를 통해 신해혁명이 일어나던 당시의 중국 사회를 신랄하게 풍자하고 있다. 자신의 현실을 직시하지 못하고 자기만족에 취해 있는 아큐의 모습을 통해 시대적 위기 속에서도 대국의 자존심만을 지키고 있던 중국의 모습을 풍자한 것이다. 또한 혁명 과정에서 죄를 뒤집어쓰고 처형되는 아큐의 운명과, 변함없이 권력을 유지하는 마을 지주를 대비시킴으로써 신해혁명의 좌절을 사실적으로 형상화하고 있다.

전체 줄거리

아큐는 날품팔이를 하며 근근이 살아가는 사람으로 건달에게 당할 때마다 자신의 패배를 정신적 승리로 승화시키며 자족한다. 어느 해 봄, 그는 왕털보와 조 나으리 아들에게 얻어맞는다. 그러다가 만만한 비구니를 만나 희롱하고 이를 자랑스럽게 여긴다. 이를 계기로 아큐는 조 나으리 댁의 하녀에게 동침을 요구하다가 주인에게 얻어맞고 벌금까지 문다. 무를 훔쳐 먹고 성 안으로 들어간 아큐는, 다시 돌아와 성에서 돈을 벌었다고 으스대지만 도둑 패와 어울린 것이 들통 나 멸시를 받는다. 혁명당이 입성하자 그가 경멸하던 조 나으리가 혁명당의 선두가 되고, 아큐는 쫓겨나게 된다. 폭도들이 조 나으리 댁을 습격하는 사건이 벌어지자 아큐는 폭도로 오인되어 처형당한다.

작품 연구소

〈아큐정전〉의 시대 풍자

아큐	신해혁명 당시의 중국
현실적인 패배와 부적응의 문제를 근거 없는 우월감으로 합리화함.	외세의 침략 앞에서 현실 감각을 잃고 여전히 대국의 자부심에 빠져 있음.

작가 소개

루쉰(魯迅, 1881~1936)
중국의 문학가이자 사상가. 그의 문학과 사상에는 모든 허위를 거부하는 정신과 어디까지나 현실에 뿌리박은 강인한 사고가 뚜렷이 부각되어 있다. 중국 현대 문학의 창시자이며 주요 작품으로 〈광인일기〉 등이 있다.

가 아큐는 집도 없이 미장의 사당 안에 살고 있었으며 일정한 직업도 없었다. 다만 날품팔이를 하면서, 보리를 베라면 보리를 베고, 쌀을 찧으라면 쌀을 찧고, 배를 저으라면 배를 젓기도 했다. 일이 좀 오래 걸릴 때는 임시로 주인집에서 묵기도 했으나 끝나면 곧 돌아갔다. 그러므로 사람들은 바쁠 때에는 아큐를 생각해 내나, 그것도 시킬 일이 있을 때뿐이지 그의 '행적'에는 관심조차 없었다.
▶ 아큐의 불분명한 행적과 그에 대한 사람들의 무관심

나 사람들에게 가장 놀림을 받는 것은, 그의 머리에 언제 생겼는지도 모르는 부스럼 자국이 몇 군데 있다는 것이다. 이것은 아큐의 생각에도 비록 그의 몸에 생긴 것이기는 하나 자랑스럽게 여겨지지 않는 것 같았다. 그는 곧 '부스럼'이라는 말뿐 아니라, '부스럼 자국'과 비슷한 발음의 말조차 꺼려했으며, 그것이 점점 더 확대되어 '빛나다'라는 말도, '밝다'라는 말도 금기로 삼았고 더 나아가서 '등불'이라든가 '촛불'이라는 말까지 금기시하는 것이었다. 그 금기를 범하는 자가 있으면 고의든 아니든 아큐는 부스럼 자국까지 붉혀 가며 화를 내었다. 상대를 어림쳐 봐서 말솜씨가 좋지 않은 놈이면 욕을 퍼붓고, 힘이 약한 놈이면 두들겨 주었다. 그러나 어찌된 셈인지 아큐가 당할 때가 더 많았다. 그래서 그는 차츰 방침을 바꾸어 대개는 화난 눈으로 노려보기로 했다.
▶ 부스럼 자국 때문에 열등감을 가지는 아큐

다 아큐가 '노려보기주의'를 채택한 뒤로 미장의 건달들이 더욱더 그를 놀려 댈 줄이야 누가 알았겠는가. 만나기만 하면 짐짓 깜짝 놀라는 시늉을 하며 이렇게 말하는 것이었다.

"어이구, 밝아졌다!" / 그러면 아큐는 틀림없이 성을 내고 노려보았다.

"여기 원래 보안등이 있었군 그래." / 그러나 그들은 결코 두려워하지 않았다.

아큐는 할 수 없이, 따로 보복할 말을 생각해 내지 않으면 안 되었다.

"네깐 놈들과는 상대도 안 돼……"

이때 그는 마치 자신의 머리에 있는 것은 고상하고 영광스러운 부스럼 자국이지, 평범한 부스럼 자국이 아닌 것처럼 굴었다. 그러나 앞에서도 말한 것처럼 아큐는 견식이 높은 사람이므로 '금기'에 조금 저촉된다는 걸 알고서 그만 말을 잇지 않는 것이었다.

건달들은 그것으로 그치지 않고, 그를 계속 놀려 대더니 마침내 치고받는 싸움에까지 이르렀다. 아큐는 형식상으로는 패배했다. 놈들에게 노란 변발을 낚아채여, 벽에 머리를 네댓 번이나 찧었다. 건달들은 그렇게 하고 나서야 만족하여 의기양양해 가는 것이었다. 아큐는 잠시 동안 우두커니 서서, '내가 자식 놈에게 얻어맞은 걸로 치지. 요즘 세상은 정말 돼먹지 않았어……' 하고 생각했다. 그러고 나서는 그도 만족해서 의기양양해 가는 것이었다.

아큐는 마음속으로 생각해 둔 것은 나중에 하나하나 말하곤 했다. 그래서 아큐를 골려 주었던 모든 사람들은 그에게 이러한 정신적 승리법이 있다는 것을 거의 알게 되었다.
▶ 건달들의 놀림에 대응하는 아큐의 승리법

키 포인트 체크

인물 아큐는 날품팔이를 하며 근근이 살아가는 인물로 □□□ 자국에 □□□을 가지고 있다.
배경 □□혁명 전후 중국의 작은 마을을 배경으로 하고 있다.
사건 건달들은 아큐를 놀리며 마침내 치고받는 싸움에까지 이르렀는데, 이에 패배한 아큐는 스스로 위안함으로써 □□□으로 □□했다고 생각한다.

답 부스럼, 열등감, 신해, 정신적, 승리

어린 왕자 | 생텍쥐페리

[문학] 창비
[국어] 비상(박안), 지학사

🎯 핵심 정리

갈래 단편 소설, 순수 소설, 동화
성격 서정적, 동화적, 풍자적, 우화적
주제 삶의 진정한 가치의 추구, 순수에 대한 동경
특징 ① 어린 왕자의 순수한 시선으로 기성세대의 태도와 인식을 보여 줌.
② 비현실적으로 공간과 인물을 설정하는 등 동화적 특징이 나타남.
③ 삽화를 활용하여 주제를 효과적으로 전달함.
출전 《어린 왕자》(1943)

🔍 이해와 감상

이 작품은 프랑스의 소설가이자 비행사였던 작가가 제2차 세계 대전 중 미국에서 발표한 소설이다. 어린 왕자는 자신의 별을 떠나 지구로 오는 과정에서 왕, 술꾼, 부자 등을 만나는데, 이들은 권위적이고 불합리하며 물질 숭배적인 현대 어른들의 문제점들을 보여 준다. 또한 관계 맺기의 의미와 책임, 그리고 소중한 것에 대한 인식이 아름다움의 본질이라는 깨달음을 여우와 어린 왕자, 어린 왕자와 '나'의 대화를 통해 드러낸다.

🔍 전체 줄거리

비행기 고장으로 사막에 불시착한 조종사 '나'에게 어린 왕자가 찾아와 양을 그려 달라고 부탁한다. 어린 왕자는 자신이 살던 별 B612에서의 생활과 그곳에 두고 온 장미에 대해 이야기하면서 장미의 말에 너무 예민하게 반응했던 자신을 반성한다. 그리고 B612를 떠나 지구로 오는 과정에서 만난 다른 별의 어른들의 이해할 수 없는 모습들도 이야기한다. 어린 왕자는 지구에 도착해서 뱀, 장미, 여우를 만난다. 여우와의 대화를 통해 어린 왕자는 '길들인다'는 것의 의미, 가장 중요한 것은 눈에 보이지 않는다는 것을 깨닫는다. '나'도 어린 왕자와의 대화를 통해 어른이 되면서 잊고 있었던 진실들을 깨닫는다. 어린 왕자가 지구로 온 지 1년이 되는 날에 '나'와 어린 왕자는 이별하고, '나'는 별들을 보면서 어린 왕자를 그리워한다.

🏠 작품 연구소

'길들인다'의 의미

- 서로에게 의미를 부여하고 관계를 맺는 것
- 관계를 맺은 서로에 대해 책임을 다해야 함.
- 소중함에 대한 인식이 아름다움을 느끼게 함.

↓

- 어른들은 관계 맺기의 중요성을 인식하지 못함.
- 관계를 맺은 상대에 대한 책임을 다하지 않음.
- 세상의 아름다움을 느끼지 못하며 살아감.

👤 작가 소개

생텍쥐페리(Saint-Exupéry, 1900~1944)
프랑스의 소설가. 비행사. 군대에서 조종사 자격증을 취득한 후, 민간 항공사에서 근무했다. 자신의 비행 경험, 리비아 사막에 추락했던 일을 토대로 〈남방 우편기〉, 〈야간 비행〉 등을 집필했다.

[가] "넌 여기 사는 애가 아니구나. 넌 뭘 찾고 있는 거니?" 여우가 말했다.

"난 사람들을 찾고 있어." 어린 왕자가 말했다. "'길들인다'는 게 뭐지?"
_{길들여지지 않아서 어린 왕자와 놀 수 없다는 여우의 말에 의문이 생김.}

"사람들은 말이야," 하고 여우가 말했다. "총을 가지고 사냥을 하지. 그건 정말 곤란한 일이야. 사람들은 또 닭도 기르지. 그들이 관심 있는 것 그것뿐이야. 너도 닭을 찾고 있는 거지?" / "아니, 난 친구들을 찾고 있어. 그런데 '길들인다'는 게 뭐지?"
_{일방적으로 얻는 것}

"그건 사람들이 너무나 잊고 있는 건데…… 그건 '관계를 맺는다'는 뜻이야." 여우가 말했다. / "관계를 맺는다고?"
_{서로에게 소중한 존재가 되고, 그에 대한 책임을 다하는 것}

"물론이지." 여우가 말했다. "넌 나에게 아직은 수없이 많은 다른 아이들과 조금도 다를 바 없는 한 아이에 지나지 않아. 그래서 나는 널 별로 필요로 하지 않아. 너 역시 날 필요로 하지 않고. 나도 너에게는 수없이 많은 다른 여우들과 조금도 다를 바 없는 한 마리 여우에 지나지 않지. 하지만 네가 나를 길들인다면 우리는 서로를 필요로 하게 되는 거야. 너는 내게 이 세상에서 하나밖에 없는 존재가 되는 거야. 난 네게 이 세상에서 하나밖에 없는 존재가 될 거고……."
_{유일하고 특별한 의미를 가진 대상이 됨.}
_{「 」: 서로에게 소중한 존재가 됨}

"이제 좀…… 알 것 같아." 어린 왕자가 말했다. "꽃 한 송이가 있는데 말이야…… 그 꽃이 날 길들였나 봐……."
_{어린 왕자가 B612에 두고 온 친구}
▶ 여우에게 '길들인다'는 말의 의미를 배우는 어린 왕자

[나] 어린 왕자는 지쳤는지 주저앉았다. 나도 그의 옆에 앉았다. 그리고 한동안 말이 없더니 또 이렇게 말했다.

"별들이 아름다운 건, 보이지 않는 한 송이 꽃 때문이야……."
_{어린 왕자에게 소중한 존재}

나는 "그래" 하고 대답했다. 그리고 말없이 달빛을 받아 주름진 모래 언덕을 바라보았다.
_{진심이 없는 대답}

"사막은 아름다워……." 어린 왕자가 말을 이었다.
_{인식의 확대(별들 → 사막)}

정말 그랬다. 나는 언제나 사막을 좋아했다. 모래 언덕에 앉아 있으면 아무것도 보이지 않고 아무 소리도 들리지 않는다. 그리고 무엇인가 침묵 속에서 빛을 발한다.
_{어린 왕자의 말에 공감하기 시작함.}
_{감각으로 인지할 수 없는 아름다움이 느껴짐.}

"사막이 아름다운 건 어딘가에 샘을 감추고 있기 때문이야……." 어린 왕자가 말했다.
_{소중한 존재에 대한 인식이 그와 연결된 다른 대상도 아름답게 느끼게 함.}

나는 모래가 신비롭게 빛을 발하는 이유를 깨닫고 깜짝 놀랐다. 어렸을 적에 나는 아주 오래된 집에 살고 있었다. 그런데 전해 오는 이야기에 따르면 그 집에는 보물이 감춰져 있다고 했다. 물론 아무도 그것을 발견하지 못했다. 아니 어쩌면 아무도 찾으려 들지 않는지도 모른다. 그러나 그 보물로 인해서 그 집 전체가 신비한 마법에 걸려 있는 것만 같았다. 우리 집은 그 깊숙한 곳에 어떤 비밀을 간직하고 있었으니까 말이다.
_{눈에 보이지 않음에도 유년 시절의 '나'에게 집을 더욱 가치 있게 느끼게 함.}

"그래, 집이건 별이건 사막이건 그것을 아름답게 하는 건 눈에 보이지 않는 법이지!"

내가 어린 왕자에게 말했다. / "아저씨가 내 여우와 생각이 같은 걸 보니 기뻐."
_{눈에 보이지 않더라도 소중한 것에 대한 인식은 그와 연결된 다른 것들도 아름답게 여기게 함.}
▶ 어린 왕자와의 대화를 통해 중요한 가치는 눈에 보이지 않음을 깨닫는 '나'

🔑 포인트 체크

인물 어린 왕자는 ☐☐와의 만남을 통해 '☐☐☐☐'는 것의 의미를 깨닫고, '나' 역시 ☐☐이 되며 잊고 있던 진실을 깨닫는다.

배경 산업화 이후 지구의 ☐☐, ☐☐☐☐가 살던 B612 등을 배경으로 한다.

사건 비행기 고장으로 사막에 불시착한 '나'는 B612라는 별에서 온 어린 왕자를 만나 그의 ☐☐☐를 듣게 된다.

[답] 여우, 길들인다, 어른, 사막, 어린 왕자, 이야기

🎯 핵심 정리

갈래 우화 소설, 풍자 소설, 정치 소설

성격 우화적, 풍자적

배경 ① 시간 – 불분명
② 공간 – 영국의 한 농장

시점 전지적 작가 시점

주제 독재 권력에 대한 풍자와 비판

특징 ① 스탈린 시대의 권력 체제를 모델로 하여 정치를 풍자함.
② 권력을 이용한 특권층의 부패와 이에 길들여지는 대중들의 모습을 묘사함.

출전 《동물 농장》(1945)

😊 이해와 감상

이 작품은 러시아 혁명 이후의 스탈린 시대의 권력 체제를 모델로 한 정치 풍자 소설이다. 작가 자신이 스페인 내란에 참전하면서 체험한 공포 정치 체제와 말년에 농장을 경영하면서 얻은 경험을 결합시켜 이 소설을 구상했다고 한다. 작가는 우화적 기법을 활용하여 권력을 이용한 특권층의 부패상과 이들에 의해 길들여지는 대중들의 모습을 생생하게 묘사하고 있다.

🔍 전체 줄거리

수퇘지 메이저 영감은 동물들을 모아 놓고 자신들이 인간으로부터 착취당하고 있다고 연설을 한다. 연설을 들은 동물들은 투쟁하여 승리를 거두고 농장의 주인이 된다. 하지만 동물들 사이에 권력 싸움이 일어나 이상주의자 스노볼과 현실주의자 나폴레옹의 대결에서 나폴레옹이 승리한다. 나폴레옹의 독재가 시작되고 충성도가 떨어지는 동물들은 처단되기까지 한다. 나폴레옹 등 특권층 돼지들은 새로운 농장주가 되고 동물들은 다시 노예가 된다.

🏠 작품 연구소

〈동물 농장〉의 우화 소설적 기법

등장인물	현실 속 상황과 인물
존즈	자본가, 부와 자원을 독점하는 착취자
메이저 영감	부의 불균형과 착취의 문제를 처음으로 제기한 마르크스
나폴레옹	이상보다는 현실 정치의 권력 문제에 민감한 스탈린
스노볼	현실보다는 이상을 추구하여 독재자에게 이용당하는 트로츠키
다른 동물들	일반 대중(정치적 상황 속에서는 소외당하기 쉬운, 무력한 존재들)

🧑 작가 소개

조지 오웰(George Orwell, 1903~1950)
영국의 소설가. 르포르타주 〈파리와 런던의 밑바닥 생활〉, 〈버마의 나날〉로 인정을 받았고, 소련의 공산주의를 풍자한 〈동물 농장〉으로 명성을 얻었다. 〈1984〉에서는 현대 사회의 전체주의 경향이 도달할 공포의 미래 사회를 그려 냈다.

[가] 침실의 불이 꺼지자 기다렸다는 듯 농장 건물에서는 웅성거리기 시작했다. 왜냐하면 품평회에서 미들 화이트 상을 수상한 수퇘지 메이저 영감이 지난밤에 꾼 이상한 꿈 이야기를 다른 동물들에게 전하고 싶다는 전언이 돌았기 때문이었다. 존즈 씨가 깊이 잠들어서 절대로 발견될 염려가 없어지거든 전원 즉시 창고로 집합하자고 약속이 되어 있었다. 메이저 영감(언제나 그렇게 불렸다. 물론 품평회 때의 이름은 윌링턴 뷰티였지만)은 이 농장에서는 최고의 존경을 받고 있었기 때문에 그 영감의 정평이라면 수면 시간을 한 시간쯤 희생하더라도 그의 이야기를 들어 보기로 모두들 생각하고 있었다.

창고 한 끝의 계단 높은 연단 위에는 메이저 영감이 짚으로 만든 자리에 편안히 자리 잡고 있었다. 그 위 천장의 대들보에는 등불이 늘어져 있었다. 올해 열두 살인 그는 요즘 약간 살찐 것 같았지만 여전히 위엄 있는 모습이었고, 이제까지 한 번도 송곳니를 잘라 낸 일은 없지만 총명하고 듬직한 용모를 지닌 돼지였다.

얼마 후 다른 동물들도 모여들어 제 나름대로의 편안한 자세로 자리를 잡기 시작했다.

[나] "동지 여러분, 이 세상에서 우리들의 현실 생활은 어떠합니까? 이것을 똑바로 생각해 봅시다. 우리들의 생애는 비참하고, 그리고 또 짧습니다. 우리들은 태어나서 겨우 목숨만 유지할 정도의 먹이를 얻어먹고는 일할 수 있는 자들은 힘닿는 한 최후까지 강제적으로 일을 하게 됩니다. 그리고 쓸모가 없어지는 그 순간에 잔인하게도 학살을 당하게 됩니다. 태어나서 1년 후부터는 행복이라든가 하는 것이 도대체 무엇인가를 알고 있는 동물은 영국에 단 한 마리도 없습니다. 또 자유를 구가하고 있는 동물 또한 전혀 없습니다. 동물의 일생은 비참한 노예 생활의 연속입니다. 이것은 명백한 사실입니다.

그러나 이것이 단순한 자연의 법칙일까요? 우리들이 살고 있는 이 땅이 너무 빈약해서 우리들에게 풍요한 생활을 보장해 주지 못한 때문일까요? 아닙니다. 동지 여러분, 결코 그렇지 않습니다. 영국의 땅은 비옥하고, 기후는 온화합니다. 따라서 지금 살고 있는 것보다도 더 많은 동물들에게 식량을 풍부하게 줄 수가 있는 것입니다. 이 농장 하나만을 보더라도 열두 마리의 말과 스무 마리의 소, 수백 마리의 양을 먹여 살릴 수가 있는 것입니다. 그것도 거의 지금 우리가 상상할 수도 없을 만큼 편안하고 품위 있는 생활을 영위하면서 말입니다. 그러면서도 우리들은 어째서 이 비참한 생활을 계속하지 않으면 안 됩니까? 그것은 오로지 우리들의 노동에 의해 생겨나는 수확의 대부분을 인간들에게 약탈당하기 때문입니다. 동지 여러분, 여기 우리 모두의 문제에 대한 해답이 있는 것입니다. 그것은 오직 한마디로 요약할 수 있는 '인간'입니다. 인간이야말로 우리들의 유일하고 진정한 적입니다. 인간을 이 농장으로부터 추방합시다. 그러면 굶주림과 과로의 근원은 영원히 제거될 것입니다."

▶ 인간의 착취를 비판하는 메이저 영감의 연설

🔑 포인트 체크

인물 존즈 씨는 권력을 지닌 □□□을, 농장의 동물들은 무력한 □□을 상징한다.

배경 영국의 한 □□을 배경으로 하고 있다.

사건 메이저 영감은 동물들을 모아 인간의 착취를 □□하는 연설을 하고 있다.

답 특권층, 대중, 농장, 비판

VI. 세계 문학

1984 | 조지 오웰

언매 천재

핵심 정리

갈래 장편 소설, 풍자 소설, 미래 소설
성격 풍자적, 비판적
배경 ① 시간 – 1984년
　　　② 공간 – 오세아니아(가상의 공간)
시점 전지적 작가 시점
주제 극단적인 전체주의 사회에서 붕괴되는 개인의 존엄성
특징 ① 가상의 공간을 설정하여 현실을 풍자함.
　　　② 현실에 대한 인물의 태도 변화 과정이 드러남.
출전 《1984》(1949)

이해와 감상

이 작품은 전체주의 국가 오세아니아(가상의 나라)에서 당이 허구적 인물인 빅브라더를 내세워 체제를 유지하고 통제하려는 모습을 다루고 있다. 전체주의적인 체제하에서 자행되는 역사와 기억의 집단적 왜곡, 개인의 존엄성과 자의식의 파괴가 얼마나 끔찍한 것인지를 보여 주고 있다. 1949년 발표된 이 작품은 당시 공산주의와 나치즘을 풍자하고 있는데, 현대인에게는 현대 사회의 전체주의적 정신 풍토에 대한 경고로도 받아들여질 수 있다.

전체 줄거리

극단적인 전체주의 국가인 오세아니아. 이곳의 정치 통제 기구인 당은 허구적 인물인 빅 브라더를 내세워 독재 권력의 극대화를 꾀하는 한편, 당원들의 사생활을 철저하게 감시한다. 그리고 당의 정당성을 획득하는 동시에 당원들을 사상적으로 통제하기 위해 끊임없이 과거를 거짓으로 꾸민다. 주인공 윈스턴 스미스는 당의 통제에 반발을 느끼고 지하 단체인 '형제단'에 가입해 당을 무너뜨리려 하지만 함정에 빠져 사상 경찰에 체포되고 만다. 결국 윈스턴은 모진 고문과 세뇌를 받은 끝에 당이 원하는 것을 아무런 저항 없이 받아들이게 된다. 그리고 조용히 총살형을 기다린다.

작품 연구소

'당의 슬로건'의 의미

〈1984〉에서 '과거를 지배한다.'라는 것은 과거에 있었던 사실이나 역사의 모든 기록을 지배하고, 모든 기억을 지배한다는 것을 의미한다. 즉, 과거의 기록과 기억을 지배하는 자는 미래에 있을 법한 저항이나 부정적인 상황들을 방지하고 사람들을 자신들의 뜻대로 조종하며 미래를 제어할 수 있다는 것이다. 그런데 과거에 대한 지배는 현재를 지배하는 자가 행사할 수 있는 것이다. 즉, 당의 슬로건은, 현재 권력을 쥐고 있는 자만이 과거의 기록과 기억을 지배할 수 있고, 또 그로 인해 국가와 민족의 미래까지 제어할 수 있다는 의미가 된다.

작가 소개

조지 오웰(본책 411쪽 참고)

가 "사전은 어떻게 돼 가나?" / 윈스턴이 큰 소리로 물었다.

"그럭저럭 돼 가고 있네. 나는 형용사를 맡았는데 재미가 아주 그만이야." 사임이 말했다. / 신어 이야기가 나오자 그의 얼굴이 금세 환해졌다. 그는 스튜 접시를 옆으로 밀어 놓고 섬세하게 생긴 손의 한쪽에는 빵을, 다른 쪽에는 치즈를 들고서 악을 쓰지 않아도 말소리가 잘 들리도록 식탁 위로 몸을 수그렸다.
<small>사임은 신어사전 편찬 일을 맡고 있음.</small>
<small>육류에 조미료를 넣고 잘게 썬 감자·당근·마늘 따위를 섞어 끓인 음식</small>

"제11판이 결정판이지. 지금 신어를 마지막으로 손질하고 있는데, 이 일이 다 끝나면 다른 말은 쓰지 않아도 될 걸세. 대신 자네 같은 사람들은 처음부터 다시 배워야만 하네. 자네는 우리의 주된 임무가 새로운 낱말을 만들어 내는 거라고 생각하겠지만, 절대 그렇지 않다네. 우리는 매일 수십, 수백 개의 낱말을 없애고 있지."
<small>주민들의 자유로운 생각을 통제하고 당에 대한 반역을 생각하지 못하게 하기 위해 당에서 만든 언어</small>
<small>윈스턴은 신문 기사를 수정하는 역할을 맡고 있음.</small>
▶ 사임과 윈스턴이 신어사전에 관해 대화를 나눔.

나 사임은 허기진 듯이 빵을 물어뜯어 한입 가득 두 번을 삼켰다. 그리고 나서 현학적인 열기를 뿜으며 말을 계속했다.
<small>학식의 두드러짐을 자랑하는</small>

"말을 없애 버린다는 건 멋진 일이야. [중략] '좋은'이란 낱말이 있으면 '나쁜(bad)'이란 낱말이 무엇 때문에 따로 필요하단 말인가? 그건 '안 좋은(ungood)'이란 말로 충분하다네. 또 '좋은'이란 말을 더 강하게 쓰고 싶을 때 '뛰어난(excellent)'이나 '훌륭한(splendid)' 등 다른 희미하고 쓸모없는 낱말이 있다손 치더라도 그게 무슨 의미가 있단 말인가? '더 좋은(plusgood)'이란 말이면 넉넉히 의미가 전달되고, 더욱 강조하고 싶으면 '배로 더 좋은(doubleplusgood)'이라 하면 되는 거야. 물론 우리는 이미 그런 형태의 말을 쓰고 있지만 《신어사전》 결정판에는 그 밖의 딴 낱말은 실리지 못할 걸세. 결국 좋고 나쁜 것에 대한 모든 개념은 단 여섯 개의 낱말로 충분히 표현될 거야. 사실은 단 한 개의 낱말로 된 것이지만. 윈스턴 좋다고 생각되지 않나? 물론 이건 원래 빅브라더의 아이디어였다네."
<small>「」: 낱말을 없애도 의미가 전달되는 사례를 제시하여 신어사전 편찬의 정당성을 주장함.</small>
<small>좋고 나쁜 것에 대한 개념은 모두 '좋은(good)'이란 낱말을 활용한 것임.</small>
▶ 사임이 윈스턴에게 낱말을 없애는 것의 장점과 신어사전의 특징을 설명함.

다 "낱말을 없애는 일이 얼마나 매력적인지 전혀 모르는 것 같네. 신어만이 세계에서 해마다 어휘가 계속 줄어 가는 유일한 언어라는 걸 자네는 알고 있나?"
<small>전체주의 국가 오세아니아를 통치하며 실제로 존재하는지는 모호한 가상의 독재자</small>
<small>「」: 당을 비판하기 위해 사용되는 언어 자체를 없앰으로써, 당에 대한 반역이나 비판을 상상하지도 못하게 만들려고 함.</small>

물론 윈스턴은 잘 알고 있었다. 그는 말을 하지 않았지만 찬성한다는 듯이 미소를 지었다. 사임은 거무스름한 빵을 다시 한 조각 물어뜯어 얼른 씹고는 말을 계속 이어 나갔다.

"신어의 완전한 목적이 사고의 폭을 좁히려는 데 있다는 걸 자넨 모르겠나? 결국에 가서는 사상죄도 문자 그대로 불가능하게 해 놓자는 걸세. 왜냐하면 그걸 나타낼 낱말이 없으니까 말이야. 필요한 모든 개념은 정확하게 단 한 마디로 표현될 거고, 그 의미는 정밀하게 뜻을 나타내고 다른 보조적 의미는 지워져 잊게 될 테니까 말이야. 그 과정은 자네나 내가 죽고 난 뒤에도 오래 이어질 거야. 해가 갈수록 낱말은 자꾸 그 수가 줄고 그러면서 의식의 범위도 계속 좁아지는 거지."
<small>「」: 언어가 사고에 영향을 끼친다는 생각이 전제되어 있음.</small>
<small>사상죄를 의미하는 낱말 자체를 없앰으로써, 사상죄에 관한 사고를 불가능하도록 만들려고 함.</small>
▶ 사임이 윈스턴에게 낱말을 없애는 것의 목적을 설명함.

포인트 체크

인물 사임은 당에 세뇌되어 □□하고 있고, 윈스턴은 이에 저항하며 □□□ 태도를 취한다.
배경 이 작품은 창작 당시를 기준으로 미래인 1984년, 가상의 국가 □□□□□를 배경으로 한다.
사건 사임은 □□□□을 편찬하는 일을 하며, 매일 수십, 수백 개의 낱말을 없애는 일의 특징을 윈스턴에게 설명하고 있다.

답 복종, 비판적, 오세아니아, 신어사전

노인과 바다 |어니스트 헤밍웨이

문학 천재(김), 동아

핵심 정리

갈래 중편 소설
성격 의지적, 상징적, 교훈적
배경 멕시코 만류가 흐르는 바다
시점 전지적 작가 시점
주제 험난한 현실에 맞서 싸우는 인간의 강인한 의지
특징 헤밍웨이 작품의 문체적 특징인 간결하고 힘차며 상징적인 문체를 통해 주제를 잘 드러냄.
출전 《노인과 바다》(1952)

이해와 감상

1952년 발표하여 퓰리처상(1952)과 노벨 문학상(1954)을 수상한 작품으로 바다 한가운데서 커다란 물고기를 잡는 노인의 힘겨운 싸움을 중심으로 이야기가 전개되고 있다. 물고기를 지키기 위해 상어와의 사투를 벌이는 노인의 모습은 삶의 시련에 결연히 맞서는 인간의 위대함을 보여 주며, 이는 용기와 자기 극복을 통해 죽음에 맞서는 것에서 인간의 존엄성을 찾는 헤밍웨이의 실존 철학을 대변하는 것으로 해석할 수 있다.

전체 줄거리

쿠바 아바나의 늙은 어부 산티아고는 84일 동안 물고기를 잡지 못한다. 그의 조수였던 소년 마놀린만이 그를 도와줄 뿐 아무도 그를 가까이하지 않는다. 어느날 홀로 배를 타고 먼 바다로 나간 산티아고의 낚싯줄에 마침내 거대한 청새치가 걸려든다. 청새치가 워낙 커서 하룻밤과 하루 낮을 끌려다니며 사투를 벌인 끝에 잡는다. 노인은 자기 배보다도 큰 청새치를 배에 묶어 돌아오는 길에 피 냄새를 맡고 몰려든 상어를 만나게 된다. 노인은 사력을 다해 다가오는 상어들을 죽이고 또 저항해 보지만, 결국 뼈와 대가리만 남은 청새치와 함께 항구로 돌아오게 된다. 지친 노인은 소년에게 위로를 받으며 잠들고 사자 꿈을 꾼다.

작품 연구소

소재의 상징적 의미

바다	• 노인이 살아가는 현실적 공간 • 삶에 대한 의지를 다지는 공간 • 불의와 싸우며 인간의 존엄과 위엄을 확인하는 공간
청새치	노인이 추구하는 삶의 목표
사자 꿈	희망과 불굴의 의지를 잃지 않는 노인의 정신력

작가 소개

어니스트 헤밍웨이(Ernest Miller Hemingway, 1899~1961) 미국의 소설가. 문명의 세계를 속임수로 보고, 인간의 비극적인 모습을 간결한 문체로 묘사한 20세기의 대표 작가이다. 〈노인과 바다〉로 퓰리처상, 노벨 문학상을 수상하였다. 주요 작품으로 〈무기여 잘 있거라〉, 〈누구를 위하여 종은 울리나〉 등이 있다.

가 "너 몇 살이냐? 이번 여행이 첫 나들이인 거야?" 노인이 새에게 물었다.

노인이 말을 걸자 새는 노인을 바라보았다. 새는 너무 기진맥진한 상태여서 제대로 낚싯줄을 살펴볼 겨를도 없어 보였다. 가냘픈 발가락으로 낚싯줄을 꽉 움켜잡고 있는 동안 아래위로 흔들거렸다.

"줄은 튼튼해. 아주 단단하다고. 간밤에는 바람 한 점 없었는데 그렇게 지쳐서야 되겠니." 노인이 새에게 말했다. "새들은 앞으로 도대체 어떻게 되는 걸까?"
 ▷ *새가 겪게 될 삶의 고난에 대한 걱정*　　　▷ *낚싯줄 위에 앉은 지친 새를 걱정하는 노인*

나 "실컷 푹 쉬어라, 작은 새야. 그러곤 뭍으로 날아가 인간이나 다른 새나 고기처럼 네 행운을 잡으려무나." 그가 말했다. 밤 동안에 등이 뻣뻣했고 지금은 통증까지 있었는데, 새에게 말을 걸고 나니 노인은 힘이 솟았다. / "새야 네가 좋다면 우리 집에 머물러도 좋아. 지금 미풍이 불고 있는데 돛을 올리고 너를 뭍까지 데려다주지 못해 미안해. 하지만 나는 지금 친구와 함께 있단다." 노인은 말했다.
 ▷ *새를 통해 큰 고기를 잡는 행운을 잡은 자신의 모습을 생각함.*
 ▷ *새에 대한 위로의 말이 자신에게 하는 위로의 말임을 알 수 있음.*
 ▷ *새를 통해 스스로를 위로함.*

다 바로 그때 고기가 갑자기 요동치는 바람에 노인은 이물 쪽으로 그만 고꾸라지고 말았다. 몸을 버티면서 줄을 조금 풀어 주지 않았더라면 하마터면 물속으로 끌려 들어갈 뻔했다. [중략] "뭔가가 저놈의 고기를 아프게 했던 모양이로군."
 노인이 잡은 청새치　　*배의 앞부분*
 물속의 청새치가 바닷속에서 무언가로부터 공격을 받고 있음.
 ▷ *바닷속에서 무언가에 공격을 받아 요동치는 청새치*

라 상어는 다시 한번 뒤집히면서 제 몸을 두 번이나 밧줄로 감아 버렸다. 노인은 상어가 죽었다는 것을 알았지만 상어는 자신의 죽음을 인정하려 들지 않았다. 배때기를 드러내고 벌렁 뒤집힌 채 상어는 꼬리로 물을 치고 주둥이를 딸깍거리면서 마치 쾌속정처럼 파도를 가르고 앞으로 나아갔다. 꼬리로 수면을 후려칠 때마다 하얀 물보라가 일었고, 밧줄이 팽팽해지면서 바르르 떨다가 그만 뚝 끊어져 버리자 몸뚱이의 사 분의 삼쯤이 물 밖으로 드러났다. 잠시 동안 상어는 수면 위에 조용히 떠 있었고, 노인은 그 모습을 지켜보았다. 이윽고 상어는 아주 천천히 물속으로 가라앉아 버렸다.
 작살을 맞은 상어가 발버둥치는 모습을 표현함.

"저놈이 20킬로그램쯤은 뜯어 갔겠는걸." 노인이 큰 소리로 중얼거렸다. 내 작살이랑 밧줄도 고스란히 가져가 버리고 말았어, 하고 그는 생각했다. 내 큰 고기가 또다시 피를 흘리고 있으니 다른 상어 떼가 몰려오겠지.
 안타까움
 잡은 고기를 다른 상어들에게 빼앗길 것을 암시함.
 ▷ *노인과 상어의 대결*

마 하지만 나는 내 고기를 공격한 상어를 죽였어, 하고 노인은 생각했다. 또한 놈은 내가 지금껏 봐 온 것 중에서 가장 큰 덴투소였어. 정말이지, 지금까지 큰 상어 놈들을 많이 보아 왔지만 말이야. / 좋은 일이란 오래가는 법이 없구나, 하고 그는 생각했다. 차라리 이게 한낱 꿈이었더라면 얼마나 좋을까. 이 고기는 잡은 적도 없고, 지금 이 순간 침대에 신문지를 깔고 혼자 누워 있다면 얼마나 좋을까.
 이빨이 고르지 않은 큰 상어의 일종
 상어와의 사투 후에 편안한 안식을 원함.

"하지만 인간은 패배하도록 창조된 게 아니야." 그가 말했다.
 인간 존재에 대한 믿음과 희망에 대한 강한 확신의 표현
"인간은 파멸당할 수는 있을지 몰라도 패배할 수는 없어."
 최선을 다한 싸움에서 적게 쓰러지는 것은 패배가 아니라는 인식을 드러냄.
 ▷ *최선을 다한 자신의 싸움을 패배로 인식하지 않는 노인의 의지*

키 포인트 체크

인물 산티아고는 멕시코 만류에 배를 띄우고 고기를 잡는 늙은 어부로 강인한 [ ][ ]를 보여 주는 인물이다.
배경 청새치를 잡고 상어와 사투를 벌이는 [ ][ ]를 배경으로 하고 있다.
사건 산티아고는 [ ][ ][ ]를 잡았으나 [ ][ ]의 공격을 받아 사투를 벌이고 있다.

답 의지, 바다, 청새치, 상어

128 로디지아발 기차 | 네이딘 고디머

문학 지학사

핵심 정리

갈래 단편 소설
성격 비판적, 묘사적, 사실적
배경 ① 시간 – 현대
② 공간 – 아프리카의 작은 기차역
시점 전지적 작가 시점
주제 ① 아프리카 사람들의 궁핍한 삶
② 서구인의 가치관 비판
특징 ① 배경과 인물들의 행위를 세밀히 포착함.
② 인물 간의 갈등과 배경 묘사를 통해 이야기가 전개됨.
③ '사자상'을 통해 아프리카 인들의 혼과 전통을 상징적으로 드러냄.

이해와 감상

이 작품은 아프리카 원주민이 만든 사자상을 매매하는 과정을 보여 주며 원주민에 대한 백인들의 왜곡된 가치관을 비판하고 있다. 이 소설에서 아프리카인들은 식민지 상황을 벗어나기는 했지만 자립하지 못한 채 궁핍하게 살아가는데, 이는 남편으로 대표되는 서구인들의 우월 의식에서 기인한 것으로 묘사된다. 또한 이 작품에서는 아프리카인들의 예술품, 나아가 그들의 문화와 전통의 가치에 대한 올바른 인식을 유도하고 있다.

전체 줄거리

아프리카의 어느 기차역에 흑인 원주민들이 물건을 팔기 위해 분주하게 모여든다. 이때 기차에 탄 백인 여자가 사자상을 사려 하지만 비싼 가격에 거래를 망설인다. 기차가 서서히 출발할 무렵, 여자의 남편은 장난삼아 한 번 더 흥정을 걸고 마음이 다급해진 원주민은 일 실링 육 펜스에 사자상을 넘긴다. 남편은 아내에게 사자상을 자랑스럽게 선물하지만, 아내는 뛰어난 예술품이 겨우 그 정도의 값으로 거래된 것에 대해 분노한다.

작품 연구소

'사자상'에 대한 등장인물들의 인식

사자상	• 아프리카인의 토테미즘 표현 • 아프리카 고유의 전통문화 • 서양인의 개발 도상국 문화에 대한 편견과 반성을 드러내기 위한 소재

아내	↔	남편
• 뛰어난 예술품 • 아프리카의 전통		• 거래 물품 • 흥정의 대상

작가 소개

네이딘 고디머(Nadine Gordimer, 1923~2014)
남아프리카 공화국의 소설가. 윤리와 인종 문제에 많은 관심을 가졌으며, 특히 남아프리카 공화국 정부가 펼친 인종 차별 정책의 해악을 고발하는 작품을 발표하여 1991년에 노벨 문학상을 받았다. 주요 작품으로 〈거짓의 날들〉, 〈보호주의자〉, 〈버거의 딸〉 등이 있다.

가 늙은 원주민은 갈빗대 사이로 가쁜 숨을 몰아쉬며 서 있었다. 모래 속에서 불안한 균형을 잡은 채 미소를 지으며 머리를 흔들고 있었다. 무언가를 받는 자세로 떠받쳐진 손바닥에는 조각품의 값으로 받은 일 실링 육 펜스가 놓여 있었다.

이제는 어찌해 볼 도리도 없이 기차는 꼬리를 흔들거리며 역 밖으로 빠져나가고 있었다.

남편이 숨을 몰아쉬며 객실로 돌아왔다. 그는 의기양양해 있었다.

"자, 이걸 보시라." / 그가 사자상을 흔들며 말했다. / "일 실링 육 펜스에 샀어."

"뭐라구요?" / 그녀가 어이가 없는 듯 말했다.

"장난삼아 마지막으로 값을 흥정했지. 그랬더니 기차가 막 떠나려고 할 때 그 노인이 기차를 따라오며 일 실링 육 펜스에 가져가라고 하더군."

그가 만면에 희색을 띠며 말했다. / "자, 이거 당신 선물이야." ▶ 싼값에 사자상을 산 남편

나 여자는 조각상을 받아들었다. 떡 벌어진 입, 뾰족한 이빨, 검은 혀 그리고 섬세한 갈기! 여자는 마치 다른 어떤 것을 생각하듯 초점을 잃은 두 눈으로 조각상을 바라보았다. 생각대로 일이 잘되어 가지 않을 때 아이들이 짓는 표정처럼 여자는 얼굴을 찡그리고 있었다. 눈썹은 위로 치켜 올라가 있었고 입 가장자리는 신경질적으로 기울어져 있었다. 아주 천천히 그리고 조심스럽게 여자는 손가락을 들어 올려 사자의 갈기를 어루만졌다. [중략] "이거 당신이 갖고 싶어 했던 것 아니야? 무척 맘에 들어 했잖아."

"물론이에요. 그렇지만 이건 아주 훌륭한 조각품이라구요."

여자는 마치 조각품을 보호하려는 것처럼 맹렬하게 말했다.

"당신이 이 조각품이 아주 맘에 드는데 너무 비싸다고 혼잣말로 중얼거리는 소리를 들었다구." / "이봐요."

여자가 참을 수 없다는 듯이 격하게 말을 내뱉었다.

"당신……." / 여자는 사자상을 바닥에 내동댕이쳐 버렸다.

남편은 망연자실 여자를 바라보고 서 있을 뿐이었다.

다 여자는 모퉁이에 앉아 두 손으로 얼굴을 감싸 쥔 채 창밖을 무표정하게 응시했다. 갖가지 생각들이 그녀의 머릿속에서 교차하는 것 같았다. 『일 실링 육 펜스라! 나무 조각과 다리의 근육과 채찍 같은 꼬리를 사는 데 일 실링 육 펜스라! 그렇게 늠름하게 벌려져 있는 입과 파도처럼 말려 있는 검은 혀에 그토록 정교한 목의 갈기까지 얻는 데 일 실링 육 펜스라! 분노로 인한 열기가 여자의 다리를 타고 목까지 올라와 귀에 모래를 쓸어 내는 소리를 쏟아부었다. 그 소리는 한동안 계속되었다. 여자는 속이 메스꺼워짐을 느꼈다. 피로와 무기력함과 불현듯 찾아든 공허감이 여자의 사지로 퍼져 나갔다. ▶ 제대로 평가받지 못한 사자상으로 인해 분노를 느끼는 여자

키 포인트 체크

인물 아내는 사자상을 아프리카 전통이 담긴 뛰어난 □□□으로 여기고 있지만 남편은 흥정의 대상인 □□으로 보고 있다.

배경 □□□□의 작은 기차역을 배경으로 한다.

사건 남편은 □□을 하여 싼값에 산 사자상을 아내에게 선물하지만 훌륭한 조각품을 겨우 일 실링 육 펜스에 사온 남편의 행동에 아내는 □□하며 화를 내고 있다.

답 예술품, 상품, 아프리카, 흥정, 실망

이반 데니소비치의 하루 | 솔제니친

핵심 정리

갈래 중편 소설

성격 사실적, 비판적, 해학적

배경 ① 시간 – 스탈린 통치기의 하루

② 공간 – 시베리아 수용소

시점 전지적 작가 시점

주제 ① 강제 노동 수용소에서의 비인간적인 삶

② 인간을 억압하는 체제의 폭력성 비판

특징 ① 강제 노동 수용소에 수감된 작가 자신의 경험을 바탕으로 함.

② 자유가 억압된 비극적 현실을 해학적이고 반어적으로 묘사함.

출전 《이반 데니소비치 수용소의 하루》(1962)

이해와 감상

이 작품은 스탈린 시대를 배경으로 강제 노동 수용소에 끌려온 평범한 농민 슈호프가 죄수로 살아가는 시간들을 하루에 압축하여 제시한 소설이다. 작가는 수용소에서 겪게 되는 다툼이나 물질적 궁핍, 추위와의 싸움 등을 담담하면서도 해학적으로 묘사하고 있다. 이러한 표현은 슈호프의 인간적인 면모와 대비되어 수용소의 억압적이고 혹독한 현실이 인간의 삶을 얼마나 비참하게 만드는지를 역설적으로 보여 준다. 특히 결말의 희극적 표현은 현실의 비극성을 극적으로 드러내 작가의 비판적 의도를 강화하고 있다.

전체 줄거리

평범한 농부였던 이반 데니소비치 슈호프는 독일과 소련의 전쟁 중에 독일군의 포로가 되었다가 탈출하지만 독일군의 첩자라는 누명을 쓰고 강제 노동 수용소에서 8년째 복역하고 있다. 어느 날 슈호프는 오한 때문에 늦잠을 자서 간수실에 끌려간다. 영창에 갈 줄 알았던 슈호프는 청소 명령을 받고, 공사장의 블록 쌓는 일을 하고, 점심때는 운 좋게 죽을 두 그릇이나 먹는다. 돌아오는 길에는 줄칼 조각을 줍기도 한다. 그는 오늘이 만족스러운 하루였다고 생각하면서 잠자리에 든다.

작품 연구소

〈이반 데니소비치의 하루〉의 표현 기법과 효과

사실적 문제	· 사건에 대한 객관적 조명 · 내용의 사실성 확보
반어적 수법	· 주인공이 처한 비극적 상황 부각 · 현실 비판
희극적 표현	· 상황의 비극성 심화 · 현실에 대한 풍자

작가 소개

솔제니친(A. Solzhenitsyn, 1918~2008)

러시아의 소설가. 옛 소련의 인권 탄압을 기록한 《수용소 군도》로 인해 반역죄로 추방되어 20년간 미국에서 망명 생활을 한 '러시아의 양심'으로 불리는 작가이다. 1970년 〈이반 데니소비치의 하루〉, 〈암 병동〉 등의 작품으로 노벨 문학상을 수상하였다.

가 　슈호프는 말없이 천장을 바라본다. 그는 이젠, 자기가 과연 자유를 바라고 있는지 아닌지도 확실히 모를 지경이었다. / 처음에 수용소에 들어왔을 때는 아주 애타게 자유를 갈망했다. 밤마다 앞으로 남은 날짜를 세어 보곤 했다. 그러나 얼마가 지난 후에는, 이젠 그것마저도 싫증이 났다. 그 다음에는 형기가 끝나더라도 어차피 집에는 돌아갈 수 없고, 다시 유형을 당하게 된다는 사실을 알게 되었다. 유형지에서의 생활이 과연, 이곳에서의 생활보다 더 나을지 어떨지 그것도 그는 잘 모르는 일이다.

　슈호프가 자유를 그리워한 것은 오직 집에 돌아가고 싶다는 단 한 가지 희망에서였다. / 그런데 집에 돌려보내 주지 않는다는 것이다……

▶ 오랜 수용소 생활로 자유에 대한 희망이 사라진 슈호프

나 　체자리가 돌아온다. 슈호프가 그에게 자루를 건넨다. / 알료쉬카도 돌아온다. 저런 녀석은 착하다고 해야 할지, 미련하다고 해야 할지 모르겠다. 남에게 항상 친절을 베풀지만, 정작 자기 자신을 위해서는 무슨 잔일로 돈 한 푼 벌지 못하는 녀석이니까 말이다.

　"알료쉬카! 이거 받아!" / 비스킷을 그에게 한 개 내민다.

　알료쉬카가 빙긋 웃는다. / "고마워요, 당신이 먹을 것도 부족할 텐데……."

▶ 알료쉬카에게 비스킷을 나눠 주는 슈호프

다 　나 같은 놈이야 없으면, 또 뭘 해서든 벌이를 할 수 있으니까 상관없는 일이다. 그런 다음 슈호프는 소시지를 깨문다. 지근지근 씹어 먹는다. 향긋한 고기 냄새가 난다. 고깃물! 진짜 고깃물이 입안에 녹아든다. 아, 그리고 그것이 목구멍을 지나 배 속으로 들어간다. / 어느새, 소시지를 다 먹었다.

　그리고 다른 것은 내일 아침 작업장에 나가기 전에 먹기로 결정한다.

　그런 다음, 그는 때 묻은 얇은 담요를 머리끝까지 뒤집어쓴다. 어느새 침대 사이의 통로엔 점호를 받기 위해 기다리는 옆 반 반원들로 가득하다. 그러나 그런 것에도 아랑곳하지 않는다. / 슈호프는 아주 흡족한 마음으로 잠이 든다. 오늘 하루는 그에게 아주 운이 좋은 날이었다. 아침에 큰 벌을 받지도 않았고, '사회주의 생활 단지'로 작업을 나가지도 않았으며, 점심때는 죽 한 그릇을 속여 더 먹었다. 그리고 반장이 작업량 조정을 잘 해서 오후에는 즐거운 마음으로 벽돌 쌓기도 했다. 줄칼 조각도 검사에 걸리지 않고 무사히 가지고 들어왔다. 저녁에는 체자리 대신 순번을 맡아 주고 많은 벌이를 했으며, 잎담배도 사지 않았는가. 그리고 찌뿌드드하던 몸도 이젠 씻은 듯이 다 나았다.

　눈앞이 캄캄한 그런 날이 아니었고, 거의 행복하다고 할 수 있는 그런 날이었다.

▶ 만족스러운 하루를 보낸 슈호프

라 　이렇게 슈호프는 그의 형기가 시작되어 끝나는 날까지 무려 십 년을, 그러니까 날수로 계산하면 삼천육백오십 삼 일을 보냈다. 사흘을 더 수용소에서 보낸 것은 그 사이 윤년이 들어 있었기 때문이다.

▶ 십 년을 수용소에서 보낸 슈호프

포인트 체크

인물 누명을 쓰고 수용소에 들어온 슈호프는 오랜 수용소 생활로 □□에 대한 □□을 잃어버렸다.

배경 스탈린 시대의 □□□□□□를 배경으로 하고 있다.

사건 슈호프는 수용소의 열악한 생활에 적응하여 아주 사소한 것에도 □□하며 행복한 하루를 보냈다고 생각하고 있다.

답 자유, 희망, 시베리아 수용소, 만족

🎯 핵심 정리

갈래 장편 소설, 연애 소설, 자전적 소설
성격 낭만적, 비관적
배경 ① 시간 – 현재(1980년대),
　　　　　　　　과거(1960~1970년대)
　　　　② 공간 – 현재(독일), 과거(일본)
시점 1인칭 주인공 시점
주제 삶의 허무와 사랑에 대한 성찰
특징 ① 현대 젊은이들의 상실감, 허무감이 잘
　　　　　　드러남.
　　　　② 청춘에 대한 추억을 담아냄.
출전 《노르웨이의 숲》(1987) – 〈상실의 시대〉의
　　　　원제

👁 이해와 감상

이 작품은 고독 속에서 꿈과 사랑, 가까운 사람을 잃어 가는 상실의 아픔을 드러낸 장편 소설이자, 저자의 자전적 소설이기도 하다. '와타나베'라는 한 남자가 10대부터 30대까지 젊은 날에 겪은 감미롭고 황홀하고 애절한 사랑 이야기를 그려 낸 것으로, 특히 '나'와 기즈키와 나오코, 혹은 '나'와 나오코와 미도리의 삼각관계를 중심으로 보여 주고 있다. 젊은 날의 사랑뿐 아니라, 질투, 미움, 고독 등의 심리를 작가 특유의 탁월한 문학성과 문장력으로 그려 내고 있다. 이 작품은 작가가 1982년에 발표한 단편 소설 〈반딧불이〉를 바탕으로 쓴 개인적인 소설로 현대 젊은이들의 허무감이 잘 나타나 있다.

🔍 전체 줄거리

37세가 된 '나(와타나베)'는 함부르크 공항에 착륙한 보잉747기 기내에 흐르고 있는 비틀즈의 〈노르웨이의 숲〉 멜로디를 듣고 언제나처럼 혼란에 빠져 19살 때를 회상한다. '나'는 고베에서 상경하여 사립 대학 연극과에 입학한 대학생이다. 나는 도쿄에서 고향 친구이자 자살한 친구의 애인이었던 나오코와 우연히 만나 사랑에 빠진다. 나와 나오코는 자살한 친구에 대한 어두운 기억을 떨치지 못하고, 나오코는 그 뒤 마음의 병을 얻어 교토의 요양소로 들어가지만, 이내 자살하고 만다. '나'는 같은 대학에 다니는 미도리라는 발랄하고 생기 있는 여학생과 교제하며 삶의 의미를 되찾아 간다.

👤 작가 소개

무라카미 하루키(村上春樹, 1949~)
일본의 소설가. 장편 소설, 단편 소설, 번역물, 수필, 평론, 여행기 등 다양한 집필 활동을 하고 있다. 주요 작품으로 〈바람의 노래를 들어라〉, 〈해변의 카프카〉, 〈1Q84〉 등이 있다.

가 　서른일곱 살이던 그때, 나는 보잉747기 좌석에 앉아 있었다. 그 거대한 비행기는 두터운 비구름을 뚫고 내려와, 함부르크 공항에 착륙을 시도하고 있었다.
〔과거 회상〕

　11월의 차가운 비가 대지를 어둡게 물들이고 있었고, 비옷을 걸친 정비공들, 민둥민둥한 공항 빌딩 위에 나부끼는 깃발, BMW의 광고판 등 이런저런 것들이 플랑드르파의 음울한 그림의 배경처럼 보였다. 아, 또 독일인가 하고 나는 생각했다.

　비행기가 착륙하자 금연등이 꺼지고 기내의 스피커에서 조용한 배경 음악이 흘러나오기 시작했다. 그것은 어떤 오케스트라가 감미롭게 연주하는 비틀즈의 〈노르웨이의 숲(Norwegian Wood)〉이었다. 그리고 그 멜로디는 언제나처럼 나를 어지럽혔다. 아
〔젊은 시절의 상실감, 허무감을 표현했다는 평을 많이 받음. – '나'가 이 노래를 들으면 괴로워하는 이유를 추측할 수 있음.〕
니, 다른 때와는 비교가 안 될 정도로 격렬하게 내 머릿속을 어지럽히며 뒤흔들었다.

　나는 머리가 터져 버릴 것 같아 몸을 움츠리고, 두 손으로 얼굴을 감싼 채 그대로 꼼짝
〔'나'의 괴로운 심리가 드러남.〕
않고 있었다. 잠시 후 독일인 스튜어디스가 내 앞으로 오더니 어디가 불편하냐고 영어로 물었다. 괜찮다, 좀 현기증이 났을 뿐이라고 나는 대답했다.

　"정말 괜찮으세요?" / "괜찮아요, 고맙습니다."

　스튜어디스는 생긋 웃으며 가 버렸고, 음악은 빌리 조엘의 곡으로 바뀌었다.

　『나는 고개를 들어 북해(北海)의 상공에 떠 있는 어두운 구름을 바라보면서, 내가 이제
〔『 』: 〈노르웨이의 숲〉을 듣고 상실한 것들에 대해 생각함.〕
까지 살아오면서 잃어버린 많은 것들에 대해 생각했다. 잃어버린 시간, 죽었거나 또는 사라져 간 사람들, 이젠 돌이킬 수 없는 지난 기억들을.』　▶ 〈노르웨이의 숲〉을 듣고 지난 기억을 떠올림.

나 　기억이란 건 아무래도 이상한 것이다. 거기에 실제로 내가 있었을 때 나는 그런 풍경에 거의 관심을 기울이지 않았다. 특별히 인상적인 풍경이라는 느낌도 없었고, 더구나 18년 후에 그 풍경을 선명하게 기억하리라고는 상상조차 못했다. 솔직하게 말해서 그때 나에겐 그런 풍경 같은 건 아무래도 좋았던 것이다. / 나는 나 자신에 대해 생각했으며,
〔풍경에 관심이 없었음.〕
그때 내 곁에서 나란히 걷고 있던 아름다운 한 여인에 대해 생각했고, 나와 그녀에 대해 생각했다. 그리고 다시 나 자신에 대해 생각했다. [중략]

　하지만 이제 와서 나의 뇌리에 맨 먼저 떠오르는 건 그 초원의 풍경이 아닌가. 풀 냄새, 차가움을 머금은 부드러운 바람, 산 능선, 개 짖는 소리, 그런 것들이 우선 먼저 떠오른다. 너무도 선명하게.　▶ 초원의 풍경에 대한 생생한 기억

다 　그러나 그 풍경 속에 사람의 모습은 보이지 않는다. 아무도 없다. 그녀도 나도 없다.
〔상실감과 부재 의식〕
우리들은 도대체 어디로 사라져 버린 것일까, 하고 나는 생각한다. 어째서 이런 일이 일어날 수 있을까. 그토록 소중해 보이던 그때의 그녀와 나, 그리고 나의 세계는 모두 어디로 가 버린 것일까. / 그래, 지금의 나로선 그녀의 얼굴을 바로 떠올릴 수조차 없는 것이다. 내 기억이 남아 있는 건 사람 그림자 하나 없는 배경뿐이다.　▶ 자아와 가까운 사람을 상실한 '나'

🎯 포인트 체크

인물 '나'는 과거를 떠올리며 ☐☐☐과 괴로움을 느끼고 있다.

배경 전체 배경은 1960~1980년대 일본과 독일로, '나'는 독일 함부르크에 착륙하는 ☐☐☐에 탑승하고 있다.

사건 '나'는 비행기에서 흐르는 〈☐☐☐☐☐〉이라는 노래를 듣고 과거를 ☐☐하고 있다.

답 상실감, 비행기, 노르웨이의 숲, 회상

연금술사 |파울루 코엘류

핵심 정리

갈래 장편 소설
성격 상징적, 교훈적, 신비주의적
배경 ① 시간 – 주인공 산티아고의 여행 기간
  ② 공간 – 스페인, 아프리카, 이집트 등
시점 전지적 작가 시점
주제 진정한 자아의 발견과 탐구 과정
특징 ① 성장 소설적인 성격을 지님.
  ② 우화적인 이야기로 주제를 형상화함.
출전 《연금술사》(2001)

이해와 감상

이 작품은 넓은 세상을 보기 위해 사제 수업을 포기하고 양치기가 된 산티아고가 보물을 찾기 위해 사막을 지나 피라미드까지 여행한 이야기를 담고 있다. 험난한 여정 속에서 그가 보물을 얻기까지의 과정과 마음의 소리에 귀 기울이며 자신의 참된 운명을 살아가는 방법을 보여 준다.

전체 줄거리

산티아고는 여행과 책을 좋아하는 청년으로 신비로운 노인의 도움을 받아 피라미드의 보물과 자아의 신화를 찾는 여행을 시작한다. 하지만 아프리카에 도착하자마자 사기를 당해 양을 판 돈을 모두 잃고 크리스털 가게에서 일하게 된다. 산티아고는 사막을 횡단하던 중 부족 간의 전쟁에 휘말리지만 가까스로 비극을 면하게 된다. 그 과정에서 산티아고는 연금술사를 만나고 파티마와 사랑에 빠진다. 연금술사의 제자가 된 산티아고는 몇 차례의 역경을 겪으며 마침내 이집트에 도착하지만, 가진 것을 모두 빼앗기고 죽을 위기에 놓인다. 그 과정에서 산티아고는 보물이 있는 곳이 자신이 늘 양 떼들과 함께하던 곳임을 깨닫는다.

작품 연구소

'연금술'의 의미
자신의 보물, 진정한 자아를 찾아 전보다 더 나은 삶으로 나아가는 과정을 의미한다.

산티아고와 상점 주인의 성격

산티아고	• 변화를 두려워하지 않음. • 도전을 함에 위험은 감수할 수 있다고 여김.
상점 주인	• 변화를 좋아하지 않음. • 위험 부담, 실패를 두려워함.

작가 소개

파울루 코엘류(Paulo Coelho, 1947~)
브라질의 소설가. 신화적이고 신비주의적인 분위기와 인간의 내면을 탐구하는 삶의 본질적 접근들을 간결한 문체로 풀어냈다. 주요 작품으로 〈순례자〉, 〈베로니카, 죽기로 결심하다〉 등이 있다.

가 "손님이 점점 더 많아지고 있네." / 손님이 나간 후 주인이 말했다.

"지금 버는 돈으로도 나는 더 잘살 수 있고, 자네도 시간이 지나면 다시 양을 살 수 있을 텐데, 무엇을 더 바라나?"

"우린 표지를 좇아야 합니다."

산티아고는 무심코 대답했다. 그러나 상점 주인은 한 번도 왕을 만나 본 적이 없지 않은가. 괜한 말을 한 것 같았다.

"그걸 '은혜의 섭리'라고 부르지. 바로 초심자의 행운이라는 거야. 그런 행운이 따르는 것은 자네의 삶이 자네가 자아의 신화를 이루며 살아가기를 원하기 때문일세."

늙은 왕의 말이 떠올랐다.

하지만 산티아고의 추측과 달리 상점 주인은 점원의 말을 충분히 알아듣고 있었다. 청년이 그의 가게에 나타난 것부터가 이미 하나의 표지였고, 금고에 돈이 늘어 가면서 상점 주인은 이 스페인 친구를 고용한 것을 아주 잘한 일이라고 생각하고 있었다. 산티아고는 생각보다 훨씬 일을 잘하고 돈을 잘 벌어 주고 있었다. 사실 후한 판매 수당을 제시했던 것도 이렇게 장사가 잘되리라고는 전혀 생각지 못했기 때문이었다. 그러나 그는 얼마 안 있어 다시 양치기로 돌아갈 것 같았다.

"그런데 자네는 무엇 때문에 피라미드를 찾아가려는 건가?"

진열대에 관한 화제도 돌려 볼 겸 상점 주인이 물었다.

"사람들이 늘 그곳에 대해 말하기 때문이에요."

산티아고는 자신의 꿈에 대한 이야기는 피하며 대답했다. 보물이란 이제 그에게 가슴 아픈 추억일 뿐이어서 가능하면 생각하고 싶지 않았다.

"단지 피라미드를 보겠다는 이유 하나만으로 사막을 건너려고 하는 사람은 이곳에서 본 적이 없네. 피라미드는 그저 수많은 돌들을 쌓아 놓은 돌무더기일 뿐이야. 자네도 자네 정원에 피라미드를 만들 수 있다네."

"하기는 아저씨는 한 번도 여행하는 꿈을 가져 보지 못했을 테니까요."

가게 안으로 들어오는 손님을 맞이하며 산티아고가 말했다.

▶ 자신의 꿈을 숨긴 채 주인과 피라미드에 관해 이야기하는 산티아고

나 이틀 후에 상점 주인은 진열대 문제를 다시 꺼냈다. [중략]

"진열대를 만들었으면 하는 진짜 이유가 뭔가?"

상점 주인이 물었다.

"제 양들을 더 빨리 되찾기 위해서입니다. 기회가 가까이 오면 우리는 그것을 이용해야 합니다. 기회가 우리를 도우려 할 때 우리도 기회를 도와 할 수 있는 모든 일을 해야 합니다. 그것을 은혜의 섭리라고 하기도 하고 '초심자의 행운'이라고도 합니다."

▶ 장사가 잘되는 기회를 이용하여 자신의 꿈을 향해 한 발 다가가고자 하는 산티아고

포인트 체크

인물 산티아고는 더 넓은 세상을 보고 꿈을 찾기 위해 여행을 떠나는 ☐☐☐인 태도를 보인다.

배경 스페인, 아프리카, 이집트 등 산티아고의 ☐☐☐를 배경으로 하고 있다.

사건 산티아고는 사기를 당해 돈을 모두 잃고 크리스털 가게에서 일하게 되는데, 장사가 잘되자 주인에게 ☐☐☐를 만들 것을 제안한다.

답 도전적, 여행지, 진열대

정답과 해설

정답과 해설

I. 개화기~1910년대

001 혈의 누 _ 이인직

26~29쪽

키포인트 체크 개화, 부국강병, 청일 전쟁, 신문, 아버지

1 ④ 2 ② 3 ④ 4 사건에 사실성과 구체성을 부여하며, 비극적인 분위기를 조성한다. 5 근대화의 상징이자, 옥련이 신여성으로 발전하게 되는 매개체이다. 6 ① 7 ⑤ 8 ⑤ 9 ㉠ 일본에서 구완서와 만남. ㉡ 미국 유학 중에 극적으로 아버지와 상봉하고 구완서와 약혼함.

1 이 글에는 '대판(일본 오사카), 기차 안, 미국 화성돈' 등의 구체적 공간이 제시되어 있다. 이처럼 사건이 벌어지는 구체적인 공간을 제시함으로써 작품에 사실성을 부여하고 있다.

2 옥련은 기차간에서 조선말로 혼자 중얼거리는 서생을 돌아보며, 그의 외양에 관심을 보이고 있다. 또한 '몇 해 만에 고국 말소리를 처음 듣는지라, 반갑기가 측량없으나'라고 하며 조선말을 듣고 마음속으로 무척 반가워하고 있다.

오답 뜯어보기 ① 옥련과 서생은 기차에서 우연히 만났을 뿐, 일본의 소학교에서 함께 공부한 적은 없다.
③ 서생은 기차에서 만난 옥련에게 관심을 보이지만, 옥련이 자신보다 불행한 처지에 있다고 생각하지는 않았다.
④ 청일 전쟁으로 아버지와 헤어진 옥련은 일본에서 우연히 서생을 만나 미국으로 유학을 갔을 뿐, 아버지를 만나기 위해 일본을 거쳐 미국으로 간 것은 아니다.
⑤ 옥련의 부친 김관일은 청일 전쟁 후 미국으로 갔다가 우연히 신문에 난 기사를 보고 딸의 소식을 알게 된 것이다. 옥련이 자신에게 무관심한 태도를 보였다거나 이를 못마땅하게 여겼다는 설명은 적절하지 않다.

3 미국에 살고 있는 김관일은 화성돈 신문에 난 옥련의 기사를 보고 딸의 소식을 알게 된다. 이를 계기로 두 사람의 만남이 이루어지게 되므로, '신문'은 두 사람을 만나게 하는 매개체 역할을 한다고 볼 수 있다.

4 이 글은 사건의 배경을 역사적 현장에서 찾음으로써 글에 사실성과 구체성을 부여하고, 비극적 분위기를 조성하고 있다.

● **지식 +**
〈혈의 누〉의 계몽성
이 작품은 개화기를 배경으로 하여 옥련 일가가 겪은 일을 다루고 있다. 이 시기는 개항과 서구 문물 수용에 따라 사회적 변화가 큰 폭으로 나타난 시기이다. 근대 문물 수용에 따른 사회적 변화는 사상이나 풍습, 제도 등 다양한 측면에서 나타났는데, 이 작품의 서사 전개 과정에서 상당한 역할을 하는 기차나 광고, 우편 제도 등이 그 예에 해당한다. 특히 이 작품은 인물들의 행동이나 대화를 통해 결혼관, 언어문화 등과 같은 개화사상의 전모를 폭넓게 반영하고 있으며, 신교육, 자유연애, 남녀평등 사상 등이 주요 내용을 이루고 있다. 이처럼 〈혈의 누〉는 고전 소설에서 찾아볼 수 없는 내용을 반영하고 있다는 점에서 계몽적 성격을 지닌 작품으로 평가할 수 있다.

5 이 글에서 '기차'는 일본이 서양 문물을 받아들여 근대화의 길을 걷고 있음을 보여 주며, 옥련이 기차에서 구완서를 우연히 만나 미국으로 유학을 가면서 신여성으로 발전하게 되는 매개체로도 기능한다.

6 신문에 난 광고는 옥련의 부친이 옥련을 애타게 찾고 있음을 보여 주는 소재이며, 부녀 상봉의 매개체이다. 또한, 신문의 광고 내용으로 보아 김관일이 딸과 만나기를 간절히 희망하고 있음을 알 수 있다(ㄱ).

오답 뜯어보기 ② 옥련이 보이에게 자신을 따라 가자고 말한 것은 부친이 광고에서 언급한 상금을 챙겨 주려는 의도이다. 옥련은 보이를 불신한 적이 없으므로 보이에 대한 불신을 해소하고 있다는 설명은 적절하지 않다.
③ 옥련이 부친의 처소를 찾아간 것은 부친을 만나기 위한 목적이므로 이를 통해 옥련이 조급한 성격을 지녔다고 이해하는 것은 적절하지 않다.
④ 옥련이 뜻밖에 미국에서 부친을 만났으므로 반가움에 눈물을 흘린 것이다. 옥련이 가족을 위해 희생했다고 볼 수 있는 근거는 이 글에서 찾을 수 없다.
⑤ 옥련과 구완서는 학문을 위해 혼인을 미룬 것일 뿐, 구완서 혼자 옥련을 흠모하는 것은 아니다.

7 (나)에서 옥련은 구완서의 혼인 언론에 대답하며 그의 소청을 수용하고, 미국에서 함께 공부한 후에 결혼하기로 마음먹었음을 알 수 있다. 따라서 혼인 언론을 마음대로 하려는 구완서를 원망했다는 내용은 적절하지 않다.

8 이 글의 마지막 부분에서 서술자는 구완서와 옥련의 낙관적인 세계 인식에 대해 부정적으로 평가하고 있다. 편집자적 논평이 드러나 있으므로 서술자가 작품에 직접 개입하지 않았다는 설명은 적절하지 않다.

● **지식 +**
최초의 '신소설'로 평가받는 〈혈의 누〉
① 생활 주변에서 일어나는 일들을 소재로 삼음.
② 언문일치(言文一致)에 근접한 문체를 사용함.
③ 서술과 묘사 중심의 서술 방식을 시도함.

9 〈숙향전〉은 난리 중에 아버지를 잃고 고생하던 숙향이 아버지를 만나고, 후에 이선과 결혼하여 정렬부인이 된다는 내용이다. 특히 조력자의 도움으로 위기를 극복하고 행복한 결말을 맺는다는 점에서 〈혈의 누〉와 비슷하다. 이 글에서 조력자는 구완서라고 볼 수 있으며, 옥련은 미국에서 부친과 상봉하고 구완서와 결혼까지 함으로써 행복한 결말을 맺게 된다. 따라서 일본에서 구완서를 만나 미국으로 유학을 간 것이 ㉠에 해당하고, 미국 유학 중 극적으로 아버지와 상봉하고 구완서와 혼인 언약을 한 것이 ㉡에 해당한다.

002 구마검 _ 이해조

30~33쪽

키포인트 체크 무속(미신), 다방골, 전 부인, 재산

1 ⑤ 2 ① 3 ② 4 최씨 부인이 본디 무속을 잘 믿는데 집안에 거짓말 잘하고 염치없는 노파가 있어서 두 사람의 어울림이 마침 잘 맞았다는 의미로 인용한 것이다. 5 아들을 빌미로 최씨 부인을 더욱 무속에 빠지게 하여 돈을 벌 수 있는 기회이다. 6 ③ 7 ④ 8 ① 9 글쓴이는 미신을 숭배하여 풍속이 어지럽게 된 것을 비판하고 있으며, 실생활을 중시하는 서양 사람들의 태도를 본받아 미신을 타파해야 한다고 주장하고 있다.

1 이 글의 서술자는 무당의 말을 신봉하는 최씨를 부정적으로 평가하고 있다. 특히 (가)의 '이는 북촌 세력 있는 토호재상(土豪宰相)에게 재물을 빼앗길까 엄살 겸 흥부리는 계교러라.'와 (나)의 '사람의 일동일정으로 ~ 귀신의 농락으로만'에서 서술자의 주관적 평가가 드러난다.

2 최씨 부인은 어릴 적부터 무속에 익숙한 환경에서 자라온 까닭에 무속을 숭상한 것이다. 따라서 최씨 부인이 전 부인들에 대한 원망이 깊은 까닭에 무속을 숭상하는 행동을 하기 시작했다는 설명은 적절하지 않다.

오답 뜯어보기 ② 최씨 부인은 노파가 지어낸 말을 그대로 믿고, 죽은 전 부인들의 귀신이 아이에게 덤빈다고 생각하여 전 부인들을 물리치기 위해 많은 돈을 들여 무당을 통해 귀신을 쫓으려 하고 있다.
③ 함진해는 다방골에 사는 부자로, 집의 바깥 대문은 개구멍처럼 작은데 집안으로 들어서면 고루거각(高樓巨閣)에 분벽사창(粉壁紗窓)으로 되어 있을 만큼 큰 집안을 이루어 살고 있다. 바깥 대문을 작게 만든 것은 토호재상들에게 재물을 빼앗기지 않기 위해서이다.
④ 최씨 부인이 아들을 낳자 노파는 '칠성님이 돌보셔 삼신(三神) 행차가 계시게 하셨습니다.'라고 말하는 등 아들을 낳은 것이 삼신 덕이라며 최씨 부인을 꼬드기고 있다.
⑤ 최씨 부인은 함진해의 세 번째 부인으로, 아들을 낳은 이후 '그 남편까지도 손톱 반머리만치 두려워하지 아니' 한다고 하였다.

3 ㉠은 최씨 부인의 미신(무속) 숭배에 대한 그릇된 가치관을 보여 주는 행동이다. 최씨 부인은 성장 환경의 영향을 받아 무당의 말을 믿고 굿을 자주 행하는 인물이다. 서술자는 ㉠을 통해 타파해야 할 잘못된 가치관을 나타내고 있다.

4 ㉡은 '사람이 때를 만나 일이 제대로 잘 들어맞는다.'라는 뜻의 속담이다. 이 속담은 최씨 부인이 어릴 적 성장 과정에서 영향을 받아 원래 무속을 잘 믿었는데, 집에 거짓말 잘하고 염치없는 노파가 있어 두 사람의 어울림이 마침 잘 맞았다는 서술자의 생각을 드러낸 것이다.

5 노파는 요사스럽고 거짓말을 잘하는 인물인데 마침 최씨 부인이 아들을 낳자, 전 부인의 귀신이 아이에게 덤벼든다는 말로 최씨 부인을 현혹시켜 무속의 세계에 더욱 빠져들게 만드는 기회로 삼고 있다.

6 함일청은 함진해의 잘못을 두고 미워서 대면하지 말자고까지 생각했으나 큰집 일이고 또한 자신의 도리를 생각해서 함씨 일가가 참석하는 총회에 가서 함진해를 두둔하기로 마음먹는다.

오답 뜯어보기 ① 함진해는 가산을 탕진한 후 누대 제사에 궐향(闕享)을 번번이 했다는 데서 제사를 번번이 지내지 못했다는 것을 알 수 있다.
② 함일청의 편지에서 그 형님이 장가 한번을 잘못 들더니 '집안에 가까이 단기던 정직한 사람은 모두 거절'했다는 데서 알 수 있다.
④ 함일청이 편지에서 '요괴한 말'을 쓸어 내면 '비단 형장의 한 댁만 부지하실 뿐 아니라, 나라도 가히 강케 하며, 동포도 가히 보존'할 것이라고 한 데서 알 수 있다.
⑤ (다)에서 함진해는 함일청의 편지가 올 적마다 큰집이 아니 되도록 훼방을 하기 위한 것이라고 생각해 원수처럼 여겨 왔다는 데서 알 수 있다.

7 서술자는 천지 귀신이 '죽고 사는 권리를 실상으로 조종'하는 일은 가능하지 않으며 잘못된 믿음이라고 주장한다. 이는 죽고 사는 권리를 조종하는 주체가 미신과 무속임을 비판하는 것으로, 서술자가 '죽고 사는 권리를 실상으로 조종하자'고 백성들을 향해 말하고 있는 것은 아니다.

오답 뜯어보기 ① '하더라', '하였으되'는 고전 소설에 등장하는 고어투의 말투로 신소설에서도 사용되었음을 살펴볼 수 있다.
② '일절 귀신 등의 요괴한 말을 한 비에 쓸어 버려'에서 귀신은 무속이나 미신을 나타내는 말로, 이를 쓸어 버려야 한다는 데서 작가의 미신

타파 의지가 드러나고 있다.
③ '천하의 교악망측한 연놈들만 집에다 붙이'었다는 것은 함진해가 최씨 부인을 비롯한 안잠자는 노과, 무녀 등을 가까이하여 미신에 깊이 빠지게 되는 일을 나타내고 있다.
⑤ 함일청이 '치산을 알뜰히 하여 형세도 점점 나아지'게 되었다는 것은 재산을 착실하게 모아서 가정 형편이 나아졌다는 것으로, 착실한 생활의 도모를 꾀하는 인물의 모습을 드러낸 것이다.

8 ㉠은 생쥐가 입가심할 것도 없다는 뜻으로, 매우 가난한 처지를 나타내는 속담이다. 이와 유사한 속담으로는 '서 발 막대 거칠 것 없다.'가 있는데 이는 긴 막대기를 내저어도 걸리는 살림이 없다는 말로 가난한 처지를 나타낸다.

오답 뜯어보기 ② '낮말은 새가 듣고 밤말은 쥐가 듣는다.'는 아무도 안 듣는 데서라도 말조심해야 한다는 말이다.
③ '하나만 알고 둘은 모른다.'는 사물을 두루 보지 못하고 융통성 없이 어느 한 면만 봄을 이르는 말이다.
④ '사또 떠난 뒤에 나팔 분다.'는 제때 안 하다가 뒤늦게 대책을 세우며 서두름을 뜻한다.
⑤ '쥐구멍에도 볕 들 날 있다.'는 몹시 고생을 하는 삶도 좋은 운수가 터질 날이 있음을 뜻한다.

9 편지에 따르면 동양에서 미신을 믿는 이유로 요괴한 선비들이 오행의 의론을 창설하여 길흉화복을 스스로 부를 수 있는 것처럼 여기게 되고 무녀나 판수의 거짓된 능력을 대다수의 사람들이 믿어 풍속이 어지럽게 된 것을 들고 있다. 그리고 이를 타개할 방법으로는 서양 사람들의 실지, 즉 실생활을 중시하는 태도를 본받아 요사스러운 말을 쓸어버리는 것처럼 미신을 타파해야 한다고 주장하고 있다.

---

003 **무정** _ 이광수   34~37쪽

키포인트 체크 삼각관계, 개화, 개화기, 민족 계몽

1 ⑤ **2** ⑤ **3** ④ **4** 민중과 민족적 일체감을 느끼고 있다. **5** 이 글을 읽는 사람들에게 재미와 감동을 줄 뿐만 아니라 스스로의 각성을 촉구하기 위한 의도를 가지고 있었다. **6** ④ **7** ③ **8** ④ **9** ③ **10** 민중 스스로의 각성의 가능성을 무시하고 소수의 지식인에 의한 민중의 각성만 중시한다는 한계를 드러내고 있다.

1 이 글은 삼각관계를 중심으로 구습 타파와 근대 문명의 지향이라는 계몽적인 주제를 전달하고 있다. 1910년대 당시의 사회상을 바탕으로 이형식을 비롯한 주인공들은 개화기의 전형적인 인물로 그려지고 있으며 언문일치의 구어체가 사용되고 있다.

2 이형식이 김병욱에게 깨달음을 주는 역할을 하고 있다. 이형식은 수재를 계기로 민족 계몽에 대한 깨달음을 얻고 김병욱과 박영채, 김선형 역시 이형식의 이러한 생각에 동조하고 있다.

3 ㉠은 수재를 당한 민중들을 보고 이형식이 깨달은 내용으로, 인물의 심리를 직접적으로 제시하고 있다.

4 지식인인 이형식은 민중들을 '저들'이라고 지칭하지 않고 '우리'라 칭함으로써 민족적 일체감을 드러내고 있다. 가난하고 무지한 민중과 하나

의 운명 공동체라는 깨달음이 교육과 근대화를 통한 계몽의 필요성을 더욱 절실하게 하고 있다.

5 제시된 글은 〈무정〉이 연재되던 당시, 이를 읽고 김기전이 《매일신보》에 실은 평론의 일부이다. 당시 독자들에게 〈무정〉은 매우 인기 있는 연재소설이었기 때문에 제시된 글과 같이 소설에서 즐거움을 얻을 뿐만 아니라 감동을 받기도 하고 깨달음을 얻기도 했다. 따라서 작가는 독자에게 재미와 감동을 줄 뿐만 아니라 독자 스스로의 각성을 촉구하기 위해 이 글을 썼을 것이라 파악할 수 있다.

6 이 글은 인물의 내면 심리가 섬세하게 묘사되어 있으며, 현장성을 드러내고자 할 때에는 의식적으로 과거형의 서술 대신 현재형 서술을 하고 있다. 또한 개인보다는 민족이라는 공동체적 가치를 중시하며 계몽사상과 서구 근대 문명에 대해 긍정적인 평가를 하고 있으므로 개화와 계몽 위주의 사회 현실을 경계한다는 설명은 적절하지 않다.

7 이형식은 세 처녀에게 민족 계몽이라는 중대한 사명을 달성할 사람들이 자신들임을 깨닫게 하기 위한 질문을 계속하고 있다. 즉, 자신의 질문에 대한 답을 세 처녀가 스스로 찾아보게 하여 민족 계몽의 사명을 각성시키고 있는 것이다.

8 이 글의 주인공인 이형식은 자신이 처한 세계의 문제를 파악하는 인식 능력을 갖춘 인물이며, 현실의 모순을 극복하고자 하는 적극적 실천 의지를 지닌 인물이다. 반면 〈보기〉의 '나'는 암담한 현실에 대해 울분을 느끼지만 개선을 위한 노력을 보이지 않는 소극적인 인물로 그려지고 있다.

9 박영채과 김선형은 이형식을 사이에 둔 연적 관계였지만, 수재 구호 활동을 함께하고 민족 계몽의 필요성에 대해 같은 생각을 지니게 됨으로써 갈등이 해소되고 있다.

10 이 글에서 이형식으로 대표되는 지식인은 민중에게 은혜를 베풀고 이들을 이끌어 가야 할 존재로 그려지고 있다. 반면 민중들은 무지하고 수동적인 존재로 설정되어 있다. 진정한 사회 개혁은 민중 스스로의 각성에서 이루어지는 것임에도 불구하고, 이 작품은 소수의 엘리트 계층의 지도만으로 이룰 수 있다는 시혜적(施惠的) 계몽관만 중시하고 있다는 한계가 있다.

Ⅱ. 1920년대~1945년

006 만세전 _ 염상섭   44~47쪽

키포인트 체크 비판, 자조, 여로, 일본인, 인식/발견

1 ②   2 ④   3 ⑤   4 ⓐ: 무관심함. / ⓑ: 반성하게 됨.   5 ④   6 ②
7 ⑤   8 '나' 역시 조선 사람임을 드러내지 않고 조선의 현실을 회피하고 있으므로 계집애의 태도와 다를 것이 없다.   9 '나'의 말에 동의함을 의미한다.

1 이 글은 1인칭 주인공 시점으로 주인공(서술자)이 관찰한 내용과 판단한 내용이 함께 나타나고 있다.

2 식민지 농촌의 현실은 극심한 생활고에 시달리는 비참한 모습으로 형상화되어 있으므로 여유 있고 행복한 삶과는 거리가 멀다.

   오답 뜯어보기 ① (다)의 '일 년 열두 달 소나 말보다도 죽을 고역을 다 하고도, 시래기죽에 얼굴이 붓는 것' 등의 표현을 통해 추론할 수 있다. ②, ⑤ (가)의 '그 불쌍한 조선 노동자들이 속아서 지상의 지옥 같은 일본 각지의 공장과 광산으로 몸이 팔리어 가는 것이' 등에서 추론할 수 있다. ③ (가)에서 일본인이 조선인에 대해 '실상은 누워~쉽습넨다.'라고 말하는 부분에서 추론할 수 있다.

3 이 글은 동경에서 유학 중이던 '나'가 귀국하는 여정에서 식민지 조선인의 현실을 새롭게 인식하고, 이에 분노하는 내용을 담고 있다. 등장인물에 대한 풍자나 당시 청년들의 윤리 의식 부재는 드러나지 않는다.

   지식 ➕

• 〈만세전〉의 여로형 구조

인생의 과정에 비유될 수 있고 세상사의 현실을 구체적으로 반영할 수 있는 여행기의 양식은 하나의 직접적인 수필 양식으로서 뿐만 아니라, 근대적인 소설 양식으로도 자주 애용되어 왔다. [중략]
〈만세전〉의 경우 동경에서 서울로 이어진 길의 노상으로 말미암아 최초 8장이었고, 나중에 9장으로 개편된 길의 분할 자체가 곧 서술의 분량과 일치하고, 근대의 한 수도였던 공간에서 식민지 조국을 향해 들어오는 그 길의 뛰어난 환유성으로 말미암아 당시 조선의 상대적 봉건의 현실과 식민지적 착취의 현실이 예리하게 포착될 수 있었다고 말할 수 있다.   – 한기, 《한국 근대 소설로의 길》

4 '나'는 일제 강점기의 지식인이지만 조선의 현실에는 무관심한 인물이었다. 하지만 서울로 향하는 길에 조선인들의 비참한 현실을 직접 보게 되면서 이에 분노하며 자신을 반성하게 되었다.

5 (가)의 '함부로 세운 허술한 일본식 이층집'은 '지저분하고 좁다란 골목'의 일부분으로, 모두 조선인 거주지의 초라함에 대한 묘사이므로 적절하지 않다.

6 '나'는 일제에 의해 삶의 터전을 잃은 ㉠의 처지에 동정심을 느끼면서도 한편으로는 '값싼 낙천주의'에 빠져 있음을 비판하고 있다. 또한 오래전에 헤어진 아버지를 찾아가려는 ㉡이 "아버지두 나쁜 사람은 아니니까 찾아가면 설마 내쫓기야 할까요?"라고 말하는 것을 통해 일본인 아버지에 대해 지나치게 낙관적인 생각을 가지고 있음을 알 수 있다. 따라서 '나'는 ㉡의 처지에 대한 안타까움을 느끼면서도 지나치게 낙관적인 태도를 보이는 것을 지적하고 있다.

   오답 뜯어보기 ① ㉠과 ㉡의 노력 여부를 판단할 근거가 제시되어 있지 않으며, ㉡은 물질보다는 정체성의 문제와 관련이 있으므로 적절하지 않다.

③ ㉠은 현실에 제대로 적응하거나 현실을 인식할 능력이 부족하며, ㉡은 어머니가 조선인이라는 사실보다는 일본인 아버지에 대한 선망을 드러내고 있으므로 적절하지 않다.

④ ㉠의 무지하거나 무기력한 태도를 강조하고 있으므로 적절하지 않다.

⑤ ㉠은 조상의 재산을 제대로 지키지 못하고 있으며, ㉡은 조상의 재산과 무관하므로 적절하지 않다.

7 자기 혼자만 떠나가는 것 같이 느끼는 것은 일제 강점기의 사회적 부조리를 인식하지 못한 채 모든 것을 자신의 책임으로만 돌리는 우리 민족의 무기력한 태도와 관련이 있다. 또한 자기 성찰이 지나친 것이 아니라 부족한 것이므로 적절하지 않다.

8 이 작품에서 '나'는 일본 유학 중에는 제대로 인식하지 못했던 조선의 현실을 목격한 뒤 분노와 안타까움, 비참함과 경멸의 시선 등 복잡한 감정을 느끼게 된다. 〈보기〉에 따르면 '나'는 조선의 현실과 일정한 거리를 두고자 하는데, 이는 자신 역시 조선 사람임을 숨기고 회피하려는 의도에서 나온 것이다. 그런데 [A]에서 '나'는 조선 사람임을 거부하고 일본인이 되기를 원하는 계집애를 비난하고 있으므로, '나'와 계집애의 태도가 서로 다르지 않다는 점을 비판할 수 있다.

9 '물어 보지 않아도 좋을 것까지 짓궂이 물었다.'를 통해 계집애의 의도가 무엇인지 충분히 짐작되는 상황에서 '나'가 그 의도를 다시 한번 되짚었다는 사실을 알 수 있다. 따라서 ㉡은 계집애가 '나'의 말에 동의함을 의미하는 것으로 볼 수 있다.

---

007 고향 _ 현진건   48~51쪽

[키포인트 체크] 연민, 기차, 수탈, 농촌

1 ①   2 ③   3 ②   4 일제 식민지 현실과 이에 고통받는 '그'의 갈등
5 ①   6 ③   7 ②   8 ③   9 '그'의 이야기를 들은 '나'가 그를 이해하고 연민하게 되어 '그'와 함께 술을 나누어 마시는 것

1 (가)에서는 동양 삼국 옷을 입은 '그'의 외양 묘사를 통해 유랑 생활을 한 '그'의 과거를 드러내고 있다.

[오답 뜯어보기] ② (가)에서는 대화, 행동을 통해 '그'의 인물됨을 드러내는 간접 제시 방법이 사용되고 있다.

③ (나)에는 사투리가 나타나지 않는다.

④ (다)는 서술자인 '나'가 '그'에 대한 이야기를 전달하는 부분이다.

⑤ (나)와 (다)는 비참한 우리 민족의 상황을 보여 주는 부분으로 해학과 풍자는 나타나지 않는다.

2 이 글에서 '나'는 관찰자로서 '그'의 말과 행동을 전달해 주며 '그'의 처지에 동정한다. 따라서 이 글을 제재로 수행 평가를 위한 발표 계획을 세운다면 '그'에게 초점을 맞추어야 한다. 이 글에서는 '그'의 말과 행동을 통해 일제 강점기를 살아가는 우리 민족의 고통스러운 현실을 확인할 수 있다. 자신의 고향을 떠나 간도나 일본으로 떠돌며 힘든 삶을 살아가는 당시 우리 민족의 전형적인 모습을 '그'를 통해 엿볼 수 있다.

3 '죽겠다', '못 살겠다' 하는 말은 동양 척식 주식회사에 소작료를 물고 또 중간 소작인에게 빼앗겨 결국 농민들 손에 들어오는 것이 없는 상황에

서 농민들 입에 붙은 말이다. 따라서 ㉠의 원인은 동척과 중간 소작인의 가혹한 수탈이다.

4 (나)에 나타난 주된 갈등 구조는 인물과 사회의 갈등이다. 이 글에는 일제 강점기의 참혹한 현실과 그 속에서 고통받는 인물의 모습이 작품 전체에 드러나 있다.

5 이 글은 '나'와 '그'의 대화 상황을 바깥 이야기(외화)로, '그'가 경험한 일을 안 이야기(내화)로 구성한 액자 소설이다.

[지식 +]

● **액자 소설(額子小說)**
액자처럼, 바깥 이야기가 안에 들어 있는 다른 이야기를 둘러싸고 있는 소설을 말한다. 일반적으로 이야기의 전개는 바깥 이야기에서 시작하여 안 이야기로 이어지며, 안 이야기가 끝나면 다시 바깥 이야기로 이어진다. 이 과정에서 시점의 변화가 일어나기도 하는데, 대개 바깥 이야기는 1인칭으로 서술되고 안 이야기는 3인칭으로 서술된다. 액자 소설은 안 이야기가 마치 실제로 벌어졌던 것처럼 믿도록 독자의 관심을 유도하며, 안 이야기가 여러 개인 순환적 액자 소설과 안 이야기가 하나인 단일 액자 소설로 구분된다.

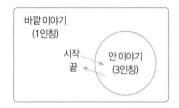

6 '그'는 '눈물도 안 나오더메.'라고 말하며 슬픔과 안타까움이 너무 커서 눈물마저 흘릴 수 없었던 상황을 이야기하고 있다. 따라서 '그'가 궐녀를 보며 눈물을 흘리는 설정은 적절하지 않다.

7 (나)의 서술자가 '그'로 바뀌었다면 '그 여자는 나보다 나이 두 살 위였는데~'라고 서술하는 것이 적절하다. 그런데 (나)는 '그 여자는 자기보다 나이 두 살 위였는데~'라고 서술하고 있으므로 서술자는 그대로 '나'이고, '나'가 '그'에게서 들은 그 여자의 이야기를 서술하고 있는 것이다.

[오답 뜯어보기] ① 그를 못마땅하게 생각하던 '나'는 '그'의 이야기를 들으며 '그'에게 연민과 슬픔의 감정을 느끼고, '그'와 차츰 가까워지며 민족적 동질감을 느끼게 된다.

③ '그'의 이야기만 전해진다면 개인의 비극일 수 있으나, 그 여자의 이야기까지 더해지면서 삶의 비극성을 조선으로 확대하여 드러내고 있다.

④ 그 여자의 이야기는 뒤에 나오는 민요의 끝부분에 '인물이나 좋은 계집은 / 유곽으로 가고요─.'와 연결되면서 조선 여인의 삶을 구체적으로 드러내고 있다.

⑤ 그 여자의 삶을 장황하고 구체적으로 제시하면 '그'의 이야기가 중심이 되는 안 이야기의 흐름을 방해할 수 있으므로, (나)에서는 요약적으로 제시하여 중심 이야기의 흐름을 유지하고 있다.

8 [A]에는 일제 강점기에 우리 민족이 겪었던 여러 사건들, 예를 들어 일본 사람들이 마음대로 길을 만들어서 좋은 농토가 신작로가 되는 일, 일본에 불만을 말하던 사람들이 모두 감옥으로 끌려갔던 일, 얼굴 예쁜 여자들은 가난 때문에 기생으로 팔려 가고 말았던 일 등이 산문으로 서술되는 것보다 압축적으로 표현되어 있다.

9 '나'는 '그'가 못마땅하여 처음에는 '그'를 쌀쌀맞게 대하다가 '그'와 이야기를 나누고 난 후 깊은 연민과 슬픔을 느낀다. '나'는 '그'의 이야기를 듣고 가슴 아파하면서 술을 나누어 마시며 울분을 달래고 있다.

정답과 해설

008 삼대 _ 염상섭   52~55쪽

키포인트 체크 중도적, 사회주의, 가치관, 재산 상속

1 ④ **2** ⑤ **3** ② **4** 착취, 피착취 **5** ⑤ **6** ② **7** ② **8** 당대 현실의 모습을 있는 그대로 묘사하고 있다. **9** 혼란스러운 경제 상황 속에서 돈이 가장 중요하다고 생각하는 물질 만능주의에 빠지게 된다.

1 이 글에서 덕기는 경제적으로 여유 있는 계층에 속한다. 그러나 '먹을 게 있는 것은 다행하다고 속으로 생각지 않는 게 아니나, 시대가 시대이니만치' 친구로부터 '부르주아'라고 비꼬는 소리를 듣는 것을 달갑게 여기지 않는 것으로 보아, 자신의 처지에 자부심을 갖고 있다고 할 수는 없다.

2 병화는 겉으로는 덕기를 비꼬는 듯이 말하지만, 자신의 어려운 사정을 털어놓으며 물질적인 면에서 덕기의 도움을 받고자 하고 있다.

3 〈보기〉를 통해 이 작품이 당대 지식인과 청년들 사이에 사회주의와 무정부주의 사상이 공감대를 형성하고 있던 시대 상황을 배경으로 하고 있음을 알 수 있다. ⓑ의 '시대가 시대이니만치'라는 표현에 이러한 시대 상황이 잘 드러난다.

4 "자네와 나와는 착취 피착취의 계급적 의식을 전도시키세."라고 한 덕기의 말에서 병화와 덕기의 상반된 처지를 명료하게 보여 준다.

5 (다)의 "너는 이후로는 아무리 굶어 죽는다 하여도 한 푼 막무가내다. 너는 없는 셈만 칠 것이니까……."와 "내 재산이라야 얼마 있는 게 아니다마는, ~ 쓰다 남으면 공평히 나누어 주고 갈 테다."를 통해 조 의관은 상훈에게 재산을 물려줄 생각이 없음을 알 수 있다.

6 조상훈은 겉으로는 교육 사업, 도서관 사업 등 공익을 추구하는 것처럼 보이지만, 실제로는 자신의 이익을 위해 제자와 정을 통했으므로 '겉과 속이 다르다.'라는 뜻의 '표리부동'이 적절하다.
　오답 뜯어보기 ① 수주대토: 고지식하고 융통성이 없어 한 가지 일에만 얽매여 발전을 모르는 어리석은 사람을 비유적으로 이르는 말
③ 각주구검: 판단력이 둔하여 융통성이 없고 세상일에 어둡고 어리석다는 뜻
④ 호가호위: 남의 세력을 빌려 위세를 부림을 이르는 말
⑤ 견문발검: 사소한 일에 크게 성내어 덤빔을 이르는 말

7 [A]에서는 영감의 시선에서 상황에 대한 인식을 보여 주고 있다. 체면 때문에 부당한 일을 남 앞에서 이야기하지 못하고 속으로만 감내하는 영감의 성격이 드러난다.

8 이 글은 할아버지, 아버지, 아들로 이어지는 삼대를 통해 시대 변화와 함께 드러나는 사고방식의 차이와 갈등 그리고 식민지 현실에서 여러 가지 다양한 삶의 모습을 매우 사실적으로 그려 내고 있다. 즉, 당대의 현실을 있는 그대로 묘사하고 있다는 점에서 사실주의 소설로 분류할 수 있는 것이다.

　지식 ✚
• 사실주의
합리주의적 철학과 실증주의적 과학의 발전에 영향을 받아 형성되었으며, 현실을 객관적으로 관찰하여, 있는 그대로의 모습을 그림으로써 인간의 삶과 사회의 본질을 드러내고자 하였다. 대표적인 작품으로 염상섭의 〈만세전〉, 현진건의 〈운수 좋은 날〉, 나도향의 〈벙어리 삼룡이〉 등이 있다.

9 〈보기〉는 이 글의 창작 시기였던 1930년대 경제상에 대한 내용이다. 세계 경제 대공황의 여파로 경제적 혼란을 겪게 되었으며 이러한 혼란은 서민들의 일상과 신념에 영향을 주었다. 이 글에서 조 의관과 조상훈의 갈등은 모두 '돈'을 중심으로 일어나는데, 이는 당시의 물질 만능주의적 가치관이 서민들에게 물들어 가고 있는 상황을 상징적으로 드러낸 것이라 볼 수 있다.

009 고향 _ 이기영   56~59쪽

키포인트 체크 계몽, 농촌 마을, 두레

1 ④ **2** ⑤ **3** 마을 사람들 간의 불화(갈등)가 해소되었다. **4** ① **5** ①
6 ④ **7** ③ **8** ②

1 (나)의 '아침 해가 뿌주름히 솟을 무렵에 이슬은 ~ 푸른 물결이 굼실거린다.'에서 자연 배경 묘사가 드러나 있다. 하지만 자연 배경 묘사를 통해 등장인물의 심리 변화를 제시한 부분은 이 글에서 확인할 수 없다.

2 (나)의 '이튿날 아침에 집집마다 한 명씩 나선 두레꾼들은 농기를 앞세우고 안승학의 구레논부터 김을 맸다.'를 통해 안승학의 논부터 김매기를 시작했음을 알 수 있다.

3 두레는 농번기에 농사일을 공동으로 하기 위하여 부락이나 마을 단위로 만든 조직을 말한다. (다)에서 백룡이 모친과 쇠득이 모친은 두레를 결성한 이후 서로 화해하게 되는데, 이를 통해 두레가 마을 사람들 간의 불화(갈등)를 해소시켜 주었음을 알 수 있다.

4 '견원지간(犬猿之間)'은 개와 원숭이의 사이라는 뜻으로, 사이가 매우 나쁜 두 관계를 비유적으로 이르는 말이다. 마을 사람들 간의 불화가 심했다는 것을 나타내기에 적절하다.
　오답 뜯어보기 ② 금란지교: 친구 사이의 매우 두터운 정을 이르는 말
③ 당랑거철: 제 역량을 생각하지 않고, 강한 상대나 되지 않을 일에 덤벼드는 무모한 행동거지를 비유적으로 이르는 말. 중국 제나라 장공(莊公)이 사냥을 나가는데 사마귀가 앞발을 들고 수레바퀴를 멈추려 했다는 데서 유래했다.
④ 청천벽력: 맑게 갠 하늘에서 치는 날벼락이라는 뜻으로, 뜻밖에 일어난 큰 변고나 사건을 비유적으로 이르는 말
⑤ 토사구팽: 토끼가 죽으면 토끼를 잡던 사냥개도 필요 없게 되어 주인에게 삶아 먹히게 된다는 뜻으로, 필요할 때는 쓰고 필요 없을 때는 야박하게 버리는 경우를 이르는 말

5 ㉠은 풍물놀이에 참여하여 신나게 징을 치며 농민들과 어울려 노는 희준에 대해 마을 사람들이 칭찬하는 말이다. 즉, 풍물놀이를 하는 희준의 실력이 보통이 아님을 칭찬하는 것이다.
　오답 뜯어보기 ② ㉡은 희준이 농군을 긍정적으로 생각하고 있음을 보여 주는 말이다.
③ ㉢은 일본 유학까지 갔다 온 희준이 농군이 되려는 것을 이해할 수 없어서 한 말로, 희준의 처지를 부러워해서 한 말은 아니다.
④ ㉣은 월급 생활을 하는 것보다 고향에서 농사를 지으며 농민들을 교화하고 각성시키는 일이 더 의미 있다는 희준의 인식이 반영된 말이다.
⑤ ㉤은 농민들과 처지가 다른 희준이 농촌 생활을 하겠다는 것에 대해

이해할 수 없다는 반응을 보인 것이므로 무지한 백성을 무시하려는 조첨지의 심리가 반영된 말은 아니다.

6 (나)에서 희준은 서툰 솜씨로 동네 사람들과 함께 논에서 김을 매고 있다. 따라서 혼자 외롭게 김을 매고 있는 장면을 보여 주는 것은 적절하지 않다.

7 [A]에는 피지배 계층인 농민에 대한 희준의 부정적인 생각이 드러나 있다. 희준은 농민들이 우매한 존재이고, 숙명적 인생관을 지니고 살아가기 때문에 이들에게 노동의 가치를 설명해도 알아듣지 못할 것이라고 생각하고 있다. 따라서 피지배 계층인 농민들은 아무런 저항도 하지 못하고 무기력하게 살아가는 우매한 존재로 보고 있다.

8 농촌을 배경으로 하여 장면이 전환되고 있지만, 긴장된 분위기는 드러나지 않는다. 김매기를 끝내고 마을로 돌아왔을 때에는 오히려 흥겨운 분위기가 조성되고 있으므로 적절하지 않다.

오답 뜯어보기 a. 이 글은 시간의 흐름에 따라 사건을 전개하고 있다.
c. 이 글은 '추렴을 들었다, 듣고 있었다, 끙끙 앓았다' 등에서는 과거 시제를, '웃는다, 노려본다, 뉘우쳐진다' 등에서는 현재 시제를 사용하여 시제의 변화가 나타난다.
d. 무더운 여름을 배경으로 제시하여 희준이 땀을 흘리며 힘겹게 김매기를 하는 상황을 보여 주고 있다.
e. 희준과 마을 사람들의 대화와 행동 등을 통해 성격을 간접적으로 제시하고 있다.

010 달밤 _ 이태준 60~63쪽

키포인트 체크 순박, 각박, 성북동, 원배달, 현실

1 ③ **2** ④ **3** ④ **4** 그까짓 반편을 어딜 맡깁니까? 배달부로 쓸랴다가 똑똑지가 못하니까 안 쓰고 말었나 봅니다. **5** ④ **6** ④ **7** ⑤ **8** ③ **9** 달밤의 분위기를 통해 비극적 결말을 서정적 분위기로 정화시키는 기능을 하며, 여운 있는 마무리를 통해 주제를 극대화하고 있다.

1 황수건과 '나'의 관계를 중심으로 이야기가 전개되고 있지만 주로 황수건의 이야기에 초점이 맞추어져 있으며, 황수건과 '나' 사이에 갈등은 존재하지 않는다.

오답 뜯어보기 ① 황수건의 특이한 생김새를 통해 인물의 특성을 드러내고 있다.
② 1인칭 관찰자인 '나'가 황수건의 이야기를 서술하고 있다.
④ 모자란다는 이유로 황수건을 해고하는 사회에 대한 원망을 통해 각박한 세태에 대한 비판적 태도를 느낄 수 있다.

2 〈보기〉에서는 소외된 자들에게 보내는 이태준의 따뜻한 연민의 시선이 그들과 정서적 일체감을 느끼고 있다는 점에서, 지식인으로서의 우월 의식에서 나온 동정이 아니라고 이야기하고 있다. ㉣에서 '나'가 황수건의 성공을 좋은 친구가 출세한 것처럼 즐겁다고 표현한 것으로 보아 황수건과 정서적 일체감을 느끼고 있다고 할 수 있다.

3 '나'는 다소 부족해 보이지만 순수한 황수건을 따뜻한 시선으로 바라보고 있으며, 황수건이 원배달부가 된 것을 진심으로 축하하고 있다. 따라서 미심쩍은 표정으로 격려하는 것은 적절하지 않다.

4 (나)의 새로 온 배달부의 말에서 황수건이 원배달이 되지 못한 이유가 드러나 있다. 사람들은 황수건을 지능이 보통 사람보다 모자라며 똑똑하지 못하다고 생각하고 있다.

5 황수건이 엉뚱한 말을 늘어놓고 있음에도 불구하고, '나'는 맞장구를 치며 적극적으로 받아 주고 있다.

오답 뜯어보기 ㉮ '나'가 황수건의 말을 사실로 믿기 때문에 그의 말을 들어주는 것은 아니다.
㉯ 황수건은 신이 나서 스스로 자신의 이야기를 떠벌리고 있다.
㉱ 황수건이 '나'의 반응에 대해 걱정하는 모습은 드러나지 않는다.

6 황수건은 신문 보조 배달부에서 쫓겨나고, 새로 시작한 참외 장사마저 실패로 돌아간다. 그런 와중에 아내마저 가출하는 등 안 좋은 일이 잇달아 일어나고 있다. '빛 좋은 개살구'는 겉보기에는 먹음직스러운 빛깔을 띠고 있지만 맛은 없는 개살구라는 뜻으로, 겉만 그럴듯하고 실속이 없는 경우를 비유적으로 이르는 말이므로, 황수건의 상황과는 맞지 않는다.

오답 뜯어보기 ① 첩첩산중: 여러 산이 겹치고 겹친 산속. 깊은 산골을 나타낼 때도 쓰이고 어려움이 더해지는 것을 비유적으로 이르기도 함.
② 내우외환: 내부에서 일어나는 근심과 외부로부터 받는 근심이란 뜻으로 나라 안팎의 여러 가지 어려움이나 여러 가지 걱정거리가 겹쳐 나타날 때 쓰는 표현
③ 설상가상: 눈 위에 서리가 덮인다는 뜻으로, 난처한 일이나 불행한 일이 잇따라 일어남을 이르는 말
⑤ 엎친 데 덮친 격: 어렵거나 나쁜 일이 겹치어 일어남을 이르는 말

7 ㉠의 '남'은 살림을 제대로 꾸려 갈 수 있을 정도의 모자라지 않은 보통 사람을 말한다.

8 '나'가 황수건이 고마움의 표시로 훔쳐다 준 포도를 입안에 굴리며 오래도록 먹는 것은 그 포도에 담긴 황수건의 천진하고 순박한 마음을 오래도록 느끼기 위한 것이다.

9 거듭된 좌절을 겪은 황수건의 안타까운 모습이 평화롭고 아름다운 달밤의 모습과 대비되어 애상적 정조를 더욱 강하게 드러내고 있다. 또한 황수건에 대한 '나'의 연민의 정서를 돋보이게 하고, 여운 있는 마무리를 통해 주제를 극대화하고 있다.

011 레디메이드 인생 _ 채만식 64~67쪽

키포인트 체크 지식인, 취업난, 일제 강점기, 빈곤, 기술

1 ③ **2** ④ **3** ① **4** 직업을 구하지 못해 가난한 처지에 놓인 P가 구걸이나 도둑질 없이 한 해를 무사하게 살아냈기 때문이다. **5** 인쇄소 일을 배우면 생활의 훌륭한 방편이 될 수 있다고 생각하기 때문이다. **6** ① **7** ② **8** ④ **9** 창선을 잘 돌보지 못했던 일에 대한 미안함과 가여움 그리고 창선에 대한 애정이 드러난다.

1 P가 실업으로 인해 가난에 시달리는 상황이나 전보를 받고 갑자기 정신이 난 듯이 쩔쩔매고 돌아다니는 모습을 설명한 부분을 통해 이 글은 작품 밖의 서술자가 인물과 사건을 직접 서술하고 있음을 알 수 있다.

정답과 해설

2 ㉠은 무직 상태에서 경제적 어려움을 겪고 있는 P가 아들까지 키워야 하는 상황이 되어 경제적 부담이 가중되는 계기로 작용한다.

3 ㉡은 P가 창선에게 학교 공부를 시키지 않고 딴 공부를 시키겠다는 뜻을 드러낸 말이다. 이는 창선을 기술자로 키워 자신처럼 빈곤하게 살지 않도록 해야겠다는 뜻을 나타낸 것이다.

4 ⓐ에서 식민지 시대에 고등 교육을 받고도 실업자가 되어 빈곤한 처지에 있는 지식인 P가 구걸이나 도둑질 없이 굶어 죽지 않고 살아 있는 것을 기적이라고 표현한 것이다.

5 P가 창선을 인쇄소에 보내 취직시키는 것을 '약'이라고 한 것은 인쇄소 일을 배우면 먹고 살 수 있는 방편을 얻을 수 있기 때문이다.

6 ㉠은 창선이 아버지를 찾아 경성으로 간다는 말을 듣고 외할머니가 창선을 위해 가져온 것으로, 창선에 대한 애정과 연민을 나타낸다.

7 이 글은 P라는 무직 인텔리의 이야기를 중심으로 그의 궁핍한 생활과 가족, 사회 현실에 관한 생각 등을 담고 있다. ㉡의 '레디메이드 인생'은 기성품처럼 이미 만들어진 인생을 의미하는 것으로, 지식인으로서 생계를 유지하기 어려운 현실에 대한 자조적인 인식을 드러낸 것이다.

8 P가 첫새벽부터 '서투른 솜씨로 화로 밥을' 짓는 것은 아들 창선을 맞이하기 위해 준비하는 행동으로 직업을 구하지 못해 가난하게 살아가는 처지를 직접적으로 나타내는 것은 아니다.

오답 뜯어보기 ① '고구라 양복'과 '이화표 붙은 학생 모자'는 일제 강점기 학생들이 입은 양복과 모자를 가리키는 것으로 소설의 배경이 일제 강점기임을 나타낸다.
② P가 창선이를 학교 대신에 '인쇄소에 가서 맡기는 것은 아들 창선을 지식인으로 키우기보다는 기술자로 키우려는 의도를 나타낸다.
③ P가 언급한 '레디메이드 인생'은 기성품 인생을 나타내는 말로, 교육 기회의 확대로 양산되었지만 사회에서는 취직도 제대로 못하는 지식인이 되는 현실을 나타낸다.
⑤ 창선의 외할머니가 '데리고 있기 정 불편하거든'이라고 하는 것은 P의 경제적 상황을 고려해서 한 말로, P의 경제적 상황이 좋지 않아 데리고 있기 불편하면 도로 내려 보내라는 의미이다.

9 P는 오랫동안 시골 형님에게 맡겼던 창선을 보자 미안하기도 하고 가여운 마음도 든다. 또한 막상 아들의 자고 있는 모습을 보니 자식에 대한 애정이 솟아나기도 한다. 따라서 ⓐ와 ⓑ는 P가 창선에 대한 미안함과 가여움, 애정을 느끼고 있는 것이다.

---

012 소설가 구보 씨의 일일 _ 박태원 68~71쪽

키포인트 체크 고독, 행복, 황금광 시대, 물질 만능주의

1 ④ **2** ② **3** ④ **4** 다른 사람들은 모두 목적지가 있지만, 구보는 뚜렷한 목적지가 없기 때문이다. **5** ③ **6** ④ **7** ⑤ **8** 일제 강점하에서 돌파구가 없던 지식인의 고독과 도시인의 쓸쓸한 내면 풍경을 잘 드러낸다. **9** 서정 시인조차 황금광으로 나서는 때

1 이 글은 현재형 문장을 사용하여 생동감 있게 표현하고 있으며, 추측형 문장을 통해 구보의 생각을 효과적으로 보여 주고 있다. 이 글의 서술자

는 구보의 시각에서 작품을 서술하고 있으므로 ④는 적절하지 않다.

2 구보는 무기력한 지식인의 전형으로, 당시의 세태에 대해 비판적이지만 적극적으로 행동하지 못하고 있다.

3 구보는 전차를 기다리는 사람들을 보며 그들에게 행복은 알 수 없다고 생각하고 있다. 따라서 전차를 기다리는 사람들의 행복한 모습은 드러나지 않으며 식민지 사회의 변화 조짐 또한 살펴볼 수 없다.

4 전차가 오면 타고 내리며 제 갈 길을 가는 다른 사람들과는 달리 구보는 뚜렷한 목적지가 없었기 때문에 멍하니 서 있을 수밖에 없는 것이다.

◀ 지식 +

● 소설가 구보 씨의 '고독'의 의미

소설가 구보는 세속적 일상과 거리를 두기 위해 고독을 선택하고, 세계와의 화해를 거부하는 고독한 삶은 그 증후로 모든 신경 조직의 불편을 호소하기에 이른다. 소설가 구보는 정신과 육체, 모든 면에서 일상적 욕망으로 가득 찬 자본주의적 현실과 어울리지 못하는 것이다. 그런데 구보는 그러면서 또 한편으로 의식, 무의식적으로 세계와의 불편한 관계를 거부하며 화해를 꿈꾸기도 한다. 이것은 고독 때문에 억압된 욕망들이 무의식 저편에 꿈틀거리고 있는 것의 한 양상이다. 구보의 갈등은 이런 이중적인 태도를 뚫고 억압된 욕망들이 구보의 의식 속에 들어오면서 시작된다. 집을 나오면서 어머니에게 대답을 못해 드린 것을 자책하는 구조는 바로 무의식 저편에 삶에의 욕망을 꿈꾸는 고독한 소설가의 뒷모습이라 할 수 있다.

– 강진호 외, 〈박태원 소설 연구〉

5 구보가 공적 서류의 수수료를 언급하고 있지만 이를 비싸다고 판단하지는 않았다.

6 소설은 실제가 아닌 허구의 세계를 담고 있지만 소설의 주인공을 작가로 설정했을 때 진실성을 부여할 수 있고, 독자는 작가의 삶을 엿볼 수 있다. 서술자를 작가 자신으로 설정한다고 해서 소설의 시간적·공간적 배경의 제약을 극복할 수 있는 것은 아니다.

7 제시된 글에 따르면 자본을 앞세운 일제의 사업 위세에 비해 조선인은 금광 사업에 별다른 이득을 보지 못했다고 나타나 있다. 따라서 구보가 내쉰 무거운 한숨은 황금에 대한 조선인들의 열기가 허황된 것이라는 의미를 담고 있다.

8 이 소설은 구보가 산책을 하면서 여러 풍경에서 느끼는 구보의 의식의 흐름 형식으로 구성되어 있다. 이러한 기법은 일제 강점기 지식인의 고독과 도시인의 쓸쓸한 내면 풍경이라는 주제를 효과적으로 전달하고 있다.

9 구보는 당시 사회를 황금에 미쳐 있는 '황금광 시대'로 보고 있다. 순수 학문을 하는 문인들까지 달려든 황금광 시대에 대해 쓸쓸해하며 비판하고 있다.

---

013 떡 _ 김유정 72~75쪽

키포인트 체크 허기, 추운, 비난, 음식

1 ③ **2** ② **3** ③ **4** ⑤ **5** 소외된 이웃에 대하여 지녀야 할 관심과 애정 **6** ⑤ **7** ② **8** ② **9** ① **10** 옥이가 너무 많은 음식을 먹고 탈이 나 죽을 지경에 처했다가 겨우 살아난 사건 **11** ⑤

1 시골 마을에 사는 옥이네 가족의 궁핍한 생활이 그려지고 있지만 시대적 배경을 세밀하게 묘사하고 있지는 않다.

　🖊오답 뜯어보기 ① '-었다' 등의 과거 시제와, '-ㄴ다' 등의 현재 시제를 혼용하고 있다.

② '이러던 것이 그날은 ~ 일어났다.'를 통해 과거의 사건을 다루고 있음을 알 수 있다.

④ 서술의 초점을 옥이에게 맞추어 사건을 전개하고 있다.

⑤ '덕희의 말을 빌리면~'에서 덕희에게 들은 이야기를 서술하고 있음을 알 수 있다.

2 '비로소 운 보람이 있었다. 어머니는 헝하게 죽 한 그릇을 떠 들고 들어온다.'를 통해 배가 고픈 옥이가 빨리 밥을 먹고 싶어서 갑작스레 울음을 터뜨린 것이라고 볼 수 있다.

3 옥이가 자신에게 욕을 하는 동네 계집을 비난한 부분은 이 글에서 찾을 수 없다.

　🖊오답 뜯어보기 ① '고깃국에 밥 마는 ~ 혼자만 쩍쩍거린다.'에서 아무런 간섭 없이 즐겁게 음식을 먹었음을 알 수 있다.

② '얘가 얼마든지 먹는단 애유'라고 개똥어멈에게 묻는 것에서 알 수 있다.

④ 작은아씨는 옥이에게 계속해서 음식을 내어주며 호의를 베풀고 있다.

⑤ 동네 계집은 옥이를 비난하고, 작은아씨는 음식을 주며 호의를 베푸는 것에서 알 수 있다.

4 '아버지는 이 꼴에 ~ 마뜩잖게 투덜거린다.'를 통해 옥이가 새벽부터 일어나 갑자기 울음을 터뜨리며 소리를 지르는 것에 대해 달가워하지 않음을 알 수 있다.

5 이 글에서는 서술자가 배고픔을 면하고자 부엌을 기웃거리는 옥이에 대해 동네 여자들이 욕을 하며 놀림의 대상으로 삼는 것을 부정적인 시각으로 바라보고 있고, 〈보기〉에서는 화자가 가마니에 덮인 동사자가 다시 얼어 죽을 때 무관심한 태도를 보이는 '너'에 대해 부정적인 시각으로 바라보고 있다. 이를 통해 이 글과 〈보기〉 모두 소외된 이웃에게 따뜻한 관심과 애정을 지니고 사는 삶을 추구하고 있음을 짐작할 수 있다.

6 '계집들은 몰려 앉아서 ~ 서로 떠들어대인다.'에서 알 수 있듯, 동네 사람들은 옥이가 음식을 너무 많이 먹고 봉변을 당한 것에 대해 안타까워하는 것이 아니라 재밋거리로 여기고 있다.

7 ⓑ는 개똥어머니에 대한 서술자의 부정적인 평가가 드러난 부분이다.

8 이 글에서 떡은 옥이가 평소에 맛보기 어려운 음식으로, 옥이의 식탐을 자극한다. 또한 덕희는 옥이가 떡을 혼자 먹은 것에 대해 시기하고 증오하는 모습을 보이고 있으므로, 덕희의 부성애가 드러나는 음식이라는 설명은 적절하지 않다.

9 옥이가 힘겹게 떡을 먹는 것을 왜 말리지 않았느냐는 서술자의 지적에 개똥어머니가 배고파 먹는 것을 어떻게 말리느냐고 항변한 것과, 개똥어머니의 말에 대해 서술자가 '요건 빨간 거짓말이다.'라고 생각하는 것을 통해 짐작할 수 있다.

10 ⓒ은 동네 여자들이 찧고 까불고 서로 떠들어대는 '그때의 일'을 가리키는 것으로, 개똥어머니와 서술자의 설명을 종합할 때 옥이가 잔칫집에 가서 밥 한 그릇과 팥떡, 백설기, 주왁 등의 여러 가지 떡을 먹고 탈이 나서 삼사 일을 앓고 난 뒤에 간신히 생기를 되찾은 일을 말한다는 것을 짐작할 수 있다.

11 '나'는 덕희가 욕을 퍼부으며 혼자서만 귀한 음식을 먹은 옥이를 시기하고 증오하는 모습을 보고, 덕희가 그 상황에 있었다면 더 욕심을 부렸을 것이라고 생각하는 대목이다. 그러므로 ㉣에서 '나'가 덕희에 대해 느낀 감정은 괘씸하고 얄미운 데가 있다는 의미의 '가증스러움'이 가장 적절하다고 볼 수 있다.

---

014 만무방 _ 김유정　　76~79쪽

[키포인트 체크] 소작농, 만무방, 농촌, 응오, 망연자실

1 ⑤　**2** ④　**3** ⑤　**4** ⑤　**5** ③　**6** ⑤　**7** ①　**8** 성실하게 살아가던 응오가 도둑이 된 것으로 보아, '만무방'은 어떤 삶을 살아도 만무방이 될 수밖에 없었던 현실을 의미한다.

1 이 글은 벼를 수확하지 않는 응오의 심리와 행동, 그리고 응오의 논에 벼가 없어진 것을 알고 당황하는 응칠의 심리와 행동 등을 중심으로 이야기가 전개되고 있다.

　🖊오답 뜯어보기 ② 인물의 외양 묘사는 나타나 있지 않다.

③ 서정적 분위기를 자아내는 배경 묘사는 나타나지 않는다.

④ 응오와 응칠이 겪은 사건 외에 다른 인물의 경험은 드러나지 않는다.

2 응오는 아무리 열심히 농사를 지어도 아무것도 남는 것이 없는 현실에 크게 절망감을 느끼고, 벼를 베지 않는 등 무기력한 모습을 보인다.

3 응오는 벼를 베지 않는 것에 대한 변명으로 아내의 병을 핑계로 대고 있지만, 사실상은 벼를 수확해 봤자 소작료를 내고 나면 남는 것이 없기 때문에 일부러 베지 않고 있는 것이다.

4 ⓙ는 지주에 대한 반감에서 비롯된 것으로 볼 수 있지만, ㉮와 ㉯는 지주와 관련된 사건으로 보기 어렵다.

　🖊오답 뜯어보기 ④ '처음에야 그럴 작정이 아니었다.'를 통해 처음부터 응칠이 지주를 거칠게 다루고자 한 것이 아니었음을 알 수 있다.

5 응칠이 지주를 찾아간 것은 동생 대신 지주에게 도지를 감해 줄 것을 요구하기 위해서였다. ㉠과 ㉣을 같은 의도에서 한 일로 파악하는 것은 적절하지 않다.

6 [A]와 같은 상황이 발생하게 된 것은 응오의 궁핍한 처지 때문이라고 할 수 있다(ㄷ). 또한 형에게 들켜 일을 그르치게 된 데 대해 울음이 복받쳐 데퉁스레 걸어가는 응오의 모습을 통해 상황에 대응하는 응오의 절박한 심정도 느낄 수 있다(ㄹ).

　🖊오답 뜯어보기 ㄱ. [A]는 뜻하지 않은 상황이 발생하면서 새로운 갈등이 시작되는 장면이므로 극적 긴장감이 약해지는 것은 아니다.

ㄴ. 이전에 응오가 형에 대해 기대를 하고 있었다고 보기 어려우므로 [A]에서 형에 대한 기대가 사라졌다고 보는 것은 적절하지 않다.

7 ㉠은 응칠의 시각이 반영된 서술이라고 볼 수 있다. 하지만 ㉡~㉤은 모두 서술자의 시각에서 관찰한 내용을 서술한 것이다.

정답과 해설

• 이중 시점

한 소설 내에서 하나의 시점이 일관되게 나타나는 것이 아니라 두 개 이상의 시점이 번갈아 나타나는 것을 이야기한다. 시점이 두 개 이상이라면 시점의 이동이 선명하게 다루어져야만 독자들이 혼란에 빠지지 않을 수 있다. 따라서 이중 시점을 다루는 현대 소설이라면 보다 치밀한 구성이 요구된다.

8 처음에는 빚 때문에 부랑하는 삶을 사는 응칠의 모습이 만무방으로 그려지지만, 성실하게 살아가던 응오가 도둑이 된다는 점에서 이 작품의 제목인 '만무방'은 어떤 삶을 살아도 '만무방'이 될 수밖에 없는 삶의 현실을 표현하는 말이라고 볼 수 있다.

---

015 봄·봄 _ 김유정

80~83쪽

키포인트 체크 혼인(성례), 일제, 농촌, 몸싸움, 장인

1 ① **2** ④ **3** ⑤ **4** 상황을 정확하게 인식하지 못하는 '나'의 판단과 행동을 통해 독자의 웃음을 유발한다. **5** ④ **6** ② **7** ① **8** '나'를 충동질하다가 싸움이 벌어지자 아버지의 편을 든다. **9** '나'와 장인의 비정상적인 관계, 비속어의 사용, 장인의 속셈을 '나'만 모르고 있는 상황 등

1 (나)의 '그래서 오늘 아침까지 끽소리 없이 왔다.'를 통해 과거에서 현재로 사건이 전환되고 있음을 알 수 있다.

오답 뜯어보기 ② 이 글은 1인칭 주인공 시점으로, 서술자인 '나'가 자신이 겪은 일을 주관적인 관점에서 전하고 있다.

③ 이 글은 일상적인 구어체로 서술하고 있어서 현학적인 표현을 찾기 어렵다.

④ 이 글에서 동시에 일어나는 두 개의 사건을 병치한 부분은 찾을 수 없다.

⑤ '나'가 자신이 겪은 일을 직접 이야기하고 있다.

2 어수룩한 '나'는 끝내 진실을 인식하지 못함으로써 해학적 상황에서 벗어나지 못하고 있다.

3 ㉠에서 '나'는 껄껄 웃는 장인의 행동을 보고 '암만해두 돌 씹은 상'이라고 생각한다. 즉 괄호 밖의 내용은 겉으로 나타난 장인의 행동이고, 괄호 안은 이에 대한 '나'의 주관적 판단이라 할 수 있다.

4 이 글의 서술자인 '나'는 어수룩하고 순진한 인물로, 자신이 처한 불합리한 상황을 제대로 인식하지 못한다. 이와 같이 어수룩한 서술자인 '나'의 행동이나 생각은 독자의 웃음을 유발한다.

5 '나'와 장인의 갈등과 화해라는 구조의 순환을 고려할 때 내년 봄에 또다시 '나'의 성례 요구와 장인의 거부로 인한 갈등 상황이 벌어질 것임을 짐작할 수 있다.

오답 뜯어보기 ⑤ '나'는 어수룩한 성격으로 인해 정확한 현실 인식에 도달하지는 못한다.

6 이 글은 과거와 현재를 오가며 서술되고 있다. 〈보기〉의 시 역시 1연에서는 여승의 현재의 모습을, 2연 ~ 4연에서는 여승이 되기까지의 여인의 비극적인 삶의 모습을 보여 주고 있다.

• 백석, 〈여승〉

갈래	자유시, 서정시
성격	서사적, 회상적, 애상적
주제	한 여인의 비극적인 삶
특징	① 한 여인의 비극적인 삶을 절제된 시어로 표현함. ② 회상적 어조로 표현함. ③ 시간의 흐름에 따르지 않는 역순행적 구성을 취함.

7 (가)에서 수염을 채고 점순이의 원대로 했다고 하는 것으로 보아 '나'는 점순이의 충동질에 영향을 받아 장인을 공격한 것임을 알 수 있다.

8 점순이는 '나'와 결혼하고 싶은 마음과 아버지를 생각하는 마음을 모두 갖고 있다. 따라서 '나'를 충동질하다가도 막상 싸움이 벌어지자 아버지 편을 드는 이중적인 태도를 보인다.

9 이 글은 강원도 지방의 토속적 사투리와 비속어 등의 익살스러운 표현을 통해 재미를 더하고 있다. 또한 장인의 속셈을 모르고 어수룩하게 머슴일을 하는 '나'의 모습과 격투 장면도 웃음을 유발하고 있다.

---

016 화랑의 후예 _ 김동리

84~87쪽

키포인트 체크 현실, 관념, 근대 사회, 양반, 과부

1 ① **2** ④ **3** ④ **4** ⑤ **5** ② **6** ② **7** 과거의 권위에 연연하며 허세를 부리는 황 진사의 시대착오적 모습을 비판한다. **8** 두꺼비 기름을 만병통치약으로 팔고 있음.

1 숙모님과 황 진사의 대화를 통해 황 진사의 중매 문제에 대한 두 사람 사이의 갈등이 드러나고 있다.

2 황 진사는 숙모님이 소개하겠다는 여자의 조건이 상당히 좋지만, 과부라는 이유로 크게 분노한다. 자신은 유서 깊은 양반 가문의 자손이기 때문이다. 이처럼 황 진사는 과거의 권위에 사로잡혀 보통 사람으로서는 이해할 수 없는 언행을 하는 인물이다.

3 황 진사는 시대의 변화에도 불구하고 낡은 관념에 사로잡힌 인물이다. 작가는 황 진사의 시대착오적인 모습을 통해 우리의 삶의 모습을 되돌아보게 하고 있다.

4 숙모님은 황 진사의 반응에 무안해져 '어린 숫처녀 골라 혼인하라'고 대꾸한다. 숙모는 몰락한 양반인 황 진사가 자신의 처지는 돌아보지 못하고 과부를 중매하려고 하자 분노하는 태도를 보일 줄 몰랐기 때문에 당황하고 어이가 없었을 것이다.

5 '나'는 숙부님이 피검된 상황에서도 자기 가문 자랑만 늘어놓는 황 진사를 보고 어이없고 어리둥절해하고 있다. 하지만 서운함을 느끼는 장면은 나타나지 않는다.

오답 뜯어보기 ① 숙부님은 만주에서 발단된 '대종교 사건'에 연루되어 피검되었다고 하였다.

③ 황 진사와 마주쳤을 때 '나'는 숙부님에 대한 자세한 내용을 알게 되지는 않을까 기대했다.

④ 황 진사는 '나'에게 자신이 화랑의 후예라고 자랑하고 있다.

⑤ 황 진사는 가별 의식에 사로잡혀 권위를 내세우지만 현실적으로는 무능한 인물로서, 가짜 약을 속여 파는 행위를 통해 그의 현실적 처지를 알 수 있다.

6 〈보기〉의 '의원'은 타향에서 혼자 앓아 누운 '나'에게 고향을 느끼게 해 주는 긍정적 인물로 형상화되어 있다.

7 ㉠에서 황 진사는 자신의 조상이 화랑이었다는 사실을 매우 자랑스럽게 여기고 있음을 알 수 있다. 작가는 양반의 자손이면서 화랑의 후예라는 사실을 자랑하는 황 진사를 문벌 의식과 가문에 대한 자부심으로 허세를 부리는 시대착오적인 인물이라고 비판하고 있다.

8 황 진사는 자신의 가문이 화랑의 후예였다고 '나'에게 감개하여 말하고 있지만, 현재는 몰락하여 생활조차 어려운 상황으로, 두꺼비 기름을 만병통치약이라고 속여 팔고 있다.

017 날개 _ 이상
88~91쪽

[키포인트 체크] 지식인, 방, 밀폐, 아달린, 날개

1 ① **2** ② **3** ③ **4** ① **5** ② **6** ① **7** ⑤ **8** 억압된 삶에서 벗어나 자유로운 자아를 찾으려는 희망을 드러낸다. **9** 사회관계와 인간관계 모두 단절됨.

1 (가)에서 아내는 '나'를 재우기 위해 한 달 동안 아달린을 아스피린이라고 속이고 먹였다는 것을 알 수 있다. (라)에서 '나'가 아내가 불면증이 있어 아달린을 사용한 것은 아닌지 생각을 하기는 하지만, 이것은 '나'의 생각일 뿐 실제로 아내가 불면증이 있거나, 아달린을 먹었는지는 알 수 없다.

2 이 글은 객관적인 외부 세계보다 주관적인 내면세계를 의식의 흐름에 따라 기술한 '의식의 흐름' 기법으로 서술되었다. 특히 내적 독백을 중심으로 주인공의 의식의 흐름에 따라 서술되고 있다.

3 '나'는 아스피린 대신 아달린을 준 아내에 대한 실망감과 분노가 세상에 대한 실망으로 확대되어 인간 세상의 아무것도 보기가 싫었던 것이다.

4 '나'는 자신에게 아스피린 대신 아달린을 준 아내에게 배신감과 실망을 느껴 ㉡과 같은 행동을 한 것이다.

5 이 작품에서 '나'는 다섯 번의 외출을 한다. 지문에 제시된 외출은 다섯 번째 외출로, 이를 통해 '나'는 아내에게 종속된 삶에서 벗어나 새로운 세계를 만나고 삶의 의지를 회복하게 된다.

6 ⓐ의 경성역은 일제 강점기 때 지금의 서울역을 지칭하던 이름이고, ⓑ의 미쓰코시 백화점은 당시 존재하던 일본계 백화점이다. 따라서 이를 통해 시대적 배경이 일제 강점기임을 알 수 있다.

7 정오 사이렌은 '나'가 자신의 실체를 깨닫는 계기를 만들어 주는 것으로 자아의 각성을 가져오지만 사회 문제로의 확대는 나타나지 않는다.

8 '나'의 삶은 살아 있는 듯 보이지만 생명력이 없어 날지 못하는 박제된 상태와 같다. 따라서 '날자고 하는 것'은 생명력 있는 삶, 즉 삶의 의미를 찾아 자유롭고 이상적으로 살아가기를 소망하는 것이다.

9 이 글에는 '나'와 아내를 대조적으로 설정하고 있는데, 인물의 성격이나 거처하는 방, 현실적인 능력 등을 통해 이를 보여 주고 있다. 보편적인 남녀의 관계와는 달리 이 글에서는 사회 활동을 하는 아내와 사회관계와 인간관계가 모두 단절되고 경제적으로 무능한 남편으로 설정되어 있다.

018 동백꽃 _ 김유정
92~95쪽

[키포인트 체크] 눈치, 영악, 강원도, 사랑, 감자, 닭싸움

1 ② **2** ⑤ **3** ⑤ **4** '나'에 대한 점순의 관심과 호의 **5** ② **6** ②
7 ④ **8** ④ **9** 알싸한, 그리고 향긋한 그 냄새에 나는 땅이 꺼지는 듯이 온정신이 고만 아찔하였다.

1 점순과 '나'가 마름과 소작인의 관계에 있기는 하지만, 계층 간 갈등보다는 청춘 남녀 사이의 순박한 사랑을 중점적으로 드러내고 있다.
[오답 뜯어보기] ① 점순이 닭싸움으로 자신을 괴롭히는 사건에서 나흘 전 감자 사건으로 시간을 되돌려 이야기를 전개하고 있다.
③ '닭싸움, 동백꽃' 등의 소재와 사투리를 사용하고 있다.
④ 점순의 마음을 제대로 이해하지 못하는 둔한 '나'를 서술자로 내세워 웃음을 유발하고 있다.
⑤ 적극적이고 영악한 점순과 어수룩하고 둔한 '나'의 대비를 통해 해학적인 분위기를 조성하고 있다.

2 이 글에서 '닭싸움'은 감자 사건에 대한 점순의 복수인 동시에 '나'의 관심을 끌고자 하는 또 다른 시도이다.
[오답 뜯어보기] ① '나'와 점순의 갈등의 근본 원인은 '나'가 자신에게 호의를 보이는 점순의 마음을 제대로 이해하지 못한 것이다. 닭싸움은 그 결과로 일어난 갈등의 한 모습이다.
③ '나'는 점순이 계속 닭싸움을 시키는 이유를 이해하지 못하고 자신을 못살게 군다고 생각한다.
④ 점순네 수탉과 '나'의 수탉의 모습을 통해 불평등한 관계를 암시하고 있다.

3 이 글은 1인칭 주인공 시점으로 주인공인 '나'의 시각에서 사건을 서술하기 때문에 인물의 내면 심리를 파악할 수 있다. 반면에 〈보기〉는 전지적 작가 시점으로 3인칭 서술자가 주인공의 상황을 설명하기 때문에 상황을 좀 더 객관적으로 전달할 수 있다.

정답과 해설

오답 뜯어보기 ② 인물의 육성은 주인공이 직접 자신의 상황을 이야기할 때 더 생생하게 느낄 수 있다.

③ 1인칭 주인공 시점은 서술자인 주인공이 직접 자신의 이야기를 독자에게 전달하므로 서술자와 독자의 거리가 가장 가깝다.

4 '감자'는 점순이 '나'에게 몰래 건네준 선물이다. 따라서 '나'에 대한 관심과 호의의 표현으로 볼 수 있다.

5 '나'는 홧김에 점순네 닭을 때려죽이고 그로 인해 벌어질 결과가 두려워 눈물을 흘린 것이지, 점순의 동정을 사기 위해 일부러 울음을 터뜨린 것은 아니다.

오답 뜯어보기 ① (나)의 '동리에서도 소문이 ~ 여우 새끼 같다.'를 통해 '나'는 원래 점순에 대해 호의적이었음을 알 수 있다.

③ 점순 어머니의 역정에 '나'와 점순이 산 아래와 산 위로 도망간 것으로 보아 '나'와 점순은 같이 있었다는 것을 숨기려 함을 알 수 있다.

④ (가)에서 '나'가 본 상황을 미루어 볼 때 점순은 '나'를 괴롭히려고 일부러 닭싸움을 시킨 것임을 알 수 있다.

⑤ (나)~(다)에서 '나'가 닭을 죽인 후의 반응으로 보아 '나'는 점순네 닭을 죽인 것에 걱정하고 있음을 알 수 있다.

6 '동백꽃'은 '나'와 점순의 사랑을 감각적으로 드러내고 화해를 상징하는 소재이다.

7 점순은 '나'에 대한 관심을 적극적으로 드러냈지만, 어수룩한 '나'는 그것을 알아채지 못했다.

8 '나'는 닭싸움을 시켜 자신의 닭이 죽을 지경에 처하게 한 점순에게 화가 나 점순네 닭을 죽이고, 그로 인해 벌어질 결과를 걱정하다가, 점순이 이르지 않겠다는 말에 안도하고 있다.

9 이 글에서는 '나'와 점순의 사랑을 '알싸한, 그리고 향긋한' 동백꽃 향기와 '땅이 꺼지는 듯이 온 정신이 고만 아찔하였다.'의 비유적 표현을 이용하여 감각적으로 표현하고 있다.

---

019 메밀꽃 필 무렵 _ 이효석
96~99쪽

키포인트 체크 하룻밤, 달밤, 낭만적, 왼손잡이

1 ①　2 ③　3 ②　4 성 서방네 처녀와의 추억이 매우 소중하기 때문이다.　5 ④　6 ①　7 동이의 탐탁한, 업혔으면도 하였다.　8 조 선달은 독자가 허 생원의 이야기를 가까이에서 편안하게 들을 수 있게 하는 역할을 한다.

1 허 생원의 이야기는 꾸며 낸 이야기가 아니라 허 생원이 젊은 시절 달이 뜬 어느 날 밤에 겪은 이야기이다. 허 생원은 달이 뜨기만 하면 그 일이 떠올라 조 선달에게 이야기를 꺼내고 있음을 알 수 있다.

2 [A]는 허 생원이 과거를 회상하는 계기가 되는 배경으로, 메밀꽃이 흐드러지게 핀 달밤의 정취와 풍경을 섬세하게 묘사함으로써 서정적이고 낭만적인 분위기를 조성한다. '서정과 낭만으로 빚은 집'에는 이러한 분위기가 잘 드러나며 비유를 사용하여 작가의 작품 세계를 나타내고 있다.

오답 뜯어보기 ① [A]의 분위기를 잘 살리지 못하고 있다.

② 달밤의 서정적이고 낭만적인 분위기를 살리지 못했고, 비유적 표현도 쓰이지 않았다.

④ '서도(西道)'는 평안도와 황해도를 의미하여, 소설의 배경인 봉평과 관련이 없으며, '애수'도 작품의 분위기와 어울리지 않는다.

⑤ '다시 못 갈 그 서러운 곳'은 작품의 내용과 어울리지 않는다.

3 동이는 허 생원과 조 선달의 대화를 듣지 못해 성 서방네 처녀가 자신의 어머니일 수 있다는 사실을 짐작하지 못한다. 반면, 독자는 조 선달과 허 생원의 대화를 통해 더 많은 정보를 얻게 된다.

4 허 생원이 성 서방네 처녀 이야기를 자꾸 꺼내는 이유는 허 생원에게 그녀와의 추억이 소중하고 잊을 수 없는 일이기 때문이다.

5 '봉평'은 허 생원이 성 서방네 처녀와 만난 곳으로, 동이의 이야기와 동이 어머니의 고향이 봉평이라는 말을 듣고 허 생원은 동이의 어머니가 성 서방네 처녀일지 모른다는 생각을 하게 된다. 그래서 동이가 자신의 아들인지 확인하기 위해 아비의 성을 물은 것이다.

6 나귀가 새끼를 낳았다는 것을 허 생원이 자식을 얻었다는 것으로 병치해 보면, 나귀 새끼를 생각하며 귀엽다고 하는 것에서 자신의 자식이라 생각한 동이에 대한 허 생원의 애정을 느낄 수 있다.

오답 뜯어보기 ④ 나귀를 얻은 강릉집 피마는 성 서방네 처녀라고 볼 수 있다.

7 동이가 자신의 아들일지도 모른다는 생각을 하게 된 허 생원이 동이의 등에 업혀 혈육의 따뜻한 정을 느끼고 좀 더 업히고 싶은 속마음을 드러내고 있다.

8 이 글에서 조 선달은 허 생원의 이야기를 들어 주고 맞장구도 쳐 주고 있다. 독자는 조 선달과 같은 입장에서 허 생원의 이야기를 들을 수 있기 때문에 허 생원과 거리감이 줄어드는 효과를 가질 수 있다.

---

020 천변 풍경 _ 박태원
100~103쪽

키포인트 체크 순박한, 세속적, 청계천, 만년필

1 ④　2 ④　3 ⑤　4 ⑤　5 주인 영감에게 자신이 똑똑하지 못한 아이라는 인상을 줄까 봐　6 ③　7 ⑤　8 ②　9 서술자는 서울을 창수와 같은 순박한 시골 아이를 영악한 인물로 변모시킬 수 있는 곳으로 인식하고 있다.　10 세속적, 변화

1 이 글은 '한 이십 명이나 모여든 빨래꾼들-, ~ 또 무슨 장난인지, 서로 주먹을 들어 때리는 시늉을 한다.' 등과 같이 쉼표를 활용한 긴 문장으로 여러 대상과 장면을 서술하고 있다.

2 한약국 주인 영감이 창수의 아버지에게 거만한 태도를 보이고 있는지는 나타나지 않는다.

오답 뜯어보기 ② (나)에 창수가 '시골뜨기'이면서 '애꾸'인 자신의 아버지를 부끄러워하는 모습이 나타나 있다.

③ (나)에 창수가 서울에 올라와 주인 영감을 만나 긴장하고, 거북스러워하는 모습이 나타나 있다.

3 '창수는, 우선, 개천 속 빨래터로 눈을 주었다.', '그는 눈을 들어, 이번에는 빨래터 바로 위 천변의, 나무장 간판이 서 있는 곳을 바라보았다.' 등을 볼 때, (마)에서 창수의 눈에 비친 풍경을 시선의 이동에 따라 서술하고 있음을 알 수 있다.

 • **카메라아이(camera-eye) 기법**

원래는 영화의 촬영 기법 중의 하나로, 카메라를 특별한 의도 없이 여기 저기 들고 다니면서 상황을 객관적으로 찍는 것을 가리킨다. 카메라아이 기법은 상이한 장소에서 동시에 일어나는 다양한 사건을 보여 주어 시간성과 공간성을 극대화시키는 효과를 지닌다. 〈천변 풍경〉은 청계천 주변에서 특별한 연관성 없이 동시다발적으로 나타나는 인물과 사건을 사실적으로 담아내기 위해 이 기법을 작품 전반에 걸쳐 사용하고 있다.

4 (가)에서 "자식 하나, 사람 만들어 보겠다'고, 이내 그의 손을 잡고 '한성'으로 올라온 것이다.'를 통해, 창수 아버지는 한약국 주인 영감에게 창수를 한성에서 생활할 수 있도록 부탁하기 위해 찾아온 것임을 짐작할 수 있다.

5 (다)의 '어른이 대신 말하여 줄 때, 모르는 이는 아이가 똑똑지 못한 것같이 잘못 알지도 모른다.'에서 창수의 속마음을 알 수 있다.

6 창수가 야시에 혼자 다녀온 것은, 자신의 운명을 개척하는 모습이라기보다는 다른 친구들보다 좀 더 적극적인 태도가 드러난 것으로 볼 수 있다.
　　오답 풀어보기 ① 순박한 인물이었던 창수는 서울 생활을 하면서 물질적인 것에 현혹되는 모습을 보여 주고 있다.
　　② 창수와 재봉은 1930년대 당시 서울에서 꿈을 키우고 살았던 청년들의 모습이라고 볼 수 있다.
　　④ '그동안 밀린 월급이나 계산해 달라는' 창수의 말을 통해 한약국 영감의 냉혹한 모습을 파악할 수 있다.

7 서술자가 창수에 대해 영리하다고 한 것은, 순박했던 창수가 서울 생활을 하면서 '영리한' 곧 '영악한' 인물로 변화했음을 반어적으로 드러낸 것이다.

8 [A]는 서술자(작가)가 편집자적 논평을 통해 자신의 주관적인 생각을 드러내고 있는 부분이다. 서술자는 사람이 큰 인물이 되기 위해서는 서울과 같은 도회지에서 살아야 함을 인정하고 있지만 또 한편으로는 그러한 도회지가 순박한 시골 사람을 '영리한' 곧 '영악한' 인물로 변모시킬 수 있음을 경계하고 있다.

9 이 글에서 서술자는 사람이 큰 인물이 되기 위해서는 서울과 같은 도회지에서 살아야 함을 인정하고 있다. 하지만 서울이라는 도회지가 창수와 같은 순진한 시골 아이를 영악한 성격의 소유자로 만들 수 있음을 경계하고 있다.

10 이 글에서는 창수가 만년필을 친구들에게 자랑하고 비속어를 사용하여 한약국 주인을 험담하고 있으므로 세속적이고 무례한 태도가 드러나 있다. 이는 과거 순박하고 예의 바른 창수의 모습과 달라진 것으로 변화된 창수의 모습을 보여 주고 있다.

021　복덕방 _ 이태준　　104~107쪽

키포인트 체크　자살, 복덕방, 체면, 장례

1③　2⑤　3⑤　4안 초시의 꿈은 흰 조각구름으로, 현재의 상황은 때 묻은 적삼으로 형상화하여 꿈과 현실 사이의 괴리감을 드러내고 있다.　5②
6③　7자네 참 호살세 호사야　8㉠: 위안을 받는 ㉡: 비극의

---

1 안 초시는 딸 안경화에게 부동산 투기를 권했지만, 투자에 실패하여 안경화의 돈을 잃게 되었다. 따라서 안 초시가 재산을 모두 잃었다고는 볼 수 없다.

2 안 초시가 죽었다고 해서 안경화에게 물질적 이익이 생기는 것은 아니다. 서 참의가 안경화와 갈등하는 것은 안 초시의 죽음에 대해 관청에 알리는 문제로 인한 것이다.
　　오답 풀어보기 ① ㉮의 갈등의 원인은 투자 실패로 인한 것이므로 돈과 관련된 갈등으로 볼 수 있다.
　　② 부녀간의 정보다 물질적 이익을 중시하는 안경화의 태도가 ㉮의 원인이라고 볼 수 있다.
　　③, ④ ㉮는 투자 실패로 인해 안 초시와 안경화 사이에서 벌어진 갈등이며, ㉯는 아버지의 죽음을 관청에 알리지 않으려는 안경화와 서 참의 사이의 갈등이다.

 • **〈복덕방〉의 비판적 메시지**

안 초시가 근대와 인연을 맺고자 투기를 벌였다가 좌절 끝에 세상을 떠나는 〈복덕방〉의 이야기에는 근대화라는 것이 조선에 의미하는 바가 무엇인가에 대한 비판적 메시지가 담겨 있다.
그것에 따르면 근대화는 한마디로 인간 타락의 무자비한 전일화 과정이다. 그것은 무장의 호방한 기개가 있었던 서 참의가 비굴한 복덕방 영감으로 전락한 사정에 암시되어 있는 바대로 영웅적 삶의 가능성을 철저하게 말살하는 것이면서 안경화로 대표되는 부도덕하고 속물적인 인간들에게 특권과 영광을 부여하는 것이다. 세속적 영화의 유혹에 넘어가 결국 스스로 목숨을 끊기에 이른 안 초시의 불행은 근대화가 몰고 오는 파괴와 타락의 무자비성을 나타낸다.
　　　　　　　　　　　　　　　－ 황종연, 〈미적 자율성과 근대 비판〉

---

3 서 참의는 투자 실패로 안경화에게 피해를 주고 낙담한 안 초시를 위로하고 있다. 안경화에게 냉대를 받으며 낙담한 안 초시를 위로하려는 것이므로 안 초시의 돈을 손해 보지 않았다는 말로 위로하는 것은 적절하지 않다.

4 안 초시는 투자 실패 이후 내면적으로 극심한 허탈감과 괴로움에 시달리고 있다. 이때 안 초시의 꿈은 맑은 하늘에 여기저기 흩어져 있는 '흰 조각구름'으로, 안 초시의 현재 상황은 '때 묻은 적삼'으로 형상화하고 있다.

5 이 글에는 겉치레와 체면을 중시하는 안경화의 성격과, 의리가 있고 정의감이 있는 서 참의의 성격이 잘 드러나고 있다(ㄱ). 한편 서 참의의 요구를 들어주었다고 해서 서 참의와 안경화 사이의 근본적인 갈등이 해소된 것은 아니며, 서 참의는 안경화를 부정적으로 바라보고 있다(ㄷ).

6 장례식이 만족스럽지 못했을 때 서 참의가 안경화를 다시 야단친다면, 그것은 서 참의의 정의로운 성격과 안경화의 비열하고 추악한 면이 더욱 부각되는 효과를 낳게 될 것이다. 서 참의가 성대한 장례식을 요구한 이유는 비참하게 살다 간 안 초시를 위로하려는 의도이지 안경화에게 죽음의 책임을 묻고자 하는 것이 아니다.
　　오답 풀어보기 ① 장례식이 성대하지 않은 것으로 마무리된다면 서 참의와의 약속을 지키지 않은 안경화의 태도가 강조될 것이다.
　　⑤ 안경화의 반성으로 글이 마무리된다면 갈등이 해소되면서 교훈을 제시할 수 있을 것이다.

7 사람이 죽은 것은 매우 비극적인 일인데, 죽은 사람에게 '호사(호화롭게

잘 지냄)'라고 말하는 것은 반어적인 표현이다. 안 초시는 살아있을 때 딸이 경제적으로 지원을 해 주지 않아 물질적으로 궁핍하게 살았다. 하지만 서 참의와 거래를 한 안경화는 장례식을 호화스럽게 치른다. "자네 참 호살세 호사야."는 이 모습을 본 서 참의가 삶의 근본적인 부조리를 표현하는 동시에 안경화의 위선적 태도를 비판한 말이다.

8 이 작품의 주요 공간적 배경은 서울의 변두리에 위치한 '복덕방'이다. '복덕방'은 세상의 변화에 적응하지 못하고 소외된 채 살고 있는 세 노인이 소일하기에 안성맞춤인 곳으로, 서로를 향한 애정과 연민을 갖고 지내는 공간이다. 하지만 서로에게 위안이 되던 이 공간에서 안 초시가 자살하게 됨으로써 세 사람의 비극적 삶의 모습을 부각시키는 비극의 공간으로 그 의미가 변모하게 된다.

---

022 치숙_채만식　108~111쪽

키포인트 체크 사회주의, 식민 통치, 무능력, 순응, 물질적

1 ③　**2** ④　**3** ①　**4** ⑤　**5** 아편, 부랑당패　**6** ⑤　**7** ①　**8** ④
9 물질적 가치, 사회주의 운동

1 이 글은 특별한 사건의 진행 없이 '나'의 시선에 의해 아저씨의 삶의 모습을 서술하고 있다.

　오답 뜯어보기 ① '나'가 아저씨에 대한 이야기를 하고 있다.
② 이 글은 마치 청자를 앞에 두고 말하듯이 구어체로 서술되어 있다.
④ '말이지요?', '발광인고' 등과 같은 의문형을 사용하여 독자의 동의를 구하고 있다.
⑤ '나'의 판단은 주관적이며 '나'는 사회적인 의식이나 민족적·역사적 의식이 결여된 인물로 신빙성 없는 화자라고 할 수 있다. 따라서 '나'를 통해 비난을 받는 인물은 오히려 칭찬의 대상으로 역전되고 있다.

2 (나)에서 '나'는 아저씨가 참여하는 사회주의를 '부랑당패'라고 말하며 비난하고 있다. 이를 통해 '나'는 아저씨가 참여하는 사회주의 운동을 탐탁지 않게 여김을 알 수 있다.

3 [A]에서 서술자인 '나'는 아저씨의 삶을 요약적으로 제시하고 있으며 (ㄱ), 아저씨에 대한 풍자적 서술을 통해 그의 행위를 비판하고 있다(ㄴ).

지식 +

• 풍자
사회의 모순이나 인간의 악덕, 어리석음 따위를 비꼬아 드러내는 문예 기법이다. 주로 역설, 반어, 과장, 축소 등의 다양한 방법을 동원하여 대상을 희화화함으로써 사회 또는 인간의 허점과 모순, 부조리 등을 폭로한다. 고전 작품으로는 신라 시대 설총의 〈화왕계〉, 고려 시대의 가전체 작품, 연암 박지원의 〈호질〉, 〈양반전〉 등에서 풍자를 찾아볼 수 있다. 근대 이후의 작품으로는 김유정의 〈금 따는 콩밭〉, 채만식의 〈레디메이드 인생〉, 〈태평천하〉, 〈치숙〉 등에 풍자가 잘 나타나 있다.

4 ㉠에서 '나'는 반어적인 표현을 통해 아저씨를 풍자하고 있다. ⑤ 역시 '공정하겠군.'이라는 반어적 표현을 통해 경기 규칙도 모르는 심판을 풍자하고 있다.

　오답 뜯어보기 ①은 억양법, ②는 역설법, ③은 연쇄법, ④는 비교법을 구사하고 있다.

지식 +

• 억양법
강조법의 일종이다. 칭찬을 하기 위해 먼저 흉을 보거나, 흉을 보기 위해 먼저 칭찬을 하는 방법으로 문세(글의 기세와 힘)에 기복을 두어 한층 날카롭게 느끼게 하는 표현법이다.

---

5 '나'는 사회주의를 '아편'이나 '부랑당패'와 같다고 하며, 사회주의에 대한 부정적인 입장을 드러내고 있다.

6 (가)에서 '나'는 아저씨의 훈계에 대해 비판하면서 과거의 사건을 회상하고 있다. 즉, 아주머니를 보러 간 길에 만난 아저씨와 잡지에 대해 이야기를 나누던 때의 장면을 회상하는 것이다. 따라서 역순행적 구성 방식이 나타난다고 할 수 있다.

지식 +

• 피카레스크식 구성
피카레스크식 구성은 서로 다른 이야기들이 하나의 주제 아래 통일되어 엮여 있는 구성 방식을 말한다. 인과 관계에 따라 연결되지 않은 별개의 이야기들에 대부분 동일한 인물들이 등장해서 전체적으로 연결되어 있는 느낌을 준다. 대표적으로 조세희의 〈난장이가 쏘아올린 작은 공〉이 이러한 구성 방식을 사용하였다.

7 ㉠은 '나'를 비난한 아저씨에 대해 반어적 냉소를 드러낸 것이다. '거 참 그렇겠군.'이라는 반어적 표현은 아저씨의 충고와 비난에 대해 불편한 심기를 드러낸 것이지 아저씨의 말을 부분적으로 수긍한 것이 아니다.

8 〈보기〉는 3인칭 시점으로 상황과 행동을 서술하고 있다. [A]는 이를 1인칭 시점으로 바꾼 것인데, '그런데 보니깐 어디서 모두 뒤져냈는지'를 통해 아저씨에 대한 '나'의 못마땅하고 부정적인 시각을 드러내고 있다.

　오답 뜯어보기 ① 상세한 묘사는 나타나지 않는다.
② 내면 심리가 나타나기는 하지만 심리의 흐름을 구체적으로 드러냈다고 말할 수는 없다.
③ 작품 밖 서술자가 아니라, 작품 안의 서술자이다.
⑤ '나'의 시선에서 서술하여 독자와의 거리를 가깝게 한다.

9 이 글에는 채만식 소설 특유의 아이러니가 드러난다. 민족의 운명이나 사회 문제에는 관심을 보이지 않고 지나치게 개인주의적인 모습을 보이며 물질적 가치만 중시하는 부정적인 인물인 '나'가 사회주의 운동을 하다가 병이 든 아저씨를 비판하는 데서 아이러니가 발생한다.

---

023 태평천하_채만식　112~115쪽

키포인트 체크 인색, 구한말, 경찰서장, 사회주의

1 ④　**2** ④　**3** ②　**4** 물건을 훔치지 않음. 월급을 주지 않아도 됨.
5 ③　**6** ①　**7** ①　**8** 부당한 방법으로라도 내 것을 지킬 수 있는 세상
9 윤 직원 영감은 사회주의에서 주장하는 평등이 부자들의 재산을 함부로 뺏은 화적패나 지방 수령들의 행위와 같다고 생각하고 있기 때문이다.

1 이 글은 인물에 대한 묘사를 통해 작품의 해학성을 높이고 있지만, 배경을 묘사하여 앞으로 일어날 사건을 암시하고 있는 것은 아니다.

　오답 뜯어보기 ① 서술자는 '~입니다', '~습니다' 등과 같은 경어체를 사용하고 있다.
② (가)의 '참말 딱한 노릇입니다.' 등을 통해 알 수 있다.

③ 작가는 윤 직원의 바람직하지 않은 가치관을 작품 전면에 내세워 주제를 드러내고 있다.

⑤ (나)에 윤 직원의 아버지인 윤용규의 죽음에 얽힌 사연이 제시되어 있으므로 적절한 진술이다.

• 소설에서의 '거리'
일반적으로 소설에서는 시점에 따라서 서술자를 중심으로 '서술자-독자', '서술자-인물', '인물-독자'의 거리를 각각 '가깝다'와 '멀다'로 분석한다. 만약 전지적 작가 시점의 서술자가 인물의 내면 심리를 파악하여 이를 독자들에게 제시한다면 '서술자-독자', '서술자-인물'의 거리는 가까워지지만 상대적으로 '인물-독자'의 거리는 멀어지게 되는 것이다. 〈태평천하〉의 서술자는 경어법을 사용하여 마치 독자들 앞에서 이야기하는 듯한 효과를 발생시키기 때문에 '서술자-독자'의 거리는 더욱 가까워진다.

2 살얼음을 건너가는 것처럼 위태위태 지내는 것은 윤 직원 영감이 어린 시절에 화적의 습격을 자주 당하면서 느낀 위기감이나 긴장감을 의미하므로 적절하지 않다.

3 (나)의 '윤용규 하나쯤 죽이기를 차마 못 해서 그런 것은 아니고, 제 구혈로 잡아가겠던 것입니다.'를 통해 두목이 인질로 삼고자 했던 사람은 윤용규라는 것을 알 수 있다.

① (가)의 '너무 멍청해서 부리기가 매우 갑갑한 때도 있기는 하지만'에서 알 수 있다.

③ (나)의 '한두 번도 아니요, 화적을 치르기 이미 수십 차라'에서 알 수 있다.

④ (가)의 '큰 대문은 그래서 항상 봉해 두고, 출입은 어른 아이 상전 하인 할 것 없이 한옆으로 뚫어 놓은 쪽문으로 드나듭니다.'에서 알 수 있다.

⑤ (나)에서 윤 직원 영감이 '이놈의 세상이 어느 날에 망하려느냐!'라며 통곡하고 있으므로 적절한 진술이다.

4 윤 직원 영감이 지적 능력이 부족하여 부리기가 답답한 '삼남이'를 상노 아이로 데리고 있는 이유는 '똑똑한 놈이면 으레 훔치훔치, 즉 태을도를 한대서 그러는 것입니다.', '월급이니 무엇이니 하는 그런 아니꼬운 것도 달라고 않습니다.' 등을 통해 볼 때, 다른 아이들처럼 물건을 훔치거나 월급을 요구하지 않기 때문임을 알 수 있다.

5 이 소설은 시점의 변화 없이 전지적 작가 시점을 계속 유지한다.

① 전보를 본 이후에 기세등등하던 윤 직원 영감이 주저 앉으며 분노하고 있다.

② 주인공 윤 직원 영감의 파멸을 암시해 준다.

④ 윤 직원 영감과 종수 사이의 갈등 구조에서 윤 직원 영감과 사회주의(종학)의 갈등 구조로 전환된다.

⑤ 경찰서장이 될 종학을 자랑스럽게 여겼던 윤 직원 영감은 종학이 검거되었다는 전보를 받은 후 종학을 비난한다. 전보는 이 두 사건을 연결하여 긴장감을 유지시키는 기능을 한다.

6 중국의 고사를 활용한 부분은 중국의 이야기와 윤 직원 영감의 상황이 유사하다는 것을 드러내기 위한 장치이다.

• 소제목 '망진자(亡秦者)는 호야(胡也)니라'의 의미

일반적 의미	진나라를 망하게 한 것은 진시황의 아들인 호해이다.(외부의 적이 아니라 가장 믿고 있는 내부의 사람이 나라를 망하게 한다.)
소설에서의 의미	윤 직원의 집안을 망치게 하는 것은 그가 가장 믿고 아꼈던 둘째 손자 종학이다.

7 〈보기〉의 화자는 모든 것을 잃은 현실에도 좌절하지 않고 이겨 내겠다는 의지를 보이고 있다. 따라서 〈보기〉의 화자는 일제 강점기 당시를 태평천하로 보고 현실에 만족하는 윤 직원 영감의 왜곡된 현실관을 비판할 것이다.

8 윤 직원 영감은 시대적 상황에 대해 관심이 없고, 오직 '내 것'을 안전하게 지킬 수 있는 세상만을 원한다. 즉, 어떤 부정한 방법을 쓰더라도 자신에게만 이익이 되면 된다는 인식을 보여 주고 있다.

9 윤 직원 영감은 시대 현실을 올바르게 인식하는 가치관이 결핍된 인물이자, 어린 시절의 불행한 경험에 집착하여 일제 강점기를 태평천하라고 믿는 왜곡된 역사의식을 지닌 인물이다. 따라서 그의 관점에서 볼 때, 부의 평등을 외치는 사회주의자들은 자신의 재산을 빼앗으려는 화적패나 지방 수령들과 동일하다고 느꼈을 것이다.

---

024 돌다리 _ 이태준   116~119쪽

[키포인트 체크] 물질적, 땅, 병원, 거절

1 ③   **2** ④   **3** ③   **4** ③   **5** 땅의 재산적(금전적) 가치를 중시하며, 돈만 있으면 좋은 땅은 얼마든지 살 수 있다고 생각한다.   **6** ②   **7** ③   **8** ② **9** 물질 만능주의에 빠진 사회 / 진정한 가치를 알지 못하고 금전적 가치만 중시하는 근대적 사고방식   **10** 아버지: 천지만물, 농사 / 땅, 창섭: 이해타산, 돈

1 이 글은 땅을 팔아 병원을 확장하겠다는 계획을 가지고 시골로 내려온 창섭이 아버지에게 땅을 팔자고 설득하고, 이에 대한 아버지의 생각을 이야기하는 형식으로 되어 있다. 즉, '땅'이라는 상징적 소재를 통해 창섭과 아버지의 가치관이 드러나고 있다.

① 땅에 대한 가치관의 차이로 아버지와 창섭 사이의 갈등이 고조되어 간다.

2 창섭이 아버지를 만나러 온 가장 근본적인 이유는 아버지가 땅을 팔도록 설득하기 위해서이다.

3 [A]는 창섭이 땅을 팔아야 하는 근거를 들어 아버지에게 땅을 팔 것을 설득하는 부분이다. 이를 통해 병원 확장 계획과 땅을 팔아 부모님을 모시려는 창섭의 계획을 명확하게 전달하고 있으므로, '창섭의 계획이 일목요연하게 전해지는 효과가 생긴다.'라는 이해는 적절하다.

① 창섭이 아버지를 만나러 온 것은 자신의 이해관계에 의한 것이다.

② 병원 확장으로 더 큰 이익을 볼 수 있다는 것은 아버지를 설득하기 위한 근거의 하나일 뿐이다.

④ 건물 신축이 불가하다는 것과 창섭의 현실을 대하는 태도를 연관 짓기는 어렵다.

⑤ [A]는 창섭이 아버지에게 이야기한 설득 내용을 간단히 제시한 것으로, 창섭의 말투와 창섭이 아버지를 대하는 태도를 유추하기 힘들다.

4 (가)에서 창섭은 땅을 그냥 두면, 부모님이 서울에서 두고 온 땅 걱정에 편하게 지내지 못할 것이므로 땅을 모두 팔아야 한다고 생각하고 있다. 그러나 현재 땅 때문에 부모님께서 편하게 지내지 못하는 것은 아니므로 이를 근거로 땅을 팔아야 한다고 설득한 것은 아니다.

정답과 해설

5 (나)의 '시골에 땅을 ~ 살 수 있는 것……'으로 보아 창섭은 땅을 이익을 얻기 위한 수단으로 생각하고 있으며, 금전적인 가치로만 바라보고 있음을 알 수 있다.

6 이 글은 땅의 본래적인 가치를 중시하는 인물이자, 전통적 가치관과 사고방식을 대표하는 인물인 아버지를 통해 땅의 의미를 되새기게 하고 있다.

7 '그 다리'는 돌다리를 의미한다. 아버지는 돌다리를 통해 자신의 삶을 추억하며 과거로부터 이어져 온 삶을 계속해 나갈 것을 이야기한다. 돌다리를 통해 전통적 가치관이 이어져 가기를 바라는 마음이 나타난다고 볼 수는 있으나 창섭과의 갈등 해소를 암시한다고 보기는 어렵다.
오답 뜯어보기 ①, ⑤ 아버지는 짓기 쉽고 편한 나무다리 대신 힘들게 놓아야 하는 돌다리를 고집하고 있다. 이는 과거 농촌 공동체에서 이어져 온 가치관을 나타내며, 이를 보수하는 아버지의 모습에서 전통적 가치를 지키고자 하는 의지를 파악할 수 있다.

8 아버지는 자신이 죽은 후 '돈이 아닌 사람'에게 자신의 땅을 팔 것이라 말하고 있다. 따라서 이 글에서 ㉠은 땅을 금전적 가치로만 여기는 사람이 아니라 땅을 아끼며 직접 농사를 지을 사람을 의미하는 것이다.

9 아버지는 사물을 인정으로 대하지 않고 금전적 가치로만 대하는 사람들을 비판하고 있다. 이는 서구의 자본주의 문화와 연결되어 물질 만능주의에 빠진 사람들에 대한 비판으로 생각할 수 있다.

▶지식+

● **이태준 단편 소설의 세 가지 유형**
이태준의 소설은 크게 세 가지 유형으로 나눌 수 있는데, 첫 번째 유형의 소설은 묘사를 중심으로 서정적 분위기를 창출하는 작품이다. 이 유형의 작품에서 인물들의 면모는 삶의 현실에 적극적으로 대응하지 못하고 오히려 한 걸음 비켜 서 있는 모습이다. 〈달밤〉, 〈복덕방〉 등의 작품이 이에 해당한다.
두 번째 유형의 단편 소설은 작가 개인의 내면 묘사를 통해 현실을 사유화하고 있는 작품이다. 이들 작품은 일상적인 것에 대한 깊이 있는 관심과 관련하여 드러내 보여 주는 것으로, 소위 심경 소설이라고 할 수 있다. 이러한 유형의 단편 소설에는 일상의 현실 속에 갇혀 무기력하게 살아가는 지식인 작가의 자의식이 잘 표현되어 있다. 〈고향〉, 〈장마〉, 〈해방 전후〉 등의 작품에서 이러한 모습을 엿볼 수 있다.
마지막으로 세 번째 유형의 단편 소설은 부조리한 식민지적 현실의 객관성을 드러내는 작품이다. 이들 유형의 작품은 식민지적 현실 속에서 보이는 부조리한 현실을 객관적으로 서술하였다. 〈농군〉, 〈돌다리〉 등의 작품이 이에 해당한다.
결국 이태준의 단편 소설은 식민지적 현실과 서정적 분위기가 교직되어 그 특징을 이루고 있다고 할 수 있다.
– 이익성, 〈식민지적 현실과 서정적 분위기의 이중주〉, 《달밤 외》, (문학사상사)

10 아버지는 땅을 천지만물의 근거로 여기며, 땅(농사)의 중요성에 대해 말하고 있다. 창섭은 아버지가 가꾼 땅의 중요성보다는 땅의 금전적 가치를 중시하고 땅은 돈만 있으면 언제든 살 수 있는 물질적인 것으로 보고 있다.

Ⅲ. 광복 이후~1950년대

033 논 이야기_ 채만식
132~135쪽

> **키포인트 체크** 어리석은, 냉소적, 농촌, 유상
>
> **1** ④ **2** ② **3** ⑤ **4** 독립이 되어도 가난한 농사꾼인 자신의 처지는 달라질 것이 없었기 때문이다. **5** 노력하지 않고 허황된 꿈만 꾸는 한 생원이라는 인간과 농민의 생존권이 보장되지 않는 토지 정책 등 광복 후 잘못된 국가 정책이 풍자의 대상이다. **6** ④ **7** ③ **8** ② **9** 백성들을 전혀 고려하지 않아 농민이 땅을 소유할 수 없게 된 국가 토지 정책을 비판하고자 하였다.

1 주인공인 한 생원은 나라의 독립에는 관심이 없고 오로지 제 논 찾기에만 관심이 있는 개인주의적이고 이기주의적 성향을 가진 인물로, 이 작품에서 풍자의 대상이 되는 인물이다. 따라서 우직하고 순박한 인물을 주인공으로 내세워 동정심을 유발하고 있다는 내용은 적절하지 않다.
오답 뜯어보기 ① 사투리와 구어체를 사용하여 글의 내용을 생생하게 전달하는 효과와 함께 현장감을 자아내고 있음을 알 수 있다.
② 이 글의 주인공인 한 생원은 나라가 독립해도 자신의 처지는 달라질 것이 없다고 생각하다가 땅을 되찾을 수 있을 것이라는 기대에 만세를 부르고 싶어 한다. 이를 통해 사건에 따라 변하는 주인공의 심리를 섬세하게 묘사하고 있음을 알 수 있다.
③ 한 생원의 외양을 묘사한 부분인 '허연 탑삭부리에 묻힌 쪼글쪼글한 얼굴이 위아래 다섯 대밖에 안 남은 누런 이빨'을 통해 서술자는 한 생원에 대해 부정적인 태도를 드러내고 있음을 알 수 있다.
⑤ 이 글은 일제 강점하에서 일본인들에게 농토를 수탈당하던 시대나, 독립을 맞아서 새로운 정부가 들어선 현재나 조금도 나아진 게 없는 사회적 상황에 대한 비판적 인식을 드러내고 있음을 알 수 있다.

2 (나)에서 한 생원은 남들이 만세를 부르자고 하였을 때 조선의 독립이 별양 반가운 줄을 몰랐다고 말한다. 한 생원이 생각하는 독립은 성가신 공출이 없어진 것일 뿐 그 이상의 의미는 없었다고 하였으므로 독립이 되어 성가신 공출이 없어진 것에 대해 만세를 불렀다는 내용은 적절하지 않다.
오답 뜯어보기 ① 조선이 독립한 것에 대해 반가운 줄은 모르나, 공출이 없어지고 손자 용길이를 징용에 보내지 않아도 된다는 것은 중요하다고 하였으므로 한 생원은 먹고사는 것을 가장 중요하게 생각하는 가치관을 가지고 있음을 알 수 있다.
③ (가)에서 한 생원이 한 말인 "그러면 그렇지, 글쎄 놈들이 ~ 재주야 있을 이치가 있나요?"와 '자기가 한 말대로, 자기가 일인에게 팔아넘긴 땅이 꿈결같이도 도로 자기의 것이 되게 되었다니……'를 통해 일본이 항복하면 땅을 그대로 두고 갈 것이므로 자신의 땅을 돌려받을 수 있을 것이라고 기대했음을 알 수 있다.
④ 한 생원은 자신에게 이득이 되는 일이 아니라면 독립이든 무엇이든 나라의 일에 관심을 갖지 않았다.
⑤ (나)의 '독립이 되기로서니, 가난뱅이 농투성이가 별안간 나으리 주사 될 리 만무하였다.'를 통해 한 생원은 독립이 되어도 자신의 처지는 달라지지 않을 것이라고 생각했음을 알 수 있다.

3 한 생원은 독립이 되어도 별양 반가운 줄을 모르겠다고 했으나, 일본인이 쫓겨 가면서 땅을 그대로 두고 갔기 때문에 일본인에게 팔았던 논을 되찾게 될 것이라는 생각에 기쁨의 만세 소리가 절로 나오려 한다고 하

434 정답과 해설

였다.

4 한 생원은 독립이 되어도 '가난뱅이 농투성이가 별안간 나으리 주사 될 리 만무하다'고 생각한다. 독립이 되거나 말거나 자신의 가난한 농사꾼 처지는 달라질 것이 없으므로 독립을 신통할 것이 없다고 한 것이다.

5 이 글에서는 독립이 되면 자신이 팔았던 논을 되찾을 수 있을 것이라는 허황된 믿음을 보이며, 나라의 독립에는 관심이 없고 오로지 제 논 찾기에만 관심이 있는 개인주의적이고 이기주의적 성향을 가진 한 생원이 풍자의 대상이다. 또한, 가난한 농민에게 억울한 누명을 씌워 논을 빼앗아 가던 구한말 시대나, 일제 강점기에 일본인들이 농토를 수탈하던 시대나, 독립이 되어 새로운 정부가 들어선 시대나 나아진 것이 아무것도 없다는 점을 비판함으로써 나라답지 못한 나라에 대해서도 풍자, 비판하고 있다.

6 (가)에서 "길천인, 일인들은, 땅을 죄다 내놓구 간간, 그전 임자가 도루 차지하는 게 옳지, 무슨 말이냐?"를 통해 한 생원은 일본인 주인이 땅을 놓고 쫓겨 갔으니 그 전 주인에게 땅을 돌려주어야 하므로 멧갓이 자신의 땅이라고 주장하는 것임을 알 수 있다.

📝 **오답 뜯어보기** ① 고을 원님이 한 생원의 아버지에게 누명을 씌워 강제로 땅을 빼앗은 것은 맞지만, 이를 근거로 독립된 후의 멧갓이 자신의 땅이라고 주장하는 것은 아니다.
② 일본이 망해서 돌아갈 때 다시 땅을 돌려받기로 약속했다는 내용은 이 글에서 확인할 수 없다.
③ 한 생원은 일본인의 토지를 관리하는 사람에게 돈을 주고 토지를 구입하지 않았다. 일본인 농장 산림 관리인 강태식한테 돈을 주고 구입한 사람은 현재 멧갓 주인이다.
⑤ 일본인이 놓고 간 땅의 전 주인이 한 생원인 것은 맞지만, 땅을 먼저 구입할 권리가 전 주인에게 있기 때문에 멧갓이 자신의 땅이라고 주장하는 것은 아니다.

7 ㉠은 백성의 땅을 찾아주지는 못할망정 오히려 백성들에게 되괴는 그런 나라는 필요하지 않다는 말로, 국가의 토지 정책에 대한 강한 분노를 드러낸 표현이자, 국민과 국가의 관계에 대한 작가의 비판적 인식이 드러난 부분이다. 따라서 한 생원은 누가 통치를 하든지 간에 자신에게 돌아오는 경제적 이익이 없으므로 오늘부터 도로 나라 없는 백성이라고 한 것으로 이해하는 것이 적절하다.

8 한 생원은 길천의 땅을 새로 산 주인을 찾아가 독립이 되었으므로 전 임자가 땅을 차지하는 것이 옳다며 자신의 땅이라고 우긴다. '아전인수'는 '자기 논에 물 대기'라는 뜻으로, 자기에게만 이롭게 되도록 생각하거나 행동함을 이르는 말을 뜻하므로 멧갓을 새로 산 땅 주인에게 자신의 땅이라고 우기는 한 생원의 행동은 아전인수의 태도라 할 수 있다.

📝 **오답 뜯어보기** ① 표리부동: 겉으로 드러나는 언행과 속으로 가지는 생각이 다름을 이르는 말
③ 자승자박: 자기의 줄로 자기 몸을 옭아 묶는다는 뜻으로, 자기가 한 말과 행동에 자기 자신이 옭혀 곤란하게 됨을 비유적으로 이르는 말
④ 우공이산: 우공이 산을 옮긴다는 뜻으로, 어떤 일이든 끊임없이 노력하면 반드시 이루어짐을 이르는 말
⑤ 선견지명: 어떤 일이 일어나기 전에 미리 앞을 내다보고 아는 지혜를 이르는 말

9 이 글에서 한 생원은 광복이 된 조국에서도 구한말 이전이나 식민 지배 체제와 마찬가지로 농민 문제를 해결하려는 시도가 이루어지지 않았다고 비판하고 있다. 따라서 이 글을 통해 작가가 비판하려고 한 것은 일본인 소유의 토지를 분배하는 과정에서 백성들을 전혀 고려하지 않고 '나라'에 귀속시킨 후 유력자(有力者)들에게 헐값에 되팔아 농민이 땅을 소유할 수 없게 된 국가 토지 정책임을 알 수 있다.

---

034 미스터 방 _ 채만식 136~139쪽

키포인트 체크 기회주의적, 광복, 통역, 보복

1 ③ **2** ⑤ **3** ③ **4** ② **5** 경제적 의미: 많은 돈을 벌 수 있게 된 것을 / 사회적 의미: 직업이 바뀌게 된 것을 **6** ④ **7** ⑤ **8** ② **9** ⓐ 방삼복의 몰락 ⓑ 해학적

1 광복 직후를 배경으로 방삼복이 미스터 방이 되는 과정을 전지적 작가 시점으로 전달하고 있다.

📝 **오답 뜯어보기** ①, ② 서술자는 작품 밖의 인물로, 전지전능한 위치에서 미스터 방에 관련된 이야기를 서술하고 있다.
④ 이 글은 서술자의 회상 형식도 아니고, 외부 이야기와 내부 이야기도 구분되어 나타나지 않는다.
⑤ 이 글의 배경은 광복 직후로, 과거와 현재가 교차되어 서술되지 않는다.

2 한국인인 방삼복이 통역관으로 채용된 점으로 보아 ⑤의 진술은 적절하지 않다.

📝 **오답 뜯어보기** ① '그럭저럭 구월도 ~ 미국 병정이 꼬마차와 함께 그득히 퍼졌다.'에서 확인할 수 있다.
② '십 전이나 십오 전에 박아 주던 ~ 눈을 부라리는 순사를 볼 수가 없었다.'에서 확인할 수 있다.
③ '지나가는 행인이 ~ 기뻐하고 눈물을 흘리고' 등의 부분에서 확인할 수 있다.
④ '모두가 오 곱 십 곱 비싸졌다. ~ 소득은 전과 크게 다를 것이 없었다.'에서 확인할 수 있다.

3 방삼복은 진정한 독립의 의미는 생각하지 않고, 오로지 자신에게 돌아오는 물질적 이익만으로 독립의 의미를 판단하고 있다.

4 ㉠은 사회의 변화 양상과 미군들의 행동을 보며 방삼복이 어떤 일을 하면 돈을 벌 수 있는지 아이디어를 포착하는 장면이다. 이때 방삼복은 통역관을 하면 돈을 벌 수 있을 것이라는 판단을 하게 된 것이다.

5 미군 소위의 통역관이 된 것은 물질적인 이익을 중시하는 방삼복의 입장에서 보면 보수가 좋고 안정적인 직업을 얻게 된 것이므로 물질적으로 큰 혜택을 누리게 된 셈이다. 그리고 무시당하던 신기료장수에서 통역관이라는 버젓한 직업을 갖게 됨으로써 사회적으로도 대우받게 된 것이다.

6 미스터 방은 자신의 권력이 아님에도 불구하고 현재 자신의 위치를 과시하면서 백 주사에게 큰 소리를 치고 있다. 이는 상대의 말에 약삭빠르게 반응하는 태도라고 할 수 있다. 그리고 친일파인 백 주사를 도와주겠

정답과 해설

다고 생각하는 것으로 보아 미스터 방은 민족의식이라고는 안중에도 없고 오직 자신에게만 이익이 되면 어떤 일이라도 할 수 있는 인물이라는 것이 드러난다.

오답 뜯어보기 • 곰살궂다: 성질이 부드럽고 다정하다.

• 어수룩하다: 겉모습이나 언행이 치밀하지 못하여 순진하고 어설픈 데가 있다.

• 의협심이 강하다: 남의 어려움을 돕거나 억울함을 풀어 주기 위해 자신을 희생하려는 마음이 강하다.

7 백 주사는 방삼복의 권세를 이용하여 자신의 재산을 되찾아오고 원한이 맺힌 이들에게 복수하고자 그의 비위를 맞추고 있다. 그러므로 백 주사가 방삼복도 곧 무너질 거라고 생각하는 것은 적절한 이해가 아니다.

8 이 글은 광복 직후 혼란한 틈을 타서 기회주의자인 방삼복이 권세를 누리는 것이나 친일 행위를 하던 백 주사가 방삼복에게 머리를 숙이는 상황 등 부정적 인간형을 풍자하는 소설이다. 또한 부정적 인물들이 대우를 받던 당시의 사회 현실까지 비판의 대상이 되고 있다. 따라서 개인을 억압하는 시대 변화의 부당함을 비판적으로 드러낸다는 내용은 적절하지 않다.

━━━━ 지식 ➕

• 부정적인 인물 설정

이 소설에서 '미스터 방'과 '백 주사'와 같은 부정적 인물을 내세운 것처럼 작가 채만식은 자주 부정적인 인물들을 주인공으로 내세워 그들을 해학적으로 희화화하고 풍자한다. 이로 인해 독자의 웃음을 유발하고 있지만 동시에 독자 스스로 비판적인 시각을 갖게 한다. 즉 독자는 등장인물과 자신을 동일시하는 것이 아니라, 객관적인 거리를 유지하면서 대상이 갖고 있는 허위와 위선을 발견하고 비판하게 되는 것이다. 이와 같이 부정적 인물을 작품의 전면에 내세움으로써 작가는 독자들이 객관적으로 인물을 평가하고 비판하여 자신이 의도한 바람직한 인간상을 찾도록 하고 있다. 이는 채만식의 문학뿐만 아니라 탈춤이나 판소리에 반영된 우리의 전통적 의식이라고 할 수 있다.

9 [A] 부분은 방삼복이 백 주사 앞에서 위세를 떨다가 S 소위에게 봉변을 당하는 장면으로, 방삼복의 기세등등했던 삶이 끝날 것임을 암시한다. 이러한 장면은 신기료장수에서 미스터 방이 되어 세도를 부리게 된 방삼복을 우스운 상황에 처하게 만들어 격하시킴으로써 이기주의자에 대한 비판과 풍자를 극적으로 부각시키고 독자에게 웃음을 주고 있다.

---

035 역마_김동리   140~143쪽

키포인트 체크 운명, 순응, 화개 장터, 이복 자매, 이별

1 ①   **2** ⑤   **3** ①   **4** ③   **5** 붉은 두 눈, 물결같이 흔들리는 둥그스름한 어깨, 시뻘겋게 된 (시뻘건) 두 눈, 시뻘겋게 상기한 얼굴   **6** 떠나지 마라.   **7** ③   **8** ③   **9** 한 걸음, 있는 것이었다   **10** 거부, 순응

1 옥화는 꽃주머니 하나를 정표로 주고, 머리를 쓸어 주며 또 오라고 하는 등 계연에게 애정을 표현하고 있으므로 옥화가 계연을 탐탁하게 여기지 않는다는 것은 사실이 아니다. 실제로 둘은 혈연관계이며, 성기 때문에 어쩔 수 없이 떠나보낼 뿐이다.

2 체 장수 영감은 계연이 떠날 수밖에 없는 계기가 되는 인물이다. 체 장수 영감으로 인해 계연과 성기의 사랑이 이별로 끝나고 성기가 방황하

게 되는 등 사건이 전환되고 있다.

오답 뜯어보기 ③ 이 글은 개인과 운명의 외적 갈등이 주를 이룬다. 체 장수 영감의 등장은 성기의 내적 갈등을 심화시키고, 체 장수 영감이 계연을 데리고 떠남으로써 성기와 역마살을 타고 난 운명 간의 갈등이 해소된다.

④ 성기는 자신이 처한 운명을 받아들임으로써 어려움을 극복하고 있다.

3 [A]는 계연과 성기의 이별 상황으로, 이별의 슬픔과 이루어질 수 없는 사랑에 대한 미련 등의 감정이 계연과 성기의 외면 묘사를 통해 나타나고 있다.

4 ㉠ '꽃주머니'는 떠나는 계연에게 옥화가 정표로 준 것이므로 계연에 대한 옥화의 애정을 보여 준다. 그리고 ㉡ '버드나무'는 계연을 떠나보내는 성기가 내면적 고통으로 인해 기대는 대상이므로 그의 심리적 고통을 보여 주고 있다고 할 수 있다.

5 '물결같이 흔들리는 둥그스름한 어깨'는 사랑하는 사람들과 헤어져야 하는 슬픔으로 울고 있는 계연의 모습을 드러내고 있다. '붉은 두 눈', '시뻘겋게 된(시뻘건) 두 눈', '시뻘겋게 상기한 얼굴' 역시 떠나고 싶지 않은 계연의 심리를 드러내 준다.

6 성기와 헤어지고 싶지 않은 계연이 자신을 붙잡아 주기를 바라는 마음에서 '기적과도 같은 구원'을 기다리는 것이므로 성기에게 듣고 싶은 말은 떠나지 말라는 내용이 될 것이다.

7 계연은 사랑하는 사람인 성기가 떠나지 말라고 붙잡아 주기를 바라고, 아버지 체 장수 영감을 따라서 어쩔 수 없이 떠나는 인물이므로, 삶의 방향을 스스로 결정하는 주체적인 인물이라고 보기 어렵다.

오답 뜯어보기 ①, ② 성기가 계연과 이별하고 엿장수가 되어 떠나는 것은 운명을 수용하는 것으로, 세계와 조화되는 것이다. 이는 우리 민족의 전통적 삶의 방식을 보여 주는 것이다.

④ 옥화가 명도까지 불러서 계연에 대해 물어보는 행위는 비합리적인 방법이다.

⑤ 성기가 하동으로 가는 것은 적극적으로 삶의 방향을 결정하는 것이 아니라 운명에 순응하는 소극적인 삶의 자세를 보여 주는 것이다.

━━━━ 지식 ➕

• 한국인의 삶과 정신을 작품으로 승화시킨 '김동리'

〈역마〉는 한국인의 삶과 정신을 탐구하고자 하는 작가의 정신이 잘 드러난 작품이다. 남사당패인 할아버지, 떠돌이 중인 아버지의 핏줄을 이어받은 탓인지 태어날 때부터 역마살을 끼고 태어난 주인공 성기는 역마살을 막아 보고자 한 온갖 노력의 결과로 깊은 병을 얻고 죽음의 위기에까지 이른다. 그러나 역마살이라는 운명에 순응하여 방랑의 길을 떠남으로써 생명력을 회복하게 된다는 내용으로 전개된다.

이렇듯 이 작품은 자연의 질서와 인간의 삶은 본시 하나로 어울리는 법이라고 생각해 온 동양 사상의 흐름을 새롭게 조명해 보고, 그것을 통해 현대의 혼돈을 극복할 수 있는 실마리를 찾아보고자 했다. "우리와 천지 사이에 떠날래야 떠날 수 없는 유기적 관련이 있으며 이 유기적 관련에 관한 한 우리들에게는 공통된 운명이 부여되어 있다."라고 했던 작가의 사상이 문학적으로 형상화된 것이 이 작품인 셈이다.

– 권영민, 《한국 현대 문학 대사전》

---

8 ㉢은 옥화가 아들의 역마살을 없애 정착하여 살게 하고 싶었던 미련을 버리고 자포자기한 심정에서 한 말로 볼 수 있다. 아들에 대한 냉담한 태도나 무관심한 태도에서 나온 말은 아니다.

9 성기는 유랑의 삶을 선택해 지금까지 거부해 왔던 운명을 자신의 것으로 받아들이고 순응함으로써 운명을 거스르면서 느껴 왔던 짐을 떨치게 된다. 그래서 '마음은 한결 가벼워져', '육자배기 가락으로 제법 콧노래까지 흥얼거리게' 된 것이다.

10 성기는 계연과의 이룰 수 없는 사랑에 힘들어하지만, 운명을 거역하지 않고 따를 것을 결심한다. 그리고 화개 장터를 떠나 하동 쪽으로 향하며, 육자배기 가락까지 흥얼거린다. '하동'은 계연이 떠난 방향을 피해 성기가 유랑의 길을 떠나는 곳으로, 이는 곧, 성기가 역마살을 받아들이는 길이고 운명에 순응하는 공간을 의미한다.

---

036 유예_오상원

144~147쪽

키포인트 체크 의지, 신념, 비극성, 거부, 처형

1 ③ **2** ① **3** ⑤ **4** 색채 대비를 통해 비극적 상황을 강조하고 있다. **5** 무의미함, 비극성 **6** ③ **7** ② **8** ③ **9** 전쟁의 비인간성 **10** 흰 눈이 회색빛으로 흩어지다가 점점 어두워 간다.

1 이 글은 1인칭과 3인칭 시점을 교차하면서 주인공의 의식 세계를 중심으로 서술하고 있다. 세밀한 외양 묘사를 통한 인물의 성격 제시는 나타나 있지 않다.

오답 뜯어보기 ② 1인칭 주인공 시점으로 서술한 부분에서 주인공이 자신의 내면 심리를 직접 서술하고 있다.
④ 중심인물인 '나'에 초점을 맞추어 '나'의 시각에서 사건을 전개하고 있다.
⑤ '나'의 의식이 흘러가는 것에 따라 사건 순서가 재구성되고 있다.

2 (다)에서 '나'는 한 시간 후에 있을 사형 집행을 앞두고 자신이 죽음을 맞게 될 상황을 구체적으로 상상하고 있으며, 매우 침착하고 담담한 태도를 유지하고 있다.

3 ⓜ은 사형 집행을 마친 병사들이 마치 아무 일도 없었다는 듯이 다시 무료한 일상을 보내고 있는 장면을 묘사한 것이다. 따라서 이 장면은 전쟁이 가져온 비인간성을 강조하기 위한 것이지, 적군 병사들이 느끼는 연민을 표현하기 위한 것이 아니다.

오답 뜯어보기 ① ⓐ: 얼마 전에 총살당한 어떤 사람을 떠올리며 '나'는 몹시 두려워하며 떨고 있다.
② ⓑ: 전향에 대한 '나'의 답변에 따라 '나'의 생사가 달라질 것임을 의미하고 있다.
③ ⓒ: 모든 것이 끝난다는 것은 '나'가 적군의 요구를 거부하여 죽음을 맞게 될 것이라는 의미이다.
④ ⓓ: 죽으러 가는 길에서조차 인간으로서 최소한의 존중도 받지 못할 것을 염려할 정도로 현실의 비정함을 느끼고 있다.

4 ⓐ에는 '붉은 피(붉은색)'와 '하이얀 눈(흰색)'이 색채 대비를 이루어 비극적인 상황이 더욱 선명하게 부각되고 있다.

5 전쟁은 '싸우다 끝내는 죽는 것, 그것뿐이다.'라고 말함으로써 전쟁이 숭고한 목적이나 대단한 가치를 위한 것이 아님을 말하고 있다. 즉, 전쟁은 그저 서로를 죽이기 위한 행위만 있을 뿐 그 이상의 의미를 가질 수 없음을 의미한다. 이것은 생명의 가치를 사소한 것처럼 표현하여 전쟁이 지닌 맹목성과 비극성을 강조하기 위해 사용된 표현이라고 할 수 있다.

6 (라)에서 '총을 다시 ~ 일인 것이다.'를 통해 사수들은 사형 집행을 특별한 일이 아닌 무의미한 일로 여기고 있음을 알 수 있다. 따라서 사수들이 사형 집행에 대해 자부심을 느끼고 있다는 것은 사실과 다른 내용이다.

오답 뜯어보기 ① (가)의 '문이 삐그덕거리며 열리고 급기야 어둠을 헤치고 흘러 들어오는 광선을 타고 사닥다리가 내려올 것이다.'를 통해 움 속 감옥은 지하에 있는 어두운 공간임을 알 수 있다.
② (라)의 '의식이 점점 그로부터 어두워 갔다.'를 통해 '나'는 총을 맞은 이후에도 잠시나마 의식을 갖고 있었음을 알 수 있다.
④ (가)의 '몸이 밖으로 나가는 순간 눈 속에 그대로 머리를 박고 쓰러졌다.'를 통해 움 속에서 끌려 나온 '나'는 혼자 힘으로 서는 데 어려움을 겪고 있음을 알 수 있다.
⑤ (나)의 '오오 이 둑길…… 몇 사람이나 이 둑길을 걸었을 거냐.'를 통해 '나'는 자기처럼 처형당한 사람이 이전에도 있었을 것이라고 생각하고 있음을 알 수 있다.

7 (나)는 1인칭 시점으로, 주인공이 자신의 내면을 직접 서술하고 있으며, (다)는 3인칭 시점으로 서술자가 주인공의 행동과 주변 상황을 중심으로 서술하면서 의연하게 자신의 모습을 지키려 하는 주인공의 의지를 간접적으로 나타내고 있다.

오답 뜯어보기 ① (나)와 (다) 모두 현재의 상황을 서술하고 있다.
③ (다)에서 인물 간의 대화는 나타나지 않는다.
④ (다)에서 인물의 내적 갈등을 간접적으로 드러내고 있다.
⑤ (나)와 (다) 모두 박진감 있는 묘사와는 거리가 멀다.

8 ⓒ은 사형 집행을 하기 직전 적군이 주인공에게 한 말이다. 그러므로 주인공의 회상 속에 있는 인물의 대화로 파악하는 것은 적절하지 않다.

오답 뜯어보기 ① ⓐ: 현실의 소리로 큰따옴표로 처리되고 있다.
② ⓑ: 실제로 사형 현장으로 가기 위해 움 속에서 기어오르고 있는 모습이다.
④ ⓓ: 사형 집행을 하는 장소로 온 '나'가 자신의 실존을 확인하기 위해 하는 독백이다.
⑤ ⓔ: '나'가 상상하는 내용으로, 자신을 쏘고 나서 아무렇지도 않게 돌아가는 사수들의 모습을 그리고 있다.

9 '놈들'은 사형을 집행한 후에도 별일 없었다는 듯이 행동하며 사형 집행을 평범한 일인 것처럼 여기고 있다. 이것을 통해 볼 때, 전쟁이라는 상황이 얼마나 비인간적이며 참혹한 것인지 알 수 있다.

10 (라)의 '흰 눈이 회색빛으로 흩어지다가 점점 어두워 간다.'에서 '나'가 죽음을 맞이하는 과정이 '흰 눈', '회색빛', '어두워' 등 명암의 변화를 통해 감각적으로 표현되었다.

037 수난 이대 _ 하근찬
148~151쪽

키포인트 체크 긍정, 출찰구, 외나무다리, 의지

1 ① 2 ④ 3 ④ 4 두 개의 지팡이를 의지하고 절룩거리며 걸어 나가는 상이군인이 진수일 것이라는 생각을 하지 못했기 때문이다. 5 자신처럼 불구의 몸이 되어 나타난 아들을 보고 속상한 마음이 들었기 때문이다. 6 ② 7 ④ 8 ② 9 수난 이대는 아버지와 아들이 겪는 수난을 나타낸 것으로, 아버지는 일제 강점기 강제 징용에 의해, 아들은 6·25 전쟁으로 인해 불구가 된 상황을 제시하여 우리 민족의 비극적 현대사를 보여 주고자 하였다.

1 만도는 두 눈을 무섭도록 크게 뜨고 입이 딱 벌어지는 모습과 "에라이 이놈아!"라는 말을 통해 상이군인이 되어 돌아온 아들에 대한 충격과 속상한 심리를 드러내고 있으며, 진수는 눈물을 참는 행동 등을 통해 심리를 드러내고 있다.

2 만도는 기차 소리를 듣고 앉았던 자리를 털고 벌떡 일어나 고등어를 집어 들게 된다. 기차 소리가 들린다는 것은 진수가 탄 기차가 곧 도착한다는 것으로 아들을 곧 만날 수 있다는 기대감을 갖게 해 준다고 할 수 있다.

3 일제의 강제 징용으로 한쪽 팔을 잃은 만도는 아들마저 전쟁으로 인해 한쪽 다리를 잃고 서 있는 모습을 보고 절망과 분노를 느꼈을 것이다.

4 (가)의 '두 개의 지팡이를 ~ 주의를 기울이지는 않았다.'에서 만도는 진수가 한쪽 다리를 잃는 부상을 당했을 것이라고는 상상조차 하지 못했음을 알 수 있다. 그래서 이후 진수를 만나고는 '눈앞이 노오래지는' 충격을 받게 되는 것이다.

5 만도는 아들 진수가 자신처럼 불구의 몸이 되어 나타나자 속상한 마음에 뒤따라오는 아들을 한 번도 돌아보지 않고 부지런히 걷기만 했다고 할 수 있다.

6 이 글에서 만도와 진수는 경상도 사투리를 비롯한 토속어를 사용하여 인물의 성격을 보여 주고 있다. 특히 한쪽 팔이 없음에도 장애에 대한 낙천적 인식을 보이는 만도는 토속어를 통해 자신의 성격을 잘 드러내고 있다.

오답 뜯어보기 ① 만도와 진수의 대화가 드러나지만 갈등이 심화되는 것이 아니라 해소되고 있다.
⑤ 이 글은 1인칭 주인공 시점이 아니라 전지적 작가 시점이다.

7 진수는 수류탄 쪼가리에 맞아 다리를 잃게 된 사실에 대해서도 담담히 이야기하고 있다. 전쟁에 대한 극도의 분노감은 드러나지 않는다.

오답 뜯어보기 ① 진수는 "이래 가지고 나 우째 살까 싶습니더."라는 말을 통해 자신의 처지에 대해 비관하고 있음을 보여 준다.
② 만도는 "나 봐라, 팔뚝이 하나 없어도 잘만 안 사나? 남 봄에 좀 덜 좋아서 그렇지, 살기사 왜 못 살아?"라는 말을 통해 장애를 극복할 수 있다는 생각을 보이고 있다.
③ 만도는 "우째 살긴 뭘 우째 살아? 목숨만 붙어 있으면 다 사능기다. 그런 소리 하지마라."라는 말을 통해 아들을 위로하며 의지적 태도를 보이고 있다.
⑤ 만도는 "업고 건느면 일이 다 되는 거 아니가? 자아, 이거 받아라."라는 말을 통해 혼자서는 어려워도 서로 도우면 고난을 해결할 수 있다고 생각하고 있음을 알 수 있다.

8 손에 매달린 '고등어'가 달랑달랑 춤을 추는 것은 고향에 돌아온 진수의 흥겨운 마음을 보여 주는 것이 아니라 술에 취한 만도가 '고등어'를 들고 가는 장면을 보여 주기 위한 것에 불과하다.

오답 뜯어보기 ① 만도와 진수는 논두렁길로 접어들면서 진수가 앞장서고 만도가 뒤따라 걷게 된다. 즉, 논두렁길은 두 사람이 함께 걸어가기에는 좁은 길이기 때문에 누군가 앞장서고 누군가 뒤에 서게 하는 상황을 만들어 주는 것이다.
③ '술'을 마신 만도는 오줌이 마렵게 되고 한 손에 들고 있는 고등어로 인해 소변을 보는 것이 불편해지자 진수가 고등어를 들게 된다. 즉, 만도의 불편함을 진수가 도울 수 있는 계기를 마련한 것이다.
④ 개천 둑에 이른 만도와 진수는 외나무다리가 놓여 있는 시냇물을 만나게 된다. 외나무다리를 건너갈 재주가 없는 진수는 바짓가랑이를 걷어 올리지만 결국 만도의 등에 업혀 외나무다리를 건너게 된다. 따라서 '시냇물'은 만도와 진수가 외나무다리를 건너게 하는 보조적 장치로 볼 수 있다.
⑤ 만도와 진수 앞에 놓인 '외나무다리'는 두 사람이 겪어야 할 시련인 동시에 한쪽 팔과 한쪽 다리가 없는 두 사람이 함께 힘을 합치면 이겨 나갈 수 있는 현실로 볼 수 있다.

9 '수난 이대'는 아버지 만도와 아들 진수가 겪은 이대에 걸친 수난을 나타낸 것으로, 일제 강점기 강제 징용에 의해 한쪽 팔을 잃은 아버지와 6·25 전쟁에 참전하였다가 한쪽 다리를 잃은 아들의 불행을 통해 우리 민족이 겪어야 했던 비극적 현대사를 보여 주고자 하였다.

지식 +

〈수난 이대〉의 역순행적 구성

현재	6·25 전쟁이 끝나고 아들 진수가 살아 돌아온다는 소식을 들은 만도가 진수를 마중 나감.
과거	기차역에서 진수를 기다리던 만도는 일제의 강제 징용으로 끌려가 한쪽 팔을 잃었던 과거를 회상함.
현재	만도는 한쪽 다리를 잃고 돌아온 진수를 보고 분노하지만 이내 진수를 위로하며 진수를 업고 외나무다리를 건너감.

038 너와 나만의 시간 _ 황순원
152~155쪽

키포인트 체크 의지적, 따뜻한, 낙오, 개 짖는 소리, 위협

1 ③ 2 ⑤ 3 ① 4 ⑤ 5 현 중위가 비록 혼자 살겠다고 도망가다가 죽었지만, 한때 상관이었던 사람이기에 시신이라도 지켜 주고 싶은 마음으로 까마귀를 쫓고자 한 것이다. 6 스스로 목숨을 끊어야겠다는 생각 7 ⑤ 8 ② 9 ③ 10 인간의 생명을 살리겠다는 강인한 의지 11 전쟁에 끌려가 죽음을 맞는 사람들

1 이 글은 등장인물의 눈에 포착된 감각적 인상을 '사람의 시체였다.', '옆에 누워 있는 주 대위를 돌아다보았다.', '그는 눈을 감은 채 번듯이 누워 있었다.'와 같이 간결한 문장으로 제시함으로써 강한 이미지를 심어 주고 있다.

오답 뜯어보기 ① 시간의 흐름에 따라 사건이 전개되고 있다.
② 독백체가 아닌 인물 간의 대화와 서술로 이야기가 전개되고 있다.
④ 배경 묘사는 거의 나오지 않으며 제시된 배경도 서정적이지 않다.
⑤ 전쟁터에서 살아남은 두 군인의 일상적인 대화로 이루어져 있다.

2 두 사람은 현 중위가 도망가다 죽음을 당한 것을 보고 막연한 공포였던 죽음이 자신들에게도 곧 닥칠 현실인 것을 피부로 느끼게 된다.

3 폿소리가 난다는 것은 인근에 군대가 있다는 것이기 때문에 깊은 산속을 헤매던 상황에서는 일단 반가움과 기대를 가질 수밖에 없다.

4 아군의 폿소리는 이들에게 희망이다. 신석정의 〈어느 지류에 서서〉는 절망적인 상황에서도 희망을 잊지 말라는 주제 의식을 담고 있는 작품으로 '푸른 하늘'이 그 희망을 상징하고 있다. 나머지 시어들은 절망 혹은 절망적 상황을 상징한다.

◀지식➕

• **신석정, 〈어느 지류에 서서〉**

갈래	자유시, 서정시
성격	의지적, 참여적
주제	굳센 삶의 의지와 이상의 추구
감상	일제의 가혹한 탄압이 극에 달할 무렵 시인으로서의 양심을 지녔기에 현실을 묵과할 수만은 없었던 심정이 드러나 있다. 즉, 암흑 속에서 발버둥치면서도 그대로 주저앉을 수 없는 양심을 표현하였다.

5 김 일등병은 주 대위 때문에 자신마저도 죽음에 이를 수 있다는 것을 알면서도 마지막까지 그를 지키고 돌보는, 따뜻한 마음의 소유자이다. 따라서 비록 현 중위가 자신들을 배신하고 혼자 갔지만 주검으로 나타난 그를 마음으로 동정하고 그의 시신이나마 지켜 주고 싶은 마음에 ⓐ와 같은 행동을 했을 것이다.

6 주 대위는 살기 위해 도망갔던 현 중위의 주검을 보고 자신이 진작 자살했다면 이런 문제들이 일어나지 않았을 것이고, 자신이 없어야 김 일등병도 생존할 확률이 높아질 것이라는 생각에 자살을 결심한다.

7 '개 짖는 소리'는 실의와 절망에 빠져 있던 주 대위에게 삶의 의지를 불러일으켜 준 소재이다. 결국 이 소리를 듣고 주 대위는 김 일등병을 위협하여 인가(人家) 쪽으로 가도록 함으로써 김 일등병이 살 수 있는 가능성을 열어 주게 된다.

8 김 일등병은 현 중위의 주검을 확인하고, 죽음이라는 것이 현실이며 그 현실이 자신들에게 다가올 것이라고 생각하며 좌절한다.

9 [A]에서 주 대위는 좌절에 빠진 김 일등병을 살리기 위해 김 일등병을 총으로 위협하는 극약 처방을 사용하고 있다. 이를 알 리 없는 김 일등병은 주 대위의 행동을 이해하지 못하고 원망의 감정을 느끼고 있다.

🖉오답 뜯어보기 ① 원망에 그쳤을 뿐 복수의 감정은 드러나지 않는다.
② 김 일등병은 주 대위의 의도를 파악하지 못하고 있기 때문에 감사의 마음을 가질 수 없다.
④ 주 대위 자신이 살겠다는 의도보다는 김 일등병을 살리려는 의도가 크다.

10 '권총'은 개 짖는 소리를 전후로 하여 두 가지의 의미로 쓰이고 있다. 개 짖는 소리를 듣기 전에는 주 대위의 자살 도구, 즉 죽기 위한 도구의 의미를 지니는데, 이는 주 대위가 현 중위의 죽음에 대한 자책감을 느끼고 남아 있는 김 일등병을 살리기 위해 자신을 희생하는 데 사용하려 한 것이다. 반면에 개 짖는 소리를 들은 후로는 김 일등병의 생명을 살리기 위한 도구로 쓰이고 있다.

◀지식➕

• **황순원 소설의 휴머니즘적 성향**
황순원 소설에 나타나고 있는 전쟁 체험은 전쟁의 본질에 대한 접근보다는 그로 인해 파생되는 인간들의 문제에 관심이 놓여 있다. 그의 작품 대부분은 전쟁 상황에서 필연적으로 수반될 수밖에 없는 가학성보다는 그 극한 상황에서 피어나는 인간다움과 존재에 대한 부르짖음 등의 휴머니즘 정신을 형상화하고 있다. 작품 세계가 올곧게 지향해 온 것이 인간에 대한 관심과 사랑인 휴머니즘 정신임은 비인간화와 죽음이 일상화되는 전쟁 상황에서 더 명확하게 드러난다. 이러한 양상은 작가가 일관되게 추구하는 작가 정신과 전쟁의 속성에서 비롯된다고 할 수 있을 것이다. 죽이는 자와 죽음을 당하는 자가 공존하는 전쟁에서는 필히 휴머니즘의 문제가 제기될 수밖에 없는 것이다. 황순원 소설은 인간 본질에 대한 회의나 일상적 상황보다는 전쟁으로 인하여 빚어진 상처를 바탕으로 하고 있다. 그러면서 비극적 상황에서 피어나는 인간다움의 의미를 제시하고 있다.

– 정문권, 《황순원 소설의 휴머니즘 담론 양상》

11 〈보기〉에서 '개미 떼'는 거대한 힘에 의해 지배받으며 피해를 당할 수밖에 없는 왜소한 인간을 상징하며, '왕개미'는 이런 개미들을 극한 상황으로 내몰고 있는 거대한 힘, 권력자를 상징한다. 이 작품에 등장하는 세 인물은 전쟁이라는 극한 상황에 내몰린 개미 떼와 같은 존재들이다. 즉, 전쟁을 통해 희생당하는 모든 사람들이 바로 개미 떼인 것이다.

정답과 해설

IV. 1960년대～1980년대

043 광장_최인훈   164~167쪽

키포인트 체크 이상주의, 이념, 중립국, 이상 세계

1② **2**⑤ **3**④ **4**④ **5** 이념의 선택을 강요하는 현실에 대한 저항에서 오는 후련함과 그러한 자신의 현실에 대한 비애와 허탈감을 느끼기 때문이다. **6**④ **7**④ **8** 유토피아의 꿈 **9** 명준의 삶이 한계 상황에 이르렀음과 그러한 현실에서 인식의 전환점에 도달했음을 의미한다. / 더 이상 물러설 수도, 선택의 여지도 없는 곳이면서 동시에 인식이나 사고가 전환되는 지점을 의미한다.

1 이 글은 명준이 북한 측의 설득을 거절하는 실제 장면과 남한 측의 설득을 거절하는 상상의 장면을 병치하여 그 어느 곳도 선택할 수 없는 명준의 내면을 잘 보여 주고 있다.
　오답 뜯어보기 ① 크게 두 개의 장면만 제시되어 있으므로 잦은 장면 전환이 일어났다고 보기 어렵다.

2 명준을 설득하기 위해 북한 측은 중립국(자본주의 국가)의 위험성, 신중한 결정의 필요성, 생계 보장, 사회적 명예를 얻을 수 있음, 북한에서 보복하지 않을 것임을 근거로 들고 있다. 남한의 보복으로부터 보호해 준다는 내용은 찾을 수 없다.

3 명준은 여러 차례 반복되는 설득과 질문에도 불구하고 조금의 망설임도 없이 "중립국."이라는 같은 대답을 반복하고 있다. 이를 통해 명준이 매우 단호한 태도를 보여 주고 있음을 알 수 있다.

4 남한 측의 설득자는 조국인 남한을 버리고 중립국을 선택한 명준에게 다시 한번 남한을 선택할 것을 요청하고 있다. 이를 감안할 때 '제 몸'은 명준이 버리려 하는 '남한'을, '종기'는 남한 사회에 내재된 모순, 즉 남한 사회의 부정적 요소를 의미한다고 볼 수 있다.

5 명준은 남한과 북한의 이데올로기에 대해 모두 회의적이다. 명준은 설득자들의 회유를 물리치고 중립국을 선택한 데 대한 통쾌함과 후련함에서 웃음을 터뜨린 것으로 볼 수 있다. 한편으로는 남과 북에서 이상을 찾으려고 했던 자신의 의도와 달리 중립국을 선택한 자신에 대한 조소로도 볼 수 있다.

6 명준은 남쪽과 북쪽 중 어느 쪽도 진정한 인간의 삶을 충족시키기가 어렵다고 판단하여 이념 대립이나 갈등이 없는 중립국을 선택하였는데, 이 역시 진정한 해결책이 되기 어렵다. 따라서 중립국의 선택은 지식인의 소극적이며 부정적인 의미의 선택이라고 볼 수 있다.
　오답 뜯어보기 ① 명준이 해방 직후 남한의 혼란스럽고 부패한 '정치'를 경멸한다고 했으므로 이는 결국 남한이나 북한을 선택하지 않고 중립국을 선택하게 한 요소로 작용했음을 짐작할 수 있다.
　② '구겨진 바바리코트 속에 시래기처럼 바랜 심장'이 주는 이미지를 통해 북한의 실상에 절망한 명준의 심정을 유추해 볼 수 있다.
　⑤ '푸른 광장'은 '이상적인 공간'으로 볼 수 있으므로 상흔으로 얼룩진 고통스러운 현실과 대비되는 공간이라 할 수 있다.

7 ㉣은 '푸른 바다'가 그동안 자신이 찾던 이상적 공간임을 발견하는 순간 명준이 깨닫게 된 내용이다. 이는 남한과 북한에서 이데올로기적 이상향을 찾으려다 실패하고 중립국까지 가려고 했던 자신의 선택에 대한

뉘우침이다.

8 명준이 월북을 하게 된 이유는 남한에서 찾지 못한 새로운 유토피아를 찾기 위해서였다.

9 '삶의 광장은 좁아지다 못해 끝내 그의 두 발바닥이 차지하는 넓이가 되고 말았다.'라는 문장을 통해 짐작할 수 있듯이, 부채의 '사북 자리'는 명준이 처한 절망적 현실을 나타낸다.

　　　　　　　　　　　　　　　　　　　지식 +
● 4·19 혁명과 〈광장〉 그리고 이명준
흔히 〈광장〉을 일컬어 4·19 혁명이 낳은 작품이라고 말한다. 이는 〈광장〉의 창작 동기, 발표 등에 4·19 혁명이 몰고 온 사회적 분위기가 깊이 연관되어 있음을 말한다. 4·19 혁명은 사회적으로 민주주의의 가치를 확산시킴과 동시에 민족 통일의 염원을 각인시켰다. 본격적으로 분단의 문제를 다루고 이념 갈등을 문학적으로 형상화한 〈광장〉의 배경에는 이러한 사회적 분위기가 깔려 있다. 그러한 의미에서 〈광장〉의 주인공 이명준은 해방 직후 대학을 다닌 청년으로 설정되어 있으나, 실제로는 4·19 혁명 직후의 청년들이 지닌 의식과 가치관을 대변하는 인물이라고도 볼 수 있다.

044 꺼삐딴 리_전광용   168~171쪽

키포인트 체크 기회주의자, 세력, 이익, 청자

1② **2**③ **3**⑤ **4** 인물의 심리를 드러내면서 동시에 인물에 대해 거리를 두고 비판하기 위해서입니다. **5** 친일파를 타도하자는 사회 분위기가 친일파로 살아온 자신의 안위에 불안한 요소로 작용할까 봐 두려움을 느꼈기 때문이다. **6**⑤ **7**④ **8**⑤ **9** 우리의 문화유산을 아무런 거리낌도 없이 자신의 이익만을 위해 미국으로 유출하는 이인국 박사의 행위는 반민족적 행위로 지탄받아야 한다.

1 과거의 장면인 (나)를 삽입하여 이인국 박사가 춘석으로 인해 불안감을 느끼는 이유를 드러내고 있다.
　오답 뜯어보기 ① 일관성 있게 전지적 작가 시점으로 서술되고 있다.
　③ 인물의 외양을 상세하게 묘사하고 있지 않으며, 인물을 희화화하고 있지도 않다.
　⑤ 이인국 박사에게 서술의 초점을 맞추고 있으나, 그의 내면에 공감하도록 유도하고 있지는 않다.

2 (나)의 '일본인 간부급들이 자기 집처럼 들락날락하는 ~ 결과를 가져오는 것이라는 생각이 들었다.'에서 이인국 박사가 일제 강점기에 '황국 신민'과 '관선 시의원'의 삶을 살았음을 알 수 있다. 이를 통해 이인국 박사는 시류에 편승하여 자신의 이익을 도모해 왔음을 짐작할 수 있다.
　오답 뜯어보기 ① 이인국 박사가 과거의 기억을 떠올린 것은 과거에 연연하는 것이 아니라 자신이 했던 행동 때문에 불안감을 느낀 것이므로 적절하지 않다.
　⑤ 이인국 박사가 자신의 분야인 의술에서 실력을 인정받지 못한다는 사실은 이 글에 드러나 있지 않다.

3 ㉤은 춘석이 이인국 박사에게 분노를 느끼고 있음을 드러낸 것으로, 춘석과 이인국 박사 간의 갈등이 더욱 고조되었음을 보여 준다.

4 이 글은 전지적 작가 시점이지만 주인공인 이인국 박사의 내면 심리와 그의 행동을 중심으로 내용이 전개되고 있다. 이를 1인칭 주인공 시점

으로 서술하면 이인국 박사의 관점에서 상황을 서술해야 한다. 그런데 1인칭 주인공 시점은 전지적 작가 시점보다 인물과의 거리를 유지하며, 객관적인 위치에서 인물을 비판적으로 판단하기 어렵다.

5 이인국 박사는 시대에 따라 기회주의적인 행동을 통해 자신의 부와 권위를 유지해 왔다. 일제 강점기에는 친일파로 득세했었기 때문에 이인국 박사는 해방 후 친일파를 처단하자는 사회적 분위기에 두려움을 느끼고 있는 것이다.

6 〈보기〉를 통해 볼 때, '꺼삐딴'은 우두머리나 최고를 뜻하는 말이다. 따라서 '꺼삐딴 리'는 이인국 박사의 명실상부한 사회적 지위를 가리키는 것이라고 할 수 있다. 그러나 이 글에서 이인국 박사의 모습은 높은 사회적 지위에도 불구하고 자신의 삶만 생각하며 민족이나 사회에는 전혀 관심이 없는 인물로 그려져 있다. 결국 작가는 사회적 지위와 인물의 성격 간의 괴리를 통해 인물을 풍자하고자 한 것이다.
〔✎오답 뜯어보기〕 ① 단순한 사회적 지위로만 생각해서는 안 된다. 인물의 성격과 사회적 지위를 관련시켜 보아야 한다.
④ 이인국은 민족의 시련기에 민족에게 관심을 보이지 않았다.

7 이인국 박사는 브라운 씨의 협조를 받아 미국에 가기 위해 '상감진사 고려청자 화병'을 선물한 것이지 이것이 두 사람의 오랜 우정을 보여 주는 것은 아니다.

8 푸르고 드높게 보이는 맑은 가을 하늘은 이인국 박사의 내면 심리를 드러내는 것이다. 이인국 박사는 브라운 씨를 만나 고려청자를 주고 자신의 미국행에 대해 긍정적인 답변을 받았다. ㉡은 자신이 기대하는 미래의 삶을 보장받았다고 생각하여 들뜬 마음이 드러난 것이다.

9 〈보기〉의 전형필 선생은 이인국과는 대조적인 인물로, 자신의 전 재산을 바쳐 민족의 문화재를 지켜 낸 인물이다. 따라서 전형필 선생은 자신의 이익을 위해 문화재를 외국인들에게 바친 이인국 박사의 행위를 반민족적 행위라고 생각할 것이다.

---

045 시장과 전장 _ 박경리   172~175쪽

〔키포인트 체크〕 인간적, 군인, 시장, 전장, 피란길, 인정

1 ①   **2** ④   **3** ④   **4** 전쟁의 긴박한 상황을 부각하는 효과를 거두고 있다.   **5** 전쟁의 상황이 악화되어 어쩌면 집에 돌아오지 못할 수 있다고 전망하고 있다.   **6** ③   **7** ④   **8** ②   **9** 작품에 암울하고 비극적인 분위기를 조성한다.   **10** 6·25 전쟁의 이념 분쟁 속에서 어느 한쪽의 이념보다 '살아남는 것'을 중요하게 여겼기 때문이다.

1 피란을 준비하며 옷가지와 개에게 주는 음식을 두고 윤 씨와 지영이 나누는 대화와 행동, 기석이 지영에게 하는 말과 행동 등을 중심으로 사건을 전개하고 있다.

2 '아깝고 소중한 걸', '이 아까운 것' 등의 윤 씨의 말에서 윤 씨가 자신이 아끼는 값비싼 옷을 두고 가는 것에 미련을 보이고 있음을 알 수 있지만, 이 옷가지들이 윤 씨에게 과거의 추억을 상기시키는지는 드러나 있지 않다. 또한 지영도 개의 목을 끌어안으며 이별을 아쉬워하고 있지만 개가 지영에게 과거의 추억을 상기시키는지는 드러나 있지 않다.

〔✎오답 뜯어보기〕 ⑤ 피란길에 많은 옷가지는 거추장스러우므로 필요한 것만 챙기라는 지영의 합리적 태도와 비싼 옷을 도둑 맞을까 봐 걱정하며 쉽게 짐을 싸지 못하는 윤 씨의 현실적 태도가 드러난다.

3 지영은 화창한 날씨에 하늘이 푸르게 걷혀 갈 때 피란을 준비하며 정든 개와 이별하고 있는데, 이러한 밝은 분위기의 배경은 전쟁으로 인해 집을 떠나야 하는 현실과 대비되어 비극성을 부각하는 역할을 하고 있다.

4 한강 다리를 폭파할 때의 충격과 굉음으로 인해 집이 흔들리고 가족 전체가 놀라 일어나는 상황을 효과적으로 묘사하기 위해 짧은 문장을 연속적으로 나열하여 긴박한 상황을 드러내고 있다.

5 "집에 돌아올 수 있었음 좋겠어요."라는 지영의 말에 윤 씨가 "우리가 못 돌아온단 말가?"라고 응수한 것을 통해, 지영은 전쟁이 악화되어 자칫하면 집에 돌아오지 못하지는 않을까 걱정하고 있음을 알 수 있다.

6 '농민들은 벌써부터 쌀을 파는 데 돈을 원치 않았고'를 통해 전쟁으로 인해 화폐 가치가 폭락할 수 있다고 생각하여 쌀을 팔 때 돈 대신 의복가지를 원하고 있음을 짐작할 수 있다.
〔✎오답 뜯어보기〕 ⑤ (다)에서 피란민들은 인민군이 지나갔다는 소문을 듣자 불안해하며 동요하는 모습을 보이고 있다.

7 '눈에는 절망의 빛도 없다.', '의식조차 없는 것 같았다.', '흐리멍덩한 눈' 등을 통해 국군 패잔병은 전투에서 받은 충격으로 정상적인 사고가 불가능하여 자신에게 호의를 베푸는 노인에게 고맙다는 말을 못한 것이다. 따라서 그를 파렴치한 인물로 단정하는 것은 적절하지 않다.

8 ㉡의 발화에 군인이 입술을 실룩거리기만 하고 고맙다는 말을 못하고 있으나, 이를 통해 국군 패잔병을 격려하려는 노인의 의도가 잘못 전해졌다고 단정하기는 어렵다. '의식조차 없는', '흐리멍덩한 눈'을 참고할 때 국군 패잔병은 노인의 호의를 느끼면서도 자신의 의사를 명확히 표현하지 못하는 상태에 있음을 짐작할 수 있다.

9 노인은 어려움에 처한 국군 패잔병에게 자신의 옷과 신발을 내주며 위로의 말을 전한다. 노인과 피란민들은 산길을 휘청휘청 내려가는 국군 패잔병의 뒷모습을 오랫동안 바라보는데, 이때 뻐꾸기가 구성지게 우는 것은 작품에 암울하고 비극적인 분위기를 조성한다고 볼 수 있다.

10 이 글에서 피란민들이 남한이나 북한 정부를 욕하지 않고 마음속으로 관전하는 태도를 보이는 것은, 〈보기〉의 '6·25 전쟁의 극단적 이념 분쟁 속에서 ~ 삶의 문제였음을 말하고 있다.'를 참고할 때 남한이나 북한 어느 한쪽의 이념보다는 '살아남는 것' 곧 삶의 문제를 중요하게 여기기 때문임을 짐작할 수 있다.

---

046 역사 _ 김승옥   176~179쪽

〔키포인트 체크〕 동경, 이중적, 창신동, 양옥집, 회상, 권태

1 ①   **2** ④   **3** ③   **4** 정해진 규칙에 따라 살아가는 기계적인 삶을 반어적으로 비판하고 있다.   **5** ③   **6** ④   **7** ④   **8** 기계적이고 획일적인 모습을 보여 주는 양옥집의 삶에 대해 나름의 반발을 시도하기 위함이다.

1 이 글에서는 양옥집의 가풍에 적응하지 못하고 생소함을 느끼는 '나'의

모습이 드러나 있으므로 서술자가 자신의 체험을 진술하며 그와 관련된 내면을 드러내고 있다는 설명은 적절하다.

오답 뜯어보기 ② 이 글은 액자식 구성 중 내화에 해당하는 부분으로 1인칭 주인공 시점으로 서술하고 있다. 따라서 전지적 서술자가 등장하여 인물 간의 갈등 원인을 제시하고 있다는 설명은 적절하지 않다.
③ 이 글의 공간적 배경은 양옥집이지만, 집에 대한 배경 묘사가 나타나 있지 않으며 이를 통해 시대적 분위기를 드러내는 것도 아니다.

2 '나'는 새로 이사 온 양옥집의 엄격한 가풍에 적응하지 못하고 있다. 이로 인해 무질서하지만 활력과 생명력이 있던 창신동을 떠올리고 있을 뿐, 창신동 식구들에 대한 안쓰러움을 느끼고 있는 것은 아니다.

3 '나'는 가난하고 무질서한 창신동의 삶이 불편하고 싫어서 양옥집으로 이사를 한다. 하지만 양옥집의 가풍은 〈보기〉의 설명처럼 새로운 억압으로 작용하게 된다. 따라서 '나'가 창신동에서의 삶을 새로운 억압이라 느껴 양옥집으로 이사를 오게 된 것이라는 설명은 적절하지 않다.

오답 뜯어보기 ① 〈보기〉에서 1960년대의 서울은 삶의 양상과 인간관계의 변화가 생기고 사람들은 편리성과 효율성을 추구하게 된다고 하였다. 따라서 양옥집 사람들은 편리성과 효율성을 추구하는 사람으로 볼 수 있다.
② 〈보기〉에서 새로운 억압에 대해 다소 불편하고 무질서하지만 생명력을 느끼는 과거를 그리워하게 된다고 하였다. '나'는 창신동의 삶을 그리워하고 있으므로 '나'는 창신동이 무질서하지만 생명력을 느낄 수 있는 곳으로 보고 있음을 알 수 있다.
④ 〈보기〉에서 1960년대의 서울은 급격하게 유입된 자본주의와 경제 발전으로 인해 많은 변화를 겪게 된다고 하였다. 따라서 안정적이고 깨끗하지만 비인간적이고 삭막한 양옥집은 자본주의와 경제 발전에 의해 많은 변화를 겪고 있음을 보여 준다고 할 수 있다.
⑤ 〈보기〉에서 삶의 양상과 인간관계의 변화 과정에서 기능과 규칙, 질서를 중시하게 되었다고 하였다. 따라서 주인 할아버지가 강조한 가풍은 기능과 규칙, 질서를 중시하는 모습으로 볼 수 있다.

4 '나'는 규칙을 중시하는 새로운 집에서의 생활을 몹시 낯설고 불편해 한다. 그래서 '나'는 창신동 집을 떠올리며 양옥집에서의 생활을 '정식의 생활'이라고 반어적으로 표현함으로써 비판적 태도를 드러내고 있다.

5 서 씨는 선조로부터 물려받은 남다른 힘으로 더 많은 보수를 받을 수 있음에도 남들만큼만 일을 하며 자신의 힘을 감추고 있다. 이는 선조의 영광이자 자신이 살아 있음을 확인하는 행위를 보수로 환산하는 현대의 능률성과 바꾸지 않겠다는 서 씨의 의지의 표현으로, 서 씨가 자신의 힘을 활용하여 선조보다 더 크게 인정받고 있는 것은 아니다.

6 ⓐ는 가난하고 무질서하지만 인간적이며 활력과 생명력이 있는 '창신동 집'을 의미하고 ⓑ는 안정적이고 깨끗하지만 비인간적이고 삭막한 '양옥집'을 의미한다. (다)의 '그 집 — 그날 많은 얼굴들이 살던 그 집에서 나는 나 자신 속에서 꿈틀거리는 안주에의 동경을 의식하지 않을 수 없었다.'를 통해 '나'는 안주에의 동경으로 인해 '창신동 집(ⓐ)'을 떠나 '양옥집(ⓑ)'으로 오게 되었음을 알 수 있다.

7 (나)에서 서 씨 가계의 내력을 제시한 것은 〈보기〉에서 제시한 작중 상황에 실감을 주는 소설적 장치에 해당하므로 서 씨의 행위에 사실성을 부여하기 위한 장치로 볼 수 있다.

오답 뜯어보기 ① 〈보기〉에서 우리의 눈에는 비사실적인 것도 외국인의 눈으로 보면 사실적으로 보일 수 있다고 했다. 따라서 서 씨가 '동대문의 돌'을 옮기는 것은 우리의 눈에 비사실적으로 보이지만, 외국인의 눈에는 사실적으로 보일 수 있다.
② 〈보기〉에서 외국인의 눈으로 보면 사실적으로 보일 수 있는 것(동대문 성벽의 돌덩이 옮겨 놓기)은 '외국인의 눈'을 통해 새롭게 '변형'된 것이라고 하였다. 따라서 서 씨가 '남만큼만 벽돌을' 나르는 모습을 '외국인의 눈'을 통해 새롭게 '변형'된 모습으로 보는 것은 적절하지 않다.
③ '푸르게 나는 조명'은 서 씨가 동대문 성벽의 돌덩이를 옮기는 행위를 더욱 실감 나게 해 주는 장치이다. 따라서 서 씨의 행동을 새롭게 '변형'하기 위한 장치가 아니라 '변형'의 효과를 살리기 위한 장치이다.
⑤ '꿈속에 있는 기분'이었다는 것은 서 씨의 행동이 너무나 놀라워서 실감이 나지 않는다는 뜻으로, 서 씨의 행위가 사실이 아닌 환상이었음을 암시하는 것은 아니다.

8 '나'는 서 씨의 '거짓 없는 행위'를 회상하고, 양옥집의 가풍이 허구적인 질서라고 생각하며 집안의 규칙이 얼마나 정확히 지켜지는지 확인하기 위해 피아노 소리가 그친 시간을 재 보려고 한다. 또한 모든 사람들이 공부를 하는 시간에 혼자 기타를 퉁겨 보기 시작함으로써 기계적이고 획일적인 모습을 보여 주는 양옥집의 삶에 나름의 반발을 시도한 것이다.

---

047 서울, 1964년 겨울 _ 김승옥   180~183쪽

키포인트 체크 소통, 개인주의, 소외, 방, 사내

1 ⑤   **2** ⑤   **3** 개인주의적 태도를 보이는 '안'을 통해 의사소통이 단절된 채 피상적인 인간관계를 맺고 있는 현대인의 모습을 상징적으로 보여 준다.   **4** 진정한 자신을 드러내기를 꺼리는 현대인의 모습을 나타낸다.   **5** ③   **6** ⑤   **7** ②   **8** ④   **9** 도시의 인간관계에 너무 익숙해져서 사내의 죽음과 관련해서 아무런 감정을 느끼지 못하고 있기 때문이다.

1 이 글은 주로 대화를 통해 인물들의 심리와 현대 사회의 모습을 드러내고 있다. 함께 있자는 사내와 이를 거절하는 '안'의 대화를 통해 현대 사회에 만연한 인간관계의 단절을 표현하고 있다.

2 '나'가 '안'에게 모두 한방에 드는 것이 좋겠다고 여러 번 제안하지만 '안'이 끝내 거절하고 있으므로, '나'는 '안'을 매정한 사람이라 생각할 것임을 짐작할 수 있다. '나'가 사내에게 "나도 피곤해 죽겠습니다. 안녕히 주무세요."라고 말하는 것은 자신의 제안이 거절당한 데 대한 합리화로 보는 것이 적절하다.

3 ㉠은 '나'가 사내를 생각하여 모두 한방에 들자고 한 것에 대해 안이 따로 방을 잡자고 한 것이므로, ㉠은 의사소통이 단절되고 피상적인 인간관계를 맺고 있는 현대인의 모습을 상징적으로 보여 준다고 할 수 있다.

4 이름과 주소, 나이, 직업을 모두 거짓으로 쓰고 있는 '나'의 모습을 통해 개인의 정보 노출을 극히 꺼리며 두려워하는 현대인의 모습을 보여 준다.

5 이 글에 등장하는 인물은 '나', '안', 사내이다. 이들의 실명을 감춘 이유는 익명성 속에 살아가는 현대인의 모습을 그려 내기 위한 설정이다.

오답 뜯어보기 ① 싸락눈이 내리는 날씨 묘사를 통해 인물들의 정서와 글의 분위기를 드러내고 있지만 심리 변화를 나타내지는 않는다.

6 '그 개미가 내 발을 붙잡으려고 ~ 옮겨 디디었다.', '자, 여기서 헤어집시다. 재미 많이 보세요.' 등에서 알 수 있듯, '나'는 사내의 죽음과 연관되는 것을 피하려 하고 있으며 '안'과도 유대감을 갖고 있지 않음을 알 수 있다. 따라서 '나'가 인간관계의 회복을 위해 소통하는 삶을 살 것을 다짐한다고 볼 수 없다.

오답 뜯어보기 ① (가) '개미 한 마리가 ~ 내 발을 붙잡으려고 하는 것 같은'에서 개미를 사내의 분신으로 본다면 개미의 행위를 타인과 관계를 맺고 싶어 하는 것이라고 생각할 수 있다.
④ 〈보기〉에서 '인간관계가 단절되어 ~ 극단적인 선택을 하고'에서 사내의 죽음의 원인을 짐작해 볼 수 있다.

7 '안'이 빨리 도망해 버리자고 한 것은 '그 양반'의 죽음에 연루되는 것을 귀찮은 일로 여기기 때문이므로 죄책감에 시달린다는 진술은 적절하지 않다. '안'은 인간의 생명보다 개인의 안위를 더 중시하는 현대 도시인의 개인주의적 성향을 보여 주고 있다.

8 '안'과 '나'는 사내가 죽은 것을 확인하고 사건에 연루되고 싶지 않아 도망듯 여관을 나오고 두 사람도 이내 곧 헤어진다. '안'은 사내의 죽음에 대한 자신의 태도에 부정적 인식을 하기 시작했으나 '나'는 별다른 고민을 하지 않는 모습을 보이고 있으므로 새로운 깨달음을 얻었다고 보기는 어렵다.

오답 뜯어보기 ①, ② '안'은 '우리'라는 표현으로 공감대를 형성하려고 하지만, '나'는 '나'라는 표현으로 공감대 형성을 거부하고 있다.
③ '안'은 '너무'라는 부사를 사용하며 사내의 죽음에 대한 자신의 태도를 부정적으로 인식했으나 이와 달리 '나'는 '겨우'라는 부사를 사용하며 이 사건에 대해 별로 고민하고 있지 않은 모습을 보이고 있다.

9 안은 사내의 죽음을 귀찮아하는 자신들의 모습이 세상사를 많이 경험하여 주변의 일들을 대수롭지 않게 생각하는 늙음에 다가서고 있는 증거라고 생각하고 있다. 젊음이란 정의와 열정으로 대표되는 것인데 자신들은 스물다섯이라는 젊은 시절을 살아가면서도 정의감과 열정 없이 무기력하게 살아가고 있음을 말하고 있는 것이다.

지식 ➕

• 〈서울, 1964년 겨울〉과 1960년대 한국 사회의 개인
1964년 한일 기본 조약 반대와 한미 행정 협정 개정을 요구하며 시위에 나섰던 학생들은, 비상계엄을 선포하고 전면전에 나선 군사 정부에 의해 패퇴했다. 4·19가 열어 젖힌 해방과 자유의 공간을 군화로 짓밟은 정권에 맞선 학생들의 노력이 다시 원점으로 돌아가자 남은 것은 개인 차원의 사소한 실천뿐이었다. 그것은 또한 농촌 공동체의 붕괴와 산업화의 진전에 따라 심화된 소외와 개인주의적 세계관과도 통하는 것이었다. 〈서울, 1964년 겨울〉의 세 남자는 포장마차라는 공간에 각자 술을 마시러 왔다는 공통점으로 묶이지만, 그것이 어떤 의미 있는 공동체의 형성으로 나아가지는 않는다. 세 사람은 각자의 고독과 상처가 깃든 방 속에 웅크리고 틀어 앉아 있을 뿐, 바깥 세계로 나올 엄두를 내지 못한다. '벽으로 나누어진 방들, 그것이 우리가 들어가야 할 곳이었다.'라는 부분은 그들이 따로 든 여관방을 가리키는 데 그치지 않고 그들 모두가 살고 있는 한국이라는 공동체를 상징하기도 한다. 1950년대까지 한국 소설은 개인의 존재에 눈뜨지 못했다. 소설이 개인에 관해 말할 때에도 그 개인은 공동체의 역사와 현실에 부분으로 기능하는 개인이었다는 점을 생각할 때 김승옥 소설의 문학사적 의의는 진정한 '개인의 발견'에 있다고 할 수 있다.

---

048 **1965년, 어느 이발소에서** _ 이호철 **184~187쪽**

키포인트 체크 위압적(고압적), 두려움, 이발소, 남한, 불심 검문

1 ② **2** ③ **3** ⑤ **4** 두 청년의 위압적인 말투는 이발소 안 사람들이 그들을 힘 있는 존재, 즉 권력자로 생각하게 만든다. **5** 실체조차 알 수 없는 권력에 당당하게 맞서지 못한 채 비굴하게 행동하는 나약한 소시민을 비판하고 있다. **6** ⑤ **7** ④ **8** ② **9** 당대의 시국

1 '두 곱으로 써늘해졌다.', '모두 간이 콩알만해져서 조마조마하였다.' 등에서 이발소 안 사람들의 심리를 알 수 있다.

오답 뜯어보기 ③ 청년들에 의해 긴장감이 유발되고 있지만, 사건이 빠르게 전개되고 있다고는 볼 수 없다.
⑤ 새로운 청년이 등장하기는 하지만 그 청년에 의해 사건의 전환이 이루어지지는 않는다.

2 청년들은 "민주주의라는 것을 모두 일방적으로 오해를 해서 그렇지. 도대체에 민주주의라는 것을 그렇게 알면 곤란한데에."라며 민주주의를 언급하고 있으나, 민주주의가 무엇인지에 대해서는 자세히 언급하고 있지 않다. 따라서 민주주의의 진정한 의미를 설파하고 이를 통해 사람들을 설득하고 있다는 설명은 적절하지 않다.

3 늙은 관리는 '일부러 그러는 것이 완연하게 반천치 같은 얼굴이 되'어 새로 들어선 청년과 갈등 상황을 만들지 않기 위해 행동하고 있다. 즉, 청년과 갈등 상황을 만들고 싶지 않아 어리석은 사람인 척하고 있다고 볼 수 있다.

4 청년들의 위압적인 말투와 행동은 이발소 안 사람들로 하여금 그들이 정부 기관에서 일하는 권력자로 생각하게 하여, 사람들이 청년들을 두려워하게 만들고 있다.

5 이발소 안 사람들은 두 청년의 정체도 모른 채 그들의 말과 행동에 주눅이 들어 조마조마하고 있다. 즉, 작가는 청년들의 실체가 무엇인지도 모른 채 이에 굴복하여 비굴하게 행동하는 소시민들의 모습을 비판하고 있는 것이다.

6 교통순경이 이발소 밖으로 나간 것은 사복 경찰을 부르기 위해서가 아니라 청년의 고압적 태도에 놀라 슬그머니 이발소를 떠난 것으로 볼 수 있다.

오답 뜯어보기 ③ 이발소 안 사람들이 뉴스를 듣고 나서 두 눈이 휘둥그래지며 두 청년을 바라본 것으로 보아 청년들의 눈치를 보았다고 할 수 있다.
④ 교통순경은 "대낮에 무슨 일로 이발소에 들어와?"라는 청년의 말에 차려 자세를 취할 몸짓을 한 것으로 보아 청년이 자신보다 높은 지위에 있을 것이라고 생각한 것으로 볼 수 있다.

7 청년들은 불심 검문을 받았지만 '관명 사칭도 하지 않았고, 이렇다 할 월권도 한 것은 없었다.'를 보아 권력을 사칭했다고 볼 수 없다.

8 청년들이 연행되었다가 곧 석방된 것은 그들이 관명 사칭이나 월권을 한 것이 없기 때문이다. 따라서 청년들이 경찰에 굴복한 것에 대한 배려로 볼 수는 없다.

오답 뜯어보기 ① 청년의 말에 교통순경이 슬그머니 일어서는 것은 청년을 권력의 실체로 착각하여 이에 굴복한 것이라 할 수 있다.

9 이 글에서 뉴스에 자유 센터 구내에서의 충격 사건이 보도되고, 사복 차림의 경찰이 두 청년을 불심 검문하는 내용이 언급되는 것은 이 소설의 내용이 당대 시국과 밀접하게 관계되어 있음을 보여 주고자 하는 작가의 의도가 반영된 것이라 할 수 있다.

---

049 토지 _ 박경리   188~191쪽

키포인트 체크 서희, 해방, 진주, 적개심

1 ④   **2** ④   **3** ②   **4** 유교적 권위주의를 지닌 구세대를 상징한다.   **5** 서희는 공포심을 불러일으키는 아버지 최치수의 모습과 태도로 인해 두려움에 떨며 격식만 차리는 문안 인사를 하고 있다.   **6** ②   **7** ③   **8** ①   **9** ④   **10** 서희는 조준구를 저주하고 최씨 가문을 끝까지 지키겠다는 다짐을 하는 듯 곡을 한다.

1 이 글은 전지적 작가 시점으로, 작품 밖의 서술자가 인물의 심리와 사건의 의미를 밝히고 있다.
   오답 뜯어보기 ①, ② 이 글은 전지적 작가 시점으로 작품 속에 서술자가 등장하지 않는다.
⑤ '장차는 어찌 될지,', '어린것에게 얼마나 큰 고통인가.' 등에서 서술자가 작품 속에 개입하여 인물의 행동과 감정을 분석하고 있으므로 사건을 객관적으로 전달한다고 볼 수 없다.

2 ㉠에서 서희는 아버지의 서슬에 놀라 잔뜩 위축되어 있고 이러한 서희에 대해 서술자가 개입하여 안쓰러운 태도를 보이고 있다. ④의 〈심청가〉에도 '도화동 남녀노소 뉘 아니 슬퍼하리'에서 서술자가 개입하여 등장인물에 대한 동정적인 태도를 직접 드러내고 있다.

3 이 글의 제목 〈토지〉는 다양한 의미로 해석될 수 있다. 〈보기〉는 해방을 맞이한 기쁨에 마을 사람들이 만세를 부르는 모습을 그린 결말 부분이므로 이를 고려할 때 '토지'는 일제에 빼앗겼다 되찾은 우리의 국토를 의미한다고 볼 수 있다.

                                          지식

● 〈토지〉의 공간과 역사
첫째, 공간의 확대는 역사적 변화를 암시한다. 구한말 평사리의 최 참판 집안이라는 닫힌 공간을 통해 구한말의 시대적 분위기를 나타내고, 일제 강점하의 간도를 통해 독립운동과 수난을 형상화한다. 그리고 서울과 만주, 러시아 등 해외 무대를 통해 거대 상업 지주의 등장과 국외 항일 투쟁을 담고 있는 것이다.
둘째, 역사적 사건을 담고 있는 공간을 그대로 차용하여 그 역사적 맥락을 작품에 끌어올 수 있는 계기로 사용한다. 3·1 운동, 동학과 의병, 진주의 형평사 운동이나 부산의 부두 노동자 파업, 만주와 연해주의 독립운동 등은 다양한 인물의 후일담이나 활동의 현장으로 활용되고 있다.

4 구한말은 구세대와 신세대가 공존하는 시대이다. 이 글에서 최치수는 자식과 하인에게 엄하게 대하는 유교적 권위주의를 지닌 인물로 구세대를 상징한다.

5 '싸늘하고 비정한 눈이 서희를 응시하고 있는 것', '숨 막혀서 견딜 수 없어 결국은 공포심을 불러일으키게 하는 강한 분위기' 등을 통해 서희가 아버지 최치수로 인해 공포심을 느끼고 숨이 막혀 함을 알 수 있고, '외는 투의 억양 없는 소리를 질렀다.'에서 문안 인사를 하면서 아무 감정 없이 격식만 차리고 있음을 알 수 있다.

6 서희는 봉순이에게 많이 의지하고 있으며 두 사람은 친동기처럼 지내며 자신의 이야기를 나누곤 했다. 서로의 마음을 잘 아는 서희가 봉순이의 수다를 괴로운 것이라고 생각한다는 해석은 적절하지 않다.
   오답 뜯어보기 ① (나)의 마지막 문단에서 '조준구는 그 곡소리가 질색이었다.'라고 한 부분에서 알 수 있다.
③ (나)의 '서희에 대한 동정에 가득 차 있는 삼월이나 복이까지 싸잡아서 ~ 원수로 알아야 할 것이며,'라는 부분을 통해 수동이가 이들을 신뢰하지 않고 있음을 짐작할 수 있다.
④ (가)에서 "자꾸자꾸 눈물이 ~ 부렸으믄 싶습니다."에서 알 수 있다.
⑤ (나)에서 수동이가 서희에게 한 말의 내용 중 집안의 노비들과 마을의 농사꾼들 대부분은 은혜를 모르는 배신자로서 후일 벼락을 내려야 한다는 말에서 짐작할 수 있다.

7 [A]의 '조준구 내외와 ~ 자라야 한다는 것이다.'에서, 서술자는 서희의 입장에서 수동이 서희에게 들려준 이야기를 요약해서 전하고 있음을 알 수 있다.

8 ㉠에서 봉순이는 자신의 죽은 어머니가 다시 살아오면 예전처럼 애를 태우지 않겠다고 말하고 있으므로, 부모가 죽은 뒤에 효도를 다하지 못함을 한탄한다는 한자 성어인 '풍수지탄'이 가장 적절하다.
   오답 뜯어보기 ② 와신상담: 불편한 섶에 몸을 눕히고 쓸개를 맛본다는 뜻으로, 원수를 갚거나 마음먹은 일을 이루기 위하여 온갖 어려움과 괴로움을 참고 견딤을 비유적으로 이르는 말.
③ 수구초심: 여우가 죽을 때에 머리를 자기가 살던 굴 쪽으로 둔다는 뜻으로, 고향을 그리워하는 마음을 이르는 말.
④ 이심전심: 마음과 마음으로 서로 뜻이 통함.
⑤ 기사회생: 거의 죽을 뻔하다가 도로 살아남.

9 (나)의 마지막 문단 '그것을 두려워하는 사람은 역시 조준구다.'에서 알 수 있듯, 조준구는 자신을 저주하는 듯 곡을 하는 서희에 대해 두려움을 느끼고 있으므로 조준구가 서희를 얕본다는 진술은 적절하지 않다.
   오답 뜯어보기 ① 봉순, 길상, 수동 등이 조준구 일파에 대해 적개심을 품고 있다.
⑤ '어디 두고 보아라 ~ 어디 두고 보아라.'에서는 서희의 내면 심리를, '조준구는 그 곡소리가 질색이었다.' 등에서는 조준구의 내면 심리를 제시하며 이들의 갈등 관계를 부각하고 있다.

10 '고집스럽다'는 '자기 의견을 굳게 내세워 버티다.', '앙칼지다'는 '제힘에 겨운 일에 악을 쓰며 덤비는 태도가 있다.'라는 뜻으로, 이 글에서 서희의 고집스럽고 앙칼진 모습은, 조준구를 저주하고 최씨 가문을 끝까지 지키겠다는 다짐을 하는 듯이 곡을 하는 데서 잘 드러난다.

---

050 관촌수필 _ 이문구   192~195쪽

키포인트 체크 인정, 근대화, 충청남도, 옹점, 대복 어메

1 ③   **2** ③   **3** ⑤   **4** 해당 지역의 모습을 실감 나고 생생하게 표현하고 있다.   **5** 하층민이며 모범적인 덕목을 지닌 옹점이의 행적을 중심으로 서술하고 있다.   **6** ⑤   **7** ⑤   **8** ⑤   **9** ④   **10** 작가가 자신의 어린 시절 고향에서의 삶을 회상하는 내용으로 1인칭 독백체로 서술되어 수필과 같은 느낌을 주기 때문이다.

1 '직접 인용'은 인물 간의 대화를 그대로 인용하여 서술하는 방식을 말한다. 이 글에서는 옹점이와 '나'의 할아버지의 대화를 직접 인용하여 이들의 대화를 생생하게 나타내고 있다.
오답 뜯어보기 ④ '의식의 흐름' 기법은 서술자의 의식에 나타나는 생각이나 감정을 중심으로 내용을 기술하는 방식을 말하는데, 이 글은 '나'가 어렸을 적에 보고 들은 이야기를 서술하고 있기 때문에 의식의 흐름 기법이 사용되었다고 보기 어렵다.

2 옹점이는 어머니가 유똥치마를 입고 머리는 힛사시까미를 했다고 말하며 여간 하이카라가 아니라고 말하고 있다. 하지만 어머니가 자신의 외모에만 신경을 쓸 뿐 술을 많이 마시는 등 정상적인 생활을 하고 있지 않기 때문에 이를 못마땅하게 여기고 있다. 따라서 어머니가 신식으로 입고 다니는 것에 자부심을 갖고 있다고 볼 수 없다.

3 '나'의 외숙은 굴지의 지주였기 때문에 돈이 많았을 뿐 온갖 잡기와 유흥에만 몰두했던 사람이다. 따라서 '유학'의 도덕적 가치와 이념을 중시하는 '나'의 할아버지의 입장에서 봤을 때에는 '대감'이라는 칭호를 받을 만한 사람이 전혀 아닌 것이다. 그럼에도 불구하고 할아버지 앞에서 '나'의 외숙을 '대감'이라고 불렀기 때문에 무엄한 말이 되는 것이다.

4 방언(사투리)은 특정 지역에서만 사용하는 언어이다. 따라서 방언을 사용하게 되면 그 지역의 특징이 잘 드러나게 된다. 이 글에서는 충남 지역의 방언이 사용되고 있으며, 이를 통해 충남 지역의 모습을 실감 나고 생생하게 표현하고 있다.

5 이 글은 옹점이라는 인물의 행적을 중심으로 서술하고 있는데, 옹점이는 인정과 동정심이 많다는 점에서 모범적인 인물이라고 할 수 있으며, 하층민에도 해당되는 인물이다. 옹점이가 '전'의 서술 대상에 해당한다는 점에서 이 글에 '전'의 특징이 나타난다고 볼 수 있다.

6 옹점이가 시원스런 성격에 일을 잘한 것은 맞지만, 보시기·종발·접시 따위의 사기그릇의 귀를 잘 떨어뜨렸으며, 걸핏하면 바가지를 깨거나 소래기에 금을 내는 실수를 저질렀다.
오답 뜯어보기 ② '나'의 어머니는 대복 어메가 음식을 몰래 가져가는 나쁜 손버릇이 있는 걸 알면서도 이를 눈감아 주고 있다. 따라서 '나'의 어머니는 인자하고 관대한 성격을 갖고 있다고 할 수 있다.

7 ⓔ은 지게를 등에 메고 일어설 때 작대기가 필요하다는 말인데, 이는 대복 어메에게 옹점이가 필요하다는 것을 의미한다. 만약 대복 어메가 옹점이의 불씨 왕래를 '나'의 어머니에게 이르면 옹점이와 원수를 지게 되는데, 그렇게 되면 대복 어메가 몰래 음식을 가져가는 것에 대해 옹점이가 사생결단으로 달려들 것이 뻔하다. 그래서 대복 어메는 옹점이가 불씨 나르는 것만큼은 눈감아 주고 있는 것이다.

8 (가)에서는 대복 어메가 하는 허드렛일과 그로 인해 받는 대가를 대구와 열거 형식으로 나타내고 있으며, 〈보기〉에서는 흥보의 초라한 행색을 대구와 열기 형식으로 나타내고 있다. 이렇게 대구와 열거를 사용하는 것은 판소리에서 사용하는 전통적 서술 방식으로, 필요 이상으로 장면을 확장하여 표현함으로써 독자의 흥미를 이끌기 위한 것이다.

9 대복 어메는 옹점이가 불씨를 꺼뜨리고 자신의 집에서 몰래 가지고 가는 것을 '나'의 어머니에게 고자질하지 않는다. 이는 불씨를 꺼뜨리면 '나'의 어머니에게 옹점이가 크게 혼난다는 점을 알고 있는 상황에서,

군이 옹점이와 원수를 질 만한 일을 만들어서 좋을 리가 없다는 것을 알기 때문이다. 이에 대해 '나' 역시 '옹점이와 원수져서 이로움이 있을 리 있을 터인가.'와 같이 언급하고 있다. 따라서 대복 어메는 옹점이와 원수지지 않기 위해 불씨 왕래를 고자질하지 않은 것이다.

10 이 글은 주인공 '나'가 회고적인 어조로 서술한 자전적 형식의 소설이다. 1인칭 독백체의 문체로 서술되어 서술자가 자신의 체험을 직접 이야기하기 때문에 마치 수필과 같은 느낌을 주고 있다.

051 삼포 가는 길 _ 황석영   196~199쪽

키포인트 체크 하층민, 산업화, 삼포, 현실적, 개발

1 ⑤ 2 ① 3 ⑤ 4 피폐했던 삶 때문에 쇠약해진 백화가 측은하게 느껴졌기 때문이다. 5 '팥 시루떡'은 백화가 영달에게 고마워하고 있음을 나타내는 소재로, 따뜻한 마음을 바탕으로 한 유대감이 형성되기 시작했음을 보여 준다. 6 ① 7 ① 8 ③ 9 ④ 10 두 사람의 앞날이 순탄치 않을 것임을 암시한다.

1 (가)에서 백화는 지나간 삼 년 중에서 옥바라지했을 때만큼 즐겁고 마음이 평화로웠던 때가 없었다고 했으므로 그 일을 후회하고 있는 것이 아니다.
오답 뜯어보기 ① (라)에서 정 씨는 자신은 호남선 쪽이라고 백화에게 이야기했다.
② (나)에서 정 씨는 감옥뿐 아니라 세상이라는 것이 고해라고 생각한다고 했다.
③ 영달은 백화의 과거 이야기를 들은 후 그녀를 이해하게 되었고, 백화를 업었을 때 그녀의 가벼운 몸무게에 연민과 동정을 느낀다. 그러면서 백화가 자신과 같은 처지에 놓여 있다는 유대감을 느끼게 된다.
④ (라)에서 정 씨가 여비가 있느냐고 물었을 때 백화가 군용차를 사정해서 타고 가면 된다고 말한 것으로 보아 여비가 없는 상태임을 알 수 있다.

2 이 글은 산업화와 도시화 과정에서 정처 없이 떠도는 노동자의 삶을 그린 작품으로, 떠도는 사람과 정착한 사람들 사이의 갈등은 드러나지 않는다.

3 눈이 덮여 있어 길을 분간하기 어려운 것은 떠돌이 삶을 살아가는 세 사람의 어려운 처지와 상황을 상징한다. 또한 백화가 눈 덮인 길의 고랑에 빠져 영달의 등에 업히게 되는 계기가 된다. 영달은 백화를 등에 업고 걸으면서 그녀를 안쓰럽고 가련하다고 느낀다. 따라서 두 사람이 갈등하는 계기가 된다는 설명은 적절하지 않다.

4 영달은 백화의 과거 이야기를 듣고, 백화에게 동정심을 갖게 된다. 백화가 어린아이처럼 가벼운 것이 그녀의 기구한 삶 때문이라고 생각한 영달은 그녀를 가엾게 여기고 있다.

5 팥 시루떡은 백화가 자신을 업어 준 영달에 대한 고마운 마음을 표현하는 매개체인 동시에 음식을 함께 나눌 정도로 친근한 관계가 되었음을 보여 주는 소재이다.

6 정 씨는 노인에게 고향인 '삼포'가 몰라보게 변했다는 소식을 듣고 고향

으로 가는 발걸음이 내키질 않고, 고향을 잃어버렸다는 느낌을 받는다. 따라서 고향에 정착하여 행복하게 살아가는 모습을 정 씨 역의 배우에게 주문한다는 것은 적절하지 않다.

7 과거의 삼포는 근대화 이전의 훼손되지 않은 농어촌 공동체로, 떠돌이 정 씨에게는 영원한 마음의 고향이자 정신적인 안식처였다. 현재의 삼포는 산업화로 인해 본원적인 가치가 훼손되어 버린 고향의 모습으로 당시의 시대 상황을 보여 주는 곳이다.

《오답 뜯어보기》 ② 과거의 삼포는 고기를 잡고 감자를 매는 전형적인 시골이었다. 공사장에서 일을 하며 살아온 영달에게 일자리를 제공해 주는 공간으로 보기 어렵다. 영달은 오히려 공사판으로 변한 현재의 삼포 이야기를 듣고 일자리를 잡을 수 있게 되었다며 좋아하고 있다.

8 백화와의 이별을 결심한 영달이 백화를 떠나보내며 '삼립빵 두 개와 찐 달걀'을 사서 백화에게 주고 있는데 이는 백화를 생각하는 영달의 따스한 마음, 곧 백화에 대한 애정을 나타낸다고 볼 수 있다.

9 백화는 술집 작부로 일하면서 가명을 사용해 왔다. 즉, 익명성 속에 숨어 산 것이다. 그러나 영달과 정 씨의 따뜻한 마음에 감동한 백화는 그들에게 만큼은 진실된 자신을 보여 주려고 자신의 이름을 밝힌 것이다.

───────────────── 지식 +

• **〈삼포 가는 길〉에 나타난 인물들의 심리 변화 양상**
• 영달: 영달은 백화에 대해 연민과 동병상련의 감정을 느끼지만 결국 백화를 떠나보내면서 아쉬움을 느낀다.
• 정 씨: 삼포가 변해 버렸다는 말을 듣기 전까지는 '삼포'가 그리움의 대상이자 돌아가야 할 곳이었지만, 삼포가 변해 버렸다는 말을 듣고 나서는 자신이 돌아가야 할 곳을 잃어버린 듯한 마음을 느끼게 된다.
• 백화: 백화는 정 씨, 영달과 동행하다 차츰 두 사람에게 마음을 열게 되고 영달에게 자신의 고향에 함께 가자고 말하지만, 결국 혼자 떠나게 된다. 백화는 영달과 정 씨에게 고마움을 전하며 자신의 본명을 말하고 돌아선다.

───────────────────────────

10 기차는 때때로 인생에 비유된다. ⓛ의 기차도 정 씨와 영달의 인생을 비유한 것이라고 볼 수 있다. 이 글에서 어두운 들판을 향해 달려가고 있는 기차는 이들의 인생이 순탄하지 않을 것임을 암시한다.

---

052 장마 _ 윤흥길   200~203쪽

〔키포인트 체크〕 인민군, 국군, 장마, 구렁이, 화해

1 ④   **2** ②   **3** ①   **4** 삼촌의 넋이 한을 품지 않고 편안하게 저승으로 갈 수 있도록 돕기 위해서   **5** ④   **6** ⑤   **7** ②   **8** ②   **9** 장마는 오랜 기간 동안 지속된 한 가족의 불행을 의미하며, 이는 나아가 우리 민족에게 닥친 불행인 6·25 전쟁을 상징한다.

1 기다리던 삼촌의 현신으로 알고 있는 구렁이를 무사히 돌려보내기 위해 외할머니가 다급하게 할머니의 머리카락을 구하는 대목에서 긴박한 분위기가 조성되고 있지만, 빈번한 장면의 전환은 나타나지 않는다.

《오답 뜯어보기》 ② 이 글은 '나'라는 어린아이의 눈에 비친 사실을 서술하고 있는 1인칭 관찰자 시점을 취하고 있다.
③ 외할머니의 말 '어떤 창사구 빠진 잡놈이 그렇게 히득거리고 섰냐?' 등에서 방언과 비속어를 통해 사실감을 주고 있다.

⑤ (가)의 '불티처럼 박힌 앙증스러운 눈깔', '꼭 울어 보채는 아이한테 자장가라도 불러 주는 투로' 등에서 비유적 표현을 활용하여 장면을 효과적으로 전달하고 있다.

2 인물들 사이의 심리적 갈등은 한국 문학의 특수성이 아니라, 소설에 나타나는 일반적인 것으로 소설의 흐름을 따라가다 보면 인물들의 갈등 양상을 확인할 수 있다. 따라서 한국 문학의 세계화를 위해 해결해야 할 문제에 해당하지 않는다.

3 할머니의 머리카락은 할머니를 대신하는 것으로, 죽어 돌아온 아들에 대한 할머니의 마음을 보여 주는 것이다.

4 외할머니는 구렁이를 삼촌의 현신으로 보고 있으며, 구렁이가 나타난 것은 어머니를 뵙지 못하고 죽은 한으로 인한 것이라 생각한다. 따라서 외할머니는 할머니의 머리카락을 태움으로써 구렁이가 된 삼촌에게 할머니의 정을 느끼도록 하여 편안히 저승으로 갈 수 있게 돕는 것이다.

5 (라)의 '안에 있는 아들보다 밖에 있는 아들을 언제나 더 생각했던 할머니는'에서 할머니가 아버지보다 삼촌에게 더 관심이 있었던 것을 알 수 있지만, 아버지가 이러한 할머니를 원망했는지는 드러나 있지 않다.

《오답 뜯어보기》 ① (라)의 끝부분에서 할머니가 '나'를 용서했다는 부분에서 짐작할 수 있다.
② (라)의 '식구들을 들볶아 대면서 삼촌을 기다리던'에서 잘 드러난다.
③ (나)에서 할머니가 의식을 회복한 후 고모에게 구렁이가 갔냐고 묻자 고모가 고개를 끄덕인 부분에서 이를 확인할 수 있다.
⑤ (나)에 고모가 할머니에게 외할머니가 구렁이를 무사히 돌려보낸 일에 대해 설명하는 내용이 제시되어 있다.

───────────────── 지식 +

• **'나'와 할머니의 갈등**
빨치산이 되어 모습을 감춘 삼촌이 몰래 집에 다녀간 후, '나'는 삼촌을 검거하려는 형사에게 속아 이 사실을 알려 준다. 이 일로 아버지는 지서에 끌려갔다 오고, '나'는 할머니의 분노를 사게 된다.

───────────────────────────

6 이데올로기의 대립을 서로의 아픈 마음을 이해하고 공감함으로써 정서적으로 화합하여 민족의 동질성을 회복하는 것을 통해 해소하고 있다.

7 외할머니가 구렁이를 배웅하고 난 후, 의식을 회복한 할머니가 소원한 관계에 있던 외할머니를 큰방으로 건너오게 하여 고마움을 표하고 있으므로, '구렁이'는 둘의 관계를 회복하게 하는 매개체로 작용하고 있음을 알 수 있다.

───────────────── 지식 +

• **'구렁이'의 상징성**

분위기와 관련	매우 음산하고 우울한 분위기를 만들고 있다.
인물의 삶과 관련	인물들의 토속적이며 무속적인 세계관을 반영하고 있다.
결말과 관련	이데올로기의 대립을 파탄 없이 융화할 수 있는 결정적 장치로 제시되고 있다.
원형 상징성	'뱀'은 음산하면서도 신비로운 느낌을 주는 제재이며, '지혜', '생명' 등의 원형 상징성을 지니고 있다.

───────────────────────────

8 서로의 아픔을 위로하고 마음을 나눈 후, 두 할머니는 손을 맞잡고 화해하고 있다. 이는 전쟁으로 인해 아들을 잃은 슬픔을 동병상련의 마음으로 위로하는 것이라 볼 수 있다.

《오답 뜯어보기》 ① 망운지정: 자식이 객지에서 고향에 계신 어버이를 생

각하는 마음

③ 노심초사: 몹시 마음을 쓰며 애를 태움.

④ 초지일관: 처음에 세운 뜻을 끝까지 밀고 나감.

⑤ 애이불비: 슬프지만 겉으로는 슬픔을 나타내지 아니함.

9 '장마'라는 배경은 한 가족의 갈등과 불행이 지속되는 고통스러운 기간을 의미하며 나아가 민족의 불행이었던 6·25 전쟁을 상징한다.

---

053 겨울 나들이 _ 박완서   204~207쪽

키포인트 체크) 허탈감, 서울, 온양, 도리질, 사랑

1 ④   **2** ④   **3** ③   **4** ⑤   **5** 솜옷 같은 따뜻함을 느끼고 있다.   **6** ③

7 ②   **8** ④   **9** 가족에 대한 사랑과 책임감이 담겨 있는 행동이기 때문이다.

1 차장이나 여인숙 주인아주머니와 같은 새로운 인물이 등장하기는 하지만 이러한 인물의 등장으로 인해 갈등이 빚어지고 있지는 않다. 오히려 '나'는 주인아주머니에게 호감을 느끼고 있다.

✎ 오답 뜯어보기) ① 이 글은 '나'가 호텔에서 나와 호수를 거쳐 여인숙에 이르기까지의 과정을 장소의 이동에 따라 서술하고 있다.

② 이 글은 1인칭 주인공 시점으로, '나'가 자신의 경험담을 서술하고 있다.

③ '나를 자기 버스에 짐짝처럼', '미라에다 옷을 입혀 놓은 것' 등에서 비유적 표현을 통해 인물의 상황을 나타내고 있다.

⑤ '나'와 차장의 대화, '나'와 아주머니와의 대화를 통해 '나'가 추운 겨울에 홀로 여행을 다니고 있는 상황임을 알 수 있다.

2 '나'는 호수에 도착하자마자 암울하고 황량한 느낌을 받는 반면, 여인숙에 들어가서는 주인아주머니에게서 따뜻하고 포근한 느낌을 받고 있다.

3 '나'는 가족에게 헌신하며 살아온 삶에 대해 회의를 느껴 여행을 온 것인데, 버스를 보고 '나'가 숨통이 트이는 것 같다는 느낌을 받은 것은 기존의 것에서 벗어나 새로운 곳에 갈 수 있다는 기대감 때문이다.

4 차장은 '나'가 경치 좋은 곳에 가길 원한다고 짐작하여, 근처에 경치 좋은 곳은 호수밖에 없으므로 그곳에 데려다주겠다고 말하고 있다.

5 '나'는 자신을 친절하게 맞이해 주는 주인아주머니에게서 따뜻함과 포근함을 느끼고 있다. 그리고 그런 따뜻함과 포근함을 '솜옷'에 비유하고 있다.

6 주인아주머니의 "이젠 고쳐 드려야겠다는 생각보단 도와드려야겠다는 생각뿐이에요."라는 말에서 주인아주머니가 노파의 고질병을 고치기보다는 극진히 모셔 여생 동안 편안히 지내실 수 있게 도와드려야겠다고 생각하고 있음을 알 수 있다.

7 '나'는 가족을 위한 아주머니의 헌신적인 삶을 보고 감동을 받은 후, 자신의 삶 또한 결코 헛된 것이 아니었다는 깨달음을 얻으면서 내적 갈등이 해소되고 있다.

8 이 글에서 할머니가 며느리에게 반감을 가지고 있다고 해석할 만한 근

거는 찾을 수 없다.

✎ 오답 뜯어보기) ① 아들의 죽음이라는 비극적 상황 때문에 나타난 행동이라는 점에서 측은한 마음이 들 수 있다.

② 할머니가 인민군을 보고 비명을 질러서 아들이 뛰어나오게 되었고, 그 때문에 아들이 죽게 되었다는 죄책감을 갖고 있다.

③ 눈앞에서 아들이 죽는 모습을 본 후 할머니가 거의 실성하다시피 했고, 도리질을 멈출 수 없게 되었다는 것에서 할머니의 충격이 얼마나 큰지 알 수 있다.

⑤ 할머니의 도리질을 전쟁으로 인한 비극적 참상을 부각시키는 장치로 볼 때, 전쟁이 남긴 상처와 극복이라는 작품의 주제를 구현하는 데 큰 역할을 하는 것으로 볼 수 있다.

9 주인아주머니는 실제로는 자식을 지켜 내지 못했지만 마음으로나마 끝까지 자식을 지키려는 시어머니의 마음을 이해함으로써, '도리질'을 대사업이라고 표현하고 있다. 즉, 시어머니의 입장에서 도리질은 죽은 자식이라도 지켜 내고 싶다는 의지와 사랑, 책임감의 표현인 것이다.

---

054 카메라와 워커 _ 박완서   208~211쪽

키포인트 체크) 부정적, 산업화, 진로, 취업

1 ②   **2** ①   **3** ③   **4** ②   **5** 개인의 행복만을 추구하는 삶을 거부한다.

6 ④   **7** ⑤   **8** ③   **9** ③   **10** 성실 근면하면 안정된 삶을 살 수 있을 것이라는 기대와 이를 좌절시키는 현실을 상징한다.

1 이 글은 1인칭 주인공 시점으로, 작중 인물인 '나(고모)'의 시각에서 사건을 서술하며 자신의 정서를 직접 드러내고 있다.

2 (가)에는 훈이와 '나'가 훈이의 진로 선택 문제, 즉 문과와 이과 중 어느곳으로 가야 할지에 대해 갈등하고 있으므로 개인과 개인의 갈등이 드러난다.

3 ⊙은 '나'가 말한 사회의 병폐에 대해 허풍을 떨면서 앓는 소리를 내는 사람을 가리킨다. 즉, 여러 사회 문제에 적극적으로 문제 제기를 하는 사람을 의미하는 것이다.

4 6·25 전쟁 중에 오빠의 죽음을 경험한 '나'는 조카인 훈이에게 편안하고 무난한 삶을 살 것을 계속해서 충고한다. ⓑ는 '나'가 부정적으로 생각하는 철학적인 고민 내용이다.

✎ 오답 뜯어보기) ① '공대'는 취직이 잘되는 곳으로, 편하게 살기 위한 방편이 될 수 있는 곳이다.

③ '갈비찜을 먹을 궁리'는 자신의 행복을 우선시하는 것으로, 〈보기〉에서 말한 '편안하고 무난한 삶'으로 볼 수 있다.

④ '기술자'는 밥벌이 걱정은 안 해도 되는 직업으로, 〈보기〉에서 말한 '편안하고 무난한 삶'으로 볼 수 있다.

⑤ '대기업'은 안정된 삶을 누릴 수 있는 곳으로, 〈보기〉에서 말한 '편안하고 무난한 삶'으로 볼 수 있다.

5 '나'는 훈이에게 카메라를 사 주겠노라 말하지만 훈이는 이를 '지긋지긋'하다며 거부하고 있다. 이때 '카메라'는 개인의 안정된 삶과 행복을 상징하는 것으로, 훈이는 '나'가 강요하는 개인의 행복만을 추구하는 안정된 삶에 부정적 시각을 갖고 이를 거부하고 있다.

6 '나'는 오대산 주변의 푸르고 평온한 풍경에 감탄하고 있지만, 훈이가 이곳에서 정착하기를 원하는 내용은 찾아볼 수 없다.

오답 뜯어보기 ①, ③ '나'는 훈이가 열악한 환경에서 생활해 온 것을 알고 이를 안타까워하며 자신과 함께 다시 서울로 돌아가 편안하고 안정된 삶을 살기를 원하고 있다.

② (나)의 '영동 고속 도로가 개통되면~쾌속을 즐기겠지.'에서 공사가 끝나면 서울에서 강릉까지 빠르게 갈 수 있음을 알 수 있다.

⑤ (가)의 '고모나 할머니가 철석같이 믿고 있는 기술이니 정직이니 근면이니 ~어떤 보상이 되어 돌아오나를 똑똑히 확인하고 싶어.'에서 '나'와 할머니는 기술을 익히고 정직, 근면하면 적절한 보상이 있다고 생각해 왔음을 알 수 있다.

7 훈이는 회사측에서 말하는 경영 합리화가 임시직에게 봉급을 조금 주면서 부려 먹은 결과라고 말하고 있다. 이를 통해 기업은 이익을 얻어 발전하고 있지만, 그에 반해 노동자들의 권익은 제대로 보장받지 못하고 있음을 알 수 있다.

8 '나'는 이가 들끓고 있는 곳에서 형편없는 식사를 하며 중노동을 하고 있는 훈이에게 안타까움을 느끼며 힘든 공사 일을 그만두고 서울로 가 편안하고 안정된 삶을 살기 바라는 마음에서 ⓐ와 같이 말한 것이다.

9 고속 도로 건설 현장에서 일하는 것은 국토 건설 사업에 이바지하는 것이므로 자랑스럽게 여겨야 한다는 허울 좋은 '나'의 말을 듣고, 훈이는 자조적 태도를 보이고 있다. 따라서 훈이가 "웃기네."라고 말한 것은 흥을 보듯이 빈정거리거나 업신여기며 웃는 웃음인 '조소'에 해당한다.

오답 뜯어보기 ① 고소: 쓴웃음

② 폭소: 갑자기 세차게 터져 나오는 웃음

④ 미소: 소리없이 빙긋이 웃는 웃음

⑤ 쾌소: 시원스럽고 유쾌하게 웃는 웃음

10 〈보기〉를 참고할 때, 이 글에서는 성실하고 근면하면 안정된 삶을 살 수 있을 것이라는 기성세대의 믿음이나 기대와 달리 고된 노동을 하면서도 정당한 대우를 받지 못하는 젊은 세대의 무거운 현실이 드러난다. 따라서 '카메라와 워커'라는 이 글의 제목은 성실 근면하면 안정된 삶을 살 수 있을 것이라는 기대와 이를 좌절시키는 현실을 상징하는 것이라 볼 수 있다.

---

055 난쟁이가 쏘아 올린 작은 공 _ 조세희   212~215쪽

키포인트 체크 난쟁이, 무허가 빈민촌, 철거 계고장, 희망

1 ③ **2** ③ **3** ④ **4** 가난한 사람들을 삶의 터전에서 몰아내는 사람들이 법의 비호를 받는다. **5** ④ **6** ④ **7** ① **8** ⑤ **9** '거인'은 거대 자본, 혹은 빈민 계층을 착취하고 투기를 일삼는 부도덕한 부유층을 상징하고, '난쟁이'는 삶의 터전을 빼앗긴 빈민 계층을 상징한다.

1 제시된 부분에는 철거 계고장이 도착한 후 난쟁이 일가의 반응이 드러나 있을 뿐 빠른 장면 전환은 나타나지 않는다.

오답 뜯어보기 ① 사회의 구조적 모순으로 인해 가난한 난쟁이 일가가 쫓겨날 수밖에 없는 상황을 그리고 있다.

② 등장인물인 '나'가 이야기를 전달하고 있다.

④ 가난한 난쟁이 일가는 재개발로 인해 쫓겨나고 투기업자들은 철거민의 입주권을 사들이는 모습을 통해 당시 사회의 모순을 고발하고 있다.

⑤ 장애를 지니고 있는 난쟁이를 중심인물로 설정하여 가난하고 소외된 계층의 사회적 결핍 상태와 무기력함을 드러내고 있다.

2 '낙원구 행복동'은 난쟁이 일가의 비참한 삶을 강조하기 위한 반어적 표현이다. 지옥에서 바라보는 '천국'과는 거리가 멀다.

3 '나'는 집을 헐러 오는 놈을 그냥 놔두지 않을 것이라며 현실에 저항하는 영호의 말에 "그만둬."라고 말하고 있다. 이는 '나'도 아버지와 마찬가지로 철거를 할 수밖에 없는 현실을 받아들이는 것이라고 볼 수 있다.

4 ㉠은 법이 가진 자들을 위해 존재한다는 의미로, 법이 약자를 보호하는 것이 아니라 약자를 억누르는 것을 정당화하고 있음을 단적으로 드러낸다.

5 이 글은 '가진 자'와 '못 가진 자'의 이원적 대립 구조를 보여 준다. 이러한 대립은 글 속에서 '주택가, 고기 굽는 냄새, 주머니가 달린 옷'과 '우리 동네, 풀 냄새, 주머니가 없는 옷'의 대조를 통해 잘 드러나고 있다.

6 이상 세계를 꿈꾸는 것이 현실 부정이나 비판의 표시가 될 수 있다는 〈보기〉의 내용을 고려할 때, 아버지가 꿈꾸는 이상 세계인 '달나라'는 현실에 대한 부정과 비판의 의미를 담고 있다고 볼 수 있다.

7 '기타'는 영희의 꿈을 상징하는데 '줄 끊어진 기타'는 순수한 영혼을 지니고 있던 영희의 꿈과 희망이 좌절되리라는 것을 암시한다.

8 난쟁이 아버지는 그동안 열심히 일하고 기도를 해 왔다고 밝히고 있다. 그러므로 '난쟁이'가 주어진 삶에 충실하지 못했다는 설명은 적절하지 않다.

오답 뜯어보기 ① 열심히 살아온 '난쟁이' 가족의 비극은 '욕망'으로 가득 찬 '죽은 땅'의 현실 때문이라고 볼 수 있다.

② 《일만 년 후의 세계》는 아버지가 바라는 이상 세계가 쉽사리 찾아오지 않을 것이며, 현재의 불공평이 오랫동안 지속될 것임을 암시하는 소재이다.

③ '달나라'는 현실 세계와 대비되는 것으로, 이러한 달나라를 지향한다는 것은 〈보기〉에서 말한 것처럼 산업 사회의 이면에 대한 비판이 포함된 것이다.

④ "사람들은 사랑이 없는 욕망만 갖고 있습니다."라는 지섭의 말에서 확인할 수 있다.

9 이 글은 산업화의 거대한 물결 속에서 부유층에 의해 소외당하는 사회적 약자들의 삶을 다루고 있다. 작가가 그린 '난쟁이'는 경제적, 사회적 약자로 힘겹게 살아가는 인물이며 1970년대의 억압받고 소외된 계층의 전형을 보여 준다.

◀ 지식 +

● 한국 소설사에서의 연작 소설

한국 소설사에서 연작이라는 양식은 1970년대에 특히 유행했다. 대표적으로 이문구의 〈우리 동네〉, 〈관촌수필〉, 윤흥길의 〈아홉 켤레의 구두로 남은 사내〉, 조세희의 〈난쟁이가 쏘아 올린 작은 공〉 등이 있다. 연작 소설은 우리 사회가 다양화되고 사회 계층의 반목이 뚜렷해지면서, 작가의 시각을 하나의 시점에 고정하지 않고 여러 각도로 당대의 문제들에 대해 조명하고자 하는 작가 의식에서 비롯되었다고 볼 수 있다.

056 아홉 켤레의 구두로 남은 사내 _ 윤흥길

216~219쪽

키포인트 체크 자부심, 연민, 소시민, 수술비, 강도

1 ④　**2** ④　**3** 구두는 권 씨의 자존심을 상징하는 것으로, 구두를 닦는 것은 상처 입은 자존심을 회복하기 위한 것이다.　**4** '나'가 자신의 이익만 추구했던 것을 깨닫고, 이를 반성하면서 느끼는 부끄러움이다.　**5** ③　**6** ③　**7** ⑤　**8** '나'는 권 씨를 안심시키려는 의도로 말한 것이지만 권 씨는 그 말로 인해 자존심에 큰 상처를 입게 된다.

1 이 작품은 '나'가 권 씨의 행동을 관찰한 결과를 서술하는 1인칭 관찰자 시점으로 글을 전개하고 있다.

2 원장은 척분도 없는 '나'가 권 씨 아내의 수술비를 내주는 것을 보고 놀라며 아직까지 소식이 없는 권 씨를 비난하기는 하지만 결국 수술비를 받았으므로 자신에게 이익이 되는 것이니 '나'의 행동을 비판하고 있다고 보기는 어렵다.

3 권 씨에게 '구두'는 자신이 대학에서 교육을 받은 지식인이라는 것을 보여 주는 물건이자 권 씨의 자존심을 상징하므로, 권 씨가 구두를 닦는 것은 '나'의 거절로 인해 무너진 자존심을 회복하려는 무의식적인 태도로 볼 수 있다.

4 〈보기〉는 굶주린 시위대가 땅에 떨어진 참외를 먹는 장면을 본 권 씨가 지식인으로서 양심의 가책을 느끼는 장면이다. '나' 역시 자신의 이익만을 추구하며 권 씨의 어려움을 모른 척했던 자신의 모습을 깨닫고 이에 부끄러움을 느끼고 있다.

5 권 씨가 '나'의 방에 침입하여 강도짓을 하고 있지만, '나'는 강도가 권 씨임을 알아채고 권 씨를 안심시켜 돌려보내려는 우호적인 태도를 보이고 있다.

　　오답 뜯어보기 ① 이 글은 1인칭 관찰자 시점으로 서술되어 있다.
② 권 씨와 '나'가 나누는 대화와, 강도에 대한 행동 묘사를 통해 현장감을 주고 있다.
④ '보기 좋을 만큼 큰 눈'이나 손을 떨고, 아이를 조심스럽게 재우는 강도의 모습을 통해 소심하며, 강도짓을 해 본 적이 없는 권 씨의 성격을 짐작할 수 있다.
⑤ '와들와들', '후닥닥' 등의 의태어를 통해 권 씨의 행동을 생동감 있게 묘사하고 있다.

6 '나'는 권 씨를 처음 보았을 때는 이상한 사람이라고 생각했으나 그의 과거와 현재의 처지를 이해하고 나서는 그에게 연민을 품는다. '나'는 강도 사건 이후 자존심에 상처를 입고 돌아오지 않는 권 씨에게 안타까움을 느낀다.

지식 +

● **등장인물의 전형성**

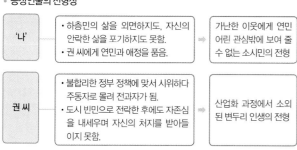

'나'	・하층민의 삶을 외면하지도, 자신의 안락한 삶을 포기하지도 못함. ・권 씨에게 연민과 애정을 품음.	⇒	가난한 이웃에게 연민 어린 관심밖에 보여 줄 수 없는 소시민의 전형
권 씨	・불합리한 정부 정책에 맞서 시위하다 주동자로 몰려 전과자가 됨. ・도시 빈민으로 전락한 후에도 자존심을 내세우며 자신의 처지를 받아들이지 못함.	⇒	산업화 과정에서 소외된 변두리 인생의 전형

7 강도 행각을 끝내고 집을 나가는 장면에서 권 씨는 엉겁결에 자기 집인 문간방으로 들어가려는 행동을 한다. 이 대목에서 강도의 신분이 권 씨임이 다시 한번 드러나게 되지만, '나'는 끝내 이를 모른 체하고 대문이 있는 방향을 일러 준다. 두 사람은 서로 누구인지 알고 있지만 모른 체하고 있으므로, '나'가 떠올렸음 직한 생각으로 ⑤가 적절하다.

8 '나'는 권 씨를 안심시켜 편안한 마음으로 돌아갈 수 있도록 '식구 중에 누군가가 아프다든가'와 같은 권 씨의 사정을 넌지시 말함으로써 자신이 강도의 정체를 눈치채고 있음을 알려 주지만 권 씨는 그 말을 자신을 조롱하고 경멸하는 것으로 받아들여 자존심에 깊은 상처를 입는다.

057 우리 동네 황 씨 _ 이문구

220~223쪽

키포인트 체크 무관심, 이익(재산), 산업화, 전통적, 헌 팬티, 마을 회관

1 ④　**2** ③　**3** ①　**4** ③　**5** 황 씨에게 창피를 주어 그의 부정적 행위를 응징했다고 생각했기 때문에 통쾌하면서도 뿌듯해하고 있다.　**6** ⑤　**7** ①　**8** ②　**9** 황 씨 역시 작년에 마을 사람들을 속여 이익을 얻었으므로, 도시 사람들이 농촌 사람들을 속이는 것을 비난할 자격이 없다.

1 이 작품은 전지적 작가 시점을 보이면서도 특정 인물인 '김'의 시선을 중심으로 사건과 인물에 대해 서술하고 있으므로 적절한 진술이다.

　　오답 뜯어보기 ③ 작품 밖 서술자인 전지적 작가 시점에서 서술되고 있는 것은 타당하지만, 편집자적 논평이 드러나 있지 않으므로 적절하지 않다.

지식 +

● **편집자적 논평**
고전 소설에서는 작품 밖 서술자인 전지적 서술자가 작품 속에 개입하여 사건이나 인물에 대한 자신의 감정, 생각을 드러내거나 넓은 의미에서 독자에게 말을 건네는 경우가 있는데, 이를 '서술자의 개입'이라고 하며, 이는 강독사의 구술이라는 고전 소설의 독특한 전승 방식에서 비롯된 것으로 보는 견해가 있다. 고전 소설만큼 보편적인 것은 아니지만, 현대 소설의 경우에도 사건이나 인물에 대해 전지적 시점의 서술자가 자신의 판단을 드러내는 경우가 있는데 이를 편집자적 논평이라고 한다.

2 [A]에는 수재민 구호품으로 헌 팬티를 내놓은 황 씨에 대한 마을 사람의 비난이, [B]에는 수재민에게 속옷도 필요한 물건임을 내세워 자신이 내놓은 물건이 적절하다는 황 씨의 자기 합리화가 드러난다.

　　오답 뜯어보기 ① [A], [B] 모두 말하는 이가 상대방에게 믿음을 가졌다고 할 수 없으므로 적절하지 않다.
⑤ [A]는 상대방인 황 씨의 권위와는 무관한 발화이며, [B]는 속옷도 필요할 것이라는 수재민의 처지를 부각한 발화이므로 적절하지 않다.

3 (가)와 (나)를 통해 황 씨가 매우 인색한 인물임을 알 수 있지만, 다른 사람의 사치에 대해 어떤 생각을 가지고 있는지 판단할 근거는 드러나 있지 않다.

　　오답 뜯어보기 ②, ⑤ (나)에서 입던 팬티를 이재민 구호품으로 내놓은 것을 통해 짐작할 수 있다.
③ (가)에서 황 씨를 '느티울에선 버림치로 치부하여 진작 젖혀둔 인간'이라고 했으므로 적절한 진술이다.
④ (가)에서 자신에게 싫은 소리를 하는 이장, 최정식, 고명근, 홍사철

정답과 해설

등에게 절대 돈을 빌려주지 않는다는 점과 (나)에서 헌 팬티를 내놓은 것에 대한 비난에 자기 합리화로 대응하는 점 등을 근거로 할 때 적절하다.

4 황 씨가 내놓은 헌 팬티는 마을 전체의 결정에 의한 수재민 구호품을 내놓지 않으려는 황 씨의 인색한 성격을 드러내며, 이로 인해 마을 사람들과의 갈등이 고조된다.

5 평소 황 씨의 태도를 부정적으로 생각했던 '김'은 헌 팬티를 마을 회관 앞 바지랑대에 매달아 둠으로써 황 씨의 이기적인 행동에 응징을 했다고 생각한다. 또한 '생일 차려 먹은 듯한 풍덩한 기분', '푸짐한 경사를 치른 기분' 등을 통해 그가 통쾌함을 느끼고 있음을 짐작할 수 있다.

6 '고(고명근)'는 도시에 사는 친척과의 일화를 언급하고 있지만, 이는 겉보기에 좋은 채소만 찾는 도시인의 성향을 통해 농약 사용의 불가피함을 설명하고자 한 것이므로 적절하지 않다.
〔오답 뜯어보기〕 ④ 김은 '우리가 있음으루 해서 각기 직업두 생긴 겐디', '우리네 위에 올러슬 것이 읎을 텐디두'와 같이 말하며 농민으로서의 자부심을 드러내고 있다.

7 농사일이 바빠 농약을 뿌리지 못한 것을, 농민의 양심상 일부러 뿌리지 않은 것으로 착각하고 있는 것이므로 신뢰 상실과는 무관한 내용이므로 적절하지 않다.

8 황 씨가 마을 회관에 걸린 자신의 팬티를 애써 모른 척했던 이유는 자신의 행위가 잘못임을 인정하고 싶지 않기 때문이다. 이장은 황 씨를 여전히 공동체의 일원으로 인정하기로 한 이상 황 씨가 직접 헌 팬티를 치우게 함으로써 황 씨의 이기적 행동에 대한 응징을 끝내고자 하는 것이다.

9 ㉮에서 황 씨는 농촌 사람들을 속이는 도시 사람들을 비난하고 있지만, 정작 자신은 질 낮은 새우젓, 황새기젓 등을 마을 사람들에게 팔아 이익을 챙겼기 때문에 이는 '똥 묻은 개가 겨 묻은 개 나무라는 격'이라고 할 수 있다.

---

058 은강 노동 가족의 생계비 _ 조세희   224~227쪽

〔키포인트 체크〕 노동자, 은강, 피라미드

1 ③   **2** ①   **3** ④   **4** 먹고 사는 일   **5** ②   **6** ①   **7** ④   **8** ⑤
9 이들의 삶이 생명을 이어 나가기 위한 절박한 활동임을 드러내기 위해서이다.

1 이 작품은 1인칭 주인공 시점으로, 중심인물인 '영수'가 자신과 자신의 가족 이야기를 서술하고 있다.

2 '릴리푸트읍'은 현실에 존재하는 곳이 아니라 〈걸리버 여행기〉에 등장하는 난쟁이 마을이며, 비현실적인 이상 세계이다. 이 마을을 동경하는 영희를 통해 현실과 대비되는 릴리푸트읍의 모습을 제시하여 현실의 모순을 강조하고 있다.
〔오답 뜯어보기〕 ② 릴리푸트읍은 현실과 대비되는 공간으로 현실의 비참함을 인식하게 할 뿐 작품의 현실성을 떨어뜨린다고 보기는 어렵다.

③ 릴리푸트읍은 작품의 배경이 아니므로 동화적인 분위기를 연출한다고 보기 어려우며, 이 작품은 전기성이 드러나지 않는다.
④ 아버지의 죽음이 초월적인 세계로 연결되지는 않는다.
⑤ 소외된 자들의 이상 세계인 릴리푸트읍의 이야기를 통해서 이와 대조되는 현실의 비극성이 오히려 강조된다고 볼 수 있다.

3 영호가 자살한 아버지의 죽음을 타살이라 말하는데 '나'는 이 말을 막을 수 없었다고 이야기하고 있다. 이는 힘들게 일하며 살아왔지만 결국 극단적인 선택을 할 수밖에 없었던 아버지의 결정이 개인적인 고통뿐만 아니라 사회적인 모순에서 비롯된 일임을 드러내고 있는 것이다.

4 '놋수저'는 먹고 사는 일을 상징하는 소재로, 이는 난쟁이인 아버지가 홀로 가족의 생계를 책임지는 것에 무거운 책임감을 느끼고 있었음을 나타낸다.

5 이 작품은 비판적인 내용을 다루고 있지만, 풍자적 어조로 인물을 희화화하고 있는 것은 아니다.
〔오답 뜯어보기〕 ① 이 작품에는 짧은 문장이 많이 쓰였으며, 이로 인해 속도감 있게 읽히고 있다.
③ '은강'이라는 상징적인 공간과 '생태계'라는 상징적인 소재를 사용하여 인물들의 상황을 드러내고 있다.
④ 주먹으로 눈물을 씻는 모습, 호흡마저도 조심스럽게 하는 모습을 통해 인물의 심리를 드러내고 있다.
⑤ 과거 사건인 아버지의 장례식 장면과 현재의 모습이 별다른 표지 없이 혼재되어 서술되고 있다.

6 ㉠에서 은강이 릴리푸트읍과는 달리 약자들이 고통받는 현실 세계임을 알 수 있고, ㉡을 통해 난쟁이 일가가 생태계의 최하층임을 알 수 있다. 이를 바탕으로 ㉮는 자식들도 아버지의 삶과 크게 다르지 않을 것이며 가난이 대물림되어 최하층의 삶을 살게 될 것을 암시하고 있다.

7 먹이 피라미드에 대해 '우리는 이 맨 밑에요. 우리에겐 잡아먹을 게 없어요.'라는 영호의 말을 통해 먹이 피라미드가 은강에서의 자신들의 현실을 분명하게 드러내고 있다는 것을 확인할 수 있다.

8 가족들이 호흡까지 조심하는 모습과 바싹 마른 콩알처럼 아주 약한 호흡을 했다는 표현으로 보아 이들의 삶을 희망적이라고 보는 것은 적절하지 않다.
〔오답 뜯어보기〕 ① "너는 장남이다.", "나에게 무슨 일이 생기면, 네가 집안의 기둥이다."라는 아버지의 말에서 '나'는 이미 자신이 가장으로서의 역할을 해야 함을 알고 있었음을 확인할 수 있다.
② 은강에 대한 '나'의 인식을 알 수 있다. 릴리푸트읍과 달리 고통스러운 삶이 펼쳐지는 은강에 대한 좌절감이 담긴 표현이다.
③ 어머니는 재를 받아 들고도 아버지의 죽음을 믿으려고 하지 않았으며, 누구나 죽으면 완전히 없어져 버린다는 사실을 믿지 않았다. 이를 통해 아버지의 죽음을 쉽게 받아들이지 못하고 있음을 알 수 있다.
④ 먹이 피라미드라는 생태계의 모습을 자신들의 삶에 적용하여 이해하는 모습을 통해 확인할 수 있다.

9 일상적으로 사용하는 '삶'이라는 용어를 쓰지 않고 '생명 활동'이라는 말을 사용한 것은 이들의 삶이 생명을 이어 나가기 위한 절박한 활동임을 드러내기 위해서이다.

059 소리의 빛 _ 이청준 228~231쪽

키포인트 체크 의붓아버지, 소리, 시골 주막, 오라비

1 ④ **2** ② **3** ① **4** 어머니가 의붓아버지 때문에 죽었다고 생각하여 이에 대한 원망을 소리를 하지 않는 것으로 표출한 것이다. **5** 그렇다면 그때 그 산소리가 저녁 어스름을 타고 내려와서 콩밭 여자에게 아이를 배게 하여 낳은 핏덩이가 바로 자네였더란 말인가? **6** ③ **7** ② **8** ③ **9** 햇덩이는 오라비가 끊임없이 소리를 찾아 헤매는 원동력이면서 어머니를 죽게 한 의붓아비에 대한 자신의 원한을 풀고자 하는 살기라 할 수 있다. **10** 술손 사내가 소리를 찾아다니게 된 내력을 들은 것과 그의 북장단 솜씨가 아버지의 솜씨와 같았기 때문이다.

1 이 작품은 전지적 작가 시점으로 작품 밖의 서술자가 등장인물의 행동과 태도는 물론 그의 내면세계까지도 설명하며 사건을 전개하고 있다. 사건과 장면에 따라 서술자가 달라지고 있지 않으므로 이는 적절하지 않다.

오답 뜯어보기 ① 사내는 자신이 가지고 있는 한을 풀기 위해 소리를 찾아다니는 인물이고, 눈먼 여인 역시 오라비를 만나 밤새 소리를 함으로써 가슴속에 품고 있던 한을 해소했음을 알 수 있다.
③ 눈먼 여인의 말을 통해서 여인의 내면과 사건이 전달되고 있다.

2 천 씨는 눈먼 여인의 소리에 깊은 한(恨)이 있음을 알고, 여인의 신상을 묻지 않은 채 10년이라는 긴 시간 동안 주막에서 지낼 수 있도록 해 준 인물이다. 또한 여인에게 오라비와의 과거 사연을 물어봄으로써 오누이가 한(恨)을 지니게 된 이유를 자연스럽게 말할 수 있는 분위기를 조성하고 있다.

3 오라비는 어머니가 의붓아버지 때문에 죽었다고 믿고, 이에 대한 원망으로 도망치게 된다. 눈먼 여인은 의붓아버지가 딸마저 잃을까 두려워 직접 딸의 눈을 멀게 만든 한을 지니고 있으며 자신을 두고 도망쳐 버린 오라비에 대한 원망도 가지고 있다. 그런데 간밤에 오라비인 사내와 함께 소리를 하면서 그동안 가지고 있던 서로의 한을 확인하고 오라비에 대한 원망과 한의 감정을 풀어버림으로써 과거 이야기를 하면서도 마음이 흔들리는 기색이 없는 것이다.

4 오라비는 의붓아버지 때문에 어머니가 돌아가셨다고 생각하고 의붓아버지에 대한 원망과 한을 간직한 인물이다. 차마 의붓아버지를 죽일 수 없어 몰래 도망을 치지만 의붓아버지에 대한 원망을 해소한 것은 아니다. 따라서 의붓아버지가 시킨 소리를 끝내 하지 않음으로써 의붓아버지에 대한 원망을 드러내고 있다.

5 간밤에 다녀간 술손 사내가 자신의 오라비라는 눈먼 여인의 말에 천 씨는 '그렇다면 그때 그 산소리가 저녁 어스름을 타고 내려와서 콩밭 여자에게 아이를 배게 하여 낳은 핏덩이가 바로 자네였더란 말인가?'라고 묻는다. 이 이야기는 술손 사내와 눈먼 여인이 방에서 나눈 대화로, 이를 천 씨가 알고 있다는 것은 술손 사내와 눈먼 여인이 간밤에 나눈 대화를 엿듣고 있었다는 의미이다.

6 여인은 눈이 멀게 된 후 소리가 윤택해지며 좋은 소리를 내게 되었다고 했다. 그러나 자신의 눈이 멀게 된 사연은 아버지가 숨을 거두기 전 털어놓은 것이므로, 사연을 알고 나서 좋은 소리를 내게 되었다는 것은 적절하지 않다.

오답 뜯어보기 ① (가)의 '그녀가 모르고 있던 몇 가지 비밀 ─ 그녀와

그녀의 달아난 오라비 사이의 어정쩡한 인륜 관계'에서 확인할 수 있다.
② "알아보았겠지요. 절 알고 여기까지 길을 찾아오신 건지도 모르고요. 모르고 오셨더라도 그 양반 장단을 놀아 나가면서는 분명히 알고 계셨을 것이오." / "그렇다면 글쎄……. 자네를 알아보고도 오라비는 어째서 끝내 오라비라는 소리 한마디 못해 보고 그렇게 허망히 길을 떠나가고 말았단 말인가."에서 확인할 수 있다.
④ (나)의 '오라비가 싫은 짓을 참아 가면서도 의붓아비를 따라다닌 것은 그 불쌍한 노인네가 당신의 어머니를 죽인 거라 작심하고 어미의 원수를 갚기 위해서였을 거랍니다.'에서 확인할 수 있다.
⑤ '아비 소리꾼이 데리고 다니는 오누이의 소리 솜씨는 한동안 시골마을 사람들의 얘깃거리가 되곤 할 정도가 되었다.'에서 확인할 수 있다.

7 노인을 향해 살기를 가지고 있었던 것은 눈먼 여인이 아니라 달아난 오라비였다. 오라비는 노인이 자신의 어머니를 죽였다고 생각하여 노인에게 원망을 품고 있어 눈에 살기가 어려 있었다.

8 술손 사내와 눈먼 여인이 서로의 정체를 밝히지 않고 헤어진 것은 오랜 세월 한을 묻어 둔 채 살고 있는 상황에서 다시 한을 들추어 내 다치게 하고 싶지 않았기 때문인 것으로 볼 수 있다.

9 오라비는 의붓아버지에 대한 살기(殺氣)를 '햇덩이'라고 표현했다. 오라비에게 '햇덩이'는 고통스러운 것인 동시에 반갑고 소중한 것, 어미를 빼앗아 간 의붓아버지를 증오하면서도 그의 소리에 매혹되는 역설적인 의미를 지니고 있다. '햇덩이'의 연장선상에 있는 '살기'는 의붓아버지나 눈먼 여인을 해칠 수 있었음에도 오라비가 도망을 친다는 점에서 명확한 근원을 알 수 없는 트라우마이며, 깊이 간직해야 할 한(恨)이라고 볼 수 있다.

10 "오라비가 아닌가 싶은 생각은 벌써 손님을 처음 대했을 때부터 들기 시작했소. 손님이 소리를 찾아다니게 된 내력을 말했을 때는 다시 의심할 여지도 없었고요. ~ 오라비의 솜씨는 옛날의 제 아비 되는 노인의 솜씨 그대로였소."를 통해 여인이 술손을 오라비라고 생각한 이유는 술손이 소리를 찾아다니게 된 내력과 그의 북장단 솜씨가 여인의 아버지의 북장단 솜씨와 같았기 때문임을 알 수 있다.

060 도요새에 관한 명상 _ 김원일 232~235쪽

키포인트 체크 아버지, 병국, 병식, 산업화, 석교천, 진정서, 새 밀렵

1 ④ **2** ④ **3** ① **4** 자연보다 인간을 중요시하는 인간 중심 가치관 **5** 병국은 환경 오염에 대한 문제의식을 제시하면서 근대화에 대한 부정적 인식을 드러내고 있다. **6** ③ **7** ⑤ **8** ① **9** 환경 복원을 위한 병국의 노력이 뜻대로 이뤄지지 않은 것에 좌절감과 무력감을 느꼈기 때문이다.

1 4부로 구성된 이 소설은 각 부분마다 서술자를 달리하고 있다. 제시된 장면의 서술자는 아버지로, 서술자의 변화 없이 한 인물의 입장에서 사건을 바라보고 서술함으로써 그의 심리를 효과적으로 표현하고 있다.

2 이 글의 '도요새'는 고향에 가지 못하는 '나'의 처지와 달리 휴전선을 자유롭게 통행할 수 있다. 이를 통해 '나'는 고향과 그곳의 가족들에 대한 그리움을 나타내고 있다. 〈보기〉의 '매화'는 어리고 성기어서 피지 않을 것이라고 생각했던 것이 꽃을 피우고, 암향이 부동하기까지 하여 화자

가 경이감을 느끼게 하는 존재이다.

3 ㉠은 손해를 크게 볼 것을 생각지 아니하고 자기에게 마땅치 아니한 것을 없애려고 그저 덤비기만 하는 경우를 비유적으로 이르는 말로, '잘못된 점을 고치려다가 그 방법이나 정도가 지나쳐 오히려 일을 그르침'을 이르는 말인 '교각살우'와 의미가 상통한다.

> **오답 뜯어보기** ② 괄목상대: 눈을 비비고 상대편을 본다는 뜻으로, 남의 학식이나 재주가 놀랄 만큼 부쩍 늚을 이르는 말
> ③ 안하무인: 눈 아래에 사람이 없다는 뜻으로, 방자하고 교만하여 다른 사람을 업신여김을 이르는 말
> ④ 칠전팔기: 일곱 번 넘어지고 여덟 번 일어난다는 뜻으로, 여러 번 실패하여도 굴하지 아니하고 꾸준히 노력함을 이르는 말
> ⑤ 곡학아세: 바른 길에서 벗어난 학문으로 세상 사람에게 아첨함을 이르는 말

4 ⓐ에는 새나 물고기의 죽음을 하찮게 생각하는 노무과장의 가치관이 직접적으로 드러난다.

5 (나)의 진정서에는 몰래 가스를 배출하여 환경을 오염시키는 기업을 고발하면서 환경 오염에 대한 심각한 문제의식을 제시하는 내용이 담겨 있다. 따라서 병국은 근대화에 부정적인 시각을 가지고 있음을 알 수 있다.

6 (가)에서 병국과 병식의 대결은 병식이 싸움을 멈추고 자리를 떠나면서 일단락된다. 그러나 두 인물 모두 상대방이 승리했음을 인정하는 모습은 보이지 않는다. 병식은 자신이 큰 잘못을 하지 않았다고 강조하고, 병국도 병식에게 집으로 바로 들어오라고 말하는 등 각자가 자신의 뜻을 굽히지 않고 있다. 따라서 두 사람의 대결이 일단락되면서 갈등이 소강 상태에 놓인 것일 뿐, 갈등이 해소되었다고 보는 것은 적절하지 않다.

> **오답 뜯어보기** ④ (나)에서 병국의 꿈 중 도요새가 희생당하는 모습은 사회(인간 문명)와 자연(도요새)의 갈등, 개인(병국)과 사회(성장 중심 사회)의 갈등을 형상화한 것으로 볼 수 있다.
> ⑤ (나)에서는 서술자가 병국의 이동과 내면 심리, 버스 안에서 꾼 꿈의 내용을 모두 직접 제시한다.

7 (가)에서 병식이 새를 잡아 박제하는 것은 죄이고 허가 받은 사냥총으로 새를 잡는 것은 죄가 아닌 것이냐고 병국에게 말한 것은, 왜 자신의 행위만 죄가 되는 것처럼 추궁하느냐고 항변한 것일 뿐, 수렵 행위가 더 큰 죄라고 주장한 것은 아니다.

> **오답 뜯어보기** ①, ② '희귀조가 멸종되고 있다는 건 너도 알지? 인간이 새를 창조할 순 없어.'에서 확인할 수 있다.
> ③ '지구상에는 삼십억 넘는 새가 살아. 그중 내가 몇 마리를 죽였다 치자, 형은 그게 그렇게 안타까워?'에서 확인할 수 있다.
> ④ '날아다니는 새도 임자 있나? 지구의 새를 형이 몽땅 사들였어?'에서 확인할 수 있다.

8 병식은 자신의 경제적 이익을 위해 새를 잡아 박제를 만드는 일에 참여한 것이다. 병식이 자신의 일을 경제 성장의 일환으로 여긴다는 내용은 찾아볼 수 없다.

9 〈보기〉에는 석교천과 동진강의 환경 복원에 대한 병국의 다짐이 드러난다. 그러나 병식과의 갈등에서 나타나듯 병국의 노력은 뜻대로 이뤄지지 않았다. 이에 〈보기〉에서 병국이 가졌던 의지와 포부가 꺾여 무력감과 좌절감을 느끼고, 환경 문제에 대한 위기의식이 더 심화되었기 때문에 ⓐ와 같이 도요새가 여러 위협에 의해 고통받고 희생당하는 환상이 꿈에 나타난 것이다.

061 엄마의 말뚝 2 _ 박완서 236~239쪽

키포인트 체크 한, 영향, 수난기, 화장

1 ① **2** ② **3** ⑤ **4** 오빠의 비극적 죽음으로 인한 어머니의 한 **5** ④ **6** ⑤ **7** ③ **8** ④ **9** · '괴물'의 의미: 남북이 분단된 상황 / · 근본적인 해결 방안이 되지 못하는 이유: 남북이 분단된 비극적 상황은 통일을 통해서만 완전히 해결될 수 있기 때문이다.

1 이 작품은 1인칭 주인공 시점으로, 서술자가 자신의 내면 심리를 직접 서술함으로써 독자와의 공감대를 형성하고 있다.

> **오답 뜯어보기** ② 이 글은 서술자가 이야기의 주인공이다.
> ③ 작품 속 주인공이 자신의 이야기를 직접 서술하는 것은 맞지만, 이러한 서술 방식을 택하면 독자와의 거리는 가까워지므로 적절하지 않다.

2 〈보기〉를 통해 작가는 우리나라의 분단 상황을 변할 수 없는 사실로 받아들이는 사람들이 많고, 이것이 분단의 상처가 있는 사람들을 더욱 고통스럽게 하고 있다는 사실에 문제를 제기하고 있음을 알 수 있다. 따라서 작가는 이 작품에서 전쟁 때문에 아들을 잃은 어머니의 한을 통해 아직도 분단의 아픔이 계속되고 있다는 것을 보여 주고자 했던 것이다.

3 '나'는 전쟁 중에 아들이 목숨을 잃는 것을 환각으로 다시 보게 된 어머니가 고통스러워하는 것을 알고, 차라리 죽음이 그것보다 덜 고통스러울 것이라고 생각하고 있다.

4 〈엄마의 말뚝〉은 세 편의 연작 소설로 이루어져 있는데, '엄마의 말뚝'의 상징적 의미도 각 편에서 다양하게 드러나고 있다. 2편에서는 오빠의 비극적인 죽음에 초점이 맞춰져 있으므로, 오빠의 죽음을 가슴에 말뚝처럼 박고 살아온 어머니의 한을 상징한다고 볼 수 있다.

5 이 글에서 '나'가 서술하는 시간은 어머니가 입원하고 있을 때인데, 오빠처럼 화장을 해서 유골을 뿌려 달라는 어머니의 유언을 듣고 '나'가 오빠의 죽음과 관련된 과거의 일을 회상하고 있다. 따라서 서술하는 시간과 사건이 발생한 시간이 일치하지 않는 서술 방식이 사용되고 있음을 알 수 있다.

6 '어머니는 아직도 투병 중이시다.'라는 서술로 보아, 어머니는 아직 돌아가신 것이 아니므로, 어머니가 살아 계실 때 잘해 드리지 못한 것을 후회한다는 것은 적절하지 않다.

> **오답 뜯어보기** ① 원작의 시점을 살리라는 조건에 따라 '나'의 시선에서 촬영하는 것이 적절하다.
> ② 현재에서 과거로의 장면 전환에는 두 화면을 중첩하여 보여 주는 오버랩을 활용하는 것이 효과적이다.
> ③, ④ 어머니는 씩씩하고 도전적인 태도로 오빠의 유골을 바다에 뿌리며 분단 상황에 저항하는 모습을 보이고 있다.

7 병원에 입원해 있는 고령의 어머니가 알맞은 온기와 악력을 가지고 있는 것은 자신도 아들과 마찬가지로 화장을 하여 고향이 가까운 바다에 뿌려 달라는 유언을 하려고 마음먹었기 때문이다. 즉, 남북의 분단 상황

과 그것으로 인한 개인적 비극에 정면으로 맞서서 상황을 극복해 보려는 어머니의 의지가 담겨 있는 것이므로, ㉠의 심층적 이유로는 ㉢가 적절하다.

8 ㉡은 오빠의 화장과 강화 바닷가에서의 상황을 보여 준다. ㉢에서 한 줌 가루가 되어 고향으로 간 오빠처럼 이제 어머니도 가루가 되고 바람이 되어 고향으로 가고 싶은 소망을 드러내고 있다.

9 어머니는 자신이 죽은 후 한 줌의 먼지와 바람이 되어서 분단이라는 괴물을 홀로 거역하려고 하고 있다. 따라서 〈보기〉의 '괴물'은 우리나라의 분단 상황을 의미하고 있음을 알 수 있다. 그리고 이러한 분단 상황에 어머니 나름대로 도전함으로써 극복 의지를 보여 주지만 진정한 통일만이 이 괴물을 무화시킬 수 있음을 드러내고 있다.

◀ 지식 ➕

• **시대의 흐름에 따른 연작 소설, 〈엄마의 말뚝〉**

이 작품은 1980년부터 발표되기 시작한 세 편의 연작 소설이다. 각 편마다 동일한 인물이 등장하며 유사한 성격의 사건이 일관된 흐름을 형성하면서 전개되고 있다. 해방 이전부터 6·25 전쟁을 거쳐 현재에 이르는 시간의 흐름에 따라, 엄마와 '나'의 관계를 중심으로 서술되고 있다.

각 작품은 독립된 완결성을 가지고 있으며, 각 작품이 모두 작가의 작품 세계의 본질을 보여 주고 있다. 중심인물인 엄마를 통해 작가는 한 개인의 일생이 정치사, 민족사의 차원으로까지 복잡하게 얽혀서 전개됨을 생생한 묘사를 통해 보여 준다. 한국 현대사의 비극 속에서 한 개인의 삶이 얼마나 복합적으로 뒤엉키며 전개되었는가에 대해 관심을 가질 수 있는 작품이다.

1편 줄거리	아버지가 죽고 어머니는 오빠와 '나'를 서울로 데려간다. 어머니는 바느질을 하며 힘들게 생계를 이어 간다. 사대문 밖의 초라한 셋방에 살던 '나'는 도시의 삶에 길들여지고, 어머니는 '나'를 문안에 있는 학교에 진학시킨다. 해방을 맞고 드디어 문안에 집을 장만하게 된다.
3편 줄거리	수술 후 어머니는 7년을 더 살다가 돌아가신다. '나'는 어머니의 유언대로 어머니의 시신을 화장하여 오빠가 뿌려졌던, 고향이 보이는 강화도 바다에 뿌리려 하지만, 사회적 체면과 이목을 중시하는 조카가 매장할 것을 고집하여 서울 근교의 공원묘지에 묻는다.

---

062 그해 겨울은 따뜻했네 _ 박완서   240~243쪽

키포인트 체크   고아, 친동생, 근대화, 은 표주박

1 ⑤   **2** ④   **3** ④   **4** ③   **5** ②   **6** 이질감을 느끼고 있다.   **7** ④
8 ②   **9** 은 표주박은 수지가 어렸을 때 오목을 버렸던 자신의 죄를 진심으로 뉘우치게 하는 역할을 한다.   **10** 내가 친언니라는 사실이 밝혀지면 가난한 너의 가족을 뒤치다꺼리해야 될지도 모른다는 걱정 때문이었어.

1 이 작품은 전지적 작가 시점으로, 작품 밖의 서술자를 통하여 인물의 심리를 전달하고 있다.

   오답 풀어보기 ① 이 글은 전지적 작가 시점이지만 수지의 시각에서 사건을 바라보는 것으로 서술되어 있다.

② 6·25 전쟁이라는 시대적 배경이 수지가 동생을 버린 원인이다. 이로 인해 사건의 전개 과정에서 인간들의 이기심이 부각되고 있다.

③ 수지와 수철은 1980년대 중산층을 대표하는 인물들로, 오목은 하층민을 대표하는 인물로 그려져 있다.

④ 이 부분의 중심인물은 수지로, 수지는 수철을 비롯하여 파티에 참여한 사람들의 모습을 보며 이질감을 느끼게 되고, 자신의 잘못을 반성하게 된다.

2 사람들이 파티를 하며 속물적인 대화를 나누는 것이 자신들의 공허한 내면을 충족시키기 위한 행위인지는 드러나 있지 않다. 그들은 대화를 나누며 즐거워하고 있으며, 이들을 바라보며 헛되고 허전해 보인다고 느낀 것은 수지이다.

   오답 풀어보기 ① (나)에서 '남자들의 화제는 ~ 리드하고 있었다.'를 통해 알 수 있다.

② (나)에서 수지는 수철이 낯설게 느껴질 때마다 1951년의 겨울을 기억하는지에 대해 의문을 가졌고 그 대답은 늘 부정적이라고 하였다.

③ (나)의 마지막 문단 '수지는 처음으로 그 겨울에 ~ 어떤 행복감보다도.'를 통해 알 수 있다.

⑤ 수지는 (가)에서 오빠를 찾아온 것이 근심을 나누기 위해서임을 밝히고 있다.

3 수지는 파티를 즐기는 수철의 모습에 이질감을 느끼고, 오빠가 막냇동생을 잃어버린 일을 모두 잊고 있는 것처럼 보여 자신의 근심을 나눌 수 없을 것이라고 판단하고 있다.

   오답 풀어보기 ① 수지는 그동안 자신의 것을 빼앗기지 않으려는 욕심 때문에 이기적으로 살아왔지만, 제시된 부분에서는 동생에게 죄책감을 느끼고, 지금까지의 자신의 삶을 반성하는 모습을 보이고 있다. 따라서 수지가 자신의 것을 빼앗기지 않으려는 욕심 때문에 ㉮와 같은 판단을 한 것으로는 보기 어렵다.

② 수지는 오빠 내외를 보며 이질감을 느끼고 있다.

③ 수지는 오빠에게 배신감을 느끼고 있지 않다. 단지 속물적으로 변한 오빠가 전쟁의 참혹한 기억을 다 잊었다고 생각하기 때문에 ㉮와 같은 판단을 한 것이다.

4 ㉢의 서술은 '나'라는 표현이 있는 것으로 보아, 수지의 시각에서 수지의 내면을 그대로 반영한 서술이라는 것을 알 수 있다.

5 ⓑ는 문맥상 '소문이나 의견 따위가 많아 갈피를 잡을 수 없다.'라는 의미로 사용되었지만, ②의 '분분하다'는 '매우 향기롭다.'라는 의미로 사용되었다.

6 수지는 파티에 참석한 사람들은 6·25 전쟁의 참담한 기억을 다 잊었고, 자신만이 근심을 가지고 있다고 생각하여 이질감을 느끼고 있다.

7 오목은 죽는 순간까지 수지가 자신을 버리고도 진실을 밝히지 않은 친언니라는 사실을 알지 못한다.

8 수지는 은 표주박을 받고 동생을 버렸던 자신의 죄와 동생을 찾고도 모른 체했던 자신의 잘못을 참회하고 있다. 무릎을 꿇은 후 겸허하고 편안해졌다는 서술을 통해 볼 때 수지가 긴장감을 느끼고 있다고 할 수는 없다.

9 피란길에 오목의 손에 쥐어 주었던 은 표주박은 수지에게 죄악의 씨앗이라 할 수 있다. 수지는 죽음에 다다른 오목에게 은 표주박을 건네받음으로써 외면해 왔던 자신의 죄와 대면하게 되고 자신의 잘못을 진심으로 참회하게 된다.

10 수지는 오빠 수철과 함께 사회적 성공을 거두고 어엿한 중산층으로 살다가, 우연한 기회에 오목이라는 가난한 여자가 자신의 친동생임을 알게 된다. 그러나 오목이 너무 가난한 데다 자식이 다섯이나 되어 자기가 친언니임이 밝혀지면, 뒤치다꺼리를 해야 할 것이라는 현실적인 걱정 때문에 자신이 친언니임을 밝히는 일을 주저한다.

정답과 해설

063 태백산맥 _ 조정래 244~247쪽

키포인트 체크 염상진, 하대치, 좌우익, 인민재판

1 ③　2 ①　3 ④　4 ②　5 문 서방이 김사용을 위해 크게 소리 지르고, 그 후 눈물까지 흘리는 모습에서 선량한 성품을 느낄 수 있다.　6 ④
7 ③　8 ①　9 김범우는 인민재판이 특정 사상에 따라 민족을 처단하기 때문에 민족의 단합을 해치는 일이라고 생각했을 것이다.

---

1 이 글에서 인물 간의 갈등이 나타나는 부분은 찾아볼 수 없다. 김사용은 인민재판을 받은 후 풀려났으며, 문 서방이 이 내용을 김범우에게 전달하고 있을 뿐이다.

오답 뜯어보기 ① 문 서방의 말을 통해 인민재판의 현장을 생생하게 묘사하고 있다.
② 문 서방의 말과 행동을 통해 문 서방이 선량한 성품을 지닌 사람임을 나타내고 있다.
④ 문 서방이 전라도 사투리를 사용함으로써 현실성과 함께 인물의 사실성을 높이고 있다.
⑤ 김범우의 심리를 통해 김사용의 인민재판이 염상진의 계획에 따라 이루어진 일임을 독자에게 전달하고 있다.

2 이 글은 문 서방이 김사용의 인민재판을 보고 온 후, 재판 내용을 김범우에게 전달하는 부분이다. 재판 과정을 듣고 난 김범우가 이 인민재판이 염상진의 계획에 따라 이루어진 일임을 알게 되는 장면이 뒤이어 나온다. 따라서 이 글의 주된 사건은 염상진의 계획에 따라 김사용이 인민재판에 회부되었다가 풀려난 것임을 알 수 있다.

3 김사용은 염상진의 계략에 따라 다른 지주들과 똑같이 체포되어 인민재판에 회부된다. 그러나 김사용이 풀려나게 된 것은 염상진의 지시에 따른 하대치의 발언이 다른 사람들에게 영향을 미쳐 풀려나게 된 것이지, 체포된 것과 재판 그 자체에 있는 것은 아니다.

오답 뜯어보기 ① 하대치가 벌떡 일어나 김사용이 인민의 적이 아니라고 말하고 있는데, 그 첫 번째 이유가 아들 범준이 독립투사였다는 것이다.
② 하대치가 말한 두 번째 이유는 김사용이 독립 자금을 댔다는 것이다.
③ '지주 김사용은 작인들헌테 질로 후허게 헌 사람'이라는 말을 통해 알 수 있다.
⑤ 위원장이 모인 사람들에게 김사용을 어떻게 할 것인지에 대해 물었을 때, 여기저기서 '옳소, 옳소.' 하는 소리가 나오며 석방시키는 것에 동의하고 있다.

4 염상진이 김사용을 풀어 준 공적인 목적은, 객관적으로 별로 흠 잡힐 데 없는 김사용을 인민재판을 거쳐 석방시킴으로써 인민재판의 공정성과 신중성을 널리 선전하려 한 것이다. 또한 개인적으로는 자신의 어린 날부터 따뜻한 정과 깊은 이해를 베풀어 준 김사용에게 은혜를 갚고자 김사용을 풀어 준 것이다.

5 문 서방은 김사용의 인민재판에서 그를 구하기 위해 목이 터져라 외치고 손바닥이 떨어질 정도로 박수를 친다. 또한 김사용이 인민재판에서 숙청을 받지 않게 된 사실을 김범우에게 전하면서 눈물을 흘리고 있다. 이를 통해 문 서방이 선량한 성품을 지닌 사람임을 알 수 있다.

6 김범우가 문 서방의 악을 선이라고 생각하게 된 것은 인간은 복합적 사고를 갖는다는 생각에서부터 시작된 것이다. 이는 염상진의 말을 바탕

으로 하고 있으나 인간의 복합적 사고로 확장된 것은 김범우 스스로 생각해 낸 것이다. 따라서 이를 두고 김범우가 염상진의 생각에 동조했다고 볼 수는 없다.

오답 뜯어보기 ① '아버지를 위해 눈물을 머금던 아까의 그 착하고 선량하던 모습'이라는 말에서 알 수 있다.
② 문 서방은 인민재판이 끝난 후 사람을 무자비하게 죽이는 것을 '좋은 구경거리'라고 말하고 있는데, 이를 선량한 모습이라고 보기는 어렵다.
③ 김범우는 전혀 다른 문 서방의 두 모습이 모두 참이라고 말하고 있는데, 이는 인간이 외부의 영향과 상황에 따라 반응하기 때문이라는 것이다. 따라서 김범우의 생각처럼 문 서방을 바라볼 수 있다.
⑤ 김범우는 인간은 복합적 사고를 지닌 존재이며, 문 서방의 전혀 다른 두 모습은 그런 인간의 속성이 표출된 것일 뿐이라고 말하고 있다. 그리고 이를 통해 두 가지 모습 모두 문 서방의 참모습이라고 말하고 있다.

7 염상진은 있는 자들이 자기들만 사람인 줄 아는 것이 함정이라고 말하고 있는데, 이는 그들이 자만함으로써 소작인들의 저항을 예상하지 못하고 이에 대비하지 않았기 때문이다. 따라서 ⓐ의 '함정'은 지주들이 소작인을 사람으로 여기지 않고 자만하는 것을 말한다. 이와 달리 ⓑ의 '함정'은 염상진이 인민재판을 통해 지주들을 무차별적으로 살상하고 있으며 이로 인해 문 서방과 같은 사람들이 그에 대한 지지를 거두고 있는 것을 의미한다. 즉 인민으로부터 지지를 얻어야 할 염상진이, 오히려 인민재판으로 인해 그 지지를 잃고 있는 것을 뜻한다.

8 지주들이 소작인들에게 무자비한 횡포를 부렸기 때문에 문 서방은 지주들이 죽는 것을 보며 통쾌함을 느꼈다. 그러나 무차별적 살상이 계속됨에 따라 이제는 그 잔인함에 두려움을 느끼고 있다. 따라서 당시 민중들은 처음에는 인민재판에 대해 통쾌함을 느꼈으나, 차츰 그 잔인한 살상에 두려움을 느꼈을 것이다.

9 〈보기〉에서 김범우는 어떤 사상을 따르든 그것은 개인의 자유이지만 그것이 민족 전체를 위하는 유일한 길은 아니라고 말하며, 지금 우리에게 필요한 것은 민족의 단합이라고 말하고 있다. 따라서 김범우는 인민재판이 특정 사상에 따라 민족을 처단하며 민족의 단합을 해치고 있다고 생각했을 것이다.

---

064 완장 _ 윤흥길 248~251쪽

키포인트 체크 권위, 선망, 권력, 저수지, 완장

1 ③　2 ③　3 ③　4 ⓐ 에이 여보쇼들, 저수지 감시가 뭐요, 감시가! / ⓑ 완장에 대한 선망　5 ②　6 ④　7 ②　8 ⑤　9 아들인 종술이 완장에 집착하는 것

---

1 서술자는 종술이 과거에 동대문 시장에서 장사를 했던 일, 아내와 만난 계기, 아내가 딸 하나를 낳고는 다른 남자와 도망간 일 등을 요약적으로 제시하고 있다.

오답 뜯어보기 ① '완장'이라는 말을 들은 종술의 심리를 비교적 짧은 문장으로 서술한 부분은 있으나 이를 긴박한 상황에 대한 묘사로 볼 수는 없다.
⑤ 전지적 작가 시점의 소설로 서술자의 가치관이 부정적이라고 볼 수 없다.

• 요약적 제시

소설의 서술 방식 중, 서술자가 사건의 정황이나 인물에 관한 내력 등을 압축적으로 요약하여 독자에게 전달해 주는 것을 '요약적 제시'라고 한다. 또한 서술자가 인물의 가치관, 심리, 과거 행적 등에 대해 간단히 정리해서 직접 설명하는 방식이기도 하므로 이를 '직접 제시'라고도 한다. 이와 같은 서술 방식은 사건의 진행 속도가 빨라지고 독자의 입장에서도 인물의 특성을 쉽게 파악할 수 있다는 장점이 있다.

2 [A]에서 "과거는 어쨌을망정 시방은 사세에 따를 줄도 알아야"라고 했고, [B]에서 "기왕 낚시질허는 짐에 비단잉어에다 월급봉투를 양냥혀서 한목에 같이 낚어 올리겄네."라고 했으므로, 이는 각각 일정한 소득이 없는 인물의 현재 처지와, 낚시도 하고 월급도 받는 일거양득의 이익이 상대방에게 돌아갈 수 있다는 점을 강조한 것이므로 적절하다.

오답 뜯어보기 ② [A]에서 상대방의 과거 행적을 구체적으로 제시하지는 않지만 언급하고 있으나, [B]의 경우 상대방과의 인연을 강조한 것은 아니므로 적절하지 않다.

⑤ [A]와 [B] 모두 상대방이 저수지 감시직을 받아들이게 하려는 의도가 있으나 상대방의 우유부단함을 지적하기보다는 상대방의 처지나 상대방이 얻을 이익을 언급하며 설득하는 발화이므로 적절하지 않다.

3 '돈을 벌어 보려고 몸부림치는 그의 노력 앞에는 언제나 완장들이 도사리고 있었던 셈이다.'에서는 완장을 찬 권력을 지닌 인물들에게 피해를 당했던 종술의 과거를 제시하고 있을 뿐이다. 따라서 종술이 완장을 얻기 위해 돈을 번 것은 아니므로 적절하지 않다.

오답 뜯어보기 ② '도로 교통법 위반' 등을 내세워 '걸려오던 시비'이므로 이는 공권력을 내세운 사례에 해당하므로 적절한 진술이다.

⑤ '한을 품'은 것은 자신이 완장을 찬 사람들에게 당한 피해와 고통에 기인한 것이고, '선망'하는 것은 자신도 완장을 찬 사람들처럼 권력을 얻고 싶다는 소망에서 기인한 것이므로 적절한 진술이다.

4 종술은 최 사장, 익삼 등이 저수지 감시직을 제안하자 처음에는 부정적 반응을 보이고 있지만, 완장을 찰 수 있다는 말에 완장의 권력에 대한 선망이 샘솟아 자신도 모르게 그 제안을 받아들이고 있다.

5 '근신'이란 '몸가짐을 조심스럽게 함.'이라는 의미로 이는 아들 둘을 낳으면서 자신에게 온 행복을 자랑하기보다 항상 불행을 대비하는 운암댁의 태도에 해당하는 표현이라고 할 수 있다. 박가를 놓친 남편이 불구의 몸에도 자작농으로 살림을 꾸려 나간 것은 박가에 대한 복수를 잠시 유예하고 일상으로 돌아온 것이므로 이를 근신하는 태도로 표현하는 것은 적절하지 않다.

오답 뜯어보기 ① 종술은 완장에 대한 집착을 버리라며 자신을 설득하는 부월에게 '요 완장 뒤에는 법이 있어 공유수면관리법이.'라며 여전히 완장에 대한 자부심을 드러내고 있으므로 적절한 진술이다.

③ '조선 사람한테 심하게 굴'고, '일본 헌병 앞에서 꼼짝도 못 하고 손발처럼 시키는 대로 움직이는'을 고려할 때 적절한 진술이다.

④ '자신의 행복한 처지를 시샘하는 어떤 강력한 힘이 있을 것만 같어'를 통해 볼 때 적절한 진술이다.

⑤ 부월은 종술에게 "세 식구 목숨허고도 안 바꿀 만침 소중한 것이 그 완장이여?"라고 말하며 완장에 대한 집착을 버리고 이곳을 떠나 새로운 가정을 만들자며 설득하고 있고, 종술의 완장을 저수지에 버리며 '마치 저보다 젊고 잘생긴 시앗이라도 제거해 버린 듯이 온통 가슴이 후련했다.'라고 한 것으로 볼 때 적절한 진술이다.

6 '진짜배기 완장도 찰 수가 있'다는 말은, 더 이상 권력의 하수인이 아닌 권력 자체를 얻을 수도 있다는 의미인데, 그것이 배움을 통해 이루어진다고 판단할 근거는 드러나 있지 않다.

오답 뜯어보기 ① '벨 볼 일 없는 하빠리'는 〈보기〉의 권력의 하수인을 의미하므로 적절하다.

② 종술은 완장의 권위를 인정하고, 부월은 완장 뒤에 도사린 진짜 권력의 의도를 인식하고 있으므로 완장에 대한 두 인물의 인식은 서로 다르다.

7 부월은 종술에게 '벨 볼 일 없는 하빠리들', '뿌시레기나 줏어 먹는 핫질 중에 핫질' 등과 같이 쏘아붙이는 어투로 '완장'의 환상에서 벗어나지 못하는 종술을 몰아붙이고 있다(ㄱ). 또 "부월이는 완장을 몰라."라는 종술의 말에 반박하면서, 종술과 자신이 힘을 합쳐 진짜배기 완장을 차 보자는 바람을 드러내고 있다(ㅁ).

8 ㉠은 한때나마 종술의 넋을 송두리째 사로잡았던 완장을 저수지에 집어던진 뒤 부월이 느끼는 시원함을 비유한 표현이다. 이러한 상황에 어울리는 속담은 '걱정거리가 없어져서 후련함'을 비유적으로 이르는 말인, '앓던 이 빠진 것 같다'가 적절하다.

9 ⓐ의 '그때의 기억'이란 남편이 완장(권력)을 이용해 박가에게 복수를 하려다가 오히려 죽게 된 일을 의미하는데, 현재 운암댁에게 그 기억을 되살리게 만든 사건이란 죽은 남편처럼 아들 종술이 완장에 집착하는 것을 의미한다고 볼 수 있다.

---

065 생명 _ 백남룡

252~255쪽

키포인트 체크 정리, 원칙, 입시, 청탁, 면접

1 ③ **2** ⑤ **3** ① **4** 1년 정도 열심히 공부한다면 우수한 학생들을 따라갈 수 있을 것이다. 사람들의 생명과 건강을 위해 헌신하는 사람의 희망을 꺾을 수는 없다. **5** 입학생 문제에선 그 누구도 예외가 될 수 없다. **6** ③ **7** ③ **8** ④ **9** ② **10** • 소재의 측면 – 원칙과 인정 사이에서 고민하는 인간의 보편적인 모습을 다룬다는 점에서 유사성을 띰. / • 형식의 측면 – 북한의 특징적인 어휘와 북한 표기가 드러난다는 점에서 차이점이 있음.

1 이 글은 인물의 내적 갈등을 주로 다루고 있는 작품으로, 내면에 대한 직접적인 서술보다 인물의 대사와 행동을 통해 인물의 내면 심리를 묘사하고 있다.

2 지도원은 친인척이라는 관계에서, 석훈은 인간적인 정에 끌리어 서로 유사한 일을 하고 있을 뿐 경제적인 이익을 위해 협력하고 있지는 않다.

오답 뜯어보기 ① "그 학생이 정철욱입니다."라고 말하는 지도원의 말에서 지도원과 석훈이 모두 정철욱을 알고 있다는 것을 확인할 수 있다.

② '석훈은 학장의 체모와 위신과 원칙을 떠나서 아래사람의 눈치를 살피는 구차한 자기를 거울 보는 듯싶어 온몸이 달아올랐다.'라는 표현으로 보아, 석훈은 평소 원칙을 지키는 사람임을 알 수 있다.

③ 석훈은 원칙을 지키지 못하는 자신의 모습을 괴로워하며 못마땅하게 여기고 있다.

정답과 해설

④ 학생들의 합격과 불합격을 좌우할 수 있다는 점에서 석훈의 영향력을 확인할 수 있다.

3 ㉠의 뒷부분에 '의사에 대한 인정과 개인적 의리에 끌려 원칙을 벗어난 복잡하고 깨끗치 못한 일에 발을 들여놓고 있으며 벌써 그 관성력으로 걸어 나가는 새로운 자기를 본 것이다.'라고 서술한 부분에서 자신이 이미 그 길에 들어서 있음을 인식한 석훈의 모습을 확인할 수 있다.

✏️**오답 뜯어보기** ② 이미 자신의 평소 소신을 꺾고 있으므로 적절하지 않다.

③ 앞서 냉혹하게 말하지 못하는 자신을 자책하고 있으므로 정당하다고 생각하지 않음을 알 수 있다.

④ 원래 예외를 허락하지 않아야 한다는 소신이 드러나고 있다.

⑤ 지도원이 정당하지 못한 요구를 하고 있는 것 자체가 그가 냉혹하게 말하지 못하는 것의 원인이라고 보기는 어렵다.

4 석훈은 복부외과 과장의 아들을 부정 입학시키는 원칙에 어긋난 일을 하기 위해, 1년 정도 열심히 공부한다면 우수한 학생들을 따라갈 수 있을 것이며, 사람들의 생명과 건강을 위해 헌신하는 사람의 희망을 꺾을 수는 없다는 것을 핑계로 들고 있다.

5 입학생 문제에선 그 누구도 예외가 될 수 없다는 것이 석훈이 그동안 강조해 왔던 원칙이자 양심을 지키는 일이었다.

6 이 글은 원칙을 어기고 점수가 미달되는 학생을 합격시켜야 하는 석훈의 내적 갈등을 드러내고 있으므로 ③이 적절한 반응이다.

✏️**오답 뜯어보기** ② 이 글에서는 인물의 내적 갈등을 다루고 있지만 그것이 인간의 내면적 외로움과 관련이 있다고 반응하는 것은 적절하지 않다.

④ 은혜에 보답하기 위해 원칙을 어겨 내면적 갈등을 겪는 인물의 모습을 드러내므로 은혜에 보답하는 삶을 살아야 한다고 반응하는 것은 적절하지 않다.

⑤ 극단적인 위기 상황을 다루고 있지 않으며, 석훈이 자신을 보호하는 것이 아니므로 적절한 반응이라고 보기 어렵다.

7 이 글에서 석훈은 학생들의 합격 여부를 가릴 수 있는 권한을 가지고 오경남의 미래를 좌지우지할 수 있으므로 석훈을 세월이 흐르면 거목이 될 어린 느티나무라고 보기는 어렵다.

✏️**오답 뜯어보기** ① 인물 심사에서 자기 실력과는 무관하게 공격적인 면접을 당하는 오경남의 모습은 연약한 어린 느티나무에 비유될 수 있다.

② 석훈의 질문에 여물고 정확한 답변을 하는 오경남의 모습에서 석훈은 오경남의 가능성을 확인했을 것이다.

④ 연약한 어린 느티나무인 오경남을 힘들게 하는 시련은 실력 이외의 요소로 합격 결과가 바뀔 수도 있는 세상의 흐트러진 원칙으로 볼 수 있다.

⑤ 석훈은 가난한 노동자의 아들인 오경남이 받침대가 있다면 훌륭한 인재로 성장할 수 있는 인재라고 생각하고 있고, 자신이 그러한 받침대를 세워 줄 수 있음을 알고 있다고 볼 수 있다.

8 ⓐ에서 석훈은 오경남의 지적 능력이 부족함을 확인하려는 날카로운 질문을 하고 있다. 반면 ⓑ에서는 부드러운 어조로 질문하는 것으로 보아, 순수하게 오경남의 능력을 묻는 것임을 판단할 수 있다.

✏️**오답 뜯어보기** ① ⓑ는 오경남의 지적인 능력을 묻는 질문으로 겉핥기

식 질문인 표층적 질문으로 보기는 어렵다.

② ⓐ는 오경남을 떨어뜨리기 위한 질책에 가까운 질문이므로 신뢰에 기반한 질문으로 보기는 어렵다. ⓑ는 학생의 지적인 능력을 묻는 것이므로 불신에 기반한 것으로 볼 수 없다.

③ ⓐ는 질문이라기보다는 질책에 가까우며 ⓑ는 지적인 능력을 묻는 질문으로 사실을 확인하는 질문으로 보기는 어렵다.

⑤ ⓐ는 오경남의 부족함을 확인하려는 질문으로 갈등을 해소하려는 질문으로 보기는 어렵다.

9 이 글은 은혜의 보답과 원칙 사이에서 갈등하는 인물의 내적 갈등을 다루고 있는 작품이다.

▶ **지식**➕

• **내적 갈등과 외적 갈등**
소설에서 의지적인 두 성격의 대립 현상을 '갈등'이라고 한다. 갈등은 크게 외적 갈등과 내적 갈등으로 나눌 수 있다. 인물과 인물, 인물과 환경 사이의 갈등을 '외적 갈등'이라 하고, 한 인물의 심리적 갈등을 '내적 갈등'이라고 한다.

10 소재의 측면에서 볼 때, 원칙과 인간적인 정 사이에서 갈등하는 인물의 내면 심리를 그려 내고 있다는 점에서 남한 소설과 유사성을 가지고 있다. 그러나 북한의 특징적인 어휘(문화어) 등 북한 말과 두음 법칙을 지키지 않는 북한식 표기를 보여 준다는 형식의 측면에서 차이를 보이고 있다.

---

066 해산 바가지_ 박완서   256~259쪽

키포인트 체크 생명, 남아 선호, 치매, 해산 바가지

1 ② **2** ④ **3** ④ **4** 이 글의 시어머니는 남녀 구별 없이 모든 생명을 존중하지만, 〈보기〉의 시어머니는 남아 선호 사상에 사로잡혀 있다. **5** ① **6** ② **7** ⑤ **8** '나'와 남편은 시어머니(어머니)를 요양원에 보내는 것이 내키지 않는다. **9** 망가진 정신, 노추한 육체

1 이 글은 작품 속의 서술자가 자신의 행동과 내면 심리를 직접 전달하는 1인칭 주인공 시점을 취하고 있다.

2 (나)에서 시어머니가 아이들 이름을 헷갈려 부르자 노인들이 흔히 그러는 것으로 생각하고 대수롭지 않게 여겼을 뿐, '나'와 남편이 대책을 상의한 것은 아니다.

✏️**오답 뜯어보기** ① (가)의 앞부분에서 '나'는 시집살이랄 것도 없이 시어머니와 잘 지내고 있음을 알 수 있다.

② (가)에서 '나'는 시어머니가 한때 언문을 깨쳤지만 써먹을 데가 없다 잊어버릴 정도로 지적인 호기심이 결여되어 있다고 말하고 있다.

③ 시어머니가 '나'의 집에 놀러 온 조카를 못 알아보자 조카가 당황했다는 내용이 (나)에 서술되어 있다.

⑤ (나)에서 '나'는 시어머니가 쥐고 있던 살림 권리를 빼앗을 수 있어 은근 기뻤다고 이야기하고 있다.

3 '나'는 같은 것을 되풀이해서 물어보는 시어머니에게 대꾸하다가 점점 짜증을 내고 있을 뿐, 시어머니의 물음에 더 자세하게 대답하고 있는 것은 아니다.

4 〈해산 바가지〉의 시어머니는 '나'가 낳은 아이를 성별에 관계없이 지극

정성으로 돌보면서 모든 생명을 존중하는 태도를 보인다. 그러나 〈보기〉의 시어머니는 '나'가 가진 여아를 유산시키고 다음 임신을 걱정하는 등 남아 선호 사상에 사로잡혀 있는 모습을 보인다.

5 이 글에서 '나'는 시어머니를 모실 요양원을 보러 갔다가 초가지붕 위의 박을 보고 해산 바가지를 준비하던 시어머니의 모습을 떠올리고 있다. '나'는 과거 회상을 통해 시어머니의 생명 존중 의식을 깨달으며 시어머니를 요양원에 보내지 않고 손수 모시기 위해 다시 집으로 돌아가고 있으므로 적절한 설명이다.

    오답 뜯어보기 ③ '나'가 과거의 기억을 떠올리며 인물의 갈등이 해소되는 과정을 보여 주고 있다. 빈번한 장면 전환은 나타나지 않는다.

④ 이 글은 1인칭 주인공 시점으로 주인공인 '나'의 시각에서 사건을 주관적으로 전달하고 있다.

⑤ 남아 선호 사상에 빠져 있는 현실 문제를 지적하고 있지만, 시대적 배경을 섬세하게 묘사하여 실감 나게 드러내고 있지는 않다.

6 '나'는 어떤 생명이든 소중히 여겼던 시어머니의 모습을 떠올리면서 병든 시어머니를 요양 시설에 맡겨서는 안 된다는 깨달음을 얻고 있다. 가족 이기주의를 넘어선 인류애를 느끼는 것은 아니다.

7 ㉠은 손자, 손녀를 차별하지 않고 정성을 다해 키웠던 시어머니의 생명도 소중하게 여겨야 한다는 깨달음을 담고 있다.

8 알맞은 가을 날씨라서 땀을 흘릴 상황이 아닌데도 '나'와 남편이 진땀을 흘리는 것은 이들의 불편한 심리를 드러낸다. 즉, '나'와 남편이 시어머니(어머니)를 요양원에 보내는 것에 대해 불편한 마음을 지니고 있음을 보여 주는 것이다.

9 '빈 그릇'은 정신과 육체가 온전하지 못한 상태를 비유적으로 표현한 것이므로, 이 글에서 '망가진 정신, 노추한 육체'를 가리킴을 알 수 있다.

---

067 **격정 시대** _ 김학철

키포인트 체크 민족주의, 공산주의, 조선 의용군, 항일 투쟁

1 ③   **2** ⑤   **3** ③   **4** ③   **5** 파업과 같이 민중을 발동하여 일본 제국주의의 기반을 흔드는 투쟁 방법   **6** ①   **7** ④   **8** ②   **9** 이 작품의 작가는 한국인이며, 항일 운동이라는 삶의 궤적을 통해 한국인으로서 지니는 정체성을 파악할 수 있다. 또한 일제 강점기의 역사적 특수한 상황을 반영하고 있으며 한국어로 집필하였기 때문에 한국 문학의 범주에 넣을 수 있다.

1 (가)에서 민족주의자인 서선장과 공산주의자인 성재수가 대화를 통해 항일 투쟁 방식에 대한 의견 차이를 드러내고 있다. 따라서 대화를 통해 문제 해결 방식에 대한 차이를 드러내고 있다는 내용이 적절하다.

2 서선장은 개인 테러 중심의 민족주의 입장에서 항일 투쟁을 하는 인물이다. (가)의 '선장이는 여적 자기의 해 온 일이 옳다고 확신하는 까닭에 성재수의 말이 귓속으로 잘 들어오지 않을뿐더러 도리어 반감까지 생겼다.'와 '개인 테러는 극소수의 가장 고상하고 가장 용감한 애국자들만이 해낼 수 있는 신성한 사명이라고 선장이는 믿어 의심하지 않았다.'를 통해 서선장은 민족주의자들의 투쟁 방식을 지향하고 있음을 알 수 있다.

    오답 뜯어보기 ① 서선장은 성재수가 권해 준 〈변증법적 유물론〉과

〈유물사관〉을 읽고 '알구 보니 세상은 이런 거였구나!'라고 반응한다. 따라서 공산주의 철학 서적을 통해 큰 깨달음을 얻고 있다는 내용은 적절하다.

② 서선장은 개인 테러 중심의 민족주의 입장에서 항일 투쟁을 하며 '개인 테러는 극소수의 가장 고상하고 가장 용감한 애국자들만이 해낼 수 있는 신성한 사명'이라고 생각했다. "그렇다면 윤봉길 의사의 업적을 부정하신단 말씀이 아닙니까?"를 통해 서선장은 윤봉길 의사가 가장 용감한 애국자라고 생각하고 있음을 알 수 있다.

③ '개인 테러는 극소수의 가장 고상하고 가장 용감한 애국자들만이 해낼 수 있는 신성한 사명이라고 선장이는 믿어 의심하지 않았다.'를 통해 개인 테러는 가장 고상한 투쟁 방식이라고 생각함을 알 수 있다.

④ 민중을 발동하여 투쟁하는 방식은 공산주의자들의 투쟁 방식이다. 서선장이 성재수의 말에 '선장이는 입에다 무슨 잘 깨물어지지 않는 덩어리를 문 것처럼 입술만 우물거리고 말을 아니 하였다.'로 반응하는 것을 통해 민중을 발동하여 투쟁하는 방식을 잘 이해하지 못함을 알 수 있다.

3 민족주의자들의 투쟁 방식을 고수했던 서선장은 성재수에게 받은 공산주의 철학 서적을 읽고 큰 깨달음을 얻는다. 이를 통해 서선장은 앞으로 공산주의 투쟁 방식을 택할 것으로 추측할 수 있다. 따라서 서선장은 성재수의 의도대로 파업을 통한 투쟁 방식에 동조하게 될 것임을 알 수 있다.

    오답 뜯어보기 ① 윤봉길 의사의 업적을 따라 신성한 사명을 수행하는 것은 민족주의자의 입장으로, 앞으로 전개될 서선장의 태도로 적절하지 않다.

② 온 시내를 마비 상태에 빠뜨리는 개인 테러는 민족주의자의 입장으로, 앞으로 전개될 서선장의 태도로 적절하지 않다.

④ 이춘근은 민족주의자이므로 이춘근과 함께 민중을 발동하는 투쟁 방식에 동조한다는 내용은 적절하지 않다.

⑤ 서선장은 공산주의 투쟁 방식을 택할 것으로 추측할 수 있으므로 공산주의 철학을 부정하고 민족주의와 관련한 철학에 매진한다는 내용은 적절하지 않다.

4 서선장과 성재수는 상해에서 일본 제국주의에 반대하는 의미로 벌인 공산당 주도의 전차와 버스 파업을 보고, 민족주의자와 공산주의자의 투쟁 방식에 대한 입장 차이를 보이고 있다. 따라서 공산주의자와 민족주의자의 항일 투쟁 방식에 대해 논쟁을 벌이고 있음을 알 수 있다.

5 성재수는 개인 테러로 일본의 기반을 흔들 수 없다고 하면서 민중을 발동하여 일본의 기반을 흔들어야 한다고 하였다. 따라서 공산주의자의 항일 투쟁 방식은 파업과 같이 민중을 발동하여 일본 제국주의의 기반을 흔드는 방법임을 알 수 있다.

6 이 글은 전지적 작가 시점으로, 작품 밖의 서술자가 등장인물의 행동과 태도는 물론 그의 내면세계까지도 분석하고 설명하며 사건을 전개하고 있다. 또한 이 장면은 서선장과 장준광이 지신밟기 행사에 폭탄을 던지는 상황으로, 서선장의 긴장감과 폭탄 투척 실패 후 도망가는 장면을 보여 주고 있으므로 서선장의 입장에서 심리와 사건을 주관적으로 표현하고 있음을 알 수 있다. 따라서 사건을 객관적으로 서술함으로써 사실성을 높이고 있다는 내용은 적절하지 않다.

    오답 뜯어보기 ② '왜나막신 끄는 소리에 귀가 따가울 지경이었다.'를 통해 알 수 있다.

③ '인제 1분 후이면 벌집이 터진 것 같은 대소동이 일어날 것을 생각하

정답과 해설 **457**

정답과 해설

니 선장이는 심장이 곧 튀어나올 것처럼 두근거렸다. 깎아지른 듯한 바위너설을 단숨에 타려는 때와 같은 긴장감이 온몸을 죄었다.'에서 알 수 있다.

④ '전찻길 건너에 일본 신사의 산문 – 도리이(鳥居)가 약자로 쓴 한문 글자의 열 개 자(开)처럼 두 다리를 벌리고 멋없이 껑충 서 있다.'를 통해 알 수 있다.

⑤ '육전대의 무장한 사이드카들이 긴급 동원하여 발동을 거는 소리가 요란스레 나면서 곧 꼬리를 물고 내달아 오는데 헤드라이트의 광망들이 번득번득하는 것이 어마하였다.'를 통해 알 수 있다.

7 신사에서 구경꾼들이 아우성치는 것은 서선장이 던진 손전등이 폭탄이라 생각하고 도망치려는 일본인들의 모습이므로, 중국에 살고 있는 우리 민족의 힘든 생활을 드러낸다는 내용은 적절하지 않다.

8 (다)에서 '"진여루 곧장 나갈까?" / "아니. 갑북으루! 큰길은 재미 적어." 장준광과 서선장이 두꺼운 공기의 막을 헤가르며 짧게 한마디씩 말을 주고받았다.'를 통해 장준광은 서선장의 조언에 따라 큰길을 버리고 갑북으로 사이드카를 몰았음을 알 수 있다.

9 〈보기〉에서는 한국 문학을 '우리 민족의 정체성을 지닌 작가가 우리 민족의 사상과 감정을 우리말로 형상화한 문학'으로 정의하였다. 이 글의 작가는 조선 의용군이었던 김학철로, 비록 중국 땅에서 작품을 출판했으나, 항일 운동이라는 그 삶의 궤적을 통해 그가 한국인으로서 지니는 정체성을 분명히 파악할 수 있다. 또한 이 작품에서는 중국 상해를 근거지로 했던 조선군 항일 운동을 주로 다루고 있는데, 이는 한국의 특수한 역사적 상황을 반영한 것이라 할 수 있다. 그리고 김학철은 이 작품을 한국어로 집필하였다. 이로 볼 때 〈격정 시대〉는 우리 민족으로서의 정체성이 뚜렷한 작가가 외국에서 체험한 민족적 경험을 한국어로 그려 낸 작품이라는 점에서 한국 문학의 범주에 넣을 수 있다.

▶지식➕

● 조선 의용대
1938년 중국의 한커우(漢口)에서 조직된 독립운동 단체이다. 1938년 김원봉에 의해 창설되어 항일 운동에 큰 공적을 쌓았으며 1942년 봄 일부 대원이 한국 광복군의 제1지대로 개편, 흡수되었으며, 조선 의용대의 주력은 1942년 7월 화북 조선 독립 동맹이 지도하는 조선 의용군으로 개편되었다. 조선 의용대는 전투, 일본 군정의 탐지 또는 점령 지역 내의 정보 수집, 일본인 포로 취조 및 사상 공작, 일본 군대에 대한 선전 공작 등의 역할을 수행하였다. 의용대의 조직은 국제 정규전에 독자적 부대 단위로 직접 참전 및 훈련하는 계기가 되었으며, 조선 의용대의 합류를 계기로 광복군의 조직과 전투력이 급격히 증대되었다.

068 흐르는 북_ 최일남 　　264~267쪽

키포인트 체크 이해, 갈등, 중산층, 공연, 데모

1 ② 　**2** ④ 　**3** ⑤ 　**4** ② 　**5** 북소리가 이어짐으로써 세대 간의 이해와 화합을 이루어 냈다는 의미입니다. 　**6** ③ 　**7** ⑤ 　**8** ② 　**9** ②
10 민 노인(전통 세대)과 민대찬(기성세대), 민대찬과 성규(신세대) 사이의 세대 간 갈등이 드러난다. 　**11** 세대 간 갈등을 극복하고 화해하는 것을 의미한다.

1 이 글은 전지적 작가 시점으로 서술되어 있지만, 주인공인 민 노인의 시각에서 서술함으로써 그가 지니고 있는 예술관에 대해 독자의 공감을 유도하고 있다.

▶지식➕

● 〈흐르는 북〉의 시점상 특징
이 작품은 전지적 작가 시점으로 서술하고 있다. 서술자는 할아버지를 '민 노인'이라고 지칭하여 객관적인 거리를 유지하고 있는 것처럼 보이지만, 민 노인을 이야기의 중심에 놓음으로써 민 노인의 심리와 감정을 세세하게 전달하고 있다. 반면 상대적으로 민 노인을 제외한 다른 인물들의 생각이나 감정은 대화나 행동을 통해 간접적으로 드러내고 있다. 이는 서술자가 아들 민대찬이나 며느리의 입장보다는 민 노인의 입장과 처지에 가깝게 위치해 있다는 것을 의미한다.

2 (가)에서 성규의 친구들은 자신들과는 차원이 다른 높은 수준의 공연을 하는 민 노인을 모시고 온 성규에게 '욕보았다', 즉 수고했다는 말로 칭찬을 하고 있다.

3 이 글에서 '북'은 각기 다른 가치관을 지닌 세대이지만 서로 이해하고 화합하자는 의미를 전달하고자 한 것이지 전통적인 가치를 그대로 보존해 나가야 함을 의미하는 것은 아니다.

4 ㉠에서 단역임에도 최선을 다하려는 민 노인의 모습이 드러나 있다. 또한 ㉡에서 민 노인은 젊은이들의 춤판에 껴서 북을 연주하는 것에 적막감을 느끼고 있다. ㉠과 ㉡을 통해 민 노인은 자신의 예술이 대접받지 못하더라도 격식을 갖춰 최선을 다해야 한다고 생각하고 있음을 알 수 있다.

5 세대 갈등 속에서도 '민 노인'의 북소리가 이어짐을 드러냄으로써 세대 간의 이해와 화합의 의미를 강조하고 있다.

6 수경은 할아버지가 북을 칠 때 궁상맞다는 타박을 했지만, 성규가 잡혀 간 후 할아버지를 이해하려고 노력하고 있다. 하지만 북소리가 잡음으로만 들린다는 표현에서 아직은 할아버지의 북소리를 진심으로 이해하고 있는 것은 아니라고 할 수 있다.

▶지식➕

● 등장인물의 성격과 심리 제시 방법
등장인물의 성격과 심리를 제시하는 방법은 '보여 주기(showing)'와 '말하기(telling)'가 있다. 보여 주기는 주로 현대 소설에서 사용되는 간접적인 제시 방법으로 대화나 행동 등을 통해 인물의 성격을 제시하는 방법이다. 말하기는 서술자가 직접 등장인물의 성격을 설명하는 것이다. 이 작품에서는 보여 주기의 방법으로 등장인물의 성격을 나타내고 있다. 예를 들면 성규와 아버지의 말다툼에서 성규는 아버지에게 맞서 자신의 의견을 펼쳐 보이는데 이러한 행동을 통해 독자는 성규를 적극적인 성격의 인물로 파악할 수 있는 것이다.

7 ㉢는 어떤 일을 하는 데 합당한 재능을 갖고 있고, 누군가로부터 그걸 표현할 기회를 얻어 그 일을 수행하는 사람, 즉 민 노인을 의미한다.

8 〈보기〉에서 가족사 소설은 가족의 삶의 변화를 통해 현실 문제에 대한 대응책을 모색할 수 있게 한다고 하였다. 이 작품은 가족사 소설로, 작가가 이런 형식의 소설 양식을 선택한 것은 가정 내의 세대 간 갈등(전통 세대와 기성세대, 기성세대와 신세대)을 통해 현실의 문제(1980년대의 사회 현실)가 이들의 삶에 어떤 영향을 미쳤는지 보여 주기 위함이다.

✐오답 뜯어보기 ① 작가가 가족사 소설을 택한 것은 세대 간의 갈등을 보여 주기 위한 것이다. 독자들의 흥미를 끌기 위해 가족사 소설의 형식을 택한 것은 아니며 〈보기〉의 설명과도 연관이 없다.

② 이 글은 작가가 허구적으로 창조해 낸 이야기로 작가 자신의 가족사

를 다룬 것이 아니다.
③ 이 글에는 집안의 몰락 과정이 드러나 있지 않다.
④ 전통문화는 민 노인이 북을 치는 모습으로 볼 수 있는데, 이는 성규로 이어지면서 사라지지 않고 있으며 〈보기〉의 설명과도 관련이 없다.

9 할아버지는 아들 내외의 눈치를 보느라 어쩔 수 없이 북을 치지 않았던 것이다. ㉠에서 성규는 할아버지가 북에 대한 열정을 그대로 간직하고 있기 때문에 언젠가는 북을 다시 치리라는 것을 말하고 있다.

10 평생 북을 치며 살았던 민 노인과 가정을 돌보지 않은 아버지를 원망하는 아들 민대찬이 갈등하고 있으며, 기성세대의 가치관을 지닌 민대찬과 기성세대에 저항하는 생각을 지닌 아들 성규가 갈등하고 있다.

11 민 노인의 분신인 '북'은 갈등 관계에 있는 아버지 민대찬에 의하여 표면적으로 단절된 것처럼 보이지만 아들인 성규에 의해 다시금 되살아난다. 따라서 제목 '흐르는 북'은 세대 간의 갈등 속에서도 북소리가 흘러 이어지고 있음을 드러냄으로써 세대 간의 갈등을 극복하고 화합할 수 있다는 것을 의미한다.

---

069 비 오는 날이면 가리봉동에 가야 한다_ 양귀자 268~271쪽

키포인트 체크 반성, 연민, 원미동, 술상

1④ 2② 3⑤ 4③ 5 임 씨가 자신보다 나이가 어린 사람에게 고용되었다는 것을 알면 비참한 마음이 들까 봐 걱정이 되었기 때문이다. 6④
7⑤ 8⑤ 9 자신의 일에 최선을 다하고 성실하고 정직하게 살아야 한다.

1 이 글은 전지적 작가 시점이지만 '그'라는 인물의 시각에 편향하여 '그'가 관찰하고 해석하는 바를 전달하고 있다.

2 '그'는 처음에는 임 씨가 견적대로 돈을 받기 위해 열심히 일한다고 생각했으나 최선을 다해 꼼꼼히 일하는 임 씨의 모습에 그를 성실하고 진실한 사람이라고 생각하게 된다.
오답 뜯어보기 ① 아내는 임 씨의 옥상 일이 8시가 넘어서도 끝나지 않자 미안함을 느끼고 있다.
③ 임 씨는 성실하고 정직하게 맡은 바 책임을 다하는 사람이다. 견적대로 돈을 다 받기 민망하여 열심히 일한다고 생각한 것은 '그'와 아내이다.
④ 노모는 임 씨를 따뜻하게 격려해 주며 호의적인 태도를 보이고 있다.
⑤ '그'와 아내는 견적대로 돈을 다 주기가 아까워서 일부러 추가로 힘든 일을 더 시킨 것이다.

3 ㉠은 열심히 살아감에도 궁핍한 생활을 하는 임 씨에 대한 연민이 드러나는 부분이다. ⑤에는 아침부터 날이 저물도록 돌아오지 못하고 일을 하며 고생하는 남편에 대한 연민이 드러나 있으므로 ㉠과 유사한 정서가 드러난다고 할 수 있다.

4 [A]는 임 씨를 믿지 못한 '그'와 아내가 손해 보지 않으려고 한 행동이 오히려 그들에게 심적인 부담감을 주고 있음을 보여 준다. 작가는 이들 부부의 모습을 비꼬는 어조로 표현함으로써 남을 믿지 않고 이해타산적으로 사는 현대인을 비판하고 있다.

5 임 씨가 자신은 서른여섯 토끼띠라고 밝히자 '그'는 임 씨보다 한 살이 적은데도 자신도 토끼띠라고 말한다. 이는 고용인과 고용자라는 상하 관계를 역전시키지 않고, 임 씨의 마음이 상하지 않도록 배려했기 때문으로 볼 수 있다.

6 임 씨의 빈곤한 삶을 상징하는 소재는 '지하실 방'이며 스웨터 공장 사장의 부유한 삶을 상징하는 소재는 '맨션아파트', '달걀 프라이', '양주' 등이다.

7 ㉠은 아무리 노력한다 해도 부자와 가난한 자 사이의 간극이 쉽게 좁혀질 수 없다는 인식이 반영된 것이다.

8 ⓒ는 아무리 노력하고 열심히 일해도 가난에서 벗어날 수 없는 모순된 현실을 보여 주는 부분이다.

◀ **지식** ➕

• **1980년대 한국 사회의 축소판 '원미동'**
1960~1970년대 개발 독재의 시기에 저곡가 정책에 따라 많은 사람들이 농촌을 떠났고, 도시는 점점 커졌다. 당시 부천시 원미동은 도시 변두리에 위치한 동네로 경기도에서 온 잡역부 임 씨, 서울에서 온 은혜네 가족, 전라도에서 온 행복 슈퍼의 김 반장 등 각박한 서울의 삶에서 실패했거나 농지를 떠나야 했던 사람들이 살고 있는 곳이다.
작가는 부조리와 모순이 가득 찬 1980년대 한국 사회를 원미동 사람들의 가난하고 어려운 삶을 통해 사실적으로 보여 주고 있다. 원미동은 단순한 동네를 넘어서 한국 사회를 대변하는 공간인 것이다.

9 임 씨가 날이 어두워지도록 하던 일을 최선을 다해 마무리하고, 스웨터 공장 사장이 자신에게 거짓말을 하고 도망친 것을 비판하는 모습에서 그가 성실하며 정직하게 살아야 한다는 가치관을 지니고 있음을 알 수 있다.

---

070 마지막 땅_ 양귀자 272~275쪽

키포인트 체크 강 노인, 원미동, 소시민, 가치, 수단

1① 2① 3④ 4 더 이상 땅값이 오를 수 없을 만큼 높으며, 금액을 조금 더 조정해 볼 수 있다. 5 강 노인은 땅을 생명의 근원으로 보고 있지만, 마을 사람들은 부를 축적하기 위한 수단으로 보고 있다. 6④ 7④ 8④
9②

1 땅을 생명의 근원이라고 보는 강 노인은 땅값에 관계없이 땅을 팔지 않고 농사를 지으려 한다.

2 강 노인은 박 씨 내외가 전라도 출신이라는 것을 알면서도, 박 씨 내외를 포함하여 마을 사람들을 '서울 끄나풀'이라 낮잡아 부르고 있다. 이를 통해 강 노인은 원미동 사람들을 부정적으로 생각하고 있음을 알 수 있다.

3 '서울 것'은 사전적인 정의로는 지명 '서울'과 사물을 가리킬 때 주로 쓰이는 의존 명사 '것'이 결합한 것이지만, 문맥상 '서울 사람'을 낮잡아 부르는 의미로 사용되고 있다.

4 박 씨는 강 노인에게 지금이 땅을 가장 비싼 가격에 팔아넘길 수 있는 시기라는 점을 강조하고 있다. 또한 땅을 사려고 하는 유 사장이 금액을 어느 정도 조정할 마음이 있음을 말해 주며 강 노인을 회유하고 있다.

5 강 노인은 땅을 삶의 터전이자 생명의 근원으로 보고 있지만, 마을 사람들은 땅을 부를 축적하기 위한 경제적 수단으로 대하고 있다. 이로 인해 인물들 간의 갈등이 발생하고 있다.

6 김 씨가 강 노인이 땅을 판다는 소문을 복덕방 박 씨에게 들었는지는 이 글에서 확인할 수 없다.

〈오답 뜯어보기〉 ① 마을 사람들이 밭에 연탄재를 뿌려 놓았는데도, 강 노인의 아내는 천하태평인 것으로 보아 강 노인의 아내는 농사일에 관심이 없는 것을 알 수 있다.

② 강 노인의 아내와 경국이 엄마는 모두 땅을 팔기를 원하고 있다.

③ 반상회에 참석하지 않은 강 노인은 김 씨를 통해 자신이 땅을 팔기로 했다는 소문을 뒤늦게 전해 들었다.

⑤ (나)에서 강 노인의 아내는 전날 박 씨로부터 전해 들은 충고를 강 노인에게 전하고 있다.

7 (다)에서 강 노인은 결국 자신이 애지중지하던 땅을 팔기로 마음먹는다. 강 노인은 마을 사람들의 회유에도 땅을 지키려 했던 인물로, 땅을 판다는 소문 때문에 땅에 대한 애착이 더욱 강해진 것은 아니다.

8 강 노인의 아내는 며느리가 반상회에서 했던 말을 강 노인에게 대신 전하며 며느리의 입장을 대변하고 있다.

9 (나)는 강 노인이 땅을 내놓았다는 소문을 듣고 어이없어 하는 장면이고, (다)는 강 노인이 부동산으로 가다가 다시 밭으로 발길을 돌리는 장면이다. 따라서 사건 전개상 (나)와 (다) 사이에는 강 노인이 땅을 팔기로 마음먹는 장면이 반드시 있어야 한다.

---

071 허생의 처_ 이남희   276~279쪽

키포인트 체크 가부장적, 주체적, 패러디, 연, 비판

1 ②   **2** ④   **3** ④   **4** ②   **5** 가정의 어려움은 도외시한 채 대의명분만 좇는 모습   **6** ⑤   **7** ④   **8** 사람이 살고, 자식을 낳고 그 자식들을 보다 좋은 세상에서 살도록 해 주는 것이다. 즉, 남편과 아내가 서로 협력하여 행복한 가정을 이루는 것을 바라고 있다.   **9** ⓐ: 가족의 생계는 돌보지 않고 자신의 뜻대로 살아가고자 하는 무책임한 모습 / ⓑ: 남성 중심적 사고

1 이 글은 '나'가 생각하는 바를 중심으로 이야기가 전개되고 있다.

〈오답 뜯어보기〉 ① 무능력하고 무책임한 선비의 모습을 비판하고 있지만, 그 해결 방법이 구체적으로 제시되어 있지는 않다.

③ '나'는 현재의 시점에서 과거 남편과의 일을 떠올리고 있다. 이는 비현실적인 장면이 아니며 환상적 분위기가 느껴지는 것도 아니다.

④ 〈허생전〉과 시간적·공간적 배경을 동일하게 설정하고 있다.

⑤ 이 글의 사건은 '나'의 시점에서 서술되고 있다.

2 허생은 혼인 초부터 독서에만 전념하여 집안 살림을 살피지 않았으므로, 허생이 ㉯부터 집안의 경제적 문제를 살피지 않게 되었다는 설명은 적절하지 않다.

3 당시에는 남성 중심의 가부장적 사고가 일반적이었기 때문에 '나'도 남편에게 불평하지 못하고 남편의 행동을 묵묵히 이해하고 참아야 했다.

4 1980년대에 양성평등의 문제를 실현하고자 하는 현실 인식이 작품 속에도 그대로 드러나 있으므로 ②와 같은 독자의 반응이 가장 적절하다고 볼 수 있다.

〈오답 뜯어보기〉 ① 작품의 배경인 조선 후기는 남성 중심의 가부장적인 사고가 만연한 사회였으므로 양성 불평등의 현실을 보여 준다.

⑤ 조선 시대는 남성 중심적 가치관이 만연한 사회였으므로 당시의 사회상은 양성 불평등이라는 현실의 문제점을 해결하는 데 큰 도움이 되지 않는다.

5 (다)에서 '나'는 허생에게 대의명분을 좇기보다 행복한 가정을 지키는 가장의 모습을 바라고 있음을 알 수 있다. 그러면서 가정을 돌보지 않는 허생의 무능함을 비판하고 있다.

6 이 글에서 허생이 집을 나간다고 하자 '나'가 그럴 바에는 차라리 자신과 절연하자고 하는 모습에서 두 사람의 갈등이 심화되고 있음을 알 수 있다.

7 '나'는 남편이 집을 나가겠다고 말하자 그동안 남편에게 순종하고 인내하며 기다리던 소극적인 모습에서 벗어나 적극적으로 대항하고 있다. ㉣은 남편이 가출한 5년 동안 수동적으로 기다리던 '나'의 모습을 가리키므로 현재의 적극적인 태도와는 거리가 있다.

8 (나)의 '그건 사람이 살고 ~ 꼭 할 거예요……'를 통해 '나'가 생각하는 이상적인 삶은 소박한 가정의 행복을 추구하며 사는 것임을 알 수 있다.

9 (가)에서 허생은 "당신은 이 집을 정리하고 수래벌 큰댁에 몸을 의탁해 있으시오."라고 일방적으로 집을 나갈 결정을 했다. 이러한 결정은 순종을 강요하는 남편의 가부장적인 태도를 보여 주는 무책임한 모습이라고 할 수 있다. '나'는 "기다리는 게 부녀의 아름다운 덕이오."라는 허생의 말에 "우리가 입에 풀칠이라도 할 수 있었던 것은 오로지 내 두 팔이 바삐 움직이고 두 눈이 호롱불 빛에 짓물렀기 때문이에요."라고 함으로써 현실은 무시한 채 이상만 추구하는 남성 중성적 사고에 대한 비판을 드러내고 있다.

---

072 빼떼기_ 권정생   280~283쪽

키포인트 체크 빼떼기, 잔혹성(잔인함), 아궁이, 전쟁

1 ④   **2** ②   **3** ④   **4** 빼떼기가 아궁이에 들어가 화상을 입음.   **5** 털이 다 타 버렸다, 종아리가 펴지지 않는다, 부리가 문드러졌다. 등   **6** ②   **7** ④   **8** ⑤   **9** 고난을 이겨 낸 빼떼기의 일생을 통해 아픔을 극복하는 우리 민족의 힘을 보여 주기 위해서이다.

1 이 글은 6·25 전쟁이라는 역사적 사건을 배경으로 전쟁의 잔인함을 드러낸 현실성이 돋보이는 작품이다. 따라서 배경에 상징성을 부여하여 환상적인 분위기를 조성한다는 설명은 적절하지 않다.

〈오답 뜯어보기〉 ① 동화라는 갈래의 특징에 맞게 짧은 문장을 통해 간결하게 서술하고 있다.

② '솔방울처럼 굴러다니듯 뛰어다녔다.', '한 손으로 아기를 보듬듯이 안고 다녔다.' 등 직유법을 활용하여 빼떼기와 어머니의 행동을 드러내고 있다.

③ 이 글은 전지적 작가 시점으로, 서술자가 순진이네 가족의 심리를 직접적으로 드러내고 있다.

⑤ 삐때기나 암탉의 울음소리나 '오글오글'과 같은 음성 상징어를 통해 현장감 있게 서술하고 있다.

2 (나)의 '한 주일이 지나자 병아리의 불에 덴 상처가 아물었다.'를 통해 알 수 있다.

| 오답 풀어보기 | ① 깜둥이가 밀어 넣은 것이 아니라 삐때기가 실수로 들어가 버린 것이다.

③ 삐때기를 아궁이에서 꺼내서 치료한 것은 어머니였다.

④ 삐때기는 깜둥이의 새끼 병아리였고, 턱주배기 새끼는 한 마리도 없었다.

⑤ (나)에서 어머니가 "다 타서 오그라들었는데도 속은 괜찮은 모양이에요."라고 말한 것으로 보아 소화 기관은 괜찮아서 먹이와 물을 먹을 수 있었다는 것을 확인할 수 있다.

3 '삼순구식'은 삼십 일 동안 아홉 끼니밖에 먹지 못한다는 뜻으로, 몹시 가난함을 이르는 말이다. 이 글에서 순진이네가 가난하다고 생각할 수 있는 부분은 찾을 수 없으므로 적절하지 않다.

| 오답 풀어보기 | ① 간난신고: 몹시 힘들고 어려우며 고생스러움을 이루는 말

② 천만다행: 아주 다행함을 이르는 말

③ 노심초사: 몹시 마음을 쓰며 애를 태움을 이르는 말

⑤ 설상가상: 난처한 일이나 일이 잇따라 일어남을 이르는 말

4 ⓐ는 아궁이가 따뜻한 걸 안 병아리들이 아궁이 쪽으로 모이다가 한 마리(삐때기)가 아궁이 속으로 들어가 화상을 입은 사건을 말한다.

5 아궁이에 들어간 삐때기는 털이 다 타 버렸고 주둥이가 뭉뚝그려졌으며 발가락이 한 마디씩 떨어져 나갔고 종아리가 오그라들어 펴지지 않아 제대로 서지도 못했다.

6 순진이네 가족은 화상으로 부리가 구부러져 모이를 주워 먹지도 못하는데도 어떻게든 쪼아 먹으면서 성장한 삐때기의 모습을 가엾으면서도 장하다고 느끼고 있다.

| 오답 풀어보기 | ① 화상으로 보기가 흉한 것은 가엾은 이유이지만, 삐때기가 정상적인 모습으로 돌아온 것은 아니다.

③ 형제들에게 버림을 받은 것은 가엾은 이유이지만, 삐때기는 형제와 끝내 어울리지 못하고 그들이 노는 것을 멀찌감치 서서 구경만 한다.

④ 엄마에게 버림을 받은 것은 가엾은 이유이지만, 엄마의 사랑을 받기 위해 노력하고 있는 모습은 찾을 수 없다.

⑤ 삐때기는 식구들의 사랑을 충분히 받고 있으며, 만약 삐때기가 식구들의 사랑마저 받지 못했다면 지금까지 살아 있지 못했을 것이다.

7 삐때기가 죽음을 맞이하게 되는 것은 전쟁으로 인한 것이기 때문에, 이를 통해 가난한 사람을 소외시키는 사회에 대한 비판의 태도를 드러냈다고 보기는 어렵다.

8 이 글에서 이웃과 신뢰가 깨져 일어나는 갈등 상황은 드러나지 않는다.

9 〈보기〉는 힘든 역경을 이겨 낸 우리 민족에게는 서양과는 다른 동화가 필요하다는 내용이다. 이를 바탕으로 할 때 이 글에서 작가는 고난을 이겨 낸 삐때기의 일생을 통해 고난을 극복해 낸 우리 민족의 힘을 보여 주고자 했음을 알 수 있다.

V. 1990년대 이후

081 유자소전 _ 이문구

296~299쪽

| 키포인트 체크 | 긍정적, 총수, 물질 만능주의, 스페어 운전수

1 ④   **2** ②   **3** ③   **4** '그'에게는 우호적인 태도를, 총수에게는 비판적인 태도를 보인다.   **5** ⑤   **6** ①   **7** '그'의 말과 행동을 통해 선한 성격을 드러내고 있으므로 간접적 제시 방법을 사용하고 있다.   **8** 작품에 해학적이고 풍자적인 성격을 부여한다.

1 (가), (나)에서 '그'와 총수가 갈등을 빚는 사건이 발생하는 공간은 '그'가 모시고 있는 총수의 집이다.

| 오답 풀어보기 | ① 작품 속의 서술자인 '나'가 '그'에 대해 관찰한 내용이 드러난다.

② 비단잉어에 대한 총수와 '그'의 인식 차이로 인해 갈등이 발생한다.

③ 가진 자로 대표되는 총수의 사치스러움과 비인간적인 면모에 대한 비판적 인식이 드러난다.

⑤ (다)로 보아 (가), (나)는 '그'가 자신이 겪은 일을 '나'에게 들려준 것임을 알 수 있다.

2 (다)는 '그'가 (가)와 (나)의 사건에 대해 자신의 친구인 '나'와 대화를 나누고 있는 부분이다. '그'는 '내가 동종이면 저는 말종인디'라고 말하며 앞의 사건 속의 핵심 인물인 '총수'의 행위를 비판하고 있다. 따라서 (다)는 '나'와의 대화를 통해 '그'가 경험한 앞의 사건의 의미를 부각하는 역할을 한다고 볼 수 있다.

3 〈보기〉는 이 글의 작가인 이문구에 대한 설명으로, 그가 특히 산업화로 인한 배금주의와 이에 물든 사람들의 부정적 행동에 대해 비판적 의식을 지니고 있었음을 말하고 있다. 이 글에서 작가는 계층 간의 갈등을 보여 주기보다는 가진 자들, 즉 사회의 지도층이 보여 주는 부정적인 행태를 드러내는 데 초점을 맞추고 있다.

| 오답 풀어보기 | ① '그'를 통해 실용적이지도 못한 비싼 물고기에 많은 돈을 쏟아붓는 행위를 비꼬고 있다.

② '배금주의'란 돈을 최고의 가치로 여기고 숭배하여 삶의 목적을 돈 모으기에 두는 경향이나 태도를 말한다. 총수의 태도에서 배금주의 풍조를 엿볼 수 있다.

④ '그'는 총수와 대비되는 인물로 물질 만능주의에 대해 비판적 시각을 드러낸다. 이를 통해 작가가 산업화 과정에서 소외된 계층에 대한 공감을 시도하고 있다고 볼 수 있다.

⑤ '그'는 작가의 의식을 대변하는 인물로, 총수에 대한 부정적인 생각을 지니고 있다.

4 물고기가 죽은 일에 대한 '그'와 총수의 대화에서 솔직하고 재치 있게 강자의 태도를 비꼬는 '그'와, 허영심이 있고 위선적인 총수의 태도가 대조적으로 드러난다. 이는 서술자인 '나'가 '그'에게는 우호적인 태도를 갖고 있고, 총수에게는 비판적인 태도를 지니고 있음을 보여 주는 것이다.

5 (가)에서 유자는 '스페어 운전수의 사고에는 업무 추진비 명색도 차례가 가지 않아' 자신의 용돈을 털게 되었다고 말하고 있다.

6 '그'는 스페어 운전수 가족 등 다른 사람들을 위해 선행을 베풀며 자신을 희생하고 있으므로, '그'를 착한 성품의 유자라고 말할 수 있다.

7 이 글은 '그'의 말과 행동을 통해 '그'의 성격을 나타내고 있다. '그'가 스페어 운전수 가족들에게 하는 말이나, 그들에게 반찬까지 챙겨 주는 행동을 통해 '그'의 선한 성격을 보여 주고 있으므로 간접적 제시 방법에 해당한다.

8 이 글에서는 사투리, 비속어 등을 사용하고 총수의 허영심과 비인간적인 면모를 우스꽝스럽게 제시하면서 작품에 해학적이고 풍자적인 성격을 더하고 있다.

---

082 나의 아름다운 이웃 _ 박완서   300~303쪽

키포인트 체크   부담, 아파트, 관심, 무욕

1④   2②   3②   4전에 살던 동네에서는 '아가'와 '새댁'으로 불렸기 때문이며, 상대에 대한 배려와 관심이 없음을 느꼈기 때문이다.   5⑤   6③
7②   8무욕적인 삶의 태도를 지녔기 때문이다.   9겸손하고 소박한 삶의 태도를 바탕으로 이웃을 배려하고 살피는 태도가 필요하다.

1 이 글은 1인칭 주인공 시점으로 서술하고 있다. 주인공인 '나'의 주변에서 일어나는 사건의 의미를 '나'의 시각에서 서술하고 있는 작품이다.
오답 뜯어보기 ① (다)에 나타나는 인물들의 대화는 아파트 이웃의 배려 없음과 삭막함을 드러내는 것으로, 이에 대한 '나'의 생각이 드러나기 때문에 객관적인 태도를 드러내고 있다는 내용은 적절하지 않다.
② 이 글은 '나'의 시각을 중심으로 서술되고 있으므로 중립적 관점을 강조하고 있지 않다.
③ 이 글에는 회상 장면이 삽입되어 있지 않다.
⑤ 작품 밖의 서술자가 작중 인물의 행동과 심리를 종합적으로 드러내는 것은 전지적 작가 시점으로, 이 작품은 1인칭 주인공 시점이다.

2 '내가 '만년 아가', '만년 새댁'인 게 얼마나 희귀한 축복이었던가를 안 건 지금 있는 아파트로 이사를 오고 나서였다.'를 통해 '나'는 한옥에서 생활할 때는 '아가'라는 호칭에 만족하지 않았음을 알 수 있다.
오답 뜯어보기 ① (나)의 '구닥다리 한옥의 구식 부엌과 마당에 있는 수돗가 빨래터는 넌더리가 났다.'를 통해 알 수 있다.
③ (나)의 '동경하던 아파트였지만 막상 이사를 하려고 살펴보니 쉬 정이 들까 싶지가 않았다.'를 통해 알 수 있다.
④ (다)의 '새댁에서 별안간 '할머니'로 격상된 충격은 매우 고약했다.'를 통해 알 수 있다.
⑤ (나)의 '나는 한옥의 불편함과 함께 이웃 간의 그런 비밀 없음을 얼마나 싫어하고 경멸했던가.'를 통해 알 수 있다.

3 [A]는 '나'가 엘리베이터에서 만난 젊은 여자와의 대화를 통해 아파트 이웃 간에 관심과 배려가 부족함을 느끼게 된 사건이다. 따라서 [A]는 아파트에 대한 부정적인 인식을 갖게 된 배경을 제시함으로써 아파트 이웃 간의 삭막함을 부각하고 이후 이웃의 관념을 지닌 옆집 여자와의 만남을 유독 반가워하는 '나'의 이유를 보여 주기 때문에 서사 구조에 필연성을 강화한다고 할 수 있다.

4 '나'는 외손주까지 있기 때문에 할머니라 불려도 이상할 것은 없다. 하지만 전에 살던 동네에서 '아가' 또는 '새댁'으로 불렸기 때문에 갑작스러운 '할머니' 호칭에 충격을 받은 것이다. 또한 상대방이 들었을 때 기

분이 좋을 것 같은 호칭을 생각해서 불러주던 전에 살던 동네와 달리 상대방에 대한 배려 없이 호칭을 부르는 이웃의 삭막함을 몸소 체험했기 때문에 충격을 받았다고 한 것이다.

5 '나'는 옆집 여자의 무욕적인 삶을 보며, 평소 오래 살고 싶은 과욕을 부린 자신을 반성하게 된다. 이는 소박하고 겸손한 삶의 태도를 강조한 것으로 모든 이웃과 잘 지내겠다는 자신의 생각이 과욕이라고 언급한 것은 아니다.

6 (가)의 '이사 오는 날이었다. 옆집에 산다는 여자가 인사를 왔다. 나는 반갑고 한편 놀라웠다.'를 통해 이사 온 날 옆집 여자가 인사를 왔을 때 '나'는 반가움을 느꼈음을 알 수 있고, (나)의 '그 여자가 위암으로 수술을 받았다는 소식을 들었다. 그 몸과 마음씨가 함께 고와 보이는 이가 암이라니!'를 통해 옆집 여자의 수술 소식에 안타까움을 느꼈음을 알 수 있다. 또한 '건강할 때보다 많이 수척해 있었지만 건강할 때보다 한층 착하고 밝은 표정이었다. 건강할 때의 그 여자의 밝음은 눈부신 거였지만, 병상의 밝음은 고개가 숙여지는 거였다.'를 통해 문병을 가서 옆집 여자를 만났을 때 존경심을 느꼈음을 드러내고 있다.

7 (가)의 '절대적인 단절을 보장해 주리라고 알았던 두터운 콘크리트 벽이 인기척을 전해 주는 게 반가웠던 것이다.'를 통해 아파트에 절대적인 단절과 고립만 존재하는 것은 아님을 알 수 있다. 또한 옆집 여자와 인사를 나누고, 투병 소식에 병문안을 가는 모습에서 이웃 간의 소통이 가능한 공간이라는 것을 알 수 있다.

8 투병 중인 옆집 여자는 병문안을 온 '나'에게 "요샌 우리 큰애가 대학교 갈 때까지만 살게 해 주십사고 열심히 기도하는데 너무 과하게 욕심부리는 거나 아닌지 모르겠어요."라고 말함으로써 무욕적인 삶의 태도를 보여 준다. 그러자 '나'는 암처럼 고약한 게 정말 두려워하는 건 목숨에 대한 강렬한 집착이 아니라 저런 해맑은 무욕이 아닐까 하는 생각을 한다. 옆집 여자가 투병 중에도 착하고 밝은 표정을 유지할 수 있었던 것은 이와 같은 무욕적인 태도를 지니고 있기 때문이다.

9 작가는 투병 중에도 밝은 미소를 잃지 않던 옆집 여자를 통해 아파트 이웃 간에 겸손한 자세로 주변 사람들을 살피고 배려하는 마음이 필요하다는 것을 드러내고 있다.

---

083 갈매나무를 찾아서 _ 김소진   304~307쪽

키포인트 체크   시련, 아름다운 지옥, 갈매나무

1①   2③   3②   4①   5⑤   6②   7삶의 의지를 되새기게 하는 기능을 한다.

1 이 글은 갈매나무의 상징성을 활용하여 이혼한 아내 윤정과의 아픔을 극복하고 삶의 의지를 회복하고자 하는 두현의 열망을 드러내고 있다.

2 (가)의 '그 갈매나무만 아니었다면 두현이 불현듯 출판사에 지독한 몸살이라는 전화를 넣고 이렇듯 아름다운 지옥을 향해 실성한 사내처럼 마음만 급해 허둥지둥 비바람 부는 들판을 가로질러 가고 있진 않았을 것이다.'를 통해, 두현은 갈매나무를 보기 위해 아름다운 지옥에 가려고 거짓 핑계를 댄 것임을 알 수 있다.

오답 뜯어보기 ① (가)의 '우리에게도 이렇게 환한 웃음이 깃들인 적이 있었던가.'를 통해 알 수 있다.

② (나)의 '어릴 적 겁도 없이 갈매나무에 오르려다 가시에 찔려 떨어졌던 기억이 났던 것이다.'를 통해 알 수 있다.

④ (나)의 '꾸짖긴 눌로? 어림도 없지러. 니가 아프면 낼로(나를) 찾아와야 그럼 눌로(누구를) 찾아…… 옹냐 잘 왔네라. 에구 불쌍한 내 새끼야, 니 맴 할미가 알제 하모하모……'를 통해 알 수 있다.

⑤ (나)의 '두현은 두렵고 송구스런 마음 때문에 ~ 호되게 꾸짖어 주세요, 부디!'를 통해 알 수 있다.

3 두현은 윤정과 함께 찍은 사진을 보고 갈매나무를 찾아 가지만 윤정을 다시 만나기 위한 매개체로 갈매나무를 활용하고 있는 것은 아니다.

오답 뜯어보기 ① 두현은 윤정과 함께 찍은 사진에서 갈매나무를 발견하고 갈매나무를 다시 보기 위해 사진의 배경이 되었던 '아름다운 지옥'을 찾아간다.

③ '갈매나무는 두현의 기억이 미칠 수 있는 어린 시절부터 내면에 자리 잡아 온 움직일 수 없는 한 풍경이었다.'를 통해 할머니에게 친구가 되어 주었던 갈매나무가 두현에게도 의미가 있는 나무임을 알 수 있다.

④ 두현은 세상에 꿋꿋하게 맞서는 갈매나무를 보며 완강한 현실의 벽에 부딪친 좌절감을 이겨 내고자 한다.

⑤ 유년 시절 두현의 기억 속 갈매나무가 열매와 함께 독한 가시를 지녔던 것처럼 갈매나무는 두현이 윤정과 나눈 사랑의 기쁨과 이별의 고통을 동시에 환기시키는 역설적인 대상이라 할 수 있다.

4 할머니는 갈매나무가 열매와 함께 독한 가시를 지니고 있음을 잘 알고 있는 사람으로, 두현이 세상을 살아가면서 겪게 될 수많은 시련을 걱정하고 있다. 할머니는 두현에게 시련 앞에서도 좌절하지 말고 더 독한 가시를 품어 이러한 시련을 이겨 내야 한다고 말하고 있다.

5 두현은 갈매나무를 보다 울음기가 숨을 턱 가로막고 왈칵 밀려왔다고 했다. 그래서 주모가 내민 수건으로 입가보다는 눈가를 먼저 훔쳤던 것이다. 따라서 두현은 갈매나무에 대한 반가움으로 술을 급하게 마시다 기침을 하는 것이 아니라, 갈매나무를 보며 아픈 상처가 생각나서 기침을 했음을 알 수 있다.

6 백석의 시 〈남신의주 유동 박시봉방〉의 화자가 아내와 집도 없이 타향에서 쓸쓸히 지내고 있는 것처럼, 두현 역시 이혼의 상처를 지닌 채 쓸쓸히 살아가고 있다. 따라서 두현은 〈보기〉의 화자의 처지가 자신의 처지와 동일하다고 느꼈기 때문에 〈보기〉의 시를 떠올리게 된 것이다.

오답 뜯어보기 ① '굳고 정한 갈매나무'를 보며 두현은 삶의 의지를 되새기게 된다. 이를 보며 이혼한 윤정의 모습을 떠올린 것은 아니다.

③ 두현은 〈보기〉의 화자의 처지와 자신의 처지가 동일하다고 생각하는 것이지, 자신의 처지가 더 낫다고 느끼는 것은 아니다.

④ 두현이 백석의 시를 떠올리며 이혼의 상처를 이겨 낼 수 있을 것이라고 느낀 것은 아니다. 작품에 등장하는 갈매나무의 의미를 되새겨 앞으로 두현이 이혼의 아픔을 이겨 낼 것이라고 생각할 수 있지만, 이것이 백석의 시를 떠올린 이유가 되는 것은 아니다.

⑤ 〈보기〉의 갈매나무와 두현이 떠올린 갈매나무의 의미는 동일하다고 볼 수 있다. 갈매나무의 의미가 달라 〈보기〉의 시를 떠올린 것은 아니다.

7 이 작품의 '갈매나무'와 백석의 시 〈남신의주 유동 박시봉방〉의 '갈매나무'는 모두 굳센 이미지를 지닌 소재이다. 두현은 깊은 계곡 어디에선가 뿌리를 박고 홀로 눈보라와 찬 비, 거친 바람을 맞으며 추운 계절을 꿋꿋이 견딜 수갈매나무를 꿈꾼다고 하였으므로, 갈매나무는 시의 화자와 소설 속 인물 모두로 하여금 삶의 의지를 되새기게 하는 기능을 한다고 볼 수 있다.

084 그 여자네 집 _ 박완서 308~311쪽

키포인트 체크 관심, 사랑, 일제 강점기, 오해

1 ⑤ **2** ④ **3** ① **4** 속눈썹에 걸린 눈을 털며 **5** 곱단이가 만득이와 등·하교를 함께하면서 둘이 가까워지는 계기로 작용한다. **6** ⑤ **7** ④ **8** ④ **9** ④ **10** 일본 제국주의의 폭력으로 인한 우리 민족의 고통과 비극적인 삶

1 이 글은 1인칭 관찰자 시점으로, 작품 속의 서술자인 '나'가 자신의 체험과 추측을 바탕으로 주인공인 만득이와 곱단이의 아름답고도 비극적인 사랑 이야기를 서술하고 있다.

오답 뜯어보기 ① 작품 속의 '나'가 서술자이다.

② 곱단이와 만득이에 대한 이야기를 주로 서술하고 있으며, 등장인물들의 대조적인 삶의 모습을 서술한 부분은 찾을 수 없다.

③ '나'가 관찰한 곱단이와 만득이에 대해 서술하고 있기 때문에 특정 인물의 내면에 공감하도록 유도하고 있는 것은 아니다.

④ 제시된 글에는 과거의 사건만 서술되고 있다.

2 동네 사람들은 만득이가 곱단이를 좋아하기 때문에 곱단이네 집의 일을 돕는다는 것을 알고 있으므로, 아내를 매우 사랑하는 사람을 놀리는 속담인 '제 색시가 고우면 처갓집 말뚝에도 절을 한다.'가 가장 적절하다.

3 '곱단이와 만득이는 우리 마을의 화초요 꿈이었다.'는 '곱단이'와 '만득이'를 '화초'와 '꿈'에 비유하여 나타낸 은유적 표현이다. ①에서 '나=나룻배', '당신=행인'의 관계 역시 은유적 표현이다.

오답 뜯어보기 ② '달아날라고 했다.'에서 바다를 의인화하고 있다.

③ '어디 있으랴'에서 설의적 표현이 사용되었다.

④ 어순을 고려할 때 '아직 서해엔 가 보지 않았습니다'가 뒤의 시구 다음에 나와야 하므로 도치법이 사용된 것이다.

⑤ '찬란한 슬픔의 봄'에서 역설법이 사용되었다.

4 이 글은 곱단이의 속눈썹을 '함박눈이 내려앉아서 쉴 만큼 길었다.'라고 표현하고 있으므로, 〈보기〉의 시에서 '속눈썹에 걸린 눈을 털며'가 ⓐ에 해당한다는 것을 알 수 있다.

5 (다)의 '만득이와 곱단이가 등·하굣길을 자연스럽게 같이 했을 것은 말할 것도 없다.'를 통해 곱단이가 소학교 분교에 입학함으로써 만득이와 등·하교를 함께하게 되고, 이는 두 사람이 자연스럽게 가까워질 수 있는 계기로 작용한다고 볼 수 있다.

6 만득이의 이야기를 들은 '나'는 만득이에 대한 오해를 풀었지만, 순애가 죽기 전에 만득이가 곱단이에 대한 순애의 오해를 풀어 주었는지는 이 글에서 확인할 수 없다.

정답과 해설

7 이 글은 작품 속의 서술자인 '나'가 관찰한 사건을 서술하고 있지만, (다), (라)에서는 만득이를 서술자처럼 설정하여 만득이가 자신의 이야기를 직접 독자에게 전달하는 형식을 취하고 있다.

8 '나'가 '고향 군민회'에 가서 만득이를 만나게 되고, 이후에 전개되는 사건이 만득이와 관련된 사건임을 통해 '고향 군민회'는 만득이와 관련된 새로운 사건이 전개될 것임을 암시한다고 할 수 있다.

　　오답 뜯어보기　① '나'와 삼촌의 관계에 대한 내용은 이 글에 드러나지 않는다.
② '고향 군민회'로 인해 '나'가 고향에서의 아름다운 추억을 떠올리고 있지는 않다.
③ '나'와 만득이는 특별한 갈등 관계에 있지 않다.
⑤ 만득이가 '고향 군민회'를 통해 현실을 극복할 힘을 얻고 있는지는 드러나 있지 않다.

9 '강도의 폭력'을 일본 제국주의의 폭력으로 볼 때, 강도를 피하다 죽은 사람은, 일본의 정신대 차출을 피하기 위해 원하지도 않은 사람에게 시집을 간 곱단이로 볼 수 있다.

10 독자들은 만득이가 곱단이를 잊지 못하고 있다고 생각할 수 있지만, 만득이의 말을 통해 순애의 오해였음이 드러나면서 극적 반전이 이루어진다. 또한 만득이의 말을 통해 작가가 궁극적으로 전달하려는 주제는 '일본 제국주의의 폭력으로 인해 고통받은 우리 민족의 비극적인 삶'임을 알 수 있다.

　　　　　　　　　　　　　　　　　　　　　　　　　지식+

　• 〈그 여자네 집〉 결말의 특징
　• 정신대 모임에서 만난 만득이의 말을 통해 만득이가 아직도 곱단이를 잊지 못하고 있을 것이라는 '나'의 오해가 풀림.
　• 등장인물인 만득이의 말을 통해 만득이와 곱단이가 겪었던 사랑의 아픔은 개인적 차원의 아픔이 아니라 민족 전체의 비극이라는 주제 의식을 전달함.
　• 열린 결말로 마무리하여 여운을 남김.

085　19세 _ 이순원　　　　　　　　　　　312~315쪽

　키포인트 체크　아버지, 겨울, 대관령, 학교, 농사

1 ③　　**2** ①　　**3** ③　　**4** 빨리 돈을 벌어 어른으로 인정받고 싶기 때문이다.
5 지금은 농사보다 공부를 해야 할 시기임을 일깨워 주기 위한 것이다.　　**6** ④
7 ②　　**8** ③　　**9** 농사를 그만두고 다시 학교로 돌아가겠다는 결심을 의미한다.

---

1 이 글에서는 어른이 된 서술자가 자신의 과거 경험을 1인칭 주인공 시점으로 담담하게 회고하면서 서술하고 있다.

　　　　　　　　　　　　　　　　　　　　　　　　　지식+

　• 작가의 분신인 '나'
　작가 이순원은 초등학교 시절부터 월탄 박종화의 〈삼국지〉와 〈한국 대표 문학 전집〉, 번역 소설 등을 닥치는 대로 읽으며 문학에 대한 꿈을 키운다. 강릉상고에 진학한 그는 휴학하고 농군 성인식을 치른 다음 대관령에서 고랭지 채소 농사를 짓기도 하는데, 이러한 작가의 경험이 이 작품의 주요 모티프가 되고 있다.

---

2 [A]에는 학교를 그만두려는 '나'와 이를 반대하는 부모님 간의 갈등이 잘 드러나 있다. 부모님은 다양한 방법으로 '나'를 설득하려고 노력하지만 '나'는 공부를 포기하고 농사를 짓겠다는 생각을 전혀 굽히지 않으면서 갈등이 심화되고 있다.

3 부모님은 학교를 자퇴하려는 '나'에게 야단을 치고 달래기도 하지만 '나'는 요지부동(搖之不動)의 태도를 보인다. 이런 태도에 결국 '나'의 부모님은 '나'의 뜻대로 하라며 허락을 하게 된다. 따라서 흔들어도 꼼짝하지 아니함을 의미하는 '요지부동(搖之不動)'이 적절하다.

　　오답 뜯어보기　① 사면초가(四面楚歌): 아무에게도 도움을 받지 못하는, 외롭고 곤란한 지경에 빠진 형편을 이르는 말이다. 초나라 항우가 사면을 둘러싼 한나라 군사 쪽에서 들려오는 초나라의 노랫소리를 듣고 초나라 군사가 이미 항복한 줄 알고 놀랐다는 데서 유래한다.
② 안하무인(眼下無人): 눈 아래에 사람이 없다는 뜻으로, 방자하고 교만하여 다른 사람을 업신여김을 이르는 말
④ 전전긍긍(戰戰兢兢): 몹시 두려워서 벌벌 떨며 조심함을 이르는 말
⑤ 절치부심(切齒腐心): 몹시 분하여 이를 갈며 속을 썩임을 이르는 말

4 여름방학 때 고랭지 밭에서 농사법을 배우고 온 '나'는 학교에 가지 않고 농사를 짓겠다고 말하는데, 부모님의 극심한 반대에 시달리게 된다. '나'는 나이와 상관없이 일을 해서 경제권을 가지고 있으면 어른이라고 생각하기 때문에 빨리 어른이 되기 위해 대관령으로 가서 농사를 지으려는 것이다.

5 아버지가 '나'에게 나이를 물어본 것은 '나'의 진짜 나이를 알고 싶어서 물어본 것이 아니라, 지금의 나이는 농사보다 공부를 해야 할 시기라는 것을 아들에게 일깨워 주려는 의도가 반영된 것이다.

6 공부에 취미가 없던 '나'는 상고를 그만두고 대관령에서 고랭지 채소 농사를 지으려고 한다. '나'가 학교생활에 적응하기 어려워했던 것은 사실이지만 '나'의 감정조차 마음대로 드러낼 수 없었다는 내용은 이 글을 통해 확인할 수 없다.

7 (나)의 '형도 제대해 집에 와 있었다. ~ 이제는 지난번처럼 함부로 내 삶에 대해 무어라 말하지 않았다.'에서 형이 제대한 후에는 '나'에 대해 간섭하지 않았음을 알 수 있다. 따라서 제대한 형의 간섭 때문에 괴로워하는 '나'의 모습을 촬영할 때 클로즈업해 달라는 요구는 이 글의 내용과 어울리지 않는다.

8 (나)에서 '나'는 승태 누나와의 대화나 아버지가 보내 준 책들을 통해 농사를 그만두겠다는 결심을 굳히게 되었음을 알 수 있다. 이는 '개인의 내면적 성찰뿐 아니라 타인의 시각을 통해 자신이 나아가야 할 방향을 탐색'하게 된다는 〈보기〉의 내용과 연결된다. 결국 '나'가 책을 읽는 행위는 타인의 시각을 통해 삶의 방향을 탐색하는 행위로 볼 수 있다. 하지만 '나'가 어른으로 성장하는 과정에서 타인의 시각보다 내면적 성찰이 더 우위에 있다고 생각하고 있는 것은 아니므로 ③의 내용은 적절하지 않다.

9 이 글의 서술자인 '나'는 빨리 어른이 되고 싶어 열일곱 살이 되던 해에 학교를 그만두고 대관령에서 2년간 배추와 감자 농사를 짓는다. 첫해에는 큰돈을 벌어 오토바이도 사고, 술집도 드나들며 어른 흉내를 낸다. 하지만 어떤 일에는 다 때가 있다는 사실을 스스로 깨닫고, 결국 학교로 다시 돌아가기로 결심한다. 따라서 ㉠은 '농사를 그만두고 다시 학교로 돌아가겠다는 결심'을 의미한다.

키포인트 체크 이타적, 이기적, 농촌, 경운기, 묘비명

1 ② **2** ⑤ **3** 고장 난 경운기 **4** 앞으로 전개될 사건과 주인공에 대한 흥미를 유발하여 독자의 관심을 유도한다. **5** ① **6** ④ **7** ② **8** 서술자는 황만근이 존경받을 만한 훌륭한 삶을 살았다고 평가하고 있기 때문에 '황 선생'이라는 존칭을 사용한 것이다. **9** 욕심과 이기심으로 가득 찬 우리의 삶

1 황만근의 실종에 대해 이야기하는 마을 사람들의 대화를 통해 황만근에 대한 마을 사람들의 인식이 드러난다. '만그인지 반그인지 그 바보 자석 하나 때문에'와 같은 이장의 말이나 토끼와 싸운 이야기를 우스갯소리로 치부하는 황동수의 모습 등을 통해 황만근이 평소 마을 사람들에게 신뢰받지 못했음을 알 수 있다.

오답 뜯어보기 ① (가)의 "그래도 질래 있던 사람이 ~ 안 들어온 적이 없는데 말이라."에서 황만근을 걱정하는 황재석의 모습이 드러난다.
③ 민 씨는 황만근의 행방을 알기 위해 마을 사람들을 모아 놓고 질문을 던지고 있다.
⑤ (나)의 "내가 아나. ~ 시간도 마이 걸릴 끼고."를 통해 이장이 황만근의 실종을 심각하게 생각하지 않고 있음을 알 수 있다.

2 마을 사람들이 갈등을 해소하고 화해하는 모습은 보이지 않는다.
오답 뜯어보기 ① 마을 사람들에게 반편이 취급을 받는 황만근이었지만, 〈보기〉에서 "농사꾼은 빚을 지마 안 된다 카이."라고 말한 황만근의 말을 통해 황만근이 농부로서 신념을 가진 인물임을 알 수 있다.
② 〈보기〉에서 황만근이 농촌 정책에 대해 비판적인 태도를 보이고 있고, 이 글에서 농가 부채 탕감 촉구 전국 농민 총궐기 대회에 참여하려는 농민들의 모습을 통해 현실의 어려움을 짐작할 수 있다.
③ 투쟁 방침을 지키기 위해 경운기가 고장 났음에도 그것을 끌고 간 황만근의 모습을 통해 알 수 있다.
④ 농민들이 농기구를 사서 빚을 많이 지게 되었으며, 그 때문에 궐기 대회까지 열게 되었다는 것을 통해 농민들이 힘겹게 살아가고 있다는 사실을 알 수 있다.

3 농민 총궐기 대회의 투쟁 방침이 농민들이 각자 경운기를 끌고 오는 것이었다. 이장의 종용에 따라 황만근은 우직하게 백 리 길을 고장 난 경운기를 끌고 갔고, 돌아오는 길에 그만 사고를 당하고 만 것이다.

4 이 글은 주인공인 황만근의 실종에서부터 시작된다. 이런 설정은 독자를 긴장시켜 작품에 주목하게 하고, 주인공의 운명과 그에 얽힌 진실에 대한 독자의 호기심을 불러일으키는 효과가 있다.

5 이 글은 전지적 작가 시점으로 서술자가 황만근의 행적과 삶, 죽음에 대해서 서술하고 있다.

6 황만근은 평소 술 마시는 것을 좋아하기는 했지만, 부지런하고 성실한 농부였으며, 착한 아들이자 따뜻하고 이해심 많은 아버지였다. 황만근이 백 리나 되는 먼 거리를 경운기를 몰고 간 것은 농민 궐기 대회에 경운기를 타고 참석하라는 이장과의 약속을 지키기 위해서이지, 경운기 타는 것을 좋아해서가 아니다.

7 묘비명은 자신의 본분을 지키고 다른 사람을 위해 살았던 황만근의 삶의 모습을 전달하고 예찬함과 동시에, 이기적이고 위선적인 세태를 보이는 마을 사람들을 간접적으로 비판하는 효과를 지닌다.

8 (나)에서 황만근의 생애에 대해 제시하고 있는데, 지혜롭고 근면하였으며 욕심 없는 그의 삶의 태도는 존경받을 만한 훌륭한 것이었기에 그를 선생이라고 존칭하게 되었음을 알 수 있다.

9 황만근은 사람 사이에 어려움이 있으면 언제나 함께하였고 공에는 자신보다 남을 내세웠다. 그의 이타적이고 성실한 모습에서 욕심과 이기심으로 가득 찬 우리의 삶을 반성해 볼 수 있다.

◀ **지식 ➕**

● **소설사에 나타나는 전(傳)의 전개**

전체적으로 《삼국사기》에서부터 비롯되는 공식적인 역사는 물론 조선 시대의 개인적인 문집에 이르기까지 많은 전이 쓰여졌으며, 대부분의 전은 승려·장군·효자·열녀 등 모범적인 인물을 입전하는 정통적인 것이 주류를 이루었다. 고려 시대에는 사물을 대상으로 이를 의인화하여 전의 대상으로 삼는 가전이 유행하였으며, 조선 후기에 이르면 성리학에 어긋나는 신선이나 도인, 시정의 건달이나 천민 등이 전의 대상이 되기도 한다.

전의 형식은 인물의 생애가 독자들에게 호기심과 흥미를 충족시킬 수 있었기 때문에 자주 차용되었는데, 그 결과 〈춘향전〉이나 〈흥부전〉 등 조선 후기의 소설들은 대부분 '전'이라는 표제를 붙이고 나타나게 되었다.

키포인트 체크 내적 갈등, 노량 해전, 적탄, 통증, 장병겸

1 ③ **2** ② **3** ③ **4** 일본군, 임금 **5** 어깨는 적탄에 맞아 통증에 시달리고 있고, 허리와 무릎은 임금으로 인해 의금부에서 고초를 겪어 통증에 시달리고 있음을 의미한다. **6** ③ **7** ① **8** ② **9** 막노와 무억은 쇠를 깊이 이해하고 쇠를 녹여 무기 만드는 과정을 혼자서도 해낼 수 있어 꼭 필요한 존재이기 때문이다. **10** 역설적 표현, 칼로 적과 겨룰 때 모든 공간이 공격과 수비의 범위가 된다.

1 '언제 적탄이 ~ 살았던 것처럼 무거웠다.', '살아 있는 아픔이 ~ 적의 생명처럼 느껴졌다.', '위관의 질문은 ~ 보존하고 싶었을 것이다.' 등에서 '나'의 독백적 진술을 통해 적탄으로 인한 통증과 의금부 심문의 의미를 전달하고 있다.

2 '의금부에서 풀려난 뒤부터 추운 날에는 허리가 결렸고, 왼쪽 무릎이 시리고 쑤셨다.', '허리와 무릎에는 임금이 들어와 살았다.' 등을 통해, '나'의 허리와 무릎의 통증을 유발하는 요인은 의금부의 심문 때문임을 알 수 있다.

3 〈보기〉의 내용에서 임금이 내란이 일어날 것을 우려하여 장수를 견제하고 이 결과로 이순신이 백의종군에 처해졌다고 하였으므로, 백의종군하는 '나'가 내란을 일으킬 것을 우려했다는 진술은 적절하지 않다.
오답 뜯어보기 ① '나'를 살려서 사직을 보존하고 싶었다는 것은 '나'가 있어야 일본과의 전쟁에서 승리할 수 있으며, 이를 통해 정세를 안정시키고 싶었다는 것을 의미한다.
② '나'를 죽여서 사직을 보존하고 싶었다는 것은 임금이 '나'를 자신의 안위를 지키는 데 위협이 되어 제거하고자 한다는 것을 의미한다.

4 '나는 다시 나를 살려 준 적 앞으로 나아갔다.'에서 '적'이 표면적으로는 일본군임을 알 수 있고, 또한 '임금은 나를 풀어 준 것 같았다.'와 '나를 살려 준 것은 결국은 적이었다.'에서 '적'은 이면적으로는 '임금'을 뜻한

다고도 볼 수 있다.

5 '사천 싸움에서 총 맞은 왼편 어깨가 결렸고', '상처가 아물어도 통증은 사라지지 않았다.'에서 '나'가 왼쪽 어깨에 적탄을 맞아 어깨 통증에 시달리고 있음을 알 수 있고, '아마도 거기에 대답할 수 있는 사람은 임금뿐이었다.'와 '의금부에서 풀려난 뒤부터 추운 날에는 허리가 결렸고 왼쪽 무릎이 시리고 쑤셨다.'에서 임금의 지시로 행해진 의금부의 고초로 인해 허리와 무릎 통증에 시달리고 있음을 알 수 있다.

6 '총통을 한 자루 보내 주면 그 얼개를 들여다보고 똑같이 만들어 냈다.', '대장장이들이 기름칠로 번들거리는 총통 백 자루를 상 위에 펼쳐 놓았다.' 등을 통해 승자총통을 만든 사람은 장졸들이 아니라 대장장이임을 알 수 있다.

☑️ 오답 뜯어보기 ①, ⑤ '대장장이들은 ~ 그 얼개를 들여다보고 똑같이 만들어 냈다.'를 통해 알 수 있다.
② '적의 배를 깨뜨리고 불태워서 ~ 싸움을 정리할 수 없었다.'를 통해 알 수 있다.
④ '경상 내륙 산간의 여러 읍성이 ~ 적들이 와서 눌러앉았다.'를 통해 알 수 있다.

7 〈보기〉의 '나는 진실로 이 남쪽 바다를 적의 피로 염(染)하고 싶었다.'에서 짐작할 수 있듯, '나'는 남쪽 바다에서 적을 궤멸시켜 승리를 거두고 싶은 소망을 '물들일 염 자'를 통해 드러내고 있다.

8 '대장장이들은 무기를 만들어 본 적은 ~ 만들어 냈다.'에서 대장장이들이 총통을 만들 때 얼개를 보고 만들었음을 알 수 있으며, 장병겸을 만들 때에도 대장장이들이 무기를 만들어 본 적이 없었으므로 얼개를 보고 만들었음을 짐작할 수 있다.

9 '막노와 무억은 농기구를 만들던 대장장이의 아들로 쇠를 녹여 무기를 만드는 모든 과정을 혼자서 해낼 수 있었다.'와 '막노와 무억은 쇠를 깊이 이해하고 있었다.'를 통해 막노와 무억이 무기를 만드는 데 없어서는 안 될 존재이기 때문에 보내지 않았음을 짐작할 수 있다.

10 '칼로 적을 겨눌 때 ~ 모든 공간을 동시에 겨눈다.'를 통해 모든 공간이 공격의 범위가 된다는 것을, '닥쳐올 모든 찰나들을 겨눈다.'를 통해 모든 공간이 수비의 범위가 된다는 것을 말하고 있다.

---

088 한데서 울다_공선옥 324~327쪽

키포인트 체크 소음, 연민, 도시, 시골, 사냥꾼, 불쾌감

1 ⑤　**2** ①　**3** ④　**4** 집도 아닌 집　**5** 정희는 낯선 남자의 돌발 행동에 불쾌감을 느끼고, 도시의 폭력성에 불안감을 느낀다.　**6** ⑤　**7** ③　**8** ②
9 사내들이 들고 있는 총구

1 삽화 형식이란 작품의 기본 줄거리에 토막 이야기를 삽입하는 것이다. 이 글은 다양한 인물들의 삽화를 나열하고 있지 않다.

2 (가)에서 낯선 남자는 정희를 빤히 쳐다보며 정희에게 반말로 알은체를 한다. 이에 정희는 낯선 남자의 무례한 행동에 불쾌감을 느낀다. 낯선 남자는 아이가 아니라 정희에게 알은척을 한 것이므로 적절하지 않다.

3 정희는 소음으로 가득 찬 도시를 생명력이 유지되기 어려운 '한데'라고 인식한다. 그래서 평안하고 풍요로운 삶을 기대하며 시골로 이사했지만, 시골에서의 생활은 자신의 짐작과 달리 확성기 소리, 총소리 등 각종 소음으로 가득했다. 결국 정희는 다시 도시로의 이사를 위해 자신이 그토록 혐오하는 '집도 아닌 집'을 보러 다니게 된다. 따라서 정희가 도시로 집을 보러 다니는 이유는 도시의 소음을 피해 시골로 왔으나, 시골에서도 소음에 시달렸기 때문임을 알 수 있다.

4 정희는 소음으로 가득 차 있으며 정체를 알 수 없는 사육장 같은 도시의 아파트를 '집도 아닌 집'으로 표현하고 있다.

5 정희는 시골 생활에 대한 회의감 때문에 다시 도시로 집을 보러 다닌다. 하지만 주차장에서 알은체를 하는 낯선 남자의 돌발 행동에 불쾌감을 느끼고, 도시를 빠져나와 시골로 돌아오면서 도시의 폭력성에 대한 불안감을 느낀다.

6 사슴과 나무꾼 이야기는 정희의 순진함을 간접적으로 드러내기 위해 서술자가 의도적으로 삽입한 이야기로 실제 정희와 사냥꾼의 관계와는 아무런 관련이 없다.

☑️ 오답 뜯어보기 ② 사냥꾼은 집 앞에 세워 둔 차를 빼 달라는 정희의 말에 반말로 대꾸하며 무례하게 대한다. 따라서 사냥꾼의 태도는 '눈 아래에 사람이 없다는 뜻으로, 방자하고 교만하여 다른 사람을 업신여김을 이르는 말'을 의미하는 '안하무인(眼下無人)'에 해당한다고 볼 수 있다.
③ '그 모습은 완벽한 평화였다. 그리고 그 평화를 둘러싼 세상은 지금 한판 살육제를 펼치고 있는 거였다.'에서 시어머니의 평화로운 모습과 사냥꾼들의 사냥을 대비하여 표현하고 있다.

7 사냥꾼은 총소리로 시골의 평온함을 깨뜨리는 존재이며 정희에게 무례하고 위협적인 태도를 보인다. 이에 정희는 공포감을 느끼며 다시 도시로 집을 보러 다니게 된다. 따라서 사냥꾼으로 인해 시골로 이사하게 된다는 내용은 적절하지 않다.

☑️ 오답 뜯어보기 ① 〈보기〉에서 정희는 '시골집에서도 소음에 시달리고, 폭력적인 도시의 이미지를 대변하는 인물과의 갈등'으로 인해 다시 도시로 이사 갈 결심을 한다고 하였다. 따라서 정희는 시골집에서 겪는 소음인 총소리로 인한 불안감 때문에 '한데'로 돌아가려고 한다고 볼 수 있다.
② 〈보기〉에서 '번개탄 장수의 새로운 면모를 발견하면서 마음의 위안을 얻고 시골에서 살기로 한다'고 하였다. 번개탄 장수의 새로운 면모를 발견한 후에는 소음으로 느꼈던 확성기 소리를 소음으로 인식하지 않을 것임을 짐작할 수 있다.
④ 〈보기〉에서 '평온할 것이라고 믿었던 시골집에서도 소음에 시달린다'고 하였다. 이는 사냥꾼의 총소리로 인해 소음과 폭력성을 느꼈기 때문이므로 정희는 사냥꾼으로 인해 문명을 상징하는 도시로부터 완전히 벗어나지 못했다고 느낄 것임을 알 수 있다.
⑤ 옆집 할머니가 사냥꾼의 총에 맞는 것은 사냥꾼의 폭력성이 실제로 드러나는 사건으로, 정희가 다시 도시로 집을 알아보러 다니는 계기가 된다. 따라서 옆집 할머니가 사냥꾼의 총에 맞자 정희는 시골도 도시의 폭력으로부터 자유롭지 않다고 느꼈을 것임을 알 수 있다.

8 ㉠은 정희의 순진함을 간접적으로 드러낸 간접적 제시 방법 즉, 보여 주기 기법이 사용되었다. 간접적 제시 방법은 독자가 직접 인물의 성격을

과악하게 하여 극적 효과를 높일 수 있지만, 인물의 성격을 작가의 의도와 다르게 판단할 수 있다는 단점이 있다.

오답 뜯어보기 ㄴ. 서술자가 인물의 심리나 성격을 직접 서술하는 방법은 직접적 제시 방법에 해당한다.

ㄷ. 서술자의 설명으로 인해 독자의 상상력이 제한될 수 있는 것은 직접적 제시 방법의 단점에 해당한다.

9 (나)에서 도시 문명의 폭력성을 상징하는 것은 '사내들이 들고 있는 총구'라 할 수 있다.

---

089 황진이 _ 홍석중 328~331쪽

키포인트 체크 당당, 신분, 조선, 사랑, 기생

1 ⑤ **2** ③ **3** ⑤ **4** 죽은 또복이에 대한 황진이의 마음을 보여 준다.
5 ③ **6** ④ **7** ④ **8** [A]에서는 주로 짧은 문장을 사용하여 황진이가 죽은 총각의 상여를 만나는 장면을 긴장감 있게 서술하고 있다.

1 실존 인물인 황진이를 주인공으로 설정하여 황진이의 삶을 시간의 흐름에 따라 서술하고 있다.

2 서술자는 '참으로 박정한 세상이다. ~ 따져서 무엇하랴.'에서 상여 행렬을 구경하러 모여든 사람들에 대한 부정적 인식을 드러내고 있다.

오답 뜯어보기 ① 상여 노래는 또복이의 심정을 대변한 시적 표현이라고 할 수 있다.

② 상두수번과 상두군들이 주고받는 소리를 '원귀의 울음소리'에 비유하여 표현하고 있다.

④ 상여 행렬에서 이루어지는 '그네뛰기'는 당대 풍속을 재현한 것이라 할 수 있다.

⑤ 또복이는 황진이가 기생이 되는 과정을 나타내기 위해 새롭게 창조된 인물이라고 볼 수 있다.

3 '외기러기 짝사랑에 외론 혼이 되었구나'라는 구절을 통해 상여 노래는 죽은 총각의 심정을 대변하는 역할을 한다고 볼 수 있다.

4 '혼수'는 결혼을 준비하던 황진이가 파혼당하면서 자개함 안에 넣어 두었던 것으로 사랑하는 사람에 대한 증표로 볼 수 있다. 파혼으로 인해 자신의 사랑을 잃은 황진이가 자신을 짝사랑하다 죽은 총각(또복이)에게 자신의 마음을 보여 주는 소재라고 할 수 있다.

5 황진이는 수많은 사람들이 지켜보는 앞에서 죽은 혼백과 저승에서의 사랑을 약속한 것에 대해 '이것이 과연 옳은 일인가?'라며 자신의 행동에 대해 성찰하고 있지만 이를 후회하는 부분은 확인할 수 없다.

6 '한번 얼핏 뵈온 일밖에 없으니까요.'에서 황진이가 죽은 총각을 한 번 본 적이 있음을 알 수 있다. 따라서 한 번도 본 적 없는 죽은 총각에 대한 미안한 마음을 표현하고 있다는 것은 적절하지 않다.

7 허물벗기를 망설이는 것은 새로운 삶에 대한 두려움에서 비롯된 것이다. 또한 황진이는 자신의 출생의 비밀을 알게 되면서 아버지에 대한 분노를 비롯한 양반 계층에 대한 환멸을 느끼고 있으므로 ㉠을 황 진사의 고명딸로 살아온 삶에 대한 향수(鄕愁)로 보기는 어렵다.

오답 뜯어보기 ① 황진이가 양반집 딸에서 기생으로 변모하는 과정을

곤충이 허물벗기하는 것에 비유하여 표현하고 있다.

② 발을 뽑으면 허물벗기가 전부 끝난다고 언급되어 있는 것으로 보아 발을 뽑는 것은 허물벗기의 마지막 단계로 볼 수 있다.

③ 애기벌레의 허물 속은 과거의 삶을 보여 주는 것으로 황 진사의 고명딸로 살아온 과거를 나타낸다고 볼 수 있다.

⑤ 허물벗기를 끝내고 날개를 펴서 날아간다는 것은 양반집 딸로서의 삶을 끝내고 새로운 삶(기생)을 시작한다는 것을 의미한다.

8 [A]에서는 주로 짧은 문장을 사용하고 있다. 이를 통해 황진이가 상여에 다가가는 순간부터 슬란치마를 펴서 관곽에 덮는 순간까지 긴장감 있는 분위기를 형성하고 있다.

---

090 종탑 아래에서 _ 윤흥길 332~335쪽

키포인트 체크 충격, 익산, 백마, 소원

1 ③ **2** ① **3** ① **4** ③ **5** 천진난만한 어린아이의 시각으로 전쟁에 접근함으로써 전쟁의 폭력성을 더욱 효과적으로 드러낼 수 있다.
6 ① **7** ② **8** ⑤ **9** 딸고만이 아버지가 '나'와 명은이가 종을 치지 못하게 하는 '방해자'이면서, 줄에 매달려 결국 같이 종을 치게 되는 '조력자'의 역할을 하고 있다. **10** 명은이의 '울음소리'를 '때때옷을 입은 어린애'에 비유하여 '어둠에 잠긴 세상'을 환히 비춰 주는 구원의 의미로 형상화하고 있다.

1 이 글에서는 대화를 통해 인물들의 거리가 조금씩 가까워지고 있다. 따라서 인물 간의 갈등이 심화되고 있다는 설명은 적절하지 않다.

2 '나'가 명은이에게 백마 이야기를 들려주는 것은 앞을 볼 수 없는 명은이와 함께 먼 길을 걸어가는 동안 시간을 때우기 위해서일 뿐, 명은이를 위로해 주려고 준비한 것은 아니다.

3 명은이는 부모님의 죽음을 목격한 후 그 정신적 충격으로 두 눈이 멀게 된다. 어린아이에게까지 고통과 상처를 주는 모습을 통해, 작가는 전쟁의 참혹성과 폭력성을 고발하고 있다.

4 백마 이야기에서 '성주'는 백마의 억울한 사연을 심판하고 백마를 보살펴 주는 인물이다. '나'는 명은이에게 백마 이야기를 들려주고 종탑까지 데려다주는 역할을 하고 있으므로 성주와 유사한 역할을 한다고 볼 수 없다. '나'는 명은이를 종으로 인도하는 역할을 하므로 백마를 종으로 인도하는 매개체인 '칡넝쿨'과 대응된다.

오답 뜯어보기 ① 명은이는 전쟁으로 인해 부모님이 죽는 것을 목격한 후 두 눈이 멀었다. 즉, 명은이는 절망적이고 억울한 상황에 처한 인물로 '백마'와 대응된다.

지식 ＋

• 우화
인격화한 동식물이나 기타 사물을 주인공으로 하여 그들의 행동 속에 풍자와 교훈의 뜻을 나타내는 이야기로 《이솝 이야기》 따위가 여기에 속한다. 우화에는 보통 의인화되어 인간처럼 행동하는 동물이 전형적인 주인공으로 나타나며, 그들의 특성도 전형화되어 있다. 예를 들어 여우는 교활하게, 늑대는 탐욕스럽게, 사자는 용감하게 그려진다.
18세기 독일의 작가 레싱(Lessing, G. E.)은 우화를 정의하여 '우리들이 하나의 일반적인 원칙을 하나의 특별한 사례에 주고 이 일반적인 원칙이 직관적으로 인식될 수 있게끔 꾸며 낸 이야기'라고 하였다.

5 이 글은 어린 소년의 순진한 눈을 통해 전쟁을 바라보게 함으로써 아직 세계의 실상을 알지 못하는 천진난만한 소년의 눈에 비친 전쟁의 비인간적이고 폭력적인 모습을 효과적으로 드러내고 있다.

6 '나'는 종소리가 울리자 명은이에게 소원을 빌라고 채근하면서 본인도 마음속으로 명은이가 소원을 다 빌 때까지 딸고만이 아버지가 종소리를 듣지 못하기를 빌고 있다. 따라서 명은이가 먼저 소원을 빌 수 있도록 배려하고 있다는 설명은 적절하지 않다.

② '그동안 늘 보아 나온 딸고만이 아버지의 종 치는 솜씨를 흉내 내어'에서 '나'가 딸고만이 아버지의 종 치는 모습을 유심히 보아 왔음을 확인할 수 있다.
③ (가)에서 '나'는 주일마다 딸고만이 아버지를 그악스레 놀려 대었던 것과 달리 최대한 존경의 눈빛을 띄워 보내면서 종 줄을 잡아 볼 기회를 얻으려 하고 있다.

7 〈보기〉는 문학적 해결 방안이 삶의 고통을 겪고 있는 사람들에게 희망을 전해 줄 수 있다는 내용이다. 이를 바탕으로 이 글을 감상하면, 명은이가 종을 쳐서 소원을 빌 수 있도록 도와주는 '나'의 사랑과 연민이 앞으로 명은이의 삶에 희망을 줄 수 있을 것임을 알 수 있다.

8 종소리는 부모의 죽음을 목격한 명은이의 울음소리이면서, 구원의 희망을 상징한다. 그러나 명은이가 고립된 생활에서 벗어나게 되었음을 암시하는 것은 아니다.

9 명은이는 종을 울려서 이야기 속 백마처럼 억울하고 고통스러운 심정을 하늘에 알리고 싶어 하는 욕망을 지닌 주도자이고, '나'는 명은이가 소원을 실현하는 데 도움을 주는 조력자이다. '딸고만이 아버지'는 아이들이 종에 접근하는 것을 막는 방해자이지만, '나'와 명은이를 줄에서 떼어 내려 줄에 매달려 결국 같이 종을 치게 된다는 점에서 조력자의 역할도 하고 있다.

10 명은이의 '울음소리'는 때때옷을 입은 어린애에 비유되어 곱고 앳되다는 의미로 사용되고 있으며, 종소리가 이 '울음소리'를 무동 태우고 어둠에 잠긴 세상 속으로 멀리멀리 퍼져 나가는 것을 통해 전쟁으로 인해 절망적 상황에 처한 현실을 구원해 주었으면 하는 바람을 드러내고 있다.

---

091 세상에 단 한 권뿐인 시집 _ 박상률   336~339쪽

키포인트 체크   첫사랑, 고등학생, 시집, 거절

1 ③   **2** ⑤   **3** ①   **4** 첫사랑   **5** ⓐ 당황함. ⓑ 실망함.   **6** ⑤   **7** ⑤
8 ②   **9** ③   **10** 깨끗하고 순수한 첫사랑의 이미지를 떠올리게 한다.
11 시집의 시들은 고등학생 시절의 '나'가 현아만을 위해서 쓴 것이므로, 현아가 아니면 소용이 없다고 여겨 시집을 돌려준 것이다.

1 이 글은 주인공 '나'가 학창 시절에 겪은 첫사랑에 대한 이야기를 잔잔하게 서술하고 있다.

2 '나'가 친구에게 자신의 시집을 현아에게 전해 달라고 부탁하자 친구는 그것을 물끄러미 내려다보았을 뿐 비웃은 것은 아니다. 또한 '나'가 서둘러 그 집을 나온 것은 친구에게 속마음을 들킨 것 같아 어색했기 때문이다.

① (나)의 '현아에게서 아무런 반응을 못 받은 ~ 원망이 치솟을 대로 치솟아서 그랬는지도 모른다.'에서 확인할 수 있다.
② (가)의 "오빠, 눈사람 만들래?"에서 확인할 수 있다.
③ (나)의 마지막 부분인 '그 일을 계기로 다시는 ~ 시 비슷한 것조차도 나오지 않았다.'에서 확인할 수 있다.
④ (가)의 "현아는 집에 없는가 봐." 내가 누구를 보러 왔는지 다 안다는 투였다.'에서 확인할 수 있다.

3 '나'가 품고 있는 속마음은 현아를 좋아하는 감정이다.

4 '세상에 단 한 권뿐인 시집'은 주인공인 '나'가 자신의 첫사랑인 현아를 생각하며 쓴 시를 묶어서 만든 수제품 시집이므로, 이 작품의 제목의 상징적 의미는 '첫사랑'이라고 할 수 있다.

5 ⓐ에서 '나'는 생각지도 못하게 현아를 만나게 되어 당황하고 있음을 알 수 있다. 한편 ⓑ에서 '나'는 더 이상 시를 쓸 수 없게 되었다고 말한다. 이를 통해 '나'가 현아에게 실망했음을 알 수 있다.

6 현아가 '그때 받았으면 바로 돌려 드렸을 텐데……'라고 말하는 것으로 보아, '나'의 시집이 그때 현아에게 전달되었더라도 현아는 '나'의 사랑을 받아들이지 않았을 것임을 알 수 있다.

7 '남편이 죽고 나서라니? 그렇다면 그 친구 녀석이 현아 남편? 아, 그 녀석도 현아를 좋아했구나.'라는 서술로 보아, '나'는 진실을 알게 된 후 당황하는 모습을 보이고 있지만, 분노와 안타까움을 드러내고 있다고 볼 수는 없다.

① (가)의 '고등학교 때 생각이 났다. ~ 주문을 받았던 것도 떠올랐다.'에서 확인할 수 있으므로, 현재에서 과거 장면으로의 전환은 오버랩으로 처리하는 것이 적절하다.
② (가)의 '나는 더욱 글에 매달렸다. ~ 직장의 상사가 되어 보기도 했다.'에서 확인할 수 있으므로, '나'의 글에 등장하는 인물들을 연속적으로 편집하여 글쓰기에 몰두하는 모습을 제시하는 것은 적절하다.

8 (가)의 '대단한 내용을 담은 글은 ~ 내 마음이 가라앉고 위안이 되었다.'와 '비록 시는 아니지만 ~ 나 스스로를 위한 글을……'로 보아 '나'가 더욱 글에 매달린 이유는 직장 생활로 지친 '나'의 마음과 영혼의 위안을 얻기 위한 것임을 알 수 있다.

9 '이건 현아 아니면 누구에게도 소용없는 시야. 여기 들어 있는 시는 현아한테만 어울리게 쓰인 것이거든. 현아 남편이 된 그 친구도 그걸 알았기 때문에 나한테 다시 되돌려 주지도 못하고 없애 버리지도 못한 거야.'라는 '나'의 말로 보아, 친구는 시집의 시가 현아에게만 의미 있는 것임을 알았기 때문에 없애 버리지 못하고 되돌려 주지도 못한 것임을 알 수 있다.

10 이 글에서 눈이 내리는 배경은 첫사랑과 연관된 낭만적 풍경을 부각하고 있다. '나'는 20여 년 만에 현아를 만나고 돌아가는 길에 눈을 맞고 있으므로, 이때의 '눈'은 눈과 같이 깨끗하고 순수한 첫사랑의 이미지를 환기하는 기능을 하고 있음을 알 수 있다.

11 '나'는 시집 속의 시들은 고등학생 시절의 '나'가 오로지 현아한테만 어울리게 쓴 것이라고 말하고 있다. 그렇기 때문에 현아가 아니면 소용이 없다고 여겨 시집을 돌려준 것이다.

코끼리 _ 김재영　　　　　　　　340~343쪽

키포인트 체크 차별, 가구 공단, 탈색제, 재료

1 ①　**2** ⑤　**3** ⑤　**4** 신들의 왕을 태우는 구름이었다가 격이 낮아져 우주를 떠받치는 기둥이 된 코끼리처럼, 아버지도 고향인 네팔을 떠나 머나먼 한국에서 하층민으로 살아가고 있기 때문이다.　**5** ③　**6** ④　**7** ④　**8** 고향에서의 행복한 순간을 통해 현실의 아픔을 치유하는 동시에 한국에 완전히 정착할 수 없는 외국인 노동자로서의 불안한 무의식을 드러낸다.　**9** 이주 노동자들의 모습을 벌과 나비가 윙윙대는 야생화 꽃밭으로 표현하여 이들이 함께 조화를 이루면서 공존해야 한다는 생각을 드러내고 있다.

1 '내가 바라는 건 미국 사람처럼 되는 게 아니었다. 그냥 한국 사람만큼만 하얗게, 아니 노랗게 되기를 바랐다.'에서 '나'는 한국인이 자신을 미국 사람처럼 대하기를 바라는 것이 아니라, 차별에서 벗어나고 싶을 뿐임을 알 수 있다.

오답 뜯어보기 ② '나'가 보호색이 필요하다고 하는 것으로 보아 자신이 도드라지는 것을 피하고자 함을 알 수 있다.

③ 친구들의 따돌림과 공격의 대상이 되고 있는 '나'의 모습을 통해 알 수 있다.

④, ⑤ 탈색제로 세수하는 '나'의 행동은 다른 피부와 문화를 가진 사람을 배척하는 한국인의 태도로 인한 것이다. 이러한 '나'의 행동을 통해 이주 노동자들을 차별하는 한국인에 대한 비판 의식을 드러내고 있다고 볼 수 있다.

2 ⓔ는 외국인 노동자들의 노동 환경이 극도로 열악함을 보여 주는 것으로, 아버지와 자신만은 그런 아픔에서 빗겨 나기를 간절히 바라는 '나'의 마음이 드러난다.

3 '후미진 공장 지대'에서의 삶은 '나'와 아버지에게 상실감과 결핍감을 안겨 줄 뿐 부정적 현실에 대한 극복 의지를 불러일으키지는 않는다.

오답 뜯어보기 ① Ⓐ에서는 '나'의 아버지도 천문학을 공부했으나 한국에 와서는 이주민 노동자로 하층민이 되어 Ⓑ에서 살고 있으므로 '나'가 Ⓑ에 살면서 Ⓐ를 동경한다는 내용은 적절한 설명이다.

② Ⓐ에서 아름다운 꿈을 가지고 살다가 Ⓑ처럼 힘들고 고단한, 꿈을 상실한 공간에서 살고 있으므로 Ⓐ와 Ⓑ가 대비된다는 내용은 적절한 설명이다.

③ Ⓐ에서 Ⓑ로의 변화는 아버지의 격이 낮아진 것으로, 천상의 삶에서 지상의 삶으로의 격이 낮아진 코끼리의 격의 변화와 대응된다.

4 힌두교 신화에서 코끼리는 신들의 왕인 인드라를 태우는 구름이었으나 브라마가 '세계의 알'을 깨뜨리면서 격이 낮아져 우주를 떠받치는 기둥이 되었다고 한다. 이 신화를 들은 후 '나'는 아버지의 현재 처지가 격이 낮아진 코끼리와 같다고 생각하는 것이다.

5 이 글은 13살 소년의 시각으로 서술되고 있는데, 이를 통해 사회와 그 속에서 살아가는 사람들에 대해 순수하고 솔직한 반응을 보임으로써 현실의 문제를 가감 없이 그대로 드러내고 있다.

6 아버지에게 한국은 후미진 공장에서 천대받으며 살아가야 하는 고통스러운 공간이지만 일자리와 가족들이 있으므로 돌아가야만 하는 곳이다. 아버지에게 편안한 삶의 공간은 고향인 네팔이다.

7 '히말라야 달력 사진'은 아버지가 떠나온 고향의 모습을 보여 주는 것으로, 현실의 아픔을 위로해 주는 대상이다. 그러나 아버지는 한국에서 성공적으로 살아남기를 원하기 때문에 아버지와 '나'가 궁극적으로 지향하는 공간이라고 볼 수 없다.

오답 뜯어보기 ① '히말라야 달력 사진'은 아버지에게 있어 현실의 아픔을 달래 주는 대상으로, 이에 현실과 대비되는 다른 공간을 떠올리게 한다.

②, ③, ⑤ 아버지는 히말라야 사진을 보며 기쁨을 얻고 있는데, 이는 현실을 떠난 아버지의 무의식적 욕망을 드러내며, 현재의 부정적 상황을 견디는 힘으로 작용하고 있다.

8 아버지는 꿈을 통해 고향에 돌아가 한때나마 즐겁고 행복한 시간을 가진다. 따라서 '꿈'은 현실적인 아픔과 상처를 일시적으로나마 위로해 주는 기능을 한다고 볼 수 있다. 그렇지만 꿈에서 아버지는 한국으로 돌아오는 것을 방해 받는다. 이는 한국에서의 삶이 제대로 뿌리내릴 수 없음을 보여 주는 아버지의 무의식이라고 할 수 있다.

9 〈보기〉는 '샐러드 볼 정책'에 대한 설명으로 한 사회에 존재하는 이질적 문화를 마치 샐러드 재료처럼 조화롭게 하여 그 사회를 발전시켜야 한다고 언급하고 있다. 이를 참고할 때 작가가 (나)에서 이주 노동자들의 모습을 벌과 나비가 윙윙대는 꽃밭으로 표현한 것은 이주 노동자들이 함께 조화를 이루면서 공존해야 한다는 생각을 드러낸 것이다.

남한산성 _ 김훈　　　　　　　　344~347쪽

키포인트 체크 화친, 싸우기, 고뇌, 병자호란, 남한산성, 대립

1 ④　**2** ①　**3** ③　**4** 싸움을 통해 화친을 이끌어 내야 한다.　**5** 청나라에 목숨을 구걸하여 욕된 삶을 사느니 차라리 죽음으로써 자존심을 지키겠다.　**6** ④　**7** ②　**8** ⑤　**9** ⓐ: 적을 공격하는 것 ⓑ: 적들과 말길을 여는 것　**10** ㉮: 청과 싸우는 것 ㉯: 청과 화친하는 것

1 이 글은 청에 대해 화친을 주장하는 최명길과 전쟁을 주장하는 김상헌의 논쟁이 주를 이루며, 이에 임금은 어떠한 결정도 내리지 못하고 있다.

오답 뜯어보기 ① 최명길의 첫 번째 주장에서 청의 군사가 성을 둘러싸고 있음을 확인할 수 있다.

② 최명길의 '적의 문서가 비록 무도하나', '적의 문서에 대한 답을 문서로 하지 말자'는 주장과 '적의 문서를 군병들 앞에서 불살라 보여서 싸우고 지키려는 뜻을 밝히소서.'라는 김상헌의 주장에서 청나라에서 조선에게 문서를 보낸 바가 있음을 확인할 수 있다.

③ 청에 대해 화친을 주장하는 최명길과 전쟁을 주장하는 김상헌이 대립하고 있다.

2 최명길이 주장하는 '화(和)'는 현재 조선의 입장에서 선택할 수 있는 최선의 방안이다. 이것을 항복이라 여기는 것은 김상헌의 생각이다.

3 ⓒ에서 최명길은 지금은 물러설 자리이므로 청과 화친해야 한다고 주장하고 있다.

오답 뜯어보기 ① ㉠: 청나라에서 보낸 문서에 대한 답을 문서로 하지

청답과 해설

말고 신하들을 보내 대화를 하자는 최명길의 의견이다.
② ⓛ: 화친은 투항을 의미하기 때문에 청과 싸움으로 맞서야 한다는 김상헌의 의견이다.

4 화친이라는 굴욕적인 선택을 할 것이 아니라 지금으로서는 '전(戰)'이 우선이며 그것을 통해 우리 민족의 자존심을 보여 주고 결과적으로는 '화(和)'를 이끌어 낼 수 있을 것이라는 의미이다.

5 김상헌은 우리 민족과 임금의 자존심을 버려서는 안 되며, 청과 화친하여 굴욕적인 삶을 이어 가느니 죽음을 택하는 것이 낫다고 주장한다.

6 임금은 신하들이 의견을 하나로 모으지 못하고 싸우는 것에 대해 못마땅한 기색을 드러내고 있지만, 신하들을 원망하는 것은 아니다.
　오답 뜯어보기 ② (나)의 '중론을 묻지 마시고 오직 전하의 성단으로 결행하소서'라는 최명길의 말에서 확인할 수 있다.
⑤ (가)에서 임금이 김류에게 전과 화에 대해 물었으나 김류는 자신의 직분을 이유로 논의되고 있는 사안에 대하여 아무런 말도 할 수 없다고 하고 있다.

7 반영론적 관점이란 작품에 당대의 시대상이나 사회상 등이 어떻게 반영되어 있는지를 중심으로 감상하는 관점을 말한다. 이러한 관점으로 이 작품을 감상한다면 병자호란이라는 역사적 사건을 배경으로 하고 있다고 한 ②가 반영론적 관점에서 접근한 것이라 할 수 있다.
　오답 뜯어보기 ① 작품에는 작가의 가치관이 반영된다는 점에서 표현론적 관점과 관련이 있다.
③ 작가의 관심을 감안하여 작품을 바라본다는 점에서 표현론적 관점과 관련이 있다.
④, ⑤ 시점, 서술, 인물 등 작품 자체의 요소를 중심으로 해석한다는 점에서 내재적 관점과 관련이 있다.

　● 작품의 감상 관점　　　　　　　　　　　　지식＋
(1) 내재적 관점
　① 절대주의 관점: 작품 그 자체를 독립된 존재, 완결된 구조로 보아 시점, 서술, 인물 등 구성 요소들의 유기적 관계를 분석함으로써 작품을 이해하려는 관점
(2) 외재적 관점
　① 표현론적 관점: 문학 작품을 작가의 체험, 사상, 감정을 표현한 것으로 보는 관점
　② 반영론적 관점: 문학 작품을 삶의 현실(시대, 사회, 문화)이 반영된 산물이라고 보는 관점
　③ 효용론적 관점: 작품이 독자에게 어떤 효과를 어느 정도 주었느냐에 따라 가치를 평가하는 관점

8 김상헌은 최명길의 품계가 높음에도 불구하고 최종적으로 임금에게 결정을 내리라고 하는 것은 무책임한 일이라고 비판하고 있다.

9 최명길은 적에게 덤비면 더 안 좋은 상황이 될 것이므로 그것은 미뤄야 하고, 시간을 벌기 위해서는 신하들을 적에게 보내 말길을 트게 하는 일을 서둘러야 한다고 주장하고 있다.

10 최명길과 김상헌은 청에 대한 대응 방식에서 의견이 대립하는 모습을 보이고 있다. 즉, 최명길은 청과 화친을 해야 한다고 주장하며, 청과 싸우는 것은 의(義)를 세운다고 이(利)를 버리는 일임을 말하고 있다. 반면에 김상헌은 청의 문서를 불사르고 싸움을 해야 한다고 주장하며 청과 화친하는 것은 의(義)도 아니며 이(利)도 아닌 일임을 말하고 있다.

---

094 도도한 생활 _ 김애란　　　　　348~351쪽

키포인트 체크　젊은 세대, 반지하방, 피아노, 피아노

1 ②　**2** ②　**3** ①　**4** ②　**5** 반지하방에 빗물이 들어온 것이 처음이 아니며, 아르바이트로 인해 물이 새는 방에 신경을 쓸 겨를이 없기 때문이다.
6 ⑤　**7** ③　**8** ②　**9** ①

1 이 글의 공간적 배경은 반지하방으로 고단하고 궁핍한 삶을 살아가는 주인공의 처지를 더욱 부각하며 두려움과 좌절감을 느끼는 인물의 내면을 상징적으로 드러내는 역할을 한다. 인물의 내면과 대비된다는 설명은 적절하지 않다.
　오답 뜯어보기 ① 이 글은 청년들의 궁핍하고 고단한 삶을 드러내기 위해 반지하방이라는 개인적인 공간과 피아노라는 사물에 주목하여 주제를 형상화하고 있다.
③ '공기가 미역처럼 나풀대면', '방 안에 갇힌 나방처럼' 등 다양한 비유법을 활용하여 참신하고 감각적으로 표현하고 있다.
④ 피아노를 친 '나'와 이 소리를 듣고 찾아온 집주인과의 대화, 그리고 방에 빗물이 들어온 상황에 대한 세밀한 묘사 등을 통해 청년들의 고단한 삶을 드러내고 있다.
⑤ 반지하방에서 힘들게 살아가는 '나'의 일상적인 삶의 모습을 통해 2000년대를 살아가는 청년들의 궁핍하고 고단한 삶을 제시하고 있다.

2 '언니는 의외로 담담했다. 언니는 그런 적이 몇 번 있다고, 걸레로 닦아 내면 괜찮을 거라고 말한 뒤 바쁜 듯 전화를 끊었다.'에서 언니는 빗물이 방에 들어오는 상황을 겪은 적이 있음을 알 수 있다. 따라서 언니가 '나'의 말을 믿지 않는다는 내용은 적절하지 않다.
　오답 뜯어보기 ① 집주인은 피아노 소음은 문제 삼으면서 집 공사로 자신이 발생시키는 소음에 대해서는 거리낌 없는 태도를 보이고 있다.
③ 언니는 아르바이트 때문에 늦고 '나' 혼자 집에 있는 상황이다.
④ '나'는 자신이 아끼는 피아노가 썩을까 봐 걱정하고 있다.
⑤ '나'는 집주인에게 피아노를 치지 않았다고 거짓말을 한다. 이를 통해 집주인에게 피아노를 친 것을 들키면 안 된다고 생각하고 있음을 알 수 있다.

3 '나'는 피아노 뒤의 벽에 핀 곰팡이로 인해 피아노가 썩을까 걱정이 되어 피아노 소리를 확인하고 싶었고 주인집을 보수하는 공사 소음으로 바깥이 시끄러웠기 때문에 문득 피아노를 치고 싶은 마음이 들었다.

4 사람이 거주하는 지하방에 곰팡이가 생기지 않도록 해야 함에도 불구하고 주인 남자는 특별히 문제되는 일이 아닌 것처럼 "지하는 원래 그렇다."라고 말하여 집주인으로서의 책임을 회피하려 하고 있다. 이 말을 들은 '나'는 책임을 회피하는 주인의 태도를 부당하게 느껴 나쁘다는 생각을 하는 것이다.
　오답 뜯어보기 ① 피아노를 치지 못하는 것에 대해 불만을 가지고 있는 것은 사실이나 이로 인해 '원래 그렇다'는 말을 나쁘게 생각한 것은 아니다.

5 언니는 아르바이트가 끝난 시간인데도 퇴근을 하지 못하고 있다. 빗물이 방으로 들어온다는 '나'의 전화에도 담담하게 반응하는 것은 빗물이 방으로 들어오는 상황이 이전에도 있었기 때문이며, 바쁜 듯 전화를 끊는 것으로 보아 일을 하느라 물이 새는 방에 신경을 쓸 겨를이 없는 것으로 볼 수 있다.

6 '나'는 방 안에 들어 온 빗물을 제거하기 위해 노력하지만 물기를 닦아 낸 곳에 다시 빗물이 고이고 어느새 무릎까지 차게 된다. 자신의 힘으로는 해결할 수 없는 현실의 어려움에 좌절한 '나'는 현실적인 문제를 벗어나 최소한의 도도함을 지키기 위해 방에서 피아노를 치면 안 된다는 금기를 깨는 저항을 하고 있는 것이다. 따라서 피아노 연주를 통해 문제를 해결할 수 있는 용기를 얻었다는 내용은 적절하지 않다.

　오답 뜯어보기 ① 폭우가 쏟아져 방 안으로 빗물이 들어온 것을 본 '나'는 갑작스러운 상황에 놀라 허둥지둥 언니에게 전화를 건다.

② 방 안으로 들어온 물기를 걸레로 닦는 일을 반복하고 나서 '나'는 어른이 된 것 같은 기분을 느끼며 뿌듯해 한다.

③ 물기를 제거한 곳에 다시 빗물이 고여 있는 것을 본 '나'는 문제가 해결되지 않을 수 있다는 두려움을 느끼고 하얗게 질려 울먹이면서 언니에게 전화를 한다.

④ 다시 물기를 제거해도 곧 무릎까지 물이 차오른 것을 보고 '나'는 자신의 힘으로는 문제를 해결할 수 없다는 좌절감을 느꼈음을 알 수 있다.

7 '나'가 쏟아지는 빗물을 치우다 결국 포기하고 피아노를 연주하는 것은 '나'의 힘으로는 해결할 수 없는 현실의 어려움에 좌절하였지만 최후의 자존심만은 지키고자 함을 보여 준다. 작가는 '도도한'을 사전적 의미로 사용한 것이 아니라 극한 상황에서 최소한의 자존심을 지키고자 하는 삶이라고 하였으므로 편안하게 피아노를 연주함으로써 잘난 체하며 거만하게 살아온 삶을 반성하고 있다는 내용은 적절하지 않다.

　오답 뜯어보기 ① '도도한'은 '잘난 체하여 주제넘게 거만하다'는 의미이므로 반지하방에 살고 있는 '나'의 생활과는 거리가 먼 표현이다.

② 〈보기〉에서 극한 상황에서 최소한의 자존심을 지키고자 하는 삶이 도도한 생활이라고 하였으므로 적절하다.

④ 엄마는 집이 망해 돈이 될 만한 물건을 팔 때도 피아노만은 팔지 않고 '나'와 함께 서울로 보낸다. 피아노를 지키는 것이 엄마에게는 최소한의 자존심을 지키는 것이었음을 알 수 있다.

⑤ 도도한 생활은 현실의 불안함과 어두움을 역설적으로 표현한 것으로 도도한 생활을 할 수 없는 '나'를 통해 '나'의 고된 삶을 더욱 부각하고 있다.

8 방 안으로 빗물이 들어 온 문제 상황에 대해 '나'는 고인 물을 걸레로 훔쳐 내는 일을 반복하여 방안의 물기를 없애고 문제를 해결했다는 뿌듯함과 안도감을 느낀다. 하지만 물기를 닦아 낸 곳에 전보다 더 많은 양의 빗물이 다시 고인 것을 보고, '나'의 노력으로는 해결되지 않음을 깨닫게 된다. 따라서 이는 개인적인 노력으로는 해결할 수 없는 현실의 어려움과 무거움을 상징하면서 고단한 현실 속에서 좌절할 수밖에 없는 청년들의 힘든 삶을 의미한다고 할 수 있다.

9 '나'는 서울 소재 대학에 합격하여 언니가 살고 있는 반지하방에 오게 된다. '나'는 아르바이트를 하면서 열심히 살아가는 모습을 보이지만, 가족의 소중함을 느끼는 내용은 나타나지 않는다.

　오답 뜯어보기 ② 방에 곰팡이가 피어 피아노가 망가질까 봐 걱정하고, 갑자기 쏟아진 폭우에 방이 물에 잠기는 것을 통해 알 수 있다.

③ '나'는 학원 교재나 시험지를 타이핑하는 아르바이트를 하고, '언니'는 영문과에 편입하기 위해 늦은 밤까지 공부를 한다.

④ 새어 들어오는 빗물을 막을 수 없어 피아노와 책들이 잠기는 것을 통해 알 수 있다.

⑤ 집주인 때문에 피아노를 함부로 칠 수 없고, 곰팡이가 핀 것이 원래 그렇다고 책임을 회피하는 집주인의 모습을 통해 알 수 있다.

---

095 **명랑한 밤길** _ 공선옥　　　　352~355쪽

키포인트 체크 물질적, 순수함, 소외, 무공해 채소

1 ④　**2** ⑤　**3** ④　**4** ②　**5** 시골: 뭐 이런 데 / '나': 돼먹지 못한 계집애　**6** ①　**7** ①　**8** ②　**9** 희망　**10** 사회적으로 소외된 사람들의 삶은 '밤길'이지만 그 안에서도 '명랑하게' 걸어가는 희망이 있음을 말하고 있다.

1 이 글은 시골에서 병원 간호조무사로 일하고 있는 '나'가 이별을 겪은 뒤 외국인 노동자의 삶과 만나게 되는 사건을 다룬 작품으로, 등장인물인 '나'가 주인공이 되어 자신이 체험한 사건을 사실적으로 서술하고 있다.

2 '나'와 남자의 갈등은 끝없이 증폭되기만 할 뿐 갈등에 대한 해소가 이루어지는 장면은 찾을 수 없다.

　오답 뜯어보기 ② '나'와 남자가 만나면서 겪었던 일들이나 '나'가 남자를 사랑하면서 포기했던 것들이 요약적으로 제시되어 있다.

3 ㉠~㉢은 시간의 흐름을 보여 주는 자연 현상과 날씨로, '나'와 남자의 관계와 연관이 있다. 무공해 채소를 내미는 '나'를 집에 들이지도 않고 냉담하게 대하는 남자의 태도로 미루어 '나'의 상황을 이해할 때, ㉡의 '두꺼운 구름'은 '나'에게서 완전히 마음이 떠나 버린 남자와 '나' 사이의 거리감을 상징한다고 할 수 있다.

　오답 뜯어보기 ①, ③ 별은 남자와의 관계 회복에 대한 희망을 나타내는 것으로, 남자를 찾아갈 때는 희망을 품고 있었으나 남자와 만나면서 희망을 잃게 된 상황을 별이 빛나다가 사라진 것으로 표현하고 있다.

4 이 글의 내용으로 보아 남자는 '나'를 처음부터 진정으로 사랑한 것이 아니고 즐기고자 만난 것이라고 이해할 수 있다. 따라서 '무공해 채소'가 남자의 본심을 변하게 한 계기라고 볼 수는 없다.

　오답 뜯어보기 남자를 위해 손에 피가 나도록 일군 텃밭에서 기른 '무공해 채소'는 남자에 대한 '나'의 사랑을 의미하고(③), '나'의 순진함을 드러내기도 한다. 반면 남자의 잔인하고 뻔뻔스러움을 부각하는 기능도 한다(①). 또 '나'가 이것들을 들고 남자를 찾아갔지만 결국 남자가 이것을 내팽개치는 사건으로 이어지기 때문에 사건을 유발하는 계기로도 작용하며(④), '나'가 겪는 비극적인 상황을 더욱 심화시키기도 한다(⑤).

5 남자는 시골에서 생활하는 자신에 대해 열등감을 보이고 있으며, 시골과 '나'에 대해 무시하는 태도를 지니고 있다. '뭐 이런 데서'이러고 있겠냐는 표현에는 시골을 무시하는 태도가, '돼먹지 못한 계집애' 라는 표현에는 '나'를 무시하는 태도가 선명하게 드러난다.

6 깐쭈와 싸부딘은 '나'가 숨어 있다는 것을 모르는 상황에서 자신들의 이야기에 열중하며 대화를 하고 노래를 부르고 있다.

　오답 뜯어보기 ② '나'는 남자 집으로 갈 때는 무섬증을 느끼지 못했으나, 돌아오는 길에는 무서움을 느낀다. 그래서 채소 봉지까지 떨어뜨리며 급하게 정미소 안으로 몸을 숨긴 것이다.

③ '나'는 정미소 안에 몸을 숨긴 채로 깐쭈와 싸부딘이 대화하는 것을 듣게 된다.

④ 싸부딘이 깐쭈에게 너 때문에 일을 망쳤다고 한 것과 사장님에게 돈 달라는 소리를 못하겠다고 말하는 내용을 통해 짐작할 수 있다.

⑤ '나'는 깐쭈가 노래를 부르며 괴로움을 이겨냈다는 말을 듣고, '나' 또한 노래를 부르며 괴로움을 이겨 내고자 한다.

7 ㉠은 남자에게 내쫓긴 상황에서 아직 헤어짐에 대한 마음을 정리하지 못하고 미련에 젖어 있는 '나'의 모습을 나타낸다. ㉡은 현실의 고통을 견뎌 내는 깐쭈와 싸부딘의 이야기를 들은 후 부른 것으로, 남자로 인한 시련을 극복하고 홀로 서 보려는 의지를 담고 있다고 해석할 수 있다.

8 (나)에서 '나'가 상대적인 행복감을 느끼면서 자신을 반성하고 있는 것은 아니다. 오히려 동병상련의 처지에서 깐쭈와 싸부딘이 고통스러운 현실을 헤치고 살아가면서 용기를 내듯 자신도 용기를 내고 눈앞의 시련을 헤쳐 나가 보려는 태도를 지닌 것으로 보는 것이 적절하다.

▸오답 뜯어보기◂ ① 외국인 노동자들이 핍박받고 임금도 제대로 받지 못하는 우리 사회의 단면이 제시되어 있다.

③ 남자에게 버림받은 '나'의 처지와 대응되는 외국인 노동자들의 고통스러운 처지가 제시되고 있다.

④ 상처를 지닌 '나'는 깐쭈와 싸부딘이 지닌 아픔을 이해하게 되면서 고통스러운 현실을 그들처럼 명랑하게 극복하고자 한다.

⑤ 고통스러운 현실에 대한 깐쭈와 싸부딘의 대응 방식이 드러난다.

9 ⓐ의 달은 "모르겠어. 가면, 엄마 아버지 누나 여동생 사촌들 만나고 산에 올라 달을 볼 거야. 우리나라 네팔 달 볼 거야."라는 깐쭈의 말을 통해 희망을 주는 존재임을 알 수 있다. ⓑ의 달도 '저기 네팔의 설산에 떠오른 달이 보인다. 나는 달을 향해 나아갔다.'라는 문장을 통해 희망을 주는 존재로 볼 수 있다. 따라서 깐쭈나 나에게 달은 희망을 주는 존재라 할 수 있다.

10 '나'와 외국인 노동자들은 '밤길'과 같은 힘겨운 삶을 살아가고 있다. 그러나 '명랑하게' 걷는다는 표현에서 알 수 있듯이 '명랑한'은 '나'와 같이 사회적으로 소외된 사람들이 희망을 가지고 삶을 살아가는 태도를 표현한다고 볼 수 있다.

---

096 **두근두근 내 인생** _ 김애란 356~359쪽

키포인트 체크 조로증, 설렘, 방송, 병원, 사랑

1④ 2④ 3'나'가 살면서 겪는 의미 있는 삶의 순간을 의미한다. 4'나'는 서하에게 애정과 호감을 느끼고 있기 때문이다. 5② 6④ 7⑤
8③ 9엄마, 아빠의 사랑을 느끼고 있기 때문이다.

1 이 글은 1인칭 주인공 시점으로 서술자가 자신의 사연을 직접 서술함으로써 독자들에게 깊은 감동을 주고 있다.

2 '나'는 서하에게 애정을 느끼며 답장을 쓰려고 하지만, 서하를 향한 자신의 마음을 쉽게 들키고 싶지 않아 하고 있다.

▸오답 뜯어보기◂ ① '나'가 답장에 관한 고민을 하며 '연애를 글로 배워서 그런가?'라는 질문을 스스로에게 던지고 있는 것을 볼 때, 연애에 관한 글을 읽어 본 적이 있음을 알 수 있다.

② 평범한 소년이라면 누구나 해 봤을 법한 연애 고민을 '나'는 낯설고

불편해하고 있다.

③ '나'는 답장의 첫 문장도 시작하지 못한 채 어려움을 겪고 있다.

⑤ 일본어를 독학한 친구를 떠올리며 그의 일본어처럼 자신에게도 여러 가지 욕망이 뒤섞여 있다고 하였다. 또한 메모들의 문체가 제각각인 것은 그러한 욕망이 다양한 말투로 드러나고 있기 때문임을 알 수 있다.

3 〈보기〉의 '두근두근'은 '나'가 엄마의 뱃속에 있으면서 느끼는 엄마의 심장 박동 소리로, '나'에게 새로운 세상과 처음 만나는 순간의 두려움과 설렘을 의미한다. 또한 ㉠의 가슴속의 조용한 기적은 서하라는 소녀와의 새로운 만남에 대한 설렘과 기대감이 담겨 있다. 이를 통해 제목 '두근두근 내 인생'은 '나'가 살면서 겪는 의미 있는 삶의 순간을 의미하는 것으로 볼 수 있다.

4 '나'는 서하에게 호감이 있기 때문에 편지를 잘 쓰려고 노력하지만, 잘 쓰려고 할수록 여러 마음이 엉켜 첫 문장도 제대로 시작하지 못하고 있다.

5 '나'는 아빠와 포옹을 하며 순간 눈물이 날 것 같았지만 꾸욱 참고 있다.

▸오답 뜯어보기◂ ① '나'가 엄마에게 먹고 있는 약이 엽산이 맞느냐며 질문을 하는 것을 볼 때, '나'는 엄마의 임신 사실을 이미 눈치채고 있었음을 알 수 있다.

③ (가)를 통해 '나'가 이미 눈이 보이지 않는 상태임을 알 수 있다.

④ '나'의 상태가 악화되어 중환자실에서 엄마, 아빠와 대화를 나누고 있는 장면이다.

⑤ '나'는 엄마의 임신 사실을 알고 부모님을 원망하고 서운해했던 적이 있음을 (나)를 통해 알 수 있다.

6 '나'는 눈을 감기 직전에 엄마에게 조로증을 앓는 '나'를 사랑하지 못할까 봐 두렵지 않았는지 질문을 던지고 있다. 이러한 질문에 엄마가 그게 무슨 말이냐고 대답해 주는 상황이므로 '따뜻한 느낌의 타이르는 듯한 목소리'로 말하는 것이 가장 적절하다.

7 〈보기〉의 화자는 이승에서의 삶을 '소풍'에 비유하며, 죽음에 달관하는 태도를 보이고 있다. 따라서 〈보기〉의 화자가 아들의 죽음을 눈앞에 두고 있는 ㉡에게 이러한 상황을 자연스럽게 받아들이라고 충고하는 것이 가장 적절하다.

▸지식◂

• 천상병, 〈귀천〉

갈래	자유시, 서정시
성격	독백적, 관조적, 낙천적
주제	삶에 대한 달관과 죽음에 대한 정신적 승화
특징	① 반복과 독백적인 어조로 주제를 강조하고 있음. ② 비유적 표현과 시각적 이미지를 활용하고 있음.

8 엄마는 '나'가 조로증 때문에 위험한 상황이므로, '나'가 혹시 상처를 받을까 봐 임신 사실을 숨긴 것으로 추측할 수 있다. 엄마는 '나'가 이러한 사실을 오해할까 봐 일부러 숨긴 것은 아니라고 설명하고 있다.

9 '나'는 시한부 인생을 살고 있는 자신을 두고 부모님이 동생을 임신한 사실을 알게 되어 예전에는 부모님에게 서운함을 느낀 적도 있었다. 그러나 숨을 거두기 직전 '나'는 마지막으로 엄마, 아빠의 사랑을 느끼고 있으므로, 이제 '원망하고 서운해했던 기억'은 하나도 중요하지 않다고 말하고 있는 것이다.

097 소년을 위로해 줘_은희경

360~363쪽

키포인트 체크 거울, 정체성, 헬멧

1 ② **2** ⑤ **3** ③ **4** ④ **5** ③ **6** ① **7** 진정한 소통과 공감의 대상을 찾는 과정의 어려움 속에서 자신을 지키는 도구이다. **8** 퍼즐 조각이 모여 하나의 그림이 완성되는 것처럼 청소년은 자아를 완성해 가는 과정을 거쳐 어른으로 성장하는 것이다.

1 (가)에서 '나'는 태수를 통해 우연히 듣게 된 G-그리핀의 노래 가사에 동질감을 느끼며 자신도 모르게 깊이 빠져든다. 한편 (다)에서 '나'는 마리를 통해 민기훈(G-그리핀)이 준 헬멧을 쓰고 다니는 채영의 이야기를 듣고 자신은 그저 민기훈을 흉내 내는 사람이며 채영의 마음속에 있는 사람은 자신이 아니라 민기훈일 것이라고 추측한다.

오답 뜯어보기 ① (가)에서는 날개에 대한 언급이 없고, (다)에서는 날개를 통해 '나'가 상상해 온 일들이 현실과 다름을 인식하고 있으므로 적절하지 않다.
③ (나)에서 채영의 이야기를 전한 마리에 대한 '나'의 심리는 드러나 있지 않다.
④ (나)에서는 거울을 보며 자신의 감정을 제어하고 있고, (다)에서는 거울과 벽에 그려진 날개 그림을 보며 상상했다는 내용이 있지만 놀라워하고 있는 것은 아니므로 적절하지 않다.
⑤ (나)에서 '나'는 어린 시절 엄마가 보인 반응에 대한 자신의 생각을 드러내고 있으나 그것은 엄마에 대한 실망감과는 무관한 것이고, (다)에서 '나'는 G-그리핀의 노래가 자신의 노래가 될 수 없음을 느끼며 실망하고 있다.

2 (다)에서 '엽서'는 채영이 민기훈에게 보낸 것이고, 민기훈의 집에 새로 이사를 오게 된 '나'가 대신 그 엽서를 받게 된 것이다.

오답 뜯어보기 ①, ④ 마리는 채영과 민기훈의 소문이나, 그들이 스쿠터를 함께 타고 가끔 공장에도 같이 다녔다는 것 등을 '나'에게 이야기해 주고 있다.
② '나'는 민기훈이 그린 날개 그림에 덧칠을 해 가며 자신의 몸에서도 언젠가 날개가 뻗을 것이라고 상상했었다.
③ '나'의 어린 시절, 엄마는 어린 애들에게도 맞고 들어오는 '나'에게 왜 맞서 싸우지 않느냐며 답답해했다.

3 '저절로 주먹이 쥐어'지는 것은, 채영과 관련된 '나' 자신의 생각과 행동을 향한 분노를 표현한 것이다.

오답 뜯어보기 ① 노래 속의 '굶은 상처'는 타인의 강요된 가치관이나 사회적 통념에 의한 정신적 상처를 의미하며, '나'가 느끼는 '더러운 기분' 역시 타인이나 사회적 관계 속에서 느끼게 된 정서를 의미한다.
② '더 강한 척해야' 하는 이유는 허세를 부려 타인으로부터 피해를 당하지 않을 수 있기 위한 것이고, 이러한 노래 가사를 통해 '나'는 허세를 부리기보다는 타인과의 충돌을 피하려 '곧잘 맞고 들어'온 과거 경험을 회상한다.
④ '나'가 이사 온 집은, 민기훈이 살았던 집이고 그가 노래를 만들던 방에서 그의 노래를 들으며 그것이 마치 '나'의 이야기인 것으로 생각했으므로, 그 방은 민기훈과 '나'를 매개하는 공간으로 볼 수 있다.
⑤ '마음속 이야기'란 G-그리핀 노래를 부르며 표현한 채영에 대한 '나'의 감정을 의미한다.

4 '긴 잠에서 깨어난' 것은 채영이 자신의 생각을 이해해 주었던 민기훈의 부재를 느끼게 된 것을 의미한다.

오답 뜯어보기 ① 다른 친구들과 생각이 달랐던 채영은 사실 백조가 아니라 다른 친구들과 마찬가지로 흙탕물에서 사는 오리였을 뿐이며, 다른 친구들과 가깝게 지내지 못한 이유는 자신이 '가장 못생긴 오리'였기 때문이라고 생각하고 있다.
② '다른 곳'을 보고 그곳을 향하는 것은 채영만의 고유한 사유 방식을 의미하는데, 독특한 생각과 표현으로 인해 항상 '외톨이'처럼 살아가는 채영의 모습을 의미한다.
③ 아무도 들어주지 않는 '내 말'은 채영의 생각이나 이야기가 친구들로부터 공감을 얻지 못했음을 의미하며 이는 자아가 지닌 고유성과 누군가가 만들어 놓은 틀이 일치하지 않는 상황에서 비롯된 결과이다.
⑤ '나와 같은 곳을 바라보는 아이'란 채영의 생각에 공감하고 채영을 이해해 줄 수 있는 대상을 의미한다.

5 반성문의 내용 중 '생산적인 일'이란 기성세대의 기준에서 가치 있다고 판단되는 일을 의미하고, 반성문의 내용은 이에 대한 반감을 드러내고 있으므로 적절하지 않다.

6 ⓐ에는 청소년들의 생각을 이해하지 못하는 기성세대에 대한 반감과 냉소적 태도가 드러나고, ⓑ에는 한시라도 빨리 채영을 만나고 싶어 하는 '나'의 생각이 드러나 있으므로 적절하다.

7 민기훈은 채영에게 '하얀색 헬멧'을 주며 너와 '같은 곳을 바라보는 아이를 찾으러 갈 때 비바람 속을 지나가야 할' 것이라고 말했다. '같은 곳을 바라보는 아이'란 진정한 소통과 공감의 대상을 의미하며, '비바람'이란 그런 대상을 찾는 과정에서의 어려움을 의미한다. 따라서 ⓒ에는 그 어려움으로부터 채영이 자신의 생각과 가치관을 잘 지켜 내기를 바라는 민기훈의 마음이 담겨 있다.

8 퍼즐 카페는 '나'와 채영이 만나 퍼즐도 맞추고 서로의 감정과 자아에 대한 고민을 공유한 공간이다. 〈보기〉에 근거하여 이 소설을 성장 소설의 관점에서 감상한다면 퍼즐 조각이 모여 하나의 그림이 완성되는 것은 청소년들이 자아를 완성해 가는 과정으로 해석할 수 있다.

098 처삼촌 묘 벌초하기_성석제

364~367쪽

키포인트 체크 벌초, 문중 선산, 전화, 과로

1 ④ **2** ⑤ **3** ② **4** ③ **5** 처가 신세를 지고 살고 있는 입장에서 처가 어른들에게 잘 보이고 싶은 마음에 문중 선산을 잘 관리하고 있다고 큰소리를 친 것이다. **6** ② **7** ③ **8** ④ **9** ③ **10** 동순이 자신의 수고를 자랑하고 이에 처가 어른들이 매우 흡족해했다.

1 이 글은 전지적 작가 시점의 소설로, 처가의 도움으로 살고 있는 동순에 초점을 맞추어 이야기를 전개하고 있다.

2 칠 년 전 실직을 한 동순에게 처가의 문중 선산의 밭을 맡겨 농사를 짓게 했다는 내용으로 확인할 수 있다.

3 손위 처남의 전화를 받고 동순이 부랴부랴 문중 선산의 묘를 벌초하는 이유는 평소 관리를 안 했다는 사실이 드러나면 처가의 도움이 끊길 수도 있다는 불안감 때문이다. 즉, 전화를 받고 부랴부랴 처가 문중 선산을 벌초하는 것은 동순이 처가에 의지하며 살고 있음을 간접적으로 확인시켜 주는 것이므로 '손위 처남의 전화'는 동순과 처가와의 관계를 일깨우는 계기로 작용하고 있다.

4 ©은 동순이 거짓말로 큰소리를 치고 있는 부분으로, 상대를 안심시키려는 의도이지 평소 손위 처남이 불만이 많았다는 것을 확인할 수는 없다.

오답 뜯어보기 ① ⊙: 손위 처남은 문중 어른들의 신임을 받고 있는 인물로, 손위 처남 덕분에 실직 후 실의에 빠져 있던 동순은 문중 선산에 있는 밭에서 농사를 지을 수 있었다. 따라서 동순에게 손위 처남은 중요한 인물임을 알 수 있다.
② ©: 처가의 도움으로 살고 있기 때문에 문중들에게 잘 보이고 싶은 심리가 나타나 있다.
④ ⓔ: 동순은 손위 처남에게 큰소리를 친 것과는 달리 평소에 선산 관리를 하지 않았기 때문에 처가 어른들의 방문에 맞춰 이천 평은 될 산소를 벌초해야 해서 막막해하고 있다.

5 동순은 처가의 문중 선산을 빌려 살고 있기 때문에 처가의 기대에 어긋나지 않게 잘 보여야 한다. 손위 처남이 문중 선산을 방문한다고 했을 때 문중 선산을 잘 관리하고 있다고 해야 처가의 기대를 충족할 수 있으므로 동순은 큰소리를 치고 있는 것이다.

6 처가의 눈치를 보며 처가의 문중 선산을 벌초하고 있는 동순이 안쓰러워 아내 옥자는 묵묵히 도시락을 싸다 주고 있으므로 옥자가 동순의 일에 불만을 갖고 있다고 할 수 없다.

오답 뜯어보기 ③ 하루 종일 최선을 다해 벌초를 끝낸 동순이 처가 어른들의 방문이 연기되었다는 손위 처남의 전화를 받는 데서 확인할 수 있다.

7 ③에서 '손을 씻으니'는 특수한 의미(부정한 일 등에 관계를 청산하다)로 사용되지 않고 표면적인 의미 그대로 사용되었으므로 관용어로 사용되었다고 할 수 없다.

8 ©은 늦더위 속에서도 문중 선산의 벌초를 어렵게 끝내고 난 후 성취감과 아내 앞에서 자랑하고 싶은 심정이 뒤섞여 일어난 감정이라 할 수 있다. '허탈감'은 방문을 연기하겠다는 손위 처남의 전화를 받은 뒤 동순이 느끼는 감정으로 해당 상황에서는 적절하지 않다.

9 손위 처남의 전화는 사건에 반전을 일으키면서 애써 벌초를 한 동순의 노력을 수포로 돌아가게 함으로써 독자들에게 웃음을 주는 대목이라고 할 수 있다.

10 예정대로 처가 어른들이 내려온다면 동순은 자신의 수고를 자랑하고, 어른들은 동순의 벌초에 흡족해하며 칭찬을 할 것이다.

---

099 스노우맨 _ 서유미 368~371쪽

키포인트 체크 남자, 유 대리, 새해, 상사, 출근

1 ② **2** ② **3** ④ **4** 이 글에서 눈은 거대한 절대 권력으로서 누구도 피해 갈 수 없는 삶의 압박이다. 그러나 〈보기〉의 눈은 포근한 이미지의 함박눈으로 사람들의 추위를 감싸 주는 이미지로 사용되고 있다. **5** ④ **6** ④ **7** '스노우맨'은 극심한 경쟁 사회 속에서 기계적인 노동을 하며 힘들게 살아가는 현대인의 모습을 의미한다. **8** • 차이점 – 무능하고 인정받지 못하는 직원과 유능하고 인정받는 직원 • 공통점 – 두 사람 모두 출근길에서 죽음을 맞이하고 있다. • 작가 의도 – 개인의 능력과 무관하게 무비판적인 노동으로 지쳐 가는 현대인들의 모습을 보여 주고자 하였다.

1 남자는 기록적인 폭설로 도시 교통이 마비되어 도저히 출근할 수 없는 날임에도 불구하고 삽 한 자루를 들고 몇 시간째 출근을 하고 있다. 남자는 이렇게 자신의 상황을 제대로 인식하지 않고 무의미한 행위를 반복하는 모습을 보여 주고 있다.

2 '삽질하다'의 사전적 의미는 '삽으로 땅을 파거나 흙을 떠내다'의 의미 이외에 '헛된 일을 하다'라는 의미가 있는데, 이 글에서 남자는 삽으로 무의미하게 눈을 치우는 일을 반복하고 있으므로 이 행위는 별 성과 없이 힘만 들이는 행위로 볼 수 있다.

3 남자는 중국집 스티커를 보고 짜장면을 배달시키지만 중국집 배달원은 매우 신속하고 능숙하게 눈을 헤치고 온다. 따라서 남자의 불행한 삶에 타인을 동참시켰다고 보기는 어렵다.

오답 뜯어보기 ① 중국집 스티커를 발견하기 전까지는 남자 혼자 삽으로 눈을 헤치는 모습과 남자의 생각, 상상 등으로 이야기가 전개된다. 그런데 중국집 스티커를 통해 새로운 등장인물이 출현하고, 남자가 출근이 아니라 자신의 몸 상태를 돌아본다는 측면에서 장면의 분위기가 전환되었다고 볼 수 있다.
② 중국집 스티커의 발견으로 남자가 잠시 삽질을 멈추고 중국집에 주문 전화를 하고 배달을 기다리게 된다는 점에서 적절한 설명이다.
③ 중국집 스티커를 통해 남자는 자신이 식사를 거르고 있었다는 것을 깨달았다는 점에서 적절한 설명이다.
⑤ 중국집 스티커는 남자에게 출근하기 위한 행위를 잠시 멈추고 자신의 배고픔을 돌아보게 하였으므로 적절한 설명이다.

4 새해 첫날부터 출근길을 막은 '눈'은 남자가 목숨을 걸고 치워도 감당할 수 없을 만큼 쌓여 있다. 이 글에서 '눈'은 거대한 절대 권력으로서 누구도 피해갈 수 없는 삶의 압박이라고 볼 수 있다. 그러나 〈보기〉의 시에 등장하는 '눈'은 포근한 이미지의 함박눈으로 사람들의 추위를 감싸 주는 이미지로 사용되고 있다.

▶ 지식 +

• 안도현, 〈우리가 눈발이라면〉

갈래	현대 시
성격	상징적, 현실 참여적, 비유적
주제	어려운 이웃을 사랑하며 살고 싶은 마음
특징	① 인간 존재를 '눈'에 비유하여 표현하고 있음. ② 동일한 문장 구조(~라면 ~되자)를 반복하여 리듬감을 살리고 있음.

5 눈 때문에 고통스러운 처지에 처한 가운데, 그 눈으로 만들어진 웃는 표정의 눈사람과 그 눈사람의 표정을 따라 하는 남자의 모습은 힘든

현실에서도 억지웃음을 지으며 살아가야만 하는 현대인의 모습을 상징한다. 따라서 눈사람은 힘든 가운데 느끼는 즐거움을 드러내기 위한 소재로 보기 어렵다.

✎오답 뜯어보기 ① 이 작품은 남자 개인의 이야기를 다루고 있지만, 남자의 무비판적인 행동과 비극적 결말을 통해 현대를 살아가는 모든 사람들의 모습을 표현하고 있다.

② '부장'은 출근할 수 없는 상황에서도 출근을 강요하고 부당한 명령을 내리고 있다. 이러한 모습을 일반화하면 조직 안에서 부당한 명령을 내리는 존재로 해석할 수 있다.

③ 얼마 전까지 일상이었던 것(편의점 온장고 속의 따뜻한 음료)들은 '폭설'로 상징되는 삶의 무게와 압박으로 인해 즐기기 어렵게 된 것이므로 사회적 삶의 무게로 개인의 소소한 행복조차 누리기 어려워졌음을 드러낸다고 볼 수 있다.

⑤ 유 대리가 숨을 거둔 이후에도 멈추지 않았던 눈은 사람들의 희생에도 현대인들의 삶의 무게는 줄어들지 않을 것임을 의미하고 있다.

6 폭설로 도시 기능이 마비된 상황에서 눈을 헤치며 출근하는 모습을 일과 삶의 균형을 추구한다고 보기는 어렵다.

✎오답 뜯어보기 ① 폭설 속에서도 자신의 몸을 아끼지 않고 출근을 하는 모습은 일에만 매달려 살아가는 현대인의 모습이라고 볼 수 있다.

② 무리하게 출근하다가 죽어 간 유 대리와 남자의 모습은 일과 삶의 균형을 찾지 못하고 살아가는 개인의 불행을 보여 준다.

③ 회사까지 도달하기 어려움을 느끼면서도 무의미한 삽질을 계속하는 모습은 자신의 삶을 포기하고 회사를 위해 무비판적으로 일하는 모습을 드러낸다.

⑤ 유 대리와 남자는 모두 출근이 불가능한 상황에서도 상사의 압박으로 인해 출근을 하고 있으며 이는 삶보다 일이 우선시되는 사회의 모습을 드러낸다고 볼 수 있다.

7 폭설이 내린 상황에서 웃고 있는 눈사람의 모습은 고된 삶에 대한 냉소로 볼 수 있다. 따라서 눈사람(스노우맨)은 고된 현실 속에서도 억지로 웃음을 지으며 살아가야 하는 현대인의 모습을 상징한다. 또한 출근을 위해 폭설을 헤치며 나아가는 남자를 '스노우맨'이라고 볼 때, 이 작품의 제목은 극심한 경쟁 사회 속에서 기계적인 노동으로 힘들게 살아가는 현대인의 모습을 의미하는 것이라고 볼 수 있다.

8 유 대리는 유능하고 인정받는 직장인이라는 점에서 무능하고 인정받지 못하는 남자와 차이가 있다. 그러나 두 사람은 모두 출근길에서 죽음을 맞이하고 있다는 공통점이 있다. 이를 통해 작가는 개인의 능력과 무관하게 무비판적인 노동으로 지쳐 가는 현대인들의 모습을 보여 주고자 하였음을 알 수 있다.

1 이 글에서 제시되는 구체적인 공간인 화장터와 '나'의 집은 빠른 호흡으로 전환되지 않으며 공간의 전환이 긴장감을 조성하지도 않는다.

✎오답 뜯어보기 ①, ④ 작품 내부의 인물인 '나'가 과거의 사건을 정리하여 요약적으로 제시하고 있다.

② (가)에서 '지난 봄, 우리는 영우를 잃었다.'와 같이 짧은 호흡의 서술로 과거에 경험한 비극적인 사건을 서술하고 있다.

③ 담배를 연달아 피는 행위 등을 통해 '나'의 고뇌와 갈등을 간접적으로 전달하고 있다.

2 '나'와 아내는 아들의 죽음으로 받은 보상금은 경제적 가치로 환산될 수 없는 것이라 여겼기 때문에 그 돈을 쓰지 않으려 한다. 부부가 아들의 죽음에 대한 피해 보상금이 충분치 않다고 여긴다는 내용은 찾을 수 없다.

3 어린이집 원장(㉠)은 경제적인 보상을 통해 책임에서 벗어나고자 하는 태도를 보이는 반면, 〈보기〉의 화자(ⓐ)는 위암 수술을 받은 친구의 고통에 공감하면서 친구의 병세가 악화되지는 않을까 하는 두려움에 시간이 더디게 흐르기를 바라고 있다.

◀ 지식 ➕

● 정현종, 〈아픈 친구의 지구〉	
갈래	현대 시
성격	상징적, 비유적
주제	타인의 아픔에 진정으로 공감하고자 하는 마음
특징	① 시간이 더디게 흐르길 바라는 마음을 자연 현상과 관련하여 표현함. ② 시상을 압축적으로 제시함.

4 ㉡의 돈은 아들을 잃고 받은 보험금이다. '나'와 아내의 입장에서는 많거나 적다는 세상의 잣대로 평가할 수 없는 것이다. 또한 '나'는 보험금 서류에 계좌 번호를 적는 순간 어린이집 원장을 용서하는 셈이라고 생각한다. 따라서 '나'와 아내는 그 돈을 쓰는 것이 아들의 죽음과 경제적 가치를 맞바꾸는 것일 뿐만 아니라 어린이집 원장을 용서하는 것이라고 생각하기 때문에 보험금을 사용하지 않으려 했던 것이다.

5 '나'는 슬퍼하는 아내 위로 보이는 벽지의 꽃무늬들이 마치 '함부로 던져진 조화', '살아 있는 사람에게 악의로 던져 놓은 국화', 위로와 함께 그만 울기를 요구하는 '꽃매'인 것처럼 느껴진다고 하였다. 따라서 꽃무늬를 통해 부부가 슬픔을 극복할 수 있을 것이라는 희망적 분위기가 형성된다는 것은 적절하지 않다.

✎오답 뜯어보기 ① 도배지는 벽에 묻은 복분자액 얼룩을 덮기 위한 것으로, 아이를 잃은 슬픔을 이겨 내고 다시 생활을 이어 가려는 부부의 노력이 담겨 있다.

② 죽은 아이를 그리워하면서 슬퍼하는 '나'의 내면은 매우 황량하고 쓸쓸한 것이다. 사납게 불어오는 11월 바람은 이러한 '나'의 내면 심리와 연결되며 '나'의 슬픔을 더욱 심화시킨다.

③ 도배를 하던 부부는 '영우'가 벽에 남긴 낙서를 확인하고 주체할 수 없는 슬픔에 빠진다.

⑤ '나'는 현실을 살아야 한다는 책임감 때문에 슬픔을 억누른 채 생활한다. 그러다 아이가 남긴 낙서와 아내의 울음을 보고 아이와의 추억을 떠올린 '나'는 눈물을 흘린다. 이때 '나'는 흘러내린 풀을 고름 같다고 표현하는데, 이것은 '나'가 터져 나오는 슬픔을 표출하는 상황과 연결된다.

6 '나'는 영우가 제 이름을 쓰는 것을 보지 못했으며, 그림도 글씨도 아닌 무언가를 그렸다는 것만 기억한다. 따라서 ③은 아내의 일기 내용으로 적절하지 않다.

7 '나'가 ⓐ와 ⓑ 사이에 인과 관계가 있다고 생각하는 부분은 이 글에서 찾을 수 없다. 따라서 ⓐ에 이사 오지 않았더라면 ⓑ가 없었을 것이라고 후회한다는 내용은 적절하지 않다.

　　🖉오답 뜯어보기 ① 소소한 일상과 행복으로 가득했던 ⓐ는 영우의 죽음으로 인해 비극적 공간인 ⓒ로 변모했다.

② ⓐ와 ⓒ는 공간적으로는 같은 공간이지만 '나'와 '아내'는 ⓑ로 인해 ⓐ와 ⓒ를 전혀 다른 성격의 공간으로 인식하고 있다.

③ '나'는 '영우'를 추억하면서 일상적이었던 많은 것들을 앞으로 전혀 할 수 없다는 것에 가슴 아파한다. 결국 '나'는 ⓑ로 인해 ⓒ가 더 이상 ⓐ가 될 수 없기 때문에 가슴 아파하는 것이다.

⑤ 아내는 ⓑ로 인해 큰 충격을 받고 ⓒ에서 삶의 의지를 잃은 채 지내다가 도배를 하면서 다시금 삶의 의지를 다지려 하고 있다.

8 '꽃매'는 지나친 관심과 공감이 부재한 위로를 전하는 주변 사람들의 모습이 부부에게 오히려 또 다른 아픔으로 다가오는 것을 의미한다. 아내가 '꽃매'를 맞으며 괴로워하는 상황을 보면서 독자들은 어떤 위로가 바람직한 것인지 생각하게 된다. 이를 통해 상대를 구분하고, 상대를 배려하고, 상대에게 공감하면서 진심을 담아 위로하는 것이 바람직한 태도임을 깨달을 수 있다.

---

101 뿌리 이야기 _ 김숨

376~379쪽

키포인트 체크 ┃ 이해, 외면, 포도나무 뿌리, 이름

1 ⑤ 　**2** ④ 　**3** ④ 　**4** 고모할머니에게 '나'의 손은 자신의 존재를 이해하고 포용해 줄 흙과 같은 것이었다. 　**5** ② 　**6** ④ 　**7** ① 　**8** 고모할머니가 죽는 순간까지 위안을 주었던 것은 '나'의 손을 잡았던 경험뿐이었다고 생각했기 때문이다.

1 이 글의 중심 소재는 '뿌리'이다. 뿌리는 존재의 근원, 삶을 지탱하는 힘, 제자리에 자리 잡음 등 여러 상징적 의미를 지닌다. 이 작품에서는 이러한 뿌리의 상징성에 '그'와 고모할머니의 삶을 연결하여 구체적인 의미를 부여하고 있다.

2 '나'가 '그'에게 고모할머니의 이름을 말한 것은 그녀의 존재를 알리기 위한 것이 아니라 그녀에 대한 '나' 자신의 기억과 인식을 구체화시키는 과정에서 나타난 행동이다.

　　🖉오답 뜯어보기 ①, ⑤ 고모할머니에 대한 '나'의 심리적 거리감이 줄어들고 그녀에 관한 구체적인 기억을 떠올리면서 이전까지는 불러본 적 없는 이름을 부르게 된 것이다.

② 이름을 부르는 것은 대상을 더 구체적이고 개별적인 존재로 인식하면서 그 존재 자체를 인정하는 것을 의미한다.

③ (나)에서 '그'가 포도나무 뿌리로 만든 작품의 제목이 '남귀덕'이라는 것을 알 수 있다. 따라서 ⊙이 작품 제목을 정하는 계기가 되었다고 생각할 수 있다.

3 (나)에서 작품 〈남귀덕〉이 한옥 부엌을 개조한 갤러리 공간에 전시되었다는 것을 알 수 있다. 그러나 이는 선배의 찻집에서 전시할 기회가 생겨 그곳에서 전시하게 된 것일 뿐 이 작품이 한옥을 개조한 곳에서 전시되었다는 이유로 우리 문화의 전통과 관련있다고 감상하는 것은 적절하지 않다.

4 '나'는 전시된 포도나무 뿌리의 그림자 속으로 들어서면서, 그 뿌리를 닮은 고모할머니의 손이 찾고 있던 것이 단순히 '나' 자신의 손이 아니었음을 깨닫는다. 포도나무 뿌리처럼 뿌리 뽑힌 삶을 살았던 고모할머니에게는 삶의 안정과 위안을 줄 수 있는 흙과 같은 존재가 간절하게 필요했던 것이다. 따라서 고모할머니는 '나'의 손을 잡으면서 뽑힌 뿌리처럼 외롭게 떠돌아다녀야 했던 자신의 삶이 조금이나마 이해를 받고 포용되는 것 같은 위안을 얻었을 것이다.

5 뽑힌 뿌리를 소재로 한 '그'의 작품에서는 뿌리의 정서, 표정, 공포 등을 고려하지 않고 무분별하게 개발하는 현대 사회에 대한 비판 의식을 엿볼 수 있다. 즉, 뿌리가 뽑히는 그 자체가 뿌리에게는 공포이고 고통이라는 생각인 것이다. 따라서 이러한 인식에서는 다른 곳에 옮겨 심는 것 역시도 비판의 대상이 된다.

6 고모할머니는 생전에 일본군 위안부 등록을 하지 않았고, 가족들은 그녀가 일본군 위안부였다는 사실을 쉬쉬하며 숨겼다. '나'의 가족들이 고모할머니의 일본군 위안부 등록을 찬성했는지, 반대했는지는 드러나 있지 않다. 다만 (나)에서 '나'의 어머니는 고모할머니가 생전에 일본군 위안부 등록을 하지 않은 것을 아쉬워하는데, 이것은 물질적인 삶의 관점에서 고모할머니가 생활 안정 지원금을 받았다면 친지들에게 기대지 않고 생활할 수 있었을 것이라 생각했기 때문이다.

　　🖉오답 뜯어보기 ① '나'는 '그'가 포도나무 뿌리에 촛농을 떨어뜨리는 순간이 고모할머니와 만나는 특별한 순간이라는 것을 이해한다.

②, ⑤ 일본군 위안부 관련 뉴스를 본 어머니의 말을 통해서 고모할머니가 친지들의 눈치를 보면서 여기저기 떠돌아다녔음이 나타난다. 또한 어머니는 고모할머니가 삶의 뿌리를 내리지 못했던 것에는 관심을 가지지 않고 물질적인 생활에만 주목하는 모습을 보인다.

③ '그'가 고모할머니의 삶에 공감하는 과정이 촛농을 포도나무 뿌리에 떨어뜨리고 그 촛농이 굳어가는 모습으로 형상화되고 있다.

7 '나'는 거울을 보다가 문득 자신과 고모할머니가 닮았다는 사실을 깨닫는다. 이를 통해 '나'는 자신과 고모할머니 사이의 연결고리를 발견하고 자신의 손을 잡던 고모할머니의 행동을 이해하게 된다. 따라서 ⓑ가 약화되었다는 설명은 적절하지 않다.

　　🖉오답 뜯어보기 ② 일본군 위안부로 끌려갔던 경험뿐만 아니라 고모할머니에 대한 사회와 가족의 외면도 ⓑ(세계와의 연결을 통한 자기 존재의 의미 인식)를 약화시켰다고 볼 수 있다.

③, ④ '그'의 뿌리 뽑힘은 입양아로 자란 것에서 나타난다. 이로 인한 충격과 불안이 자신과 유사성을 가지는 뿌리를 작업의 소재로 삼는 배경이 되었다고 볼 수 있다.

⑤ '그'의 작업을 통해 나무뿌리는 새로운 세계에 고정된다. 이 과정에서 새로운 의미가 부여되고 새로운 연결이 이루어진다. 기존의 흙에서 뽑혀 약화된 연결성과 자아 존재감은 새로운 세계에서의 의미와 연결을 통해 강화된다고 볼 수 있다.

8 '나'는 고모할머니의 마지막 순간까지 어느 누구도 고모할머니에게 위안을 주지 않았다고 생각한다. 고모할머니에게는 그저 '나'와 같이 지낼 때 이불 속으로 손을 뻗어 '나'의 손을 잡았던 그 순간만이 이해와 포용을 얻었던 경험이었던 것이다. '나'는 고모할머니가 세상을 떠나는 순간에도 그 기억 하나만을 위안으로 여겼을 것이라는 생각에 고모할머니가 죽는 순간에 '나'의 손을 잡고 있었다고 말한 것이다.

---

102 투명 인간 _ 성석제 380~383쪽

키포인트 체크 씨옥수수, 순수, 혼분식 운동, 달걀, 반성

1 ③ **2** ⑤ **3** ③ **4** ③ **5** ④ **6** ④ **7** ⑤ **8** 맞아 죽지 않게 해 주셔서 고맙습니다.

1 이 작품은 작품 속에 등장하는 '나'라는 인물이 과거를 회상하며 자신의 경험을 드러내고 있다. '그때는 너 나 할 것 없이 어렵게 살았다.'에서 이 이야기의 서술 시점이 현재라는 것을 알 수 있다.

2 1970년대라는 시대적 배경을 드러내는 나머지 소재들과 달리 '교육 공무원'은 현재에도 통용되는 용어이다.
  오답 뜯어보기 ① 사환 → 교무 보조
  ② 국민학교 → 초등학교
  ③, ④ 현재 시행되지 않는다.

3 ⑦은 냄비 우동이 '팔팔' 끓는 것을 자신의 머리가 '팔팔' 끓는다는 것과 연관시킨 언어유희를 통한 해학적 표현이다. ③은 자식이 스물다섯 명이나 된다는 것을 통해 해학성을 드러낸 부분으로 과장을 통한 해학적 표현이라고 볼 수 있다.
  오답 뜯어보기 ① 직책인 '이방'의 '방'을 '건넌방'의 '방'으로 해석하여 해학성을 드러낸 부분으로 언어유희를 통한 해학적 표현이다.
  ② '친형제'의 '친'을 '치다'라고 해석하여 '때린 형제'와 나란히 두어 해학성을 드러낸 부분으로 언어유희를 통한 해학적 표현이다.
  ④ '양반'의 '양'과 '반'을 본래의 뜻과는 다르게 해석하여 해학성을 드러낸 부분으로 언어유희를 통한 해학적 표현이다.
  ⑤ '홍보'의 이름을 기억하려고 '황보', '승보'와 같은 '보'를 반복하여 해학성을 드러낸 부분으로 언어유희를 통한 해학적 표현이다.

4 '나'의 반은 가난한 아이들이 많아서 도시락을 싸 오지 않는 학생들이 많았다. '나'의 반이 가장 낮은 참여율을 보이자 '나'는 화가 나서 교실 문을 닫고 몽둥이를 드는 등 강압적인 지도를 하게 된다.
  오답 뜯어보기 ① '나'는 혼분식 운동, 새마을 운동과 같은 것을 잡무로 여기고 있다. 따라서 학생들 앞에서 혼분식 운동의 의의를 이야기한 것은 참여율을 독려하기 위한 것이지 진심이라고 보기는 어렵다.
  ② 강압적인 지도 방식이 교육적으로 가치가 있다고 여기는 '나'의 태도를 파악할 수 있는 부분은 찾을 수 없다.
  ④ 아이들이 일부러 혼분식 운동에 참여하지 않았다는 부분은 찾을 수 없다. 아이들이 혼분식 운동에 참여하지 못했던 가장 큰 이유는 가난 때문이었다.

⑤ 교감은 혼분식 운동 참여율을 그래프로 그려 체크하며 간접적 압박을 주었을 뿐 '나'에게 학급 생활 지도에 대해 질책하지는 않았다.

5 농사꾼은 종자를 목숨보다 귀하게 여긴다는 '나'의 말을 토대로 보았을 때, 만수 할아버지가 직접 씨옥수수를 구워서 싸 주었을 리는 없다. 만수가 선생님께 혼나지 않기 위해서 자신이 직접 싼 것이라고 추측할 수 있다.

6 〈보기〉의 '나'는 이 글의 '나'와 달리 만수의 동생이다. 만수가 무료로 급식 빵을 받게 된 것은 옥수수 종자를 도시락으로 싸 온 만수에 대한 '나'의 미안함 때문이며 동생의 생각이 아니다.
  오답 뜯어보기 ① 〈보기〉에서 만수의 동생은 점심시간 전에 수업이 끝나 집에 가기 때문에 급식이 나오지 않는 1, 2학년임을 알 수 있다.
  ② 〈보기〉는 만수 동생의 시점으로 만수가 무상 배급 빵을 받게 되었음이 드러나 있다.
  ③ 〈보기〉의 내용을 토대로 급식 빵을 동생에게 주려는 만수의 의도를 알 수 있다.
  ⑤ 이 글에서 '나'는 만수의 담임으로, 강압적인 지도를 한 것에 대한 미안함으로 만수가 급식 빵을 무상으로 받을 수 있게 배려했다는 것을 알 수 있다. 그러나 〈보기〉에서 만수는 동생에게 자신이 담임 선생님께 잘 보여서 급식 빵을 받는 것이라며 자랑하고 있다.

7 '나'는 강압적인 지도를 한 것에 대한 미안함으로 만수를 무상 배급 대상자에 이름을 올려 주고, 남은 신품종 옥수수 종자를 모두 만수에게 주었다. 그런데 달걀을 주면서 감사의 마음을 표현하는 만수와 만수 할아버지의 진심 어린 태도를 보고 제대로 된 교육을 해 보겠다던 초심을 잃고 혼분식 운동 참여율에 집착했던 자신의 태도를 반성한다.

8 "맞아 죽지 않게 해 주셔서 고맙습니다."라고 말하는 만수의 말은 예상하지 못한 것으로, 만수의 순수하고 어리숙한 성격을 드러냄과 동시에 웃음을 유발하고 있어 해학성이 드러난다.

---

103 세상에 없는 나의 집 _ 금희 384~387쪽

키포인트 체크 조선족, 정체성, 연변, 인테리어

1 ④ **2** ④ **3** ① **4** 한국인도 중국인도 아닌 자신의 정체성에 대한 고민 **5** 인테리어를 통해 주인의 개성을 발휘할 수 있기 때문에 **6** ③ **7** ② **8** ② **9** 중국 동포의 문학도 우리 문학으로 포함할 수 있기 때문에 한국 문학의 다양화에 기여한다.

1 '두 마리의 도롱뇽', '오리와 닭', '두 개의 완전수 사이에 확실하게 존재하는 무수한 소수' 등과 같은 비유적 표현을 통해 '나'의 상황을 드러내고 있다.
  오답 뜯어보기 ① '봄이 거의 다가올 무렵', '아직 차가운 겨울의 공기가 텅 빈 집 안을 가득 메우고 있었다.' 등을 통해 계절적 배경을 드러내고 있지만 특별히 우울한 분위기를 조성하는 것은 아니다.
  ② 이 작품은 과거형 어미를 통해 내용을 서술하고 있다.
  ③ 1인칭 주인공 시점으로 내용을 전개하고 있으므로 다양한 시점을 활용한다는 것은 적절하지 않다.

정답과 해설

⑤ (가)의 '닝도 가끔 내게 ~ 좋겠다고 부러워했다.'에서 과거를 회상하는 장면을 삽입하여 인물의 내적 갈등을 드러내고 있다. 따라서 시간의 흐름에 따라 갈등이 해소되는 과정을 드러내고 있다는 것은 적절하지 않다.

2 ㉣은 닝과 '나'가 같은 국적을 가지고 있으므로 비슷한 사고방식과 문화를 공유하고 있지만 그렇다고 개인의 특성까지 모두 같은 것은 아니라는 인식을 드러내는 부분이다. 닝과 조금 더 가까워지고 싶어 하는 마음을 드러냈다고 보기는 어렵다.

🖉오답 뜯어보기 ① 택배 기사가 연주가 하는 말을 못 알아듣는 것으로 보아 연주의 중국어가 서툴다는 것을 알 수 있다.
② 한국 방송을 보며 분위기를 즐기는 '나'의 모습을 통해 '나'가 중국어뿐만 아니라 한국어에도 능통하다는 것을 알 수 있다.
③ '나'는 한국어도 할 수 있고 연주와 뿌리가 같은 한민족이기는 하나 서로 다른 국적을 가지고 살아왔기 때문에 현실을 해석하는 시야가 다르다.
⑤ 닝과 연주를 만나며 닝과 같은 중국인도, 연주와 같은 한국인도 아닌 정체성의 혼란을 느끼는 '나'의 모습을 드러낸다.

3 [A]에서는 '나'와 남편이 처음으로 장만한 집의 마감 상태, 정돈되지 않은 바닥 등을 생생하게 묘사하고 있다.

4 '나'는 닝과 연주에게 한국어와 중국어에 모두 능통한 것에 대해 부러움을 사고 있지만 '나'는 둘 중 하나만 구사해도 좋으니 한국인 혹은 중국인이라는 확실한 정체성을 가지고 싶어 한다. 이 부분을 통해 '나'의 정체성에 대한 고민을 드러내고 있다.

5 '나'와 남편이 마련한 집은 인테리어가 전혀 되어 있지 않은 상태이다. 중국은 여러 문화권의 사람들이 살고 있는 국가이므로 그들마다의 취향을 반영할 수 있도록 인테리어를 하지 않은 채로 분양을 하는데 그것이 오히려 주인의 개성에 맞게 인테리어를 할 수 있기 때문에 '나'는 모피집이 인간적이라고 생각한다.

6 연길 여행을 통해 '나'는 옛 조선의 시골풍으로 자신의 집을 꾸미겠다고 마음을 먹는데, 이는 자신에게 내재되어 있는 한민족으로서의 혈통을 수용했다는 것을 의미한다. 따라서 아들을 조선족 유치원에 보내는 것은 아들이 중국인이 아닌 조선족으로 살아가게 하기로 마음을 먹은 '나'의 심리를 보여 주는 것이다.

7 이 글에서는 중국에서 자행되는 이민족에 대한 차별 대우와 관련된 내용은 찾을 수 없다.
🖉오답 뜯어보기 ① 아무것도 없는 집에 자신의 개성을 담아 채우는 과정은 '나'가 정체성을 찾으려고 노력하는 과정과 일맥상통한다.
③ '나'가 옛날 조선 시골풍의 인테리어로 집을 꾸민 것은 한민족이라는 뿌리를 다시 찾아 정체성을 확인하는 '나'의 모습을 상징한다.
④ 확실한 비전이 있다기보다 확실한 무엇이 없었기 때문에 중국행을 결심한 연주는 처음부터 자기 세계를 구축하는 데 실패한 현대인의 모습을 드러낸다고 볼 수 있다.
⑤ 중국을 떠나기는 할 것이지만 어디로 가야 할지 모르겠다는 연주의 말은 자기 세계를 잃어버린 사람의 방황과 고민을 상징한다.

8 〈보기〉의 그림에서 중년 남성의 얼굴은 사과로 가려져 있다. 따라서 그의 정체를 파악할 수 없다. 이것은 보는 사람에 따라 다르게 보이는 초현실주의 그림의 특징이기도 하다. 이를 토대로 볼 때, 닝이 그림의 모습을 따라 하고 있다는 것은 자신 역시 자신의 정체성에 대해 고민하고 있으며 자신이 누구인지 자신도 정확하게 알지 못하는 상태에 있다는 것을 표현한 것이라고 볼 수 있다.

9 중국 동포도 한민족이라는 큰 범주에서는 한국인이라고 말할 수 있을 것이다. 따라서 한국어로 된 중국 동포의 문학이 많이 창작된다면 한국에 거주하고 있는 한국 문학 작품만이 한국 문학이라는 좁은 범주에서 벗어나 한국 문학의 다양성을 확보할 수 있을 것이다.

◀지식➕

● **디아스포라 문학(이산 문학)**
디아스포라 문학(이산 문학)이란 민족 국가의 영토를 벗어나 이주국에 거주하는 이주자의 문학을 일컫는다. 그중 코리안 디아스포라 문학은 일반적으로 재외 한인 문학 혹은 해외 동포 문학을 일컫고 있지만 이는 작가에 초점을 맞춘 정의이다. 따라서 재일, 재미, 재중, 재러 작가의 작품과 해외 입양인 문학 그리고 국내에 유입된 외국인 노동자, 결혼 이주 여성, 한민족 디아스포라를 주인공으로 그들의 디아스포라적 의식이나 디아스포라 현상을 다룬 국내 작가들의 작품들도 광의의 이산 문학으로 볼 수 있다.
– 한국학중앙연구원, 〈한국민족문화대백과〉

MEMO

MEMO

고전 시가

고전 산문

현대 시

현대 소설

수필·극

별처럼
빛날 나의
수능 1교시

해법문학 시리즈

내신&수능의 출제(예상) 작품과 국어 공부의 비법을 담은 국어 영역 필수템

문학 종합서 | 해법문학
수능 문학 영역 주요 작품 875편을
심도 있게 분석하여 수록

[고전시가/고전산문/현대시/현대소설/수필극]

문학 문제편 | 해법문학Q
고전문학, 현대문학 마스터를 위해
필수 문학 작품 311편을 시대순으로 수록

[고전문학/현대문학]